O lançamento de *Introdução à interpretação bíblica* (muito mais do que uma simples introdução!) destaca-se como testemunho da influência e da importância duradouras deste livro. Ao mesmo tempo em que os autores reúnem os atuais estudos acadêmicos atinentes aos estudos bíblicos, também trazem aos leitores princípios necessários e orientações que impactam a disciplina da hermenêutica. De forma importante, eles também indicam aos leitores o fato de que não temos de nos contentar simplesmente em "dominar" o texto bíblico; em vez disso, temos de lutar para que ele nos domine. Este livro beneficiará muito os que estão dispostos a investir o tempo para refletir em suas descobertas. — *Bryan E. Beyer, coordenador da Faculdade de Artes e Ciências, Columbia International University.*

Recurso fundamental para o estudo das Escrituras, *Introdução à interpretação bíblica* apresenta discussões atualizadas e interage com as abordagens mais recentes que trazem novas perguntas ao texto. Tendo um compromisso profundo com a Bíblia como Escritura Sagrada, os autores trazem orientações para seu estudo cuidadoso e sua aplicação à vida. Detalhada e ao mesmo tempo prática, esta ferramenta valiosa prova o seu valor para um público novo. — *M. Daniel Carroll R., Cátedra Blanchard de Antigo Testamento, Wheaton College.*

Klein, Blomberg e Hubbard demonstram a excelência de suas discussões à luz da teoria hermenêutica contemporânea. Defendendo claramente a adequação da interpretação centrada no autor, eles fornecem ao estudante um conjunto abrangente de ferramentas para entender a Bíblia no seu contexto antigo e também o meio de contextualizarmos sua mensagem nos dias de hoje. Escrita de forma clara e tendo consciência das necessidades dos estudantes, esta obra continuará a ser essencial pelos próximos anos. Ela merece ter presença garantida nos cursos de hermenêutica, mas deve também estar presente nas estantes dos que buscam fielmente interpretar a Bíblia em uma gama extensa de situações nos dias de hoje. — *David G. Firth, tutor de AT e coordenador acadêmico, Trinity College, Bristol.*

Tenho usado este livro por mais de vinte anos como o texto básico de um seminário introdutório de hermenêutica. A discussão sobre gêneros literários e os contextos mais importantes de conceitos teológicos e filosóficos é de primeira linha e é bem atualizada. Este livro é um tesouro de métodos interpretativos que capacita os estudantes com as habilidades principais para descobrir a grande variedade de gêneros encontrados nos dois Testamentos. A alegria que os estudantes experimentam a partir de um estudo abrangente de um texto em particular lhes traz confiança para pregar e ensinar a Palavra de Deus de forma entusiasmada. O livro inclui uma ampla discussão sobre as abordagens que não se limitam à simples descoberta do sentido de um texto, mas que o tornam relevante para a cultura atual. — *John E. Hartley, professor emérito de Antigo Testamento, Azusa Pacific Seminary.*

Este livro clássico é relevante no que diz respeito às questões interpretativas da nossa época. Nenhuma outra obra suplantou o estudo abrangente da interpretação bíblica que Klein, Blomberg e Hubbard produziram. Testada pelo tempo, esta obra merece um lugar na biblioteca de todo estudante sério da Bíblia. — *KAREN H. JOBES, professora emérita de grego do Novo Testamento e exegese, Cátedra Gerald F. Hawthorne, Wheaton College & Graduate School.*

Há um bom tempo um dos manuais mais completos, abrangentes e práticos de interpretação bíblica. — *CRAIG S. KEENER, professor de estudos bíblicos, Cátedra F. M. e Ada Thompson, Asbury Theological Seminary.*

Tenho usado com frequência a excelente obra *Introdução à interpretação bíblica*, de Klein, Blomberg e Hubbard, como livro-texto desde que foi lançado originalmente há mais de vinte anos. Este livro de leitura agradável e profundo abrange todos os tópicos importantes da interpretação com grande habilidade. Estou muito entusiasmado com a publicação desta edição que leva em conta as descobertas acadêmicas mais recentes. Recomendo-o a todos os que querem aprofundar sua habilidade de ler bem a Escritura. — *TREMPER LONGMAN III, professor de estudos bíblicos, Cátedra Robert H. Gundry, Westmont College.*

Este livro não fornece apenas uma iniciação à arte e à ciência da interpretação bíblica, mas também uma introdução competente às correntes contemporâneas no campo da hermenêutica. Como obra de três professores experientes e intérpretes exímios dos textos antigos, ele merece um lugar na estante dos estudantes sérios da Bíblia. — *DAVID W. PAO, professor de NT e catedrático do Departamento de Novo Testamento, Trinity Evangelical Divinity School.*

Este livro sobre hermenêutica, testado e aprovado por especialistas sábios e experientes, é muito bem-vindo. Os autores analisam as questões mais recentes da hermenêutica e, ao mesmo tempo, explicam de forma habilidosa o que os estudantes precisam entender para interpretar as Escrituras. — *TOM SCHREINER, The Southern Baptist Theological Seminary.*

Por mais de vinte anos, *Introdução à interpretação bíblica* estabeleceu um padrão para os livros didáticos evangélicos de hermenêutica. Ele é notavelmente claro, preciso e equilibrado. Esta obra é sempre muito bem-vinda. — *MARK L. STRAUSS, professor de Novo Testamento, Bethel Seminary San Diego.*

Esta obra tornou-se o padrão em interpretação bíblica no meio evangélico americano e é muito bem-vinda à estante de qualquer estudante da Bíblia. Ela é fruto de uma cooperação exemplar por várias décadas da parte dos mesmos autores que se especializaram em três áreas diferentes: doutrina, NT e AT. O conteúdo é completo e abrangente e engloba as questões pós-modernas atuais como a estética da recepção, a crítica da narrativa e a desconstrução. — *DAVID TOSHIO TSUMURA, professor de Antigo Testamento, Japan Bible Seminary.*

WILLIAM W. KLEIN
CRAIG L. BLOMBERG
ROBERT L. HUBBARD JR.

INTRODUÇÃO À INTERPRETAÇÃO BÍBLICA

Tradução

Maurício Bezerra
Santos Silva

COMPLETO • LÓGICO • PRÁTICO

Título original: *Introduction to Biblical Interpretation*

Copyright © 1993, 2004, 2017 por William W. Klein, Craig L. Blomberg e Robert L. Hubbard, Jr.

Edição original por Zondervan. Todos os direitos reservados.

Copyright da tradução © Vida Melhor Editora S.A., 2017. Todos os direitos reservados.

As citações bíblicas são da *Nova Versão Internacional* (NVI), da Biblica, Inc., a menos que seja especificada outra versão da Bíblia Sagrada.

Os pontos de vista dessa obra são de responsabilidade dos autores e colaboradores diretos, não refletindo necessariamente a posição da Thomas Nelson Brasil, da HarperCollins Christian Publishing ou de sua equipe editorial.

Publisher	Omar de Souza
Gerente editorial	Samuel Coto
Editor responsável	André Lodos Tangerino
Assistente editorial	Bruna Gomes
Produção editorial, copidesque e diagramação	Aldo Menezes
Revisão	Luiz Werneck Maia e Patrícia Murari
Capa	Rafael Brum

CIP-BRASIL. CATALOGAÇÃO NA PUBLICAÇÃO
SINDICATO NACIONAL DOS EDITORES DE LIVROS, RJ

K72i

Klein, William W.

Introdução à interpretação bíblica / William W. Klein, Robert L. Hubbard Jr., Craig L. Blomberg; tradução Maurício Bezerra Santos Silva. - 1. ed. - Rio de Janeiro: Thomas Nelson Brasil, 2017.

896 p. : il. ; 23cm.

Tradução de: Introduction to biblical interpretation
ISBN 9788578609511

1. Bíblia - Crítica e interpretação. 2. Bíblia - Leitura. I. Hubbard Jr., Robert L. II. Blomberg, Craig L. III. Silva, Maurício Bezerra Santos. IV. Título.

17-44812

CDD: 220
CDU: 27-23

Thomas Nelson Brasil é uma marca licenciada à Vida Melhor Editora S.A.
Todos os direitos reservados à Vida Melhor Editora S.A.
Rua da Quitanda, 86, sala 218 – Centro
Rio de Janeiro, RJ, Brasil - CEP 20091-005
Tel.: (21) 3175-1030
www.thomasnelson.com.br

DEDICADO AOS NOSSOS QUERIDOS MENTORES:

Donald W. Burdick (*in memorian*)
D. A. Carson
David A. Hubbard (*in memorian*)

E ÀS NOSSAS QUERIDAS ESPOSAS:

Phyllis Klein
Fran Blomberg
Pam Hubbard

SUMÁRIO

Lista de abreviaturas 17
Prefácio à edição brasileira 31
Prefácio à terceira edição americana 33
Prefácio à segunda edição americana 35
Introdução 39

PARTE 1 — A TAREFA DA INTERPRETAÇÃO

CAPÍTULO 1 – A NECESSIDADE DA INTERPRETAÇÃO 45
Razão de ser da hermenêutica 47
Definição de hermenêutica 49
    Arte e ciência da interpretação 49
    Papel do intérprete 51
    Sentido da mensagem 53
        Texto 55
        Autor e destinatário(s) 58
Alguns desafios da interpretação bíblica 64
    Distância temporal 64
    Distância cultural 67
    Distância geográfica 69
    Distância idiomática 70
Relevância eterna - o fator divino 71
Objetivo da hermenêutica 74
Conclusão 75

CAPÍTULO 2 – A HISTÓRIA DA INTERPRETAÇÃO 79
Interpretação judaica 79
    Alusão intrabíblica 80
    Interpretação pós-bíblica: A transição 82
        Judaísmo helenístico 84
        Comunidade de Cunrã 87
        Judaísmo rabínico 88
Período apostólico (c. 30-100) 93
Período patrístico (c. 100-590) 97
    Pais apostólicos (c. 100-150) 98

INTRODUÇÃO À INTERPRETAÇÃO BÍBLICA

Escola alexandrina (c. 150-400) 101
Concílios da Igreja (c. 400-590) 104
IDADE MÉDIA (c. 590-1500) 107
REFORMA (c. 1500-1650) 111
PERÍODO PÓS-REFORMA (c. 1650-1750) 118
PERÍODO MODERNO (c. 1750 até o presente) 120
Século XIX 120
Século XX 125
Depois da Primeira Guerra Mundial 127
Depois da Segunda Guerra Mundial 130
Século XXI 136

CAPÍTULO 3 — ABORDAGENS LITERÁRIAS E SOCIOCIENTÍFICAS RECENTES DA INTERPRETAÇÃO 144

CRÍTICA LITERÁRIA 145
Crítica narrativa 147
Aplicações 148
Análise crítica 153
Pós-estruturalismo/ Pós-modernismo 156
Crítica da estética da recepção 158
Desconstrução 162
ABORDAGENS SOCIOCIENTÍFICAS DA ESCRITURA 166
Classificação 166
História social 167
Aplicação de teorias sociocientíficas 173
Grupos de interesse 178
Hermenêutica da libertação 179
Crítica cultural 183
Hermenêutica feminista 192
Hermenêutica LGBT 199
CONCLUSÃO 203

CAPÍTULO 4 — O CÂNON E AS TRADUÇÕES 205

CÂNON BÍBLICO 205
CÂNON DO ANTIGO TESTAMENTO 206
Desenvolvimento do cânon 206
Ordem do cânon 213
CÂNON DO NOVO TESTAMENTO 214
Desenvolvimento do cânon 214
Ordem do cânon 220

• 8 •

SUMÁRIO

Critérios de canonicidade.. 221
Crítica do cânon 224
Textos e traduções 228
    Crítica textual 229
    Técnicas de tradução 237
    Traduções evangélicas mais importantes para o português 238
    Escolhendo uma tradução 243

PARTE 2 — O INTÉRPRETE E SEU OBJETIVO

CAPÍTULO 5 — O INTÉRPRETE.................................. 247

Qualificações do intérprete... 248
    Fé refletida no Deus que revela...................................... 248
    Disposição para obedecer a sua mensagem 252
    Iluminação do Espírito Santo.. 253
    Ser membro da Igreja 256
    Disposição para utilizar os métodos adequados 257
Pressupostos para a interpretação correta............................... 258
    Pressupostos sobre a natureza da Bíblia 260
        Revelação divinamente inspirada.................................. 260
        Autoridade e verdade 262
        Documento espiritual 267
        Unidade e diversidade 268
        Documento compreensível 272
        Formação do cânon da Sagrada Escritura 272
    Pressupostos sobre a metodologia 273
    Pressupostos sobre o objetivo final da hermenêutica 277
Pré-entendimentos do intérprete 278
    Definição de pré-entendimento...................................... 280
    Papel do pré-entendimento 282
    Uma filosofia da interpretação como pré-entendimento 285
    Testando pré-entendimentos 292
    Um pré-entendimento cristão 293
    Pré-entendimentos mudam com o entendimento..................... 296
    Pré-entendimentos e objetividade na interpretação.................. 298

CAPÍTULO 6 — O OBJETIVO DA INTERPRETAÇÃO 301

Atos da fala 301
Níveis de sentido.. 305
    O texto tem um sentido fixo ou vários níveis de sentido? 305

• 9 •

INTRODUÇÃO À INTERPRETAÇÃO BÍBLICA

Sentido textual centrado no autor.. 326
Sentido textual centrado no autor é o objetivo da interpretação....... 326
Definição do sentido textual centrado no autor.......................... 328
Desafio da estética da recepção.. 330
A Bíblia como literatura... 331
A questão da historicidade 333
A parte do receptor na "construção" do sentido 335
Batismo... 337
Milênio... 340
Avaliação... 342
Validando nossa interpretação 347
Concordando em discordar: "Que eles sejam um".................... 358

PARTE 3 — ENTENDENDO A LITERATURA

CAPÍTULO 7 — REGRAS GERAIS DA HERMENÊUTICA: A PROSA.. 363
Contexto literário... 364
Importância do contexto literário... 365
O contexto traz o fluxo de pensamento.................................. 366
O contexto traz o sentido preciso das palavras...................... 367
O contexto define os relacionamentos corretos entre as unidades:
palavras, sentenças, parágrafos.. 368
Princípios da hermenêutica relacionados ao contexto 370
Círculos de estudo contextual 372
Contexto imediato... 373
Contexto literário de todo o livro.. 378
Contexto da Bíblia inteira.. 381
Cenário histórico-cultural 387
Importância do cenário histórico-cultural.................................. 387
A questão da perspectiva 387
A questão da mentalidade 389
A questão da contextualização... 390
Princípios para a interpretação histórico-cultural...................... 391
Cenário histórico-cultural original 391
Impacto original 393
Expressão correta 394
Prioridade do sentido literal 396
Recuperando o cenário histórico-cultural 398
Pesquisando o cenário geral do livro...................................... 398

• **10** •

SUMÁRIO

Examinando os fatores histórico-culturais de uma passagem específica.. 400

Significados das palavras 403

Questões fundamentais sobre a natureza das palavras 403

Palavras são signos arbitrários.. 403

Palavras têm uma gama de significados 405

Significados das palavras coincidem 407

Significados das palavras mudam com o passar do tempo........... 408

Palavras têm sentidos conotativos e denotativos 411

Alguns passos para realizar estudos de palavras 412

Sintaxe.. 427

Importância da sintaxe 430

Passos para descobrir a sintaxe.. 435

Divisões naturais... 436

Fluxo de pensamento 436

Verbos... 441

Conectivos.. 444

Adjetivos e advérbios... 445

Pronomes... 446

CAPÍTULO 8 — REGRAS GERAIS DA HERMENÊUTICA: A POESIA BÍBLICA... 449

Dinâmica da poesia 450

Sons da poesia hebraica 454

Métrica e ritmo... 454

Sons das palavras poéticas 459

Estrutura da poesia hebraica 465

Paralelismo... 465

Unidades básicas do paralelismo.. 468

Processo de funcionamento do paralelismo 470

Tipos de paralelismo 472

Outras estruturas poéticas 484

Linguagem da poesia 491

Imaginário 492

Figuras de linguagem poética 493

Símiles e metáforas.. 493

Outras figuras de linguagem poética...................................... 499

Como interpretar a linguagem poética 506

Unidades maiores da poesia.. 508

Unidades de sentido.. 508

INTRODUÇÃO À INTERPRETAÇÃO BÍBLICA

PARTE 4 — ENTENDENDO OS GÊNEROS LITERÁRIOS

CAPÍTULO 9 — GÊNEROS LITERÁRIOS DO ANTIGO TESTAMENTO..515
Definição de gênero literário 516
Narrativas 519
Gêneros literários narrativos do Antigo Testamento.......................521
Relato 522
Princípios de interpretação – Relato..................................524
Narrativa heroica 526
História profética..529
Princípios de interpretação – Narrativa heroica e
história profética..531
Comédia 532
Princípios de interpretação – Comédia.................................533
Discurso de despedida...534
Princípios de interpretação – Discurso de despedida 535
Interpretando um exemplo de narrativa: Juízes 7:1-15 535
Gêneros inseridos...537
Provérbio popular 537
Enigmas, fábulas e parábolas 538
Cânticos 540
Listas 541
Princípios de interpretação – Gêneros inseridos 542
Lei 543
Tipos de materiais legislativos do Antigo Testamento 545
Lei casuística..545
Lei incondicional 546
Série legal...547
Instrução legal...549
Princípios de interpretação – Lei 549
Amostra de texto legal: Êxodo 21:7-11.................................556
Deuteronômio 558
Princípios de interpretação – Deuteronômio............................559
Poesia...559
Tipos de poesia do Antigo Testamento 560
Orações...560
Cânticos 564
Liturgias...566
Salmos sapienciais 568
Princípios de interpretação – Poesia 569

SUMÁRIO

Princípios de interpretação – Salmos 570
Livro de Salmos – um panorama 570
PROFECIA 573
Tipos básicos de profecia 574
Profecia de desastre 574
Profecia de salvação 576
Ais 577
Cântico fúnebre profético 578
Hino profético 579
Liturgia profética 580
Disputa profética 582
Profecias contra nações 584
Relato de visão profética 585
Narrativas proféticas 586
Princípios gerais para interpretar a profecia do Antigo Testamento .. 587
Interpretando a "transmissão" profética 589
Interpretando a "predição" profética 594
Várias formas de cumprimento 599
Princípios específicos de interpretação – Profecia 605
Exemplo de texto profético: Isaías 5:1-7 607
Profecia apocalíptica 610
Princípios de interpretação – Literatura apocalíptica do Antigo
Testamento 611
SABEDORIA 613
Tipos de literatura sapiencial 614
Provérbios 614
Princípios de interpretação – Provérbios 616
Instrução 618
Princípios de interpretação – Instrução 619
História de exemplo e reflexão 620
Princípios de interpretação – História de exemplo e reflexão 621
Debates 622
Princípios de interpretação – Jó 625
Exemplo de texto sapiencial: Provérbios 30:24-28 627
CONCLUSÃO 628
COMO ESCREVER UM ESBOÇO ESTRUTURAL 628

CAPÍTULO 10 — GÊNEROS LITERÁRIOS DO NOVO
TESTAMENTO 634
EVANGELHOS 634
Consequências para a interpretação 637

INTRODUÇÃO À INTERPRETAÇÃO BÍBLICA

Confiabilidade histórica 637
Lendo horizontalmente e verticalmente 640
Primeiros destinatários dos Evangelhos 644
Principais questões teológicas 646
Reino de Deus 646
Ética de Jesus 649
Formas literárias dentro dos Evangelhos 651
Parábolas 652
Histórias de milagre 657
Histórias de pronunciamento 660
Outras formas literárias 661
Atos dos Apóstolos 661
Consequências para a interpretação 663
Pensando verticalmente 664
Importância do Pentecostes 667
Atos dos Apóstolos como narrativa 670
Epístolas 673
Consequências para a interpretação 673
Considerações gerais 673
Considerações específicas 678
Características próprias de Hebreus e das "Epístolas Gerais" 683
Formas literárias que só se encontram nas Epístolas 686
Credos ou hinos 686
Regras domésticas 687
Frases de efeito 688
Listas de vícios e virtudes 690
Questões teológicas importantes para as Epístolas Paulinas 691
Existe um centro na teologia paulina? 691
Existe algum desenvolvimento nos escritos de Paulo? 693
Apocalipse 694
Apocalipse como epístola 695
Apocalipse como profecia 698
Apocalipse como literatura apocalíptica 700
Conclusão 706

PARTE 5 — OS FRUTOS DA INTERPRETAÇÃO

CAPÍTULO 11 — USANDO A BÍBLIA NOS DIAS DE HOJE 709
Para obter informação e entendimento 710
Para motivar e enriquecer a adoração 711

SUMÁRIO

Para criar a liturgia 715
Para formular a teologia 717
    Diferença entre teologia bíblica e teologia sistemática 720
    O problema do pré-entendimento 722
    Deve-se escolher entre teologia bíblica e teologia sistemática? 724
    Como formular a teologia: princípios importantes 726
    E a tradição da Igreja? 730
Para pregar 731
Para ensinar 734
Para pastorear 736
Para promover a formação espiritual na vida cristã 740
Para apreciar a sua beleza como obra literária 746
Resumo 747

CAPÍTULO 12 — APLICAÇÃO 749
Importância da aplicação 750
Evitando erros na aplicação 752
    Abandono total do contexto 754
    Abandono parcial do contexto literário ou histórico do texto 756
    Situações análogas insuficiente 757
Quatro passos para a aplicação legítima 758
    Encontre a aplicação original 761
    Avalie o nível de especificidade da aplicação original 763
    Identifique os princípios transculturais 783
        Níveis de autoridade 785
    Encontre aplicações adequadas que exemplifiquem os princípios
    gerais 787
O papel do Espírito Santo 791

Bibliografia comentada: Ferramentas hermenêuticas 793
Índice de passagens bíblicas 855
Índice de literatura extrabíblica 874
Índice de assuntos 875
Índice de autores 882

LISTA DE ABREVIATURAS

As abreviaturas nas listas que se seguem aparecem em todo o texto do livro e nas notas de rodapé. Elas também se encontram na bibliografia final, que traz uma extensa lista de obras de referência.

LIVROS DA BÍBLIA E OBRAS RELACIONADAS

Bíblia Hebraica — Antigo Testamento

Gn .... Gênesis
Êx .... Êxodo
Lv .... Levítico
Nm .... Números
Dt .... Deuteronômio
Js .... Josué
Jz .... Juízes
Rt .... Rute
1Sm 1Samuel
2Sm 2Samuel
1Rs............. 1Reis
2Rs............. 2Reis
1Cr 1Crônicas
2Cr 2Crônicas
Ed .... Esdras
Ne .... Neemias
Et .... Ester
Jó .... Jó
Sl .... Salmos
Pv .... Provérbios

Ec............... Eclesiastes
Ct............... Cântico dos Cânticos
Is .... Isaías
Jr................. Jeremias
Lm .... Lamentações
Ez............... Ezequiel
Dn .... Daniel
Os .... Oseias
Jl .... Joel
Am............... Amós
Ob .... Obadias
Jn .... Jonas
Mq............. Miqueias
Na............... Naum
Hc............. Habacuque
Sf............... Sofonias
Ag............... Ageu
Zc............. Zacarias
Ml .... Malaquias

Novo Testamento

Mt............... Mateus
Mc .... Marcos
Lc............... Lucas
Jo .... João
At................ Atos dos Apóstolos

Rm............. Romanos
1Co............ 1Coríntios
2Co............ 2Coríntios
Gl............... Gálatas
Ef............... Efésios

INTRODUÇÃO À INTERPRETAÇÃO BÍBLICA

Fp .... Filipenses
Cl................ Colossenses
1Ts 1Tessalonicenses
2Ts 2Tessalonicenses
1Tm 1Timóteo
2Tm 2Timóteo
Tt................ Tito
Fm .... Filemom
Hb .... Hebreus

Tg .... Tiago
1Pe 1Pedro
2Pe 2Pedro
1Jo 1João
2Jo 2João
3Jo 3João
Jd .... Judas
Ap .... Apocalipse

Livros deuterocanônicos

Tb .... Tobias
Jt .... Judite
Sb .... Sabedoria de
                 Salomão
Eclo............. Eclesiástico
                 (Sabedoria de Jesus,
                 filho de Siraque)
Br................ Baruque
Ep Jer .... Epístola de
                 Jeremias

Acr Dn .... Acréscimos de Daniel
Sus .... História de Susana
1Mc 1Macabeus
2Mc 2Macabeus
1Ed 1Esdras
Or Man....... Oração de Manassés
3Mc 3Macabeus
2Ed 2Esdras
4Mc 4Macabeus

Flávio Josefo

Vida .... *Vida*
C. Apião ...... *Contra Apião*

Ant. .... *Antiguidades dos judeus*
G. J. .... *Guerras dos judeus*

Talmude

b. B. Bat. ...... Talmude Babilônico, Tratado Baba Bathra
b. Sanh. .... Talmude Babilônico, Tratado Sanhedrin

Pais apostólicos

1Clem. 1Clemente
2Clem. 2Clemente
Barn. .... Barnabé

Did. .... Didaquê
Eus. .... Eusébio
In. .... Inácio

Obras latinas

Strom........... *Stromateis*
                 (Miscelâneas)

Hist. ecl. ...... *História eclesiástica*

LISTA DE ABREVIATURAS

Textos antigos

MMM .... Manuscritos do
Mar Morto

LXX .... Septuaginta

TM .... Texto massorético do
Antigo Testamento

VERSÕES E TRADUÇÕES DA BÍBLIA

ACF .... *Almeida Corrigida e Fiel*. Sociedade Bíblica Trinitariana do
Brasil, 1994.

AM .... *A Mensagem*. Editora Vida, 2011.

ARA .... *Almeida Revista e Atualizada*, 2ª ed. Sociedade Bíblica do Brasil,
1993.

ARC .... *Almeida Revista e Corrigida*, 2ª ed. Sociedade Bíblica do Brasil,
1995.

ARC-IBB .... *Almeida Revista e Corrigida*. Imprensa Bíblica Brasileira, 1944.

A21 .... *Almeida Século 21*. Edições Vida Nova, 2008.

ASV .... *American Standard Version* (1901).

CEV .... *Holy Bible: Contemporary English Version* (1995).

ESV .... *Holy Bible: English Standard Version* (Copyright © 2001;
Crossway).

GNB .... *Good News Bible* (NT © 1966, OT © 1976; American Bible
Society).

HCSB .... *Holman Christian Standard Bible* (NT em 1999, completa
em 2006; © 1999, 2000, 2002, 2003, 2009; Holman Bible
Publishers).

JB .... *Jerusalem Bible* (Copyright © 1966; Darton, Longman & Todd
Ltd. e Doubleday and Company Ltd.).

KJV .... Holy Bible: King James Version (1611).

LB .... *The Living Bible* (Copyright © 1971; Tyndale House Publishers,
Inc.).

NA28 .... *Novum Testamentum Graece*, 28th ed. (Copyright © 2012;
Erwin Nestle, Barbara Aland e Kurt Aland).

NAB .... *New American Bible* (Copyright © 1970; Confraternity of
Christian Doctrine).

INTRODUÇÃO À INTERPRETAÇÃO BÍBLICA

NASB.......... *New American Standard Bible* (Copyright © 1960, 1962, 1963, 1968, 1971, 1972, 1973, 1975, 1977, 1995; The Lockman Foundation).

NBV .... *Nova Bíblia Viva*. Biblica Brasil, 2010.

NCV........... *The New Century Version Bible* (Copyright © 2005; Thomas Nelson).

NEB............ *New English Bible* (Copyright © 1961, 1970; Cambridge University Press e Oxford University Press).

NET .... *New English Translation* (Copyright © 1996-2006; Biblical Studies Press, L.L.C.).

NIV .... *Holy Bible: New International Version* (Copyright © 1973, 1978, 1984, 2011; Biblica, Inc.®).

NJB............. *New Jerusalem Bible* (Copyright © 1985; Darton, Longman & Todd, Ltd. e Doubleday).

NKJV.......... *Holy Bible: New King James Version* (Copyright © 1982; Thomas Nelson).

NLT .... *Holy Bible: New Living Translation* (Copyright © 1996, 2004, 2007, 2013; Tyndale House Foundation).

NRSV .... *Holy Bible: New Revised Standard Version* (Copyright © 1989; National Council of the Churches of Christ in the United States of America).

Phillips........ *New Testament in Modern English* (Copyright © 1960, 1972; J. B. Phillips).

NTG........... Novo Testamento Grego.

NVT .... *Nova Versão Transformadora*. Editora Mundo Cristão, 2016.

REB .... *Revised English Bible* (1989).

RSV .... *Holy Bible: Revised Standard Version* (Copyright © 1946, 1952, 1971; National Council of the Churches of Christ in the United States of America).

TB .... *Tradução Brasileira*. O texto original é de domínio público e data de 1917. A edição usada neste livro é de uma atualização feita pela Sociedade Bíblica do Brasil em 2010.

TEV............ *Today's English Version* (Copyright © 1992; American Bible Society).

TNK .... *Tanakh: The Holy Scriptures: The New Jewish Publication Society Translation According to the Traditional Hebrew Text* (1988).

LISTA DE ABREVIATURAS

UBS[5] .... *The Greek New Testament*, 5th ed. (2014); United Bible
Societies).

VR .... *Versão Revisada de Acordo com os Melhores Textos no Hebraico e no Grego.* Imprensa Bíblica Brasileira, 1967.

PERIÓDICOS, OBRAS DE REFERÊNCIA E SÉRIES DE PUBLICAÇÕES

AB .... Anchor Bible

ABD .... *The Anchor Bible Dictionary,* editada por David Noel Freedman. 6 vols. New York: Doubleday, 1992

AcBib .... Academia Biblica

ACCS .... Ancient Christian Commentary on Scripture

AIL .... Ancient Israel and Its Literature

AJEC .... Ancient Judaism and Early Christianity

AnBib .... Analecta Biblica

ANEA .... *The Ancient Near East: An Anthology of Texts and Pictures.* Editado por James B. Pritchard. Princeton: Princeton University Press, 2010

ANEP .... *The Ancient Near East in Pictures Relating to the Old Testament.* 2ª ed. Editado por James B. Pritchard. Princeton: Princeton University Press, 1994

ANET .... *Ancient Near Eastern Texts Relating to the Old Testament.* 3ª ed. Editado por James B. Pritchard. Princeton: Princeton University Press, 1969

AnOr .... *Analecta Orientalia*

AT .... Antigo Testamento

ATANT .... Abhandlungen zur Theologie des Alten und Neuen Testaments

ATD .... Das Alte Testament Deutsch (Antigo Testamento alemão)

AThR .... *Anglican Theological Review*

AUSS .... *Andrews University Seminary Studies*

AYBRL .... Anchor Yale Bible Reference Library

BA .... *Biblical Archaeologist*

BBR .... *Bulletin for Biblical Research*

BBRSup .... *Bulletin of Biblical Research, Supplements*

INTRODUÇÃO À INTERPRETAÇÃO BÍBLICA

BCBC.......... *Believers Church Bible Commentary*

BCOTWP.... *Baker Commentary on the Old Testament Wisdom and Psalms*

BDAG .... *Léxico do N.T. Grego Português*, de W. Bauer, F. Danker, W. F. Arndt e F. W. Gingrich

BDB............ Francis Brown, S. R. Driver, e C. A. Briggs, *A Hebrew and English Lexicon of the Old Testament*

BDF............ Frederick Blass, Albert Debrunner, e Robert W. Funk, *A Greek Grammar of the New Testament and Other Early Christian Literature*. Chicago: University of Chicago Press, 1961.

BECNT ...... Baker Exegetical Commentary on the New Testament

BETL.......... Bibliotheca Ephemeridum Theologicarum Lovaniensium

Bib .... *Biblica*

BibInt.......... *Biblical Interpretation*

BibInt.......... Série Biblical Interpretation

BJRL .... *Bulletin of the John Rylands University Library of Manchester*

BNTC......... Black's New Testament Commentary

BRev............ *Bible Review*

BSac .... *Bibliotheca Sacra*

BSNA.......... *Biblical Scholarship in North America*

BST............. *Bible Speaks Today*

BT............... *The Bible Translator*

BTB .... *Biblical Theology Bulletin*

BZAW......... Beihefte zur Zeitschrift für alttestamentliche Wissenschaft

CAH .... Cambridge Ancient History

CBAA .... Catholic Biblical Association of America

ConBNT..... Coniectanea Biblica New Testament Series

CBQ............ *Catholic Biblical Quarterly*

CBQMS...... CBQ Monograph Series

CHB............ *Cambridge History of the Bible*

CHJ............. *Cambridge History of Judaism. Editado por William D. Davies e Louis Finkelstein. 4 vols. Cambridge: Cambridge University Press, 1984-2006*

Chr.............. *Cent Christian Century*

CSR............. *Christian Scholars Review*

• 22 •

LISTA DE ABREVIATURAS

CT .... *Christianity Today*

CTJ............. *Calvin Theological Journal*

CTR............ *Criswell Theological Review*

CurBR......... *Currents in Biblical Research (formerly Currents in Research: Biblical Studies)*

Did.............. *Didaskalia*

DITAT........ *Dicionário Internacional de Teologia do Antigo Testamento,* ed., R. L. Harris, et al.

DITNT....... *Dicionário Internacional de Teologia do Novo Testamento* ed., C. Brown

DOTHB...... *Dictionary of the Old Testament: Historical Books.* Edited by Bill T. Arnold e H. G. M. Williamson. Downers Grove, IL: InterVarsity Press, 2005

DOTP......... *Dictionary of the Old Testament: Pentateuch.* Edited by T. Desmond Alexander and David W. Baker. Downers Grove, IL: InterVarsity Press, 2003

DOTWPW.. *Dictionary of the Old Testament: Wisdom, Poetry, and Writings.* Editado por Tremper Longman III e Peter Enns. Downers Grove, IL: InterVarsity Press, 2008

DTNT......... *Dicionário Teológico do Novo Testamento,* ed., G. Kittel e G. Friedrich

EBC .... *Expositor's Bible Commentary*

ECC............ Eerdmans Critical Commentary

EcR.............. *Ecclesiastical Review*

EDNT......... *Exegetical Dictionary of the New Testament,* Editado por Horst Balz and Gerhard Schneider. 3 vols. Grand Rapids: Eerdmans, 1990-1993.

ERT............. *Evangelical Review of Theology*

EvQ............. *The Evangelical Quarterly*

EvT............. *Evangelische Theologie*

ExAud .... *Ex Auditu*

ExpTim .... *Expository Times*

FAT............. *Forschungen zum Alten Testament*

FOTL .... Forms of Old Testament Literature

INTRODUÇÃO À INTERPRETAÇÃO BÍBLICA

FRLANT .... Forschungen zur Religion und Literatur des Alten und Neuen Testaments

GBS .... Guides to Biblical Scholarship

GNTE .... Guides to New Testament Exegesis

GTJ............. Grace Theological Journal

HACL .... History, Archaeology, and Culture of the Levant

HALOT....... The Hebrew and Aramaic Lexicon of the Old Testament. Editado por Ludwig Koehler, Walter Baumgartner e Johann J. Stamm. Traduzido e editado sob a supervisão de Mervyn E. J. Richardson. 4 vols. Leiden: Brill, 1994-1999

HBT............. Horizons in Biblical Theology

HDR........... Harvard Dissertations in Religion

Herm .... Hermeneia Commentary

HeyJ............ Heythrop Journal

HSM........... Harvard Semitic Monographs

HTR............. Harvard Theological Review

HUCA......... Hebrew Union College Annual

IB................. Interpreter's Bible. Editado por George A. Buttrick et al. 12 vols. New York, 1951-1972

IBMR.......... International Bulletin of Missions Research

ICC............. International Critical Commentary

IDB............. The Interpreter's Dictionary of the Bible, editado por G. A. Buttrick . 4 vols. New York: Abingdon, 1962

IDBSup .... Interpreter's Dictionary of the Bible: Supplementary Volume. Editado por Keith Crim. Nashville: Abingdon, 1976

Int .... Interpretation

ISBE............. International Standard Bible Encyclopedia. Editado por Geoffrrey W. Bromiley. 4 vols. Grand Rapids: Eerdmans, 1979-1988

ISBL............. Indiana Studies on Biblical Literature

ITQ............. Irish Theological Quarterly

IVPNTC ..... InterVarsity Press New Testament Commentary

JAAR............ Journal of the American Academy of Religion

JBL............... Journal of Biblical Literature

JBR.............. Journal of Bible and Religion

• 24 •

LISTA DE ABREVIATURAS

JETS .... *Journal of the Evangelical Theological Society*

JHebS .... *Journal of Hebrew Scriptures*

JLT .... *Journal of Literature and Theology*

JPT .... *Journal of Pentecostal Theology*

JPTSup .... *Journal of Pentecostal Theology Supplements*

JSJ .... *Journal for the Study of Judaism in the Persian, Hellenistic, and Roman Periods*

JSJSup .... JSJ Supplements

JSNT .... *Journal for the Study of the New Testament*

JSNTSup ..... JSNT Supplements

JSOT .... *Journal for the Study of the Old Testament*

JSOTSup ..... JSOT Supplements

JTI .... *Journal for Theological Interpretation*

JTISup .... *Journal for Theological Interpretation Supplements*

JTS .... *Journal of Theological Studies*

KBL .... *Koehler, Ludwig, and Walter Baumgartner. Lexicon in Veteris Testamenti libros. 2ª ed. Leiden, 1958*

L&N .... *Louw, Johannes P., and Eugene A. Nida, eds. Greek-English Lexicon of the New Testament: Based on Semantic Domains. 2ª ed. New York: United Bible Societies, 1989*

LHBOTS ..... *The Library of Hebrew Bible/Old Testament Studies*

LNTS .... *The Library of New Testament Studies*

LSJ .... *Liddell, Henry George, Robert Scott, Henry Stuart Jones. A Greek-English Lexicon. 9ª ed. com apêndice revisado. Oxford: Clarendon, 1996*

MM .... *Moulton, James H., e George Milligan. The Vocabulary of the Greek New Testament. London, 1930. Repr., Peabody, MA:Hendrickson, 1997*

MNTC .... *Moffatt New Testament Commentary*

NAC .... New American Commentary

NBBC .... New Beacon Bible Commentary

NCB .... New Century Bible

NCBC .... New Cambridge Bible Commentary

NCHB .... New Cambridge History of the Bible

NEA .... *Near Eastern Archaeology*

NEAEHL .... *New Encyclopedia of Archeological Excavations in the Holy Land.* Editado por Ephraim Stern. 4 vols. Jerusalem: Israel Explorations Society & Carta; New York: Simon & Schuster, 1993

NICNT ...... New International Commentary on the New Testament

NICOT....... New International Commentary on the Old Testament

NIDB .... *New Interpreter's Dictionary of the Bible.* Editado por Katharine Doob Sakenfeld. 5 vols. Nashville: Abingdon, 2006-2009

NIDNTT.... *New International Dictionary of New Testament Theology.* Editado por Colin Brown. 4 vols. Grand Rapids: Zondervan, 1975-1978

NIDNTTE.. *New International Dictionary of New Testament Theology and Exegesis.* Editado por Moisés Silva. 5 vols. Grand Rapids: Zondervan, 2014

NIDOTTE.. *New International Dictionary of Old Testament Theology and Exegesis.* Editado por Willem A. VanGemeren. 5 vols. Grand Rapids: Zondervan, 1997

NIGTC....... New International Greek Testament Commentary

NIVAC .... *The NIV Application Commentary*

NovT .... *Novum Testamentum*

NovTSup ..... *Supplements to Novum Testamentum*

NSBT .... *New Studies in Biblical Theology*

NTL............ New Testament Library

NTA .... *New Testament Abstracts*

NTC .... *New Testament Commentary*

NTL .... *New Testament Library*

NTS .... *New Testament Studies*

OEANE .... *The Oxford Encyclopedia of Archaeology in the Near East.* Editado por Eric M. Meyers. 5 vols. New York: Oxford University Press, 1997

OECS .... *Oxford Early Christian Studies*

OTA .... *Old Testament Abstracts*

OTG .... *Old Testament Guides*

OTL .... *Old Testament Library*

LISTA DE ABREVIATURAS

OTS............ *Old Testament Studies*

OtSt............. *Oudtestamentische Studiën*

PNTC......... Pillar New Testament Commentary

PRSt............ *Perspectives in Religious Studies*

RelSRev........ *Religious Studies Review*

ResQ............ *Restoration Quarterly*

RevExp .... *Review and Expositor*

RSP............. *Ras Shamra Parallels*

SAP............. *Sheffield Academic Press*

SBET.......... *Scottish Bulletin of Evangelical Theology*

SBLDS........ Society of Biblical Literature Dissertation Series

SBLMS .... SBL Monograph Series

SBLSP......... SBL Seminar Papers

SBT............. Studies in Biblical Theology

SBTS........... Sources for Biblical and Theological Study

SemeiaSt...... Semeia Studies

SFSHJ......... South Florida Studies in the History of Judaism

SJT.............. *Scottish Journal of Theology*

SJOT........... *Scandinavian Journal of the Old Testament*

SNTSMS .... Society for New Testament Studies Monograph Series

SP .... Sacra Pagina

SSN .... Studia Semitica Neerlandica

StBibLit....... Studies in Biblical Literature (Lang)

STDJ .... Studies on the Texts of the Desert of Judah

STJ.............. *Stulos Theological*

SUNT......... Studien zur Umwelt des Neuen Testament

SVTQ........... *St. Vladimir's Theological Quarterly*

SwJT........... *Southwestern Journal of Theology*

TB .... Theologische Bücherei

TDOT......... *Theological Dictionary of the Old Testament.* Editado por G. Johannes Botterweck e Helmer Ringgren. Trad. John T. Willis et al. 8 vols. Grand Rapids: Eerdmans, 1974-2006

Teol............. *Teologia*

• 27 •

INTRODUÇÃO À INTERPRETAÇÃO BÍBLICA

THAT .... *Theologisches Handwörterbuch zum Alten Testament.* Editado por Enrst Jenni, com a ajuda de Claus Westermann. 2 vols. Munich: Chr. Kaiser Verlag; Zürich: Theologischer Verlag, 1971-1976

Them .... *Themelios*

THNTC ...... *Two Horizons New Testament Commentary*

TJ .... *Trinity Journal*

TLOT .... *Theological Lexicon of the Old Testament. Editado por Ernst Jenni, com a ajuda de Claus Westermann. Traduzido por Mark E. Biddle. 3 vols. Peabody, MA: Hendrickson, 1997*

TLZ .... *Theologische Literaturzeitung*

TNTC .... Tyndale New Testament Commentaries

TOTC......... Tyndale Old Testament Commentaries

TU .... Texte und Untersuchungen

TynBul......... *Tyndale Bulletin*

UBC............ *Understanding the Bible Commentary Series*

USQR.......... *Union Seminary Quarterly Review*

VE............... *Vox Evangelica*

VT............... *Vetus Testamentum*

VTSup .... VT Supplements

WAW .... Writings from the Ancient World

WBC .... Word Biblical Commentary

WMANT.... Wissenschaftliche Monographien zum Alten und Neuen Testament

WTJ............ *Westminster Theological Journal*

WUNT........ *Wissenschaftliche Untersuchungen zum Neuen Testament*

WW............. *Word and World*

WMANT..... *Wissenschaftliche Monographien zum Alten und Neuen Testament*

ZAW .... *Zeitschrift für die alttestamentliche Wissenschaft*

ZBK............ *Zürcher Bibelkommentare*

ZECNT....... *Zondervan Exegetical Commentary on the New Testament*

ZNW........... *Zeitschrift für die neutestamentliche Wissenschaft*

ZPEB .... *Zondervan Pictorial Encyclopedia of the Bible,* ed., M. C. Tenney.

• 28 •

LISTA DE ABREVIATURAS

ABREVIATURAS GERAIS

Abr............... abreviatura

ad loc. .... *ad locum* (latim), na referida passagem

amp. .... ampliado

ANE .... Ancient Near East

AT .... Antigo Testamento

c................... cerca de, em torno de, por volta de

cf. .... *confer,* compare

cap.(s) .... capítulo(s)

contra........... em contraste a

diss............... dissertação

ed.(s)............ editado por, editor(es)

e.g............... *exempli gratia,* por exemplo

esp. .... especialmente

et al.............. *et alii,* e outros

TI .... tradução inglesa

s., ss. .... seguintes [versículo(s); página(s)]

fem. .... feminino

FS .... *Festschrift,* volume em honra de alguém

al................. alemão

gr. .... grego

heb............... hebraico

Hiph............. hiphil

Hith............. hithpael

id. .... *idem,* o mesmo

i.e................ *id est,* isto é

lit. .... literalmente

loc............... locativo

loc. cit.......... *loco citato,* no lugar já citado

MS(S) .... manuscrito(s)

masc............. masculino

s.d................ sem data

INTRODUÇÃO À INTERPRETAÇÃO BÍBLICA

niph............. niphal

n.s................ nova série

NT .... Novo Testamento

orig. .... original

p. .... página, páginas

pace.............. com o devido respeito, mas com opinião divergente

par. .... paralelo (a)

para.............. parágrafo

pass.............. *passim,* através de

pl. .... plural

Q................. *Quelle* (Alemão)(fonte das falas de Jesus para os Evangelhos)

reimp. .... reimpresso

rev................ revisão, revisado

séc................ século

sing. .... singular

s.v. .... *sub verbo,* na palavra relevante

tr................. traduzido por, tradução

SBU .... Sociedades Bíblicas Unidas

n.p. .... não publicado

atual............. atualizado

v.................. versículo(s)

viz............... *videlicet*, a saber

vol(s)............ volume(s)

vs. .... versus

X................. vezes (como em 3X = três vezes)

PREFÁCIO À EDIÇÃO BRASILEIRA

Finalmente ele chegou ao Brasil! A expectativa da comunidade acadêmica evangélica brasileira foi, por fim, concretizada. A Thomas Nelson Brasil tem o prazer de apresentar o renomado livro *Introdução à interpretação bíblica*, dos especialistas e experientes professores William W. Klein, Craig L. Blomberg e Robert L. Hubbard Jr., doutores em suas respectivas áreas de estudo.

A primeira edição americana deste livro foi lançada em 1993. Em 2004, tendo em vista os avanços na área da hermenêutica bíblica, os autores lançaram a segunda edição revisada e expandida. Mas como o progresso do conhecimento é contínuo e os desafios nessa área exigem cada vez mais dos intérpretes das Escrituras, a terceira edição de 2017 ganhou mais de 150 páginas e reflete o avanço no campo da interpretação da Palavra de Deus. Esta primeira edição em português foi traduzida da edição de 2017, a mais atualizada. Assim, o estudioso — tanto professor quanto aluno — pode se considerar privilegiado por ter em mãos o que há de melhor e de mais moderno na área da hermenêutica bíblica.

O que é bom se prova pelo tempo. Essa verdade pode ser claramente percebida por este livro, já em uso por instituições de ensino superior dos Estados Unidos há aproximadamente três décadas, além de ter sido traduzido para diversos idiomas. O mesmo também pode ser dito da Thomas Nelson, Inc., editora fundada em 1798, em Edimburgo, na Escócia (atualmente com sede em Nashville, Tennessee, EUA), e que integra a HarperCollins Christian Publishing, juntamente com a Zondervan. A Thomas Nelson Brasil tem a missão de levar para a comunidade evangélica brasileira o que há de melhor em teologia e obras de referencia publicado por essas editoras renomadas e irmanadas.

A Thomas Nelson Brasil tomou todo o cuidado para que este livro não soasse americano demais, sobretudo nos exemplos. Em alguns casos, no entanto, isso seria praticamente impossível, devido à especificidade dos exemplos e ao que os autores pretendiam comunicar. Mesmo assim, da forma como ficou, qualquer leitor, mesmo o que não domina a língua inglesa, poderá tirar o máximo de proveito desta obra. No geral, a edição em português exigiu algumas adaptações necessárias, especialmente no capítulo 4, "O cânon e as traduções". Os subtítulos "As traduções mais importantes para o português" e "Escolhendo uma tradução" foram refeitos pensando no leitor do Brasil, que terão à disposição uma indicação de fontes bibliográficas acerca das principais versões bíblicas adotadas em solo pátrio, o que facilitará seu trabalho hermenêutico.

• 31 •

INTRODUÇÃO À INTERPRETAÇÃO BÍBLICA

Mas não pense que este livro é destinado exclusivamente ao público acadêmico. Embora esse seja o público-alvo, não é certamente o público exclusivo. Este livro será útil a todo cristão interessado em ler e interpretar a Bíblia de forma adequada, seguindo princípios abalizados e coerentes, evitando erros que podem comprometer a leitura, a interpretação e a consequente aplicação do texto bíblico, tanto para a vida pessoal quanto para a vida em comunidade.

Acreditamos piamente que *Introdução à interpretação bíblica* será um marco no cenário evangélico brasileiro e que influenciará diferentes gerações de estudiosos da Bíblia, comprometidos com uma hermenêutica conservadora e que defende com veemência a inspiração divina das Escrituras Sagradas.

Os Editores
Novembro de 2017

PREFÁCIO À TERCEIRA EDIÇÃO AMERICANA

Nós, os três autores, estamos muito satisfeitos pelo fato de a terceira edição americana do nosso livro ter sido autorizada. A primeira edição foi lançada em 1993, seguida pela segunda, cerca de uma década depois, em 2004. Agora, depois do transcorrer de um pouco mais de uma década, estamos alegres em trazer esta terceira edição para uma nova geração de estudantes. A disciplina da hermenêutica (interpretação bíblica) continua a ocupar um lugar de destaque nos campos dos estudos bíblicos e teológicos. Essa avaliação com certeza vem do fluxo contínuo de publicações, teses e livros que surgem: alguns, como este, com várias edições. Isto não deve ser uma surpresa: o que a Bíblia *significa* por meio do que está escrito e qual deve ser a sua importância para a Igreja e para os cristãos individualmente não são questões insignificantes; na verdade, são de suma importância!

Acompanhamos o processo de redação dessa edição do mesmo modo como fizemos nas edições anteriores, e pedimos que os leitores consultem o "Prefácio da segunda edição" para conhecer esse processo. Felizmente, Robert Hubbard voltou a morar em Denver há alguns anos, de modo que desfrutamos novamente da oportunidade do envolvimento presencial em nossa redação e edição (e da calorosa amizade). Este livro representa uma das alegrias da colaboração acadêmica: a oportunidade de trabalhar juntos como amigos e colegas, bem como a de reunir nossa formação acadêmica em favor da Igreja de Cristo.

De modo parecido com a edição que a antecedeu, esta terceira reflete algumas mudanças importantes em virtude das novidades nas áreas extensivas que tentamos abranger. Por exemplo, damos muito mais espaço para a teoria dos atos de fala do que na edição anterior. Além disso, atualizamos as discussões em duas frentes. Na primeira, o que nós — três professores veteranos da Bíblia — escrevemos aqui se baseia em mais de cem anos de ensino e estudo no total. Acreditamos que os aperfeiçoamentos neste livro refletem o nosso pensamento mais maduro (além de mais adequado e correto, assim esperamos) sobre essa tarefa fundamental. Em segundo lugar, temos presenciado muitos avanços, bem como revisões no pensamento de vários especialistas e de várias obras sobre os assuntos aos quais nos aplicamos; precisamos interagir com esses especialistas no nosso objetivo de sermos intérpretes fiéis das Sagradas Escrituras divinas. Acreditamos que esses avanços exigem que revisemos e melhoremos algumas coisas que dissemos em 2004.

INTRODUÇÃO À INTERPRETAÇÃO BÍBLICA

Do mesmo modo que nas edições anteriores, continuamos a receber subsídio de muitos colegas, tanto no Denver Seminary (Blomberg e Klein) quanto na North Park University (Hubbard). Algumas de suas conclusões aparecem em vários lugares, bem como nas notas de rodapé, mesmo que frequentemente sem reconhecimento específico. Além disso, recebemos contribuições de nossos alunos em nossas aulas e dos colegas em várias instituições que têm usado o livro, tanto no seu ensino como no seu estudo. Grande parte do pensamento desses colegas acadêmicos também se reflete nas notas de rodapé e na bibliografia do livro. Esses recursos — extensos e expansivos — são nossa tática consciente que, esperamos, permitirá aos leitores interessados se aprofundarem mais em algumas questões que só temos condição de acompanhar muito brevemente (ainda que alguns estudantes possam se queixar de que o livro já esteja muito grande!). E repetimos o que reconhecemos no prefácio anterior: muitas pessoas influenciaram o nosso pensamento e nossas formas de expressão de modo que não podemos mais identificar ou documentar adequadamente. Mesmo assim, nós lhes transmitimos nossos tributos de gratidão. Queremos agradecer a Katya Covrett, editora executiva da Zondervan Academic, por nos incentivar a produzir esta edição.

Como antes, reconhecemos três mentores que abriram algumas trilhas da interpretação bíblica para que as pudéssemos seguir: Donald W. Burdick, D. A. Carson e David A. Hubbard. Nós lhes agradecemos anteriormente e fazemos isso outra vez. Mas a esse trio acrescentamos um trio de mulheres. Por meio dessa edição honramos com gratidão nossas esposas, com as quais temos aprendido muito sobre a natureza e a importância da interpretação bíblica, cada uma à sua maneira. Sendo assim, obrigado: Phyllis Klein, Fran Blomberg e Pam Hubbard. Vocês nos têm abençoado com exemplos piedosos e de discipulado fiel nos caminhos de Cristo. Do mesmo modo que Paulo escreveu sobre duas mulheres de Filipos, podemos aplicar suas palavras às nossas esposas: "[essas mulheres] lutaram ao meu lado na causa do evangelho [...] Os seus nomes estão no livro da vida" (Fl 4:3).

WILLIAM W. KLEIN, CRAIG L. BLOMBERG e ROBERT L. HUBBARD, JR.
Fevereiro de 2016

PREFÁCIO À SEGUNDA EDIÇÃO AMERICANA

Muita coisa aconteceu no universo da disciplina da interpretação bíblica nos anos que se seguiram à primeira edição deste livro em 1993. Muitos volumes de valor e inúmeros artigos, teses e capítulos surgiram de forma consistente a cada ano. Evidentemente, o assunto continua sendo dos mais comentados, como deveria ser. Além disso, o panorama dos estudos e da interpretação bíblicos mudou em muitos aspectos. Deparamo-nos com novas explicações sobre o modo pelo qual a linguagem funciona, com a ascensão e a queda de várias abordagens de avaliação de textos, com as tentativas diversas de perceber a natureza do sentido e com a influência crescente da pós-modernidade, só para mencionar alguns deles. Surgiram várias versões e traduções importantes da Bíblia.

Recebemos um grande incentivo ao presenciar o uso cada vez maior da primeira edição deste livro desde que foi publicado. Ele tem sido utilizado como livro-texto em muitas aulas em faculdades e seminários. Ele já foi traduzido para muitos outros idiomas e é amplamente utilizado. Mas, dadas as transformações que ocorreram nestes últimos anos, vimos com bons olhos a oportunidade de alterar o modo que expressamos algumas coisas, de reformular algumas partes, de trazer algumas questões das páginas complementares para o texto principal e, *acima de tudo*, de atualizar as discussões de muitas questões, as notas de rodapé e a bibliografia comentada. Lemos muitas críticas ao livro e aprendemos com as avaliações de seus pontos fortes e fracos apresentados por críticos e leitores. Em meio ao processo de revisão, solicitamos e recebemos comentários pontuais e extremamente úteis de vários colegas importantes de outras instituições que utilizaram o livro de forma regular em suas aulas. Agradecemos muito pelo tempo e esforço que investiram em suas avaliações.

Oferecemos este volume para desenvolver nesta geração a prática da interpretação bíblica, também chamada de hermenêutica. Um texto completo e ao mesmo tempo fluente que abrange todas as questões principais relacionadas à interpretação da Bíblia. Incluímos percepções diferenciadas de áreas que transcendem aos próprios estudos bíblicos: da filosofia, da linguística, das ciências sociais e da crítica literária, entre outras. Escrevemos este livro não somente para compilar e relatar as descobertas de outras pessoas, ainda que tenhamos feito isso com frequência, mas também para propor a nossa própria estratégia para esse esforço concentrado tão importante que é a interpretação. Este livro transborda de exemplos bíblicos para demonstrar os princípios abordados. Buscamos com diligência mostrar aos estudantes não somente o que é a interpretação, mas *como* se interpreta.

Como um livro desse tipo surgiu e como três autores podem escrever um livro juntos? A princípio, o dr. Klein concebeu a ideia de um novo volume sobre hermenêutica e escreveu o esboço original. Logo ele percebeu que essa tarefa seria enorme, e então envolveu no projeto três colegas, todos professores do Denver Seminary, e eles dividiram entre si as tarefas de pesquisa e redação em partes iguais. De forma inesperada, algumas responsabilidades no seminário forçaram o dr. Kermit Ecklebarger a sair do projeto. Ele teria sido capaz de fornecer informações valiosas para os capítulos sobre a história da interpretação, sobre as regras gerais da hermenêutica e sobre sua aplicação. A tarefa então foi passada para os três que permaneceram: o dr. Klein e o dr. Blomberg cuidaram do Novo Testamento e o dr. Hubbard cuidou dos estudos do Antigo Testamento.

De modo a ampliar o valor da nossa formação e da nossa habilidade, decidimos que todos os três estariam envolvidos em tudo o que fosse produzido. Dessa forma cada um escrevia as partes que lhes eram atribuídas e depois liam os rascunhos dos outros. Fizemos extensos comentários e sugerimos revisões, acréscimos e retiradas de material. Quando as opiniões diferentes e os desacordos surgiam, discutíamos as questões até que chegássemos a um consenso. Queríamos produzir um texto que todos poderiam endossar. Por fim, o dr. Klein se incumbiu da tarefa de ser o editor final com a liberdade de fazer tudo o que fosse necessário para produzir o manuscrito definitivo.

Desde quando foi lançada a primeira edição, Robert Hubbard mudou-se de Denver para preencher uma vaga de professor no North Park Theological Seminary em Chicago. Os doutores Blomberg e Klein permaneceram no Denver Seminary. Nós três utilizamos a mesma abordagem nesta revisão como fizemos na redação inicial. Devolvemos cada capítulo ao seu autor original para que fosse feita a revisão inicial, levando em consideração todas as resenhas e os comentários que recebemos. Disponibilizamos cada capítulo revisado para os outros dois autores a fim de que fizessem comentários, críticas, sugestões para revisões e correções, e depois devolvíamos ao autor para que reescrevesse com base nessas reações. Fomos bem mais exigentes uns com os outros do que antes. Quando estávamos certos de ter obtido o melhor resultado, William Klein novamente efetuou a edição final. Esperamos que o presente volume tenha captado o melhor de nossas competências individuais e coletivas. Verificamos a verdade do provérbio: "Assim como o ferro afia o ferro, o homem afia o seu companheiro" (Pv 27:17). Ao absorvermos os comentários críticos uns dos outros, tivemos um crescimento ao apreciar as habilidades individuais e entender a verdade de Deus. Continuamos bons amigos e acreditamos que nossos

PREFÁCIO À SEGUNDA EDIÇÃO AMERICANA

esforços conjuntos deram origem a um volume que trará uma rica colheita de intérpretes fiéis e praticantes da santa Palavra de Deus.

Gostaríamos de agradecer a Wayne Kinde, editor associado de livros de referência e profissionais da Thomas Nelson, por concordar com entusiasmo em produzir esta segunda edição. Também foi um prazer trabalhar diretamente com Lee Hollaway, editor gerente de referência e publicação eletrônica, que ajudou a supervisionar o projeto ativamente. Fomos novamente ajudados e abençoados pelos esforços de vários colegas do Denver Seminary, com o apoio da professora Elodie Emig na pesquisa e dos serviços hábeis de digitação e indexação da sra. Jeanette Freitag. A nossa pesquisa também se beneficiou dos períodos sabáticos proporcionados por nossas escolas, das suas ótimas bibliotecas e equipes especializadas e das informações diferenciadas proporcionadas por Paul Corner, professor assistente do North Park Theological Seminary. Também agradecemos à faculdade teológica da Universidade de Tübingen, na Alemanha, por sua hospitalidade e pelo uso de suas bibliotecas excelentes durante um período de licença.

Nenhum livro é lançado sem a contribuição de inúmeras pessoas além do autor ou, nesse caso, dos autores. O dr. Timothy P. Weber graciosamente leu o capítulo sobre a história da interpretação. O dr. M. Daniel Carroll R. fez vários comentários sobre os capítulos que tratam do Antigo Testamento. Nossas inúmeras referências prontamente reconhecem o trabalho dos nossos colegas no meio acadêmico. Sem dúvida muitos outros contribuíram na elaboração do nosso pensamento, mas não tínhamos a noção de suas contribuições valiosas, adquiridas de forma constante ano após ano, e não temos como reconhecê-las além desse parágrafo. Mas quatro pessoas, que não foram devidamente identificadas nas notas de rodapé, tiveram um impacto duradouro em nossa vida. Elas foram nossas primeiras mentoras nos estudos bíblicos acadêmicos. Elas não somente afiaram nossas habilidades de interpretação, mas também inspiraram um amor duradouro pela Bíblia. Cada uma delas destacou a necessidade de saber não apenas *o que* a Bíblia diz, mas também o que a Bíblia *quer dizer* com aquilo que diz. Oramos para que transmitamos a mesma mentalidade aos nossos alunos. Dedicamos novamente esta segunda edição a esses mentores, dos quais três já estão na presença do Senhor. Então agradecemos a Donald W. Burdick (*in memoriam*), D. A. Carson, David A. Hubbard (*in memoriam*) e A. Berkeley Mickelsen (*in memoriam*). O escritor de Hebreus bem poderia ter se referido a esse quarteto quando advertiu: "Lembrem-se dos seus líderes, que lhes falaram a palavra de Deus. Observem bem o resultado da vida que tiveram e imitem a sua fé" (Hb 13:7). Obrigado, irmãos, por tudo o que significam para nós.

WILLIAM W. KLEIN, CRAIG L. BLOMBERG E ROBERT L. HUBBARD JR.
31 de outubro de 2003

INTRODUÇÃO

Quase todos os dias, o cristão comum é desafiado a obedecer a Palavra de Deus. Sentimos muito bem a urgência das palavras de Jesus para aquela mulher israelita ditas há muito tempo: "Antes, felizes são aqueles que ouvem a palavra de Deus e lhe obedecem" (Lc 11:28). E as palavras de Tiago ressoam em nossa mente: "Sejam praticantes da palavra, e não apenas ouvintes, enganando-se a si mesmos" (Tg 1:22). O salmista nos confirma: "A tua palavra é lâmpada que ilumina os meus passos e luz que clareia o meu caminho" (Sl 119:105). Acreditamos que podemos crescer em nosso relacionamento com Deus, nos desenvolver como discípulos cada vez mais experimentados espiritualmente e nos tornar servos de Deus cada vez mais úteis se simplesmente crermos e seguirmos as instruções divinas na Bíblia. Como poderíamos ser mais eficientes! Como poderíamos ser mais semelhantes a Cristo se simplesmente fizéssemos do estudo bíblico e da sua aplicação partes absolutas da nossa vida! Enfrentemos o desafio de nos tornarmos cristãos *bíblicos*: cristãos que aprendem o que a Palavra de Deus diz e que a colocam em prática de forma humilde e obediente. Em uma era de crescente analfabetismo bíblico, esse apelo se torna cada vez mais urgente.

Mas como estamos no aprendizado do que a Bíblia diz? O que temos a aprender e como vamos reagir? Podemos saber se entendemos a mensagem de forma correta? O nosso objetivo ao escrever este livro é ajudar a responder a essas perguntas e desvendar alguns dos mistérios da interpretação bíblica.

Temos de admitir que talvez possa ser assustador enfrentar uma Bíblia imensa cheia de genealogias estrangeiras, práticas de civilizações desconhecidas, profecias estranhas e epístolas excêntricas. Seria muito mais simples se os especialistas simplesmente coletassem as instruções de Deus para nós em uma linda lista sistemática. Mas o próprio Deus não passou uma lista simples de princípios e práticas. Teríamos a ousadia de baixar o nível da Bíblia a esse ponto? De qualquer forma, ainda que preferíssemos tanto que a revelação de Deus chegasse a nós de forma diferente, nós nos curvamos à sua sabedoria em nos dar a Bíblia como ela é. Estamos convencidos de que quando entendermos a natureza da Bíblia e do que Deus fez para providenciá-la, perceberemos que ela não pode ser limitada a uma lista de crenças para seguir, de atitudes para praticar, de ações para buscar, nem de coisas opostas correspondentes para evitar. Em sua sabedoria, Deus ofereceu a seu povo o tipo de revelação que ele decidiu ser o melhor para nós. A nossa tarefa é entender e corresponder ao que Deus

INTRODUÇÃO À INTERPRETAÇÃO BÍBLICA

comunicou demonstrando a nossa obediência e fidelidade a essa revelação. Temos de viver em harmonia com a Bíblia *como ela é*! E isto é exatamente o que desejamos ajudar o leitor a alcançar.

Mas para executar a tarefa da interpretação bíblica de forma correta, precisamos entender primeiramente o que é interpretação bíblica. Dessa forma, na "Parte I", definimos a hermenêutica e demonstramos a necessidade fundamental dos válidos e cuidadosos princípios hermenêuticos. Para chegarmos ao entendimento de como interpretamos a Bíblia nos dias de hoje temos de passar por uma análise daqueles que nos precederam na fé bíblica. Para isso investigamos as várias abordagens e técnicas que as pessoas utilizaram para entender a Bíblia ao longo da história. Queremos aprender com elas, apropriando-nos daquilo que é válido enquanto evitamos os erros que cometeram e as armadilhas em que caíram.

Nos últimos anos, alguns especialistas e intérpretes bíblicos fizeram um apelo por uma mudança radical no foco da interpretação. Muitos métodos novos, em alguns casos esotéricos, surgiram tanto nos estudos literários e críticos (por exemplo, a desconstrução) como nos sociocientíficos (por exemplo, a hermenêutica feminina). Mesmo que alguns leitores deste livro-texto deixem de acrescentar todas essas táticas a seus arsenais de métodos de interpretação, eles oferecem algum auxílio claro para os intérpretes. Além disso, a presença desses métodos no contexto moderno exige que passemos aos alunos alguma avaliação dos seus procedimentos e da sua utilidade.

Um legado muito valioso dos nossos antepassados espirituais é o cânon bíblico. Fornecemos uma visão da parte e do todo da formação da Bíblia. Além disso, vamos refletir sobre o fenômeno da tradução da Bíblia e procuraremos ajudar os leitores a navegar através do labirinto das versões conflitantes que estão disponíveis hoje em dia.

Na "Parte II" consideraremos o intérprete em primeiro lugar: as qualificações e os pressupostos que são necessários e adequados para a tarefa da interpretação bíblica. A hermenêutica se preocupou por muito tempo em desvendar o sentido dos textos antigos. Mas até uma época recente não se deu atenção suficiente para aqueles que buscam compreender esse sentido: os próprios intérpretes. Os intérpretes não são telas em branco ou esponjas vazias. A personalidade deles ajuda muito no esforço de entender. Então, acima das qualificações ou dos pressupostos, vamos investigar o conceito do "pré-entendimento": aquilo que os intérpretes trazem na bagagem durante a tarefa da interpretação. Depois de descrever o intérprete, abordaremos então a questão do objetivo da interpretação: o que buscamos. O objetivo é determinar o sentido que os autores pretendiam, o sentido dos próprios textos ou o sentido produzido quando o texto e o leitor moderno interagem? Podemos dizer que um texto tem (ou produz)

INTRODUÇÃO

somente um sentido possível? Ou, mudando a pergunta, os textos podem ter sentidos que os seus autores pretendiam enquanto reservam outro ou outros sentidos colocados pelo Espírito Santo para serem desvendados pelos leitores de épocas posteriores? Podemos garantir que nossas interpretações são válidas? Essas são questões fundamentais, e as respostas têm consequências enormes para a nossa tarefa porque as questões da vida e da eternidade são determinadas por um entendimento adequado da mensagem de Deus.

Na "Parte III" estabeleceremos princípios básicos e comumente aceitos para entender como funciona a literatura, tanto a prosa quanto a poesia. A Bíblia é basicamente uma obra literária, e temos de entendê-la dessa forma. Pesquisamos as várias questões literárias, culturais, sociais e históricas envolvidas na interpretação. À medida que os idiomas funcionam de acordo com regras e princípios definidos, os intérpretes têm de entender essas regras de modo a estudar os textos de forma adequada. O objetivo não é complicar as questões, mas sim alcançar um entendimento melhor. Desejamos a máxima precisão no processo de interpretação.

A "Parte IV" apresenta ao leitor os tipos específicos de literatura (ou gêneros) encontrados na Bíblia, e traz uma visão geral das metodologias adequadas para entender o sentido transmitido por cada um deles. Descrevemos cada gênero — a Lei (o material legislativo da Bíblia), a narrativa histórica do Antigo Testamento, a poesia, a profecia, a literatura sapiencial, o gênero apocalíptico do Antigo Testamento, os Evangelhos, a narrativa histórica do Novo Testamento (o livro de Atos), as epístolas e Apocalipse — e mostramos como o intérprete precisa estudar cada um deles para entender completamente a sua mensagem.

Os leitores sem dúvida têm uma variedade de razões para querer estudar a Bíblia. A "Parte V" busca colocar à disposição a riqueza prática da Bíblia ao investigar, rapidamente, as várias maneiras que ela ministra ao povo de Deus. Seja usando a Bíblia para ajudar aos outros (no ensino, na pregação ou aconselhando um amigo), seja para buscar encorajamento pessoal, seja simplesmente para adorar o Deus do universo, a Bíblia tem provado o seu valor desde a sua origem. Além disso, a ela serve como o livro que é a fonte da teologia da Igreja, para o entendimento de como Deus vê a vida e o que ele quer para seu povo.

Em essência, a Bíblia é a revelação escrita de Deus para o seu povo. Ela registra em palavras humanas o que Deus ordenou. Sendo assim, uma questão importante para todo estudante da Bíblia é: Como podemos *aplicá-la* à nossa vida nos dias de hoje? A "Parte V" considera essa questão da aplicação pessoal. Essa tarefa não é fácil porque a mensagem da Bíblia passa por vários séculos e culturas. E precisamente porque a Bíblia chegou às pessoas dentro de suas próprias culturas e experiências há milhares de anos, os cristãos modernos não estão sempre seguros quanto à maneira de colocar em prática o que ela ordena.

INTRODUÇÃO À INTERPRETAÇÃO BÍBLICA

Eles ficam perplexos sobre como partir dos princípios de uma passagem a fim de formular aplicações modernas adequadas. Quando lemos sobre o que Deus exigiu dos antigos israelitas e dos cristãos do primeiro século, ficamos confusos quanto ao que ele espera de nós nos dias de hoje. Se a carne de porco e o camarão foram proibidos para o povo de Deus em 1200 a.C. (Lv 11:7, 10-12), com que base poderemos anular essa proibição nos dias de hoje? Se Paulo exigia que as mulheres na Igreja de Corinto do ano 57 d.C. cobrissem a cabeça de forma adequada (1Co 11:4-6, 13), podem as mulheres do século XXI ignorar essas instruções? Os cristãos insistem em seguir as instruções de Jesus a seus discípulos para celebrar a ceia do Senhor: "Isto é o meu corpo dado em favor de vocês; *façam isto* em memória de mim" (Lc 22:19; destaque acrescentado)? Não deveríamos também cumprir esta outra instrução clara: "Pois bem, se eu, sendo Senhor e Mestre de vocês, lavei-lhes os pés, vocês também devem lavar os pés uns dos outros. Eu lhes dei o exemplo, *para que vocês façam* como lhes fiz" (Jo 13:14-15; destaque acrescentado)? Essas são questões importantíssimas para o cristão que sinceramente quer aplicar a Bíblia de forma correta em sua vida.

A fim de ajudar os intérpretes bíblicos — iniciantes ou experientes —, providenciamos uma bibliografia anotada de auxílios sugeridos. Da mesma forma que os marceneiros, os programadores ou os cirurgiões dependem de ferramentas para realizar o seu trabalho, os intérpretes também precisam de ferramentas específicas. Por todo o livro defendemos uma abordagem responsável para discernir o sentido dos textos bíblicos. Essa abordagem exige com frequência percepções e informações coletadas por especialistas. Nessa parte final apresentamos uma lista desses recursos, acreditando que os intérpretes os acharão mais úteis na gama completa de tarefas necessárias para a interpretação eficiente. A bibliografia é uma lista prática para que os alunos a utilizem na interpretação bíblica. Os leitores podem consultar as notas de rodapé nos locais apropriados para obterem detalhes mais técnicos e para a documentação da abordagem da interpretação bíblica descrita neste livro.

Temos uma palavra final para os professores que utilizarem esta publicação como livro-texto: cada capítulo foi desenvolvido para ser independente em sua visão. Os capítulos podem ser estudados em várias sequências, porque cada um pode ser lido separadamente. Isso também significa que existe alguma intersecção e uma certa repetição na discussão de alguns tópicos. Geralmente colocamos referências cruzadas nos tópicos para alertar aos leitores sobre os locais em que determinada questão recebe uma discussão mais detalhada.

• 42 •

PARTE

1

A TAREFA DA

INTERPRETAÇÃO

1

A NECESSIDADE DA INTERPRETAÇÃO

Entender corretamente a Bíblia é uma tarefa árdua e, por vezes, complexa. Podemos prontamente explicar o que a Bíblia *diz*, mas temos mais dificuldade em concordar sobre aquilo que ela *quer dizer* a partir daquilo que diz. E, de forma ainda mais problemática, os cristãos modernos divergem profundamente sobre a maneira pela qual as palavras da Bíblia devem influenciar a vida deles nos dias de hoje, se é que elas devem fazê-lo.

Considere alguns pontos difíceis de tensão que enfrentamos nessa tarefa:

- A Bíblia é a Palavra de Deus, mas que chegou até nós por meios humanos. As instruções divinas se apresentam como absolutas, mas se estabeleceram em contextos históricos tão diversos que fica difícil perceber como elas podem se constituir como juízos universais normativos.
- A mensagem divina tem que ser clara, ainda que muitas passagens pareçam ambíguas demais.
- Reconhecemos o papel fundamental do Espírito Santo, ainda que, com certeza, o estudo seja necessário para entender o que o Espírito inspirou.
- As Escrituras apresentam a mensagem que Deus quer que ouçamos, mas essa mensagem é transmitida dentro de um panorama literário complexo com vários gêneros literários e por um longo período de tempo.
- A interpretação adequada exige a liberdade pessoal do intérprete, mas essa liberdade vem acompanhada de riscos consideráveis quanto a ideias preconcebidas e distorções. Haveria alguma responsabilidade para uma autoridade externa ou coletiva?
- A objetividade da mensagem bíblica parece essencial para alguns leitores, mas enquanto por um lado as pressuposições certamente sugerem um grau de subjetividade no processo de interpretação, por outro

• 45 •

lado a pós-modernidade questiona até mesmo o próprio conceito de objetividade.[1]

Todo estudioso da Bíblia poderia acrescentar sua própria lista de questões incômodas e de difícil compreensão. Como poderemos nos sair bem nas tentativas de entender as Escrituras corretamente? Precisamos de uma abordagem bem refletida para interpretar a Bíblia. É exatamente nesse ponto em que a hermenêutica entra em cena.

O sentido desse termo pode ser ambíguo no uso atual, então precisamos explicar o sentido que usaremos neste livro.

A *hermenêutica* descreve a tarefa de explicar o sentido das Escrituras. A palavra é derivada do verbo grego *hermēneuō*, que significa "explicar", "interpretar" ou "traduzir", enquanto a palavra *hermēneia* significa "interpretação" ou "tradução". Usando esse verbo, Lucas nos informa que Jesus *explicou* aos dois discípulos na estrada de Emaús o que as Escrituras diziam sobre ele (Lc 24:27). Paulo usa o substantivo em 1Coríntios 12:10 para se referir ao dom de *interpretação* de línguas. Então, em sua essência, a hermenêutica se relaciona à interpretação ou à explicação. Em áreas de conhecimento, como os estudos bíblicos e a literatura, ela se refere à tarefa de explicar o sentido de uma obra literária.[2] A hermenêutica descreve os princípios usados para entender o que

---

[1] Adaptado de M. Silva, *Has the Church Misread the Bible? The History of Interpretation in the Light of Current Issues* (Grand Rapids: Zondervan, 1987), p. 37-38.

[2] Duas explicações precisam ficar bem claras aqui. Em primeiro lugar, estamos usando neste livro o termo hermenêutica no que se pode chamar de sentido tradicional: um estudo sistemático de princípios e métodos de interpretação. Pensadores influentes como Schleiermacher, Dilthey, Heidegger, Fuchs, Ebeling, Gadamer, Ricoeur e outros usam o termo com um sentido mais filosófico para identificar como algo do passado pode "ter sentido" hoje ou tornar-se significativo existencialmente no mundo moderno. A expressão "nova hermenêutica" descreve esse processo de transformar a hermenêutica de simples regras para entender textos em um entendimento mais amplo do sentido. As pessoas engajadas nesse processo diriam que efetuaram tal transformação da esfera das simples explicações para fornecer uma explicação profunda da existência humana. Para avaliar os detalhes da "nova hermenêutica" exige-se uma discussão em separado que foge ao objetivo dessa obra, ainda que nos capítulos seguintes sejam apresentadas outras perspectivas. Indicamos ao leitor os trabalhos de A. C. Thiselton, *The Two Horizons: New Testament Hermeneutics and Philosophical Description with Special Reference to Heidegger, Bultmann, Gadamer, and Wittgenstein* (Exeter: Paternoster; Grand Rapids: Eerdmans, 1980); *New Horizons in Hermeneutics* (Grand Rapids: Zondervan, 1992); e *Hermeneutics: An Introduction* (Grand Rapids: Eerdmans, 2009); E. V. McKnight, *Meaning in Texts: Historical Shaping of a Narrative Hermeneutics* (Philadelphia: Fortress, 1978); e K. J. Vanhoozer, *Há um significado neste texto?* (São Paulo: Vida, 2005). Em segundo lugar, os leitores às vezes se depararão com uma hermenêutica específica. Geralmente, isso se refere a um ponto de vista ou de referência consciente em particular que um intérprete adota para entender um texto ou uma declaração. Geralmente essa abordagem pressupõe uma ideologia, atitudes específicas e um método de abordagem. Dessa forma, uma "hermenêutica

algo significa, para compreender o que uma mensagem — oral, escrita ou visual — busca comunicar.

RAZÃO DE SER DA HERMENÊUTICA

Mas o que a hermenêutica tem a ver com a leitura e a compreensão da Bíblia? O povo de Deus ao longo dos milênios não tem lido e entendido as Escrituras sem recorrer a ela? Na verdade, a resposta a essa segunda pergunta é "não". Mesmo sem muitas vezes nos darmos conta disso, se não colocássemos algumas coisas no lugar não seríamos capazes de compreender nada.

Pense no nosso dia a dia normal. Conversamos ou lemos um livro, e inconscientemente interpretamos e entendemos os sentidos do que ouvimos ou lemos. Quando assistimos a um programa de televisão, ouvimos uma palestra ou lemos um *blog* ou um artigo sobre um assunto conhecido em nossa própria cultura e idioma, exercemos a interpretação de forma intuitiva e sem perceber que estamos usando método algum. Mesmo sem perceber o processo, usamos métodos de interpretação que nos capacitam a entender com precisão. Isso explica por que a nossa comunicação do dia a dia funciona. Se não houvesse um sistema, a compreensão só viria de forma aleatória ou ocasional, se de fato ela viesse.[3]

Mas será que a leitura da Bíblia acontece dessa forma? Podemos entender a Bíblia de forma correta com uma leitura simples? Algumas pessoas estão convencidas que sim. Um professor de teologia relatou como um aluno aflito interrompeu aos prantos um seminário de princípios de interpretação bíblica. Temeroso de que tivesse ofendido o estudante, o professor perguntou se havia algo de errado. Triste, o aluno respondeu: "Estou chorando porque sinto pena de você!" O professor ficou sem ação: "Por que você tem pena de mim?" O aluno disse: "Porque é muito difícil para você entender a Bíblia! É só eu ler que Deus me mostra o sentido!"

COMO A ILUMINAÇÃO DO ESPÍRITO SANTO AJUDA O CRISTÃO A ENTENDER A ESCRITURA
Ele os convence de que ela é verdadeira
Ele dá a habilidade de compreender, e não de esgotar o sentido
Ele leva à convicção que capacita o leitor a acolher o seu sentido

feminista" adotará um modo de ler um texto que se amolda aos limites predeterminados de uma ideologia feminista. Substitua "afro-americano", "marxista", "liberacionista", "homossexual" ou "freudiano" por "feminista" e você poderá ver como adotar um referencial acaba programando uma leitura ou hermenêutica diferente do texto.

[3] Para introduzir os gêneros do AT (cap. 9) e a ideia da "competência interpretativa", apresentamos quatro exemplos de textos que facilmente identificamos usando a hermenêutica.

Será que o Espírito Santo revela para as pessoas o sentido da Bíblia? Ao mesmo tempo que essa abordagem de interpretação bíblica pode apresentar certa impressão louvável de confiança em Deus, ela manifesta uma compreensão simplista (e potencialmente perigosa) da iluminação do Espírito Santo e da clareza da Escritura, questões importantes que trataremos no momento oportuno. Como defenderemos, o papel do Espírito Santo no entendimento da Palavra de Deus é indispensável. Ele convence o povo de Deus da verdade da mensagem bíblica e depois o convence e o capacita a viver de forma coerente com essa verdade. No entanto, com a exceção de circunstâncias bem raras e incomuns, o Espírito Santo não informa aos leitores o sentido da Escritura. Isto é, a ajuda do Espírito não substitui a necessidade de interpretar as passagens bíblicas de acordo com os princípios da comunicação da linguagem.

Ao longo dos séculos, toda vez que as pessoas entenderam de forma correta a Palavra de Deus, deve-se ao uso de princípios e métodos de interpretação adequados. É claro que isto não quer dizer que todos tenham tido um treinamento bíblico formal. Isso favorece mais o fato de que eles eram bons leitores: usaram o senso comum e tinham formação suficiente para lê-la de forma precisa. Da mesma maneira que outras pessoas seriamente interpretaram de forma errônea o que a Bíblia queria dizer, às vezes com resultados lamentáveis. *Este livro visa, então, a trazer à tona e esclarecer o que consiste um "bom leitor" e fornecer os princípios de capacitação para que os leitores da Bíblia leiam de forma adequada, evitando, ao mesmo tempo, os erros.*

A necessidade desses princípios torna-se cada vez mais óbvia em um campo que não conhecemos, como uma palestra de astrofísica ou um documento altamente técnico. Os termos, as expressões e os conceitos são estranhos e possivelmente incompreensíveis. Imediatamente sentimos a necessidade de auxílio para decifrar a mensagem. Como poderemos entender os antiquarks, o princípio antrópico fraco ou os neutrinos? Quem pode nos dizer como distinguir um *habeas corpus* de um *corpo de delito*? Não bastará simplesmente inventar nossos próprios sentidos, nem simplesmente perguntar para alguma pessoa aleatória que esteja por perto. Precisaremos do auxílio de recursos especializados ou de um especialista. Ter uma aula de física pode nos ajudar na primeira situação, ao passo que consultar um advogado poderia ajudar na segunda.[4]

Às vezes até mesmo entender a comunicação mais direta não é tão fácil assim. Por exemplo, entender a afirmação de um pai para uma filha, "Você vai estar em casa à meia-noite, não vai?", provavelmente vai exigir a decodificação de várias pistas além do simples sentido das palavras em separado. Para

---

[4] É claro, no mundo atual os mecanismos de busca *online* podem nos dar uma resposta rápida e superficial para muitas questões parecidas.

determinar se isso é uma pergunta, uma suposição ou uma instrução deve-se fazer provavelmente uma análise cuidadosa da situação como um todo. Essa tarefa será mais complicada ainda se alguém buscar decifrar um texto antigo escrito por pessoas há séculos! O que Gênesis 1:2 tem em mente quando diz "Era a terra sem forma e vazia; trevas cobriam a face do abismo"? O que Jesus quis dizer com "Eles fazem seus filactérios bem largos e as franjas de suas vestes bem longas" (Mt 23:5)? Podemos educadamente perguntar ao estudante aflito a que nos referimos no episódio: "Será que o Espírito Santo contará o que são os filactérios ou você precisará usar alguma fonte para consultar o sentido?" As grandes distâncias no tempo e na cultura entre esses escritores antigos e nós exigem algumas pontes se quisermos alcançar algum entendimento.

Mas além do sentido do próprio texto (o que significava no contexto original para os autores e os destinatários), os leitores bíblicos fiéis também querem saber a importância do texto para a vida deles. Eles perguntam: "O que esse texto está dizendo para mim e qual a diferença que ele deve fazer na minha vida, se é que deve fazer?"

Se o objetivo é entender corretamente a comunicação, precisamos de uma abordagem e de métodos adequados para essa tarefa. A hermenêutica fornece os meios de entender as Escrituras e aplicar esse sentido de forma responsável. A fim de evitar uma interpretação que seja arbitrária, errônea ou que simplesmente se adapte aos caprichos pessoais, o leitor precisa de métodos e princípios para sua orientação. Um procedimento deliberado de interpretação baseado em princípios coerentes e confirmados torna-se a melhor garantia de que uma interpretação será precisa. Quando conscientemente nos dedicamos a descobrir e a usar esses princípios, estamos investigando a hermenêutica, a interpretação bíblica.[5] *Dessa maneira, o objetivo básico deste livro será estabelecer, explicar e demonstrar os princípios fundamentais e os métodos para orientar os que querem entender e aplicar a Escritura de forma correta.*

DEFINIÇÃO DA HERMENÊUTICA

Arte e ciência da interpretação

A interpretação não é *nem* simplesmente uma arte *nem* simplesmente uma ciência. Ela é *tanto* uma arte *como* uma ciência. Todo tipo de comunicação usa algum tipo de "código" (pistas nos sons, na forma que as palavras são escritas, no tom de voz etc.) para construir o sentido. Usamos regras, princípios,

---

[5] Usaremos os termos *hermenêutica* e *interpretação bíblica* de forma equivalente de agora em diante.

métodos e táticas para "decodificar" aquilo que ouvimos, vemos ou lemos. Mas, mesmo assim, a comunicação humana não pode se reduzir somente a regras precisas e quantificáveis. Nenhum sistema mecânico de regras ajudará alguém a entender corretamente todas as consequências ou nuances das palavras "Eu te amo" quando são ditas por uma adolescente ao namorado, quando são ditas por um marido para a esposa casada com ele há 25 anos, quando são ditas por uma mãe para o filho ou por um senhor de idade que nasceu nos anos de 1940 para seu Chevrolet modelo 1957 bem conservado. E aí entra a arte da interpretação. Os adultos podem pensar que entendem as palavras populares entre os adolescentes como "da hora", "suave" ou "parça"[6] (ou qualquer palavra adolescente atual), mas, sem saber os códigos de uma subcultura jovem, eles podem errar feio. Do mesmo modo, os jovens podem achar as palavras "supimpa" ou "uma brasa" — termos comuns usados por seus avós quando eram jovens — impossíveis de serem entendidas.

Tendo em vista essas coisas, qual será a dimensão do empenho dos intérpretes bíblicos modernos para criar uma ponte que remova as barreiras linguísticas, históricas, sociais e culturais que existem entre o mundo antigo e o moderno para que eles entendam o que essas passagens significam? Imaginamos que as pessoas se comunicam para serem entendidas, e isso inclui os autores da Bíblia. A hermenêutica fornece uma estratégia na qual podemos entender o sentido ou a importância do que um autor ou palestrante queria comunicar.

Estamos supondo que existe apenas um sentido de um texto ou uma declaração, e que o nosso objetivo é entender a intenção do autor ao escrever esse texto? Infelizmente, uma resposta a essa pergunta não é tão simples. Dentro de determinado texto, talvez tenhamos de perguntar se há apenas um sentido correto ou se ele dá margem a vários ou até mesmo um número infinito de sentidos possíveis (talvez em níveis diferentes). Dentre as diversas maneiras de entender isso, há a daqueles que dizem que o único sentido correto de um texto é o que o autor original pretendia que tivesse.[7] Por outro lado, existem aqueles que insistem que o sentido é uma função do leitor, não dos autores, e que o

---

[6] Será que "parça" significa amigo, cara ou simplesmente um modo de começar uma frase? Tudo isso depende do contexto.

[7] O nome geralmente associado com a ênfase da visão de que o significado só se entende em função da intenção do autor é o de E. D. Hirsch. Ele enuncia e defende esse ponto de vista na obra *Validity in Interpretation* (New Haven: Yale University Press, 1967; em português pode-se ler o capítulo 1, "Em defesa do autor", em *Validade em interpretação* [tradução e apresentação de Samira Murad. Rev. Cria. Crít., São Paulo, n. 12, p. 195-210, jun. 2014. Disponível em: <http://revistas.usp.br/criacaoecritica>. Acesso em: 31/7/2016]) e *The Aims of Interpretation* (Chicago: University of Chicago, 1976). Um dos primeiros a afirmar isso no campo dos estudos bíblicos foi K. Stendhal, "Implications of Form Criticism and Tradition Criticism for Biblical Interpretation", JBL 77 (1958): p. 33-38.

A NECESSIDADE DA INTERPRETAÇÃO

sentido de cada texto depende da percepção do leitor.[8] Eles dizem que os leitores na verdade "criam" o sentido de um texto em meio ao processo da leitura. Existem outras opções entre esses dois polos. Quem sabe o sentido resida de forma independente nos próprios textos, à parte do que o autor queria dizer ou do que os leitores em épocas posteriores entenderiam. Ou quem sabe o sentido venha de um diálogo entre leitor e texto. Essas questões são fundamentais porque a nossa definição da tarefa da hermenêutica dependerá da nossa resposta à pergunta sobre onde reside o sentido: na mente do autor, no texto, na mente do leitor ou em alguma combinação deles. Retornaremos a essas questões nos capítulos seguintes.

Papel do intérprete

Qual é a parte do intérprete no processo hermenêutico? Temos que perceber que, da mesma forma que o texto bíblico surgiu dentro de processos históricos e pessoais, os intérpretes também são pessoas em meio a circunstâncias e situações pessoais. Por exemplo, a frase "branco como a neve" pode ser bem compreensível para alguém que mora no estado do Colorado nos Estados Unidos, onde moramos, ainda que pareça um tanto irrelevante. Para quem usa esqui ou *snowboard*, os detalhes sobre a natureza da neve nas gélidas pistas de esqui são mais importantes. De modo diferente, a frase será completamente incompreensível para um nativo de uma tribo de Kalimantan, na Indonésia, que não tem a mínima ideia do que seja neve nem a cor que ela tem. Por outro lado, o morador de Chicago terá outra perspectiva, lembrando com melancolia o que costumava ser branco enquanto reclama da neve suja, cheia de sulcos, que atrapalha as suas idas ao trabalho e vindas dele. Em outras palavras, as pessoas entendem (ou não) "branco como a neve" com base no que elas já sabem ou experimentaram.

Será que isso significa que, por vivermos em uma época ou local bem diferente daquele das pessoas da Bíblia, seríamos condenados a não entender a sua mensagem? Não, mas significa simplesmente que precisamos de abordagens e ferramentas que nos orientem para a interpretá-la o mais precisamente possível, isto é, para que nos tornemos leitores melhores. Mas também precisamos levar em conta os pressupostos e os pré-entendimentos que trazemos conosco na tarefa da interpretação. Quando os exegetas, no exercício da interpretação bíblica, desconsideram a bagagem que trazem, abrem-se à distorção e ao equívoco.

---

[8] Uma figura importante entre as várias que podemos mencionar é S. E. Fish. Veja o seu trabalho introdutório *Is there a text in this class? The Authority of Interpretive Communities* (London and Cambridge, MA: Harvard University Press, 1980).

INTRODUÇÃO À INTERPRETAÇÃO BÍBLICA

Assim, ao mesmo tempo que a hermenêutica tem de dar atenção ao texto antigo e às condições que o produziram, a interpretação responsável não pode ignorar as circunstâncias e o entendimento daqueles que tentam explicar as Escrituras nos dias de hoje. Ninguém faz alguma interpretação em um vácuo; todos têm pressupostos e pré-entendimentos. O dr. Basil Jackson, um influente psiquiatra cristão, aprendeu esta lição hermenêutica na juventude quando um líder dos Irmãos de Plymouth, na Irlanda, disse-lhe: "Já vi coisas maravilhosas na Bíblia, quase sempre postas por mim e por ti!"[9] Isto é mais verdadeiro do que desejamos.

É claro, ninguém pode interpretar sem algum pré-entendimento do assunto.[10] Mas ninguém pode abordar a interpretação bíblica supondo que o seu pré-entendimento atual é suficiente para o orientar. É compreensível para um cristão dizer: "A Bíblia foi escrita para mim", mas isso não significa que ela tenha sido endereçada para ele ou ela. Na verdade, estamos lendo a correspondência de outra pessoa! Os autores e os destinatários originais viveram há muito tempo. Se buscarmos entender a Bíblia rigorosamente através das lentes das nossas próprias experiências, corremos o risco de entender a mensagem de forma errada.

Outro exemplo foi relatado por um conselheiro cristão. Uma mulher explicou para o seu terapeuta que Deus tinha falado para ela se divorciar do marido e casar com outro homem (com o qual estava envolvida romanticamente). Ela citou o mandamento de Paulo em Efésios 4:24 — "Revestir-se do novo homem" — como a chave para sua "direção" divina. Embora soe tão engraçado, ela estava levando isso totalmente a sério.[11] Apesar de as traduções modernas esclarecerem que Paulo estava instruindo os crentes a trocar o seu estilo de vida pecaminoso pelo modo de vida cristão, aquela mulher, preocupada com seus problemas conjugais, fez a própria leitura da passagem. Ainda assim, muitos exemplos bem menos óbvios desse erro acontecem regularmente quando as pessoas leem ou ensinam a Bíblia. Queremos mostrar a razão pela qual essa abordagem está errada.

No entanto, uma análise precisa da Bíblia não é simplesmente uma questão de aplicar com honestidade e precisão meticulosa algumas técnicas exatas. As coisas não são tão simples assim. Quando tentamos entender a comunicação uns dos outros, a precisão científica parece escapar ao nosso alcance. Na

---

[9] Citação de uma palestra no Denver Seminary, março de 1991.

[10] Sobre esses pontos, veja o artigo clássico de R. Bultmann, "Is Exegesis Without Presuppositions Possible?" em *Existence and Faith*, editor S. Ogden (London: Hodder and Stoughton, 1961), p. 289-296.

[11] H. L. Bussell, *Unholy Devotion: Why Cults Lure Christians* (Grand Rapids: Zondervan, 1983), p. 119.

A NECESSIDADE DA INTERPRETAÇÃO

verdade, até mesmo os chamados pesquisadores da ciência objetiva ou exata reconhecem a influência dos valores. A maneira de um pesquisador formular uma questão pode determinar a natureza dos resultados que surgem. Exemplifiquemos com uma questão controvertida: Existe alguma maneira "objetiva" de responder à pergunta sobre quando a vida humana começa? Os valores (pré-entendimentos) desempenham um papel gigantesco nas respostas. A bagagem que se traz para a questão fornece vivacidade à resposta. David Tracy observa: "Apelos antigos por uma tecnologia sem valores e uma ciência sem história ruíram. O caráter hermenêutico da ciência foi estabelecido de maneira forte. Mesmo na ciência, temos de interpretar para entender."[12]

Ninguém chega à tarefa de entender como um observador objetivo. Todos os intérpretes trazem pressupostos e intenções próprios, que afetam o modo que eles entendem e as conclusões às quais chegam.[13] Além disso, o escritor ou o falante que o intérprete deseja compreender também age de acordo com um conjunto de pressupostos. Nós, humanos, mediamos todo o nosso entendimento por meio de uma grade de história pessoal e ideias preconcebidas. As nossas experiências anteriores e o nosso conhecimento (toda a nossa formação) moldam o que percebemos e a maneira pela qual entendemos. Então como poderemos estudar os textos bíblicos de forma objetiva e precisa? Apesar de defendermos que a *certeza* objetiva na interpretação sempre escapará ao nosso alcance, realmente propomos uma abordagem crítica hermenêutica que proporcionará padrões e táticas para nos orientar na navegação em meio aos fatores humanos variáveis e subjetivos para chegar ao entendimento mais provável do sentido dos textos bíblicos.

Sentido da mensagem

A esta altura, será bem proveitoso explicar a nossa abordagem quanto à linguagem usando algumas categorias da teoria dos atos de fala. Reflita como todo tipo de comunicação oral ou escrita envolve três elementos:

---

[12] *Plurality and Ambiguity: Hermeneutics, Religion, Hope* (San Francisco: Harper, 1987), p. 33.

[13] Só para citar um exemplo óbvio: os que acreditam que as mulheres podem ser ordenadas pastoras não têm dificuldade em detectar aquelas passagens bíblicas que destacam o papel desempenhado pelas mulheres na Bíblia e por toda a história da Igreja. Mas os que defendem a visão que proíbe a ordenação das mulheres na Igreja referem-se a passagens que acreditam ensinar a subordinação feminina. Entre outras questões, sem dúvida os pressupostos e as intenções claramente influenciam quais provas os intérpretes valorizam mais e qual peso dão aos vários tipos de prova. Um documento clássico desse fenômeno ocorre em W. Swartley, *Slavery, Sabbath, War, and Women: Case Issues in Biblical Interpretation* (Scottdale, PA: Herald Press, 1983). Para as duas visões mencionadas, veja as várias teses na obra de J. R. Beck, ed., *Two Views on Women in Ministry*, rev. ed. (Grand Rapids: Zondervan, 2005).

INTRODUÇÃO À INTERPRETAÇÃO BÍBLICA

1. *Locução*. Refere-se ao que é falado ou escrito: as palavras ou frases numa certa afirmação ou num determinado discurso. Um exemplo simples consiste na declaração de Jesus: "Vocês são a luz do mundo" (Mt 5:14).

2. *Ilocução*. Identifica a intenção do falante ou escritor ao usar certas palavras específicas. O que as palavras realmente concluem? Que energia o autor emprega? Que "conteúdo" o autor transmite? Ela destaca o que autor estava buscando "fazer" para os leitores. Podemos dizer que Jesus queria *encorajar* seus discípulos a "iluminar" o mundo fazendo "boas obras" (Mt 5:16). Ou talvez ele quisesse *informá-los* sobre a identidade como seus discípulos: devem ser luz num mundo caracterizado pela escuridão.

3. *Perlocução*. Refere-se à maneira de o falante ou escritor contemplar o que seria o fruto ou os resultados para o ouvinte ou leitor. Provavelmente Jesus pretendia que os discípulos se envolvessem em todo tipo de boas obras que demonstrassem o seu compromisso com as prioridades do Reino de Deus. O mundo seria um lugar mais iluminado por causa das suas obras. Com certeza, muitas vezes nem podemos saber até que ponto um resultado foi alcançado.[14]

Tudo isso é relacionado, mas é separado dos outros fatores de *sentido* do que é dito (o que as palavras "luz" e "mundo" e a expressão "luz do mundo" querem dizer?), a maneira que um determinado ouvinte ou leitor realmente entende a mensagem e a maneira que ele ou ela reage, se houver alguma reação. Todos esses fatores se combinam para se chegar ao "sentido".[15] As palavras dos autores podem passar mais do que eles pretendem, mas a verdade é que os

---

[14] Teremos mais a dizer sobre as várias características da chamada teoria dos atos de fala mais adiante. A obra de John H. Walton e de D. Brent Sandy, *The Lost World of Scripture* (Downers Grove: InterVarsity, 2013), p. 41, usa um exemplo simples de um voto de casamento para ilustrar esses termos. "Quando a noiva e o noivo dizem 'sim', eles estão usando uma *locução* bem básica, uma palavra que seria usada em qualquer número de contextos com variedades de sentido. Mas, nesse contexto, ela é usada para uma *ilocução* específica: um voto para toda a vida de fidelidade e compromisso. A *perlocução* resultante é a obediência desse voto por toda a vida" (destaque nosso). Veja também a seção em J. K. Brown, *Scripture as Communication. Introducing Biblical Hermeneutics* (Grand Rapids: Baker Academic, 2007), p. 32-35. Brown também usa o exemplo da palavra "sim" do casal.

[15] Seguindo um modelo mais baseado na semântica, G. B. Caird investiga o fenômeno do sentido com algum detalhe em *The Language and Imagery of the Bible* (Philadelphia: Westminster, 1980), especialmente nas p. 32-61. Sob "sentido", ele avalia o sentido referencial, o senso, o valor, o vínculo e a intenção. Eles se sobrepõem ligeiramente às nossas três categorias. O sentido codificado no próprio texto (no nosso exemplo, "luz do mundo") provavelmente se relaciona de forma mais próxima com o seu sentido referencial, ainda que de modo algum esgote o que um texto "significa". Para uma discussão valiosa sobre essas relações semânticas, veja J. Lyons, *Linguistic Semantics: An Introduction* (Cambridge: Cambridge University Press, 1996).

A NECESSIDADE DA INTERPRETAÇÃO

autores normalmente determinam *o que* dirão, *como* codificarão sua mensagem para alcançar o que pretendem e quais *resultados* esperam atingir.

Quando procuramos entender o sentido de um texto bíblico, possuímos apenas as palavras sobre uma página. O autor não está mais disponível para explicar o que "quis dizer". As primeiras pessoas que ouviram ou leram permanecem igualmente inacessíveis, então não podemos pedir que elas nos expliquem como entenderam a mensagem. Somente pelo próprio texto escrito (a locução) no seu contexto podemos esperar reconstruir o sentido da declaração (considerando tanto a ilocução quanto a perlocução) que o autor propôs mais provavelmente. Reconhecer essas distinções do "ato de fala" nos recorda de que temos de considerar além das simples palavras sobre a página (locução) e o que elas significam. Qualquer avaliação de "sentido" deve levar em conta essa interação complexa entre texto, autor e destinatário.

Texto

Como pode a própria elocução ou texto ajudar a descobrir a mensagem que o autor pretende transmitir ou a mensagem que os ouvintes entenderam? Claramente, um fator básico é determinar os sentidos dos termos que são utilizados. Para entendermos o sentido das palavras temos que adotar uma abordagem que leve em consideração precisamente os sentidos referenciais, denotativos, conotativos e contextuais.

SENTIDO DA PALAVRA	DEFINIÇÃO	EXEMPLO
REFERENCIAL	A que uma palavra "se refere"	"Árvore" se refere à planta grande do lado de fora do meu escritório.
DENOTATIVO	Sentido preciso ou direto da palavra	Uma árvore é uma planta perene de madeira com pelo menos meio metro de altura, que tem um tronco principal e galhos laterais que crescem do tronco.[16]
CONOTATIVO	Sentido sugestivo especial que surge de algum modo a partir do sentido denotativo	Jesus morreu sobre uma "árvore" [grego literal] (1Pedro 2:24), significando a cruz.
CONTEXTUAL	Sentido específico sugerido pelo uso de uma palavra num contexto específico que a limita a um dos sentidos acima	Na frase: "Eu gosto daquela árvore alta", o sentido exigido pelo contexto é o denotativo.

---

[16] Naturalmente, esse é apenas o significado botânico da palavra "árvore". O termo também ocorre com significados denotativos diferentes, como na linguística, onde se pode encontrar um "diagrama de árvore". Também usamos a expressão "árvore genealógica", por exemplo.

• 55 •

INTRODUÇÃO À INTERPRETAÇÃO BÍBLICA

De forma resumida, o contexto referencial especifica a que algumas palavras ou termos "se referem". Em outras palavras, um sentido da palavra "árvore" é ou se refere a uma planta grande cheia de folhas, crescendo lá fora, que dá maçãs no outono. Os sentidos denotativos e conotativos falam de aspectos complementares do sentido de uma palavra. As palavras podem denotar um sentido específico. Um biólogo pode passar uma definição específica e científica de árvore que representaria o seu sentido denotativo. Mas em um exemplo específico a palavra "árvore" pode assumir sentidos especiais ou conotações como quando Pedro observa que Jesus morreu numa "árvore" [grego literal] (1Pe 2:24). Nesse exemplo, o termo tem um sentido singular para os cristãos, para os quais "árvore" calorosamente recorda que Jesus foi crucificado. As conotações, então, são as implicações emocionais de uma palavra, as associações positivas ou negativas que ela encerra, além do que rigorosamente denota. A "árvore-forca" usada para executar criminosos também transmite um sentido conotativo: um sentimento triste, de temor pelos crimes, por aqueles que os cometem e por suas vítimas. Nestes usos, árvore significa mais do que a explicação do biólogo, à medida que essa explicação científica perde a cor diante da visão de uma castanheira gigante debaixo da qual fica a forca da cidade.[17] O uso de Pedro também ilustra o sentido *contextual*, pois, quando lemos suas palavras, logo concluímos que ele não está se referindo a uma árvore literal. No contexto a árvore significa "cruz", a maneira pela qual as versões principais da Bíblia traduzem esta palavra.[18]

As palavras não ocorrem de forma isolada em um texto. Todos os idiomas apresentam as suas palavras sob um sistema de estruturas gramaticais e literárias: orações, parágrafos, poemas, discursos e livros inteiros. Temos que entender como as línguas bíblicas funcionam se pretendemos entender o que os escritores quiseram dizer com as suas palavras. Uma dimensão fundamental que faz parte do entendimento de uma elocução é o gênero literário específico e o estilo de escrita que o autor usou para passar a sua mensagem. Interpretamos as palavras em um poema de forma diferente daquelas que se encontram em uma carta ou história. Esperamos ambiguidade ou figuras de linguagem para transmitir um sentido na poesia que é diferente do sentido mais concreto das palavras de uma narrativa histórica.

---

[17] Ou compare o uso metafórico de "árvore" por João Batista: "O machado já está posto à raiz das árvores, e toda árvore que não der bom fruto será cortada e lançada ao fogo" (Mt 3:10). Para um exemplo do AT, lembre-se da "árvore que floresce", à qual se compara quem sabiamente medita na Torá (Sl 1).

[18] Com certeza, isso desperta a questão sobre a tarefa dos tradutores quando tentam transmitir em português o que o grego *significa*. O que é mais "literal", traduzir a palavra grega *dendron* como "árvore" ou "cruz"? Qual dessas palavras transmite melhor o sentido para um leitor moderno? Teremos mais a dizer sobre isso no capítulo sobre traduções.

A NECESSIDADE DA INTERPRETAÇÃO

Na verdade, grande parte dos estudos recentes destaca as dimensões literárias da Bíblia, tanto das passagens em separado quanto dos livros como um todo, e todo procedimento responsável para interpretar a Escritura precisa lidar com esta dimensão.[19] Quando recebemos uma carta comercial pelo correio, esperamos que ela siga um formato padrão razoável.

Na maioria das vezes, os escritores bíblicos também usaram e adaptaram formas literárias e convenções que eram comuns no tempo que eles escreveram. Sendo assim, para entender os livros da Bíblia como documentos literários e para apreciar as suas várias dimensões, sejam cognitivas, sejam estéticas, do que lemos nas Escrituras, precisamos fazer uso das percepções singulares e dos métodos da crítica literária.

Usar métodos críticos literários (ou históricos) para entender os escritos bíblicos é fundamental. A singularidade da Escritura diz respeito ao seu conteúdo como revelação de Deus e ao processo que ele empregou para transmitir a sua verdade por meio de instrumentos humanos. Esse processo incluiu o uso de características literárias específicas e variadas. Essas características literárias são baseadas culturalmente no mundo antigo e exigem a nossa análise crítica para que as entendamos.

O que quer dizer estudar a Bíblia a partir de um ponto de vista crítico literário? Leland Ryken traz alguma ajuda. Falando das dimensões literárias do NT, ele argumenta que temos que estar "conscientes das imagens e da concreticidade do Novo Testamento" (e do AT, nos apressamos em acrescentar) enquanto resistimos "ao impulso de reduzir os textos literários a propostas abstratas ou ir além do texto para a história por trás dele." Ele acrescenta: "isto significa uma disposição para aceitar o texto como ele é e concentrar-se em vivenciar as experiências que se apresentam."[20]Aproximar-se da Bíblia com uma abordagem literária significa penetrar, viver e entender o seu mundo antes de prosseguir rumo ao sentido abstrato. Isso também significa que estudamos os textos de acordo com os seus gêneros literários, isto é, conservando-o com suas próprias convenções e intenções. Isto exige que apreciemos a arte e a beleza dos textos, sintamos o sabor das nuances da linguagem, e que apliquemos técnicas adequadas para desvendar o sentido das extensas passagens poéticas.[21] Ryken resume o seu princípio na fórmula "sentido por meio da forma". Resumindo,

---

[19] Para uma introdução às características literárias da Bíblia, confira os capítulos posteriores sobre prosa, poesia e gêneros literários.

[20] L. Ryken, *Words of Life: A Literary Introduction to the New Testament* (Grand Rapids: Baker, 1987), p. 22-23.

[21] Essa mesma abordagem de observação das nuances também se aplica às narrativas do AT, especialmente no seu uso da caracterização, da trama, do diálogo e de outras características.

• 57 •

INTRODUÇÃO À INTERPRETAÇÃO BÍBLICA

"não podemos derivar o sentido do Novo Testamento (ou do AT) sem primeiro examinar a sua forma." [22]

Para concluir, parte do sentido registrado na Bíblia deriva das formas que os autores utilizaram na sua redação.

Temos o grande risco de perder boa parte do sentido se tentarmos simplesmente formular proposições abstratas a partir dos textos que analisamos. Como observamos acima, o sentido de um texto incorpora não somente o "conteúdo", mas também a forma pela qual é construído (locuções) e para quais finalidades (ilocuções e perlocuções). Quanto perderemos de passagens como Salmo 23 ou 1Coríntios 13 se extrairmos delas somente afirmações teológicas? Abranger totalmente o texto, e, de forma mais importante, ser tocado totalmente por ele, significa desfrutar do "prazer do texto", envolver-se nele de forma alegre e corajosa com a nossa mente, com nossas emoções e com a nossa imaginação. [23]

Autor e destinatário(s)

Ainda que não possamos perguntar aos autores diretamente por pistas do sentido que eles queriam passar, um exame de seus respectivos contextos (cenário histórico, valores e condições sociais gerais de vida e situações específicas), quando conhecidos, podem trazer informações úteis para a interpretação. [24] De forma parecida, conhecer o máximo possível sobre todas as condições que envolvem os destinatários da mensagem original traz uma percepção maior sobre como eles provavelmente entenderam a mensagem, [25] bem como sobre o relacionamento entre o autor e os destinatários na época em que ela foi escrita, se

---

[22] Ryken, *Words of Life*, p. 24.

[23] Tomamos essa frase emprestada de Roland Barthes, *O prazer do texto* (São Paulo: Perspectiva, 2008).

[24] Esse princípio também se aplica aos compiladores e redatores que reconhecemos que deram a forma final aos livros do AT, e.g., Salmos, Provérbios, Deuteronômio, Jeremias etc. Veremos adiante mais detalhes sobre isso.

[25] Mediante sua análise do Evangelho de Marcos, R. H. Stein, "Is Our Reading the Bible the Same as the Original Audience's Hearing It?" *JETS* 46 (2003): p. 63-78, identifica seis características principais que descrevem os seus destinatários propositais. Uma descoberta bem importante, que os intérpretes esquecem com frequência, é que os destinatários de Marcos geralmente consistiam de *ouvintes;* eles não liam o Evangelho silenciosamente (da mesma forma que você está lendo esta nota de rodapé). Obviamente isto é verdadeiro para a maior parte dos livros da Bíblia: eles foram redigidos para serem lidos em voz alta. Como isso pode afetar o nosso modo de interpretar? Entre outras razões, Stein sugere que isto vem antes de todas as estruturas extremamente elaboradas que os especialistas com frequência "encontram" nos livros da Bíblia (por exemplo, quiasmos do tamanho de um livro). Crentes normais e iletrados do primeiro século tinham "que processar a informação que era lida para eles no momento em que estava sendo lida" (p. 74). Veja também, do mesmo autor, "The Benefits of an Author-Oriented Approach to Hermeneutics", *JETS* 44 (2001): 451-466. Por outro lado, Stein pode ser extremamente cauteloso nesse ponto.

· 58 ·

A NECESSIDADE DA INTERPRETAÇÃO

houver.[26] É claro, se estamos buscando o sentido pretendido pelo autor/editor para os seus destinatários originais, esse sentido *tem* que ser o que eles podiam entender naquela época, não aquele ao qual os leitores poderiam chegar com base em entendimentos históricos e teológicos (ou científicos) bem posteriores. Obviamente, temos acesso ao cânon completo da Escritura. Sabemos como toda a história se passou, por assim dizer. Também temos à nossa disposição credos e concílios de dois mil anos de reflexão teológica.[27] Mas, ao buscar entender o sentido de um determinado texto, não podemos impor uma visão baseada exclusivamente em informações posteriores.

O que acabamos de dizer levanta, no entanto, uma questão importante sobre o "movimento" que descrevemos brevemente mais adiante no final do capítulo 2: a Interpretação Teológica da Escritura (TIS, em inglês). Este programa consiste "das leituras dos textos bíblicos que conscientemente buscam fazer justiça à natureza teológica percebida dos textos e acolhem a influência da teologia (coletiva e pessoal; passada e presente) sobre a pesquisa, o contexto e o método do intérprete."[28]

Eles veem o seu programa como um retorno às abordagens que caracterizavam o estudo da Escritura antes do Iluminismo, especialmente nas obras dos pais da Igreja.[29] Os adeptos da TIS reagiram contra a hegemonia dos métodos histórico-críticos e o que eles percebem como resultados estéreis e buscam devolver o *locus* da interpretação à Igreja e à comunidade dos fiéis.

Se os livros foram criados para serem lidos e relidos repetitivamente, o autor poderia optar por embutir mais estruturas sutis.

[26] Por exemplo, a situação de algumas epístolas do NT é mais simples do que, por exemplo, a dos oráculos proféticos do AT. Nas primeiras podemos isolar tal informação para ajudar na nossa compreensão do texto escrito. Nos últimos podemos ter pouca coisa ou nada para nos ajudar a entender o relacionamento entre o profeta e o seu destinatário original que ouviu sua mensagem falada. Semelhantemente, teremos pouco ou nada a descobrir sobre o relacionamento entre o autor ou editor da forma final de um livro da Bíblia com os seus leitores, seja uma profecia do AT ou dos Evangelhos. Essas afirmações ilustram o problema mais amplo com o qual temos de lidar como intérpretes.

[27] No entanto, a divergência entre os "sistemas teológicos" mostra que não há consenso sobre muitas coisas. Como resultado, os leitores posteriores tendem a projetar as suas próprias conclusões dentro dos textos.

[28] D. C. Spinks, *The Bible and the Crisis of Meaning: Debates on the Theological Interpretation of Scripture* (London: T&T Clark, 2001), p. 7. Para uma ampla revisão, tanto dos benefícios como das armadilhas nesse movimento, veja G. R. Allison, "Theological Interpretation of Scripture: An Introduction and Preliminary Evaluation", *SBJT* 14 (2010): p. 28-36; e D. A. Carson, "Theological Interpretation of Scripture: Yes, But...", em *Theological Commentary: Evangelical Perspective*, ed. R. M. Allen (London: T&T Clark, 2011), p. 187-207.

[29] Uma tese influente foi a de D. C. Steinmetz, "The Superiority of Pre-Critical Exegesis", *Theology Today* 37 (1980): p. 27-38.

• 59 •

Como rivais dos especialistas acadêmicos que se debruçam "sobre" o texto e o sujeitam a suas análises críticas, a TIS situa a tarefa interpretativa "sob" as Escrituras como a comunicação de Deus para o seu povo. Os leitores verão mais adiante como esses valores correspondem a muitos pressupostos que defenderemos no capítulo 5.

Mas a TIS geralmente abraça uma tática que nos incomoda. É melhor citar o adepto R. Reno nesta questão: "Na medida em que a análise teológica afirma ser fiel à Escritura e ainda assim se baseia em material e propõe formulações que não se encontram dentro do sentido literal da Escritura, ela funciona como um tipo de interpretação espiritual, uma extensão além do sentido literal."[30] Em outras palavras, na TIS, o sentido de um texto pode precisar ser explicado não pela intenção histórica do autor humano ao redigir o texto, mas pelo cânon mais amplo da Escritura e pelo modo como a Igreja veio a entender esse texto. Isto é problemático para nós, porque coloca o sentido aceito de uma locução, não na ilocução e na perlocução pretendida pelo autor (sob a inspiração do Espírito Santo), mas no modo que os leitores (mesmo que sejam antigos) parecem ter vindo a entendê-lo. O perigo é que a TIS coloca a autoridade do texto da Bíblia não no próprio texto divino, mas na maneira que os pais da Igreja, os credos ou alguma comunidade eclesiástica entendem o sentido desse texto. Conforme defenderemos com mais detalhe mais adiante, o *sentido* do texto estudado é o sentido que o autor propôs para os seus leitores. Ao mesmo tempo, a *importância* desse texto pode precisar ser entendida dentro do contexto mais amplo de todo o cânon e da trajetória dessa mensagem por toda a existência da Igreja. A indicação dessa importância pode muito bem ser entendida como a direção do Espírito Santo (ou à parte do Espírito Santo), mas isso é diferente de dizer que o que o texto bíblico *significa* o que os intérpretes posteriores acham que significa. Isto pode acabar se tornando uma versão da interpretação da "estética da recepção." Veremos mais sobre isso em seções posteriores. Seria um despropósito ler algo a mais a partir das informações do NT ao interpretar a ilocução original (a intenção do autor) de um texto do AT. O autor não teria acesso a elas, e os primeiros leitores nunca teriam discernido essas informações.

Além do mais, não podemos impor sobre um autor bíblico as informações que possuímos por causa do nosso conhecimento atual acumulado, seja histórico, astronômico ou teológico, ou esperar que um escritor antigo possuísse o nosso conhecimento. Se lermos dentro dos textos bíblicos informações que os autores não poderiam ter conhecido, distorcemos o seu sentido. Por exemplo,

---

[30] R. R. Reno, "From Letter to Spirit", *International Journal of Systematic Theology* 13 (2011): p. 468.

A NECESSIDADE DA INTERPRETAÇÃO

quando Isaías fala da "cúpula da terra" (Isaías 40:22), ele pode muito bem empregar um modelo plano da terra (isto é, do modo como ela é vista do trono celestial de Deus, a terra parece um disco plano e redondo). Ouvi-lo de acordo com os seus termos exige que resistamos à tentação de impor a nossa cosmologia científica e esférica sobre o texto. Isto é, não podemos pressupor que a palavra cúpula implique que o autor acreditasse que a terra era completamente redonda. Por sabermos "o resto da história", temos que fazer um esforço especial para recompor o modo pelo qual os escritores entendiam as coisas e o impacto que suas palavras tiveram sobre os seus destinatários originais que não possuíam o nosso conhecimento.

Isto funciona em outro nível também, porque a Bíblia não contém somente as palavras do autor final ou editor de cada livro, mas também as palavras das pessoas cujas histórias eles relatam, e, em alguns casos, os resultados de possíveis gerações de tradição pelas quais foram transmitidas.[31] Podemos estar bem interessados no que o Jesus histórico disse em ocasiões específicas, mas não temos transcrições das palavras reais que ele disse (provavelmente em aramaico)[32]. Temos apenas os Evangelhos compartilhados pelos evangelistas do NT, escritos originalmente em grego e agora traduzidos para as línguas modernas. Para alcançar os seus propósitos na escrita (ilocuções e perlocuções), eles selecionaram e remodelaram as palavras e obras de Jesus de maneiras distintas (suas locuções). Isso não significa necessariamente que os evangelistas distorceram ou interpretaram de forma errada o que Jesus disse, nem, como alguns especialistas em Bíblia sugerem, que os evangelistas na realidade atribuíram palavras a Jesus que ele nunca disse. Nossa intenção aqui é simplesmente receber a Bíblia como ela é, a forma final dos textos hebraicos, aramaicos e gregos que possuímos.

O relato de que Deus enviou a Saul um "espírito mau" (1Sm 16:14-16 etc.) ilustra como facilmente podemos interpolar informações posteriores na nossa leitura do AT.[33] No NT um "espírito mau" é um demônio (p. ex. Mc

---

[31] Walton e Sandy, *The Lost World*, p. 30, discutem a origem de alguns livros bíblicos redigidos sob a autoridade e sob a égide de uma figura original e posteriormente ampliado, compilado e então "publicado" como textos escritos finais, talvez muitos anos depois. Eles defendem esta proposta: "Acréscimos e revisões foram possíveis à medida que os documentos foram copiados de geração a geração e finalmente compilados em obras literárias." Veja a explicação detalhada e importante deles nas p. 30-38.

[32] As edições com as letras vermelhas podem dar a impressão (equivocada) de que temos citações diretas de Jesus, ainda que as aspas tendem a reforçar a noção errada de que as palavras de Jesus são de algum modo mais inspiradas ou tem mais autoridade do que todos os outros versículos bíblicos.

[33] Para uma discussão útil sobre as questões nesta passagem veja D. Tsumura, *The First Book of Samuel*, NICOT (Grand Rapids: Eerdmans, 2007), p. 426-428.

• **61** •

INTRODUÇÃO À INTERPRETAÇÃO BÍBLICA

1:26 e passagens paralelas), de forma que podemos supor que a mesma expressão identifica quem atormenta Saul como um demônio. Essa suposição deixa de observar dois pontos contextuais: para ler a frase do AT "um espírito mau da parte de Deus" implica que Deus envia demônios a pessoas, uma suposição teológica que não tem respaldo na Escritura porque entra em conflito com o ensino bíblico de que Deus não se associa com o "mal". Além disso, pressupõe de forma equivocada que o AT tem noção da esfera dos demônios, o que não parece ser o caso. Em vez disso, poderíamos traduzir o hebraico de forma melhor como "espírito mau" (isto é, "mau humor" ou "depressão" ou "um espírito de tormento que o enchia de depressão e medo" NLT, cf. Juízes 9:23).[34] O erro consiste em impor um sentido na locução (as palavras que literalmente foram usadas) que podem realmente entrar em conflito com a ilocução (a proposta do autor a partir do próprio entendimento dele).[35]

A parábola do bom samaritano contada por Jesus também ilustra o perigo de projetar um entendimento posterior sobre a nossa interpretação de textos bíblicos. Quando chamamos o samaritano de "bom", entregamos o quanto estamos longe de perceber o impacto que a parábola teve sobre o doutor da lei que ouviu esta história marcante pela primeira vez (Lc 10:25). Temos que lembrar que os judeus desprezavam os samaritanos como mestiços. Como o doutor deve ter ficado chocado quando Jesus fez de um samaritano odiado o herói da sua história; tão chocado quanto os judeus de hoje ficariam se um de seus contadores de histórias retratasse um palestino como uma pessoa mais heroica ou compassiva do que personagens judeus influentes! O samaritano pode ser "bom" para nós, mas não para os ouvintes originais. A proposta de Jesus, a sua ilocução, era de usar o samaritano na história para impactar o doutor da lei, de modo que ele reconsiderasse a sua visão sobre o mandamento do amor.

Entender a Bíblia de forma precisa exige que levemos em conta todos os preconceitos que carregamos e que poderiam distorcer o sentido do texto. O nosso objetivo continua o de ouvir a mensagem da Bíblia da mesma forma que as plateias originais a teriam ouvido ou da mesma forma que os primeiros leitores a teriam entendido.

---

[34] Para maiores informações sobre o uso de "espírito mau" nesse texto, veja D. I. Block, *Judges, Ruth*, NAC 6 (Nashville:Broadman & Holman, 1999), p. 322-324.

[35] Reconhecemos que esse nosso exemplo de espírito mau é claramente complexo, como os exemplos em outras passagens de um "espírito enganador" (e.g., em 1Reis 22:19-23; cf. 2Crônicas 18:18-22) também retratam. A nossa proposta não é resolver esses problemas tão complexos, mas sim alertar contra a projeção de um acontecimento posterior sobre um texto anterior. Sobre a passagem de 1Reis 22, veja P. R. House, *1, 2 Kings*, NAC 8 (Nashville: Broadman & Holman, 1995), p. 236-238; e Simon J. DeVries, *1 Kings*, 2ª ed., WBC 12 (Dallas: Word, 2003), p. 268.

A NECESSIDADE DA INTERPRETAÇÃO

Temos que evitar a tendência de considerar a nossa própria experiência como o padrão por meio do qual vemos ou lemos. Todos nós parecemos sofrer da mesma inclinação: a de ver nossas próprias experiências do mundo como normativas, válidas e verdadeiras. Naturalmente, somos aptos a ler a Bíblia à luz dessa tendência. Por exemplo, ainda que hoje prontamente vejamos a escravidão como um mal abominável, é incrível o número de cristãos influentes que defenderam esta instituição desumana antes da Guerra Civil Americana. Usando o livro de Filemom, J. H. Hopkins defendeu a escravatura no século XIX dizendo:

> Ele [Paulo] encontra um escravo fugido, e o converte ao Evangelho, e depois o manda de volta para sua casa antiga com uma carta de amável recomendação. Por que São Paulo age assim? Por que ele não aconselha o fugitivo a reivindicar o seu direito de liberdade, e defender esse direito [...]? A resposta é bem clara. São Paulo estava inspirado, e sabia a vontade do Senhor Jesus Cristo, e intentava unicamente obedecê-la. E quem somos nós, que em nossa sabedoria moderna presumimos colocar de lado a Palavra de Deus?[36]

Baseado em sua própria visão de mundo e experiências, Hopkins acreditava que a escravidão era uma instituição recomendável e sancionada biblicamente.

Da mesma forma que Hopkins, podemos inconscientemente presumir que nossas experiências eram paralelas àquelas dos antigos, que a vida e o panorama são paralelos às coisas daquela época. Em um sentido, isto é natural. Mas, quando simplesmente permitimos que nossos sentimentos não sejam desafiados e que nossas observações distorçam ou determinem o que a Bíblia significa, nossas experiências passam a ser a medida do significado que pode ter um texto.[37] Temos que adotar uma abordagem da interpretação que confronte esse perigo, porque somente a Escritura se constitui como padrão da verdade para os cristãos, e temos que julgar nossos valores e experiências baseados em seus

---

[36] J. H. Hopkins, *A Scriptural, Ecclesiastical, and Historical View of Slavery, from the Days of the Patriarch Abraham, to the Nineteenth Century* (New York: W. I. Pooley & Co., 1864), p.16, conforme citado em Swartley, *Slavery, Sabbath, War, and Women, p.* 37.

[37] Só para dar um exemplo, no primeiro mundo enfrenta-se o perigo de ler a Bíblia por meio da experiência de prosperidade. Podemos ver nossa riqueza como a bênção de Deus sobre a nossa fidelidade de forma a racionalizar o nosso materialismo. Mas será que os cristãos da maior parte do mundo são menos fiéis e, por causa disso, são bem menos prósperos? Temos que ler Hebreus 11 para rever como alguns seguidores fiéis de Deus foram tratados; alguns prosperaram, mas outros foram serrados ao meio! Ou considere o impacto diferente que a história da concubina violentada tem sobre os homens e sobre as mulheres (Juízes 19) devido ao que eles *trazem* ao texto.

• 63 •

INTRODUÇÃO À INTERPRETAÇÃO BÍBLICA

preceitos, e não o contrário. Deduz-se, então, que toda abordagem válida para a interpretação tem que se preocupar com duas dimensões fundamentais: (1) uma metodologia adequada para decifrar o caráter do texto e o que ele significou para os primeiros destinatários, e (2) um meio de avaliar e explicar a nossa situação presente como leitores à medida que nos envolvemos no processo interpretativo. Temos que explicar tanto as dimensões antigas quanto as modernas.

ALGUNS DESAFIOS DA INTERPRETAÇÃO BÍBLICA

A HERMENÊUTICA NECESSÁRIA PARA VENCER AS BARREIRAS CAUSADAS PELA NOSSA DISTÂNCIA COM RELAÇÃO AOS MUNDOS DOS TEXTOS ANTIGOS	
A distância no tempo	A distância geográfica
A distância cultural	A distância do idioma

Distância temporal

Uma palavra que envolve alguns dos maiores desafios (e frustrações) que o intérprete bíblico enfrentará é *distância*. Reflita primeiro sobre a distância no *tempo* que existe entre os textos antigos e o nosso mundo moderno. Os escritos e os acontecimentos registrados na Bíblia abrangem muitos séculos, mas mais do que 1.900 anos se passaram desde que as suas últimas palavras foram escritas. Não somente o mundo mudou de forma radical desde então, mas a maioria de nós não tem as informações essenciais sobre como o mundo era na época e do processo envolvido em produzir a quantidade e a diversidade dos livros da Bíblia em meio a culturas orais. Podemos ficar sem ação para entender o que um texto significa simplesmente porque trata de assuntos que estão muito afastados no passado. Mesmo uma olhada rápida em Oseias 10 indica muitas referências que permanecem incompreensíveis para muitos leitores modernos: o ídolo em forma de bezerro de Bete-Áven (v. 5); Assíria (v. 6); Efraim (v. 6); "envergonhado por causa do seu ídolo de madeira"; "os lugares altos" (v. 8); "os malfeitores em Gibeá?" (v. 9); "uma bezerra treinada" (v. 11), e "Salmã devastou Bete-Arbel no dia da batalha" (v. 14). O que era um ídolo em forma de bezerro ou lugares altos? Onde eram situados Bete-Áven, Assíria ou Efraim? Ficavam dentro ou fora de Israel? Que relação há entre isso e Gibeá ou uma bezerra treinada? Como determinamos o sentido por trás de acontecimentos históricos que estão tão distantes no tempo?

Considere também as lacunas possíveis que existiram, em menor ou maior frequência em várias passagens, entre a época que os acontecimentos da Bíblia ocorreram e a época em que esses acontecimentos foram de fato escritos nos textos que possuímos agora. Considerando que a cronologia no Gênesis segue

• 64 •

A NECESSIDADE DA INTERPRETAÇÃO

o seu caminho até a morte do patriarca José, seções mais antigas como Gênesis 12 a 25 provavelmente foram criadas, transmitidas oralmente, e finalmente escritas, muito depois que o personagem principal (Abraão) morreu.[38] Na criação do universo (Gn 1), Deus era o único ser consciente, e considerando que o hebraico como língua distinta provavelmente surgiu por volta de 1000 a.C., obviamente alguém redigiu o relato da criação depois dessa data.[39] Podemos situar o ministério do profeta Amós na metade do século VIII a.C., mas é muito provável que as suas palavras foram preservadas e então finalmente compiladas no livro que leva o seu nome em uma data posterior.[40] Apesar de o ministério de Jesus ter provavelmente se estendido pelos anos 27 a 30 d.C., nossos Evangelhos não tinham sido escritos até pelo menos várias décadas depois. As palavras de Jesus foram preservadas (na sua maior parte) oralmente e depois traduzidas para o grego antes de serem registradas nos escritos que chamamos de Evangelhos.

Isto significa que a nossa interpretação tem de levar em conta tanto a situação na época em que Amós ou Jesus falaram originalmente quanto as circunstâncias com as quais posteriormente as pessoas preservaram, compilaram e finalmente escreveram as suas palavras.[41] Com certeza, as comunidades de fiéis (Israel e a Igreja) bem como as perspectivas próprias dos autores e os seus objetivos de escrita influenciariam o que eles sentiam ser importante, o que merecia

---

[38] Richard Hess nos informa que há provas de fontes escritas antigas. Uma tabuleta cuneiforme foi descoberta na cidade velha de Hebrom e datada do início a meados do segundo milênio a.C. Também existem provas de escritos nas vizinhanças de Abraão e de Jacó razoavelmente contemporâneas deles. Para saber mais sobre as provas das fontes por trás de Gênesis, veja os vários artigos na obra de R. Hess e de D. T. Tsumura, eds., *"I Studied Inscriptions from Before the Flood": Ancient Near Eastern, Literary, and Linguistic Approaches to Genesis 1—11*, SBTS, vol. 4 (Winona Lake, IN: Eisenbrauns, 1994).

[39] Para mais sobre a natureza da oralidade no mundo antigo e a produção resultante nos livros escritos do AT, veja Walton e Sandy, *The Lost World*, p. 17-74. Entre outras fontes, também veja S. Niditch, *Oral World and Written Word* (Louisville: Westminster John Knox, 1996); e K. van der Toorn, *Scribal Culture and the Making of the Hebrew Bible* (Cambridge, MA: Harvard University Press, 2007).

[40] D. Stuart, *Hosea—Jonah*, WBC 31 (Dallas: Word, 2002), p. 288, escreve, "De forma bem plausível, os oráculos de Amós foram reunidos e publicados em reação à ameaça à ortodoxia israelita levantada pelas incursões assírias durante a segunda metade do século VIII a.C." R. F. Melugin, "Amos", no *Harper's Bible Commentary*, ed., J. L. Mays (San Francisco: Harper & Row, 1988), p. 720, acrescenta, "Quase ninguém duvida de que o livro de Amós foi crescendo no tempo, mas fica difícil reconstruir exatamente os estágios de desenvolvimento." Para uma explicação mais completa dos estágios possíveis, veja T. E. McComiskey e T. Longman III, "Amos", *The Expositor's Bible Commentary: Daniel—Malachi*, ed. rev., ed. T. Longman III e D. E. Garland (Grand Rapids: Zondervan, 2008), 8:350-355.

[41] Para o fenômeno adicional pelo qual o AT alia tanto os textos originais e as suas adaptações por escritores ou editores posteriores, veja a nossa discussão sobre a alusão intrabíblica no capítulo seguinte.

• 65 •

INTRODUÇÃO À INTERPRETAÇÃO BÍBLICA

destaque, e o que deveria ser deixado de fora.[42] Nesse processo os escritores se importaram com os seus leitores e com os efeitos que eles esperavam produzir neles (ilocuções e perlocuções).

Certamente, alguns dos "autores"[43] bíblicos eram testemunhas oculares e escreveram estritamente baseados nas suas próprias experiências (e.g., Isaías, Paulo). Uns incorporaram fontes adicionais a seus próprios depoimentos (Atos). Outros tinham um contato mínimo ou nem tinham contato com as pessoas ou acontecimentos sobre os quais escreveram (Lucas, no caso do terceiro Evangelho).[44] Uma vez que reconhecemos que muitos escritores bíblicos usaram ou editaram materiais preexistentes (e, às vezes, várias versões uma ao lado da outra), então temos que avaliar o papel e as intenções desses redatores (novamente, pense sobre as suas próprias ilocuções e perlocuções). Então, por exemplo, depois de ter ciência por meio de um historiador bíblico que Salomão, não Davi, construiria o templo (2Sm 7:12-13), e lendo que ele na verdade o fez quatro anos depois da morte de Davi (1Reis 2:10; 6:1), o relato longo do cronista das preparações abundantes de Davi para a construção do templo e para o sistema de adoração surge como uma surpresa completa (1Cr22—26; 28—29; cf. 2Cr 8:14; 29:25; 35:15).[45] Aparentemente, enquanto o redator do livro dos Reis omitiu a preparação do templo efetuada por Davi, o cronista faz de Davi o fundador potencial da adoração do templo, em nossa visão, para dar um fundamento para a adoração restaurada às raízes no templo pós-exílico na aliança davídica.

---

[42] Os redatores de Reis e Crônicas citaram fontes nas quais eles basearam as suas histórias, excluindo assim os outros materiais (1Reis 15:23, 31; 1Crônicas 29:29), e o evangelista João com certeza tinha uma noção de que o seu Evangelho omitia muitas coisas que Jesus fez (João 21:25).

[43] Colocamos "autores" entre aspas simplesmente para reconhecer que não ficamos sabendo de forma tão rápida quem foi responsável pela forma final de alguns livros bíblicos, especialmente no AT. Podemos ver alguns deles como editores de materiais preexistentes que podem ter alguma ligação com o "nome" dado aos próprios livros (como nos "Livros de Moisés") ou, talvez, nenhuma ligação (como em Rute).

[44] Lucas reconhece isto em sua introdução ao terceiro Evangelho (Lucas 1:1-4), onde ele informa a Teófilo que investigou "tudo cuidadosamente, desde o começo." Conforme a nossa avaliação, as porções que utilizam a palavra "nós" em Atos (16:10-17; 20:5-15; 21:1-18; 27:1—28:16) indicam que Lucas participou com Paulo de alguns incidentes registrados ali. Se adotarmos a explicação comumente aceita da origem dos Evangelhos, temos que concluir que tanto Lucas quanto Mateus recorreram a várias fontes quando escreveram os seus Evangelhos. Veja R. H. Stein, *Studying the Synoptic Gospels: Origin and Interpretation*, 2ª ed. (Grand Rapids: Baker, 2001) para uma avaliação sensata sobre esta questão. Para uma discussão mais sucinta, veja A. D. Baum, "Synoptic Problem", *Dictionary of Jesus and the Gospels*, ed. J. B. Green, J. K. Brown e N. Perrin, 2ª ed. (Downers Grove: IVP Academic, 2013), p. 911-919.

[45] Observe também que o cronista, escrevendo dois séculos depois da versão final do livro dos Reis (c. 350 a.C) parece ciente de que seu retrato de Davi é diferente do anterior, porque por duas vezes ele se esforça em explicar que Davi fez essas preparações por causa da juventude e da experiência de Salomão (1Crônicas 22:5; 29:1).

A NECESSIDADE DA INTERPRETAÇÃO

De forma semelhante, se deduzirmos que Mateus esperava persuadir os judeus da sua época a não repetir o erro dos judeus contemporâneos de Jesus ao rejeitá-lo como Messias, teremos um melhor entendimento do seu uso constante de citações e referências ao AT.[46] A sua mensagem para aqueles destinatários em particular grita que Jesus é o Messias. Assim podemos deduzir a perlocução de Mateus: que os seus leitores judeus reconheçam Jesus como o Prometido. Os livros da Bíblia são obras literárias, elaboradas cuidadosamente para alcançar os seus objetivos, não transcrições nem coleções recortadas, coladas e reunidas de forma ingênua, casual ou mesmo cronológica.

Distância cultural

Outra distância desafiadora que deve ser considerada é a distância *cultural* que nos separa do mundo dos textos bíblicos. O mundo bíblico era essencialmente agrário, constituído de proprietários de terra e arrendatários rurais usando um maquinário que era primitivo para nossos padrões e métodos de viagem que eram lentos e cansativos. Nas páginas da Bíblia encontramos costumes, crenças e práticas que fazem pouco sentido para nós. Por que as pessoas no mundo antigo ungiam sacerdotes e reis, e enfermos com óleo? Qual é o costume da sandália para a redenção e transferência de propriedade mencionado em Rute 4:6-8? Qual era o sentido das leis de purificação ou das muitas outras exigências aparentemente sem sentido? Por exemplo, Levítico 19:19 parece descartar a maioria das vestimentas que usamos hoje: "Não usem roupas feitas com dois tipos de tecido." E as misturas atuais de poliéster e lã? E por que as tatuagens foram proibidas em Levítico 19:28? Elas ainda são proibidas? Além de fatores como esses, apressamo-nos para acrescentar uma característica mencionada anteriormente: essas pessoas viviam dentro de culturas orais. A maioria das pessoas do mundo antigo eram analfabetas: somente uma minoria, especialmente dentre as elites e os escribas, sabia ler, com um número de pessoas ainda menor que sabia escrever.[47] É praticamente impossível para nós nos mundos digitais, visuais e eletrônicos entender um mundo com uma pequena

---

[46] Veja C. L. Blomberg, "Matthew", em *Commentary on the New Testament Use of the Old Testament*, ed. G. K. Beale e D. A. Carson (Grand Rapids: Baker, 2007), p. 1-110.

[47] Veja Alan Millard, *Reading and Writing in the Time of Jesus* (New York: New York University Press; Sheffield: Sheffield Academic, 2000) para uma análise das provas. Além disso, a obra de W. M. Schniedewind, "Orality and Literacy in Ancient Israel", *RelSRev* 26 (2000): p. 327-331, defende que, ao mesmo tempo que Israel era principalmente uma cultura oral, durante os últimos tempos da monarquia, uma mudança rumo a uma alfabetização maior além da classe dos escribas aconteceu em Judá, transformando muito a sociedade daquele reino; cf. Schniedewind, *Como a Bíblia se tornou um livro* (São Paulo: Loyola, 2011) para uma história abrangente da escrita no Israel antigo.

INTRODUÇÃO À INTERPRETAÇÃO BÍBLICA

quantidade ou inexistência de textos escritos, e a incapacidade que a maioria das pessoas tinha para ler os textos que existiam. Além disso, a maneira pela qual entendemos algumas coisas pode dar tantos matizes ao nosso conhecimento dos costumes antigos que acabamos perdendo o seu sentido. Por exemplo, o que significa "cobrir a cabeça" em 1Coríntios 11:4-16? Devemos entender isso como se fosse um véu? É possível que, depois de lermos algumas traduções, presumamos que Paulo se refere a véus, então visualizamos o véu ou o "hijab" que as mulheres muçulmanas do Oriente Médio usam nos dias de hoje. Mas alguns comentaristas insistem que são os penteados, não os véus, que estão sendo mencionados nessa passagem.[48] Precisamos de maiores informações para entender de forma adequada como Paulo via essa questão e a razão pela qual ela era importante. Semelhantemente, uma preocupação ocidental com a limpeza pode ser inútil (ou pode até mesmo atrapalhar) o nosso entendimento da prática dos fariseus da lavagem cerimonial (Mc 7:3-5). Temos que nos informar se quisermos entender adequadamente os costumes e os conceitos do mundo bíblico que nos são estranhos. Não podemos simplesmente abrir uma Bíblia e lê-la como um livro que conhecemos.

Finalmente, temos de nos conscientizar que a nossa grade de valores culturais e prioridades podem inadvertidamente nos levar a adotar uma interpretação que não se encontra no texto.[49] Por exemplo, no ocidente o individualismo permeia nosso pensamento. Por causa disso, podemos impor uma abordagem individualista aos textos aos quias o autor pretendia dar um sentido coletivo.[50] Por exemplo, os leitores que estão a par das disputas modernas entre indivíduos podem ver a batalha entre o menino Davi e o filisteu Golias como simplesmente dois inimigos lutando um contra o outro (1Sm 17). Na verdade, o episódio segue o costume antigo do "combate representativo", no qual os exércitos permitiam uma disputa entre dois soldados, e o vencedor decidia qual exército sairia vitorioso, em vez de ambos os lados matarem-se no campo de batalha. Cada competidor luta como se fosse o exército inteiro. De forma semelhante, alguns leitores concluem que em 1Coríntios 3:16-17 a referência ao templo

---

[48] Veja R. E. Ciampa e B. S. Rosner, *The First Letter to the Corinthians*, PNTC (Grand Rapids: Eerdmans, 2010), p. 503-541, para uma análise útil.

[49] Para uma introdução útil aos valores culturais dos EUA nas décadas finais do século XX, veja R. Bellah, e outros, *Habits of the Heart. Individualism and Commitment in American Life*, 2ª ed. (Berkeley: University of California Press, 1996).

[50] Para uma percepção mais profunda dos elementos coletivos da Bíblia, veja, p. ex., *One Body in Christ* (London: SPCK, 1955); B. J. Malina, *The New Testament World*, 3ª ed. (Louisville: Westminster John Knox, 2001); R. Shedd, *Man in Community* (London: Epworth, 1958); H. W. Robinson, *Corporate Personality in Ancient Israel* (Philadelphia: Fortress, 1964); e W. W. Klein, *The New Chosen People: A Corporate View of Election* (Grand Rapids: Zondervan, 1990; Eugene, Oregon: Wipf & Stock, 2001).

A NECESSIDADE DA INTERPRETAÇÃO

de Deus indica instruções para cristãos individuais. Por causa disso, eles estudam a maneira pela qual os cristãos podem exercitar as qualidades espirituais adequadas em sua vida pessoal (com certeza não há nada de mal nessa prática). No entanto, eles estão projetando o individualismo na passagem, apesar das referências claras no contexto de que Paulo está se referindo ao Corpo coletivo de Cristo como um templo no qual o Espírito de Deus habita. Os cristãos reunidos formam um templo, a nível local ou mundial.[51] Na metáfora, Paulo coopera na construção da Igreja (3:10). Ele exorta os seus leitores a se esforçarem para estabelecer a unidade, a edificar o Corpo de Cristo, a Igreja, não o derrubar por meio de suas divisões. Ele usa a mesma metáfora individualmente em 6:19, mas não devemos projetar esse sentido sobre o capítulo 3.

Distância geográfica

Outro desafio para a interpretação correta da Bíblia é a distância geográfica. A menos que tenhamos tido uma oportunidade de visitar os lugares mencionados na Bíblia, não temos um banco de dados mental e visual que nos ajude a entender alguns acontecimentos. É claro, mesmo que pudéssemos visitar todos os locais acessíveis (como muitos cristãos fazem), poucos de nós testemunharíamos o aspecto (e nenhum de nós, a cultura idêntica) que eles tinham nos tempos bíblicos. Observamos antenas parabólicas ao lado das tendas beduínas no Neguebe! Em outras palavras, temos dificuldade em imaginar por que os assírios "subiam" de Láquis para Jerusalém (2Rs 18:17) e a razão pela qual o NT fala de pessoas subindo para Jerusalém a partir de Cesareia (At 21:12) ou *descendo* de Jerusalém para Jericó (Lc 10:30), a menos que conheçamos a diferença de altitude. Talvez seja menos trivial que, ainda que em muitas partes do mundo as sepulturas sejam escavadas na terra, na Palestina as sepulturas geralmente eram cavadas em afloramentos calcários (ou utilizavam-se cavernas existentes que eram seladas com uma pedra). Então a frase "ele foi reunido a seu povo" ou "pais" (Gn 49:29, 33; 2Rs 22:20) pode ter surgido da prática de coletar os ossos dos mortos, depois que a carne tinha se decomposto, e colocá-los junto aos dos seus ancestrais (talvez em um ossuário, ainda que não se tenha certeza disso). Semelhantemente, o conhecimento da geografia nos ajuda a entender por que Jonas, procurando evitar o chamado de Deus para profetizar contra a Assíria (a noroeste de Israel), partiu para Társis (bem a oeste de Israel).

---

[51] Veja A. C. Thiselton, *The First Epistle to the Corinthians*, NICNT (Carlisle, UK: Paternoster; Grand Rapids: Eerdmans, 2000), p. 316.

Distância idiomática

A lacuna *linguística* entre o mundo bíblico e o nosso impõe um desafio ainda maior à tarefa da interpretação bíblica. Os escritores da Bíblia escreveram nos idiomas de sua época (hebraico, aramaico e grego helenístico), idiomas que são inacessíveis para a maioria das pessoas nos dias de hoje, ainda que atualmente eles tenham os seus descendentes modernos.[52] O hebraico e o grego têm formas diferentes para os substantivos masculinos e femininos, pronomes, e verbos, de modo que a palavra "você" encobre se a palavra hebraica ou grega traduzida é masculina ou feminina. Também não temos muito contato com as convenções literárias dos antigos autores. Dependemos de especialistas bíblicos treinados para traduzir os idiomas originais das Escritura e as suas figuras de linguagem para nossos idiomas nativos, mas o trabalho deles é necessariamente interpretativo. As palavras de Paulo em 1Coríntios 7:1 apresentam um enigma para os tradutores. A *Bíblia Viva* coloca a frase final como "se não se casarem, é bom." Compare isto com a NVI: "É bom que o homem não toque em mulher."[53] Por último, a *King James* revela o que é provavelmente o sentido mais provável: "É bom que o homem se abstenha de relações sexuais com qualquer mulher."[54] Pode-se até mesmo se perguntar se o grego é tão indefinido assim. O verbo traduzido como "tocar" tem o seu sentido literal, mas também é um eufemismo comum para relação sexual (comparável a "dormir com alguém", hoje), então as versões capturam aquele sentido que parece estar correto. Já que estas versões divergem de forma tão marcante, como um leitor da língua portuguesa poderia entender o que Paulo realmente quis dizer sem ajuda alguma sobre a situação cultural? E o apelo para que se guarde o sentido mais "literal" não ajuda em nada. "Tocar" pode ser uma tradução literal do verbo grego, mas "ter relações sexuais" ou "dormir com alguém" pode capturar mais literalmente o sentido nos dias de hoje. Além disso, o desejo de trazer versões "de gênero neutro" ou "inclusivas" complica mais ainda o processo de interpretação. Tanto no grego quanto no hebraico a palavra traduzida como "homem" (masculino, singular) frequentemente se refere tanto a homens quanto a mulheres. Também

---

[52] O grego e o hebraico modernos são alterações consideráveis de suas versões antigas. C. C. Caragounis, *New Testament Language and Exegesis: A Diachronic Approach* (Tübingen: Mohr Siebeck, 2013), no entanto, defende que houve mais mudança entre o grego clássico e o helenístico nos cinco séculos que levaram à época do NT do que houve nos vinte e sete séculos posteriores.

[53] Isto altera grandemente a versão da NIV de 1984 que traduz: "É bom que o homem não se case." Sobre esta questão veja G. D. Fee, *The First Epistle to the Corinthians*, 2ª ed., NICNT (Grand Rapids: Eerdmans, 2014), p. 301-307 e Thiselton, *The First Epistle to the Corinthians*, p. 499-501.

[54] A REB mudou isto para dizer: "É uma boa coisa para um homem não ter relações sexuais com uma mulher."

A NECESSIDADE DA INTERPRETAÇÃO

quando Paulo diz "De maneira nenhuma! Seja Deus verdadeiro, e todo homem mentiroso" (Romanos 3:4), ele obviamente não tem somente os homens em vista. Então pode-se traduzir corretamente a frase como "todo ser humano" ou "todos" (na *Bíblia Viva*). O mesmo problema surge se compararmos Deuteronômio 19:16 (se uma testemunha falsa quiser acusar um "homem") com a maioria das outras traduções ("alguém" ou "uma pessoa"). Resumindo, as distâncias entre os vários mundos bíblicos e o nosso exigem um estudo histórico cauteloso se quisermos entender o sentido das palavras na Bíblia.

Sintetizando: precisamos de uma abordagem sistemática ao interpretar a Escritura porque a Bíblia foi escrita originalmente:

- para outra pessoa;
- que viveu há muito tempo;
- em outra parte do mundo;
- onde se falava outro idioma;
- e tinha valores culturais diferentes.

RELEVÂNCIA ETERNA — O FATOR DIVINO

Apesar de a Bíblia ter se originado por meio de agentes humanos e nas circunstâncias normais da vida, ela é fundamentalmente a Palavra de Deus para seu povo; ela tem uma "relevância eterna."[55] Ainda que tenhamos descrito a humanidade da Bíblia e destacado que devemos tratá-la de muitas maneiras como os outros livros, isto não diminui de forma alguma a sua qualidade como livro divino.

Declaramos que os métodos de interpretação por si mesmos nunca serão dignos da Escritura se eles não considerarem as suas dimensões teológicas e espirituais. Afirmar que a Bíblia é a Palavra de Deus não quer dizer que cremos que Deus no céu ditou uma série de declarações para as pessoas simplesmente transcreverem palavra por palavra. A presença de muitos estilos de escrita e gêneros literários dentro de suas páginas refutam conclusões desse tipo. Historicamente, os cristãos têm sustentado que Deus inspirou os autores humanos para redigirem as Escrituras como um meio de transmitir a sua mensagem, embora tenha se utilizado da matriz de palavras humanas, relatando circunstâncias e acontecimentos humanos e por meio de tipos diversos de literatura. Ecoando a imagem de Gênesis 2:7, Paulo fala da Escritura como "soprada por Deus" ou inspirada (2Tm 3:16), enquanto Pedro insiste que na Escritura homens falaram a mensagem de Deus à medida que foram "conduzidos" pelo Espírito Santo

---

[55] G. D. Fee; D. K. Stuart, *Entendes o que lês?*, 3ª ed. (São Paulo: Vida Nova, 2011), p. 28.

INTRODUÇÃO À INTERPRETAÇÃO BÍBLICA

(2Pe 1:21). Versículos como esses afirmam o "fator divino" da Bíblia, a elaboração soberana de Deus de *todas* as suas dimensões: humana, teológica e espiritual. Os métodos históricos e racionais de interpretação têm o seu lugar próprio para desvendar a sua dimensão humana; no entanto, eles só podem chegar a esse ponto no processo interpretativo. Quando discutirmos mais adiante sobre as qualidades do intérprete, levaremos em conta esses fatores que cremos que capacitarão melhor os leitores a apreciar e entender as "dimensões espirituais" do texto bíblico.

Sem dúvida, só a menção dos métodos históricos e racionais de interpretação levanta questões na mente de alguns cristãos sinceros. Eles podem acreditar com alguma justificativa que alguns especialistas usando os seus métodos histórico-críticos prejudicaram bastante a visão elevada da Bíblia e a fé de um número incontável de pessoas. Eles podem ver a formação acadêmica como uma ameaça sutil ou mesmo como um inimigo hostil. No máximo, alguns a percebem como bem irrelevante para a fé dos cristãos e para a missão da Igreja no mundo. É claro que muitos acadêmicos contribuem para essa visão, porque preparam os seus trabalhos sem se preocupar com o fiel que acredita que a Bíblia é a Palavra de Deus. Alguns até estão certos de que a sua missão é dissipar mitos religiosos e mostrar que a Bíblia é apenas um livro humano que registra as crenças religiosas e aspirações de um grupo discrepante de antigos escritores judeus e cristãos.[56]

No entanto, o fato de alguns especialistas usarem métodos críticos dessa maneira não nos deve levar a rejeitar todos esses métodos. A culpa (se houver uma) não é nem dos métodos históricos nem dos racionais por si mesmos, mas fica mais por conta dos pressupostos de algumas pessoas que os utilizam.

Os crentes, afirmamos, não podem ignorar as descobertas que os métodos críticos precisos trazem, porque os cristãos têm um compromisso com a verdade. Os métodos históricos buscam descobrir o que aconteceu na história. Acreditamos que os preconceitos que distorcem os sentidos dos textos têm que ser identificados e rejeitados.[57]

---

[56] Um dos objetivos declarados pelo "Jesus Seminar" é o de tirar a Bíblia de suas interpretações dogmáticas (supersticiosas). Ele visa determinar, usando métodos críticos acadêmicos, quais dos 176 acontecimentos nos Evangelhos que registram palavras e obras de Jesus realmente aconteceram. O consenso deles é de que apenas 16% das obras e 18% das palavras são verdadeiros. Veja R. W. Funk, *The Acts of Jesus. The Search for the Authentic Deeds* (San Francisco: HarperCollins, 1998). Bart Ehrman também fez do desprezo do que ele considera como mitos da Bíblia um dos seus objetivos principais. Por exemplo, veja o seu livro *Como Jesus se tornou Deus* (São Paulo:Texto Editores Ltda., 2014) e *Jesus, Interrupted: Revealing the Hidden Contradictions in the Bible (And Why We Don't Know About Them)* (New York: HarperOne, 2010).

[57] Para ler sobre o surgimento recente da crítica do cânon, uma abordagem positiva e teológica para os estudos críticos, veja no próximo capítulo.

A NECESSIDADE DA INTERPRETAÇÃO

Alguns especialistas têm preconceitos que os fazem rejeitar a presença do sobrenatural, enquanto outros têm preconceitos que os aceitam. Alguns parecem excluir qualquer papel para um Deus que interage com a sua criação e com o seu povo, enquanto outros afirmam veementemente este Deus. Como examinaremos com mais detalhe a seguir, todos os intérpretes vêm com pré-entendimentos e pressupostos. Ninguém interpreta com uma "objetividade desinteressada."

Mas um perigo que passa despercebido é que alguns crentes sinceros podem se recusar a reconhecer os seus próprios preconceitos e a utilidade de quaisquer conquistas acadêmicas.[58] Essa é a síndrome de "jogar o bebê fora junto com a água suja do banho." Em vez disso, sugerimos que eles deveriam acolher os métodos históricos e lógicos que explicam os sentidos dos textos bíblicos. Em todos os sentidos, acreditamos que é importante controlar o impacto de preconceitos que aparecem sem aviso e distorcem a verdade, evitando que eles nos ceguem para a verdade divina sobre a qual os textos possam estar falando.

Quando os métodos críticos descobrem o que é verdade, o nosso compromisso como crentes é acolher e incorporar esses achados a nossas próprias interpretações.[59] Por outro lado, poderemos achar inaceitáveis outras conclusões ou

---

[58] Alguns especialistas conservadores parecem desacreditar até a simples presença da crítica histórica. Um exemplo é o de R. L. Thomas e F. D. Farnell, editores, *The Jesus Crisis: The Inroads of Historical Criticism into Evangelical Scholarship* (Grand Rapids: Kregel, 1998). Veja também R.L. Thomas, *Evangelical Hermeneutics: The New Versus the Old* (Grand Rapids: Kregel, 2003) por sua crítica "do lado de dentro" de evangélicos que adotaram a metodologia crítica. Quando se vê como a grande maioria dos especialistas bíblicos de renome são demonizados por sua retórica, torna-se claro como essa sua abordagem é equivocada. Um exemplo mais recente e infeliz dessa mesma abordagem, com vários erros factuais para complicar ainda mais, aparece em N. L. Geisler e W. C. Roach, *Defending Inerrancy: Affirming the Accuracy of Scripture for a New Generation* (Grand Rapids: Baker, 2012). Para Geisler e Roach, o inerrantista radical Darrell Bock e o arquicético Bart Ehrman são igualmente rejeitados com a suas interpretações pessoais da declaração do Conselho Internacional da Inerrância Bíblica!

[59] Claramente, surge uma questão importante: como determinamos que algo é verdadeiro? Com certeza um consenso acadêmico contribui rumo a certezas de que os resultados são verdadeiros ou corretos. Quando os métodos históricos ou literários reconhecidos disponibilizam resultados que os especialistas honestos e ponderados reconhecem, podemos ter confiança de que eles são verdadeiros. Mas precisamos nos manter conscientes da influência dos pressupostos (discutidos de forma mais ampla posteriormente). Em outras palavras, quando alguns especialistas dizem que os milagres atribuídos a Elias em 1Reis 17—18 podem ser apenas mitos ou lendas, devemos protestar. De forma semelhante nos opomos quando alguns críticos da forma concluem que Jesus nunca poderia dizer as palavras que Mateus lhe atribui em 28:19-20, porque elas refletem as questões posteriores da Igreja e, assim, só poderiam ser formuladas em épocas posteriores. Dados nossos pressupostos, acreditamos que a história genuína pode incluir milagres e profecias verdadeiras podem acontecer, ainda que outros com compromissos racionalistas não aceitem a validade desses fenômenos.

INTRODUÇÃO À INTERPRETAÇÃO BÍBLICA

conjecturas onde uma interpretação explica as características do texto com termos puramente racionalistas (e.g., quando um relato de um milagre de cura, da presença de um demônio, ou do encontro de Paulo com o Senhor ressuscitado a caminho de Damasco são reduzidos a explicações psicológicas). Acreditamos que a interpretação válida deve levar em conta o "fator divino" do texto bíblico (isto é, em todas as suas dimensões) e aceitar que Deus fala por meio dele com o seu povo. Ainda que não toleremos acreditar em nada que não seja verdadeiro, afirmamos que a formação racionalista que rejeita o fator divino não pode compreender totalmente o sentido da mensagem da Bíblia.

OBJETIVO DA HERMENÊUTICA

Como estudantes da Bíblia, não podemos limitar a hermenêutica aos fatores e questões que envolvem o nosso entendimento do texto antigo. As pessoas nem sempre leem ou estudam a Bíblia como um simples exercício intelectual. Com certeza, os autores bíblicos nunca tiveram a intenção de que seus escritos fossem somente um objeto de um estudo desse tipo. Normalmente, os historiadores buscam entender as causas ou os resultados de certos acontecimentos, mas eles raramente, se é que o fazem, tentam aplicar o que descobrem em sua vida pessoal.[60] Porém, os cristãos fiéis estudam a Bíblia de forma precisa porque acreditam que ela tem algo a dizer para a vida deles. De fato pretendemos provar que ninguém pode entender a mensagem da Bíblia de forma completa simplesmente usando os métodos históricos e gramaticais que revelam o sentido original de um texto. Repetimos que o objetivo da hermenêutica tem de incluir detectar de que forma as Escrituras podem afetar os leitores hoje em dia. Isto significa que a interpretação da Bíblia combina tanto o uso da história antiga quanto uma reflexão intensa sobre o seu impacto a respeito de nossa vida. Verdadeiramente, entender totalmente o que um texto significou para os seus destinatários originais exige que sintamos até onde pudermos em nós mesmos algo desse impacto original.

Ao mesmo tempo, se reconhecermos que "aplicar" a Bíblia é a razão principal pela qual as pessoas a leem ou estudam, então temos que responder uma pergunta fundamental: como sabemos *o que* aplicar e *como* aplicar? Em outras palavras, se os cristãos acreditam que a Bíblia é a Palavra de Deus para todas as pessoas (vejam a nossa discussão desse pressuposto a seguir), então dizer a nós mesmos ou àqueles que ensinamos "A Bíblia diz..." leva a consequência de que de alguma forma isto é o que Deus diz. E se ouvimos a palavra de Deus, temos que crer nela e praticá-la ou rejeitar a sua vontade por nossa própria

---

[60] Com certeza, os estrategistas posteriores podem de fato estudar as táticas dos generais militares anteriores e aplicar princípios úteis de guerra.

• 74 •

conta e risco. Essa não é uma questão inconsequente. Torna-se extremamente importante entender de forma adequada o que Deus pretende revelar na Bíblia. Temos que entendê-la corretamente para crermos e agirmos corretamente. Não há benefício em seguir, mesmo com uma grande e bem-intencionada sinceridade, um ponto de vista equivocado.

Devido ao fato de que a hermenêutica adequada nos ajuda a entender a vontade de Deus, ela é fundamental para a aplicação fiel. Satanás tentou convencer Jesus a aplicar de forma errada as Escrituras em uma de suas tentações (Lc 4:9-12). Citando Salmos 91:11-12, o Diabo apelou a Jesus para aplicar as Escrituras de forma literal e se atirar da parte mais alta do templo, tudo com a certeza de que a Palavra de Deus lhe prometia proteção divina. Na verdade, em sua resposta, Jesus acusou Satanás de usar de uma hermenêutica ruim. Jesus indicou que Satanás não interpretou o texto tendo em vista o contexto completo da promessa divina; Satanás precisava entender o Salmo 91 à luz do princípio de não tentar a Deus (veja Dt 6:16). Nem a fé prodigiosa nem uma sinceridade grandiosa necessariamente salvará uma pessoa que pula de um alto precipício para uma morte trágica. O Salmo 91 prometia a proteção de Deus perante uma ameaça inesperada ou acidental (e mesmo assim nem *sempre* ela viria), não de tolice provocada por nós mesmos.[61] Já que Satanás interpretou errado a intenção do Salmo 91, a aplicação de uma má interpretação teria tido resultados infelizes ou até mortais. Sendo assim, já que desejamos obedecer à vontade de Deus, precisamos entender como interpretar as Escrituras, as quais revelam a sua vontade, de forma correta.

CONCLUSÃO

O uso adequado da hermenêutica é essencial para uma interpretação válida da Bíblia. Em vez de insistir piedosamente que simplesmente deixaremos Deus falar a partir de sua Palavra, afirmamos que para termos certeza de que estamos ouvindo a voz de Deus em vez da voz da cultura ou nossos próprios preconceitos, precisamos interpretar as Escrituras de uma forma sistemática e cuidadosa. Precisamos praticar os princípios e os métodos de interpretação corretos. Concluímos com várias razões pelas quais este é o caso:

---

[61] M. E. Tate, *Psalms 51—100*, WBC 20 (Dallas: Word, 1998), p. 456, explica: "Os anjos de Javé receberão o encargo quanto aos fiéis para protegê-los em todos os seus 'caminhos', i.e., em suas atividades e conduta de vida, ainda que alguns comentaristas defendam que a referência aqui seja a uma viagem concreta, 'caminhos' no sentido de jornadas. Ele acrescenta, "'Caminhos' é mais provavelmente usado aqui no sentido encontrado nas referências de Salmos 1:1, 6; 10:5; 26:4; 39:2; 51:15; Provérbios 3:6."

INTRODUÇÃO À INTERPRETAÇÃO BÍBLICA

1. *Para discernir a mensagem de Deus.* Se quisermos entender a verdade de Deus para nossa vida (e também ensiná-la e pregá-la para os outros), temos que descobrir precisamente o que Deus pretendeu comunicar. Um sistema cuidadoso de hermenêutica traz o meio para o intérprete chegar à intenção do texto, e, de forma mais importante, entender o que Deus pretendeu comunicar por meio de mente e mãos humanas (tanto a ilocução quanto a perlocução. Alguns cristãos conservadores abusam da Bíblia por sua revisão unidimensional. Eles usam a Bíblia como uma lista telefônica de textos que eles citam capítulo e versículo numa tentativa inútil de provar o seu ponto de vista, com pouca ou nenhuma consideração pelos contextos nos quais esses versículos se encontram. Isto leva a muitas distorções e erros que podem ser evitados usando os métodos adequados. A abordagem sistemática da hermenêutica preserva a Escritura de ser mal utilizada por pessoas que, de forma deliberada ou não, distorcem a Bíblia para seus próprios fins. A hermenêutica adequada fornece a estrutura conceitual para interpretar corretamente por meio de uma exegese precisa.[62] A exegese põe em prática a teoria de interpretação de alguém. Dessa forma, a boa hermenêutica produzirá bons métodos exegéticos e, por consequência, um entendimento adequado do texto.

2. *Para evitar ou desencorajar concepções e conclusões equivocadas ou errôneas sobre o que a Bíblia diz.* Em sua forma ideal, a interpretação correta frustra os ensinos errados que as pessoas usam para apoiar crenças e comportamentos anormais. Encontram-se com muita frequência em nossos jornais pais sinceros e bem-intencionados que se negam a sujeitar seus filhos a intervenções médicas porque acreditam que devem confiar na cura divina. Ou eles se recusam a vacinar seus filhos tendo, a nosso ver, uma confiança equivocada na proteção de Deus. Ainda que não neguemos o poder de Deus para curar nos dias de hoje ou o convite para orar por aquilo que necessitamos, cremos que uma interpretação correta dos textos bíblicos relevantes exige a oração pela cura *e* a prevenção e a intervenção médicas. Deus pode usar uma variedade

---

[62] No sentido que é usada para os estudos bíblicos, a "exegese", que vem da palavra grega *exegeomai,* significa "explicar" o significado de um texto ou passagem utilizando as táticas adequadas. O léxico grego padrão dá esses dois significados precisos da palavra grega: (1) relatar com detalhes, contar, retratar, descrever, e (2) transmitir com grandes detalhes, expor (BDAG, p. 349). Concordamos com G. R. Osborne (*A espiral hermenêutica: uma nova abordagem à interpretação bíblica,* São Paulo: Vida Nova, 2009), que diz: "Hermenêutica é o termo geral, enquanto a exegese e a contextualização (a comunicação transcultural do significado de um texto para os dias de hoje) são os dois aspectos dessa tarefa maior."

A NECESSIDADE DA INTERPRETAÇÃO

de meios para efetuar a cura. A omissão na busca de socorro médico apropriado pode ser semelhante a pular do pináculo do templo, com resultados semelhantemente desastrosos. Ou para ir a uma outra questão mais controvertida, podemos perguntar se os cristãos deveriam estar mais engajados em apoiar a nação de Israel (baseado em textos como Gn 12:3; 27:29) ou os cristãos palestinos que moram atualmente lá naquela terra? (Mt 10:42; 25:40, 45)? A maneira que alguém interpreta esses textos orientará as suas conclusões e ações. Gênesis 12:3 não menciona o estado político de Israel, somente a semente de Abraão ou os seus descendentes, e Paulo claramente iguala a semente de Abraão aos cristãos, sejam judeus, sejam gentios (p. ex., Rm 4:16; Gl 3:29; 6:16)! A maioria dos cristãos em Israel hoje é palestina,[63] mas é claro que os judeus e os gentios em Cristo devem ser tratados da mesma forma.

3. *Para ser capaz de aplicar a mensagem da Bíblia para nossa vida.* Deus escolheu revelar a maior parte da sua verdade por meio da linguagem escrita, e esta mensagem é unívoca e analógica.[64] Como Carnell afirma, "os termos podem ser usados em qualquer dessas três formas: tendo somente um sentido (de forma unívoca), com sentidos diferentes (de forma polissêmica), e com um sentido proporcional (parte da mesma forma, e parte diferente, de forma analógica)."[65] Em outras palavras, em algumas passagens a Bíblia fala conosco de forma unívoca. Isto é, ainda que a sua mensagem tenha sido escrita para os antigos, muitas características mantêm-se as mesmas: a existência humana, as realidades dos anjos, demônios, Deus e Jesus como Filho de Deus, o perdão com base na morte de Jesus, para mencionar algumas. Como Paulo observa acerca da verdade nas Escrituras, algumas afirmações factuais sobre acontecimentos do passado sempre permanecem verdadeiras (1Co 15:3-5). Essas afirmações são unívocas, tendo o mesmo sentido para Paulo e para nós, apesar de sempre aplicarmos este único sentido

---

[63] Sobre esse ponto controvertido, veja G. Burge, *Whose Land? Whose Promise?: What Christians Are Not Being Told about Israel and the Palestinians*, ed. rev. (Cleveland, OH: Pilgrim Press, 2013); e G. Burge, *Jesus and the Land: the New Testament Challenge to "Holy Land" Theology* (Grand Rapids: Baker, 2010).

[64] Não ignoramos nem estamos desapercebidos sobre o que consiste o relato oral e as tradições que precederam os textos escritos finais da Escritura. Temos mais a dizer sobre isso mais adiante.

[65] E. J. Carnell, *An Introduction to Christian Apologetics* (Grand Rapids: Eerdmans, 1948; Eugene, OR: Wipf&Stock, 2007), p. 144. O sentido unívoco é aquele que é único, que tem só um significado. Aprendemos por analogia quando fazemos inferências a partir do que aprendemos ou sabemos em uma área e aplicamos em outra.

INTRODUÇÃO À INTERPRETAÇÃO BÍBLICA

de várias formas. Maiores informações sobre a aplicação aparecem no último capítulo do livro.

Ao mesmo tempo, em algumas passagens, a Bíblia nos transmite a verdade de forma analógica em suas partes didáticas, poéticas, apocalípticas e narrativas, mesmo que tenham sido escritas há muito tempo. Aprendemos por analogia quando descobrimos que a verdade da Bíblia se aplica à vida e às situações do mundo moderno de forma parecida com as propostas originais (perlocuções). Como observamos antes, Jesus disse a seus seguidores: "Vocês são a luz do mundo" (Mt 5:14). Já que tanto as pessoas da época da Bíblia quanto as da atualidade têm um entendimento de como a luz funciona para trazer iluminação para todos na casa (seja por meio de velas, lâmpadas, tochas, eletricidade da rede ou por baterias ou LEDs), entendemos a analogia. Aprendemos que Jesus quer que seus seguidores "iluminem" o mundo, que Jesus explica que significa, entre outras coisas, praticar boas obras (Mt 5:16).

Hoje lemos sobre as ações de Deus e daqueles que pertenceram ao seu povo no passado, mas por causa de alguns paralelos e alguns aspectos comuns que conectam o mundo antigo e o nosso, podemos compreender as analogias e aprender com elas. A nossa tarefa é mais difícil em passagens em que um autor ou falante não explica claramente a lição a ser aprendida ou o tipo de analogia. Por exemplo, podemos imaginar o que devemos aprender a partir das seguintes analogias possíveis:

- A história de José e das suas façanhas no Egito.[66]
- As narrativas inspiradoras sobre a amizade de Davi com Jônatas.
- Os relatos da reconstrução dos muros de Jerusalém por Neemias.
- As circunstâncias de Israel e da Igreja.
- Os salmos escritos por um antigo rei para expressar as suas frustrações ou alegrias na vida.
- Os poemas do amor erótico em Cântico dos Cânticos.

O objetivo básico deste livro é ajudar os leitores a descobrir a mensagem de Deus para os cristãos de hoje a partir dos ensinos e das histórias "daquela época".[67]

---

[66] Igualmente, os acontecimentos posteriores na vida de Daniel e Ester.
[67] Com certeza, desejamos levar a sério as palavras de Paulo para seus leitores romanos, "Pois tudo o que foi escrito no passado, foi escrito para nos ensinar, de forma que, por meio da perseverança e do bom ânimo procedentes das Escrituras, mantenhamos a nossa esperança" (Rm15:4).

• 78 •

2

A HISTÓRIA DA INTERPRETAÇÃO

Como é claro agora, acreditamos que se deve interpretar as passagens bíblicas no seu contexto histórico original: uma visão que vem de uma linhagem de antepassados intelectuais — judeus e cristãos —, que têm procurado interpretar a Bíblia adequadamente. Uma breve pesquisa da história da interpretação bíblica é benéfica de várias maneiras. Primeiramente, ela apresenta questões importantes pertinentes à interpretação bíblica, que, por sua vez, prepara o estudante para entender a abordagem dessas questões que apresentamos. Em segundo lugar, ela abre os olhos dos leitores para as oportunidades e as armadilhas envolvidas em tentar contextualizar a Bíblia no presente. Uma avaliação crítica dos principais métodos de interpretação praticados ao longo da história desafia os leitores a desenvolverem uma abordagem pessoal da Bíblia que amplia as oportunidades e diminui as armadilhas. Por último, o conhecimento da história da interpretação cultiva uma atitude humilde com relação ao processo interpretativo. Com certeza queremos evitar os métodos que a história julgou como equivocados ou defeituosos. Ao mesmo tempo, a história ilustra como o processo é complicado e como é inadequada a arrogância ao buscá-lo.[1]

INTERPRETAÇÃO JUDAICA

Os primeiros intérpretes da Bíblia foram aqueles que possuíram os seus escritos pela primeira vez: os israelitas antigos que estudaram e fizeram a redação do que mais tarde se tornaram as Escrituras hebraicas. A identidade deles e a história do seu trabalho permanecem obscuras, mas as Escrituras hebraicas ainda mostram as impressões digitais da obra deles.

---

[1] Com algumas exceções, a nossa pesquisa limita-se à história da interpretação adotada pelo cristianismo ocidental, ou, depois da Reforma, principalmente da interpretação protestante. Para uma boa visão geral das características mais relevantes da hermenêutica do cristianismo ocidental para os evangélicos, veja G. R. Osborne, "The Many and the One: The Interface between Orthodoxy and Evangelical Protestant Hermeneutics", *SVTQ* 39 (1995): p. 281-304. Cf. E. J. Pentiuc, *The Old Testament in Eastern Orthodox Tradition* (New York: Oxford University Press, 2014).

• 79 •

Alusão intrabíblica

A atividade acadêmica recente reconheceu que a interpretação judaica da Escritura começa com um fenômeno chamado alusão intrabíblica, um processo que precede a conclusão do cânon da Escritura e a sucede.[2] Com o passar do tempo, o Israel antigo veio a aceitar alguns escritos como tendo autoridade, textos que os escritores e os editores posteriores buscaram revisar, atualizar, melhorar ou reescrever de modo que esses textos-fonte pudessem abordar os novos desafios e as novas realidades enfrentados pela geração de cada revisor e talvez pelas gerações futuras. Em pouco tempo, os textos revisados alcançaram a mesma autoridade de suas fontes; em outras palavras, os escribas deixaram de ser revisores e passaram a ser autores. De forma interessante, as gerações posteriores mantiveram o texto-fonte e o revisado como se, ao explicar o texto-fonte, a sua revisão lhe reforçasse a autoridade. Ao final, o texto canônico incluiu os dois textos revestidos de autoridade, e é por isso que nossas Bíblias têm, por exemplo, 1—2Reis (texto-fonte) e 1—2Crônicas (uma reinterpretação de Reis a partir de uma perspectiva pós-exílica).

No nível mais simples, os intérpretes posteriores simplesmente trazem explicações parentéticas para explicar o nome de algum lugar desconhecido (e possivelmente canaanita). Registra-se em Gênesis 23:2 que Sara "morreu em Quiriate-Arba (isto é, Hebrom)", atualizando o texto-fonte com o topônimo pelo qual os seus leitores conheciam a cidade. Os comentários parentéticos mais longos buscam explicar de forma semelhante algo antigo e desconhecido para os destinatários posteriores. Podemos dar como exemplo o costume aparentemente obsoleto da troca de sandálias em Rute 4:7. Alguns comentários dos redatores iniciam ou terminam as seções literárias mais longas. Como um colofão (ou uma anotação breve) anexada aos tabletes de barro no antigo Oriente Médio, Levítico 14:54-57 dá um fechamento às regras detalhadas de Levítico 13—14, enquanto Provérbios 25:1, escrito por editores que trabalhavam para

---

[2] Acreditamos que a expressão *alusão interbíblica* descreve melhor o fenômeno que a anterior e a mais conhecida exegese intrabíblica; cf. R. L. Hubbard, Jr., "Reading Through the Rearview Mirror: Inner-Biblical Exegesis and the New Testament", em *Doing Theology for the Church: Essays in Honor of Klyne Snodgrass*, ed. R. A. Eklund e J. E. Phelan, Jr. (Eugene, OR: Covenant Press/Wipf & Stock, 2014), p. 126-127, que também traz uma bibliografia adicional e excelentes panoramas do fenômeno, (p. 125-139). Para exemplos do AT, veja M. Fishbane, *Biblical Interpretation in Ancient Israel* (Oxford: Clarendon, 1984); para exemplos do NT, veja R. B. Hayes, *Echoes of Scripture in the Letters of Paul* (New Haven: Yale University Press, 1989). Os estudos recentes incluem G. Gakuru, *An Inner-Biblical Study of the Davidic Covenant and the Dynastic Oracle*, Mellen Biblical Press Series 58 (Lewiston, NY: Mellen, 2000); R. Nurmela, *Prophets in Dialogue: Inner-Biblical Allusions in Zechariah 1—8 and 9—14* (Abo: Abo Academis Förlag, 1996); e S. L. Harris, *Proverbs 1—9: A Study of Inner-Biblical Interpretation*, SBLDS 150 (Atlanta: Scholars Press, 1995).

A HISTÓRIA DA INTERPRETAÇÃO

o rei Ezequias (final do séc. VIII a.C.) prefacia a segunda coleção do livro de provérbios de Salomão (Pv 25—29).[3] Em Oseias 14:9 (10 no TM), um editor termina a profecia com uma exortação que parece muito com Provérbios, basicamente animando os leitores a interpretarem Oseias tanto como profecia quanto como um guia para alcançar a sabedoria. Um escritor anônimo encerrou Deuteronômio com a sua interpretação da importância singular de Moisés: "Em Israel nunca mais se levantou profeta como Moisés, a quem o SENHOR conheceu face a face" (Dt 34:10).

Por fim, a reinterpretação do tema dos setenta anos de Jeremias, uma pelo próprio Jeremias e outra pelo cronista dois séculos depois, ilustra a alusão intrabíblica em ação. Compare os textos seguintes:

JEREMIAS 25:11-12	JEREMIAS 29:10	2CRÔNICAS 36:21
PRÉ-EXÍLICO (605 a.C.)	EXÍLICO (c. 597 a.C.)	PÓS-EXÍLICO (c. 400 a.C.)
[11] Toda esta terra se tornará uma ruína desolada, e essas nações estarão sujeitas ao rei da Babilônia durante setenta anos. [12] "Quando se completarem os setenta anos, castigarei o rei da Babilônia e a sua nação, a terra dos babilônios, por causa de suas iniquidades', declara o SENHOR, 'e a deixarei arrasada para sempre'."	[10] "Assim diz o SENHOR: 'Quando se completarem os setenta anos da Babilônia, eu cumprirei a minha promessa em favor de vocês, de trazê-los de volta para este lugar'."	[21] A terra desfrutou os seus descansos sabáticos; descansou durante todo o tempo de sua desolação, até que os setenta anos se completaram, em cumprimento da palavra do SENHOR anunciada por Jeremias.

Jeremias 25:11-12 (605 a.C.) inclui um oráculo de perdição dirigido ao Judá pré-exílico. Nela os setenta anos demarcam dois acontecimentos: o período em que Judá sofrerá a destruição e o final do exílio através do julgamento divino sobre a Babilônia. O segundo dá a entender (mas não anuncia) a esperança de retorno para Judá. Mas perto de uma década depois, (c. 597 a.C.), em uma carta aos exilados em Judá, o próprio profeta se refere novamente ao

---

[3] De forma interessante, o título pressupõe um texto-fonte (um inventário dos provérbios de Salomão a ser compilado de forma escrita) e alguma necessidade implícita de que a voz de Salomão fosse dirigida à geração de Ezequias. Meinhold observa que, do mesmo modo que o seu contemporâneo Isaías, o rei buscou cultivar a importância da sabedoria em Jerusalém, talvez para explicar as deliberações do palácio sobre a reação de Judá à ameaça de décadas por parte dos assírios; cf. A. Meinhold, *Die Sprüche. Teil 2: Sprüche Kapitel 16—31*, ZBK (Zürich: Theologischer Verlag Zürich, 1991), p. 416.

tema os setenta anos para deixar clara para a exilada Judá a esperança de retorno implícita no oráculo anterior (Jr 29:10). Um tom conciliatório substituiu a condenação do texto anterior. Dois séculos depois (c. 400 a.C.), o capítulo final de Crônicas (2Cr 36:21) também interpreta o tema de setenta anos de Jeremias para novos destinatários e de uma nova maneira. Para o cronista, o final dos setenta anos coincide com o início do governo persa, o poder cujo decreto autoriza os judeus a retornarem para casa, autorização que enseja a conclusão de 2Crônicas 36. O novo ângulo do cronista vem da leitura do tema dos setenta anos de Jeremias através da lente de outro texto com autoridade, Levítico 26:34-35: "Então a terra desfrutará os seus anos sabáticos enquanto estiver desolada e enquanto vocês estiverem na terra dos seus inimigos; e a terra descansará e desfrutará os seus sábados. Enquanto estiver desolada, a terra terá o descanso sabático que não teve quando vocês a habitavam."

Para o cronista, os setenta anos são dez anos sabáticos determinados por Levítico 26: "A terra desfrutou os seus descansos sabáticos; descansou durante todo o tempo de sua desolação, até que os setenta anos se completaram, em cumprimento da palavra do Senhor anunciada por Jeremias." Retoricamente, o eco das ameaças proféticas de condenação em Jeremias 25 e Levítico 26 sutilmente avisa aos contemporâneos do cronista, agora de volta à terra, para evitarem outra ruína nacional de setenta anos. Isso também traz esperança, como se dissesse: "Para Israel, o período de descanso acabou. É hora de voltar ao trabalho, hora de reconstruir o nosso país." Em resumo, a sobrevida do oráculo de Jeremias sobre os setenta anos ilustra o processo da alusão intrabíblica e a maneira pela qual ela buscava aplicar os materiais bíblicos existentes na época para as questões contemporâneas.

Interpretação pós-bíblica: a transição

Os primeiros intérpretes conhecidos pelo nome foram os levitas que ajudaram Esdras, o escriba, na ocasião solene que Neemias 8:7-8 relata. À medida em que Esdras lia publicamente a lei mosaica (em hebraico), os levitas explicaram à multidão (em aramaico) o que ela estava ouvindo. De acordo com a tradição rabínica, esse incidente levou à criação de uma nova instituição judaica, o Targum (isto é, a tradução e a interpretação), época que um historiador considera "o nascimento do judaísmo", tendo como centro a leitura e a explicação da lei de Moisés. [4]

---

[4] *Talmud Palestino, Megillah* 4, 74d; M. J. McNamara, *Targum and Testament Revisited*, 2ª ed. (Grand Rapids: Eerdmans, 2010), p. 50 (citação), 51; cf. G. Stemberger, "From Biblical Interpretation to Rabbinic Exegesis", em *The New Cambridge History of the Bible: From the*

A HISTÓRIA DA INTERPRETAÇÃO

Na verdade, essa instituição foi uma das duas atividades formativas envolvendo a interpretação bíblica no judaísmo do final do período interbíblico. Nesse período, o culto judaico incluía os targuns orais, isto é, a tradução e a interpretação das leituras hebraicas da Escritura para o aramaico, o idioma comum falado naquela época. Por fim, os escribas colocaram esses targuns orais por escrito para perpetuar o seu uso, que continua até o presente.[5] Ao mesmo tempo, os escribas e os rabinos buscaram com vigor o estudo e o ensino das Escrituras hebraicas, especialmente o Pentateuco. Eles trabalhavam para resolver os problemas levantados pelos textos, explicando palavras obscuras e conciliando passagens conflitantes. Mais importante do que isso, eles buscavam aplicar as Escrituras às questões da vida diária levantadas por seus contemporâneos.[6]

Uma grave crise cultural incentivou o estudo intensivo das Escrituras. No final do período interbíblico, a dominação pelos impérios helenístico e romano forçou os judeus a preservar a própria identidade religiosa diante dos valores culturais e das religiões estrangeiras. Eles encontraram refúgio no estudo de suas Escrituras antigas. No processo, eles aperfeiçoaram os seus métodos de interpretação de forma bem eficiente. Como Kugel destaca, a influência dessas figuras geralmente anônimas provou ser bem extensa: "Eles estabeleceram os padrões básicos pelos quais a Bíblia devia ser lida e entendida por séculos (na verdade, até o tempo presente), e, ainda mais, eles fizeram da interpretação uma atividade religiosa central e fundamental."[7]

Próximo ao período do NT, em meio a essa atividade hermenêutica intensa, três abordagens distintas à Escritura começaram a se formar. Cada abordagem era associada a um centro geográfico da vida religiosa judaica e a uma escola de pensamento diferente. Para nossos propósitos, a sua importância reside

---

Beginnings to 600, 3 vols., ed. J. C. Paget e J. Schaper (Cambridge: Cambridge University Press, 2013), 1:190-217 (a partir de agora, *NCHB* 1).

[5] Para obter uma base geral sobre targuns, veja P. V. M. Flesher, B. Chilton, e P. V. McCracken, *The Targums: A Critical Introduction* (Waco, TX: Baylor University Press, 2011). Alguns especialistas sugerem que, já que os exilados que retornaram falavam o aramaico da Babilônia em vez do hebraico das Escrituras, as explicações dos levitas envolviam tanto a tradução do texto para o aramaico quanto a interpretação do seu conteúdo. De forma mais provável, os judeus em Judá durante a época de Neemias eram bilíngues em hebraico e nos dialetos aramaicos locais dos seus vizinhos não judeus (McNamara, *Targum*, p. 88).

[6] Como McNamara, *Targum*, p. 51, observa, "A tarefa dos líderes religiosos nos séculos seguintes (depois de Esdras) será assegurar que todo o Israel conheça tanto o texto quanto o sentido da Lei de Moisés."

[7] J. L. Kugel, "Early Interpretation: The Common Background of Late Forms of Biblical Exegesis", em *Early Biblical Interpretation*, ed. J. L. Kugel e R. A. Greer (Philadelphia: Westminster, 1986), p. 13. cf. McNamara, *Targum*, p. 52-55.

INTRODUÇÃO À INTERPRETAÇÃO BÍBLICA

no pano de fundo que eles forneceram ao modo como os escritores do NT interpretaram o AT.[8]

Judaísmo helenístico

Em 331 a.C., Alexandre, o Grande, completou a sua conquista do Império Persa incluindo a Palestina. Ele e os seus sucessores começaram a impor a cultura grega por toda a extensão do seu domínio. A influência grega provou ser particularmente forte sobre a grande comunidade judaica em Alexandria, a cidade no Egito que herdou o nome do grande imperador. Lá floresceu o judaísmo helenístico, um movimento que buscou integrar a filosofia grega, especialmente a de Platão, às crenças religiosas judaicas.[9]

Por fim, o grego substituiu o hebraico como o idioma comum entre os judeus que estavam fora da Palestina. Então, aproximadamente em 285 a.C., os especialistas judeus alexandrinos produziram uma tradução grega notável do Pentateuco (as Escrituras judaicas restantes foram traduzidas mais tarde).[10] Ela foi finalmente chamada de *Septuaginta* (isto é "setenta"; abreviada como LXX) porque, de acordo com a tradição, setenta estudiosos a traduziram. Ela tornou-se posteriormente a Bíblia da Igreja primitiva.[11]

---

[8] Uma coleção abrangente das interpretações por esta (e outras) escolas está disponível em L. H. Schiffman, *Texts and Traditions: A Source Reader for the Study of Second Temple and Rabbinic Judaism* (Hoboken, NJ: KTAV, 1998), p.121-761. Para uma introdução útil à variedade de literaturas produzidas pelos judeus além da Bíblia Hebraica, veja L. R. Helyer, *Exploring Jewish Literature of the Second Temple Period* (Downers Grove: InterVarsity, 2002). Além de dar uma introdução a assuntos como os livros apócrifos, os pseudoepígrafos, os apocalípticos, os Manuscritos do Mar Morto, a Mishná, os targuns, Flávio Josefo, e Filo, ele também mostra o seu valor para os estudantes do NT.

[9] Kugel, "Early Interpretation", p. 40-44. Para uma visão geral do judaísmo helenístico veja M. Hengel, *The Hellenization of Judaea in the First Century After Christ* (London: SCM, 1989).

[10] A tradução do Pentateuco foi particularmente notável porque o seu processo de redação criou, nas palavras de Lamarche, "toda uma linguagem religiosa [...] que encontraria o seu ápice no Novo Testamento e nas obras dos Pais da Igreja"; cf. P. Lamarche, "The Septuagint: Bible of the Earliest Christians", em *The Bible in Greek Christian Antiquity*, ed. P. M. Blowers, editores (Notre Dame: University of Notre Dame, 1997), p. 18 (citação). L. Greenspoon, "Hebrew into Greek: Interpretation in, by, and of the Septuagint", em *A History of Biblical Interpretation: The Ancient Period*, ed. A. J. Hauser e D. F. Watson (Grand Rapids: Eerdmans, 2003), p. 102-108.

[11] A referida história da sua origem e do seu propósito contados na *Carta de Aristeias* não é vista como confiável pelos especialistas; cf. Lamarche, "The Septuagint: Bible of the Earliest Christians", p. 15-33. Para introduções excelentes, veja J. K. Aitken, ed., *The T&T Clark Companion to the Septuagint* (London; New York: Bloomsbury T&T Clark, 2015); T. M. Law, *When God Spoke Greek: The Septuagint and the Making of the Christian Bible* (Oxford: Oxford University Press, 2013); e K. H. Jobes e M. Silva, *Invitation to the Septuagint*, 2ª ed. (Grand Rapids: Baker, 2015).

• 84 •

A HISTÓRIA DA INTERPRETAÇÃO

Mais importante para nossos propósitos, no solo intelectual fértil de Alexandria floresceu uma grande escola de interpretação bíblica que exerceu ampla influência entre os judeus espalhados pelo Império Romano e na própria Jerusalém.

A característica mais distinta dessa "escola" era o seu método alegórico, que estava baseado na filosofia platônica. Platão ensinou que a verdadeira realidade estava de fato por trás do que se manifestava diante dos olhos humanos.[12] Aplicada à literatura, essa visão da realidade sugeria que o sentido verdadeiro de um texto fica por trás das palavras escritas. Isto é, o texto servia como um tipo de metáfora expandida que indicava as ideias por trás dele.[13] Com relação às Escrituras hebraicas, o especialista das alegorias era o brilhante pensador judeu alexandrino Filo (c. do final do séc. I a.C. a meados do séc. I d.C.), que buscou harmonizar as Escrituras hebraicas com a filosofia de Platão.[14]

Para Filo, uma passagem bíblica era como um ser humano; tinha um corpo (isto é, um sentido literal) e uma alma (um sentido alegórico).[15] Ele aceitava o sentido literal de muitas Escrituras (p. ex., a obediência à lei mosaica), mas ele também acreditava que somente o método alegórico poderia revelar o sentido interno que Deus tinha codificado nelas. Ele desenvolveu uma série de regras para reconhecer quando o sentido alegórico do texto era o sentido verdadeiro. Em sua visão, poderia se desconsiderar o sentido literal de um texto quando ele (1) dissesse algo indigno de Deus, (2) contivesse alguma dificuldade insolúvel, uma gramática incomum ou retórica única, e (3) envolvesse uma óbvia expressão alegórica.

---

[12] Para ilustrar, na *República* (p. 514a-520a) Platão comparou a percepção humana da realidade a uma experiência de estar em uma caverna fracamente iluminada. Lá se vê somente formas sombrias (as "formas"), mas a verdadeira realidade (as "ideias") ficam por trás delas; cf. S. L. R. Clark, "Ancient Philosophy", em *The Oxford History of Western Philosophy*, ed. A. Kenny (Oxford: Oxford University Press, 1994), p. 22-28.

[13] Os gregos tinham aperfeiçoado bastante esse método interpretativo a partir do século VI a.C. Isso os permitiu encontrar valor na literatura grega clássica (p. ex., Homero etc.), da qual algumas de suas ideias (p. ex., a moralidade dos deuses) os filósofos achavam ofensivas. Os platônicos em Alexandria usavam a alegoria para ensinar a filosofia platônica a partir da literatura grega clássica.

[14] Para conhecer a vida e o pensamento de Filo, veja C. Mondesért, "Philo of Alexandria", in *The Cambridge History of Judaism: The Early Roman Period*, 3 vols., ed. W. D. Davies, et al. (Cambridge: Cambridge University Press, 1984-1999) 3:877-900 (a partir de agora denominado *CHJ III*). Sobre Filo como exegeta, cf. Borgen, "Philo of Alexandria as Exegete", *A History of Biblical Interpretation: The Ancient Period*, ed. Hauser e Watson, 114-143; P. Borgen, *Philo of Alexandria: An Exegete for His Time* (SNTSMS 86; Leiden: Brill, 1997).

[15] *De Vita Contemplativa*, x. 78. Para uma tradução para o inglês, veja C. D. Yonge, *The Works of Philo: Complete and Unabridged* (Peabody, MA: Hendrickson, 1995).

• 85 •

INTRODUÇÃO À INTERPRETAÇÃO BÍBLICA

Além disso, Filo acreditava que o sentido oculto se escondia por trás dos números e dos nomes. Mais engenhosamente, ele também encontrou significado jogando com os muitos sentidos possíveis da mesma palavra e reagrupando as palavras de uma passagem bíblica. Na interpretação de Filo de Gênesis 2:10 ("No Éden nascia um rio que irrigava o jardim, e depois se dividia em quatro."), ele considerou que o rio edênico representava a bondade, enquanto os outros quatro representavam as quatro virtudes da filosofia grega: prudência, temperança, coragem e justiça.[16] Em outras palavras, o número quatro no texto bíblico sugeria para ele quatro itens da filosofia grega.[17]

Retrospectivamente, as virtudes e as fraquezas da abordagem de Filo parecem evidentes. Por um lado, ele reconheceu de forma correta as limitações da linguagem humana para transmitir os mistérios profundos da realidade espiritual e da natureza de Deus, e ele tentou integrar as ideias bíblicas com as da filosofia dominante de sua época para relacionar a fé bíblica com a cultura contemporânea: um desafio difícil que as pessoas de fé têm que enfrentar a cada geração. Por outro lado, de um ponto de vista moderno, a abordagem de Filo bem frequentemente parece depender da subjetividade, arbitrariedade e da artificialidade. Alguém poderia perguntar, por exemplo, por que o rio edênico representa a bondade e os seus afluentes outras quatro virtudes. Para outra pessoa, o primeiro poderia representar a corrente da vida humana e os últimos quatro os quatro grupos étnicos principais da humanidade. Além disso, Filo tende a ignorar as diferenças reais entre as ideias bíblicas e as ideias da filosofia grega. É difícil fugir da conclusão de que, em última instância, a interpretação de Filo dependia mais da filosofia platônica que da Bíblia.[18] Mesmo assim, um especialista o julga corretamente como "provavelmente o estudioso bíblico e teólogo judeu mais influente da antiga diáspora judaica."[19]

---

[16] *Legum Allegoriarum*, 1.63-64.

[17] Por outro lado, ao se concentrar em dificuldades textuais insolúveis, ao apelar para os múltiplos sentidos de uma única palavra, e ao reordenar palavras, o método de Filo se parece muito com o método do midrash (sobre o qual falaremos mais adiante).

[18] A questão sobre se o pensamento de Filo se deve mais à filosofia grega do que ao judaísmo, e vice-versa, permanece como um dos mais acalorados debates entre os especialistas. Para um resumo conveniente, veja D. Hagner, "Filo", no *Novo dicionário de teologia*, de S. B. Ferguson e D. F. Wright (São Paulo: Hagnos, 2011), p. 438-440; cf. também Borgen, Philo of Alexandria, 282-287.

[19] R. E. Olson, *História da teologia cristã: 2.000 anos de tradição e reformas* (São Paulo: Vida, 2001). Para conhecer a influência de Filo sobre os intérpretes posteriores da patrística, veja F.O. Fearghail, "Philo and the Fathers: The Letter and the Spirit", em *Scriptural Interpretation in the Fathers: Letter and Spirit*, ed. T. Finan e V. Twomey (Dublin: Four Courts Press, 1995), p. 39-59. Uma abordagem hermenêutica menos filosófica aparece nos escritos do contemporâneo judeu de Filo chamado Josefo (37-100 d.C.), cujas obras principais são *Antiguidades judaicas* e *A guerra dos judeus*. Como um apologista principalmente para os opositores judeus, sua interessante

A HISTÓRIA DA INTERPRETAÇÃO

Comunidade de Cunrã

Um ramo do judaísmo, provavelmente os essênios, floresceu em Cunrã, um local na costa noroeste do mar Morto, de cerca de 150 a.C. até 68 d.C. O seu legado literário famoso nos dias atuais, os manuscritos do mar Morto, revela como esta comunidade se identificava e a sua razão de ser. Ela considerava o judaísmo centrado em Jerusalém como apóstata. Então, liderados pelo seu fundador, uma figura misteriosa chamada o Mestre de Justiça, os seus membros se afastaram para o deserto da Judeia para formar uma comunidade monástica para se preparar para a vinda da era messiânica. Especificamente, eles aguardavam o julgamento iminente de Deus, que esperavam que recaísse sobre os seus concorrentes religiosos apóstatas, e eles esperavam da parte de Deus a renovação da aliança com o único Israel verdadeiro e puro: eles mesmos. Eles se viam como a geração final sobre a qual fala a profecia bíblica.[20]

A interpretação das Escrituras hebraicas teve um papel importante em Cunrã.[21] Se a Lei de Moisés encantava os rabinos, a preocupação dos sectários de Cunrã era com os profetas do AT. Alegando inspiração especial de Deus, o Mestre de Justiça afirmava mostrar que os acontecimentos da época, especialmente os que envolviam a comunidade de Cunrã, cumpriam as profecias do AT. Isto explica por que tantos pergaminhos consistiam em cópias de livros do AT e por que Cunrã produziu tantos comentários sobre eles. Para nossos propósitos, os últimos são os mais importantes, porque eles mostram os princípios de interpretação bíblica que a comunidade seguia. Para ser específico, a comunidade praticava um método chamado *pesher*.[22] Três técnicas de interpretação tipificavam essa abordagem. Os intérpretes podiam realmente sugerir

---

reprodução dos textos bíblicos de vez em quando parece parafrástico. Para um estudo abrangente dos seus materiais bíblicos, veja L. H. Feldman, *Studies in Josephus' Rewritten Bible*, JSJSup 58 (Leiden: E.J. Brill, 1998); cf. também S. Mason, *Josephus and the New Testament*, 2ª ed. (Peabody, MA: Hendrickson, 2003).

[20] Kugel, "Early Interpretation", p. 61-62. Para uma tradução para o inglês dos manuscritos, veja M. O. Wise, M. G. Abegg, Jr., e E. M. Cook, *The Dead Sea Scrolls: A New Translation*, rev. ed. (San Francisco: HarperSanFrancisco, 2005). Para o contexto da interpretação, veja Peter W. Flint, *The Dead Sea Scrolls* (Nashville: Abingdon Press, 2013); George J. Brooke, *The Dead Sea Scrolls and the New Testament* (Minneapolis: Fortress Press, 2005).

[21] Para um panorama de seus métodos interpretativos, veja P. R. Davies, "Biblical Interpretation in the Dead Sea Scrolls", *A History of Biblical Interpretation: The Ancient Period*, ed. Hauser e Watson, p. 144-166; M. Berstein, "Interpretation of Scriptures", em *Encyclopedia of the Dead Sea Scrolls*, ed. L. H. Schiffman e J. C. VanderKam (Oxford: Oxford University Press, 2000), 1:376-383.

[22] Para entender a natureza do *pesher*, veja M. P. Horgan, *Pesharim: Qumran Interpretations of Biblical Books*, CBQMS 8 (Washington, D.C.: The Catholic Biblical Association, 1979), p. 229-259.

INTRODUÇÃO À INTERPRETAÇÃO BÍBLICA

uma mudança no texto bíblico (emenda textual) para apoiar uma interpretação. Eles selecionariam uma conhecida leitura textual alternativa da frase em questão e ofereceriam a interpretação. Quando não tinham uma variante existente, os intérpretes de Cunrã não eram avessos a criar uma que combinasse com seus propósitos interpretativos! Por exemplo, Habacuque 1:13a diz: "Teus olhos são tão puros que não suportam ver o mal; não podes tolerar a maldade." O Pesher comenta de forma correta que as palavras se dirigem a Deus e descrevem a sua santidade. Espera-se um tratamento semelhante para a parte b, que diz: "Então, por que toleras os perversos? Por que ficas calado enquanto os ímpios devoram os que são mais justos que eles?" Mas o comentário interpreta "toleras" como "tolerais" e "ficas calado" como "ficais calados", e assim se refere não a Deus, mas à casa de Absalão, um grupo religioso de que a comunidade de Cunrã não gostava.[23]

Além disso, os comentaristas podiam atualizar uma profecia, afirmando encontrar o seu cumprimento tanto para sua época como para um futuro imediato. Por exemplo, um escritor buscou atualizar Habacuque 1:6: "Estou trazendo os babilônios, nação cruel e impetuosa..." Originalmente, a frase profetizava que o exército babilônico viria punir o pecaminoso Judá, mas de acordo com a Pesher "isso se refere aos Quitim (romanos) que são verdadeiramente rápidos e poderosos na guerra...."[24] Em outras palavras, o comentarista interpretou a profecia antiga sobre os babilônicos como prevendo a vinda dos inimigos de Cunrã, os romanos.

Por fim, os intérpretes devem ter empregado uma abordagem de atomização, dividindo o texto em frases separadas, depois interpretando cada uma à parte sem se importar com o contexto. Por exemplo, ao explicar Habacuque 2:4 (literalmente "Veja, sua alma será inchada..."), o Pesher diz: "eles empilharão para si mesmos uma dupla retribuição por seus pecados..." A ideia de punição dupla deriva da palavra "inchado" (heb. *'pl*), a qual o comentarista arbitrariamente lê como "ser duplicado" (heb. *kpl*).[25]

Judaísmo rabínico

Centrado em Jerusalém, esse ramo do judaísmo promoveu a obediência às Escrituras hebraicas, especialmente à Torá, em face da pressão cada vez maior de

---

[23] Horgan, Pesharim, p. 15, 32-34; W. H. Brownlee, *The Midrash Pesher of Habakkuk*, SBL-MS 24 (Missoula, MT: Scholars, 1979), p. 91-98.

[24] Brownlee, *Midrash Pesher*, p. 59-62; Horgan, *Pesharim*, p.13, 26.

[25] A tradução segue Brownlee, *Midrash Pesher*, p.122-124 ("um trocadilho"); cf. Horgan, *Pesharim*, p. 17, 39 ("provavelmente uma interpretação").

• 88 •

A HISTÓRIA DA INTERPRETAÇÃO

se acomodar à cultura greco-romana.[26] A abordagem interpretativa do judaísmo rabínico é evidente na extensa quantidade de literatura que ela inspirou. Ela contém basicamente dois tipos de conteúdo. A halaca (heb. "regra para caminhar") envolve a dedução de princípios e regras para a conduta humana derivada especificamente do material das leis do AT. A hagadá (heb. uma narração), de outro modo, baseia-se na totalidade das histórias e provérbios para ilustrar textos bíblicos e edificar os leitores.[27]

O judaísmo rabínico produziu três obras literárias principais. A Mishná apresenta os ensinamentos anteriormente orais de rabinos influentes da época dos famosos concorrentes Hillel e Shammai (do final do séc. I a.C. ao começo do séc. I d.C.). Publicado por volta do ano 200 d.C., a Mishná apresenta muitos tratados individuais organizados sob seis tópicos (p. ex. festas, mulheres, coisas santas etc.).[28]

Cerca de cinquenta anos depois, outro documento chamado *Abot* (literalmente "os pais") afirmava que o que os escritores da Mishná ensinavam era parte da lei oral recebida por Moisés no monte Sinai. A maior parte do seu conteúdo é halaca. Os talmudes palestino e babilônico (c. 400 d.C.-c. 600 d.C., respectivamente) essencialmente oferecem comentários (também conhecidos como Guemará) da Mishná por rabinos posteriores. Organizada em tópicos, cada seção talmúdica cita uma seção da Mishná, que é seguida pelas citações de rabinos e passagens da Escritura. A citação frequente da Escritura implica que o propósito do Talmude era dar base bíblica para as interpretações da Mishná.[29] Às vezes como os comentários bíblicos modernos, mas frequentemente bem

---

[26] Para uma introdução conveniente, veja S. J. D. Cohen, *From the Maccabees to the Mishnah* (Louisville, KY: Westminster John Knox, 2006). Para uma análise útil sobre o tópico, cf. D. Instone-Brewer, *Traditions of the Rabbis from the Era of the New Testament*, 6 vols. (Grand Rapids: Eerdmans, 2004-). G. Boccaccini, *Roots of Judaism: An Intellectual History from Ezekiel to Daniel* (Grand Rapids: Eerdmans, 2002), analisa as raízes do sistema rabínico no período do Segundo Templo (515 a.C.-70 d.C.), um sistema que, na sua opinião (xiv-xv), ganhou destaque somente no século III d.C.

[27] Halaca e hagadá também se referem aos gêneros das próprias tradições rabínicas, sejam elas referentes à lei ou em forma de narrativas; cf. Kugel, "Early Interpretation", p. 67-72. Para uma introdução à literatura rabínica, veja J. Neusner, *Rabbinic Literature: An Essential Guide* (Nashville: Abingdon Press, 2005). Para uma análise profunda sobre o desenvolvimento dessa literatura, cf. R. Nikolsky e T. Ilan, eds., *Rabbinic Traditions between Palestine and Babylonia*, AJEC 89 (Leiden; Boston: Brill, 2014).

[28] Para uma edição padrão, veja J. Neusner, *The Mishnah: A New Translation* (New Haven: Yale University Press, 1988). Cf. também os comentários gerais e exemplos em J. Neusner, *From Testament to Torah: An Introduction to Judaism in Its Formative Age* (Englewood Cliffs, NJ: Prentice Hall, 1988), p. 45-65.

[29] Cf. a excelente introdução com exemplos em Neusner, *From Testament to Torah*, p. 72-99. Schiffman (*Texts and Traditions*, p. 619-670) oferece exemplos adicionais.

· **89** ·

INTRODUÇÃO À INTERPRETAÇÃO BÍBLICA

diferentes, os midrashim (do heb. *darash,* "pesquisar") passam a interpretação dos livros bíblicos, às vezes explicando passagens quase versículo por versículo enquanto muitas vezes abordam somente versículos selecionados. O comentário, que pode fornecer perspectivas paralelas ou mesmo conflitantes, segue a citação de um versículo ou frase da Escritura. Apesar de não ter sido escrito antes do século II d.C., parte do seu material interpretativo provavelmente deriva da era pré-cristã, e a maior parte do seu conteúdo é hagadá.[30]

A interpretação da Escritura no judaísmo rabínico manifesta várias características distintas. Primeiro, depende fortemente da tradição interpretativa rabínica. A interpretação se resume a citar o que os respeitáveis rabinos do passado dizem sobre uma passagem. Por exemplo, considere como a Mishná cita dois rabinos antigos para resolver um possível conflito entre duas passagens importantes dos ensinamentos legais do AT.[31] A Lei ensinava que o povo de Israel não pode trabalhar no sábado (Dt 5:12-15) e deve circuncidar seus filhos recém-nascidos ao oitavo dia de vida (Lv 12:3; cf. Lc 1:59; 2:21). Mas suponha que o oitavo dia caia num sábado. A Mishná resolve o conflito apelando à tradição rabínica:

> R. Eliezer diz: "Se alguém não trouxer um utensílio [usado para a circuncisão] na véspera do shabat ele deve ser trazido publicamente no shabat; e em tempo de perigo alguém pode cobri-lo na presença de testemunhas." R. Eliezer disse, além disso: "Eles podem cortar madeira [no shabat] para fazer carvão para forjar um instrumento de ferro [para a circuncisão]." R. Akiba estabeleceu uma regra geral: "Todo ato de trabalho [relacionado à circuncisão] que pode ser feito na véspera do shabat não despreza o Shabat, mas o que não pode ser feito na véspera do shabat despreza o shabat."[32]

Em segundo lugar, os comentaristas rabínicos interpretam a Escritura literalmente (heb. *Peshat,* "sentido comum"). Às vezes tomar o sentido comum da Escritura produzia uma interpretação um tanto dura. Por exemplo, Deuteronômio 21:18-21 legislava sobre o recurso legal dos pais israelitas que tinham

---

[30] Kugel, "Early Interpretation", 78; B. Chilton, "Varieties and Tendencies of Midrash: Rabbinic Interpretation of Isaiah 24.23", em *Studies in Midrash and Historiography*, vol. 3 de *Gospel Perspectives*, ed. R. T. France e D. Wenham, (Sheffield: JSOT Press, 1981), p. 9-11 (henceforth GP III). De forma conveniente, G. G Porton, "Rabbinic Midrash", *A History of Biblical Interpretation: The Ancient Period*, ed. Hauser e Watson, p. 198-224, e Neusner, *From Testament to Torah*, p.100-115, fornecem um panorama útil e exemplos.

[31] Dois estudos recentes explicam com profundidade a interpretação rabínica refletida na Mishná; cf. J. N. Lightstone, *Mishnah and the Social Formation of the Early Rabbinic Guild: A Socio-Rhetorical Approach*, Studies in Christianity and Judaism 11 (Waterloo, ON: Wilfrid Laurier University Press, 2000); e A. Samely, *Rabbinic Interpretation of Scripture in the Mishnah* (Oxford: Oxford University Press, 2002).

[32] Shabbath 19.1 (de Neusner, *The Mishnah*, p. 202).

· **90** ·

A HISTÓRIA DA INTERPRETAÇÃO

um filho rebelde. Levando o texto de forma bem literal, a Mishná definiu as circunstâncias sob as quais um filho acusado escaparia à condenação:

> Se qualquer um deles [i. e., os pais desse filho] teve (1) a mão mutilada, ou (2) for coxo, ou (3) mudo, (4) cego, ou (4) surdo, ele não pode ser condenado como filho teimoso e rebelde, porque está escrito, *Então o seu pai e sua mãe lançarão mão dele* [Dt 21:20] (então eles não [1] tiveram a mão mutilada), *e eles o trarão* (então eles [2] não eram coxos), *e eles dirão* (então eles [3] não eram mudos) *este é o nosso filho* (então eles [4] não eram cegos), *ele não nos obedecerá* (então eles [5] não eram surdos).[33]

A característica central da interpretação rabínica, no entanto, é a prática do *midrash*. Basicamente, o midrash visa a desvendar os sentidos profundos que os rabinos presumiam ser inerentes ao palavreado real da Escritura. Por fim, as suas motivações eram pastorais: dar um ensino bíblico lógico para situações não cobertas diretamente pela Escritura. Para fazer isso, os rabinos seguiam um sistema de regras exegéticas (heb. *middot)* cuidadosamente trabalhadas ao longo dos anos. Hillel relacionou sete dessas regras pelas quais um intérprete pode trazer inferências de uma passagem.[34] A maior parte das regras emprega pressupostos que ainda consideramos válidos: p. ex., o uso de palavras, frases, ou referências bíblicas que iluminem o texto que está sendo estudado. Por outro lado, eles às vezes usam as referências de maneiras que consideramos questionáveis (p. ex., citando palavras etc., sem considerar o contexto.)

Como atestam a Mishná e os midrashim, a aplicação dessas regras resultaram em uma abordagem fragmentária da exegese. Os intérpretes primeiro quebram a citação bíblica em frases curtas separadas, depois interpretam cada uma independentemente sem considerar o contexto. Assim, eles tendem a supervalorizar os detalhes incidentais de um texto que podem ou não podem ter tido a intenção de transmitir esses sentidos. Por exemplo, uma guemará na Mishná defende biblicamente as práticas agrícolas judaicas como se segue: "De onde aprendemos de um canteiro de seis palmos quadrados, nos quais cinco tipos de semente podem ser colhidas, quatro nos cantos e uma no meio? Porque está

---

[33] Sanhedrin 8.4 (de Neusner, *The Mishnah*, p. 601).

[34] Para a lista de Hillel, v. C. K. Barrett, "The Interpretation of the Old Testament in the New", em *The Cambridge History of the Bible: From the Beginnings to Jerome*, 3 vols., ed. P. R. Ackroyd e C. F. Evans (Cambridge: Cambridge University Press, 1970), 1:201 (de agora em diante, CHB I). A tradição também atribui listas de 13 e 22 regras para rabinos posteriores. Cf. o tratamento excelente da interpretação *midrash* em I. Jacobs, *The Midrashic Process: Tradition and Interpretation in Rabbinic Judaism* (Cambridge: Cambridge University Press, 1995); R. N. Longenecker, *Biblical Exegesis in the Apostolic Period*, 2ª ed. (Grand Rapids: Eerdmans, 1999), p. 18-24.

• 91 •

escrito: *Porque, assim como a terra faz brotar a planta e o jardim faz germinar a semente* [Is 61:11]. Não está escrito *a sua semente*, mas as *sementes* colhidas nele.[35]

Ao fragmentar esse versículo em partes, a Guemará explica por que os judeus devem semear cinco tipos de sementes no mesmo pequeno jardim: "R. Judah diz: 'A terra faz brotar a sua planta'; 'faz brotar' é um; 'a planta' é outro; somando dois. 'As sementes colhidas' significam (pelo menos) mais dois; 'faz germinar a semente' mais um; completando cinco ao todo."[36]

Tais interpretações podem soar aos leitores modernos como manipulações engenhosas da Escritura. Com justiça, contudo, alguém pode lembrar que os rabinos tinham uma visão elevada da Escritura: eles presumiam que a verdade divina residia tanto dentro como por trás de suas palavras. Além disso, a motivação deles era a mesma de qualquer pastor moderno: aplicar a Escritura aos problemas de uma audiência contemporânea. Por outro lado, os rabinos foram os primeiros a dar o modelo estratégico de usar referências na interpretação bíblica. Nesse aspecto, os estudantes modernos da Bíblia permanecem em dívida com eles.[37]

Em resumo, o judaísmo buscava relacionar as suas Escrituras antigas às realidades de sua experiência contemporânea. O judaísmo rabínico encontrou na aplicação da lei mosaica um refúgio para proteger a identidade judaica. Em vez de resistir às influências externas, o judaísmo helenístico tentou acomodar as suas crenças às da filosofia platônica. E os ascéticos da comunidade de Cunrã exploravam as profecias do AT para explicar o seu envolvimento nos

---

[35] Shabbath 9.2 (de Neusner, *The Mishnah*, p. 190).

[36] Shabbath 9.2 n. 8 (de H. Danby, *The Mishnah* [London: Oxford University Press, 1933], p. 108).

[37] Uma afirmação comum dos especialistas é que Paulo de vez em quando interpretava o AT à moda do midrash de modo parecido a dos antigos rabinos. Um exemplo frequentemente citado é o de Gálatas 3:16, onde ele baseia a sua interpretação da palavra "semente" na promessa abraâmica (p. ex. Gn 12:2-3: 17:1-11) como uma referência a Cristo em um detalhe: o fato de que a palavra é singular (isto é, "semente, não "sementes"), em violação aparente ao contexto original (isto é, "semente" significa coletivamente "descendentes"). Mesmo sendo comum, essa afirmação é anacrônica, já que Paulo escreveu muito antes de o midrash e de os targuns serem escritos. Além disso, ela não reconhece dois fatos: (1) A interpretação de Paulo concorda bem com certa tradição judaica que interpretava "semente" como uma referência tanto a Israel como nação quanto a um indivíduo específico (isto é, Isaque), e (2) Gálatas 3:29 mostra a consciência que Paulo tinha quanto ao sentido coletivo de "semente". Em vez disso, Paulo provavelmente recorre ao entendimento da solidariedade coletiva, em que Jesus, o Messias, representa tanto o descendente verdadeiro quanto Israel como nação; cf. R. N. Longenecker, *Galatians*, WBC 41 (Dallas, TX: Word, 1990), 131-132. Para uma leitura especialmente messiânica do argumento de Paulo, veja D. H. Juel, "Interpreting Israel's Scriptures in the New Testament", em *A History of Biblical Interpretation: The Ancient Period*, ed. A. J. Hauser e D. F. Watson (Grand Rapids: Eerdmans, 2003), 292-296.

A HISTÓRIA DA INTERPRETAÇÃO

acontecimentos de sua época. Utilizando em parte dessa corrente rica e complexa de interpretação, e em parte correndo paralelamente a ela, fluiu uma nova corrente interpretativa: a interpretação cristã.[38]

PERÍODO APOSTÓLICO (c. 30-100)

A continuidade e a descontinuidade marcam a comparação entre a interpretação judaica e a interpretação cristã primitiva. Como judeus devotos, os primeiros intérpretes cristãos, os apóstolos, consideravam Jesus o Messias prometido de Israel, e a pequena comunidade religiosa que ele deixou, o cumprimento verdadeiro das esperanças antigas do judaísmo. Eles recorreram às Escrituras do AT para dar fundamento a suas crenças, interpretando-as com muitos princípios de outros grupos religiosos judaicos.[39] Por outro lado, eles reverenciavam Jesus como o novo Moisés e a autoridade de Jesus como superior mesmo à Lei de Moisés, um abandono decisivo de suas raízes judaicas. Eles também interpretaram o AT com uma nova perspectiva radical: à luz da messianidade de Jesus e da nova era inaugurada pela sua vinda.[40]

COMO OS APÓSTOLOS INTERPRETAVAM O ANTIGO TESTAMENTO
Interpretação literal
Interpretação contextual-literal
Interpretação do princípio à aplicação

Com certeza, o *cumprimento literal* por parte de Jesus da profecia do AT era o princípio hermenêutico fundamental deles. Nisto eles seguiram o exemplo do próprio Jesus.[41] Jesus inaugurou o seu ministério afirmando em uma sinagoga galileia que ele pessoalmente cumpriu Isaías 61:1-2 (Lc 4:18-21; cf. Mc 1:15). Posteriormente, quando João Batista duvidou que Jesus era o Messias, Jesus recorreu à sua cura dos cegos, dos paralíticos e dos surdos da mesma forma que Isaías 35:5-6 tinha previsto (Lc 7:21-23). Utilizando essas mesmas afirmações, os apóstolos encontraram o cumprimento profético do AT em Jesus

---

[38] Sobre essa transição, cf. J. J. Collins e C. A. Evans, eds., *Christian Beginnings and The Dead Sea Scrolls, Acadia Studies in Bible and Theology* (Grand Rapids: Baker Academic, 2006).

[39] R. A. Greer, "The Christian Bible and Its Interpreters", *Early Biblical Interpretation*, ed. Kugel e Greer, p. 128; cf. o estudo comparativo e detalhado em Juel, "Interpreting Israel's Scriptures in the New Testament", p. 283-303. Para detalhes e exemplos, veja *Longenecker, Biblical Exegesis in the Apostolic Period*, p. 36-198.

[40] Cf. Barrett, "Interpretation", p. 399-401.

[41] Dockery, *Biblical Interpretation Then and Now* (Grand Rapids: Baker, 1992), p. 23-26, resume a interpretação do AT, especialmente no que se refere ao próprio Jesus.

• 93 •

INTRODUÇÃO À INTERPRETAÇÃO BÍBLICA

e no seu ensino sobre o Reino de Deus. Em outras palavras, eles entenderam o AT cristologicamente. De acordo com Paulo, ler a Lei de Moisés sem Cristo é como ler através de um véu (2Co 3:14-16; cf. Êx 34:33-35). O leitor simplesmente não pode ver o que realmente significa.

Para tirar esse véu de ignorância, no entanto, os apóstolos não se limitaram à interpretação literal das profecias do AT; na verdade eles utilizaram pelo menos três outras abordagens interpretativas. Em primeiro lugar, eles frequentemente exploravam as seções históricas e poéticas para encontrar predições da obra de Cristo e da Igreja. O método que usavam era a interpretação *tipológica:* para encontrar acontecimentos, objetos, ideias e tipos divinamente inspirados (isto é, padrões ou símbolos) representados no AT que antecipam a atividade de Deus posteriormente na história.[42] A suposição é que um acontecimento/objeto/ideia anterior se repete no posterior. Essa técnica buscou persuadir os destinatários judaicos dos apóstolos do primeiro século sobre as semelhanças entre as ideias e os acontecimentos do AT e do NT tanto quanto sobre a superioridade do NT sobre o AT. A ideia era expor o cristianismo como o verdadeiro ápice da adoração a Deus do AT.[43]

Dois livros do NT, Mateus e Hebreus, ilustram da melhor maneira a abordagem tipológica. Por exemplo, Mateus 2:17 escreve que a matança de Herodes dos jovens meninos judeus cumpre Jeremias 31:15:

> Ouve-se uma voz em Ramá,
>   lamentação e amargo choro;
> é Raquel, que chora por seus filhos
>   e recusa ser consolada,
> porque os seus filhos
>   já não existem.

---

[42] Cf. convenientemente, D. L. Baker, *Two Testaments, One Bible: The Theological Relationship between the Old and New Testaments* (Downers Grove: IVP Academic; Nottingham: Apollos, 2010), p. 169-190; J. J. O'Keefe e R.R. Reno, *Sanctified Vision: An Introduction to Early Christian Interpretation of the Bible* (Baltimore: Johns Hopkins University Press, 2005), p. 69-88. Cf. G. K. Beale, *Handbook on the New Testament Use of the Old Testament: Exegesis and Interpretation* (Grand Rapids: Baker Academic, 2012); G. K. Beale e D. A. Carson, eds., *Commentary on the New Testament Use of the Old Testament* (Grand Rapids: Baker Academic; Nottingham: Apollos, 2007). O estudo clássico da tipologia do NT continua sendo L. Goppelt, *Typos: The Typological Interpretation of the Old Testament in the New* (Grand Rapids: Eerdmans, 1982). Abordaremos o tema da tipologia com mais detalhes no capítulo 6.

[43] Na verdade, estudos recentes têm mostrado que, ao usar a tipologia, os escritores do NT seguiram uma abordagem evidente no próprio AT; cf., F. Ninow, *Indicators of Typology Within the Old Testament: The Exodus Motif* (Frankfurt am Main: P. Lang, 2001); C. Seitz, *Figured Out: Typology and Providence in Christian Scripture* (Louisville: Westminster John Knox Press, 2001). Mais referências a seguir.

A HISTÓRIA DA INTERPRETAÇÃO

No contexto de Jeremias, o versículo se refere ao exílio de Israel para Babilônia no século VI a.C. Ele evoca a imagem de Raquel, a mãe israelita por excelência (cf. Rt 4:11), como um símbolo do intenso luto coletivo das mães de Israel. Mateus acreditava que a violência de Herodes cumpriu as frases de Jeremias em um sentido tipológico: a história, como aconteceu, se repetiu à medida que tanto o acontecimento anterior quanto o posterior partilhavam de características semelhantes, indicando a mão soberana de Deus trabalhando nos dois acontecimentos. Essa repetição sinalizava para Mateus que o derramamento de sangue por parte de Herodes cumpriu as palavras de Jeremias e isso dava a entender que Jesus era o Messias.[44]

Uma segunda abordagem apostólica que se distinguia de buscar somente como Jesus cumpria o AT de forma literal poderia ser chamada interpretação *literal-contextual*. Essa abordagem interpretava as Escrituras do AT de forma mais ampla de acordo com o seu sentido comum dentro dos seus contextos originais. Novamente aqui o método deles seguia o exemplo de Jesus, que refutou o uso sagaz, porém distorcido de Satanás, das passagens do AT com citações diretas do AT (Dt 6:16 em resposta a Sl 91:11-12; cf. Mt 4:5-7). Por duas vezes Jesus invocou o sentido comum de Oseias 6:6 ("Pois desejo misericórdia, e não sacrifícios) para responder a crítica dos fariseus a ele ou a seus discípulos (Mt 9:13; 12:8).

As epístolas oferecem vários exemplos dessa abordagem. Essencialmente, os apóstolos citavam os textos do AT literalmente (isto é, com seus sentidos comuns no contexto) para apoiar a sua instrução na moral cristã.[45]Em Romanos 12, Paulo ensina a seus leitores a não buscarem se vingar daqueles que lhes fizeram mal (v. 17-21). Para justificar sua ideia, ele citou Deuteronômio 32:35 ("A mim pertence a vingança e a retribuição") e Provérbios 25:21-22 ("Se o seu inimigo tiver fome, dê-lhe de comer; se tiver sede, dê-lhe de beber. Fazendo isso, você amontoará brasas vivas sobre a cabeça dele, e o SENHOR recompensará você") de acordo com o seu sentido natural. Seguindo a mesma linha, Pedro instruiu aos crentes que tratassem uns aos outros com humildade, citando Provérbios 3:34 como base: "Deus se opõe aos orgulhosos, mas concede graça aos humildes" (1Pe 5:5). Deve-se fazer isso, ele conclui (v. 6), para que Deus "os exalte no tempo devido".

Um terceiro método apostólico é o *princípio/aplicação*. Nesse método eles não interpretavam uma passagem do AT literalmente; em vez disso, eles a

---

[44] Cf. D. A. Hagner, *Matthew 1—13*, WBC 33A (Dallas: Word, 1993), p. 38, que acredita que a tradição do enterro de Raquel perto de Belém "foi inicialmente responsável pelo uso da citação [da parte de Mateus]."

[45] Barrett, "Interpretation", p. 396-397; para a prática especificamente paulina, veja Longenecker, *Biblical Exegesis in the Apostolic Period*, p. 98-109.

• 95 •

INTRODUÇÃO À INTERPRETAÇÃO BÍBLICA

interpretavam aplicando seu princípio subjacente a uma situação diferente, mas comparável ao contexto original. Por exemplo, Paulo buscou provar que Deus quer salvar tanto os judeus quanto os gentios citando Oseias 2:23: "Chamarei 'meu povo' a quem não é meu povo; e chamarei 'minha amada' a quem não é minha amada" (Rm 9:25; cf. 9:26 com Os 1:10).

Originalmente, as palavras de Oseias se referiam à nação de Israel, especificamente à reconciliação com Deus depois de um período de rejeição divina. "Não meu povo" e "não amado" eram, na verdade, o nome dos filhos de Oseias que simbolizavam essa rejeição (cf. Os 1:6, 9). Para justificar a sua tese, Paulo extraiu um princípio teológico das palavras de Oseias: Deus pode amorosamente incorporar a seu povo aqueles que não eram seu povo, então ele usa esse princípio para justificar a membresia completa dos crentes gentios no povo de Deus. A defesa do direito dos apóstolos de serem sustentados por seu ministério traz outro exemplo clássico dessa abordagem (1Co 9:9; cf. 1Tm 5:17-18). Essa prática pode ter necessitado de uma justificativa porque o costume judeu proibia os rabinos de receberem pagamento por seus serviços.[46] Ele citou Deuteronômio 25:4 ("Não amordacem o boi enquanto está debulhando o cereal"), um texto que, não obstante a sua impressão inicial, realmente contribui para o tema de Deuteronômio 24—25, nas palavras de Thiselton, "a sensibilidade e a compaixão *humanas* em favor dos que sofrem ou dos que não podem se defender."[47] Por um lado, com citação do boi Paulo defende o sustento financeiro apostólico ("Porque 'o lavrador quando ara e o debulhador quando debulha, devem fazê-lo na esperança de participar da colheita'" — 1Co 9:10). Para Paulo o princípio subjacente é: se o trabalho humano traz benefício a alguém (e o ministério do Evangelho traz), ele deveria pelo menos beneficiar aqueles que o executam (ou seja, os apóstolos). A passagem que originalmente era entendida como uma referência à promoção da compaixão humana, serviu, no entanto, em outro grau de importância, ao propósito mais amplo e duradouro de Paulo, o de cultivar o caráter maduro e semelhante ao de Cristo que Deus deseja a toda a comunidade cristã.

---

[46] Greer, "The Christian Bible", p. 130. De acordo com Longenecker, *Biblical Exegesis in the Apostolic Period*, p. 109-110, O método de Paulo aqui é alegórico porque subordina o sentido literal do AT para provocar um sentido adicional. Mas Thiselton discute de forma persuasiva que a aplicação de Paulo de Deuteronômio 25:4 realmente segue "uma estratégia hermenêutica mais complexa"; cf. A. C. Thiselton, *The First Epistle to the Corinthians*, NIGTC (Grand Rapids: Eerdmans, 2000), p. 686.

[47] Thiselton, *First Corinthians*, p. 686 (itálicos dele), cuja discussão cuidadosa (686-688) nossos comentários se baseiam.

• 96 •

A HISTÓRIA DA INTERPRETAÇÃO

Em resumo, a interpretação apostólica tanto se compara quanto se afasta do método interpretativo judaico de sua época.[48] O método primário dos apóstolos é a tipologia, especialmente ao defender a messianidade de Jesus e o ministério da Igreja cristã. Significativamente, eles são os últimos intérpretes notáveis com raízes judaicas. Daquele momento em diante, as influências greco-romanas tomam o lugar das judaicas e dominam a interpretação bíblica cristã.

PERÍODO PATRÍSTICO (c. 100-590)

A morte do último apóstolo, João, deu lugar a uma nova era para a Igreja. Ela durou até quando Gregório I se tornou papa em 590. Nós a chamamos de "período patrístico" porque ela tem como característica a contribuição dos chamados pais da Igreja: os líderes proeminentes durante os primeiros quatro séculos depois do período apostólico.[49] Durante a maior parte do período patrístico, os escritos dos apóstolos circularam entre as igrejas mas ainda não tinham sido colecionados como uma companhia canônica ao AT. Dessa forma, enquanto a Igreja considerava muitos dos livros e cartas que mais tarde se tornaram o nosso NT para estarem no mesmo nível do AT, ela ainda considerava o AT como a principal coleção de Escrituras autorizadas.[50] Como veremos, no entanto, durante esse período outra autoridade, a tradição da Igreja, começou a exercer uma influência significativa na definição da doutrina da Igreja.

De fato, essa evolução definitivamente moldou a prática da interpretação até a Reforma protestante mil e quatrocentos anos depois. Quando os concílios da Igreja finalmente concordaram sobre os conteúdos precisos do cânon cristão da Escritura, esse período se encerrou.[51]

---

[48] Cf. D. C. Allison, Jr., "The Old Testament in the New Testament", NCHB 1, p. 479-502.

[49] Para panoramas convenientes, veja J. C. Paget, "The Interpretation of the Bible in the Second Century", *NCHB* 1, p. 549-583; e C. Kannengiesser, *Handbook of Patristic Exegesis: The Bible in Ancient Christianity*, Bible in Ancient Christianity 1 (Leiden; Boston: Brill, 2004); C. A. Hall, *Reading Scripture with the Church Fathers* (Downers Grove: InterVarsity Press, 1998); R. P. C. Hanson, "Biblical Exegesis in the Early Church", *CHB I*, p. 412-453. Há um tratamento mais detalhado em E. Grypeou e H. Spurling, eds., *The Exegetical Encounter Between Jews and Christians in Late Antiquity*, Jewish and Christian Perspectives Series 18 (Leiden; Boston: Brill, 2009).

[50] Para um estudo mais aprofundado da interpretação bíblica efetuada pelos pais da Igreja primitiva, recomendamos a série bíblica em andamento, "Ancient Christian Commentary on Scripture", que tem como editor T. C. Oden (InterVarsity, 1998-). A série está projetada para ter treze volumes para o AT, dois para os livros apócrifos, e doze para o NT, cada um trazendo um tipo de *glossa ordinária* (sobre isso veja a seguir), com os textos bíblicos explicados sabiamente com percepções e reflexões antigas.

[51] Cf. a história esclarecedora desse período com aplicações para o Movimento de Restauração (veja mais adiante) de E. Ferguson, *The Early Church and Today* (Abilene: Abilene Christian University Press, 2012-2014).

Pais apostólicos (c. 100-150)

A era dos pais apostólicos demarca o primeiro dos três subperíodos principais dentro do período patrístico. Os pais apostólicos nos dão uma visão breve da interpretação bíblica durante os primeiros cinquenta anos depois da morte do apóstolo João. Nossas fontes são os escritos de líderes da Igreja primitiva como Clemente de Roma, Inácio, Policarpo e o um escritor pseudônimo que se autointitula Barnabé. Outros escritos importantes incluem o Didaquê (do grego "ensino"), o Pastor de Hermas, a Epístola a Diogneto, e vários fragmentos que ajudam a emoldurar o cenário.[52] Os pais visavam a dois destinatários principais (os cristãos nas igrejas e os judeus que se opunham a eles), e os seus escritos servem a dois propósitos correspondentes: instruir aos crentes na doutrina cristã e defender a fé contra os argumentos judaicos.

Vários métodos de interpretação são evidentes entre os pais da Igreja primitiva.[53] De vez em quando eles usam a *tipologia* para relacionar o AT ao NT, especialmente no que diz respeito aos ensinos sobre Jesus. Por exemplo, a Epístola de Barnabé (12:1-7) vê duas passagens do AT como tipos sobre Jesus: os braços estendidos de Moisés, que deram a Israel a vitória sobre Amaleque (Êx 17), e a serpente de bronze, que Moisés levantou no deserto (Nm 21; cf. Jo 3:14). O escritor cristão quer dizer que esses dois tipos ensinam que não há esperança de salvação além de Jesus. De forma semelhante, de acordo com 1Clemente, uma carta da igreja de Roma para a de Corinto, a cor escarlate do pano que Raabe pendurou em Jericó para avisar os espias de Josué tipificava o sangue de Jesus (1Clem12:7). Na visão dessa carta, ao escolherem esse sinal, os espiões mostraram que "por meio do sangue da redenção, a redenção virá sobre todos que acreditam e esperam em Deus."[54] Em outras ocasiões, a tipologia ajuda o escritor a ensinar sobre a vida cristã a partir do AT. Então, a Epístola de Barnabé 10:3 encontra na proibição de Moisés de comer porco uma advertência contra associar-se com cristãos inconsistentes. A razão é que, como porcos,

---

[52] Para tradução e comentário, veja M. W. Holmes, ed., *The Apostolic Fathers*, 3ª ed. (Grand Rapids: Baker Academic, 2007). Cf. J. Trigg, "The Apostolic Fathers and Apologists", em *A History of Biblical Interpretation: The Ancient Period*, ed. Hauser e Watson, p. 304-333. Para panoramas convenientes, cf. C. N. Jefford, *Reading the Apostolic Fathers: A Student's Introduction* (Grand Rapids: Baker Academic, 2012); e D. J. Bingham, ed., *The Routledge Companion to Early Christian Thought* (London; New York: Routledge, 2010).

[53] Greer, "Biblical Interpretation", p. 137-142. Para um tratamento mais detalhado e clássico do período maior, veja também J. Pelikan, *The Emergence of the Catholic Tradition* (100-600) (Chicago: University of Chicago Press, 1971).

[54] A tradução para o inglês é de Holmes, *The Apostolic Fathers*, p. 61. Cf. também o seu tratamento do autor da epístola e do seu pano de fundo. (p. 33-39).

• 98 •

A HISTÓRIA DA INTERPRETAÇÃO

"quando eles estão bem, eles se esquecem do seu Senhor, mas quando estão em necessidade, eles reconhecem o Senhor..."[55]

A abordagem de interpretação mais popular entre os pais da Igreja, especialmente quando lidam com o NT, é a *alegoria*.[56] Aparentemente, vários fatores os levaram a adotar essa abordagem. Eles queriam basear seus ensinos nas Escrituras do AT, supostamente para dar à doutrina deles mais credibilidade, e, na época, o método alegórico era a maneira mais popular de interpretar a literatura em geral. Por isso, era natural que adotassem o método literário mais aceito no momento e o aplicassem às Escrituras. Apesar de terem alguma noção da história da interpretação, os leitores modernos tendem a fazer o mesmo.

Considere, por exemplo, a interpretação que a Epístola de Barnabé 8:1-7 dá ao ritual da novilha vermelha (Nm 19). Típico da alegoria, ela traz um grande sentido espiritual a partir dos detalhes do procedimento. Assim, o escritor diz que a novilha vermelha representa Jesus, e as crianças que espalham as cinzas "são aqueles que pregaram a nós as boas-novas a respeito do perdão dos pecados... aqueles aos quais Ele (Jesus) deu a autoridade para proclamar o evangelho" (isto é, os apóstolos). De forma parecida, para Barnabé, os sete dias da criação trazem a base interpretativa para o futuro da história. Os seis dias simbolizam que o mundo durará seis mil anos, e o sétimo dia simboliza a segunda vinda de Cristo, seguido pelo oitavo dia: "o princípio de outro mundo" (15:3-9).[57]

Às vezes os pais primitivos empregam uma abordagem interpretativa do midrash herdada dos rabinos e dos sectários de Cunrã. A interpretação de Gênesis 17:23-27 em Barnabé 9:7-8 traz um exemplo clássico. Aqui Barnabé cita como "Escritura" uma paráfrase breve do relato de Gênesis da inauguração da observância da circuncisão por parte de Abraão, arbitrariamente incluindo na citação o número 318 de Gênesis 14:14 como o número total de circuncidados naquele dia. Por meio de um tratamento sagaz ao estilo do midrash (ainda que não seja tão claro para nós) do número 318, Barnabé surpreendentemente encontra uma referência sobre Jesus e sua cruz:

Agora o (número) 18 (é representado) por duas letras, J = 10 e E = 8: assim tem-se "JE", uma redução de JEsus. E porque a cruz, representada pela letra T (= 300), estava destinada a transmitir um sentido especial, também diz

---

[55] Holmes, *The Apostolic Fathers*, p. 411.

[56] Em nossa visão, isto com certeza é claro em A. Louth, ed., *Genesis 1—11*, ACCS OT 1 (Downers Grove: InterVarsity, 2001). Essa alegoria foi menos popular no comentário do NT, no entanto, parece também evidente em, p. ex., G. Bray, ed., *1—2Corinthians*, ACCS NT 7 (Downers Grove: InterVarsity, 1999).

[57] Tradução para o inglês de Holmes, *The Apostolic Fathers*, p. 405, 427-429.

INTRODUÇÃO À INTERPRETAÇÃO BÍBLICA

300. Ele deixa claro, então, que Jesus é simbolizado pelas duas letras (JE = 18), enquanto a letra T simboliza a cruz.[58]

Por fim, os pais da Igreja mostram sinais rudimentares de um princípio interpretativo que estava para dominar a interpretação bíblica até ser rejeitado durante a Reforma. No século II, um número crescente de grupos heréticos se levantou no seio da Igreja. Os mais proeminentes entre eles foram os gnósticos que, como os outros, apoiavam suas visões não ortodoxas recorrendo tanto às Escrituras quanto às chamadas palavras de Jesus, palavras que eles afirmavam que Jesus tinha ensinado aos discípulos secretamente.[59] A ausência de uma coleção final e canônica de escritos apostólicos colocou os líderes do ramo ortodoxo da Igreja em desvantagem. Eles sentiam que o único recurso de que dispunham para refutar as heresias era apelar à autoridade da tradição transmitida pelos apóstolos.

Isto estabeleceu um novo princípio hermenêutico na Igreja chamado *interpretação tradicional.* A Igreja veio a considerar a interpretação tradicional de uma passagem bíblica (que as igrejas ensinavam) como a sua interpretação correta.[60] Sem um cânon completo da Escritura, a tradição da Igreja oferecia a única base firme para explicar o que os apóstolos tinham ensinado. Isso a capacitou a defender o seu ensino contra os gnósticos e os hereges primitivos.

Mais tarde, mesmo com um cânon estabelecido disponível, a interpretação tradicional ainda serviu positivamente como um tipo de dica interpretativa para explicar o que os textos bíblicos significavam.[61] O perigo, é claro, é que na prática a tradição da Igreja pode alcançar um *status* quase igual ao da Escritura como a autoridade final para a doutrina. Além disso, fazendo com que os líderes da Igreja fossem árbitros oficiais da tradição apostólica, a prática conservou suas decisões doutrinárias como a interpretação correta de muitas passagens bíblicas. Por fim, os abusos do princípio outrora útil da interpretação tradicional (p. ex.,

---

[58] Tradução de R. A. Kraft, *The Apostolic Fathers*, 4 vols., ed. R. M. Grant (New York: Nelson, 1964), 1:109.

[59] Cf. W. Löhr, "Gnostic and Manichaean Interpretation", in NCHB 1, p. 584-604; C. A. Evans, "The Interpretation of Scripture in the New Testament Apocrypha and Gnostic Writings", em *A History of Biblical Interpretation: The Ancient Period*, ed. Hauser e Watson, p. 430-456. Veja também V. M. Meyer, *The Gnostic Discoveries: The Impact of the Nag Hammadi Library* (New York: HarperCollins, 2005); e R. Roukema, *Gnosis and Faith in Early Christianity: An Introduction to Gnosticism* (Harrisburg, PA: Trinity International Press, 1999).

[60] Cf. W. H. C. Frend, *The Rise of Christianity* (Philadelphia: Fortress, 1984), p. 134-139, 231; e Pelikan, *The Emergence of the Catholic Tradition*, p. 7-10.

[61] A chamada "regra de fé" ensinada por Irineu (120-200 d.C.), isto é, a rejeição de qualquer visão que não concordava com a pregação dos apóstolos, articula esta ideia.; cf. Paget, "The Interpretation of the Bible in the Second Century", *NCHB 1*, p. 564-566.

A HISTÓRIA DA INTERPRETAÇÃO

sua aplicação para apoiar o pagamento de indulgências medievais), contribuiu para o surgimento da Reforma Protestante.

Escola alexandrina (c. 150-400)

Com a saída dos pais da Igreja primitiva de cena, o período patrístico entrou na sua segunda era principal à medida que uma nova geração tomou para si a tarefa de interpretar a Bíblia, especialmente o AT, para suprir as necessidades da comunidade cristã. Apesar de não ter um "método" claro por si só (a Igreja primitiva, na verdade, não tinha isso), a sua abordagem era de interpretar toda a Escritura à luz de uma única ideia teológica principal.[62] Na escola catequética cristã em Alexandria essa ideia principal era a pessoa de Cristo,[63] e entre as estratégias de leitura disponíveis dos pais da Igreja, ela adotou a alegoria, o método exegético do judeu alexandrino Filo, promovido a um bom tempo pelos pensadores alexandrinos entre os judeus e entre os filósofos neoplatônicos. Baseado no prestígio de Alexandria como um centro de aprendizado, o uso da alegoria chegou a dominar a interpretação bíblica cristã até a alvorada da Renascença (séc. XV). Ao adaptar os métodos interpretativos de seus contemporâneos, os mestres cristãos em Alexandria sem dúvida esperavam ganhar credibilidade para suas interpretações entre seus colegas não cristãos. De forma mais importante, eles consideravam o método como a melhor maneira para tornar a Escritura positivamente relevante para a vida da Igreja que se expandia e dos seus membros.[64]

---

[62] Reconhecemos com gratidão o conselho conceitual e bibliográfico do dr. D. Fairbairn, um especialista em patrística e nosso ex-aluno, em uma revisão anterior dessa seção.

[63] Isto é, "a pessoa de Cristo, a revelação de Cristo, e a realidade eclesial estabelecida por Cristo constitui o princípio hermenêutico fundamental e indispensável e o método para a interpretação completa e perfeita da profecia de Isaías e de qualquer outra profecia do Antigo Testamento"; cf. Metropolitan D. Trakatellis, "Theodoret's Commentary on Isaiah", em *New Perspectives on Historical Theology: Essays in Memory of John Meyendorff*, ed. B. Nassif (Grand Rapids: Eerdmans, 1996), p. 341. Esse princípio cristológico também se aplicava à interpretação de livros não proféticos do AT.

[64] Cf. F. Young, "Alexandrian and Antiochene Exegesis", em *A History of Biblical Interpretation: The Ancient Period*, ed. Hauser e Watson, p. 334-354. Aqui seguimos a escola recente de estudo da patrística que não contrasta mais as escolas "alexandrina" e "antioquina" como defensoras, respectivamente, do método alegórico (considerado "ruim") e do método gramático-histórico (considerado "bom"). A ideia de uma escola de interpretação antioquina distinta mostra ser na realidade uma criação dos acadêmicos do século XIX, ao passo que o consenso atual acredita que tanto alexandrinos quanto antioquinos tinham uma abordagem comum, ainda que com diferenças identificáveis. Para maiores detalhes, veja D. Fairbairn, *Grace and Christology in the Early Church* (Oxford: Oxford University Press, 2003); B. Nassif, "'Spiritual Exegesis' in the School of Antioch", em Nassif, New Perspectives, p. 343-377; e F. Young, "The Rhetorical Schools and Their Influence on Patristic Exegesis", em *The Making of Orthodoxy: Essays in Honour of Henry*

INTRODUÇÃO À INTERPRETAÇÃO BÍBLICA

Dois porta-vozes fluentes defendem a leitura alegórica da Bíblia. O primeiro é Clemente de Alexandria que ensinou lá de 190 a 203 d.C. quando a perseguição contra os cristãos pelo imperador romano Sétimo Severo o levou ao exílio.[65] Da mesma forma que Filo, Clemente ensinava que a Escritura tinha um duplo sentido: como um ser humano, ela tem um sentido de corpo (literal), bem como um sentido de alma (espiritual) oculto por trás do sentido literal. Clemente considerava o sentido oculto, espiritual, como o mais importante. O seu método alegórico é evidente em sua interpretação da parábola do filho pródigo.[66] Típico daqueles que usam a alegoria, ele atribuiu sentido cristão aos vários detalhes da história. Assim, o manto que o pai deu para o filho pródigo que retornou representa a imortalidade; os sapatos representam a caminhada da alma para cima; e o bezerro cevado representa Cristo como a fonte de alimento espiritual para os cristãos. Portanto, no ponto de vista de Clemente, o sentido literal do texto não passa de um indicador da sua verdade espiritual subjacente.

O segundo porta-voz é o sucessor de Clemente, o distinto erudito Orígenes (185-254 d.C.). Em seus vastos escritos, Orígenes propunha que, da mesma forma que os seres humanos se constituem de corpo, alma e espírito, a Escritura tem um sentido triplo.[67] Orígenes expandiu a visão dupla de corpo e alma separando a alma em alma e espírito, adicionando um terceiro sentido ou sentido "moral": as instruções éticas sobre o relacionamento do crente com os outros. Ele também trabalhou a ideia de um sentido espiritual por trás de um sentido doutrinário, isto é, verdades sobre a natureza da Igreja e do relacionamento do cristão com Deus.

Chadwick, ed. R. Williams (Cambridge; New York: Cambridge University Press, 1989), p. 182-199. Para uma visão acadêmica mais tradicional de Alexandria e de Antioquia, cf. K. Froehlich, *Biblical Interpretation in the Early Church* (Philadelphia: Fortress, 1984), p. 19-20.

[65] Cf. Paget, "The Interpretation of the Bible in the Second Century", *NCHB 1*, p. 571-572; M. Edwards, "Figurative Readings: Their Scope and Justification", *NCHB 1*, p. 722-723; Grant e Tracy, *Short History*, p. 52-56. Para uma discussão mais elaborada e profunda, veja E. Osborn, "The Bible and Christian Morality in Clement of Alexandria", em *The Bible in Greek Christian Antiquity*, ed. P. M. Blowers (Notre Dame: University of Notre Dame Press, 1997), p. 112-130.

[66] A. R. Roberts e J. Donaldson, eds., *The Ante-Nicene Fathers*, 10 vols. (New York: Charles Scribner's Sons, 1913), 2:581-582 (fragmento de um sermão). Ainda que Filo sem dúvida tenha influenciado Clemente, uma avaliação recente conclui que o grande exegeta judeu teve pouca influência em sua interpretação da Escritura (Osborn, "The Bible and Christian Morality in Clement of Alexandria", p. 114).

[67] G. Dorival, "Origen", em *NCHB 1*, 605–28; R. Heine, "Reading the Bible with Origen", Blowers, ed., *The Bible in Greek Christian Antiquity*, p. 135-139; cf. também J. W. Trigg, *Origen* (London: Routledge, 1998), p. 32-35; Dockery, *Biblical Interpretation*, p. 87-97; M. F. Wiles, "Origen as Biblical Scholar", CHB I, p. 454-489.

A HISTÓRIA DA INTERPRETAÇÃO

Dessa forma, disse Orígenes, o intérprete sábio da Escritura tem de partir dos acontecimentos de uma passagem (o seu sentido literal) para encontrar os princípios ocultos para a vida cristã (o seu sentido moral) e o seu sentido doutrinário (o seu sentido espiritual). Como exemplo, observe a interpretação de Orígenes das relações sexuais entre Ló e as suas filhas (Gn 19:30-38).[68] De acordo com ele, a passagem tem um sentido literal (o que realmente aconteceu), mas o seu sentido moral é que Ló representa a mente humana, a sua mulher a carne inclinada aos prazeres, e as filhas representam a vanglória e o orgulho. Aplicar esses três elementos dá lugar ao sentido espiritual (ou doutrinário): Ló representa a Lei do AT, as filhas representam Jerusalém e Samaria, e a mulher representa os israelitas que se rebelaram no deserto.

A partir de uma perspectiva moderna, essa interpretação parece manipular o texto. Pode-se afirmar que Orígenes está simplesmente implantando suas próprias ideias cristãs sobre o texto, em vez de extraí-las dele. Antecipando essas críticas, ele justificava que Deus tinha inspirado os escritores para incorporar o sentido alegórico em seus escritos. Assim, o que Orígenes considerava o sentido mais elevado da Escritura, a sua verdade espiritual mais profunda, já estava implícito na Escritura, não era algo inventado pelo intérprete. É claro, a visão de Orígenes não era a única na época; algumas vozes alternativas se ouviam de vez em quando. Por exemplo, o alexandrino posterior Cirilo (378-444 d.C.) entendeu as tendências anacrônicas e arbitrárias da alegoria e rejeitou o método favorecendo uma abordagem mais baseada na gramática.[69] De forma semelhante, Teodoro de Mopsuéstia (350-428 d.C.), considerado o maior intérprete dos chamados antioquinos, escreveu que apenas quatro salmos (2, 8, 45 e 110) continham verdadeiramente profecias messiânicas sobre a encarnação de Cristo e sobre a Igreja. Ele também saiu da interpretação tradicional alegórica do Cântico dos Cânticos como simbolizando o amor de Cristo pela Igreja ou a devoção do cristão por Cristo, lendo-o, em vez disso, como um poema de amor escrito por Salomão para celebrar o seu casamento com uma princesa egípcia.[70] Mesmo

---

[68] "Genesis Homily V", em *Origen: Homilies on Genesis and Exodus*, The Fathers of the Church 71 (Washington, D.C.: Catholic University of America Press, 1982), p. 112-120. Para conhecer a interpretação de Orígenes da entrada triunfal de Jesus que buscou reconciliar relatos diferentes, veja D. L. Dungan, *A History of the Synoptic Problem* (New York: Doubleday, 1999), p.78-80.

[69] J. O'Keefe, "Christianizing Malachi: Fifth-Century Insights from Cyril of Alexandria", Vigiliae Christianae 50 (1996): p. 138-139. A interpretação de Malaquias por Cirilo ilustra dois dos três fenômenos típicos desse período: como uma única preocupação teológica (isto é, a vida da comunidade cristã) dominava a interpretação bíblica, e como tanto Alexandria quanto Antioquia partilhavam de uma preocupação comum com relação aos excessos da alegoria.

[70] Para mais informações sobre Teodoro, ainda que na perspectiva de uma escola mais antiga, veja M. F. Wiles, "Theodore of Mopsuestia as Representative of the Antiochene School", *CHB I*, p. 489-510. Trakatellis ("Theodoret's Commentary on Isaiah", p. 313-342) afirma encontrar

• 103 •

INTRODUÇÃO À INTERPRETAÇÃO BÍBLICA

assim, a abordagem alegórica de Orígenes moldaria a interpretação cristã por mais de mil anos.[71]

Concílios da Igreja (c. 400-590)

A era dos concílios da Igreja marca a terceira e última fase do período patrístico. Com a conversão do imperador romano Constantino em 312 a.C., a política exerceu uma profunda influência sobre a interpretação da Escritura por parte da Igreja. Na visão do imperador, as disputas doutrinárias entre o grupo ortodoxo principal e os ramos heréticos ameaçavam a estabilidade política do império. Então ele pressionou a Igreja a resolver as suas diferenças e a padronizar as suas doutrinas controvertidas. Isso demonstrou ser uma tarefa difícil por duas razões. Primeiramente, os simples apelos à Escritura em defesa da ortodoxia não produziam nada além de um impasse doutrinário. A razão era porque os grupos não ortodoxos também baseavam as suas visões na Escritura, por vezes de forma bem persuasiva. Em segundo lugar, os próprios teólogos ortodoxos não concordavam entre si sobre a maneira adequada de interpretar a Escritura. Pior ainda, até mesmo os hereges citavam as Escrituras para apoiar os seus pontos de vista, um fato que levou o pai da Igreja primitiva Tertuliano (c. 200 d.C.) a questionar o direito deles a esse apoio, já que na sua visão a Escritura pertencia somente a uma Igreja que adere ao ensino apostólico.[72] A Igreja precisava desesperadamente de alguma autoridade para determinar de forma final o sentido da Escritura. Ela encontrou a resposta na sucessão apostólica da liderança da Igreja.

Observamos acima como os pais apostólicos apelavam para a interpretação tradicional reagindo a heresias como o gnosticismo. Sob Constantino, os líderes da Igreja ortodoxa assumiram esse argumento novamente, afirmando a sua "apostolicidade", isto é, que apenas eles, os sucessores dos apóstolos, eram os intérpretes verdadeiros da Escritura, já que somente eles tinham recebido diretamente o ensino apostólico. Para aplicar esse princípio, os líderes da Igreja convocaram uma série de concílios eclesiásticos para definir a doutrina oficial da Igreja.

---

uma abordagem interpretativa sintética, embora com diferenças óbvias, nos comentários do aluno de Teodoro, Teodoreto (c. 393-460 d.C.), e nos sermões de João Crisóstomo (c. 347-407). Para uma discussão cheia de nuances da ideia hermenêutica de *theoria* (gr. "percepção") entre os chamados "antioquinos", veja Nassif, "Spiritual Exegesis,'"p. 345-377.

[71] A maioria dos intérpretes modernos sente uma ambivalência, se não antipatia, com relação a essa abordagem. Mas para uma avaliação católica recente e equilibrada da exegese patrística como a corrente da tradição que também molda a exegese católica em alguns aspectos, veja O'Keefe e Reno, *Sanctified Vision*, p. 69-88; P. S. Williamson, *Catholic Principles for Interpreting Scripture*, Subsidia Biblica 22 (Rome: Pontificio Istituto Biblico, 2001), p. 137-147.

[72] Dockery, *Biblical Interpretation*, p. 71.

• 104 •

A HISTÓRIA DA INTERPRETAÇÃO

As decisões deles definiram as crenças cristãs corretas e defenderam os pontos de vista ortodoxos contra as visões dos hereges. Já que todos os lados citavam a Escritura como apoio, os pronunciamentos conciliares tentavam declarar o que, de acordo com a tradição apostólica, era a interpretação correta das Escrituras e quais eram os equívocos dos hereges. A importância dos concílios reside na sua descrição de "ortodoxia", as crenças cristãs da corrente principal que são consistentes com a Escritura interpretada de forma adequada e com o ensino dos apóstolos. Essas crenças distinguiam a ortodoxia da visão dos hereges.

No começo desse período, o grande líder eclesiástico Agostinho se tornou o primeiro cristão ortodoxo na Igreja ocidental para articular uma hermenêutica original e abrangente.[73] A sua abordagem complexa e detalhada surge em seus sermões, comentários bíblicos, no famoso livro *Confissões*, e especialmente no livro *A doutrina cristã* (397 d.C.). O primeiro princípio de interpretação de Agostinho deixa claro que ele visa a levar os leitores a amar a Deus e ao próximo (isto é, o objetivo da própria Escritura).[74] A interpretação correta busca cultivar uma vida cristã adequada, ética e piedosa. De acordo com Agostinho, para interpretar a Bíblia de forma correta é preciso concentrar-se no sentido literal ou histórico, pelo qual ele deu a entender o seu "sentido real" ou o que o texto pretendeu dizer.[75] Mas o que fazer quando a Escritura não faz um bom sentido literal? Por exemplo, tomada de forma literal, a expressão "a imagem de Deus" (Gn 1:26) pode indicar que Deus tenha alguma substância física, ou mesmo um corpo físico como os seres humanos.[76] Nesses casos, Agostinho (um retórico

---

[73] C. Harrison, "Augustine", *NCHB 1*, p. 676-696; R. A. Norris, Jr., "Augustine and the Close of the Ancient Period of Interpretation", em *A History of Biblical Interpretation: The Ancient Period*, ed. Hauser e Watson, p. 380-408; F. Van Fleteren, "Principles of Augustine's Hermeneutics: An Overview", em *Augustine: Biblical Exegete*, ed. F. Van Fleteren e J. C. Schnaubelt (New York: P. Lang, 2001), p. 1-32; cf. T. Williams, "Biblical Interpretation", em *The Cambridge Companion to Augustine*, ed. E. Stump e N. Kretzmann (Cambridge: Cambridge University Press, 2001), p. 59-70. Os comentários de Agostinho de Gênesis e dos Salmos oferecem dicas especialmente importantes sobre a sua abordagem interpretativa.

[74] *On Christian Doctrine*, J. E. Rotelle, ed., *The Works of Saint Augustine: A Translation for the 21st Century*, vol. 11 (Hyde Park, NY: New City Press, 1996). I, p. 40-41. [Nota do tradutor: *A doutrina cristã* (São Paulo: Paulus, 2002).] Para uma introdução à teologia de Agostinho, veja M. Levering, *The Theology of Augustine: An Introductory Guide to His Most Important Works* (Grand Rapids: Baker Academic, 2013).

[75] Van Fleteren, "Principles of Augustine's Hermeneutics", p. 10; *Augustine, On Christian Doctrine*, 1.41. Cf. o resumo conveniente de Agostinho e do seu pensamento em Hall, *Reading Scripture With the Church Fathers*, p. 116-125; e G. Bonner, "Augustine as Biblical Scholar", *CHB I*, p. 541-563.

[76] Com certeza, de acordo com Hall (*Reading Scripture With the Church Fathers*, p. 119-120), os contemporâneos de Agostinho da África do Norte tinham uma visão bem materialista de Deus, baseada em uma hermenêutica superficial e literal. Agostinho encontrou um refúgio intelectual temporário entre os mais flexíveis (mas heréticos) maniqueístas, mas finalmente a

INTRODUÇÃO À INTERPRETAÇÃO BÍBLICA

bem treinado) busca um sentido figurativo ou alegórico no texto (isto é, essa "imagem" se refere ao lado espiritual da humanidade). Para se resguardar contra os excessos subjetivos da alegoria, ele ofereceu três princípios interpretativos para encontrar o sentido figurado dos textos difíceis.

Primeiro, consulta-se o que outras passagens mais claras das Escrituras dizem sobre o assunto, e, em segundo lugar, consulta-se a "regra de fé" ou a interpretação apostólica das doutrinas principais da Escritura. Em terceiro lugar, se as visões conflitantes obedecem a esses dois critérios, deve-se consultar o contexto para ver qual ponto de vista é mais recomendado. Não se pode estimar suficientemente a importância da contribuição de Agostinho para o estudo da Bíblia. O seu pensamento influenciou profundamente os pensadores que vieram (por exemplo, Tomás de Aquino, Erasmo, Lutero), e os estudantes da Bíblia ainda seguem os seus ensinos sobre a interpretação adequada.[77]

Outro acontecimento importante próximo ao fim do período patrístico merece ser mencionado. Os líderes da Igreja persuadiram o profundo erudito Jerônimo (331-420 d.C.) a traduzir o AT e o NT, bem como os livros apócrifos, para o latim.[78] Essa tradução dos manuscritos hebraicos e gregos conhecida como Vulgata (da palavra latina para "comum"), tornou-se a Bíblia oficial da Igreja ocidental. Sua contribuição singular foi trazer ao mundo dos que falam latim uma tradução do AT baseada no texto original, em vez de uma tradução (isto é, a Septuaginta).[79] Infelizmente, nessa época o estudo da Bíblia no hebraico e no grego originais pela Igreja ocidental foi praticamente abandonado, até que foi retomado durante a Renascença. Como alternativa, a Igreja ocidental veio a depender da tradução da Vulgata para todas as discussões doutrinárias. Em alguns casos, o método de tradução dinâmica ou de paráfrase de Jerônimo produziu traduções que não correspondiam tão exatamente os idiomas originais como deveriam (p. ex., em Lc 1:28: "Salve Maria, cheia *de graça...*" [cf. gr.

---

pregação de Ambrósio com a sua abordagem alegórica conquistou o seu retorno à corrente principal da Igreja. Posteriormente, ele refutou as críticas maniqueístas da hermenêutica ortodoxa e interpretou as figuras de linguagem de Gênesis em seus *Dois livros sobre Gênesis contra os maniqueístas* (Hall, p. 122-123).

[77] Cf. a sua caracterização por parte de Van Fleteren ("Principles of Augustine's Hermeneutic", p. 22) como "o filósofo-teólogo sobre o qual o Ocidente foi construído."

[78] A. Kamesar, "Jerome", *NCHB* 1, 653-675; D. Brown, "Jerome and the Vulgate", em: *A History of Biblical Interpretation: The Ancient Period*, ed. Hauser e Watson, 355-378. Jerônimo recebeu uma educação rigorosa nos clássicos em Roma e depois aprendeu grego e hebraico. (cf. Dockery, *Biblical Hermeneutics*, p. 129: "[...] a pessoa mais culta na Igreja de língua latina do final do século IV"). Em uma carta, certa vez ele se descreveu "trilinguis, Hebraeus, Graecus, Latinus" (citado por Hall, *Reading Scripture With the Church Fathers*, p. 110).

[79] O fruto dessa obra monumental, a Vulgata, inclui as versões inglesas de Wycliffe (séc. XIV) e de Douai (sec. XVI).

• **106** •

A HISTÓRIA DA INTERPRETAÇÃO

"agraciada", "muito favorecida (ARA)"]. Assim, a Igreja distanciou-se um passo a mais da dependência da Escritura original como a fonte de seus ensinos.[80]

IDADE MÉDIA (c. 590-1500)

Como o nome indica, a Idade Média é o milênio que se situa entre o período patrístico, dominado pelos pais da Igreja e pelos concílios, e as novas direções programadas pela Reforma. Em um sentido, ela se constitui em uma fase de transição entre os dois.

A Idade Média marca o declínio de algumas características da fase anterior e traz a base do surgimento da posterior. A impressão popular vê o período como obscuro e opressivo, e esse retrato é bem consistente com a realidade histórica.[81] A ignorância flagelou tanto o clero quanto os leigos cristãos, e os líderes da Igreja moralmente falidos não tinham limites para preservar o seu poder eclesiástico. Ao mesmo tempo, e geralmente escondido atrás de muros de mosteiros, um diálogo milenar, vivaz e denso com a Bíblia progrediu de forma calma e produziu ferramentas para o seu estudo continuado que influenciou profundamente a prática da interpretação bíblica nos séculos seguintes.[82]

Três abordagens tipificam a interpretação bíblica na Idade Média. Os intérpretes continuaram a depender bastante da interpretação *tradicional*, os pontos de vista transmitidos ao longo dos séculos. A fonte primária desse método permaneceu a *catena* escrita ou corrente de interpretações, isto é, coleções extensas de comentários interpretativos compilados dos comentários dos pais da Igreja.[83] Significativamente, enquanto as catenas pré-medievais citavam uma

---

[80] J. N. D. Kelly, *Jerome: His Life, Writings, and Controversies* (New York: Harper and Row, 1975), oferece um tratamento biográfico profundo de sua vida; cf. também H. D. F. Sparks, "Jerome As Bible Scholar", *CHB I*, p. 510-540. Mais recentemente, veja A. Cain, *The Letters of Jerome: Asceticism, Biblical Exegesis, and the Construction of Christian Authority in Late Antiquity*, *OECS* (Oxford; New York: Oxford University Press, 2009).

[81] Para uma visão geral, veja J. Fried, *The Middle Ages*, trad. P. Lewis (Cambridge, MA; London: Belknap Press, 2015). Cf. também J. H. Lynch e P. C. Adamo, *The Medieval Church: A Brief History* (London; New York: Routledge/ Taylor & Francis Group, 2014).

[82] Para uma investigação profunda dos contornos desse diálogo, veja C. Ocker, "Medieval Exegesis and the Origin of Hermeneutics", *SJT* 52 (1999): p. 328-345. Para mais bases históricas referentes à interpretação bíblica medieval, veja A. J. Hauser e D. F. Watson, "Introduction and Overview", em *A History of Biblical Interpretation*, vol. 2: The Medieval Through the Reformation Periods, ed. A. J. Hauser e D. F. Watson (Grand Rapids: Eerdmans, 2009), p. 1-85.

[83] R. E. McNally, *The Bible in the Early Middle Ages* (Atlanta: Scholars Press, 1986), p. 30-32. A *Catena Aurea*, compilada pelo erudito medieval Tomás de Aquino, exemplifica esta prática; cf. a tradução inglesa em M. F. Toal, *The Sunday Sermons of the Great Fathers* (San Francisco: Ignatius Press, 2000). Cf. a análise abrangente e detalhada da(s) Bíblia(s) durante esse período em R. Marsden e E. A. Matter, eds., *The New Cambridge History of the Bible*, vol. 2: From 600 to 1450 (Cambridge: Cambridge University Press, 2012; de agora em diante, *NCHB* 2).

INTRODUÇÃO À INTERPRETAÇÃO BÍBLICA

variedade de comentaristas, as medievais destacaram pais como Agostinho e Jerônimo, que expressavam os pontos de vista doutrinários aceitos pela Igreja. Em outras palavras, os intérpretes que utilizavam catenas tendiam a harmonizar as suas interpretações com as normas doutrinárias da Igreja. Como McNally afirma, durante esse período "a exegese se tornou quase sinônimo de tradição, porque o bom comentarista era o especialista que fielmente transmitiu o que ele tinha recebido."[84]

A catena criou importantes escolas interpretativas durante a Idade Média. Os monges medievais desenvolveram a prática de *glosas interpretativas*, anotações ou comentários da Escritura dos pais, que eram escritas nas margens ou nas entrelinhas da Bíblia (séculos VIII e IX). No final do século XI, essa prática se difundiu nas escolas medievais, em algum momento tomou um formato uniforme, e finalmente foi publicada em Bíblias comentadas de Paris (por volta de 1220). Mais ou menos na mesma época, a *Glossa Ordinaria* (lit. "língua ordinária") também apareceu, uma compilação de muitos volumes de comentários e glosas de livros bíblicos em separado que logo se tornou o comentário medieval padrão da Bíblia.[85]

Como foi observado antes, de todos os métodos de interpretação bíblica na Idade Média, o método alegórico dominou. De fato, em contraste com o sentido triplo da Escritura proposto por Orígenes, muitos especialistas medievais acreditavam que toda passagem bíblica tinha quatro sentidos. Uma rima popular (em latim) que circulava amplamente na Idade Média os resume:

A carta ensina ações;
Alegoria, aquilo em que você deve acreditar;
O sentido moral, aquilo que você deve fazer;
E o sentido anagógico, aquilo que você deve esperar.[86]

---

[84] McNally, *The Bible in the Early Middle Ages*, p. 29. Para uma avaliação mais importante, mais positiva e recente, veja H. De Lubac, *Medieval Exegesis: The Four Senses of Scripture*, 3 vols. (Grand Rapids: Eerdmans, 1999-2009).

[85] Smalley, *The Study of the Bible in the Middle Ages* (Oxford: Blackwell, 1952), p. 46-66 (com uma fotografia); Ocker, "Medieval Exegesis", p. 329-332, que observa a sua "tremenda influência dentro da exegese escolástica" (p. 332). Para uma análise conveniente sobre a sua história, veja Swanson, "The Glossa Ordinaria", em *The Medieval Theologians*, ed. G. R. Evans (Oxford: Blackwell, 2001), p. 156-167, que chama *Glosa* de "um livro-texto intermediário" que formava os alunos e capacitava os especialistas a desenvolverem as suas próprias interpretações (p. 166-167, citação 167). Para elaborações posteriores na literatura escolástica posterior (i.e., a evolução da *Glossa Ordinaria* na Historia Scholastica, a *postilla* [uma espécie de comentário corrente], e as concordâncias latinas da Bíblia), veja Ocker, "Medieval Exegesis", p. 332-336.

[86] Williamson, *Catholic Principles*, p. 172, que atribui a parelha a Agostinho da Dinamarca (séc. XIII). Para uma versão diferente com rimas, veja Grant e Tracy, *Short History*, p. 85.

A HISTÓRIA DA INTERPRETAÇÃO

Dessa forma, os quatro sentidos da Bíblia são: literal (ou histórico), alegórico (ou doutrinário), moral (ou tropológico), e anagógico (ou escatológico). Por exemplo, os estudiosos bíblicos medievais podiam entender a travessia de Israel pelo mar Vermelho como tendo quatro sentidos:

- *Literal:* a travessia real por parte de Moisés e de Israel.
- *Alegórico:* o batismo cristão e a nova vida em Cristo.
- *Moral:* o cristão obediente atravessa das dificuldades da vida para as bênçãos terrenas.
- *Anagógico:* a travessia final do cristão da morte para a vida eterna.[87]

Essa sugestão de "sentidos" da Escritura pode soar para o leitor moderno como clichê, ou mesmo completamente sem sentido. Mas Ocker nos relembra de forma correta que esse clichê aparente se baseia em uma suposição importante (e óbvia): a profundidade e a complexidade da Escritura. Em outras palavras:

> [...] que os textos bíblicos e substantivos davam lugar a sentidos históricos mais remotos ao leitor ou ao mundo do leitor ou a outros sentidos que se referiam à vida religiosa presente (a Igreja, a condição moral da alma, o futuro). O sentido quádruplo indicava um processo de abstração e a possibilidade de um movimento ágil, rara ou dificilmente um procedimento de fragmentar a Bíblia em quatro.[88]

O terceiro método de interpretação medieval era a interpretação *histórica*. Alguns intérpretes medievais buscaram encontrar um sentido da Escritura consultando autoridades judaicas. Os comentários bíblicos escritos por André de São Vitor (séc. XII), líder de uma abadia inglesa em Wigmore, exemplificam essa abordagem.[89] De forma diferente dos seus contemporâneos, André excluiu o comentário espiritual e as questões teológicas da sua interpretação. Em vez disso, ele se concentrou no sentido histórico ou literal do texto, inspirando-se frequentemente na interpretação judaica. Apesar de ser maioria no panorama histórico mais amplo, André nos recorda que alguns especialistas medievais

---

[87] Tanto a expansão para um sentido quádruplo da Escritura quanto Jerusalém como exemplo se referem aos escritos de João Cassiano (início do séc. V); cf. Ocker, "Medieval Exegesis", p. 338-339. Para uma descrição detalhada dessa abordagem a partir de uma perspectiva católica moderna, veja Williamson, *Catholic Principles*, p. 161-215.

[88] Ocker, "Medieval Exegesis", p. 339; cf. o sentimento semelhante em R. A. Muller e J. L. Thompson, "The Significance of Precritical Exegesis: Retrospect and Prospect", em *Biblical Interpretation in the Era of the Reformation*, ed. R. A. Muller e J. L. Thompson (Grand Rapids: Eerdmans, 1996), p. 344.

[89] Smalley, *Study of the Bible*, p. 120-172.

• **109** •

INTRODUÇÃO À INTERPRETAÇÃO BÍBLICA

mantiveram viva a tradição de exegetas anteriores como Jerônimo e Agostinho, para os quais o sentido literal ou histórico da Escritura era primário.

Finalmente surgiu um defensor mais influente da abordagem literal/histórica, o movimento chamado *escolasticismo*.[90] O escolasticismo era um despertamento intelectual da pré-Renascença europeia que começou nas escolas monásticas e depois se espalhou para as universidades (sécs. XII e XIII). Sua preocupação principal era investigar o relacionamento entre a fé cristã e a razão humana. Dois fatores propiciaram o campo fértil de onde esse movimento brotou e se espalhou.

Primeiro, a Europa desfrutou de vários séculos de relativa estabilidade política e paz que permitiu aos especialistas buscarem suas questões sem distração alguma. Em segundo lugar, a redescoberta dos filósofos pré-cristãos clássicos, especialmente de Aristóteles, trouxeram as ferramentas intelectuais para a tarefa. A filosofia aristotélica foi a ferramenta primária.[91] Precursores do escolasticismo como Anselmo e Pedro Abelardo (séc. XI) usaram o seu método de análise lógica e os silogismos para levantar grandes "catedrais de ideias" sobre vários tópicos teológicos.[92] De forma mais importante, a teoria da causalidade de Aristóteles (isto é, que os acontecimentos podem ter causas múltiplas) reestruturou de forma sutil o mundo das ideias dos exegetas no final da Idade Média (séc. XIV). Aplicada à Bíblia, levou-os a considerar a possibilidade de causas múltiplas por trás da própria Bíblia (por exemplo, Deus, os autores humanos, e as suas intenções como determinantes de sentidos textuais etc.). Mais tarde, eles começaram a ver que, nas palavras de Ocker, "uma qualidade de pensamento *além* da fala (isto é, a base para os sentidos múltiplos) era, de fato, uma qualidade do pensamento *da* fala.[93] Essa percepção finalmente fez ruir as distinções que se presumiam entre os vários sentidos da Escritura e levou a uma compreensão mais holística dos seus sentidos. De fato, as discussões da época apontam para a "confiança crescente na capacidade do texto literal nos seus

---

[90] C. Ocker, "Scholastic Interpretation of the Bible", em *A History of Biblical Interpretation*, Volume 2: The Medieval Through the Reformation Periods, ed. Hauser e Watson, p. 254-279. Cf. também as discussões de Olson, *História da teologia cristã*; e J. González, *A história do cristianismo* (São Paulo: Vida Nova, 1994).

[91] De forma interessante, algum acesso a Aristóteles deu-se por meio de traduções árabes ou síriacas de seus escritos gregos (assim cita Latourette, *Uma história do cristianismo*).

[92] Essa frase vem de Olson, *História da teologia cristã*, que oferece também uma discussão inspiradora sobre esses dois teólogos; cf. G. R. Evans, "Anselm of Canterbury", e L. O. Nielsen, "Peter Abelard and Gilbert Poitiers", em *The Medieval Theologians*, ed Evans, p. 94-101 e 102-114 (respectivamente).

[93] Ocker, "Medieval Exegesis", p. 341. Sentimos uma dívida de gratidão por esta discussão inteligente e pela citação dos escritores medievais refletindo esse panorama transformado (p. 338-344).

A HISTÓRIA DA INTERPRETAÇÃO

próprios méritos, mesmo em seus momentos mais obscuros e bizarros, para transmitir o conhecimento religioso e filosófico."[94]

O defensor mais fluente do escolasticismo foi o brilhante pensador cristão Tomás de Aquino (séc. XIII).[95] Sua imensa *Summa Theologica* sintetizou os frutos intelectuais de três séculos de discussões acadêmicas intensas. Deu à fé cristã uma expressão sistemática racional, e finalmente se tornou o resumo padrão da teologia na Igreja Católica Romana. Mais do que qualquer de seus contemporâneos, Tomás propôs a importância do sentido literal da Escritura, que para ele representava a base sobre a qual os outros sentidos (alegórico, anagógico etc.) repousam. Com efeito, ele afirmou que o sentido literal contém tudo o que é necessário à fé.[96]

Resumindo, os mestres da alegoria ainda proliferavam na Igreja da Idade Média, e a dependência da interpretação tradicional se manteve alta.[97] Ao mesmo tempo, a longa hegemonia desses dois métodos dentro da Igreja diminuiu, várias outras abordagens de interpretação floresceram, e surgiu uma reformulação de como os quatro supostos sentidos se interrelacionavam. A aplicação escolástica das ferramentas filosóficas para a teologia tendeu a ancorar a interpretação da Escritura em portos mais racionais e objetivos. Como Muller e Thompson observam, "um interesse crescente tanto no texto como no sentido literal" posicionou a exegese medieval "rumo a uma trajetória que apontou para a Reforma em vez de se afastar dela."[98] O cenário intelectual, assim, foi direcionado para o próximo passo na longa saga de como a Igreja interpretaria a sua Bíblia.

REFORMA (c. 1500-1650)

Apesar da impressão popular, o passo da Idade Média para a Reforma Protestante não foi nem radical nem óbvio como se pensa. As forças históricas que a causaram foram muitas, mas uma em particular merece ser mencionada por

---

[94] Ocker, "Scholastic Interpretation of the Bible", p. 267.

[95] Olson, *História da teologia cristã*, que considera Tomás como "o grande teólogo da tradição teológica ocidental entre Agostinho no século V e Karl Rahner da Áustria no final do século XX"; cf. F. Kerr, "Thomas Aquinas", em Evans, *The Medieval Theologians*, p. 201-220.

[96] G. Bray, *Biblical Interpretation Past and Present* (Downers Grove: InterVarsity, 1996), p. 152-153.

[97] Talvez a personificação da persistência do método alegórico nesse período seja a coleção de 86 sermões sobre o Cântico dos Cânticos pelo místico Bernardo de Claraval (séc. XII); cf. Bray, *Biblical Interpretation*, p. 160-164.

[98] Muller e Thompson, "The Significance of Precritical Exegesis", p. 344.

• 111 •

INTRODUÇÃO À INTERPRETAÇÃO BÍBLICA

causa da sua relevância para o nosso tema.[99] Durante o final da Idade Média, surgiram conflitos entre os escolásticos tradicionais e a chamada nova erudição de humanistas cristãos, como Erasmo.[100]

Com alguma justificativa, esse zombou do que ele considerava a lógica minuciosa e enrolada da teologia escolástica.[101] De acordo com os humanistas, tal teologia não oferecia alimento espiritual algum para as almas cristãs famintas, e muitos escritores abertamente anelavam pela fé simples e pela devoção da Igreja primitiva. Erasmo propôs que a teologia hegemônica da especulação estéril fosse substituída pelo que ele chamava de "filosofia de Cristo", a espiritualidade genuína e a preocupação com a ética centrada no ensino de Cristo.[102] Já que a teologia sistemática escolástica trazia a ortodoxia tradicional como seu pilar racional, muitos viam o escolasticismo como uma fortaleza que precisava cair. Além disso, um interesse renovado no estudo da Bíblia nos seus idiomas originais, hebraico e grego, trouxe aos especialistas um olhar mais direto das Escrituras. Em 1506, o filólogo Johann Reuchlin publicou uma gramática rudimentar hebraica, trazendo por intermédio dela a base para o estudo moderno do hebraico.[103]

---

[99] D. MacCullough, *The Reformation: A History* (New York: Viking, 2004), p. 3-102, explica com maestria o cenário histórico da Reforma (1490-1517 AD).

[100] O que se segue tem origem em O. Chadwick, *The Reformation* (Baltimore: Penguin Books, 1972), p. 29-39. Os "humanistas" eram eruditos que se dedicavam ao estudo da literatura clássica durante esse período: cf. MacCullough, *The Reformation*, p. 73-84; E. Rummel, "The Renaissance Humanists", em *A History of Biblical Interpretation*, vol. 2: The Medieval Through the Reformation Periods, ed. Hauser e Watson, p. 280-298. Para uma discussão excelente sobre a continuidade e a descontinuidade entre a interpretação medieval e a reformada, veja R. A. Muller, "Biblical Interpretation in the Era of the Reformation", em Muller e Thompson, *Biblical Interpretation*, p. 8-16. Para uma análise perceptiva das mudanças fundamentais de paradigma no pensamento intelectual que contribuíram para a Reforma e posteriormente para a crítica bíblica moderna, veja Dungan, *Synoptic Problem*, p. 146-158. Além disso, o que vem a seguir se baseia em O. Chadwick, *The Reformation* (Baltimore: Penguin Books, 1972), p. 29-39.

[101] Ele considerava a sua rival como a "teologia acadêmica, corrompida como ela é pelas picuinhas filosóficas e escolásticas"; citação de M. Hoffmann, *Rhetoric and Theology: The Hermeneutic of Erasmus* (Toronto: University of Toronto Press, 1994), p. 7. Hoffmann oferece uma avaliação ampla e rigorosa da abordagem de Erasmo à interpretação bíblica (especialmente p. 95-167, 211-227). Mais recentemente, veja C. C. von Wedel, *Erasmus of Rotterdam: Advocate of a New Christianity, Erasmus Studies* (Toronto: University of Toronto Press, 2013); cf. também a breve análise em MacCullough, *The Reformation*, p. 94-102.

[102] Olson, *The Story of Christian Theology*, p. 315, 362; cf. o tratamento adicional de J. L. Carrington, "Desiderius Erasmus", em *The Reformation Theologians*, ed. C. Lindberg (Oxford: Blackwell, 2002), p. 37-39.

[103] B. K. Waltke e M. O'Connor, *Introdução à sintaxe do hebraico bíblico* (São Paulo: Cultura Cristã, 2006); para detalhes referentes ao contexto mais amplo, veja Rummel, "The Renaissance Humanists", p. 282-287.

A HISTÓRIA DA INTERPRETAÇÃO

Em 1516, Erasmo publicou a primeira edição moderna do NT grego com uma nova tradução latina anexada a ela. Esse interesse crescente nos manuscritos primitivos expôs muitos erros de tradução da Vulgata latina e fez ruir a autoridade absoluta que ela tinha desfrutado como base da doutrina da Igreja. Já que a Igreja Católica tinha baseado em parte a sua autoridade sobre a Vulgata, as dúvidas relacionadas com a autoridade dela lançou sombras de dúvida sobre a autoridade católica.[104] Além disso, a insatisfação crescente com o método alegórico despertou um desejo de uma abordagem interpretativa melhor. No fim do século XV, um homem chamado Geiler de Kaiserberger observou que o abuso do método alegórico fez da Escritura uma "Maria vai com as outras" para ser levada na interpretação para qualquer direção que o leitor quisesse.[105] Muitos lamentavam sobre a natureza especulativa da alegoria.

De acordo com um ditado popular do século XVI, "Erasmo botou o ovo e Lutero o chocou."[106] De fato, Lutero era a primeira das duas figuras cuja exegese cuidadosa alinhava o melhor da abordagem medieval com a nova realidade eclesiástica do século XVI e que levou a hermenêutica cristã para novos caminhos. Em primeiro lugar, Lutero afirmou que só a Escritura tem autoridade divina para os cristãos. Fazendo assim, ele quebrou com o princípio adotado por muito tempo de que a tradição da Igreja e os líderes ordenados por ela tinham praticamente o mesmo peso de autoridade doutrinária da Bíblia.[107] Ele, assim, estabeleceu a premissa fundamental da Reforma, o princípio da *sola scriptura* (somente a Escritura). Como consequência natural, Lutero também afirmava

---

[104] Rummel ("The Renaissance Humanists", p. 281) cita um exemplo gritante de como a tradução de Erasmo fez ruir a teologia tradicional católica e deu forma à reformada: "Em Mateus 4:17, ele mudou a tradução da Vulgata de *poenitentiam agite* ("fazer penitência") para *resipiscite* ("arrepender-se"), mudando o destaque das obras para a fé, uma questão explicada por Lutero em suas 95 teses..." Dungan (*Synoptic Problem*, p. 185-190) descreve em detalhes a história de como o Novo Testamento grego de Erasmo, apesar das suas falhas, ganhou aceitação como o *Textus Receptus* (o Texto Recebido [isto é, único verdadeiro]), a partir do qual a *King James* foi traduzida, e como o método emergente de crítica textual finalmente minou a credibilidade da Vulgata (p. 191-197).

[105] B. Hall, "Biblical Scholarship: Editions and Commentaries", em *Cambridge History of the Bible: The West from the Reformation to the Present Day*, ed. S. L. Greenslade (Cambridge: At the University Press, 1963), p. 48 (a partir de agora identificado como *CHB* III).

[106] Olson, *História da teologia cristã*. Cf. o tratamento da vida de Lutero em MacCullough, 111-158. A biografia clássica de Lutero continua sendo a de R. Bainton, *Here I Stand: A Life of Martin Luther* (New York: Mentor Books, 1950). [Nota do editor: *Cativo à Palavra* (São Paulo: Vida Nova, 2017).]

[107] E. Cameron, *The European Reformation* (Oxford: Oxford University Press, 1991), p. 136-137. Como Latourette demonstra (*History of Christianity*, p. 704), Lutero aprendeu a filosofia nominalista de Guilherme de Ockham, que ensinou que a pessoa tinha que aceitar as crenças cristãs pela fé, não pela razão, seguindo a autoridade da Igreja e da Bíblia.

INTRODUÇÃO À INTERPRETAÇÃO BÍBLICA

que a própria Escritura é a sua melhor intérprete; por isso os leitores não precisavam mais depender tanto do comentário patrístico e das autoridades da Igreja para entender a Bíblia como antes. Em segundo lugar, Lutero seguiu aqueles medievalistas que rejeitavam o método alegórico da interpretação porque, em sua visão, só consistia de especulação vazia. Em vez disso, assim como Tomás de Aquino, ele afirmava que a Escritura tinha um sentido simples, o seu sentido histórico. Isso se discerne, Lutero disse, aplicando as regras ordinárias da gramática à luz do contexto original histórico da Escritura. Ao mesmo tempo, Lutero ecoou um tema dos pais da Igreja e dos medievalistas: ele leu a Bíblia com óculos cristocêntricos, afirmando que toda ela, incluindo o AT, ensinava sobre Cristo.[108] Assim, enquanto rejeitava a alegoria, Lutero retomou a interpretação tipológica do NT.

Mas Lutero destacou que a interpretação adequada também tem um elemento subjetivo. Ele quis dizer com isso que a iluminação do Espírito Santo guia os cristãos aplicando a sua experiência pessoal à interpretação bíblica. Ela capacita o leitor da Bíblia a entender precisamente o que certa passagem ensina sobre Cristo. A interpretação resultante é, assim, uma verdadeira "interpretação espiritual."[109]

A outra figura que liderou a transição hermenêutica foi João Calvino.[110] Da mesma forma que Lutero e Tomás de Aquino, Calvino rejeitou a alegoria favorecendo uma interpretação histórica da Escritura. Juntamente com Lutero, ele também afirmou a Escritura como a autoridade única e final da Igreja, uma autoridade a ser aceita pela fé. Além disso, Calvino acreditava em um elemento subjetivo na interpretação, o que ele chamava do "testemunho interno do Es-

---

[108] Thompson, "Biblical Interpretation in the Works of Martin Luther", 304-306, 314-315; Cameron, *The European Reformation*, p. 137-138, 140. A doutrina de justificação pela fé, um tema principal no pensamento de Lutero, também influenciou a sua leitura da Escritura. Essa lente interpretativa é responsável em parte pela sua bem conhecida caracterização da epístola de Tiago como "uma epístola de palha."

[109] Grant e Tracy, *Short History*, p. 94-95. Para mais detalhes sobre a interpretação espiritual de Lutero, veja R. C. Gleason, "'Letter' and 'Spirit' in Luther's Hermeneutics", *BSac* 157 (2000): p. 468-485. K. Hagen, "Omnis homo mendax: Luther on Psalm 116", em Muller e Thompson, *Biblical Interpretation*, p. 85-102, lança um facho de luz sobre Lutero como exegeta, destacando elementos da sua continuidade e descontinuidade com a exegese medieval e refletindo sobre a possibilidade da conexão da obra de Lutero com as abordagens iluministas.

[110] Para um panorama de sua vida e obra, veja MacCullough, *The Reformation*, 230-245; R. C. Zachman, "John Calvin (1509-1564)", em *The Reformation Theologians*, ed. Lindberg, p. 184-197. Para conhecer a sua hermenêutica, veja B. Pitkin, "John Calvin and the Interpretation of the Bible", em *A History of Biblical Interpretation*, Volume 2: The Medieval Through the Reformation Periods, ed. Hauser e Watson, 341-371. Cf. também as biografias de H. J. Selderhuis, *John Calvin: A Pilgrim's Life*, trad. por A. Gootjes (Downers Grove: IVP Academic, 2009); e B. Cottret, *Calvin: A Biography*, trad. por M. W. McDonald (Grand Rapids: Eerdmans, 2000).

• 114 •

A HISTÓRIA DA INTERPRETAÇÃO

pírito Santo." No ponto de vista de Calvino, esse testemunho não servia para iluminar o processo de interpretação, mas para confirmar no coração do cristão que uma interpretação era correta.[111]

Em resumo, a Reforma levou mais longe a ênfase de alguns medievalistas na primazia do sentido literal da Escritura. Também, enquanto cultiva e evoca com frequência a tradição da Igreja e a interpretação dos pais da Igreja, os reformadores colocaram os ensinos da Escritura sobre os dois como sua autoridade final. Eles afirmavam que a Bíblia por si só é tanto perspicaz quanto a melhor intérprete dela mesma. Se muitos exegetas do passado aplicavam a alegoria para escavar os pretensos sentidos múltiplos da Escritura, os reformadores seguiam Tomás de Aquino ao aceitar o sentido claro, simples e literal da Escritura como a base de todo o seu tesouro de sentidos. Não é de se admirar então que tanto Lutero quanto Calvino produziram comentários acerca de inúmeros livros bíblicos, comentários ainda valorizados pelos estudantes da Bíblia hoje em dia.

O consenso dos reformadores na maneira de entender a Escritura, no entanto, não lhes assegurou nenhuma garantia de concordância quanto ao seu conteúdo. Na verdade, eles discordaram sobre o sentido de muitos textos bíblicos. Por exemplo, numa reunião, agora famosa, em 1529, Lutero e Zuínglio, um influente reformador suíço, não conseguiram entrar em acordo sobre o que a Bíblia ensinava sobre a Ceia do Senhor.[112] Com certeza, o episódio antecipou as muitas diferenças interpretativas que logo dividiram "luteranos" e "calvinistas" na era pós-Reforma, divisões que permanecem nos dias de hoje. Esses desacordos, no entanto, tanto confirmam a complexidade do processo de interpretação (incluindo o fato de que os intérpretes ainda trabalham dentro de tradições) como afirmam a centralidade da Bíblia como a fonte primária da doutrina cristã. Com certeza, como a maioria dos movimentos, a Reforma

---

[111] T. H. L. Parker, *Calvin: An Introduction to His Thought* (Louisville: Westminster/John Knox Press, 1995), p. 24-27; cf. Zachman, "John Calvin", p. 191, 193. Os estudos recentes mais relevantes incluem J. L. Thompson, "Calvin as a Biblical Interpreter", em *The Cambridge Companion to John Calvin*, ed. D. K. McKim (Cambridge: Cambridge University Press, 2004), p. 58-73; e D. K. McKim, *Calvin and the Bible* (Cambridge: Cambridge University Press, 2006).

[112] Os dois rejeitavam a transubstanciação, o ensino católico que na missa o pão e o vinho se tornariam literalmente o corpo e o sangue de Cristo e automaticamente transmitiriam graça quando consumidos. Lutero afirmava que a comunhão consistia em um sacramento envolvendo a "presença real" de Cristo no sacramento, enquanto Zuínglio acreditava que, já que o Cristo físico está no céu, a comunhão era uma refeição sagrada simbólica (posteriormente chamada de ordenança); cf. MacCullough, *The Reformation*, p. 240-245, 340-343; Olson, *The Story of Christian Theology*, p. 404-408; Hauser e Watson, "Introduction and Overview", em *A History of Biblical Interpretation*, vol. 2: The Medieval Through the Reformation Periods, ed. Hauser e Watson, p. 46; G. J. Miller, "Huldrych Zwingli", em *The Reformation Theologians*, ed. Lindberg, p. 161-163.

INTRODUÇÃO À INTERPRETAÇÃO BÍBLICA

também gerou uma expressão mais extrema, a chamada "Reforma Radical."[113] No que se refere a hermenêutica, os grupos como os anabatistas e os menonitas levaram a sério os princípios da Reforma do *sola scriptura* e das perspicácia da Escritura, ainda que o modo como os aplicaram tenha feito com que os reformadores se opusessem ferrenhamente. Eles deram prioridade ao NT, que leem de forma literal, recorrendo ao Espírito Santo para iluminação, e buscaram estabelecer comunidades cristãs relativamente autônomas moldadas de acordo com a Igreja do NT. Eles somente batizavam adultos por imersão, consagravam líderes leigos guiados pelo Espírito Santo, separaram-se do mundo e das igrejas estabelecidas, e recusaram-se a pagar impostos ou a servir como soldados. Considerados rebeldes e subversivos por outros cristãos na época, milhares deles foram martirizados de forma cruel. Em retrospecto, trata-se verdadeiramente de um dia sombrio para a Reforma.[114]

Eles legaram à cristandade, no entanto, uma quinta corrente ocidental de interpretação bíblica e uma comunidade cristã alternativa às comunidades católica, luterana, calvinista e anglicana que eram mais bem estabelecidas. Mais incisivamente, eles colocaram a Bíblia e a sua interpretação nas mãos da liderança leiga e, através de reuniões comunitárias de grupos, fizeram da Bíblia uma parte da vida dos cristãos comuns.[115]

Ironicamente, no final do século XVI os filhos espirituais de Calvino e Lutero pareciam regredir a uma forma protestante de escolasticismo.[116] Disputas esotéricas beirando ao detalhismo tenderam a preocupar as igrejas luteranas

---

[113] G. H. Williams, *The Radical Reformation*, 3ª ed. (Kirksville, MO: Sixteenth Century Journal Publishers, 1999).

[114] A conhecida história da cidade alemã de Münster ilustra os extremos aos quais esse movimento pôde ir. Afirmando ter uma inspiração profética, alguns líderes autoritários tomarem posse da cidade, obrigaram a população a aceitar o novo batismo sob pena de executarem os contenciosos, e tentaram estabelecer uma "Nova Jerusalém" moldada, nessa reconstrução, principalmente no AT, incluindo a prática da poligamia. Somente um cerco organizado pelo bispo local pôs fim ao governo anabatista dezesseis meses depois (1534-1535). MacCullough, *The Reformation*, p. 199-206, narra a história triste e as suas consequências.

[115] Para detalhes, veja S. Murray, "Biblical Interpretation among the Anabaptist Reformers", em *A History of Biblical Interpretation*, vol. 2: The Medieval Through the Reformation Periods, ed. Hauser e Watson, p. 403-427. Dizemos "de forma mais importante" porque colocar a interpretação da Bíblia na mão dos leigos levou a diversas consequências boas e más. Para acompanhar um ângulo interessante sobre isso, veja S. Hauerwas, *Unleashing the Scripture: Freeing the Bible from Captivity to America* (Nashville: Abingdon, 1993).

[116] Olson, *The Story of Christian Theology*, p. 455-460; Latourette, *History of Christianity*, p. 739-740; Hall, "Biblical Scholarship", p. 76-77; e N. Sykes, "The Religion of the Protestants", *CHB* III, p. 175-176. R. A. Muller, *Post-Reformation Reformed Dogmatics*, vol. 1 (Grand Rapids: Baker, 1987), p. 13-97, examina o desenvolvimento das doutrinas de Deus e da Escritura depois da Reforma.

A HISTÓRIA DA INTERPRETAÇÃO

e calvinistas emergentes. Por exemplo, em Genebra, a ideia da predestinação preocupou o sucessor de Calvino, Teodoro Beza, que liderou a especulação entre os teólogos sobre a ordem lógica dos decretos de Deus.[117] Para os que observavam de fora, as igrejas reformadas abandonaram em um aspecto Lutero e Calvino: elas pareciam dar mais importância ao acordo intelectual com o dogma protestante do que com a prática da piedade calorosa, viva e pessoal. Em sua preocupação com a ortodoxia protestante, eles infelizmente pareciam lembrar o próprio escolasticismo contra o qual o movimento da Reforma tinha se revoltado.

A piedade que eles tinham em comum não conseguiu integrar os lapsos doutrinários entre eles. No cenário mais amplo, o catolicismo ainda tinha grande influência na Espanha, na França, na Itália, na Áustria e na Polônia; na Inglaterra, a recém-formada Igreja Anglicana, uma enteada da Reforma, governava; os luteranos dominaram a Alemanha, a Dinamarca, a Suécia, a Noruega e a Finlândia; os calvinistas controlavam a Escócia e a maior parte da Suíça; e os anabatistas controlavam pequenos bolsões na Alemanha, Polônia e Hungria.[118]

A Reforma também teve outro efeito importante: a reação da Igreja Católica. As decisões do Concílio de Trento (1545-1563) marcaram a reação católica oficial à Reforma, frequentemente chamada de Contra-Reforma Católica.[119] Contra o princípio protestante do *sola Scriptura*, ela reafirmou, entre outras coisas, a tradição católica romana da interpretação bíblica que combinava a Escritura à tradição, que incluía as decisões doutrinárias dos papas e dos concílios da Igreja. Ela também manteve a autenticidade da Vulgata e proibiu as pessoas de interpretar a Escritura em desarmonia com a doutrina da Igreja.[120] Como resultado, a partir dos acontecimentos muito importantes do século XVI, duas vertentes distintas de interpretação bíblica fluíram, uma protestante

---

[117] Beza defendia o supralapsarianismo (lat. *supra* "antes" + *lapsus* "queda"), a ideia de que o decreto de Deus para predestinar os seres humanos à salvação/condenação precedeu de forma lógica os seus decretos de os criar e os permitir cair em pecado. Em oposição, de acordo com o infralapsarianismo (lat. *infra* "posterior"), o primeiro decreto mencionado sucede os outros dois.

[118] Veja o mapa esclarecedor em S. Ozment, *The Age of Reform* 1250-1550 (New Haven: Yale University Press, 1980), p. 373.

[119] Para detalhes sobre a história, cf. MacCullough, *The Reformation*, p. 294-303; G. Bedouelle, "Biblical Interpretation in the Catholic Reformation", em *A History of Biblical Interpretation*, vol. 2: The Medieval through the Reformation Periods, ed. Hauser e Watson, p. 428-449.

[120] Ozment, *The Age of Reform*, p. 407-409; cf. também o relato do Concílio de Trento em Chadwick, *The Reformation*, p. 273-281. Com justiça, as decisões de Trento também reagiram positivamente à crítica protestante, autorizando os bispos a pastorearem os seus rebanhos mais de perto e promovendo uma espiritualidade pessoal entre os leigos. Por outro lado, logo depois de Trento, os especialistas bíblicos católicos infelizmente recuaram para a segurança dos caminhos interpretativos patrísticos e medievais e demonstraram pouca originalidade por trezentos anos (Bray, *Biblical Interpretation*, p. 208-209).

INTRODUÇÃO À INTERPRETAÇÃO BÍBLICA

e uma católica. Quase quatro séculos se passariam antes de suas abordagens se aproximarem novamente.

PERÍODO PÓS-REFORMA (c. 1650-1750)

A Reforma não foi o único movimento revolucionário motivado pelo final da Idade Média. A Renascença (1300-1600) tinha como característica um interesse renovado por um renascimento do grego clássico e da arte e da filosofia romanas. O interesse despertado pelo hebraico e pelo grego, que auxiliaram a Reforma, foi derivado do espírito da Renascença. Se a fé cristã renovada levou à Reforma, na Renascença uma confiança crescente na razão humana foi estimulada. Por isso, movimentos importantes derivando tanto da Reforma quanto da Renascença influenciaram a interpretação da Bíblia no período pós-reforma.

Da Reforma surgiu o movimento chamado *pietismo*. O pietismo surgiu na Alemanha no século XVII e depois se espalhou pela Europa ocidental e pela América.[121] Ele representou uma reação ao dogmatismo intelectual árido do escolasticismo protestante e do formalismo estéril dos cultos de adoração protestantes. O pietismo buscou reavivar a prática do cristianismo como modo de vida através do estudo bíblico em grupo, da oração e do cultivo da moralidade pessoal. Centrado na cidade alemã de Halle, tinha como líder Felipe Jacó Spener (1635-1705), um pastor alemão que pregou a necessidade de uma conversão pessoal a Cristo e de um relacionamento íntimo e pessoal com Deus. Contra os interesses puramente doutrinários de seus contemporâneos, Spener e os pietistas alemães destacaram o estudo devocional e prático da Bíblia. O seu método consistia em uma abordagem literalista, de "senso comum" aplicada ao estudo gramatical cuidadoso dos textos do hebraico e do grego antigos, sempre, no entanto, com uma atenção para suas consequências devocionais ou práticas. Na Inglaterra, outro movimento pietista, o metodismo de John Wesley (1703-1791), também buscou recuperar uma vida de piedade vibrante e santa através do estudo bíblico e da oração.[122] Os dois movimentos se beneficiaram da inovação revolucionária do início da Renascença, a tradução da Bíblia nos idiomas

---

[121] Olson, *The Story of Christian Theology*, p. 473-492; González, *The Story of Christianity*, p. 204-216. Cf. mais recentemente, D. H. Shantz, ed., *A Companion to German Pietism*, 1660-1800, Brill's Companions to the Christian Tradition 55 (Leiden; Boston: Brill, 2015); e R. E. Olson e C. Collins Winn, *Reclaiming Pietism: Retrieving an Evangelical Tradition* (Grand Rapids: Eerdmans, 2015).

[122] Para uma recente avaliação acadêmica do movimento wesleyano, veja J. Kent, *Wesley and the Wesleyans* (Cambridge: Cambridge University Press, 2002); cf. também González, *The Story of Christianity*, p. 209-216; Olson, *The Story of Christian Theology*, p. 510-516. Um relato bem útil da história de Wesley e do seu movimento se encontra em R. P. Heitzenrater, *Wesley and the People Called Methodists* (Nashville: Abingdon, 1995).

A HISTÓRIA DA INTERPRETAÇÃO

falados pelo povo (p. ex., a versão *King James* em 1611). A prática atualmente difundida de estudos bíblicos de pequenos grupos e de grupos de oração perpetuam a sua prática.

O pregador de renome da Nova Inglaterra, Jonathan Edwards (1703-1758), representa o pietismo nos Estados Unidos. Do mesmo modo que Spener e Wesley, Edwards abordava a Bíblia com uma atenção tanto na aplicação prática quanto nos ensinos doutrinários. Quanto ao método, Edwards recorria à tipologia para trazer aplicações práticas a partir da Escritura. Considere, por exemplo, sua interpretação de Gênesis 29:20: "Então Jacó trabalhou sete anos por Raquel, mas lhe pareceram poucos dias, pelo tanto que a amava." Ao suportar o trabalho duro por amor a Raquel, de acordo com Edwards, Jacó era um tipo de Cristo que suportou a cruz por amor à Igreja.

No século XVII, o espírito da Renascença gerou o Iluminismo (também chamado de Idade da Razão) e o movimento intelectual importante chamado *racionalismo*.[123] O racionalismo considerava a mente humana como uma autoridade independente capaz de determinar a verdade. As raízes do racionalismo se encontram no humanismo cristão de eruditos como Erasmo que, a serviço da Igreja, empregaram a razão humana para estudar a Bíblia em suas línguas originais. Eles também acreditavam que o uso da razão para investigar a Bíblia ajudava os cristãos a estabelecerem a sua fé. Nos séculos XVII e XVIII os pensadores aplicaram essa ferramenta da razão não somente contra a autoridade da Igreja, mas também contra a própria Bíblia. Sutilmente, o seu trabalho abriu caminho para a rejeição completa das duas.

Nas palavras de Neil, o racionalismo "não era um sistema de crenças antagônico ao cristianismo, mas uma atitude de mente que presumia que em todos os assuntos religiosos a razão é suprema."[124] Três pensadores, dois deles filósofos, ilustram a abordagem do racionalismo do século XVII com respeito à Bíblia. Em seu *Leviatã* (1651), o filósofo anglicano Thomas Hobbes defendia, a partir de evidências internas, que Moisés viveu bem antes de o Pentateuco ser terminado, e por isso não poderia ser o seu autor.[125] Em sua *História crítica do Antigo Testamento* (1678), o sacerdote secular francês Richard Simon chegou a

---

[123] Cf. a análise histórica equilibrada e profunda de J. Sandy-Wunsch, *What Have They Done to the Bible? A History of Modern Biblical Interpretation* (Collegeville: Liturgical Press, 2005). Para resenhas mais curtas, veja Sykes, "Religion of the Protestants", p. 193-198 e W. Neil, "The Criticism and Theological Use of the Bible 1700-1950", *CHB* III, p. 128-165.

[124] Neil, "Criticism and Theological Use", p. 239. Cf. também a útil análise histórica em Dungan, *Synoptic Problem*, p. 171-176.

[125] T. Hobbes, *Leviatã*, III, cap. 33. Essa negação, é claro, contrariava a opinião conservadora da época.

• **119** •

uma conclusão semelhante, afirmando que algumas partes do AT refletem uma confusão na cronologia.[126]

Foram os pensamentos do filósofo judeu Baruch Espinoza, no entanto, que minaram de modo mais significativo a autoridade da Escritura.[127] Em seu originalmente anônimo *Tratado teológico-político* (1670), Espinoza defendia a primazia da razão na interpretação da Escritura. Em outras palavras, a Escritura devia ser estudada como qualquer outro livro, usando as regras da investigação histórica. Por exemplo, a razão entende as afirmações da intervenção direta de Deus na história como um modo judaico comum de falar, não como uma revelação real. Assim, as histórias de milagres se tornam nada mais do que uma maneira poderosa de levar as pessoas ignorantes à obediência. Consequentemente, Espinoza sujeitava a Escritura à autoridade da mente humana, em vez de o inverso. Desse modo, o período pós-Reforma trouxe a fragmentação das abordagens da interpretação bíblica em meio aos protestantes. Por um lado, os pietistas continuavam a pesquisar as Escrituras para alimentar sua alma faminta e orientá-la em sua busca de uma vida virtuosa. Por outro lado, enquanto Tomás de Aquino buscou a integração entre a filosofia e a teologia, os racionalistas promoveram o divórcio radical entre elas. Enquanto o racionalismo tinha diminuído em sua popularidade em meados do século XVIII, ele produziu uma série de manuais bíblicos segundo as linhas críticas de Espinoza e desfrutaram de um florescimento cada vez maior no século posterior.[128]

PERÍODO MODERNO (c. 1750 até o presente)

Século XIX

Em muitas frentes, o século XIX foi revolucionário. Latourette o chama de "o grande século" porque ele presenciou uma expansão sem precedentes nas missões,[129] mas ironicamente, ao mesmo tempo, ele presenciou um repúdio

---

[126] Sykes, "Religion of the Protestants", p. 194; Bray, *Biblical Interpretation*, p. 239-240. Os especialistas posteriores considerariam Simon como o pai da crítica bíblica moderna.

[127] Grant e Tracy, *Short History*, p. 105-108. Para uma análise detalhada do pensamento de Espinoza, incluindo a sua agenda política para promover a democracia secular moderna, veja Dungan, Synoptic Problem, p. 198-260; cf. D. Boerman, "The Significance of Spinoza for Biblical Interpretation", *ResQ* 51 (2009): p. 93-106.

[128] Escritos influentes durante esse período incluíam a introdução ao NT de J. D. Michaelis (1750) e uma introdução ao AT de J. G. Eichhorn (1780-1783); cf. Bray, *Biblical Interpretation*, p. 245, 248.

[129] Cf. González, *The Story of Christianity*, p. 239-293, cujo tratamento excelente acompanha em especial a expansão na América do Norte, América Latina e Europa.

A HISTÓRIA DA INTERPRETAÇÃO

cético do cristianismo entre os intelectuais.[130] Os avanços radicais na ciência humana criaram uma confiança popular no método científico, que por sua vez produziu um método revolucionário e mais científico para estudar a história. Também, no século XIX, o desenvolvimentalismo, a ideia de que o progresso histórico evolutivo está por trás de tudo, tornou-se difundido por toda a parte como a filosofia dialética de G. W. F. Hegel, que influenciou a filosofia social de Karl Marx, e que atesta a teoria da evolução de Charles Darwin.

A Bíblia não escapou do impacto dessas mudanças. Os eruditos, especialmente aqueles que ensinavam em universidades alemãs, buscaram abordar a Bíblia de forma semelhante através do chamado meio objetivo, científico.[131] Assim nasceu a abordagem conhecida como *método histórico-crítico*, um método interpretativo guiado por vários pressupostos filosóficos fundamentais.[132] Ele herdou o pressuposto de seus ancestrais filosóficos do século XVII, de que o uso da razão humana, livre de limitações dogmáticas, é a melhor ferramenta para o estudo da Bíblia. Portanto, os especialistas trataram-na como qualquer outra literatura, não como a revelação especial de Deus à humanidade.

Além disso, o método histórico-crítico pressupunha uma visão de mundo naturalista que explicava tudo em termos de leis naturais e excluía a possibilidade da intervenção sobrenatural. Assim, os especialistas justificavam os milagres bíblicos por meio das leis da física, da biologia e da química. Além disso, a abordagem acreditava que toda a história acontece como um processo evolutivo de desenvolvimento. Assim, os seus praticantes interpretavam a história que a Bíblia relata por essa linha, vendo as eras anteriores como "primitivas" e as posteriores como "avançadas". O método histórico-crítico, além disso, considerava as ideias da Bíblia como verdades presas a seu tempo, não ideias eternas (a Bíblia simplesmente registra o que as pessoas pensavam na época). Por fim, os eruditos supunham que a maior contribuição da Bíblia reside em seus valores morais e éticos, não em seus ensinos teológicos ou afirmações históricas. Esses pressupostos iniciaram duas mudanças decisivas no foco da interpretação bíblica. Primeiro, em vez de buscar discernir o que um texto significava, muitos estudiosos buscavam, em vez disso, descobrir as fontes por trás dele, o método

---

[130] Cf. Sandy-Wunsch, *What Have They Done to the Bible?*, p. 219-279.

[131] Para maiores detalhes, veja ibid., 281-331; cf. mais brevemente Neil, "Criticism and Theological Use", p. 255-265; González, *The Story of Christianity*, p. 282-293.

[132] Cf. o resumo em Bray, Biblical Interpretation, p. 251-253. De acordo com Harrisville e Sundberg, como fruto do caos político gerado pela Reforma, o propósito da crítica histórica era "anular o poder arbitrário político daqueles [i.e., príncipes e sacerdotes] que usavam a Bíblia para legitimar a sua autoridade"; cf. R. A. Harrisville e W. Sundberg, *The Bible in Modern Culture: Theology and Historical-Critical Method from Spinoza to Käsemann* (Grand Rapids: Eerdmans, 1995), p. 264-266 (citação na p. 266).

INTRODUÇÃO À INTERPRETAÇÃO BÍBLICA

chamado *crítica das fontes*.[133] Em segundo lugar, em vez de aceitar a Bíblia como revelação divina, alguns especialistas buscaram reconstituir o suposto desenvolvimento histórico para fundamentá-la. A obra de três acadêmicos alemães ilustram essas mudanças na interpretação bíblica.

F. C. Baur, professor de teologia histórica na Universidade de Tübingen (1826-1860), defendeu que as cartas de Paulo refletem uma divisão profunda no cristianismo apostólico.[134] Por um lado, disse Baur, se situava a Igreja de Jerusalém (dirigida por Pedro e outros discípulos originais), que ensinava uma forma judaica de cristianismo. Do outro lado, estava Paulo e os gentios convertidos por ele que insistiam que o Evangelho na verdade aboliu as exigências legalistas do judaísmo. Mais especificamente, Baur deduziu que os livros do NT que não refletiam essa divisão no cristianismo primitivo com certeza tinham origem pós-apostólica. Sob essa premissa ele datou tanto Atos quanto os Evangelhos no século II, negando, na prática, a sua autoridade como fontes de informação para a vida e o ministério de Jesus e dos apóstolos. Em resumo, Baur e seus discípulos, da chamada escola de Tübingen, aplicaram apenas a razão humana crítica para o estudo do NT e afirmavam ter encontrado um cenário histórico implícito no NT que era diferente da impressão que os próprios documentos davam. O retrato resultante da história do cristianismo primitivo fugiu radicalmente dos retratos comumente aceitos por seus contemporâneos.[135]

Nos estudos do AT, Julius Wellhausen completou uma longa discussão acadêmica sobre as fontes escritas do Pentateuco. Em sua monumental obra *Prolegômenos à história de Israel* (1878), Wellhausen defendia que por trás do Pentateuco estavam quatro fontes distintas escritas entre 850 e 550 a.C.[136]

---

[133] Para uma história detalhada desse método e dos seus pressupostos aplicados à origem dos Evangelhos, veja Dungan, *Synoptic Problem*, p. 302-341. Mais recentemente, cf. J. Barton, *The Nature of Biblical Criticism* (Louisville: Westminster John Knox, 2007).

[134] R. A. Harrisville e W. Sundberg, *The Bible in Modern Culture: Theology and Historical-critical Method from Spinoza to Käsemann*, 2ª ed. (Grand Rapids: Eerdmans, 2002), p. 104-122; mais brevemente, Bray, *Biblical Interpretation*, p. 321-324. Para um relato maior, veja o volume ainda valioso de P. C. Hodgson, *The Formation of Historical Theology: A Study of Ferdinand Christian Baur* (New York: Harper and Row, 1962). B. E. Shields, "The Hermeneutics of Alexander Campbell", *RestQ* 43 (2001): p. 169-172, 178-179, compara sucintamente os princípios hermenêuticos de Baur com os do seu contemporâneo americano, Alexander Campbell, líder do Movimento de Restauração.

[135] Mais positivamente, a aplicação da crítica das fontes nos estudos do NT produziu a teoria que agora é amplamente aceita, a de que dois documentos principais (Marcos e uma coleção dos ditos de Jesus chamada de "Q") estão por trás dos Evangelhos sinóticos atuais.

[136] Originalmente em alemão, a sua primeira tradução em inglês foi J. Wellhausen, *Prolegomena to the History of Israel* (Edinburgh: Adam and Charles Black, 1885; Atlanta: Scholars Press, 1994). Para avaliações recentes, veja M. Weinfeld, *The Place of the Law in the Religion of Ancient Israel*, VTSup 100 (Leiden; Boston: Brill, 2004); e E. Nicholson, *The Pentateuch in the Twentieth*

A HISTÓRIA DA INTERPRETAÇÃO

Várias consequências fundamentais se derivaram dessa afirmação: (1) Moisés não poderia ter escrito nenhuma parte do Pentateuco; (2) a Lei se originou *depois* dos livros históricos, não *antes* deles; (3) a história real de Israel era notoriamente diferente da história que os livros do AT narram.[137]

O último erudito alemão cuja obra tipifica o pensamento do século XIX é Adolf von Harnack. Provavelmente mais do que qualquer outro livro, a sua obra *O que é o cristianismo?* (1901) resumiu a teologia liberal que dominava o protestantismo do século XIX e deu forma à sua interpretação bíblica.[138] Ele fez um apelo aos protestantes para retornarem à religião de Jesus, que, segundo ele, estava escondida atrás do retrato posterior dele no NT. Para Harnack, três ensinos essenciais resumem a religião de Jesus: (1) a vinda do Reino de Deus; (2) a paternidade de Deus e o valor infinito da alma humana; e (3) o mandamento do amor.

Em suma, Baur, Wellhausen e Harnack afirmavam que a crítica histórica desvendava uma história literária e religiosa complexa por trás das seções da Bíblia atual. Como muitos críticos observaram, se fossem verdadeiras, essas visões acabariam com a confiabilidade histórica da Bíblia e, por consequência, com a sua autoridade como documento da revelação divina. De forma mais importante, suas obras redefiniram o objeto de estudo da interpretação bíblica. Para eles, o seu propósito não era determinar o sentido do texto presente, mas encontrar as fontes e a história à espreita por trás dele. A consequência foi que somente nos estágios iniciais da tradição por trás dos textos atuais poderia se encontrar uma história precisa e autorizada.

Apesar de terem sido dominantes, suas ideias não passaram incontestáveis. Como se poderia esperar, os especialistas confessionais da Alemanha criticaram duramente o racionalismo da nova crítica histórica e promoveram interpretações academicamente críveis dos dois testamentos.[139] Outros eruditos, incluindo os

---

Century: The Legacy of Julius Wellhausen (Oxford: Clarendon Press; Oxford; New York: Oxford University Press, 2002).

[137] Para uma referência da visão acadêmica sobre o Pentateuco, veja as teses em T. B. Dozeman, K. Schmid e B. J. Schwartz, eds., *The Pentateuch: International Perspectives on Current Research*, FAT 78 (Tübingen: Mohr Siebeck, 2011). *History*, p. 116-117.

[138] A. von Harnack, *O que é cristianismo?* (São Paulo: Reflexão, 2014); cf. P. Kennedy, *Twentieth-Century Theologians: A New Introduction to Modern Christian Thought* (London; New York: I.B. Tauris, 2010), p. 17-30. Para maiores informações sobre o liberalismo, veja A. Richardson, "The Rise of Modern Biblical Scholarship and Recent Discussion of the Authority of the Bible", *CHB* III, p. 311-318.

[139] Certamente o líder formativo dos estudos do AT foi E. W. Hengstenberg, (cf. a sua *Christology of the Old Testament: and a Commentary on the Messianic Predictions*, 4 vols., trad. por T. Meyer (vols. 1-2) e J. Martin (vols. 3-4) [Edinburgh: T. & T. Clark, 1861-1868]), mas outros com solidariedade e voluntariedade incluíram C. F. Keil, J. C. K. von Hofmann, e Franz

INTRODUÇÃO À INTERPRETAÇÃO BÍBLICA

bem respeitados H. Ewald e M. Kähler, semelhantemente seguiram os seus próprios caminhos em oposição aos seus colegas mais radicais.[140] No Reino Unido, a estatura acadêmica de S. R. Driver e W. Robertson Smith, que escreveram o prefácio à tradução inglesa dos *Prolegômenos* de Wellhausen, ajudaram que este tivesse entrada lá, mas a tradução agora clássica dos pais apostólicos *The Apostolic Fathers* (1885-1890), de J. B. Lightfoot, refutaram várias das suposições principais de Baur e essencialmente levaram sua teoria ao descrédito.

Na América do Norte, figuras como B. B. Warfield, W. H. Green e W. J. Beecher não somente criticaram de forma habilidosa as suposições da nova crítica, mas também promoveram uma nova crítica alternativa e vibrante, chegando assim a uma defesa, possivelmente até revertendo a invasão da crítica europeia.[141]

Contra o ceticismo dessa crítica, eles defenderam a abordagem indutiva direta para a interpretação bíblica recorrendo à epistemologia da chamada filosofia escocesa do senso comum, a visão segundo a qual o senso comum reconhece de forma correta algumas ideias como verdadeiras sem precisar de defesa.[142] Enquanto isso, longe do cenário acadêmico, o tema anabatista de retorno ao cristianismo primitivo do NT reapareceu em dois movimentos novos que, como

---

Delitzsch. Com justiça, contudo, tem que se afirmar que esses especialistas representaram uma variedade de visões e graus de abertura ao método; cf. o estudo definitivo de J. Rogerson, *Old Testament Criticism in the Nineteenth Century: England and Germany* (London: SPCK, 1984), p. 79-90 (Hengstenberg, Keil), p. 104-120 (von Hofmann e Delitzsch). Entre os especialistas opositores significativos estão A. H. Cremer (1834-1903), J. P. Lange (1802-1884), B. Weiss (1827-1918), e M. Baumgarten (1812-1889); cf. Bray, *Biblical Interpretation*, p. 332-333, 335.

[140] Rogerson (*Old Testament Criticism*, p. 91) considera Ewald como "um dos maiores especialistas da crítica do Antigo Testamento de todos os tempos" e dedica um capítulo inteiro à sua contribuição (p. 91-103). Outro exemplo é C. C. J. von Bunsen (Rogerson, *Old Testament Criticism*, p. 121-129). Para informações sobre Kähler, veja Bray, *Biblical Interpretation*, p. 335.

[141] Cf. Bray, *Biblical Interpretation*, p. 324-325; M. A. Noll, *Between Faith and Criticism*: *Evangelicals, Scholarship, and the Bible in America*, SBL Confessional Perspective Series (San Francisco; Cambridge, UK: Harper & Row, 1986), p. 11-31, 62-90. Proeminentes entre as vítimas foram os especialistas presbiterianos C. A. Briggs, H. P. Smith e A. C. McGiffert, que ou perderam uma sabatina denominacional por causa de seus pontos de vista, ou escolheram renunciar para evitá-la. Na Escócia, W. R. Smith também perdeu o seu cargo de professor mas manteve a sua ordenação na Igreja Livre da Escócia. A avaliação conclusiva do cenário americano por parte de Noll (p. 31) é que, no final do século XIX, tanto as "fortalezas da nova crítica" quanto "a academia conservadora evangélica" se mantiveram seguras, a última se mantendo no mundo acadêmico mais amplo e a sua "base teológica", uma situação que não se verifica na próxima geração.

[142] Cf. M. A. Noll, "Common Sense Traditions and Evangelical Thought", *American Quarterly* 37 (1985): p. 216-238; e a sua crítica da dependência dos evangélicos dessa filosofia em *The Scandal of the Evangelical Mind* (Grand Rapids: Eerdmans; Leicester: InterVarsity, 1994), p. 94-107.

A HISTÓRIA DA INTERPRETAÇÃO

se pode esperar, deram uma nova prioridade na interpretação ao NT. O Movimento de Restauração liderado por Barton W. Stone e Alexander Campbell se baseou na interpretação de Atos e das epístolas, com Campbell desenvolvendo uma abordagem hermenêutica que, de forma notável, antecipou a dos evangélicos do século XX.[143] Ao mesmo tempo, os avivamentos pentecostais do final do século XIX convenceram a muitos de que Deus tinha os batizado no Espírito Santo e que as suas experiências sobrenaturais tinham recuperado a essência da Igreja do NT.[144] A maneira pela qual as suas experiências se relacionavam com a interpretação da Bíblia se tornariam um tópico de discussão entre os seus descendentes espirituais no próximo século.

Século XX

A alvorada desse século presenciou a evolução de duas abordagens interpretativas que cresceram no final do século XIX. A primeira era a da *história das religiões*.[145] Baur e Wellhausen tinham afirmado que desvendaram a "história verdadeira" das religiões de Israel e de Canaã por meio de evidências internas da Bíblia. Mas durante o século XIX, os arqueólogos encontraram inúmeros textos escritos do Egito antigo, da Siro-Palestina, da Babilônia e da Assíria. Esses textos deram aos especialistas novas percepções sobre as religiões da época da Bíblia. Inevitalmente, os eruditos vieram a compará-las com a religião bíblica. Tais comparações logo deram lugar à abordagem de história das religiões, um método que tentava traçar o desenvolvimento de todas as religiões do Oriente Médio. Especificamente, ela afirmava demonstrar como as religiões antigas vizinhas tinham influenciado profundamente as práticas religiosas dos israelitas. Às

---

[143] Cf. Shields, "Hermeneutics", p. 175-179; e T. H. Olbricht, "Hermeneutics in the Churches of Christ", *ResQ* 37 (1995): p. 1-24. Os Discípulos de Cristo dos dias atuais, a Igreja Cristã e as Igrejas de Cristo têm suas raízes nesse movimento. Para uma discussão do método indutivo de hermenêutica desse movimento e a sua possível reação ao pós-modernismo, veja D. L. Little, "Inductive Hermeneutics and the Early Restoration Movement", *Stone-Campbell Journal* 3 (2000): p. 5-18. Cf. a tese retrospectiva sobre a visão acadêmica desse movimento escrita por J. M. Tucker, "The Ministry of Scholarship: The Jubilee History of Restoration Quarterly", *ResQ* 50 (2008): p. 3-14.

[144] J. C. Poirier e B. S. Lewis, "Pentecostal and Postmodernist Hermeneutics: A Critique of Three Conceits", *JPT* 15 (2006): p. 3-21; K. J. Archer, "Pentecostal Hermeneutics: Retrospect and Prospect", *JPT* 4 (1996): p. 64.

[145] J. Riches, *A Century of New Testament Study* (Valley Forge, PA: Trinity Press International, 1993), p. 14-49, analisa o seu impacto sobre os estudos do NT. Para o andamento recente desde a Segunda Guerra Mundial, veja P. D. Miller, "Israelite Religion", em *The Hebrew Bible and Its Modern Interpreters*, ed. D. A. Knight e G. M. Tucker (Philadelphia: Fortress, 1985), p. 201-237; cf. id., *The Religion of Ancient Israel* (London: SPCK; Louisville: Westminster John Knox, 2000).

• 125 •

INTRODUÇÃO À INTERPRETAÇÃO BÍBLICA

vezes os seus adeptos foram a extremos injustificáveis, como a famosa tentativa de Friedrich Delitzsch de propor que o AT não continha nada além de ideias babilônicas requentadas.[146]

A abordagem da história das religiões deixou duas influências duradouras sobre a interpretação bíblica. Primeiro, a sua pesquisa comparada sugeriu que muitas ideias bíblicas tinham se originado antes do que os especialistas como Wellhausen tinham pensado. Por exemplo, a descoberta de códigos de leis antigos davam a entender que pelo menos algumas exigências do AT devem ser antigas, talvez até derivavam de Moisés, e não da criatividade religiosa dos profetas. Em segundo lugar, ela firmemente estabelecia o que veio a ser conhecido como "o princípio comparativo". A partir daí, a interpretação bíblica adequada exigiria uma consulta de evidências culturais relevantes do mundo antigo para se familiarizar com o seu meio cultural.[147]

A segunda abordagem interpretativa foi o novo método literário chamado *crítica da forma*.[148] O pai da crítica da forma foi Hermann Gunkel, um acadêmico alemão do AT, mais conhecido pelo seu estudo de Salmos.[149] A crítica da forma buscou recuperar as redações orais menores das quais as fontes escritas da Bíblia supostamente vieram. Ela também visava determinar o cenário cultural onde cada uma delas se originou. Assim, Gunkel e seus discípulos afirmavam que o cenário original da maior parte dos salmos era o templo de Jerusalém.

Por fim, a crítica da forma do AT começou a se concentrar mais nos tipos literários do texto escrito atual do que nos estágios orais anteriores à Bíblia.[150] Por essa razão, a crítica da forma permanece um método valioso na caixa de ferramentas de todos os estudantes sérios da Bíblia. A nossa pesquisa dos gêneros

---

[146] F. Delitzsch, *Babel and Bible* (New York: G. P. Putnam's Sons, 1903).

[147] Apesar de escrita há quatro décadas, a crítica de Krentz ainda parece verdadeira. Ele denunciou de forma correta o lado sinistro do pensamento "científico" do final do século XIX, tanto da história das religiões quanto da crítica histórica em geral. Ao elevar o conhecimento histórico contra a fé cristã, tal pensamento isentou o estudo acadêmico da Bíblia de qualquer responsabilidade para com a Igreja e denegriu o uso cristão da Bíblia que não era "histórico" por sua definição; cf. E. Krentz, *The Historical-Critical Method*, GBS (Philadelphia: Fortress Press, 1975), p. 28-30.

[148] Cf. M. A. Sweeney, "Form Criticism", em *Dictionary of the Old Testament: Wisdom, Poetry, and Writings*, ed. T. Longman III e P. Enns (Downers Grove: IVP Academic, 2008), p. 227-241; M. A. Sweeney e E. Ben Zvi, eds., *The Changing Face of Form Criticism for the Twenty-First Century* (Grand Rapids: Eerdmans, 2003).

[149] Sweeney, "Form Criticism", p. 229-230.

[150] A própria pesquisa definitiva de Gunkel sobre os salmos com certeza reflete essa mudança. Uma tradução inglesa de sua obra introdutória está disponível em H. Gunkel, J. Begrich e J. Nogalski, *Introduction to the Psalms: The Genres of the Religious Lyric of Israel, Mercer Library of Biblical Studies* (Macon, GA: Mercer University Press, 1998); cf. também o seu estudo clássico de narrativas, *The Stories of Genesis* (Richland Hills, TX: D & F Scott Publishers, 1998).

A HISTÓRIA DA INTERPRETAÇÃO

literários do Antigo Testamento nas páginas que se seguem deste livro testificam do legado duradouro da abordagem de Gunkel, e, como veremos, nas mãos dos especialistas do NT influenciou profundamente a interpretação dos Evangelhos no século XX.[151]

Depois da Primeira Guerra Mundial

Em grande parte, as duas grandes guerras mundiais trouxeram os principais marcos na interpretação bíblica durante esse século. Os acontecimentos desastrosos da Primeira Guerra Mundial devastaram a Europa e destruíram o otimismo ingênuo que tinha apoiado a teologia liberal. Os horrores da guerra também pareceram suscitar uma reação contra a hegemonia exclusiva da ciência e um interesse crescente nas filosofias existenciais de figuras como Søren Kierkegaard e Martin Heidegger. Como a fênix do provérbio, novas direções da interpretação bíblica surgiram das cinzas do conflito mundial. Duas figuras destacadas, homens que ainda hoje projetam grandes sombras de influência, orientaram inicialmente essas novas direções.

A primeira era do pastor do interior suíço, Karl Barth (1886-1968), cujo comentário de Romanos (1919) criticava severamente os erros do liberalismo e buscava reafirmar destaques há muito tempo perdidos da sua herança da Reforma.[152] Especificamente, ele destacou novamente a autoridade da Escritura como a Palavra de Deus e a necessidade de um encontro pessoal com o Deus vivo do qual ela fala. A ideia desse encontro pessoal reflete a influência de Kierkegaard sobre Barth. A coleção posterior de livros chamada *Dogmática da Igreja* motivou um florescimento cheio de vida na teologia sistemática protestante e exemplificou como a interpretação bíblica perspicaz pode enriquecer a teologia.[153]

---

[151] Cf. a avaliação recente da aplicação do método ao estudo das parábolas no NT de C. L. Blomberg. *Interpreting the Parables*, 2ª ed. (Downers Grove: InterVarsity, 2012), p. 82-118. Para exemplos do AT de sua aplicação veja os volumes sobre as formas literárias do Antigo Testamento (FOTL) publicada pela Eerdmans. Para a crítica das formas literárias do NT, veja mais adiante.

[152] *Carta aos Romanos* (baseada na quinta edição alemã — impressão de 1967), Karl Barth, (São Paulo: Visão Editorial, 2008). Cf. Richardson, "The Rise of Modern Biblical Scholarship", p. 319-323; S. Neill e T. Wright, *The Interpretation of The New Testament 1861-1986*,2ª ed. (Oxford: Oxford University Press, 1988), p. 215-227.

[153] *Dogmática cristã*, 4 vols. (São Leopoldo: Sinodal, 2005). Para uma avaliação recente de sua hermenêutica, veja S. E. Porter e J. C. Robinson, *Hermeneutics: An Introduction to Interpretive Theory* (Grand Rapids: Eerdmans, 2011), 214-225. Cf. também B. L. McCormack e C. B. Anderson, eds., *Karl Barth and American Evangelicalism* (Grand Rapids: Eerdmans, 2011); B. L. McCormack, *Orthodox and Modern: Studies in the Theology of Karl Barth* (Grand Rapids: Baker Academic, 2008).

INTRODUÇÃO À INTERPRETAÇÃO BÍBLICA

A segunda sombra influente sobre o cenário do século XX foi o famoso especialista em NT, Rudolf Bultmann (1884-1976).[154] Da mesma forma que Kierkegaard ajudou a formar a teologia de Barth, o existencialismo à moda de Heidegger formou a base filosófica da obra de Bultmann. A história da interpretação bíblica lembra-se de Bultmann por duas inovações distintas. Primeiramente, ele aplicou o método da crítica da forma ao estudo dos Evangelhos e a seu desenvolvimento histórico. Como Gunkel tinha feito de forma magistral com os salmos, Bultmann classificou os episódios individuais dos Evangelhos (perícopes) em vários tipos literários (p. ex., história de milagre, história de proclamação etc.) e sugeriu um cenário original para cada um.[155]

Bultmann também julgou a confiabilidade histórica de certas formas literárias baseando-se no seu cenário. Ele especialmente duvidou dos tipos que, em sua visão, pareciam tingidos pelas crenças posteriores da comunidade cristã primitiva. Assim, nas mãos de Bultmann, a crítica da forma levantou questões sérias acerca da confiabilidade histórica dos Evangelhos. Bultmann distinguiu entre os "Jesus histórico" (a pessoa que realmente viveu) e o "Cristo da fé" (a pessoa na pregação cristã).[156] Por outro lado, usando métodos histórico-críticos, especialistas britânicos como C. H. Dodd, T. W. Manson e V. Taylor habilmente defenderam a confiabilidade histórica substancial dos relatos do Evangelho.

Em segundo lugar, Bultmann buscou "desmitologizar" a Bíblia, recuperar o *querigma* ou a "mensagem" atualmente embutida na sua (ao seu ver) antiquada visão mitológica de mundo.[157] De forma semelhante a Barth, Bultmann estava preocupado que a Bíblia correspondesse às necessidades das pessoas modernas.

---

[154] Cf. as discussões analíticas em Harrisville e Sundberg, *The Bible in Modern Culture*, 2ª ed., p. 217-248; e Neill e Wright, *The Interpretation of the New Testament*, p. 237-251. T. Larsson, *God in the Fourth Gospel*, CBNT 35 (Stockholm: Almqvist and Wiksell, 2001), p. 168-212, avalia a sua obra de influência sobre o Evangelho de João.

[155] Para uma tradução para o inglês dessa obra revolucionária originalmente publicada em 1921, veja R. Bultmann, *The History of the Synoptic Tradition* (New York: Harper & Row, 1963). Cf. também o influente trabalho sobre a crítica da forma do contemporâneo de Bultmann, M. Dibelius, *From Tradition to Gospel* (New York: Charles Scribner's Sons, 1965 [Germ. orig. 1919]). E. V. McKnight, *What Is Form Criticism?* (Philadelphia: Fortress, 1969) traz uma introdução conveniente ao método.

[156] Para uma explicação clássica sobre a origem dessa distinção, veja Kähler, *So-Called Historical Jesus and the Historic-Biblical Christ* (Philadelphia: Fortress, 1964; edição alemã original de 1892).

[157] A tradução inglesa do original alemão de 1941 é R. Bultmann, "New Testament and Mythology", em *Kerygma and Myth*, vol. 1, ed. H. W. Bartsch (London: SPCK, 1957), p. 1-44; cf. também a sua obra *Jesus Christ and Mythology* (New York: Charles Scribner's Sons, 1958). Porter e Robinson (*Hermeneutics: An Introduction to Interpretive Theory*, p. 226-238), e Neill e Wright (*Interpretation of the New Testament*, 241-251) trazem avaliações inspiradoras e retrospectivas da obra de Bultmann.

• **128** •

A HISTÓRIA DA INTERPRETAÇÃO

Ele queria tornar a mensagem da Bíblia compreensível e relevante para os seus contemporâneos. A seu ver, a visão de mundo científica predominante fez ruir a fé de muitos cristãos inteligentes. Eles tinham dificuldades em acreditar na Bíblia por causa do que ele chamou de linguagem mitológica: por exemplo, o seu universo de três andares, suas afirmações de que Jesus "desceu" e "ascendeu" ao céu e os seus milagres.

A abordagem de Bultmann exige que a Bíblia seja lida a partir de uma hermenêutica existencialista.[158] A maioria dos leitores espera obter informações objetivas da Bíblia, e Bultmann admitiu que o texto realmente traz muito disso, mas ele também permitiu que os leitores ignorassem qualquer coisa que considerem pré-científica (p. ex. cosmologia primitiva, mitos etc.). Além disso, ele defendeu que o indivíduo deve ler a Bíblia subjetivamente a fim de que seu entendimento da existência humana ilumine o próprio dilema existencial. De fato, Bultmann afirmou que a Bíblia se torna revelação quando ela nos confronta com esse desafio. Ele determinou que as pessoas só podem entender a Bíblia quando entendem o que ele denominou de sua "existência inautêntica" e as possibilidades de torná-la mais autêntica. Em outras palavras, ele propôs uma leitura primariamente subjetiva e existencialista da Bíblia, desprovida de qualquer acontecimento do primeiro século.

Entre as duas guerras mundiais, a obra de Barth e de outro teólogo suíço, Emil Brunner, motivaram um novo movimento teológico chamado *neo-ortodoxia* (ou teologia dialética). Três suposições metafísicas básicas guiaram a abordagem dos teólogos neo-ortodoxos para a interpretação bíblica. Primeiro, Deus é considerado como sujeito e não como objeto (isto é, um "Tu", não um "Isso"). Dessa forma, as palavras da Bíblia não podem trazer o conhecimento de Deus como proposições abstratas; só é possível conhecê-lo por meio de um encontro pessoal. Esses encontros são tão subjetivos, misteriosos e miraculosos que eles escapam às medidas objetivas da ciência. Em segundo lugar, um grande abismo separa o Deus transcendente da Bíblia da humanidade decaída. De fato, ele é tão transcendente que só mitos podem cruzar esse abismo e revelá-lo para as pessoas. Dessa forma, em vez de ler os relatos bíblicos como acontecimentos históricos em algum aspecto, a neo-ortodoxia os interpretava como mitos criados para trazer verdade teológica em sua roupagem histórica. Os críticos, obviamente, mostraram que o efeito dessa abordagem era desprezar a historicidade dos acontecimentos bíblicos.

---

[158] Daí vem o título do capítulo, "The Development of An Existential Interpretation of the Bible", em Riches, *A Century of New Testament Study*, p. 70-88; cf. Richardson, "Modern Biblical Scholarship", p. 327-339.

INTRODUÇÃO À INTERPRETAÇÃO BÍBLICA

Em terceiro lugar, os teólogos neo-ortodoxos acreditavam que a verdade era finalmente paradoxal em sua essência, então eles aceitavam declarações conflitantes na Bíblia como paradoxos para os quais uma explicação racional seria inadequada e desnecessária. Ao aceitar ideias bíblicas aparentemente contrárias como paradoxos, observaram os críticos, a neo-ortodoxia na verdade parecia duvidar que a coerência racional seria a base e a conexão das várias ideias da Escritura.

Depois da Segunda Guerra Mundial

Se a Primeira Guerra Mundial fez nascer a neo-ortodoxia e a desmitologização, a Segunda Guerra Mundial também teve uma descendência significativa. Nos Estados Unidos do pós-guerra, uma avalanche de publicações mostrou um reavivamento no interesse na teologia bíblica, um reavivamento que Childs chama de *Movimento da Teologia Bíblica*.[159] Em 1947, o jornal *Interpretation* começou a ser publicado para promover uma reflexão positiva sobre a teologia e sobre a Bíblia. Três anos depois a editora SCM Press lançou sua série acadêmica "Studies in Biblical Theology" [Estudos em teologia bíblica]. Diferentemente das questões histórico-críticas que dominavam anteriormente os comentários bíblicos, agora eles continham discussões sobre a teologia e a mensagem dos livros bíblicos.

De acordo com Childs, cinco destaques principais caracterizaram o movimento:

1. a redescoberta da dimensão teológica da Bíblia;
2. a unidade de toda a Bíblia;
3. a revelação de Deus na história;
4. a distinção da mentalidade da Bíblia (i.e., um modo hebraico de pensar em contraste com o modo grego); e
5. o contraste da Bíblia com o seu ambiente antigo.

Apesar de a crítica do movimento colocar em dúvida alguns desses destaques, no final da década de 1960, ela serviu mesmo assim para animar o estudo

---

[159] O termo "teologia bíblica" se refere à teologia que a própria Bíblia mostra em contraste com o que mostram os filósofos ou teólogos sistemáticos. B. S. Childs, *Biblical Theology in Crisis* (Philadelphia: Westminster, 1970), p. 13-60, traz detalhes sobre o Movimento da Teologia Bíblica. Mas veja também J. D. Smart, *The Past, Present, and Future of Biblical Theology* (Philadelphia: Westminster, 1979), p. 22-30, que não reconheceu características distintas suficientes para caracterizar essas tendências como movimento.

• 130 •

A HISTÓRIA DA INTERPRETAÇÃO

da dimensão teológica da Bíblia, uma dimensão que tinha sido sepultada pela crítica histórica no final do século XIX.[160]

A época do pós-guerra também viu nascer o que provou ser um novo método influente. O século XIX transmitiu métodos interpretativos que tendiam a destacar a diversidade e as discrepâncias da Bíblia. Com a crítica das fontes, por exemplo, a interpretação bíblica consistia numa espécie de autópsia acadêmica. O intérprete só precisava catalogar as partes do cadáver textual. Além disso, ao se concentrar em formas individuais e na sua transmissão, a crítica da forma tinha a tendência de se estagnar em uma análise entediante do mesmo jeito. Nos dois casos, os especialistas simplesmente ignoravam o contexto literário mais amplo (o texto da Bíblia atual e final), do qual as fontes e formas eram parte integrante.

Mas em meados da década de 1950, a *crítica da redação* surgiu como uma disciplina complementar para a crítica da forma. Essencialmente, a crítica da redação busca discernir o destaque teológico e temático dos materiais que os escritores ou editores bíblicos forneceram.[161] Ela presume que, por exemplo, seja qual for a forma com a qual veio a existir, cada contexto ou livro reflete

---

[160] Para avaliações recentes da obra de Childs, veja C. R. Seitz e K. H. Richards, eds., *The Bible as Christian Scripture: The Work of Brevard S. Childs* (Atlanta: Society of Biblical Literature, 2013); e D. R. Driver, *Brevard Childs, Biblical Theologian: For the Church's One Bible* (Grand Rapids: Baker Academic, 2012). Por incrível que pareça, na época Childs declarou a "morte" desse movimento e propôs que só o cânon traz um contexto viável para a exegese e para a teologia cristã (na sua "crítica do cânon", veja abaixo). Mesmo assim, como Mark Twain diria, as notícias sobre o falecimento da teologia bíblica parecem prematuras. De 1977 a 2005, a série *The Overtures to Biblical Theology* publicou quarenta volumes (mais recentemente, L. G. Perdue, *Reconstructing Old Testament Theology: After the Collapse of History* [Minneapolis: Fortress, 2005]), e o jornal acadêmico *Ex Auditu* ainda publica as teses do Simpósio Teológico anual realizado no North Park Seminary em Chicago. Dois alunos de Childs (B. C. Birch e D. L. Petersen) e os eruditos T. E. Fretheim e W. Brueggemann publicaram recentemente a segunda edição de seu novo gênero, *A Theological Introduction to the Old Testament* (Nashville: Abingdon, 1999). Os evangélicos se encontram na linha de frente desse campo ativo de estudo, como foi reconhecido pela grande obra recente de G. K. Beale e B. L. Gladd, *Hidden But Now Revealed: A Biblical Theology of Mystery* (Downers Grove: InterVarsity, 2014). Desde 1995, a série *New Studies in Biblical Theology* series editada por D. A. Carson, o sucessor dos estudos interrompidos de teologia bíblica, produziu 37 volumes (mais recentemente, L. M. Morales, *Who Shall Ascend the Mountain of the Lord? A Biblical Theology of the Book of Leviticus* [Downers Grove: InterVarsity, 2016]). Obviamente, o interesse acadêmico na teologia bíblica continua bem vivo.

[161] Para saber sobre o método, veja a introdução mais antiga escrita pelo especialista em NT N. Perrin, *What is Redaction Criticism?* (Philadelphia: Fortress Press, 1969). Para uma discussão mais recente, veja M. Goodacre, "Redaction Criticism", em *Searching for Meaning: An Introduction to Interpreting the New Testament*, ed. P. Gooder (Louisville: SPCK/Westminster John Knox, 2009), p. 38-46. Cf. as avaliações recentes de suas melhorias e da sua aplicação pelo especialista evangélico C. L. Blomberg, *Interpreting the Parables*, p. 119-150.

INTRODUÇÃO À INTERPRETAÇÃO BÍBLICA

o esquema editorial de seu autor/editor, um esquema que visa destacar certos temas. A crítica da redação apareceu pela primeira vez em estudos dos Evangelhos,[162] mas estudiosos do AT usaram uma abordagem semelhante ao estudar partes do cânon hebraico.[163]

Outras repercussões interpretativas do pós-guerra traçam a sua genealogia intelectual à obra de Bultmann. A primeira é o movimento entre os alunos de Bultmann chamado "a nova busca do Jesus histórico".[164] Eles reagiram fortemente contra a sua negação rígida de que se poderia saber algo histórico sobre Jesus. Eles (e muitos outros) perguntaram como é possível ter uma fé cristã autêntica sem um Jesus histórico real. Eles se perguntaram se o agnosticismo de Bultmann acerca de Jesus poderia realmente enfraquecer a fé.

Então, nas décadas de 1950 e 1960 eles cuidadosamente procuraram esboçar a partir dos Evangelhos o que eles achavam que poderia ser conhecido historicamente a respeito de Jesus.[165] Os críticos de Bultmann o tinham acusado de docetismo, a heresia segundo a qual Jesus só teria se manifestado para sofrer e para morrer, mas não fez realmente isso por não ser um ser humano. Por causa disso, os seus alunos prestaram muita atenção à história da crucificação por causa da sua importância para a teologia cristã. Fora da narrativa da Paixão, no entanto, eles se concentraram principalmente nos ensinos individuais de Jesus

---

[162] P. ex., W. Marxsen, *Mark the Evangelist: Studies on the Redaction History of the Gospel* (Nashville: Abingdon, 1969); e H. Conzelmann, *The Theology of Saint Luke* (New York: Harper & Row, 1961).

[163] P. ex., mais recentemente, M. Hallaschka, "Interpreting Zechariah's Visions: Redaction-Critical Considerations on the Night Vision Cycle (Zechariah 1:7—6:8) and its Earliest Readers", em *'I Lifted My Eyes and Saw': Reading Dream and Vision Reports in the Hebrew Bible*, ed. E. R. Hayes e L. S. Tiemeyer, *LHBOTS* 584 (London e New York: Bloomsbury T&T Clark, 2014), p. 149-168; e T. S. Hadjiev, *The Composition and Redaction of the Book of Amos*, BZAW 393 (Berlim; New York: De Gruyter, 2009).

[164] A expressão vem do título de um livro de J. M. Robinson, *A New Quest of the Historical Jesus*, SBT 25 (London: SCM; Naperville, IL: Allenson, 1959), um título que ecoa o título inglês de um livro anterior importante escrito por A. Schweitzer mais de cinquenta anos antes (*The Quest of the Historical Jesus* [New York: MacMillan, 1910; recentemente, New Orleans: Cornerstone Book Publishers, 2014]). Para avaliações recentes sobre a busca, veja J. van der Watt, ed., *The Quest for the Real Jesus*, BibInt 120 (Leiden: Brill, 2013); e a partir de um ponto de vista evangélico, J. D. G. Dunn, *A New Perspective on Jesus: What the Quest for the Historical Jesus Missed, Acadia Studies in Bible and Theology* (Grand Rapids: Baker Academic, 2005). Para análises recentes de questões mais amplas, veja L. T. Johnson, ed., *Contested Issues in Christian Origins and the New Testament: Collected Essays*, NovTSup 146 (Leiden; Boston: Brill, 2013).

[165] A monografia de Robinson (*A New Quest of the Historical Jesus*) mostrou o caminho. Outras importantes contribuições foram a palestra de 1953 de E. Käsemann, "The Problem of the Historical Jesus", publicada em inglês em seus *Essays on New Testament Themes*, SBT 21 (London: SCM; Naperville: Allenson, 1964), p. 15-47; e o livro de G. Bornkamm, *Jesus of Nazareth* (New York: Harper & Row, 1960).

A HISTÓRIA DA INTERPRETAÇÃO

mais do que em suas ações, e aperfeiçoaram critérios específicos de autenticidade para ajudá-los a julgar quais que eles aceitariam como históricos. Os eruditos conservadores podem considerar as suas conclusões um tanto escassas, mas elas pelo menos estreitaram o abismo entre o "Jesus da história" e o "Cristo da fé".[166]

A segunda repercussão, a chamada *nova hermenêutica*, também envolveu os afilhados acadêmicos de Bultmann.[167] Do campo da linguística, ela trouxe novas visões sobre a linguagem humana. Especificamente, ela entendeu a linguagem como um agente (isto é, algo que coloca as coisas em movimento) em vez de ser uma etiqueta que se coloca em objetos passivos. Desse modo, cada uso da linguagem traz à existência um novo ser, o que os porta-vozes do movimento como E. Fuchs e G. Ebeling chamam de uma "palavra-evento" ou "linguagem-evento". Cada fala-evento comunica sua própria verdade singular (e este é o ponto fundamental) à luz da experiência do próprio ouvinte. Aplicado à interpretação bíblica, esse novo conceito de linguagem implicava em uma visão diferente do texto bíblico. Até agora, os intérpretes supunham que ele fosse um objeto que reagia passivamente a suas perguntas interpretativas, um objeto sobre o qual eles eram mestres. De forma diferente, a nova hermenêutica supunha que, quando lido, o texto criava uma espécie de nova "linguagem-evento" que se tornava o mestre do leitor. Em outras palavras, o texto bíblico interpreta o leitor, não o contrário, confrontando o homem ou a mulher com a Palavra de Deus naquele momento. Assim, na nova hermenêutica, o texto, não o intérprete, guia a interpretação bíblica. Na interpretação, o texto e a sua intenção tem de cativar o leitor em vez de as perguntas do leitor controlarem o texto.

A nova hermenêutica deu várias contribuições positivas para a interpretação bíblica. Primeiro, ela estimulou um despertamento revigorante da reflexão teórica sobre o assunto. A hermenêutica bíblica costumava se concentrar nas várias técnicas interpretativas usadas para desvendar o sentido do texto. A nova hermenêutica, no entanto, valorizou o relacionamento complexo que vincula os leitores aos textos escritos. Em segundo lugar, deu atenção devida ao efeito que o texto tem sobre o leitor. Anteriormente, a suposição era que o intérprete

---

[166] Uma "Terceira Busca" pelo Jesus histórico desde 1980 suplantou recentemente tanto a "primeira" (i.e., a de A. Schweitzer) quanto a "nova" busca. Suas características distintas são: (1) o uso de provas extrabíblicas para reconstruir o meio cultural de Jesus; (2) um interesse renovado na judaicidade de Jesus; e (3) a discussão sobre a razão de Jesus ser crucificado; (4) um interesse nas obras de Jesus e não apenas nas suas palavras; e (5) questões e explicações holísticas sobre os objetivos de Jesus e como ele entendia a si mesmo. Veja mais adiante.

[167] Para uma visão geral, veja W. G. Doty, *Contemporary New Testament Interpretation* (Englewood Cliffs, NJ: Prentice-Hall, 1972), p. 28-51; e as teses em J. M. Robinson e J. B. Cobb, eds., *The New Hermeneutic* (New York: Harper & Row, 1964). O principal teórico do movimento é H. G. Gadamer, *Truth and Method* (London: Sheed and Ward, 1975).

• 133 •

INTRODUÇÃO À INTERPRETAÇÃO BÍBLICA

controlava o processo, que o texto era um objeto passivo para ser analisado. Agora o intérprete é desafiado a contar com o escrutínio que o texto lhe impõe. Em essência, ao levar os leitores para o seu mundo, o texto ativamente interpreta o mundo deles. Essa ideia coloca uma pedra de tropeço diante da abordagem da estética da recepção na hermenêutica, junto com a sua discussão sobre o papel do leitor no processo interpretativo.

Em terceiro lugar, o conceito de linguagem-evento na nova hermenêutica adequadamente destacava que a Escritura deve se relacionar com a existência significativa de seu destinatário contemporâneo. Em outras palavras, além de definir o que o texto significava originalmente, a interpretação também inclui relacionar o sentido histórico da Escritura às questões da vida contemporânea.

Com respeito a suas fraquezas, a nova hermenêutica tendia a desvalorizar o sentido histórico de um texto e a sua contribuição à linguagem-evento. Por causa disso, corre o risco de perder suas raízes no texto bíblico, um risco que as formas extremas da crítica da estética da recepção também enfrentam. Além disso, enquanto se abre a novas percepções interpretativas, na verdade sua orientação existencialista limita o que um texto pode dizer para o leitor, especialmente que ele pode oferecer percepções da existência humana. Os leitores podem abster-se de colher percepções bíblicas, por exemplo, para a história, para a ciência, para a cultura, para a natureza de Deus etc.

O Movimento da Teologia Bíblica do pós-guerra também deixou uma herança metodológica: o método de crítica do cânon. Para remediar as fraquezas do movimento B. S. Childs propôs um novo contexto para se fazer teologia: o *status* canônico da Bíblia.[168] A crítica do cânon considera os livros bíblicos como canônicos, isto é, como os escritos autorizados das comunidades judaicas e cristãs. Ela também pressupõe que as convicções teológicas guiaram aqueles que redigiram esses livros. Consequentemente, ela busca encontrar o seu sentido teológico analisando a sua estrutura canônica, a concepção editorial da sua forma atual.[169] Veremos mais sobre isso posteriormente.

Por fim, o final do século XX presenciou o surgimento de dois novos acontecimentos cuja influência ainda continua. Primeiramente, as discussões

---

[168] Childs, *Biblical Theology in Crisis*, p. 99-107. Para uma introdução à abordagem, veja J. A. Sanders, *Canon and Community: A Guide to Canonical Criticism* (Philadelphia: Fortress, 1984). Veja a nossa análise posterior no capítulo 3.

[169] O próprio Childs buscou essa tarefa em seu livro *Introduction to the Old Testament as Scripture* (Philadelphia: Fortress, 1979), no livro *The New Testament as Canon: An Introduction* (Philadelphia: Fortress, 1984), e no seu outro livro *Biblical Theology of the Old and New Testaments* (London: SCM, 1992). Para repercussões recentes e exemplos, veja C. Seitz e K. Greene-McCreight, eds., *Theological Exegesis: Essays in Honor of Brevard S. Childs* (Grand Rapids: Eerdmans, 1999). Cf. a avaliação da obra de Childs em Harrisville e Sundberg, *The Bible in Modern Culture*, p. 304-328.

A HISTÓRIA DA INTERPRETAÇÃO

acadêmicas sobre a hermenêutica a partir de uma perspectiva pentecostal começaram a surgir. Em 1979 a Society for Pentecostal Studies [Sociedade de Estudos Pentecostais] lançou um jornal acadêmico importante, *Pneuma* (Leiden: E.J. Brill), como um fórum de discussão acadêmica de questões pentecostais e carismáticas. Em 1992, a editora Sheffield Academic Press lançou o *Journal of Pentecostal Theology* (JPT) para promover uma discussão teológica edificante entre muitas tradições doutrinárias. A discussão acalorada resultante trouxe à pauta várias questões importantes: o uso de uma hermenêutica evangélica racional é útil ou danosa para a vida pentecostal baseada na experiência? Como a obra do Espírito Santo experimentada pelo cristão se relaciona com a interpretação bíblica? De acordo com o NT, a autoridade central da comunidade cristã é a Bíblia ou é Cristo dirigindo-se a ela pelo seu Espírito?

Em segundo lugar, com início na primeira metade da década de 1980, o surgimento de vários estudos importantes sobre Jesus levou alguns especialistas em NT a saudá-los como a "Terceira Busca do Jesus Histórico".[170] Novos dados arqueológicos sobre a Palestina do século I, desenvolvimentos em métodos acadêmicos, e manuscritos recém-descobertos como o *Evangelho de Tomé* trouxeram novas perspectivas sobre a maneira de interpretá-los. O autointitulado grupo seleto de especialistas norte-americanos chamado Jesus Seminar desenvolveu um conjunto de critérios controvertidos supostamente necessários para diferenciar o que Jesus realmente disse ou fez de edições posteriores.[171] Publicações recentes de eruditos de várias escolas têm retratado Jesus de formas variadas (i.e., como um filósofo cínico[172] itinerante, um profeta

---

[170] Para uma introdução conveniente e uma avaliação útil, veja B. Witherington III, *The Jesus Quest: The Third Search for the Jew of Nazareth* (Downers Grove: InterVarsity, 1995). As discussões recentes incluem J. Charlesworth e B. Rhea, eds., *Jesus Research: New Methodologies and Perceptions* (Grand Rapids: Eerdmans, 2014); J. K. Beilby e P. R. Eddy, eds., *The Historical Jesus: Five Views* (Downers Grove: InterVarsity, 2009); J. Schroter, "New Horizons in Historical Jesus Research? Hermeneutical Consideration Concerning the So-called 'Third quest' of the Historical Jesus" em *The New Testament Interpreted: Essays in Honour of Bernard C. Lategan*, ed. C. Breytenbach, J. C. Thom e J. Punt, NovTSup 146 (Leiden; Boston: Brill, 2006), p. 71-85. A coleção mais detalhada e abrangente de todas é a de T. Holmén e S. E. Porter, eds., *Handbook for the Study of the Historical Jesus*, 4 vols. (Leiden: Brill, 2010).

[171] Cronologicamente, o Jesus Seminar era contemporâneo da Terceira Busca, mas muitos críticos alegam que ele usava métodos que eram um retrocesso para a Nova Busca. Os membros do seminário aceitaram primeiramente o material das palavras, não estavam preocupados em estabelecer o seu Jesus no judaísmo palestino do primeiro século, e falharam em fazer as perguntas relacionadas aos seus objetivos ou ao que o levou à crucificação. Veja esp. N. T. Wright, *Jesus and the Victory of God, Christian Origins and the Question of God*, vol. 2 (Minneapolis: Fortress Press, 1996), p. 28-82.

[172] O cinismo é a corrente filosófica grega fundada por Antístenes de Atenas (444-365 a.C.), que pregava a felicidade através de uma vida simples e natural, seguindo o estilo de vida dos cães

• **135** •

INTRODUÇÃO À INTERPRETAÇÃO BÍBLICA

escatológico, um profeta de mudança social, um sábio, um judeu marginal e um messias judeu). A acalorada discussão continua e, em meio ao "calor" da controvérsia, tem trazido alguma "luz" sobre o nosso entendimento de Jesus. O alcance permanente dessa "busca" continua a ser visto. Hoje, alguns especialistas, mais notavelmente Paul Anderson, têm se referido a uma Quarta Busca, uma que faz uso do material mais autenticável do Evangelho de João e lhe dá um peso igual ao material sinótico mais confiável nas reconstruções do Jesus histórico.[173]

Concluindo, o século XX testemunhou o surgimento de novos métodos de interpretação, bem como de uma reflexão teológica e filosófica rigorosa sobre a natureza do processo interpretativo.[174] Em suas últimas duas décadas, outros novos métodos se juntaram às categorias discutidas acima. Algumas abordagens literárias (a nova crítica literária, a estética da recepção e a desconstrução) geraram interpretações intrigantes e uma vívida discussão acadêmica. As abordagens sociológicas, incluindo a hermenêutica explícita adotada por vários grupos de militância (p. ex. hermenêutica feminista e liberacionista), também ganhou uma ampla aceitação. A ascensão desses grupos tem sido tão rápida, e em alguns círculos do século XXI tem se tornado tão dominante, que dedicamos todo o próximo capítulo a eles.

Século XXI

As quase duas décadas do novo século têm presenciado um interesse constante e avanços importantes na hermenêutica, alguns que seguem tendências que surgiram no final do século passado e outros que assinalam inovações sobre o assunto.

As introduções à prática da hermenêutica criadas para os estudantes continuam a aparecer,[175] e o interesse nas teorias da hermenêutica também continua

---

(daí seus seguidores serem chamados de "cínicos", do grego *kynós*, "cão"). Os cínicos eram conhecimentos pelo estilo de vida ascético, desapegado e rigoroso; desprezavam as comodidades da vida e as convenções sociais. [Nota do editor.]

[173] Cf. P. N. Anderson, *The Fourth Gospel and the Quest for Jesus* (London e New York: T&T Clark, 2006).

[174] Aqui nos referimos aos leitores com a discussão da interpretação bíblica contemporânea em A. C. Thiselton, *New Horizons in Hermeneutics* (Grand Rapids: Zondervan, 1992).

[175] A. C. Thiselton, *Hermeneutics: An Introduction* (Grand Rapids: Eerdmans, 2009), que traça a história da disciplina; H. A. Virkler e K. G. Ayayo, *Hermeneutics: Principles and Processes of Biblical Interpretation*, 2ª ed. (Grand Rapids: Baker, 2007); W. C. Kaiser, Jr. e M. Silva, *Introdução à hermenêutica bíblica* (São Paulo: Cultura Cristã, 2002); *A espiral hermenêutica: uma nova abordagem a interpretação bíblica*, São Paulo: Vida Nova, 2009; cf. também A. C. Thiselton, *Thiselton on Hermeneutics: Collected Works With New Essays* (Grand Rapids: Eerdmans, 2006); e C. G. Bartholomew, *Introducing Biblical Hermeneutics: A Comprehensive Framework for Hearing*

A HISTÓRIA DA INTERPRETAÇÃO

alto, especialmente nas avaliações retrospectivas de teóricos importantes do século passado e na promoção de interpretação responsável para o futuro.[176] Notavelmente, durante esse período a Zondervan lançou e completou uma nova série de oito volumes (*Scripture and Hermeneutics* [Escritura e hermenêutica]) para discutir as questões mais avançadas sobre a interpretação.[177] A crítica literária (i.e., "a nova crítica literária") continua a atrair a atenção do meio acadêmico, ainda que de vez em quando com um enfoque mais amplo e uma metodologia mais interdisciplinar do que no passado.[178] As vozes conhecidas da abordagem das perspectivas continuam trazendo reflexões sofisticadas, particularmente das perspectivas liberacionistas, das étnicas (e.g., a latina, a asiática), das globais e das pós-coloniais.[179]

God in Scripture (Grand Rapids: Baker Academic, 2015). Para um resumo conveniente e popular através de leituras selecionadas, leia W. Yarchin, ed., *History of Biblical Interpretation: A Reader* (Grand Rapids: Baker Academic, 2011).

[176] E.g., S. E. Porter e M. R. Malcom, eds., *The Future of Biblical Interpretation: Responsible Plurality in Biblical Hermeneutics* (Downers Grove: IVP Academic, 2013); e Porter e Robinson, *Hermeneutics: An Introduction to Interpretive Theory*.

[177] Um livro de destaque é o de D. L. Jeffrey e C. S. Evans, eds., *The Bible and the University* (Grand Rapids: Zondervan, 2015).

[178] Cf. K. Smelik e K. Vermeulen, eds., *Approaches to Literary Readings of Ancient Jewish Writings*, SSN 62 (Leiden; Boston: Brill, 2014), que por um lado inclui teses literárias tanto sobre a Bíblia Hebraica quanto sobre outros escritos judaicos, e por outro lado análises que surprem as lacunas disciplinares entre a linguística e os estudos literários e entre a exegese racional e a intertextualidade. Cf. a revisão de outros métodos de interpretação em S. L. McKenzie e J. Kaltner, *New Meanings for Ancient Texts: Recent Approaches to Biblical Criticisms and Their Applications* (Louisville: Westminster John Knox, 2013); e P. Gooder, ed., *Searching for Meaning: An Introduction to Interpreting the New Testament* (Louisville: SPCK; Westminster John Knox, 2009). Cf. R. Hamborg, *Still Selling the Righteous: A Redaction-Critical Investigation of Reasons for Judgment in Amos 2:6-16*, LHBOTS 555 (New York: T&T Clark, 2012).

[179] Cf. C. M. Maier e C. J. Sharp, eds., *Prophecy and Power: Jeremiah in Feminist and Postcolonial Perspective*, LHBOTS 577 (London: Bloomsbury, 2013); R. C. Bailey, et al., eds., *They Were All In One Place? Toward Minority Biblical Criticism*, SemeiaSt 57 (Atlanta: Society of Biblical Literature, 2009); A. F. Botta e P. R. Andinach, eds., *The Bible and the Hermeneutics of Liberation*, SemeiaSt 59 (Atlanta: Society of Biblical Literature, 2009); F. Lozada, Jr. e F. F. Segovia, eds., *Latino/a Biblical Hermeneutics: Problematics, Objectives, Strategies*, SemeiaSt 68 (Atlanta: SBL Press, 2014). A partir de uma perspectiva asiática, veja A. Yong, *The Future of Evangelical Theology: Soundings from the Asian American Diaspora* (Downers Grove: IVP Academic, 2014). Cf. também K. H. Smith, et al., eds., *Evangelical Postcolonial Conversations: Global Awakenings in Theology and Praxis* (Downers Grove: InterVarsity, 2014); C. Keener e M. D. Carroll R., eds., *Global Voices: Reading the Bible in the Majority World*, com prefácio de E. Yamauchi (Peabody, MA: Hendrickson Publishers, 2013); G. O. West, *Reading Other-wise: Socially Engaged Biblical Scholars Reading with their Local Communities*, SemeiaSt 62 (Atlanta: Society of Biblical Literature, 2007); e R.S. Sugirtharajah, ed., *Voices from the Margin: Interpreting the Bible in the Third World*, 3a ed. (Maryknoll: Orbis Books, 2015). Para um comentário bíblico de um volume,

INTRODUÇÃO À INTERPRETAÇÃO BÍBLICA

Além disso, a proliferação neste século de abordagens distintas para a interpretação bíblica é no mínimo formidável. Um volume recente de teses apresenta vinte e três abordagens![180] Uma nova voz importante no debate hermenêutico diz respeito à interpretação a partir da perspectiva da orientação de gênero, uma importância nascida do maior diálogo sobre a questão neste século. A *hermenêutica homossexual* agora é uma disciplina acadêmica aceita por seus adeptos que a empregam na interpretação bíblica aumentando, assim, o número de publicações com essa abordagem.[181] Outros estudos úteis abordam o tópico da orientação sexual e as suas consequências para a hermenêutica bíblica a partir de uma perspectiva explicitamente religiosa.[182]

Duas novas abordagens, ao nosso ver, consistem em extensões da abordagem da estética da recepção (veja mais adiante). Nos estudos bíblicos, a *intertextualidade* estuda a correlação entre textos dentro do cânon bíblico. O seu foco é a maneira (ou a possibilidade) de um texto posterior citar, aludir-se a, ecoar, ou refletir a influência de um anterior e a maneira pela qual esta correlação afeta a interpretação do mesmo.[183]

---

veja T. Adeyemo, ed., *Africa Bible Commentary* (Nairobi, Kenya: WordAlive Publishers; Grand Rapids: Zondervan, 2006).

[180] P. Gooder, ed., *Searching for Meaning.* Cf. as dezesseis abordagens, algumas padrão e outras novas, em J. B. Green, ed., *Hearing the New Testament: Strategies for Interpretation* (Grand Rapids: Eerdmans, 2010).

[181] E.g., A. R. Heacock, "Queer Hermeneutics and the David and Jonathan Narrative", *Jonathan Loved David: Manly Love in the Bible and The Hermeneutics of Sex*, Bible in the Modern World 22 (Sheffield: Sheffield Phoenix Press, 2011); R. C. Bailey, "Reading Backwards: A Narrative Technique for the Queering of David, Saul, and Samuel", em T*he Fate of King David: The Past and Present of a Biblical Icon*, ed. T. Linafelt, LHBOTS 500 (New York: T&T Clark, 2010), p. 66-83; T. J. Hornsby, "Queer Criticism", em *Searching For Meaning*, ed. P. Gooder, p. 144-151; D. Guest et al., eds., *The Queer Bible Commentary* (London: SCM, 2006). Cf. M. Nissinen, *Homoeroticism in the Biblical World: A Historical Perspective*, trad. K. I. Stjerna (Minneapolis: Fortress Press, 2004).

[182] Dois especialistas do NT criaram recentemente uma obra de referência muito popular; cf. D. O. Via e R. A. J. Gagnon, *Homosexuality and the Bible: Two Views* (Minneapolis: Fortress Press, 2009). Cf. também A. C. Thistelton, "Can Hermeneutics Ease the Deadlock? Some Biblical and Hermeneutical Models", em *The Way Forward? Christian Voices on Homosexuality and the Church*, 2ª ed., ed. T. Bradshaw (Grand Rapids: Eerdmans, 2004), p. 145-196. Cf. também K. Stone, "Queer Criticism" em *New Meanings for Ancient Texts*, ed. McKenzie e Kaltner, p. 154-176.

[183] C. A. Evans e J. J. Johnston, eds., *Searching the Scriptures: Studies in Context and Intertextuality*, LNTS 543 (New York: T&T Clark, 2015); R. B. Hayes, S. Alkier, e L. A. Huizenga, eds., *Reading the Bible Intertextually* (Waco, TX: Baylor University Press, 2009); J. T. Hibbard, *Intertextuality in Isaiah 24-27: the Reuse and Evocation of Earlier Texts and Traditions*, FAT 16 (Tübingen: Mohr Siebeck, 2006); M. A. Sweeney, *Form and Intertextuality in Prophetic and Apocalyptic Literature*, FAT 45 (Tübingen: Mohr Siebeck, 2005). Para um exemplo de intertextualidade

A HISTÓRIA DA INTERPRETAÇÃO

Ainda que esteja em destaque há pouco tempo, a técnica de referências cruzadas de textos estava realmente entre os princípios articulados pelos rabinos antigos (veja anteriormente). Nos dias atuais, a abordagem orienta as discussões sobre o uso dos textos do AT por autores do NT, bem como as conexões propostas dentro do próprio AT ou NT. Ainda não está definido, no entanto, o que constitui a "intertextualidade" e como identificar os seus exemplos (e.g., qual a diferença entre "ecos" e "alusões"?). Para os leitores que buscam o sentido proposto pelo autor, a questão sobre quais exemplos são intencionais ou acidentais (i.e., o produto de escritores originais ou de escritores posteriores) paira pelo ar. A segunda nova abordagem interpreta a Bíblia de forma retrospectiva por meio de sua *história de recepção*. Ela traça o modo pelo qual o conteúdo da Bíblia foi "recebido" (incorporado, usado, influenciado) em várias esferas (e.g., na arte, na música, na poesia, na narrativa, no cinema, na política, na cultura popular, nas outras religiões etc.). Em vez de perguntar: "O que esse texto significa" (i.e., exegese), a história da recepção pergunta "O que esse texto pode fazer?" (i.e., a sua receptividade).[184] A universidade de Oxford estabeleceu o Centro para a Recepção da Bíblia, e até agora foram lançados nove dos trinta volumes de um trabalho de referência bem importante, a *Encyclopedia of the Bible and Its Reception* [Enciclopédia da Bíblia e da sua recepção — EBR].[185] Admitimos que a história da recepção pode enriquecer a interpretação da Bíblia, mas ainda consideramos o conteúdo da Bíblia anterior à recepção como a autoridade final e superior.

As discussões sobre hermenêutica a partir de uma perspectiva pentecostal que surgiram no final do século XX continuam a se desenvolver e a obter espaço nas publicações acadêmicas. Fundado em 1979, a publicação *Pneuma* (Brill) publicou o seu trigésimo sétimo volume em 2015, enquanto que o *Journal of Pentecostal Theology* (agora publicado pela Brill) no mesmo ano publicou o volume 24 e também produziu uma série de monografias especializadas que chegou ao número quarenta.[186] Um registro destacado de publicações

---

extrabíblica, veja M. J. Gilmour, *The Significance of Parallels Between 2Peter and Other Early Christian Literature*, AcBib 10 (Boston: Brill, 2002).

[184] B. W. Breed, *Nomadic Text: A Theory of Biblical Reception History*, ISBL (Bloomington, IN: Indiana University Press, 2014); R. Evans, *Reception History, Tradition and Biblical Interpretation: Gadamer and Jauss in Current Practice*, Scriptural Traces 4 (London: Bloomsbury T&T Clark, 2014); cf. W. J. Lyons e E. England, eds., *Reception History and Biblical Studies: Theory and Practice*, Scriptural Traces 6 (London: T&T Clark International, 2015); M. Lieb, E. Mason, e J. Roberts, eds., *The Oxford Handbook of the Reception History of the Bible*, Oxford Handbooks in Religion and Theology (Oxford: Oxford University Press, 2011).

[185] H. Spieckermann, et al., eds., *Encyclopedia of the Bible and Its Reception*, 30 vols. (Berlim; New York: DeGruyter, 2009-).

[186] E.g., W. Ma e R. P. Menzies, eds., *The Spirit and Spirituality: Essays in Honour of Russell P. Spittler*, JPTSup 24 (London e New York: T&T Clark International, 2004); S. Solivan, *The*

· **139** ·

INTRODUÇÃO À INTERPRETAÇÃO BÍBLICA

estabeleceu o Professor Amos Yong como uma voz de liderança nas discussões dessa perspectiva (e a partir de uma perspectiva global, também).[187] Ele redigiu (juntamente com J. K. A. Smith) a série Pentecostal Manifestos [Manifestos Pentecostais] da Eerdmans, cujos volumes refletem um compromisso acadêmico pentecostal com os temas e os interesses do pensamento cristão contemporâneo.[188]

Tanto os especialistas em AT quanto (em menor extensão) os em NT continuam a aplicar a abordagem da crítica do cânon proposta pelo já falecido professor Brevard Childs. Uma coleção de teses reage à crítica que se opõe ao método, e outra explica as consequências do cânon para a interpretação de vários textos bíblicos e para a sua interpretação teológica em geral.[189] Enquanto isso, os estudos que aplicam a abordagem continuam a ser lançados.[190] Também, durante esse período o *método indutivo* de estudo bíblico que se originou no final do século XIX como uma alternativa à alta crítica (veja anteriormente), e que parece ter influenciado Childs, encontrou uma nova sede institucional no Asbury Theological Seminary em Kentucky.[191] Organizações como a Inter-Varsity e a Bible Study Fellowship têm utilizado esse método com eficiência entre os estudantes universitários e grandes grupos de leigos, respectivamente. Em 2014, a partir de sua base em Asbury, o método também encontrou uma

---

Spirit, Pathos and Liberation: Toward an Hispanic Pentecostal Theology, JPTSup 14 (Sheffield: Sheffield Academic Press, 1998).

[187] Cf. a interação ampla e multifacetada com a sua obra em W. Vondey, ed., *The Theology of Amos Yong and the New Face of Pentecostal Scholarship: Passion for the Spirit*, Global Pentecostal and Charismatic Studies 14 (Leiden: Brill, 2013). Por sua interação rigorosa com a ciência como um pentecostal, veja Amos Yong, *The Spirit of Creation: Modern Science and Divine Action in the Pentecostal-charismatic Imagination, Pentecostal Manifestos* (Grand Rapids: Eerdmans, 2011).

[188] Cf. mais recentemente, o sétimo volume da série, M. J. Cartledge, *The Mediation of the Spirit* (Grand Rapids: Eerdmans, 2015). Além disso, volumes do Comentário Pentecostal continuam a surgir, mais recentemente, T. Grizzle, *Ephesians: A Pentecostal Commentary* (Blandford Forum, UK: Deo Publishing, 2012).

[189] C. G. Bartholomew, et al., eds., *Canon and Biblical Interpretation*, Scripture and Hermeneutics 7 (Grand Rapids: Zondervan, 2006).

[190] P. Sumpter, *The Substance of Psalm 24: An Attempt to Read Scripture after Brevard S. Childs*, LHBOTS 600 (London e New York: Bloomsbury T&T Clark, 2015); H. J. Keener, *A Canonical Exegesis of Psalm 8: YHWH's Maintenance of the Created Order through Divine Reversal*, JTISup 9 (Winona Lake:, IN Eisenbrauns, 2014); C. E. Shepherd, *Theological Interpretation and Isaiah 53: A Critical Comparison of Bernhard Duhm, Brevard Childs, and Alec Motyer*, LHBOTS 598 (London e New York: Bloomsbury T&T Clark, 2014); G. M. O'Neal, *Interpreting Habakkuk as Scripture: An Application of the Canonical Approach of Brevard S. Childs*, StBibLit 9 (New York: Peter Lang, 2007).

[191] Para uma história do movimento do estudo bíblico indutivo e das características singulares do método, veja de forma conveniente D. R. Bauer, "Inductive Biblical Study: History, Character, and Prospects in a Global Environment", *AsJ* (2013) 68:6-35.

A HISTÓRIA DA INTERPRETAÇÃO

nova voz acadêmica, o *Journal of Inductive Biblical Studies* com três volumes atualmente no prelo.[192]

Um acontecimento fascinante desse século é o surgimento de um movimento amplamente conhecido como a Interpretação Teológica da Escritura (em inglês TIS) e associado com as obras de K. J. Vanhoozer, C. G. Bartholemew e D. J. Treier.[193]

De modo interessante, o movimento é liderado principalmente por teólogos cristãos, não por estudiosos bíblicos, e em um sentido representa uma tentativa de resgatar a Bíblia da hegemonia do ceticismo de eruditos sob a qual esteve por séculos desde o Iluminismo.

O movimento deseja, de coração, resgatar a voz teológica da Bíblia e demonstrar a viabilidade prática e intelectual para interpretar a Bíblia teologicamente. Então, com Childs, os seus adeptos estudam a Bíblia como o cânon cristão e também acolhem os intérpretes pré-críticos, descartados há muito tempo pelos especialistas críticos, de volta ao debate hermenêutico.

Os membros do movimento também reconhecem a importância do contexto histórico eclesiástico da Bíblia, o seu papel na formação dos credos da Igreja, da sua adoração, da sua liturgia, e das suas práticas espirituais.

Três novas séries de comentários refletem os interesses teológicos do movimento e se afastam daqueles escritos tipicamente pelos especialistas *bíblicos*. A primeira série, escrita primeiramente por teólogos, é o *Brazos Theological Commentary on the Bible* [Comentário Teológico Brazos sobre a Bíblia] do qual, até agora, foram lançados vinte e um volumes.[194] A segunda é a dos volumes no *Christian Commentary on Scripture* [Comentário Cristão sobre a Bíblia] que compila comentários colhidos dos textos bíblicos a partir de um tesouro

---

[192] Durante o século XX, o movimento fundou o Biblical Seminary em New York e posteriormente desempenhou um papel curricular importante nos seminários presbiterianos como o Princeton e o Union Seminary em Virginia. Cf. http://place.asburyseminary.edu/jibs/. Para uma apresentação completa do estudo indutivo da Bíblia, veja D. R. Bauer e R. A. Traina, *Inductive Bible Study: A Comprehensive Guide to the Practice of Hermeneutics* (Grand Rapids: Baker Academic, 2011).

[193] K. J. Vanhoozer, *Há um significado nesse texto?*; K. J. Vanhoozer, ed., *Dictionary for Theological Interpretation of the Bible* (London: SPCK; Grand Rapids: Baker Academic, 2005); D. J. Treier, *Introducing Theological Interpretation of Scripture: Recovering a Christian Practice* (Grand Rapids: Baker Academic, 2008); C. G. Bartholomew e M. W. Goheen, *The Drama of Scripture: Finding Our Place in the Biblical Story* (Grand Rapids: Baker Academic, 2014); C. G. Bartholomew, et al., eds., *Canon and Biblical Interpretation*; e S. Fowl, ed. *The Theological Interpretation of Scripture: Classic and Contemporary Readings* (Oxford: Blackwell, 1997).

[194] R. Reno, ed., *The Brazos Theological Commentary on the Bible*, 30 vols. (Grand Rapids: Brazos Press, 2005-). Os volumes recentes incluem R. E. Barron, 2Samuel (2015) e E. T. Charry, *Psalms 1—50* (2015).

INTRODUÇÃO À INTERPRETAÇÃO BÍBLICA

enorme de escritos patrísticos (veja anteriormente).[195] O seu valor singular é a perspectiva pré-crítica e pré-reformada a partir da qual os citados escrevem e a evidente paixão que demonstram pela Igreja. O projeto reflete o interesse público na doutrina e na prática da Igreja primitiva, incluindo os seus ramos ortodoxos. Por fim, até agora foram lançados oito dos vinte e oito volumes prometidos do *Reformation Commentary on Scripture* [Comentário Bíblico da Reforma].[196] Em cada volume, os teólogos e os historiadores da Igreja compilam interpretações capítulo por capítulo colhidas dos escritores da época da Reforma.

Outras duas abordagens hermenêuticas significativas e recentemente propostas completam esta história da interpretação. Em um livro estimulante, William Webb propõem o que ele chama de *hermenêutica do movimento redentor*.[197] Ele traz um método sofisticado para discernir na Escritura o que é eterno do que é cultural, para ajudar os leitores a resolver com coerência os dilemas que surgem quando o que a Bíblia diz parece estar fora do senso comum amadurecido ou de outros ensinos bíblicos. A visão de Webb tem gerado controvérsias entre alguns evangélicos, especialmente porque ela desafia o modelo complementar dos papéis dos gêneros.[198] Além disso, neste livro defendemos que a aplicação é uma parte intrínseca da hermenêutica adequada, que a interpretação fica incompleta sem ela. Y. S. Kim leva essa ideia um passo adiante, falando da sua hermenêutica da transformação, de forma mais abrangente da "transformação" baseada no autoconhecimento e da autocrítica em vez da simples "aplicação".[199]

---

[195] T. C. Oden, ed., *Ancient Christian Commentary on Scripture*, 29 vols. (Downers Grove: InterVarsity, 2001-); cf. também A. Di Berardino, *Encyclopedia of Ancient Christianity*, 3 vols., trad. J. T. Papa, et al. (Downers Grove: IVP Academic, 2014). Para uma apreciação da interpretação bíblica patrística, veja J. Childers, "Reading the Bible with Old Friends: The Value of Patristic Bible Interpretations for Ministry", *ResQ* 45 (2003): p. 69-89.

[196] Veja mais recentemente B. Kreitzer, Luke, *Reformation Commentary on Scripture*, New Testament 3 (Downers Grove: IVP Academic, 2015).

[197] W. J. Webb, Slaves, *Women & Homosexuals: Exploring the Hermeneutics of Cultural Analysis* (Downers Grove: InterVarsity, 2001).

[198] Cf. W. J. Webb, "A Redemptive-Movement Model", em *Four Views on Moving Beyond the Bible to Theology*, ed. G. T. Meadors, Counterpoints (Grand Rapids: Zondervan, 2009). Para a ampla gama de reações e as respostas de Webb, consulte a sua obra "A Redemptive-Movement Hermeneutic: Encouraging Dialogue Among Four Evangelical Views", *JETS* 48 (2005): p. 331-349.

[199] Y. S. Kim, *Biblical Interpretation: Theory, Process, and Criteria* (Eugene, OR: Pickwick Pub., 2013); cf. a sua obra *Truth, Testimony, and Transformation: A New Reading of the "I Am" Sayings of Jesus in the Fourth Gospel* (Eugene, OR: Cascade, 2014), e *A Transformative Reading of the Bible: Explorations of Holistic Human Transformation* (Eugene, OR: Cascade Books, 2013).

A HISTÓRIA DA INTERPRETAÇÃO

O seu desafio é que os cristãos façam teologia abandonando o individualismo em favor da solidariedade com os leitores ao redor do mundo, mesmo para com aqueles dos quais eles discordam.[200]

Por fim, uma tendência notável que se inicia de forma paralela ao movimento de Interpretação Teológica da Escritura merece ser mencionada os debates sobre o relacionamento entre a exegese e as práticas espirituais antigas como a *lectio divina*.

J. Vanier e F. Young articulam um "modelo dinâmico de interpretação", uma interação séria entre as dimensões objetivas e subjetivas da interpretação como se exemplifica na obra de Vanier sobre o Evangelho de João.[201] Se, como Thompson propõe, a prática da *lectio* moldou de modo positivo a hermenêutica de Lutero, o grande reformador provavelmente consideraria esse novo debate como uma renovação de um debate muito antigo, e sorriria em aprovação.[202] Explicamos esse uso da Bíblia com maiores detalhes no capítulo 11.

---

[200] Kim também é o editor que fundou o *Journal of Bible and Human Transformation* na Internet e (desde 2014) é editor do *Journal of Race, Ethnicity, and Religion*.

[201] J. Vanier e F. Young, "Towards Transformational Reading of Scripture", em *Canon and Biblical Interpretation*, ed. Bartholomew, et al., p. 236-254.

[202] Cf. Thompson, "Biblical Interpretation in the Works of Martin Luther", p. 312.

• **143** •

3

ABORDAGENS LITERÁRIAS E SOCIOCIENTÍFICAS RECENTES DA INTERPRETAÇÃO

Boa parte deste livro considera o que se pode chamar da hermenêutica tradicional, isto é, uma sabedoria de senso comum para interpretar a Bíblia da maneira que as pessoas tipicamente interpretam outros atos de comunicação humana, combinada com a precisão metodológica dada a essa sabedoria pelos últimos dois séculos de crítica bíblica moderna.[1] Como vimos no capítulo 2, ela também abrange as ferramentas mais sofisticadas de fonte, forma e crítica da redação, ferramentas cujos conceitos principais precedem substancialmente aos próprios termos. Nas últimas décadas, no entanto, muitos estudiosos da Bíblia, em particular os que estão fora dos círculos evangélicos, tem apelado por nada além de uma mudança de paradigma na hermenêutica.[2] Eles acharam os procedimentos antigos estéreis, limitantes ou enganosos e acreditaram que era hora de fazer algo novo. As sugestões que eles têm feito para substituir a abordagem mais comum de interpretação (a análise histórico-gramatical tradicional) se concentram principalmente em duas áreas de estudo: (1) a crítica literária moderna e (2) a análise sociocientífica.[3] A primeira delas em

---

[1] Cf. J. K. Brown, *Scripture as Communication: Introducing Biblical Hermeneutics* (Grand Rapids: Baker, 2007).

[2] O conceito vem originalmente de T. S. Kuhn, *The Structure of Scientific Revolutions*, 4ª ed. (Chicago: University of Chicago Press, 2012). Uma mudança de paradigma acontece quando um modelo de interpretação é quase totalmente substituído por um modelo bem diferente.

[3] Para um exemplo excelente, veja o comentário desnecessariamente destrutivo de C. H. Talbert sobre a obra de J. Fitzmyer (*The Gospel According to Luke*, AB 28-28a, 2 vols. [Garden City: Doubleday, 1981-1985] em *CBQ* 48 [1986]: p. 336-338), no qual Talbert essencialmente culpa Fitzmyer por ter escrito um comentário tradicional e histórico-crítico de um tipo que Talbert acreditava ser antiquado, isto é, de uma época em que ele achava que os paradigmas literário--crítico deveriam predominar. Para um chamado mais positivo para uma mudança de paradigma

ABORDAGENS LITERÁRIAS E SOCIOCIENTÍFICAS RECENTES DA INTERPRETAÇÃO

certos aspectos recupera um destaque saudável na natureza literária da Bíblia, e, a segunda, a sua natureza comunitária ou coletiva que tem se perdido em nossa era científica. Discutimos que esse é um caso de optar *ou* pelas maneiras antigas *ou* pelas novas: com certeza, o meio acadêmico como um todo está percebendo isso cada vez mais.[4] Admitimos que estas novas áreas de estudo podem trazer percepções importantes para complementar a hermenêutica tradicional, mas elas também trazem armadilhas perigosas quando usadas de forma inadequada.

CRÍTICA LITERÁRIA

A "crítica literária" significa coisas distintas para pessoas diferentes. Aída Spencer compilou uma lista de nada menos que quinze definições díspares, muitas das quais seriam tratadas de forma melhor sob categorias diferentes.[5] Seus tópicos incluem a análise da autoria, destinatário original, estilo linguístico, fontes, tradução e redação, integridade e propósito. Todos esses são elementos necessários para a análise de toda obra literária. Mas ainda que todos em épocas variadas tenham sido considerados parte da crítica literária, agora são geralmente tratados sob a crítica *histórica*. O que os críticos pediram para mudar nos estudos bíblicos refere-se em grande parte à crítica literária, que é geralmente *a-histórica* por natureza e envolve métodos que exigem um exame somente da forma final do texto. Abordamos dois desses métodos mais à frente neste volume: crítica do gênero, que analisa a classificação de um livro bíblico inteiro, e da porção da crítica da forma que descreve a forma de um subgênero de uma determinada parte de um livro bíblico. Sob a crítica do gênero, observamos também a tendência crescente de classificar a natureza da retórica do escritor, o que é chamado frequentemente de crítica retórica.[6] Isto ainda deixa três áreas importantes da crítica, todavia, que precisamos discutir: a crítica narrativa, a estética da recepção e a desconstrução.

---

para a perspectiva sociocientífica, veja B. J. Malina, *Christian Origins and Cultural Anthropology* (Atlanta: John Knox, 1986: Eugene, OR: Wipf & Stock, 2010).

[4] Uma defesa excelente e uma discussão da complementariedade dos métodos históricos e literários aparece por todo o livro de M. A. Powell, *What Is Narrative Criticism?* (Minneapolis: Fortress, 1990). Para a combinação do método histórico e dos métodos sociocientíficos, veja J. H. Elliott, *What Is Social-Scientific Criticism?* (Minneapolis: Fortress, 1993).

[5] A. B. Spencer, "Literary Criticism", em *New Testament Criticism and Interpretation*, ed. D. A. Black e D. S. Dockery (Grand Rapids: Zondervan, 1991), p. 235-236. Como era de se esperar, a segunda edição desse volume tem um artigo completamente diferente sob esse título redigido por um autor diferente.

[6] Um termo a que foi dado a princípio livre trânsito e usado em um contexto mais amplo, para sobrepor algumas preocupações que trataremos sob a crítica narrativa, por J. Muilenburg "Form Criticism and Beyond", *JBL* 88 (1969): p. 8.

INTRODUÇÃO À INTERPRETAÇÃO BÍBLICA

A história da crítica literária correlaciona-se de perto com as três dimensões da análise hermenêutica que apresentamos no capítulo 1: o autor, o texto e o leitor. Enquanto os críticos literários tradicionalmente tentavam determinar a intenção original do autor, a abordagem na primeira metade do século XX de "formalismo" ou "nova crítica" nos estudos literários geralmente se concentrava em uma interpretação coerente do texto na sua totalidade à parte de qualquer informação de contexto histórico. Buscando evitar a prática do que eles chamavam de "falácia da intenção", esses críticos salientavam que os leitores geralmente não têm acesso aos estados mentais e às intenções dos autores, geralmente bem separados no tempo e no espaço dos leitores contemporâneos. Além disso, as informações escritas e históricas que existem sobre as circunstâncias da redação de um documento podem não ser adequadas para nos capacitar a discernir a intenção do autor. Mais além, os autores podem escrever algo diferente do que querem dizer ou pode haver mais dimensões de sentido dos seus textos do que eles reconheceram inicialmente.[7]

Concentrar-se nos textos independentemente dos seus autores então deu origem a duas subdisciplinas: a crítica narrativa e o estruturalismo. A crítica narrativa se concentrava em uma leitura próxima do que se tornou conhecido como a estrutura superficial de um texto: elementos como trama, tema, motivos, caracterização; ou, na poesia, métrica, rima, paralelismo etc.

O estruturalismo analisou as chamadas "estruturas profundas" de um texto: elementos consistentes perceptíveis abaixo da superfície da narrativa, relacionadas, por exemplo, à maneira que um "emissor" tenta comunicar um "objeto" a um "receptor" por meio de um "sujeito", que pode ser ajudado por um "auxiliar" e/ou prejudicado por um "opositor". Ou pode analisar o modo pelo qual as narrativas, especialmente em mitos religiosos, tentam mediar o conflito gerado por pares de opostos e resolvê-lo. Nos estudos bíblicos, esse método gerou uma agitação intensa de estudos especializados nas décadas de 1970 e 1980, mas a terminologia altamente esotérica e a sensação de que poucas percepções exegéticas já não estivessem disponíveis por outros métodos extinguiram-no. Hoje encontramos poucos especialistas fazendo algo significativo com o estruturalismo.[8] Em vez dele, a atenção tem se voltado para dois tipos de

---

[7] Veja, de forma clássica, W. K. Wimsatt e M. C. Beardsley, "The Intentional Fallacy", in *The Verbal Icon*, ed. W. K. Wimsatt (Lexington: University of Kentucky Press, 1954), p. 2-18. Mais sobre esses assuntos aparece nos capítulos seguintes.

[8] Para pesquisas representativas de aplicações nos estudos do AT e do NT, respectivamente, veja D. Jobling, *The Sense of Biblical Narrative: Structural Analyses in the Hebrew Bible*, 2 vols., JSOTSup 39 (Sheffield: JSOT, 1986); R. F. Collins, *Introduction to the New Testament* (Garden City: Doubleday, 1983), p. 231-271. O especialista Americano que talvez tenha trabalhado mais com o método foi D. Patte. Para uma introdução a suas abordagens, veja a sua obra *What Is*

ABORDAGENS LITERÁRIAS E SOCIOCIENTÍFICAS RECENTES DA INTERPRETAÇÃO

"pós-estruturalismo", a estética da recepção e a desconstrução, que se concentram no papel do leitor no processo interpretativo. A crítica narrativa, contudo, continua a gerar um interesse considerável; partem daí os três subtítulos dessa metade de capítulo da crítica literária.[9]

Crítica narrativa

A crítica narrativa é o ramo da crítica literária moderna que parece mais de perto com o que os leitores dos grandes clássicos literários mundiais têm feito por séculos. O seu antecedente foi o estudo da Bíblia como literatura, um exercício proveitoso geralmente utilizado em escolas públicas e universidades americanas.[10] O estudo da Bíblia como literatura se concentra nas perguntas que seriam feitas sobre Shakespeare ou Cervantes, Sófocles ou Cícero, Esopo ou Goethe. De valor especial para o gênero narrativo, essa abordagem analisa o enredo, a trama, os motivos, a caracterização,[11] o estilo, as figuras de linguagem, o simbolismo, as pistas para desvendar a trama, a repetição, a velocidade do tempo na narrativa, o ponto de vista e coisas semelhantes. Ela se concentra mais em uma apreciação do valor artístico ou estético da obra do que em seu valor teológico ou moral. Se o valor moral também for estudado, será do ponto de vista de um sensível observador externo, não como devoto de uma religião em particular, e por isso pode ser um tópico legítimo para o contexto do ambiente escolar.[12]

Structural Exegesis? (Philadelphia: Fortress, 1976). Para exemplos de aplicações, veja, do mesmo autor, *Structural Exegesis: From Theory to Practice* (Philadelphia: Fortress, 1978).

[9] Para uma visão geral excelente e completa desses três períodos de atenção ao autor, ao texto e ao leitor na crítica literária e nos estudos bíblicos, veja S. E. Porter, "Literary Approaches to the New Testament: From Formalism to Deconstruction and Back", in *Approaches to New Testament Study*, JSNTSup 120, ed. S. E. Porter e D. Tombs (Sheffield: Sheffield Academic Press, 1995), p. 77-128.

[10] Um exemplo servindo a esses ambientes é o de K. R. R. Gros Louis, ed., *Literary Interpretations of Biblical Narratives*, 2 vols., The Bible in Literature Courses (Nashville: Abingdon, 1974-1982).

[11] A caracterização tem recebido um exame particularmente detalhado e útil. Veja esp. A. Berlin, *Poetics and Interpretation of Biblical OT Narrative* (Sheffield: Almond, 1983; Winona Lake, IN: Eisenbrauns, 1994); e C. Bennema, *A Theory of Character in New Testament Narrative* (Minneapolis: Fortress, 2014).

[12] Boas introduções ao método incluem Powell, *What Is Narrative Criticism?* e Y. Amit, *Reading Biblical Narratives: Literary Criticism and the Hebrew Bible* (Minneapolis: Fortress, 2001). Talvez a melhor antologia seja R. Alter e F. Kermode, eds., *The Literary Guide to the Bible* (Cambridge, MA: Harvard University Press, 1987). A partir de uma perspectiva evangélica bem clara, cf. esp. L. Ryken e T. Longman III, eds., *A Complete Literary Guide to the Bible* (Grand Rapids: Zondervan, 1993). Muito útil também é L. Ryken, *Words of Delight: A Literary Introduction to the Bible* (Grand Rapids: Baker, 1987). Para estudar os testamentos de forma separada, veja M.

CRÍTICA NARRATIVA
Concentra-se na trama, no tema, nos motivos, na caracterização, no estilo, nas figuras de linguagem, no ponto de vista etc.
Bons exemplos: A história de Sansão (Jz 13—16); Nicodemos (Jo 3:1-15; 7:50-52; 19:39.

Aplicações

O emprego da abordagem crítico-narrativa em uma passagem da Escritura pode ter um grande valor. Observar como um personagem se desenvolve pode ajudar a entender se o autor quer que os leitores se identifiquem com esse personagem ou evitem imitar essa pessoa. Em outros casos, é discutível se, apesar das complexidades da caracterização, a morte heroica de Sansão (Jz 13—16), bem como o seu reiterado preenchimento pelo Espírito Santo, o caracteriza, no fim das contas, como alguém que deva ser imitado, embora não em todos os aspectos de sua vida. Em contrapartida, por todas as características compensatórias de Saul, a Escritura finalmente parece retratá-lo como uma figura trágica, que perdeu o que tinha enquanto era inteligente, e, portanto, tornou-se alguém que não deve ser imitado (1Sm 9—2Sm 1).[13] No meio termo fica Nicodemos, que aparece três vezes no quarto Evangelho (Jo 3:1-15; 7:50-52; 19:39). Mas aqui o leitor não tem dados suficientes para saber se Nicodemos, como José de Arimateia com quem ele finalmente aparece (19:39), por fim se tornou discípulo de Jesus ou não. Ele pode ser visto como o modelo de alguém que creu apesar da pressão dos seus colegas, por isso o fez de forma mais lenta e secreta do que os outros, ou como aquele que foi incapaz de se desvincular do seu passado, o que o verdadeiro discipulado exige. Talvez João deliberadamente se recusa a satisfazer a nossa curiosidade para que possamos seguir todos os passos necessários para entrar no Reino, tendo Nicodemos feito isso ou não.[14]

Concentrar-se nas características superficiais como trama, tema, episódio etc. pode também demonstrar a unidade de um texto, o que a crítica histórica mais antiga frequentemente segmentava em camadas complexas de tradição

---

D. Coogan, *The Old Testament: A Historical and Literary Introduction to the Hebrew Scriptures*, 3ª ed. (Oxford: Oxford University Press, 2013); e J. L. Resseguie, *Narrative Criticism of the New Testament: An Introduction* (Grand Rapids: Baker, 2005).

[13] Para essas duas avaliações, veja D. M. Gunn, *The Fate of King Saul*, JSOTSup 14 (Sheffield: JSOT, 1980).

[14] Cf. esp. J. M. Bassler, "Mixed Signals: Nicodemus in the Fourth Gospel", *JBL* 108 (1989-): p. 635-646; e R. Hakola, "The Burden of Ambiguity: Nicodemus and the Social Identity of the Johannine Christians," *NTS* 55 (2009): 438-455. Para um grande contraste entre Nicodemos em João 3 e a mulher samaritana em João 4, veja C. L. Blomberg, "The Globalization of Biblical Interpretation — A Test Case: John 3—4", *BBR* 5 (1995): p. 1-15.

ABORDAGENS LITERÁRIAS E SOCIOCIENTÍFICAS RECENTES DA INTERPRETAÇÃO

e redação. David Clines, por exemplo, inovou com o seu estudo de temas no Pentateuco demonstrando como os cinco livros de Moisés eram unidos pelo tema comum do cumprimento parcial da promessa ou bênção dos patriarcas, que, por sua vez, continha os três aspectos de posteridade, relacionamento entre Deus e o homem, e a terra. Ao fazer isso, Clines minou bases importantes que levaram os críticos a postular os J, E, D e P (os escritores javistas, eloístas, deuteronomistas e sacerdotais, respectivamente), em cujas seções o Pentateuco poderia ser dividido.[15] Da mesma forma, Alan Culpepper, em sua boa análise literária da unidade de estilo e das características literárias de João, parece ter superado seu trabalho anterior sobre a escola joanina como autoria composta mediante várias etapas sucessivas de redação do quarto Evangelho.[16]

Com certeza, esse tipo de crítica narrativa pode pressupor uma história da tradição na qual o texto ganhou a sua forma atual em um longo período, mas ele pode também oferecer um desafio mais radical. Como G. W. Coats explica em sua análise da narrativa de José (Gn 37—50), se "a história se destaca como uma unidade em pelo menos uma parte de sua história, então o ônus da prova cabe à pessoa que quer defender que a unidade é sintética" (i.e., levantada por um redator impondo esta unidade sobre fontes discrepantes).[17] E mesmo quando críticos literários não reconhecem esse ponto, a sua preocupação com a forma final e unificada do texto possibilita muitas discussões entre linhas teológicas (mais notadamente a linha principal evangélica), já que as questões históricas são simplesmente tachadas de irrelevantes para as matérias em questão. Em outras palavras, mesmo que algum acadêmico possa aceitar que uma narrativa conte a história tal como aconteceu, enquanto outro pode discutir essa afirmação, os dois podem concordar sobre o que a história quer dizer e como ela funciona.

Estudar a Bíblia como literatura ainda ajuda os estudantes a se concentrarem nos destaques principais e não se distraírem com detalhes periféricos. Por exemplo, à medida que entendemos o tema do Pentateuco como cumprimento parcial das promessas de Deus apesar de vários obstáculos, digressões aparentes como as duas tentativas frustradas de Abraão de fazer Sara passar por sua

---

[15] D. J. A. Clines, *The Theme of the Pentateuch*, 2ª ed., JSOTSup 10 (Sheffield: Sheffield Academic Press, 1997). A sugestão de que Gênesis a Deuteronômio seja, na verdade, uma compilação de obras de quatro autores anônimos diferentes (geralmente chamados J, E, D e P), séculos depois da vida de Moisés, representa a famosa "hipótese documental" que dominou os últimos séculos da crítica do Pentateuco, mas tem perdido influência nas últimas décadas.

[16] R. A. Culpepper, *Anatomy of the Fourth Gospel* (Philadelphia: Fortress, 1983). Cf. R. A. Culpepper, *The Johannine School* (Missoula: Scholars, 1975).

[17] G. W. Coats, *From Canaan to Egypt: Structural and Theological Context for the Joseph Story*, CBQMS 4 (Washington, DC: CBAA, 1976), p. 60.

INTRODUÇÃO À INTERPRETAÇÃO BÍBLICA

irmã (Gn 12:10-20; 20:1-18) fazem mais sentido no contexto. Seguindo essa linha, nenhuma das duas histórias tem uma "moral" específica em si mesma, por exemplo, para falar a favor ou contra as meias-verdades ou enganar um inimigo. Em vez disso, tematicamente, elas refletem impedimentos potenciais para o cumprimento do desejo de Deus de abençoar Abraão com a Terra Santa e a semente prometida. Enquanto os esquemas de Abraão falham, vamos aprendendo mais sobre a soberania de Deus e como ele está trabalhando para assegurar que as suas promessas não falhem.[18]

Mais uma vez, esse tipo de crítica literária pode explicar os propósitos da repetição melhor do que a crítica das fontes. Por exemplo, duas passagens que podem ter sido vistas como duplicadas (dois relatos semelhantes que acreditavam refletir apenas um evento histórico original, que foi narrado depois de forma diferente em dois ou mais documentos diferentes) e como pistas para discernir fontes separadas, podem agora ser vistos como autênticos. Assim, as semelhanças entre Isaque encontrando Rebeca e o primeiro encontro de Jacó com Raquel, os dois em um poço, envolvendo uma questão de dar de beber aos rebanhos, e levando finalmente a um retorno à casa da mulher e a um noivado, cabem em uma "cena típica" convencional da narrativa oral e literária antiga.[19] Em outras palavras, como na crítica da forma, por causa da ocorrência de formas estereotipadas nas quais as pessoas esperavam que essas histórias fossem contadas, elas sempre soaram mais parecidas do que elas teriam sido se os detalhes a mais fossem contados. Isso significa, então, que os leitores da Bíblia não devem presumir que um único acontecimento histórico foi repetido em duas ou mais maneiras diferentes. Em vez disso, as semelhanças nas histórias os ajudam a reconhecer a "forma" ou "subgênero" da passagem e, assim, a maneira de interpretá-la (veja o nosso cap. sobre a crítica dos gêneros do AT).

Depois, para descobrir o destaque principal de qualquer texto, os leitores devem prestar atenção às áreas em que as histórias, a despeito da convenção, divergem. Com essa estratégia em mente, o leitor verá como Jacó é bem mais determinado do que Isaque, uma característica que continua ao longo das narrativas patriarcais. Por outro lado, Rebeca demonstra ser mais perspicaz do que Raquel. Essas observações são adequadas à grande proeminência dada a Jacó (o cúmplice de Rebeca para a bênção) acima do seu pai e da sua esposa. Assim, a narrativa dá pistas dos personagens com quem devemos nos identificar mais e de quem devemos aprender mais.

---

[18] B. K. Waltke com C.J. Fredericks, *Gênesis: um comentário* (São Paulo: Cultura Cristã, 2003), p. 232. Particularmente útil para interpretar a narrativa do AT é o livro de J. Goldingay, *Approaches to Old Testament Interpretation*, 2ª ed. (Toronto: Clements, 2002).

[19] Veja esp. R. Alter, *The Art of Biblical Narrative* ed. rev. (New York: Basic, 2011), p. 61-67.

ABORDAGENS LITERÁRIAS E SOCIOCIENTÍFICAS RECENTES DA INTERPRETAÇÃO

Um estudo cuidadoso da trama e do desenvolvimento do personagem também nos ajuda a identificar o clímax ou a ideia mais importante de uma passagem. Podemos reconhecer onde um efeito de surpresa ou de espanto teria comunicado certas verdades mais efetivamente ou com maior expressividade para os leitores bíblicos originais. Dan Via tem classificado as parábolas de forma útil como cômicas ou trágicas, baseado nos seus finais.[20] ("cômico" aqui se refere a uma solução positiva de um conflito na trama, não a um senso de humor). A partir daí, até as parábolas do banquete de casamento (Mt 22:1-14) e a dos maus lavradores (Mt 21:33-46) têm estruturas semelhantes e muitas imagens idênticas, a primeira termina com uma observação de destruição e a última com uma observação de vitória.

O ensino moderno baseado nessas passagens devem refletir destaques semelhantes: avisando aos que pensam bem superficialmente que eles estão bem com Deus e animando aqueles que temem que os propósitos de Deus possam falhar.

Podemos classificar de forma semelhante os profetas menores. Apesar de muitos deles pregarem o juízo na maioria dos seus livros, frequentemente um olhar final e apoteótico da restauração escatológica do povo de Deus muda o foco do leitor para as "boas notícias" acima das "más notícias" (p. ex., Os 14:4-8; Am 9:11; Sf 3:14-20). O tamanho da discussão de um tópico pode não se mostrar mais significativo que a posição dessa discussão dentro de um determinado livro. Por outro lado, Miqueias parece consistentemente alternar entre seções de boas e más notícias, como que as equilibrando.[21]

A crítica literária tem feito muitas outras coisas. Ela identifica os personagens como planos, modelos, redondos, ou como agentes, tipos ou personagens completos, dependendo da complexidade e do realismo com que são retratados.[22] Os mais desenvolvidos, como Jacó, José e seus irmãos em Gênesis 37—50, muito provavelmente são os personagens aos quais o autor da história queria que os seus destinatários prestassem mais atenção.[23] Em 2Reis 5, Naamã inspira simpatia por causa da natureza complexa ou redonda do seu personagem. Eliseu também é redondo, às vezes tolerante, às vezes intolerante, que faz o leitor sempre mantê-lo a uma certa distância. A crítica literária traça as maneiras que os

---

[20] D. O. Via, Jr., *The Parables: Their Literary and Existential Dimension* (Philadelphia: Fortress, 1967: Eugene, OR: Wipf & Stock, 2007).

[21] Cf. M. J. Buss, "Tragedy and Comedy in Hosea", *Semeia* 32 (1984): p. 71-82; e N. K. Gottwald, "Tragedy and Comedy in the Latter Prophets", *Semeia* 32 (1984): p. 83-96.

[22] Para os Evangelhos veja esp. D. Rhoads e K. Syreeni, eds., *Characterization in the Gospels*, JSNTSup *184* (Sheffield: Sheffield Academic Press, 1999). Cf. também T. Wiarda, *Interpreting Gospel Narratives: Scenes, People, and Theology* (Nashville: B&H, 2010).

[23] W. L. Humphreys, *Joseph and His Family: A Literary Study* (Columbia: University of South Carolina Press, 1988), p. 68-92.

INTRODUÇÃO À INTERPRETAÇÃO BÍBLICA

escritores tentam alcançar uma empatia, como na introdução e na conclusão da história da vingança de Judá pelo estupro de Diná (Gn 34), ou para "justificar o tratamento de Deus para com o homem".[24] Geazi é um representante "plano" da simples cobiça que só inspira antipatia.[25] A análise do enredo pode encaixar com a crítica da redação ajudando a entender as linhas gerais e o destaque ideológico de um autor narrativo. A trama central do Evangelho de Mateus, por exemplo, se desenrola ao redor da crescente hostilidade dos líderes judeus contra Jesus.[26] O modo que Mateus posiciona algumas passagens, de forma diferente de outros Evangelhos, logo faz sentido diante desse pano de fundo.[27] Mas o que cada vez mais é chamado de "crítica narrativa", embora adote todos esses recursos do estudo da Bíblia como literatura, geralmente vai um passo além.

A crítica narrativa hoje tipicamente adota uma estrutura analítica que distingue o *autor real* de um escrito em particular do *autor implícito*, o que por sua vez é distinto do *narrador*. O autor real é a pessoa que realmente escreveu o texto. O autor implícito é o retrato do autor real que surge do texto sem nenhuma informação biográfica adicional. O narrador é a pessoa na narrativa que realmente conta a história. De forma semelhante, deve-se separar os *leitores reais* dos *leitores implícitos* (o retrato dos leitores que surge somente do texto) e os *narratários* (as pessoas no texto de quem se conta a história). Geralmente não se consegue acessar o autor real e os leitores somente por meio do texto.[28]

Os narradores e os narratários podem até ser personagens fictícios como, por exemplo, o narrador Ismael no livro de Herman Melville chamado *Moby Dick*. Dessa forma, aqueles que acreditam que Lucas-Atos não foi escrito pelo "médico amado", mas por um cristão da segunda ou terceira geração para uma Igreja do final do século I ou do início do século II, deve fazer distinção entre o autor real e os leitores (como acabamos de descrever), o autor implícito e os leitores (o retrato de Lucas derivado do texto, que talvez pretendesse escrever para uma congregação de antes do ano 70 d.C.), e o narrador e o narratário (o Lucas histórico e o Teófilo).[29]

---

[24] Veja, respectivamente, M. Sternberg, *The Poetics of Biblical Narrative* (Bloomington: Indiana University Press, 1985), p. 445-475, e 484.

[25] D. Marguerat; Y. Bourkin, *How to Read Bible Stories* (London: SCM, 1999), p. 61-62.

[26] R. A. Edwards, *Matthew's Story of Jesus* (Philadelphia: Fortress, 1985).

[27] Veja o resumo sugerido e os títulos em C. L. Blomberg, *Matthew*, NAC (Nashville: Broadman, 1992).

[28] A maioria dos especialistas atribuem o desenvolvimento desse método na literatura de forma mais geral a W. Iser, *The Implied Reader: Patterns of Communication in Prose Fiction from Bunyan to Beckett* (Baltimore: The Johns Hopkins University Press, 1974).

[29] A crítica da narrativa do Novo Testamento tem se concentrado na maior parte nos Evangelhos e em Atos, com um estudo pioneiro dominando a análise de cada um dos quatro evangelistas: J. D. Kingsbury, *Matthew as Story*, 2ª ed, (Philadelphia: Fortress, 1988); D. Rhoads, J. Dewey e D.

ABORDAGENS LITERÁRIAS E SOCIOCIENTÍFICAS RECENTES DA INTERPRETAÇÃO

Citando um exemplo do AT, nos profetas menores vários autores reais diferentes parecem-se com um e único autor implícito; vários grupos de leitores reais correspondem a um leitor implícito.[30] Dessa forma, não é tão importante determinar o cenário histórico exato de livros como Joel e Obadias, que trazem problemas notórios para críticos históricos tradicionais. Os autores (ou editores) reais não estão preocupados em divulgar muita informação sobre si mesmos porque eles têm uma preocupação comum quase atemporal: alertar o povo de Deus sobre padrões de pecado bem arraigados. Eles profetizam o juízo com a possibilidade de uma restauração posterior condicionada ao arrependimento. Nesse exemplo, a crítica literária permite que os estudantes da Bíblia aproximem as interpretações dos leitores bíblicos comuns que nunca se importaram muito com o cenário histórico. Existem pontos fortes e fracos nessa abordagem. Mas quando os estudantes descobrem as propostas da crítica da narrativa moderna que se harmonizam com os resultados da crítica histórica mais tradicional, eles podem se dispor a aceitar as duas com graus diferentes de confiança.

Ainda em outros casos, a crítica narrativa nos recorda de distinguir entre o narrador possivelmente confiável de um livro bíblico e um falante suspeito cujas palavras são relatadas dentro desse livro. A contradição aparente entre 1Samuel 31, em que Saul é ajudado por seu escudeiro para cometer suicídio, e 2Samuel 1, em que um amalequita conta vantagem por ter matado Saul, é resolvida quando entendemos que o amalequita estava mentindo esperando ganhar alguma recompensa de Davi, que imaginava que lhe seria grato por ficar sabendo da morte do seu arqui-inimigo. Em outros exemplos, é mais difícil ter certeza do que o narrador pretende. É interessante, por exemplo, comparar as análises bem diferentes de Y. Amit, por um lado, e Gunn e Fewell, de outro, sobre o papel de Judá em Gênesis 38, em que ele tem uma relação sexual com Tamar acreditando que ela era uma prostituta. Dependendo de quais elementos se destacam, Judá pode ser visto como totalmente detestável ou de alguma forma justificado.[31]

Análise crítica

À medida que a crítica narrativa se envolve numa leitura próxima dos textos como uma luz para entender as suas tramas, os seus temas, as suas caracterizações,

---

Michie, *Mark as Story,* 3ª ed., (Minneapolis: Fortress, 2012); R. C. Tannehill, *The Narrative Unity of Luke-Acts,* 2 vols. (Philadelphia and Minneapolis: Fortress, 1986-1890); e Culpepper, *Anatomy.*

[30] Sternberg, *Poetics,* p. 75. Os profetas menores não são, na sua maior parte, narrativas históricas, mas muitos críticos narrativos aplicam os seus métodos para todos os gêneros da literatura.

[31] Para um ângulo mais positivo, veja Y. Amit, *Reading Biblical Narratives* (Minneapolis: Fortress, 2001), p. 91-92. Para o lado negativo, veja D. M. Gunn e D. N. Fewell, *Narrative in the Hebrew Bible* (Oxford: Oxford University Press, 1993), p. 34-45.

• 153 •

INTRODUÇÃO À INTERPRETAÇÃO BÍBLICA

e outras características da "estrutura da superfície" de uma história bíblica como obra literária, poderemos acolher com entusiasmo a disciplina. Além disso, evitando tanto a falácia intencional quanto a afetiva (que afirmam, respectivamente, que o sentido está pronto na mente de um autor ou pronto na percepção dos leitores), a crítica narrativa oferece um modelo mais sofisticado e válido quanto a onde o sentido de um texto se encontra: a saber, no próprio texto! Podemos falar de intenção autoral como uma chave para a interpretar histórias apenas à medida que os autores reais tenham sido transparentes em equiparar os seus narradores com os seus autores implícitos e fazendo que os dois revelem informações substanciosas sobre os próprios autores reais. Podemos falar de leitores criando sentido somente à medida que os leitores reais identifiquem corretamente os papéis do narratário e dos leitores implícitos.[32] Como Stephen Mailloux afirma, as intenções são mais bem descritas ou definidas em termos da "estrutura pretendida da reação do leitor".[33] Além disso, o foco da crítica narrativa na forma final do texto, tomado como uma unidade, e com uma análise intencional de como as narrativas funcionam, todas se comportam bem com a teologia evangélica tanto *como teologia quanto como método*.[34]Afinal de contas, é a forma literária final de todo livro bíblico que acreditamos ser inspirada e, por consequência, autorizada. Mas existem armadilhas mais sérias para a crítica narrativa, seja em sua forma mais tradicional como "Bíblia como literatura" ou em sua forma analítica recente e mais rigorosa em distinguir vários tipos de autores e leitores. Os críticos narrativos geralmente supõem, quando eles estudam a Bíblia como literatura, que os textos devem ser vistos como obras de ficção.[35] Isto parece ser resultado, contudo, não da natureza do próprio método, mas de um equívoco sobre o número de características que os textos históricos e de ficção têm em comum.

Os estudantes da historiografia antiga destacam, de forma útil, como umas poucas características literárias realmente capacitam um leitor a evitar identificar uma obra como uma história interessante e bem escrita.[36] De

---

[32] Cf. além disso Blomberg, *Parables, p.* 156-159, e as referências citadas nessas páginas.

[33] S. Mailloux, *Interpretive Conventions: The Reader in the Study of American Fiction* (Ithaca: Cornell University Press, 1982), p. 112.

[34] F. Watson, "Literary Approaches to the Gospels: A Theological Assessment", *Theol* 99 (1996): p. 125-133.

[35] P. ex., D. A. Robertson, *The Old Testament and the Literary Critic* (Philadelphia: Fortress, 1977); D. A. Templeton, *The New Testament as True Fiction* (Sheffield: Sheffield Academic Press, 1999).

[36] Veja esp. C. H. Gempf, "Historical And Literary Appropriateness in the Mission Speeches of Paul in Acts" (Ph.D. Thesis, University of Aberdeen, 1988); cf. do mesmo autor, "Public Speaking and Published Accounts" em *The Book of Acts in Its Ancient Literary Setting*, ed. B. W. Winter e A. D. Clarke (Carlisle: Paternoster; Grand Rapids: Eerdmans, 1993), p. 259-303. Na

---

• **154** •

ABORDAGENS LITERÁRIAS E SOCIOCIENTÍFICAS RECENTES DA INTERPRETAÇÃO

fato, a ficção histórica completamente realista do modo que a conhecemos realmente não existia na antiguidade; os romancistas geralmente revelavam as suas intenções incluindo algumas informações anacrônicas ou inexatas.[37] Ou ainda "se concentravam em assuntos remotos etnográfica ou geograficamente que não são verificáveis facilmente". Eles podem incluir locais importantes e conhecidos, "mais muitos eram inconsistentes ou desinteressados na visão local".[38] E Norman Petersen aplicou a crítica literária à epístola a Filemom, mostrando como mesmo um material que não é ficcional nem narrativo que encontramos em uma carta pode ter uma trama que se desenrola, um ponto de vista, um clímax etc.[39] Dessa forma, não se deduz que a narrativa e ficção tenham que ser sinônimas.

Além disso, alguns críticos da narrativa geralmente depreciam o valor religioso de um texto em favor de sua estética, às vezes para corrigir um desequilíbrio anterior na outra direção. Mas, mesmo assim, parece que esse abuso pode ser desvinculado do método em si. Uma observação genuína da beleza, do poder e do estilo de um livro bíblico deve levar aquele que crê na sua inspiração e canonicidade a valorizá-lo muito mais.[40]

De forma geral, a crítica narrativa promete mais do que todas as outras subdisciplinas da crítica literária, já que se concentra na "estrutura da superfície" ou características literárias da forma final do texto que todos os leitores têm que enfrentar. Infelizmente, muitos críticos literários não pararam por aqui de modo algum, mas prosseguiram para a disciplina conhecida como "pós-estruturalismo", parte do movimento maior chamado pós-modernismo nos dias de hoje e cada vez mais referido simplesmente como crítica pós-moderna ou hermenêutica. Nesse ponto não conseguimos ficar tão entusiasmados sobre a evolução do pensamento acadêmico. Mas em algumas esferas, o pós-estruturalismo ou o pós-modernismo é tão popular que alguns estudantes sérios da Bíblia têm que se familiarizar pelo menos um pouco com os seus métodos.

---

perspectiva da literatura moderna, cf. esp. T. J. Roberts, *When Is Something Fiction?* (Carbondale, IL: Southern Illinois University Press, 1972).

[37] Classicamente, veja as obras apócrifas de Tobias e Judite, e cf. D. J. Harrington, *Invitation to the Apocrypha* (Grand Rapids: Eerdmans, 1999), 11, 28–29. Cf. also E. Auerbach, *Mimesis: The Representation of Reality in Western Literature*, ed. W. R. Trask (Princeton: Princeton University Press, 2003 [orig. 1953]), 40-49; e E. M. Blaiklock, *Jesus Christ: Man or Myth?* (Homebush West, Anzea; Nashville: Nelson, 1984), 38-47, 68-78.

[38] C. S. Keener, *Acts: An Exegetical Commentary*, 4 vols. (Grand Rapids: Baker, 2012-2015), 1:99.

[39] N. R. Petersen, *Rediscovering Paul: Philemon and the Sociology of Paul's Narrative World* (Philadelphia: Fortress, 1985).

[40] Powell, *What Is Narrative Criticism?*, p. 88-89.

INTRODUÇÃO À INTERPRETAÇÃO BÍBLICA

Pós-estruturalismo/Pós-modernismo

O pós-estruturalismo se refere a inovações que foram baseadas no estruturalismo, mas foram além dele (e também, nesse particular, da crítica narrativa). De forma crescente, o pós-estruturalismo é associado ideologicamente ao pós-modernismo em geral. O pós-modernismo é um termo amplo, usado de formas diferentes por autores diferentes. Mas geralmente envolve um sistema de convicções e valores, tais como: 1) um pluralismo ideológico onde nenhuma religião nem cosmovisão em particular contém a verdade absoluta; 2) a impossibilidade da objetividade na interpretação e a valorização de abordagens pressuposicionais; 3) a importância das comunidades humanas na nossa formação e nossas perspectivas interpretativas; 4) uma rejeição da avaliação negativa modernista da religião e da espiritualidade; 5) um destaque no estético, no simbólico e na tradição antiga; 6) o papel formativo da narrativa no entendimento das peregrinações da nossa vida e da vida dos outros, junto com a rejeição da existência de alguma "metanarrativa" abrangente que possa dar sentido a todas as histórias individuas; e 7) a linguagem como determinante do pensamento e do sentido.[41] Tanto o pós-estruturalismo na análise literária quanto o pós-modernismo como visão de mundo têm uma preocupação para ir além dos métodos e das conclusões para chegar a um sentido como se fosse todo fixo e presente num texto. Em vez disso, eles encaram o sentido como sendo praticamente ou totalmente o produto de leitores individuais ou de comunidades interpretativas.[42]

Claramente o pós-modernismo oferece aos evangélicos pontos bons e ruins.[43] Devemos acolher a rejeição da dependência do modernismo da auto-

---

[41] Para uma introdução clara e resumida contrastando o modernismo ao pós-modernismo, com a discussão das características mais próximas, veja B. Kristanto, "The Bible and Our Postmodern World", *ERT* 37 (2013): p. 153-165.

[42] Para introduções ao pós-modernismo como visão de mundo de forma mais geral, veja C. Butler, *Postmodernism: A Very Short Introduction* (Oxford: Oxford University Press, 2003); H. White, *Postmodernism 101: A First Course for the Curious Christian* (Grand Rapids: Brazos, 2006); e S. Sim, ed., *The Routledge Companion to Postmodernism*, 3ª ed. (London e New York: Routledge, 2011).

[43] Muitas críticas surgiram; particularmente útil sobre os seus pontos positivos é S. Grenz, *A Primer on Postmodernism* (Grand Rapids: Eerdmans, 1996) e C. Raschke, *The Next Reformation: Why Evangelicals Must Embrace Postmodernity* (Grand Rapids: Baker, 2004). Sobre os seus pontos negativos, veja esp. D. R. Groothuis, *Truth Decay: Defending Christianity Against the Challenges of Postmodernism* (Downers Grove: InterVarsity, 2000). Uma antologia de várias reações que talvez no geral chegue a um equilíbrio é D. S. Dockery, ed., *The Challenge of Postmodernism: An Evangelical Engagement*, 2ª ed. (Grand Rapids: Baker, 2001). Para uma aplicação criativa, mas representativa do pós-modernismo a uma passagem bíblica específica (Lc 4:14-30), veja H. S. Pyper, *New Meanings for Ancient Texts: Recent Approaches to Biblical Criticisms and Their Applications*, ed. S. L. McKenzie e J. Kaltner (Louisville: Westminster John Knox, 2013), p. 117-136.

• 156 •

ABORDAGENS LITERÁRIAS E SOCIOCIENTÍFICAS RECENTES DA INTERPRETAÇÃO

nomia humana, da razão e da ciência e tecnologia como razão e finalidade da vida, porque, em suas formas mais abrangentes, levou inexoravelmente ao ceticismo e ao ateísmo. Os cristãos, em geral, e a Bíblia, em particular, historicamente têm valorizado a narrativa, o simbolismo, o estético, uma interpretação pressuposicional e a importância da comunidade. Os cristãos que anteriormente se apaixonaram pelo modernismo estão cada vez mais recuperando muitas desses dimensões graças ao pós-modernismo.

Por outro lado, devemos contestar a negação dos pós-modernistas da verdade absoluta, a afirmação que nenhuma religião ou ideologia pode finalmente ser superior a nenhuma outra, muito menos ser "o único caminho verdadeiro", a negação de qualquer "metanarrativa abrangente" (como a que é retratada na Bíblia), e a incapacidade dos seres humanos de transcenderem o seu condicionamento cultural ou linguístico. Um dos maiores problemas relacionados à hermenêutica, ao qual o pós-modernismo tem chamado a atenção, é a impossibilidade de os intérpretes humanos capturarem completamente (ou saber que eles capturaram completamente) o sentido que alguém coloca em qualquer ato comunicativo. Isso os cristãos devem aceitar prontamente por causa de nossas crenças na finitude e na falibilidade humanas. Mas existe um meio termo entre afirmar a objetividade absoluta e negar que, em muitos casos, podemos chegar a um entendimento *adequado* do sentido de um texto.

B. Meyer e N. T. Wright têm defendido com persuasão que os intérpretes devem acolher o "realismo crítico", uma abordagem que envolve o processo dialógico entre o intérprete e os textos aos quais se aproxima com sucesso ao sentido verdadeiro, mesmo se nunca o capturar de forma abrangente (ou saber que alguém o fez).[44] A imagem de uma espiral hermenêutica, como um tornado em forma de cone se concentrando em um ponto pequeno no chão, ou uma curva que é assíntota de uma hipérbole, chegando bem perto das linhas horizontais ou verticais de seus eixos sem nunca tocá-los, ajuda-nos a visualizar esse modelo.[45]

O outro lado dessa abordagem é que mesmo que não possamos ser sempre capazes de identificar uma interpretação única ou mesmo a interpretação mais

---

[44] B. F. Meyer, *Critical Realism and the New Testament* (Pittsburgh: Pickwick, 1989); J. J. Collins, *The Bible after Babel: Historical Criticism in a Postmodern Age* (Grand Rapids: Eerdmans, 2005). Para uma visão geral de suas aplicações em meio às várias disciplinas do conhecimento humano, veja M. Hartwig, ed., *Dictionary of Critical Realism* (London e New York: Routledge, 2007).

[45] Cf., respectivamente, G. R. Osborne, *A espiral hermenêutica: uma nova abordagem à interpretação bíblica* (São Paulo: Vida Nova, 2009); A. O. Bellis, "Objective Biblical Truth vs. the Value of Various Viewpoints: A False Dichotomy", *HBT* 17 (1995): p. 30.

INTRODUÇÃO À INTERPRETAÇÃO BÍBLICA

correta de um determinado texto, podemos geralmente descartar muitas outras como improváveis.[46]

PÓS-ESTRUTURALISMO/PÓS-MODERNISMO	
CRÍTICA DA ESTÉTICA DA RECEPÇÃO	Afirma que o sentido é produto dos leitores individuais interagindo com os textos; não existe um sentido objetivo no próprio texto.
DESCONSTRUÇÃO	Busca demonstrar que todos os textos desconstroem (destroem) a si mesmos, os textos não fazem afirmações absolutas para os leitores.

Voltando mais precisamente para a crítica literária, as duas categorias principais da análise pós-moderna ou pós-estrutural são a crítica da estética da recepção e a desconstrução. A crítica da estética da recepção é a menos radical das duas, afirmando que o sentido vem da interação entre um texto e os seus leitores. A desconstrução, quando aplicada de forma consistente, não espera achar nenhum sentido coerente fora das próprias e diversificadas percepções e experiências dos leitores. De forma interessante, há alguns setores que estão declarando que todo o pensamento pós-moderno chegou a um pico e está decaindo.[47] Isto parece precipitado, ainda que seja claramente o caso da desconstrução como a mais radical das duas.

Crítica da estética da recepção[48]

Como o título sugere, a crítica da estética da recepção se concentra primeiramente não nas intenções do autor ou no sentido fixo dos textos, mas nas diversas formas de recepção dos leitores (veja também a nossa discussão no cap. 6). A própria crítica da estética da recepção se divide em duas abordagens

---

[46] Veja esp. U. Eco, *Interpretation and Overinterpretation* (Cambridge: Cambridge University Press, 1992). R. Hendel ("Mind the Gap: Modern and Postmodern in Biblical Studies", *JBL* 133 [2014]: p. 422-443) distingue proveitosamente entre uma forma fraca de pós-modernismo de uma forma forte. A forma forte é a totalização, que o leva diretamente a uma posição contraditória. A forma fraca reconhece a corrupção de toda a racionalidade, embutida na cultura e enredada no poder. Mas ela pode aprender e pode se autocorrigir.

[47] E.g., I. Huber, *Literature after Postmodernism: Reconstructive Fantasies* (Basingstoke e NY: Palgrave Macmillan, 2014).

[48] Boas introduções à crítica da estética da recepção aparecem em J. L. Resseguie, "Reader-Response Criticism and the Synoptic Gospels", *JAAR* 52 (1984): p. 307-324 (limitada aos Evangelhos); R. M. Fowler, "Who Is 'The Reader' in Reader Response Criticism?" *Semeia* 31 (1985): p. 5-23 (de modo mais genérico na Bíblia); e J. P. Tompkins, ed., *Reader-Response Criticism* (Baltimore: Johns Hopkins University Press, 1980) (na literatura em geral).

ABORDAGENS LITERÁRIAS E SOCIOCIENTÍFICAS RECENTES DA INTERPRETAÇÃO

principais, apesar de elas nem sempre serem claramente distintas uma da outra (como a crítica narrativa às vezes inclui tanto abordagens centradas no texto quanto abordagens centradas no leitor).[49] Uma forma mais conservadora foi usada pela primeira vez por Wolfgang Iser, que também desenvolveu os conceitos de autores e leitores implícitos (veja acima), formando assim uma intersecção entre os métodos. Mas a característica distintiva da estética da recepção "conservadora" é que o texto ainda traz limitações importantes para os intérpretes.

Essa forma de análise pode tentar, por exemplo, reproduzir a experiência de alguém que lê uma passagem "pela primeira vez", de modo que o que se aprende de uma porção posterior do texto não possa ainda influenciar a compreensão de uma porção anterior.

Robert Fowler chega perto de uma hermenêutica evangélica tradicional quando ele se recusa a aceitar uma leitura popular e moderna da multiplicação dos pães para os 5 mil e os 4 mil (Mc 6:30-44; 8:1-10) como eucarística, porque a Santa Ceia (Mc 14:12-26) ainda não tinha ocorrido na época desses milagres. Um leitor pode usar os milagres da multiplicação dos pães para interpretar a Santa Ceia, mas não o contrário. Mas Fowler não aplica a crítica histórica para limitar a interpretação de um acontecimento a informações que vêm de acontecimentos anteriores; ele assume o ponto de vista de um leitor que lê Marcos pela primeira vez, que ainda não leu sobre a Santa Ceia.[50]

De forma interessante, essa estratégia de leitura sequencial talvez combine melhor com o processo padrão do mundo antigo, no qual os textos escritos eram lido em voz alta para grupos reunidos. Ouvir um texto apenas uma vez não dava ao ouvinte o luxo de avançar ao fim ou reler uma seção já esquecida. Talvez a análise histórico-gramatical tradicional, com todas as referências cruzadas de usos de palavras e conceitos por todo o documento, frequentemente tem achado sentidos demais nos textos, de modo que quem os escutasse uma só vez não os poderia absorver![51]

A crítica da estética da recepção mais conservadora, além disso, explora as "lacunas" num texto, ao qual o leitor deve atribuir o seu próprio sentido. Por exemplo, por que o relato do pecado de Davi com Bate-Seba começa com reis saindo à guerra, enquanto Davi (o rei) fica em casa (2Sm 11:1)? Por que Davi

---

[49] J. Barton, "Thinking About Reader-Response Criticism", *ExpTim* 113 (2002): p. 147-151; K. J. Vanhoozer, *Há um significado neste texto?* (São Paulo: Vida, 2005), p. 173.

[50] R. M. Fowler, *Loaves and Fishes: The Function of the Feeding Stories in the Gospel of Mark*, SBLDS 54 (Chico, CA: Scholars, 1981), p. 140-141.

[51] S. D. Moore, *Literary Criticism and the Gospels* (New Haven: Yale University Press, 1989), p. 84-88. R. H. Stein, "Is Our Reading the Bible the Same as the Original Audience's Hearing It?", *JETS* 46 (2003): p. 63-78, também estabelece esse ponto.

INTRODUÇÃO À INTERPRETAÇÃO BÍBLICA

envia Urias para dormir com a esposa depois de ter cometido adultério com ela? Urias se recusa a ir por saber o que Davi fez e por não aceitar a participar de sua tentativa de disfarçar a situação? Ou é só porque ele é tão virtuoso que não quer ter acesso a privilégios que seus colegas soldados não podem ter, como ele afirma de forma clara (v. 11)? Quando ele não vai para casa, Davi suspeita que Urias sabe do seu plano? A cada estágio da narrativa, o leitor precisa fazer algumas suposições para preencher essas "lacunas". O modo como respondemos a essas perguntas alterará consideravelmente nossos pontos de vista sobre os personagens principais na história.[52]

Se Urias não está sendo claro com Davi, então não poderemos identificá-lo tanto como a vítima inocente. Se tivéssemos informações adicionais históricas que nos permitissem responder a esse tipo de perguntas, estaríamos nos envolvendo simplesmente na crítica histórica. Estando ausentes, devemos fazer inferências a partir de outros elementos do próprio texto, de modo que o processo se torna parte da crítica literária.

Uma crítica da estética da recepção mais radical se concentra no sentido da forma que é completamente, ou quase completamente, elaborado pelo leitor individual. O sentido (como a beleza) está nos olhos de quem o vê. A única razão por que as semelhanças e as interpretações surgem em primeiro lugar, de acordo com essa visão, é porque vários leitores pertencem a "comunidades interpretativas" com convenções comuns, que os levam a ler os textos de modo semelhante. Mas, além dessas convenções comuns, não existe sentido objetivo intrínseco nos símbolos dos textos.

Stanley Fish geralmente é considerado o idealizador dessa ala de crítica da estética da recepção que tem prazer em demonstrar como até mesmo textos que parecem mais claramente comunicar um sentido objetivo e recuperável podem ser entendidos de forma plausível de maneiras bem diferentes.[53] Por exemplo, pode-se ler a história das interações de Saul com Davi como um "romance" bem ordinário de um Deus arbitrário e cheio de caprichos que levanta e faz cair os governantes sem uma boa razão: uma história que depois os judeus e cristãos posteriores domesticaram em um conto religioso edificante.[54] Pode-se entender a parábola do filho pródigo de modo que o pródigo, o seu pai e o irmão mais velho correspondam respectivamente ao entendimento freudiano de

---

[52] Sternberg, *Poetics,* p. 193-213. Cf. M. Garsiel, "The Story of David and Bathsheba: A Different Approach", *CBQ* 55 (1993): p. 244-262.

[53] S. E. Fish, *Self-Consuming Artifacts: The Experience of Seventeenth-Century Literature* (Berkeley: University of California Press, 1972); S. E. Fish, *Is There a Text in This Class? The Authority of Interpretive Communities* (Cambridge, MA: Harvard University Press, 1980).

[54] K. L. Noll, "Is There A Text in This Tradition? Readers' Response and the Taming of Samuel's God", *JSOT* 83 (1999): p. 31-51.

ABORDAGENS LITERÁRIAS E SOCIOCIENTÍFICAS RECENTES DA INTERPRETAÇÃO

id, ego e superego.[55] Não encontramos um grande número de interpretações de textos bíblicos como essa, exceto em intérpretes que se identificam com grupos de interesse específicos, sobre os quais discutimos na segunda metade desse capítulo.[56]

As fraquezas principais da crítica da estética da recepção mais radical residem no seu relativismo. Por um lado, se nada mais conta além das convenções interpretativas compartilhadas para as leituras dos textos estudados, os críticos da estética da recepção não devem se opor a leituras muito diferentes das próprias, e mesmo assim muitos tentam defender as suas interpretações como melhores que as outras! E aqueles que nem querem fazer isso, mas somente transmitem as suas como uma leitura legítima dentre as outras, pelo menos querem que as pessoas entendam o seu sentido pelas vias normais do discurso humano, e quase sempre também nos artigos ou livros que eles escrevem negando a intenção autoral como a chave do sentido! Alguém poderia defender, teologicamente, que todos os homens, criados à imagem de Deus, têm convenções interpretativas em comum que os permitem um sentido objetivo que transcenda as percepções de leitores individuais e de comunidades interpretativas.

No primeiro cenário, a crítica da estética da recepção não tem sentido. No segundo ele reverte em favor de uma hermenêutica mais tradicional centrada no texto. Além do mais, a crítica da estética da recepção mais radical não consegue levar em conta como os textos transformam os leitores, gerando interpretações e um comportamento que vai contra os seus entendimentos anteriores, pressupostos e condicionamento social.

Em alguns casos, o que se considera interpretações deve provavelmente ser visto como aplicações diferentes. Como demonstraremos, o sentido original se mantém fixo, ainda que o sentido contemporâneo varie. De forma opcional, usando a linguagem da "teoria dos atos de fala",[57] podemos dizer que os atos ilocucionários de Deus (o que ele atinge pelo próprio ato da fala) são sempre consistentes com a suas perlocuções propostas (os resultados ou os efeitos propostos

---

[55] M. A. Tolbert, "The Prodigal Son: An Essay in Literary Criticism from a Psychoanalytic Perspective", *Semeia* 9 (1977): p. 1-20.

[56] Para algumas das razões principais, veja S. E. Porter, "Why Hasn't Reader-Response Criticism Caught on in New Testament Studies?" *JLT* 4 (1990): p. 278-292. Cf. a reação de P. R. Noble, "Fish and the Bible: Should Reader-Response Theories 'Catch On?'" *HeyJ* 37 (1996): p. 456-467.

[57] Para uma introdução excelente à disciplina e à sua aplicação nos estudos bíblicos, veja R. Briggs, "The Uses of Speech-Act Theory in Biblical Interpretation", *CurBR* 9 (2001): p. 229-276. Temos mais a dizer sobre a teoria dos atos de fala posteriormente.

• **161** •

INTRODUÇÃO À INTERPRETAÇÃO BÍBLICA

da sua fala)[58] No mínimo, a crítica da estética da recepção prestou um bom serviço ao lembrar os leitores da influência verdadeiramente significativa de seus pressupostos (como vamos discutir mais tarde). Mas devemos submeter nossos pressupostos que cultivamos dos sentidos dos textos aos desafios das novas informações e perspectivas que reconhecem o potencial de um grau considerável de objetividade, como no realismo crítico.[59]

Desconstrução

Ainda mais bem difundido nos círculos literários, incluindo os dos estudos bíblicos, é o segundo tipo do pós-estruturalismo: a desconstrução. Ideologicamente, a desconstrução vem de Nietzsche, filósofo niilista do século XIX, e do seu recente discípulo, Jacques Derrida. É uma forma de crítica anarquista e hiper-relativista criada para demonstrar como todos os textos, na verdade toda a comunicação humana, finalmente destrói ou faz ruir a si mesmo.[60] Nas palavras de T. K. Seung, o propósito declarado da desconstrução é "gerar sentidos conflitantes a partir do mesmo texto, e jogar esses sentidos uns contra os outros".[61] Nem essa é somente uma nova variante do antigo tema de mostrar contradições aparentes na Escritura (ou em qualquer outra obra de história, teologia ou literatura).[62]

---

[58] Vanhoozer, *Há um significado neste texto?* p. 280. É claro, ainda que o autor divino sempre atinja o que ele pretende quando se comunica, isto não quer dizer que os leitores sempre reagirão à sua mensagem da forma que ele deseja.

[59] Existem críticas bem profundas entre os evangélicos, mas para uma que mesmo assim demonstra alguns desses e outros problemas com a crítica da estética da recepção, veja A. C. Thiselton, "Reader-Response Hermeneutics, Action Models, and the Parables of Jesus" , ed R. Lundin, A. C. Thiselton, e C. Walhout, *The Responsibility of Hermeneutics* (Grand Rapids: Eerdmans, 1985), p. 79-113. A partir de uma perspectiva católica, cf. esp. T. J. Keegan, "Biblical Criticism and the Challenge of Postmodernism", *BibInt* 3 (1995): p. 1-14. Também adotamos uma posição um tanto aberta, enquanto insistimos sobre as limitações que defendemos sob o conceito de "validação" a seguir no capítulo 6.

[60] Duas introduções padrão à desconstrução na literatura de modo mais geral são J. Culler, *On Deconstruction: Theory and Criticism After Structuralism* ed. rev. (Ithaca: Cornell University Press, 2007); e C. Norris, *Deconstruction: Theory and Practice* (New York: Methuen, 2002). R. Briggs ("Gnats, Camels and Aporias: Who Should Be Straining Out What? Christianity and Deconstruction", *VE* 25 [1995]: p. 17-32) adota uma definição menos abrangente como simplesmente uma abordagem que afirma a existência do significado que não pode ser fixado nas palavras que o transmitem. Ele assim é capaz de encontrar mais virtude nisso melhor do que muitos evangélicos, mas o entendimento dele não é o mais comum sobre esse conceito.

[61] T. K. Seung, *Structuralism and Hermeneutics* (New York: Columbia University Press, 1982), p. 271. For application to biblical studies, see A. K. M. Adam, *What Is Postmodern Biblical Criticism?* (Minneapolis: Fortress, 1998).

[62] Embora em alguns exemplos o termo seja aplicado assim. Veja esp. D. Seeley, *Deconstructing the New Testament,* BibInt 5 (Leiden: Brill, 1994).

• **162** •

ABORDAGENS LITERÁRIAS E SOCIOCIENTÍFICAS RECENTES DA INTERPRETAÇÃO

Em vez disso, a desconstrução normalmente busca inconsistências ideológicas sutis, muitas vezes involuntárias ou ambiguidades em um texto que parecem difíceis de resolver e que desencorajam os intérpretes a afirmar que há um sentido fixo. Os motivos para essa análise variam entre um desejo inócuo de ser criativo e uma preocupação de negar quaisquer afirmações absolutas do texto sobre os intérpretes.

Obviamente, ninguém com uma visão tradicional e cristã da inspiração, da precisão, da clareza ou da autoridade da Escritura deve aceitar a desconstrução como um pacote ideológico. Além disso, concentrar-se nas tensões subjacentes ao texto pode trazer à superfície só uma parte do seu sentido, particularmente nas partes mais ocultas da Bíblia, mesmo se quisermos continuar propondo soluções para estas tensões. Por exemplo, é intrigante ler como Ester, no fundo, tem que perder sua "judaicidade" para se salvar. Somente como rainha persa, escondendo a sua identidade étnica do seu marido-rei, ela pode resgatar o povo judeu do genocídio que Hamã planejou para ele.[63] Talvez isso sirva como um lembrete saudável das ambiguidades e concessões envolvidas em tentar viver como uma pessoa de Deus na arena política da humanidade caída.

Como outro exemplo, considere Jó. Depois dos muitos discursos dele e de seus conselheiros, Deus finalmente defende Jó contra os seus amigos: "Estou indignado com você e com os seus dois amigos, pois vocês não falaram o que é certo a meu respeito, como fez meu servo Jó" (Jó 42:7). Seus amigos, no fundo, tentaram justificar Deus, visto que estava punindo com justiça os pecadores e recompensando os justos, enquanto Jó queixou-se repetidamente que Deus o estava perseguindo injustamente. No entanto, se Deus está certo em defender Jó, então Deus deve ser injusto porque essa parecia ser a acusação de Jó.[64] A solução pode ser que quando Deus declara que Jó está certo, ele não está se referindo a todas as palavras que Jó disse. Novamente somos advertidos de que não devemos imitar os amigos de Jó com explicações muito fáceis ou simplistas sobre a razão de as pessoas sofrerem. Aqui está mais um exemplo do viés bem conservador da desconstrução (o qual, por definição, não é muito conservador!). Werner Kelber tem chamado a atenção de forma bem útil à maneira que o Evangelho de João usa palavras como "a Palavra" (*ho logos*) encarnada, que é Jesus. Uma atenção cuidadosa a essas palavras e a Palavra afastará as pessoas do conceito das palavras escritas (ou faladas) para uma Pessoa. Quanto mais alguém leva a sério o ambiente da mensagem de João, mais será levado para longe

---

[63] D. J. A. Clines, "Reading Esther from Left to Right", in *The Bible in Three Dimensions,* JSOTSup 87 ed. D. J. A. Clines, S. E. Fowl e S. E. Porter, (Sheffield: JSOT, 1990), p. 31-52.

[64] D. J. A. Clines, "Deconstructing the Book of Job", em D. J. A. Clines, *What Does Eve Do To Help? And Other Readerly Questions to the Old Testament,* JSOTSup 94 (Sheffield: JSOT, 1990 London: Bloomsbury T. & T. Clark, 2009), p. 106-123.

INTRODUÇÃO À INTERPRETAÇÃO BÍBLICA

dessa ideia para um relacionamento vivo com aquele sobre o qual se fala na mensagem.[65] Até certo ponto, o texto destrói sua própria autoridade singular. E, sem dúvidas, muitos cristãos precisam ser lembrados de que eles adoram uma pessoa, e não um livro.[66]

No entanto, muito mais características da desconstrução são as suas aplicações bem mais radicais. Dominic Crossan, por exemplo, escreveu bastante sobre as parábolas, todavia sua própria engenhosidade, e não a validade da interpretação, parece ser seu guia, como ele resumiu na sua expressão "brincadeira livre".[67] Num mesmo lugar, ele declara: "Já que não se pode interpretar inquestionavelmente, pode-se interpretar indefinidamente."[68] Assim, ele lê a parábola do filho pródigo (Lc 15:11-32) como uma alegoria do caminho da consciência ocidental da alegoria mimética (realista) à lúdica (brincalhona).[69] Ele vê a parábola do tesouro no campo (Mt 13:44) como se ensinasse, entre outras coisas, que se deve abandonar tudo em nome do Reino, o que inclui abandonar a parábola e, finalmente, abandonar o abandono![70] Compreensivelmente, D. A. Carson critica esse tipo de desconstrução chamando-o de "tão anacrônico que faz um historiador se encolher de vergonha",[71] ao que Crossan poderia responder: "É claro! Eu não estava tentando agradar um historiador!" Ainda mais bizarro é todo o livro de Stephen Moore sobre Marcos e Lucas, que usa os trocadilhos (em inglês!) entre Marcos e marcas como impressões de uma carta sobre um pedaço de papel, e entre Lucas e o verbo inglês "look", que quer dizer "ver". Moore então prossegue para discutir Marcos e Lucas juntamente com um amplo leque de literatura moderna, como dois Evangelhos que destacam as marcas escritas e a habilidade de ver, respectivamente.[72]

---

[65] Kelber é citado em Moore, *Literary Criticism and the Gospels*, p. 152-157, que se refere a uma obra vindoura de Kelber onde esta discussão apareceria. Aparentemente ela nunca foi lançada.

[66] Cf. G. A. Phillips, "'You Are Either Here, Here, Here, or Here': Deconstruction's Troublesome Interplay", *Semeia* 71 (1995): p. 193-213. Phillips argumenta que se a desconstrução se serve do texto para descobrir provas e revela mais sobre a plenitude e a profundidade do significado além do que o propósito do autor original ou do entendimento dos destinatários, então ela deve nos retornar ao "Outro por trás do texto" que o modernismo e as abordagens centradas no autor ou no leitor reprovaram.

[67] Veja esp. J. D. Crossan, *Cliffs of Fall: Paradox and Polyvalence in the Parables of Jesus* (New York: Seabury, 1980; Eugene, OR: Wipf & Stock, 2008), p. 25-104.

[68] Ibid., p. 102.

[69] Ibid., p.101.

[70] J. D. Crossan, *Trove Folktales and Jesus' Treasure Parable* (Philadelphia: Fortress, 1979), p. 93.

[71] D. A. Carson, "Matthew", in *The Expositor's Bible Commentary Matthew-Mark,* ed. rev., ed. T. Longman III e D. E. Garland (Grand Rapids: Zondervan, 2010), 9:376.

[72] S. D. Moore, *Mark and Luke in Poststructuralist Perspectives: Jesus Begins to Write* (New Haven e London:Yale University Press, 1992). Para uma desconstrução de João, veja P. C.

ABORDAGENS LITERÁRIAS E SOCIOCIENTÍFICAS RECENTES DA INTERPRETAÇÃO

Sob o ponto de vista do AT, Peter Miscall argumenta que toda tentativa de avaliar as caracterizações positivas ou negativas de Davi e de seus companheiros em 1Samuel 16—22 defrontam-se com informações conflitantes, de modo que é impossível fazer afirmações definitivas sobre o sentido desses personagens ou dos acontecimentos com os quais eles se envolveram.[73] Se Miscall estiver certo, então não podemos identificar personagens cujo comportamento devemos imitar ou evitar de forma tão fácil como a maioria dos leitores pensa.

Os defensores da desconstrução deveriam pensar aonde tudo isso nos levaria se fosse adotado de uma forma mais generalizada. Aqueles que responderam essa pergunta não nos dão respostas satisfatórias.[74] Apesar de alguns argumentarem que a desconstrução veio para ficar, as pessoas comuns não vivem nem podem viver como se o diálogo humano fosse, no final das contas, relativista e contraproducente. Muito provavelmente o pós-estruturalismo provará ser uma moda passageira e, como vimos, alguns sugeririam que já é o caso. A desconstrução um dia destruirá totalmente a si mesma. O declínio vertiginoso no número de estudos com essa perspectiva nos primeiros anos do século XXI (comparado com a década anterior) sugere que isso já está começando a acontecer. Mas o que vai tomar o seu lugar?

Os adeptos do pós-estruturalismo rejeitam a ideia de um ecletismo ou metacrítica na qual as percepções válidas de todas as novas ferramentas críticas cooperarão com a hermenêutica mais tradicional. Mas o nosso parecer é que precisamos de algo exatamente assim. Os antropólogos culturais, por exemplo, já renunciaram ao relativismo por quase duas décadas em favor da busca de metamodelos que permaneçam válidos acima da diversidade transcultural.[75] De forma interessante, o método que alguns saúdam como a próxima panaceia para a crítica bíblica é a análise sociocientífica que se baseia muito nos modelos antropológicos.[76] Até o momento, essa análise nem sempre aceitou o seu lugar como um método limitado entre os outros. Como acontece geralmente com as novas ideias, os seus defensores tendem a saudá-la como a melhor abordagem de todas. Mas, com o tempo, afirmações menos arrogantes sem dúvidas

---

Counet, *John—A Postmodern Gospel: Introduction to Deconstructive Exegesis Applied to the Fourth Gospel,* Biblical Interpretation 44 (Leiden: Brill, 2000).

[73] P. D. Miscall, *The Workings of Old Testament Narrative* (Chico, CA: Scholars; Philadelphia: Fortress, 1983). Para uma desconstrução de uma obra profética, veja E. K. Holt e C. J. Sharp, eds., *Jeremiah Invented: Constructions and Deconstructions of Jeremiah,* LHBOTS 595 (London: Bloomsbury T. & T. Clark, 2015).

[74] De forma mais notável, Moore, *Literary Criticism and the Gospels,* p. 171-178.

[75] P. G. Hiebert, "Critical Contextualization", *IBMR* 11 (1987): p. 104-112.

[76] Observe em particular o modo como B. J. Malina ("Reader Response Theory: Discovery or Redundancy?" *Creighton University Faculty Journal* 5 [1986]: p. 55-66) vê a análise sociocientífica como a sucessora adequada de uma crítica da estética da recepção falida.

prevalecerão. Enquanto isso, temos que pesquisar essa nova arena metodológica da academia bíblica e ver qual promessa ela oferece ao estudo da hermenêutica.[77]

ABORDAGENS SOCIOCIENTÍFICAS DA ESCRITURA

Muitos dos mesmos fatores que trouxeram insatisfação com os métodos histórico-críticos tradicionais e deram origem à crítica literária da Bíblia também levaram os acadêmicos a propor novos modelos sociocientíficos de interpretação. A insatisfação com o *status quo*, a percepção das pressuposições modernas importadas para a crítica histórica, as oportunidades para a criatividade e ideias novas, e o crescente diálogo interdisciplinar nas universidades, tudo isso teve a sua parcela de contribuição. A partir daí, muitos especialistas bíblicos estão investigando profundamente sobre o estudo da sociologia, da antropologia, da economia e da ciência política, usando as descobertas de seus estudos para acrescentar novas facetas à disciplina da hermenêutica bíblica.

Classificação

ABORDAGENS SOCIOCIENTÍFICAS DA ESCRITURA	
HISTÓRIA SOCIAL	Busca explicar os textos por meio do entendimento dos mundos sociais nos quais eles surgiram
TEORIAS SOCIOCIENTÍFICAS	Busca aplicar os modelos atuais em textos do mundo antigo

---

[77] Outros livros importantes sobre a crítica literária da Bíblia que não foram mencionados nas notas de rodapé anteriores dessa seção incluem T. Longman, III, *Literary Approaches to Biblical Interpretation* (Grand Rapids: Zondervan, 1987), uma pesquisa evangélica e uma análise crítica simpática; N. Frye, *The Great Code: The Bible and Literature* (New York: Harcourt, 1982; New York: Mariner, 2002) um estudo importante dos arquétipos e do símbolo por um crítico literário influente; E. V. McKnight, *The Bible and the Reader* (Philadelphia: Fortress, 1985), uma pesquisa das abordagens centradas no leitor, mas que inclui também o estruturalismo e as formas mais tradicionais da crítica literária; S. Bar-Efrat, *Narrative Art in the Bible* (Sheffield: Almond, 1989; Edinburgh:T&T Clark, 2004), sobre a narração, personagens, trama, tempo e espaço, e estilo da Bíblia Hebraica; A. K. M. Adam, ed., *Postmodern Interpretations of the Bible—A Reader* (St. Louis: Chalice, 2000), análises desconstrutivas ou críticas da estética da recepção de todas as partes principais da Bíblia; e D. Jobling, T. Pippin, e R. Schleifer, eds., *The Postmodern Bible Reader* (Oxford: Blackwell, 2001) — uma coleção mais organizada por tema de estudos semelhantes a esses, e J. B. Gabel, C. B. Wheeler, A. D. York e D. Citino, *The Bible as Literature*, 5ª ed. (Oxford: Oxford University Press, 2005): um livro introdutório com um estudo clássico e abrangente.

ABORDAGENS LITERÁRIAS E SOCIOCIENTÍFICAS RECENTES DA INTERPRETAÇÃO

Esses estudos sociocientíficos se situam em duas categorias gerais: a pesquisa que explica a história social do mundo bíblico e a aplicação das teorias modernas do comportamento humano aos textos da Escritura.[78]

História social

Essa categoria poderia facilmente envolver um ramo especial de pesquisa de cenário histórico. Mas, na maioria dos casos, os estudantes modernos da Bíblia não têm se concentrado nos mundos sociais significativamente diferentes e na dinâmica dos tempos bíblicos. Hoje, no Ocidente, vivemos em uma cultura altamente individualista com muitas oportunidades para escolhas na vida, com respeito a cônjuges, empregos, lugares para morar etc. Na maior parte do tempo, as culturas antigas do Oriente Médio estavam baseadas mais fortemente nos vários grupos aos quais o indivíduo pertencia, e esses grupos (família, etnia, gênero, profissão) geralmente determinavam as oportunidades para escolher um cônjuge, ou mudar uma carreira ou local de residência (ou, no caso de uma mulher, até ter uma educação ou uma carreira "fora de casa"). Uma atenção cuidadosa ao mundo social explícito ou implícito em vários textos bíblicos frequentemente traz nova luz sobre eles e/ou prova o erro dos equívocos populares.[79]

Essa verdade óbvia, mas bem negligenciada, cativou a atenção de um de nós em uma conversa sobre a vida conjugal que ele teve com um amigo de Cingapura em uma escola de pós-graduação. O autor se admirou de como ele podia falar de modo tão calmo e agradável sobre parentes morando juntos, incluindo recém-casados se mudando para a casa de um de seus pais! Ele tentou contar

---

[78] Bons panoramas da pesquisa recente incluem, para o AT, T. W. Overholt, *Cultural Anthropology and the Old Testament* (Minneapolis: Fortress, 1996); C. E. Carter e C. L. Meyers, eds., *Community, Identity, and Ideology: Social Science Approaches to the Hebrew Bible*, Sources for Biblical and Theological Study 6 (Winona Lake: Eisenbrauns, 1996); C. E. Carter, "Opening Windows onto Biblical Worlds: Applying the Social Sciences to Hebrew Scripture", em *The Face of Old Testament Studies: A Survey of Contemporary Approaches*, ed. D. W. Baker e B. T. Arnold (Grand Rapids: Baker; Leicester: Apollos, 1999), p. 421-451. Para o NT, veja Elliott, *What is Social-Scientific Criticism?*; P. F. Esler, *The First Christians in Their Social Worlds: Social-Scientific Approaches to New Testament Interpretation* (London e New York: Routledge, 1994); D. G. Horrell, ed., *Social-Scientific Approaches to New Testament Interpretation* (Edinburgh: T&T. Clark, 1999), e J. B. Tucker e C. A. Baker, eds., *T&T Clark Handbook to Social Identity in the New Testament* (London e NY: T&T Clark, 2014). Para os dois Testamentos, veja J. Johnson, *The Biblical World through New Glasses: Seeing the Bible through Its Cultural Context* (Dallas: Saint Paul Press, 2011).

[79] Particularmente útil para destacar esses pontos, em sua aplicação da análise de "grupo/grade" para contrastar as culturas modernas com as bíblicas, é o livro de Malina, *Christian Origins and Cultural Anthropology: Practical Models for Biblical Interpretation* (Atlanta: John Knox, 1986; Eugene, OR: Wipf & Stock, 2010), p. 28-67.

para ele que a Bíblia sugeria um modelo diferente: "o homem deixará pai e mãe e se unirá à sua mulher" (Gn 2:24). O homem de Cingapura logo respondeu que isso não poderia significar separação física ou geográfica já que as culturas bíblicas na maioria dos casos não eram parecidas com a sua experiência na sociedade chinesa tradicional. Em vez disso, esse versículo deve se referir a uma mudança na lealdade absoluta (depois de se casar, os interesses do cônjuge superam os dos pais mesmo se todos morarem debaixo do mesmo teto). O autor terminou a conversa sentindo-se um tanto tolo.

A sensibilidade a esse tipo de história social pode iluminar muitas outras passagens. Marcos 3:31-35, por exemplo, se destaca como notoriamente radical. Jesus viveu em uma cultura que valorizava a lealdade familiar sobre todos os outros relacionamentos humanos (uma virtude frequentemente em falta hoje). Então o fato de ele ter ignorado sua família biológica enquanto ensinava às multidões que seus discípulos ("todo aquele que faz a vontade de Deus") eram "meu irmão e irmã e mãe" teria chocado e ofendido muitos dos seus ouvintes. Além disso, essas palavras sugerem que Jesus não estava criando apenas relacionamentos novos e profundos com seus seguidores, mas também uma família ampliada que envolveria obrigações detalhadas de cuidado e compromisso entre esses novos membros da "família" (o que os sociólogos geralmente chamam de "parentesco fictício").[80] Um entendimento dos laços de família também pode explicar como famílias inteiras eram convertidas simultaneamente (e.g. At 16:14-15, 31-34). Os missionários modernos, ao encontrarem tribos não ocidentais ou clãs nos quais os compromissos religiosos feitos pelos líderes eram cumpridos por grupos inteiros de pessoas, bem tardios para reconhecer a vigência e o precedente bíblico para tal reação.[81] A conversão tem que ser pessoal, mas não é sempre individual.[82]

A separação entre Igreja e estado vigente nos Estados Unidos nos tempos modernos também ofusca o nosso entendimento das culturas antigas que não conheciam essa separação. Dizer, por exemplo, que Jesus trouxe uma mensagem espiritual sem consequências políticas, ou que a religião é puramente uma questão pessoal, criaria uma divisão que é estranha ao século I (e para muitas pessoas hoje). As diversas autoridades judaicas combinavam papéis governamentais e religiosos nas comunidades e na nação. Se eles percebiam Jesus como

---

[80] Veja esp. D. M. May, "Mark 3:20-35 from the Perspective of Shame/Honor", *BTB* 17 (1987): p. 83-87.

[81] Veja esp. D. Tidball, *Social Context of the New Testament: A Sociological Analysis* (Grand Rapids: Zondervan 1984), p. 84-85.

[82] Um conceito particularmente associado com o movimento moderno de crescimento de igrejas e introduzido por D. McGavran primeiramente em *Bridges of God* (New York: Friendship, 1955).

ABORDAGENS LITERÁRIAS E SOCIOCIENTÍFICAS RECENTES DA INTERPRETAÇÃO

uma ameaça à autoridade que tinham em uma esfera, essa ameaça naturalmente se estendia à outra. De modo diferente, Roma (mais naturalmente associada aos olhos modernos com a autoridade política) finalmente incluiria dentro de suas afirmações religiosas abrangentes ("César é Senhor"). Os cristãos não podiam oferecer o sacrifício imperial, mesmo que o restante do império visse essas ações como algo mais significativo do que nosso juramento de fidelidade à bandeira ou nossa saudação a ela. Para os cristãos do primeiro século esse "patriotismo" envolvia associações blasfemas da divindade com imperadores humanos. Por causa disso, a "desobediência civil" deles resultou em surtos de perseguição e na escrita de vários documentos do NT (por exemplo, Hebreus, 1Pedro, e Apocalipse).[83]

De fato, uma área em desenvolvimento no estudo do NT envolve ler vários livros do NT diante do contexto das afirmações e das ameaças imperiais. A "crítica imperial" em um momento ou outro afirmou que praticamente todas as passagens do NT podem ter sido vistas como subversivas por alguém particularmente leal a Roma por causa das afirmações que tornam Jesus um ser absoluto: a sua epifania, as suas boas-novas (o Evangelho), a sua proclamação, as suas promessas de paz, os seus poderes milagrosos, e a necessidade dos seus seguidores de lhe prestarem uma obediência total.[84] Essa tendência é um lembrete importante para as pessoas que pensam a religião somente como uma questão de foro íntimo, como acontece frequentemente no mundo atual, de que os leitores do primeiro século teriam sempre refletido sobre a importância sociopolítica de suas afirmações.

Por outro lado, é provável que os leitores de Romanos, na capital do império, teriam comparado mais rapidamente Jesus com César do que os leitores de Gálatas, distantes de quaisquer centros de culto ao imperador.[85] Do mesmo modo que se faz com muitas ferramentas críticas, tem que se avaliar cada proposta caso a caso em vez de fazer generalizações radicais sobre o que "todos" pensavam ou acreditavam.[86] O mesmo se aplica aos suspeitos de forma implícita de crítica imperial. Devido ao fato de o pós-colonialismo (veja mais adiante)

---

[83] Para as várias questões desse parágrafo, cf. esp. R. A. Horsley, *The Liberation of Christmas* (New York: Crossroad, 1989). É válido perguntar se hoje o "patriotismo cristão" eleva o país acima de Deus.

[84] W. Carter usou esse método de forma mais coerente e destacada do que qualquer outro. Veja esp. a sua obra *Matthew and Empire: Initial Explorations* (Harrisburg, PA: Trinity Press International; 2001); e *John and Empire: Initial Explorations* (London e New York: T&T Clark, 2008).

[85] S. Kim, *Christ and Caesar: The Gospel and the Roman Empire in the Writings of Paul and Luke* (Grand Rapids: Eerdmans, 2008).

[86] Habitualmente sensata nessa iniciativa é a obra de S. McKnight e J. B. Modica, eds., *Jesus is Lord, Caesar is Not: Evaluating Empire in New Testament Studies* (Downers Grove: InterVarsity, 2013).

• **169** •

INTRODUÇÃO À INTERPRETAÇÃO BÍBLICA

ter a tendência de rejeitar todos os impérios com a mesma hostilidade, alguns têm ido para o outro extremo, sem ver crítica imperial alguma nas Escrituras.

Mas reconhecer que Jesus e os seus seguidores em alguns momentos, de fato, eram muito críticos, mesmo de forma implícita, ao Império Romano do primeiro século, não quer dizer automaticamente que todos os impérios ao longo da história tivessem as mesmas fraquezas (ou qualidades).[87]

O número de áreas em que um entendimento melhor da história social das culturas bíblicas pode iluminar o texto é quase sem fim.[88] O grande tópico da honra e da vergonha nos ajuda a entender por que um homem despertado do sono por um visitante à meia-noite estaria tão preocupado em lhe dar hospitalidade, mesmo se exigisse inconvenientes consideráveis (Lc 11:5-8); a sua reputação na vila estava sendo posta à prova.[89] Jefté demonstra a seriedade do seu compromisso em defender a honra do seu povo contra os seus inimigos jurando sacrificar "o que sair da porta" da sua casa para o encontrar quando ele retorna vitorioso da batalha (Jz 11:31). Tragicamente, acabou sendo a sua filha, cuja resposta surpreendente (v. 36) mostra que ela entendia a necessidade de se manter um voto, não importando o quanto tenha sido precipitado.[90]

As questões de pureza ritual dominavam a vida do Israel antigo, fato que explica as divisões altamente simbólicas do Tabernáculo e do Templo de Jerusalém em um espaço progressivamente mais sagrado à medida que alguém se aproximava do Lugar Santíssimo, visto que cada vez menos pessoas poderiam entrar a cada pátio posterior.[91] Uma forma de impureza particularmente danosa vinha de uma maldição. Uma crença interessante extremamente difundida nas culturas mediterrâneas antigas (e ainda presentes nesses lugares até hoje) era que algumas pessoas eram capazes de lançar uma maldição nas outras simplesmente com o poder de um olhar maligno, conhecido como o "mau olhado". Em várias passagens dos Evangelhos, a tradução literal do texto se refere a essa crença. Por exemplo, em Mateus 6:23 Jesus fala das pessoas cujos olhos são maus,

---

[87] A. C. Hebert, "God and Caesar: Examining the Differences between Counter-Imperial and Post-Colonial Hermeneutics", *CTR* 11 (2014): p. 91-100.

[88] Para uma pesquisa abrangente, veja R. L. Rohrbaugh, ed., *The Social Sciences and New Testament Interpretation* (Peabody: Hendrickson, 1996: Grand Rapids: Baker, 2010).

[89] V. H. Matthews e D. C. Benjamin ("Social Sciences and Biblical Studies", *Semeia* 68 [1994]: p. 7-21) trazem um resumo excelente de aplicações desses conceitos.

[90] V. H. Matthews e D. C. Benjamin, *Social World of Ancient Israel 1250-587 BCE* (Peabody: Hendrickson, 1993), p. 19-21. Isto não quer dizer que Jefté devia cumprir o seu voto, já que o sacrifício de filhos é uma abominação ao Senhor. (Lev 18:21, 20:2-5; Jer 32:35). Veja B. G. Webb, *The Book of Judges*, NICOT (Grand Rapids: Eerdmans, 2012), p. 336.

[91] Para o cenário do AT, cf. P. P. Jenson, *Graded Holiness: A Key to the Priestly Conception of the World*, JSOTSup 106 (Sheffield: JSOT Press, 1992).

ABORDAGENS LITERÁRIAS E SOCIOCIENTÍFICAS RECENTES DA INTERPRETAÇÃO

corrompendo-as por inteiro. Para escapar da maldição, tem que se olhar para o mundo positivamente, e então toda a vida será pura (v. 22-24).[92]

O sistema social do patronato, em um mundo quase desprovido do conceito de assistência social promovida pelo governo, associava os benfeitores ricos com grupos de clientes para os quais o emprego periódico e o cuidado financeiro foram prestados em troca de favores particulares e de apoio público e político. O cuidado de Paulo em não pedir ou aceitar dinheiro para o ministério, exceto em situações muito específicas (veja esp. 1Co 9:1-18), vinha de sua preocupação em não dar motivos aos seus colaboradores algo pudessem comprometer a sua liberdade para pregar e ministrar de forma precisa como ele acreditava que Deus o orientava. As expectativas das relações entre patrono e cliente também explicam por que Paulo evitava uma expressão direta de agradecimento em Filipenses 4:10-20. Ele transmitiu a sua gratidão à igreja filipense por sua oferta, mas ele não quis ser considerado, de maneira inadequada, em dívida com eles ou comprometido com promessas que ele não pudesse cumprir enquanto definhava na prisão.[93]

Entender algumas dinâmicas no Israel antigo exige um conhecimento de práticas culturais das nações em redor. Muitos aspectos do ministério de cura de Eliseu poderia ter sido associado com xamanismo em outras culturas do Oriente Médio antigo, mas Eliseu claramente atribuiu os seus poderes a Javé, o Deus de Israel.[94] O patriarcado do AT era consideravelmente moderado em comparação ao das nações em torno de Israel, e o Cântico dos Cânticos retrata o direito da mulher iniciar e experimentar o prazer sexual com seu amado de uma maneira que se destaca mesmo dentro do AT.[95] As dimensões políticas e econômicas do comportamento sexual em outros textos também têm que ser observadas. O estupro de Tamar cometido por Amnom não é simplesmente um caso de incesto, mas uma reivindicação do trono de Davi, o que também explica até onde Absalão, o requerente rival, vai para se vingar do pecado do irmão (2Sm 13).[96]

---

[92] Cf. adiante J. H. Elliott, "The Evil Eye and the Sermon on the Mount", *BibInt* 2 (1994): p. 51-84.

[93] Para consultar os livros mais recentes que discutem o conceito de honra em Corinto e Filipos, respectivamente, veja M. T. Finney, *Honour and Conflict in the Ancient World: 1Corinthians in Its Greco-Roman Social Setting* (London e New York: T&T Clark, 2012); e J. H. Hollerman, *Reconstructing Honor in Roman Philippi* (Cambridge: Cambridge University Press, 2005).

[94] T. W. Overholt, *Cultural Anthropology and the Old Testament* (Minneapolis: Fortress, 1996), p. 24-68.

[95] D. Bergant, "'My Beloved is Mine and I Am His' (Song 2:16)": The Song of Songs and Honor and Shame", *Semeia* 68 (1994): p. 23-40.

[96] Matthews e Hamilton, *Social World of Ancient Israel*, p. 182-186.

INTRODUÇÃO À INTERPRETAÇÃO BÍBLICA

Como em outros itens de cenário histórico, o valor de um estudo da interação social em uma cultura em questão depende diretamente de quanto as informações são precisas e do quanto as suas aplicações aos textos específicos são adequadas. Os acadêmicos concordam na maioria dos exemplos acima.

Em outros casos, as interpretações demonstram ser mais controvertidas. Por exemplo, muitas pessoas supõem que Jesus e seus discípulos vieram da maioria substancial da população galileia que era de pobres, marginalizados e camponeses. Estudos recentes reavaliaram o papel dos mercadores, como carpinteiros e pedreiros nas vilas galileias. Esse estudo dá atenção a detalhes como a menção em Marcos 1:20, que a família de Zebedeu tinha "empregados" ou servos. Um número crescente de especialistas sugere, de acordo com isso, que Jesus e sua trupe podem ter incluído um número razoável de pessoas da ínfima "classe média" da sociedade em que viviam (ainda que não possamos projetar a riqueza atribuída à classe média ocidental ao nosso retrato da vida do primeiro século).[97] Igualmente inovadora, mas menos segura, é a tentativa de dividir os profetas dois grupos: os de Efraim e os de Judá, em que o primeiro é identificado como "secundário" pela sociedade, lutando por mudança social, e o último é identificado como "primordial" ao seu meio humano, trabalhando pela estabilidade social.[98] Reconhecendo que o apelo às leis de Moisés dominam as mensagens dos dois grupos de profetas, pode se pensar se a ênfase teológica não ofusca as distinções sociológicas.[99]

---

[97] Veja a discussão do estudo passado e presente em J. P. Meier, *Um judeu marginal*, 4 vols. (Rio de Janeiro: Imago, 1993), vol. 1. Há também um consenso razoável hoje que uma minoria significativa dos cristãos primitivos veio da pequena classe média e alta do Império Romano, especialmente à medida que o movimento de Jesus se espalhou por territórios com maioria gentia.

[98] R. R. Wilson, *Prophecy and Society in Ancient Israel* (Philadelphia: Fortress, 1980).

[99] Existem agora bons recursos, no entanto, para familiarizar os estudantes com os resultados mais seguros da análise sócio-histórica do mundo bíblico. Para o estudo do AT, a melhor indicação vai para o livro de P. I. King e F. Stager *Life in Biblical Israel* (Louisville e London: Westminster John Knox, 2001). Uma pesquisa evangélica distinta, somente um pouco menos abrangente, é o volume de Matthews e Benjamin, *Social World of Ancient Israel 1250-587 BCE*. Mais seletiva ainda é a antologia de M. D. Carroll R., *Rethinking Contexts, Rereading Texts: Contributions from the Social Sciences to Biblical Interpretation* (Sheffield: Sheffield Academic Press, 2000), mas as teses são bem elaboradas e os próprios panoramas de Carroll trazem uma excelente introdução aos livros do assunto. Para o estudo do NT, A. A. Bell, *A Guide to the New Testament World* (Scottsdale e Waterloo: Herald, 1994), traz um panorama introdutório sucinto, enquanto o livro de D. A. de Silva, *Honor, Patronage, Kingship and Purity: Unlocking New Testament Culture* (Downers Grove: InterVarsity, 2000) cobre uma gama bem ampla de questões culturais importantes. O livro de K. C. Hanson e D. F. Oakman *Palestine in the Time of Jesus: Social Strucutres and Social Conflicts*, 2ª ed. (Minneapolis: Fortress, 2008), oferece uma introdução abrangente e cenários relevantes do mundo do Israel do primeiro século para o estudo dos Evangelhos.

ABORDAGENS LITERÁRIAS E SOCIOCIENTÍFICAS RECENTES DA INTERPRETAÇÃO

Talvez o resultado mais valioso do novo interesse em estudar a história social é que ela dá aos intérpretes diferentes tipos de perguntas a serem feitas aos textos bíblicos. Howard Kee enumera, de forma útil, uma lista longa deles; alguns itens dela incluem: a quais grupos os vários indivíduos da Bíblia pertencem? Quais são as dinâmicas sociais desses grupos? Quais eram os seus objetivos? Como eles poderiam alcançá-los? Qual era o jogo de poder dentro do grupo e o meio de consegui-lo? As faixas etárias ou os papéis dos gêneros eram definidos? Quais eram as experiências formativas principais do grupo, incluindo iniciação, celebração e fases de transição? Quais eram as fronteiras do comportamento aceitável que se podia ou não ultrapassar? E existem muitos mais.[100] Fazer novas perguntas a um texto com certeza levantará novas respostas e darão lugar a percepções inovadoras.

Aplicação de teorias sociocientíficas

Sob esse título nos voltamos a um tipo diferente de análise sociocientífica. Aqui os especialistas utilizam teorias sobre o comportamento humano desenvolvidas em estudos modernos de várias culturas, incluindo as chamadas culturas primitivas, para trazer nova luz sobre qual deve ter sido a dinâmica da interação social nos tempos bíblicos. Em outras palavras, mesmo onde não temos informações confiáveis na Bíblia ou em outros textos antigos sobre os meios pelos quais as pessoas interagiam em certos cenários, talvez as analogias de outras culturas em outras épocas e lugares possam nos capacitar a fazer algumas inferências plausíveis quanto a essas dinâmicas.

Então, por exemplo, os especialistas têm gasto muita energia na tentativa de explicar as forças sociais envolvidas na ascensão do Israel antigo como um estado político, de uma confederação livre de tribos para um povo que exigiu e recebeu um rei (a história narrada de 1Sm a 2Rs).

As três teorias mais populares têm proposto analogias, respectivamente, do desenvolvimento posterior da nação grega a partir de cidades-estado independentes, das revoltas camponesas em outras culturas antigas, e do surgimento do socialismo moderno ou comunismo.[101] A partir do conceito grego de "anfictionia" (uma associação de estados vizinhos) veio a hipótese de que durante os dias dos juízes Israel era uma confederação livre de tribos unificadas apenas pelo

---

[100] H. C. Kee, *Knowing the Truth: A Sociological Approach to New Testament Interpretation* (Minneapolis: Fortress, 1989), p. 65-67.

[101] Essas três visões são associadas de forma clássica, respectivamente, com M. Noth, *The History of Israel* (New York: Harper&Row, 1960); G. E. Mendenhall, *The Tenth Generation: The Origins of the Biblical Tradition* (Baltimore: Johns Hopkins University Press, 1973); e N. K. Gottwald, *The Tribes of Yahweh: A Sociology of the Religion of Liberated Israel 1250-1050 B.C.E.* (Maryknoll: Orbis, 1979).

único santuário de Siló. Uma explicação alternativa do período de colonização teoriza que "Israel" veio a existir pela rebelião de membros de tribos que já viviam em Canaã e que derrubaram os seus opressores urbanos. Em uma frente bem diferente, estudos de tabus rituais nas culturas tradicionais têm oferecido explicações amplamente aceitas sobre a razão de alguns animais serem considerados impuros no Israel antigo: eles saíam de alguma norma estabelecida de pureza ritual.[102]

Além disso, o estudo de um culto de massas na Melanésia, no Pacífico Sul, levou a uma proposta popular sobre a reação ante uma "profecia frustrada" (um termo um tanto equivocado), como quando os profetas do AT repetidamente previam que "o Dia do SENHOR está próximo" (veja especialmente Sofonias), mesmo que séculos se passassem sem o seu cumprimento. Talvez esse fenômeno tenha acontecido na experiência da primeira geração de cristãos que esperaram a vinda do Senhor em sua geração (veja especialmente 2Ts). Entre outras coisas, essa proposta sugere que um grupo religioso cujos membros descobrem que "o fim" não vem tão rápido quanto acreditavam inicialmente se mantém "a salvo" ocupando-se mais energicamente com proselitismo ou evangelismo. À medida que mais pessoas aderem ao movimento, então, ele recupera a sua credibilidade e pode revisar as suas expectativas sem ameaçar a existência do grupo.[103]

O estudo de padrões recorrentes da institucionalização no desenvolvimento de religiões, grupos ou seitas tem provado ser influente na explicação do desenvolvimento da Igreja do século primeiro. Os carismáticos itinerantes frequentemente dão lugar a formas de liderança mais estabelecidas e organizadas. O cargo substitui o carisma. Muitos especialistas em NT identificam esse padrão de institucionalização comparando o movimento de Jesus e seus primeiros seguidores (os "andarilhos carismáticos") com Paulo (que promoveu uma adoração carismática estabelecida em 1Co 12—14) e com a literatura que veio depois de Paulo (especialmente 1Tm 3, com seus critérios para se ter um cargo, considerado, pela maioria, ter sido escrito uma geração depois de Paulo; ou Judas 3, visto como um exemplo clássico de institucionalização católica

---

[102] Veja esp. M. Douglas, *Purity and Danger: An Analysis of Concepts of Pollution and Taboo* (London: Routledge & Kegan Paul, 1966); cf. M. Douglas, *Leviticus as Literature* (New York/ Oxford: Oxford University Press, 2001). Não existe, no entanto, acordo universal sobre a origem das leis dietéticas.

[103] Cf. esp. J. G. Gager, *Kingdom and Community: The Social World of Early Christianity* (Englewood Cliffs, NJ: Prentice-Hall, 1975); e R. P. Carroll, *When Prophecy Failed: Reactions and Responses to Failure in the Old Testament Prophetic Traditions*, ed. rev. (London: SCM, 1996).

ABORDAGENS LITERÁRIAS E SOCIOCIENTÍFICAS RECENTES DA INTERPRETAÇÃO

bem pioneira da "fé que uma vez por todas foi confiada aos santos").[104] No AT, alguns sugerem que os profetas carismáticos finalmente deram lugar a forças que institucionalizaram ou "estabeleceram uma rotina" na sua liderança. Os últimos profetas literários mais recentes (p. ex., Ageu, Malaquias) podem, assim, assemelhar-se mais com os pregadores que surgiram na sinagoga mais do que os seus precursores iconoclastas (p. ex., Amós, Jeremias).[105]

Utilizando a análise sociológica, muitos veem as divisões em Corinto (1Co 1:10-17) à luz das divisões socioeconômicas, onde os mais ricos aparentemente traziam algo a mais para comer e beber, mas não compartilhavam o suficiente das suas provisões com os pobres que vinham sem nada nas mãos (cf. 11:20-21).[106] Alguns veem 1Pedro como um tratado ampliado, animando a Igreja para se tornar "um lar para os sem teto" (referindo-se aos refugiados literais).[107] Ainda outros veem as histórias de milagres nos Evangelhos e em Atos como reações à frustração de uma existência marginalizada nesta vida.[108]

Como o intérprete bíblico deve reagir a essa infinidade de propostas? Inúmeros itens são, com certeza, dignos de consideração, mas devemos submeter esse programa a uma análise cuidadosa fazendo perguntas fundamentais. Primeiro, a teoria sociológica é reducionista ou determinista?[109] Isto quer dizer, ela tira Deus do cenário, o sobrenatural, ou a liberdade humana como agentes possíveis ou mesmo primários? Várias explicações para o estabelecimento da nação israelita ou para a fé nos milagres de Jesus envolvem exatamente esses pressupostos. Quem formula perguntas com a mente aberta não pode aceitar os que colocam Deus ou a liberdade humana de fora.

Em segundo lugar, a teoria exige rejeitar parte do texto bíblico como se apresenta ou reconstruir uma série de acontecimentos históricos em desacordo com as afirmações do próprio texto? Muitas teorias que envolvem a transição

---

[104] Cf. esp. G. Theissen, *The Sociology of Early Palestinian Christianity* (Philadelphia: Fortress, 1978). Theissen desenvolve estudos mais abrangentes sobre o crescimento das religiões, de seita a instituição, por M. Weber.

[105] R. E. Clements, "Max Weber, Charisma and Biblical Prophecy", in *Prophecy and Prophets*, ed. Y. Gitay (Atlanta: Scholars, 1997), p. 89-108; J. Blenkinsopp, "The Social Roles of Prophets in Early Achaemenid Judah", *JSOT* 93 (2001): p. 39-58.

[106] G. Theissen, *The Social Setting of Pauline Christianity* (Philadelphia: Fortress, 1978), p. 145-174. Cf. também B. D. Smith, "The Problem with the Observance of the Lord's Supper in the Corinthian Church", *BBR* 20 (2010): p. 517-543.

[107] J. H. Elliott, *A Home for the Homeless: A Sociological Exegesis of 1Peter* (Philadelphia: Fortress, 1981: Eugene, OR: Wipf & Stock, 2005). Veja também o seu livro *1Peter*, AB 37b (New York e London: Doubleday, 2000).

[108] H. C. Kee, *Miracle in the Early Christian World* (New Haven: Yale University Press, 1983).

[109] Uma crítica frequentemente equilibrada por E. Yamauchi em sua pesquisa analítica importante, "Sociology, Scripture and the Supernatural", *JETS* 27 (1984): p. 169-192.

dos juízes para o reinado presumem que os dados da Escritura são quase totalmente não confiáveis e devem ser substituídos por uma reconstrução diferente dos acontecimentos.[110] A visão de que os primeiros seguidores de Jesus na Palestina eram quase exclusivamente carismáticos itinerantes exige que confiemos apenas em poucas palavras registradas na fonte Q como a porção mais antiga e a mais autêntica da tradição do Evangelho, geralmente *excluindo* os outros ditos. Outras perspectivas exigem uma negação da autoria declarada de livros bíblicos (p. ex., Efésios). Por pressuporem uma falta de confiabilidade na Bíblia como a temos, acreditamos que essas teorias são inválidas.

Em terceiro lugar, essa proposta é baseada em uma teoria válida comumente aceita por outros cientistas sociais? Uma visão popular do surgimento da literatura apocalíptica propõe que ela vem de momentos de crises sociais agudas nas comunidades onde surgem. Mas o estudo recente tem demonstrado que mais importante é a *percepção* da crise, que pode ou não corresponder à realidade. Nesse caso, não podemos falar com tanta confiança sobre as origens sociais de todo uso bíblico da linguagem apocalíptica como sendo originado pela opressão do povo de Deus.[111] Uma explicação popular para a dinâmica de grupo nos tempos do AT tem sido a noção de "personalidade corporativa" (a partir daí, por exemplo, todo Israel poderia ser punido pelos pecados de Acã [Js 7]),[112] mas a pesquisa mais recente sugere que mesmo que a responsabilidade corporativa (como no caso da história de Acã) possa indicar uma espécie de *solidariedade* corporativa, isso não necessariamente exige a "unidade psíquica" tão postulada como característica singular da mentalidade hebraica antiga.[113]

Em quarto lugar, se a teoria for válida em outro lugar, os paralelos ou analogias com o material bíblico são próximos o suficiente para garantir a sua

---

[110] W. G. Dever, *What Did the Biblical Writers Know and When Did They Know It? What Archaeology Can Tell Us about the Reality of Ancient Israel* (Grand Rapids: Eerdmans, 2001).

[111] Veja esp. A. Y. Collins, *Crisis in Catharsis: The Power of the Apocalypse* (Philadelphia: Westminster, 1984). Sobre a origem da literatura apocalíptica no AT, veja de forma clássica P. D. Hanson, *The Dawn of Apocalyptic: The Historical and Jewish Roots of Apocalyptic,* ed. rev. (Philadelphia: Fortress, 1975).

[112] Isso é devido em grande parte a H. Wheeler Robinson, "The Hebrew Conception of 'Corporate Personality' in the Old Testament", em *Werden und Wesen des Alten Testaments* (Berlin: Töpelmann, 1936), p. 49-62; revisado e republicado como *Corporate Personality in Ancient Israel* (Philadelphia: Fortress, 1980; Edinburgh: T&T Clark, 1999).

[113] Veja esp. J. W. Rogerson, "The Hebrew Conception of Corporate Personality: A Re-examination", *JTS* 21 (1970): p. 1-16. Para correções úteis a Rogerson veja R. A. di Vito, "Old Testament Anthropology and The Construction of Personal Identity", *CBQ* 61 (1999): p. 217-239; e J. S. Kominsky, "The Sins of the Fathers: A Theological Investigation of the Biblical Tension between Corporate and Individualized Retribution", *Judaism* 46 (1997): p. 319-333.

ABORDAGENS LITERÁRIAS E SOCIOCIENTÍFICAS RECENTES DA INTERPRETAÇÃO

aplicação nesse novo contexto? As pessoas que moravam no Pacífico Sul no século XX podem estar tão distantes no tempo e no espaço do antigo Oriente Médio para ajudar a interpretar os movimentos missionários no judaísmo antigo e no cristianismo primitivo!

Em quinto lugar, a teoria combina as informações bíblicas bem como as alternativas que são mais tradicionais? Por exemplo, pode-se ler 1Pedro como um chamado para "buscar o bem da cidade" (cf. Jr 29:7) pelo menos tão plausivelmente como um mandato para cuidar dos necessitados dentro da Igreja.[114] Nem é necessariamente um resumo de toda a carta. Usando um exemplo diferente, é difícil achar muita conexão entre revoltas de camponeses dentro de uma nação e o estabelecimento dos israelitas em sua terra vindos de fora.[115] A história do êxodo, do concerto, da peregrinação no deserto e da conquista, seja como se conceba, parece bem mais plausível.

Não obstante todas essas ressalvas sugerindo que podemos dar uma filtrada, se não rejeitarmos de uma vez, algumas das teorias sociocientíficas mais populares, inúmeras propostas realmente acrescentam às opiniões mais antigas e comumente aceitas. Ver a limpeza ritual e a imundícia à luz de tabus religiosos ou de um entendimento de ordem *versus* desordem parece mais adequado que a visão popular de que essas leis refletiam um tipo de entendimento primitivo de higiene.[116] A pesquisa de Wayne Meeks sobre "os primeiros cristãos urbanos", um estudo sobre as cidades principais onde Paulo ministrou, compara e contrasta de forma útil as igrejas com os outros grupos sociorreligiosos, incluindo corporações de comércio. Ele demonstra que a Igreja deve ter sido frequentemente percebida como uma associação voluntária semelhante, que tinha o potencial, sob o ponto de vista da liderança romana, de ser subversiva contra o estado.[117] Devido à abundância de material sobre a vida na Grécia e na Roma

---

[114] Veja esp. D. L. Balch, *Let Wives Be Submissive: The Domestic Code in I Peter* (Chico, CA: Scholars, 1981); B. Winter, *Seek the Welfare of the City: Christians as Benefactors and Citizens* (Carlisle: Paternoster; Grand Rapids: Eerdmans, 1994), p. 11-23.

[115] Como, por exemplo, em N. P. Lemche, *Early Israel: Anthropological and Historical Studies on the Israelite Society before the Monarchy,* VTSup 37 (Leiden: Brill, 1985). Veja em vez disso esp. os capítulos importantes em B. T. Arnold e R. S. Hess, *Ancient Israel's History: An Introduction to Issues and Sources* (Grand Rapids: Baker, 2014), e as referências literárias citadas.

[116] Veja esp. o aproveitamento da pesquisa de Douglas por todo o livro de G. J. Wenham, *The Book of Leviticus,* NICOT (Grand Rapids: Eerdmans, 1979).

[117] W. Meeks, *The First Urban Christians: The Social World of the Apostle Paul,* 2ª ed. (New Haven: Yale University Press, 2003). Cf. P. A. Harland, *Associations, Synagogues, and Congregations: Claiming a Place in Ancient Mediterranean Society* (Minneapolis: Fortress, 2003). Para uma atualização mais profunda, veja T. D. Still e D. G. Horrell, eds., *After the First Urban Christians: The Social-Scientific Study of Pauline Christianity Twenty-Five Years Later* (London: Bloomsbury: T&T Clark, 2009).

INTRODUÇÃO À INTERPRETAÇÃO BÍBLICA

antiga a partir de fontes extrabíblicas, as teorias mencionadas são muito mais prováveis de serem válidas do que as referentes a períodos da história israelita para os quais existem poucas e ambíguas provas arqueológicas para confirmar ou contestar os detalhes bíblicos. William Herzog aplica à pesquisa a estratificação social dos impérios antigos e pré-capitalistas modernos para mostrar os percentuais prováveis de pessoas em cada uma das camadas socioeconômicas do mundo romano.[118]

Esse tipo de avaliações ou "níveis de julgamento" exige algum conhecimento de ciências sociais. Aconselhamos aos estudantes de teologia a fazer alguns cursos de sociologia, psicologia, antropologia, economia etc. para conhecer os termos e as teorias básicas que essas disciplinas usam.

Eles ainda precisarão se basear em livros úteis que avaliam os métodos empregados nessas matérias, especialmente quando se aplicam à Bíblia.[119] Mas até a pessoa relativamente iniciante pode peneirar as teorias que incorporam as informações bíblicas como uma fonte de material válida daquelas que dependem fortemente de reconstruções da história antiga que contradizem ou ignoram o testemunho da Escritura.[120] Na nossa avaliação, até o estudo sociocientífico mais válido nunca substituirá as ferramentas de análise histórico-gramaticais clássicas, mas podem trazer informações suplementares importantes e correções de equívocos do passado na interpretação.

Grupos de interesse

Dentro da arena ampla de interesse sociocientífico na Bíblia, várias subdisciplinas tomaram vida própria pelo simples volume de literatura produzida e pela bandeira que representam. Tradicionalmente, a formação acadêmica bíblica promoveu uma certa neutralidade pelos seus praticantes como um objetivo louvável. Precisamente porque o uso da Bíblia na Igreja e na sinagoga geralmente envolve vieses e motivos teológicos, os especialistas nas instituições

---

[118] W. R. Herzog II, *Parables as Subversive Speech: Jesus as Pedagogue of the Oppressed* (Louisville: Westminster John Knox, 1994), p. 53-73. A comparação de Herzog é atraente porque o modelo combina bastante com as informações primárias que temos sobre o Império Romano.

[119] Cf. esp. B. Holmberg, *Sociology and the New Testament: An Appraisal* (Minneapolis: Fortress, 1990). Até agora, não existe nenhuma análise crítica das metodologias de uma análise abrangente da sociologia do AT.

[120] Para o estudo do NT três obras semelhantes em forma de comentário trazem um acesso fácil a um leque amplo de hipóteses que devem ser testadas. Veja B. J. Malina e R. L. Rohrbaugh, *Social-Science Commentary on the Synoptic Gospels* (Minneapolis: Fortress, 1992); B. J. Malina e J. J. Pilch, *Social-Science Commentary on the Book of Revelation* (Minneapolis: Fortress, 2000); e Eerdmans' *Socio-Rhetorical Commentaries* de Marcos, Atos, Romanos, Coríntios e Gálatas, de B. Witherington, e o de Hebreus de D. De Silva. Algumas interpretações são problemáticas, mas um número significativo traz percepções valiosas e legítimas.

• **178** •

ABORDAGENS LITERÁRIAS E SOCIOCIENTÍFICAS RECENTES DA INTERPRETAÇÃO

acadêmicas tentaram se distanciar das ideologias em particular quando eles estudaram a Escritura. Mas vários praticantes da análise sociocientífica recentemente buscaram reverter essa tendência.

Nas décadas de 1970 e 1980 os dois maiores representantes eram os que praticavam a hermenêutica da libertação e a hermenêutica feminista. Nas décadas de 1990 e de 2000, o primeiro movimento deu lugar a formas mais amplas de crítica cultural, especialmente o que veio a ser chamado com mais frequência de pós-colonialismo, enquanto o segundo continuou inabalável. Cada um desses movimentos compartilha um compromisso com a libertação dos menos favorecidos desse mundo e vê os objetivos ou as afirmações de "objetividade desapegada" como mito e fraqueza para os intérpretes. Em outras palavras, se não for parte da solução, a pessoa será parte do problema!

Se os especialistas bíblicos não se unem aos marginalizados em sua busca de igualdade total, direitos humanos e uma vida decente para todos, não importando o gênero, a raça, a orientação sexual, a nacionalidade etc., então eles de fato permanecem alinhados com os poderes desumanos, opressores, sexistas e racistas desse mundo. Nos últimos dez anos, a interpretação lésbica-gay-bissexual e transgênero (LGBT) cresceu de bem pequena a uma parte bem importante do mosaico hermenêutico, então ela também merece avaliação. Existem, é claro, muitas outras correntes da teologia, tanto tradicionais quanto vanguardistas, que se mantêm ativistas por natureza.[121] Mas nenhum outro sistema de pensamento usa um conjunto tão singular de axiomas hermenêuticos nem se mantém tão influente internacionalmente como os quatro que se seguem. Então mencionaremos cada um deles brevemente para uma pequena análise especial.

GRUPOS DE INTERESSE	
A hermenêutica da libertação	A hermenêutica feminista
A crítica cultural	A hermenêutica LGBT

Hermenêutica da libertação

A teologia da libertação inicialmente se desenvolveu na América Latina como uma reação católica romana engajada contra séculos de opressão da maioria empobrecida, na sua maioria de indígenas, por parte das elites dominantes no governo, na sociedade e até mesmo na Igreja.[122] A hermenêutica da

---

[121] E.g., pensa-se, respectivamente, da linha principal de reformadores liberais protestantes, dos adeptos da Nova Era e das visões de mundo panteístas.

[122] O fundador desse movimento reconhecido pelo mundo todo é G. Gutiérrez, com a sua obra *A Theology of Liberation: History, Politics, and Salvation*, 2ª ed. (Maryknoll: Orbis, 1988 [orig. espanhol de 1968]).

INTRODUÇÃO À INTERPRETAÇÃO BÍBLICA

libertação desenvolveu uma estratégia de três partes. Em oposição aos objetivos afirmados por muitas formas de teologia clássica, a experiência precede a teoria. A experiência dominante da maioria das pessoas no Terceiro Mundo, onde surgiu a teologia da libertação, é a experiência de pobreza: sofrimento, desnutrição, falta de acesso aos direitos humanos básicos, educação, água limpa, cuidados médicos e coisas semelhantes. Por isso, primeiro, uma hermenêutica da libertação começa com a experiência da injustiça da pobreza. Em segundo lugar, ela tenta analisar ou avaliar as razões para essa existência miserável. Em terceiro lugar, a ação precede a retórica. Os liberacionistas buscam determinar um plano de medidas corretivas baseadas em sua observação anterior, percepção e avaliação.[123] Na hermenêutica da libertação, a Bíblia não entra em ação no primeiro passo do plano de três etapas definidas anteriormente, mas apenas para auxiliar nas etapas dois e três. Particularmente se concentrando nas narrativas bíblicas de libertação da opressão, tendo o êxodo como o paradigma do AT, e um entendimento sociopolítico do Reino de Deus como o paradigma do NT, o teólogo da libertação toma força de sua convicção de que Deus tem uma "opção preferencial pelos pobres."[124] Deus se coloca ao lado dos oprimidos contra os seus opressores e chama os cristãos hoje para fazer o mesmo trabalhando por uma sociedade mais humana nesta terra.

A maneira pela qual se alcança essa sociedade, o Reino de Deus, permaneceu um tópico de discórdia entre os teólogos da libertação. Alguns atuaram dentro da esfera das democracias ocidentais, mas acreditavam que precisamos de mais negociações políticas em um capitalismo corrupto.[125] Alguns evitaram fortemente a violência, mas apoiavam o protesto social e a desobediência civil *à la* Martin Luther King Jr.[126] Outros ainda apoiavam tanto a violência quanto o

---

[123] Uma boa e detalhada introdução à hermenêutica da libertação (como distinta da teologia da libertação de forma mais genérica) é a obra de C. Rowland e M. Corner, *Liberating Exegesis: The Challenge of Liberation Theology to Biblical Studies* (London: SPCK; Louisville: Westminster John Knox, 1989). Cf. também A. R. Ceresko, *Introduction to the Old Testament:A Liberation Perspective,* ed. rev. (Maryknoll: Orbis, 2001); A. Botta e P. R. Andinach, eds., *The Bible and the Hermeneutics of Liberation,* SemeiaSt 59 (Atlanta: SBL, 2009); e T. Hanks, *The Subversive Gospel: A New Testament Commentary of Liberation* (Cleveland: Pilgrim, 2000; Eugene, OR: Wipf & Stock, 2009).

[124] Uma frase de efeito que surgiu no final da década de 1970 a partir do Concílio Vaticano II e das conferências de bispos posteriores como o grito de guerra e como o ponto de partida para a maior parte da teologia da libertação.

[125] Cf. a análise excelente de S. E. Heaney, *Contextual Theology for Latin America: Liberation Themes in Evangelical Perspective* (Milton Keynes: Paternoster; Eugene, OR: Wipf & Stock, 2008).

[126] E.g., R. J. Cassidy, *Jesus, Politics and Society: A Study of Luke's Gospel* (Maryknoll: Orbis, 1978; Eugene, OR: Wipf & Stock, 2015); e J. M. Ford, *My Enemy Is My Guest: Jesus and Violence in Luke* (Maryknoll: Orbis, 1984: Eugene, OR: Wipf & Stock, 2010).

ABORDAGENS LITERÁRIAS E SOCIOCIENTÍFICAS RECENTES DA INTERPRETAÇÃO

marxismo como meios necessários para fins ainda mais desejáveis.[127] A maioria concordava que as disparidades atuais entre os que têm e os que não têm neste mundo não podem continuar a crescer, como tem acontecido consideravelmente sob várias formas de capitalismo. A maior parte deles também acreditava que a própria Bíblia promove a paz e a justiça, exigindo uma modificação das estruturas econômicas e políticas na sociedade.

Claro como todos os escritores da teologia da libertação, José Miranda igualou o cristianismo com o comunismo, acreditando que ele é ensinado por toda a Bíblia.[128]

É realmente surpreendente que as duas "obrigações" do manifesto de Marx vêm diretamente do livro de Atos: "cada um conforme o que pudesse" (At 11:29) e "a cada um, segundo a necessidade que cada um tinha" (4:35). As leis do ano do jubileu do AT foram criadas para evitar a perpetuação das disparidades extremas na distribuição da riqueza, já que as dívidas tinham que ser perdoadas nos anos sabáticos e do jubileu. Um tema importante da Lei e dos Profetas é a denúncia da injustiça contra os marginalizados e um apelo para ajudar os pobres. A vida comunitária e da redistribuição de bens retratada em Atos 2:42-47 e 4:32—5:11 servem como denúncias contra as formas ocidentais contemporâneas do cristianismo. E as frases resumidas de Lucas deixam claro que ele via essa comunhão como um exemplo e não como um erro (2:47, 5:14) que alguns cristãos atuais pensaram que tenha sido. Paulo também delineia exigências radicais para a mordomia cristã do dinheiro (2Co 8—9), nas quais, seguindo o modelo da provisão do maná no deserto: "o que muito colheu não teve demais; e o que pouco, não teve de menos" (2Co 8:15; Êx 16:18). O objetivo era "para igualdade" (2Co 8:13).[129]

Porém, observamos dois problemas fundamentais com uma hermenêutica que procede da convicção de que o cristianismo é inerentemente socialista, pelo menos nas formas que evoluíram desde os dias de Marx. Primeiro, essa hermenêutica tenta impor sobre a sociedade uma ética que era originalmente limitada ao povo de Deus. Nem no Israel do AT nem na Igreja do NT os cristãos eram obrigados a fazer das leis ou princípios de Deus as leis de todas as

---

[127] E.g., J. H. Cone, *A Black Theology of Liberation*, 4ª ed. (Maryknoll: Orbis, 2010); e J. L. Segundo, *The Liberation of Theology* (Maryknoll: Orbis, 1976).

[128] J. P. Miranda, *Communism in the Bible* (Maryknoll: Orbis, 1982: Eugene, OR: Wipf & Stock, 2004). Para uma análise das abordagens, veja R. Boer, "Twenty-Five Years of Marxist Biblical Criticism", *CBR* 5 (2007): p. 298-321.

[129] Com uma perspectiva não comunista, veja C. L. Blomberg, *Neither Poverty Nor Riches: A Biblical Theology of Possessions*, NSBT (Leicester and Downers Grove: InterVarsity, 1999); cf. também C. L. Blomberg, "'Your Faith Has Made You Whole': The Evangelical Liberation Theology of Jesus", em *Jesus of Nazareth, Lord and Christ*, ed. J. B. Green e M. Turner (Grand Rapids: Eerdmans, 1994), p. 75-93.

INTRODUÇÃO À INTERPRETAÇÃO BÍBLICA

nações. Em segundo lugar, a hermenêutica da libertação geralmente ignora a natureza voluntária da oferta do NT (2Co 9:7; cf. At 4:32). Textos como esses mostram que os cristãos mantinham a propriedade privada da mesma forma que Jó, no AT. Em resumo, do mesmo modo que acontece com as boas-novas do Reino, ninguém é forçado a ser um bom mordomo de seus recursos dados por Deus contra a sua vontade![130] Mas, ao dizer isso, muitos especialistas da Bíblia, incluindo os evangélicos, agora concordam com os teólogos da libertação que a Igreja ocidental têm muito a aprender com os paradigmas de comunhão e mordomia da Bíblia. De igual modo, em alguns aspectos, os paradigmas da Bíblia podem se aproximar mais de estruturas socialistas (ou social-democratas) do que de estruturas puramente capitalistas.[131]

A hermenêutica da libertação apresenta outros problemas. Ela frequentemente não parece preservar adequadamente o elemento "espiritual" da salvação. Marcos 8:36 enfatiza: "Pois, que adianta ao homem ganhar o mundo inteiro e perder a sua alma?" Ela pode ignorar que "os pobres" na Escritura não são somente os que não têm posses materiais ou os que são oprimidos, mas também são aqueles que em sua necessidade se voltam para Deus como sua única esperança.[132] Os liberacionistas geralmente criam, na prática, um "cânon dentro do cânon" e ignoram ou consideram como não autorizado aqueles textos que não apoiam o seu plano. Ao mesmo tempo, as formas mais tradicionais de teologia têm às vezes se demonstrado até mais cegas às partes da Escritura que os teólogos da libertação destacam. Então, como uma correção a um desequilíbrio, não como a soma do testemunho da Escritura, a teologia da libertação se mostra extremamente significativa.

Reler outras Escrituras a partir de uma perspectiva de compromisso de ajudar os desprivilegiados deste mundo pode trazer uma nova luz significativa sobre elas. O relato do êxodo nos recorda que a atenção de Deus se volta às liberdades sociopolíticas tanto quanto às liberdades espirituais.[133] As parteiras hebreias praticaram desobediência civil quando se recusaram a obedecer a lei de faraó que mandava que elas matassem os bebês hebreus do sexo masculino

---

[130] Para críticas importantes à hermenêutica da libertação, cf. E. A. Nuñez, *Liberation Theology* (Chicago: Moody Press, 1985); R. C. Hundley, *Radical Liberation Theology: An Evangelical Response* (Wilmore, KY: Bristol Books, 1987); e H. Belli e R. H. Nash, *Beyond Liberation Theology* (Grand Rapids: Baker, 1992).

[131] Cf., e.g., T. D. Hanks, *God So Loved the Third World: The Biblical Vocabulary of Oppression* (Maryknoll: Orbis, 1984; Eugene, OR: Wipf & Stock, 2010); A. Kirk, *The Good News of the Kingdom Coming: The Marriage of Evangelism and Social Responsibility* (Downers Grove: InterVarsity, 1983).

[132] Veja esp. W. Heard, "Luke's Attitude Toward the Rich and the Poor", *TrinJ* 9 (1988): p. 47-80; cf. S. Gillingham, "The Poor in the Psalms", *ExpTim* 100 (1988): p. 15-19.

[133] Veja esp. J. S. Croatto, *Exodus: A Hermeneutics of Freedom* (Maryknoll: Orbis, 1981).

• 182 •

ABORDAGENS LITERÁRIAS E SOCIOCIENTÍFICAS RECENTES DA INTERPRETAÇÃO

(Êx 1:15-21). Podemos corretamente ver Ester como um modelo de alguém que se arriscou às penalidades da desobediência civil para defender o seu povo em vez de ser uma pessoa devidamente submissa às autoridades no seu mundo.[134] Devemos ver Jesus, como já foi observado acima, como um desafio às autoridades políticas bem como religiosas em sua sociedade.[135] E talvez no documento mais importante que nos exige lidar com o plano da teologia da libertação, a epístola de Tiago, descobrimos uma comunidade de trabalhadores em sua maior parte de pobres sendo oprimidos pelos proprietários de terra, ricos e frequentemente negligentes, um paralelo assustador com a situação de muitos trabalhadores do Terceiro Mundo nos dias de hoje. Muitos deles são cristãos sem acesso a um salário decente e aos direitos humanos básicos obstados pelas empresas multinacionais ou governos corruptos que os empregam praticamente como escravos.[136] Ainda assim muitos cristãos conservadores, explícita e implicitamente, continuam a apoiar regimes de direita e políticas ultracapitalistas que apenas agravam o sofrimento físico de seus irmãos e irmãs cristãos. Não importando o que possamos questionar em uma hermenêutica da libertação, obviamente temos ainda muito a aprender com ela. Temos que escutar a voz dos desamparados, avaliar cada afirmação diante da Escritura, e verificar se os pressupostos deles ou os nossos obscureceram o sentido verdadeiro ou a importância do texto.[137]

Crítica cultural

A queda dos regimes comunistas no leste da Europa e na Ásia no começo da década de 1990 deu um golpe quase fatal nas formas de hermenêutica da libertação que eram vinculadas de forma mais próxima à economia socialista.[138] Pelos quinze anos seguintes, foi escrito comparativamente pouco sob a bandeira explícita da "teologia da libertação". Também, ao nível da base, os pobres na América Latina têm se convertido para a Igreja Evangélica e especialmente para o cristianismo pentecostal em grandes números. À medida que esses ramos do

---

[134] O. E. Costas, "The Subversiveness of Faith: Esther as a Paradigm for a Liberating Theology", *EcR* 40 (1988): p. 66-78.

[135] Cf. com mais profundidade H. C. Waetjen, *A Reordering of Power: A Socio-Political Reading of Mark's Gospel* (Minneapolis: Fortress, 1989: Eugene, OR: Wipf & Stock, 2014).

[136] Veja esp. P. U. Maynard-Reid, *Poverty and Wealth in James* (Maryknoll: Orbis, 1987: Eugene, OR: Wipf & Stock, 2004); e E. Tamez, *The Scandalous Message of James: Faith without Works Is Dead*, 2ª ed. (New York: Crossroad, 2002).

[137] Uma boa antologia para ajudar nesse projeto é R. S. Sugirtharajah, ed., *Voices From the Margin* (London: SPCK, 1991).

[138] Cf. D. B. Forrester, "Can Liberation Theology Survive 1989?", *SJT* 47 (1994): p. 245-253.

INTRODUÇÃO À INTERPRETAÇÃO BÍBLICA

cristianismo amadurecem no reconhecimento de um Evangelho holístico, suprindo as necessidades da alma e do corpo, a teologia da libertação vai perdendo o ânimo também. Como consequência, o que permanece de uma hermenêutica da libertação aparece de forma menos exaltada, mas talvez muito mais equilibrada e legítima.[139] Por exemplo, E. Tamez, em seu comentário recente de Eclesiastes, enxerga um contexto de "desespero" de muitos pobres do Terceiro Mundo no início do século XXI, e deriva quatro princípios importantes dos textos que trazem esperança para o futuro: (1) há um tempo e uma estação para tudo (3:1-8); (2) a vida real tem um ritmo em si que as forças sociais desumanas ignoram; (3) deve-se temer a Deus reconhecendo a condição humana finita e limitada (12:13-14); e (4) o discernimento e a sabedoria nas tarefas diárias podem levar a uma solidariedade com os que partilham do mesmo sofrimento que anima o povo de Deus em meio a um mundo radicalmente individualista que só pensa em salvar a própria pele.[140]

Porém, nos últimos anos, a teologia da libertação voltou a ficar em voga.[141] Miguel de la Torre é um defensor versátil. O seu "Jesus hispânico rústico" [expressão proveniente do espanhol], que de forma exclusiva, afirma de la Torre, pode salvar os hispânicos, nasceu sem teto, na pobreza, como um imigrante sem registro. Habitou entre nós, veio do barro, e passou a vida sem posses. Ele foi encarado como mestiço, foi tentado por Satanás para obter poder, bens e privilégios, e não tinha medo de reinterpretar as Escrituras. Estava disposto a aprender com a sua marginalidade, proclamava a sua proposta de missão aos oprimidos, e desafiava os princípios básicos neoliberais. Ele aliava a salvação à vida prática, chamava os privilegiados a se arrependerem, e salvava os opressores que assim o fizessem. Ele rejeitava a religiosidade repressiva, vivia como Bom Pastor, e fazia um apelo evangelístico.[142] Nem todas essas afirmações eram muito precisas historicamente; por exemplo, como vimos, quando adulto Jesus teria se aproximado mais da classe média baixa de colarinho branco de etnia puramente judaica. Mas o pacote completo é comumente mais próximo ao Jesus da história do que o Jesus de muitos brancos norte-americanos privilegiados.

---

[139] Cf. S. K. George, "From Liberation to Evangelization: New Latin American Hermeneutical Keys", *Int* 55 (2001): p. 367-377.

[140] E. Tamez, *When the Horizons Close: Rereading Ecclesiastes* (Maryknoll: Orbis, 2000), p. 143.

[141] Veja esp. T. Cooper, ed., *The Reemergence of Liberation Theologies: Models for the Twenty-First Century* (New York: Palgrave Macmillan, 2013). Cf. também M. A. de la Torre, *Liberation Theology for Armchair Theologians* (Louisville: Westminster John Knox, 2013), e C. Rowland, ed., *The Cambridge Companion to Liberation Theology* (Cambridge: Cambridge University Press, 2007).

[142] M. de la Torre, "A Thick Hispanic Jesús", *PRSt* 40 (2013): p. 131-142.

ABORDAGENS LITERÁRIAS E SOCIOCIENTÍFICAS RECENTES DA INTERPRETAÇÃO

Ao mesmo tempo, observou-se o surgimento de uma avalanche de estudos bíblicos e teológicos sob o rótulo de crítica "cultural" ou "intercultural".[143] A esse estudo é comum um destaque na leitura da Bíblia com os olhos daqueles que são criados em culturas tradicionalmente marginais. Algumas críticas culturais parecem mais de perto com a exegese da libertação à medida que aceitam seletivamente as passagens da Escritura que acredita humanizar ou dar dignidade aos oprimidos, enquanto rejeita partes que acreditam ser por si só desumanas. Randall C. Bailey, por exemplo, estuda a polêmica do AT contra os povos cananeus pelo seu pecado sexual. Ele acredita que ela serve para demonizar os inimigos de Israel para abrir caminho para o seu (injustificável) genocídio.[144] De forma um tanto paradoxal, essa abordagem usa a moral judaico-cristã, encontrada em algumas partes da Escritura para criticar e até condenar outras partes, e ainda pressupõe o conceito modernista que algumas verdades absolutas existem, nesse caso que o genocídio é sempre errado.

Mas cada vez mais a crítica cultural dá as mãos ao pós-modernismo, fazendo com que ela exista não apenas como um subconjunto de análise sociocientífica, mas também como uma categoria de crítica da estética da recepção. Aqui, as afirmações que são mais modestas vêm à tona. Seus proponentes sugerem leituras simplesmente como alternativas viáveis às tradicionais, não como corretas em si mesmas ou mesmo melhores.[145] Mas essa perspectiva abandona de forma inadequada questões como: "Por que as interpretações libertadoras devem ser preferidas às opressoras?" A própria abordagem desaprova convicções de que os textos bíblicos devam ajudar na defesa de certas causas em detrimento de outras.

Algumas críticas culturais aparecem simplesmente como uma forma de aplicação de textos e temas bíblicos a culturas e contextos que ainda não foram abordados. Por exemplo, os apóstolos em Atos 6:1-7 buscam corrigir a negligência

---

[143] Para investigar esses dois termos, veja F. F. Segovia, "And They Began to Speak in Other Tongues: Competing Modes of Discourse in Contemporary Biblical Criticism", em *Reading From this Place*, ed. F. F. Segovia e M. A. Tolbert, 2 vols. (Minneapolis: Fortress, 1995), 1: 7; e id., "Toward Intercultural Criticism: A Reading Strategy From the Diaspora", in *Reading From this Place*, 2: 303-330. Para uma excelente e representativa antologia, veja F. Lozada e G. Carey, eds., *Soundings in Cultural Criticism: Perspectives and Methods in Culture, Power, and Identity in the New Testament* (Minneapolis: Fortress, 2013). Para a totalidade da Bíblia, veja H. de Wit e J. Dyk, eds., *Bible and Transformation: The Promise of Intercultural Bible Reading* (Atlanta: SBL, 2015). A maioria das culturas envolve raças ou grupos étnicos, mas também podem agrupar pessoas em conjunto devido a alguma outra característica minoritária. Veja, por exemplo, N. Junior e J. Schipper, "Disability Studies and the Bible ", em *New Meanings for Ancient Texts*, 21-37.

[144] R. C. Bailey, "They're Nothing But Incestuous Bastards: The Polemical Use of Sex and Sexuality in Hebrew Canon Narratives", em *Reading From this Place*, 1: 121-147.

[145] Para mais sobre o assunto, veja esp. F. F. Segovia em meio às suas contribuições a *Reading From this Place*, 2 vols. Cf. id., *Decolonizing Biblical Studies: A View From the Margins* (Maryknoll: Orbis, 2000).

• **185** •

INTRODUÇÃO À INTERPRETAÇÃO BÍBLICA

das viúvas gregas na Igreja primitiva permitindo que o ramo helenista da Igreja escolhesse seus próprios líderes para lidar com o problema. Aqui está uma possível ordem para capacitar a liderança nativa em cada nova cultura que aceite o Evangelho.[146] Da mesma forma a situação dos judeus exilados que foram repatriados, e mencionados em Isaías 56 a 66, tem um paralelo próximo com as experiências de cristãos chineses em Hong Kong depois de seu retorno à China. Eles possuem uma medida de liberdade que a maioria na nação não tem, mas eles ainda são governados por uma espécie de império. Então, as lições desses capítulos se aplicam bem diretamente nesse contexto contemporâneo.[147] Mas essas são simplesmente aplicações transculturais ou "contextualizações"[148] da Bíblia, uma prática seguida de maneiras diferentes ao longo da história da Igreja e a qual retornaremos em um capítulo posterior, mas dificilmente como um novo método hermenêutico.

Um ramo importante da crítica cultural que foi amplamente discutido é o "pós-colonialismo". Enquanto a teologia da libertação inicialmente cresceu da política latino-americana, o pós-colonialismo surgiu nas ex-colônias asiáticas e africanas. A independência para eles foi alcançada politicamente, na maioria dos casos, depois da década de 1970, mas as forças religiosas e econômicas ocidentais ainda evitam que eles sejam completamente descolonizados nessas esferas. Uma definição da tarefa do pós-colonialismo no final da década de 1990 poderia ter sido um objetivo central da teologia da libertação no seu auge: para garantir que as aspirações dos pobres tomassem a precedência sobre os interesses dos ricos; que a emancipação dos subjugados tivesse a primazia sobre a liberdade dos poderosos; e que a participação dos marginalizados se tornasse prioridade sobre a perpetuação de um sistema que os exclui de forma sistemática.[149]

Mas o pós-colonialismo frequentemente vai um passo além: aceitar um pluralismo entre visões de mundo religiosas[150] que paradoxalmente (e aparentemente de forma desapercebida) relativiza as suas próprias afirmações. M. W. Dube, por exemplo, questiona a teologia de "um só caminho" do Evangelho de João, com sua ênfase na divindade singular de Jesus e afirmações absolutas sobre o mundo. Isto soa muito parecido com a ideologia que apoiou a

---

[146] J. L. González, "Reading From My Bicultural Place: Acts 6:1-7", em *Reading From This Place*, 1:139-147.

[147] A. C. C. Lee, "Exile and Return in the Perspective of 1997", em *Reading From This Place*, 2:97-108.

[148] Sobre as quais, veja esp. T. E. van Spanje, "Contextualization: Hermeneutical Remarks", *BJRL* 80 (1998): p. 197-217.

[149] R. S. Sugirtharajah, "A Postcolonial Exploration of Collusion and Construction in Biblical Interpretation", em *The Postcolonial Bible*, ed. R. S. Sugirtharajah (Sheffield: Sheffield Academic Press, 1998), p. 113.

[150] R. S. Sugirtharajah, *Postcolonial Criticism and Biblical Interpretation* (Oxford: Oxford University Press, 2001), 71, 100, 115.

• 186 •

ABORDAGENS LITERÁRIAS E SOCIOCIENTÍFICAS RECENTES DA INTERPRETAÇÃO

colonização, ela afirma, portanto deve ser rejeitada.[151] Sugirtharajah provocativamente identifica os vários salvadores em religiões que têm influenciado a Ásia, estando todos do lado do bem contra as satânicas forças desumanizadoras do secularismo.

> Em um contexto multirreligioso como o nosso, a disputa não é entre Jesus e outros salvadores como Buda ou Krishna, ou líderes religiosos como Maomé, como os defensores da "Década do Evangelismo" querem nos fazer acreditar, é entre Mamom e Satanás de um lado, e Jesus, Buda, Krishna e Maomé do outro. Mamom é o símbolo da cobiça pessoal, da avareza, da acumulação e do egoísmo, e Satanás simboliza a violência estrutural e institucional. A questão, então, é se essas figuras religiosas nos oferecem qualquer pista para desafiar essas forças, ou simplesmente ajudam a perpetuá-las, e como as continuidades em vez dos contrastes entre esses salvadores podem ser experimentados e expressos.[152]

De forma menos radical, G. M. Soares-Prabhu compara a Grande Comissão de Mateus 28:18-20 a uma escritura budista famosa que ordena aos monges a ir ao mundo com o ensino do *dhamma* — a bondade no início, no meio e no final de tudo, como "o Senhor" ensinava. A sua base está na libertação espiritual que o monge experimentou, e a sua força motivadora é a sua compaixão pelo mundo e a favor da felicidade de muitos. Colocando juntas as duas ordenanças parcialmente semelhantes, as diferenças também se destacam mais claramente. O asiático que conhece o budismo reconhecerá mais claramente do que os cristãos de outros contextos o destaque cristológico (centrado em Cristo) distinto em vez do antropológico (centrado na pessoa) da comissão de Jesus.[153]

Larry Hurtado reflete com criatividade sobre o que ele chama de "modismos" na história da interpretação bíblica. Esses são métodos novos que um escritor influente ou uma escola de pensamento de fora da academia bíblica desenvolve por si e que faz contribuições genuínas para várias disciplinas do conhecimento humano, aos quais um grupo pequeno de especialistas bíblicos adere.[154] Convencidos de que esses métodos são a chave para avançar ou desenvolver a academia bíblica, eles o promovem com vigor por meio de

---

[151] M. W. Dube, "Savior of the World but Not of This World: A Postcolonial Reading of the Spatial Construction in John", em *The Postcolonial Bible*, p. 118-135.

[152] R. S. Sugirtharajah, *Asian Biblical Hermeneutics and Postcolonialism: Contesting the Interpretations* (Maryknoll: Orbis, 1998), p. 119.

[153] G. M. Soares-Prabhu, "Two Mission Commands: An Interpretation of Matthew 28:16-20 in the Light of a Buddhist Text", *BibInt* 2 (1994): p. 264-282.

[154] L. W. Hurtado, "Fashions, Fallacies and Future Prospects in New Testament Studies", *JSNT* 36 (2014): p. 299-324.

• **187** •

INTRODUÇÃO À INTERPRETAÇÃO BÍBLICA

publicações, organizam conferências para estudá-los, e convencem algumas instituições de grande influência ou sociedades para privilegiá-los. Mas os métodos nunca demonstram ser amplos, duradouros ou ter um valor importante no meio acadêmico, e não têm valor algum fora dela. Então eles raramente sobrevivem aos que os propõem tão veementemente, e quiçá a alguns dos seus poucos estudantes.

Hurtado destaca como exemplo clássico o estruturalismo (lembre-se dos nossos comentários anteriores).[155] Ele bem pode ter contribuído para a crítica do cânon (veja no cap. 4) ou para algumas subdisciplinas, como o apoio para a hipótese de Griesbach dentro da crítica das fontes (lembre-se do cap. 2), a qual saiu de cena quase imediatamente após a morte de William Farmer.

Hurtado suspeita que o pós-colonialismo pode vir a ser outro modismo parecido, principalmente porque é, em grande parte, fruto dos especialistas ocidentais e de outros implantados no ocidente em vez de ser proposto por um grande número de especialistas e de frequentadores de Igreja no Terceiro Mundo e nos próprios contextos pós-coloniais.[156]

Os resultados mais válidos e úteis da exegese cultural (ou multicultural), portanto, envolvem o reconhecimento das dimensões genuínas do sentido ou do cenário dos textos bíblicos trazido pelos ambientes não ocidentais que espelham mais de perto o mundo bíblico que a cultura tipicamente ocidental. Isso frequentemente capacita os leitores, particularmente do Terceiro Mundo, a captar algo que escapa aos leitores do Primeiro Mundo ou que eles distorcem sem perceber.[157] Os leitores africanos do AT, por exemplo, provavelmente reconhecerão que a poligamia no mundo bíblico, como no seu continente, não se baseava primariamente no sexo, mas no status, no fato de ter famílias grandes para providenciar as necessidades básicas, e até mesmo para estabelecer a paz entre tribos rivais por meio do casamento mútuo.[158] Os afrodescendentes têm uma facilidade maior de reconhecer uma unidade teológica e literária no livro de Daniel por causa do seu apelo histórico tanto à salvação neste mundo nos capítulos 1—6 quanto ao resgate no outro mundo nos capítulos mais

---

[155] Ibid., p. 300-302.

[156] Ibid., p. 317.

[157] Veja esp. C. Keener e M. D. Carroll R., eds., *Global Voices: Reading the Bible in the Majority World* (Peabody: Hendrickson, 2013); e H. de Wit, et al., eds., *Through the Eyes of Another: Intercultural Readings of the Bible* (Amsterdam: Institute of Mennonite Studies, 2004). Cf. também C. H. Cosgrove, H. Weiss e K.-K. Yeo, *Cross-Cultural Paul: Journeys to Others, Journeys to Ourselves* (Grand Rapids: Eerdmans, 2005); e D. Rhoads, ed., *From Every People and Nation: The Book of Revelation in Intercultural Perspective* (Minneapolis: Fortress, 2005), apesar dessa última obra também ter algumas teses pós-coloniais dentro dela.

[158] K. Holter, *Yahweh in Africa: Essays on Africa and the Old Testament, Bible and Theology in Africa* (New York: Peter Lang, 2000), p. 77-90.

ABORDAGENS LITERÁRIAS E SOCIOCIENTÍFICAS RECENTES DA INTERPRETAÇÃO

apocalípticos de 7—12. As duas partes falam poderosamente com as pessoas marginalizadas na sociedade; nenhuma dissecação histórico-crítica em documentos separados precisa ser postulada, como os especialistas liberais brancos têm feito com tanta frequência.[159]

Indo para o NT, os leitores espanhóis observarão rapidamente as associações com a palavra *dikaiosunē* porque só possuem uma palavra para usar ("justicia") para traduzir essa palavra grega, enquanto que no inglês se tem "righteousness" e "justice". Eles têm facilidade de entender, quando Paulo fala sobre imputar a justiça de Deus aos cristãos, que ele emprega um conceito holístico que envolve a salvação espiritual e a justiça social. Então, da mesma forma que o Espírito trabalha na vida dos cristãos, eles devem estar igualmente concentrados com as duas tarefas.[160] Da mesma forma, os leitores de Apocalipse 17—18 do Terceiro Mundo, acostumados com a opressão econômica pela minoria de pessoas bem de vida em sua sociedade, incluindo aquelas em posições políticas e religiosas de poder, observarão de forma mais rápida as dimensões econômicas da exploração pelo grande, mal e escatológico império retratado nesses capítulos. Assim eles terão mais facilidade de identificar o ocidente cada vez mais anticristão e imensamente rico e suas empresas multinacionais com seus empregos exploradores no Terceiro Mundo como seus paralelos contemporâneos mais próximos do que os países pobres do Oriente Médio ou países da antiga União Soviética.[161]

Com certeza, mesmo as culturas contemporâneas mais próximas das bíblicas não são idênticas e fica o perigo de interpretar um texto antigo à luz das práticas culturais atuais, mesmo sendo tradicionais, em casos em que as culturas antigas e modernas não se equivalem.

Assim, embora seja fascinante considerar os tabus tradicionais africanos quanto à contagem como trazendo má sorte como um possível motivo pelo qual Deus condenou o censo de Davi (2Sm 24:1),[162] foi provavelmente a prática

---

[159] J. Kampen, "The Genre and Function of Apocalyptic Literature in the African American Experience", em *Text and Experience: Toward a Cultural Exegesis of the Bible*, ed. D. S. Christopher (Sheffield: Sheffield Academic Press, 1995), p. 43-65.

[160] Cf. E. Tamez, *The Amnesty of Grace: Justification by Faith From a Latin American Perspective* (Nashville: Abingdon, 1993: Eugene, OR: Wipf & Stock, 2002). De uma forma interessante, esse título inglês captura esse holismo muito mais do que o título do original espanhol: *Contra Todo Condenado*.

[161] D. R. Fernández, "The Judgment of God on the Multinationals: Revelation 18", em *Subversive Scriptures: Revolutionary Christian Readings of the Bible in Latin America*, ed. L. E. Vaage (Valley Forge, PA: Trinity Press International, 1997), p. 75-100.

[162] Da mesma forma na obra de S. Githuku, "Taboos on Counting", em *Interpreting the Old Testament in Africa*, ed. M. Getui, K. Holter e V. Zinkuratire, eds. (New York: Peter Lang, 2001), p. 113-117.

INTRODUÇÃO À INTERPRETAÇÃO BÍBLICA

de contar as pessoas por causa do alistamento militar em Israel que desagradou a Deus no momento que ele não tinha ordenado a Davi entrar em guerra (de forma explícita no v. 2). Ainda mais claramente equivocada é a tentativa de fazer *Yahweh Elohim* ("o Senhor Deus") no AT significar "Javé (é) os deuses" em um contexto politeísta, só porque isto é o que poderia significar em certos contextos africanos e poderia ter sentido até em vários contextos do antigo Oriente Médio.[163] As diferenças significativas entre Israel e as nações mesmo nos estágios iniciais do desenvolvimento de seu monoteísmo, isso sem falar no uso consistente do AT, são ignorados no processo.

Portanto, podemos estudar culturas tradicionais análogas às bíblicas para identificar uma interpretação correta de um texto bíblico. Por outro lado, podemos usar esses paralelos para expor uma interpretação incorreta encontrada entre comentaristas ocidentais. Isso desafia a tendência comum de incorporar ao texto preconceitos modernos e alheios (à Bíblia). Os estereótipos com respeito aos escravos africanos na história americana podem levar os leitores brancos a presumir de forma cega que Onésimo era um escravo fugido que tinha cometido algum crime, que talvez tinha roubado algum bem de Filemom. Alguns comentaristas sugerem que Onésimo tenha ido a Paulo em Roma de forma voluntária como um amigo respeitado e mediador para ambas as partes, seguindo uma convenção romana antiga para resolver conflitos. Se for assim, então Onésimo não teria caído em falta alguma.[164]

Mais uma contribuição singular vem da análise cultural africana e afro-americana. Já que ninguém pode afirmar com justiça que os asiáticos do leste, os latino-americanos, ou os índios americanos aparecem na Bíblia, por ela ter sido escrita no antigo Oriente Médio, existem, com certeza, personagens negros e africanos na Escritura, que não são necessariamente tão reconhecidos pelos leitores brancos, ou mesmo pelos leitores negros treinados por professores brancos! Cain Hope Felder, talvez o adepto mais produtivo da crítica cultural, tem uma

---

[163] T. L. J. Mafico, "The Divine Name Yahweh Elohim From an African Perspective", em *Reading From This Place*, 2:21-32. Cf. o estudo comparativo das divindades do antigo Oriente Médio em M. S. Smith, *God in Translation: Deities in Cross-Cultural Discourse in the Biblical World* (Grand Rapids: Eerdmans, 2010).

[164] Para provas dos dois lados, veja com detalhes J. A. Fitzmyer, *The Letter to Philemon*, AB 34 (New York e London: Doubleday, 2000), p. 12-24. O especialista afrodescendente A. D. Callahan (*Embassy of Onesimus: The Letter of Paul to Philemon* [Valley Forge: Trinity Press International, 1997]) vai um passo além, afirmando que as referências à escravidão e Filemom são metafóricas e que Filemom e Onésimo eram na verdade irmãos de sangue precisando se reconciliar. Essa visão acaba não fazendo justiça ao uso gramatical de *doulos* ("escravo") em Filemom, mas a sugestão foi digna de consideração. Os intérpretes que não estão inteirados sobre as questões de uma cultura afligida com a escravidão nem poderiam ter feito essa proposta em primeiro lugar.

ABORDAGENS LITERÁRIAS E SOCIOCIENTÍFICAS RECENTES DA INTERPRETAÇÃO

pesquisa útil desses personagens, incluindo Hagar, os faraós egípcios, a mulher cuxita de Moisés, o filho de Eli chamado de Fineias (o núbio), Sofonias filho de Cuchi, a Rainha de Sabá, Candace, rainha da Etiópia, Simeão, chamado Níger na Igreja de Antioquia, o eunuco etíope etc. Alguns desses personagens são positivos; outros negativos, então quase não se pode usá-los para propósitos de ação afirmativa. Mas existe claramente uma presença negra positiva na Bíblia que os leitores têm que reconhecer. Mesmo a cor e as características físicas dos judeus no século I, antes de séculos de casamentos mistos com europeus, teria parecido muito mais com os povos palestinos e libaneses contemporâneos. Usando a terminologia das pesquisas de opinião e censos modernos, Jesus teria preenchido o quadradinho "raça não branca". Mas os séculos de obras de arte euro-americanas têm retratado todos os personagens bíblicos, mas especialmente Jesus, mais como membros de suas próprias culturas brancas, então poucos leitores da Bíblia realmente têm um retrato verdadeiro em sua mente.[165]

Acima de todas as forças e fraquezas dos vários métodos de crítica cultural e intercultural que temos pesquisado, talvez a consequência mais significativa do movimento é a recordação de que todos os intérpretes são produto de suas próprias culturas e subculturas. Assim devemos sempre estar atentos para não impor uma cultura alheia ao texto bíblico. Norman Gottwald sugere que os estudantes de teologia em particular devem sempre conscientemente refletir nos dezoito fatores seguintes que tem moldado as suas experiências: (1) sua história ou tradição denominacional; (2) normas ou padrões valorizados além da Bíblia; (3) sua teologia de trabalho; (4) etnia; (5) gênero; (6) classe social; (7) formação educacional; (8) prioridades comunitárias; (9) posição política explícita; (10) pensamentos políticos implícitos; (11) exposições costumeiras à Bíblia; (12) traduções bíblicas que usa; (13) uso de outras ferramentas bíblicas; (14) exposição anterior a pregações bíblicas; (15) orientação quanto à formação acadêmica bíblica; (16) influências familiares; (17) crises da vida; e (18) espiritualidade e orientação divina.[166] Os estudantes podem então refletir como eles têm priorizado esses vários fatores em sua vida e como esses fatores podem ajudar ou atrapalhar uma interpretação bíblica válida.

---

[165] Cf. C. H. Felder, *Troubling Biblical Waters: Race, Class, and Family* (Maryknoll: Orbis, 1989). Com certeza, a arte em todas as culturas frequentemente retrata Jesus em termos culturalmente compatíveis, então não estamos simplesmente denegrindo os cristãos ocidentais. Para uma análise sobre todas as maneiras que os africanos e a África aparecem na Bíblia, veja E. M. Yamauchi, *Africa and the Bible* (Grand Rapids: Baker, 2004).

[166] N. K. Gottwald, "Framing Biblical Interpretation at New York Theological Seminary: A Student Self-Inventory on Biblical Hermeneutics", em *Reading From This Place*, 1:251-261.

INTRODUÇÃO À INTERPRETAÇÃO BÍBLICA

FATORES DE FORMAÇÃO NA EXPERIÊNCIA QUE INFLUENCIAM COMO INTERPRETAMOS A BÍBLIA	
1. História ou tradição denominacional	2. Normas ou padrões valorizados além da Bíblia
3. Teologia de trabalho	4. Etnia
5. Gênero	6. Classe social
7. Formação educacional	8. Prioridades comunitárias
9. Posição política explícita	10. Pensamentos políticos implícitos
11. Exposições costumeiras à Bíblia	12. Traduções bíblicas utilizadas
13. Uso de outras ferramentas bíblicas	14. Exposição anterior a pregações bíblicas
15. Orientação quanto à formação acadêmica bíblica	16. Influências familiares
17. Crises da vida	18. Espiritualidade e orientação divina

Hermenêutica feminista

O feminismo pode ser visto como um ramo particular de teologia da libertação ou da crítica cultural, mas ele também desenvolveu uma vida e uma literatura próprias. De fato, dependendo de quais autores se lê, pode-se considerar um subconjunto da análise sociocientífica ou uma alternativa a ela. Ela pode também funcionar como uma das muitas leituras mais viáveis e mais necessárias de uma passagem, ao se observar as versões pós-modernas e pluralistas da estética da recepção. Ou ela pode ser vista como a leitura mais viável e mais necessária de um texto, observando-se o modernismo.

Na década de 1980, Rosemary Reuther identificou três direções principais no feminismo contemporâneo: o liberal, o socialista/marxista, e o romântico/radical. O elemento liberal viu um modelo de progresso dentro da sociedade capitalista e trabalhou pela reforma política, direitos iguais, e melhorou as condições de trabalho. Teve a tendência de beneficiar as mulheres de classe média mais do que as mulheres pobres ou pertencentes a minorias. As feministas socialistas que seguiram as suposições marxistas acreditavam que as mulheres poderiam atingir a igualdade total somente com a integração total do trabalho com a propriedade. Elas afirmavam que o capitalismo em culturas tipicamente patriarcais colocou um peso dobrado sobre as mulheres trabalhadoras: não somente elas trabalham fora de casa, elas também se tornaram a maior fonte de trabalho doméstico. A visão romântica ou radical sustentou a noção dos valores das mulheres ou feministas acima dos valores

ABORDAGENS LITERÁRIAS E SOCIOCIENTÍFICAS RECENTES DA INTERPRETAÇÃO

dos homens e dos valores patriarcais.[167] Outros escritores ainda defenderam uma combinação de duas ou três dessas posições.

Com a queda do socialismo comunista em tantas partes do mundo, os estudos feministas nas décadas de 1990 e na primeria década de 2000, de igual modo à teologia da libertação, na sua maioria se voltaram para destaques diferentes. Uma classificação melhor dos estudos feministas envolve o papel que a Bíblia e o cristianismo desempenham em sua hermenêutica. As feministas bíblicas ou evangélicas acreditam que a Escritura, pelo menos em Gênesis 1—2 (antes da queda) e no NT (depois da redenção), promove a igualdade total dos sexos e não define nenhum papel fixo para marido e mulher ou sexo masculino ou feminino.[168] As feministas não evangélicas, mas que se consideram cristãs, concordam com os cristãos mais tradicionais que algumas partes da Bíblia, mesmo antes da queda ou depois da redenção, promovem o patriarcalismo e banem a mulher de certos papéis na família e na Igreja (ex., Ef 5:22-33; 1Tm 2:11-15). Mas devido ao seu compromisso anterior a uma visão de mundo que não permite essa discriminação e que busca a libertação humana de todas as formas de opressão, estas feministas desautorizam essas passagens da Escritura. Em vez disso, elas destacam outros textos que ensinam a igualdade completa (ex., Gn 1; Gl 3:28), considerando-os mais "programáticos". Elas acreditam que "a revelação e a verdade bíblicas são trazidas somente nesses textos e os modelos interpretativos que transcendem de forma crítica as suas estruturas patriarcais e dão lugar a uma visão de mulheres cristãs como sujeitos ativos na história e na teologia".[169]

Uma terceira categoria de feministas acha a Escritura tão incorrigivelmente chauvinista que elas abandonaram todas as formas reconhecíveis de judaísmo ou cristianismo em favor de outras religiões, mais notavelmente despertando um interesse ao culto de deusas de muitas seitas pagãs antigas.[170] Podemos dividir

---

[167] R. Reuther, *Sexism and God-Talk: Toward a Feminist Theology* ed. rev. (Boston: Beacon, 1983), p. 41-45, 216-232.

[168] E.g., G. Bilezikian, *Beyond Sex Roles: What the Bible Says about a Woman's Place in Church and Family* (Grand Rapids: Baker, 2006); e A. B. Spencer, *Beyond the Curse: Women Called to Ministry* (Nashville: Thomas Nelson, 1985). Uma entidade importante, Christians for Biblical Equality [Cristãos pela Igualdade Bíblica], foi organizada para refletir esse ponto de vista. Cf. esp. R. M. Groothuis, R. W. Pierce, e G. D. Fee, eds., *Discovering Biblical Equality: Complementarity Without Hierarchy*, 2ª ed. (Downers Grove: InterVarsity, 2005).

[169] E. Schüssler Fiorenza, *In Memory of Her: A Feminist Theological Reconstruction of Christian Origins,* 2ª ed. (New York: Crossroad, 1994), p. 30. Schüssler Fiorenza é geralmente considerada a fundadora dessa ala da hermenêutica feminista. Ela também tem sido possivelmente a sua porta-voz mais produtiva, que continua a escrever mesmo depois de aposentada. Veja também a sua obra *Wisdom Ways: Introducing Feminist Biblical Interpretation* (Maryknoll: Orbis, 2001).

[170] Mais notavelmente, N. R. Goldberg, *Changing the Gods: Feminism and the End of Traditional Religions* (Boston: Beacon, 1979), a partir de uma formação judaica; e M. Daly, *Quintessence: Realizing the Archaic Future—A Radical Elemental Feminist Manifesto* (Boston: Beacon,

INTRODUÇÃO À INTERPRETAÇÃO BÍBLICA

o feminino não evangélico, mas que considera de linha cristã, que produzem de longe a maior quantidade da formação acadêmica bíblica feminista, em três categorias. A primeira é a "revisionista" ou "neo-ortodoxa", bem representada por Letty Russell e Rosemary Reuther, que distinguia os conteúdos centrais da Escritura de seu formato na maioria patriarcal e acredita que Deus fala *por meio* do texto da Bíblia, mas nem toda a Escritura é propriamente inspirada. A segunda categoria envolve aqueles que aderem a uma perspectiva de "remanescente", particularmente como Phyllis Trible, recuperando textos ignorados ou distorcidos pela hermenêutica patriarcal, embora reconheça que a maior parte da Escritura realmente promove (de forma inaceitável, na visão deles) a supremacia masculina nas esferas doméstica e religiosa. Finalmente, existe a abordagem "reconstrutiva" ou "liberacionista" de Elisabeth Schüssler Fiorenza, que vê as sociedades do Israel do AT e do cristianismo do NT como mais libertadora do que as comunidades judaicas e cristãs que cresceram a partir delas. Então elas veem as porções mais repressivas da Escritura como procedentes de períodos de transição onde essas dimensões libertadoras já estavam começando a se perder.[171]

Ironicamente, as feministas não evangélicas, mas que consideram cristãs, praticamente não reconhecem a existência do feminismo evangélico, mas rotulam todos os conservadores (geralmente chamando-os de fundamentalistas) como perdidamente leais ao patriarcado arraigado na Bíblia. De modo diferente, os evangélicos que realmente acreditam que a Bíblia promove a supremacia masculina como uma verdade absoluta para todas as épocas, frequentemente rotulam as feministas evangélicas simplesmente como liberais, sem reconhecer as grandes diferenças no seu uso das Escrituras com relação às feministas não evangélicas.[172]

Uma das diferenças gigantescas é a negação geral das feministas evangélicas de falar de Deus no feminino, mesmo reconhecendo metáforas femininas para Deus em alguns locais da Escritura.[173] Dessa forma, as feministas bíblicas se tornam marginalizadas duas vezes. Mesmo o termo "feminista" se tornou tão

---

1998), a partir de uma formação católica romana. Mas as duas autoras radicalmente renunciaram a suas raízes religiosas.

[171] E.g., C. Osiek, "The Feminist and the Bible: Hermeneutical Alternatives", em *Feminist Perspectives on Biblical Scholarship*, ed. A. Y. Collins (Chico, CA: Scholars, 1985), p. 93-105. Essa classificação continou a ser apoiada, e.g., E. K. Wondra, "By Whose Authority? The Status of Scripture in Contemporary Feminist Theologies", *AThR* 75 (1993): p. 83-101; e J. O. H. Amador, "Feminist Biblical Hermenetucs", *JAAR* 66 (1998): p. 39-57. Nosso resumo é uma síntese das taxonomias encontradas nestas três fontes.

[172] Veja esp. os vários escritos de W. Grudem, expostos de forma mais explícita em *Evangelical Feminism: A New Path to Liberalism?* (Wheaton: Crossway, 2006).

[173] Veja esp. V. R. Mollenkott, *The Divine Feminine: The Biblical Imagery of God as Female* (New York: Crossroad, 1983; Eugene, OR: Wipf & Stock, 2014).

ABORDAGENS LITERÁRIAS E SOCIOCIENTÍFICAS RECENTES DA INTERPRETAÇÃO

equivocado que algumas que o abraçaram há duas ou três décadas agora simplesmente preferem ser chamadas de "igualitárias", apoiando a igualdade dos sexos. Para comparar as perspectivas feministas liberais e evangélicas, sob qualquer rótulo, em qualquer passagem da Escritura, leia o tratamento desses textos nos respectivos comentários bíblicos de um volume agora disponíveis a partir de duas comunidades acadêmicas: para uma perspectiva mais liberal veja C. A. Newsom e S. H. Ringe, eds., *Women's Bible Commentary: Expanded Edition* [*Comentário bíblico das mulheres: edição expandida*],[174] e, sob uma perspectiva mais conservadora, C. C. Kroger e M. J. Evans, eds., The IVP Women's Bible Commentary [O comentário bíblico das mulheres da InterVarsity Press],[175] ainda que essas distinções não sejam de modo algum absolutas.[176]

As feministas de todas essas classificações variadas têm desafiado várias interpretações tradicionais da Escritura. Elas têm debatido que uma tradução melhor de "alguém que... auxilie e... corresponda" (Gn 2:18) é "uma parceira correspondente a" (ou mesmo "superior a") Adão.[177] Elas interpretaram 1Timóteo 2:11-15 no contexto de mulheres ensinando a heresia, promovendo rituais de fertilidade ou assassinando homens, e a partir daí não se trata de um mandato de proibição para todas as épocas que a mulher não "ensine nem tenha autoridade sobre o homem" (v. 12).[178] Elas têm apelado aos leitores da Bíblia para prestarem atenção nas mulheres em vários textos, para lerem as suas histórias com um olhar feminino, de modo que nos angustiemos diante do estupro de Tamar (2Sm 13) ou do esquartejamento da mulher sem nome de Juízes 19,[179]

---

[174] 3ª ed. (Louisville: Westminster John Knox, 2012).

[175] Downers Grove: InterVarsity, 2002.

[176] Os evangélicos que de alguma maneira acreditam em alguma forma de liderança masculina nos dias de hoje preferem o termo menos pejorativo "complementar", acreditando que os papéis do homem e da mulher complementam um ao outro, ainda que não sejam idênticos. Uma antologia importante do complementarismo é a de J. Piper e W. Grudem, eds., *Recovering Biblical Manhood and Womanhood: A Response to Evangelical Feminism*, ed. rev. (Wheaton: Crossway, 2006). Para duas defesas de cada uma das perspectivas mais importantes dentro do meio evangélico, veja J. R. Beck, ed., *Two Views on Women in Ministry*. rev. ed. (Grand Rapids: Zondervan, 2005).

[177] Spencer, *Beyond the Curse*, p. 25.

[178] C. C. Kroeger promoveu cada uma dessas visões em uma série de artigos. Todos agora podem ser encontrados juntos em seu livro, também assinado por R. C. Kroeger, *I Suffer Not a Woman: Rethinking 1Timothy 2:11-15 in Light of Ancient Evidence* (Grand Rapids: Baker, 1992). Os Kroegers concluem que a melhor opção para verter 1Timóteo 2:12 é "Eu não permito que uma mulher ensine nem se proclame a autora do homem" (p. 103). Para o lado complementar, veja esp. A. J. Köstenberger e T. R. Schreiner, *Women in the Church: An Analysis and Application of 1Timothy 2:9-15,* 2ª ed. (Grand Rapids: Baker, 2005).

[179] P. Trible, *Texts of Terror: Literary-Feminist Readings of Biblical Narratives* (Philadelphia: Fortress, 1984).

• 195 •

INTRODUÇÃO À INTERPRETAÇÃO BÍBLICA

ou de modo que reflitamos teologicamente sobre as metáforas que envolvem a violência divina dirigida às mulheres promíscuas no AT.[180] Elas nos pedem para questionar por que cinco mulheres aparecem na genealogia de Jesus registrada em Mateus (Mt 1:1-18), todas elas famosas na Escritura por se encontrarem em situações moralmente ambíguas. Uma resposta plausível, com a qual concordamos, sugere que Mateus pretende destacar que até mesmo o Messias tinha essas mulheres em sua árvore genealógica, e veio a se identificar com elas e tirar o estigma associado a elas.[181]

As feministas apontam paradigmas de sabedoria, liderança e autoridade como Rute, Débora e Hulda, convidando os leitores a se identificarem com o desejo dessas mulheres por justiça ou com a sua lealdade à família.[182] Elas podem até mesmo oferecer soluções a problemas de outras formas desconcertantes, como o comportamento bizarro de Ló oferecendo as suas filhas virgens a uma multidão descontrolada e aparentemente homossexual. Será que aquela foi uma tentativa de fazer algo tão chocante que iria desfazer a tensão em um cenário onde Ló sabia que a multidão não estava interessada nas jovens, mas no qual ele também tinha a obrigação de proteger seus convidados enviados do céu (Gn 19)?[183]

Da mesma maneira que a teologia da libertação, de um modo mais geral, uma hermenêutica feminista combina certas características questionáveis (para nós) com outras altamente recomendáveis. Quando as feministas não evangélicas criam um cânon dentro do cânon para rejeitar a autoridade de textos com os quais discordam, eles substituem a Bíblia por algum padrão externo como sua autoridade final e, a partir daí, se distinguem da perspectiva sobre a Escritura que defendemos neste livro. Quando as feministas bíblicas discutem interpretações lexicalmente dúbias de algumas palavras (como "correspondente"

---

[180] J. C. Exum, "The Ethics of Biblical Violence against Women", em *The Bible in Ethics*, ed. J. W. Rogerson, M. Davies e M. D. Carroll R. (Sheffield: Sheffield Academic Press, 1995), p. 248-271.

[181] C. L. Blomberg, "The Liberation of Illegitimacy: Women and Rulers in Matthew 1—2", *BTB* 21 (1991): p. 145-150. Cf. J. Schaberg, *The Illegitimacy of Jesus: A Feminist-Theological Interpretation of the Infancy Narratives,* ed. rev. (Sheffield: Sheffield Phoenix, 2006), p. 33, a qual, de forma bem menos aceitável, prossegue afirmando que Jesus foi concebido de forma ilegítima por Maria e outro homem (não José). Também é digno de nota que três das cinco são estrangeiras, uma indicação da ascendência internacional de Jesus e uma pista avançada de que o Evangelho deixa a porta bem aberta para que todos os povos entrem nela (Mateus 28:19-20).

[182] T. Cavalcanti, "The Prophetic Ministry of Women in the Hebrew Bible", em *Through Her Eyes: Women's Theology from Latin America*, ed. E. Tamez (Maryknoll: Orbis, 1989; Eugene, OR: Wipf & Stock, 2006), p. 118-139.

[183] L. M. Bechtel, "Boundary Issues in Genesis 19:1-38", em *Escaping Eden: New Feminist Perspectives on the Bible*, ed. H. C. Washington, S. L. Graham e P. Thimmes (Washington Square, NY: New York University Press; Sheffield: Sheffield Academic Press, 1999), p. 22-40.

ABORDAGENS LITERÁRIAS E SOCIOCIENTÍFICAS RECENTES DA INTERPRETAÇÃO

significando "superior" ou "tendo autoridade" significando "envolvendo-se em rituais de fertilidade"), elas levantam suspeitas de que seu desejo de fazer o texto dizer algo diferente daquilo que elas questionam tenha ultrapassado o rigor exegético, isso sem se falar do bom senso. As feministas mais liberais também criticaram de forma correta as mais conservadoras por destacarem tanto as vertentes libertadoras do NT que se passa de forma inadequada uma ideia negativa sobre o AT, e sobre o judaísmo em geral.[184] Por outro lado, quando alguns dos comentaristas mais barulhentos rejeitam uma tradução legítima de uma palavra (e.g., "assumir autoridade" em 1 Tm 2:12) somente com base em que, na visão deles, será impossível recorrer a esse texto para defender o seu ponto de vista (o que simplesmente não é o caso),[185] então se percebe o objetivo do intérprete se tornou um desejo de apoiar os pontos de vista já estabelecidos em vez de deixar o texto bíblico falar por si mesmo.

Gary Hoag, no entanto, bem pôde demonstrar que os pontos de vista associados com a adoração da deusa Diana que poderiam fazer da aplicação de 1 Timóteo 2:11-15 específica para aquela situação, identificada pelos Kroegers, mas não encontrados antes do início do século III, já existiam em meados do século I (na obra *Ephesiaca* de Xenofonte de Éfeso).[186]

---

[184] E.g., J. Plaskow, "Anti-Judaism in Feminist Christian Interpretation", em *Searching the Scriptures*, vol. 1: *A Feminist Introduction*, ed. E. Schüssler Fiorenza (New York: Crossroad, 1993), p. 117-129.

[185] Wayne Grudem ("The English Standard Version [ESV]", em *Which Bible Translation Should I Use? A Comparison of 4 Major Recent Versions*, ed. A. J. Köstenberger e D. A. Croteau [Nashville: B&H, 2012], p. 72) insiste que "o comitê da NIV não avaliou que as feministas evangélicas que querem se tornar pastoras não levarão a expressão "assumir autoridade" num sentido positivo. Elas de forma unânime a interpretam como proibindo uma 'autoridade autodeclarada' e depois dirão que elas não estão 'assumindo autoridade' por si mesmas, mas apenas a aceitando da Igreja. Por causa disso, a passagem de 1 Timóteo 2:12 na NIV se tornou inútil no debate sobre o papel da mulher no seio da Igreja. Em toda Igreja que usa a NIV na edição de 2011, ninguém será capaz de responder o seu argumento usando esta Bíblia em inglês". Essa última frase parece completamente sem fundamento. Tudo o que se precisa é de uma explicação simples sobre a maneira pela qual os especialistas estão divididos sobre o sentido de *authentein* nesta passagem. Alguns pensam que somente se refere ao uso de algum tipo errado de autoridade; outros, a um uso positivo de autoridade também. O Comitê de Tradução Bíblica da NIV escolheu essa tradução particularmente feliz porque alguém pode "assumir a autoridade" tanto de forma certa quanto quando não se deve assumir em hipótese alguma. Mesmo a KJV traduziu o verbo "usurpar a autoridade", enquanto o comentário de João Calvino sobre esse verbo se traduz "assumir autoridade" em um contexto onde a expressão claramente tem o seu sentido positivo! Veja a tradução do seu *Commentary on 1 Timothy* 2:12, disponível em <http://www.ccel.org/ccel/calvin/calcom43.iii.iv.iv.html>. A tradução latina do texto que ele segue traduz assim o versículo 12: *Docere autem muliere non permitto, neque auctoritatem sibi sumere in virum, sed quietam esse.*

[186] G. G. Hoag, *Wealth in Ancient Ephesus and the First Letter to Timothy*, BBRSup 9 (Winona Lake: Eisenbrauns, 2016), p. 61-99.

INTRODUÇÃO À INTERPRETAÇÃO BÍBLICA

Uma nova geração de igualitaristas está se tornando rapidamente bem mais responsável em sua formação acadêmica, evitando algumas sugestões menos convincentes daqueles que os precederam. Homens e mulheres estão buscando uma terceira onda, nem classicamente complementar nem classicamente igualitária. Michelle Lee-Barnewall, por exemplo, defende de forma convincente um tipo de liderança servidora que destaca o serviço antes da liderança, em vez de simplesmente usar "servo" como um adjetivo que equilibra o substantivo "liderança", enquanto ainda destaca primeiramente nos privilégios da liderança e nas prerrogativas que tanto os complementaristas quanto os igualitaristas tipicamente têm.[187] De fato, um de nós tem repetidamente indicado posições que parecem tão centristas que tem sido considerado igualitarista pelos outros que são complementaristas clássicos e, com certeza, complementarista pelos igualitaristas clássicos![188]

De qualquer forma, todos os estudantes da Bíblia fariam bem em ler novamente a Escritura pelas janelas de várias perspectivas feministas. Eles têm de se manter abertos para ver se têm lido os textos à luz de seus próprios preconceitos patriarcais majoritários (isto é, os tradicionais têm pré-entendimentos também, como discutiremos no cap. 5). Por exemplo, quando os escritores bíblicos usam o termo "pecador" para descrever os homens, nenhum pecado necessariamente vem à mente. Então por que as leituras tradicionais de Lucas 7:36-50 quase automaticamente presumem que a mulher "pecadora" que unge a Jesus é uma prostituta? O texto em questão certamente não exige essa interpretação.[189] Eles têm que sentir dor quando as mulheres a sentem e cooperar com elas por um mundo mais justo e compassivo. Eles têm de perguntar se elementos de passagens tradicionais e supostamente universais para todas as épocas na verdade são, em vez disso, limitadas à cultura. Isso é bem diferente, porém, de aplicar um cânon interpretativo dentro do cânon. Buscamos reconhecer *cada* texto da Escritura como inspirado e autorizado, mas admitir que tanto as interpretações quanto as aplicações frequentemente variam de uma cultura para a outra. Hoje a maioria dos cristãos não acredita que seja necessário para uma mulher ter a cabeça coberta enquanto ora na Igreja, nem que todos os cristãos devam literalmente lavar os pés

---

[187] M. Lee-Barnewall, *Neither Complementarian nor Egalitarian: A Kingdom Corrective to the Evangelical Gender Role Debate* (Grand Rapids: Zondervan, 2016).

[188] Veja C. L. Blomberg, "Neither Hierarchicalist nor Egalitarian: Gender Roles in Paul", em *Paul and His Theology*, Pauline Studies 3, ed. S. E. Porter (Leiden and Boston: Brill, 2006), p. 283-326; C. L. Blomberg, "Gender Roles in Marriage and Ministry: A Possible Relationship", em *Reconsidering Gender: Evangelical Perspectives*, ed. M. Habets e B. Wood (Eugene, OR: Pickwick, 2011), p. 48-62.

[189] Assim deduz de forma correta T. J. Hornsby, "Why Is She Crying? A Feminist Interpretation of Lk 7.36-50", em *Escaping Eden*, p. 91-103.

ABORDAGENS LITERÁRIAS E SOCIOCIENTÍFICAS RECENTES DA INTERPRETAÇÃO

uns dos outros. Devem existir igualmente boas razões para insistir que as mulheres tenham oportunidades de ensinar ou de ter autoridade sobre os homens? Os princípios ensinados por cada texto devem ser aplicados hoje de formas culturalmente adequadas (veja posteriormente o nosso capítulo sobre a aplicação).

De forma igualmente importante, precisamos reconhecer que as mulheres podem ler a Bíblia de forma diferente dos homens. Os dois sexos podem descobrir percepções singulares que surgem mais claramente por causa do seu gênero específico. Ambos os sexos, também, podem ser "cegados" em alguns contextos por causa do seu gênero.[190] Em outras palavras, existem duas questões em pauta. Primeiro, os próprios textos bíblicos são condicionados culturalmente pelas sociedades esmagadoramente patriarcais do seu tempo. Eles refletem o mundo como existia "naquela época". Os intérpretes têm de considerar quando esse condicionamento coincide com os valores normativos e propostos por Deus e quando ele não coincide. Em segundo lugar, todos os leitores são condicionados por sua cultura e pelo seu gênero e têm de ter um grande cuidado para não impor grades estranhas e anacrônicas que partem das propostas que chamam atenção da sociedade moderna aos textos antigos.[191]

Hermenêutica LGBT[192]

Muitas dessas propostas poderiam ser aplicadas às abordagens adotadas pelas especialistas lésbicas, pelos especialistas homossexuais, bissexuais e transgêneros com relação à hermenêutica. Na verdade, apesar de ninguém, até onde sabemos, ter feito isso, parece que a mesma nomenclatura usada para a hermenêutica feminista desde os mais liberais até as abordagens LGBT mais evangélicas, com as várias subdivisões das abordagens mais liberais, poderia ser utilizada para a escola acadêmica LGBT. A denominação conhecida como Metropolitan Community Church [Igreja da Comunidade Metropolitana], por exemplo, foi fundada principalmente para proporcionar um lugar seguro e de apoio para os cristãos LGBT. Com a exceção do entendimento sobre as principais passagens bíblicas sobre o comportamento homossexual, o restante de sua doutrina e de sua ética segue os contornos históricos evangélicos, e reconhecemos o nosso

---

[190] Falamos mais sobre isso na discussão sobre "pré-entendimentos" no cap. 5.

[191] Para outras obras importantes sobre a interpretação bíblica feminista, veja L. M. Russell, ed., *Feminist Interpretation of the Bible* (Philadelphia: Westminster, 1985); A. L. Laffey, *An Introduction to the Old Testament: A Feminist Perspective* (Philadelphia: Fortress, 1988); L. Schottroff e M. T. Wacker, *Feminist Biblical Interpretation: A Compendium of Critical Commentary on the Books of the Bible and Related Literature* (Grand Rapids: Eerdmans, 2012).

[192] Geralmente se aumenta a sigla para LGBTQ (lésbicas, gays, bissexuais, transexuais, travestis, transgêneros, *queers*). Às vezes também se acrescenta IA ou IA+ para intersexuais, assexuados e outros mais.

INTRODUÇÃO À INTERPRETAÇÃO BÍBLICA

parentesco espiritual com eles. Aqueles que não acham todos os comportamentos sexuais LGBT pecaminosos podem de igual maneira ser subdivididos entre aqueles que acreditam que as interpretações clássicas dos textos bíblicos principais são equivocadas, aqueles que acreditam que elas foram criadas para serem aplicadas temporariamente a todos os relacionamentos homossexuais e aqueles que acreditam que os textos realmente proíbem todo tipo de relação homossexual de forma eterna, mas simplesmente rejeitam o ensino bíblico sobre essa questão.

Quando o feminismo evangélico estava no seu início, muitos críticos previram que seria apenas uma questão de tempo para que argumentos idênticos fossem aplicados às questões LGBT e usaram esta previsão como uma razão para não refletir de forma séria sobre o feminismo. Eles acabaram acertando, ainda que as questões sejam bem diferentes. O livro de William Webb, *Slaves, Women, and Homosexuals* [Escravos, mulheres e homossexuais], que mencionamos no capítulo anterior e analisamos de forma mais completa em nosso capítulo sobre a aplicação, já demonstrou em 2001 que há várias questões sobre as quais se pode traçar o que ele chama de trajetória redentora por toda a revelação progressiva de Deus à humanidade desde as partes mais antigas do AT até o final do NT.[193] No caso da escravidão, não existem mandamentos, mas existem leis complementares no AT que são frequentemente muito mais humanas do que em todas as nações ao redor. No NT ela nunca é totalmente abolida, mas se abre o caminho para a sua abolição em 1Coríntios 7:21 e na carta a Filemom.[194] No caso dos papéis femininos, embora seja discutível que as mulheres sempre receberam dignidade na antiga religião israelita maior do que muitos reconhecem, mesmo de acordo com os entendimentos razoavelmente tradicionais da época do AT, elas recebiam com frequência liberdades, responsabilidades e papéis de liderança muito maiores no NT. De modo totalmente diferente, toda referência à prática homossexual (como distinta da simples orientação) nos dois Testamentos é invariavelmente reprovada. Mesmo se se adotar toda interpretação que considera os textos principais como se referindo apenas ao estupro homossexual, à pederastia, à prostituição ritual, ou à promiscuidade, mesmo assim não há passagens que mesmo sequer sugira o sexo LGBT como desejável ou mesmo admissível. Não há na Bíblia nenhum relato de indivíduos exemplares

---

[193] W. J. Webb, *Slaves, Women, and Homosexuals: Exploring the Hermeneutics of Cultural Analysis* (Downers Grove: InterVarsity, 2001).

[194] Veja esp. S. S. Bartchy, ΜΑΛΛΟΝ ΧΡΗΣΑΙ: *First-Century Slavery and 1Corinthians 7:21* (Missoula: Scholars, 1973), reimpr. como *First-Century Slavery and 1Corinthians 7:21* (Eugene, OR: Wipf & Stock, 2003); L. G. Lewis, "An African American Appraisal of the Philemon-Paul-Onesimus Triangle", em *Stony the Road We Trod*, ed. C. H. Felder (Minneapolis: Fortress, 1991), p. 232-246.

ABORDAGENS LITERÁRIAS E SOCIOCIENTÍFICAS RECENTES DA INTERPRETAÇÃO

envolvidos nesses relacionamentos (para a nossa visão sobre o exemplo de Davi e Jônatas, veja mais adiante), ainda que não neguemos a possibilidade de que eles possam existir no dia de hoje. Em vez disso, nos parece evidente que, ainda que os patriarcas e os reis israelitas tenham praticado a poligamia, a Bíblia posteriormente considera o casamento heterossexual monogâmico como normativo e o pré-requisito para as relações sexuais (cf. Gn 2:24). Ainda que pelos padrões de hoje esse padrão pareça estranho e antiquado, na verdade milhões de homens heterossexuais e especialmente mulheres ao longo dos séculos adotaram o celibato porque não tiveram a oportunidade de se casar, ou mesmo de ter um parceiro sexual.[195]

Com certeza, o fenômeno da sexualidade humana é complexo e às vezes misterioso, e o povo de Deus deve se lamentar porque vivemos em um mundo decaído onde os desejos de muitas pessoas em uma gama ampla de convicções bem arraigadas continuem sem serem satisfeitos. É claro que devemos ter simpatia com as pessoas heterossexuais e homossexuais que passam por dificuldades para viver como cristãos e apoiá-las. Mesmo assim, parece uma falta de sabedoria descartar os ensinos da Escritura sobre o pecado sexual como antiquados.[196] É melhor obedecer os ensinos do NT sobre o casamento monogâmico e heterossexual. Pedimos a permissão para comentar sobre algumas interpretações recentes sobre a teologia e os temas bíblicos clássicos. Nos últimos anos, desenvolveu-se toda uma ala da teologia e da hermenêutica "queer". O termo "queer", que já foi visto de forma pejorativa, foi reabilitado pela mesma comunidade que há poucos anos se ofendia muito com ele. Por um lado, o termo serve para acolher todas as minorias sexuais sob um rótulo e, por outro,

---

[195] Se alguém recorrer às exceções comparativamente raras do AT à ética padrão do casamento, como a poligamia, o levirato e o divórcio compulsório das esposas pagãs, alguém precisa também perceber que *não* existem exceções desse tipo para o cristão do NT. De igual modo, todas as exceções do AT aparentemente se referem somente a relacionamentos heterossexuais, e os dois primeiros são motivados, respectivamente, pelas preocupações antigas por ter famílias grandes (i.e., "mãos" suficientes para manter a sociedade de forma satisfatória), e para proteger os direitos de sucessão (e talvez a existência continuada dos ancestrais falecidos). Razões adicionais podem incluir a proteção das mulheres que, de outro modo, teriam sido abandonadas sem um protetor masculino, a necessidade de mais trabalhadores dentro da força de trabalho de uma família, e o desejo de se preservar uma árvore genealógica.

[196] Veja posteriormente esp. R. A. G. Gagnon, *The Bible and Homosexual Practice: Texts and Hermeneutics* (Nashville: Abingdon, 2001); L. L. Belleville, *Sex, Lies, and the Truth: Developing a Christian Ethic in a Post-Christian Society* (Eugene, OR: Wipf & Stock, 2010); J. Hallmann, *The Heart of Female Same-Sex Attraction: A Comprehensive Counseling Resource* (Downers Grove: InterVarsity, 2008); S. L. Jones e M. A. Yarhouse, *A Longitudinal Study of Religiously Mediated Change in Sexual Orientation* (Downers Grove: InterVarsity, 2007); e M. A. Yarhouse, *Understanding Gender Dysphoria: Navigating Transgender Issues in a Changing Culture* (Downers Grove: InterVarsity, 2015).

INTRODUÇÃO À INTERPRETAÇÃO BÍBLICA

minar as possibilidades interpretativas do conceito de "queer" (significando "estranho") quando aplicado a praticamente qualquer característica do comportamento humano na Escritura. Os retratos bíblicos de Jesus e de Paulo como saindo das normas da vida de casado, profundamente arraigada no judaísmo antigo, o que leva alguns a considerá-los como "queer". Os equívocos quanto a amizades profundas e ternas entre pessoas do mesmo sexo como Rute e Noemi, Davi e Jônatas, e até mesmo Jesus e seu "discípulo amado" (provavelmente o apóstolo João) é que levam os seus relacionamentos a serem classificados como homossexuais. Às vezes quaisquer histórias que homenageiam os rejeitados ou os marginalizados, ou que retratam as pessoas se comportando de forma contracultural ou diferente, ou mesmo que usem a linguagem de "sair" em contextos que não têm nada a ver como a sexualidade (e.g., Lázaro saindo do túmulo) são consideradas como promovendo a teologia "queer".[197]

As doutrinas cristãs clássicas também são mutiladas, definidas seletivamente e redefinidas para que Deus seja definido como aquele que envia o amor radical; revelação é redefinida como o "sair" de Deus como amor radical, eliminando os limites entre divino e humano, fraco e forte, convencional e desviante. Na teologia "queer", o pecado se torna a rejeição desse amor radical, incluindo a negação da legitimidade de todas as formas de expressão consensual entre adultos. A hospitalidade, na verdade, pode às vezes significar a demonstração de amor oferecendo sexualmente o seu corpo para o outro, sem nenhum compromisso com esse indivíduo. A expiação se torna a abolição das barreiras causadas pela adoção de um bode expiatório e pela rejeição do amor radical de Deus. A Igreja então se torna responsável para exemplificar esse amor para o mundo. O ensino bíblico clássico sobre as recompensas e punições em uma vida vindoura deve ser rejeitado ou redefinido a fim de que as pessoas mais punidas sejam aquelas que rejeitam a hermenêutica "queer" e as redefinições radicais do ensino histórico sobre os quais eles insistem.[198]

Adiantamo-nos para acrescentar que a nossa inclusão da análise acima não tem a intenção de simplesmente denegrir esses pontos de vista interpretativos, mas sim de levantar a questão sobre a existência de algum método hermenêutico adequado que os apoie.

---

[197] Cf. esp. E. R. Richards e B. J. O'Brien, *Misreading Scripture with Western Eyes: Removing Cultural Blinders to Better Understand the Bible* (Downers Grove: InterVarsity, 2012).

[198] Veja, além disso, P. S. Cheng, *Radical Love: An Introduction to Queer Theology* (New York: Seabury, 2011); e P. S. Cheng, *From Sin to Amazing Grace: Discovering the Queer Christ* (New York: Seabury, 2012).

CONCLUSÃO

É inevitavelmente difícil para os leitores para os quais algumas ou todas as ideias dos vários grupos de interesse sejam novas ou possivelmente escandalosas não as rejeitarem de imediato sem o estudo cuidadoso das justificativas apresentadas por aqueles que as propõem. Em muitos casos, a hermenêutica liberacionista e feminista surge de um sofrimento cuja maioria dos norte-americanos, particularmente os homens brancos, nunca experimentou nem presenciou. Quando os escritores refletem sobre a dupla marginalização do "mulherismo" (feminismo afrodescendente) ou "mujerismo" (feminismo hispânico ou latino-americano) ou da teologia feminista de outro país do Terceiro Mundo, tanto os homens quanto as mulheres brancas no ocidente cheio de oportunidades devem tentar ler com grande empatia, concordando ou não em princípio com cada detalhe hermenêutico ou cada detalhe exegético.[199] Historicamente, os cristãos, especialmente aqueles que são conservadores teologicamente, não têm expressado bem o amor de Deus por aqueles que se identificam como LGBT. Por outro lado, as minorias (e as maiorias) sexuais geralmente têm ignorado o fato de que o amor incondicional de Deus pelo seu povo não quer dizer que ele aprove todas as coisas que ele faça. Nem tampouco que o nosso amor por um irmão ou uma irmã em Cristo, seja heterossexual ou não, significa que somos absolvidos da responsabilidade de, com mansidão, encaminhá-los de volta para a Palavra de Deus, e, com amor, desafiar as escolhas que consideramos tolas que os acabarão magoando e talvez aos outros no final das contas. Mesmo assim temos que aceitar que, diante de Deus, todos somos pecadores indignos de seu amor e, com humildade, deixar o julgamento final com ele, que é o único que julga a todos nós de forma perfeita.

Todos os autores deste livro podem testemunhar pessoalmente que tanto as muitas viagens quanto a vivência em culturas do Terceiro Mundo, ou em meio aos pobres do campo e das cidades da América do Norte, além das nossas experiências cada vez mais frequentes com as mulheres e as minorias sexuais invariavelmente nos tem feito questionar interpretações padronizadas, porém preconceituosas culturalmente, de várias passagens.[200] Por exemplo, um de nós foi particularmente desafiado por um cristão do Terceiro Mundo que chamou a sua atenção a uma passagem geralmente mal empregada, "os pobres vocês

---

[199] Veja esp. M. J. Smith, *I Found God in Me: A Womanist Biblical Hermeneutics Reader* (Eugene, OR: Cascade, 2015); A. M. Isasi-Díaz, *Mujerista Theology: A Theology for the Twenty-First Century* (Maryknoll: Orbis, 1996); M. W. Dube, *Other Ways of Reading: African Women and the Bible* (Atlanta: SBL; Geneva: WCC, 2001); e K. Pui-lan, *Introducing Asian Feminist Theology* (Cleveland: Pilgrim, 2000).

[200] Cf. esp. E. R. Richards e B. J. O'Brien, *Misreading Scripture with Western Eyes: Removing Cultural Blinders to Better Understand the Bible* (Downers Grove: InterVarsity, 2012).

INTRODUÇÃO À INTERPRETAÇÃO BÍBLICA

sempre terão com vocês" (Mc 14:7), uma citação de Jesus de um texto da Lei ordenando o cuidado generoso para com os pobres (Dt 15:11). Mesmo o cristão mais sensível da América do Norte provavelmente lerá esse texto do ponto de vista do benfeitor, sempre temos tempo e obrigação para ajudar o necessitado. De forma bem diferente, o cristão pobre do Terceiro Mundo vivendo em um regime que infringe os direitos humanos provavelmente verá isso como um lembrete trágico que sempre haverá opressores no mundo para Deus julgar! Temos que separar um tempo para leituras divergentes que nossos irmãos e irmãs cristãos ao redor do mundo fazem da Escritura, e particularmente das mulheres, dos vários tipos de minorias, e dos pobres. Enquanto fazemos isso, seremos tanto sensibilizados quanto renovados.[201] E, em alguns casos, teremos nossos entendimentos tradicionais fortalecidos e reforçados. Nem todas as tradições precisam estar erradas; se elas assim fossem, então as novidades da atualidade também estariam todas erradas, à medida em que se estabelecem e assim se tornam tradicionais!

Da mesma forma que os livros pesquisados na primeira parte desse capítulo, teremos que avaliar caso a caso cada leitura sociocientífica, seja da história social, seja de um dos grupos de interesse, de acordo com seus próprios méritos. Nem todas provarão ser legítimas ou úteis, mas as que forem ampliarão nossos horizontes do entendimento bíblico de forma considerável. Se nossas notas de rodapé foram mais completas do que em algumas outras partes do nosso livro, é para ajudar os leitores a começarem a embarcar precisamente nesta iniciativa.

---

[201] Veja também a série de comentários em andamento lançada pela Sheffield Academic Press intitulada "A Feminist Companion to the Bible"; os comentários recentemente lançados Africa Bible Commentary Series from Zondervan, Word Alive, ACTS e Hippo Books; e o comentário de um volume, B. Wintle e H. Dharamraj, eds., *South Asia Bible Commentary* (Grand Rapids: Zondervan, 2015).

4

O CÂNON E AS TRADUÇÕES

CÂNON BÍBLICO

A palavra "cânon" vem do grego *kanōn*, que significa "lista", "regra" ou "padrão". O cânon da Escritura se refere à coleção de livros bíblicos que os cristãos aceitam como autorizados de forma singular. Nós o aceitamos, mas como sabemos que temos a coleção correta de livros? Por que essas 66 composições literárias merecem a nossa atenção (i.e., dos protestantes), e não outras? Será que outros livros em algum momento competiram para fazerem parte do cânon, e, se isso aconteceu, por que foram excluídos? A questão sobre quais livros fazem parte da Bíblia se torna fundamental para um estudo de hermenêutica que afirma que certos documentos, e somente esses documentos, permanecem normativos para todos os cristãos. Nossa discussão se torna ainda mais urgente porque os cristãos protestantes, católicos e ortodoxos nunca concordaram no que diz respeito ao AT. Além disso, muitos cristãos das denominações principais hoje sugerem que, ainda que todos os ramos do cristianismo tenham concordado sobre o conteúdo do NT (pelo menos desde o século IV), os critérios para esse acordo podem não ser mais aceitáveis.

Alguns poderiam justificar que outros escritos cristãos antigos e até gnósticos são igualmente valiosos como parte do Novo Testamento canônico.[1] Na primeira metade desse capítulo esboçaremos, nesta ordem, o surgimento do cânon do AT, o desenvolvimento do cânon do NT, os critérios de canonicidade, e as consequências para a hermenêutica da metodologia conhecida como crítica do cânon.

---

[1] A novidade mais recente nessa área é a publicação da obra *A New New Testament: A Bible for the Twenty-First Century*, ed. H. Taussig (Boston: Houghton Mifflin Harcourt, 2013). Dezenove autoproclamados "líderes espirituais" (especialistas, pastores e rabinos) criaram um "Conselho de Nova Orleans" para discutir as obras não canônicas que acreditavam terem sido escritas por volta de 175 d.C. e votaram para acrescentar dez delas — nove delas extremamente gnósticas — aos 27 livros tradicionais para criarem um cânon ampliado.

• 205 •

O CÂNON BÍBLICO: AS QUESTÕES CENTRAIS

Qual é o "padrão" para determinar o que Deus revelou?

O que constitui a Escritura?[2]

CÂNON DO ANTIGO TESTAMENTO[2]

Desenvolvimento do cânon

Desde a Reforma, os protestantes aceitam os 39 livros, de Gênesis a Malaquias, que aparecem nas edições comuns da Bíblia publicadas nos dias de hoje. Os católicos romanos e os cristãos ortodoxos orientais, no entanto, preservam vários livros apócrifos (do grego "ocultos") ou deuterocanônicos ("segundo cânon") que foram influentes durante os primeiros 1.500 anos da história da Igreja.[3]

Esses livros incluem obras como 1Esdras, 2Esdras, Tobias, Judite, Sabedoria de Salomão, Eclesiástico (também chamado de Sabedoria de Jesus, filho de Siraque, que não deve ser confundido com Eclesiastes), Baruque [ou Baruc], Carta de Jeremias, Oração de Azarias e o Cântico dos três jovens, Susana, Bel e o dragão, Oração de Manassés, 1Macabeus e 2Macabeus. Algumas dessas obras possuem natureza histórica: 1Macabeus e 2Macabeus descrevem a história de partes importantes do Israel do século II a.C., enquanto 1Esdras amplamente reproduz material encontrado em Crônicas, Esdras e Neemias. 2Esdras é um apocalipse de revelações secretas supostamente dadas a Esdras. Os dois livros da Sabedoria são de certo modo parecidos com o livro canônico de Provérbios. Baruque se parece com partes da profecia de Jeremias, e Carta de Jeremias poderia se caracterizar como um sermão exaltado baseado no texto canônico de Jeremias 11:10. A literatura devocional é representada pelas duas orações. Os livros restantes são (pelo menos parcialmente) romances lendários ilustrando a virtude e o vício por meio dos seus principais personagens. As três obras conhecidas como Susana, Oração de Azarias e o Cântico dos três jovens, e Bel e o dragão, aparecem como subseções dentro de uma versão maior do livro de Daniel. Também existem acréscimos apócrifos ao livro de Ester.[4]

---

[2] B. D. Sommer argumenta que o que representa "Escritura" é, em grande parte, um problema dentro do cristianismo (especialmente do cristianismo protestante), porque no judaísmo trata-se de uma categoria mais fluida, incluindo não apenas a *Tanach* (o que os cristãos chamam de AT), mas também a literatura rabínica. Veja B. D. Sommer, ed., *Jewish Concepts of Scripture: A Comparative Introduction* (New York; London: New York University Press, 2012), p. 2-14.

[3] Para uma lista completa dos cânones do AT da Igreja Católica Romana e de cada uma das igrejas ortodoxas orientais, veja H. P. Rüger, "The Extent of the Old Testament Canon", *BT* 40 (1989): p. 301-308.

[4] Uma edição padrão dos livros apócrifos pode ser encontrada na *Bíblia de Jerusalém* (São Paulo: Paulus, 2002). Duas introduções excelentes e pesquisas sobre esses livros são de D. J.

O CÂNON E AS TRADUÇÕES

Os protestantes têm defendido o cânon mais curto do AT, afirmando que esses 39 livros foram os únicos que os judeus da época de Cristo e os apóstolos aceitaram em seu cânon das Escrituras. Os outros livros, supostamente, mas não de forma comprovada, são todos de origem judaica (alguns existem agora apenas em grego e em latim, mas não em hebraico) e datam do período interbíblico depois da época de Malaquias. Os judeus nunca acreditaram que eram inspirados da mesma forma que os livros bíblicos anteriores. Na verdade, o testemunho amplamente divulgado nas obras rabínicas posteriores (primariamente dos séculos II ao V d.C.), bem como em Josefo (um historiador judeu do século I), demarca a crença judaica de que a profecia (ou pelo menos os escritos inspirados por Deus) cessou depois da época de Esdras, Neemias e dos últimos profetas menores: Ageu, Zacarias e Malaquias (veja esp. Josefo, C. Apião, 1:40-41; b. Sanh. 22a).[5] Isto significa que nenhum livro datado posteriormente a 450-400 a.C. poderia ser considerado parte das Escrituras hebraicas, nem, portanto, ser parte do AT cristão. Essas afirmações não devem denegrir indevidamente os livros apócrifos, porque eles fornecem informações valiosas sobre eventos históricos e teológicos entre os testamentos e frequentemente são leitura inspiradora, mesmo não sendo inspirados por Deus (para as provas referentes ao conteúdo real do cânon do AT, veja mais adiante). Deve-se lembrar que a crença dos católicos romanos e ortodoxos de que algumas dessas obras são livros autorizados vêm de um período posterior, afastado pelo menos um século da época do NT, quando o cristianismo tinha perdido bastante a visão de suas raízes judaicas.[6]

Desde a obra pioneira de A. C. Sundberg, porém, afirma-se frequentemente que, devido ao NT refletir um uso amplo da Septuaginta (o AT grego, abreviado como LXX), que incluía muito dos livros apócrifos, os cristãos do

---

Harrington, *Invitation to the Apocrypha* (Grand Rapids: Eerdmans, 1999); e de D. A. de Silva, *Introducing the Apocrypha* (Grand Rapids: Baker, 2002) e O. Kaiser, *Introduction to the Old Testament Apocrypha* (Peabody: Hendrickson, 2004). Duas séries importantes de comentários — *The Anchor Bible* (Garden City: Doubleday) e *Hermeneia* (Minneapolis: Fortress) — são bem singulares ao incluir volumes sobre os livros apócrifos, bem como o AT e o NT. Esse também é o caso da obra menor *New Interpreter's Bible Commentary* (Nashville: Abingdon).

[5] Josefo também sugere que as Escrituras não continham contradições insuperáveis, que elas eram inspiradas por Deus, e que, portanto, elas tinham autoridade. Vejam P. D. Wegner, T. L. Wilder, e D. L. Bock, "Do We Have the Right Canon?", em *In Defense of the Bible: A Comprehensive Apologetic for the Authority of Scripture*, ed. S. B. Cowan e T. L. Wilder (Nashville: B&H, 2013), p. 402.

[6] A exposição mais completa da defesa protestante tradicional da geração anterior é a obra de R. Beckwith, *The Old Testament Canon of the New Testament Church* (Grand Rapids: Eerdmans, 1985), a qual muito devemos esta seção.

INTRODUÇÃO À INTERPRETAÇÃO BÍBLICA

século I devem, portanto, ter acreditado no *status* canônico das obras apócrifas.[7] Todavia, os autores do NT nunca citam essas obras diretamente como fazem com o restante do AT. Segundo LaSor, Hubbard e Bush, "é provavelmente seguro supor que o Antigo Testamento que eles usaram era idêntico ao que é conhecido hoje".[8] O testemunho de Filo e Josefo apontam na mesma direção. Lee McDonald discute essas afirmações, citando várias possíveis referências aos livros apócrifos no NT, [9] mas nenhuma delas aparece de forma tão clara como as inúmeras citações diretas da literatura reconhecida do AT. Além disso, nem mesmo as alusões razoavelmente óbvias a livros apócrifos (p. ex., Sab. 15:7 em Rm 9:21 ou Eclo 51:23-27 em Mt 11:28-30) provam de forma convincente que os cristãos primitivos viam essas obras como canônicas. Paulo, por exemplo, citou poetas e profetas gregos (At 17:28; Tt 1:12) e Judas citou os pseudoepígrafos (outros livros judaicos do período interbíblico) em dois momentos diferentes (v. 9, 14), apesar de nenhum dos cristãos defenderem a canonicidade de nenhuma dessas fontes.[10]

A LXX, que contém os apócrifos, surgiu entre os judeus de fala grega no Egito. Ela provavelmente se tornou popular entre os cristãos primitivos porque eles sabiam ler o grego, mas não o hebraico. Então eles naturalmente conheceram os livros apócrifos. O cânon judaico, no entanto, parece ter sido decidido pelos rabinos na Palestina, por isso os judeus de lá nem mesmo chegaram a conhecer essas obras.

Mas os cristãos frequentemente valorizaram os livros apócrifos por razões hermenêuticas ilegítimas. Mesmo enquanto os intérpretes cristãos primitivos muitas vezes liam sentidos alegóricos e cristológicos que os autores originais poderiam não ter pretendido (veja o cap. 2), assim também os livros apócrifos foram muitas vezes preservados e cultivados por causa das "leituras cristãs" deles, que em retrospectiva podemos constatar que não eram válidas. Por exemplo, Sabedoria de Salomão contém o versículo: "Bem-aventurado o madeiro através do qual vem a justiça" (14:7). No contexto, refere-se à arca de Noé, mas os

---

[7] A. C. Sundberg Jr., *The Old Testament of the Early Church* (Cambridge, MA: Harvard University Press, 1964).

[8] W. S. LaSor, D. A. Hubbard, F. W. Bush, *Old Testament Survey* (Grand Rapids: Eerdmans, 1982), p. 21. Curiosamente, a edição mais recente de 1996 revisa tanto o tratamento do cânon que essa frase nem aparece.

[9] L. M. McDonald, *The Formation of the Christian Biblical Canon*, 2ª ed. (Peabody: Hendrickson, 1995), p. 45, 259-267 (essa lista também contém alusões possíveis aos pseudoepígrafos, outros livros judaicos do período interbíblico nunca canonizados por alguém). Uma lista mais modesta e convincente e uma discussão de alusões possíveis aparecem em B. M. Metzger, *An Introduction to the Apocrypha* (New York: Oxford, 1957), p. 158-170.

[10] Para uma reação à visão de que os mais antigos pais da Igreja viam os livros apócrifos como canônicos, veja Beckwith, *Canon*, p. 386-395.

• **208** •

O CÂNON E AS TRADUÇÕES

cristãos primitivos o valorizavam como uma aparente predição da cruz de Cristo. Baruque 3:36-38 fala que Deus "escavou todo o caminho do conhecimento", e "depois disso ela apareceu sobre a terra e no meio dos homens conviveu". No contexto, o autor personifica o conhecimento de Deus como uma mulher, de forma bem parecida como a sabedoria aparece em Provérbios 9, mas muitos pais da Igreja interpretavam a passagem como uma referência à encarnação de Cristo. Do século II em diante, a maioria deles foi cada vez mais aceitando os apócrifos como canônicos, apesar de uma minoria (incluindo esp. Jerônimo) insistir em seguir o cânon judaico. Mas a Reforma do século XVI retornou de forma enfática à Bíblia judaica de Jesus e dos apóstolos (e de Jerônimo).

As leituras patrísticas equivocadas dos livros apócrifos já observadas parecem suficientemente inócuas, mas em outros exemplos a questão sobre se os apócrifos devem ou não ser vistos como canônicos se reveste de sentido maior. Provavelmente o exemplo mais famoso vem de 2Macabeus 12:44-45, que exalta a virtude de orar pelos mortos para ajudar a fazer expiação por eles. A partir desse texto, mais do que qualquer outro, se desenvolveu a prática católica de orar por aqueles que morreram, na esperança de acelerar a sua passagem do purgatório e ao céu. Nenhum texto do NT, porém, fala claramente sobre a existência do purgatório, então os protestantes tradicionalmente rejeitam a sua existência.[11] Paulo (Fp 1:23) e um dos homens ao lado de Jesus na cruz (Lc 23:43) esperavam estar com Cristo imediatamente após a morte.

Os especialistas modernos, tanto os protestantes quanto os católicos, admitem frequentemente que alguns usos antigos cristãos dos livros apócrifos eram inadequados.[12] Mesmo assim, muitos ainda desafiam a inviolabilidade do cânon protestante.[13] Além disso, principalmente desde Sundberg, muitos afirmam que os judeus da época de Jesus não tinham uma coleção fixa de Escrituras autorizadas.[14] Todos concordam que os cinco livros da Lei (Gênesis a Deuteronômio) se tornaram canônicos pelo menos na época da leitura da Lei por parte de Esdras ou do cisma samaritano com Israel (porque os samaritanos aceitavam somente a Lei como canônica) cerca de 500-400 a.C. Os escritos dos profetas, que incluíam Josué, Juízes, Samuel, e Reis, bem como de Isaías até Malaquias (com a exceção de Daniel), eram provavelmente todos reconhecidos como exclusivamente autorizados pelo menos por volta de 200 a.C. Todos aparecem, por exemplo, entre

---

[11] Uma exceção é a do evangélico J. L. Walls, *Heaven, Hell, and Purgatory: Rethinking the Things that Matter Most* (Grand Rapids: Brazos, 2015).

[12] Veja esp. as introduções e as anotações sobre os livros apócrifos e os textos supracitados em Coogan, ed., *Apocrypha*. Essa edição é aceita por protestantes e católicos.

[13] Veja, e.g., a maioria das pessoas que contribuíram para a seção sobre o AT em L. M. McDonald e J. A. Sanders, eds., *The Canon Debate* (Peabody: Hendrickson, 2002).

[14] Sundberg, *Old Testament*, p. 107-169.

INTRODUÇÃO À INTERPRETAÇÃO BÍBLICA

os Manuscritos do Mar Morto em Cunrã, que datam daquela época em diante. Eles foram traduzidos para o grego (a Septuaginta ou LXX) como parte das Escrituras hebraicas na mesma época, e o prólogo ao livro de Eclesiástico, que não foi escrito depois de meados do século II a.C., se refere tanto à Lei quanto aos profetas como Escritura.[15] Certamente os conservadores e os liberais diferem amplamente quanto à autoria e, portanto, a data de muitos livros do AT.[16] Mas mesmo se as datas da aceitação da Lei e dos profetas forem tão tardias como o consenso crítico descrito aqui afirma, eles ainda são anteriores a Jesus e aos apóstolos, e o argumento tradicional protestante continua persuasivo.[17]

Uma controvérsia mais intensa se refere à terceira divisão tradicional das Escrituras hebraicas: os Escritos. Essa categoria abrangente inclui todos os livros não classificados como Lei e profecia: Rute, Crônicas, Esdras, Neemias, Ester, Jó, Salmos, Provérbios, Eclesiastes, Cântico dos Cânticos, Lamentações e Daniel. Muitos discutem que os Escritos podem ter incluído em épocas diferentes alguns ou todos os apócrifos, e que o cânon do AT não era limitado aos livros que os protestantes agora aceitam após as deliberações de um concílio judaico em Jâmnia (também chamada de Jabne ou Javne) aproximadamente no ano 90 d.C. (e talvez consideravelmente depois disso).[18] Em outras palavras, alguns declaram que o cânon do AT não foi decisivamente determinado dentro do judaísmo até o final da escrita dos livros do NT.

Esse ponto de vista talvez considere que é coerente seguir o exemplo de Jesus ao considerar como Escritura o que ele, com os judeus da sua época, aceitava como Escritura. Mas eles insistem que simplesmente não podemos saber quais livros ele teria adotado.

Apesar do fato de que esta visão do cânon do AT frequentemente é a que prevalece em muitas esferas acadêmicas no dia de hoje, ela é improvável. Uma investigação mais próxima do que aconteceu em Jâmnia mostra que, mais provavelmente, as discussões realizadas ali lidaram com desafios e questões sobre livros que já eram amplamente aceitos como canônicos.[19] Várias citações de

---

[15] Veja esp. E. E. Ellis, *The Old Testament in Early Christianity: Canon and Interpretation in the Light of Modern Research* (Tübingen: Mohr, 1991; Grand Rapids: Baker, 1992).

[16] E.g., compare o texto evangélico de R. B. Dillard e T. Longman III, *An Introduction to the Old Testament,* 2ª ed. (Grand Rapids: Zondervan, 2006) com o equivalente liberal de J. J. Collins, *Introduction to the Hebrew Bible* (Minneapolis: Fortress, 2004).

[17] A pesquisa mais completa sobre propostas recentes aparece em S. B. Chapman, *The Law and the Prophets: A Study in Old Testament Canon Formation FAT 27* (Tübingen: Mohr Siebeck, 2000). Chapman também afirma que um núcleo da Lei e dos profetas começou a surgir juntamente como Escritura canônica já no meio do século VI a.C.

[18] Veja, e.g., cf. A. C. Sundberg Jr., "The Septuagint: The Bible of Hellenistic Judaism", em *Canon Debate*, p. 68-90.

[19] Veja esp. J. P. Lewis, "Jamnia After Forty Years", *HUCA* 70-71 (1999-2000): p. 233-259.

O CÂNON E AS TRADUÇÕES

escritores de antes da metade do século I d.C. sugerem fortemente que os Escritos bem como a Lei e os Profetas já estavam com um número de livros determinado em uma época anterior. Josefo fala de "apenas 22" livros "contendo o registro de todo o tempo e certificado de forma justa" (C. Apião 1:38-41). Ele prossegue especificando os cinco livros de Moisés (a Lei) e treze livros de profecia e história, dos quais podemos reconstruir das listas judaicas posteriores como Josué, Juízes e Rute (como um livro), 1Samuel e 2Samuel (como um), 1Reis e 2Reis (como um), 1Crônicas e 2Crônicas (como um), Esdras e Neemias (como um), Ester, Jó, Isaías, Jeremias e Lamentações (como um), Ezequiel, Daniel e os 12 profetas menores (como um). "Os quatro livros restantes", conclui Josefo, "contém hinos a Deus e princípios de vida para os seres humanos". Esses seriam Salmos, Provérbios, Eclesiastes e Cântico dos Cânticos.

Lucas 24:44 reconhece uma divisão tríplice semelhante do cânon hebraico ("a Lei de Moisés, os Profetas, e os Salmos"), como faz o escritor judaico do início do século I, Filo ("as Leis, e Oráculos dados por inspiração por meio dos Profetas, e os Salmos, e os outros livros por onde o conhecimento e a piedade são acrescentados e completados", *Da vida contemplativa*, 25). O prólogo grego do importante livro apócrifo de sabedoria judaica, Eclesiástico, já na metade do século II a.C. especificou: "a Lei e os Profetas e os outros livros dos pais." Em Cunrã, foram encontrados todos os livros do AT (exceto Ester) aceitos por unanimidade, mas apenas três dos apócrifos (Tobias, pequenos fragmentos de Eclesiástico e poucas linhas da Carta de Jeremias), ainda que obviamente a existência de um livro em meio à biblioteca da seita do mar Morto não prova (ou desaprova), por si só, a sua canonicidade. E um dos pergaminhos do mar Morto traduzido mais recentemente (4Q397) se refere à necessidade de entender "os livros de Moisés [e] o[s] livro[s dos pr]ofetas e Davi". É claro que não podemos ter certeza do conteúdo exato das partes resumidas como "Davi" (ou em Lucas ou Filo como "os Salmos").

A interpretação dessas e de outras provas permanece disputada, mas Sid Leiman, de uma perspectiva judaica (seguido por Roger Beckwith de uma perspectiva cristã), estabelece todos os textos com grande detalhe, incluindo muitas discussões rabínicas posteriores.[20] Leiman e Beckwith concluem de forma plausível que o cânon completo de vinte e dois livros (seguindo a numeração de Josefo) já estava bem estabelecido antes da escrita do livro de Eclesiástico na metade do século II a.C. Ainda mais comuns são as referências a vinte e quatro livros, mais as listas antigas deixam claro que se chega a esse número

---

[20] S. Z. Leiman (*The Canonization of Hebrew Scripture: The Talmudic and Midrashic Evidence* 2ª ed., [New Haven, CT: Connecticut Academy of Arts, 1991], p. 51-124) relaciona todos os textos rabínicos. Beckwith (*Canon*, p. 16-104) discute a natureza dos testemunhos e de suas fontes.

INTRODUÇÃO À INTERPRETAÇÃO BÍBLICA

simplesmente dividindo os blocos Juízes-Rute e Jeremias-Lamentações em duas partes. As tentativas de diminuir a importância da crença extremamente difundida na interrupção da profecia (novamente encontrada no século II a.C. por ex. em 1Mc 9:27) mostram que nem todo judeu acreditava nisso.[21] Mas essas tentativas não enfraquecem a afirmação protestante de que a maioria dos judeus do século I não reconhecia escritores inspirados ou canônicos posteriores ao século V a.C.[22] Menos provável, mas ainda plausível, é a proposta adicional de Leiman e Beckwith de que a coleção final desses livros e a separação entre Profetas e Escritos em categorias distintas aconteceu na época e sob a influência do grande herói revolucionário judeu Judas Macabeu, na década de 160 a.C. (cf. 2Mc 2:13-15).[23] 2Macabeus 2:14-15 se refere a Judas reunindo os livros que tinham sido perdidos por causa da guerra contra Antíoco Epifânio; a interpretação mais natural é que essas teriam sido as Escrituras judaicas, das quais muitas cópias tinham sido destruídas.[24]

Nesse enfoque, o debate posterior dos rabinos destaca mais as questões de interpretação do que da canonização. Os cinco livros que aparecem nessas discussões são Provérbios, Eclesiastes, Ezequiel, Cântico dos Cânticos e Ester. Os rabinos questionaram esses livros por causa da aparente contradição em Provérbios 26:4-5, a tensão entre a descrição de Ezequiel do novo templo (Ez 40—48) e as instruções bíblicas anteriores sobre o santuário de Deus, a aparente "secularidade" de Eclesiastes e do Cântico dos Cânticos, a ausência de referências a Deus no livro de Ester combinada com a instituição de nova festividade não mosaica (Purim). O único livro apócrifo discutido foi Eclesiástico, o qual os rabinos consideravam muito tardio para ser canônico.[25] Para se ter certeza, nos séculos posteriores, depois da escrita e da codificação da lei oral (primeiro na Mishná em cerca de 200 d.C. e depois nos Talmudes de Jerusalém e Babilônico

---

[21] Veja esp. F. E. Greenspahn, "Why Prophecy Ceased", *JBL* 108 (1989): p. 37-49.

[22] Veja esp. B. D. Sommer, "Did Prophecy Cease? Evaluating a Reevaluation", *JBL* 115 (1996): p. 31-47.

[23] Leiman, *Canonization*, p. 29; Beckwith, *Canon*, p. 152; S. Dempster ("'An Extraordinary Fact': Torah and Temple and the Contours of the Hebrew Canon", *TynBul* 48 [1997]: p. 23-56, 191-218) têm demonstrado fenômenos particularmente no começo e no fim de cada uma das três partes do cânon hebraico que sugerem um estágio discreto de edição consciente e temática de uma forma canônica e final da Bíblia Hebraica no final do próprio período bíblico. Mesmo considerando uma data tardia para Daniel, isso também nos colocaria, o mais tardar, na metade do século II a.C. Cf. também a sua obra "Canons on the Right and Canons on the Left: Finding Resolution in the Canon Debate", *JETS* 52 (2009): 47-77.

[24] A. van der Kooij, "Canonization of Ancient Hebrew Books and Hasmonaean Politics", em *The Biblical Canons*, ed. J.-M. Auwers e H. J. de Jonge (Leuven: Leuven University Press, 2003), p. 27-38.

[25] Beckwith, *Canon*, p. 283-291, 318-323.

O CÂNON E AS TRADUÇÕES

dos séculos IV e VI), houve um consenso de que essas obras também eram tratadas como canônicas. Mas tudo isso vem bem depois do Novo Testamento, e mesmo naquela época a maioria dos rabinos aparentemente ainda concedia um lugar privilegiado à Torá escrita originalmente (o nosso AT).[26]

Ordem do cânon

É razoável, portanto, concluir que os judeus concordaram sobre as fronteiras do cânon hebraico nos tempos do NT. A ordem dos seus livros, no entanto, é menos clara, principalmente porque na época os documentos individuais ainda eram escritos em rolos separados. Uma tradição judaica antiga, possivelmente a mais antiga, coloca a ordem como: a Lei (Gênesis a Deuteronômio), os Profetas (Josué, Juízes, Samuel, Reis, Jeremias, Ezequiel, Isaías e os Doze Profetas Menores), e os Escritos (Rute, Salmos, Jó, Provérbios, Eclesiastes, Cântico dos Cânticos, Lamentações, Daniel, Ester, Esdras-Neemias, e Crônicas) (veja o tratado do Talmude: *b. B. Bat 14b*). Essa combinação às vezes é feita de forma cronológica (Josué-Reis; Daniel-Neemias), e às vezes de forma temática (Rute termina com a genealogia de Davi, uma introdução que combina com os Salmos de Davi; Crônicas resume quase toda a história do AT).

As Bíblias hebraicas modernas preservam a ordem, Lei, Profetas e Escritos, mas mudam a sequência de alguns dos livros dentro das últimas duas categorias.[27] As Bíblias em português são baseadas no arranjo da tradução grega do AT (a Septuaginta — LXX), na qual os Profetas e Escritos estão misturados uns aos outros para criar uma sequência de passado, presente e futuro: de Gênesis a Ester descreve a história primeiramente da raça humana e depois de Israel, da criação até o século V a.C.; de Jó até Cântico dos Cânticos inclui salmos e sabedoria para a vida presente; e de Isaías até os Doze preserva a forma da profecia que em sua maior parte proclamação (predição e transmissão) em vez de narrativa histórica.[28] A ordem desses livros proféticos às vezes segue considerações cronológicas e às vezes a extensão decrescente dos documentos.

---

[26] D. Kraemer, "The Formation of Rabbinic Canon: Authority and Boundaries", *JBL* 110 (1991): p. 613-630.

[27] Para detalhes, veja F. F. Bruce, *The Canon of Scripture* (Leicester e Downers Grove: Inter-Varsity, 1988), p. 29.

[28] A razão pela qual os judeus podiam incluir livros históricos como parte da "profecia" vem da compreensão que tinham de um profeta, de forma mais ampla, como um mestre reconhecido da lei moral. Veja esp. J. Barton, *Oracles of God: Perceptions of Ancient Prophecy in Israel After the Exile* (Oxford: Oxford University Press, 1986). Para uma explicação plausível da sequência dos doze profetas menores, veja P. R. House, *The Unity of the Twelve* (Sheffield: Almond, 1990), p. 63-109. House vê uma progressão dos temas do concerto e do pecado cósmico de Oseias a

• 213 •

CÂNON DO NOVO TESTAMENTO

Desenvolvimento do cânon

Claramente não é preciso apelar ao ensino de Jesus para determinar quais livros fazem parte do NT mesmo que ele tenha dado a entender que haveria uma futura Escritura inspirada pelo Espírito Santo (observe uma possível dedução de Jo 14:26; 15:26). Pode-se esperar, portanto, menos concordância entre os cristãos quanto às fronteiras do NT do que quanto às fronteiras do AT, mas na verdade, historicamente, houve uma unanimidade muito maior. Mesmo assim, a concordância não apareceu instantaneamente na formação do cânon do NT.[29]

Já que os primeiros cristãos herdaram uma Bíblia "completa" dos judeus, pode parecer surpreendente que tivessem a disposição de acrescentar algum livro sequer aos que eles definiram como Escritura. Mas ao perceberem Jesus como o cumprimento e o intérprete autorizado das Escrituras hebraicas (baseados nas próprias afirmações de Jesus em Mt 5:17-20), eles já tinham de algum modo relativizado o valor desses escritos. Cada vez mais, a história de Jesus e da pregação do Evangelho foi tomando um sentido maior. Então era natural escreverem a história e a mensagem sobre Jesus e, dentro de uma ou duas gerações, ver esses livros pelo menos com a mesma autoridade, se não maior, que os escritos anteriores, que eles acreditavam que tinham sido a preparação para esse Evangelho.

A história do AT proporcionou um precedente com Deuteronômio e os profetas como comentaristas ou "aplicadores" das leis anteriores de Moisés.[30] O conceito de alianças também demonstrou ser instrutivo. Jeremias tinha profetizado sobre um novo concerto vindouro (Jr 31:31-34), o qual Jesus e os escritores do NT afirmavam que a sua morte havia estabelecido (Lc 22:20; 2Co 3:6; Hb 8:8-13). Se o concerto mais antigo com Moisés levou a uma coleção de Escrituras, seria natural esperar que Deus orientasse os escritores cristãos a inscrever uma coleção mais nova de Escrituras. Este tipo de raciocínio parece estar implícito nas discussões próximas do final do século II na obra de Tertuliano (*Contra Marcião* 4:1) e Clemente de Alexandria (*Strom.* 1:9; 3:11; 4:21; 5:13).

Miqueias, do concerto e da punição cósmica de Naum a Sofonias, tendo como clímax a esperança de restauração de Ageu a Malaquias.

[29] Os melhores panoramas são da obra de Bruce, *Canon*; D. G. Dunbar, "The Biblical Canon", em *Hermeneutics, Authority, and Canon*, ed. D. A. Carson e J. D. Woodbridge (Grand Rapids: Zondervan, 1986), p. 315-342; e de B. M. Metzger, *The Canon of the New Testament: Its Origin, Development, and Significance* (Oxford: Clarendon, 1987).

[30] A independência dos profetas canônicos do AT quanto à Lei tem sido afirmada com frequência, mas veja B. S. Childs, *Biblical Theology of the Old and New Testaments* (Minneapolis: Fortress, 1992), p. 174-175.

O CÂNON E AS TRADUÇÕES

1TIMÓTEO 5:18 CITA LUCAS 10:7 COMO UM TEXTO COM AUTORIDADE (CF. 1CORÍNTIOS 9:14):
"O trabalhador merece o seu salário."
2PEDRO 3:16 CONSIDERA ALGUNS DOS ESCRITOS DE PAULO COMO ESCRITURA:
Ele [Paulo] escreve da mesma forma em todas as suas cartas, falando nelas desses assuntos. Suas cartas contêm algumas coisas difíceis de entender, as quais os ignorantes e instáveis torcem, como também o fazem com as demais Escrituras, para a própria destruição deles.

Mas a crença nos Evangelhos, em Atos, nas Epístolas e no Apocalipse começou a surgir bem antes do século II. Dois dos escritos posteriores do NT se referem aos escritos cristãos mais antigos como Escritura (1Tm 5:18, citando Lc 10:7;[31] 2Pe 3:16, se referindo a um número desconhecido de epístolas de Paulo). Apesar de alguns críticos datarem 1Timóteo e 2Pedro bem depois no século II, um bom número de especialistas reconhecem que as datas do final do século I são mais prováveis, e, no nosso entendimento, os enfoques tradicionais que as colocam na década de 60 d.C. ainda são recomendáveis.[32]

A literatura cristã não canônica mais antiga data de cerca do ano 90 d.C. até a metade do século II e são chamadas de *Pais Apostólicos*[33] (o que é um tanto equivocado porque se refere às gerações imediatamente *posteriores* à era apostólica). Essas obras incluem numerosas epístolas dos líderes da Igreja primitiva a várias pessoas ou comunidades cristãs.[34] De forma semelhante às epístolas do NT, essas cartas dão instruções sobre vários aspectos da vida cristã. Em sua maior parte, elas seguem o ensino dos escritores do NT, embora surjam novos desdobramentos, como, por exemplo, uma preocupação crescente com a

---

[31] Alguns discutiriam que a "Escritura" se aplica apenas à citação de Deuteronômio 25:4 na primeira metade de 1Timóteo 5:18, mas esta não é uma leitura natural do versículo. I. H. Marshall (*A Critical and Exegetical Commentary on the Pastoral Epistles*, com P. H. Towner, ICC rev. [Edinburgh: T&T Clark, 1999], p. 615) comenta, "para o autor a segunda citação tinha autoridade igual à do AT."

[32] Para as epístolas pastorais, veja esp. L. T. Johnson, *Letters to Paul's Delegates* (Valley Forge: Trinity Press International, 1996); mais elaborado em L. T. Johnson, *The First and Second Letters to Timothy*, AB (New York e London: Doubleday, 2001). Para 2Pedro, veja J. D. Charles, *Virtue amidst Vice: The Catalog of Virtues in 2Peter 1*, JSNTSup 150 (Sheffield: Sheffield Academic Press, 1997), p. 11-37; G. L. Green, *Jude and 2Peter*, BECNT (Grand Rapids: Baker, 2008), p. 139-150.

[33] A melhor introdução e tradução em português é a obra *Padres apostólicos*, da coleção Patrística (São Paulo: Paulus, 1997). Para o texto grego, veja M. W. Holmes, *The Apostolic Fathers: Greek Texts and English Translations*, 3ª ed. (Grand Rapids: Baker Academic, 2007).

[34] E.g., de Clemente de Roma a Corinto; de Inácio a Éfeso, Magnésia, Trales, Roma, Filadélfia, Esmirna e a Policarpo; de Policarpo aos filipenses; de um autor desconhecido a um Diogneto; e de um autor desconhecido tomando o nome de Barnabé para uma audiência geral cristã.

• 215 •

INTRODUÇÃO À INTERPRETAÇÃO BÍBLICA

virtude do martírio ou um destaque cada vez maior de uma hierarquia eclesiástica episcopal. Obras adicionais incluem uma narrativa relativamente histórica do *Martírio de Policarpo*; um manual chamado de *O ensino dos doze apóstolos* (ou *Didaquê*) sobre a ordem eclesiástica, especialmente no que diz respeito ao batismo, à Eucaristia, e aos falsos profetas; e uma série de mandamentos, parábolas e visões supostamente dadas por Deus a um escritor cristão conhecido como o *Pastor de Hermas*, cheia de instruções sobre temas de pureza e arrependimento.

Em várias partes do Império Romano, os escritos de Barnabé, Hermas, e talvez de Clemente e o *Didaquê* parecem ter ganhado uma leve aceitação entre alguns cristãos que os valorizava tanto como os outros livros que acabaram se tornando parte do nosso NT. Mas esse *status* nunca incluiu a maioria dos cristãos e era de duração relativamente curta. Um estudo de muitos pais apostólicos na verdade revela que os seus autores tinham consciência de que não possuíam a autoridade dos escritos apostólicos.[35] Além disso, eles citavam bastante e se referiam a esses livros anteriores de um modo que reconhecia a sua autoridade maior e, às vezes, o seu *status* de Escritura. Por exemplo, Inácio, bispo de Esmirna, escreveu para os trálios no início do século II, "Eu não me acho qualificado para isto, que eu [...] deva dar-lhes ordens como se eu fosse um apóstolo" (3:3). Uma geração ou duas depois, *2Clemente* 2:4 citou Marcos 2:17 palavra por palavra com relação a uma citação de Isaías, com a introdução "outra Escritura diz". Não é de se entranhar que os pais apostólicos citavam as palavras de Jesus com maior frequência, sugerindo que eles as viam como autoridade máxima.[36]

Em meados do século II, o primeiro ímpeto marcante para a discussão explícita sobre um cânon cristão veio do herético Marcião.[37] Marcião acreditava que Jesus e o Deus do AT eram opostos, e que qualquer coisa nos escritos cristãos que cheirasse a judaísmo deveria ser eliminada. Portanto, ele promoveu um "cânon" de versões editadas do Evangelho de Lucas e de várias cartas de Paulo, e nada mais. O aparecimento de escritos gnósticos, também começando em meados do século II, trouxe um maior estímulo. Muitos desses supunham conter revelações secretas de Jesus, logo depois de sua ressurreição, a um ou mais de seus seguidores (mais notavelmente Tiago, Pedro, João, Tomé, Filipe, e

---

[35] As provas para as últimas três frases estão espalhadas por cada uma das obras citadas na nota 26. Veja esp. Dunbar, "Canon", p. 323-328. De forma geral, cf. Metzger, *Canon*, p. 39-73.

[36] O valor do testemunho dos pais apostólicos tem sido regularmente exagerado pelos conservadores e indevidamente denegrido pelos liberais. Particularmente equilibrada, ainda que um tanto limitada em seu escopo, é a obra de D. A. Hagner, "The Sayings of Jesus in the Apostolic Fathers and Justin Martyr", em *Gospel Perspectives V: The Jesus Tradition Outside the Gospels*, ed. D. Wenham (Sheffield: JSOT, 1984; Eugene, OR: Wipf & Stock, 2003), p. 233-268.

[37] Veja Bruce, *Canon*, p. 134-144.

O CÂNON E AS TRADUÇÕES

Maria).[38] Além disso, como a perseguição contra os cristãos se intensificou, especialmente perto do final do século II e periodicamente no século III, tornou-se mais fundamental para os cristãos concordarem sobre quais livros em nome dos quais estariam dispostos a morrer (quando resistiam às ordens de queimar todos os seus livros sagrados). Então, começando em cerca de 150 d.C., e continuando sem acordo completo por outros duzentos anos, eles produziram uma série de listas de livros cristãos tratados igualmente como Escritura. Mas o testemunho de Irineu, durante esse período no qual os falsos mestres estavam "pervertendo as Escrituras" (veja esp. *Contra as heresias* 3.12.12), sugere um cânon já existente mesmo antes da publicação de várias listas.

Provavelmente a lista mais antiga é o chamado Fragmento Muratoriano do final do século II.[39] Ele inclui os quatro Evangelhos, Atos, todas as treze cartas atribuídas a Paulo, duas cartas de João, a carta de Judas, e o Apocalipse. Ele também, curiosamente, se refere à Sabedoria de Salomão, e observa que em Roma o *Apocalipse de Pedro* era lido, ainda que alguns o questionassem, como de fato alguns faziam com o *Apocalipse de João*. Próximo dessa época, Irineu, bispo de Lyon, reconheceu uma coleção parecida com a adição de 1Pedro.[40] Na virada do século III, Tertuliano utilizou pela primeira vez o latim *testamentum* ao se referir ao NT. Ele estava traduzindo o conceito de uma palavra grega, *diathēkē* ("concerto"), e não deve ser interpretada como "testamento", conforme frequentemente entendemos. Tertuliano reconheceu vinte e três dos nossos livros do NT como autorizados, omitindo o livro de Tiago, 2Pedro, e 2 e 3João, sobre os quais não menciona nada.[41] No início do século III, Orígenes se refere a todos os vinte e sete, mas observa que seis são controversos: Hebreus, Tiago, 2Pedro, 2João e 3João, e Judas (conforme citado em Eusébio, H.E. 6:25.8-14).[42] Essa situação deve ter persistido até o século IV.

---

[38] A coleção e a tradução padrão para o inglês é a de M. W. Meyer, ed., *The Nag Hammadi Scriptures: The Revised and Updated Translation of Sacred Gnostic Texts* (New York: HarperOne, 2007).

[39] Por seu conteúdo e importância, leia Bruce, *Canon*, p. 158-169. Uma datação do século IV para esse fragmento tem sido defendida por G. M. Hahneman, *The Muratorian Fragment and The Development of the Canon* (Oxford: Clarendon, 1992). Mas veja a refutação de C. E. Hill, "The Debate over the Muratorian Fragment and the Development of the Canon", *WTJ* 57 (1995): p. 431-452.

[40] Irineu não dá nenhuma lista definitiva dessas obras em nenhum lugar, mas pode-se montar uma a partir de várias referências apresentadas e discutidas em Bruce, *Canon*, p. 170-177.

[41] Além disso, os conceitos de Tertuliano refletem um mosaico de fontes. Veja Bruce, *Canon*, p. 180-183. Mais ou menos na mesma época, Clemente de Alexandria deve ter começado a usar o grego *diathēkē* da mesma forma.

[42] Ao mesmo tempo, o próprio Eusébio aceitou Hebreus, mas não Apocalipse. Orígenes duvidava da autoria paulina de Hebreus, mas não da sua inspiração.

INTRODUÇÃO À INTERPRETAÇÃO BÍBLICA

Como as discussões rabínicas sobre alguns livros do AT, porém, as questões sobre esses seis escritos se concentram mais nas evidências internas (questões que surgem dos próprios textos) que nas evidências externas (dúvidas quanto a inspiração ou às condições sobre as quais eles tinham sido escritos). A única exceção é Hebreus. Alguns acreditavam que ele veio de Paulo; outros propuseram autores diferentes ou alegaram desconhecimento. No caso de Tiago, tanto naquela época quanto posteriormente, as dificuldades eram conciliar a sua visão de fé e obras com a de Paulo. As dúvidas sobre 2Pedro se voltavam para as diferenças com relação a 1Pedro no estilo e no conteúdo. Discutivelmente, alguns consideravam 2João e 3João demasiadamente pessoais para serem universalmente relevantes. A citação de Judas do apocalipse judaico do período interbíblico conhecido como *1Enoque* e a sua alusão aparente a uma obra apócrifa conhecida como *Assunção de Moisés* confundiam alguns. Esses problemas internos, portanto, levaram alguns a duvidar da inspiração e da canonicidade desses últimos seis livros mencionados. Um sétimo livro também recebeu alguns ataques, já que a teologia milenista de Apocalipse que perturbou muitos que estavam se tornando cada vez mais amilenistas.

Atanásio, bispo de Alexandria, na sua carta da época da Páscoa de 367 d.C., é o escritor cristão mais antigo que acatou sem hesitação os vinte e sete livros que hoje compõem o nosso NT. Os concílios subsequentes de Hipona (393 d.C.) e de Cartago (397 d.C.) ratificaram essas posições. Apenas debates menores persistiram depois daquele tempo. Devido a esses debates, alguns escritores discutiram que o cânon do NT não foi fechado até o tempo da Reforma Protestante e do católico Concílio de Trento na metade do século XVI, se é que o foi.[43] Essa posição deixa a porta aberta, então, para algumas seitas, mais notavelmente os mórmons, acrescentar seus próprios documentos formativos ao cânon.[44] Mas enquanto é verdade que não se pode provar que os cânones cristãos ou judaicos foram fechados de forma tão conclusiva à prova de quaisquer discussões posteriores, é absolutamente claro que nenhuma literatura sectária posterior poderia passar pelos critérios da Igreja primitiva de canonicidade (veja a seguir). Obviamente, esses escritos não poderiam cumprir o critério de uso bem difundido dos dias primitivos da fé até o presente.

---

[43] É claro que é importante lembrar a ênfase dos reformadores no testemunho do Espírito Santo e no testemunho interno das Escrituras. Os protestantes não dependem, em última instância, da decisão de um antigo conselho da Igreja ou de uma ênfase da Reforma mais recente. Veja esp. M. J. Kruger, *Canon Revisited: Establishing the Origins and Authority of the New Testament Books* (Wheaton: Crossway, 2012). Mas o grau de subjetividade envolvido nesse ponto exige que outros critérios para a canonicidade sejam aplicados também.

[44] Veja esp., S. E. Robinson, *Are Mormons Christians?* (Salt Lake City: Bookcraft, 1991), p. 45-56.

O CÂNON E AS TRADUÇÕES

Apesar de o NT ter se mantido de forma bem estabelecida desde o século IV, várias vozes hoje clamam por uma reavaliação de suas fronteiras. Particularmente dignos de nota são os estudantes do gnosticismo antigo que discutem que os textos como os encontrados em Nag Hammadi (esp. o Evangelho de Tomé, o Evangelho da Verdade, o Apócrifo de Tiago, o Evangelho de Filipe, e o Tratado da Ressureição) preservam tradições do ensino de Jesus pelo menos tão valiosos como os que se encontram nos nossos Evangelhos canônicos, e que eles datam pelo menos da metade do século I.[45] É quase certo que esses especialistas datam cada uma dessas fontes não canônicas (exceto a fonte Q) pelo menos 75 anos antes da época! Nenhuma prova clara da existência desses documentos vem de antes da metade do século II, e uma comparação cuidadosa dos seus ensinos com os dos Evangelhos mostra que eles são bem posteriores e, quando colocados em paralelo, dependem dos quatro Evangelhos canônicos. É possível, com certeza, que falas inéditas, mas autênticas, de Jesus possam ter sido eventualmente preservadas nesses textos, mas um percentual expressivo delas parece mais revisões gnósticas e versões corrompidas (se não invenções completas) de tradições anteriores das palavras e dos atos de Jesus.[46]

Ainda mais ilusórias são as afirmações de que o NT foi simplesmente o resultado de uma disputa de poder por parte dos "ortodoxos", que expulsaram os pobres gnósticos do que tinha sido um lugar de prestígio no desenvolvimento do cristianismo e depois reescreveram a história do movimento para parecer que eles tinham predominado o tempo todo.[47] Esse cenário só pode ser possível se as maiores evoluções no estabelecimento do cânon começassem somente no século IV quando Constantino se tornou o primeiro imperador cristão e deu à religião a sua primeira base política, como Bart Ehrman e outros têm afirmado. Mas a maior parte dos acontecimentos para estabelecer o cânon já tinha ocorrido nessa época, e a literatura de tamanho enciclopédico

---

[45] Além de Taussig, *A New New Testament*, cf. esp. R. W. Funk, R. W. Hoover, e o Jesus Seminar, *The Five Gospels: The Search for the Authentic Words of Jesus* (New York e Oxford: Macmillan, 1993); R. W. Funk e o Jesus Seminar, *The Acts of Jesus: The Search for the Authentic Deeds of Jesus* (San Francisco:HarperSanFrancisco, 1998).

[46] Veja esp., C. Tuckett, *Nag Hammadi and the Gospel Tradition* (Edinburgh: T. & T. Clark, 1986); e J. P. Meier, *A Marginal Jew: Rethinking the Historical Jesus*, 4 vols. (New York: Doubleday, 1991), 1: 112-166. Para um estudo mais especializado, cf. C. L. Blomberg, "Tradition and Redaction in the Parables of the Gospel of Thomas", em *Gospel Perspectives V*, p. 177-205. Para uma atualização mais recente, cf. J. H. Charlesworth e C. A. Evans, "Jesus in the Agrapha and Apocryphal Gospels", em *Studying the Historical Jesus: Evaluations of the State of Current Research*, ed. B. Chilton e C. A. Evans (Leiden: Brill, 1994), p. 479-533.

[47] E.g., B. D. Ehrman, *Lost Scriptures: Books That Did Not Make It into the New Testament* (Oxford: Oxford University Press, 2003), p. 2; D. L. Dungan, *Constantine's Bible: Politics and the Making of the New Testament* (Minneapolis: Fortress, 2007), p. 120-121.

INTRODUÇÃO À INTERPRETAÇÃO BÍBLICA

produzida pelos Pais ante-nicenos, a partir dos quais tomamos conhecimento sobre os vários movimentos dentro dos três primeiros séculos do cristianismo, já tinha sido escrita naquela altura.[48] A existência contínua dos livros do NT por toda a história da Igreja, além de uma quantidade considerável da literatura sectária que foi rejeitada, mostra que nenhuma repressão de vozes dissidentes aconteceu naquele tempo. O mais antigo dos escritores patrísticos nem mesmo demonstram qualquer conhecimento da literatura heterodoxa, seja para apoiar, seja para protestar contra ela.

Ordem do cânon

Da mesma forma que no AT, o arranjo final dos livros do NT combinou preocupações tópicas e cronológicas com questões sobre a extensão dos documentos.[49] Os Evangelhos foram naturalmente colocados primeiro, já que descrevem a origem do cristianismo na vida de Jesus. Mateus assumiu o primeiro lugar porque, como o mais judaico dentre os Evangelhos, ele forneceu o vínculo mais claro com o AT.[50] Então Marcos, Lucas e João comumente seguiram na ordem que supostamente foram redigidos.[51] Ainda que Atos tenha sido o segundo livro de Lucas, ele foi separado de seu Evangelho pela obra de João quando os quatro Evangelhos foram todos agrupados. Mas naturalmente veio em seguida como continuação histórica dos acontecimentos da vida de Jesus.

Depois de Atos vieram as epístolas. Como Paulo foi o primeiro apóstolo para o mundo gentio e o mais produtivo escritor de epístolas, as suas cartas foram naturalmente colocadas em primeiro lugar. Como a ordem dos livros se tornou cada vez mais padronizada, as epístolas de Paulo foram então divididas em cartas às igrejas (Romanos a 2Tessalonicenses) e cartas a indivíduos (1Timóteo a Filemom). Dentro dessas duas seções, as epístolas foram dispostas na ordem de decrescente tamanho, com exceção dos livros escritos para a mesma Igreja ou pessoa que foram mantidos juntos mesmo quando esse padrão

---

[48] Alexander Roberts, ed., *The Ante-Nicene Fathers*, 10 vols. (Peabody: Hendrickson, 1994).

[49] Da mesma forma que o AT, os primeiros agrupamentos de livros do NT tiveram uma variedade de sequências, apesar de, até onde sabemos, os Evangelhos, as Epístolas de Paulo, e as Epístolas Gerais sempre terem sido agrupamentos distintos, ainda que com variações na ordem de aparição em cada seção. De forma interessante, Atos inicialmente era colocado como livro inicial das Epístolas Gerais. Para cf. as principais listas, veja Metzger, *Canon*, p. 295-300.

[50] Alguns também argumentaram que foi escrito primeiro, mas essa discussão fica além do propósito dessa obra. Veja as introduções ao NT na bibliografia no final, além dos comentários padrão sobre os Evangelhos Sinóticos.

[51] Cf. M. Hengel, *The Four Gospels and the One Gospel of Jesus Christ* (London: SCM; Harrisburg: Trinity Press International, 2000), p. 38-47.

O CÂNON E AS TRADUÇÕES

foi quebrado (1Tessalonicenses e 2Tessalonicenses, 1Timóteo e 2Timóteo).[52] Mesmo sendo apenas um pouco menor, Gálatas deve ter sido colocado antes de Efésios como um frontispício das Epístolas da Prisão (Efésios, Filipenses, Colossenses) por causa do seu uso do termo *kanōn* ou "regra" (Gl 6:16).[53] Hebreus foi colocada imediatamente depois das epístolas declaradamente paulinas porque muitos pensavam que ela veio de Paulo, mas não foi colocada dentro da coleção já que era anônima, e muitos outros questionaram a autoria paulina.

Os escritos de Tiago, Pedro, João e Judas foram então acrescentados nessa posição, também em ordem decrescente de tamanho, mas também provavelmente em ordem decrescente de proeminência de seus autores na Igreja primitiva. Tiago, o irmão de Jesus, também era originalmente o líder da Igreja de Jerusalém (At 15). Por fim, depois que Pedro chegou a Roma, ele suplantou Tiago em importância por todo império, mas nos primeiros anos ele parece ter sido subordinado a Tiago.[54] João, o filho de Zebedeu, foi outro do grupo de três apóstolos mais próximos de Jesus (com Pedro e Tiago, seu irmão). Judas, outro irmão de Jesus, claramente figura menos proeminentemente nos escritos cristãos primitivos. Por último, o Apocalipse, com o seu foco na consumação da história, forneceu uma conclusão adequada para o cânon.[55]

CRITÉRIOS DE CANONICIDADE

As razões pelas quais os judeus vieram a aceitar os 39 livros das Escrituras hebraicas da maneira que se encontram na enumeração moderna estão em boa parte perdidas na Antiguidade.

A razão principal dada nas discussões rabínicas gira em torno de sua inspiração. Mas isso apenas retrocede essa questão em uma etapa, isto é, por que se acreditou que esses livros são inspirados ou "divinamente inspirados" (cf. 2Tm 3:16)? Os acadêmicos conservadores têm buscado com frequência associar a inspiração e a canonicidade com a profecia. Deus deu a Lei a Moisés, eles argumentam, e ele também foi designado profeta e foi em grande medida

---

[52] Metzger, *Canon*, p. 297.

[53] Esse último ponto é de longe o mais dúbio, mas é uma sugestão plausível de W. R. Farmer em *The Formation of the New Testament Canon*, com D. M. Farkasfalvy (New York: Paulist, 1983), p. 79-81.

[54] Inúmeros estudos recentes têm reabilitado o Tiago histórico ao lugar de proeminência que ele já teve. Muitos deles estão resumidos de forma conveniente na obra de H. Shanks e B. Witherington, III, *The Brother of Jesus* (San Francisco: HarperSanFrancisco, 2003), p. 89-223.

[55] Veja esp., R. W. Wall, *Revelation* NIBC (Peabody: Hendrickson, 1991 Grand Rapids: Baker, 2011), p. 25-32, que segue uma abordagem explícita de crítica ao cânon (sobre esse assunto veja mais adiante).

• 221 •

INTRODUÇÃO À INTERPRETAÇÃO BÍBLICA

responsável pela redação do Pentateuco. Moisés, eles afirmam, antecipou uma sucessão de profetas divinamente aprovados (Dt 18:17-19) que redigiram os livros que os judeus incluíram entre os Profetas. Além disso, até muitos dos Escritos vêm de autores proféticos (e.g. Davi [cf. Atos 2:30] e, para alguns Salmos, Asafe, o profeta).[56] Mas esse ponto de vista não considera todos os livros da Bíblia e provavelmente leva as provas de autoria profética (mesmo dos livros que são considerados assim) além do defensável. Por que presumir que Deus pode inspirar somente profetas, e não sábios e sacerdotes?

Um segundo ponto associa a canonicidade ao conceito de concerto. A Lei estabeleceu o concerto de Deus; as narrativas históricas descreveram a obediência e a desobediência de Israel ao concerto; os profetas chamaram o povo de volta para um relacionamento adequado com o concerto; e a literatura sapiencial elaborou o tema da obediência a ele.[57] Essa teoria possui menos falhas do que a anterior, mas ela ainda se mantém um tanto genérica por natureza e sem muito testemunho antigo para apoiá-la. Mesmo sendo plausível, ela tem de permanecer na esfera das teorias. Os cristãos provavelmente têm que se contentar com o argumento tradicional protestante descrito anteriormente. Para expressar essa ideia de forma coloquial: "O que era bom o suficiente para Jesus (como um judeu representativo de sua época) é bom o suficiente para nós."

CRITÉRIOS PARA A CANONICIDADE DO NOVO TESTAMENTO		
Apostolicidade	Ortodoxia	Universalidade

Existem mais provas que sobreviveram ao tempo que sugerem critérios para a canonicidade do NT. Novamente, a inspiração é mais uma consequência da canonicidade que um critério dela.[58] Ainda assim, outros critérios podem utilmente ser classificados sob três categorias principais: apostolicidade, ortodoxia e universalidade.

Acreditava-se que todos os escritos do NT eram vinculados aos apóstolos. Apesar de não terem sido necessariamente escritos por um dos doze apóstolos (isso se aplicaria somente a Mateus, João e Pedro), eles pertenciam à era apostólica (século I) e poderiam estar intimamente associados com aqueles que foram considerados apóstolos (incluindo Paulo), ou intimamente associados a Jesus (como as epístolas de seus irmãos, Tiago e Judas). Assim, Marcos foi tradicionalmente associado com Pedro, Lucas com Paulo, e Hebreus, se não

---

[56] Veja esp. R. L. Harris, *Inspiration and Canonicity of the Bible*, 2ª ed. (Grand Rapids: Zondervan, 1969; Eugene, OR: Wipf & Stock, 2008).

[57] Veja esp. M. G. Kline, *The Structure of Biblical Authority*, 2ª ed. (Grand Rapids: Eerdmans, 1989; Eugene, OR: Wipf & Stock, 1997).

[58] Bruce, *Canon*, p. 268.

• **222** •

O CÂNON E AS TRADUÇÕES

com o próprio Paulo, então com um de seus companheiros próximos.[59] Ainda que muitas dessas reivindicações de autoria tradicionais sejam amplamente contestadas nos dias de hoje, uma justificativa bem clara ainda pode ser dada para cada objeção.[60]

Em segundo lugar, os cristãos acreditavam que a teologia e a ética promovidas pelos livros do NT aderem como um todo a uma ortodoxia comum, crenças não acolhidas pela maioria dos desafiantes gnósticos. Chamar todos os escritos do NT de ortodoxos não pressupõe um grau de diversidade entre eles, mas indica que nenhum dos textos realmente contradiz o outro. Apesar de essa afirmação ser amplamente rejeitada nos dias de hoje,[61] ainda continua totalmente defensável.[62] O cânon veio *depois* da pregação do Evangelho e da instrução dos fiéis e aceitou apenas o que era coerente com essa tradição inaugural.

Em terceiro lugar, livros que se mostraram úteis para um grande número de igrejas desde as primeiras gerações do cristianismo foram preservados. Bem semelhante era o reconhecimento amplo da autoridade de um livro. Pode-se apenas especular por que a primeira carta que Paulo escreveu aos coríntios, antes da nossa 1Coríntios (veja 1Co 5:9), não foi preservada. Ela obviamente era apostólica e supostamente ortodoxa, mas bem plausivelmente não era tão relevante para outros grupos de cristãos fora de Corinto. Os cristãos frequentemente fazem a pergunta tentadora: "O que aconteceria se esta carta fosse descoberta e demonstrada como altamente relevante?" Essa pergunta na verdade é apenas uma forma específica da questão mais ampla: "O cânon cristão está

---

[59] As sugestões dos primeiros séculos da história da Igreja incluem Paulo, Barnabé, Lucas e Clemente de Roma; na época da Reforma, Lutero sugeriu Apolo; A. Harnack, no século XIX, sugeriu Priscila e Áquila. Os especialistas modernos acrescentaram várias outras propostas.

[60] Veja esp. D. A. Carson e D. J. Moo, *An Introduction to the New Testament*, 2ª ed. (Grand Rapids: Zondervan, 2005); e A. J. Köstenberger, L. S. Kellum, e C. L. Quarles, *The Cradle, the Cross, and the Crown: An Introduction to the New Testament* (Nashville: B&H, 2009), os dois *ad loc*. Alguns poderiam argumentar hoje em dia que os outros critérios de canonicidade são adequados, de modo que não dependa tanto da autoria para a Igreja moderna quanto o era para a Igreja antiga. Para as questões em voga atualmente, os seus defensores, e uma reação excelente, veja M. J. Kruger, *The Question of Canon: Challenging the Status Quo in the New Testament Debate* (Downers Grove: InterVarsity, 2013).

[61] Quase toda a teologia do NT não evangélica baseia-se no pressuposto de uma diversidade irreconciliável. Dentre as obras recentes, cf. esp. U. Schnelle, *Theology of the New Testament* (Grand Rapids: Baker, 2009); e F. J. Matera, *New Testament Theology: Exploring Diversity and Unity* (Louisville: Westminster John Knox, 2007).

[62] Para uma demonstração detalhada de sua defensibilidade, veja I. H. Marshall, *New Testament Theology: Many Witnesses, One Gospel* (Downers Grove: InterVarsity, 2005); e F. Thielman, *Theology of the New Testament: A Canonical and Synthetic Approach* (Grand Rapids: Zondervan, 2005). Para uma discussão metodológica, veja P. Balla, *Challenges to New Testament Theology* WUNT 2.95 (Tübingen: Mohr, 1997).

aberto ou fechado?" Atualmente, como acreditamos que nenhuma tradição da Igreja está no mesmo nível da Escritura, de modo que proclamações autorizadas pela Igreja do século IV ou V não podem determinar afinal um cânon, temos de dizer que o cânon permanece *teoricamente* aberto se algum documento adicional puder cumprir todos os critérios para canonicidade. Mas, *na prática*, o cânon está fechado, já que uma obra que não tem sido usada por quase vinte séculos não poderia cumprir o critério de catolicidade e quase certamente seria aclamada por uma minoria de cristãos nos dias de hoje.[63]

UMA DISTINÇÃO FUNDAMENTAL	O processo de canonização não concedeu autoridade aos livros bíblicos.
	Em vez disso, os livros que eram reconhecidos como tendo autoridade eram acrescentados ao cânon.

CRÍTICA DO CÂNON

Em reação às abordagens frequentemente atomísticas da crítica histórica tradicional, uma nova forma de análise bíblica se desenvolveu, particularmente nas décadas de 1980 e 1990, conhecidas como crítica do cânon ou crítica canônica (lembre-se da nossa análise no cap. 2). Inicialmente devida aos escritos numerosos do professor da universidade de Yale, Brevard Childs, a crítica do cânon busca ir além da fonte padrão, da forma e da crítica da redação e interpretar os textos bíblicos em seu "formato canônico" (i.e., sua forma final).[64] A crítica do cânon não rejeita as reconstruções da crítica histórica moderna quanto ao modo como os vários documentos foram elaborados, mas não vê muito valor nesses métodos para a pregação ou para o ministério na vida da Igreja. Em vez disso, ela faz um apelo à comunidade cristã para aceitar a sabedoria de seus antepassados e interpretar as passagens ou os livros da Escritura na sua forma final. Uma boa parte dessa descoberta deve ser acolhida.

Em alguns exemplos, a crítica do cânon se concentra em acordos em vez de desacordos entre textos supostamente divergentes. Além disso, as alegações dos acadêmicos mais liberais não são rejeitadas, mas simplesmente voltadas para um dado foco. Childs, por exemplo, acredita como muitos que as duas narrativas da infância dos Evangelhos (Mt 1—2 e Lc 1—2) se contradizem em vários pontos. Mas em vez de seguirem os críticos da redação que se concentram nessas

---

[63] Veja esp. Metzger, *Canon*, p. 271-275.

[64] Veja esp. B. S. Childs, *Introduction to the Old Testament as Scripture* (Philadelphia: Fortress, 1979); B. S. Childs, *The New Testament as Canon: An Introduction* (Philadelphia: Fortress, 1984). Para mais sobre o contexto, consulte o cap. 2 acima.

O CÂNON E AS TRADUÇÕES

distinções como pistas para os destaques de Mateus e Lucas, ele prefere destacar as características que os textos têm em comum: o nascimento virginal por obra do Espírito, a criança que trará a salvação, o cumprimento da profecia do AT, e a necessidade de aceitar e adorar o Jesus menino.[65]

A crítica do cânon também modera o desejo de absolutizar duas ou mais vertentes da teologia bíblica. Êxodo, por exemplo, apresenta uma visão sobrenatural da intervenção de Deus na vida das pessoas, enquanto Gênesis traz um entendimento muito mais "naturalista" da providência de Deus agindo em acontecimentos humanos comuns (Gn 50:20).[66] Os liberais frequentemente têm rejeitado a primeira concepção e os conservadores têm negligenciado a segunda. Os críticos do cânon, no entanto, apelam aos intérpretes para que equilibrem as duas.[67] Novamente, os evangélicos podem rejeitar as alegações de que esses exemplos realmente possuem uma contradição absoluta, mas eles devem acolher uma ênfase renovada na unidade das Escrituras e se apropriar equilibradamente dos seus diversos temas e perspectivas teológicas.

Às vezes, para os críticos do cânon, a forma final do texto não significa a forma final de um livro individual da Escritura; em vez disso, a forma final indica o seu papel teológico no contexto dos cânones posteriores e completos do AT e do NT. Isto é, a crítica do cânon do cânon *todas* as questões históricas. Dessa forma Atos pode ser estudado não como a sequência do Evangelho de Lucas, como foi originalmente pretendido, mas como uma introdução às epístolas que se seguem. Por exemplo, o livro de Atos pode descrever bem e legitimar os ministérios de Paulo aos gentios bem como o de Tiago e Pedro aos judeus, mesmo enquanto mostra como o "evangelho de Paulo" finalmente se torna mais dominante. Essa leitura abre o caminho para um entendimento da legitimidade das epístolas de Paulo e de Tiago, mas também explica por que, historicamente, Paulo desfruta de maior proeminência, do mesmo modo que a posição de suas cartas no cânon do NT sugere.[68] Então, também, no AT, ainda que muitos salmos tenham sido redigidos originalmente em contextos não relacionados entre si, a sua posição na coleção dos 150 pode esclarecer como a "comunidade canônica" os interpretava. Sobretudo, o salmo primeiro,

---

[65] Childs, *New Testament*, p. 161-165.

[66] Na verdade, alguns sugerem que uma diminuição gradual do papel da intervenção direta de Deus nas questões humanas é uma característica unificadora da narrativa do próprio livro de Gênesis. Veja R. Cohn, "Narrative Structure and Canonical Perspective in Genesis", *JSOT* 25 (1983): p. 3-16.

[67] J. A. Sanders (*Canon and Community* [Philadelphia: Fortress, 1984], p. 50) dá o exemplo bem-humorado da jumenta falante de Balaão. Os liberais negavam que a jumenta poderia realmente falar; os conversadores defenderam que ela poderia, mas nenhum deles fez a pergunta mais importante sobre o que significa esse relato no contexto de Números 22—24!

[68] R. W. Wall, "The Acts of the Apostles in Context", *BTB* 18 (1986): p. 1-31.

INTRODUÇÃO À INTERPRETAÇÃO BÍBLICA

com o seu contraste clássico entre o justo e o ímpio, parece estabelecer o tema para toda a coleção. Os salmos 144—150, todos salmos de louvor, formam um clímax adequado e apontam para a atividade que deve ser o ponto mais alto da atividade de todo o povo de Deus.[69]

Resumindo, a ênfase da crítica do cânon na "forma final" do texto pode significar duas coisas bastante diferentes. Pode se referir ao que o autor real ou o editor final de um determinado livro escreveu ou redigiu, praticamente o que queremos dizer com o "autógrafo" de um documento bíblico em particular. Já que as doutrinas evangélicas da inspiração priorizam somente os autógrafos e não as suas histórias da tradição anterior,[70] essa preocupação da crítica do cânon oferece uma correção bem-vinda para aqueles que acham que somente certas camadas supostamente mais antigas de um texto são autorizadas ou mais significativas (e.g., as palavras mais autênticas de Jesus em um evangelho em particular ou a camada javista mais antiga de um livro da Lei).[71]

Mas quando a "forma final" ou o "formato canônico" se refere à maneira que um livro completo da Escritura foi interpretado séculos depois da sua redação, quando ele foi combinado com outras Escrituras, então simplesmente temos uma observação, geralmente bem especulativa, da história da exegese.[72] Frequentemente, essas interpretações desviam a atenção do propósito original dos textos. Como Metzger explica de forma útil, o cânon é "uma coleção de textos autorizados", não uma "coleção autorizada de textos (autorizados)".[73] Em outras palavras, a ordem canônica dos livros não foi inspirada, somente a escrita dos livros o foi.[74] A lição mais importante de um estudo da crítica do cânon,

---

[69] Para esse e outros exemplos dos salmos, veja G. H. Wilson, "The Qumran Psalms Manuscripts and the Consecutive Arrangement of Psalms in the Hebrew Psalter", *CBQ* 45 (1983): p. 377-388.

[70] O especialista evangélico do AT que usou mais essa forma de crítica do cânon é J. H. Sailhamer, esp. a sua obra *Introduction to Old Testament Theology: A Canonical Approach* (Grand Rapids: Zondervan, 1995). Os dois especialistas evangélicos em NT que trabalham mais com esse tipo de crítica do cânon são R. W. Wall e E. E. Lemcio, esp. na obra da autoria deles, *The New Testament as Canon: A Reader in Canonical Criticism* (Sheffield: JSOT, 1992).

[71] Cf., respectivamente, J. Jeremias, *New Testament Theology*, vol. 1 (London: SCM; NY: Scribner, 1971), esp. p. 3-37; e H. Bloom, *The Book of J* (New York: Grove Weidenfeld, 1990), esp. p. 3, 16, 316-322. A primeira é uma abordagem comum entre alguns especialistas do NT, a última é bem mais utilizada para o comentário do AT.

[72] Veja vários caps. de Wall e Lemcio, *The New Testament as Canon*, que especulam sobre a importância interpretativa de se justapor as coleções dos Evangelhos e das cartas ou colocando Atos entre eles, ou agrupando as epístolas paulinas e as outras em coleções separadas.

[73] Metzger, *Canon*, p. 282-284.

[74] Isto não é para negar que as várias ordens dos livros nas coleções anteriores do Antigo e do Novo Testamento sejam importantes para entender o modo pelo qual os seus redatores os valorizavam. Às vezes, elas quase teciam um minicomentário sobre esses textos.

O CÂNON E AS TRADUÇÕES

portanto, de vez em quando é uma aula sobre como *não* interpretar as Escrituras! Mas já que esse estudo nos ajuda a nos concentrar nos autógrafos bíblicos como unidades literárias, ou no cânon bíblico como uma unidade teológica, ou em detalhes importantes dentro de textos individuais que podem não ser estudados de outra forma, então com certeza é um estudo muito bem-vindo.[75]

James Sanders pratica uma forma bem diferente de crítica do cânon, que provavelmente deveria ter um nome diferente.[76] O estudo de Sanders se concentra no cânon nem tanto como um *produto*, mas como um *processo*. A hermenêutica canônica, nesse procedimento, refere-se ao modo pelo qual um escritor bíblico leu, reescreveu e/ou reaplicou a Escritura anterior, por exemplo, a reprodução em Deuteronômio das leis de Êxodo e Levítico, a reescrita do cronista de partes da narrativa de Samuel-Reis, ou as citações do AT no NT e alusões a ele. Mas esses tópicos não são novos, e eles são estudados melhor em outras disciplinas como a crítica da redação, a crítica do Midrash e a história da exegese.

O que pode ser mais importante é a afirmação de Sanders de que a própria hermenêutica utilizada para essas interpretações da Bíblia deveria ser normativa para os cristãos. Essa questão surge, por exemplo, quando alguém pergunta se os cristãos hoje podem interpretar o AT da mesma forma que os escritores do NT. Sanders acredita que a resposta é um sonoro sim. Concordamos de forma abalizada, apesar de frequentemente discordarmos com ele em sua avaliação real dos métodos empregados (veja o cap. 6 a seguir).

Nos últimos anos, a crítica do cânon do NT tem tido cada vez menos repercussão, ainda que um grupo corajoso de professores do passado e do presente da Seattle Pacific University tenha tentado mantê-la viva dentro do meio evangélico.[77] A crítica do cânon do AT, especialmente depois do legado de Childs, está mais sadia. É possível que as descobertas mais valiosas da disciplina sejam classificadas sob as várias vertentes da crítica literária e as sugestões mais especulativas saiam de cena. Uma das contribuições mais duradouras para a

---

[75] Para uma crítica mais filosófica da crítica do cânon, veja esp. P. R. Noble, *The Canonical Approach: A Critical Reconstruction of the Hermeneutics of Brevard S. Childs* (Leiden: Brill, 1995).

[76] Para uma reflexão autobiográfica desse método do tamanho de uma tese simples, veja J. A. Sanders, "Scripture as Canon for Post-Modern Times", *BTB* 25 (1995): p. 56-63. Para um tratamento mais profundo, veja do mesmo autor esp. estas obras: *Canon and Community* e *From Sacred Story to Sacred Text* (Philadelphia: Fortress, 1987).

[77] Além de Wall e Lemcio, *The New Testament as Canon*, e dos seus escritos individuais, cf. as várias obras de D. R. Nienhuis, esp. *Not by Paul Alone: The Formation of the Catholic Epistle Collection and the Canon* (Waco: Baylor University Press, 2007). Veja também R. W. Wall e D. R. Nienhuis, *A Compact Guide to the Whole Bible: Learning to Read Scripture's Story* (Grand Rapids: Baker, 2015).

INTRODUÇÃO À INTERPRETAÇÃO BÍBLICA

crítica do cânon, com certeza, é a legitimidade que ela tem dado novamente à interpretação de um livro inteiro ou uma seção da Bíblia como uma entidade unificada e completa com tópicos teológicos importantes que merecem um estudo acadêmico sério.[78]

TEXTOS E TRADUÇÕES

Em um contexto ideal, os estudantes interpretariam os autógrafos da Escritura, os documentos originais escritos pelos vários escritores bíblicos. No entanto, já que nenhum deles existe, a melhor alternativa é ler e interpretar as edições modernas críticas dos textos hebraicos, aramaicos e gregos: a *Bíblia Hebraica Stuttgartensia* (*BHS*, agora em sua 5ª edição) para o AT, e o *Greek New Testament* [O Novo Testamento Grego] de Nestle-Aland (28ª edição) das Sociedades Bíblicas Unidas (UBS — 5ª edição revisada). A *BHS* segue o texto do Códice de Leningrado, um manuscrito bem preservado da família massorética do século X, a tradição ortodoxa dominante na atividade exercida pelos escribas de cerca do ano 600 ao 900. Um aparato crítico apresenta as variantes textuais nas notas de rodapé, incluindo leituras de textos hebraicos mais antigos (primariamente os Manuscritos do Mar Morto [DSS em inglês]) e outras traduções mais antigas (esp. a LXX). O *GNT* escolhe dentre todos os manuscritos antigos e versões do NT para reconstruir o que esses autógrafos continham com a maior precisão.

Contudo, muitos intérpretes da Bíblia não possuem as habilidades linguísticas para ler esses documentos, então eles têm de recorrer a traduções da Escritura em seus idiomas nativos. Como então se escolhe entre as muitas traduções disponíveis? Os estudantes devem considerar dois fatores. Primeiro, até que ponto uma tradução utiliza as descobertas mais confiáveis da crítica textual moderna refletidas em obras como a *BHS* ou o *UBS* (5ª ed.)? Em segundo lugar, que tipo de tradução ela é: altamente literal, altamente parafrásica ou faz um meio-termo? Para ajudar o estudante a responder essas duas perguntas, discutiremos várias questões pertinentes.

TEXTOS E TRADUÇÕES: AS PERGUNTAS PRINCIPAIS
Como passamos dos "autógrafos" iniciais dos escritores ou editores bíblicos para a abundância de manuscritos e versões da Bíblia?
Podemos confiar em nossas versões modernas?

---

[78] Veja, e.g., C. R. Seitz, *Prophecy and Hermeneutics: Toward a New Introduction to the Prophets* (Grand Rapids: Baker, 2007).

• 228 •

O CÂNON E AS TRADUÇÕES

Crítica textual

Já que esse não é um manual de exegese (interpretar a Bíblia nas suas línguas originais), discutiremos bem rapidamente sobre crítica textual.[79] Boa parte do trabalho da crítica textual envolve entediantes e cansativas comparações de dezenas de manuscritos antigos e versões do AT, e centenas (milhares, se forem incluídos pequenos fragmentos) de porções do NT grego dos primeiros séculos da era cristã.[80]

A maioria das diferenças entre os manuscritos vem da mecânica de copiar à mão o conteúdo de um documento escrito. Uma introdução breve a esse processo capacitará os leitores a entender a razão pela qual os manuscritos não foram sempre copiados perfeitamente.

O processo antigo de escrita de rolos e códices (manuscritos em forma de livros) não se parece muito com a impressão de livros modernos. Nos manuscritos mais antigos as palavras eram escritas com letra maiúscula sem o uso de minúsculas e sem espaço entre as palavras, nem pontuação, hifenação, parágrafos, títulos de seções, nem qualquer outro recurso da escrita moderna.[81] Além disso, no caso do hebraico e do aramaico, somente se escreviam as consoantes. As vogais (depois representadas por símbolos abaixo, acima ou ao lado das consoantes) foram introduzidas pelos escribas massoréticos bem mais tarde, séculos

---

[79] Os guias introdutórios úteis incluem E. R. Brotzman, *Old Testament Textual Criticism: A Practical Introduction* 2ª ed. (Grand Rapids: Baker Academic, 2016); e J. H. Greenlee, *The Text of the New Testament: From Manuscript to Modern Edition* (Peabody: Hendrickson, 2008. Os estudos mais técnicos, mas mais abrangentes são a obra de E. Tov, *Crítica Textual da Bíblia Hebraica* (Rio de Janeiro: BV Books, 2017); E. Würthwein, *The Text of the Old Testament*, rev. e ampl. por A. A. Fischer, trad. E. F. Rhodes, 3ª ed. (Grand Rapids: Eerdmans, 2014), p. 157-205; D. B. Wallace, *Laying a Foundation: A Handbook on New Testament Textual Criticism* (Grand Rapids: Zondervan, a ser lançado em 2018) e o site da Web do Center for the Study of New Testament Manuscripts: csntm.org; e K. Aland e B. Aland, *O Texto do Novo Testamento (*Barueri: SBB, 2013*).

[80] Bart Ehrman (*O que Jesus disse? O que Jesus não disse? Quem mudou a Bíblia e por quê?* [São Paulo: Prestígio, 2006], p. 100) fala de talvez existirem 400 mil variantes textuais. Mas elas estão espalhadas por mais de 25 mil manuscritos antigos em grego e outros idiomas para os quais o NT foi traduzido, deixando menos que 16 variantes *distintas* por manuscrito. A grande maioria delas são variantes na ortografia. Menos de 10 mil são consideradas dignas de observação no NA28, menos que 1.500 no UBS5, e uma média de 300-400 nas notas de rodapé da maioria das traduções nas línguas modernas.

[81] Isto pode se demonstrar para os documentos do NT mais antigos. Para os textos do AT, mesmo as cópias mais antigas (os MMM) indicam a divisão das palavras de várias formas, mas os especialistas estão divididos sobre a possibilidade dos originais terem utilizado o espaçamento entre as palavras. A prática das inscrições fenícias e as muitas variantes hebraicas baseadas em divisões de palavras diversas apoiam um texto original sem espaços entre palavras. Por outro lado, o tipo de espaçamento inconstante e ambíguo encontrado em Cunrã poderia também ter criado essas variantes. Veja Tov, *Crítica Textual da Bíblia Hebraica*.

INTRODUÇÃO À INTERPRETAÇÃO BÍBLICA

depois que os livros foram escritos e que o cânon foi completado. Para imaginar como seria a aparência disso para um leitor da língua portuguesa, podemos conceber Gênesis 1:1-2 na NVI com esta aparência:

NPRNCPDSCRSCSTRRRTRRSMFRMVZTRVSCBRMFCDBS-MSPRTDDSSMVSBRFCDSG.

João 1:1-2 não teria uma aparência tão ruim porque as vogais faziam parte dos manuscritos gregos.

NOPRINCÍPIOERAAQUELEQUEÉAPALAVRAELEESTAVA-COMDEUSEERADEUS.

Naturalmente nos perguntamos como alguém pode ler essa escrita. Mas aqueles que leem esses idiomas aprenderam o método desde crianças, e no caso do hebraico aprenderam quais as vogais devem ser acrescentadas às consoantes mentalmente ou oralmente. Mesmo assim, os leitores modernos fazem bem em lembrar que os textos originais da Escritura tinham uma forma bem diferente dos que temos. Ninguém ousaria reivindicar a inspiração das referências de capítulo e versículo (elas foram acrescentadas na Idade Média),[82] da pontuação e da divisão das palavras do NT (que começaram por volta do século VI), ou das vogais hebraicas (finalizadas por escrito aproximadamente no do século X).

Quando os manuscritos começaram a ser copiados, muitas diferenças entre eles, portanto, resultaram das ambiguidades dos documentos mais antigos, especialmente com relação à divisão das palavras. Porém, o contexto geralmente esclarecia a leitura correta. Mas, sem querer, os escribas incorriam em outros erros mecânicos: letras, palavras ou linhas inteiras eram omitidas ou repetidas de forma acidental quando o olho do copista voltava para o lugar errado no texto a ser copiado. As variações na ortografia ou erros entravam em cena quando duas letras vizinhas eram invertidas, ou quando uma letra era substituída por outra que era parecida. Às vezes os escribas intencionalmente alteravam os textos que eles copiavam (por exemplo, na direção da "ortodoxia" ou para harmonizar um texto com outro). Mesmo assim, a maior parte desses erros era corriqueira, detectável e corrigível, e não afetava significativamente o sentido geral das passagens maiores nas quais eles apareciam. Ocasionalmente há exceções interessantes. Por exemplo, 1 Tessalonicenses 2:7 deveria ser traduzido

---

[82] As divisões dos capítulos foram introduzidas pelo arcebispo de Cantuária, Stephen Langton, no início do século XIII. Os versículos, por Robert Estienne (Stephanus), na metade do século XVI.

• 230 •

O CÂNON E AS TRADUÇÕES

como "fomos *bondosos* quando estávamos entre vocês" ou "mas, quando estivemos com vocês, nós fomos como *crianças*"?[83] As duas leituras no grego diferem apenas por um "n" adicional para iniciar a segunda palavra: *egenēthēmen ēpioi* "fomos bondosos" contra *egenēthēmen nēpioi* "nós fomos como crianças".[84] É mais provável que um escriba acidentalmente (ou intencionalmente) adicionou ou omitiu o *n-*?[85]

Ou deveria Gênesis 49:26 ser lido como "As bênçãos do seu pai são superiores às bênçãos dos montes antigos" ou "Que as bênçãos de seu pai ultrapassem as bênçãos de meus antepassados" (isto é, "daqueles que me conceberam")? A frase "dos montes antigos" (הַרְרֵי עַד, *harerê 'ad*) em hebraico se parece com "aqueles que me conceberam" (הוֹרַי עַד, *horai 'ad*), se uma letra (ר *r*) for substituída por uma letra parecida (ו, *ô*).[86]

Obviamente, as variantes textuais em versículos de grande sentido doutrinário apresentam ambiguidades importantes. Geralmente o texto de Salmos 2:12 tem sido visto como messiânico, conservando a versão tradicional do hebraico (נַשְּׁקוּ־בַר; *naššequ-bar*), como "Beijai [i. e., reverenciai] o Filho". Mas as últimas duas letras (בַר, *br*, lendo da direita para a esquerda) não são a palavra normal para "Filho" (a qual é בֵן, *bn*, como no versículo 7), e a LXX traduz o mandamento para o grego como "agarre a disciplina", algo que não pode ser extraído das letras hebraicas. Os tradutores modernos, portanto, às vezes supõem que essas seis letras, junto com as duas palavras que as precedem, em algum ponto devem ter sido um tanto dramaticamente reorganizadas de um original *naššequ beraglayw biradah* para o TM existente נַשְּׁקוּ־בַר) וְגִילוּ בִּרְעָדָה — *wegiylu biradah naššequ-bar*. Eles propõem uma versão não messiânica: "Beijai o pé

---

[83] A maioria das versões adota a primeira, mas a maioria dos críticos textuais favorece a última. A NTLH e a NTV seguem o consenso textual-crítico.

[84] Lembre-se de que originalmente todos eles foram escritos com letra maiúscula e sem espaços. Eles só seriam diferentes com a presença de um "n" a mais. Compare *EGENHQHMEN-NHPIOI* (nós fomos bondosos) com *EGENHQHMENNHPIOI* (nós nos tornamos crianças).

[85] A fonte padrão para explicar os fatores a favor e contra as principais variantes textuais no Novo Testamento é B. M. Metzger, *A Textual Commentary on the Greek New Testament*, 2ª ed. (New York: UBS, 1994). É particularmente útil a descrição de Metzger de como o comitê de cinco membros que produziu a quarta edição do GNT das SBU chegou a suas decisões de classificar uma leitura como tendo um nível de confiança {A}, {B}, {C}, ou {D}. Nesse exemplo em particular, o comitê adotou a leitura *nēpioi* (crianças) e lhe deu uma classificação {B} indicando que o texto é quase certo. (Um {A} indica que o texto é certo; um {C} indica que o comitê teve dificuldade em decidir qual variante colocar no texto; e um {D} que o comitê teve uma grande dificuldade com sua decisão, uma opção que raramente acontece.) Ainda não foi lançada uma obra de referência equivalente para a quinta edição.

[86] Acerca disso, veja e.g. V. P. Hamilton, *The Book of Genesis, Chapters 18-50*, NICOT (Grand Rapids: Eerdmans, 1995), p. 682-683, n. 19. A primeira leitura vem da LXX; a última, do hebraico (TM).

• 231 •

INTRODUÇÃO À INTERPRETAÇÃO BÍBLICA

dele (se referindo a Deus). Assim, em vez de "Adorem o Senhor com temor; exultem com tremor. Beijem o filho", Salmos 2:11-12a então teria esta leitura: "Sirvam o Senhor com temor, com tremor beijem os seus pés."[87]

Menos complexo, mas igualmente importante, é um exemplo do NT em Lucas 22:19b-20. Um escriba posterior acrescentou as palavras "dado por vós. Fazei isso em memória de mim. E da mesma maneira o cálice, depois da ceia dizendo, esse cálice é o novo testamento no meu sangue derramado por vós"? Ou essas palavras foram omitidas acidentalmente no exemplar (um manuscrito influente amplamente copiado por um grande número de outros manuscritos) por trás dos manuscritos que não possuem esse material, e então o escriba simplesmente acrescentou o que devia estar presente?[88] Poderíamos multiplicar os exemplos, mas insistimos que nenhuma doutrina do cristianismo se baseia somente em passagens textualmente controversas.[89] Existem vários outros salmos messiânicos e profecias além de Salmos 2:12, e existem três outros relatos das palavras de Jesus na Santa Ceia, uma das quais concorda bem de perto com o palavreado do texto discutível de Lucas (1Co 11:24-25).

A ciência da crítica textual mesmo assim tem um lugar fundamental na boa hermenêutica. Todos os outros métodos descritos neste livro são um tanto inconsequentes se não pudermos determinar com uma probabilidade razoável quais eram as reais palavras originais. A boa notícia é que a maior parte da Bíblia é segura textualmente.[90] Os leitores de traduções em língua portuguesa, especialmente do NT, não precisam se perguntar se as variantes textuais por trás de cada versículo que eles leem mudariam drasticamente o sentido da passagem. As estimativas sugerem que mais de 99% do NT original pode ser reconstruído

---

[87] Para detalhes e propostas alternativas veja C. Vang, "Ps 2, 11-12—A New Look at An Old Crux Interpretum", *SJOT* 9 (1995): p. 162-185; e S. Olofsson, "The Crux Interpretum in Ps 2, 12", *SJOT* 9 (1995): p. 185-199. A Bíblia NET em inglês vê a palavra *bar* como um adjetivo que significa "puro" e traduz, "Dê uma homenagem sincera", evitando as palavras "pé" e "filho". [Cf. também a NTLH: "Adorem o Senhor com temor. Tremam e se ajoelhem diante dele"; a A21 traz no rodapé de Salmos 2:12 a seguinte observação: "Algumas versões sugerem: *Beijai os pés*" (N. do E.)]

[88] Para detalhes, veja B. S. Billings, *Do This in Remembrance of Me: The Disputed Words in the Lukan Institution Narrative (Luke 22.19b-20): An Historico-Exegetical, Theological and Sociological Analysis*, LNTS 3/4 (London: T&T Clark, 2006).

[89] Para esses e outros pontos relacionados, e para uma pesquisa introdutória excelente quanto às questões teológicas relacionadas à crítica textual para o evangélico, particularmente com referência às questões mais difíceis do AT, veja B. K. Waltke, "How We Got the Hebrew Bible: The Text and Canon of the Old Testament", em *The Bible at Qumran: Text, Shape, and Interpretation*, ed. P. W. Flint (Grand Rapids: Eerdmans, 2001), p. 27-50.

[90] Brotzman (*Old Testament Textual Criticism*, p. 23) observa que grande parte do AT não tem variante alguma.

• 232 •

O CÂNON E AS TRADUÇÕES

a partir dos manuscritos existentes com um alto grau de probabilidade.[91] O percentual do AT é menor, mas mesmo uma proporção mais cautelosa seria de acima de 90%.[92] Mas as boas edições das várias traduções modernas contêm notas de rodapé que alertam os leitores sobre a maior parte das variantes textuais significativas (bem como as traduções alternativas importantes). Os estudantes sérios da Bíblia seriam sábios em obter essas edições das Escrituras.[93]

Mesmo com toda essa ajuda, os cristãos sempre fazem duas perguntas importantes para as quais não há respostas simples. Primeiro, por que Deus, em sua providência, não assegurou que o original inerrante e inspirado fosse também *preservado* de forma inerrante?[94] Em segundo lugar, na condição de cristãos, como lidamos com essas partes das traduções tradicionais (como a ARC) que as modernas descobertas têm demonstrado que não eram partes dos autógrafos originais? A primeira pergunta cresce em importância à luz das outras religiões que afirmam, de forma um tanto ilusória, que os seus escritos sagrados foram preservados perfeitamente (mais notavelmente o *Livro de Mórmon* e o *Alcorão*). Com certeza, desconhecemos os motivos ocultos de Deus.

Com certeza, os cristãos primitivos estavam mais envolvidos em transmitir ou traduzir a sua mensagem para colocá-la nas mãos de quantas pessoas fosse possível, em vez de empenhar esforços sobre-humanos para copiar cada "menor letra ou o menor traço" sem erro. Além disso, as citações do AT no NT sugerem que eles usaram (e às vezes resumiram) palavras de várias versões antigas da mesma forma que poderíamos selecionar as palavras de uma tradução moderna que melhor expressasse o objetivo da nossa pregação.

Talvez, também, Deus não quisesse que idolatrássemos um livro, mas que o adorássemos como Aquele que se fez carne em Jesus. Deixar a transmissão das Escrituras nas mãos de seres humanos falíveis é comparável a deixar a proclamação das Escrituras nas mãos de discípulos pecadores e potencialmente rebeldes. Deus não escolheu interferir no livre-arbítrio nos dois casos, e ele revela e inspira apenas em momentos particulares da história humana. Ao mesmo tempo,

---

[91] J. E. Komoszewski, M. J. Sawyer, e D. B. Wallace, *Reinventing Jesus: What The Da Vinci Code and Other Novel Speculations Don't Tell You* (Grand Rapids: Kregel, 2006), p. 259.

[92] Paul D. Wegner, *A Student's Guide to Textual Criticism of the Bible: Its History, Methods & Results* (Downers Grove: InterVarsity, 2006), p. 37.

[93] As notas de rodapé das traduções geralmente se baseiam nas quatro principais tradições textuais que aparecem na crítica textual: o Texto Massorético (TM), a Septuaginta (LXX), os Manuscritos do Mar Morto (MMM), e os targuns aramaicos.

[94] O fato de não existirem dois manuscritos conhecidos idênticos refuta quaisquer afirmações de que Deus preservou um manuscrito inerrante. Identificar qualquer manuscrito em particular como sem erro é um ato de pura fé que todas as provas empíricas contradizem. Veja esp. D. B. Wallace, "The Majority-Text Theory: History, Methods and Critique", *JETS* 37 (1994): p. 185-215.

INTRODUÇÃO À INTERPRETAÇÃO BÍBLICA

podemos discernir a sua providência pela escala surpreendente em que os textos foram preservados.

A segunda pergunta se torna particularmente difícil com referência às duas passagens mais longas (impressas na maior parte das Bíblias) que quase com certeza não apareceram nos manuscritos originais: Marcos 16:9-20 (um relato adicional da ressurreição de Jesus) e João 7:53—8:11 (a história da mulher flagrada em adultério). A abordagem necessária deve ser clara: tudo que esteve com mais probabilidade nos textos originais deve ser aceito como inspirado e normativo; o que não estava nesses textos não deve receber o mesmo tratamento. Mas a aplicação tem se mostrado mais difícil. Conforme foi observado em outra parte deste livro, João 7:53—8:11 pode ser uma história verdadeira, da qual podemos receber informações precisas sobre a visão de Jesus a respeito da Lei, mesmo que não tenha sido originalmente parte do Evangelho de João. Por outro lado, quase não existem provas para fundamentar que Jesus tenha dito: "Quem crer e for batizado será salvo" (Mc 16:16; como se o batismo fosse necessário para a salvação), ou prometido que os cristãos poderiam pegar em cobras, beber o seu veneno, e ainda não sofrerem dano (Mc 16:18). Algumas pessoas expõem-se ao risco do suicídio, descabidamente, por tratar esse texto como normativo! Mas, tanto em Marcos como em João, as provas textuais são muito fortes e nos levam a rejeitar essas passagens como Escritura inspirada.[95]

O AT suscita problemas variados. Alguns livros são tão diferentes nas formas hebraica e grega que provavelmente deveríamos falar de duas edições diferentes desses livros. O exemplo mais claro é o de Jeremias, que é quase um sexto mais curto na LXX que no TM. Agora que os fragmentos de uma cópia hebraica de Jeremias que se assemelha à LXX foram encontrados entre os MMM, parece provável que a versão hebraica de Jeremias sofreu revisões sucessivas. Mas, seja qual for a nossa aplicação desse processo de desenvolvimento, não há provas de que o judaísmo (i.e., os redatores do TM e dos MMM na Palestina) tenha tratado a versão menor de Jeremias como autorizada, já que a versão revisada maior estava disponível. Então é esse Jeremias final, no qual as traduções em língua portuguesa se baseiam, que devemos continuar tratando como canônico.[96]

Em outros exemplos, no entanto, os MMM trazem variações textuais, às vezes completamente novas, às vezes coincidindo com a LXX, que provavelmente refletem os autógrafos com maior rigor que o TM. As traduções brasileiras

---

[95] O *GNT* das *SBU* classifica esse material no nível {A} — o mais alto — em cada exemplo, para não incluir esse material em cada instância.

[96] Veja esp. Tov, *Crítica textual da Bíblia hebraica*. Para encontrar um debate mais geral sobre o método quando os textos ou passagens do AT parecem ter existido de formas diferentes desde muito cedo, veja K. H. Jobes e M. Silva, *Invitation to the Septuagint,* 2ª ed. (Grand Rapids: Baker, 2015), p. 128-155. Esse livro também é, talvez, a melhor introdução à LXX de modo mais geral.

O CÂNON E AS TRADUÇÕES

como a NVI, a A21 e a NTV periodicamente incluem em suas notas de rodapé referências às leituras encontradas entre os MMM. Provavelmente o exemplo mais celebrado envolve um texto adicional no início de 1Samuel 11 em 4QSam[a], que parece provavelmente ter sido original, e, depois, omitido.[97] A NRSV o incorporou com a seguinte versão:

> Agora Naás, rei dos amonitas, havia oprimido os gaditas e os rubenitas. Ele tirou os olhos direitos de cada um deles e não daria a Israel um libertador. Não se deixou ninguém dos israelitas do outro lado do Jordão cujo olho direito Naás, rei dos amonitas, não tinha tirado. Mas havia sete mil homens que tinham fugido dos amonitas e tinham entrado em Jabes-Gileade.[98]

Essas mudanças nos recordam novamente que o nosso conhecimento do texto original da Bíblia não é cem por cento seguro, e novas descobertas podem levar a ainda mais outras revisões. Mas também é importante destacar que a nossa habilidade de reconstruir o original provável supera em muito a de qualquer outro documento do mundo antigo.[99]

Um tipo diferente de questão hermenêutica levantada pela crítica textual envolve versículos nos quais o NT cita o AT, mas segue a Septuaginta, mesmo quando o sentido na tradução grega não segue precisamente o hebraico dos manuscritos tradicionais do AT. Essas diferenças demonstram ser mais difíceis de avaliar. Como observamos, as versões hebraicas tradicionais não são de antes dos anos 800-1000. Os manuscritos existentes da Septuaginta voltam mais quinhentos anos no passado ou um pouco mais. É possível, portanto, que às vezes a LXX traduziu de forma precisa um original hebraico que depois se corrompeu. Partes de livros do AT encontrados entre os MMM que recuam no passado até o ano 200 a.C. de vez em quando sugerem que, apesar de não ser tão frequentemente, isso foi exatamente o que aconteceu. Compare, por

---

[97] Tov, *Textual Criticism of the Hebrew Bible*, p. 311-313.

[98] Nenhuma versão em português incorporou essa informação [N. E.].

[99] Para alguns dados comparativos, veja C. L. Blomberg, *Can We Still Believe the Bible? An Evangelical Engagement with Contemporary Questions* (Grand Rapids: Brazos, 2014), p. 35-37. Várias versões do Alcorão existiam na época da morte de Maomé; mas só uma foi preservada, para tentar unir as facções diferentes dentro do Islã. Como resultado, não podemos nem imaginar a proximidade da versão preservada do original, e pode-se apenas especular que a razão para preservar uma só tradição foi que havia diferenças consideráveis que importavam muito para as facções rivais na época. Mesmo na história primitiva da cópia da versão que foi preservada ('Uthmān), muitas variantes se apresentaram, como a história islâmica primitiva reconheceu livremente (ainda que isso não seja amplamente reconhecido entre os muçulmanos nos dias de hoje). Veja esp. K. E. Small, *Textual Criticism and Qur'ān Manuscripts* (Lanham, MD: University Press of America, 2011).

• 235 •

INTRODUÇÃO À INTERPRETAÇÃO BÍBLICA

exemplo, Hebreus 1:6, que cita uma forma mais longa de Deuteronômio 32:43 encontrado apenas na LXX ou nos MMM.[100]

Os targuns aramaicos, que combinavam uma tradução livre com acréscimos explicativos ocasionais e comentário, podem às vezes dar base a versões neotestamentárias dos textos do AT. Os intérpretes, por exemplo, muitas vezes se perguntaram como explicar o final de Efésios 4:8, "e deu dons aos homens" (NVI), quando o texto hebraico de Salmos 68:18 que Paulo cita diz "recebeste homens como dádivas" ("recebeste dádivas do povo" — NVT). Mas pelo menos um targum anterior contém um palavreado aramaico que é semelhante ao que Paulo escreveu nesse verso, então é bem possível que Paulo esteja seguindo uma tradição semelhante. Os judeus e os cristãos têm frequentemente especulado que Deus recebeu um tributo para devolver os seus dons como bênçãos a seu povo. Se Paulo raciocinou ou não dessa maneira, o targum pelo menos mostra que ele baseou a sua interpretação em uma leitura judaica e não manipulou o salmo simplesmente de forma descuidada.[101]

Como o LXX era a Bíblia comum para os leitores judeus do primeiro século fora de Israel, o NT pode conter, em alguns casos, citações dessa versão mesmo quando esta difere do hebraico, desde que não houvesse enfraquecimento do assunto em pauta. Assim, Tiago em Atos 15:17 cita a versão da LXX para Amós 9:11-12, na qual o grego, "para que o restante dos homens busque o Senhor, e todos os gentios sobre os quais tem sido invocado o meu nome", é bem diferente do hebraico: "de forma que eles possam possuir o remanescente de Edom e todas as nações que portam o meu nome." Ainda assim a ideia de Tiago pode ser justificada por ambas as versões: quando Deus restaura Israel, os gentios se tornam parte integral e unificada desse novo povo escolhido junto com os judeus.[102] É claro, nem todo uso do NT da LXX pode ser explicado

---

[100] Sobre os quais, veja esp. J. de Waard, *A Comparative Study of the Old Testament Text in the Dead Sea Scrolls and in the New Testament*, STDJ 4 (Leiden: Brill, 1965), p. 13-16; G. L. Cockerill, "Hebrews 1:6: Source and Significance", *BBR* 9 (1999): p. 51-64.

[101] Para essa e outras tentativas para solucionar o problema, veja P. T. O'Brien, *The Letter to the Ephesians*, PNTC (Grand Rapids: Eerdmans; Leicester: InterVarsity, 1999), p. 289-293. Para maiores detalhes sobre o uso de Salmos 68:19 em fontes anteriores não rabínicas, veja H. H. Harris, III, *The Descent of Christ: Ephesians 4:7-11 and Traditional Hebrew Imagery* (Leiden: Brill, 1996; Grand Rapids: Baker, 1998), p. 96-122. Sobre essa passagem específica, cf. T. G. Gombis, "Cosmic Lordship and Divine Gift-giving: Psalm 68 in Ephesians 4:8", *NovT* 47 (2005): p. 367-380; e W. N. Wilder, "The Use (or Abuse) of Power in High Places: Gifts Given and Received in Isaiah, Psalm 68, and Ephesians 4:8", *BBR* 20 (2010): p. 185-199.

[102] Essa é a abordagem utilizada e bem defendida por D. L. Bock, *Proclamation from Prophecy and Pattern: Lucan Old Testament Christology*, JSNTSup 12 (Sheffield: JSOT, 1987). Para informações sobre os detalhes textuais aqui, cf. D. W. Baker, "Language and Text of the Old Testament", em *Interpreting the Old Testament: A Guide for Exegesis*, ed. C. C. Broyles (Grand Rapids: Baker, 2001), p. 79.

O CÂNON E AS TRADUÇÕES

dessa maneira. (Para uma discussão adicional, consulte a parte sobre o uso do AT no NT no cap. 6).

Talvez o princípio hermenêutico mais importante a se aprender da crítica textual é que não se tem de extrair os princípios teológicos ou éticos somente das passagens que são incertas textualmente. Quando variantes textuais significativas aparecem em uma passagem em questão, o leitor bíblico sensível vai extrair interpretações e aplicações que possam ser defendidas não importa qual a versão do texto que se siga. Então, também, os estudantes devem sempre basear a síntese da doutrina e da prática bíblica nas passagens textualmente seguras.

Técnicas de tradução

As técnicas de tradução constituem-se no segundo critério pelo qual os leitores devem avaliar as versões modernas da Bíblia. Elas ajudam a situar as várias traduções em um gráfico bidimensional que leva em conta tanto a precisão quanto a clareza.[103] Algumas versões priorizam preservar a forma e a estrutura do texto original sobre a forma que seria mais inteligível na língua receptora, ainda que, evidentemente, elas pretendam ser entendidas pelos leitores. Designamo-las de traduções de *equivalência formal*. A ARC e a ACF são os exemplos principais, e até certo ponto também a VR e a ARA. A ACF, por exemplo, traduz a passagem teologicamente rica de Romanos 3:25 como: "Ao qual Deus propôs para propiciação pela fé no seu sangue, para demonstrar a sua justiça pela remissão dos pecados dantes cometidos, sob a paciência de Deus." Essa é uma tradução bem "literal" (i.e., de equivalência formal), e os leitores de fala portuguesa podem ter certa dificuldade para entender. Do outro lado do leque, encontramos versões que buscam priorizar a clareza sobre a gramática e a sintaxe, enquanto ainda mantêm o sentido do texto. Denominamo-las de tradução de *equivalência dinâmica* (ou funcional) [e.g., AM, NBV, NTLH, NVT). Essas versões estão menos preocupadas em traduzir de forma consistente uma determinada palavra grega ou hebraica se esse contexto sugere um sentido diferente para essa palavra. As traduções de equivalência dinâmica ou funcional frequentemente transformam uma frase passiva em ativa, refletindo um estilo melhor ("Eu fui agredido por ele" se tornaria "Ele me agrediu").

Por exemplo, "Bem-aventurados os que choram, pois serão consolados" (Mt 5:4), se torna na NTLH: "Felizes as pessoas que choram, pois Deus as consolará". Expressões idiomáticas e figuras de linguagem frequentemente se

---

[103] Sobre a teoria e a prática da tradução, veja esp. E. A. Nida, *Toward a Science of Translating* (Leiden: Brill, 1964); J. Beekman e J. Callow, *Translating the Word of God* (Grand Rapids: Zondervan, 1974); e J. de Waard e E. A. Nida, *From One Language to Another: Functional Equivalence in Bible Translating* (Nashville: Thomas Nelson, 1986).

INTRODUÇÃO À INTERPRETAÇÃO BÍBLICA

tornam mais compreensíveis por meio de equivalentes modernos ou linguagem não idiomática (e.g., "expuseram as suas cabeças" (ACF), em Romanos 16:4, se torna "arriscando o pescoço" ou mesmo "arriscando a vida").

Servindo como um meio-termo, as traduções de equivalência otimizada (e.g., NVI e A21) não priorizam nem a clareza sobre a precisão nem a precisão sobre a clareza, mas buscam atingir o máximo possível delas em cada passagem, reconhecendo que às vezes uma pode acabar sendo favorecida e a outra não. O que exatamente é um "aio" mencionado em Gálatas 3:24? A palavra grega é *paidagōgós*.[104] A TB apenas transliterou para "pedagogo" (mas quantas pessoas compreenderiam de imediato o que isso queria dizer naquela época?). Do outro lado do leque, a NBV é clara com "mestre e guia", mas vai além do grego original. A NVI usa "tutor", que pode extrair o melhor dos dois mundos, clara e precisa por apresentar a ideia de tutoria ou a proteção exercida em relação a alguém mais frágil. A palavra "guia" da A21 também parece muito útil como tradução. Em resumo, a nossa análise aqui coloca as opções de tradução em perspectiva para que os leitores possam fazer uma escolha esclarecida. Sobretudo, destacamos (com Brunn, veja adiante) que os pontos em comum de todas as traduções superam de longe as suas distinções, e que todas servirão ao leitor muito bem.

Traduções evangélicas mais importantes para o português[105]

Desde 1681, a versão da Bíblia traduzida dos idiomas originais para o português por João Ferreira de Almeida, nascido em Torre de Tavares, Portugal, faz parte da cultura literária lusófona. O NT traduzido em 1676 e publicado em 1681 é uma obra-prima de equivalência formal vertida para o vernáculo comum dos países de fala portuguesa do século XVII. Em 1689, Almeida

---

[104] O léxico BDAG (748) dá este sentido: "o homem, usualmente um escravo [...] cujo dever era conduzir um menino ou um jovem [...] para a escola e da escola e supervisionar sua conduta em geral; ele não era um 'professor' (apesar do conceito atual derivar de 'pedagogo') [...] Quando o jovem atingia a maioridade, o [*paidagōgós*] não era mais necessário."

[105] Essa sessão foi especialmente adaptada para o contexto brasileiro. Para a análise de algumas dessas versões, veja John Mein, *A Bíblia e como chegou até nós*, 8ª ed. (Rio de Janeiro: Juerp, 1990); Luiz Sayão, *NVI: A Bíblia do século 21* (São Paulo: Vida; Vida Nova, 2001); Pedro Apolinário, *História do texto bíblico*. 4. ed. (São Paulo: Instituto Adventista de Ensino, 1990); Philip Wesley Comfort (Ed.), *A origem da Bíblia* (Rio de Janeiro: CPAD, 1998); Elizabeth Muriel Ekdahl, *Versões da Bíblia: por que tantas diferenças?* (São Paulo: Vida Nova, 1993); Cláudio Vianney Malzoni, *As edições da Bíblia no Brasil*. São Paulo: Paulinas, 2016. Um trabalho acadêmico de grande importância nessa área é a dissertação não publicada apresentada em 2004 ao Programa de Pós-Graduação em Estudos Linguísticos da Faculdade de Letras da Universidade Federal de Minas Gerais, de Súsie Helena Ribeiro, *Elementos para a historiografia da tradução da Bíblia em língua portuguesa* (N. do E.).

O CÂNON E AS TRADUÇÕES

começou a tradução do AT, mas foi ceifado pela morte em 1693, tendo traduzido até Ezequiel 48:31. O pastor holandês Jacobus op den Akker, da Batávia, levou a cabo a tarefa iniciada por Almeida, e traduziu de Ezequiel 48:32 até Malaquias. No início da década de 1750, a tradução completa da Bíblia foi então publicada, tornando-se, de fato, a primeira Bíblia de comunidades cuja língua oficial ou dominante é o português.

Imagine só uma tradução da Bíblia, em parte ou completa, ainda presente há mais de trezentos anos! Mas a língua portuguesa mudou dramaticamente desde aquela época, e a descoberta de muitos manuscritos bíblicos mais antigos que os disponíveis nos dias de Almeida forçaram revisões frequentes e aprimoramentos necessários do seu trabalho (nenhuma versão impressa nos dias de hoje corresponde cem por cento ao original). Em 1898, surgiu uma revisão da versão de Almeida batizada de *Almeida Revista e Corrigida* (ARC), feita em Lisboa, Portugal. No Brasil, existem várias versões feitas com base nessa revisão do texto de Almeida: *Almeida Revista e Corrigida*, lançada em 1944 pela Imprensa Bíblica Brasileira, órgão da Convenção Batista Brasileira, fundado em 1940; *Almeida Corrigida e Fiel*, publicada pela Sociedade Bíblica Trinitariana do Brasil em 1994 e que rejeita o Texto Crítico; *Almeida Revista e Corrigida*, 2ª edição, lançada em 1995 pela Sociedade Bíblica do Brasil. A base textual em cada uma dessas edições e versões da Almeida, no entanto, permanece inalterada.

A primeira tradução realizada em solo brasileiro das línguas originais é conhecida pelo nome de *Tradução Brasileira*, lançada completa em 1917, também denominada *Versão Brasileira* ou *Versão Fiel*. O estudioso John Mein relata a história dessa versão:

> As Sociedades Bíblicas empenhadas na disseminação da Bíblia no Brasil reuniram-se, em 1902, para nomear uma comissão para traduzir os textos hebraico e grego para o português. A comissão tradutora foi composta de três estrangeiros, missionários das diversas juntas operando no Brasil, e diversos brasileiros, os quais foram: Dr. W. C. Brown, da Igreja Episcopal; J.R. Smith, da Igreja Presbiteriana Americana (Igreja do Sul); J. M. Kyle, da Igreja Presbiteriana (Igreja do Norte); A. B. Trajano, Eduardo Carlos Pereira e Hipólito de Oliveira Campos. Esses foram auxiliados na sua tarefa por diversos pregadores e leigos das igrejas evangélicas e alguns educadores eminentes do Brasil.
>
> Além do texto grego e de todas as versões portuguesas existentes, a comissão tinha ao seu dispor muitos comentários e obras críticas que contêm os mais novos e mais úteis resultados da investigação e estudo moderno do Novo Testamento. Em 1904, edições de tentativa dos dois primeiros Evangelhos foram publicadas e, depois de alguma crítica e revisão, o Evangelho

INTRODUÇÃO À INTERPRETAÇÃO BÍBLICA

Segundo Mateus saiu em 1905. Os Evangelhos e o livro dos Atos dos Apóstolos foram publicados em 1906, e o Novo Testamento completo, em 1910. A Bíblia inteira apareceu em 1917.[106]

Em 1956, a Sociedade Bíblica do Brasil lançou uma nova revisão e atualização do texto Almeida, que foi nomeada *Almeida Revista e Atualizada* (ARA; a edição completa foi lançada em 1959). A ARA passou por outra revisão em 1993; uma terceira já está em andamento, já tendo sido concluída no NT, trazendo correções exegéticas, atualização da língua portuguesa para o português brasileiro, eliminação de arcaísmo e substituição de *tu* e *vós* por *você* e *vocês*, respectivamente, menos nos casos em que as pessoas se dirigem a Deus.

Uns poucos críticos textuais continuam a defender o chamado Texto Majoritário (cerca de 80% dos manuscritos do NT que concordam de forma aproximada com a Almeida Corrigida). Eles discutem que se essa não fosse a forma textual mais antiga, ela não teria sobrevivido em tantos manuscritos.[107] Mas, na verdade, a maior parte desses manuscritos vêm da família "bizantina" de textos (uma coleção de manuscritos com leituras e origens geográficas parecidas, sugerindo que todos derivaram de um ou de poucos exemplares) associada com o poder mundial que governava em Constantinopla (anteriormente chamada de Bizâncio) depois da queda de Roma. Então, naturalmente, os seus manuscritos do NT eram os mais amplamente copiados e bem preservados. Mas nenhum dos manuscritos mais antigos, escritos do século II ao V, a maior parte dos quais foram descobertos desde 1611, vem dessa tradição, e então o nosso conhecimento do que os escritores bíblicos realmente escreveram se desenvolveu muito desde a produção da versão Almeida. Agora temos praticamente 5.800 documentos anteriores a Gutemberg, copiados à mão, de parte ou o da totalidade do NT, além dos MMM complementando o TM para o AT. Realmente devemos ser gratos, por exemplo, por Marcos não ter escrito a versão que consta da *Almeida Corrigida* de Marcos 16:18 (veja a discussão anterior), mas os leitores que se limitam à *Almeida Corrigida* nunca saberão disso. Os leitores da *Almeida Século 21*, lançada em 2008 por Edições Vida Nova,[108] encontrarão um português um pouco mais claro e atualizado, e eles saberão das diferenças entre os manuscritos se lerem as notas de rodapé. Por essa razão, não podemos

---

[106] *A Bíblia e como ela chegou até nós.* 8ª ed. (Rio de Janeiro: Juerp, 1990), cap. 10. [N. do E.]

[107] Veja esp., Z. C. Hodges e A. L. Farstad, eds., *The Greek New Testament According to the Majority Text* (Nashville: Nelson, 1982).

[108] A *Almeida Século 21* é uma extensa revisão e atualização da *Versão Revisada de Acordo com os Melhores Textos no Hebraico e no Grego*, que foi publicada com a marca da Imprensa Batista Brasileira, que pertence à Junta de Educação Religiosa e Publicações (Juerp) da Convenção Batista Brasileira. (N. do E.)

O CÂNON E AS TRADUÇÕES

endossar o uso generalizado de versões mais antigas quando alternativas mais precisas estão disponíveis.[109]

As versões mais modernas da Bíblia, como a NVI, são baseadas no que há de mais moderno em pesquisas teológicas e linguísticas, o que pode ser claramente visto em suas inúmeras notas de rodapé, que apresentam, entre outros recursos, leituras alternativas nas línguas originais. A versão completa foi lançada em 2001 (o NT, em 1994) pela Sociedade Bíblica Internacional, denominada atualmente de Biblica Brasil, identificada com a Biblica, Inc., antiga International Bible Society (EUA), fundada em New York em 1809.[110]

Mas a NVI não foi a versão de linguagem mais acessível a surgir no Brasil. Em 1988, a Sociedade Bíblica do Brasil lançou a *Bíblia na Linguagem de Hoje* (BLH; o Novo Testamento foi lançado em 1973), uma tradução que segue o princípio de equivalência dinâmica ou funcional, em que o tradutor leva em conta as palavras do original dentro de diferentes contextos. Ela usa a linguagem comum de um falante do português do Brasil sem perder o requinte gramatical. Para ser nobre não é preciso usar palavras rebuscadas ou difíceis. Basta ser gramaticalmente correto e compreensível. Infelizmente, ela recebeu comentários negativos indevidos em alguns círculos conservadores por causa de uma ou outra versão controversa. Um exemplo foi o seu uso de "jovem" em vez de "virgem" em Isaías 7:14. Outra mudança acentuada foi o uso da linguagem inclusiva em vez de pronomes e substantivos masculinos quando homens e mulheres eram mencionados (como em Atos 17:30: "Mas agora ele manda que *todas as pessoas* [...] se arrependam dos seus pecados", em vez "todos os homens"). Em 2000, depois de passar por uma revisão textual, a BLH foi rebatizada de NTLH (*Nova Tradução na Linguagem de Hoje*).

Depois da NTLH começaram a surgir versões da Escritura que eram ainda mais acessíveis para a pessoa média que não tem o costume de ler a Bíblia. Começaram a aparecer as paráfrases.[111] Em 1981, surgiu a *Bíblia Viva* (BV), revisada e renomeada em 2010 para *Nova Bíblia Viva* (NBV), que pertence à Biblica Brasil, a detentora da NVI. Em 1994, a Edições Vida Nova lançou *Cartas para Hoje* (CPH), uma paráfrase das cartas do Novo Testamento por J. B. Phillips, extraídas de *The New Testament in Modern English*, publicado originariamente

---

[109] Para uma defesa detalhada dessas afirmações, veja D. A. Carson, *The King James Version Debate: A Plea for Realism* (Grand Rapids: Baker, 1979); e J. R. White, *The King James Only Controversy: Can You Trust Modern Translations?* 2ª ed. (Minneapolis: Bethany, 2009).

[110] Para saber mais a respeito, sugere-se a leitura do "Prefácio à NVI", presente em todas as suas edições. (N. do E.)

[111] As paráfrases acrescentam palavras ou expressões explicativas que não correspondem a nada no texto original e não são necessárias para preservar o sentido original da passagem, mas dão ao texto um ar de modernidade e um impacto maior.

na Inglaterra em 1958, e que vendeu mais de 6 milhões de exemplares. Phillips foi duramente criticado por ter tomado liberdades indevidas com o texto, mas essas críticas estão mais no material que não foi publicado em português. Por exemplo, Atos 8:20 (geralmente traduzido "Pereça com você o seu dinheiro!") se tornou, de forma chocante para muitos, em: "Vá para o inferno você e o seu dinheiro!" (ainda que Phillips tenha comentado de forma correta em uma nota de rodapé que essa é uma tradução altamente literal e bem defensável do grego). A NTLH tem uma linguagem parecida: "Que Deus mande você e o seu dinheiro para o inferno!"

Outra paráfrase bastante difundida no Brasil é *A Mensagem*, publicada pela Editora Vida em 2011, que é uma tradução de *The Message*, de Eugene Peterson, completada em 2002, em inglês. Ela foi avaliada por um grupo de especialistas (presidido por W. W. Klein e R. J. Hubbard Jr.) quanto à precisão teológica e se mostrou bem popular devido a sua impressionante linguagem atual.

Os críticos frequentemente ignoraram o fato de que paráfrases não foram produzidas para substituir as traduções mais tradicionais; em vez disso, elas visavam a tornar a Bíblia mais viva e mais lida pelas pessoas que não leriam a Escritura de outra maneira. Desse modo, elas foram bem-sucedidas de maneira extraordinária.

Muitos evangélicos ficaram infelizes com uma ou outra característica dos primeiros esforços para melhorar o texto das versões Almeida Corrigida. Ainda que suspeitassem de liberalismo teológico ou achassem as paráfrases muito livres, eles concordaram que a atualização era desesperadamente necessária.

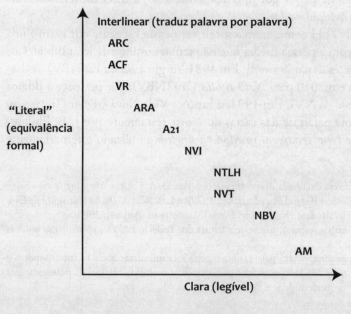

O CÂNON E AS TRADUÇÕES

Escolhendo uma tradução

Qual tradução é a melhor para usar? A resposta básica é que depende do seu propósito ou momento. Se, a título de fazer estudos de palavras ou destacar uma passagem, você quer uma versão que tenta geralmente refletir a estrutura real da linguagem bíblica e que traduz os termos principais com a mesma palavra no português o mais frequentemente possível, então siga a ARC, a AFC, a VR, TB, ou, com mais umas poucas exceções, a ARA. Decidir entre essas cinco pode depender do seu ponto de vista quanto à linguagem inclusiva. Se você está procurando por uma tradução com pensamentos atuais e percepções para um leitor jovem ou iniciante em linguagem simples e viva, ou estiver aprendendo português, considere a NTLH, a NBV ou a NVT (a mais recente, lançada pela Editora Mundo Cristão em 2016, e que segue os princípios da *New Living Translation*, da Tyndale House Publishers). Para uma paráfrase simplesmente envolvente e inovadora, dê uma olhada em AM. Para a melhor combinação geral de precisão e legibilidade, consulte a NVI e a A21.

Acima de tudo, toda vez que levar a sério estudar uma passagem de forma intensiva, especialmente quando estiver ensinando aos outros ou lidando com pontos controvertidos exegéticos ou teológicos, consulte mais de uma tradução. Para praticar a memorização, escolha a tradução que você preferir e use-a de forma consistente. Mesmo assim, para obter uma interpretação válida, se você não puder ler nos idiomas bíblicos, você tem que comparar várias versões, caso contrário você pode perder detalhes bem importantes. Na verdade, comparar as traduções é provavelmente a melhor maneira de descobrir onde as diferenças textuais importantes ou o palavreado ambíguo ocorrem nos originais hebraicos ou gregos. Inúmeros programas de computador também permitem uma comparação rápida entre os textos-padrão e as traduções.[112]

---

[112] No *site* da Sociedade Bíblica do Brasil (http://www.sbb.org.br/conteudo-interativo/pesquisa-da-biblia/), o leitor pode comprar simultaneamente suas quatros traduções: NTLH, ARA, ARC e TB. A ARC pode ser acessada nesse endereço: http://www.biblias.com.br/biblia.asp. A A21 pode ser acessada pelo *site* de Edições Vida Nova (http://vidanova.com.br/editora/bibliaalmeida21). A NVT está disponível para consulta na página da Editora Mundo Cristão (http://www.mundocristao.com.br/TodosLivros). A NVI pode ser consultada no *site* internacional da Bíblica (https://www.biblica.com/bible/online-bible/?action=bible_widget_refresh&translation=nvi-pt&book=g%C3%AAnesis&chapter=1). No *site* https://www.biblegateway.com/ é possível acessar dezenas de outras traduções em diversos idiomas. (N. do E.).

PARTE

2

O INTÉRPRETE E SEU

OBJETIVO

5

O INTÉRPRETE

Suponha que dois químicos tenham decidido fazer experiências parecidas. Um tinha um PhD em química, anos de experiência em pesquisa, e seguiu a estrutura experimental com precisão. O outro só tinha um curso de química do Ensino Médio, trabalhou relaxadamente e falhou em seguir os procedimentos ou fazer as medições de forma precisa. Qual desses dois "químicos" obteria os resultados mais válidos? Sem dúvida, o químico que trabalhou com precisão seria aprovado. O mesmo é verdadeiro para a interpretação bíblica. Para que a interpretação tenha sucesso, o intérprete tem que possuir certas competências e tem que trabalhar com a metodologia correta e precisa. O trabalho cuidadoso e preciso efetuado por adeptos habilidosos produz os melhores resultados. O nosso objetivo neste livro é apresentar métodos responsáveis e cuidadosos para uma interpretação e um entendimento precisos da Escritura. Aqueles que praticarem esses métodos com rigor e cuidado terão as melhores chances de sucesso na sua iniciativa. As melhores técnicas têm a maior probabilidade de levar a descobertas mais precisas.

No entanto, ainda temos à frente um dilema, porque, além de uma metodologia correta, o conjunto de convicções ou pressupostos do intérprete sobre a natureza da Escritura e sobre a natureza precisa da interpretação afeta profundamente o seu trabalho. No capítulo 1 destacamos que a interpretação era tanto uma ciência quanto uma arte. O crítico de arte experiente que analisa uma pintura observa o foco da atenção, o estado de ânimo, o uso da cor, da perspectiva, da luz e da sombra, além dos detalhes mais técnicos ou mecânicos. Mas o empenho pessoal do crítico afetará a avaliação dessas características. Da mesma forma, para citar um exemplo óbvio, o intérprete que rejeita a existência de demônios explicará todas as referências a eles como mito ou lenda, com certeza não como uma história literal. Os pressupostos de um intérprete o fará aceitar ou rejeitar a possibilidade de que demônios conscientes possam oprimir ou possuir uma pessoa. Então os dois tópicos, as qualidades e os pressupostos,

• 247 •

INTRODUÇÃO À INTERPRETAÇÃO BÍBLICA

seguem lado a lado. Nesse capítulo discutiremos primeiro as *qualificações* e depois consideraremos os *pressupostos*. Então, construindo sobre esse fundamento, consideraremos o papel do *pré-entendimento* no processo interpretativo.

QUALIFICAÇÕES DO INTÉRPRETE

Acreditamos que há um conjunto de qualificações que coloca o intérprete na melhor posição para obter interpretações válidas a partir do texto bíblico.[1]

QUALIFICAÇÕES PARA O INTÉRPRETE DA ESCRITURA
Fé refletida no Deus que revela
Disposição de obedecer a sua mensagem
Disposição de usar os métodos adequados
Iluminação do Espírito Santo
Ser membro da Igreja

Fé refletida no Deus que revela

Todo entendimento exige uma estrutura ou contexto para interpretar. Dessa forma, para entender uma palestra sobre as propriedades do bóson de Higgs, é importantíssimo ter pelo menos algum conhecimento da física teórica. Quanto mais conhecimento o ouvinte tiver da física teórica, maior será o entendimento que receberá da palestra. Voltando para o mundo artístico, quanto mais se entende sobre o uso da iluminação, da perspectiva, das texturas, das outras obras de uma escola de pintura etc., mais "qualificada" a pessoa estará para avaliar uma pintura. De forma semelhante, já que a Bíblia é a revelação de Deus para seu povo, então *a qualidade essencial para um entendimento desse livro é conhecer a Deus e crer que ele está falando através dela.* Temos que ter um relacionamento com Deus para entender completamente o livro que ele originou.

A Bíblia usa o termo "fé" para descrever esse elemento essencial nesse relacionamento. "Sem fé é impossível agradar a Deus, pois quem dele se aproxima precisa crer que ele existe e que recompensa aqueles que o buscam" (Hebreus 11:6).[2] Só aquele que acredita e confia em ele pode verdadeiramente entender

---

[1] K. J. Vanhoozer, *Há um significado neste texto?* (São Paulo: Vida, 2005), p. 436, lista três "virtudes interpretativas" adicionais que teremos como pressuposto sem as destacar: a honestidade (reconhecendo a posição e o envolvimento pessoais), a abertura (disposição de ouvir e considerar a opinião dos outros) e a atenção (concentrar-se no texto). Concordamos que elas sejam importantes.

[2] Ter um "relacionamento" com Deus pode ser uma linguagem popular, mas o conceito é expresso de várias maneiras por toda a Bíblia. Para citar alguns exemplos: Moisés foi chamado "homem de Deus" (Js 14:6) e frequentemente falava face a face com a Divindade; Tiago chama

• 248 •

O INTÉRPRETE

o que Deus fala em sua Palavra, as Escrituras. Isto faz sentido, porque como se pode entender um texto da Bíblia que se propõe a ser a palavra de Deus se a pessoa nega que Deus existe ou que a Bíblia é a mensagem de Deus? Duvidamos que alguém possa entender totalmente a mensagem da Bíblia se afirma que ela é simplesmente um livro religioso.[3]

Paulo deixa claro em 1Coríntios 2:14 que a habilidade de compreender a verdade de Deus no seu sentido completo pertence somente a quem é "espiritual". Isso é verdadeiro porque a sua essência é "espiritual" por natureza, isto é, fala sobre Deus que é espírito, e então exige um leitor que possa entrar em contato com essa dimensão. Logo, ainda que a excelência na metodologia seja uma qualidade necessária, afirmamos que a precisão tática por si só não é suficiente para entender a Bíblia. Esse entendimento vem somente com a sensibilidade espiritual que pertence aos que têm fé em Deus. Assim, no sentido em que estamos usando aqui, a fé é fundamental para uma compreensão total das Escrituras. Não é a única qualificação, nem garante a interpretação correta, mas é o fundamento para a interpretação correta.

Não entenda mal. Não afirmamos de forma arrogante que aquele que não crê não pode entender nada sobre a Bíblia. Os descrentes, mesmo os céticos, podem absorver muito do seu sentido. Eles podem descobrir o que ela afirma ou defende mesmo que as suas próprias crenças ou valores os levem a negar essas afirmações. Desse modo, um especialista competente que não crê pode produzir um comentário técnico impressionante sobre um livro bíblico, talvez até melhor em alguns detalhes do texto do que muitos especialistas cristãos poderiam escrever. Mas esse erudito descrente não poderia entender ou retratar a verdadeira *importância* da mensagem da Bíblia, porque ele ou ela não está comprometido(a) com a Bíblia como revelação divina.[4] Por outro lado, não

---

Abraão de "amigo de Deus" (Tg 2:3); David era um "homem segundo o coração de Deus" (At 13:22; cf. 1Sm 13:14). Miqueias escreve sobre andar humildemente para com Deus (Mq 6:8).

[3] Não queremos dizer aqui que pelo simples fato de alguém ser um "crente" que entenderá *totalmente* o sentido da Bíblia, do mesmo modo que um crítico de arte experiente compreenderá o sentido de uma pintura específica de Van Gogh completamente.

[4] A diferença entre as descobertas dos incrédulos e as dos leitores que creem é geralmente quanto à volição, não quanto à cognição. Através de seu trabalho cuidadoso, os dois podem chegar ao mesmo entendimento de um *sentido* de um texto. Mas, devido aos seus compromissos diferentes de fé, apenas o crente perceberá a verdadeira *importância* e estará disposto a obedecer à verdade transmitida. Extraímos essa perspectiva em parte de nosso entendimento de 1Coríntios 2:14, sobre o qual veja C. L. Blomberg, *1Corinthians*, NIVAC (Grand Rapids: Zondervan, 1995), p. 63-68. A. C. Thiselton, *The First Epistle to the Corinthians*, NIGTC (Grand Rapids: Eerdmans, 2000), p. 267-271; e D. E. Garland, *1Corinthians*, BECNT (Grand Rapids: Baker, 2003), p. 100-101. Discutiremos a diferença importante entre significado e importância mais tarde. Além disso, o compromisso de fé abre a mente do cristão para se envolver pessoalmente

INTRODUÇÃO À INTERPRETAÇÃO BÍBLICA

afirmamos que um intérprete cristão estará sempre certo numa interpretação. O cristão tem que defender a sua interpretação específica e demonstrar a sua validade para crentes e descrentes indistintamente.

Apenas afirmamos que mesmo que os especialistas apliquem a mesma metodologia, os seus pressupostos diferentes abririam o caminho para resultados diferentes. Se um leitor diz: "Ainda que a história do Evangelho relate que o homem foi possuído por um demônio, sabemos que os demônios não existem, então tem que existir uma explicação psicológica para o comportamento do homem", os valores modernos ou o positivismo filosófico dessa pessoa a levaram a uma rejeição da natureza histórica desse relato específico. Por outro lado, aqueles que aceitam a Bíblia como revelação de Deus esperam que ela traga informações verdadeiras, e por isso eles não fariam essa afirmação. Eles podem ficar intrigados com o que a Bíblia ensina; e eles podem desobedecer às suas instruções; mas eles são levados a reconhecê-la como a verdadeira Palavra de Deus.

Se os intérpretes escolherem trabalhar dentro da própria estrutura da Bíblia (e.g., da existência de um Deus onipotente e onisciente; da realidade do sobrenatural; e do fato que Deus fala através da Bíblia), os resultados serão de um jeito. Isto é, as interpretações corresponderão às afirmações que os escritores bíblicos fazem. A linguagem religiosa (e.g., Deus, anjos, demônios, fé, Reino de Deus) será adequada e válida. Contudo, se um intérprete trabalha dentro de um ponto de vista moderno, secular, naturalista, então excluirá algumas categorias de antemão. Ou, a partir de um ponto de vista pós-moderno, uma leitura sobrenatural da Bíblia pode ser "válida", mas nada mais que uma leitura psicológica ou existencialista. Leia-a da forma que quiser, desde que seja coerente ou criativo!

Em outras palavras, dois especialistas, um crente e um descrente, podem pesquisar elementos literários nas narrativas dos Evangelhos. Eles podem chegar a conclusões semelhantes sobre a maior parte das questões, como o cenário da perícope na vida de Jesus, o trabalho editorial de um evangelista etc. Mas como eles poderiam lidar com a menção de "demônios"? O erudito conservador se dispõe a admitir a existência dessas criaturas, se nenhuma razão além da Bíblia afirmar a sua realidade e a experiência e o testemunho contemporâneos a confirmarem.[5] Outro especialista pode afirmar que os povos antigos atribuíam certas enfermidades aos demônios, mas hoje "conhecemos" mais e as atribuímos a causas psicológicas ou médicas. E a rejeição do que a Bíblia ensina pode ir bem

---

com o texto sob a orientação do Espírito Santo, o que é frequentemente o objetivo da Bíblia. Veja o próximo ponto.

[5] Veja, e.g., o tipo de provas que C. Keener reúne em seus longos apêndices A e B sobre os exorcismos em C. Keener, *Miracles: The Credibility of the New Testament Accounts*, 2 vols. (Grand Rapids: Baker, 2011), 2:769-856.

O INTÉRPRETE

mais longe que simplesmente desacreditar os relatos sobrenaturais. Pois, se a Bíblia não é uma revelação divina, então outros de seus ensinamentos podem ser racionalmente rejeitados por estarem em desalinho com as recentes descobertas.

A ciência moderna não pode confirmar ou rejeitar os milagres bíblicos porque eles estão fora de sua alçada. Por isso, a formação bíblica construída somente sobre o fundamento do racionalismo e da ciência está obrigada a encontrar explicações naturalistas para os milagres relatados na Bíblia. Nem todos os protestos do mundo demoveriam os naturalistas, porque, de acordo com os seus pressupostos, os milagres não acontecem.[6]

Os leitores fiéis, por outro lado, aceitam o que é milagroso na Bíblia como factual, não como resultado de fideísmo ingênuo ou de afirmações dogmáticas, mas como fruto de uma investigação e de um raciocínio crítico.[7] Como evangélicos, temos o compromisso de sermos lógicos e de nos envolvermos em uma séria argumentação histórica para demonstrar que os relatos bíblicos são defensáveis e confiáveis historicamente, mesmo que no final eles não possam ser provados cientificamente.[8] Sujeitamo-nos aos fatos da história, mas isso não

---

[6] Para um estudo mais profundo, veja Keener, *Miracles*, bem como C. L. Blomberg, *Can We Still Believe the Bible?: An Evangelical Engagement with Contemporary Questions* (Grand Rapids: Brazos, 2014), esp. p. 179-212.

[7] Discutimos o fenômeno dos milagres na seção posterior dedicada aos Evangelhos no capítulo sobre os gêneros literários do NT. Consulte a literatura principal em Blomberg, *Historical Reliability of the Gospels*, 2ª ed. (Downers Grove: InterVarsity, 2007), p. 104-151.

[8] Além da literatura citada em defesa da verdade da Escritura citada acima, veja para o AT, I. Provan, V. P. Long, e T. Longman III, *A Biblical History of Israel*, 2ª ed. (Louisville: Westminster John Knox Press, 2015); B. T. Arnold e R. S. Hess, eds., *Ancient Israel's History: An Introduction to Issues and Sources* (Grand Rapids: Baker Academic, 2014); K. A. Kitchen, *On the Reliability of the Old Testament* (Grand Rapids; Cambridge: Eerdmans, 2003); G. A. Klingbeil, "Historical Criticism", in *Dictionary of the Old Testament: Pentateuch*, ed. D. T. Alexander e D. W. Baker (Downers Grove: InterVarsity Press, 2003), p. 401-420 (para o Pentateuco); S. L. McKenzie, "Historiography, Old Testament", in *Dictionary of Old Testament: Historical Books*, ed. B. T Arnold e H. G. M. Williamson (Downers Grove: InterVarsity, 2005), p. 418-425 (para os livros históricos); V. P. Long, D. W. Baker, e G. J. Wenham, eds., *Windows into Old Testament History: Evidence, Argument, and the Crisis of "Biblical Israel"* (Grand Rapids: Eerdmans, 2002); e W. G. Dever, *What Did the Biblical Writers Know and When Did They Know It? What Archaeology Can Tell Us about the Reality of Ancient Israel* (Grand Rapids: Eerdmans, 2001); e W. C. Kaiser, *Are the Old Testament Documents Reliable and Relevant?* (Downers Grove, IL: InterVarsity, 2001). Para uma introdução útil ao papel do método histórico nos estudos do NT, veja D. A. Hagner, "The New Testament, History, and the Historical-Critical Method", in *New Testament Criticism and Interpretation,* ed. D. A. Black e D. S. Dockery (Grand Rapids: Zondervan, 1991), p. 73-96. Hagner conclui a sua tese com várias modificações úteis do método histórico-crítico que combaterão as suas conclusões negativas e incertas (p. 89-91). Sobre a veracidade histórica dos Evangelhos, veja C. L. Blomberg, *The Historical Reliability of the Gospels*; C. L. Blomberg, *The Historical Reliability of John's Gospel: Issues & Commentary* (Downers Grove: InterVarsity, 2001); I. H. Marshall, *Luke: Historian and Theologian*, 3ª ed. (Downers Grove: InterVarsity, 1998); e P.

INTRODUÇÃO À INTERPRETAÇÃO BÍBLICA

nos obriga a uma explicação da realidade ou do relato bíblico que exclua o sobrenatural.[9] Já que, ao nosso ver, as fontes demonstram ser confiáveis até onde se pode testar, nós as damos o benefício da dúvida quando elas não podem ser. Insistimos que manter os pressupostos evangélicos não significa nem cometer suicídio intelectual nem nos relegarmos a um dogmatismo obscurantista incurável. A fé evangélica se compromete com uma explicação da Bíblia que pode ser defendida e que é confiável historicamente, dentro dos limites das próprias afirmações bíblicas sobre ela mesma e de suas origens. Em vez de rejeitar a lógica e a razão, o estudo evangélico da Bíblia adota qualquer método ou abordagem que capacite a entender o sentido e a importância da Bíblia.

Disposição de obedecer a sua mensagem

Uma segunda exigência para uma interpretação válida da Bíblia, seguindo bem de perto a exigência da fé, é a *disposição de se colocar "sob" o texto, de submeter a vontade para ouvir e reagir ao texto de maneira fiel.* O leitor verdadeiramente fiel busca obedecer ao que Deus revela na Escritura. Como leitores, não podemos perder de vista as questões importantes (geralmente espirituais) que os autores bíblicos originais estavam tentando comunicar, e devemos estar dispostos a obedecê-las. N. Lash afirma a questão de forma incisiva: "Se as perguntas às quais os autores antigos buscaram responder nos termos que lhes eram disponíveis dentro de seus horizontes culturais devem ser 'ouvidas' hoje com sua força original e urgência, elas têm que ser 'ouvidas' primeiro como perguntas que nos desafiam com uma seriedade parecida."[10]

Não poderemos entender de forma genuína o que um texto queria dizer sem permitir que ele afete nossa vida da maneira que o texto pretende. A interpretação envolve uma dialética fundamental entre a origem histórica de um texto e a perspectiva do leitor ou intérprete moderno. Concentrar-se somente no primeiro relega a Bíblia ao status de um artefato antigo, porém irrelevante. Já abandonar a referência histórica e buscar apenas alguma importância sentimental para hoje é outro erro. A Escritura perde toda a autoridade normativa se todas as "leituras" do seu texto puderem reivindicar uma validade igual. A

R. Eddy e G. A. Boyd, *The Jesus Legend: A Case for the Historical Reliability of the Synoptic Jesus Tradition* (Grand Rapids: Baker, 2007).

[9] Como exemplo, veja o peso imenso das provas históricas a favor dos milagres de Jesus nos Evangelhos defendidas por J. P. Meier, *Um judeu marginal*, vol. 2 (Rio de Janeiro: Imago, 2003). Sobre a historicidade do milagre mais fundamental e ainda o mais questionado de todos, a ressurreição de Jesus, veja N. T. Wright, *The Resurrection of the Son of God* (Minneapolis: Fortress, 2003); e M. L. Licona, *The Resurrection of Jesus: A New Historiographical Approach* (Downers Grove: InterVarsity, 2010).

[10] N. Lash, "What Might Martyrdom Mean?" *Ex Auditu* 1 (1985): p. 17.

O INTÉRPRETE

interpretação genuína exige uma fusão dos horizontes antigos e modernos em que o sentido do texto antigo ajuda os intérpretes a chegarem a novos entendimentos de si mesmos.[11] Como Lash insiste de forma adequada, "a articulação do que o texto pode 'significar' hoje é uma condição necessária para ouvir o que o texto 'significou originalmente.'"[12] Apesar de Lash não levar esta questão tão longe assim, insistimos que o entendimento completo chega apenas para o seguidor sincero do Deus que se revelou, para o seguidor que busca com dedicação praticar a mensagem do texto estudado.[13]

Iluminação do Espírito Santo

A terceira qualificação, relacionada às duas anteriores, é permitir que o Espírito Santo complemente o processo da exegese. Da sua parte, Deus traz o recurso para o entendimento obediente de sua verdade: a iluminação do Espírito Santo.[14] Uma consequência da presença do Espírito Santo na vida do cristão é a iluminação. Isto é, a Bíblia fala de uma obra que Deus opera nas pessoas, desde que elas tenham entregado sua vida a Jesus como Senhor. Essa operação interna capacita os cristãos a perceberem e a se apropriarem da verdade espiritual, uma habilidade que os incrédulos não podem ter (cf. 1Co 2:6-16; 2Co 3:15-18). Essa obra de iluminação do Espírito não serve de atalho nem nos permite dispensar os princípios da hermenêutica e as técnicas de exegese. Isto é, o Espírito não revela os sentidos do texto "do nada", de forma aleatória. A iluminação se refere a uma compreensão dinâmica da *importância* da Escritura e da sua *aplicação para a vida diária* que só pode ser adquirida por aqueles que são morada do Espírito Santo.

Apesar de possuirmos um arsenal de métodos e técnicas para decifrarmos com elas o sentido dos textos bíblicos, a interpretação deixa a desejar no seu verdadeiro potencial quando não se tem a iluminação do Espírito. Os métodos por si mesmos não são suficientes para se entender profunda e exatamente o

---

[11] Pegamos emprestada a comparação da fusão de horizontes de A. C. Thiselton, *The Two Horizons* (Grand Rapids: Eerdmans, 1980), que por sua vez trabalha o conceito de H. G. Gadamer, particularmente a sua obra *Verdade e Método* (Petrópolis: Vozes, 1997).

[12] Lash, "Martyrdom", p. 18.

[13] O escritor de Salmos 119:97-104 exemplifica a perspectiva do cristão obediente. O salmista deseja que os mandamentos de Deus estejam "sempre" com ele. Falando de Deus, a sua prática permanece em "meditar nos seus estatutos", e ele busca "obedecer aos seus preceitos". "Eu não tenho me afastado das suas leis", ele diz ao seu Deus.

[14] Paulo fala dessa obra transformadora do Espírito usando estas palavras: "Ele nos salvou pelo lavar regenerador e renovador do Espírito Santo" (Tt 3:5). O léxico BDAG (p. 752) define a palavra grega *palingenesia* nesta passagem como: "a experiência de uma mudança completa de vida, o *renascer* de uma pessoa remida" (destaque dele).

• 253 •

INTRODUÇÃO À INTERPRETAÇÃO BÍBLICA

sentido verdadeiro e a importância da Escritura. E nem a metodologia nem o Espírito operam isolados um do outro. Precisamos ver como que a metodologia e a iluminação podem cooperar em conjunto.

Primeiro, considere se alguém pode depender simplesmente do Espírito Santo para entender a Bíblia sem utilizar métodos e técnicas. O raciocínio geralmente gira em torno disso: se o Espírito Santo inspirou os escritores originais, então certamente ele pode desvendar o sentido do texto sem que se recorra a expedientes como os estudos históricos ou gramaticais. C. H. Spurgeon (1834-1892), o pregador mais conhecido da Inglaterra da segunda metade do século XIX, refutava esta pretensão com alguns conselhos para pregadores iniciantes em "Uma conversa sobre os comentários":

> É claro, não sois tão sabichões para pensar em modos de expor a Escritura sem o auxílio das obras de homens excelentes e conhecedores que trabalharam antes de vós na área da pregação expositiva. Se pensardes assim, rogo que assim permaneçais, pois não precisais preocupar-vos com a vossa conversão, e como um pequeno grupo que pensa como vós, resistiríeis à tentativa como um insulto a vossa infalibilidade. Parece um tanto estranho que certos homens que falam tanto sobre o que o Espírito Santo lhes fala, devam desprezar tanto o que ele revelou aos outros.[15]

No púlpito nos dias de hoje, esse erro deve soar dessa maneira:

> Caros amigos, não consultei outros livros, fontes humanas ou sabedoria mundana. Não refleti sobre nenhum comentário. Fui diretamente à Bíblia, e apenas a ela, para ver o que ela tinha a dizer por si própria. Deixe-me passar adiante o que Deus me mostrou.

Como Bernard Ramm, que inventou uma frase parecida, observa, "Isso parece muito espiritual", mas de fato "é um egoísmo disfarçado", e uma "confusão entre a inspiração e a iluminação do Espírito".[16] A obra de iluminação do Espírito Santo não transmite uma nova revelação.[17] Infelizmente, algumas

---

[15] C. H. Spurgeon, *Commenting and Commentaries* (Grand Rapids: Baker, reimpresso em 1981, orig. 1876), p. 11. É claro, na sua época, praticamente todos os pregadores e especialistas eram "homens".

[16] B. Ramm, *Protestant Biblical Interpretation,* 3ª ed. (Grand Rapids: Baker, 1970), p. 17-18.

[17] Uma das características impressionantes da maior parte das heresias ou seitas é o uso que fazem das palavras de Jesus registradas em João 14—16, esp. 14:26, 15:26 e 16:5-16. Na verdade, Jesus não promete que o Espírito Santo trará uma nova verdade ou revelação para todos os cristãos que se sucedem por toda a era da Igreja. Na verdade, ele se refere à inspiração do Espírito em trazer o cânon da Escritura do NT por meio dos apóstolos. O papel do Espírito no relacionamento com os cristãos hoje não é revelar uma nova verdade; ele já o fez na elaboração da Bíblia.

• 254 •

O INTÉRPRETE

pessoas profundamente espirituais algumas vezes têm interpretado a Bíblia de modo obviamente incorreto. Ser morada do Espírito não garante uma interpretação precisa. Ainda que não tenhamos nenhum desejo de desvalorizar a obra criativa do Espírito, ele não opera sem a hermenêutica sensata e sem a exegese.

O Espírito traz para o cristão sincero a compreensão indispensável do texto (aquele momento "A-há" de iluminação) dentro dos métodos e por meio das técnicas.[18] O Espírito capacita os leitores a compreender a mensagem da Bíblia como a palavra de Deus *para eles em particular*. Como o apóstolo Paulo coloca: "Deus opera em (ou entre) o seu povo tanto o querer e o efetuar..." (a nossa tradução de Fp 2:12). Tanto a disposição quanto a capacidade de agir em concordância com aquilo que o cristão descobre são dons de Deus para seu povo. Existe um encontro entre o Espírito da Palavra e o espírito humano. Swartley diz: "No momento co-criativo, o texto e o intérprete experimentam vida pelo poder do Espírito divino. Sem esta experiência, a interpretação fica aquém do seu potencial e do seu propósito final."[19]

Com certeza, não podemos "programar" esse encontro criativo, ele exige uma posição de fé e humildade diante do Senhor que revelou a sua verdade nas páginas da Escritura. Já ao buscar ouvir a sua voz, o intérprete se abre para o entendimento verdadeiro e permite que o texto cumpra os propósitos de Deus para ele. *A oração coloca a pessoa na posição de ouvir e entender.* Para o cristão, a oração é um ingrediente indispensável para o entendimento adequado da Escritura.

Temos que pedir a Deus para nos auxiliar em nosso estudo e falar conosco através dele para que possamos entender a sua verdade e a sua vontade para nossa vida. Mas não substituímos o trabalho dedicado de exegese pela oração. Oramos para que façamos bem o nosso trabalho, para que sejamos sensíveis à orientação do Espírito, e para que sejamos obedientes à verdade do que descobrirmos. Admitimos abertamente a nossa inclinação ao pecado, ao erro e ao engano pessoal, e a nossa limitação; pedimos uma abertura para receber o que Deus revelou e uma disposição para aprender de outras pessoas ao longo de toda a história da interpretação.

O seu papel nos dias de hoje é falar através da Escritura para capacitar os cristãos a absorver e aplicar a sua verdade. A. J. Köstenberger, *John*, BECNT (Grand Rapids: Baker Academic, 2004), p. 442, observa utilmente: "O Espírito não trará uma revelação qualitativamente nova ou uma revelação independente... mas trará luz sobre o significado verdadeiro e sobre a importância da revelação transmitida por Jesus." Sobre esses textos joaninos, veja também D. A. Carson, *The Gospel According to John*, PNTC (Grand Rapids: Eerdmans, 1991), p. 505-506, 527-530, e 533-543.

[18] Não queremos negar que Deus opere na vida dos incrédulos, mesmo através das Escrituras. Simplesmente destacamos a iluminação do Espírito Santo na vida dos cristãos em harmonia com 1Coríntios 2:14-16.

[19] W. Swartley, *Slavery, Sabbath, War, and Women* (Scottdale, PA: Herald Press, 1983), p. 224.

INTRODUÇÃO À INTERPRETAÇÃO BÍBLICA

Ser membro da Igreja

Acreditamos que existe uma quarta qualificação que capacita a interpretar bem. Os intérpretes da Bíblia devem ter cuidado com as armadilhas do individualismo e do tribalismo (a exaltação da minha tribo, da minha seita, da minha Igreja, ou da minha denominação sobre os outros grupos). *Temos que reconhecer que somos membros do corpo de Cristo, a Igreja.* Por Igreja queremos dizer tanto o corpo local quanto o universal de Cristo. Ela serve como o antídoto tanto contra o individualismo quanto contra o tribalismo. Em primeiro lugar, a Igreja é o cenário onde muitas exigências importantes para ouvir verdadeiramente o texto podem ser cultivadas.

Os intérpretes não devem trabalhar em um vácuo: as pessoas ao longo dos séculos e em todos os continentes têm se perguntado sobre o sentido da Bíblia. Temos a necessidade do aprimoramento, dos esforços, e do auxílio dos nossos irmãos cristãos para verificar nossas descobertas e confirmar a sua validade. Isto é, se não pudermos comunicar nossas interpretações para os leigos de maneira que não faça sentido para pelo menos um grupo importante deles, há uma boa chance de não termos entendido o texto de forma razoavelmente correta. Mesmo quando temos convicção dos nossos pontos de vista, fazemos bem em escutar com humildade nossos irmãos na Igreja com ouvidos abertos à voz de Deus que pode falar através deles. De modo parecido, nossas conclusões, se forem corretas, terão importância para os outros. A Igreja, ao longo de toda a sua, constituída e iluminada pelo Espírito, proporciona credibilidade; ela fornece o cenário dentro do qual podemos formular e aplicar a nossa interpretação.

Essa credibilidade nos guarda de interpretações dissidentes, individualistas e sectárias.[20] Ela traz uma verificação contra conclusões egoístas e indulgentes por aqueles que não possuem a perspectiva para ver além de sua própria situação e do seu preconceito. E, já que a Igreja de Jesus Cristo é uma fraternidade mundial, ela transcende a todas as fronteiras culturais e a todos os interesses locais. Essa é uma realidade importante que negaremos se nos limitarmos a nossa interpretação e a nossa formulação da verdade de Deus à nossa tentativa pessoal (ou local) de entender a Escritura. Se descobrirmos o sentido da revelação de Deus, ela fará sentido ou parecerá verdadeira a outros em Cristo por todo o corpo mundial quando eles avaliarem abertamente as provas que usamos para chegar à nossa conclusão.

---

[20] Para um apelo instigante situando a interpretação no contexto da comunidade, veja S. Hauerwas, *Unleashing the Scripture* (Nashville: Abingdon, 1993).

O INTÉRPRETE

Disposição de utilizar os métodos adequados

A qualificação final tem sido considerada implícita até esse ponto, mas desejamos torná-la bem clara: *precisamos de métodos que são adequados à tarefa da interpretação*. Essa tarefa exige dedicação e compromisso, trabalho árduo e disciplina. Ela exige a busca da excelência e do aprendizado em todas as suas dimensões (linguística, histórica, cultural, literária, teológica) que se relacionam ao estudo das Escrituras.

Se a melhor interpretação envolve uma mescla das perspectivas do texto antigo com as do intérprete moderno, então os intérpretes têm de se conscientizar dos mundos dos textos: os mundos do antigo Oriente Médio ao longo dos dois milênios antes de Cristo, para o AT, ou do Império Romano, no século I, para o NT. Não há substituto para o estudo dedicado e para o uso das ferramentas disponíveis. O intérprete tem que cultivar uma sensibilidade para ouvir e aprender a partir de todas as pesquisas e informações possíveis. Isto exige estudo e prática.

Os intérpretes não podem resolver as questões que envolvem as situações do dia a dia por meio de um apelo à oração e à iluminação do Espírito Santo. A oração não revelará ao estudante que Baal era um deus da fertilidade adorado pelos cananeus ou que os judeus da época de Jesus consideravam os samaritanos uma raça misturada. Não se pode determinar a identidade dos "filhos de Deus" em Gênesis 6:1-4 ou dos "espíritos em prisão" em 1Pedro 3:18-22 simplesmente lendo e relendo esses textos em espírito de oração e com humildade. Tem que se estudar história e cultura para descobrir a natureza do "alto" em Betel (2Rs 23:15) e das "coberturas da cabeça" na Corinto do século I (1Co 11:2-16). Hoje os intérpretes da Bíblia têm inúmeras ferramentas excelentes que colocam à disposição dados e informações sobre o mundo antigo e sobre os textos bíblicos. Os intérpretes capazes se familiarizam com essas ferramentas e as utilizam com o melhor da sua habilidade. Se o propósito inicial da interpretação é determinar o sentido que o texto tinha para o seu autor original e para os seus destinatários, então o intérprete dedicado deve ter o compromisso de utilizar as fontes históricas de modo criterioso.

Do mesmo modo, já que a Bíblia chega até nós como literatura, e por meio de uma variedade de gêneros literários, aqueles que desejam entender a sua mensagem precisam se tornar leitores competentes de literatura. Temos que aplicar métodos que vão destrinchar para nós o que cada nível do texto e cada tipo de gênero literário exige para o entendimento, seja uma narrativa histórica, um épico, uma parábola, uma denúncia profética, uma epístola, ou um apocalipse. Nos níveis mais básicos da linguagem, temos que entender a lexicografia e a sintaxe, para depois prosseguir aos níveis do parágrafo, do discurso, dos

INTRODUÇÃO À INTERPRETAÇÃO BÍBLICA

gêneros literários, da análise literária, do livro e finalmente para um entendimento de todo o cânon.

Será que isso significa que sem uma competência nos idiomas bíblicos e um domínio de todas as ferramentas históricas e linguísticas ninguém pode entender a mensagem de Deus na Bíblia? Não pensamos assim, porque ninguém pode chegar a um domínio total dessas áreas, e mesmo que as dominasse, isso não garantiria uma interpretação correta. Acreditamos que existam níveis de domínio, e que os leitores devem buscar com diligência o nível que a sua situação de vida permite.

- Um cristão simples, sincero e sem uma educação formal, pode compreender as verdades centrais da Bíblia, e se beneficiar imensamente ao aplicar o que aprendeu à sua vida.[21]
- O fiel dedicado, mesmo com uma educação mediana, que esteja disposto a estudar e que tenha acesso às ótimas ferramentas disponíveis hoje em dia,[22] pode chegar ao sentido central de praticamente todas as passagens da Bíblia.
- O cristão que pode obter habilidade nos idiomas bíblicos, além de um maior treinamento nos estudos bíblicos, na história, na cultura e na teologia, se tornará muito mais qualificado para explicar o sentido da maioria dos versículos e mesmo de muitos textos dentre os mais obscuros e controvertidos.
- Finalmente, os especialistas que tiverem um treinamento avançado e habilidades especializadas serão capazes de exercer estudos técnicos e bem fundamentados, de escrever comentários, de se envolver na crítica textual para determinar os textos originais, de traduzir e avaliar a literatura antiga que traz luz à Bíblia, e de produzir traduções modernas da Bíblia.

PRESSUPOSTOS PARA A INTERPRETAÇÃO CORRETA

A indústria da tecnologia da informação popularizou uma verdade básica imortalizada na sigla GIGO, que em inglês literalmente significa "lixo entra, lixo sai" (*garbage in, garbage out*). Isto é, o que você passa adiante depende diretamente

---

[21] Isto que os reformadores queriam dizer sobre a perspicuidade das Escrituras. Veja M. D. Thompson, *A Clear and Present Word: The Clarity of Scripture*, NSBT (Downers Grove: InterVarsity, 2006). Eles afirmavam a clareza da Escritura para as questões de fé e prática.

[22] Incluímos uma extensa bibliografia de fontes no capítulo final do livro.

• 258 •

O INTÉRPRETE

do que você recebe.[23] Este princípio é especialmente verdadeiro na interpretação. Os objetivos e os pressupostos dos intérpretes governam ou até determinam as suas interpretações. Quando o personagem de quadrinhos Charlie Brown espera encontrar as formas de patos e de ovelhas nas nuvens sobre a sua cabeça, ele as encontra! Da mesma forma que o Charlie Brown, muitos intérpretes encontram em um texto precisamente o sentido, e *apenas* o sentido que eles esperaram (e quiseram!) encontrar, como qualquer pessoa que tenha lido ou escutado debates sobre a formação bíblica atestará.

Ninguém interpreta nada sem ter por trás um conjunto de pressupostos. Quando supomos explicar o sentido da Bíblia, podemos fazê-lo com um conjunto de ideias preconcebidas. Esses pressupostos podem ser examinados e declarados, ou simplesmente adotados de forma inconsciente, ou numa mescla consciente e inconsciente. Mas todo aquele que afirma não tê-los ou que estuda a Bíblia de forma objetiva e indutiva ou está enganado ou é ingênuo. Defendemos que os intérpretes têm que descobrir, declarar e conscientemente adotar essas suposições com as quais concordam e podem defender, senão eles podem guardar sem nenhum crivo aquelas que já possuem, sejam elas adequadas ou válidas, ou não.[24]

A interpretação não é somente influenciada pelas qualificações dos intérpretes (como acabamos de observar), mas também pelos seus pressupostos. Dessa forma, o desenvolvimento de uma abordagem da hermenêutica envolve um conjunto essencial de pressupostos que constituem o seu ponto de partida. Essa estratégia também exigirá algum meio de verificar se a informação preferida é superior às alternativas. Abordaremos esse próximo passo nos capítulos que se seguem.

Precisamos refletir sobre as suposições ou pressuposições que acreditamos ser necessárias para uma interpretação precisa da Bíblia. Nem todos os intérpretes ou leitores se alinharão com esta posição, mesmo que esperemos que muitos o façam (e que outros sejam persuadidos a fazê-lo). Nós os classificaremos sob várias categorias.

---

[23] Paulo compreendia bem esse princípio expressando o seu conselho aos filipenses: "Tudo o que for verdadeiro, tudo o que for nobre, tudo o que for correto, tudo o que for puro, tudo o que for amável, tudo o que for de boa fama, se houver algo de excelente ou digno de louvor, pensem nessas coisas" (Fp 4:8).

[24] Isto tem algum paralelo com o que D. A. Carson classifica como "distanciação", a necessidade de se afastar do texto para estudá-lo de forma crítica (em *Exegetical Fallacies*, 2ª ed. [Grand Rapids: Baker, 1996], p. 23-24). O fracasso em entender esse passo frequentemente leva à *eisegese,* ler dentro de um texto o sentido que o intérprete prefere, em vez de "extrair" (*exegese*) o que o autor propõe.

INTRODUÇÃO À INTERPRETAÇÃO BÍBLICA

Pressupostos sobre a natureza da Bíblia

Aqueles que buscam interpretar a Bíblia com certeza trazem na bagagem vários pressupostos específicos sobre o seu objeto de pesquisa. O ponto de vista sobre a natureza da Bíblia que um intérprete adota determinará o método que ele utilizará. O que pressupomos sobre a natureza da Bíblia?

OS PRESSUPOSTOS EVANGÉLICOS PARA A INTERPRETAÇÃO	
Os pressupostos sobre a *natureza* da Bíblia	Um livro divino/humano: produto da revelação divina
	Autorizada e verdadeira
	Um documento espiritual
	Um livro com unidade e diversidade
	Compreensível
	Ela forma o cânon como Escritura Sagrada

Revelação divinamente inspirada

Acreditamos que a Bíblia deve a sua origem a um ser todo-poderoso que revelou a sua mensagem por meio de escritores humanos: *é a revelação inspirada por Deus.* Se o intérprete adota uma explicação alternativa sobre a origem e a natureza da Bíblia, então ele ou ela verá o texto somente como um documento humano, por mais inspirado que seja.[25] Acreditamos que *a Bíblia é um livro sobrenatural, a revelação escrita de Deus para o seu povo concedida por intermédio de porta-vozes preparados e escolhidos pelo processo da inspiração.* Este tem sido o credo praticamente universal da Igreja ao longo da história, apesar de o liberalismo moderno diluir isto em alguns setores.[26]

Essa afirmação deriva da visão que a Bíblia tem de si mesma. Paulo descreve o AT como "inspirado", usando um termo que significa literalmente "soprado por Deus" (2Tm 3:16), uma alusão provável a Gênesis 2. Além disso, Pedro

---

[25] Se a Bíblia registrasse o pensamento religiosamente inspirado de judeus e cristãos piedosos, mas não fosse a revelação divina, então os intérpretes poderiam se sentir livres para lidar com ela de forma precisa e somente da forma que fazem com outros livros religiosos ou filosóficos antigos. Esses intérpretes poderiam buscar explicações com base em modelos sociológicos ou antropológicos (entre outros) sobre como as comunidades religiosas judaicas e cristãs surgiram e como elas formularam mitos fundamentais como a travessia do mar Vermelho (mar dos Juncos) ou a ressurreição de Jesus para explicar as suas experiências e anseios religiosos. Eles poderiam descartar essas afirmações como antiquadas, inexatas ou até mesmo perigosas. O exemplo mais extremo disso é o de H. Avalos, *The End of Biblical Studies* (Amherst, NY: Prometheus, 2007).

[26] Para uma defesa poderosa dessa afirmação, veja J. D. Woodbridge, *Biblical Authority Authority: Infallibility and Inerrancy in the Christian Tradition* (Grand Rapids: Zondervan, 1982, 2015).

• **260** •

O INTÉRPRETE

afirma que o Espírito Santo conduziu os escritores enquanto eles falavam as palavras de Deus (2Pe 1:20-21). A linguagem do AT apoia a inspiração divina com citações como "O Senhor diz..." (e.g. Gn 6:7; 26:2; Êx 6:2; 12:43; 1Sm 9:17; 1Rs 9:3; Zc 4:6), indicando que os falantes acreditavam que eles estavam pronunciando a mensagem de Deus, não simplesmente a sua própria mensagem. Quando os escritores do NT citam o AT, eles demonstram a sua crença de que o AT vem do próprio Deus (e.g., 2Co 6:16/Lv 26:12; Mt 19:5/Gn 2:24; At 4:25/Sl 2:1; Rm 9:17/Êx 9:16).

Além disso, o ponto de vista de vários escritores do NT sobre outras passagens do NT revela os seus vereditos sobre a natureza dessas passagens. Pedro claramente situou os escritos ou as cartas de Paulo na mesma categoria das "outras Escrituras" (2Pe 3:16). Depois de usar a fórmula introdutória "porque a Escritura diz", Paulo prossegue citando tanto Deuteronômio quanto (possivelmente) Lucas (1Tm 5:18/Lc 10:7).[27] Em alguns lugares, Paulo parece expressar o reconhecimento de que os ensinos dos apóstolos está no mesmo nível dos escritores do AT (1Co 2:13). João identifica as suas palavras como as "palavras verdadeiras de Deus" (Ap 19:9).[28]

É claro, não defendemos que, devido ao fato de a Bíblia afirmar ser a Palavra de Deus, a questão está por si só resolvida. Isto simplesmente demandaria o exame da questão. Muitos grupos religiosos fazem afirmações grandiosas sobre os seus livros sagrados. Não podemos conduzir a defesa apologética necessária das Escrituras aqui, mas realmente defendemos que a confiabilidade geral das partes da Escritura que podem ser verificadas traz credibilidade à veracidade geral da Bíblia. Além disso, Jesus aceitou a autoridade do AT (Jo 10:35), e somos propensos a seguir a sua palavra.[29]

---

[27] Reconhecidamente, a citação de Paulo das palavras que aparecem em Lucas pode vir de uma coleção oral ou escrita das palavras de Jesus, em vez de uma versão escrita do próprio Evangelho de Lucas. Veja G. W. Knight, III, *Pastoral Epistles*, NIGTC (Grand Rapids: Eerdmans, 1992), p. 233-235, que sugere que a fonte da citação de Paulo pode ter sido mesmo o Evangelho de Lucas (p. 234).

[28] Para uma análise sobre a maneira pela qual os escritores bíblicos viam os seus próprios livros como Escritura, veja W. A. Grudem, "Scripture's Self-Attestation and the Modern Problem of Formulating a Doctrine of Scripture", em *Scripture and Truth,* ed. D. A. Carson e J. D. Woodbridge (Grand Rapids: Zondervan, 1983), p. 19-59. Veja também M. J. Kruger, *Canon Revisited: Establishing the Origins and Authority of the New Testament Books* (Wheaton, IL: Crossway, 2012).

[29] Sobre estas duas justificativas em defesa da veracidade da Escritura veja (1): K. A. Kitchen, *On the Reliability of the Old Testament* (Grand Rapids: Eerdmans, 2006); C. Armerding, *The Old Testament and Criticism* (Grand Rapids: Eerdmans, 1983); K. A. Kitchen, *Ancient Orient and the Old Testament* (Chicago: InterVarsity, 1966); E. M. Yamauchi, *The Stones and the Scriptures* (Grand Rapids: Baker, 1981); Hess e Arnold, eds., *Ancient Israel's History;* C. L. Blomberg, *Historical Reliability of the Gospels*; C. L. Blomberg, *Historical Reliability of John's Gospel*; C. J. Hemer e C. H. Gempf, ed., *The Book of Acts in the Setting of Hellenistic History* (reimpr. Winona

INTRODUÇÃO À INTERPRETAÇÃO BÍBLICA

Aceitamos, então, que a Bíblia é a Palavra de Deus em forma escrita, que ela registra a revelação pessoal de Deus, bem como as reações variadas do seu povo à sua pessoa e aos seus atos ao longo da história. A Bíblia é um livro humano. Com certeza foram escritores humanos que redigiram as Escrituras em meio a suas próprias culturas e circunstâncias, escrevendo sobre as suas próprias experiências e com os seus próprios motivos para os seus leitores. Mesmo assim, de alguma maneira, Deus supervisionou a escrita deles de forma que o que eles escreveram englobou a sua mensagem precisamente. A Bíblia é a Palavra de Deus, e o Espírito Santo fala por intermédio dela. Como S. Grenz e J. Franke destacam de forma adequada: "Reconhecemos a Bíblia como Escritura querendo dizer que o Espírito soberano associou a fala autorizada e divina a esse texto. Cremos que o Espírito escolheu, escolhe, e continuará escolhendo falar com autoridade por meio dos textos bíblicos."[30] Isto nos leva ao nosso próximo pressuposto sobre a natureza da Bíblia.

Autoridade e verdade

A consequência do primeiro pressuposto é a de que a Bíblia *é cheia de autoridade e verdadeira*. Sendo a revelação verdadeira através da qual Deus fala, a Bíblia possui a autoridade final.[31] Portanto, ela deve constituir o padrão para toda crença e comportamento humano. Ela fala verdadeiramente sobre quem somos e sobre como devemos viver, então rejeitar o propósito da Bíblia significa rejeitar a vontade de Deus.[32]

Lake, IN: Eisenbrauns, 1990); e (2) J. Wenham, *Christ and the Bible*, 2ª ed. (Grand Rapids: Baker, 1994); e vários capítulos em *The Enduring Authority of the Christian Scriptures*, ed. D. A. Carson (Grand Rapids: Eerdmans, 2016).

[30] S. J. Grenz e J. R. Franke, *Beyond Foundationalism. Shaping Theology in a Postmodern Context* (Louisville: Westminster John Knox, 2001), p. 65.

[31] Para uma defesa abrangente da veracidade da Bíblia, veja T. L. Wilder e S. B. Cowan, *In Defense of the Bible: A Comprehensive Apologetic for the Authority of Scripture* (Nashville: B&H, 2013). Outras análises da visão evangélica da Bíblia incluem: N. T. Wright, *Scripture and the Authority of God: How to Read the Bible Today*, ed. rev. (New York: HarperOne, 2013); W. W. Klein, "Authority of the Bible" em *The Oxford Encyclopedia of Biblical Interpretation*, 2 vols., ed. S. L. McKenzie (Oxford e New York: Oxford University Press, 2013), 1:52-60; D. S. Dockery, *Christian Scripture: An Evangelical Perspective on Inspiration, Authority and Interpretation* (Nashville: B&H, 1995); P. E. Satterwaite e D. F. Wright, eds., *A Pathway into the Holy Scripture* (Grand Rapids: Eerdmans, 1994); C. F. H. Henry, "The Authority of the Bible", em *The Origin of the Bible*, ed. P. W. Comfort (Wheaton: Tyndale House, 1992), p. 13-27; e A. E. McGrath e D. Wenham, "Evangelicalism and Biblical Authority", in *Evangelical Anglicans: Their Role and Influence in the Church Today*, ed. R.T. France e A. E. McGrath (London: SPCK, 1993).

[32] Paulo prova exatamente esta questão quando escreve aos cristãos tessalonicenses: "Portanto, aquele que rejeita estas coisas não está rejeitando o homem, mas a Deus, que lhes dá o seu Espírito Santo" (1Ts 4:8).

• 262 •

O que Deus diz tem que ser verdadeiro, porque Deus não pode mentir nem se enganar.[33] Alguns especialistas conservadores têm insistido no ponto de vista de que a inspiração implica em inerrância, que o que é da autoria de Deus necessariamente tem que estar isento de erros.[34] Isto se tornou um para-raios para vários setores, já que o termo inerrância está sujeito a várias definições e qualidades, dependendo do uso. Parte do problema é definir no que se constitui um erro. A ordem inversa da segunda e terceira tentações de Jesus retratadas por Mateus e Lucas são um exemplo de erro? Os conflitos entre as palavras divinas citadas no batismo de Jesus em Mateus e Lucas se constituem em erro? E as diferenças nos relatos de Samuel, Reis e Crônicas? Existem muitos erros, alguns erros ou nenhum erro? Depende dos critérios adotados; bem frequentemente os padrões modernos de precisão são impostos sobre os textos antigos de forma anacrônica.[35] Devido ao fato de serem incapazes de aceitar que tudo na Bíblia é isento de erros, alguns descartam o termo e destacam a "infalibilidade" da Bíblia, a sua habilidade guiada pelo Espírito Santo para alcançar os propósitos de Deus. Por isso eles permitem algum grau de imprecisão na Bíblia.[36] Às vezes, isto leva à "inerrância limitada", na qual os autores bíblicos não erraram no que eles pretenderam ensinar de modo teológico ou ético, mas podem ter errado em outras questões incidentais (a seus propósitos), como quanto a história ou quanto à ciência.[37] Esses leitores podem colocar a autoridade da Bíblia naquilo que realiza nos leitores em vez do próprio texto bíblico.[38] Os chamados teólogos

---

[33] O autor de Números 23:19 faz distinção entre Deus e os humanos na habilidade de mentir: Deus não mente. Veja também 1Samuel 15:29; Tito 1:2; e Hebreus 6:18. Tiago 1:13 afirma que Deus nunca tenta as pessoas para fazer o mal. Em vez disso, Deus só faz o que é bom. Supondo, então, que toda a Bíblia é a revelação de Deus, esta revelação não pode desencaminhar, nem pode apresentar o que não é verdadeiro. R. Nicole traz uma avaliação útil sobre como os dois testamentos apresentam a natureza da verdade como factualidade, fidelidade e plenitude: "The Biblical Concept of Truth", in *Scripture and Truth,* ed. Carson e Woodbridge, p. 287-298.

[34] A exposição clássica é a da obra de B. B. Warfield, *Revelation and Inspiration* (Oxford: Oxford University Press, 1927). Outro exemplo dessa posição é C. F. H. Henry, *God, Revelation, and Authority,* 6 vols. (Waco: Word, 1976-1979). Mais recentemente veja M. J. Erickson, *Christian Theology,* esp. p. 196-259.

[35] Veja C. L. Blomberg, *Can We Still Believe the Bible?* caps. 4-5.

[36] Veja, e.g., I. H. Marshall, *Biblical Inspiration* (Grand Rapids: Eerdmans, 1982), p. 66. Outro que defende a autoridade, mas evita o rótulo de "inerrância", é J. D. G. Dunn, *The Living Word,* 2ª ed. (Minneapolis: Fortress, 2009).

[37] J. B. Rogers e D. K. McKim, *The Authority and Interpretation of the Bible* (New York: Harper, 1979).

[38] Vanhoozer nega que "todas as partes da Escritura precisem ser verdadeiras" (*Há um sentido?,* p. 503). Ele prefere falar da eficácia da Bíblia: "o poder de produzir efeitos" (p. 506). Grenz e Franke tomam uma posição semelhante: "Não é a Bíblia como livro que tem autoridade, mas a Bíblia como instrumentalidade do Espírito; a mensagem bíblica falada pelo Espírito por meio do texto é a norma máxima da teologia" (*Beyond Foundationalism,* p. 69).

INTRODUÇÃO À INTERPRETAÇÃO BÍBLICA

neo-ortodoxos defendem que a Bíblia só se torna Palavra de Deus à medida que os cristãos a leem fielmente, a pregam e compreendem a sua mensagem.[39]

Para manter nossas distinções anteriores baseadas na teoria dos atos de fala, alguns defendem que as locuções (lembre-se, essas são as palavras concretas sobre a página), podem conter "erros" de vários tipos, devido à necessidade de se acomodar às convenções culturais ou por causa do gênero literário em questão, mas as ilocuções (o propósito por trás dessas palavras) não erram nem fracassam em transmitir a mensagem de Deus. Dentro desse entendimento, por exemplo, o texto pode especificar um número bem grande (locução) para os israelitas que deixaram o Egito como "seiscentos mil homens a pé, além de mulheres e crianças" (Êx 12:37). Ainda assim o número pode não ser preciso, especialmente porque eles viviam em tempos que possuíam padrões diferentes de "precisão". Mesmo assim, a ilocução, o propósito do autor, é confiável; era um número muito grande. O uso desses números combinam com a maneira pela qual os antigos traziam os seus raciocínios: o propósito não era nem de fazer uma contagem na hora, nem de enganar os leitores.[40] Nesses casos, Walton e Sandy chegam a afirmar: "Dizer que há erros na Bíblia é ler a Escritura de forma anacrônica."[41] A sua ideia, com a qual concordamos, é que se pode acusar a Bíblia de "erro" nesses exemplos somente se as suas locuções forem julgadas pelos padrões modernos em vez de serem julgadas pelos costumes e pelos padrões da sua época.

Esses pontos de vista variados (e existem outros) podem se combinar em formas diferentes na proporção que os gêneros literários das Escrituras variam. John Goldingay, por exemplo, defende que a Escritura como "tradição de testemunho" é mais adequada ao material narrativo, que a Lei e a instrução formam um "cânon de autoridade" que uma "palavra inspirada" melhor se aplica

---

[39] K. Barth permanece o exemplo principal: "*Dogmática Cristã*", vol. 1 pág. 1 (São Leopoldo: Sinodal, 2005). Para uma avaliação útil sobre como Barth discorre sobre o seu tratamento da Escritura Sagrada dentro do seu tratamento mais amplo de Palavra de Deus, veja G. W. Bromiley, *An Introduction to the Theology of Karl Barth* (Grand Rapids: Eerdmans, 1974), p. 3-53; esp. p. 34-44.

[40] Veja a análise bem útil sobre algumas dessas questões em J. H. Walton e D. B. Sandy, *The Lost World of Scripture: Ancient Literary Culture and Biblical Authority* (Downers Grove: InterVarsity, 2013), p. 44-48, cuja perspectiva estamos seguindo de forma geral aqui.

[41] Walton e Sandy, *The Lost World*, p. 196. Esses autores claramente afirmam a sua crença na inerrância da Escritura. A alimentação dos 5 mil (Mt 14:21 e paralelos) e dos 4 mil (cap. 15:38 e paralelos) também podem exemplificar esse fenômeno. Ao mesmo tempo, insistimos que nenhum outro número funcionará. Ao nosso ver, uma locução que diz que Jesus alimentou 5 mil homens, além das mulheres e das crianças, não pode ser entendida como, por exemplo, que ele alimentou apenas 75 pessoas, e que o evangelista simplesmente escolheu um número grande para impressionar os seus leitores.

• 264 •

O INTÉRPRETE

à profecia, e que a sabedoria e a poesia pode se caracterizar como "revelação vivenciada".[42] Essas questões que devem ser entendidas, não se o texto é inerrante ou não. Finalmente, alguns somente afirmam que a Bíblia é uma literatura ótima e inspirada no mesmo sentido que os outros exemplos da grande literatura mundial. Partindo desse ponto, eles nem a atribuem *status* divino algum nem alguma reivindicação privilegiada de verdade e estudo com relação a outros documentos antigos (religiosos ou não).[43] Para alguns deles, a Bíblia tem no máximo uma autoridade limitada (talvez não mais que outros documentos e escritos clássicos). Peter Enns e Kenton Sparks defendem de várias maneiras o que pode se chamar de acomodacionismo. Em vez de tentar defender a Bíblia (e afirmar que ela é inerrante), eles insistem que devemos simplesmente lê-la como ela é, e simplesmente aprender o que pudermos com ela (Enns). "Na Bíblia, Deus se acomodou aos erros que os humanos cometem invariavelmente na sua redação" (Sparks).[44]

Para nós, a Bíblia é uma comunicação digna de confiança mediante intérpretes guiados pelo Espírito e é verdadeira em tudo que pretende ensinar. Baseamo-nos em um entendimento da teoria de atos de fala que reconhece a distinção entre a locução (as palavras concretas sobre a página) e a sua ilocução e perlocução (os propósitos dos autores com as suas palavras e como eles esperavam que os leitores reagissem). As afirmações da Bíblia passam o que é factual, dadas as suas convenções literárias; o seu registro é fiel e confiável. Isto inclui todas as suas partes individuais, bem como a sua mensagem geral.

Este não é o lugar para uma defesa exaustiva da veracidade da Bíblia, mas vários textos do NT, na nossa avaliação, supõem essa conclusão (e.g., Jo 10:35; 17:17; Tt 1:2; Mt 5:18). O salmista, de modo semelhante, afirma que os mandamentos de Deus são completamente perfeitos (119:96). Acreditamos que isto representa a posição da Igreja por toda a sua história.[45] Também cremos que esse pressuposto faz justiça ao caráter da Bíblia e as suas reivindicações de veracidade.

---

[42] J. Goldingay, *Models for Scripture* (Grand Rapids: Eerdmans, 1994).

[43] Um exemplo disso é o de J. Barr, *Holy Scripture: Canon, Authority, Criticism* (Philadelphia : Westminster, 1983); cf. J. Barr, *Escaping from Fundamentalism* (London: SCM, 2012). Uma antologia importante das abordagens não evangélicas quanto à inspiração e à autoridade é a de W. Brown, *Engaging Biblical Authority. Perspective on the Bible as Scripture* (Louisville: Westminster John Knox, 2007).

[44] P. Enns, *The Bible Tells Me So: Why Defending Scripture Has Made Us Unable to Read It* (New York: HarperOne, 2015); K. L. Sparks, *God's Word in Human Words: An Evangelical Appropriation of Critical Biblical Scholarship* (Grand Rapids: Baker, 2008).

[45] L. Morris, *I Believe in Revelation* (Grand Rapids: Eerdmans, 1976), defende a visão de que a Igreja, ao longo de sua história, sempre viu a Bíblia como tendo autoridade.

INTRODUÇÃO À INTERPRETAÇÃO BÍBLICA

Percebemos que mesmo que nem todos os cristãos nem todos os especialistas guardam esse pressuposto, mas ele é costumeiro para os cristãos que pensam e que são tementes a Deus em todo o mundo (entre especialistas e leigos) e por toda a história da Igreja. Como lidamos com as aparentes contradições e erros? Uma abordagem é distinguir entre a locução e a ilocução de um texto ou de vários textos. O problema está na superfície da linguagem (locução), mas quando se passa a intenção do texto (a ilocução), o conflito ou o "erro" se dissolve?

A proposta do texto não confunde; somente a locução superficial parece problemática. Para outro exemplo óbvio, os intérpretes têm que sempre considerar a forma literária do texto que eles estão procurando entender. Ainda que a locução possa afirmar "...todas as árvores do campo baterão palmas" (Isaías 55:12), ao se considerar a natureza do gênero das palavras do profeta, nenhum intérprete acusaria o texto (a locução) de erro se encontrasse uma árvore que não batesse palmas, ou se se opusesse dizendo que as árvores não possuem mãos. A ilocução é verdadeira: será um tempo de muita alegria. Poderíamos trazer mais exemplos semelhantes a esse.[46]

No nível das locuções, dois provérbios parecem contradizer um ao outro: "Não responda ao insensato com igual insensatez, do contrário você se igualará a ele" e "Responda ao insensato como a sua insensatez merece, do contrário ele pensará que é mesmo um sábio" (Provérbios 26:4-5). Mas ao nível ilocucionário, prontamente entendemos as suas propostas distintas.[47] Ninguém, declaramos, deve acusar a Bíblia de erro com base nesse exemplo.

Será que as ilocuções podem entrar em conflito? Isto é, os textos bíblicos pretendem ensinar mensagens contraditórias? A nossa posição é a de que os propósitos de Deus por todo o registro bíblico não se contradizem nem ensinam o que não é verdade. Seguindo a nossa suposição de verdade, procuraríamos por várias soluções viáveis ou em exemplos raros admitir que com o nosso estado presente de conhecimento não conseguimos encontrar uma solução. Quando a exegese responsável pode sugerir uma solução, afirmamos certa justificação, mesmo que não possamos confiar que a nossa solução seja totalmente segura. Isso significa que não se aplica a acusação de "erro". E quando todas as soluções

---

[46] Como outro exemplo, e se compararmos as ordens das tentações nos relatos de Mateus e Lucas (Mateus 4:1-11; Lucas 4:1-13)? A nível das locuções elas entram em conflito, mas a intenção (a ilocução) das narrativas da tentação norteia a maneira pela qual cada escritor apresenta o material. Cada evangelista pode ter um motivo diferente para ordenar a narrativa; eles não enganam fazendo isso. Opomo-nos a considerar esta ordem diferente da narrativa como erros.

[47] B. Waltke observa, "A justificativa para o aviso de não responder ao tolo de acordo com a sua tolice (4a) é evitar a consequência negativa de se tornar como o tolo (4b)" e "A justificativa para responder ao tolo de acordo com a sua tolice (5a) é evitar a consequência negativa que o tolo de forma arrogante troca a sabedoria celestial do Senhor pela sua própria (5b)" (em B. K. Waltke, *The Book of Proverbs, Chapters 15-31*, NICOT [Grand Rapids: Eerdmans, 2005] p. 349).

O INTÉRPRETE

possíveis parecerem forçadas ou tendenciosas (como às vezes aconteceu em tentativas bem-intencionadas para defender uma definição rígida de inerrância), francamente admitimos que no presente não sabemos a melhor maneira de solucionar o problema.

Na verdade, na maioria esmagadora dos casos, existem mesmo soluções plausíveis de modo que a nossa negação em julgar em certos momentos não é simplesmente um pleito especial.[48] Não há nada mais arrogante do que pressupor uma onisciência moderna, acadêmica e crítica sobre estas questões.[49] O nosso pressuposto de veracidade nos leva a rejeitar a posição segundo a qual a Bíblia erra e supor, em vez disso, nesses exemplos, que as informações, o nosso conhecimento, ou a nossa teoria para explicar essas provas permanecem deficientes. Em muitos casos, o que parece ser um conflito entre duas passagens aparece apenas quando tentamos generalizar cada uma além de suas aplicações originais. Consulte o capítulo 12 para ver a nossa análise sobre a aplicação das Escrituras.[50]

Documento espiritual

Adotamos outro pressuposto sobre a natureza da Bíblia: ela é um documento espiritual. Pelo fato de Deus ter revelado a sua mensagem na Bíblia, *ela manifesta um valor espiritual inigualável e uma capacidade de transformar vidas.* A Bíblia tem o poder singular de transformar o leitor espiritualmente. A Escritura é a palavra viva do Deus vivo e todo-poderoso, uma palavra que tem poder inerente (veja particularmente Is 55 e Hb 4:12-13). Isso faz da Bíblia um livro singular na história humana, útil de maneiras diferentes de qualquer outro livro.[51] Várias pessoas (o leitor cristão médio, o teólogo, o professor, o pregador, o professor da Escola Dominical) usam a Bíblia de formas diferentes e com propósitos diferentes (e.g., devoção/edificação, adoração comunitária,

---

[48] Para ver com que frequência esse é o caso dos Evangelhos, veja Blomberg, *Historical Reliability;* C. L. Blomberg, *Can We Still Believe the Bible?* (Grand Rapids: Brazos, 2014).

[49] D. R. Hall, *The Seven Pillories of Wisdom* (Macon, GA: Mercer University Press, 1990), traz uma exposição excelente e sábia da proporção em que o raciocínio falho ocorre à guisa de pensamento acadêmico.

[50] Antecipamo-nos para dizer que o que acreditamos que acontece quando a maioria dos cristãos vêm a ler a Bíblia. Eles, a princípio, não fazem um estudo cuidadoso para verificar a confiabilidade dela, para depois lerem o seu conteúdo e decidirem acreditar nela ou não. Na maioria das vezes, eles chegam à fé em Jesus primeiro, tanto pela leitura da Bíblia quanto pela pregação do Evangelho, ou pela edificação de uma comunidade cristã local. Em resumo, eles dão à Bíblia o benefício da dúvida, encontram Jesus pessoalmente (com ou sem a Bíblia), e depois adotam a Bíblia como um todo.

[51] É claro, isto não quer dizer que os outros livros não são "inspiradores" de maneiras diferentes. A nossa proposta aqui é que só a Bíblia é a Palavra escrita de Deus. Através dela realmente ouvimos a voz de Deus se dirigindo pessoalmente a nós.

INTRODUÇÃO À INTERPRETAÇÃO BÍBLICA

pregação, ensino, orientação ética; veja mais sobre isso mais adiante no capítulo 11). Como provaremos, esses intérpretes cristãos têm em comum muitos princípios hermenêuticos com aqueles que expõem outros tipos de literatura. Mas reconhecemos esta dimensão espiritual adicional da Bíblia que a destaca dos outros escritos e buscamos levá-la em conta quando interpretamos (em vez de negar a sua presença, como alguns leitores fazem).

Ao denominarmos a Bíblia de "espiritual", afirmamos o papel do Espírito Santo que a autoriza e aplica a sua mensagem aos leitores. Com o auxílio do Espírito nos aprofundamos nas Escrituras e encontramos um sentido que traz vida e transforma. A Bíblia tem um efeito animador e edificante, já que o Espírito de Deus usa a sua verdade na vida dos fiéis. Tratar a Bíblia de qualquer outra forma (simplesmente como um livro inspirador) a rouba do seu propósito central como a revelação de Deus a suas criaturas.

Unidade e diversidade

Também afirmamos como pressuposto que a Bíblia é uma unidade, apesar da diversidade do seu conteúdo.[52] Durante a maior parte da história da Igreja, os cristãos tiveram como pressuposto a unidade da Escritura e não deram importância nem levaram em conta a sua diversidade. A proposta era que ela falava com uma única voz, a voz do seu autor. Os leitores harmonizavam os conflitos ou as tensões dentro da Bíblia, ou recorriam à tipologia, à alegoria, ou ao princípio da *regula fidei* ("a regra de fé") para interpretar os textos difíceis à luz dos mais claros.[53] Desde o Iluminismo, no entanto, muitos especialistas regularmente negaram a unidade da Bíblia, e, especialmente, nos últimos dois séculos, muitos intérpretes afirmam que existem conflitos irreconciliáveis entre os autores da Escritura que excluem quaisquer reivindicações a favor da

---

[52] Sobre muitos desses pontos, veja o verbete de C. L. Blomberg, "Unidade e diversidade da Escritura" no *Novo Dicionário de Teologia Bíblica*, ed. T. D. Alexander, e Brian S. Rosner (São Paulo: Vida, 2009). O que se segue se baseia nesta análise. Cf. P. Enns, *Inspiration and Incarnation: Evangelicals and the Problem of the Old Testament*, 2ª ed. (Grand Rapids: Baker Academic, 2015), p. 61-102; e J. Goldingay, *Theological Diversity and the Authority of the Old Testament* (Grand Rapids: Eerdmans, 1987).

[53] Michael Graves, *The Inspiration and Interpretation of Scripture*: *What the Early Church Can Teach Us* (Grand Rapids: Eerdmans, 2014) tem um capítulo importante com o título "Usefulness [Utilidade]", p. 17–41, no qual ele defende que o compromisso com esse valor essencial da Bíblia foi fundamental na história da interpretação, tanto para os rabinos quanto para os cristãos. Então, por exemplo, já que os pais da Igreja estavam convencidos do benefício da Escritura, eles a utilizaram de várias maneiras para demonstrar como ela podia ser útil na vida dos cristãos. Graves conclui: "... se se fosse insistir na utilidade em comum de todas as passagens da Escritura... isso poderia exigir estratégias de leitura complexas ou até mesmo confusas, dependendo da pressão que for colocada para se seguir essa ideia" (p. 22).

• **268** •

O INTÉRPRETE

unidade. Hoje apenas os evangélicos de teologia conservadora e os defensores da crítica do cânon defendem uma unidade na Escritura. Em primeiro lugar, comentamos sobre a unidade da Bíblia.

Quanto ao AT, várias propostas surgiram para identificar um princípio de unificação. Alguns defendem a supremacia de um único tema, por exemplo, o concerto, a promessa, os feitos poderosos de Deus, a comunhão, a vida do povo de Deus, o domínio, a justiça ou retidão. Outros encontram pares de temas, por exemplo, a Lei e a promessa, a eleição e a obrigação, a criação e o concerto, o governo de Deus e a comunhão com a espécie humana, e a salvação e a bênção. Outras sugestões envolvem polaridades, como a presença *versus* a ausência de Deus, ou a legitimação da estrutura *versus* o acolhimento da dor. Alguns escritores simplesmente apontam para Javé, ou Deus, como o único elemento unificador dentro do Antigo Testamento.[54] Alguns podem até achar em meio a suas páginas teologias rivais baseadas em cenários sociais diferentes.[55]

Quanto ao NT, alguns sugerem um único tema como central: Reino, evangelho, justiça, justificação, fé, nova criação, salvação ou história da salvação, reconciliação, escatologia, Israel ou o novo Israel, a cruz e/ou a ressurreição, o amor de Deus, a antropologia existencial, o concerto, e, o mais comum de todos, Jesus (ou a cristologia de um modo mais geral). Outros sugerem várias combinações de temas, geralmente com algum resumo querigmático da doutrina cristã essencial.[56]

Avaliando a unidade de *toda a Bíblia*, as sugestões mais comuns são: promessa-cumprimento, tipo-antítipo, a história da salvação, a missão de Deus, um relacionamento com o Deus vivo, a intertextualidade e a cristologia. Alguns defendem temas mais restritos como o monoteísmo, a fidelidade do concerto de Deus, o Reino de Deus, a justiça, as alianças, a eleição, a graça e a reação da

---

[54] Boas análises e introduções feitas por evangélicos estão disponíveis em K. J. Vanhoozer, ed. *Theological Interpretation of the Old Testament: A Book-by-Book Survey* (Grand Rapids: Baker Academic, 2005); e R. Routledge, *Old Testament Theology: A Thematic Approach* (Downers Grove: IVP Academic, 2008). A partir de um ponto de vista protestante mais tradicional, cf. B. C. Birch, et al., eds., *A Theological Introduction to the Old Testament* (Nashville: Abingdon, 1999). Uma obra rica de um volume escrita por um evangélico de renome é a de B. K. Waltke (com C. Yu), *An Old Testament Theology: An Exegetical, Canonical, and Thematic Approach* (Grand Rapids: Zondervan, 2007). O leitor encontrará mais recursos no capítulo da Bibliografia Anotada no final deste livro.

[55] E. Gerstenberger, *Theologies in the Old Testament*, trad. J. Bowden (Minneapolis: Fortress, 2002). Para uma perspectiva evangélica, uma boa introdução para as tradições principais teológicas do AT (e.g., criação, interpretação sacerdotal, sabedoria) é a de J. Kessler, *Old Testament Theology: Divine Call and Human Response* (Waco: Baylor University Press, 2013).

[56] Por exemplo, veja A. M. Hunter, *Introducing New Testament Theology* (London: SCM, 1957), p. 66. Poderíamos relacionar várias teologias do NT para ilustrar a variedade das opções. Referiremo-nos, em vez disso, ao capítulo da Bibliografia Anotada no final deste livro.

INTRODUÇÃO À INTERPRETAÇÃO BÍBLICA

obediência, o povo de Deus, o êxodo e o novo êxodo, a criação e a nova criação, ou pecado e salvação. Também encontramos soluções múltiplas, por exemplo, a existência de Deus, Deus como criador de um mundo bom, a queda da humanidade, e o fato da eleição. P. Stuhlmacher oferece o seguinte resumo narrativo da história dos dois Testamentos:

> O Deus único, que criou o mundo e escolheu Israel para ser o seu povo por meio da missão, da obra, da morte e da ressurreição do seu único filho, Jesus Cristo, trouxe de uma vez por todas a salvação de judeus e gentios. Jesus Cristo é a esperança de toda a criação. Todo aquele que crê nele como Reconciliador e Senhor e obedece a sua instrução pode ter certeza de sua participação no Reino de Deus.[57]

Este último exemplo, tratando a Bíblia como uma narrativa, traz um modelo útil para se perceber a unidade e a diversidade que se descortinam dentro da Escritura. Podemos resumir a trama da história, reconhecendo que vários gêneros literários da Escritura ocorrem dentro dessa trama histórica maior. Apesar da sua diversidade, os livros da Escritura apresentam uma sequência cronológica um tanto coerente, cada um deles construindo sobre o que vem antes de uma forma aparentemente consciente e direta. Os quatro períodos principais na narrativa geral da Bíblia retratam a criação, a queda, a redenção e a consumação de todos os propósitos de Deus. Em harmonia com isso, as partes não narrativas da Bíblia (a Lei, os Profetas, a sabedoria e a literatura epistolar) retratam como o povo de Deus deve se portar enquanto se desenrola essa narrativa.[58]

Por outro lado, a Bíblia demonstra uma diversidade clara.[59] Ela assume várias formas. Ela subsiste como dois "testamentos" bem diferentes escritos em três idiomas, em culturas distintas, por um vasto período de tempo. A Bíblia personifica uma coleção variada de tipos de literatura: legal, histórica, poética,

---

[57] P. Stuhlmacher, *How to Do Biblical Theology* (Allison Park: Pickwick, 1995), p. 63.

[58] Um retrato abrangente e convincente da narrativa sobre o tema da missão que permeia toda a Bíblia é o de C. J. H. Wright, *The Mission of God: Unlocking the Bible's Grand Narrative* (Downers Grove: InterVarsity, 2006). Veja também C. G. Bartholomew e M. W. Goheen, *The Drama of Scripture: Finding Our Place in the Biblical Story* (Grand Rapids: Baker, 2004). Finally, G. K. Beale, *A New Testament Biblical Theology: The Unfolding of the Old Testament in the New* (Grand Rapids: Baker, 2011), apresenta uma variação da narrativa mostrando a maneira pela qual o NT se baseia na narrativa de Israel no AT. C. H. H. Scobie, *The Ways of Our God: An Approach to Biblical Theology* (Grand Rapids: Eerdmans, 2003), também é um tratado excelente de teologia bíblica detalhada sobre os dois testamentos.

[59] Veja esp. J. Goldingay, "Diversity and Unity in Old Testament Theology", *VT* 34 (1984): p. 153-168; e J. D. G. Dunn, *Unity and Diversity in the New Testament* (London: SCM; Philadelphia: Fortress, 1977.

• **270** •

O INTÉRPRETE

profética, evangélica, epistolar e apocalíptica. Acrescentando a tudo isso, os vários autores escrevem com um propósito distinto, para destinatários diferentes, sobre um assunto diferente, e com destaques variados. A Bíblia declara que conta a história da criação do mundo até o final da história com os novos céus e a nova terra.

Da mesma forma, em alguns lugares, as passagens diferentes da Escritura têm uma correlação tão próxima umas com as outras que a maioria dos leitores postula um relacionamento literário entre elas e supõe que as suas diferenças ou têm motivações teológicas, ou têm motivações políticas ou pretendem atingir uma variação de estilo.

Deuteronômio moderniza de forma consciente várias leis de Êxodo e de Levítico para uma época posterior. Os livros de Crônicas põem em prática várias passagens da história deuteronomística (e acrescenta episódios que não se acham lá), destacando mais a vida no Reino do Sul (os livros de Crônicas também são paralelos aos livros dos Reis). Os quatro Evangelhos claramente adotam perspectivas individuais sobre as características comuns de Jesus e do seu ministério. A carta de 2Pedro parece revisar e adaptar a de Judas para uma situação diferente. Tudo isso, e mais, ilustra inúmeras diferenças quando se compara os escritos dentro de um testamento e entre os dois testamentos, isso sem mencionar ao longo dos séculos. Atualmente ninguém questionaria o fato da diversidade da Bíblia, mas a sua unidade é mais difícil de imaginar.[60]

Concluindo, reconhecemos tanto a unidade quanto a diversidade da Bíblia, e mantê-las em um equilíbrio adequado, até certa tensão. Geralmente os especialistas mais conservadores destacam a unidade quase excluindo a diversidade, enquanto que os mais liberais fazem o contrário. Sugerimos que devemos defender as duas. A unidade da Bíblia fornece a base para a fé e a prática cristã; esta tem sido a perspectiva histórica cristã. Mesmo assim, reconhecer a diversidade da Bíblia propicia aos intérpretes apreciar cada texto, livro ou autor por seus próprios méritos, distinguindo através disso o que Deus pretendia dizer para seu povo em cada momento da sua história.[61] Se, por exemplo, Deus nos deu os quatro Evangelhos, então ele esperava que ouvíssemos a mensagem de cada um deles em sua própria integridade, sem nos apressarmos em harmonizar os quatro em um todo gigante que não corresponde ao que ele realmente inspirou. A unidade da Escritura também ajuda a delimitar o que é

---

[60] Uma tentativa útil é a de Scott J. Hafemann e de Paul R. House, eds., *Central Themes in Biblical Theology: Mapping Unity in Diversity* (Grand Rapids: Baker, 2007).

[61] W. Brueggemann, *Theology of the Old Testament* (Minneapolis: Fortress, 1997), p. 731-733, faz um apelo veemente aos cristãos para que permitam que o AT se afirme por seus próprios termos, enquanto se reconhece a abordagem adequada dos cristãos para acolher o AT como parte da sua Bíblia e se reforça as conexões entre os testamentos.

• 271 •

INTRODUÇÃO À INTERPRETAÇÃO BÍBLICA

a "fé cristã", distinguindo-a das alternativas; a sua diversidade relembra a Igreja que expressões diferentes dessa "fé" podem ser acolhidas como legítimas.

Documento compreensível

Como um quinto pressuposto sobre a natureza da Bíblia, afirmamos que ela é *compreensível*, um livro acessível de autoria divina para trazer a palavra de Deus para as suas criaturas. Ela apresenta uma mensagem suficientemente clara para todo aquele que estiver disposto a lê-la, e é por isso que as pessoas ao longo da história têm entendido e seguido os seus ensinos. Isto não quer dizer que é um livro simples, ou que qualquer pessoa pode assimilar facilmente tudo o que ela contém. Como observamos acima, a doutrina da perspicuidade ou da clareza das Escrituras, tão destacada na Reforma Protestante, sempre recorreu ao que era essencial para a doutrina ou para a vida, não para cada frase da Bíblia.[62] A sua profundidade excede a mente humana, porque ela vem do próprio Deus e lida com as questões mais importantes e urgentes da existência humana, agora e eternamente. Ainda assim, a Bíblia não é um enigma ou criptograma cuja solução permanece oculta para todos, exceto para um grupo de elite que conhece o código.[63] Escrita de uma forma tão comum que as pessoas podem absorver a sua verdade, a mensagem central da Bíblia ainda fala claramente ao coração humano, mesmo depois de um intervalo de dezenas de séculos. O papel do Espírito Santo é realmente fundamental nesse particular.

Formação do cânon da Sagrada Escritura

Por fim, pressupomos que *os 66 livros do cânon protestante constituem o registro escritural de Deus para o seu povo*. A palavra "cânon" tem o sentido figurado de "régua", "vara de medir", e, portanto, se refere a uma norma ou padrão.[64] Usamos esse termo para falar da lista de livros revestidos de autoridade

---

[62] Veja J. P. Callahan, "*Claritas Scripturae*: The Role of Perspicuity in Protestant Hermeneutics", *JETS* 39 (1996), p. 353-372, e J. P. Callahan, *The Clarity of Scripture* (Downers Grove, IL: InterVarsity, 2001); e W. Grudem, "The Perspicuity of Scripture", *Themelios* 34 (2009): p. 288–308.

[63] Isto destaca a falácia essencial em obras como as de M. Drosin e D. Vitstum, *O código da Bíblia* (São Paulo: Editora Cultrix, 2000) e outras do gênero. Muitas vezes, alguns fundamentalistas tratam as passagens proféticas ou apocalípticas da Bíblia como se elas sozinhas tivessem as chaves que desvendam os códigos. Sem saber, e ironicamente, a interpretação da estética da recepção final da qual falaremos mais tarde é feita por eles.

[64] Os cristãos católicos e ortodoxos, com certeza, incluem os chamados livros deuterocanônicos em seu cânon. Os católicos consideraram que esses livros do "segundo cânon" que fazem parte da LXX e da Vulgata, mas não do AT hebraico, possuíam um nível de autoridade divina e canônica no Concílio de Trento (1548) e reafirmaram isto no Concílio Vaticano Primeiro

O INTÉRPRETE

que compõem a Sagrada Escritura. Apesar de não ser uma matéria bem "clara", a canonicidade afirma que, guiados pelo Espírito por meio de vários processos históricos, por um período de vários séculos, a Igreja decidiu que alguns livros tivessem autoridade de Escritura devido a sua origem apostólica ou com base na vida e no ministério de Jesus.[65] Eles canonizaram esses livros porque eles eram úteis para propósitos específicos (por ex., pregação, discipulado, refutação de heresias, adoração), e por causa da sua consistência com o ensino ortodoxo de Jesus e dos apóstolos. Além do cânon completo do "Antigo Testamento" (estabelecido pelos antecessores judeus da Igreja), esse processo capacitou a Igreja a determinar a extensão do cânon. O cânon fixa as fronteiras da revelação escrita de Deus. O processo reconheceu e assim "canonizou" os livros que eram considerados como uma revelação com autoridade divina. A canonização reconheceu a autoridade inerente aos livros; não os concedeu autoridade. Ela também confirmou o compromisso da Igreja em viver guiada por eles.

De acordo com a ortodoxia cristã, o processo de formação da Escritura terminou com a escrita do livro do Apocalipse, apesar das reivindicações de grupos como os mórmons e do islamismo.[66] Na interpretação, a Igreja não busca uma nova revelação que seria acrescentada à Bíblia. Em vez disso, busca entender o que foi revelado e compilado no cânon. Como ponto de partida hermenêutico, isto significa que damos prioridade a esses sessenta e seis livros na interpretação e na autoridade; eles formam o contexto literário e teológico (a "fronteira", como declaramos) no qual interpretamos qualquer passagem em particular.

Pressupostos sobre a metodologia

As qualificações para uma "fé coerente" e os pressupostos sobre a natureza da Bíblia naturalmente levam a esse próximo item: a metodologia. *Acreditamos que os estudantes da Bíblia devem empregar todos os métodos e técnicas úteis que os capacitem a descobrir o sentido de um texto*, sem se importar com quem os criou ou com quem os aperfeiçoou.[67] Resumindo, acreditamos que os estudantes da Bíblia devem usar quaisquer métodos que lhe dê um entendimento preciso.

(1870). Para maiores detalhes, veja a nossa discussão sobre o cânon e a crítica textual no cap. 4 e a literatura citada nas notas de rodapé.

[65] Veja uma análise útil em L. M. McDonald, *The Biblical Canon: Its Origin, Transmission, and Authority* (Grand Rapids: Baker, 2006). Ele explica as opções para entendermos o modo pelo qual a Bíblia chegou até nós.

[66] Um volume antigo, porém útil, continua sendo o de F. F. Bruce, *The Canon of Scripture* (Downers Grove: InterVarsity, 1988).

[67] Acrescentamos esse aviso porque um pequeno número de especialistas muito conservadores evita usar ferramentas críticas desenvolvidas por especialistas cujos pressupostos eles rejeitam.

INTRODUÇÃO À INTERPRETAÇÃO BÍBLICA

Mesmo assim, temos que ressalvar o seguinte: por crermos que a Bíblia deve a sua origem à inspiração do Espírito Santo, seria ilegítimo sujeitá-la a métodos que, por sua natureza, negam ou subvertem o seu *status* divino. Um exemplo literário parecido com outro que usamos anteriormente ilustra isso. Um verso de Salmos 96:12 diz: "Cantem de alegria todas as árvores da floresta." A crítica literária reconhece que não se pode aplicar todos os métodos para interpretar um gênero literário (como a narrativa histórica) sobre outro (a poesia). Pode-se ter uma leitura "interessante" com uma interpretação "não poética" desse salmo, mas estaria além da intenção do texto (a sua ilocução) e de como o autor quer que os leitores reajam (a sua perlocução). No sentido verdadeiro da palavra, essa não seria uma leitura *válida* do poema.[68] De forma semelhante, acreditamos que nossos pressupostos sobre a natureza da Escritura precedem as correntes de estudo que negam o seu caráter essencial como inspirada por Deus. Isto também se aplica a questões históricas.

Afirmamos que a Bíblia é um documento humano, que temos de ler e estudar como outros documentos humanos (respeitado o pressuposto anterior sobre o seu caráter como um documento espiritual). Mas uma questão importante surge: será que todos os acontecimentos que a Bíblia registra realmente aconteceram do modo que foram relatados, mesmo quando eles envolvem o sobrenatural? Israel se lembrava de seu passado, especialmente o êxodo milagroso e a conquista de Canaã, como *história verdadeira* (veja Dt 26:5-9; Js 24:2-13; Sl 78). De modo parecido, Paulo insistiu que o registro da ressurreição de Jesus era história verdadeira e factual (1Co 15:3-8,17-20). Levadas a sério, essas afirmações não são simples mitos. Supomos, portanto, que o historiador honesto deve ser livre de noções preconcebidas que simplesmente negam a possibilidade de que um Deus todo-poderoso possa agir na história humana para resgatar Israel do Egito ou para provar que Jesus é o Messias ressuscitando-o dos mortos. Semelhantemente, temos que estar abertos aos milagres e às explicações sobrenaturais declarados nos relatos bíblicos. Isto não é necessariamente um raciocínio circular. Em vez disso, se constitui em uma tentativa de entender a Bíblia à sua maneira.[69]

Como exemplos, veja E. Linnemann, *Historical Criticism of the Bible* (Grand Rapids: Kregel, 2001); e R. L. Thomas e F. D. Farnell, ed., *The Jesus Crisis: The Inroads of Historical Criticism into Evangelical Scholarship* (Grand Rapids: Kregel, 1998).

[68] Uma interpretação literal válida nesse sentido significa entender um texto na maneira pretendida pelo autor.

[69] Afirmamos esta questão anteriormente. Além disso, N. T. Wright elabora uma campanha impressionante para demonstrar que as apresentações dos escritores do NT são críveis quando se entendem à luz das visões de mundo judaicas e greco-romanas do primeiro século: *The New Testament and the People of God* (Minneapolis: Augsburg Fortress, 1992); *Jesus and the Victory of God* (Minneapolis: Fortress, 1996); *The Resurrection of the Son of God* (Minneapolis: Fortress,

O INTÉRPRETE

Deduz-se daí que um intérprete que trabalha com nossos pressupostos sobre a natureza da Bíblia pode utilizar algumas técnicas de crítica da forma ou crítica da redação para descobrir as perspectivas singulares da história de José do AT ou de algum Evangelho. No entanto, esse mesmo intérprete rejeitará os resultados desses mesmos métodos nas mãos de outros intérpretes que pressupõem que um incidente "miraculoso" que aparece no relato de um Evangelho não pode ser histórico, mas na verdade surgiu décadas depois na vida da Igreja primitiva. Esse crítico da forma, guiado pela sua ideologia, pode rejeitar os relatos de milagres de antemão. Essas questões são decididas a nível pressuposicional. Então, se um método ou técnica é "neutro" e produtivo (as análises gramaticais e lexicais são exemplos óbvios e não controvertidos), não nos opomos a usá-los para entender o sentido de um texto.[70] Contudo, onde um uso de um método adota uma postura básica ou pressuposto que for inconsistente com nossos pressupostos sobre a Escritura, então encaramos *esse uso* do método inaceitável ou pelo menos passível de modificações. Alguns métodos racionais sem uma subestrutura de (o que consideramos ser) pressupostos adequados darão lugar a resultados antitéticos a uma visão divina da Escritura. Rejeitamos quaisquer métodos que acharmos inaceitáveis (incluindo os que vêm da posição humanista ou ingênua, geralmente fundamentalista, que insiste que é desejável ou até possível uma interpretação estritamente científica ou sem pressupostos).

Adotamos os métodos históricos em nossa investigação do sentido da Escritura.[71] Já que a fé está ligada ao que aconteceu na história, nos comprometemos a conhecer a história bíblica, mesmo quando ela entre em conflito com a tradição posterior da Igreja.[72] Posicionamo-nos junto ao autor de 2Pedro 1:16:

2003) e *Paul and the Faithfulness of God* (Minneapolis: Fortress, 2013). Ao mesmo tempo, não consideramos todas as literaturas "nos seus próprios termos", como, por exemplo, as "lendas" contidas em literaturas extrabíblicas. (e.g., o "Evangelho da Infância" de Tomé). Existem provas históricas para apoiar estas distinções, como já observamos.

[70] Como exemplos, Robert Funk e Walter Bauer foram extremamente liberais em sua teologia, mas em sua gramática e léxico, respectivamente, se tornaram padrões que todos os especialistas usam. Veja a bibliografia no final para maiores detalhes.

[71] D. A. Hagner explica bem: "Em virtude de a revelação chegar a nós pela história, a crítica histórica não é uma opção, é uma necessidade. Queremos denominar 'crítica' a elaboração de pareceres informados. Nesse sentido, nenhuma pessoa que tenta interpretar ou explicar a Bíblia de algum modo pode evitar o método 'crítico'" ("The New Testament: History, and the Historical-Critical Method", p. 75). Para outra discussão recente sobre historiografia a partir de um ponto de vista evangélico, veja V. P. Long, *The Art of Biblical History* (Grand Rapids: Zondervan, 1994). Cf. A. R. Millard, J. K. Hoffmeier, e D. W. Baker, *Faith, Tradition, and History: Old Testament Historiography in Its Near Eastern Context* (Winona Lake, IN: Eisenbrauns, 1994).

[72] A afirmação histórica da Igreja Católica de que a aparente identificação dos irmãos e irmãs de Jesus (e.g., Mc 3:31-34 e passagens paralelas; Mc 6:3; Jo 7:3-5; cf. 1Co 9:5) se refere a primos e não a irmãos decorre, conforme defendemos, do seu dogma referente à virgindade

INTRODUÇÃO À INTERPRETAÇÃO BÍBLICA

"Não seguimos fábulas engenhosamente inventadas." Assim, os métodos históricos e literários se tornam essenciais para entender e explicar o registro bíblico. Rejeitamos o tipo de "fé" que simplesmente acredita no que quer acreditar. A fé e a história não precisam ser inimigas; elas devem informar e realmente informam uma à outra.[73] Se Jesus não tivesse ressuscitado verdadeiramente dos mortos, então a fé cristã, como Paulo defende corretamente, não teria base e seria uma fraude![74] Isto realmente não traz esperança nenhuma de uma vida após a morte ou sentido para a vida atual.

Isto significa que, como intérpretes cristãos, andamos sobre uma corda bamba, mas fazemos isso de forma consciente e aberta. Nenhuma interpretação acontece sem pressuposições. Abordamos a Bíblia com compromissos, e eles influenciam a nossa escolha de métodos. Afirmamos a singularidade da Bíblia, e reconhecemos esse compromisso antes de iniciar o processo de interpretação. Ao mesmo tempo, bebemos profundamente da fonte dos métodos racionais e buscamos fazer uma exegese de cada passagem com integridade, precisão e sinceridade. Queremos utilizar todas as técnicas que nos ajudem a entender a Bíblia de forma precisa. Portanto, rejeitamos uma ingenuidade tola que simplesmente acredita no que quer acreditar ou no que foi ensinada. Este livro busca de uma forma geral expor as técnicas fundamentais de interpretação.

---

perpétua de Maria, em vez de ser um entendimento preciso do sentido dos textos. Veja a avaliação franca dessa questão de um especialista católico, J. P. Meier, *Um judeu marginal: Repensando o Jesus histórico* (Rio de Janeiro: Imago, 1993), vol. 1. Ele conclui, "se [...] for pedido ao historiador ou ao exegeta para emitir um parecer sobre os textos do Novo Testamento e dos pais da Igreja que examinamos, vistos simplesmente como fontes históricas, a opinião mais provável é a de que os irmãos e irmãs de Jesus eram irmãos de fato". Obviamente, esse não é somente um problema católico, os protestantes às vezes caem nos mesmos erros. Por exemplo, alguns negam que Mateus 16 faça de Pedro o líder dos apóstolos em qualquer forma privilegiada porque eles já *sabem* que ele não pode ser o primeiro papa. Então eles propõem interpretações duvidosas como a de que Cristo é a pedra ou a de que a confissão de Pedro é a pedra. Mesmo assim, toda a força da narrativa de Mateus é a de que a pedra rapidamente se torna uma pedra de tropeço; porque para ela funcionar, Pedro precisará ser as duas. Veja J. Nolland, *The Gospel of Matthew*, NIGTC (Grand Rapids: Eerdmans, 2005), p. 667–70; e os comentários mais recentes sobre Mateus para ter uma confirmação.

[73] Marshall, *Luke: Historian and Theologian* defende esse terceiro Evangelho contra a acusação de que a teologia e a história são categorias mutuamente exclusivas. Para a história do AT, leia as teses em Long, Baker, Wenham eds., *Windows into Old Testament History*.

[74] Este não é o ponto de vista de M. J. Borg e J. D. Crossan, *The Last Week: What the Gospels Really Teach about Jesus's Final Days in Jerusalem* (New York: HarperOne, 2007), que acham que podem adotar o que para eles é um entendimento válido da vida e do ensino de Jesus, e mesmo da sua ressurreição, enquanto rejeitam o fato de que Jesus ressuscitou de forma corpórea dentre os mortos. Para uma defesa robusta da historicidade da ressurreição de Jesus, veja N.T. Wright, *Resurrection*. Também veja o debate vibrante em R. B. Stewart, ed., *The Resurrection of Jesus: John Dominic Crossan and N. T. Wright in Dialogue* (Minneapolis: Fortress, 2005).

O INTÉRPRETE

Pressupostos sobre o objetivo final da hermenêutica

Também adotamos um pressuposto sobre o que buscamos fazer quando interpretamos. Estamos convencidos de que o objetivo da hermenêutica é capacitar os intérpretes a chegarem *ao sentido do texto que os escritores ou os editores bíblicos pretendiam que os seus leitores entendessem*. Isto é tão fundamental, e tão controvertido, que dedicaremos o próximo capítulo para comentar isto de forma mais adequada. No entanto, a esta altura teceremos alguns breves comentários.

Os autores e editores bíblicos produziram literatura de vários tipos. Adotando a nossa visão sobre a natureza da Bíblia, acreditamos que Deus se comunica com o seu povo por intermédio da Bíblia, um livro que foi resultado de uma atividade de cooperação entre Deus e o homem. Dessa forma, todos os textos bíblicos transmitem sentido tanto pela dimensão humana quanto pela dimensão divina. Mas entender o "sentido histórico" original do texto não é o único objetivo do processo hermenêutico. Temos dois princípios para estabelecer.

Em nosso ponto de vista, a interpretação bíblica é bem-sucedida primeiro quando ela capacita os leitores modernos a entender o sentido dos textos bíblicos originais (e aqui incluímos a locução, a ilocução e a perlocução), o sentido que as pessoas na época da redação dos textos (o autor, o editor, os destinatários e os leitores) provavelmente teriam entendido, e só depois busca a sua importância para os cristãos nos dias de hoje. Em alguns casos, o sentido original aflora rapidamente. Sem muita ajuda, um leitor da Bíblia pode entender a narrativa: "Certo dia, Eliseu foi a Suném, onde uma mulher rica insistiu que ele fosse tomar uma refeição em sua casa. Depois disso, sempre que passava por ali, ele parava para uma refeição" (2Rs 4:8). O nosso entendimento seria completo se soubéssemos mais sobre o profeta Eliseu e sobre onde Suném se localizava, ou de que maneira a mulher enriqueceu, mas mesmo sem essas percepções o texto claramente faz sentido.

Em outros lugares, poderemos precisar de habilidades extraordinárias de detetive para discernir o sentido de um texto, como na seção que nos informa que Cristo "foi morto no corpo, mas vivificado pelo/no E/espírito, no qual também foi e pregou aos espíritos em prisão" (1Pe 3:18-19, com as barras colocadas para demonstrar várias opções interpretativas). Em qualquer um dos casos, o objetivo é entender o sentido desse texto. Somente quando compreendemos o sentido proposto pelo autor, com o melhor das nossas habilidades, podemos ir adiante para o segundo elemento essencial da iniciativa hermenêutica: investigar a sua importância para nós nos dias atuais.

Deduz-se como pressuposto para nós que o desígnio de Deus quanto à inspiração garante que a Bíblia não falou somente com os seus leitores ou ouvintes originais, *mas também fala a nós nos dias de hoje*.[75] Uma Bíblia inspirada e cheia de autoridade tem importância e relevância que transcendem a sua circunstância e proposta original. Além disso, supomos que a importância que Deus quer que ela tenha flui do seu sentido original e não é algo que agregamos ao texto. Com base na solidariedade da raça humana e nas mazelas pelas quais passamos, bem como na natureza da Bíblia como a revelação progressiva de Deus para o seu povo, os sentidos antigos falarão de forma mais ou menos direta à condição humana quando forem aplicados de forma adequada em nosso tempo. As questões que a Bíblia aborda lidam com temas universais, a "Grande Narrativa" da história da salvação como indicamos anteriormente, que vão além das questões simplesmente localizadas ou imediatas. À medida que aprendemos sobre o propósito de Deus, expresso por autores humanos há muito tempo, encontramos o entendimento e a importância com relação a nossas questões atuais. Só o sentido encontrado no próprio texto traz esse fundamento. Vanhoozer chama isso de "sentido textual determinado."[76]

Então, os pressupostos são um fato da vida para toda interpretação. Para concluir, sugerimos os passos seguintes diante do que acabamos de afirmar. Essa agora é a *sua* tarefa como intérprete bíblico!

ENVOLVENDO-SE NO FATO DOS PRESSUPOSTOS
Admita que há pressupostos
Identifique a bagagem de pressupostos que traz à tarefa
Avalie os pressupostos
Adote os pressupostos que acredita que são válidos
Dê passos para *descartar* os pressupostos que considera inválidos

PRÉ-ENTENDIMENTOS DO INTÉRPRETE

A neve cai de forma regular durante os meses de inverno no estado do Colorado, onde moramos. Há alguns anos achamos engraçado quando uma das nossas alunas africanas que tinha acabado de chegar ficou chocada ao ver a neve cair do céu durante a nossa primeira tempestade de neve em Denver naquele outono. O seu único contato com a neve tinha sido por fotografias,

---

[75] Paulo afirmou o mesmo princípio acerca do AT para seus leitores romanos: "Pois tudo o que foi escrito no passado, foi escrito para nos ensinar, de forma que, por meio da perseverança e do bom ânimo procedentes das Escrituras, mantenhamos a nossa esperança" (Rm 15:4). Ele também se aplica ao NT.

[76] Vanhoozer, *Há um significado neste texto?* p. 268.

O INTÉRPRETE

e ela imaginava que, de alguma forma, ela brotava do chão como o orvalho. Indiscutivelmente esta era uma suposição lógica, mesmo tendo sido verificada como falsa. De modo parecido, todos temos algumas suposições sobre o mundo baseados em nossa experiência, educação e pensamentos anteriores, e interpretamos nossas experiências fundamentados nessas premissas. Elas podem ser verdadeiras ou falsas, ou parcialmente falsas ou verdadeiras, mas elas filtram e colorem tudo o que achamos pela frente. De forma consciente ou não, construímos um sistema de crenças e atitudes que usamos para interpretar ou trazer sentido ao que vivenciamos. Essas crenças e atitudes são chamadas de "pré-entendimentos", e elas desempenham um papel importante para dar forma à nossa visão da realidade. De modo semelhante aos pressupostos, ninguém está isento deles, é impossível interpretar a realidade de uma forma "totalmente objetiva". Mas essa é uma questão fundamental; não se deduz disso, no entanto, que o que os leitores trazem a um texto *determina* o sentido desse texto. A bagagem pode dar o tom de como que eles interpretam esse texto. Acreditamos que o sentido textual é fixo (o texto quer dizer o que sempre quis); mas os leitores terão uma bagagem maior ou menor para entendê-lo em sua busca de desvendá-lo.

Tudo o que sabemos foi moldado de algum modo pelo pré-entendimento que trazemos ao processo de interpretação. No passado, a disciplina da hermenêutica voltava a sua atenção quase exclusiva para o mundo antigo dos textos e para as técnicas para entender o que os textos significavam "naquela época". Agora reconhecemos que devemos dar a mesma atenção ao que o intérprete acrescenta ao texto no processo interpretativo. Precisamos conhecer tanto a nós mesmos quanto ao nosso objeto de pesquisa. Thiselton observa, "o condicionamento histórico tem uma face dupla: o intérprete moderno, não menos que o texto, permanece em um contexto histórico e em uma tradição determinados.[77] Ele acrescenta: "A hermenêutica não pode prosseguir sem levar em conta os horizontes existentes no intérprete."[78] Tomando emprestada a metáfora de "horizonte" de Gadamer (os limites que um ponto de vista ou entendimento apresentam), Thiselton demonstra que "o objetivo da hermenêutica bíblica é proporcionar um envolvimento ativo e relevante entre o intérprete e o texto, de tal modo que o horizonte do próprio intérprete seja transformado e ampliado.[79]

---

[77] Thiselton, *Two Horizons, p.*11 (destaque do autor). Ele prossegue observando, "Tudo se entende em um contexto determinado e a partir de um ponto de vista determinado" (p. 105).

[78] Ibid, p. 237.

[79] Ibid, p. xix. No entanto, discordamos do mentor dele, H. G. Gadamer (*Verdade e método* [Petrópolis: Vozes, 1997], p. 459), que deduz que já que o significado é uma "fusão" dos horizontes do texto e dos intérpretes, um texto não tem uma única interpretação correta. Acreditamos

Definição de pré-entendimento

O termo pré-entendimento descreve a bagagem que o intérprete traz para a tarefa da interpretação. D. S. Ferguson traz uma definição sucinta: "O pré-entendimento pode ser definido como um sistema de suposições e atitudes que uma pessoa traz para a percepção e para a interpretação da realidade ou qualquer aspecto dela."[80] É o ponto de partida básico e preparatório para o entendimento. O nosso pré-entendimento constitui o lugar onde começamos a ser como somos hoje. O pré-entendimento é desejável e essencial.[81] Alguns conhecimentos ou experiências na formação são pertinentes para entender outras experiências ou situações. Por exemplo, a maioria de nós pode entender muito pouco uma receita médica. Sabemos que ela prescreve que uma quantidade exata de um remédio específico deve ser tomada em horários definidos, mas, além desse pré-entendimento limitado, provavelmente não estamos em posição para entender mais sobre os termos médicos e sobre os símbolos, muito menos sobre os elementos químicos que ela prescreve ou como eles atuam para remediar nossas doenças. Possuindo um pré-entendimento mais completo, um médico ou farmacêutico extrai mais significado do "texto". De forma semelhante, a nossa amiga africana agora entende melhor as fotos com neve porque suas experiências diretas de ver a neve cair ampliaram o seu pré-entendimento.

Precisamos descrever em linhas gerais os vários elementos que constituem o pré-entendimento e de onde eles vêm. O pré-entendimento consiste na estrutura total do ser e do entendimento que trazemos à tarefa da vida, incluindo algo como a nossa linguagem, o nosso condicionamento, o nosso gênero, a nossa inteligência, valores culturais, ambiente físico, conceitos políticos, e até mesmo o nosso estado emocional em um dado momento. Esses elementos constroem e governam nossos mundos individuais. Eles formulam o paradigma que nos ajuda a agir e entender o mundo.

CATEGORIAS DO PRÉ-ENTENDIMENTO	
Informativo	Ideológico
Atitudinal	Metodológico

---

que o significado reside no texto, não simplesmente em uma "leitura" determinada de um texto. Temos mais a dizer sobre isso no próximo capítulo.

[80] D. S. Ferguson, *Biblical Hermeneutics: An Introduction* (Atlanta: John Knox, 1986), p. 6.

[81] Antes de prosseguirmos, precisamos entender que o pré-entendimento deve ser dissociado do preconceito. De fato, o preconceito é apenas um elemento do pré-entendimento de uma pessoa. Abordaremos estas distinções um pouco mais adiante.

O INTÉRPRETE

Ferguson discerne de forma útil quatro categorias de pré-entendimento: (1) *informativo*: as informações que alguém já possui sobre um assunto antes de abordá-lo; (2) *atitudinal*: a disposição que alguém traz ao abordar um tópico, também denominado de preconceito, viés ou predisposição; (3) *ideológico*: em geral, a maneira como que vemos o complexo total da realidade (visão de mundo, estrutura de referência), e particularmente, como vemos um assunto específico (ponto de vista, perspectiva); e (4) *metodológico*: a abordagem real que alguém adota ao explicar um determinado assunto. As abordagens possíveis incluem a científica, a histórica e a indutiva. As diferentes abordagens influenciarão o tipo de resultados obtidos, ainda que em outro sentido os intérpretes empreguem métodos específicos para se guardarem de algum viés interpretativo indevido.[82]

Não podemos evitar ou negar a presença dos pré-entendimentos na tarefa da interpretação bíblica. Todo intérprete chega ao estudo da Bíblia com preconcepções e predisposições. Se perguntarmos acerca da origem ou base de nossos pré-entendimentos, nós a encontraremos em nossas experiências anteriores, no nosso condicionamento, na nossa educação política, social, cultural, psicológica e religiosa, em resumo, toda a nossa vida até o momento. Até mesmo a nossa língua materna influencia a nossa visão da realidade. Todos eles enfeitam e em muitos sentidos determinam como vemos o mundo. Cada indivíduo processa todos esses fatores inconscientemente quando interpreta.[83] O pré-entendimento em uma esfera específica pode nos ajudar a entender um pouco mais, mas não nos garante que interpretaremos de forma precisa. Como Thiselton expressa: "... não traz nada mais do que uma maneira provisória de encontrar uma ponte ou ponto de partida rumo a um entendimento mais profundo e mais seguro. Desde o início, ele é passível de correção e reajuste."[84] Desenvolveremos a ideia da "espiral hermenêutica" como uma forma de explicar isso com maior profundidade em nossa análise que se segue.

---

[82] Ferguson, *Biblical Hermeneutics*, p. 12. Ele admite ali que há graus de interseção entre eles e que um único ato de pré-entendimento contém elementos de todos os quatro.

[83] Por isso, P. J. Leithart, *Deep Exegesis: The Mystery of Reading Scripture* (Waco, TX: Baylor University Press, 2006), defende que "mesmo os leitores exegéticos mais rigorosos são eisegéticos" (p. 117). Ele quer dizer que ninguém pode evitar trazer uma grande bagagem para o texto para "iluminar o texto com luz de fora" (p.117), um princípio com o qual concordamos. Mas a maioria dos professores de hermenêutica usa a *eisegese* de forma negativa, a tendência de projetar nossos sentidos preferidos em um texto em vez de ler *a partir do texto* o sentido proposto pelo autor.

[84] A. C. Thiselton, *Hermeneutics: An Introduction* (Grand Rapids/Cambridge, UK: Eerdmans, 2009), p. 13 (destaque do autor).

INTRODUÇÃO À INTERPRETAÇÃO BÍBLICA

Papel do pré-entendimento

O PAPEL DO PRÉ-ENTENDIMENTO
Enfeita, se não determina, o que podemos ver num texto
Pode se tornar um *recurso*, auxiliando ou capacitando o que os intérpretes encontram num texto
Pode se tornar um *obstáculo*, proibindo ou adiando o que alguém pode ver.

Obviamente, o pré-entendimento desempenha um papel bem influente no processo da interpretação. Por exemplo, como notamos acima, aqueles cuja *ideologia* (usando a terceira categoria de Ferguson) só permite que a ciência decida as questões factuais terão a tendência de rejeitar as explicações sobrenaturais do relato bíblico.[85] Dessa forma, a ideologia do cientificismo influencia os resultados interpretativos, da mesma forma que adotar a visão de mundo específica da Bíblia permite explicações alternativas sobre as informações. Falando da posição epistemológica do método científico, David Tracy observa, "O cientificismo tem pretensões a uma atitude de pesquisa que tenta negar o seu próprio caráter hermenêutico e mascarar a sua própria historicidade de modo que ele possa reivindicar uma certeza histórica".[86] Toda interpretação acontece dentro de um contexto: os cientistas não estão isentos dessa restrição. Por outro lado, alguns intérpretes pós-modernos não se opõem a "leituras" sobrenaturais de um texto bíblico desde que não haja em nenhum sentido leituras privilegiadas ou corretas. Os leitores constroem o sentido que eles quiserem.

Para tomar outro exemplo que se encontra na esfera da ideologia, alguns leitores começam a sua leitura da Bíblia procurando por conflitos dentro dela, e outros procurando harmonizar quaisquer conflitos aparentes. Muitos *blogs* e *sites* da Web surgem para se desdobrarem no sentido de indicar qualquer passagem em que dois escritores não dizem a mesma coisa da mesma forma (de uma maneira que os mesmos críticos não gostariam que os seus próprios escritos fossem criticados). Outros tendem a dar aos autores bíblicos uma liberdade maior. Alguns leitores, quase por natureza, gravitam rumo a um paralelo entre um texto bíblico e algum mito do antigo Oriente Médio ou da Grécia ou de Roma, enquanto outros, quando são confrontados por esses mesmos paralelos,

---

[85] Aqui se deve deixar bem claro que a nossa discussão anterior sobre os pressupostos se mistura um pouco com a do pré-entendimento. Parte do total de pré-entendimentos que um intérprete traz à sua tarefa consiste dos seus pressupostos.

[86] D. Tracy, *Plurality and Ambiguity: Hermeneutics, Religion, Hope* (San Francisco: Harper & Row, 1987), p. 31. Para muitos especialistas, esta "certeza" exclui a possibilidade dos milagres registrados nos dois testamentos, como vimos em nossa consideração sobre os pressupostos anteriormente.

O INTÉRPRETE

destacam imediatamente as diferenças. A interpretação às vezes é influenciada pela ideologia.

Quanto à dimensão *atitudinal* do pré-entendimento, alguns defendem que o antissemitismo de Wellhausen levou-o a denegrir a Lei no AT.[87] Parece provável que a influência ideológica de Hegel fundamenta a visão de Wellhausen de que a história de Israel passa por três fases evolutivas distintas.[88] A crítica da forma de Gunkel, um elemento *metodológico*, afetou de forma significativa uma geração inteira de acadêmicos do Antigo Testamento.[89] Dever cataloga o que ele vê como preconceitos imensos afetando a maneira como muitos especialistas em Antigo Testamento de sua época interpretavam as provas arqueológicas. [90]

Em uma tese bem perspicaz chamada "Our Hermeneutical Inheritance" [Nossa herança hermenêutica], Roger Lundin traça as raízes históricas e filosóficas das abordagens contemporâneas para a compreensão.[91] Ele compara a abordagem dedutiva de Descartes com a abordagem mais indutiva de Bacon. Posteriormente ele demonstra como os cristãos norte-americanos no século XIX combinaram o realismo do senso comum escocês com a abordagem científica de Bacon para desenvolver a sua abordagem hermenêutica básica. Lundin observa: "Para chegar ao sentido da Bíblia, eles simplesmente utilizaram as técnicas indutivas exploradas com sucesso considerável pelos cientistas naturais."[92] Ele defende que o "estudo bíblico indutivo" foi em grande parte o produto de processos históricos, particularmente a assimilação do pensamento iluminista nos Estados Unidos, e não necessariamente o método único, evidente por si

---

[87] Veja Lou H. Silberman, "Wellhausen and Judaism", *Semeia* 25 (1982): p. 75-82; e M. Weinfeld, *Getting At the Roots of Wellhausen's Understanding of the Law of Israel on the 100th Anniversary of the Prolegomena* (Jerusalem: Institute for Advanced Studies, 1979).

[88] R. N. Whybray, *The Making of the Pentateuch: A Methodological Study,* JSOT Sup 53 (Sheffield: JSOT, 1987), p. 43.

[89] D. A. Knight, "The Pentateuch", em *The Hebrew Bible and Its Modern Interpreters,* ed., D. A. Knight, et al. (Philadelphia: Fortress; Chico, CA: Scholars, 1985), p. 264, que observa, "agora é inconcebível levar adiante a exegese crítica sem atentar à forma, o gênero literário, o contexto vivencial original e a intenção."

[90] W. Dever, *What Did the Biblical Writers Know?,* p. 23-52.

[91] Em R. Lundin, A. C. Thiselton, e C. Walhout, *The Responsibility of Hermeneutics* (Grand Rapids: Eerdmans; Exeter: Paternoster, 1985), p. 1-29. Veja também a tese de Lundin, "Hermeneutics", em *Contemporary Literary Theory. A Christian Appraisal* (Grand Rapids: Eerdmans, 1991), p. 149-171; Vanhoozer, *Há um significado neste texto?* p. 20-42; e D. A. Carson, *O Deus amordaçado: o cristianismo confronta o pluralismo* (São Paulo: Shedd, 2013). O tratamento mais exaustivo está em A. C. Thiselton, *New Horizons in Hermeneutics* (Grand Rapids: Zondervan, 1992). Cf. uma análise mais concisa em *Hermeneutics.*

[92] Lundin, Thiselton, e Walhout, *The Responsibility of Hermeneutics,* p. 21.

mesmo e universalmente superior.[93] De um modo interessante, Lundin observa como esta fascinação com a abordagem indutiva abriu a porta para todos os indivíduos, grupos, denominações ou seitas sancionarem as suas crenças baseadas em seu estudo exigente das Escrituras.[94]

Lundin conclui que, na realidade, ninguém lê a Escritura, ou literatura alguma nesse aspecto, de maneira completamente desinteressada, ainda que "muitos de nós nos apeguemos teimosamente à crença de que podemos abordar um texto com pureza cartesiana e precisão ao estilo de Bacon."[95] Recorrendo à tradição filosófica de Heidegger, Wittgenstein, Gadamer e Ricoeur, Lundin conclui: "A ideia de uma interpretação desinteressada de um texto literário se torna impossível para a teoria hermenêutica."[96]

Pareceria, então, que alguém pode ver o pré-entendimento ou como um bem desejável ou como um obstáculo traidor. Ai de nós! O bem ou o obstáculo está nos olhos do "pré-entendedor"! É claro, já que o intérprete exige algum pré-entendimento antes de abordar algum texto, ele é indispensável. Como alguém poderia entender a natureza da molécula de H_2O sem alguma formação em teoria atômica e física? Mas, do mesmo modo, o pré-entendimento pode distorcer a percepção da realidade por parte do leitor e pode funcionar como um preconceito inconsciente afetando de forma adversa a habilidade do intérprete de perceber de modo preciso. Ele com certeza afeta como alguém interpretará a Bíblia, a menos que se confronte esse entendimento inicial.[97]

Nem sempre adotamos conscientemente ou mesmo reconhecemos claramente o nosso pré-entendimento ou o papel que ele desempenha no processo interpretativo. Como o peixe proverbial que não vê a água em que ele nada, não estamos sempre conscientes da nossa visão da realidade, nem do efeito que ela tem sobre o que vemos. Nem percebemos como o nosso próprio

---

[93] Não é a nossa intenção dar a entender que rejeitamos a possibilidade de uma abordagem indutiva para o estudo da Bíblia, nem que declaramos que um intérprete não deva ser sistemático e metódico em seu estudo. Defendemos os pontos dos métodos adequados anteriormente e os defendermos com mais detalhes posteriormente.

[94] Lundin, Thiselton, e Walhout, *The Responsibility of Hermeneutics,* p. 22. Isto leva Hauerwas a opinar que precisamos tirar a Bíblia das mãos dos cristãos individuais da América do Norte que se acham qualificados a interpretar a Bíblia sozinhos, e deixar essa tarefa a "mestres espirituais que podem ajudar toda a Igreja a permanecer sob a autoridade da Palavra de Deus" (*Unleashing the Scripture,* p. 16).

[95] Lundin, Thiselton e Walhout, *The Responsibility of Hermeneutics,* p. 23.

[96] Ibid, p. 24; veja também Lundin, "Hermeneutics", p. 158-163.

[97] E. R. Richards e B. J. O'Brien, *Misreading Scripture with Western Eyes: Removing Cultural Blinders to Better Understand the Bible* (Downers Grove: InterVarsity, 2012) ilustra como a nossa própria cultura pode distorcer a nossa leitura da Bíblia.

O INTÉRPRETE

pré-entendimento (ou o do nosso grupo) pode ser extremamente idiossincrático, ninguém mais vê o mundo como nós vemos.

Esses pré-entendimentos podem ter uma influência maior ou menor sobre o processo de interpretação, dependendo da sua importância para a questão em pauta. Por exemplo, o equívoco da nossa aluna africana sobre a origem da neve provavelmente fez pouca diferença no seu entendimento do texto "Embora os seus pecados sejam vermelhos como escarlate, eles se tornarão brancos como a neve" (Isaías 1:18a). Por outro lado, uma ideologia, como o antissemitismo de Wellhausen, em um extremo, ou uma aversão politicamente correta ao antijudaísmo, no outro, exercerá uma influência importante na maneira que alguém interpreta os relatos da crítica negativa de Jesus de certos "judeus" conforme registrada nos Evangelhos. Um tenderá a concluir que todos os judeus são "vilões". Outro pode desprezar os evangelistas como antissemitas e buscar limpar as manchas desses relatos (e as traduções modernas que insistem em manter esses "preconceitos"). Esses dois exemplos também ilustram que alguns pré-entendimentos podem ter consequências de alcance bem mais amplo do que outros. Um deles afeta (e se arrisca a distorcer) a nossa leitura apenas de textos que falam sobre a neve. O outro regula como lemos cada incidente ou afirmação nos dois testamentos que fale negativamente sobre os judeus.

Diante das novas evidências, a nossa aluna africana não hesitou em ajustar seu pré-entendimento equivocado sobre a origem da neve. O nosso desafio como intérpretes não é simplesmente identificar e levar em conta o nosso pré-entendimento, mas também ajustá-lo ou revisá-lo, ou descartar corajosamente o que prova ser errado. Temos que aprender a reconhecer o nosso pré-entendimento e avaliar o seu valor. Temos que ter uma base sobre a qual devemos alterá-lo ou julgá-lo imutável.

Uma filosofia da interpretação como pré-entendimento

Todos os que buscam interpretar a Bíblia têm de tomar uma decisão sobre a posição básica que adotarão. Quando a maioria das pessoas pensa sobre a interpretação bíblica, pensa sobre decifrar documentos antigos. Depois do Iluminismo até por volta dos anos de 1940, as preocupações essenciais da hermenêutica eram investigar o mundo do autor ou editor bíblico, os textos resultantes, e os leitores originais desses textos. Isto é, a interpretação bíblica preocupava-se com o *locus* histórico do texto, o que aconteceu no mundo antigo que resultou no que estava escrito no texto naquela época. Mais recentemente, porém, os especialistas chegaram ao entendimento de que os *métodos históricos* limitam muito quando se atêm somente a buscar o que aconteceu ou o que foi escrito

• 285 •

INTRODUÇÃO À INTERPRETAÇÃO BÍBLICA

no passado. Caso se escolha ignorar ou, pelo menos, colocar entre parênteses a preocupação histórica, e se concentrar somente no texto, particularmente na interação entre o texto e o leitor, então se exige métodos diferentes e as conclusões a que se chegará serão outras.

Robert Morgan reage a essa questão de um modo determinado. Ao mesmo tempo em que não pretende que uma abordagem literária (seja baseada no texto, seja baseada no autor) suplante ou negue os resultados de um estudo histórico ou linguístico, ele defende que, no mundo pluralista e racionalista atual, as abordagens literárias (i.e., não baseadas no autor nem no texto) "abrem um leque maior de interpretações legítimas da Bíblia.[98] Morgan acredita que tentar achar "a única resposta correta" (isto é, *a* correta interpretação de um texto) resultaria em uma Bíblia fragmentada sem utilidade que "ofereceria do passado distante várias informações sem relação com o presente."[99] Em outras palavras, ele deduz que pelo motivo de as pessoas trazerem para a Bíblia vários pré-entendimentos e usarem-na para vários propósitos, ninguém tem o direito de dizer que apenas uma abordagem, se for utilizada, é válida ou verdadeira ou pelo menos melhor. Mas, perguntamos, será que fomos colocados em uma espécie de cafeteria hermenêutica onde podemos legitimar todos os métodos de interpretação para todos os intérpretes e *para todos os resultados*? As pessoas podem simplesmente escolher a maneira pela qual leem a Bíblia, depois empregar o seu método preferido e finalmente divulgar a sua conclusão? Parece que muitos estão adotando alguma abordagem desse tipo.

Já que nesta era pluralista vivemos com muitas reivindicações de verdade, como a budista, a judaica, a cristã (só para mencionar algumas), Morgan acredita que simplesmente não é válido insistir de forma arrogante que uma leitura histórica correta da Bíblia apoia sozinha a perspectiva religiosa de alguém. Dessa forma, ele justifica, se lermos os relatos bíblicos como literatura, as pessoas religiosas podem simplesmente afirmar os seus pontos de vista e suas posições com outras justificativas e não apelar para um uso histórico da Bíblia para desempenhar esta função apologética. Morgan não quer expurgar a exegese histórico-crítica; no lugar disso, ele busca relegá-la ao seu lugar devido de aperfeiçoar as formulações teológicas existentes e manter a honestidade daqueles que já baseiam a sua religião na Bíblia.

Como observamos acima, alguém pode adotar certa posição filosófica e seguir interpretando por meio daquele paradigma. Por exemplo, construindo

---

[98] R. Morgan com J. Barton, *Biblical Interpretation* (Oxford: Oxford University Press, 1998), p. 286.

[99] Morgan e Barton, *Biblical Interpretation*, p. 286.

O INTÉRPRETE

sobre uma estrutura existencialista,[100] Heidegger e Bultmann defendiam que os textos bíblicos só fazem sentido quando nós, como sujeitos, podemos nos apropriar desses textos e de sua importância para o nosso ser.[101]Apesar de a tese deles ter um mérito claro, eles limitam severamente a verdade ou a realidade àquilo que transforma a nossa experiência pessoal. O seu ponto de observação (o pré-entendimento) *determina* o que o texto significa, em vez de dar ao autor o direito de dar o sentido que ele ou ela pretendeu. O que pode justificar essa suposição? É claro que um leitor pode fazer o que bem entende com um texto. Mas, como defenderemos no próximo capítulo, esta tática inflexível não é a maneira adequada de se ler um texto, especialmente a Bíblia. Resgatar o seu sentido interno como a revelação de Deus revestida de autoridade deve ser o nosso objetivo.

Como vimos no capítulo 2, as suposições metafísicas moldaram o entendimento da hermenêutica na chamada "nova hermenêutica".[102] Por exemplo, ela afirmou que somente os mitos (não as narrativas históricas) poderiam transmitir com eficiência as verdades sobre um Deus transcendente para uma humanidade decaída. O resultado foi a desvalorização da historicidade dos acontecimentos bíblicos. Em vez de empregar uma metodologia ou processo para determinar o sentido dos textos (i.e., o que eles pretenderam comunicar historicamente), os adeptos da nova hermenêutica deram atenção à situação moderna, como o texto antigo proporciona encontros diretos e pessoais com Deus nos dias de hoje.

De forma semelhante, os *teólogos do processo* adotam uma posição ou um pré-entendimento através do qual eles veem a Bíblia. Seguindo o filósofo A. N.

---

[100] Para uma análise bem exaustiva dessas abordagens existenciais, incluindo Gadamer e Bultmann, veja Thiselton, *Two Horizons*. Também consulte a crítica de *Two Horizons* de W. W. Klein no *TrinJ* 2 (1981): p. 71-75.

[101] Thiselton cita a declaração de Bultmann que "é válido na investigação de um texto permitir-se ser examinado pelo texto, e ouvir a afirmação que ele faz" (Thiselton, *Two Horizons,* p. 191). Isto é verdade até certo ponto, mas será que a historicidade de um texto faz alguma diferença na influência que ele causa em nós? Parece que não para Bultmann, que defende que acreditar na cruz de Cristo "não quer dizer nos preocuparmos... com um acontecimento objetivo..., mas fazer da cruz de Cristo a nossa, para passar pela cruz com ele" (p. 211). Finalmente, Thiselton diz, "Bultmann insiste que, ao longo da história, o intérprete vem a entender *a si mesmo*. O seu relacionamento com o texto não é teórico, mas *existencial*. Só assim que o texto 'fala'" (p. 287). Bultmann tem sido criticado com justiça porque ele coloca tanta ênfase na dimensão existencial que para ele pouco importa se os acontecimentos objetivos ou históricos ocorreram ou não. Essa é uma falha séria, porque mesmo se a morte ou a ressurreição de Cristo fossem acontecimentos mitológicos inspiradores, se eles não aconteceram de verdade na história, como eles podem falar sobre a ressurreição do cristão (cf. 1Co 15:17)?

[102] Os representantes incluem J. M. Robinson e J. Cobb, eds., *The New Hermeneutic* (New York: Harper & Row, 1964); R. W. Funk, *Language, Hermeneutic and Word of God* (New York: Harper & Row, 1966); e G. Ebeling, *God and Word* (Philadelphia: Fortress, 1967).

INTRODUÇÃO À INTERPRETAÇÃO BÍBLICA

Whitehead, eles entendem a realidade como um processo, um redemoinho de causas e efeitos no qual os seres humanos discernem o seu mundo.[103] George Lucas sugere o seguinte:

> A filosofia do processo se distingue dos outros movimentos pelo seu destaque na primazia da mudança, do devir, e pelo caráter performático da realidade, em oposição do que Whitehead denominou como as realidades estáticas ou "vazias" da metafísica tradicional da substância.[104]

De acordo com esses teólogos, a linguagem é fluida, imprecisa e pode ter uma variedade de sentidos. Portanto, entender que a linguagem não pode ser exata porque ela transmite a realidade por meio de uma abstração. Já que toda a realidade subsiste nesse estado volátil, o sentido de um texto na Escritura não pode ser preciso ou ter autoridade. Nem a intenção do autor nem sentido histórico algum de um texto determina o objetivo do entendimento para a hermenêutica do processo. Os intérpretes do processo não pesquisam a verdade proposicional; eles simplesmente processam o que o leitor experimentou com o texto. O seu pré-entendimento é claramente consciente de si mesmo e se torna uma grade através da qual eles entendem a Bíblia.[105] A teologia do processo já está em grande parte ultrapassada, ainda que o efeito prolongado dessa filosofia se veja no teísmo aberto, a visão pela qual é impossível, de forma lógica, para Deus conhecer as ações futuras dos agentes humanos livres.[106]

---

[103] Alguns representantes incluem J. B. Cobb e D. R. Griffin, *Process Theology: An Introductory Exposition* (Philadelphia : Westminster, 1996); e A. N. Whitehead, *Science and the Modern World* (New York: Macmillan, 1927). J. S. Feinberg, *No One Like Him: The Doctrine of God. The Foundations of Evangelical Theology* (Wheaton, IL: Crossway, 2001), p. 170–79, traz uma breve resenha e uma avaliação da teologia do processo. Ainda nos arriscamos, mesmo que tentemos evitar, caricaturas no que se segue.

[104] G. R. Lucas, *The Genesis of Modern Process Thought: A Historical Outline with Bibliography* (Metuchen, NJ: Scarecrow Press and the ATLA, 1983), p. 5, que traz uma pesquisa básica sobre a filosofia do processo com bibliografias amplas. Veja também G. R. Lucas, *The Rehabilitation of Whitehead* (Albany: The State University of New York Press, 1989); T. Trethowan, *Process Theology and the Christian Tradition* (Petersham, MA: St. Bede's Publications, 2002), que defende que a ideia de um Deus eterno, porém mutável, é parte da herança cristã; e B. G. Epperly, *Process Theology: A Guide for the Perplexed* (New York: Bloomsbury T&T Clark, 2011).

[105] Em R. Nash, ed. *Process Theology* (Grand Rapids: Baker, 1987), vários especialistas evangélicos reagem a aspectos diferentes da filosofia e da teologia do processo. Eles trazem avaliações úteis que comparam a teologia do processo com o teísmo clássico e várias questões teológicas e filosóficas e oferecem julgamentos subjetivos sobre a utilidade do pensamento do processo.

[106] Veja G. A. Boyd, *God of the Possible: A Biblical Introduction to the Open View of God* (Grand Rapids: Baker, 2000) e C. H. Pinnock, *The Openness of God: A Biblical Challenge to the Traditional Understanding of God* (Downers Grove: InterVarsity, 2010).

O INTÉRPRETE

A *teologia da libertação* também ilustra a importância do pré-entendimento. A partir desse ponto de observação, o papel que a Igreja deve desempenhar em trazer a justiça para os pobres (inicialmente na América Latina) determina a sua leitura da Bíblia (recorde nossos comentários no cap. 3). Esses teólogos não estudaram simplesmente a Bíblia baseados em um conjunto de princípios; eles interpretaram a Bíblia baseados em um programa cujo objetivo era a justiça para com os pobres. Geralmente, mas não necessariamente marxista, esta base ideológica se torna para esses teólogos o pré-entendimento para interpretar a Bíblia e para desenvolver a sua agenda política. Em uma vertente parecida, alguns leitores agora acolhem leituras feministas pós-coloniais e mulheristas.[107] Alguns defendem a leitura homossexual (ou "queer") da Bíblia, que aplica as ferramentas da "teoria queer" e os estudos de gênero aos textos bíblicos.[108] Esses estudos afirmam novos (geralmente denominados "mais precisos") entendimentos que desafiam os próprios preconceitos da Bíblia (isso sem falar dos preconceitos dos intérpretes tradicionais) como a sua proibição do comportamento homossexual. De forma consciente e desavergonhada, esses leitores aplicam sobre a sua interpretação da Bíblia o seu pré-entendimento da realidade.

O que descrevemos através desses acontecimentos mais recentes sinaliza uma mudança distinta na prática da interpretação bíblica, uma parte do movimento às vezes chamado de pós-modernismo. Eles ilustram a oscilação da interpretação centrada no autor e no texto para as abordagens centradas no leitor. Na verdade E. V. McKnight insiste que a natureza do pré-entendimento do leitor moderno levou a uma mudança fundamental na tarefa hermenêutica. Em sua opinião, "Uma *abordagem orientada para o leitor* reconhece que a 'proposta' do leitor contemporâneo não é a mesma do autor antigo e/ou dos leitores antigos."[109] Ele observa, posteriormente: "Os textos bíblicos são percebidos e

---

[107] Para um panorama útil, veja R. S. Sugirtharajah, *Voices from the Margin: Interpreting the Bible in the Third World*, 3ª ed. (Maryknoll, NY: Orbis, 2006).

[108] Veja o nosso comentário e a literatura citada nos caps. 2 e 3. Os textos principais incluem J. Rogers, *Jesus, the Bible, and Homosexuality, Revised and Expanded Edition: Explode the Myths, Heal the Church* (Louisville: Westminster John Knox, 2009); e M. Achtemeier, *The Bible's Yes to Same-Sex Marriage: An Evangelical's Change of Heart* (Louisville: Westminster John Knox, 2014). Para uma crítica dessa postura hermenêutica, S. J. Grenz, *Welcoming but Not Affirming: An Evangelical Response to Homosexuality* (Louisville: Westminster John Knox, 1998). Dois estudos que buscam apresentar os dois lados de um modo pacífico são R. A. J. Gagnon, *Homosexuality and the Bible: Two Views* (Minneapolis: Fortress, 2009); e J. V. Brownson, *Bible, Gender, Sexuality: Reframing the Church's Debate on Same-Sex Relationships* (Grand Rapids: Eerdmans, 2013). A nível mais popular, veja K. DeYoung, *What Does the Bible Really Teach about Homosexuality?* (Wheaton, IL: Crossway, 2015).

[109] E. V. McKnight, *Postmodern Use of the Bible: The Emergence of Reader-Oriented Criticism* (Nashville: Abingdon, 1988), p. 150 (destaque nosso).

INTRODUÇÃO À INTERPRETAÇÃO BÍBLICA

interpretados de maneiras bem diferentes por causa de mudanças na cosmovisão e no ambiente social dentro de qualquer cosmovisão em particular."[110] Em um parágrafo posterior ele resume: "Os leitores *criam* o sentido. Eles podem desempenhar o seu papel, limitados por seus contextos culturais e suposições críticas e se manter inconscientes de seu potencial como leitores criativos."[111]

Para McKnight, a habilidade do intérprete moderno de ler os textos bíblicos "de forma criativa" é um ganho importante. Esses leitores alcançam uma liberdade nova porque eles "não estão mais limitados pelos objetivos dogmáticos tradicionais e/ou históricos-críticos da leitura e da interpretação."[112]

Claramente, o pensamento pós-moderno de McKnight relativiza bastante os ensinos da Bíblia. Já que para McKnight eles são resultado de uma série de culturas antigas e suas visões de mundo primitivas e pré-críticas, então eles não podem ter necessariamente uma autoridade duradoura para o povo moderno. Nesse pensamento toda autoridade ou aplicação que a Bíblia possa ter para as pessoas do dia de hoje deve passar por esse crivo: que a Bíblia é composta de documentos condicionados cultural e historicamente, e que as suas culturas e as nossas são radicalmente diferentes. Para muitos escritores pós-modernos, a percepção do texto por parte do leitor, *não o próprio texto*, é a base final de autoridade para o sentido do texto. Mas adiantamos a pergunta: E a mensagem transmitida pela Bíblia? A mensagem composta pelo autor (locução, ilocução e perlocução) tem alguma proposta válida para o leitor moderno? Os leitores não devem concentrar a sua interpretação *nessa* mensagem? A crítica de Ferguson dessas abordagens pós-modernas é bem fundamentada:

O que, por exemplo, acontece com a história como meio da revelação de Deus?

> Mais uma vez, pareceria que o conteúdo do *querigma* como objeto de fé foi deixado de lado. Há pouco reconhecimento de que a crucificação e a ressurreição são acontecimentos históricos que geraram a linguagem, não simplesmente "acontecimentos linguísticos". A linguagem como o único guia hermenêutico falha em dar o devido reconhecimento à história.[113]

Concluímos que esses apelos a uma hermenêutica mais comprometida com a abertura pluralista sujeitam os intérpretes aos graves perigos do

---

[110] McKnight, *Postmodern Use,* p. 149.

[111] McKnight, *Postmodern Use,* p. 161.

[112] Ibid. Para uma afirmação parecida, veja R. Crosman, "Do Readers Make Meaning?" em *The Reader in the Text*, eds. S. R. Suleiman e I. Crosman (Princeton: Princeton University Press, 1980), p. 149–64.

[113] Ferguson, *Biblical Hermeneutics*, p. 174

O INTÉRPRETE

subjetivismo e do relativismo. Se a maior virtude se tornar a tolerância ou evitar interpretações que ofendam as pessoas de outras religiões, de outro cenário cultural, ou de outra orientação sexual, então simplesmente abandonamos a busca da verdade? Deixamos de lado a mensagem da Bíblia quanto à redenção de todas as pessoas?[114] Com certeza, algumas ideias como o antissemitismo ou o racismo são simplesmente ideias más, se não forem desafiadas, ameaçam a sociedade com consequências perigosas. Morgan reconhece esse perigo inerente, mas só apela para a voz crítica dos historiadores bem treinados e dos linguistas "para identificar o lixo."[115]Mas não fica claro como, se todas as abordagens forem igualmente acolhidas e se os leitores criam o sentido, se os historiadores e os linguistas podem desafiar de forma suficiente como lixo uma "leitura literária" de um texto. Porque se a perspectiva histórica, aquele sentido que o autor pretendia que o texto tivesse na época que foi escrito, não tem a influência maior e controladora, então várias "leituras" podem ser denominadas igualmente legítimas e até desejáveis, seja qual for a vertente predeterminada a partir da qual ela surja.[116]

O pós-modernismo pode acolher esse estado de coisas porque a sua abordagem dá o poder ao leitor. Não nos interprete mal! Desejamos adotar e utilizar métodos literários que nos capacitem a entender e apreciar as dimensões literárias da Bíblia. Também reconhecemos os leitores como participantes importantes no processo de entender os textos. E reconhecemos que todos chegamos à Bíblia com pré-entendimentos. Mas ao empregar métodos literários não devemos abandonar as orientações históricas dos textos. Insistimos que o foco "histórico" traz o melhor caminho para uma leitura "literária" legítima. Não

---

[114] Historicamente, o cristianismo tem afirmado que é só ele é verdadeiro — que em Jesus temos o caminho, a verdade e a vida, o único caminho para Deus (Jo 14:6; At 4:12). Em um livro bem fundamentado, H. A. Netland defende essa afirmação extremamente impopular do exclusivismo cristão. Ele afirma que "onde quer que as afirmações da Escritura forem incompatíveis com as de outras religiões, as últimas devem ser rejeitadas como falsas", em *Dissonant Voices: Religious Pluralism and the Question of Truth* (Grand Rapids: Eerdmans; Leicester: InterVarsity, 1991), p. 34. O princípio de Netland não é a de que todas as afirmações ou ensinamentos de outras religiões são falsos, ou que não têm valor, ou que os cristãos não têm nada a aprender com eles. Em vez disso, quando as religiões fazem afirmações conflitantes quanto à verdade, a posição cristã será a verdadeira. A obra de Netland apresenta uma defesa convincente da fé cristã histórica. Todos os missiólogos e filósofos da religião terão de examinar o que Netland apresentou. Veja também P. Copan, *True for You, But Not for Me: Overcoming Objections to Christian Faith*, ed. rev. (Minneapolis: Bethany House, 2009); e D. A. Carson, *The Intolerance of Tolerance* (Grand Rapids: Eerdmans, 2012).

[115] Morgan e Barton, *Biblical Interpretation*, p. 289.

[116] Abordaremos mais à frente o nosso entendimento e a defesa do sentido textual centrado no autor como o objetivo primário da hermenêutica.

INTRODUÇÃO À INTERPRETAÇÃO BÍBLICA

queremos uma abordagem que despreze o leitor ou a história.[117] Rejeitamos qualquer pré-entendimento que substitua o sentido histórico de um texto por uma "leitura" moderna dele.

Testando pré-entendimentos

Como podemos saber se o nosso pré-entendimento é válido e é um bom recurso no processo da interpretação bíblica? Um teste para os nossos pré-entendimento é se ele corresponde com às informações bíblicas. Um crítico ainda pode perguntar por que a Bíblia assume o papel de autoridade final. Analisamos acima a nossa pressuposição de que a Bíblia tem autoridade e é verdadeira, então só um breve resumo é suficiente.

Acreditamos que aceitar a veracidade da Bíblia não é simplesmente nosso dogmatismo preconceituoso, um pressuposicionalismo cego que simplesmente assume esse ponto de partida. Quer dizer, não nos colocamos no lugar daqueles que os apologistas tecnicamente chamam de "pressuposicionalistas" (por exemplo, C. Van Til). Nesse ponto de vista, as doutrinas da existência de Deus ou a veracidade da revelação na Bíblia são pressupostos básicos presumidos *a priori*.[118] De modo diferente, adotamos uma posição evidencialista modificada ou uma posição verificacionista.[119] N. T. Wright chama esta abordagem de "realismo crítico", e com ele concordamos.[120] Isto é, acreditamos que devemos iniciar com certas hipóteses que testamos e tanto aceitamos quanto rejeitamos. Temos que avaliar as provas das afirmações cristãs à luz de todas as reivindicações de verdade alternativas.

---

[117] Escrevendo de forma justa: nem o Morgan defende que os métodos literários substituam os históricos. Ele percebe como toda interpretação pode ser subjetiva, mesmo as que pretendem ser "históricas". Ele quer que a estrutura histórica governe apenas aqueles estudos cuja finalidade é histórica (*Biblical Interpretation,* p. 287). Mas, como justifica Morgan, quando o propósito é religioso ou teológico, outros métodos (i.e., literários) precisam dar o tom. A história, para Morgan, vai para o banco de trás. Mas insistimos com mais veemência que as crenças teológicas têm de ser também baseadas na história, como o apóstolo Paulo defende com relação à ressurreição de Cristo em 1Coríntios 15:13-23. Retornaremos a esse assunto mais adiante.

[118] C. Van Til, *The Defense of the Faith* [Philadelphia: Presbyterian and Reformed Publishing Co., 1955], p. 116) se opôs ao seu colega B. B. Warfield que ensinou que a apologética era uma disciplina anterior e separada para estabelecer a verdade do cristianismo antes que alguém prossiga para outros assuntos teológicos. Nesse ponto nos encontramos mais simpáticos a Warfield do que a Van Til.

[119] Veja E. J. Carnell, *An Introduction to Christian Apologetics* (Grand Rapids: Eerdmans, 1948), p. 103-121, para uma discussão útil sobre o que se constitui a verificação na apologética; cf. D. Groothuis, *Christian Apologetics: A Comprehensive Case for Biblical Faith* (Downers Grove: InterVarsity, 2011), p. 45-72.

[120] Wright, *New Testament*, p. 32-46.

O INTÉRPRETE

Acreditamos que essa abordagem estabelece a viabilidade e a defensibilidade da fé cristã histórica. Ela explica as questões da existência e da realidade com menores dificuldades que todas as alternativas concorrentes. Não reivindicamos uma prova em qualquer sentido científico já que, como observamos anteriormente, a própria ciência dificilmente é uma iniciativa sem uma agenda própria. Mas mesmo assim, nas palavras de Carnell, "o cristão encontra o seu sistema filosófico na Bíblia, com certeza, mas ele o aceita, não simplesmente porque está na Bíblia, mas porque, quando o testa, traz muito mais sentido à vida do que os outros sistemas filosóficos".[121] Claramente rejeitamos o pensamento segundo o qual a posição cristã é simplesmente uma opinião que dá um "salto no escuro", que não é melhor nem pior do que as alternativas nas quais muitas pessoas "acreditam sinceramente".

A cultura ocidental pós-moderna exalta o relativismo e o pluralismo como grandes virtudes, axiomas quase inegociáveis baseados em seu pré-entendimento sobre a natureza da liberdade humana. Acreditamos, de forma diferente, que a verdade absoluta existe, e que a "verdade" não pode ser relativizada a ponto de afirmações contraditórias serem aceitas como igualmente válidas. Acreditamos que aceitar a veracidade da Bíblia é a reação mais lógica às provas existentes.

Um pré-entendimento cristão[122]

Como intérpretes responsáveis, buscamos usar todos os métodos racionais que nos capacitarão a entender o sentido correto dos textos bíblicos. Mas no que se refere a julgar o sentido e a importância "teológicos" desses textos, temos que ir além do nosso método analítico. Apesar de compartilhar muitos métodos críticos com os historiadores seculares, nós o fazemos com o nosso próprio pressuposto da importância dos documentos que estamos estudando.

---

[121] Carnell, *Introduction,* p. 102.

[122] Como já temos indicado em vários pontos, posicionamo-nos teologicamente dentro da tradição evangélica, dentro da estrutura descrita, por exemplo, pelo pacto de Lausanne, disponível em: <https://www.lausanne.org/pt-br/recursos-multimidia-pt-br/pacto-de-lausanne-pt-br/pacto-de-lausanne> ou pelas afirmações básicas da Associação Nacional dos Evangélicos americana <http://www.nae.net/>. São organizações irmãs a National Black Evangelical Association <http://www.the-nbea.org/> e a National Hispanic Christian Leadership Conference <http://nhclc.org/>. Os que assumem crenças evangélicas também se encontram em muitos outros setores da cristandade. Assim, o que se segue não precisa se limitar ao "nosso círculo" de cristãos. Os princípios e métodos que usamos darão lugar a um entendimento que acreditamos ser válido, não importa quem lance mão dele, ainda que os leitores com pressupostos e pré-entendimentos diferentes admitam ou rejeitem nossos resultados de formas variadas. Já que os métodos são neutros (e insistimos que a maior parte deles o é), os resultados serão semelhantes.

• 293 •

INTRODUÇÃO À INTERPRETAÇÃO BÍBLICA

Os historiadores, antropólogos e sociólogos seculares podem ver a Bíblia somente como uma coleção de textos religiosos antigos. Tratá-la desse modo, como geralmente ocorre no meio acadêmico, não tende a levar a conclusões válidas a respeito do valor religioso ou da importância da Bíblia. Na verdade, os resultados podem parecer estéreis comparados àqueles dos cristãos que creem (o que explica, frequentemente, a aversão que têm a especialistas). No entanto, acreditamos que a Bíblia é a Palavra de Deus. Somente a partir dessa posição que usaremos o nosso método histórico e crítico e chegaremos a um resultado significativo teologicamente e pertinente. Hirsch afirma isso de forma pujante: "A noção de um intérprete sobre o tipo de sentido que ele confronta influenciará poderosamente o seu entendimento dos detalhes".[123] Insistimos que a nossa posição traz a melhor base para um entendimento válido dos textos bíblicos. Richardson prova isto de forma resumida:

> Essa perspectiva a partir da qual vemos mais claramente todos os fatos, sem ter que explicar nenhum deles, será uma perspectiva relativamente válida. Os cristãos acreditam que a perspectiva da fé bíblica nos capacita a ver bem claramente e sem distorção as informações bíblicas tal como elas são: eles veem os fatos claramente porque eles enxergam o seu sentido verdadeiro.[124]

Somos membros da comunidade evangélica mundial (definida teologicamente).[125] Temos nos comprometido à fé entendida como tradicionalmente "cristã", ainda que com alegria reconheçamos que há muitos cristãos que não estão sob a denominação evangélica. Isto informa o nosso pressuposto e traz as fronteiras para a nossa leitura da Bíblia. Apesar de termos que sempre nos submeter aos ensinos da Bíblia como nossa autoridade única e final, nosso real pressuposto da Bíblia como a revelação de Deus guia a nossa interpretação de suas páginas. Insistimos também que o nosso compromisso com a autoridade da Bíblia vem da nossa convicção anterior da sua veracidade e do nosso pressuposto de sua inspiração divina. Essa é uma circularidade fundamentada, uma consequência do "realismo crítico", para se tomar emprestada a frase de Wright.

Acreditamos que podemos nos dispor a criticar o nosso pré-entendimento, mesmo que ele envolva completamente tudo o que somos. Se os cristãos

---

[123] E. D. Hirsch, Jr., *Validity in Interpretation* (New Haven: Yale University Press, 1967), p. 75.

[124] A. Richardson, *Christian Apologetics* (New York: Harper & Row, 1947), p. 105.

[125] Repetimos esse esclarecimento porque temos consciência de que o termo "evangélico" é um termo usado e abusado que geralmente identifica mais características políticas do que uma orientação bíblica e teológica, o que pretendemos aqui.

O INTÉRPRETE

estiverem comprometidos a serem totalmente bíblicos, então a tática é submeter nossos pensamentos à avaliação da Escritura.[126] Isto é, podemos desejar ter um pré-entendimento determinado baseado na Bíblia. Em outras palavras, onde quer que as crenças e os compromissos que vêm de nossa cultura contradigam ou se oponham à verdade bíblica, temos que identificá-los e, de alguma forma, controlar os seus efeitos no processo interpretativo. Além do nosso próprio diálogo com o texto bíblico, temos que nos envolver na pesquisa da interpretação válida com a comunidade cristã como um todo, guiados pelo Espírito, porque ela se constitui no melhor meio para esta autoanálise. Teremos mais a dizer sobre isso no próximo capítulo.

Temos que basear a nossa discussão posterior sobre a maneira de entender os textos nesse diálogo sobre o pré-entendimento. Um documento composto de palavras em uma página continua uma entidade estática. O que é papel e tinta, no final das contas? A importância que damos a estas palavras depende em grande escala de nós: que importância que *queremos* dar às palavras? Os leitores pós-modernos podem fazer o que quiserem; nenhum tribunal restringe como os textos podem ser usados ou abusados (apesar de, claramente, a difamação ser passível de punição pelos tribunais). Temos que decidir se queremos ouvir as palavras da Bíblia de acordo com o que, muito provavelmente, elas queriam dizer na época em que foram escritas, ou se as usaremos, ou lidaremos com elas, ou as empregaremos de outras formas. Os autores, editores, ou comunidades que formularam os textos bíblicos obviamente não podem se defender. Nem os primeiros leitores podem ser consultados sobre o seu parecer.

Como os debates em andamento nas esferas políticas sobre a interpretação da constituição americana ilustram, as pessoas hoje decidem como elas usarão os documentos antigos.[127] Os textos bíblicos ou os credos da Igreja podem bem

---

[126] Já que "toda verdade vem de Deus" (uma citação atribuída a muitas fontes, de Agostinho a Arthur Holmes), também temos o compromisso de aprender o que é verdadeiro por meio de quaisquer outras fontes, e corrigir o nosso pré-entendimento com base na nova verdade. Para repetir as palavras adequadas de Paulo, "Finalmente, irmãos, tudo o que for verdadeiro, tudo o que for nobre, tudo o que for correto, tudo o que for puro, tudo o que for amável, tudo o que for de boa fama, se houver algo de excelente ou digno de louvor, pensem nessas coisas" (Fp 4:8).

[127] A nossa preocupação é aplicar a Constituição dos Estados Unidos da maneira que os seus idealizadores pretendiam, ou à luz dos entendimentos e das realidades atuais? Paralelamente ao fenômeno da interpretação bíblica pós-moderna, alguns defendem que hoje os tribunais usurparam da constituição a autoridade de governar. Os tribunais determinam o que é legal ou não pela maneira que eles interpretam os documentos que fundaram a república na era atual. Para consultar sobre esse pensamento, veja as reflexões dos editores, "The End of Democracy? The Judicial Usurpation of Politics" e "To Reclaim Our Democratic Heritage", *First Things* 69 (1997): p. 25-28. Esses debates estão em andamento. J. Pelikan, *Interpreting the Bible and the Constitution* (New Haven: Yale University Press, 2004), mostra como realmente são parecidas as controvérsias interpretativas que envolvem a constituição com as que envolvem a Bíblia.

INTRODUÇÃO À INTERPRETAÇÃO BÍBLICA

reivindicar inspiração para as Escrituras, mas os intérpretes hoje ainda decidem como lidarão com essas afirmações. A teologia e a prática cristã devem ser baseadas sobre o que os textos bíblicos parecem comunicar, ou sobre os objetivos, as preocupações e os interesses da comunidade moderna que interpreta esses autores, ou sobre uma combinação desses dois fatores? Os evangélicos podem insistir primeiro (de forma correta, acreditamos) em um destaque dos sentidos originais dos textos bíblicos e depois sobre as consequências desses sentidos para as questões contemporâneas. No entanto, como temos visto, a história da interpretação claramente demonstra a influência penetrante (às vezes danosa) dos interesses quando o sentido original não tem a prioridade. Qual é o pré-entendimento cristão ideal? Para nós é aquele que vem do conjunto de pressupostos listados acima nesse capítulo.

Pré-entendimentos mudam com o entendimento

Quando falamos de pré-entendimento, queremos dizer que ele é um ponto de partida em um certo momento. É o lugar onde começamos o nosso estudo bíblico. Mas o nosso entendimento sobre o ensino da Bíblia e da sua importância nunca será estático, nem deve ser, se estivermos crescendo como cristãos em nosso entendimento espiritual graças ao nosso envolvimento com a Bíblia. O intérprete aborda a Bíblia com perguntas, preconceitos e pré-entendimentos que surgem da sua situação pessoal. Inevitavelmente, esse pré-entendimento influencia a resposta que ele obtém. Contudo, o seu pré-entendimento está sujeito à revisão como consequência de seu estudo honesto e guiado pelo Espírito Santo. O estudo bíblico, se for buscado com responsabilidade, influencia o intérprete: o texto interpreta o intérprete, que se torna não apenas o sujeito que interpreta, mas também o objeto interpretado. Declaramos esse objetivo como o que temos na condição de intérpretes: *desejar um pré-entendimento que sempre cresce orientado pela Bíblia que nos capacita cada vez mais a ter descobertas válidas sobre o sentido dos textos.*

Lembre-se da nossa aluna africana com os seus pré-entendimentos sobre a neve. Quando ela percebeu que a neve desce do céu, em vez de brotar da terra, ela revisou o seu entendimento sobre esse fenômeno. Em seu entendimento ajustado, a neve se adequou à mesma categoria da chuva, em vez da categoria do sereno. Isso transformou o seu entendimento das fotos acerca da neve.

Este processo levou alguns intérpretes a falarem de um círculo hermenêutico, ou melhor dizendo, *uma espiral hermenêutica.*[128] Acreditamos que essa é

---

[128] Muitos especialistas agora reconhecem a importância desse modo de entender a tarefa da interpretação. Um autor faz dele o título do seu livro: G. Osborne, *A espiral hermenêutica: uma nova abordagem à interpretação bíblica* (São Paulo: Vida Nova, 2009). Na edição inglesa, ele revela

· **296** ·

uma analogia útil. Todo intérprete começa com um pré-entendimento. Depois de um estudo inicial de um texto bíblico (usando todas as táticas e recursos disponíveis e como resultado da ação do Espírito Santo), o intérprete descobre que o texto realizou mudanças em seu entendimento. Agora o seu pré-entendimento não é mais o que era. Como Paulo poderia dizer, eles foram transformados "pela renovação de sua mente" (Rm 12:2). Posteriormente, como o intérprete recém-interpretado prossegue a investigar mais o texto, surgem mais perguntas (talvez diferentes) e respostas, transformando o intérprete novamente. Surge um novo (pré-)entendimento. E assim por diante, o processo continua. O intérprete não segue simplesmente dando voltas em círculos. Este não é um círculo vicioso, esta é, em vez disso, uma espiral progressiva de crescimento no modo de entender. O sentido do texto não mudou, mas em vez disso, a mudança aconteceu na habilidade do intérprete de entendê-lo de forma mais adequada e aplicá-lo de maneira mais eficiente.

A ESPIRAL HERMENÊUTICA

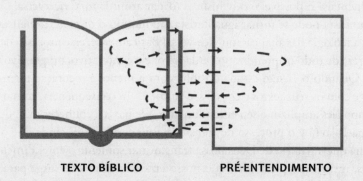

TEXTO BÍBLICO   **PRÉ-ENTENDIMENTO**

Conscientemente, existe o perigo de que a interpretação seja apenas um círculo em vez de uma espiral, que a pessoa sairá como entrou. Com certeza, existe uma circularidade uma vez que a pessoa tenha estabelecido a sua posição.

---

a sua analogia nas páginas 22, 31-32, 139, 351, 417-418, e 456. Cf. Thiselton, *Hermeneutics*, p. 13-16; W. J. Larkin, Jr., *Culture and Biblical Hermeneutics* (Grand Rapids: Baker, 1988), p. 302; e R. C. Padilla, "Hermeneutics and Culture: A Theological Perspective", em *Gospel and Culture*, ed. J. R. W. Stott e R. T. Coote (Pasadena: William Carey Library, 1979), 63-78. Carson, na sua obra *O Deus amordaçado*, propõe um modelo matemático, a curva assíntota. O nosso conhecimento pode cada vez mais aproximar, ainda que nunca possa atingir o conhecimento completo (divino). Para mais uma analogia, David Starling, *Hermeneutics as Apprenticeship* (Grand Rapids: Baker Academic, 2016), p. 13-16, propõe a bola de neve. Quanto mais ela desce a encosta, mais ela acumula camadas de neve. Quanto mais o pré-entendimento é testado e redimensionado, maior a confiança que ganhamos em nossa perspectiva e, como a bola de neve que se torna maior e mais rápida, é mais difícil pará-la (i.e., mudar a nossa mente)!

INTRODUÇÃO À INTERPRETAÇÃO BÍBLICA

Quando colocamos a exigência da fé como base para entender completamente a Bíblia e depois vamos a ela para entender a autorrevelação de Deus no Cristo em quem temos fé, esse processo reforça a si mesmo. Mas esse processo não precisa continuar circular. Insistimos que um nível adequado de pré-entendimento é necessário para iniciar qualquer pesquisa. Essa, como temos percebido, é a natureza de toda investigação. A pessoa tem que ter algum conhecimento de Deus mesmo para chegar ao pré-entendimento da fé. Então esta postura de fé capacita o cristão a estudar a Bíblia para chegar a um entendimento mais profundo de Deus e do que as Escrituras dizem. O uso das melhores ferramentas, dos melhores métodos e dos melhores recursos coloca os cristãos em uma posição para aprender, crescer e transformar o seu entendimento, não somente para reforçar as ideias preexistentes. Mas, a chave é esta: deve-se estar aberto à mudança e à correção como resultado das novas descobertas.

À medida que aprendemos mais a partir do nosso estudo da Escritura, alteramos ou ampliamos o nosso pré-entendimento de maneiras mais ou menos fundamentais. É possível o calvinista se tornar arminiano, e vice-versa! O complementarista pode se tornar igualitarista, ou mesmo o dispensacionalista pode adotar a teologia das alianças, ou vice-versa! Basicamente, esse processo descreve a natureza de todo o aprendizado verdadeiro: ele é interativo, progressivo e contínuo. Quando o cristão estuda a Bíblia com a mente e o coração abertos, ele interage com os seus textos e com o seu Autor e, em consequência, com o passar do tempo eles ampliam o seu entendimento. Ele passa a conhecer mais de Deus e da sua Palavra e o processo de transformação continua. E ainda que o leitor suponha que a palavra de Deus possa transformar somente o entendimento das pessoas, insistimos que Deus usa o nosso entendimento que surge para transformar o nosso comportamento, a nossa atitude e a nossa ação, de modo que amemos a Deus e ao nosso próximo como Deus deseja.

Pré-entendimentos e objetividade na interpretação

Depois de uma discussão como essa sobre o pré-entendimento, alguns podem ainda imaginar se o intérprete está condenado à subjetividade na interpretação. Será que podemos interpretar a Bíblia de forma objetiva ou simplesmente detectamos em suas páginas somente aquilo que queremos ou estamos predispostos a ver? Devemos dizer como os pós-modernistas que descobrimos somente o que é "verdadeiro para mim" e desprezamos e abandonamos a busca para encontrar o que os autores bíblicos pretendiam comunicar? Essas perguntas dependem da validade do nosso pressuposto de que a Bíblia comunica a mensagem que pode ser descoberta por métodos críticos e que esta mensagem vale a pena ser descoberta.

• 298 •

O INTÉRPRETE

Acreditamos que Deus revelou a verdade na Bíblia, e parece razoável também propor que ele nos fez capazes de compreendê-la ou pelo menos parte dela. Além disso, acreditamos que devemos buscar a mensagem de Deus quando lemos a Bíblia, não simplesmente a nossa própria "leitura" dela. Assim, mesmo que inevitavelmente tragamos o pré-entendimento aos textos que buscamos interpretar, isto não significa que não possamos descobrir o sentido que o texto pretende transmitir. Particularmente, se o nosso objetivo for descobrir o sentido que os textos traziam na época em que foram escritos, teremos alguns critérios objetivos para validar nossas interpretações.[129]

Assim refutamos quaisquer acusações de que o nosso pensamento é simplesmente outra versão de ver o que queremos ver na Bíblia. Não descartaremos a avaliação objetiva dos fatos ou das informações do texto e da sua situação em favor da nossa leitura predileta. Ter o pré-entendimento não nos condena a um círculo fechado, no qual encontramos no texto o que queremos, mesmo que isto nos ronde como um perigo sempre presente. O intérprete honesto, reflexivo e humilde permanece aberto a mudanças, até mesmo a uma transformação significativa do pré-entendimento e do comportamento resultante. Essa é a *espiral* hermenêutica. Já que aceitamos a autoridade da Bíblia mediada através do Espírito, permanecemos abertos à correção pela sua mensagem. Existem maneiras de verificar interpretações ou validar algumas opções interpretativas como mais prováveis do que outras. Não é uma questão simplesmente aleatória ou de preferência. Este livro apresentará métodos úteis para ajudar o intérprete a encontrar o que os textos originais, mais provavelmente, significavam para os seus leitores iniciais. Toda vez que alteramos o nosso pré-entendimento por causa da nossa interação com o texto, demonstramos que o processo tem restrições objetivas, senão nenhuma mudança aconteceria. Permaneceríamos enterrados sob nossos compromissos anteriores.

William Larkin chegou à válida conclusão de que porque Deus fez as pessoas à sua própria imagem, elas tem a capacidade de "transcender o pré-entendimento, avaliá-lo e transformá-lo".[130] As pessoas não estão tão presas a seus preconceitos que não possam transcendê-los. Uma das táticas que Larkin acredita que cultiva o processo de avaliar e transcender o nosso pré-entendimento como intérpretes é "buscar o sentido definido e fixo pretendido pelo autor do texto e usar a Escritura como a autoridade crítica final para julgar os padrões de pensamento extrabíblicos".[131] Concordamos: este é o nosso objetivo.

---

[129] Veja a seção sobre "leitura e realismo crítico" em Wright, *New Testament,* p. 61-69.

[130] Larkin, *Culture and Biblical Hermeneutics*, p. 299.

[131] Ibid, p. 300. Relacionado à essa questão, também veja W. K. Wimsatt e M. C. Beardsley, "The Intentional Fallacy", em *The Verbal Icon: Studies in the Meaning of Poetry* (Lexington: University Press of Kentucky, 1954), 3-18. A sua objeção era quanto a conhecer a proposta do autor

INTRODUÇÃO À INTERPRETAÇÃO BÍBLICA

A espiral hermenêutica ilustra uma experiência bem positiva, à medida que Deus, através do seu Espírito Santo, traz um entendimento novo e mais adequado de sua verdade e da sua aplicação para a vida dos cristãos. Se a Bíblia é verdadeira (um pressuposto nosso), então concordar com a sua verdade é o ponto de partida mais adequado para interpretar o seu conteúdo. Mas apenas esse princípio seria insuficiente para compreender a Bíblia. Entender a mensagem da Bíblia de forma correta exige uma metodologia adequada e a disposição dos intérpretes para permitir que ela altere ou ilumine os seus pré-entendimentos.

Como Ferguson disse: "... todo conhecimento é difícil de adquirir, e chegar a ele exige bastante esforço da nossa parte, não menos daquele que está de olho em suas próprias formas pessoais e sociais de pré-entendimento."[132] A metáfora de uma espiral sugere a abordagem mais saudável para uma devida compreensão da Bíblia.

---

nas poesias, não necessariamente em textos escritos para destinatários específicos para propósitos específicos, como é o caso na maior parte da Bíblia. Defendemos que podemos conhecer muito sobre as propostas dos autores com base nos textos que eles produziram. Destacando algo diferente, V. S. Poythress, "Dispensing with Merely Human Meaning: Gains and Losses from Focusing on the Human Author, Illustrated by Zephaniah 1:2-3", *JETS* 57 (2014): 481-499, defende que devemos abandonar a nossa ênfase nos autores humanos e nas suas intenções ao escrever a Escritura. Ele quer destacar o autor divino ao qual conhecemos, em vez do autor humano que desconhecemos. Mas esta questão não consiste em duas propostas mutuamente exclusivas. Acreditamos que a nossa concentração no texto nos coloca em uma posição melhor para entender o sentido do autor humano e do autor divino. De igual modo, Larking deve ser extremamente otimista quando ele nos garante que "os intérpretes que conscientemente deixam de lado o seu pré-entendimento podem estar certos de que o contexto gramático-histórico-literário os capacitará a encontrar o sentido claro e definido do texto" (p. 301). Se podemos colocar de lado o nosso pré-entendimento de um modo tão confiante quanto Larkin supõe, permanece uma questão imensa. Um bom ponto de partida é simplesmente tentar identificá-lo e avaliar a sua influência.

[132] Ferguson, *Biblical Hermeneutics*, p. 17.

• 300 •

6

O OBJETIVO DA INTERPRETAÇÃO

Quando as pessoas se comunicam, elas buscam transmitir uma mensagem que vai alcançar algum propósito. Normalmente, os receptores dessa mensagem procurarão entender o seu sentido. Mesmo uma mensagem bem simples, como: "Oi, como vai?", tem algum propósito, ainda que o falante não esteja atrás de um retorno detalhado. O propósito das palavras pode ser simplesmente entrar em um contato amistoso. A comunicação é bem-sucedida quando o sentido entendido corresponde ao que foi proposto. Como foi mencionado anteriormente, a comunicação humana realmente consiste num "ato de fala".[1]

ATOS DE FALA

Quando um autor redige um texto (isto que Austin chamava de "locução", o ato de escrever), então, ele ou ela se envolve em um ato comunicativo. Sendo um ato comunicativo, o texto tem conteúdo, energia ou poder ("força

---

[1] A teoria dos atos de fala foi desenvolvida por J. L. Austin, *Quando dizer é fazer* (Porto Alegre: Artes Médicas, 1990), e J. Searle, *Actos da Fala: um ensaio da filosofia da linguagem* (Coimbra: Liv. Almedina, 1984). "Dizer" ou "escrever" algo é, na verdade, algo que é "feito". Então eles defenderam que temos que analisar o que um texto 'faz' se quisermos discernir de forma adequada o seu sentido. Veja a aplicação perspicaz aos estudos bíblicos trazida por J. H. Walton e D. Brent Sandy, *The Lost World of Scripture* (Downers Grove: InterVarsity, 2013), p. 41-52; J. K. Brown, *Scripture as Communication: Introducing Biblical Hermeneutics* (Grand Rapids: Baker Academic, 2007), p. 32-35, 111-114; e K. J. Vanhoozer, "The Semantics of Biblical Literature", em *Hermeneutics, Authority, and Canon*, ed. D. A. Carson e J. D. Woodbridge (Grand Rapids: Zondervan, 1986), p. 49-104. Para mais informações sobre a teoria dos atos de fala aplicada aos estudos bíblicos, veja a edição completa de *Semeia* 41 (1988); A. C. Thiselton, *New Horizons in Hermeneutics* (Grand Rapids: Zondervan, 1992), p. 283-312; os vários artigos que lidam com estas questões em C. Bartholomew et al., ed., *After Pentecost: Language and Biblical Interpretation* (Grand Rapids: Zondervan, 2001) e R. S. Briggs, *Words in Action: Speech Act Theory and Biblical Interpretation* (Edinburgh: T&T Clark, 2001).

301

INTRODUÇÃO À INTERPRETAÇÃO BÍBLICA

ilocucionária"), com a intenção de alcançar algum efeito ("efeito perlocucionário"). Para comunicar, um autor codifica algum conteúdo proposicional em uma forma literária ou oral específica. A forma (por exemplo, o gênero) pode até ser escolhida porque é o melhor "recipiente" para transmitir a "energia" e o conteúdo para alcançar o propósito desejado, isto é, produzir o efeito desejado sobre os leitores, seja para persuadir, para prometer, para informar, para advertir, para orientar, para exortar etc. Para explicar o "sentido" em um texto exige um entendimento desses aspectos da comunicação. O sentido de um texto não se pode extrair simplesmente decifrando os sentidos das palavras e da gramática (mesmo com toda a importância que essa tarefa tem), deve-se também observar o modo como a mensagem se apresenta e o seu propósito específico.

OS TRÊS ELEMENTOS DA TEORIA DOS ATOS DE FALA
Locução: as palavras em um texto.
Ilocução: a intenção comunicativa; a energia e a forma utilizadas para alcançar esta intenção.
Perlocução: A reação que se deseja ou se pretende dos leitores: o que o autor gostaria que os leitores fizessem, caso o propósito seja percebido com sucesso.

Para recapitular em termos mais simples: a *locução* descreve o que realmente é falado ou escrito: as palavras, as sentenças, o gênero etc. A *ilocução* se refere à intenção com que o falante ou escritor tem usando estas palavras específicas de uma forma específica com o tipo de energia empregada. Finalmente, a *perlocução* descreve o que o falante ou o escritor visualizava como o efeito ou os resultados em relação aos ouvintes ou leitores. Jeannine Brown chama isto de "intenção perlocucionária".[2] Quando lemos a Bíblia, com certeza não podemos saber se o propósito foi atingido, porque isso depende, entre outras coisas, se os ouvintes entenderam a mensagem e se estavam dispostos a reagir de uma ou de outra maneira.

Dentro do alcance da comunicação escrita, podemos falar de três aspectos potenciais do sentido em uma locução: (1) o sentido que o autor pretende transmitir (combinando ilocução e perlocução), (2) o sentido gramatical e lexical das palavras colocadas de forma ordenada sobre a página, e (3) o sentido que o leitor entende, correspondendo ou não à ilocução e à perlocução do autor. Podemos querer supor que o que um autor pretende comunicar corresponde

---

[2] Brown, *Scripture as Communication*, p. 111. Cf. K. J. Vanhoozer, *Há um significado neste texto?* (São Paulo: Vida, 2005), p. 273.

O OBJETIVO DA INTERPRETAÇÃO

exatamente ao sentido do texto.[3] No entanto, um autor pode não estruturar a mensagem, de modo que o leitor pode interpretar de forma errada a sua proposta. Nesses casos, o sentido proposto pelo autor só corresponderá até um certo ponto ao que as palavras sobre a página querem dizer. De forma parecida, o que um leitor entende, ou como ele ou ela reage, pode não corresponder necessariamente nem com o propósito do autor nem com o sentido do texto. Por esses motivos, queremos diferenciar a intenção autoral do sentido textual e do sentido percebido.

SENTIDOS POTENCIAIS DE UM TEXTO
O sentido que o autor *pretende* transmitir
O sentido que o leitor *entende*
O sentido *real* transmitido pelas palavras e pela gramática do texto

Ainda que não se possa nunca compreender de forma completa todas as dimensões e todas as nuances de um ato de fala específico, normalmente o leitor ou o ouvinte na comunicação busca entender o que o autor/falante propôs. Além do mais, quando lemos uma obra literária ou escutamos uma mensagem oral, não conseguimos ler a mente do autor ou do falante; só temos a mensagem escrita ou verbal. Na interpretação bíblica, já que temos apenas o texto escrito para estudar, o nosso objetivo é entender o sentido (como dissemos, o propósito, o conteúdo, a energia e o efeito proposto) desse texto. Por isso não nos atrevemos a desconsiderar nem o papel do autor, nem a sua intenção. Cada texto individual foi escrito em uma época da história, dentro de uma cultura específica, por uma pessoa com uma estrutura de pré-entendimentos. O autor ou editor codificou uma mensagem a um destinatário específico para alcançar algum propósito. Acreditamos que o nosso objetivo é descobrir esse sentido do texto dentro desses termos.[4]

---

[3] Alguns se opõem dizendo que não conseguiremos chegar à intenção do autor, como se pudéssemos entrar na mente de alguém, mas a ideia não é essa. N. Wolterstorff (*Divine Discourse. Philosophical Reflections on the Claim that God Speaks* [Cambridge: Cambridge University Press, 1995], p. 93) faz uma observação importante: "É difícil se desfazer do mito de que ler um texto como discurso autoral é entrar no mundo tenebroso da psique do autor. Não é nada disso. É ler para descobrir quais as afirmações, quais as promessas, quais os pedidos, quais os comandos que podem se creditar ao autor com base na escolha das palavras que ela usou na situação que ele as empregou. Sejam quais forem os demônios tenebrosos ou os anjos brilhantes do eu interior do autor que o levou a assumir esta posição em público, é esta posição que esperamos recuperar pela leitura, não os demônios tenebrosos ou os anjos brilhantes."

[4] Tentar compreender os textos escritos nos dá tanto acesso quanto possível ao sentido proposto por seus autores. Por outro lado, os autores podem escrever mais do que pretenderam, porque os estudos modernos têm demonstrado que uma grande parte do que os seres humanos

INTRODUÇÃO À INTERPRETAÇÃO BÍBLICA

Essa abordagem que utiliza o senso comum para a interpretação supõe que o sentido reside na mensagem ou texto e que o autor (editor) ou falante codificou esta mensagem dentro desse texto. Já que o sentido se refere à interação entre seres humanos, o nosso papel como intérpretes de um documento (como um texto bíblico) é auxiliar àquele do autor ou editor original; não é uma via de mão dupla. O autor codificou o sentido no texto, e o nosso objetivo é descobri--lo, pelo menos até o ponto que somos capazes de recuperá-lo no texto. Como geralmente percebemos o seu papel, e como a comunicação humana normal funciona intuitivamente, os intérpretes buscam entender o que o autor tinha a dizer, não tomar o texto e fazer algo criativo com ele que o autor nunca pretendeu. Nas palavras de Vanhoozer, "O que vale num ato não é uma questão sobre o modo que ele é entendido, mas sobre o modo que ele foi feito para ser."[5] Isto é verdadeiro, porque, como ele continua a dizer: "O autor é aquele cuja ação determina o sentido do texto: a matéria que ele trata, a sua forma literária, e a sua energia comunicativa."[6] Osborne expressa a ideia dessa forma: "O autor implícito e o leitor implícito no texto trazem uma perspectiva indispensável para o sentido que se propõe para um texto."[7] Toda a razão de ser para desenvolver um arsenal de métodos interpretativos adequados é para que nos tornemos ouvintes ou receptores de uma mensagem intencional. O autor não é irrelevante. A mensagem não é acidental ou sem propósito. Também não criamos a mensagem; em vez disso, buscamos descobrir o que já está lá, seja proposto consciente ou inconscientemente pelos autores ou editores.

Esses princípios podem parecer um tanto diretos para a maioria dos leitores, mas, como já vimos, nem todos os intérpretes concordariam com eles. Com certeza, os escritores bíblicos não estão disponíveis para insistir que busquemos apenas os sentidos que eles pretendiam, nem eles podem verificar que, depois de todos os nossos esforços, interpretamos o sentido corretamente. Isto nos leva a várias questões levantadas em nossa discussão sobre o objetivo da interpretação. Pode um leitor moderno descobrir um "novo sentido" em um texto bíblico (ou em qualquer texto, nesse particular)? Os textos são capazes de ter mais de um sentido, mesmo que os seus autores pretendessem um único sentido? E será

---

comunicam acontece de forma inconsciente (p. ex., através da linguagem corporal). Então, finalmente, o objetivo mais responsável e mais digno é encontrar o sentido textual.

[5] Veja K. J. Vanhoozer, *Há um significado neste texto?* (São Paulo: Vida, 2005), p. 273

[6] Ibid, p. 274.

[7] G. R. Osborne, *A espiral hermenêutica: uma nova abordagem à interpretação bíblica* (São Paulo: Vida Nova, 2009). Veja também W. R. Tate, *Biblical Interpretation*, 3ª ed. (Peabody, MA: Hendrickson, 2014), p. 2-3, para acompanhar a sua discussão sobre a "interpretação centrada no autor" e o que ele faz posteriormente na tática de descobrir "o mundo por trás do texto" (p. 11-88).

O OBJETIVO DA INTERPRETAÇÃO

que o propósito do autor é mais importante do que os outros sentidos possíveis em um texto, mesmo que admitamos que outros possam existir?

Obviamente, os intérpretes modernos podem fazer tudo o que quiserem com um texto. Mesmo se o autor estivesse presente para protestar, poderíamos brincar com o texto, não o entender direito ou manipulá-lo como quiséssemos. Poderíamos impor sobre ele as categorias modernas ou poderíamos vê-lo através do enquadramento que escolhêssemos, como vimos nos capítulos anteriores. Poderíamos fazer perguntas estranhas sobre ele, ou demoli-lo e reconstruí-lo a nosso bel-prazer. Poderíamos tentar encontrar um sentido nos padrões de espaço em branco da página impressa. Mas a questão que temos que decidir é: qual é o nosso objetivo como intérpretes evangélicos ao lidar com os textos bíblicos? Se buscarmos ouvir o que Deus transmitiu por meio da Bíblia, e, portanto, o que o texto bíblico quer dizer, então acreditamos que isto determina a nossa abordagem e nossos métodos de interpretação. Isto é, se o nosso objetivo for centrado no autor ou no texto, então os métodos históricos, gramaticais, literários e culturais (só para mencionar alguns exemplos) têm que ser fundamentais. Para nos ajudar a estabelecer uma metodologia precisa de interpretação, precisamos considerar algumas questões estratégicas que se relacionam com o sentido do texto.

NÍVEIS DE SENTIDO
O texto tem um sentido fixo ou vários níveis de sentido?

O texto tem apenas um sentido possível, vários sentidos, ou um número infinito de sentidos? Alguns especialistas insistem que o único sentido correto de um texto é o sentido (ou conjunto de sentidos) que o autor original pretendia que ele tivesse: a posição que viemos defender. E. D. Hirsch Jr. elabora uma forte defesa do sentido como uma função da intenção autoral.[8] Sob esse prisma, o sentido precede a interpretação. Como observamos acima, no entanto, outros defendem que o sentido é uma função dos leitores, não dos autores, e que todo sentido do texto depende da percepção dos leitores com relação a ele. Os representantes dos que defendem essas abordagens da estética da recepção incluem

---

[8] Veja esp. E. D. Hirsch, Jr., *Validity in Interpretation* (New Haven: Yale University Press, 1967) e E. D. Hirsch, Jr., *The Aims of Interpretation* (Chicago: University of Chicago Press, 1976). Devemos observar aqui que Hirsch vacilava entre buscar o significado no que o autor propôs e buscá-lo naquilo que o texto significava. Escolheremos a segunda opção mesmo com todas as restrições baseadas na primeira. O nosso objetivo é o significado do texto porque é tudo ao que temos acesso. Ao mesmo tempo, esperamos que o significado textual traga uma aproximação razoável da intenção do autor ou do editor. Este é um objetivo melhor do que as outras propostas, como afirmaremos.

INTRODUÇÃO À INTERPRETAÇÃO BÍBLICA

Jacques Derrida, Roland Barthes e Stanley Fish, entre outros.[9] Na sua abordagem, o sentido não se encontra dentro de um texto porque o autor o colocou ali; em vez disso, os leitores trazem ou criam o sentido ao se envolverem com o texto. Por isso, o autor específico não predetermina o sentido, porque os leitores podem decifrar uma variedade de sentidos possíveis a partir do texto escrito. A maioria desses críticos pós-modernos não defende que os leitores podem fazer que um texto diga tudo o que lhe agradem, mas, em vez disso, que um texto pode ter muitos sentidos possíveis. Esses intérpretes rejeitam qualquer conceito de um sentido único ou normativo de um texto bíblico.

A nossa pergunta é: Qual é a tática adequada para a interpretação bíblica? Alguém pode interpretar a palavra "fogo" de muitas maneiras, mas se alguém gritar esta palavra em uma sala cheia de gente, é fundamental que entendamos que o aviso é intencional e não é um convite para se esquentar na lareira. A ilocução e a perlocução são muito importantes.

É muito útil nesse ponto rever rapidamente uma observação feita no capítulo anterior. Robert Morgan defende de forma correta que a interpretação precisa das verificações fornecidas pela história, pela exegese e por outros controles racionais para evitar que ela se torne arbitrária. Mesmo assim, ele adere a uma visão um tanto problemática quando ele afirma que "sem a possibilidade de encontrar um novo sentido em um texto, uma escritura investida de autoridade sufoca o desenvolvimento".[10] Em outras palavras, para animar a criatividade hermenêutica, ele sugere como ponto de partida a necessidade de encontrar continuamente sentidos novos nos textos bíblicos. Para Morgan, negar a possibilidade de encontrar novos sentidos aumenta a probabilidade que os "especialistas motivados teologicamente tenham a tendência de se tornar tanto conservadores biblicistas opostos a qualquer desenvolvimento quanto ultraliberais que têm pequena utilidade em suas próprias teologias a partir do que aprendem com a Bíblia".[11] Para Morgan esses são dois extremos repugnantes a evitar. Mas realmente defendemos o biblicismo, e queremos dizer com isso

---

[9] Temos mais a dizer sobre esta metodologia posteriormente. Para observar alguns exemplos, veja J. Derrida, *Of Grammatology* (Baltimore: Johns Hopkins Univ. Press, 1976); R. Barthes, *S/Z* (London: Jonathan Cape, 1975); e S. Fish, *Is There a Text in this Class? The Authority of Interpretive Communities* (Cambridge, MA; London: Harvard University Press, 1980).

[10] R. Morgan com J. Barton, *Biblical Interpretation* (Oxford: Oxford University Press, 1988), p. 182.

[11] Ibid., p. 182. Duvidamos de que o "desenvolvimento", para usar o termo de Morgan, seja um item desejável na intenção de um intérprete. Na medida em que o objetivo seja entender a revelação de Deus, da forma que ela é para nós, o desenvolvimento parece trazer um acréscimo à Escritura, uma iniciativa que, pelo menos para o último livro da Bíblia, foi condenada de forma específica (Ap 22:18-19). Se o desenvolvimento significa ampliar o nosso entendimento do sentido do texto e dos seus vários significados, adotaremos a ideia.

• 306 •

O OBJETIVO DA INTERPRETAÇÃO

que buscamos o propósito do texto bíblico. Este é exatamente o lugar onde nos colocamos! Buscamos ser conservadores ao guardar o que os textos bíblicos realmente *significam*, em vez de impor sentidos modernos (e talvez alheios) e que estão sempre mudando sobre eles. Com o sentido em mãos, passamos a buscar a *importância e a aplicação* para a vida e para a prática cristã. Morgan busca manter a "flexibilidade teológica", e isto exige o que ele chama de "criatividade hermenêutica". Mas a que preço vem essa flexibilidade e essa criatividade? A Bíblia é considerada como a verdade normativa atual? O sentido é constante ou surge apenas nos olhos de quem o vê? Onde estão as verificações e o equilíbrio?

O QUE QUER DIZER "SENTIDO"?	
Quando dizemos que um texto transmite *sentido* para os seus leitores, o que queremos dizer com "sentido"?	Ele é relacionado com a intenção do autor?
	Ele é baseado na linguagem: nas palavras, no vocabulário, no gênero literário etc.
	Ele descreve o que o leitor vê ou traz para o texto?

Vamos destacar esta questão mais adiante. Suponha que alguém leia um texto e depois apresente ao seu autor um sentido que ele "descobriu" no texto. O autor pode protestar que não pretendia o sentido "descoberto", ainda que o leitor o tenha encontrado no texto. O texto então significa mais do que o autor pretendia. Este episódio leva a entender que, quando a linguagem deixa a mente do autor, ela passa a ser de domínio público e é capaz de querer dizer uma série de coisas diferentes dependendo de quem o lê? O sentido de um texto depende somente do que o autor se propôs conscientemente a transmitir, ou o sentido de alguma forma vem da interação entre o texto (a linguagem) e o leitor? Temos que recorrer novamente à teoria dos atos de fala e insistir que a ilocução (o propósito, o conteúdo, a energia) e a perlocução (o resultado esperado do leitor) são importantes no processo da interpretação. Eles não são irrelevantes para a interpretação bíblica.

Os autores bíblicos ou os credos da Igreja podem até reivindicar inspiração e autoridade para as Escrituras, mas os intérpretes modernos ainda decidem como eles vão lidar com essas afirmações.[12] Basearemos a teologia e a prática cristã sobre o que o Espírito comunica por meio dos textos bíblicos ou sobre os objetivos, sobre as preocupações ou sobre os interesses atuais dos indivíduos modernos e das comunidades que os interpretam? A história da interpretação

---

[12] Sobre o tema espinhoso da autoridade bíblica, veja W. W. Klein, "Authority of the Bible", em *The Oxford Encyclopedia of Biblical Interpretation*, 2 vols., ed. S. L. McKenzie (Oxford e New York: Oxford University Press, 2013) 1:52-60. Cf. N. T. Wright, *Scripture and the Authority of God: How to Read the Bible Today*, ed. rev. e exp. (New York: HarperOne, 2013).

INTRODUÇÃO À INTERPRETAÇÃO BÍBLICA

claramente demonstra com que frequência a segunda opção tem sido o caso. Com certeza, alguns defendem que ela deveria ser o caso, e que não pode ser de outra maneira. A maneira pela qual definimos a tarefa da hermenêutica depende, portanto, de determinarmos o nosso objetivo. Onde se encontra o sentido? No ato de fala do texto bíblico ou na interação criativa do leitor com ele?

Antes que possamos continuar, temos que considerar a possibilidade de haver múltiplos sentidos dentro de um texto bíblico. Alguns afirmam que existem múltiplos sentidos em um texto quando observam a maneira pela qual alguns escritores do NT usam os textos do AT. Por exemplo, quando Mateus diz que o fato de Jesus ter sido protegido dos desígnios mortais de Herodes *cumpre*[13] a profecia "Do Egito chamei o meu filho" (Mt 2:15; cf. Os 11:1), ele supõe que as próprias palavras de Oseias continham esse sentido? O autor de Oseias se referiu a um acontecimento passado: o resgate de Israel das mãos de Faraó. Mas o uso de Oseias levanta várias questões. As suas palavras (também) se referem ao "filho" de Deus e preveem uma circunstância da vida do Messias? Mateus pensava que Oseias estava falando de Cristo ou ele simplesmente "inventou" um novo sentido que ele impôs ao texto de Oseias? Mateus transmitiu ou talvez descobriu um sentido que o Espírito Santo propôs, ainda que Oseias não tivesse ideia desse sentido? Como Mateus chegou a essa interpretação? Parece que temos várias opções a considerar. A tabela a seguir nos dará uma introdução sobre o modo pelo qual devemos agir:

OPÇÕES PARA OS SENTIDOS POTENCIAIS DENTRO DE UM TEXTO	
1.	O texto só tem um sentido proposto pelo autor.
2.	O texto pode ter vários sentidos (propostos ou não pelo autor).
3.	O texto só tem um sentido proposto, mas um leitor posterior pode encontrar outro sentido no texto que o autor não pretendia (estética da recepção).
4.	O texto tem um sentido proposto pelo autor, mas o Espírito Santo pode codificar outro(s) sentido(s) que o autor humano não pretendia (um *sensus plenior*).
5.	O texto só tem um sentido proposto, mas o autor bíblico inspirado posterior pode revelar outro(s) sentido(s) que o autor original não pretendia.

1. Só um sentido reside no texto: o sentido proposto pelo autor. Nesse caso, o sentido original e histórico (a ilocução e a perlocução do autor) é o único sentido de um texto e, então, é o objeto legítimo da exegese. No exemplo acima, a

---

[13] O verbo "cumprir" também aparece em Mateus 2:17, 23. Na verdade, ele aparece cinco vezes nos capítulos 1—2. Todos apresentam problemas para entender o uso que Mateus faz do AT. Para uma explicação desse e de outros usos de Mateus, veja C. L. Blomberg, "Matthew", em *Commentary on the New Testament Use of the Old Testament*, ed. D. A. Carson e G. K. Beale (Grand Rapids: Baker, 2007) p. 1-111.

• 308 •

O OBJETIVO DA INTERPRETAÇÃO

intenção de Oseias se concentrava no resgate de Israel (o sentido histórico). Ele tinha um propósito específico com as suas palavras e pretendia um resultado específico da parte dos seus leitores. Isto é tudo que ele queria dizer! Mas isto levanta uma dúvida: Mateus descobriu algum sentido *diferente* nesse texto do AT daquele que Oseias propôs? Walter Kaiser insiste que a resposta tem que ser *não*. Ele afirma que os escritores do NT sempre descobrem e explicam o sentido que os escritores do AT pretendiam, o mesmo objetivo que devemos ter ao interpretar a Bíblia.[14]

Ainda que alguns possam concordar com a posição de Kaiser, ela ainda traz dúvidas fundamentais. Talvez mais problemáticas que o pensamento de Kaiser são as próprias informações: duvidamos que ele possa demonstrar que todos os usos do AT no NT revelam apenas o sentido que o autor original do AT realmente propôs. Apesar de Kaiser ter desempenhado uma função admirável de defender a sua tese em vários textos problemáticos, duvidamos de que ele tenha sido bem-sucedido em todos os casos, ou que seja possível demonstrar que os escritores do AT tenham, de fato, proposto somente os sentidos que os escritores do NT encontraram posteriormente.[15] Estamos convencidos, como a maioria, de que existem passagens em que os autores do NT atribuem sentido ou usam o texto do AT de maneiras que o autor do AT não pretendia.

Observe, por exemplo, como o escritor aos hebreus fala como se Salmos 45:6-7 tivesse sido escrito especificamente sobre Jesus: "Mas a respeito do Filho, diz: 'O teu trono, ó Deus, subsiste para todo o sempre; cetro de equidade é o cetro do teu Reino. Amas a justiça e odeias a iniquidade; por isso Deus, o teu Deus, escolheu-te dentre os teus companheiros, ungindo-te com óleo de alegria'" (Hb 1:8-9). Alguns defendem que o Salmo 45 deve ter conotações messiânicas,[16] mas o que podemos dizer sobre a citação mais surpreendente em

---

[14] Para pesquisar a defesa e a explicação de Kaiser, veja esp. *The Uses of the Old Testament in the New* (Chicago: Moody, 1985; reimp. Eugene, OR: Wipf and Stock, 2001). Para um pensamento diferente do de Kaiser, veja C. A. Evans e J. A. Sanders, *Early Christian Interpretation of the Scriptures of Israel* (Sheffield, UK: Sheffield Academic Press, 1997). Veja também K. Berding e J. Lunde, eds., *Three Views on the New Testament Use of the Old Testament* (Grand Rapids: Zondervan, 2008). Os articulistas incluem W. Kaiser, D. Bock e P. Enns, que também criticam os pontos de vista um do outro. Para uma análise verdadeiramente excepcional sobre todas as questões presentes nesse assunto complexo, veja G. K. Beale, *Handbook on the New Testament Use of the Old Testament: Exegesis and Interpretation* (Grand Rapids: Baker Academic, 2012).

[15] D. J. Moo avalia Kaiser em "The Problem of *Sensus Plenior*", em *Hermeneutics, Authority, and Canon*, ed. D. A. Carson e J. D. Woodbridge (Grand Rapids: Zondervan, 1986), esp. nas pp. 198-201. Outro crítico é P. B. Payne, "The Fallacy of Equating Meaning with the Human Author's Intention", *JETS* 20 (1977): p. 243-252, ainda que não se possa dizer de forma exata que Kaiser sempre cometa essa falácia.

[16] Veja M. J. Harris, "The Translation of *Elohim* in Psalm 45:7-8", *TynBul* 35 (1984): p. 65-89.

• **309** •

INTRODUÇÃO À INTERPRETAÇÃO BÍBLICA

Hebreus 1:6 (de Dt 32:43 encontrada na LXX e nos manuscritos do mar Morto): "E ainda, quando Deus introduz o Primogênito no mundo, diz: 'Todos os anjos de Deus o adorem'"? Com certeza, o(s) texto(s) antigo(s) não se referem a Jesus.

Para citar um escritor diferente, Pedro usa Salmos 69:25 e 109:8 como se previsse o que Judas fez e a necessidade de os apóstolos substitui-lo em seu apostolado: "'Porque', prosseguiu Pedro, 'está escrito no Livro de Salmos: 'Fique deserto o seu lugar, e não haja ninguém que nele habite'; e ainda: 'Que outro ocupe o seu lugar'" (At 1:20). Duvidamos que esses escritores do AT tivessem *direcionado* estas referências ao Messias ou a Judas quando eles escreveram as suas palavras. Com certeza, não temos meios de afirmar que o fizeram. Essa opção parece altamente improvável.

Ainda que afirmemos que o autor propõe um sentido único (ilocução e perlocução) no texto em particular, ainda teremos que explicar os exemplos em que parece que o escritor bíblico posterior atribui um sentido além do sentido histórico. Que outras opções temos?

2. *Um autor pode pretender que o texto transmita vários sentidos ou níveis de significado, por exemplo, o nível literal e o nível espiritual.*[17] Alguns defendem que os exemplos possíveis de sentidos múltiplos ocorrem na literatura apocalíptica e na profecia preditiva. Tanto em Daniel quanto no Apocalipse as mesmas bestas míticas transmitem sentidos sobre nações e líderes diferentes. Igualmente, a profecia de Isaías de um nascimento iminente (Is 7:14) se cumpriu em dois níveis: no futuro imediato, em nossa visão (Is 8:1-10), e no futuro distante (Mt 1:23). Será que esses são exemplos de autores que propuseram vários sentidos?

Na verdade, quando um escritor posterior encontra outro sentido em uma profecia anterior (como Mateus encontrou em Is 7:14), não podemos provar que o texto original continha outro sentido, seja proposto por Isaías ou não. Deve haver alguns exemplos onde as pistas no contexto podem dar margem a vários sentidos. No entanto, de uma forma metodológica, não conhecemos nenhum método para descobrir outros níveis a partir de afirmações claras, ou pelo menos pistas bem destacadas no texto.[18] Se não houver estas pistas claras

---

[17] Lembre-se de algumas discussões sobre os pais da Igreja como Orígenes. Para análises bem sensíveis sobre o modo pelo qual os pais atuavam, veja M. Graves, *The Inspiration and Interpretation of Scripture. What the Early Church Can Teach Us* (Grand Rapids: Eerdmans, 2014); e J. J. O'Keefe e R. R. Reno, *Sanctified Vision: An Introduction to Early Christian Interpretation of the Bible* (Baltimore: The Johns Hopkins University Press, 2005).

[18] Para observar alguns exemplos dessas pistas do contexto, veja C. L. Blomberg, "Interpreting Old Testament Prophetic Literature in Matthew: Double Fulfillment", *TrinJ* 23 NS (2002): p. 17-33, esp. p. 20-21.

O OBJETIVO DA INTERPRETAÇÃO

que os métodos exegéticos descobrem a partir do texto, esta proposta, também, não ajudará muito no processo de interpretação.[19]

Mas alguns podem se opor: "Será que o texto não pode ter sentidos diferentes para situações diferentes?" Como passaremos a defender, o texto pode ser *aplicado* legitimamente em situações e contextos diferentes. Mas isso não equivale a dizer que o próprio texto codifica *múltiplos sentidos*. Quando tentamos tornar a Bíblia relevante para os dias de hoje, não estamos concordando que ela pode ter múltiplos sentidos: o original que o autor pretendia e os sentidos que achamos pertinentes para nós mesmos. O texto carrega o sentido que o seu autor propôs. De forma isolada ou fora do contexto, o texto pode ter uma variedade razoável de sentidos possíveis. Mas, se o autor estivesse presente para determinar, o sentido "correto" de um texto seria aquele proposto por ele. É o único sentido que o autor propôs que pode ter uma variedade de aplicações válidas para leitores diferentes que os leem em seu próprio tempo e espaço. Um exemplo ajudará a explicar isso.

Jesus contou muitas parábolas durante o seu ministério. Em seguida, os evangelistas incorporaram várias delas aos Evangelhos para servir aos seus propósitos para com os seus leitores. Ao longo de toda a história da Igreja, inúmeros intérpretes usaram essas mesmas parábolas, como as pessoas fazem hoje, no seu estudo e no seu ensino. O sentido que Jesus propôs quando ele falou uma parábola específica mudou ao longo da história? Não, argumentamos, ainda que esse sentido seja aplicado em situações diferentes de formas distintas.[20] Por exemplo, a parábola dos trabalhadores na vinha (Mt 20:1-16) realmente é misteriosa. Como é desrespeitoso pagar o mesmo salário para os trabalhadores que prestaram serviço por uma hora e para os que trabalharam duro o dia inteiro! É verdade que um denário por um dia de trabalho era justo, mas os trabalhadores que trabalharam mais não mereceriam ganhar mais? Qual era o princípio de Jesus? Qual é o *sentido* que ele propôs? No contexto de Jesus, é provável que ele quisesse demonstrar que a salvação é imerecida; Deus dá a sua graça para aqueles que não a merecem.

No contexto de Mateus 19—20, porém, o autor sobrepõe esta parábola com a fidelidade dos discípulos em servir a Cristo. "Então Pedro lhe respondeu: 'Nós deixamos tudo para seguir-te! Que será de nós?'" (19:27). O arranjo do

---

[19] Com certeza, um escritor pode concordar com um "sentido" que um leitor posterior encontrou na obra do autor, como observamos acima. Mas isto claramente não era parte da iloucução ou da perlocução do autor.

[20] A. C. Thiselton, "Reader-Response Hermeneutics, Action Models, and the Parables of Jesus", em R. Lundin, A. C. Thiselton e C. Walhout, *The Responsibility of Hermeneutics* (Grand Rapids: Eerdmans, 1985), p. 79-113, recoloca isto em termos de vários atos de fala ou várias perlocuções de um ato de fala.

311

INTRODUÇÃO À INTERPRETAÇÃO BÍBLICA

início e do final dessa parábola essencialmente ilustra o mesmo princípio: o primeiro será o último e o último será o primeiro. O sentido que Mateus propôs para os seus destinatários poderia ser que os discípulos tinham que avaliar os seus motivos para servir a Cristo.

Outra alternativa podia ser que a questão para a comunidade de Mateus era a prioridade e a quantidade crescente de gentios em comparação com os judeus na Igreja emergente.[21] O que os cristãos, especialmente os judeus cristãos, deveriam fazer quanto a esse fenômeno? O sentido é único: Deus recompensa como quer, mas esse princípio pode ser aplicado de várias maneiras. Ryken observa, "No Reino de Deus, onde a generosidade é a premissa fundamental, os padrões humanos comuns foram abolidos".[22] O sentido único de Mateus é passível de várias aplicações possíveis ao longo da história.[23]

Agora a nossa intenção deve estar bem clara. Ainda que o texto possa encontrar várias aplicações ou repercussões, tanto no contexto original e por todo o tempo desde então, não podemos confundir *importância* com *sentido*. Em outras palavras, a menos que possamos demonstrar que os autores *propuseram* vários sentidos para um texto, não podemos pressupor que o fizeram. A possibilidade e a presença de várias aplicações ou de repercussões importantes devem se distinguir daquilo que os autores ou falantes pretenderam comunicar. Exceto quando tivermos pistas claras no contexto ou no gênero literário, temos que esperar que os autores tivessem em mente sentidos únicos.[24] Que outras opções se deve considerar?

3. O leitor posterior poderia simplesmente inventar ou projetar no texto bíblico um sentido não pretendido pelo autor original. Em outras palavras, no processo de leitura do texto, os intérpretes podem apresentar algum sentido que serve aos seus propósitos. Já vimos antes como vários especialistas defendem esta opção. Mas também no nível popular do estudo bíblico, isto acontece frequentemente. A Bíblia se torna uma maria vai com as outras que pode ser distorcida de uma

---

[21] Sobre esse assunto veja D. A. Hagner, *Matthew 14-28*, WBC 33b (Dallas: Word, 1995), p. 566-572.

[22] L. Ryken, *Words of Life: A Literary Introduction to the New Testament* (Grand Rapids: Baker, 1987), p. 70.

[23] Com certeza, o sentido das parábolas pode envolver vários pontos, cada um deles pode encontrar uma variedade de aplicações. Discutiremos posteriormente tanto como interpretar quanto como aplicar as parábolas. Para um auxílio maior, veja C. L. Blomberg, *Interpreting the Parables,* 2ª ed. (Downers Grove: InterVarsity, 2012).

[24] Um exemplo de duplo sentido identificado no contexto ocorre no uso que Jesus faz de *anõthen* em João 3:3, que pode ser entendido tanto como "de novo" quanto "de cima". A palavra grega *pneuma,* "vento" e "espírito", continua o esquema. Claramente esses usos são intencionais. Veja D. A. Carson, *The Gospel According to John, PNTC* (Grand Rapids: Eerdmans, 1991), p. 189-190; cf. BDAG, p. 92 sobre os vários sentidos de *anõthen*.

O OBJETIVO DA INTERPRETAÇÃO

maneira ou outra para se moldar aos caprichos do leitor. Voltando ao uso que Mateus faz de Oseias, nesta visão Mateus simplesmente usou o texto de Oseias como trampolim para preparar o sentido posterior (e talvez quase sem associação alguma com ele). A intenção de Oseias se torna relativamente irrelevante, exceto, talvez, pela menção do Egito ou pelo conceito de preservação ali existente. A única pesquisa para os intérpretes seria o texto de Mateus.

Alguns intérpretes acreditam que esta seja a única maneira de entender como as pessoas leem os textos de verdade.[25] Já que os textos existem de forma escrita, os leitores não somente podem, mas também efetivamente os tratam como querem. O entendimento envolve o texto e o leitor, e cada leitor produz uma leitura diferente. Veja o que W. G. Jeanrond diz:

> A leitura do texto é, em vez disso, um processo dinâmico que permanece a princípio aberto porque cada leitor só pode revelar o sentido de um texto em um processo e como um indivíduo. Isto significa por sua vez que a leitura é em cada caso mais do que decifrar os sinais impressos no papel. A leitura sempre é também a projeção de uma nova imagem da realidade, já que esta é provocada pelo texto e alcançada pelo leitor no relacionamento com o texto no ato da leitura.[26]

Nesse pensamento, dadas as convenções da comunidade interpretativa da qual ele é membro (judaico-cristã), Mateus simplesmente leu Oseias de um modo que era adequado para as suas questões.[27] Isto é, através dos óculos cristãos e cristológicos desse grupo, ele leu Oseias e "viu" Cristo como o Filho o qual Deus também protegeu no Egito. Os intérpretes hoje desfrutam dos mesmos privilégios, conforme os críticos da estética da recepção insistem. Pode-se usar os óculos marxistas, liberacionistas, homossexuais ou feministas para descobrir leituras diferentes e igualmente legítimas de um texto.[28]

Em uma reação agitada contra esta interpretação ideológica, David Steinmetz afirma: "De fato, o desmascaramento contemporâneo do autor e das

---

[25] Essa abordagem é uma das várias críticas geralmente denominadas "da estética da recepção", as quais mencionamos anteriormente.

[26] W. G. Jeanrond, *Text and Interpretation as Categories of Theological Thinking* (New York: Crossroad, 1988), p. 104.

[27] S. Fish defende esta perspectiva: "São as comunidades interpretativas, em vez do texto ou do leitor, que produzem sentidos e são responsáveis pelo surgimento de características formais" (*Is There a Text?*, p. 14).

[28] Alguns exemplos de destaque incluem L. M. Russell, ed., *Feminist Interpretation of the Bible* (Philadelphia: Westminster, 1985); e L. D. Richesin e B. Mahan, eds., *The Challenge of Liberation Theology: A First-World Response* (Maryknoll: Orbis, 1981). Veja a nossa avaliação mais cuidadosa mais para o início do livro.

INTRODUÇÃO À INTERPRETAÇÃO BÍBLICA

intenções explícitas do mesmo, tem se realizado em um ritmo tão veloz que parece às vezes que a crítica literária se tornou um jogo divertido de rasgar a camisa do autor de baixo para cima e lançá-la no fogo."[29] Concordamos que os leitores não podem simplesmente ignorar o autor nem o sentido histórico do texto antigo e fazer do texto o que quiserem. Ainda assim não podemos ignorar também o papel do leitor moderno, porque é somente no processo de leitura onde surge o sentido do texto.

Mais uma vez destacamos uma conclusão importante: o sentido não fica indeterminado esperando por algum leitor para produzi-lo. O sentido de um texto (a locução com a ilocução e a perlocução) estava codificado no ato de fala do autor. Isto é verdade mesmo quando não se discerne o sentido até que um leitor o entenda. Como vimos anteriormente, Anthony Thiselton faz uma comparação útil ao intitular o seu livro sobre hermenêutica "*The two Horizons*" [Os dois horizontes]".[30] O entendimento acontece quando o horizonte do texto se funde com o horizonte do intérprete moderno, mas somente depois que se dá o "distanciamento", não à moda da abordagem sem limites adotada por muitos críticos da estética da recepção. Vale a pena citar Carson de forma completa onde ele define com mais cuidado o que está em jogo.

> Em cada momento que tentamos entender o pensamento de um texto..., se devemos entendê-lo de forma crítica... temos que, acima de tudo, compreender a natureza e o grau das diferenças que separam o nosso entendimento do entendimento do texto. É só nessa hora que podemos fundir o nosso horizonte de entendimento de um modo proveitoso com o do texto, isto é, só nesse momento que podemos começar a moldar o nosso pensamento pelo pensamento do texto. O fracasso de passar pelo distanciamento antes da fusão geralmente significa que não houve uma fusão real: o intérprete pensa que sabe o que o texto quer dizer, mas bem rápido ele ou ela simplesmente impôs o seu próprio pensamento sobre o texto.[31]

O sentido histórico do texto tem que ter um papel controlador. Stephen Moore afirma esse princípio fundamental, dizendo: "Se o nosso texto não contivesse estas propriedades [i.e., constantes, baseadas na história], o que impediria uma anarquia interpretativa no meio acadêmico (ou em geral)?"[32] Não

---

[29] D. Steinmetz, "The Superiority of Pre-Critical Exegesis", *Theology Today* 37 (1980): p. 38.

[30] A C. Thiselton, *The Two Horizons. New Testament Hermeneutics and Philosophical Description* (Grand Rapids: Eerdmans, 1980).

[31] D. A. Carson, *Exegetical Fallacies*, 2ª ed. (Grand Rapids: Baker, 1996), p. 23-24.

[32] S. D. Moore, *Literary Criticism and the Gospels. The Theoretical Challenge* (New Haven e London: Yale University Press, 1989), p. 68.

O OBJETIVO DA INTERPRETAÇÃO

podemos simplesmente jogar fora o sentido histórico e fazer o que queremos com os textos.

Voltando para Mateus e Oseias, se Mateus não se envolveu em alguma leitura arbitrária da estética da recepção de Oseias, o que ele fez? É possível de alguma maneira reproduzir os seus métodos? Antes de responder a estas questões, temos outras opções a considerar.

4. *Juntamente com o sentido literal pretendido pelo autor humano, o Espírito Santo pode codificar um sentido oculto desconhecido e não imaginado de forma alguma pelo autor humano.* Os adeptos dessa alternativa afirmam que no processo da escrita do seu Evangelho, Mateus veio a conhecer um sentido que o Espírito Santo implantou na profecia de Oseias, apesar de Oseias não ter proposto esse sentido. Mateus reconheceu esse sentido "mais completo", às vezes chamado de *sensus plenior*. No pensamento de J. Robertson McQuilkin, "O segundo sentido (oculto ou menos aparente) ... pode ter estado apenas na mente do Espírito Santo, que inspirou o autor".[33] A pergunta então é, se (alguns) textos do AT possuem um sentido intencional superficial (proposto pelo autor humano) e um ou mais sentidos subjacentes, um *sensus plenior*, proposto pelo Espírito Santo e desconhecido pelo autor humano.

Isto leva a várias outras perguntas: Pode se dizer da Escritura de forma mais geral que ela tem este "nível mais profundo" de sentido? Existe um "sentido mais profundo" pretendido pelo autor divino além do que o autor humano propôs que um intérprete moderno da Bíblia pode descobrir? Se for assim, como isso se processaria? Quase por definição, os métodos tradicionais históricos, gramaticais e críticos não podem detectar ou entender esse sentido que se alega ser mais profundo. Isto é, esses métodos podem distinguir somente o sentido do texto que o autor propôs, não algum sentido secreto que tenha sido incorporado.

Em resposta a isso, uma opção é simplesmente rejeitar a existência de um *sensus plenior* e limitar a exegese ao que podemos estudar de forma justificável.[34] Se não houver respostas satisfatórias às perguntas colocadas nos parágrafos anteriores, estaremos mais seguros em simplesmente rejeitar esta possibilidade de uma vez. Mais seguros, com certeza, mas não temos como saber se dessa forma perdemos a oportunidade para o entendimento mais completo.

---

[33] J. R. McQuilkin, *Understanding and Applying the Bible,* 2ª ed. (Chicago: Moody, 1992), p. 45.

[34] Em vários lugares, W. C. Kaiser rejeita o conceito de *sensus plenior*, e.g., "Legitimate Hermeneutics", em *Inerrancy*, ed. N. L. Geisler (Grand Rapids: Zondervan, 1979), p. 117-147; *Uses of the Old Testament*; e "The Current Crisis in Exegesis and the Apostolic Use of Deuteronomy 25:4 in 1Corinthians 9:8-10", *JETS* 21(1978): p. 3-18. Para uma análise da posição de Kaiser, veja D. L. Bock, "Evangelicals and the Use of the Old Testament in the New", part 1, *BSac* 142 (1985): p. 210-212.

INTRODUÇÃO À INTERPRETAÇÃO BÍBLICA

Uma segunda opção é admitir, provisoriamente, a existência de tal sentido, mas insistir que somente os escritores do NT, sob a orientação do Espírito Santo, poderiam encontrar um sentido mais completo presente no AT e somente nos textos que eles utilizaram. Essa posição tem que ainda verificar a existência de um nível mais profundo de sentido na Bíblia, mesmo quando ela admite a nossa incapacidade de reproduzir o que os escritores do NT fizeram com os textos do AT. No nosso modo de pensar, nem mesmo isto pode se alcançar. Como podemos saber que eles encontraram um *sensus plenior*? De qualquer modo, não temos acesso a isso.

Uma terceira opção é admitir a possibilidade de um sentido mais profundo do texto bíblico, encontrá-lo, defendê-lo e explicá-lo. Os estudiosos que defendem a existência de um *sensus plenior* variam dos católicos romanos aos evangélicos.[35] Os católicos romanos tipicamente limitam a presença desse sentido mais completo para o que é confirmado tanto pela revelação em uma Escritura posterior (como o NT) ou pela autoridade da Igreja Católica Romana. Os protestantes tipicamente limitam a sua aceitação de um sentido mais completo somente à revelação no NT, apesar de D. A. Oss, adotando uma abordagem canônica, atribuir o sentido mais completo ao que vem de uma relação orgânica de um texto determinado com o restante do cânon.[36]

Como é possível, ao mesmo tempo em que Deus inspirou os autores da Escritura, que ele propôs (e codificou) um sentido separado e diferente do que os autores humanos conceberam e pretenderam? Respondendo a isso, Douglas

---

[35] Um defensor católico influente foi R. Brown, *The 'Sensus Plenior' of Sacred Scripture* (Baltimore: St. Mary's University, 1955; Eugene, OR: Wipf & Stock, 2008); R. Brown, "The History and Development of the Theory of a Sensus Plenior", *CBQ* 15 (1953): p. 141-162; e R. Brown, "The *Sensus Plenior* in the Last Ten Years", *CBQ* 25 (1963): p. 262-285. Os evangélicos incluem Moo, "*Sensus Plenior*", p. 175-212; J. D. Kunjummen, "The Single Intent of Scripture—Critical Examination of a Theological Construct", *GTJ* 7 (1986): p. 81-110; D. A. Oss, "Canon as Context: The Function of *Sensus Plenior* in Evangelical Hermeneutics", *GTJ* 9 (1988): p. 105-127; e W. S. LaSor, "Interpretation of Prophecy", em *Hermeneutics*, ed., B. Ramm (Grand Rapids: Baker, 1987), p. 94-117. Finalmente, veja Steinmetz, "Pre-Critical Exegesis", que define como a crença em um sentido mais profundo da Escritura caracterizou muitos especialistas por toda a história da exegese.

[36] Oss, "Canon as Context", p. 107-108. J. DeYoung e S. Hurty, *Beyond the Obvious. Discover the Deeper Meaning of Scripture* (Gresham, OR: Vision House, 1995), buscam demonstrar que os cristãos nos dias de hoje podem reproduzir esse tipo de leitura do AT. Eles acreditam que podemos descobrir um novo sentido, desde que estejamos sensíveis à obra reveladora do Espírito Santo ao interpretar a Bíblia, ao se ater com seu tema supremo, o que eles consideram ser o Reino de Deus. Mesmo que a sua iniciativa seja admirável em muitos sentidos, eles admitem que o seu princípio até o momento é muito duvidoso, e, apesar das tentativas, o método não traz controles interpretativos reais. Essa abordagem corre o risco de levar a iniciativa interpretativa para o subjetivismo, porque quem pode provar ou questionar se o novo sentido de um intérprete é realmente fruto de uma nova revelação do Espírito?

• 316 •

O OBJETIVO DA INTERPRETAÇÃO

Moo afirma de forma vaga que Deus poderia "ter pretendido um sentido relacionado, mas maior do que o autor humano propôs".[37] Larkin vai ainda mais longe afirmando que "muitos usos do material do AT no Novo não parecem relacionados com o sentido proposto pelo escritor original".[38] Mas, em resposta a isso, perguntamos: Será que isto prova que o Espírito codificou um sentido a mais ou mais profundo, ou isto prova que o escritor do NT criou um sentido novo? E, será que estas são as duas únicas opções?

William LaSor pergunta: "Não é possível para Deus apresentar ao autor uma revelação que por si só contém uma importância mais profunda?"[39] LaSor insiste que o autor humano propôs só um sentido. "Mas em uma data posterior", ele defende, "à luz da revelação posterior, o sentido mais completo se torna claro para os leitores sob a influência do Espírito que inspirou o autor original".[40] Mas é aqui que entra a nossa distinção entre "sentido" e "importância". Se LaSor quisesse dizer que os leitores posteriores veem uma importância adicional em um texto, concordaríamos; mas isso não equivale a dizer que um texto tem dois sentidos: um proposto pelo autor humano e outro codificado pelo Espírito Santo (do qual o autor humano não tinha noção).

Moo admite que o conceito de *sensus plenior* não abrange todo o uso do AT referente ao NT. Às vezes, os escritores do NT apelam para o que o autor humano do AT disse,[41] mesmo que o sentido que o autor do NT extrai não seja claro para nós, depois de sujeitarmos o texto do AT aos métodos tradicionais históricos. E acreditamos que LaSor suaviza o seu pensamento acerca de um sentido mais profundo instigado pelo Espírito Santo no momento em que ele também atribui um sentido mais completo para os grandes poetas, filósofos e outros pensadores criativos que expressam um sentido que os seus discípulos desenvolvem de forma mais completa em escolas ou sistemas de pensamento.[42]

---

[37] Moo, "*Sensus Plenior*", p. 204. Com certeza, a questão não é se Deus poderia ter pretendido um sentido mais profundo, mas se ele o fez e se temos algum meio de verificar esta intenção.

[38] W. J. Larkin, *Culture and Biblical Hermeneutics* (Grand Rapids: Baker, 1988), p. 257. Ele prossegue citando alguns exemplos como Mt 27:9-10/Zc 11:12-13 e Jr 32:6-9; At 15:16-17/Am 9:11-12; Rm 10:6-8/Dt 9:4 e 30:12-14; 1Co 2:9/Is 64:4; 1Co 9:9/Dt 25:4; Hb 3:7-11/Sl 95:7-11. Obviamente, simplesmente pelo fato de os sentidos não se parecem tão relacionados não é razão de se classificar o novo sentido como um *sensus plenior*. Igualmente, imaginamos se Larkin realmente quer dizer que os usos dos escritores referentes aos textos do AT não eram relacionados completamente com o sentido proposto pelos escritores do AT.

[39] LaSor, "Interpretation", p. 108. Reiteramos que as possibilidades não são o propósito aqui.

[40] Ibid.

[41] Moo cita o exemplo do uso de Pedro de Salmos 16 em seu sermão do Pentecostes (At 2:25-28) em "*Sensus Plenior*", p. 204. Duvidamos de que o Davi humano estivesse falando sobre a ressurreição de Jesus.

[42] LaSor, "Interpretation", p. 108.

• **317** •

INTRODUÇÃO À INTERPRETAÇÃO BÍBLICA

Isto também não apoia um sentido mais profundo nos textos propostos pelo Espírito Santo. Se LaSor estiver correto, o sentido mais completo simplesmente desenvolve aplicações mais profundas ou consequências do que o autor originalmente quis dizer. Isso é o que chamamos de *importância*.

Em um artigo muito interessante, Kit Barker usa a teoria dos atos de fala como uma maneira de entender o *sensus plenior*.[43] Mesmo que o nosso interesse não seja o assunto principal do seu artigo, ele propõe uma maneira útil de resgatar o *sensus plenior,* propondo que tanto o autor humano quanto o divino da Escritura usam atos de fala no texto específico. Por isso, o autor humano pode usar uma locução para atingir propósitos ilocucionários e perlocucionários específicos, que podem ou não corresponder no momento aos propósitos do Espírito.[44] Deus também pode querer que a locução tenha ilocuções e perlocuções posteriores em um estágio posterior. Barker recorre ao nível do cânon como exemplo. Então, e.g., na evolução da história da redenção, as exigências de culto do sistema sacrificial (encontradas no AT) não podem mais ter os seus propósitos ilocucionários originais. Mas, levando em conta o cânon como um todo, o Espírito pode usar esses textos como atos ilocucionários além de suas propostas originais. Barker diz: "Nesse caso, o *sensus plenior* é simplesmente o fato de que o ato ilocucionário principal do AT sai de cena e o ato ilocucionário auxiliar se torna principal para a comunidade da nova aliança".[45] No entanto, isso nos surpreende, como se dissesse que, na leitura posterior do texto, o Espírito pudesse levar o leitor a encontrar um sentido adicional nele, uma ilocução que não foi proposta pelo autor original. Mas isto não quer dizer necessariamente que no texto original o Espírito tenha codificado um sentido mais profundo.

Ainda que esta seja uma linha muito frutífera de pesquisa, ela também nos faz voltar à discussão complicada sobre a maneira pela qual os escritores do NT usaram o AT, sobre a qual falaremos um pouco mais adiante. A explicação de Barker traz um esclarecimento verdadeiro sobre o nível ilocucionário dentro do cânon, mas as suas explicações não nos ajudam no nosso trabalho como intérpretes da Bíblia. Podemos admitir que o Espírito possa se apropriar de um texto do AT e usá-lo para novos propósitos nas mãos de um escritor do NT,

---

[43] K. Barker, "Speech Act Theory, Dual Authorship, and Canonical Hermeneutics: Making Sense of *Sensus Plenior*", *JTI* 3 (2009): p. 227-239.

[44] Barker faz esta concessão, já que alguns textos, e.g., nos Salmos, são dirigidos a Deus. Nesses usos, os propósitos do salmista podem ser diferentes dos de Deus. O pedido de Davi para ter um coração puro, ou o pedido do salmista para destruir os seus inimigos não podem ter o mesmo propósito para o escritor e para o Espírito. Nesses casos, a ilocução do Espírito pode estar afirmando "Deve-se orar assim nessa situação" (p. 234).

[45] K. Barker, "Speech Act Theory", p. 238.

• **318** •

O OBJETIVO DA INTERPRETAÇÃO

mas a nossa tarefa continua sendo entender o que cada escritor bíblico propôs em sua locução específica, tenha a locução ou não um histórico anterior no AT.

5. *O autor bíblico pode ter pretendido que um texto tivesse somente um único sentido, mas o autor bíblico posterior pode ter descoberto outro sentido nesse texto.* Essa proposta final consiste em elementos múltiplos. Em outras palavras, se Mateus estivesse praticando uma exegese histórico-gramatical rigorosa das palavras de Oseias, ele nunca poderia afirmar que ela se referia ao Messias. Mas, de forma diferente da opção anterior (na qual o Espírito Santo codificou o sentido oculto que abrangesse estas repercussões messiânicas), essa opção propõe que Mateus usou o método exegético "criativo", que produziu ou revelou esse sentido adicional. Se for assim, de onde veio esse novo sentido? Em que esta opção é diferente da opção 3 da estética da recepção? E, de forma importante: esta opção está disponível para os intérpretes modernos?

Em nossa opinião, esta opção proporciona a melhor explicação para a origem do sentido adicional que os escritores do NT encontraram em alguns textos do AT. Em outras palavras, nestas passagens os escritores do NT utilizaram técnicas interpretativas que vieram da sua criação no judaísmo para contemplar novos sentidos. Especificamente, eles usaram alguns métodos dos rabinos ou dos intérpretes em Cunrã, tais como o "midrash" e o "pesher".[46]

Os especialistas não chegam facilmente às definições dessas práticas, mas vários comentários nos ajudarão a entendê-los melhor. J. Goldin fala sobre o "midrash": "Todo ensino do midrash se encarrega de duas coisas: (1) explicar textos opacos ou ambíguos e o seu vocabulário e sintaxe difíceis...; (2) modernizar, isto é, descrever ou tratar os personagens e os acontecimentos bíblicos

---

[46] Para uma introdução a esse e outros métodos judaicos, consulte a nossa discussão anterior sobre os métodos interpretativos judaicos. A literatura principal inclui M. Henze, ed., *A Companion to Biblical Interpretation in Early Judaism* (Grand Rapids: Eerdmans, 2012); J. L. Kugel, ed., *Studies in Ancient Midrash* (Cambridge, MA: Harvard University Press, 2001); M. A. Fishbane, ed., *The Midrashic Imagination: Jewish Exegesis, Thought, and History* (Albany, NY: State University of NY Press, 1993); J. L. Kugel e R. A. Greer, *Early Biblical Interpretation* (Philadelphia : Westminster, 1986), esp. p. 52-106; R. Kasher, "The Interpretation of Scripture in Rabbinic Literature", em *Mikra*, ed. M. J. Mulder e H. Sysling, *Compendia Rerum Judaicarum ad Novum Testamentum*, sec. 2, pt. 1 (Philadelphia : Fortress, 1988), p. 560-577; R. T. France e D. Wenham, eds., *Gospel Perspectives, Vol. 3. Studies in Midrash and Historiography* (Sheffield, UK: JSOT, 1983); C. L. Quarles, *Midrash Criticism: Introduction and Appraisal* (Lanham, MD: University Press of America, 1997) e B. D. Sommer, ed., *Jewish Concepts of Scripture: A Comparative Introduction* (New York; Oxford: New York University Press, 2012). Em sua útil discussão, Beale, *Handbook on the New Testament Use of the Old Testament*, p. 1-6, resume qual é o debate sobre o quanto, se é o que fizeram, os escritores do NT utilizaram alguns padrões judaicos característicos de interpretação.

• **319** •

INTRODUÇÃO À INTERPRETAÇÃO BÍBLICA

de modo a tornar evidente a importância imediata daquilo que de outra forma seria considerado simplesmente arcaico.[47]

Para esclarecer um pouco mais sobre o que é o midrash: "Era uma maneira de investigar mais profundamente o sentido literal da palavra da Escritura, e um método de conexão entre as várias passagens da Bíblia através da descoberta de padrões tipológicos, ecos verbais e ritmos de repetição."[48]

Vários exemplos possíveis do uso de métodos do Midrash aparecem no NT. Um é a técnica bem conhecida do *gezerah shawah* (combinando características de vários textos que têm algumas correlações verbais) como em Atos 2:25-34.[49] Ou observe os vários usos do tipo de argumentação chamado *qal wahomer* (do menor para o maior), como em Mateus 10:25; Lucas 11:13 e 12:28. Às vezes, esses métodos parecem completamente responsáveis e refletem um bom senso comum. Em outros exemplos, nas mãos dos rabinos, eles abriam a porta para conexões e interpretações um tanto extravagantes.[50]

O método do pesher tinha uma característica própria: "Os autores dos *pesharim* acreditavam que as profecias escriturísticas tinham sido escritas para a sua própria época e contexto, e eles interpretavam os textos bíblicos à luz de suas intensas expectativas escatológicas."[51] Por isso que utilizavam a frase introdutória: "Essa interpretação se refere a..." ou, mais precisamente, "Isto é aquilo". Os sectários de Cunrá que produziram os manuscritos do mar Morto estavam particularmente encantados pela técnica do pesher como se prova em seu comentário de Habacuque. Longnecker descreve a sua tática: "A interpretação bíblica em Cunrá foi considerada como a primeira de todas as interpretações revelatórias e/ou carismáticas por natureza. Algumas profecias tinham sido dadas em termos codificados e enigmáticos, e ninguém podia entender o seu sentido verdadeiro até que o Mestre da Justiça (o fundador e líder inicial de Cunrá) recebesse a resposta interpretativa".[52]

Conforme pensavam, só o Mestre era qualificado para explicar certas profecias. Quais eram as técnicas que caracterizaram o método do pesher? Bruce responde: "O texto bíblico era atomizado nos *pĕšārîm* de forma a extrair

---

[47] J. Goldin, "Midrash and Aggadah", em *The Encyclopedia of Religion*, ed. Mircea Eliade, 16 vols. (New York: Macmillan, 1987), 9:512.

[48] R. J. Z. Werblowsky e G. Wigoder, eds., "Midrash", *The Encyclopedia of the Jewish Religion* (New York: Holt, Rinehart and Winston, 1965), p. 262.

[49] Pedro une Salmos 16:8-11 e 110:1 para apoiar a ressurreição de Jesus porque os dois textos empregam a frase "à minha direita".

[50] Para exemplos, veja Longenecker, *Biblical Exegesis*, p. 21-24.

[51] Werblowsky e Wigoder, eds., "Midrash", p. 298. Veja a nossa análise breve sobre a exegese de Cunrá no capítulo 2.

[52] Longenecker, *Biblical Exegesis*, p. 29. O "Mestre de Justiça" era o suposto líder da seita de Cunrá durante a redação de boa parte da sua literatura.

O OBJETIVO DA INTERPRETAÇÃO

a relevância de cada sentença ou frase para a situação contemporânea. [...] É nessa situação, não na sequência lógica ou sintática do texto, que a coerência foi encontrada."[53] Algumas interpretações estão além da imaginação de um leitor moderno.[54]

Pedro pode ter usado (ou pelo menos ter sido influenciado por) esta técnica quando ele citou Joel em seu sermão do Pentecostes: "*Isto é o que* foi predito pelo profeta Joel..." (At 2:16, destaque acrescentado). Jesus pode ter se envolvido em algo como o *pesher* no seu sermão registrado em Lucas 4:16-21 onde, citando Isaías 61:1-2, ele diz, "Hoje se cumpriu a Escritura que vocês acabaram de ouvir" (4:21).[55]

Acreditamos que o uso desses métodos explica a razão de alguns usos do AT pelos escritores do NT parecerem desviar dramaticamente do que o AT parece querer dizer superficialmente.[56] Os escritores do NT claramente estavam convictos de que eles tinham entrado em uma nova era da história da redenção com a vinda de Jesus. Naturalmente, eles liam o AT em uma nova luz, um processo que Jesus mesmo incentivou (e.g. Lc 24:25-27).

Ainda que os escritores do NT possam ter tomado emprestado alguns métodos dos seus colegas judeus, eles recusaram outros. Isto é, como intérpretes judeus, eles se "apropriaram" de textos do AT para as suas novas situações, por exemplo, "a identificação direta de uma pessoa ou situação com outra, a modificação do texto para se adequar à aplicação, e a associação de várias passagens".[57] Rejeitamos, no entanto, que nesses usos os autores do NT estivessem

---

[53] F. F. Bruce, "Biblical Exposition at Qumran", em *Gospel Perspectives*, 3: 81.

[54] Bruce traz exemplos de suas conclusões, p. 81-96.

[55] Veja Longenecker, *Biblical Exegesis*, p. 54-58, 83-87, 113-116, onde ele traz uma série de elementos convincentes para outros exemplos possíveis no NT.

[56] Por outro lado, uma conclusão a que vários artigos em *Gospels Perspectives III* chegam repetidamente é a de que "muito pouco do que pode ser seguramente datado do século I d.C. se trata do 'midrash propriamente dito'" (France, "Postscript", p. 291). Desse modo, France continua a expressar "uma surpresa real que o 'midrash' tenha sido considerado um fator importante na busca das afinidades literárias dos Evangelhos" (p. 291). Podemos acrescentar, "e para o resto do NT."

[57] Moo, "*Sensus Plenior*", p. 194. Essa abordagem foi limitada e orientada pelos acontecimentos históricos de sua experiência, mesmo não tendo sido pelos acontecimentos históricos do texto original. France, "Postscript", p. 296, observa sobre os escritores dos Evangelhos: "Mas a conclusão sobre a qual temos achado necessário discordar da atribuição aos escritores dos Evangelhos de um 'midrash criativo' que produziu histórias não documentadas em forma histórica a partir dos textos do Antigo Testamento é a observação do papel secundário dos textos do Antigo Testamento com relação às tradições dos Evangelhos." Isto é, os acontecimentos históricos da vida e do ministério de Jesus traziam o critério, os evangelistas não empregaram criativamente o AT para inventar a "história".

• 321 •

INTRODUÇÃO À INTERPRETAÇÃO BÍBLICA

totalmente despreocupados com o sentido original dos textos do AT.[58] Eles não se envolveram em leituras desconexas da estética da recepção. Os escritores do NT estavam a par dos contextos literários, e às vezes dos contextos históricos dos textos do AT que eles utilizaram de várias maneiras.[59] E não podemos agrupar os apóstolos, os exegetas de Cunrã e os rabinos como se eles todos agissem do mesmo modo. Em passagens em que as interpretações dos apóstolos são semelhantes aos métodos de seus antepassados judeus, os seus usos geralmente parecem extremamente restritos.

Aos métodos do midrash e do pesher temos que adicionar outro: a *tipologia*. Na verdade, a tipologia deve ter sido a melhor maneira de explicar a maneira pela qual os escritores do NT usavam o AT na maioria dos casos.[60] R. T. France estabelece uma definição clara de tipologia: "o reconhecimento de uma correspondência entre os acontecimentos do Novo e do Antigo Testamento, baseado em uma convicção do caráter imutável dos princípios do agir de Deus."[61] Klyne Snodgrass prefere descrever esse fenômeno como uma "correspondência na história" para distingui-lo dos abusos do termo tipologia.[62] O uso da tipologia se baseia na crença de que os modos de Deus agir são consistentes ao longo da história. Era natural para os escritores do NT explicar os fenômenos na nova era messiânica nos termos de seus precursores do AT. Isto é, eles acreditavam que muitas ações antigas de Deus com respeito a Israel (registradas no AT) eram "tipos" do que ele estava fazendo em Cristo. Por exemplo, Pedro fala da água

---

[58] Claramente, em um livro como este, não podemos penetrar nos detalhes e nas consequências que uma análise abrangente dessa questão exige. Temos que indicar novamente ao leitor as várias teses em *Gospel Perspectives Vol. 3* para o esclarecimento necessário e a defesa dessas afirmações. Veja também S. E. Porter e C. A. Evans, ed., *The Scrolls and the Scriptures* (Sheffield, UK: Sheffield Academic Press, 1997).

[59] Sobre esse princípio veja os comentários de Beale, *Handbook on the New Testament Use of the Old Testament*, p. 12-13.

[60] Para uma discussão bem sucinta e útil sobre o que é a tipologia, veja Beale, *Handbook on the New Testament Use of the Old Testament*, p. 13-27. Ele dá uma definição bem completa na p. 14 e explica vários exemplos claros do uso da tipologia nas pp. 59-66.

[61] R. T. France, *The Gospel According to Matthew*, TNTC (Grand Rapids: Eerdmans, 1985), p. 40, citando G. Lampe. Sua discussão é bem útil. Também, veja C. S. Seitz, *Figured Out: Typology and Providence in Christian Scripture* (Philadelphia : Westminster John Knox, 2001); D. A. Carson, ed., *The Scriptures Testify about Me: Jesus and the Gospel in the Old Testament* (Wheaton, IL: Crossway, 2013); L. Goppelt, *Typos: The Typological Interpretation of the Old Testament in the New* (Grand Rapids: Eerdmans, 1982); e G. von Rad, "Typological Interpretation of the Old Testament", in *Essays on Old Testament Hermeneutics*, ed. C. Westermann e J. L. Mays (Richmond: John Knox, 1963), p. 17-39; Veja a avaliação importante dos usos do NT em G. Schunack, "τύπος", *EDNT*, 3:372-376.

[62] K. Snodgrass, "The Use of the Old Testament in the New", em *Interpreting the New Testament: Essays on Methods and Issues*, ed. D. A. Black e D. S. Dockery (Nashville: Broadman and Holman, 2001), p. 215.

O OBJETIVO DA INTERPRETAÇÃO

que "salvou" Noé e sua família como um "tipo" de batismo que agora salva os cristãos (1Pedro 3:20-21).[63] Isto não sugere necessariamente que os autores do AT realmente propuseram, de certa forma profética, o tipo que o escritor do NT descobriu posteriormente. A tipologia é mais uma técnica de um escritor posterior que "vasculha" a Escritura anterior em busca de semelhanças, padrões e categorias para explicar as atividades presentes de Deus.[64] De um modo bem diferente de uma leitura descompromissada, eles descobrem o que eles veem como os padrões típicos da ação de Deus.

Moo coloca de forma responsável o assunto da tipologia dentro do esquema maior "promessa-cumprimento" para entender o relacionamento entre os testamentos. Assim, ele diz, "as pessoas, os acontecimentos e as instituições do Novo Testamento às vezes 'completam' as pessoas, os acontecimentos e as instituições do Antigo em um nível mais profundo ou mais apoteótico que o que havia sido verdadeiro na situação original".[65] Se isto for verdadeiro, então os escritores do AT nem sempre tinham consciência que o que estavam escrevendo tinha importância tipológica. Ao mesmo tempo, os escritores do NT supunham que Deus pretendia que as suas ações a favor de Israel encontrariam um tipo de analogia ou cumprimento em Cristo e na Igreja.[66] Humanamente falando, os textos do AT só tinham um nível de sentido: o sentido único que os autores humanos pretenderam transmitir. Ainda assim Deus estava escrevendo uma narrativa maior, e as obras anteriores de Deus formavam o cenário para o que os escritores posteriores as vissem como padrões do seu agir com as pessoas.[67]

---

[63] Mais precisamente, Pedro diz que a água do batismo é o "antítipo" (gr. *antitypos*) da água que salvou Noé (2Pe 3:21).

[64] Snodgrass observa, "Os escritores posteriores utilizam a terminologia do êxodo para descrever Deus salvando o seu povo da Assíria (Is 11:6) ou a salvação em geral. O sofrimento de um justo (Sl 22) encontra um paralelo com a crucificação de Jesus (Mt 27:39-46)", em "Use of the Old Testament", p. 215. É justo observar, no entanto, que em meio à discussão da tipologia, alguns especialistas realmente afirmam que a referência do AT tinha algum tipo de elemento de predição relacionado a ele. (veja Beale, *Handbook on the NT Use*, p. 13-14).

[65] Moo, "*Sensus Plenior*", p. 196.

[66] Não supomos aqui que conhecemos a mente ou as intenções de Deus. Em vez disso, acreditamos que os textos do NT se referem aos incidentes do AT como tipos. Como autor divino da Bíblia, o Espírito Santo orientou os autores humanos para "ver" as correlações.

[67] T. L. Howard, "The Use of Hosea 11:1 em Mateus 2:15: An Alternative Solution", *BSac* 143 (1986): p. 314-328, defende de forma convincente a tipologia como a melhor abordagem para o nosso exemplo. Ele fala da "correspondência analógica". Em contraste, J. H. Sailhamer, "Hosea 11:1 and Matthew 2:15", *WTJ* 63 (2001): 87-96, argumenta que Mateus não empregou tipologia; ele acredita que as pistas no contexto maior de Oseias foram as bases para o que Mateus disse posteriormente sobre Jesus. Os leitores encontrarão uma discussão útil sobre as questões em jogo aqui em R. B. Gaffin, Jr., "The Redemptive-Historical View", em: *Biblical Hermeneutics: Five Views*, ed. S. E. Porter e B. M. Stowell (Downers Grove: InterVarsity, 2012), 102-108.

INTRODUÇÃO À INTERPRETAÇÃO BÍBLICA

Isso não significa que os autores do AT tenham proposto mais do que um sentido, nem mesmo que os textos que eles escreveram continham mais de um sentido. Em vez disso, significa que o AT como um todo (daí o valor da crítica canônica) tinha uma dimensão voltada para o futuro, às vezes (talvez frequentemente) ignorada pelos escritores. Devido ao fato de Deus estar operando em Israel e na vida do seu povo, os seus escritos refletiam o que ele estava fazendo. Os escritores subsequentes do NT perceberam esses padrões divinos e estabeleceram estas conexões tipológicas. Craig Evans afirma esta conclusão: "A vida, a morte e a ressurreição de Jesus se tornaram para os cristãos primitivos a chave hermenêutica para a sua interpretação das Escrituras Judaicas. Já que as Escrituras podiam ser base de esclarecimento dos acontecimentos escatológicos, e já que Jesus era o agente escatológico, não poderia haver dúvida de que as Escrituras se cumpriram nele."[68]

Essa visão da tipologia nos ajuda a entender o que geralmente acontece quando os escritores do NT usam o AT no que parecem ser maneiras estranhas. Com certeza eles usam o AT de um modo que não recomendamos para os estudantes de hoje! Como cenário da tipologia, os seguidores de Jesus conscientemente consideravam que as suas experiências estavam em harmonia com os padrões da história redentora de Deus que começou com Israel. Enquanto eles liam o AT, eles se conscientizavam das correspondências, mesmo que os seus usos do AT não correspondessem, nesses usos tão indiretos, com o que os escritores originais provavelmente propuseram, nem explicassem os sentidos histórico-gramaticais dos próprios textos. E, acrescentamos novamente, o próprio Jesus recomendou esta leitura do AT quando Lucas escreve: "Ele lhes disse: 'Como vocês custam a entender e como demoram a crer em tudo o que os profetas falaram! Não devia o Cristo sofrer estas coisas, para entrar na sua glória?' E começando por Moisés e todos os profetas, explicou-lhes o que constava a respeito dele em todas as Escrituras" (Lc 24:25-27).

Esses "métodos judaicos" (o uso do *midrash*, do *pesher* e da tipologia) dão a entender que o sentido descoberto pelos escritores do NT estava *realmente* no AT? Diríamos, somente de uma forma bem limitada (e provavelmente não

---

[68] C. A. Evans, "The Function of the Old Testament in the New", em *Introducing New Testament Interpretation*, ed. S. McKnight (Grand Rapids: Baker, 1989), p. 193. Nossa postura acerca desse assunto, no entanto, não é desprovida de objeções. Na verdade, há um movimento que defende a "interpretação teológica da Escritura" que encontra muitas leituras cristológicas no AT. Para mais informações sobre essa iniciativa, veja os vários ensaios: M. A. Rae, J. Goldingay, C. J. H. Wright, R. W. Wall e K. Greene-McCreight, "Christ in/and the Old Testament", *JTI* 2 (2008): 1-22. Veja mais amplamente K. Berding e J. Lunde, ed., *Three Views on the New Testament use of the Old Testament* (Grand Rapids: Zondervan, 2008). Os escritores fornecem suas opiniões sobre a possibilidade de *sensus plenior*, tipologia e se os autores do NT usaram métodos exegéticos judaicos, entre outras coisas.

O OBJETIVO DA INTERPRETAÇÃO

fosse uma intenção consciente do autor do AT). Achamos que os escritores do NT se apropriaram do AT por observar algumas correspondências entre um texto do AT e as suas novas experiências em Cristo. Nessa acepção estrita, esse sentido era compreensível no AT (ainda que, obviamente, não tenhamos nenhuma maneira de demonstrar isso). Mas afirmamos que o sentido que o escritor do NT descobriu no AT *não* estava presente no sentido que o autor original do AT tenha proposto ao se referir a realidades futuras. A proteção de Jesus no Egito não era a intenção de Oseias, ainda que ela tenha representado para Mateus um padrão (tipo) do modo que Deus protege os seus filhos. Ao nosso ver, nenhum leitor que viveu no tempo de Oseias, ou de nenhum autor do AT utilizado dessa maneira, teria contemplado esse sentido posterior. Mais provavelmente, os escritores "trouxeram" as suas interpretações aos textos do AT à luz de suas experiências em Cristo e da tradição que se desenvolvia na comunidade cristã, ensinada e guiada pelos apóstolos, incluindo, talvez, aqueles que não escreveram os livros do NT. Com certeza o pré-entendimento cristocêntrico os predispôs a ver sentidos que não foram propostos pelos escritores do AT. A sequência poderia ser explicada da seguinte forma: a crença em Jesus como o Cristo, a descoberta das expectativas do AT dessa realidade, e as formulações que surgiram posteriormente de uma tradição cristã reconhecida que foi transmitida na época.

Para onde isso nos leva, então? Os textos bíblicos têm um sentido fixo ou vários níveis de sentido? Relacionamos as escolhas e claramente sugerimos que opção apoiamos. Antes de terminarmos, vejamos um resumo das opções:

1. Os autores bíblicos propunham *somente um sentido* (ilocução e perlocução), e esse sentido histórico permanece o único objeto da exegese. Essa essencialmente é a melhor opção disponível para os intérpretes modernos.

2. Os autores bíblicos propunham transmitir *outros sentidos* ou níveis de sentido em pelo menos alguns dos seus escritos. Esses textos têm vários sentidos que os leitores podem descobrir posteriormente. Os escritores do NT que usaram o AT descobriram um dos sentidos propostos. Achamos isto difícil de defender, e muito mais difícil de reproduzir.

3. Os autores bíblicos pretendiam somente um sentido, mas isso não precisa limitar o modo que os leitores posteriores entendem um texto, já que a percepção sempre envolve uma interação criativa entre o texto e o leitor. Já que toda interpretação é uma iniciativa da "*recepção do leitor*", os leitores posteriores, como os escritores do NT em seu uso do AT, podem descobrir sentidos nunca propostos pelo autor. Rejeitamos esta abordagem.

INTRODUÇÃO À INTERPRETAÇÃO BÍBLICA

4. Os autores bíblicos propunham apenas um sentido, mas, sem que soubessem, o Espírito Santo codificava no texto outro(s) sentido(s) oculto(s) (que é chamado de *sensus plenior*). Quando os autores do NT empregavam os textos do AT, baseavam-se nesse sentido mais completo. Esse processo pode ou não ser reproduzido pelos intérpretes modernos. Achamos isto difícil de defender, e muito mais difícil de reproduzir.

5. Os autores bíblicos pretendiam só um sentido, ainda que os leitores posteriores tenham utilizado *técnicas exegéticas criativas* para descobrir outros sentidos válidos que não eram propostos pelos autores originais. Em alguns dos seus usos, os escritores do NT aparentemente empregavam técnicas que incluíam métodos judaicos como o *midrash*, o *pesher* ou a tipologia. Provavelmente havia alguma conexão entre o texto original e o sentido posterior, mesmo que a conexão pudesse parecer arbitrária, se não indecifrável, para outros. O processo pode ou não ser reproduzido nos dias de hoje.

Para onde será que esta discussão nos levará? A resposta não é simples; na verdade, ela é complexa! Mas acreditamos que a interpretação bíblica deve se concentrar no texto (locução) e no que o autor humano pretendia alcançar através desse texto (ilocução e perlocução). O que se segue é a nossa tentativa de demonstrar isso.

SENTIDO TEXTUAL CENTRADO NO AUTOR

Sentido textual centrado no autor é o objetivo da interpretação

Com base no nosso pressuposto de que a Escritura é a Palavra de Deus para as pessoas transmitida por meio de autores humanos, o nosso objetivo em lê-la é descobrir os sentidos dos autores codificados nos textos que eles escreveram. Seguindo a teoria básica dos atos da fala, acreditamos que os autores escreveram textos para transmitir conteúdo e para provocar reações em seus leitores. Cremos que Deus não quis que a Bíblia funcionasse como um espelho refletindo os leitores e os seus significados, mas como uma janela para os mundos e sentidos dos autores e para os textos que eles produziram. Portanto, propomos o seguinte: *o sentido histórico codificado pelo autor é o objetivo central da hermenêutica.* Supomos que os autores ou editores da Bíblia pretendiam se comunicar com seus leitores da mesma forma que todas as pessoas normalmente se comunicam.

Acreditamos que os autores bíblicos pretendiam que as suas mensagens tivessem somente um sentido. Com certeza, os autores ou editores realmente utilizaram vários gêneros e figuras de linguagem, mas eles usavam essas figuras

• 326 •

O OBJETIVO DA INTERPRETAÇÃO

para transmitir o seu sentido único. Eles podem tê-las codificado na metáfora, na poesia, na alegoria ou na literatura apocalíptica, além de técnicas mais diretas, mas eles selecionavam maneiras adequadas para transmitir o seu sentido proposto (ilocução e perlocução). Se os autores pretendessem um duplo sentido ou um sentido oculto em suas palavras, não teríamos meios para descobrir fora de suas próprias pistas, ou talvez a partir de analogias baseadas em outros exemplos na Escritura.[69] Mas isto permanece uma tarefa problemática. Temos que desistir de afirmar outros níveis de significado sem que haja provas objetivas.

Claramente, dois intérpretes podem discordar sobre o que um texto bíblico significa, e um autor pode admitir que um leitor "encontrou" um sentido que aquele autor não propôs conscientemente. Os textos podem na verdade ser polivalentes ou polissêmicos.[70] Um exemplo bem conhecido é: "Aviões durante o voo podem ser perigosos."[71] Seu sentido pode mudar radicalmente se for dito por um instrutor de voo a um novo aspirante a piloto ou pelo King Kong enquanto se agarra a uma parte precária sobre o Empire State Building.[72] Mas não podemos permitir que estas características possam obscurecer a tarefa essencial da interpretação. A teoria dos atos de fala apoia que a intenção está acima de tudo.

Em nosso estudo da Bíblia, buscamos entender a revelação de Deus. Os textos bíblicos originais foram inspirados: esses textos foram codificados nos contextos históricos originais. Mesmo que uma passagem possa ser entendida de várias maneiras, o nosso objetivo é determinar qual desses vários sentidos tinha uma chance maior de ser compreensível para o seu autor e para os seus leitores originais. Por esta razão é que as pessoas se comunicam: elas esperam que o que elas expressam seja entendido da forma que elas pretendiam.

---

[69] Por exemplo, somente com grande relutância os especialistas oferecem explicações possíveis ao número 666 em Apocalipse 13:18. Seja o que for que o autor quis dizer, o sentido permanece, no mínimo, discutível para os leitores modernos. Muitos conjecturam que possa ser um tipo de fuga dos dígitos perfeitos 777 ou uma gematria indicando o césar Nero, ou outra pessoa. Veja G. E. Ladd, *A Commentary on the Revelation of John* (Grand Rapids: Eerdmans, 1972), 186-187; R. Mounce, *The Book of Revelation*, NICNT, rev. ed (Grand Rapids: Eerdmans, 1998), p. 261-263; D. E. Aune, *Revelation 6-16*, WBC (Nashville: Nelson, 1998), p. 770-773; e G. K. Beale, *The Book of Revelation,* NIGNT (Grand Rapids: Eerdmans; Carlisle, UK: Paternoster, 1999), p. 718-728.

[70] Isto é, bem como as palavras, pode ser capaz de mais de um sentido ou significado. A palavra "solução" é um bom exemplo a nível lexical. Pode se referir tanto a uma substância líquida quanto a uma resposta a um problema.

[71] Outro exemplo de frase ambígua é a manchete esportiva que apareceu nos anos 2000 na parte esportiva do *Denver Post*: "*A Sagrada Família acaba com o Sagrado Coração.*" Do mesmo modo, o jornal *The New Yorker* (edição de 08 de junho de 1992, p. 96) trouxe um exemplo engraçado de um folheto anunciando uma palestra da Série "Almoce e aprenda" na Universidade de Auburn, Alabama: "A disciplina dos filhos: o concreto ajuda."

[72] Do filme famoso de Hollywood produzido originalmente em 1933, com novas versões em 1976 e 2005.

INTRODUÇÃO À INTERPRETAÇÃO BÍBLICA

Além disso, à luz das opções de sentido observadas anteriormente, *se pudermos provar* que o texto original pretendia transmitir mais do que um sentido, então esses sentidos múltiplos também compõem o objetivo da exegese.[73]

Definição do sentido textual centrado no autor

O que queremos dizer com sentido textual? O sentido de um texto (a locução) é *aquele que as palavras e as estruturas gramaticais revelam sobre a intenção provável do seu autor/editor (a ilocução e a perlocução) e o entendimento provável desse texto pelos seus destinatários.*[74] É o sentido que essas palavras teriam transmitido aos leitores na época em que foram escritas pelo autor ou editor.

Com certeza, não sabemos quais são os autores de muitos livros bíblicos. Além disso, a redação de alguns livros era provavelmente realizada por uma série de editores ou redatores que colocavam neles a sua marca até que em algum momento eles chegavam ao seu formato canônico.[75] Na verdade, em alguns textos bíblicos podemos ter várias camadas de autores. E, ainda que encontremos palavras de Jesus nos Evangelhos, em algumas passagens temos que distinguir a ideia principal original de Jesus dos propósitos dos evangelistas que se demonstram pelo modo que se colocam as palavras (como vimos antes) e a localização dessas palavras no livro. Além disso, nas passagens que os evangelistas não foram testemunhas oculares dos comentários de Jesus, possivelmente eles obtiveram o material de outras fontes.[76]

---

[73] Os leitores constatarão que utilizamos "o uso do NT do AT" como um tipo de teste decisivo sobre o que o AT pode fazer, e, portanto, o que a Bíblia faz de forma mais geral.

[74] Estamos juntando de propósito duas opções que alguns teóricos costumam separar: um destaque centrado no autor e um destaque centrado no texto. Vemos problemas em quaisquer tentativas de selecionar um desses destaques em detrimento do outro como o único destaque da hermenêutica. Falaremos mais sobre isso adiante.

[75] O Pentateuco traz um exemplo claro. Não sabemos quem ou quantos foram os editores que deram aos livros a forma final que hoje lemos. Claramente não foi somente Moisés, já que Deuteronômio 34 registra a sua morte e outros indicadores se referem a tempos posteriores (e.g., Gn 12:6; 14:14; 22:14; 36:31). Para uma discussão sobre a origem do Pentateuco, veja T. D. Alexander, *From Paradise to the Promised Land: An Introduction to the Pentateuch*, 3ª ed. (Grand Rapids:Baker Academic, 2012), p. 3-111; J. Barton e J. Muddiman, eds., *The Pentateuch*, The Oxford Bible Commentary (Oxford: Oxford University Press, 2010), p. 16-53; G. Wenham, "Pondering the Pentateuch: The Search for a New Paradigm", em *The Face of Old Testament Studies*, ed. D. W. Baker e B. T. Arnold (Grand Rapids: Baker, 1999), p. 116-144; cf. também o estudo esclarecedor de D. Garrett, *Rethinking Genesis: The Sources and Authorship of the First Book of the Pentateuch* (Grand Rapids: Baker, 1991). Ou, podemos nos perguntar, quem escreveu Rute, e quando o livro foi escrito? Apesar de a história vir do período dos juízes (1:1), algumas referências internas, como a necessidade de se explicar a cerimônia das sandálias (4:7) e a genealogia no final (4:18-22), indicam que ele foi escrito bem depois para reforçar a monarquia davídica. Veja R. L. Hubbard, Jr., *The Book of Ruth*, NICOT (Grand Rapids; Eerdmans, 1988). Para o NT, os escritores dos Evangelhos são exemplos de editores que compilaram as palavras e as obras de Jesus em narrativas coerentes.

[76] Sobre algumas questões que constituem o "problema sinótico", veja R. H. Stein, *Studying the Synoptic Gospels: Origin and Interpretation* (Grand Rapids: Baker, 2001); e D. L. Dungan, *A*

O OBJETIVO DA INTERPRETAÇÃO

Apesar desses problemas teóricos, podemos falar de forma conveniente da pessoa (ou mesmo do grupo) que trouxe a forma final do livro, a forma que o cânon preserva. De modo parecido, supomos, como a maioria das confissões de fé, que só esta forma final possui o status de revelação inspirada. O nosso objetivo é entender o sentido do livro (ou dos textos) que o escritor humano (o que deu a forma final ao livro) produziu, enquanto, ao mesmo tempo, afirmamos que o propósito de Deus é transmitido através desse texto inspirado. Supomos que, na atividade colaborativa entre o homem e Deus chamada inspiração, a influência divina assegurou que todos os textos bíblicos de fato expressam as intenções do autor divino.[77] Os propósitos de Deus foram promovidos, não frustrados quando os autores ou editores humanos produziram os textos bíblicos. Com certeza, se esses propósitos atingiram ou não os resultados desejados pelo autor ou por Deus (perlocução), isso já é outra questão!

Repetindo: ao estabelecer o sentido dos textos bíblicos como o nosso objetivo, não negamos que alguns tipos de literatura têm sentido(s) além do nível superficial do texto, como na linguagem poética ou metafórica. Nesse caso, o autor ainda propõe um sentido único, mas esse sentido é transmitido através de metáforas e símbolos. Por isso, a parábola pode parecer ter dois níveis de sentido: a história literal e a "lição espiritual", mas o autor pretende transmitir algum sentido específico empregando esse método. Com certeza, esse sentido pode consistir de vários pontos ou de mais do que uma lição.[78] A história literal da parábola transmite o sentido proposto pelo autor, a lição ou as lições. Buscamos apenas esse sentido proposto. Em outros exemplos (que N. Perrin chama de "símbolos tensivos"), o discurso metafórico pode ser propositalmente aberto ou polivalente.[79] Ainda assim, isto vem da intenção deliberada do autor.

History of the Synoptic Problem: The Canon, the Text, the Composition, and the Interpretation of the Gospels, AYBRL (New York: Doubleday, 1999). O método de crítica da redação destaca em particular os evangelistas como editores dos Evangelhos. Cf. os artigos relevantes em J. B Green, J. K. Brown, e N. Perrin, eds., *Dictionary of Jesus and the Gospels*, 2ª ed. (Downers Grove: Inter-Varsity, 2013).

[77] Os textos clássicos sobre a inspiração (2Tm 3:16-17 e 2Pe 1:20-21) não chegam nem perto de esgotar o testemunho bíblico sobre ela e sobre a sua origem divina e seu status como a Palavra de Deus. Para uma lista detalhada e uma discussão desses inúmeros textos bíblicos, veja W. Grudem, "Scripture's Self-Attestation and the Problem of Formulating a Doctrine of Scripture", em *Scripture and Truth*, ed. D. A. Carson e J. D. Woodbridge (Grand Rapids: Zondervan, 1983), p. 19-64.

[78] Veja Blomberg, *Interpreting the Parables*, esp. 188-193; e K. R. Snodgrass, *Stories with Intent: A Comprehensive Guide to the Parables of Jesus* (Grand Rapids: Eerdmans, 2008), p. 24-31 ("algumas parábolas têm uma moral, e outras têm várias", p. 29).

[79] N. Perrin, *Jesus and the Language of the Kingdom: Symbol and Metaphor in New Testament Interpretation* (London: SCM, 1976).

INTRODUÇÃO À INTERPRETAÇÃO BÍBLICA

O SENTIDO TEXTUAL CENTRADO NO AUTOR É O OBJETIVO CENTRAL DA INTERPRETAÇÃO
Tudo o que temos para estudar é o texto bíblico, a partir do qual poderemos discernir o sentido proposto pelo autor.
Este texto transmite o sentido proposto por Deus.
Ao interpretarmos o texto usando os cânones normais da exegese, poderemos chegar à mensagem de Deus para as pessoas.

Desafio da estética da recepção

Obviamente, o intérprete ou o leitor desempenha um papel importante na descoberta do sentido. Mas, quando o papel do autor é deixado de lado, o leitor pode criar sentidos no texto, projetando as suas necessidades, interesses ou pré-entendimentos. Os leitores, de fato, *utilizam* os textos como espelhos e projetam o seu próprio sentido neles. Como já vimos, para alguns, a nossa intenção ao restringir o objetivo da interpretação a um sentido textual baseado no autor parece excessiva e desnecessariamente restritiva. McKnight observa que as pessoas têm usado os escritos bíblicos ao longo da história para descobrir e criar sentido para si mesmas.[80] Temos defendido, porém, que esta não é uma maneira legítima de ler a Bíblia.

A título de revisão, uma abordagem que analisa a estética da recepção dá mais atenção para o papel do leitor moderno no trabalho de analisar o texto. Nesse conceito, a interpretação é "em parte uma construção criativa do leitor, uma construção de causa, que é resultado do efeito do texto em primeiro lugar".[81] As causas originais por trás do texto são relativizadas e colocadas em equilíbrio com o que os leitores modernos fazem com o texto para criar sentido. Em vez de simplesmente procurar por informações na Bíblia com as quais se cria ou se informa os sistemas teológicos, a abordagem da estética da recepção tenta criar um mundo novo dentro do leitor no processo de leitura da Bíblia, embora seja esse um mundo que se correlaciona com o mundo dos textos que ele ou ela esteja lendo.

Muitos defendem os valores e virtudes percebidos nesta abordagem. Ela coloca o centro de atenção nos *leitores* da Bíblia, que, declaradamente, devem servir como ponto focal da interpretação. As abordagens centradas no autor ou no texto se perdem muito rápido no mundo antigo, como se, ao se descrever a origem e o mundo de um texto ou se identificar a forma do texto, tivéssemos completado a tarefa. Além disso, as abordagens de estética da recepção levam

---

[80] E. V. McKnight, *Postmodern Use of the Bible: The Emergence of Reader-Oriented Criticism* (Nashville: Abingdon, 1988), p. 170.

[81] Ibid.

O OBJETIVO DA INTERPRETAÇÃO

a sério o que os leitores trazem ao processo da interpretação: eles fazem isso frequentemente de forma ousada e intencional para produzir as suas leituras singulares de um texto.[82] E isto abriu os estudos bíblicos para outras vozes, tanto ideológicas quanto geográficas, e facilitou tentativas mais abrangentes de contextualizar os frutos desses estudos. Assim, as leituras feministas ou liberacionistas (só para mencionar duas delas) voltaram de forma correta a atenção para questões importantes de justiça que poderiam não ter surgido se os leitores não tivessem abordado os textos com essas preocupações ideológicas. Usando uma hermenêutica da suspeita, eles questionaram as interpretações mais duradouras supondo (de forma correta em alguns momentos) que por muito tempo as ideologias ocidentais, do hemisfério norte, e masculinas controlaram os resultados da interpretação bíblica.

A despeito de alguns desses benefícios, temos que registrar objeções pontuais. Uma variedade de abordagens da estética da recepção pode encontrar sentidos diversos em um texto, demonstrando a subjetividade dessa posição, mas a presença dessa diversidade aponta a sua desvantagem inerente. Onde fica a autoridade do texto da Bíblia? Foi descartada. Pelo contrário, afirmamos que apenas o sentido que o autor codificou no texto, não a leitura que alguém faz dele, tem o direito de ser aceito como a mensagem de Deus real, autêntica e inspirada pelo Espírito Santo. Podemos aplicar controles interpretativos, supondo que a precisão e a legitimidade são objetivos dignos, somente se buscarmos como o nosso objetivo principal o sentido pretendido pelo autor e captado pelos leitores originais. Ainda que a objetividade ou a certeza total possa estar fora do alcance do leitor, o sentido textual representa um ideal ou alvo mais digno. Todos os outros sentidos podem ser subjetivos e simplesmente refletir as extravagâncias do intérprete. Em um ambiente pós-moderno, isso pode ser aceitável e até desejável para alguns, mas não para intérpretes que buscam entender os textos bíblicos como revelação divina. Somente o sentido textual centrado no autor representa o ato de fala deste.

A Bíblia como literatura

Será que esta abordagem centrada no autor e no texto impede de estudar a Bíblia como literatura? Não, ela exige isso. Não temos o desejo de negar um lugar legítimo ao estudo literário da Bíblia que possa complementar as abordagens históricas. Concordamos que alguns leitores queiram estudar e apreciar

---

[82] Mesmo quando essas abordagens da estética da recepção funcionam de forma inconsciente (como se faz frequentemente em círculos conservadores onde os leitores declaram que estão simplesmente lendo o que a própria Bíblia diz), a consequência é um engajamento com o texto e uma tentativa séria de colocar a sua "mensagem para mim" em prática.

INTRODUÇÃO À INTERPRETAÇÃO BÍBLICA

somente as dimensões literárias do texto em vez de buscar o seu sentido histórico-crítico.[83] E é verdade que várias teorias e métodos literários contribuem imensamente para o nosso entendimento e para a nossa observação da Escritura. Morgan observa de forma correta: "Uma marca da grande literatura é a sua capacidade de iluminar e ampliar a experiência de leitores sucessivos em novos contextos sociais."[84] Podemos ler a Bíblia para obter as informações que ela contém, e podemos lê-la com outros propósitos (por satisfação, para obter inspiração, coragem, conforto ou prazer) que podem ir além dos propósitos originais dos autores. Esses continuam sendo usos válidos da Bíblia. Mas existe outro ponto a se ressaltar.

Os estudos literários não são simplesmente programas opcionais, somente para alguns; eles são tarefas essenciais no processo da interpretação. Temos que estudar os vários gêneros literários, bem como as formas paralelas da literatura do mundo antigo para esclarecer o sentido ou o propósito original dos textos bíblicos. Na verdade, grande parte deste livro se dedica exatamente a esse fim. Então, se os intérpretes buscarem o sentido histórico do texto, eles o compararão com a retórica judaica e greco-romana, com as sagas, com os códigos legislativos, com as biografias, com as cartas, com as peças teatrais e outras obras do Oriente Médio antigo para descobrir o que os antigos autores, incluindo os da Bíblia, desenvolveram e produziram de forma escrita.[85] Tudo isso é para dizer

---

[83] Dedicamos um espaço considerável para decifrar as dimensões literárias dos textos bíblicos, e, particularmente, à crítica literária. Veja o cap. 3. Para outras descobertas veja as obras de A. Jefferson e D. Robey, eds., *Modern Literary Theory*, 2ª ed. (London: B.T. Bratsford; Totowa, NJ: Barnes & Noble, 1986); e F. Lentricchia, *After the New Criticism* (London: Methuen, 1980). L. Ryken, *Words of Delight: A Literary Introduction to the Bible*, 2ª ed. (Grand Rapids: Baker, 1992), traz bons exemplos do modo pelo qual a crítica literária funciona. Para uma introdução sobre as narrativas do AT, veja L. D. Hawk, "Literary/Narrative Criticism", em *Dictionary of the Old Testament: Pentateuch*, ed. T. D. Alexander e D. W. Baker (Downers Grove: InterVarsity, 2003), p. 536-544; e Y. Amit, "Narrative Art of Israel's Historians", em *Dictionary of the Old Testament: Historical Books*, ed. B. T. Arnold e H. G. M Williamson (Downers Grove: InterVarsity, 2005), p. 708-715; cf. J. T. Walsh, *Old Testament Narrative: A Guide to Interpretation* (Louisville: Westminster John Knox, 2009); D. Gunn e D. N. Fewell, *Narrative in the Hebrew Bible* (Oxford: Oxford University Press, 1993); e para as passagens poéticas, veja S. E. Gillingham, *The Poems and Psalms of the Hebrew Bible*, Oxford Bible Series (Oxford: Oxford University Press, 1994). T. Longman, III, *Literary Approaches to Biblical Interpretation* (Grand Rapids: Zondervan, 1987), traz uma clara introdução geral.

[84] Morgan e Barton, *Biblical Interpretation*, p. 10-11.

[85] Três obras importantes nesse particular são a de D. E. Aune, *The New Testament in Its Literary Environment* (Philadelphia: Westminster, 1987); e a de J. H. Walton, *Ancient Israelite Literature in Its Cultural Context: A Survey of Parallels Between Biblical and Ancient Near Eastern Texts* (Grand Rapids: Zondervan, 1989) e J. H. Walton e D. Brent Sandy, *The Lost World of Scripture. Ancient Literary Culture and Biblical Authority* (Downers Grove: InterVarsity, 2013). Veja também a nossa bibliografia.

O OBJETIVO DA INTERPRETAÇÃO

que direcionaremos a nossa análise crítica literária para três áreas: (1) destaque na intenção do autor ao redigir o texto, (2) as convenções do texto que refletem esta intenção, (3) a reação dos leitores ao texto.

Assim, encaramos as abordagens literárias com relação ao estudo da Bíblia, não como mutuamente exclusivas a nossas preocupações históricas centradas no mundo do autor e do texto, mas como complementares e igualmente importantes. Temos que pesquisar sobre a base histórica de um texto e das intenções de um autor ao escrevê-lo; e podemos buscar apreciar o que o autor escreveu como uma obra literária e como a maneira pela qual a escrita transmitiu as intenções do autor. Já que os textos funcionam como atos de fala, buscaremos empregar todas as táticas para descobrir o que eles querem dizer. Para atingir isso, temos que levar a sério as intenções dos seus autores, buscando entender as ilocuções e as perlocuções. As leituras literárias têm que aprimorar e esclarecer, mas não podem dominar nem subverter o sentido que o autor pretendeu transmitir.

A questão da historicidade

Acabamos de afirmar que os escritos bíblicos são literatura; por isso, os métodos literários são adequados para entender as intenções do seu autor. Mas eles também são documentos situados historicamente, já que eles vêm de escritores que os redigiram há muito tempo. Mas, é justo perguntar: quando eles relatam os acontecimentos e as circunstancias, eles relatam a história da forma que aconteceu? Podemos saber se os acontecimentos se deram da forma que se contou, ou que os relatos são precisos? Como poderemos entender a natureza histórica da Bíblia?

Caso um autor escreva um relato como uma narrativa histórica nas convenções normais da época, então, supondo-se que o autor é um bom historiador, seremos predispostos a aceitá-lo como verdadeiro e interpretá-lo sob esse prisma. Se o relato pertencer a um gênero literário diferente (como a poesia, a parábola ou a fábula) e a sua mensagem for transmitida por meio de convenções consistentes com esse gênero, então o interpretaremos sob esses termos.[86] Lembre-se da nossa discussão sobre a teoria dos atos da fala: temos como objetivo entender o conteúdo proposicional do texto, o modo de apresentação (e.g., gênero literário) e o resultado ou efeito desejado sobre os leitores. Seja ele o registro histórico, a epístola, ou o escrito apocalíptico, buscamos a intenção do autor (ilocução e perlocução) conforme se reflete no texto específico (locução).

O nosso objetivo como intérpretes é manter o equilíbrio adequado em avaliar a Bíblia no seu caráter literário. As abordagens literárias abrem a porta

---

[86] Mesmo esses gêneros não históricos surgem em um cenário histórico específico e podem trazer informações das questões históricas, embora indiretamente.

• 333 •

INTRODUÇÃO À INTERPRETAÇÃO BÍBLICA

para percepções interessantes e importantes sobre o que são esses documentos. Mas a crítica literária não nega o propósito dos documentos bíblicos quando eles relatam uma história verdadeira.[87] Com certeza, no nível superficial da linguagem, a história verdadeira e a ficção podem parecer iguais. Por exemplo, a história de Natã sobre a cordeira (2Sm 12:1-4) realmente aconteceu? E a parábola do semeador (Mt 13:3-8 e paralelos)? A narrativa de Jó ou a história literal ou a ficção histórica de Jonas misturam elementos históricos e não históricos? Os capítulos iniciais de Gênesis são poesia ou narrativa? Os relatos dos discursos de Pedro e Paulo em Atos registram palavra por palavra, são personificações fiéis, ou são pura ficção? Que critérios ajudam o intérprete a decidir? Temos que estudar as convenções literárias e os próprios relatos para conseguir mais pistas.

Suponha que enxerguemos um contínuo cujos extremos chamaremos de forma simplística de "relatos históricos literais dos acontecimentos como eles se deram" e "ficção pura".[88] A fotografia registra um acontecimento do modo que ele ocorreu. A fantasia é ficção pura. O retrato pintado pode ser um meio-termo, já que o artista tem a liberdade de retratar o que ele ou ela vê.

Relato histórico literal   ⟷   Ficção pura

"foto"   "retrato pintado"   "fantasia"

Temos que analisar cada relato bíblico declaradamente histórico para ver onde ele se situa entre esses dois extremos. A questão principal é o modo que o escritor original propôs que a história fosse lida, a maneira pela qual ele e os primeiros leitores a teriam entendido. A narrativa individual pode cair em algum ponto dessa linha contínua, às vezes envolvendo tanto elementos factuais quanto criativos. Se a passagem pretende registrar a história verdadeira de acordo com as convenções literárias e textuais da época, então podemos deduzir que a história realmente aconteceu. Se, por outro lado, as pistas literárias e textuais do gênero literário indicam criatividade, então devemos situar a

---

[87] Simplesmente o fato de a Bíblia ser um documento religioso não quer dizer necessariamente que ela não possa relatar os acontecimentos como eles realmente aconteceram. Com certeza, nem tampouco podemos afirmar que, simplesmente pelo fato de a Bíblia registrar acontecimentos, que eles se deram exatamente como estão registrados. A historicidade deve ser estabelecida em um campo neutro. Afirmamos que a história e a teologia não precisam ser categorias mutuamente exclusivas.

[88] D. Tovey, *Narrative Art and Act in the Fourth Gospel*, LNTS 151 (Sheffield, UK: Sheffield Academic Press, 1997), também se utiliza desse método de retratar a situação. Cf. C. L. Blomberg, *The Historical Reliability of John's Gospel*.

• 334 •

história rumo à ficção. Em todos os casos, as dimensões literárias, bem como o contexto histórico do texto, nos revelam nossas conclusões sobre a natureza histórica do texto.[89]

Insistimos nesse entendimento historicamente plausível por causa do nosso pressuposto de que devemos abraçar os escritos dos autores bíblicos *conforme os seus próprios termos*. Essa é uma questão de integridade com o texto do autor. Seríamos tão equivocados insistindo que algo que foi feito para ser fictício (ou que esteja em alguma parte da linha contínua da página anterior) é estritamente histórico, como também seria equivocado colocar algo que foi feito para ser histórico na categoria da ficção. As duas alternativas interpretariam as intenções do escritor de forma errada e forçariam leituras alheias do texto bíblico, constituindo a partir delas o nosso pré-entendimento como autoridade em vez do texto bíblico.

A nossa abordagem buscará o sentido do texto bíblico que estiver de acordo com a intenção do autor, conforme refletido no próprio texto. Acreditamos que a nossa tarefa é decodificar os atos de fala do modo normal que a linguagem funciona para entender corretamente o seu sentido. Empregaremos os procedimentos exegéticos usando todas as táticas adequadas da crítica histórica e literária. Lutaremos pela interpretação do texto que é mais plausível historicamente, de acordo com todas as informações disponíveis.

A PARTE DO RECEPTOR NA "CONSTRUÇÃO" DO SENTIDO

Buscamos o sentido que os textos tinham na época em que eles foram escritos, o sentido que o autor/editor pretendia e que os seus leitores originais com uma probabilidade maior teriam reconhecido. Mas a nossa avaliação sobre a maneira que os escritores do NT usam o AT trouxe à pauta o papel do leitor ao ler o texto. Em nossa discussão anterior, observamos que, em algumas passagens, os escritores do NT encontraram sentidos nos textos que os autores do AT nunca pretenderam, sentidos que não poderiam ter ocorrido aos leitores originais desses textos do AT. Essa opção está disponível para os estudantes da Bíblia nos dias de hoje?

---

[89] Para chegar a novas conclusões sobre as questões complexas acerca do modo que a narrativa funciona, veja R. Alter, *The Art of Biblical Narrative* (New York: Basic Books, 2011); A. Berlin, *Poetics and Interpretation of Biblical Narrative*, 2ª ed. (New York: Almond Press, 1983); e M. A. Powell, *What Is Narrative Criticism? Guides to Biblical Scholarship* (Minneapolis: Augsburg Fortress, 1991); e J. P. Fokkelman, *Reading Biblical Narrative: An Introductory Guide* (Louisville: Westminster John Knox, 2000) e James L. Resseguie, *Narrative Criticism of the New Testament: An Introduction* (Grand Rapids: Baker, 2005).

INTRODUÇÃO À INTERPRETAÇÃO BÍBLICA

Temos observado que o leitor leva consigo uma bagagem pessoal para o processo interpretativo. Mesmo com o risco de nos equivocarmos, propomos que, quando ele se envolve com o texto bíblico, ele realmente "constrói" o sentido.[90] Embora tenhamos sido bem negativos na nossa avaliação da abordagem da estética da recepção para a interpretação bíblica, por ser tão suscetível a excessos, nesse ponto precisamos reconhecer que algumas descobertas dessa abordagem merecem uma reflexão especial. O que queremos dizer?

Entender o texto bíblico é uma atividade criativa, como a conversa entre amigos. Na conversa, cada pessoa se envolve não apenas na análise (ainda que inconsciente) dos sentidos precisos das palavras e construções gramaticais, mas também no entendimento da outra pessoa (incluindo dicas não verbais). A forma como cada participante "lê" o outro dependerá das experiências anteriores, bem como de suas situações individuais. Isto acontece na leitura da Bíblia.[91] Nas palavras de Tate, "As interpretações individuais... são conversas individuais com o texto e sempre estão situadas dentro de algum contexto. A interpretação é relacional e envolve o entendimento do texto à luz de quem somos, e entendendo a nós mesmos à luz do texto".[92] Como insistimos anteriormente, o leitor pode não mudar o sentido do autor, mas leitores diferentes poderão entendê-lo de forma distinta, em parte por causa do pré-entendimento que trazem.

Mas o intérprete que permanece comprometido com a Bíblia como revelação divina trabalha com alguns limites para a gama de descobertas possíveis que ela permite. O céu não é o limite para os sentidos possíveis, e, novamente, temos que nos separar claramente da obra de outros críticos da estética da recepção. Informado de modo adequado, o leitor pode entender o texto somente de um modo relacionado com a intenção do autor, i.e., o seu sentido histórico. Acreditamos que os cristãos agem sob os limites de Jesus Cristo (quem ele é, o que ele fez, e a comunidade que ele criou) e do Espírito Santo, que inspirou a Escritura e ilumina os leitores. O texto bíblico tem que ser entendido dentro do contexto e dos limites da comunidade de fé na qual cada intérprete reside, apesar de, reconhecidamente, esta interpretação variar entre as comunidades. Como se explica esse fenômeno, quando comunidades de fé diferentes chegam a entendimentos diferentes sobre um texto bíblico? Esperamos que alguns exemplos possam ajudar.

---

[90] Este é um princípio bem demonstrado por P. J. Leithart, *Deep Exegesis: The Mystery of Reading Scripture* (Waco, TX: Baylor University Press, 2009), 114-119. Ele diz que os textos são como piadas: para entender o seu sentido você precisa estar informado de outro conhecimento que vem de fora do texto (ou da piada).

[91] Explicaremos algumas consequências disso de forma mais completa no capítulo posterior sobre os usos da Bíblia, particularmente no processo da formação espiritual.

[92] Tate, *Biblical Interpretation*, p. 268-269.

O OBJETIVO DA INTERPRETAÇÃO

Batismo

O NT apresenta a prática do batismo nos Evangelhos onde João Batista exige esse rito para aqueles que se arrependem. Nas palavras de Marcos, "Assim surgiu João, batizando no deserto e pregando um batismo de arrependimento para o perdão dos pecados" (Mc 1:4). Jesus continuou e incentivou a prática (Jo 3:22; 4:1-2; Mt 28:19, 20), e ela se tornou um rito central na Igreja que se desenvolvia (At 2:38, 41; 8:12, 38; 9:18; 10:47ss.; 16:15, 33; 18:8; 19:5 etc.). Alguns textos podem indicar algum método de batismo (e.g., o batismo de João no rio Jordão e Atos 8:38-39 são citados para defender a imersão), apesar de a maioria não o fazer. O precedente histórico entre os judeus era (e ainda é) a imersão em um *mikvah* (i.e., um tanque para purificação ritual).[93]

Mesmo assim, várias comunidades cristãs fiéis vieram a entender os textos relevantes de forma diferente, vendo o método do batismo à luz da leitura de sua comunidade dos textos relevantes. Vários grupos imersionistas apelam para o precedente histórico da imersão como o rito de purificação e iniciação dos judeus, que ainda imergem os prosélitos. Eles insistem que, ainda que a mensagem espiritual seja de importância suprema, nenhum outro método de batismo representa corretamente o padrão bíblico.

Outros destacam a importância espiritual desse rito, ou a sua associação com a circuncisão, e tratam a forma do batismo (seja a imersão, a aspersão, ou o derramamento) como uma questão secundária (ainda que mesmo alguns desses grupos especifiquem uma única forma [e.g., a aspersão]). Alguns batizarão somente aqueles com idade suficiente para expressar a sua fé em Jesus, enquanto outros aspergirão, salpicarão ou imergirão bebês. Alguns grupos até permitem várias formas, aspergindo as crianças se os pais preferirem, ou imergindo as pessoas logo depois da sua confissão de fé.

Será que alguns textos "claramente" denotam a imersão, enquanto outros "claramente" ensinam a aspersão ou o derramamento de modo que os grupos escolhem ou rejeitam aqueles que eles preferem e rejeitam os outros? Ou, para complicar a discussão, será que alguns textos ensinam o batismo de *fiéis*

---

[93] Apesar de nenhuma prova arqueológica dessa imersão ritual ser anterior aos tempos helenistas, a tradição judaica afirma que a prática de purificação ritual em água vem dos tempos de Adão e foi exigida de todos os judeus antes de se encontrarem com Deus durante a entrega da lei no Sinai; foi praticada na "fonte de Miriã" no deserto; foi praticada na ordenação de Moisés e Arão e dos sacerdotes posteriores ao sacerdócio; foi muito importante no culto do templo em Jerusalém na época e se tornou uma exigência para todos os prosélitos ao judaísmo. Tradicionalmente, e até hoje, a imersão em água é uma característica central da prática religiosa judaica. Veja R. Slonim, *Total Immersion: A Mikvah Anthology* (Northvale, NJ: Jason Aronson, 1996); e A. Kaplan, *Waters of Eden: The Mystery of the Mikvah* (New York: NCSY/Union of Orthodox Jewish Congregations of America, 1976).

• **337** •

enquanto outros ensinam o batismo de *crianças*? Alguns adeptos de um lado ou do outro insistiriam frequentemente em respostas afirmativas, mas as questões não são tão simples. Uma questão é certa: várias tradições eclesiásticas decidiram o que os textos *significam para elas*. Para citar alguns exemplos, alguns presbiterianos decidiram batizar crianças e adultos convertidos somente por aspersão; outros batizam por imersão e/ou aspersão crianças e adultos cristãos. Tendo sua origem do interior conservador norte-americano, os evangélicos da aliança batizam crianças e adultos, na idade que os pais ou os convertidos preferirem. Os grupos batistas e de pensamento semelhante tipicamente insistem na imersão dos crentes, ainda que tenham que decidir o que significa a "fé", especialmente em situações onde os filhos bem jovens se candidatam ao batismo. Alguns grupos debatem sobre o que fazer quando membros em potencial foram batizados, mas de forma errada, ou mesmo do modo certo por outra denominação. Aqueles que batizam bebês por aspersão geralmente recorrem à analogia da circuncisão de bebês e das alianças paralelas como modo de ingressar em Israel (Abraão) e na Igreja (Cristo). Eles observam, também, o precedente histórico para uma variedade de métodos: a Igreja tem utilizado os métodos de aspersão e derramamento desde o século I ou II.

Mas alguns pedobatistas podem até admitir que o padrão para o batismo no NT foi a imersão (a aspersão de crianças nunca é ensinada nas Escrituras).[94] Eles defendem que o batismo de crianças se desenvolveu como uma dedução teológica legítima a partir de outros ensinos bíblicos claros.[95] Ou, diz Bromiley, "A inclusão dos filhos de adultos convertidos é tão coerente com a prática do AT que ela nem é mencionada no Novo, como os batismos de famílias de Atos sugerem, ainda que não provem".[96] Ele continua: "De forma bem diversa das provas exteriores, o próprio Novo Testamento oferece indicações claras que os filhos dos cristãos são considerados membros da comunidade divina da mesma forma que os filhos do Israel do Antigo Testamento o eram. Nestas circunstâncias, a dedução de uma prática comum do batismo de crianças é sem dúvida legítima, ainda que não o seja de uma forma absoluta ou obrigatória".[97] Por isso, estas pessoas interpretam os textos concernentes ao batismo com os seus

---

[94] Para uma análise verdadeiramente abrangente, veja E. Ferguson, *Baptism in the Early Church: History, Theology, and Liturgy in the First Five Centuries* (Grand Rapids: Eerdmans, 2013). Sobre o batismo de crianças, veja G. W. Bromiley, *Children of Promise. The Case for Baptizing Infants* (Grand Rapids: Eerdmans, 1979); e R. R. Booth, *Children of the Promise: The Biblical Case for Infant Baptism* (Phillipsburg, NJ: Presbyterian and Reformed, 1995).

[95] Para uma coleção útil de teses sobre a prática relevante na Bíblia e na Igreja, veja S. E. Porter e A. R. Cross, ed., *Baptism, The New Testament And The Church: Historical and Contemporary Studies In Honour of R.E.O. White* (Sheffield, UK: Sheffield Academic Press, 1999).

[96] Bromiley, *Children of Promise*, p. 2.

[97] Ibid, p. 4.

O OBJETIVO DA INTERPRETAÇÃO

pré-entendimentos. Os textos, os princípios e as analogias bíblicos e a tradição histórica, todos pesam muito em sua interpretação.[98]

Em compensação, aqueles que ensinam a imersão de cristãos adultos também se baseiam em textos bíblicos e em suas tradições. Opondo-se ao batismo de crianças, Beasley-Murray insiste: "Não é somente porque o Novo Testamento faz silêncio sobre a prática do batismo de crianças, mas porque o pensamento e a prática das comunidades primitivas, da maneira que são reveladas nos documentos do Novo Testamento, parecem ser contrários às ideias e às práticas que acompanham o batismo de crianças nas igrejas posteriores."[99] Na verdade, ele insiste que "o batismo de crianças surgiu cedendo a pressões exercidas sobre a Igreja por dentro e por fora".[100] O seu ponto de vista sobre o NT e sobre as questões históricas parece ser radicalmente diferente do de Bromiley. Será que a Bíblia apoia as práticas variadas de batismo desses grupos? O que se passa na mente desses estimados especialistas? Enquanto cada grupo insiste em uma resposta afirmativa, cada um encontra *sentidos* diferentes nos mesmos textos sobre o batismo. Como podemos explicar essas diferenças de opinião?

Em resumo: nem aqueles que batizam crianças, nem aqueles que insistem na imersão apenas de crentes maduros dispensam a Bíblia na defesa dos seus pensamentos. Os intérpretes aparentemente comprometidos, sinceros e capazes nessas duas tradições chegam a conclusões diferentes sobre o *sentido* dos textos bíblicos, não simplesmente sobre as suas aplicações. Com certeza, deve-se colocar restrições. Por exemplo, os pedobatistas tipicamente insistem na necessidade de cada indivíduo ter uma fé pessoal em Cristo. Muitos não ensinam que o batismo de uma criança lhe assegura a salvação pessoal, ainda que alguns o façam (na chamada regeneração batismal); a salvação, a maioria afirma, depende da confiança de cada pessoa em Cristo. Em outras palavras, o ensino total da Bíblia sobre questões relevantes traz os princípios e as restrições dentro das quais todas as interpretações legítimas devem estar. A maioria dos imersionistas também não afirma que o batismo por si só seja essencial para a salvação. A salvação depende da fé pessoal. Por isso, o ladrão na cruz se juntou a Jesus no paraíso por causa de sua fé nele, apesar da ausência de qualquer tipo de batismo. (Lc 23:43).

---

[98] Sobre algumas fontes históricas que falam do batismo de crianças, veja J. Jeremias, *Infant Baptism in the First Four Centuries* (London: SCM, 1960). Para os argumentos contra o batismo de crianças a partir de uma posição teológica reformada, veja P. K. Jewett, *Infant Baptism and the Covenant of Grace* (Grand Rapids: Eerdmans, 1978).

[99] G. R. Beasley-Murray, *Baptism in the New Testament* (Grand Rapids: Eerdmans, 1973), p. 352. Sobre o batismo dos crentes, veja também T. R. Schreiner, *Believer's Baptism: Sign of the New Covenant in Christ* (Nashville: B&H Academic, 2007).

[100] Beasley-Murray, *Baptism*, p. 352.

Milênio

Outra ilustração pertinente surge dentro do tópico teológico da escatologia, que se ocupa do futuro ou do que é chamado os "últimos tempos". Desde os primeiros dias da Igreja, os cristãos têm debatido sobre o sentido dos vários textos bíblicos sobre os detalhes dos acontecimentos do fim dos tempos. Qual é a proposta de ensino dos escritores bíblicos sobre os acontecimentos futuros, especialmente sobre a conclusão da história? Vamos usar esse tópico como exemplo de um princípio sobre a definição do sentido no processo de interpretação.[101]

O período denominado milênio se refere ao reinado de mil anos de Cristo.[102] Alguns teólogos cristãos aceitam o pensamento de que isto envolverá um período literal de tempo (estendendo-se ou não por mil anos). De acordo com uma escola de pensamento, logo depois da sua segunda vinda, o próprio Cristo reinará com os cristãos nesta terra literal de agora.[103] Outros veem o milênio de uma forma mais simbólica: eles acreditam que Cristo e os seus seguidores já fazem parte atualmente do seu reinado, e, na sua vinda gloriosa, Cristo encerrará a história e dará início a um estado eterno, ou a uma era vindoura.[104] Os adeptos de um terceiro grupo, que é menor, adotando um pensamento literal parecido com o primeiro, acreditam que esta era da Igreja vai levar a um período final de tempo real, o milênio, após o qual Cristo retornará para iniciar o estado eterno.[105]

---

[101] Aqui temos que limitar a nossa discussão aos pensamentos dos cristãos que acreditam que as profecias bíblicas trazem um esboço de uma escatologia futura. Para outros que acreditam que os ensinos da Bíblia sobre o futuro sejam incompletos ou não existam, esse exemplo será irrelevante.

[102] Para uma introdução útil às várias opções em voga entre os especialistas conservadores, veja R. Clouse, ed., *The Meaning of the Millennium: Four Views* (Downers Grove: InterVarsity, 1989); e C. A. Blaising, ed., *Three Views on the Millennium and Beyond* (Grand Rapids: Zondervan, 1999). Para análises sensatas das opções, veja S. J. Grenz, *The Millennial Maze* (Downers Grove: InterVarsity, 1992); e M. J. Erickson, *A Basic Guide To Eschatology: Making Sense of The Millennium*, rev. ed. (Grand Rapids: Baker, 1999).

[103] Esses intérpretes são chamados pré-milenistas por razões óbvias. Cristo volta à terra antes do seu Reino durante o milênio.

[104] Às vezes esses teólogos são chamados de amilenistas, ainda que esse seja um termo impróprio. Eles não negam um milênio; em vez disso, eles preferem vê-lo como cumprido na história da Igreja logo depois da vitória de Cristo sobre Satanás na cruz. Eles não esperam um milênio futuro. Outros amilenistas igualam o milênio ao estado futuro, os novos céus e a nova terra.

[105] Chamamos esses intérpretes pós-milenistas. De acordo com a sua visão, Cristo volta depois de um milênio literal. Essa escola dominava o pensamento do protestantismo americano no século XIX, motivou vários movimentos de reforma, e é uma característica do movimento chamado reconstrucionismo cristão.

O OBJETIVO DA INTERPRETAÇÃO

Como um tesse para estas interpretações, vamos avaliar o que alguns adeptos dizem sobre Apocalipse 20:4-5, onde o escritor fala de um grupo de pessoas: "Eles ressuscitaram e reinaram com Cristo durante mil anos. (O restante dos mortos não voltou a viver até se completarem os mil anos.) Essa é a primeira ressurreição."

O pré-milenista G. Ladd afirma que a frase "ressuscitaram" se refere à ressurreição literal desses cristãos, e que "não se trata de 'ressurreição espiritual' alguma das almas dos justos ao morrerem".[106] Por isso, ele continua, "No início do período milenar, parte dos mortos ressuscita; no final, ressuscita o restante".[107] Na sua defesa de um milênio futuro real em seguida à volta de Jesus, Grant Osborne acrescenta, "Satanás é preso e selado no abismo, de modo que ele não possa 'enganar as nações', uma afirmação que não combina com a atividade de Satanás no mundo atual. É melhor ver 20:1-10 como um acontecimento futuro, não como uma realidade atual. À luz disso, é muito mais viável ver a 'ressurreição' em 20:4-5 como ressurreição física na parousia (para os fiéis) e no juízo final (para os incrédulos)".[108]

Ainda em seu comentário sobre esses mesmos versículos, o amilenista W. Hendriksen apresenta o seu pensamento de forma bem sucinta, "Nesta passagem inteira não existe uma única palavra que fale sobre uma ressurreição de *corpos*".[109] Para ele "o reinado de mil anos acontece *no céu*".[110] Com relação à prisão de Satanás durante esse reino milenar: "Essa obra de *prender o Diabo* começou quando o nosso Senhor triunfou sobre ele nas tentações do deserto, Mateus 4:1-11; Lc 4:1-13."[111] Para Hendriksen e outros amilenistas, Satanás agora está preso nesta era, a era milenar em que Cristo reina no céu com os seus santos vitoriosos.[112]

Enquanto isso, Robert Mounce parece ficar no meio-termo. Ele distingue entre a *forma* do que o texto de Apocalipse diz e o *conteúdo* do significado que o autor tentou transmitir a seus leitores, uma análise que espelha a distinção que fizemos entre a locução e a ilocução (apesar de Mounce não usar esses termos).

---

[106] Ladd, *Revelation*, p. 265.

[107] Ibid, p. 266.

[108] G. R. Osborne, *Revelation*, p. 718.

[109] W. Hendriksen, *More Than Conquerors: An Interpretation of the Book of Revelation* (Grand Rapids: Baker, 1965), p. 230 (itálicos de Hendriksen). Outros comentários excelentes escritos sob uma perspectiva amilenista incluem D. E. Johnson, *Triumph of the Lamb: A Commentary on Revelation* (Phillipsburg, NJ: Presbyterian & Reformed, 2001); e S. J. Kistemaker, *New Testament Commentary: Exposition of the Book of Revelation* (Grand Rapids: Baker, 2001); e G. K. Beale, *The Book of Revelation*. Em cada caso, veja as páginas dedicadas a Apocalipse 20:4-5.

[110] Hendriksen, *Conquerors*, p. 231 (itálicos de Hendriksen).

[111] Ibid, p. 225 (itálicos de Hendriksen).

[112] Ibid, p. 229.

INTRODUÇÃO À INTERPRETAÇÃO BÍBLICA

Mounce observa: "Resumindo, João descreve o milênio em termos temporais, mas o seu sentido essencial não se pode restringir à forma pela qual ele foi comunicado."[113] Em outras palavras, o autor pode até ter usado uma linguagem que parece indicar um período literal de tempo, e isto provavelmente surgiu dos conceitos religiosos dominantes da época do autor. Mas a "verdade essencial da profecia" poderia bem querer dizer, diz Mounce, que "terminaremos de encontrar em Apocalipse 20 a previsão de uma era *escatológica*".[114] Esses pensamentos divergentes naturalmente levantam questões hermenêuticas. Será que as passagens da Bíblia são tão obscuras que os intérpretes sinceros não conseguem concordar se elas ensinam um reino de Cristo futuro literal e longo sobre esta terra física ou se Cristo voltará antes ou depois desse período, se essa fase existir?

Avaliação

Como essas visões divergentes como as sobre o batismo ou o milênio se desenvolvem? É por causa de uma ausência de *provas bíblicas*? As informações são tão confusas, imprecisas ou ínfimas que qualquer interpretação do que os escritores bíblicos quiseram dizer será um tiro no escuro? As informações podem ser coletadas em várias formas justificáveis? Não existem informações suficientes para anular todas as interpretações diferentes de forma segura? Uma ou outra dessas pode com certeza estar certa.

Temos que atribuir a variedade das interpretações aos *intérpretes*. O que está acontecendo? Primeiramente, os intérpretes querem, talvez mesmo inconscientemente, ler as provas de determinadas maneiras. Em segundo lugar, eles podem estar cegos às alternativas. Ou talvez seja um pouco das duas possibilidades. Analisamos anteriormente a influência do pré-entendimento. Este fator pode explicar muitas conclusões sobre questões discutíveis quanto aos estudos bíblicos. Mas ainda pode haver outra explicação aqui que merece ser considerada neste momento.

Talvez um ou mais partidos desses tipos de discussão estejam interpretando criativamente os textos e trazendo *sentidos* diferentes. Isto não nega o papel dos pré-entendimentos, mas em vez disso pode legitimar o pensamento de que várias conclusões sobre o sentido não são somente possíveis, mas também válidas nestes impasses interpretativos. Não estamos defendendo uma posição na qual os intérpretes podem simplesmente projetar qualquer coisa em um texto, mas nestes exemplos, pelo menos, as interpretações variadas têm uma longa duração na interpretação durante a história da Igreja, praticamente desde a própria escrita do NT. Com certeza, a essência e o espírito da revelação bíblica tem que

---

[113] Mounce, *Revelation*, p. 370.
[114] Ibid, p. 369 (itálicos de Mounce).

O OBJETIVO DA INTERPRETAÇÃO

limitar qualquer sentido descoberto dentro de suas páginas. Os padrões da ação de Deus no passado e a importância de Cristo na redenção conforme vemos nas páginas da Bíblia, por exemplo, demarcam o sentido aceitável.

Mas destacamos novamente que o sentido sempre surge de uma interação ou "conversa" entre dois parceiros, nesse caso o texto bíblico e o intérprete. O pré-entendimento e os pressupostos do intérprete contribuem bastante com os resultados do processo interpretativo. Eles influenciam bastante os resultados. No nosso primeiro exemplo, tanto os pedobatistas quanto os imersionistas afirmam que têm uma interpretação correta. No segundo, tanto os pré-milenistas quanto os amilenistas declaram legitimidade.[115] Mas os dois podem estar "certos" sem abrir a caixa de Pandora do texto do pós-modernismo como simplesmente um espelho do intérprete?

De alguns modos o processo é circular, ou, como preferimos chamar, uma espiral hermenêutica. Interpretar os textos nos ajuda a formular o nosso entendimento e o nosso sistema. A partir desse pré-entendimento continuamos a trabalhar na interpretação do texto, e no processo revisamos o nosso pré-entendimento e o nosso sistema.[116] Nenhuma interpretação surge sem o pré-entendimento, que inevitavelmente influencia os resultados do processo interpretativo. Ele nos capacita a ver, e ainda assim enfeita o que vemos. De forma adequada, construímos uma interpretação do que encontramos no texto. O teólogo reformado tende a descobrir que a Bíblia ensina o batismo de crianças e o amilenismo. Devido ao seu compromisso anterior e a sua tradição histórica, ele constrói esse entendimento dos textos relevantes. O leitor de outra tradição traz o seu pré-entendimento e o seu compromisso ao processo de interpretação da Bíblia, então a sua interpretação dos textos gera um entendimento alternativo. Sem

---

[115] Muitos grupos e indivíduos cristãos sentem que não podemos permitir que essas discussões nos dividam, quase como se dissessem que reconhecemos tanto nossas incapacidades de chegar à verdade quanto uma falta de disposição de julgar os outros dizendo que eles estão "errados", pelo menos sobre questões como essas que utilizamos. Como é impressionante que as agências interdenominacionais importantes, incluindo aquelas afiliadas à Associação (americana) Nacional dos Evangélicos e aquelas que se identificam com Lausanne, concordam que os dois debates doutrinários que utilizamos para ilustrar não se incluem na lista, que em outras partes é detalhada, de afirmações doutrinárias importantes. Por outro lado, algumas denominações e facções inteiras do cristianismo histórico negam a Ceia do Senhor a qualquer pessoa que não tenha sido batizada sob sua autoridade.

[116] Para o interesse de alguns, no início dos anos 1990 divulgou-se que alguns dispensacionalistas estavam realmente revisando o seu sistema. Para acompanhar as mudanças, compare, por exemplo, as versões anteriores da *Scofield Reference Bible* (New York: Oxford University Press, 1909); L. S. Chafer, *Systematic Theology* (Dallas: Dallas Seminary Press, 1948); C. Ryrie, *Dispensationalism Today* (Chicago: Moody, 1965); C. A. Blaising e D. L. Bock, *Progressive Dispensationalism* (Grand Rapids: Baker, 2000); e H. W. Bateman, *Three Central Issues in Contemporary Dispensationalism: A Comparison of Traditional and Progressive Views* (Grand Rapids: Kregel 1999).

tomar partidos, poderíamos bem discutir que uma das posições em qualquer debate traz um entendimento melhor ou mais provável do sentido histórico dos textos bíblicos relevantes e das intenções dos seus autores. Como temos justificado anteriormente, o sentido histórico do texto permanece o nosso objetivo primário na interpretação. Mas como os escritores do NT nem sempre se limitavam ao sentido literal histórico dos textos do AT que eles interpretavam, temos que nos manter abertos a um lugar possível para o nosso uso "criativo" dos textos bíblicos. Com certeza, o texto com uma única locução (ato de escrita) pode gerar múltiplas perlocuções ou efeitos até além do que o autor original idealizou. Ou com o interesse renovado na *Wirkungsgeschichte*, poderemos falar sobre a "história dos efeitos" de um texto "... como ele é lido em várias situações com o passar do tempo e em vários lugares. Esses efeitos se acumulam através da linguagem e afetam as leituras posteriores, intencionalmente ou não, para o bem ou para o mal".[117]

O que podemos aprender sobre a forma que os escritores do NT abordaram a sua leitura do AT? Klyne Snodgrass traz palavras sábias de conselho sobre esta questão:

Não teremos completado a tarefa interpretativa até que tenhamos determinado a maneira como um texto corresponde ou não ao ministério de Jesus ou ao ministério da Igreja. Os escritores do Novo Testamento parecem ter procurado por padrões do agir de Deus nas Escrituras hebraicas, na vida de Jesus e na sua própria experiência. A nossa leitura das Escrituras deve fazer o mesmo.[118]

Cristo e a sua Igreja trouxeram estruturas e trajetórias para um novo entendimento dos acontecimentos e dos textos das Escrituras do AT. Eles releram esses textos e viram padrões (tipos) e uma importância que quem não é cristão não percebe. Em sua experiência cristã, eles perceberam as semelhanças do que Deus fez com o seu povo da aliança em gerações anteriores conforme se registra no AT. Então eles interpretaram esses textos no AT à luz de sua nova descoberta. Mais do que simplesmente reaplicarem os textos do AT a novas situações, eles viram um novo sentido nesses textos. O reino prometido chegou no ministério de Jesus e fez toda a diferença.

---

[117] D. J. Treier, *Introducing Theological Interpretation of Scripture: Recovering a Christian Practice* (Grand Rapids: Baker Academic, 2008), p. 131. Para exemplos do uso dessa abordagem nos estudos do NT, veja as teses em M. F. Bird e J. R. Dodson, eds. *Paul and the Second Century*, LNTS 412 (London: T&T Clark, 2011). Eles explicam "os vários modos que Paulo foi recebido, interpretado ou até usado no século II" (p. xi). A série Wiley-Blackwell Commentary, lançada pouco a pouco, lida com seleções de toda a história da interpretação, tanto dos livros do AT quanto dos livros do NT.

[118] Snodgrass, "Use of the Old Testament", p. 427.

O OBJETIVO DA INTERPRETAÇÃO

Tanto os pedobatistas quanto os que só batizam os que creem perceberam corretamente como Deus tem trabalhado com seu povo ao longo da história e como ele está operando entre eles nos dias de hoje. Eles levaram em conta o sentido do autor original do texto (a locução e a ilocução do autor) e afirmaram perlocuções diferentes além das do autor. Talvez muitos textos relevantes possam ser explicados como amilenistas, pré-milenistas ou pós-milenistas dependendo das trajetórias que o leitor escolha seguir. Isto pode prosseguir pelas linhas da tipologia como foi defendido acima, mas para admitir que várias opções podem reivindicar validade sugere que temos posto na ação do leitor a habilidade de gerar perlocuções (resultados, efeitos) que vão além das intenções originais dos textos, como acontece de forma típica em muitos atos de fala.

Se formos abertos a isso, então poderemos seguir os passos da exegese dos escritores bíblicos, ainda que o processo exija o cuidado devido e controles importantes. No processo de conscientização do trabalhar e do propósito de Deus, poderemos ler textos em novas óticas e elaborar nossas interpretações plausíveis dos textos bíblicos que estamos estudando, mesmo que essas interpretações não tenham sido idealizadas de forma rigorosa pelos autores bíblicos. *A nova interpretação tem que ser consistente com o sentido histórico do texto* (e com o ensino total da Bíblia, devido a nossa visão de unidade da Bíblia), *mas não precisa ser limitada à perlocução original.*

Usando o nosso exemplo anterior, alguns discutem que o sentido histórico mais provável dos textos sobre o batismo, baseados no sentido lexical de *baptizō* (significando "mergulhar" ou "imergir") e nos precedentes históricos judaicos de imergir os prosélitos e praticar a purificação ritual por imersão, aponta para a prática da imersão em água para aquele que tem a capacidade de se arrepender e crer. Tomando isto como justificativa, em algumas comunidades de fé, o batismo funciona como o rito de iniciação e o batizar significa "imergir aquele que tem fé em Cristo".

Mas em outras comunidades de fé, a natureza do concerto de Deus com o seu povo, cujo ingresso era simbolizado pela circuncisão dos filhos no Israel antigo, tem um papel mais importante no seu entendimento do seu relacionamento com Deus. Ainda se espera que os filhos professem fé no Deus de Israel em algum momento. Utilizando-se da analogia da circuncisão e da importância do concerto como suas justificativas, para os pedobatistas, o batismo significa "aspergir uma criança que está se juntando à comunidade do concerto dos cristãos". Já que as formas de batismo diferentes da imersão (derramamento e aspersão) podem ser observadas desde os primórdios da prática da Igreja, essas comunidades se sentem justificadas em afirmar que alguns dos textos

INTRODUÇÃO À INTERPRETAÇÃO BÍBLICA

pertinentes do NT podem ser bem entendidos como utilizando outras formas além da imersão.[119]

O que presenciamos nesse cenário? Devido ao seu pré-entendimento e ao seu compromisso com a comunidade, os dois grupos adotaram a sua própria "perlocução" de textos específicos. Para um, quando João batizou a Jesus, ele o imergiu em água (Mateus 3:13-17 e paralelos), e por isso o grupo batiza imergindo os cristãos em uma piscina, um lago ou um rio. A outra comunidade visualiza que Jesus e João estavam de pé com a água no joelho, e que João mergulhou um vaso no rio e derramou água sobre a cabeça de Jesus. Então eles batizam pelo derramamento ou pela aspersão (omitindo aqui a questão se os candidatos devam ser crentes ou não). Será que uma interpretação do ocorrido é correta e a outra é errada? (Nos próximos capítulos deste livro discutiremos todas as táticas de análise que podem ajudar a lidar com esta questão histórica). Com certeza, um vídeo do acontecimento mostraria o que realmente aconteceu (ou se aconteceu de algum modo que difere dessas duas possibilidades). Se a espiral hermenêutica e o nosso entendimento sobre o realismo crítico devem nos orientar, então o sentido histórico do texto permanece o objetivo central para toda a exegese. Os escritores do Evangelho idealizaram um sentido específico, e, historicamente, houve um acontecimento específico no Jordão. Esses, acreditamos, têm que ser os objetivos da interpretação. Mas, historicamente, as diferentes comunidades da fé utilizarão esse sentido de forma diferente. Elas afirmam a sua validade por causa da história da Igreja.

Vamos resumir esta discussão sobre o batismo e o milênio desse modo. Acreditamos que as locuções dos autores e dos textos são claras, mas as suas ilocuções e perlocuções ampliadas nos impedem de excluir as alternativas de prática como heterodoxas ou sub-bíblicas (i.e., nenhum dos pensamentos promove a heresia).[120] Contudo, alguns partidos nos debates podem ter ido além

---

[119] É só consultar a iconografia e outras formas de arte da Igreja para ver a frequência com a qual o batismo de Jesus no rio Jordão é retratado com João derramando água de algum vaso sobre a cabeça de Jesus.

[120] Por exemplo, Lucas escreve: "Naquela mesma hora da noite o carcereiro lavou as feridas deles; em seguida, ele e todos os seus foram batizados" (At 16:33). A locução, "o carcereiro e todos os seus foram batizados", é clara o suficiente. O propósito do ritual foi provavelmente firmar o seu compromisso com Jesus e torná-los membros da família da fé, a Igreja. Não sabemos o modo. Existe um local atualmente próximo de um rio de Filipos que comemora esse acontecimento. Será que todo o grupo caminhou para o rio para imersão? Ou um vaso de água sobre cada um dos familiares foi o suficiente? "Os seus" familiares eram adultos ou havia crianças entre eles? Todos eles fizeram uma profissão de fé pessoal em Jesus (como o carcereiro evidentemente fez) ou esse batismo da família foi um caso de solidariedade coletiva: quando o cabeça do lar faz a decisão, todos obedecem? A tradução do v. 34 deixa em aberto: "... com todos os de sua casa alegrou-se muito por haver crido em Deus".

O OBJETIVO DA INTERPRETAÇÃO

da intenção clara do autor e do texto e criaram outros sentidos tipicamente em harmonia com as suas trajetórias históricas e doutrinárias. Precisamente por estas razões, os intérpretes terão que concordar em discordar em amor sobre esses tópicos e continuar a se reunir e a ministrar juntos.

Ao mesmo tempo, acreditamos que há somente duas opções lógicas acerca do sentido histórico dos textos, ainda que epistemologicamente nunca seremos capazes de determinar qual se aplica em uma situação específica. Tanto (1) há informações históricas suficientes para apoiar um pensamento como mais provável do que o outro, hipótese na qual devemos preferir esse pensamento mesmo permitindo que outros discordem sem acusá-los de heresia ou coisa pior, quanto (2) não existem informações suficientes para defender um pensamento, hipótese na qual devemos reconhecer isso, evitando julgar os outros, e permitindo opções alternativas. As interpretações controvertidas de textos (como as que ocorrem nos exemplos do batismo e do milênio que utilizamos) demonstram que seja qual for o sentido histórico dos textos, as comunidades de fé têm se investido de suas próprias ilocuções e perlocuções. Ao mesmo tempo em que reconhecemos esse fenômeno, o nosso objetivo como intérpretes bíblicos deve ser o de minimizar o afastamento do sentido histórico, ao mesmo tempo em que se reconhece que nunca seremos capazes de fazer isso de forma completa. O objetivo da interpretação deve ser chegar ao sentido que o autor idealizou.

VALIDANDO NOSSA INTERPRETAÇÃO

À luz dessa discussão, parece adequado perguntar se podemos em algum momento saber se o nosso entendimento de uma passagem é correto, ou se uma interpretação tem uma afirmação de validade mais forte do que alguma concorrente. Podemos de algum modo ter certeza de que percebemos o sentido do texto e a intenção do autor de forma precisa? Ou nos casos que alguns seguiram os passos dos escritores bíblicos chegando a outras perlocuções (resultados, efeitos) de um texto, como podemos saber se eles ficam dentro dos limites de aceitabilidade? Existem de fato estas fronteiras? Não podemos ignorar estas perguntas. Mesmo para o intérprete cristão que afirma que a Bíblia é a revelação de Deus, que valor terá um texto com autoridade se não o interpretamos de forma correta?

Como se observou anteriormente, na ausência do autor que se possa consultar, somos incapazes de afirmar com certeza absoluta que entendemos precisamente a intenção de um autor em determinado texto. Nem podemos de forma alguma determinar até que ponto um texto foi entendido em sua forma original. Afirmamos que nenhuma dessas conclusões quer dizer que os

• **347** •

INTRODUÇÃO À INTERPRETAÇÃO BÍBLICA

textos não tenham um sentido determinado. Os autores realmente determinam um sentido quando eles escrevem. Então estabelecemos como o nosso objetivo o sentido do texto que o autor ou editor propôs. Inevitavelmente, temos que trabalhar por aproximação. Com todas as provas que pesquisamos e todos os fatores que avaliamos, temos que fazer uma série de perguntas: (1) Qual interpretação representa com maior probabilidade o sentido original do texto? (2) Quais interpretações se situam dentro dos limites razoáveis para o sentido do texto para as várias comunidades de fé? (3) Quando pode a interpretação sugerir que uma comunidade de fé se afastou do padrão ortodoxo?[121] Verificar uma interpretação exige pesar dois tipos de provas: (1) as provas que se referem ao próprio texto e (2) as provas que se referem aos intérpretes. E. D. Hirsch lida com a primeira preocupação.[122] Ele sugere quatro critérios para estabelecer uma interpretação como provável. A leitura mais provável:

- é possível de acordo com as normas do idioma com o qual foi escrito;
- tem que ser capaz de explicar cada elemento linguístico do texto;
- tem que seguir as convenções para esse tipo de literatura; e
- tem que ser coerente: tem que fazer sentido.[123]

Em outras palavras, a interpretação mais provável de um texto é aquela que é mais consistente com o idioma e o gênero literário, conforme as pessoas

---

[121] Os intérpretes lidam sempre com esse problema: Quando que é adequado detonar as estruturas interpretativas de uma (ou de outra) comunidade de fé? Por exemplo, os protestantes insistem que Lutero estava certo em rejeitar as interpretações de Roma do sentido da época de vários textos e das práticas resultantes dessas interpretações. As aproximações recentes entre católicos e evangélicos por um lado, e entre católicos e luteranos, por outro, parecem defender o entendimento bíblico correto da justificação somente pela fé. A teologia católica no período anterior à Reforma pode realmente ter se afastado das orientações bíblicas nos sentidos históricos dos textos relevantes. Ou considere o exemplo de Jesus rotulando algumas interpretações restritivas dos fariseus como odres velhos que estavam defeituosos (Mt 9:17 e paralelos). Defendemos que tanto Lutero quanto Jesus foram justificados com base nos sentidos históricos dos textos relevantes. Nestes exemplos, as "comunidades de fé" rivais se afastaram das fronteiras aceitáveis dos ensinamentos de Deus. Eles precisavam ser desafiados e as suas visões equivocadas precisavam ser descartadas. No que constitui heresia no NT, veja C. L. Blomberg, "The New Testament Definition of Heresy (or When Do Jesus and the Apostles Really Get Mad?)", *JETS* 45 (2002): p. 59-72.

[122] Lembre-se de que seu livro é intitulado *Validity in Interpretation*. Ele discute a "Verificação" nas pp. 235-244, a qual ele vê como um procedimento para estabelecer que um texto ou uma interpretação determinada é o mais provável dentre quaisquer alternativas concorrentes.

[123] Hirsch, *Validity*, p. 236.

• 348 •

O OBJETIVO DA INTERPRETAÇÃO

geralmente os usaram e entenderam na época em que os textos foram escritos.[124] Buscamos entender um texto no sentido normal e claro no qual os seres humanos normalmente se comunicam através desse tipo de literatura.[125] Na verdade, Vanhoozer afirma de forma correta: "A Escritura é composta de uma linguagem 'comum' e de uma literatura 'comum'".[126]

VALIDANDO NOSSA INTERPRETAÇÃO
Pese todas as provas relacionadas ao sentido mais provável **do texto** e as preconceitos pessoais **do intérprete**.

Uma grande parte do que é apresentado neste livro amplia e ilustra exatamente esses elementos que capacitam os intérpretes a chegar a esse sentido "comum". Temos que abordar as questões da análise lexical, do cenário histórico e cultural, da crítica literária, do gênero literário, da gramática grega e hebraica etc. Temos que considerar também o conteúdo do texto, o propósito e a força. A interpretação que parece em um primeiro momento ser coerente pode acabar sendo incorreta por interpretar de forma errada algumas provas. Mas a interpretação incoerente ou anacrônica tem a maior chance de não ser correta. Quanto mais conhecemos sobre o mundo antigo e sobre a própria Bíblia, mais aumentamos a probabilidade de que, dentre as várias alternativas viáveis, consigamos selecionar a interpretação correta. E se a nossa interpretação for correta, os outros poderão avaliar o estudo e concordar com a conclusão.

---

[124] K. J. Vanhoozer, "Semantics", p. 80, sugere: "Por isso, o gênero literário capacita o leitor a interpretar o sentido e reconhecer quais os tipos de pretensões de verdade estão sendo feitas dentro do texto e através do texto". Ao mesmo tempo em que reconhece a importância da situação do leitor moderno, a obra magistral de Vanhoozer *Há um significado neste texto?* defende fortemente o papel importante do autor para se estabelecer o sentido de um texto.

[125] Veja o esclarecimento do sentido de B. Ramm em *Protestant Biblical Interpretation,* 3ª ed. (Grand Rapids: Baker, 1970), p. 119-127.

[126] Vanhoozer, "Semantics", p. 85. A sua explicação sobre o modo que a literatura "funciona" para comunicar é viva e provocante. Vanhoozer sugere que qualquer análise da literatura bíblica tem que levar em conta quatro fatores cruciais: (1) o assunto: as informações ou as questões; (2) as razões pelas quais o texto foi escrito: a sua função ou intenção; (3) a forma pela qual a mensagem é "encarnada"; e (4) o poder ou a força do texto que resulta da combinação dos primeiros três elementos (p. 91-92). Então, "Como leitores cristãos, devemos nos interessar não apenas com as propostas em si, mas com as várias maneiras que estas propostas são apresentadas para a nossa consideração" (p. 92)

INTRODUÇÃO À INTERPRETAÇÃO BÍBLICA

VALIDANDO NOSSA INTERPRETAÇÃO	
Quanto aos preconceitos pessoais, devemos procurar responder a essas questões:	Preconceito e patriotismo
	Pecado e depravação
	Fatores sociais, sexuais, raciais, políticos, econômico e religiosos

O segundo lócus de validação é a própria pessoa do intérprete. Primeiramente, existem os fatores inevitáveis do preconceito humano e da visão local, do pecado e da depravação, e da nossa tendência de nos excluirmos e culpar os outros. Em segundo lugar, reconhecemos todos os fatores sociais, sexuais, raciais, políticos, econômicos e religiosos que enfeitam o nosso pensamento. Eles indicam que nenhum intérprete individual está numa posição de julgar corretamente o tempo todo, mesmo seguindo os critérios acima. Mais isso leva naturalmente a várias questões: Existe alguma maneira de identificar o nosso preconceito e o nosso pré-entendimento, de forma que eles não distorçam as provas? Podemos reconhecê-los e levá-los em consideração no processo interpretativo? Podemos adotar alguma hermenêutica da dúvida ou da suspeita que nos force a nos conscientizarmos de nosso preconceito e evitá-lo ou identificá--lo, pelo menos o tanto quanto possível?

VALIDANDO NOSSA INTERPRETAÇÃO: IDENTIFICANDO OS PRECONCEITOS PESSOAIS
Leia e escute as pessoas
Avalie se a interpretação funciona na vida real e na prática da Igreja
Busque o conselho de outros cristãos: de perto e de longe
Concorde ou discorde quando os intérpretes comprometidos e fiéis chegam a conclusões diferentes

Achamos que a resposta para estas perguntas é: "Sim, se estivermos dispostos." Claramente, a tática é refletir cuidadosamente sobre o que os outros dizem sobre o texto.[127] Nenhum intérprete de reputação exclui a sabedoria dos intérpretes no presente, nem mesmo a sabedoria dos cristãos ao longo dos séculos. Aqueles que querem entender a Escritura têm que ler de forma ampla e avaliar de forma prudente o que os outros aprenderam sobre um texto. Os estudantes têm que considerar as descobertas de outros intérpretes respeitados (especialistas, pregadores, professores, e aqueles que escrevem vários artigos e

---

[127] Supomos aqui, é claro, que não celebramos simplesmente nossas posições ideológicas, nem lemos de forma seletiva as fontes que confirmam o nosso preconceito. Mantemos o nosso objetivo de entender o sentido histórico, centrado no autor, dos textos.

O OBJETIVO DA INTERPRETAÇÃO

outros estudos) reconhecendo em todo o tempo que nem todos têm os mesmos pressupostos. Da mesma forma que os intérpretes têm que aprender tudo o que podem dos outros, eles têm que suspeitar de qualquer autor (ou palestrante) que exclama: "Ninguém jamais descobriu esta verdade sobre esta passagem anteriormente!" Igualmente, os intérpretes devem ser cautelosos mesmo quando os outros *concordam* com suas conclusões prediletas, até que as provas não deixem alternativa alguma. Para parafrasear o provérbio, "Como o ferro afia o ferro, assim um intérprete afia o outro" (cf. Pv 27:17). De fato, para assegurar a "afiação", recomendamos que os intérpretes tenham como rotina sempre consultar os outros com os quais eles podem *discordar* para testar a validade de suas conclusões.[128]

Mas considerar o que os outros dizem vai além de ler apenas os especialistas. Swartley sugere dois outros processos que podem também ajudar a validar uma interpretação. Ele propõe, primeiramente, que as interpretações sejam validadas pela "práxis da fé".[129] Este critério pergunta se um entendimento proposto do texto é viável na vida dos cristãos. Swartley sugere que os intérpretes apliquem esse teste "através da *meditação* pessoal e coletiva sobre a Escritura, através do testemunho da *pregação*, e *vivendo* o amor, a justiça, a reconciliação e a paz do evangelho".[130] Com certeza, somente esse critério não garante a precisão de uma interpretação em particular, porque a história da Igreja demonstra que os entendimentos errados também podem ser elaborados de forma utilitária, apesar de geralmente eles não passarem em todos os testes de Swartley.[131] Mas, dada a natureza da Escritura como a Palavra de Deus para o seu povo, os entendimentos corretos têm que funcionar, e então esse teste pode ajudar a validá-los.[132]

---

[128] Uma fonte valiosa para ver como os cristãos primitivos interpretavam os textos bíblicos é a série em andamento, *Ancient Christian Commentary on Scripture*, ed.ger. T. C. Oden (Downers Grove: InterVarsity, 1998-). Uma série equivalente, Reformation Commentary on Scripture, acabou de ser lançada pela InterVarsity.

[129] W. Swartley, *Slavery, Sabbath, War, and Women: Exploring the Hermeneutics of Cultural Analysis* (Scottdale, PA: Herald Press, 1983), p. 223. Ele se baseia aqui na "hermenêutica do consentimento" articulada por P. Stuhlmacher, *Historical Criticism and Theological Interpretation of Scripture: Toward a Hermeneutic of Consent* (Philadelphia: Fortress, 1977).

[130] Swartley, *Slavery*, p. 215; destaque dele.

[131] Com citações impressionantes, Swartley, *Slavery*, demonstra como cristãos sensatos usaram a Bíblia para defender os dois lados das quatro questões em seu livro: a escravidão, o domingo, a guerra e o papel da mulher. De algum modo, os dois lados foram estabelecidos para "funcionar" na história da Igreja. E a visão bíblica sobre o papel da mulher no ministério continua a ser tópico de debate e divisão nas igrejas (cf. J. R. Beck, ed., *Two Views of Women in Ministry*, ed. rev. [Grand Rapids: Zondervan, 2005]).

[132] A nível prático, se um intérprete não conseguir convencer a sua classe de Escola Dominical que um sentido proposto do texto é pelo menos uma opção, então provavelmente ele não é

INTRODUÇÃO À INTERPRETAÇÃO BÍBLICA

Em segundo lugar, Swartley sugere que os intérpretes precisam obter o discernimento da comunidade dos fiéis para verificar as suas conclusões. Ele diz: "A comunidade, seja a congregação local, seja um corpo de igrejas, avalia a coerência de uma interpretação com os princípios centrais das suas crenças tradicionais, o seu relacionamento com as crenças cristãs mais amplas, ou a maneira com que a interpretação concorda ou entra em conflito com a maneira que a comunidade discerne que o Espírito esteja operando."[133]

Em outras palavras, as interpretações independentes, novas ou restritas a grupos ou regiões devem se submeter à crítica do corpo coletivo dos cristãos que professam a fé. Elas têm que parecer verdadeiras na Igreja.[134] Este é o ponto em que a receptividade teológica (o termo traiçoeiro "ortodoxia") informa o processo. As comunidades interpretativas estabelecem as fronteiras ao redor do que eles aceitarão. Em vez de dispensar ou negar esse fenômeno, os intérpretes podem tirar vantagem dele. Eles podem insistir que as interpretações são ortodoxas, que eles aderem ao pré-entendimento da comunidade. Eles também podem entender a razão pela qual outras comunidades adotam posturas diferentes, "a despeito das claras evidências". Os intérpretes validam os seus entendimentos da Bíblia mantendo-se com quem eles estão.[135] Isso também significa que a Igreja rejeita a heresia.[136] O objetivo tem que ser sempre a melhor interpretação.

---

válido, a menos que o professor seja, por exemplo, um evangélico solitário em um meio liberal, ou um "evangélico progressista" em uma Igreja independente e fundamentalista!

[133] Swartley, *Slavery*, p. 215.

[134] Tragicamente, a comunidade dos especialistas bíblicos profissionais frequentemente ignora esse critério. Ela não é responsável diante de ninguém, geralmente em nome da objetividade. Cada vez mais isto é visto como realmente é, modernismo arrogante e elitismo, e isto tem um interesse renovado na denominada "exegese pré-crítica" com seus vínculos firmes com a vida da Igreja. Veja o desafio de ir além da crítica histórica na educação teológica de D. B. Martin, *Pedagogy of the Bible: An Analysis and Proposal* (Philadelphia: Westminster John Knox Press, 2008); cf. as teses esclarecedoras em R. A. Muller e J. L. Thompson, *Biblical Interpretation in the Era of the Reformation* (Grand Rapids/Cambridge: Eerdmans, 1996), especialmente o capítulo de conclusão elaborado pelos editores (p. 335-345) e J. J. O'Keefe e R. R. Reno, *Sanctified Vision: Na Introduction to Early Christian Interpretation of the Bible*.

[135] Veja J. Schreiter, *Constructing Local Theologies* (Maryknoll: Orbis, 1985), para um estudo do papel da comunidade de adotar e dar forma à teologia.

[136] Algumas interpretações vão além das perlocuções divergentes (à moda das nossas análises acima sobre o batismo ou sobre o milênio). Então, por exemplo, os cristãos ortodoxos rejeitam como herética a visão de Jesus que as Testemunhas de Jeová ensinam. Os cristãos da corrente principal se recusam a admitir interpretações de João 1:1 que sugerem que Jesus era apenas "um deus" (veja a *Tradução do Novo Mundo* das Testemunhas de Jeová). Em outras palavras, algumas interpretações criativas estão fora dos limites aceitáveis; a heresia sempre é intolerante mesmo que alguma comunidade de fé a aceite (Colossenses e 1João foram escritas para defender a verdade face aos ensinos protognósticos). Os cristãos ortodoxos podem admitir a possibilidade de explicações

O OBJETIVO DA INTERPRETAÇÃO

Mesmo assim, isso não significa que alguma interpretação seja válida porque alguma "comunidade de fé" a adota.[137] Mesmo interpretações bem aceitas precisam se sujeitar ao julgamento da comunidade cristã mundial, bem como dos credos tradicionais que a Igreja adota por séculos.[138] Uma maneira de examinar a influência potencialmente destrutiva do nosso próprio pré-entendimento é escutar o ponto de vista de irmãos e irmãs cristãos de outros lugares, particularmente os que são diferentes de nós. No contexto da América do Norte (ou de qualquer outra parte do chamado Primeiro Mundo), isto tem que incluir escutar as percepções dos crentes que são pobres, marginalizados, perseguidos e oprimidos. Semelhantemente, os intérpretes dos países em desenvolvimento podem aprender com os seus colegas do Primeiro Mundo. De forma correspondente, os intérpretes masculinos ou femininos, ou de raças diferentes, ou que moram no centro ou nos subúrbios, sejam urbanos, sejam rurais, sejam ricos, sejam pobres, empresários ou operários etc., todos precisam ouvir um ao outro.

O intérprete cristão pode obter percepções de intérpretes judeus[139] e o intérprete judeu pode descobrir muito com os intérpretes cristãos. Em algumas situações, o incrédulo pode trazer esclarecimentos importantes sobre o *sentido* dos textos bíblicos que o cristão pode ignorar. Mas a importância ou a aplicação é outra coisa. Ver a importância total da Bíblia para a fé, para a vida e para o

---

alternativas sobre o batismo ou sobre a escatologia, como vimos anteriormente, mas eles concordam que um Jesus que seja menos que Deus é inaceitável. Os cristãos se recusam a tolerar a heresia. Na verdade, eles buscam persuadir as Testemunhas de Jeová sobre a verdade da deidade de Jesus usando os mesmos princípios hermenêuticos apresentados neste livro. No nosso ponto de vista, a própria Bíblia funciona como determinante das doutrinas selecionadas que têm que ser defendidas. Infelizmente, até mesmo algumas denominações cristãs agora questionam posições que têm sido vistas como ortodoxas e essenciais por toda a história da Igreja (e.g., a ressurreição corporal de Jesus ou que a salvação vem somente através da redenção de Cristo e pela sua expiação substitutiva).

[137] Ironicamente, alguns fundamentalistas são presas fáceis desse erro, enquanto aparentam ler fielmente o texto bíblico. Isto é, como a comunidade acadêmica da qual eles zombam, o fundamentalismo também exerce fortes restrições sobre os significados permitidos para os textos. Os seus intérpretes ouvem apenas a si mesmos e ignoram o consenso dos especialistas, mesmo de evangélicos conservadores, em muitas questões. Eles inadvertidamente adotam uma leitura da estética da recepção de textos que só permitem que a Bíblia signifique o que eles querem. Um exemplo gritante disso acontece nas teses em R. L. Thomas e F. D. Farnell, ed., *The Jesus Crisis: The Inroads of Historical Criticism into Evangelical Scholarship* (Grand Rapids: Kregel, 1998); ou N. L. Geisler e F. D. Farnell, *The Jesus Quest: The Danger from Within* (Maitland, FL: Xulon, 2014). Em nossa opinião, eles representam um fideísmo tão fechado quanto o do Jesus Seminar. A melhor maneira é acolher todas as boas pesquisas para buscar a verdade.

[138] Logo associamos ao Credo dos Apóstolos e ao Credo Niceno, que se tornaram a pedra fundamental de muitas denominações cristãs por séculos.

[139] Um exemplo essencial é a obra de Amy-Jill Levine. Veja, por exemplo, o seu estudo das parábolas de Jesus: *Short Stories by Jesus: The Enigmatic Parables of a Controversial Rabbi* (New York: HarperOne, 2014).

INTRODUÇÃO À INTERPRETAÇÃO BÍBLICA

ministério pertence ao cristão.[140] O objetivo é buscar envidar todos os esforços para minimizar nossa preferência e nosso preconceito, a ponto de não distorcer nossa visão, nem impedir nossa habilidade de enxergar o sentido nas Escrituras. A história da interpretação da Bíblia ilustrará para cada leitor como é fácil para o cristão bem-intencionado e piedoso "espremer o texto em seus próprios moldes", para parafrasear a versão do tradutor J. B. Phillips de Romanos 12:2.

É aceitável hoje em dia que os indivíduos, bem como as comunidades de fé, adotem e prefiram as suas próprias interpretações de textos, mas, depois de uma reflexão e uma interação saudável com cristãos de outros lugares, eles tenham a possibilidade de chegar à conclusão de que os seus pontos de vista eram preconceituosos e ilógicos. Eles podem até mesmo ajustar as suas interpretações por se manterem na espiral hermenêutica. A avaliação honesta e motivada espiritualmente dos pontos de vista existentes pode levar a sua alteração se não até mesmo ao seu abandono. Nenhum indivíduo nem nenhuma comunidade interpretativa está condenado a manter os erros do passado, não importando como esses pensamentos tenham sido acolhidos e defendidos ardorosamente. A história também ilustra amplamente como os indivíduos e as comunidades efetuaram estas mudanças. Os assuntos no título do livro de Swartley (escravidão, o domingo, a guerra e as mulheres) são exemplos dessas mudanças de pensamento.

O que os intérpretes devem fazer quando discordam? Como devemos proceder quando cristãos bem-intencionados chegam a interpretações diferentes a respeito do sentido de um texto ou passagem? Primeiramente, devemos estabelecer precisamente qual é a diferença: em que ponto, especificamente, os pensamentos se separam um do outro. Em segundo lugar, devemos relacionar os elementos no processo do estudo que levou cada intérprete para sua visão. Isto é, retornando para nossos critérios textuais mencionados anteriormente, algum intérprete deduziu errado alguma prova ou se envolveu em raciocínio inferior, ou ignorou informações importantes, ou houve outras falhas no processo que indicam que uma das posições deve ser abandonada?

Terceiro, enquanto avaliamos as opções, precisamos determinar qual delas se baseia mais no sentido histórico de um texto usando todos os princípios da hermenêutica sadia, em comparação com os sentidos baseados mais em extrapolações criativas. A preferência é para a visão que flui mais do sentido histórico do texto. *A interpretação que tem mais respaldo histórico tem autoridade maior.* Isto é, intérpretes podem ter uma confiança maior no seu entendimento de um texto quando baseiam esse entendimento em argumentos com base histórica.

---

[140] Confessamos que existem momentos em que o incrédulo denuncia a hipocrisia da Igreja quando ela não vive de acordo com as afirmações que a Bíblia ensina. Com certeza, o incrédulo também pode reconhecer aplicações válidas, mas ele não está preparado para obedecê-las.

O OBJETIVO DA INTERPRETAÇÃO

Se estivermos convictos que uma interpretação precede a todas as alternativas (mesmo se outros adotam uma ou mais delas), podemos muito bem rejeitar as outras, mesmo se não acreditarmos que a questão seja importante o suficiente para prestarmos atenção nela.

Com base nos mesmos critérios hermenêuticos, no entanto, é possível que concluamos que a Escritura não traz informações suficientes para excluir todas as visões concorrentes. Nesse caso, reconheceremos que cada comunidade interpretativa produz o seu sentido próprio (perlocução), em grande parte com base no seu sistema próprio. Concordamos viver dessa forma enquanto a interpretação se mantiver ortodoxa e bíblica, isto é, consistente com o que está claramente revelado e reconhecido pelo consenso do cristianismo histórico. Que tipo de alternativas tem direito a esta validade?

O uso que Mateus fez de Oseias 11:1 pode não ter refletido a intenção do profeta ou um entendimento histórico do texto para seus leitores originais, mas ele o "encaixa" tipologicamente para a comunidade dele. Isto é, o texto de Oseias realmente expressa as ações de Deus para proteger os seus favorecidos e trazê-los do Egito, e Mateus percebeu que esta intenção divina era tão verdadeira no caso do Messias quanto no caso de Jacó e de sua família.[141] Sendo assim, consideraremos uma interpretação criativa, como o uso que Mateus faz de Oseias, como válida se ela estiver dentro desses quatro critérios:

QUATRO CRITÉRIOS PARA TESTAR A POSSÍVEL VALIDADE DE UMA INTERPRETAÇÃO
Ela expressa ou está de acordo com a teologia cristã ortodoxa.[142]
Ela corresponde aos paradigmas típicos da verdade ou da atividade de Deus como é claramente revelado nas partes historicamente interpretadas da Bíblia.[143]
Ela tem uma utilidade importante na experiência cristã, produzindo a santidade e outras qualidades cristãs válidas, e promovendo o Reino de Deus.
Ela tem o apoio de todo o leque (racial, sexual, socioeconômico etc.) dos cristãos dentro de uma comunidade de fé ortodoxa.

---

[141] Ao nosso ver, isto exclui a interpretação das Testemunhas de Jeová de João 1:1, em que eles dizem que a Palavra era "um deus". Isto também exclui o entendimento inadequado da Roma medieval da justificação pela fé, contra a qual os reformadores se opuseram. E isto exclui uma interpretação pós-moderna da ressurreição de Jesus como existencial em vez de física.

[142] Uma interpretação aceitável tem que estar em harmonia com a maneira que Deus trabalha com seu povo, com a maneira que a Igreja funciona para cumprir a missão de Deus no mundo, e a maneira pela qual Jesus exerce o seu senhorio.

[143] Em outras palavras, como discutimos anteriormente, se o sentido histórico do texto fosse o único sentido legítimo, poderíamos nos opor ao uso de Mateus de Oseias 11:1 em Mateus 2:15. Portanto, a Bíblia parece admitir duas interpretações de Oseias 11:1: o sentido histórico original do texto e o entendimento criativo de Mateus e a aplicação do texto ao Messias.

INTRODUÇÃO À INTERPRETAÇÃO BÍBLICA

Sempre que uma interpretação seguir esses critérios, acreditamos que ela terá uma proposta de validade, não como o sentido histórico do texto, mas como uma perlocução válida, isto é, um efeito adicional. Quando ela ocorre em setores isolados da Igreja ou vem de intérpretes individuais, ela tem que permanecer seriamente sob suspeita, e ser provavelmente rejeitada, até que possa estar dentro desses critérios.[144]

O que queremos dizer com "proposta de validade"? Um leitor original de Oseias 11:1 interpretaria o texto de uma maneira válida se ele ou ela entendesse que falava do cuidado de Deus para com a nação de Israel.[145] Esse era o sentido histórico válido. A interpretação de Mateus em Mateus 2:15 foi, pela definição canônica, válida também, mas não da mesma forma justificada historicamente. A sua interpretação foi um sentido "criativo", à luz da proteção que Deus deu ao Messias, o seu Filho. Supostamente, ela estaria dentro dos quatro critérios que sugerimos.

Para terminar, sugerimos esta outra perlocução para ilustrar a nossa conclusão, mas apenas a grosso modo. Nenhum escritor do NT cita Salmos 3. O salmista escreve:

> [1] SENHOR, muitos são os meus adversários!
> Muitos se rebelam contra mim!
> [2] São muitos os que dizem a meu respeito:
>   "Deus nunca o salvará!"
>
> [3] Mas tu, SENHOR,
>   és o escudo que me protege;
> és a minha glória
>   e me fazes andar de cabeça erguida.

---

[144] Outro exemplo de uma interpretação de textos selecionados que colocamos na categoria de "descarte urgente" é a chamada teologia da prosperidade popular em alguns grupos. Discutimos que ela não passa em nenhum dos quatro testes que propusemos. Ela não é ortodoxa em sua teologia, porque a Bíblia e a história da Igreja claramente atesta que Deus não prefere a saúde e a riqueza para o seu povo fiel. Ela não se baseia em padrões típicos, mas eleva milagres isolados de cura ao status de norma de como Deus trata os seus filhos se eles simplesmente tiverem fé suficiente. Ela geralmente não promove a santidade, mas promove uma busca dos dons de Deus mais do que do próprio Deus. E, claramente, carece de confirmação por todos os grupos de cristãos ortodoxos. Pena que seus adeptos continuam destemidos e, infelizmente, enganam a muitos. Para uma apresentação e uma crítica excelentes, veja D. W. Jones e R. S. Woodbridge, *Health, Wealth and Happiness: Has the Prosperity Gospel Overshadowed the Gospel of Christ?* (Grand Rapids: Kregel, 2010).

[145] D. Stuart, *Hosea-Jonah*, WBC 31 (Dallas: Word, 2002), p. 177, diz: "As palavras de Javé em Os 11:1 são entendidas da melhor forma à luz de Êxodo 4:22-23, a comissão de Javé para Moisés bem no começo de sua jornada para o Egito para liderar o êxodo: 'Israel é o meu filho primogênito [...] Deixe o meu filho ir...'"

• 356 •

O OBJETIVO DA INTERPRETAÇÃO

[4] Ao SENHOR clamo em alta voz,
e do seu santo monte ele me responde.

[5] Eu me deito e durmo, e torno a acordar,
porque é o SENHOR que me sustém.
[6] Não me assustam os milhares que me cercam.

[7] Levanta-te, SENHOR!
Salva-me, Deus meu!
Quebra o queixo de todos os meus inimigos;
arrebenta os dentes dos ímpios.

[8] Do SENHOR vem o livramento.
A tua bênção está sobre o teu povo.

Quando lemos o salmo, encontramos imagens de inimigos, proteção divina, oração, sono, sustento, livramento e bênção. Todos esses temas encontram referências em outros salmos que os escritores do NT usam tipologicamente sobre Jesus. De forma semelhante, quando lemos os relatos de Lucas sobre os atos de Paulo, observamos a presença multiforme de Deus com Paulo de muitas dessas mesmas maneiras. Por esta razão, uma exposição de Salmos 3 para cristãos, depois de explicar o propósito histórico do salmo, poderia indicar exemplos na vida de Jesus e na vida do apóstolo Paulo como parte do sentido mais completo do salmo. Podemos dizer que o salmo descreve a presença de Deus com o seu Filho e com o grande apóstolo com base nesses paralelos tipológicos. Ao mesmo tempo, não há dimensões singulares nesse salmo para necessariamente indicar o que o judeu fiel na época (ou o cristão fiel hoje) poderia experimentar, então reforçamos que nenhuma aplicação tipológica a Cristo deveria ser nossa aplicação primária do texto. Não temos autorização para proclamar que Salmos 3 é um salmo messiânico.

Os pregadores, os professores e os autores de livros de hermenêutica bíblica também estão bem a par das suas próprias limitações, bem como a respeito daqueles que são céticos no assunto e de seus próprios detratores. Quando os intérpretes cometem erros de metodologia ou de julgamento, eles devem estar dispostos a aprender e mudar as suas interpretações. Como já dissemos, e continuaremos a repetir através deste livro, a determinação e a sinceridade não são substitutos da precisão. Nem a determinação, nem a sinceridade se tornam aceitáveis quando misturadas com altas doses de piedade! A interpretação bíblica não pode continuar no nível simplesmente pessoal. O nosso objetivo essencial tem que ser sempre a interpretação correta do sentido proposto no texto pelo autor.

• 357 •

Concordando em discordar: "Que eles sejam um"

Mas e depois de eliminarmos interpretações equivocadas, o que faremos quando os cristãos sinceros adotarem explicações diferentes ou, em alguns casos, opostas ao sentido do mesmo texto? Nesta situação a graça tem que prevalecer. Temos que ouvir uns aos outros e avaliar a razão dos outros terem chegado a explicações alternativas.

Considere novamente o exemplo do batismo. Uma das visões pode ter mais respaldo histórico. Isto é, pode expressar de forma melhor o sentido histórico dos textos relevantes. Mas vários sentidos rivais, com certeza, são aceitáveis dentro de suas respectivas comunidades do cristianismo ortodoxo histórico. As comunidades poderiam fazer as suas propostas de que seus pontos de vista seguem os quatro critérios para a interpretação válida.

Sendo assim o caso, e devido ao nosso mandato para manter e promover a unidade do corpo de Cristo, quando as interpretações alternativas (ou perlocuções) seguem os critérios exigidos, os cristãos podem concordar em evitar usar estas interpretações dos textos para dividir o corpo de Cristo. Infelizmente, algumas seitas cristãs se dedicam a se definirem através de quem são contra e separando-se de todos os que não concordam com elas. Além da simples arrogância, como a história da interpretação demonstra, separar-se de outros membros da Igreja de Cristo por causa desses tipos de textos controvertidos causa um dano imenso ao testemunho de Cristo no mundo. Os cristãos amilenistas e pré-milenistas precisam acolher uns aos outros e os seus irmãos pós-milenistas, como devem fazer também os pedobatistas e os que batizam somente os que tiverem idade suficiente para crer em Cristo. Alguém pode dizer,

> Eu não concordo com as suas conclusões, mas devido ao fato de você pertencer a uma comunidade de fé, à luz da maneira que esses textos bíblicos foram interpretados ao longo da história, e à luz da diligência e do cuidado com o qual você tenta entender e viver em conformidade com os ensinos da Bíblia, eu aceito a sua interpretação. Você reagiu à Bíblia de maneira fiel!

Com certeza, isto é preferível a acusar nossos irmãos e irmãs de trabalho inferior (no mínimo), ou de desonestidade ou heresia (no máximo), e se separar deles como se eles fossem inimigos.[146] Devemos envidar todos os esforços para nos harmonizarmos com as palavras de Jesus: "Quem não é contra nós está a

---

[146] Recordamo-nos como alguns cristãos conservadores se opuseram ao ministério de Billy Graham porque ele permitia que "liberais" se sentassem ao lado dele na plataforma nas suas reuniões evangelísticas. Eles faziam isso pela "separação" do pecado, a sua perlocução de alguns textos bíblicos que se chocavam com a perlocução do dr. Graham.

O OBJETIVO DA INTERPRETAÇÃO

nosso favor" (Mc 9:40),[147] isso sem mencionar a sua oração: "Que eles [os que acreditam em mim] sejam levados à plena unidade, para que o mundo saiba que tu me enviaste, e os amaste como igualmente me amaste" (Jo 17:22-23). Se o ditado "O sangue é mais grosso do que a água" tiver alguma validade, então muito mais válida é a verdade que "A fé é mais grossa do que o sangue ou do que a água". O panorama da história cristã mostra provas claras de irmãos e irmãs cristãos ferindo um ao outro e ao testemunho de Cristo no mundo por causa de suas interpretações preferidas da Bíblia. Ouça-nos bem: o nosso apelo não é para que a heresia, o erro ou ensinos danosos sejam aceitos sob pretexto de tolerância cristã. Nem desculpamos a exegese barata. Em vez disso, pedimos humildade e graça para tratar os outros cristãos como irmãos e seguidores em comum da verdade de Deus.[148] Quando os cristãos sinceros chegam a duas interpretações diferentes (depois de seguir todos os critérios explicados acima), devemos admitir que as duas opções sejam possíveis (conforme descrevemos acima), concordar em discordar, e apoiar uns aos outros como irmãos e irmãs na vida da fé e na propagação da mensagem do evangelho.[149]

---

[147] Com certeza, estas palavras não se constituem em verdade universal, porque as palavras que precedem a esta citação deixam claro o contexto da afirmação de Jesus: "Não o impeçam", disse Jesus. "Ninguém que faça um milagre em meu nome, pode falar mal de mim logo em seguida, pois quem não é contra nós está a nosso favor (Mc 9:39-40).

[148] Este é um apelo importante no artigo, W. W. Klein, "Exegetical Rigor with Hermeneutical Humility: The Calvinist-Arminian Debate and the New Testament", em *New Testament Greek and Exegesis. Essays in Honor of Gerald F. Hawthorne*, ed. A.M. Donaldson e T.B. Sailors (Grand Rapids: Eerdmans, 2003), p. 23-36.

[149] D. L. Bock, *Purpose-Driven Theology: Getting Our Priorities Right in Evangelical Conversations* (Downers Grove: InterVarsity, 2002), ecoa esses sentimentos.

PARTE

3

ENTENDENDO A

LITERATURA

PARTE

3

ENTENDENDO A

LITERATURA

7

REGRAS GERAIS DA HERMENÊUTICA: A PROSA

Já que o objetivo geral da interpretação é descobrir o sentido que o autor pretendia no texto bíblico, a nossa próxima tarefa é identificar e explicar os princípios e os procedimentos que são necessários para discernir esse sentido de forma precisa. Precisamos entender o modo pelo qual a comunicação da linguagem funciona, particularmente a comunicação escrita. Os escritores da Bíblia expressaram a sua mensagem inspirada em seus próprios idiomas, dentro de vários gêneros literários. Para saber o que eles queriam transmitir para os seus leitores temos que entender o modo que as pessoas usam a linguagem no dia a dia para se comunicar. Nesse capítulo, apresentamos as regras para interpretar os textos escritos em prosa.

Parece ser óbvio que o escritor bíblico quisesse que o seu destinatário original entendesse o que ele escrevia. Ele não transmitia o seu pensamento através de um código secreto. Ainda que, de vez em quando, ele tenha utilizado o enigma, a parábola ou os símbolos apocalípticos que podem intrigar e desafiar o leitor, ele queria se comunicar de forma clara até mesmo por meio deles.

Tendo a confiança de que os autores bíblicos passaram adiante a mensagem de forma adequada, temos a obrigação de interpretá-la corretamente, seguindo as convenções da comunicação linguística. Em uma conversa normal, imediatamente entendemos o que escutamos de forma praticamente inconsciente. O nosso computador mental, a mente, processa automaticamente a informação que ouvimos. Toda vez que recebemos uma mensagem que não entendemos de forma automática, temos que parar e pensar sobre ela. Temos que analisar conscientemente a mensagem obscura de acordo com os princípios da comunicação linguística que normalmente funciona de forma inconsciente. A interpretação deliberada da Bíblia exige que elevemos o nível costumeiro da comunicação subconsciente para o nível da análise consciente. Essa premissa básica está por trás da maioria dos princípios da interpretação bíblica que apresentaremos neste

• 363 •

INTRODUÇÃO À INTERPRETAÇÃO BÍBLICA

livro. Cada norma hermenêutica surge ou lida com algum aspecto essencial para vencer estas barreiras da linguagem para entender a Bíblia.

O processo para chegar a uma interpretação precisa dos textos escritos como a Bíblia envolve o entendimento de cinco itens essenciais: (1) o contexto literário (isto é, o contexto ao redor do texto específico dentro do documento como um todo), (2) o cenário histórico-cultural, (3) os significados das palavras, (4) a sintaxe, e (5) o gênero literário (o contexto literário global do qual o texto faz parte: a carta, o gênero apocalíptico, o gênero narrativo, a parábola etc.). Além deles, mantendo a discussão dos atos de fala, temos que compreender o que o autor está fazendo no ato comunicativo (ilocução): por exemplo, informando, exortando, encorajando, contando uma história, definindo uma visão de mundo ou crenças básicas, ameaçando, estabelecendo o contato, solicitando, celebrando etc. Em outras palavras, qual é a tática do autor no ato comunicativo; o que ele ou ela procura atingir? Finalmente, qual é o efeito ou o resultado que o autor espera da parte do leitor (a perlocução)? Entender como a poesia funciona apresenta outros desafios em particular, e lidaremos com eles no próximo capítulo.

A INTERPRETAÇÃO CORRETA É O SENTIDO EXIGIDO:
Pelo limite do contexto literário do texto
Pelas informações sobre o contexto histórico e cultural no qual o texto aparece
Pelo sentido normal das palavras usadas nesse contexto
Pelas regras da gramática e sintaxe
Pelo gênero literário específico que o autor usa para transmitir a mensagem

Os escritores normalmente comunicam seu pensamento através de afirmações coerentes, que usam palavras de acordo com seus sentidos naturais de modo coerente com o ambiente histórico-cultural onde o autor e o leitor se situam.

O impacto de cada palavra no pensamento geral da frase surge da sua sintaxe. Portanto, não importando o gênero literário (o tópico com o qual lidaremos em capítulos posteriores), para se descobrir o que o autor quis dizer tem que se concentrar em quatro coisas: o contexto literário, o cenário histórico-cultural, as palavras e a gramática. A interpretação que não for fiel a todos esses quatro aspectos do texto não terá chance de refletir o sentido que o escritor pretendia. Vamos analisar cada um deles.

CONTEXTO LITERÁRIO

O texto de prosa envolve uma série de orações interligadas, então a nossa primeira pergunta é: Como devemos interpretar uma frase, ou versículo, ou um

• 364 •

REGRAS GERAIS DA HERMENÊUTICA: A PROSA

parágrafo na Bíblia? O princípio básico da hermenêutica bíblica é que *o sentido pretendido de qualquer passagem é aquele que é coerente com o sentido do contexto literário do qual ele faz parte*. Por isso, o primeiro teste pelo qual toda interpretação proposta tem que passar é este: Ela combina com o contexto literário? Na literatura, o contexto de toda passagem específica é o material que vem logo antes e logo depois dela. O contexto de uma frase é o parágrafo, o contexto do parágrafo é a série de parágrafos que o antecedem e o sucedem, e o contexto do capítulo é os capítulos vizinhos. Finalmente, o livro inteiro onde uma passagem aparece é o seu contexto dominante. Ao se interpretar uma passagem na Bíblia, o Testamento no qual ela ocorre e, finalmente, o cânon de todos os sessenta e seis livros proporcionam o contexto literário máximo no qual todas as passagens têm que ser entendidas.[1]

DEFINIÇÃO DE CONTEXTO LITERÁRIO	*Contexto* é o todo no qual alguma parte se encontra. Em termos literários, o contexto é o todo maior dentro do qual o texto ou a passagem específica se localiza.

Importância do contexto literário

Quase todos passamos pela frustração de ter algo que falamos "tirado do contexto". Os políticos e os funcionários públicos frequentemente reclamam que a mídia distorce as suas declarações. Mesmo reconhecendo que a citação direta do repórter era tecnicamente exata, o político protesta que as suas afirmações foram mal interpretadas porque se omitiu o contexto. No caso do político, a desculpa da "retirada do contexto" pode ser uma tentativa inútil de encobrir uma gafe embaraçosa ou para recuar de uma posição impopular. Mesmo assim, o princípio em questão continua válido. Os equívocos surgem com certeza quando as pessoas ouvem apenas parte do que foi dito e baseiam o seu entendimento nisso. O mesmo se aplica à Bíblia. Afirmar que ela ensina que "Deus não existe", torcendo as palavras, retirando-as do contexto de Salmos 14:1, claramente viola o contexto da citação: "Diz o tolo no seu coração: *'Deus não existe'*. Corromperam-se e cometeram atos detestáveis; não há ninguém que faça o bem" (destaque acrescentado, cf. Sl 53:1).

Na verdade, se os escritores bíblicos estivessem vivos, eles frequentemente "sem dúvida" protestariam bem alto que eles foram tirados do contexto, no momento em que os cristãos citam versículos bíblicos individuais e os aplicam a sua vida, violando o contexto bíblico.

---

[1] Veja maiores explicações sobre o papel do contexto literário em C. L. Blomberg com J. F. Markley, *A Handbook of New Testament Exegesis* (Grand Rapids: Baker Academic, 2010), p. 93-116.

INTRODUÇÃO À INTERPRETAÇÃO BÍBLICA

Interpretar de forma incorreta uma passagem bíblica tem consequências sérias. Temos que interpretar todas as passagens de forma consistente com o seu contexto por três razões principais.

OS TRÊS PRINCÍPIOS DO CONTEXTO LITERÁRIO	
1.	O contexto traz o fluxo do pensamento
2.	O contexto proporciona o sentido preciso das palavras
3.	O contexto define os relacionamentos corretos entre os termos da oração: as palavras, as orações e os parágrafos

O contexto traz o fluxo de pensamento

Primeiro, tirar uma passagem do contexto viola o fluxo de pensamento do escritor. O fluxo do pensamento é uma série de ideias relacionadas que um autor organiza para comunicar um conteúdo específico. A maior parte da comunicação significativa envolve algum tipo de fluxo de pensamento lógico no qual um pensamento leva naturalmente ao próximo, em harmonia com o gênero literário utilizado.[2] A afirmação anterior prepara para a que vem depois. As palavras que se seguem brotam do que vem antes e levam para o que vem depois. As pessoas não se comunicam com uma série de ideias selecionadas aleatoriamente, mas com ideias relacionadas interligadas em um padrão lógico. Por exemplo, considerem este relato confuso:

Eu ouvi uma história interessante no noticiário uma noite dessas: O quarto zagueiro voltou para fazer o passe. O acúmulo de carbono estava impedindo que o carburador funcionasse direito. Os bifes de sete centímetros de espessura estavam tostados por fora, mas crus por dentro. A neve de três metros de altura bloqueou a estrada. A grama precisava ser cortada. O elevador correu para o topo do prédio de cem andares em menos de um minuto. A plateia vaiou a péssima apresentação.

As palavras fazem sentido. As frases seguem as regras da boa gramática. As orações aparecem juntas como se esperaria em um parágrafo, mas não há uma continuidade lógica clara para associá-las; elas são totalmente desconexas. O nosso princípio: as pessoas geralmente não comunicam ideias dessa maneira.

Normalmente, todas as frases no parágrafo buscam desenvolver um tema comum. Cada frase continua ou complementa o pensamento expresso na frase anterior. No conjunto, as frases trazem uma continuidade no assunto que unifica o todo.

---

[2] Com certeza, o tipo de literatura determinará a natureza da evolução dos pensamentos. É claro que os versos de um poema são interligados de forma diferente da utilizada na prosa cuidadosamente refletida, na narrativa ou no enigma.

• 366 •

REGRAS GERAIS DA HERMENÊUTICA: A PROSA

Já que normalmente nos comunicamos através de uma série de afirmações correlatas, cada frase tem que ser entendida à luz das outras ideias expressas no contexto maior, segundo as regras da sequência de pensamento do escritor. Toda interpretação de texto que viola a regra do contexto provavelmente não é verdadeira. Ela contradiz e ignora o modo normal que as pessoas usam a linguagem para se comunicar.

O contexto traz o sentido preciso das palavras

Falaremos mais sobre isso em uma seção posterior, mas a segunda razão pela qual a interpretação tem que concordar com a mensagem geral do contexto vem da natureza das palavras. A maior parte das palavras têm mais de um significado.[3] O contexto literário é o guia mais confiável para determinar o seu sentido mais provável nessa situação. Em circunstâncias normais, a nossa mente automaticamente adota o sentido que combina mais com o assunto em questão. A confusão ou o equívoco acontece quando o contexto literário é vago ou quando vários sentidos combinam de forma igual.

Sendo assim, uma pessoa tem que deliberadamente parar e pensar sobre os vários sentidos possíveis ou analisar o contexto de forma mais cuidadosa. Depois disso, ele ou ela tem que selecionar aquele que mais seguramente o autor tinha em mente.

Por exemplo, se apenas ouvirmos a exclamação: "Aquela foi a maior tromba que eu já vi!", não teremos "contexto literário" suficiente (na verdade não temos esse contexto) para saber sobre qual tipo de "tromba" se quer falar. Ela se refere ao nariz longo de um animal, a uma expressão antipática de um rosto ou a um desfiladeiro aberto pelas águas? Mas suponha que estamos lendo uma frase em um livro sobre animais no zoológico. Então automaticamente visualizamos a tromba de um elefante. Se lermos um diálogo entre amigos, surgiria a imagem de um rosto zangado. Nenhuma dessas imagens surgiria se disséssemos que a erosão abriu uma grande tromba. O contexto literário define o sentido preciso da palavra.

Os intérpretes não possuem a liberdade de escolher sentidos arbitrariamente para as palavras polissêmicas. Temos que entender cada termo de acordo com o significado que se harmoniza com as outras ideias expressas no contexto literário. Essa é a maneira pela qual a comunicação da linguagem funciona.

---

[3] Na verdade, os semanticistas dizem que as palavras cobrem um "campo" de sentido, ou que elas têm uma gama semântica de significado.

INTRODUÇÃO À INTERPRETAÇÃO BÍBLICA

O contexto define os relacionamentos corretos entre as unidades: palavras, sentenças, parágrafos

A terceira razão pela qual a interpretação correta tem que entrar em harmonia com o contexto é que a maior parte dos livros bíblicos (ou partes deles, como os Salmos) foi escrita e preservada como documentos completos com a intenção de serem lidos como parte de uma unidade. Os escritores bíblicos redigiram ou editaram as frases e parágrafos individuais como partes de documentos maiores. Apesar da "aparência" de muitas Bíblias, os escritores bíblicos não pretendiam que os versículos subsistissem como entidades isoladas e independentes. As frases e parágrafos compõem unidades individuais de obras literárias maiores, e os intérpretes têm que entendê-los de acordo com a sua relação com o argumento geral do livro.

Um livro como Provérbios pode parecer uma exceção à medida que agrupa vários ditados diferentes que surgiram de forma independente. Tirando poucas partes, podemos ver poucas associações entre os provérbios relacionados em uma sequência. Mas mesmo ali, onde o contexto literário imediato anterior e posterior de algum provérbio não ajuda tanto para se entender o seu significado (obviamente Provérbios 31 é uma exceção), o contexto do livro inteiro se torna particularmente importante porque o escritor espalhou muitos provérbios sobre o mesmo tópico por todo o livro.[4] Por isso, o ensino resultante da combinação dos elementos sobre cada tema se torna a chave para entender um ditado de sabedoria em particular.

Ironicamente, as divisões em capítulos e versículos, que geralmente são úteis, se tornam um dos maiores obstáculos no processo da interpretação bíblica. Temos que lembrar que essas divisões não existiam nos documentos originais. Algumas divisões de versículos já existiam nos primeiros séculos depois de Cristo, ainda que tenham variado bastante em muitas passagens. Por volta do século IX e X d.C., as divisões em versículos começaram a aparecer na Bíblia Hebraica dos judeus massoretas. Diz F. F. Bruce: "A divisão padronizada em versículos do Antigo Testamento que se estende até os dias de hoje e que se encontra na maior parte das traduções, bem como no original hebraico, foi estabelecida pela família massorética de Ben Asher por volta do ano 900."[5] Ele acrescenta que "a divisão em capítulos, por outro lado, foi feita bem mais tarde,

---

[4] Os estudos recentes, no entanto, têm sugerido que deve existir um planejamento maior por trás das coleções dos ditados no livro de Provérbios do que se pensou anteriormente. Para detalhes, veja a parte introdutória sobre a estrutura do livro na obra de B. K. Waltke, *Proverbs*, 2 vols., NICOT (Grand Rapids: Eerdmans, 2004-5) 1:9-29.

[5] F. F. Bruce, *The Books and the Parchments* (London: Pickering & Inglis, 1950), p. 118.

• 368 •

REGRAS GERAIS DA HERMENÊUTICA: A PROSA

e foi primeiramente realizada pelo cardeal Hugo de Saint-Cher em 1244".[6] Outros atribuem a divisão em capítulos a Stephen Langton, professor da Universidade de Paris e posteriormente Arcebispo de Cantuária, em 1228. Três séculos depois, em 1560, Robert Estienne (Stephanus), um editor e impressor parisiense, acrescentou a numeração atual de versículos em sua quarta edição do NT grego (que também continha duas versões latinas).[7] A sua edição da Vulgata latina de 1555 foi a primeira Bíblia da era moderna a utilizar tanto a divisão em capítulos quanto a divisão em versículos.

Apesar de estas divisões terem a intenção de ajudar, até mesmo uma leitura casual da Bíblia revela que as divisões em capítulos e versículos frequentemente estão mal colocadas; muitas vezes um novo versículo começa no meio das frases,[8] e as mudanças de capítulo de vez em quando interrompem o pensamento de um parágrafo.[9]

As referências em capítulo e versículo nos ajudam a identificar e localizar as passagens de forma rápida, mas infelizmente contribuem para a prática bem difundida de elevar os versículos individuais à categoria de unidades independentes de pensamento. O leitor é tentado a ler cada versículo como uma expressão completa da verdade, da mesma forma que escolher ao acaso uma crítica de restaurante de um site da Internet, de modo que ela não tenha conexão com o que vem antes ou o que vem depois: cada um deles passa a ser uma "frase do dia" ou uma "prova textual" considerada de forma isolada do seu contexto bíblico. Isso se constitui em um grave perigo, porque um versículo tomado de forma isolada pode ser tão enganoso como a frase "Deus não existe". É muito importante saber quem fez esta promessa nos Evangelhos: "Eu lhe darei toda a autoridade sobre eles e todo o seu esplendor, porque me foram dados e posso dá-los a quem eu quiser" (Lc 4:6). O contexto é importante! Simplesmente

---

[6] Bruce, *Books,* p. 118.

[7] Cf. B. M. Metzger, *The Text of the New Testament,* 3ª ed. (New York e Oxford: Oxford University Press, 1992), p. 103-104; e N. L. Geisler e W. E. Nix, *A General Introduction to the Bible* (Chicago: Moody, 1999), p. 229-233.

[8] Metzger cita a história seguramente apócrifa que "Stephanus marcou as divisões de versículos enquanto andava 'a cavalo' e que algumas das divisões infelizes surgiram do trotar do cavalo que desviou a caneta para os lugares errados" (*Text,* p. 104).

[9] Por exemplo, à luz da Canção do Servo que vai de Isaías 52:13 a 53:12, colocar um novo capítulo em Isaías 53 não tem base nenhuma. Se fosse necessária alguma mudança de capítulo, deveria acontecer em 52:13 ou depois de 53:12. A passagem de 2Coríntios 2:1 fica no meio de um parágrafo que explica a razão pela qual Paulo não fez uma viagem para retornar a Corinto. Nas versões modernas que trazem parágrafos, pode-se observar a frequência com a qual os parágrafos não correspondem nem às divisões de capítulo nem às de versículo. Veja como os inícios de um novo capítulo em Jeremias surgem no meio de parágrafos (e.g., 41, 42, 43). Cf. as divisões de parágrafos da NVI em 1Coríntios 11:2 (não no v. 1), 12:31b (não em 13:1), 2Coríntios 7:2 (não 1), e Filipenses 4:2 (não 1), para observar outros exemplos.

• 369 •

INTRODUÇÃO À INTERPRETAÇÃO BÍBLICA

não há justificativa para tratar versículos isolados de forma corriqueira como unidades de pensamento independente que contêm expressões autônomas da verdade. Os leitores têm que entender as afirmações bíblicas como parte integrante da unidade maior na qual elas se encontram. Retirado do seu contexto, o versículo isolado pode assumir um significado que o escritor nunca quis transmitir. Para ser classificada como o sentido proposto pelo texto, a interpretação tem que ser compatível com o fluxo de pensamento e com a intenção específica do contexto imediato e do contexto maior do livro.

Princípios da hermenêutica relacionados ao contexto

Três princípios importantes devem orientar a nossa prática da interpretação.

1. *Cada afirmação deve ser entendida de acordo com o seu sentido natural no contexto literário em que se apresenta.* Este é provavelmente o princípio mais importante da hermenêutica, já que o contexto literário está no centro de toda a comunicação da linguagem. Ele afeta o entendimento do leitor quanto ao sentido das palavras em separado e quanto ao sentido da frase completa. Esse princípio exige que o intérprete não se concentre só nas palavras de uma passagem, mas também considere com cuidado a contribuição de cada passagem para a obra literária como um todo. Exige levar em conta as dimensões do ato de fala do contexto: o que o autor busca alcançar no seu contexto. Ele busca preservar a integridade da linha de pensamento que está sendo desenvolvida ao longo do texto.

2. Outro princípio que se deduz do primeiro é: *Um texto sem contexto pode ser um pretexto.* Apesar de ser uma extensão da norma anterior, esse princípio a coloca de forma negativa e se concentra em um abuso sério da Escritura. Aqui definimos um "pretexto" como uma interpretação proposta que apenas é válida na sua aparência; na realidade ela obscurece o estado real das coisas. Este princípio serve como um aviso contra a tendência popular de se envolver em referências inválidas: citar passagens bíblicas para provar uma doutrina ou padrão para a vida cristã sem considerar o contexto literário. Como é ridículo aplicar as palavras de Jesus: "O que você está para fazer, faça depressa" (João 13:27), como pretexto para dirigir em alta velocidade.[10] O desprezo pelo contexto é evidente! Infelizmente, outras referências não parecem

---

[10] Os exemplos mais comuns, porém ofensivos, de tirar os versículos do contexto são Mateus 7:1 ("Não julguem"); Mateus 18:20 ("Pois onde se reunirem dois ou três em meu nome, ali eu estou no meio deles"); e Jeremias 29:11 ("... eu que conheço os planos que tenho para vocês

• 370 •

REGRAS GERAIS DA HERMENÊUTICA: A PROSA

tão ridículas, mas são igualmente inválidas. Essas referências são simplesmente "pretextos" quando a interpretação não segue o princípio do contexto literário. Não há nada errado em citar versículos para provar um princípio, desde que os entendamos de acordo com o seu sentido contextual (sob as circunstâncias corretas, as referências podem ser válidas). Antes de listar qualquer versículo para apoiar uma posição, primeiro devemos verificar o contexto literário para assegurar que a passagem fala a respeito do mesmo assunto e realmente tem o sentido que prova o princípio. Senão a interpretação é apenas um pretexto, usando uma passagem que parece na superfície provar algum princípio, enquanto que na verdade não o faz. Esse pretexto não possui autoridade divina, porque subverte o que o autor queria transmitir através do texto.

3. O terceiro princípio (realmente uma precaução) é que *quanto menor for a passagem estudada, maior a chance de erro*. Textos curtos geralmente contém menos informação sobre o tema geral da passagem maior. Eles nos dão menos provas sobre o seu sentido. Realmente, uma frase ou oração única, quando é observada isoladamente, tem a possibilidade de transmitir vários sentidos diferentes. As palavras de Paulo em Romanos 8:28 são um exemplo bem direto: "E sabemos que todas as coisas contribuem juntamente para o bem daqueles que amam a Deus" (Almeida Revista e Corrigida). Se alguém fosse avaliar o versículo fora do contexto em Romanos 8 (veja a referência de Paulo ao sofrimento presente no v.18 e à fraqueza no v.26, e à lista de adversidades no v. 35-39, ele ou ela poderia usá-lo incorretamente para convencer um pai cujo filho acaba de morrer de que a morte foi algo bom, já que Paulo promete bons resultados para todas as coisas ou circunstâncias. O contexto ao redor, no entanto, traz detalhes fundamentais sobre o assunto que capacitam o leitor a descartar esse sentido errado. Para Paulo, nem todas as coisas são boas, mas Deus vai alcançar os seus propósitos salvíficos (que são bons) para o seu povo, ainda que ou mesmo quando eles sofrem muito. As passagens maiores trazem mais informações sobre o tópico e assim dão ao intérprete uma perspectiva mais clara para entender cada afirmação dentro dela.[11]

[...] planos de fazê-los prosperar"). Eles têm que ser lidos no contexto para que se entenda o propósito do seu autor.

[11] Para uma correção sábia baseada em um entendimento melhor do contexto, veja como Filipenses 4:13 ("Tudo posso naquele que me fortalece") fica na versão inglesa NIV 2011 (tradução livre): "Posso fazer tudo isso através dele que me dá força."

INTRODUÇÃO À INTERPRETAÇÃO BÍBLICA

Explicando de forma simples, as passagens grandes têm um contexto literário embutido, as pequenas passagens não. Falando de forma normal, o parágrafo se constitui na unidade básica do pensamento na prosa.[12] Destacar o sentido de um *parágrafo* em vez de um versículo, frase ou palavra em separado (que infelizmente é a prática de alguns professores da Bíblia) aumenta as chances de descobrir o sentido preciso de todas as suas partes. Somente se concentrando no tema de um parágrafo e observando como cada frase contribui para o desenvolvimento desse tema é que alguém pode discernir o sentido real e a relevância das frases em separado.

Em resumo, a tarefa da interpretação exige que os leitores discirnam a estratégia literária do autor ao produzir o texto que buscamos entender. Podemos resumir esta tarefa na tabela seguinte:

INTERPRETANDO A PASSAGEM DE FORMA COERENTE COM A ESTRATÉGIA LITERÁRIA DO AUTOR
Qual ou quais são os temas principais da passagem? Sobre o que a passagem fala? Qual é o seu conteúdo?
Qual é o propósito da mensagem ou o argumento da passagem? Como ele se encaixa logicamente com as passagens anteriores e posteriores para levar adiante o argumento do livro todo?
Como se estrutura a passagem para produzir esse efeito?

Círculos de estudo contextual

Para interpretar uma passagem no seu contexto literário deve-se examinar áreas diferentes ou círculos do contexto:

- O contexto imediato.
- O contexto do livro.
- O contexto de todos os livros do autor (quando estiverem disponíveis).
- O contexto pertinente do Testamento em questão.
- O contexto da Bíblia.

À medida que essas áreas contextuais interagem, elas precisam seguir esta ordem definida de prioridade. Cada uma traz descobertas importantes sobre o

---

[12] É claro, para a poesia temos que adotar outras maneiras para distinguir unidades de pensamento completas. Essas podem ser, por exemplo, parelhas, estrofes ou o poema todo. Para outros gêneros literários, pensaríamos em oráculos inteiros, épicos, parábolas ou baladas, só para citar alguns.

sentido proposto para a passagem, mas à medida que a área se alarga do contexto imediato ao contexto da Bíblia inteira, o grau de percepção diminui.

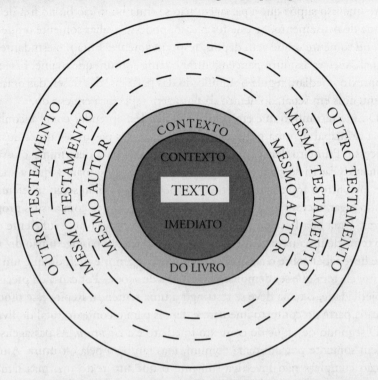

CÍRCULO DE CONTEXTO

Contexto imediato

O contexto imediato exerce o controle mais importante sobre o sentido do texto ou da passagem específica. Definimos o contexto imediato como o material apresentado imediatamente antes e depois da passagem em estudo. Em alguns casos, tratar-se-á das frases e parágrafos anteriores e posteriores. Em outros, pode ser uma subseção na apresentação do autor, ou possivelmente uma divisão importante do livro, seja ou não identificada como um capítulo. A tática de esboçar um livro ajuda o intérprete a discernir as suas divisões naturais e estabelecer o contexto imediato específico onde uma passagem se apresenta. Uma sequência de ideias as une. A proximidade e a correlação dos materiais entre si fazem do contexto um indicador mais fundamental do sentido do livro inteiro ou até mesmo da Bíblia como um todo.

A investigação do contexto imediato se concentra em duas coisas: o *tema* e a *estrutura*. Para descobrir o *tema* ou a ideia central de uma parte inteira do

INTRODUÇÃO À INTERPRETAÇÃO BÍBLICA

livro onde a passagem se situa, o estudante tem que determinar primeiro o tema da parte anterior, o tema da passagem em questão e o da passagem posterior. É claro que isso supõe que a passagem não se situa no início ou no fim de uma unidade de pensamento. Se esse for o caso, pode-se avaliar somente o que vem antes, ou somente o que vem depois, respectivamente. Então, o estudante tem que analisar esses assuntos para encontrar o tema comum que os une. Esse tema do contexto imediato regula o significado das palavras, das frases, das orações e das sentenças em separado dentro da passagem específica em estudo.

Do mesmo modo que em outras habilidades, aprender como reconhecer o tema principal de uma passagem exige prática. Os passos seguintes ilustram o processo. Primeiro, leia com cuidado a passagem para determinar o assunto dominante. Faça isso para a passagem que a antecede e para a que a sucede. Isto é, encontre o tópico ao qual tudo naquele parágrafo ou seção se refere. Em segundo lugar, escreva uma frase ou um resumo do tópico com as suas próprias palavras. Uma boa frase de tópico é precisa e resumida. Não é suficiente dizer que o tema de uma passagem é "amor". Obviamente, a passagem não diz tudo que se deve saber sobre o amor. Por exemplo: "O amor é mais do que um sentimento; ele tem que ser demonstrado através de ações." Por causa da precisão e da objetividade, o tema deve se restringir a uma sentença. Repita esse processo para cada parte do contexto imediato e depois para o contexto total do livro.

O segundo destaque do contexto imediato é a *estrutura*. As passagens não se unem somente por um tema comum, mas também pela estrutura. A interpretação completa não investiga somente o que um texto diz, mas também como o escritor organiza o material. Primeiro, determine a maneira pela qual a passagem específica em estudo evolui da parte anterior e prepara a próxima parte. Como cada parágrafo contribui para o desenvolvimento do pensamento no contexto imediato? Essas descobertas capacitam o intérprete a explicar o relacionamento entre a passagem estudada e os parágrafos e seções em redor. Da mesma forma que tem que se entender cada sentença da passagem específica numa sequência lógica com o tema geral do contexto imediato, também tem que se interpretar a sentença de acordo com o relacionamento estrutural do parágrafo com o material em redor.

TIPOS DE RELAÇÃO ESTRUTURAL
Sequência cronológica
Sequência temática
Sequência lógica
Transição abrupta
Sequência psicológica

REGRAS GERAIS DA HERMENÊUTICA: A PROSA

Para se colocar as passagens em ordem sequencial, os escritores utilizam muitas relações estruturais diferentes. Em algumas partes, os parágrafos são dispostos *cronologicamente*. As narrativas históricas tipicamente fluem dessa maneira, relatando os acontecimentos na ordem em que aconteceram. Por exemplo, observe as palavras iniciais nesses parágrafos: "Depois que desceu...", "Samuel apanhou um jarro..."; "Então ... você prosseguirá..."; "Depois você irá a..." (1Sm 9:25; 10:1,3,5). O escritor normalmente indica esta sequência de acontecimentos por meio de advérbios de tempo e conjunções que indicam uma continuação: agora, então, depois, enquanto e mais tarde. Os livros de Josué, Reis e Crônicas narram cronologicamente, enquanto que as narrativas patriarcais (Gn 12—36) apresentam episódios vagamente relacionados em uma estrutura cronológica ampla.

Outros textos agrupam materiais em um contexto baseado na *continuidade temática*. Por exemplo, os evangelistas às vezes aglutinavam os acontecimentos ou os ensinamentos que eram de natureza semelhante mesmo que eles não tivessem acontecido ao mesmo tempo. O escritor de Mateus provavelmente ajuntou as parábolas no capítulo treze para exemplificar o ministério de ensino de Jesus.[13] O editor de Levítico reúne diversos conteúdos cúlticos em seções temáticas, enquanto que Juízes declara o seu tema principal (Jz 2:6-23), ilustra-o com os feitos dos juízes (caps. 3—16), e oferece outros episódios que sugerem que Israel necessita de um rei (caps. 17—21).

A *ordem lógica*, outro princípio organizador, explica a maior parte da ordem sequencial nos profetas do AT, nas epístolas do NT e nos discursos da Bíblia. A disposição lógica do material toma muitas formas. Alguns padrões estruturais mais importantes que os autores usam ao desenvolver uma linha lógica de pensamento são:

1. Introdução   preparando o que se segue
2. Explicação   esclarecendo o sentido
3. Ilustração   citando um exemplo ou situação
4. Causação   mostrando causa e efeito
5. Instrumentação   demonstrando um meio para um fim
6. Interrogação   providenciando uma pergunta e uma resposta

---

[13] Os relatos paralelos de algumas parábolas nos outros Evangelhos mostram que elas provavelmente não foram todas ensinadas durante uma fase específica do ministério de Jesus ou necessariamente na ordem em que Mateus as colocou. O Sermão do Monte em Mateus 5—7 pode indicar um arranjo temático semelhante. Observe também a forma com a qual Lucas 15:1-2 apresenta o tema das parábolas que se seguem nos v. 3-32: "Todos os publicanos e pecadores estavam se reunindo para ouvi-lo. Mas os fariseus e os mestres da lei o criticavam: 'Este homem recebe pecadores e come com eles.'"

• 375 •

INTRODUÇÃO À INTERPRETAÇÃO BÍBLICA

7. Provas — demonstrando o propósito afirmado
8. Particularização — definindo os detalhes
9. Generalização — estabelecendo um princípio geral a partir dos detalhes
10. Intercâmbio — alternando sequências
11. Destaque — um ponto que tem uma importância especial
12. Clímax — indicando uma progressão do menor para o maior
13. Continuação — expandindo uma ideia
14. Continuidade — reafirmando a mesma ideia
15. Repetição — reafirmando as mesmas palavras para dar destaque
16. Comparação — mostrando a semelhança com outra coisa
17. Contraste — mostrando a diferença com relação a outra coisa
18. Resumo — revendo os pontos principais de forma rápida
19. Conclusão — traçando deduções ou levando a um final

Geralmente, as conjunções no início de um parágrafo indicam esses conectivos lógicos. O uso por parte do escritor de um conectivo lógico entre parágrafos simplifica a identificação da relação estrutural, mas, infelizmente, os escritores nem sempre os utilizam. Além disso, somente as traduções mais artificiais colocam no texto todos os termos conectores por causa do resultado estilístico ruim no idioma moderno. Mas o fluxo do pensamento do autor pode se perder nesse processo. Nesse caso o intérprete precisa deduzir o tipo de relação lógica a partir da natureza do conteúdo (verificando outras versões ou os idiomas originais, se possível). Ao constatar como cada parágrafo funciona no fluxo lógico do pensamento no contexto, o intérprete ganha perspectiva por apreciar a verdadeira relevância da passagem.

O *gênero literário* fornece outra pista para o padrão organizacional dos materiais bíblicos. Os escritores da Bíblia usam uma variedade ampla de tipos especiais de literatura que existiam nos tempos bíblicos. Nos últimos anos, os especialistas têm se inteirado cada vez mais da proporção pela qual cada gênero literário em particular influencia o sentido da mensagem que ele comunica. Apresentamos as características desses formatos literários específicos e a sua importância para se descobrir o sentido dos textos nos capítulos que se seguem acerca dos gêneros literários.

Em algumas passagens, a relação com os parágrafos adjacentes pode não parecer tão clara. O estudante pode não conseguir discernir razão nenhuma para a sequência de ideias, seja cronológica, temática, lógica, ou relativa ao gênero literário. Alguns "saltos" aparentes no pensamento entre as passagens podem ser devido a um fenômeno chamado *transferência psicológica*. Isto acontece quando um assunto aperta um gatilho psicológico no pensamento do autor

• 376 •

REGRAS GERAIS DA HERMENÊUTICA: A PROSA

para um assunto diferente. A conexão entre os pensamentos é mais psicológica do que lógica. O relacionamento era claro para o escritor, mas pode não ser facilmente percebido pelo leitor. Antes de acusar o escritor de lapso mental ao escrever, o estudante deve tentar descobrir o campo de referência e a conexão mais provável.

Isso pode acontecer no caso de 2Coríntios 6:13. Logo após o parágrafo que termina com o apelo de Paulo aos leitores "abram também o coração para nós!", ele surge para interpor uma seção aparentemente desconexa, 6:14—7:1, que começa com "Não se ponham em jugo desigual com descrentes." Então em 7:2 ele retorna para onde parou em 6:13 repetindo: "Concedam-nos lugar no coração de vocês." A conexão entre as partes pode ser psicológica em sua origem. Se vocês querem me dar lugar, Paulo diz aos coríntios, vocês não podem "dar lugar" para associações injustas com descrentes. Paulo acreditava que os relacionamentos profanos dos coríntios subverteriam a comunhão genuína entre o apóstolo e eles.[14]

Por último, poderemos encontrar uma *transição abrupta* de um parágrafo para o outro. Quando um escritor apresenta um novo tópico, acontecerá uma quebra do fluxo de pensamentos. Às vezes um escritor prepara o leitor para a transição;[15] em outras vezes não há aviso.[16] Ao interpretar uma passagem de modo coerente com o seu contexto, os intérpretes podem reconhecer a possibilidade de uma transição abrupta tanto antes quanto depois do texto. Isso

---

[14] A respeito disso, veja C. K. Barrett, *The Second Epistle to the Corinthians,* BNTC (London: Black, 1973; Peabody, MA: Hendrickson, 1993), p. 193-195; cf. p. 11-12. Para uma discussão extensa sobre as questões concernentes aos versículos de 6:14 a 7:1 no contexto de 2Coríntios, veja V. P. Furnish, *II Corinthians*, AB 32a (Garden City, NY: Doubleday, 1984), p. 359-383. Sobre a maneira pela qual 6:14 se une ao contexto maior de Paulo, veja M. J. Harris, *The Second Epistle to the Corinthians: A Commentary on the Greek Text*, NIGTC (Grand Rapids: Eerdmans; Milton Keynes: Paternoster, 2005), p. 497-502. Para uma avaliação alternativa que propõe uma estrutura quiástica, veja a obra de C. L. Blomberg, "The Structure of 2Corinthians 1-7", *CTR* 4 (1989): p. 3-20.

[15] Essa transição com aviso acontece em 1Coríntios 7:1 onde Paulo se move especificamente para responder as perguntas que seus leitores tinham feito. No AT os editores podem avisar aos leitores as suas intenções à medida que as partes vão se desenvolvendo, e.g., Gênesis 22:1 e 1Samuel 23:1, 8.

[16] Voltando aos exemplos de 1Coríntios, a transição nem sempre acontece normalmente entre os vários tópicos que Paulo considera de forma sequencial (veja e.g., 5:1; 6:1; e 6:12). Retornando ao AT, depois de relatar as últimas palavras de Davi (2Sm 23:1-7) e falar sobre seus valentes (23:8-39), o escritor retorna à narrativa com um simples: "Mais uma vez irou-se o Senhor..." (24:1). À primeira vista, o episódio entre Judá e Tamar (Gn 38) parece interromper a narrativa, mas recentemente os especialistas reconheceram, entre outras coisas, a antecipação do papel importante e de liderança que ele desenvolve posteriormente (e.g., 43:3, 8; 44:14, 16; 18; 46:28).

INTRODUÇÃO À INTERPRETAÇÃO BÍBLICA

protege o intérprete de criar percepções contextuais forçadas em lugares que o autor nunca propôs.

Contexto literário de todo o livro

O livro no qual a passagem bíblica se situa é o segundo contexto literário mais importante para constatar o sentido pretendido pelo autor. Entender uma passagem de forma correta significa entendê-la nos termos do livro inteiro onde ela está.[17] Leia livros mais curtos com cuidado e repetidamente. Tente ler toda a extensão dos livros mais longos em uma sentada, mais de uma vez se possível. Crie um esboço provisório da estrutura do livro, e depois utilize obras de referência que resumam ou esbocem a sua mensagem.[18] Três tipos de informações sobre o livro todo são importantes para um entendimento adequado de qualquer passagem dentro desse livro:

1. O(s) propósito(s) ou o(s) tema(s) dominante(s).
2. O esboço básico do livro.
3. As passagens paralelas dentro do livro que lidam com o mesmo assunto.

É útil, em primeiro lugar, entender *o(s) propósito(s) do livro e o(s) tema(s) dominante(s)*. Saber a razão pela qual o autor redigiu o livro estabelece limites para o sentido de suas partes individuais. Supomos que as afirmações individuais ou as seções contribuem de alguma forma para atingir o objetivo do autor. Às vezes, os escritores facilitam o trabalho para os intérpretes mencionando de forma explícita o propósito do livro. Por exemplo, Lucas afirma de forma precisa no princípio do seu Evangelho o seu objetivo:

> Muitos já se dedicaram a elaborar um relato dos fatos que se cumpriram entre nós, conforme nos foram transmitidos por aqueles que desde o início foram testemunhas oculares e servos da palavra. Eu mesmo investiguei tudo cuidadosamente, desde o começo, e decidi escrever-te um relato ordenado,

---

[17] Muito antes de os formadores do nosso cânon o dividirem nos livros que conhecemos, os livros de Josué a 2Reis provavelmente faziam parte de uma obra histórica israelita importante, a chamada "História Deuteronômica" (DtH), tendo Deuteronômio como a sua introdução. Desse modo, para os propósitos da interpretação, tanto os livros canônicos individuais quanto os livros de Deuteronômio a 2Reis como um todo fazem parte de um círculo de contexto "de livro". Igualmente, os estudantes podem interpretar os livros de Deuteronômio a 2Reis como obra de um único autor (comumente chamado "Historiador Deuteronomista" ou "HDt") ou os livros individuais como suas obras como se lidaria com, por exemplo, Lucas-Atos ou as Epístolas Paulinas.

[18] Os auxílios principais nesse aspecto vêm de livros chamados de introduções. Veja a bibliografia para sugestões para os dois testamentos.

REGRAS GERAIS DA HERMENÊUTICA: A PROSA

ó excelentíssimo Teófilo, para que tenhas a certeza das coisas que te foram ensinadas. (Lc 1:1-4).

O autor de Atos viveu em uma época que vários registros escritos e relatos orais estavam criando confusão sobre os detalhes da vida de Jesus. Sendo assim, ele se propôs a confirmar para Teófilo a credibilidade das informações sobre a vida de Jesus transmitindo um registro investigado cuidadosamente e bem organizado. De forma diferente de Lucas, o autor do Quarto Evangelho esperou até quase o final do seu livro para indicar que seu propósito era promover a vida eterna gerando e mantendo a fé em Jesus (João 20:30-31). Outros livros como Romanos e 1Coríntios têm muitas afirmações de propósito em vários lugares do livro.

Para os livros do AT, as afirmações explícitas de propósito são mais difíceis de descobrir (se é que podemos). Os dois primeiros versículos de Josué provavelmente resumem o assunto do livro: a travessia do rio Jordão e da conquista da terra "que eu estou para dar aos israelitas" (Js 1:1-2). Mas, se indagarmos *a razão* pela qual o escritor redigiu o livro, fica mais difícil responder. Talvez possamos descobrir a resposta na conclusão do livro, com todos os seus avisos e recordações para que os israelitas fossem fiéis em servir a Deus, em seguir o exemplo de Josué e de todo o Israel durante a sua vida. Isto é, o propósito do escritor poderia até ser o de encorajar uma geração posterior de israelitas: "Façam todo o esforço para obedecer e cumprir tudo o que está escrito no Livro da Lei de Moisés, sem se desviar, nem para a direita nem para a esquerda" (23:6). Eles precisavam afirmar junto com os contemporâneos de Josué: "Serviremos ao Senhor, o nosso Deus, e lhe obedeceremos" (24:24).

Quando os livros não possuem afirmações de propósito, os intérpretes têm que deduzi-las a partir do seu conteúdo. Eles têm que observar o que o autor ou o editor atinge no livro, e depois deduzir o propósito a partir dessa informação. Mesmo que essa abordagem demonstre ser razoavelmente exata para encontrar o objetivo do autor, ela continua sendo conjectural. Em vez de especular sobre propósitos questionáveis e indutivos, sugerimos que nesses casos os intérpretes identifiquem os temas dominantes dos livros. O produto final não ficará muito diferente em nenhuma das duas abordagens.

Os intérpretes podem descobrir os temas dominantes observando os temas que o autor destaca no livro. Por exemplo, em um livro curto como Obadias, o tema dominante do juízo de Deus contra Edom e a sua defesa e bênção para com a casa de Jacó se descobre facilmente. No livro maior de Gálatas, Paulo claramente busca defender o princípio da justificação somente pela fé em Cristo contra os ensinos de alguns "judaizantes" que aparentemente insistiam que os gentios convertidos tinham que seguir a lei judaica para obter a salvação. Então

• 379 •

INTRODUÇÃO À INTERPRETAÇÃO BÍBLICA

o estudante tem que discernir como cada passagem contribui para um ou mais desses assuntos.

O *plano básico* do livro é outra parte importante do contexto literário do livro. A contribuição que uma passagem individual traz para a mensagem total de um livro depende primeiramente do seu local. Para livros mais longos isto envolve dois elementos principais: o fluxo *geral* do pensamento do livro todo e o fluxo *específico* de pensamento da parte do livro onde a passagem está. Ao descobrir o tema de cada uma das divisões principais do livro, o intérprete consegue deduzir se há alguma importância em sua ordem. No momento que o intérprete entende como o tema de cada divisão principal se encaixa no fluxo de pensamento geral do livro, a atenção se limita a um olhar mais próximo da parte específica que contém a passagem estudada. Em resumo: a interpretação tem mais chance de ser correta quando ela explica a passagem de um modo consistente com o tema da parte onde a passagem está. Então a interpretação provável mostra como esta parte contribui para o desenvolvimento do próprio livro.

O item final considerado ao estudar o contexto literário do livro todo se refere a passagens paralelas que lidam com o mesmo assunto da passagem estudada. Quando um escritor se refere a um assunto mais de uma vez em um livro, uma ou mais passagens podem esclarecer aspectos vagos em outra. O procedimento para esse estudo é direto. Dê uma olhada geral ou leia rapidamente o livro para localizar outras passagens que lidam com o mesmo assunto e depois estude-as para descobrir com o que elas contribuem para o entendimento da passagem que está sendo estudada.[19]

Sendo assim, por exemplo, para entender o Dia do Senhor em Joel 2:31 (parte da seção que Pedro cita no dia de Pentecostes em At 2:20), o estudante tem que investigar o que Joel diz além disso sobre o Dia do Senhor em sua profecia (e.g., 1:15; 2:1, 11; 3:14), ou outros lugares onde esse tema surge mesmo quando o vocabulário específico não aparecer.[20] De forma semelhante, para ter uma percepção do que Tiago quis dizer sobre a "fé salvadora" na passagem que começa com 2:14, o estudante tem que obter a percepção de outras referências à fé na carta (1:3, 5-8; 2:1; 5:15).

---

[19] Frequentemente uma concordância ajuda nessa tarefa, apesar de os estudantes terem que tomar cuidado para não confiar simplesmente na concomitância de palavras comuns para localizar passagens paralelas ou que combinam teologicamente. Isto seria um erro grave, como descobriremos mais tarde na discussão sobre as palavras. Veja o capítulo da bibliografia para sugestões de concordâncias.

[20] Os profetas de Israel tinham uma tradição de temas comuns, de linguagem, e um entendimento da história. Então, depois de estudar o vocabulário de um profeta ou o desenvolvimento de um tema, tem que se verificar a sua presença em outros profetas, especialmente os que ministraram no mesmo século.

• 380 •

REGRAS GERAIS DA HERMENÊUTICA: A PROSA

Mas aqui cabe um aviso. Os estudantes têm que ver sempre se as passagens são realmente paralelas antes que deixemos que elas informem uma a outra. Às vezes as passagens utilizam palavras idênticas, mas com sentidos diferentes para elas. Isto seria apenas um paralelo *aparente*. Mesmo quando as duas passagens são verdadeiramente paralelas, não se pode simplesmente projetar as ideias de uma passagem na outra sem uma justificativa adequada. Temos que manter diante de nós o objetivo da interpretação: a intenção do autor da forma que se reflete no texto em questão. Corremos o risco de errar feio quando interpretamos uma passagem à luz de outra ignorando o contexto imediato de cada uma delas. Como precaução, sempre interprete cada passagem paralela de acordo com o seu contexto imediato e com o livro inteiro antes de comparar as passagens. Somente quando conhecemos o sentido contextualmente válido para cada passagem paralela poderemos comparar as passagens para ver se alguma delas traz esclarecimento sobre detalhes específicos na passagem estudada.

Então para os dois exemplos citados acima, o de Joel e o de Tiago, o intérprete precisaria ter certeza de que os autores estavam usando os contextos de modo verdadeiramente paralelo antes de simplesmente impor as características do outro texto sobre as passagens estudadas. As outras referências do "Dia do Senhor" em Joel têm importância histórica (para a época de Joel) ou escatológica (em alguma época futura)? Temos que ter certeza dessa resposta antes de simplesmente forçar os seus sentidos no seu uso em 2:31. E, com certeza, Tiago usa a palavra "fé" num sentido diferente do uso típico de Paulo, então os estudantes têm que evitar tentar entender Tiago simplesmente importando as referências de Paulo.[21]

Contexto da Bíblia inteira

Este elemento final é mais controvertido e mais difícil de controlar. Como afirmamos anteriormente, a Bíblia possui uma unidade geral apesar de sua diversidade de autores humanos. A inspiração divina da Escritura dá continuidade de pensamento a livros escritos com cerca de 1.500 anos de diferença. Como Vanhoozer expõe: "... tomados em conjunto, os vários livros da Bíblia constituem a Palavra de Deus."[22] Além disso, os autores humanos da Bíblia participaram da mesma tradição religiosa judaico-cristã vigente. Em

---

[21] Quanto à visão de Paulo acerca da fé, D. Lührmann ("Faith: New Testament", trad. F. W. Hughes, *ABD*, ed. D. N. Freedman, 6 vols. [New York: Doubleday, 1992], 2:753), diz, "Para Paulo a palavra *pístis*, além do verbo *pisteuein* no tempo aoristo, significa conversão à proclamação de Deus, que ressuscitou Jesus dentre os mortos, um novo Deus para as pessoas que eram anteriormente pagãs, o mesmo Deus para os judeus".

[22] K. J. Vanhoozer, *Há um significado neste texto?* (São Paulo: Vida, 2005), p. 423.

INTRODUÇÃO À INTERPRETAÇÃO BÍBLICA

uma escala maior, o desenrolar da história geral da Bíblia retrata a grande narrativa da redenção para buscar e salvar a humanidade perdida.[23] Alguns autores posteriores conheciam os livros escritos anteriormente e se baseavam bastante neles. Em 2Pedro 3:15-16, o autor se refere a cartas escritas por Paulo, até considerando-as no mesmo nível que as "outras Escrituras" (i.e., o AT). O livro de Crônicas provavelmente se baseou em Samuel e Reis até certo ponto. Os salmos 105 e 106 parecem ter se baseado em partes do Pentateuco.[24] As teorias mais populares da redação dos Evangelhos sugerem que um ou mais deles dependeram dos outros. O prólogo de Lucas (1:1-4) citado acima sugere exatamente isso. Mais provavelmente o autor de 2Pedro utilizou material emprestado de Judas.

Por causa dessa unidade, a Bíblia inteira traz um contexto literário para todas as passagens dentro dela. Mas é nesse ponto que vêm a controvérsia e a dificuldade. Como poderemos aceitar que os autores individuais tenham as suas perspectivas próprias (a diversidade da Bíblia) e ainda afirmarmos a unidade da Bíblia? Não esperamos que todos os escritores bíblicos tenham a mesma perspectiva sobre um assunto ou apresentem os seus pontos de vista da mesma forma. Eles verão ângulos diferentes e darão destaques diversos, dependendo dos seus propósitos ao escreverem. Mas por causa da inspiração do Espírito Santo por toda a Bíblia, postulamos que o sentido correto de cada passagem da Escritura terá *harmonia* com o restante do ensino dela nesse particular. Uma passagem não irá contradizer o ensino claro do restante da Bíblia sobre esse assunto.[25]

Três grupos de livros bíblicos devem ser considerados ao interpretar a passagem de acordo com o contexto da Bíblia inteira: (1) as passagens paralelas em outros livros escritas pelo mesmo autor (para conhecer a ótica paulina sobre a Lei em Romanos, consulte também outros livros de Paulo); (2) as passagens em livros escritos por outros autores no mesmo testamento (veja o que outros escritores do NT dizem sobre a Lei); e finalmente, (3) passagens em livros do outro testamento (estude a Lei no AT).

---

[23] A melhor análise disso é a de C. J. H. Wright, *The Mission of God: Unlocking the Bible's Grand Narrative* (Downers Grove: InterVarsity, 2008).

[24] Nas últimas duas décadas, esta hipótese abriu uma área frutífera de pesquisa nos estudos do AT chamada "exegese intrabíblica", o estudo dos modos variados que os escritores bíblicos posteriores utilizaram os textos bíblicos anteriores (e.g., veja o que Jl 3:10 faz com Is 2:4/Mq 4:3).

[25] Um desafio com o qual o intérprete que partilha desse pressuposto da unidade constantemente se depara é interpretar cada texto nos seus próprios termos, especialmente quando textos distintos parecem entrar em conflito um com o outro. Temos que evitar passar por cima dessas passagens em nossas tentativas de preservar *o que vemos* como consistência bíblica. Temos que deixar os textos falar por si mesmos, ainda que os resultados não sejam tão harmoniosos como gostaríamos.

REGRAS GERAIS DA HERMENÊUTICA: A PROSA

Primeiramente, estudamos paralelos em outros livros atribuídos *ao mesmo autor*. Esses escritos procedem da mesma mente energizada pelo Espírito Santo, de forma que promete o nível mais alto de continuidade linguística e conceitual. Há o maior grau de probabilidade de que a mesma pessoa falando sobre o mesmo assunto de forma semelhante queira dizer a mesma coisa. Além disso, cada escritor bíblico tem um entendimento pessoal sobre um aspecto da verdade divina e um padrão razoavelmente coerente para discorrer sobre ela. Desse modo, para se chegar ao entendimento completo sobre a fé em Romanos 3:22, o intérprete agirá de forma mais sábia consultando passagens em Gálatas (e.g. 2:16; 3:8, 11, 24) do que lendo passagens de Tiago. Isto não se aplica simplesmente às palavras utilizadas, mas muito mais às ideias que elas representam.[26]

As referências nos livros de escritores diferentes no *mesmo testamento* estão no segundo lugar de importância. Os escritores do mesmo Testamento têm mais em comum com os outros escrevendo a partir da mesma fase do programa redentor de Deus ou sobre ela. Os escritores do AT usavam o idioma hebraico (ou aramaico) e refletiam uma cultura semita em um ambiente basicamente israelita. Eles tinham um destaque comum de Israel como o povo especial de Deus, da lealdade exclusiva a Javé como uma expressão desse relacionamento, e das promessas proféticas de bênçãos futuras. Isto lhes proporcionou, ainda que fossem escritores distintos, uma camaradagem singular.[27]

Os escritores do NT, pelo contrário, utilizaram o idioma grego e se situavam na cultura predominantemente helenística do Império Romano. Eles viveram na era do cumprimento messiânico e proclamaram as boas-novas da graça de Deus disponibilizada através da morte e da ressurreição de Jesus.[28] Os escritos anteriores no mesmo testamento que provavelmente tenham sido conhecidos por um autor posterior têm prioridade sobre os escritos posteriores ainda desconhecidos por esse autor.

---

[26] Os estudantes têm que usar as mesmas diretrizes e os mesmos cuidados ao usar passagens paralelas que observaram anteriormente. Mesmo que estejamos lendo o mesmo autor, estamos no momento em livros diferentes. Temos que estar certos de que as passagens são verdadeiramente paralelas antes de simplesmente impor o significado de uma passagem em outra. Além disso, as ideias de um autor podem se desenvolver ao longo dos anos.

[27] Sobre a harmonia da teologia do AT veja B. K. Waltke, *Teologia do Antigo Testamento: Uma abordagem exegética, canônica e temática* (São Paulo: Vida Nova, 2016).

[28] Sobre a unidade da teologia do NT veja esp. G. E. Ladd, *Teologia do Novo Testamento* (São Paulo: Hagnos, 2003); I. H. Marshall, *Teologia do Novo Testamento: Diversos testemunhos, um só evangelho* (São Paulo: Vida Nova, 2007); G. K. Beale, *A New Testament Biblical Theology: The Unfolding of the Old Testament in the New* (Grand Rapids: Baker, 2011); T. R. Schreiner, *New Testament Theology: Magnifying God in Christ* (Grand Rapids: Baker Academic, 2008); e F. S. Thielman, *Teologia do Novo Testamento: Uma abordagem canônica e sintética* (São Paulo: Shedd Publicações, 2005).

• 383 •

INTRODUÇÃO À INTERPRETAÇÃO BÍBLICA

Já que a redação do AT percorre pelo menos mil anos, os relacionamentos interpessoais eram raros entre os seus escritores. Sendo assim, a ajuda que os outros escritores ou livros podem trazer para interpretar passagens isoladas pode parecer consideravelmente menor a partir do que podemos descobrir no NT. Mesmo assim, o legado religioso em comum, as convicções em comum, e uma reverência, por um lado, à tradição mosaica ou à monarquia davídica, e por outro aos escritos dos profetas anteriores, trouxeram certa unidade e senso de continuidade. O caráter singular do AT nos exige que destaquemos pequenas diferenças. De acordo com Jeremias 18:18, o AT incorpora três escolas de pensamento principais ou "tradições" cujas influências notamos claramente tanto nos livros em separado como através de vários livros. Elas são: "instrução" (ou "Lei") como a parte dos sacerdotes (e.g., o Pentateuco), a "palavra" como a parte dos profetas (e.g, os livros proféticos), e a "sabedoria" como a parte dos sábios (e.g., Jó, Provérbios, Eclesiastes). De forma mais profunda, o AT revela outras "tradições" históricas e teológicas, e.g., a criação, a promessa dos antepassados, o êxodo, os acontecimentos no Sinai, Deus como varão de guerra etc., que também são recorrentes em muitos livros do AT (e NT). Todas essas "tradições" fazem parte do círculo de contexto do *mesmo Testamento* quando se interpreta o AT.

Estudar as passagens paralelas do AT exige prestar bastante atenção na época em que os escritores viveram e na época em que os livros do AT foram finalizados. Por exemplo, já que os ministérios de Oseias, Amós, Isaías e Miqueias foram contemporâneos (século VIII a.C.), o intérprete pode aprender sobre a apostasia religiosa de Israel e Judá naquele tempo comparando as passagens paralelas. Elas trazem comentários mutuamente úteis em alguns pontos.

Os escritores do NT passaram por uma situação diferente. Tendo eles participado como membros da Igreja que incluía fiéis de muitas nacionalidades, eles redigiram os livros do NT por um período de cerca de cinquenta anos. Os autores, um grupo seleto de apóstolos e de seus obreiros próximos, frequentemente tinham contato um com outro. Com certeza, isto não significa que eles sempre concordassem entre si, como o conflito entre Pedro e Paulo em Gálatas 2:11-14 demonstra. No entanto, mesmo tolerando expressões diferentes de cristianismo dentro do NT, os intérpretes podem esperar um alto grau de continuidade na maneira como esses cristãos primitivos entendiam a fé.

O tipo final de passagens paralelas consiste naquelas que são do *outro Testamento*. As passagens paralelas demonstram ser altamente valiosas como cenário para o entendimento do NT. Devido ao fato de que a maioria dos escritores do NT era de judeus que conheciam bem o AT, eles tomaram

• 384 •

REGRAS GERAIS DA HERMENÊUTICA: A PROSA

emprestado dele a linguagem teológica e alguns conceitos. Afinal de contas, o AT era a Bíblia da Igreja primitiva, mais frequentemente na sua tradução grega, a Septuaginta (LXX). Da mesma forma que a nossa língua reflete a influência da Bíblia,[29] a linguagem do NT reflete as expressões gregas da Septuaginta.[30] Na verdade, alguns argumentos no livro de Hebreus se baseiam na formulação do AT na versão LXX (e.g., 1:6 cf. Dt 32:43; 10:5-7 cf. Sl 40:6-8).

Além disso, toda a sua visão de mundo, especialmente os conceitos religiosos sobre os quais eles formularam o seu sistema de crenças (o monoteísmo, o conceito de aliança, de eleição, de povo de Deus, de expiação e de pecado, só para citar alguns) vieram das convicções teológicas do AT.

Obviamente que, em outra direção, o NT não influencia a escrita do AT, mas as referências do AT no Novo ajudam os leitores a encontrar a totalidade do ensino da Bíblia sobre um determinado assunto e podem extrair implicações adicionais.[31] Isto demonstra a importância do ensino do AT já que revela, por exemplo, em que referências o ministério de Jesus cumpre os textos do AT.[32] Em Lucas 4:18-21 Jesus identifica claramente o seu ministério como o cumprimento de Isaías 61:1-2. Em Mateus 11:4-5, no entanto, quando Jesus diz: "Voltem e anunciem a João o que vocês estão ouvindo e vendo: os cegos veem, os aleijados andam, os leprosos são purificados, os surdos ouvem, os mortos são ressuscitados, e as boas-novas são pregadas aos pobres", a sua resposta de forma mais implícita acrescenta detalhes a Isaías 35:4-6 e 61:1.

Ao mesmo tempo, os intérpretes têm que ter bastante cuidado para evitar uma cristianização indevida do AT. As passagens paralelas do NT não devem ser usadas para fazer com que as passagens do AT ensinem a teologia do NT.

---

[29] Por exemplo, mesmo pessoas totalmente secularizadas se referem a "lavar as mãos", "atirar a primeira pedra" ou ser um "lobo em pele de cordeiro".

[30] Sobre a influência da LXX sobre a linguagem do NT, veja K. H. Jobes e M. Silva, *Invitation to the Septuagint*, 2ª ed. (Grand Rapids: Baker, 2015), p. 200-227. Em vários lugares, os leitores encontrarão o termo "semitismos" para descrever possíveis elementos ou influências semitas no NT. Os semitismos podem vir do AT hebraico, da LXX, ou da infusão de termos do aramaico e possivelmente de termos e de construções hebraicas, como, por exemplo, da vida diária da Palestina do século I. Para uma análise completa, mesmo sendo mais antiga, dos semitismos no NT, veja J. H. Moulton e W. F. Howard, *A Grammar of New Testament Greek: Accidence and Word-Formation*, 2 vols. (Edimburgo: T. & T. Clark, 1963), 2:412-485.

[31] Como se observa anteriormente, quando se interpreta Joel 2:28-32, é útil ler Atos 2:14-36 para observar como Pedro trabalha o texto de Joel.

[32] De modo semelhante à "colorização" moderna dos filmes antigos em branco e preto, o cumprimento nesta era messiânica acrescenta profundidade e novas perspectivas para as passagens do AT. Os cristãos não podem ler as passagens messiânicas do AT a partir do seu entendimento da revelação mais completa dos textos em Cristo.

INTRODUÇÃO À INTERPRETAÇÃO BÍBLICA

A Igreja primitiva tinha a tendência (que foi mantida pelos protestantes depois da Reforma) de projetar os conceitos teológicos do NT nas passagens do AT. Devemos evitar esse erro; a nossa primeira tarefa é entender cada texto em seus próprios termos, da mesma forma que o seu escritor propôs e que os seus leitores o teriam entendido.[33] Somente depois que entendemos o sentido do texto do AT que podemos lidar com a questão canônica sobre o modo pelo qual os dois testamentos se completam para chegar à plenitude do ensino bíblico.

Ouvimos falar de um episódio que mostra como é tentador e corriqueiro esse erro entre os cristãos. Logo depois de um pregador visitante ministrar um sermão sobre o apelo de Jeremias, no qual ele destacou aplicações para seguir a orientação de Deus nos dias de hoje, uma pessoa que o assistiu o alertou na porta da Igreja: "Jovem" (expressão clara de que lá vem bomba), "pregue a Cristo!" O confiante pregador disse: "Mas eu fiz isso, senhor!", o que não convenceu o membro indignado da Igreja que sentia que toda passagem do AT tinha que servir como trampolim para uma mensagem evangélica cristocêntrica. Infelizmente, ele e muitos outros como ele não conseguiram perceber que a mensagem de Deus no AT para a Igreja de hoje deve surgir a partir do sentido proposto do próprio texto. A sua *relevância* para nossa vida pode ter uma diferença muito grande da sua relevância para os leitores originais, mas *não o seu sentido essencial*. Muitas pessoas deixam de descobrir as grandes verdades sobre o caráter de Deus e do seu relacionamento com o seu povo no AT por causa da crença bem-intencionada, porém equivocada, que cada parte da Bíblia tem que transmitir alguma realidade do NT. Primeiramente, o AT tem que ser considerado por seus próprios méritos. Temos que interpretar as suas passagens preservando a intenção dos seus textos; isto constitui o objetivo essencial da interpretação do AT.[34]

Interpretar as passagens à luz do contexto da Bíblia toda tem um alcance bem limitado. Verifique as passagens paralelas para ver se elas contribuem para o entendimento do sentido da passagem. O uso cuidadoso das passagens paralelas proporciona ao estudante da Escritura a habilidade de apreciar a contribuição

---

[33] Um princípio reafirmado recentemente por J. Goldingay, *Do We Need the New Testament?: Letting the Old Testament Speak for Itself* (Downers Grove: InterVarsity Press, 2015).

[34] W. C. Kaiser, Jr., *Toward An Exegetical Theology* (Grand Rapids: Baker, 1981), propõe corretamente o princípio que ele chama de "analogia da Escritura [antecedente]" com o qual se pode deduzir o sentido original de uma passagem somente com base no que ela diz ou com base nos textos que a precederam no tempo, mesmo quando as Escrituras posteriores possam expandir ou ampliar a sua importância (p. 136-137). Para um modo responsável de enxergar como Cristo é ou não é prefigurado em cada livro da Bíblia, veja M. Williams, *How to Read the Bible through the Jesus Lens* (Grand Rapids: Zondervan, 2013).

• **386** •

REGRAS GERAIS DA HERMENÊUTICA: A PROSA

que o texto em consideração faz para o ensino total da Bíblia inteira sobre um tema determinado.

CENÁRIO HISTÓRICO-CULTURAL

O CENÁRIO HISTÓRICO-CULTURAL	
HISTÓRIA	Registro de acontecimentos que se deram no passado: *Sitz im Leben*
CULTURA	Estilo de vida
	Costumes
	Sistema de valores
	Economia
	Sitz im Glauben

As passagens bíblicas não expressam somente o fluxo de pensamento do escritor, mas também refletem o seu modo de vida, que de muitas formas é radicalmente diferente daquele do leitor dos dias atuais. A literatura e os acontecimentos registrados na Bíblia tiveram origem há milhares de anos. Além de refletir os idiomas, as culturas e os estilos de vida antigos, os escritores da Bíblia escreveram as suas mensagens para pessoas diferentes de nós. Por causa disso, toda vez que estudamos um texto bíblico, temos que estar conscientes dessas dimensões transculturais e de distância no tempo. Cada passagem foi a Palavra de Deus para as outras pessoas antes de se tornar a Palavra de Deus para nós. Em um sentido, a Bíblia sempre chega até nós de segunda mão, através de terceiros que viveram em épocas e em lugares diferentes. Essa é a base de um princípio importante da hermenêutica: *A interpretação correta de uma passagem bíblica será consistente com o cenário histórico-cultural da passagem.* Existem três razões pelas quais esse princípio é importante: por causa da perspectiva, por causa da mentalidade e por causa da contextualização.

Importância do cenário histórico-cultural[35]

A questão da perspectiva

Primeiramente, as circunstâncias pelas quais a comunicação se dá controlam de forma substancial, se é que não determinam, o sentido. Precisamos compreender a *perspectiva* dos comunicadores originais (o autor e o leitor) para entender o sentido correto. Devido ao fato de tanto o escritor quanto os

---

[35] Veja o capítulo sobre esse mesmo assunto em C. L. Blomberg com J. F. Markley, *A Handbook*, pp. 63-92.

· 387 ·

INTRODUÇÃO À INTERPRETAÇÃO BÍBLICA

destinatários compartilharem do mesmo cenário cultural e das mesmas informações, e viverem na mesma época da história, eles raramente esclarecem a sua perspectiva. Essa tendência é verdadeira mesmo nos dias de hoje. Se alguém nos mostrar uma carta pessoal, mesmo se a carta for de um amigo em comum, algumas coisas precisarão ser explicadas, porque se referem a uma experiência conhecida somente pelo escritor e pelo destinatário. Sem essa informação, essa perspectiva correta sobre a situação, outro leitor terá dificuldade de entender essas referências.[36]

Essa leitura "na perspectiva do leitor" descreve a situação do leitor atual das Epístolas do NT. Os apóstolos ou outras pessoas enviaram estas cartas do século I para pessoas específicas vivendo em certos lugares falando acerca de circunstâncias particulares em sua vida no século I d.C. Na maioria dos casos, o autor e os destinatários passaram por experiências conhecidas; eles falavam a mesma língua grega e possuíam informações um sobre o outro e sobre o seu mundo. Para interpretar corretamente esses livros nos dias de hoje, o leitor precisa entender o máximo possível sobre os detalhes desse cenário histórico e cultural.

O mesmo se aplica igualmente à maior parte dos livros bíblicos que não são cartas. Muitos salmos do Israel antigo refletiam experiências de adoradores vivendo em uma monarquia em um mundo cheio de reinos e impérios. O escritor de Juízes caracteriza os dias anteriores à monarquia com uma afirmação final: "Naquela época não havia rei em Israel; cada um fazia o que lhe parecia certo" (Jz 21:25). Era um tempo caótico, com certeza, inquestionável e literalmente muito distante da era moderna. De forma semelhante, as profecias apocalípticas surgem de uma visão de mundo específica e usam técnicas literárias muito alheias à nossa experiência.[37]

Pelo fato de o nosso ambiente ter uma diferença tão radical de praticamente todas as situações bíblicas, não é novidade que muitas afirmações bíblicas causem um impacto diferente em nós daquele que foi proposto pelo autor original.[38] Os intérpretes atuais da Bíblia precisam se colocar no lugar do escritor e dos destinatários iniciais, isto é, eles precisam entender a passagem a partir da

---

[36] Sugerimos que tente ler uma tira política em quadrinhos em um jornal ou revista de outra cidade ou, melhor ainda, de um país diferente. Sem que se compreenda as questões ou as pessoas retratadas, a tira permanecerá um mistério. J. K. Brown, *Scripture as Communication* (Grand Rapids: Baker Academic, 2007), espelha vários pensamentos desse capítulo e vale a pena consultar!

[37] Com certeza, trazemos auxílio específico para entender esses e outros gêneros literários variados nas seções posteriores.

[38] Falando nos termos da teoria dos atos de fala, podemos perder a sua energia e os efeitos propostos mesmo se entendermos o conteúdo.

REGRAS GERAIS DA HERMENÊUTICA: A PROSA

perspectiva das pessoas que viveram há muito tempo. Os escritores bíblicos não tinham em mente a nossa situação.

A questão da mentalidade

A segunda razão pela qual temos que interpretar uma passagem de forma coerente com o seu cenário histórico-cultural surge do fator possivelmente sutil chamado de *mentalidade*. A mentalidade descreve a atitude mental ou inclinação. O ato de fala não comunica somente o conteúdo; ele o faz de uma maneira determinada, para propósitos específicos, e visando a certo *impacto emocional*. Cada cultura exibe um sistema de valores e uma maneira de ver o mundo que regula essa dimensão afetiva ou sentimental do discurso. O efeito de uma afirmação pode variar de uma cultura para outra, dependendo dos padrões de certo e errado de cada cultura ou da sua escala de valores.[39] Por exemplo, quando Jesus chamou Herodes Antipas de raposa (Lc 13:32), os seus ouvintes entendiam que "raposa" representava um certo valor.[40] Chamar alguém de raposa hoje teria um sentido ou valor diferente, dependendo da cultura (ou da subcultura) envolvida.[41] Se um leitor simplesmente impusesse um valor dos dias de hoje para "raposa", o propósito original seria obscurecido ou até perdido.[42] A revelação bíblica foi comunicada dentro de contextos culturais. Não poderia ser de outra maneira, porque toda linguagem humana é condicionada culturalmente.

Para termos consciência da mentalidade das pessoas nos tempos bíblicos, precisamos estudar o cenário histórico-cultural de seu mundo, porque a interpretação precisa fazer sentido para as pessoas daquela época, mesmo que continue soando estranho para nós. Comer carne de cavalo parece estranho para muitos norte-americanos, mas é comum em alguns lugares da Europa. A carne do porquinho-da-índia serve de refeição no Peru. Temos que resistir à tentação de higienizar a Bíblia a fim de que ela se molde aos nossos valores

---

[39] Nesse ponto, limitamos a discussão sobre valores. Obviamente a mentalidade de uma cultura pode incluir outras dimensões. Os indivíduos também têm mentalidades únicas sobre as quais podemos aprender algo se as conhecermos o suficiente, ou ler o suficiente sobre em seus livros. De outra forma, isto seria um tanto ilusório.

[40] De acordo com I. H. Marshall, *The Gospel of Luke,* NIGTC (Exeter: Paternoster; Grand Rapids: Eerdmans, 1978), p. 571, na literatura rabínica, uma raposa tipificava astúcia maldosa, mas também uma criatura insignificante comparada a um leão. A maior parte dos comentários sobre Lucas aponta tanto para a astúcia quanto para a insignificância como a razão da alusão à "raposa".

[41] As conotações de hoje podem incluir hábil, astuto, dissimulado e sensual.

[42] Os tradutores da Bíblia precisam descobrir essas coisas e fazer os ajustes adequados.

• 389 •

e à nossa mentalidade.[43] À medida que entendemos o que uma passagem significava, poderemos aplicar esse sentido à luz dos valores culturais do presente, de modo que ela possa ter o impacto adequado e um efeito emocional sobre nós.

A questão da contextualização

A terceira razão pela qual temos que interpretar uma passagem de forma coerente com o seu cenário histórico-cultural atinge o coração da tarefa interpretativa. Ao mesmo tempo em que as duas primeiras razões, a perspectiva e a mentalidade, destacam a importância de se conhecer o cenário histórico-cultural para descobrir o sentido proposto para os destinatários originais, a nossa terceira razão destaca expressar essa mensagem de forma precisa para o mundo de hoje. A palavra *contextualização* ajuda a captar esta perspectiva.[44] Contextualizar a verdade bíblica exige óculos interpretativos bifocais. Primeiro, precisamos de uma lente para olhar para o cenário passado do mundo bíblico para aprender o sentido intencional. Depois, precisamos de outra lente para ver o primeiro plano diante de nós para decidir como expressar da melhor forma, como contextualizar, esse sentido para o mundo de hoje. Destacamos esta dimensão, já que a nossa convicção é a de que a interpretação nunca tem que permanecer simplesmente como um exercício sobre o mundo antigo. A Bíblia é a Palavra de Deus para nós.

O intérprete perspicaz gravita entre dois mundos: o mundo bíblico antigo e a sociedade moderna.[45] A Bíblia foi moldada dentro de culturas antigas

---

[43] A comparação entre o uso das palavras em português no século XVII e no século XXI ilustra esta questão sobre as mentalidades. A versão de Almeida não hesitava em usar a palavra "corno" (cf. Zc 1:19), ao mesmo tempo que a maior parte das versões acha esse termo ofensivo e além dos limites da fala contemporânea aceitável. As palavras têm valores "afetivos" que surgem de uma mentalidade. Mencione o termo "evolução" ou "aborto" ou "homossexual" em certas subculturas cristãs conservadoras e a sua mentalidade se manifestará.

[44] Originado nos círculos missionários, o termo *contextualização* descreve o processo de embalagem da verdade bíblica de modo relevante para as diversas culturas atuais. Os missiólogos em geral adotam as descobertas da antropologia e da sociologia na sua busca para impactar as culturas com o evangelho.

[45] Sob a perspectiva do pregador, esse conceito é fundamental. Veja J. R. W. Stott, *Between Two Worlds: The Art of Preaching in the Twentieth Century* (Grand Rapids: Eerdmans, 1978); R. C. Chisholm, *Da exegese à exposição: guia prático para o uso do hebraico bíblico* (São Paulo: Vida Nova, 2016); S. D. Mathewson, *The Art of Preaching Old Testament Narrative* (Grand Rapids: Baker, 2002); S. Greidanus, *O pregador contemporâneo e o texto antigo* (São Paulo: Cultura Cristã, 2006); e H. W. Robinson, *Pregação Bíblica: O desenvolvimento e a entrega de sermões expositivos* (São Paulo: Shedd, 2002). Para conhecer um exemplo prático que utiliza os conceitos históricos, culturais e tradicionais da África para comunicar o evangelho com mais eficiência, veja J. W. Z. Kurewa, *Preaching & Culture Identity: Proclaiming the Gospel in Africa* (Nashville: Abingdon, 2000).

REGRAS GERAIS DA HERMENÊUTICA: A PROSA

específicas; mas somos o produto de nossas culturas modernas cada vez mais pós-modernas. Esses dois horizontes envolvem a concentração em dois polos do intérprete sensível.[46] A exegese efetiva não percebe somente o que a mensagem queria dizer na forma original, mas também determina a maneira de expressar melhor e aplicar esse sentido para seus contemporâneos. O processo da contextualização expressa de uma nova maneira as ideias apresentadas em uma passagem bíblica na linguagem de hoje de modo que ela transmita o mesmo impacto para o ouvinte moderno.

O intérprete tem que conhecer o mundo bíblico e o mundo moderno para transpor as suas diferenças. Devido ao fato de a nossa cultura ter moldado a maneira como entendemos as coisas (o nosso pré-entendimento), corremos o risco de moldar a nossa percepção da mensagem bíblica nos termos do nosso modo de vida sem primeiro entendê-la de acordo com o seu próprio cenário histórico-cultural. Se sucumbirmos, a mensagem que ouvirmos da Escritura pode não corresponder ao que o texto de fato significa; poderemos simplesmente remodelá-la de acordo com nossos significados. A nossa tarefa tem que levar à aplicação, mas não antes de termos entendido claramente o sentido do texto.

Princípios para a interpretação histórico-cultural

Cenário histórico-cultural original

Vários princípios norteiam o intérprete para identificar os cenários histórico-culturais dos mundos bíblicos. Primeiro, *temos que entender cada passagem de modo coerente com o seu cenário histórico e cultural.* Para que qualquer interpretação possa se candidatar a ter o sentido que se visualizou em um texto, ela tem que ter o sentido mais provável de acordo com as circunstâncias da escrita e da leitura originais da passagem. Qualquer explicação sugerida para uma passagem que teria sido incompatível ou inconcebível no cenário histórico ou cultural do autor ou dos destinatários não pode ser válida. Pode-se perguntar: de acordo com as circunstâncias originais, qual interpretação se encaixaria de forma mais natural no nosso tempo? Este princípio significa que um intérprete tem que entender o cenário histórico e cultural da forma mais precisa possível e tem que interpretar a mensagem bíblica de forma compatível com esse entendimento.

---

[46] A. C. Thiselton, *The Two Horizons: New Testament Hermeneutics and Philosophical Description* (Grand Rapids: Eerdmans, 1980), destaca essa dimensão.

• 391 •

INTRODUÇÃO À INTERPRETAÇÃO BÍBLICA

Felizmente, os achados arqueológicos, a pesquisa histórica e os estudos sociológicos e culturais têm fornecido um vasto depósito de informações para esta tarefa.[47] O material disponível é tão impressionante que Russell Spittler se orgulhou: "Os avanços na lexicografia e na arqueologia nos possibilitou saber mais sobre o mundo antigo do que ele próprio sabia sobre si mesmo."[48]

Mesmo com tanta verdade nessa afirmação, temos que tomar cuidado para não supervalorizarmos o nosso conhecimento sobre o mundo bíblico. Agora temos acesso a disciplinas altamente desenvolvidas como a antropologia, a sociologia, a linguística, a história e a psicologia que ajudam a explicar as experiências cotidianas do mundo antigo. A despeito de todas as descobertas detalhadas alcançadas por esses estudos, o nosso conhecimento de alguns detalhes dos elementos inter-relacionados de cada história bíblica permanece extremamente limitado. O que não sabemos e não podemos descobrir excede de longe as informações valiosas disponíveis para nós. Por causa disso, temos que sempre fazer afirmações modestas e realistas para cada reconstrução histórico-cultural da nossa parte, e para cada interpretação que se baseia nela.

Entender cada passagem de acordo com o seu cenário envolve descobrir o que no cenário bíblico era igual e o que era diferente do nosso. Sempre haverá alguma semelhança entre a nossa vida e a deles. Esses elementos comuns trazem pontos de referência que ajudam o público de hoje a entender o sentido. As diferenças, por outro lado, tem que ser estudadas com cuidado para proporcionar ao intérprete informações que podem retirar as ambiguidades no texto.

A carta à Igreja de Laodiceia (Ap 3:14-22) traz um exemplo impressionante. Na descrição que o Senhor fez daquela igreja, ele a condena por não ser "nem fria nem quente". Ele continua afirmando "Melhor seria que você fosse frio ou quente!" (v. 15) Ele não vê razão para recomendar as pessoas daquela igreja; eles são completamente inúteis, tanto para servir de água quente (para um banho confortável) quanto para servir de água fria (para uma bebida refrescante). Sem as descobertas que surgiram dos estudos arqueológicos, os intérpretes podem cometer sérios equívocos quanto ao sentido. Isto é, temos que interpretar "quente" ou "frio" à luz do contexto histórico de Laodiceia, que se localizava perto de fontes quentes (vindas de Hierápolis) e de uma corrente fria (vinda de Colossos). Hoje tanto a água quente quanto a água fria são desejáveis; as duas são úteis para propósitos distintos. Mas a água morna nem é refrescante para beber, nem confortável para o banho durante o inverno. Jesus não está dizendo

---

[47] A bibliografia traz uma lista de recursos úteis.

[48] R. Spittler, "Scripture and the Theological Enterprise: View from a Big Canoe", em *The Use of the Bible in Theology / Evangelical Options,* ed. R. K. Johnston (Atlanta: John Knox, 1985), p. 75.

• 392 •

REGRAS GERAIS DA HERMENÊUTICA: A PROSA

que a oposição ativa contra ele (a interpretação incorreta de "frio") é melhor do que ser um cristão morno.[49]

Impacto original

O segundo princípio parte da informação factual sobre o cenário bíblico para a dimensão emocional: *Temos que reconstituir o impacto que a mensagem bíblica teria causado no seu cenário original*. Este princípio envolve o fator da mentalidade. Os intérpretes devem buscar entender, quando possível, como os destinatários originais teriam reagido ao que estava escrito (relacionando com a perlocução proposta pelo autor: o resultado ou o efeito). Claramente, não estamos sempre na posição de saber disso com algum grau de segurança. Mesmo assim, uma janela para enxergar isso é buscar, através da nossa pesquisa histórica, descobrir se um texto conflitaria ou concordaria com os sistemas de valor dos leitores e identificar se os seus sentimentos sobre ele seriam semelhantes aos nossos ou diferentes dos deles.

O livro de Amós é um bom exemplo dessa questão. Ao dizer "o Senhor ruge de Sião" (1:2), o autor declara o seu julgamento contra os vizinhos de Israel [o reino do norte] (1:3—2:5). Alguém pode sentir o povo de Israel com uma risada macabra de satisfação e de indiferença à medida que a lista de condenações sobre as nações é proclamada. Sem dúvida que essas outras nações mereciam o juízo de Deus, eles pensavam. Mas então o leão ruge na proclamação do veredito final por meio de Amós, contra Israel! Israel não escapará, e o livro prossegue detalhando a acusação de Deus contra ela.

Igualmente, os leitores modernos podem sentir o impacto emocional de 4:1, onde Amós chama as mulheres comodistas de Israel de "vacas de Basã".[50] O leitor moderno que mora na cidade tem que se desdobrar para sentir a urgência de uma profecia que declara pragas e plantas murchando nos campos e jardins nessa cultura agrária, que era totalmente dependente do que as pessoas podiam produzir em seus campos (5:16-17). Às vezes podemos ter uma ideia quando temos a experiência ou lemos sobre as condições de seca na África. Ou, será que conseguimos sentir o mesmo que o leitor original enquanto ouvia a avaliação de Deus: "Eu odeio e desprezo as suas festas religiosas; não suporto as suas assembleias solenes" (5:21)? Imagine como você se sentiria se o Senhor pronunciasse essas palavras sobre o culto da sua Igreja.

---

[49] Uma análise sucinta das provas mais recentes está na obra de C. J. Hemer, *The Letters to the Seven Churches of Asia in Their Local Setting*, JSNTSup 11 (Sheffield, UK: JSOT, 1986), p. 186-191. Consulte também os comentários recentes do Apocalipse.

[50] Basã era famosa pelo seu ótimo gado (cf. Sl 22:12; Ez 39:18).

• 393 •

INTRODUÇÃO À INTERPRETAÇÃO BÍBLICA

A parábola do *bom* samaritano é outro exemplo. Temos hospitais do "Bom Samaritano" e leis do "bom samaritano". A frase tem um impacto positivo em nós. Para os ouvintes judeus de Jesus, no entanto, os samaritanos eram tudo, menos bons; eles eram desprezados. Ainda assim, Jesus faz de um inimigo desprezado o herói de sua história sobre o verdadeiro amor ao próximo, de forma oposta aos líderes religiosos que os ouvintes judeus respeitavam. Podemos sentir o desconforto, até mesmo a raiva, da audiência?

Este ângulo emotivo da interpretação cultiva a meditação mais completa sobre o sentido proposto da passagem. Traz a percepção do efeito da mensagem, bem como a compreensão de seus conceitos ou ideias. Dá-nos a noção das ideias e o entendimento delas.

Expressão correta

O terceiro princípio se relaciona com o aspecto da contextualização da interpretação histórica-cultural: *Temos que expressar em nossa linguagem a conclusão do nosso estudo a fim de que se aproxime ao máximo das ideias da cultura bíblica.* O desafio para o intérprete é encontrar as expressões idiomáticas contemporâneas para articular a intenção da passagem de modo que as pessoas na época atual experimentem o sentido e o impacto que os leitores originais sentiram. Com certeza, a NVI faz um trabalho louvável de capturar o pensamento de Romanos 12:2: "Não se amoldem ao padrão deste mundo". Mas os leitores de fala inglesa continuam apreciando a tradução de J. B. Phillips: "Não deixe que o mundo ao seu redor o esprema para caber no seu próprio molde."[51] Essas palavras expressam o conceito de Paulo em uma expressão idiomática inglesa que um falante contemporâneo do inglês pode entender facilmente. Eugene Peterson traduz dessa forma: "Não se ajustem demais à sua cultura, a ponto de não poderem pensar mais."[52] A paráfrase nos expressa outra vez o sentido de forma mais clara. Este princípio naturalmente se aplica ao trabalho dos tradutores, mas não é menos importante para os intérpretes que desejam entender e comunicar o sentido da Bíblia para os públicos e para os leitores contemporâneos.

Aqueles que desejam criar uma interface da mensagem bíblica para a nossa cultura contemporânea enfrentam desafios e riscos importantes. Um perigo sempre presente diz respeito ao sincretismo. Geralmente, "o termo *sincretismo* é usado pelos antropólogos e pelos historiadores se referindo à mistura de crenças

---

[51] J. B. Phillips, *The New Testament in Modern English,* 2ª ed. (London e Glasgow: Bles and Collins, 1960), p. 332 (tradução livre). Ou veja a abordagem igualmente parafrástica da NLT: "Não copie o comportamento e os costumes deste mundo" (tradução livre do inglês).

[52] E. H. Peterson, *A Mensagem: Bíblia em linguagem contemporânea* (São Paulo: Vida, 2011).

REGRAS GERAIS DA HERMENÊUTICA: A PROSA

religiosas".[53] Mas acaba tendo um sentido pejorativo como Arnold continua a dizer: "Para os cristãos ao longo da história, a noção de sincretismo tem conotações bem negativas e às vezes é associada à heresia. Isto se deve ao fato de que a assimilação geralmente é percebida como um abandono da pureza do original."[54] Dessa forma, para os cristãos o sincretismo denota a fusão de crenças bíblicas com não bíblicas para formar uma religião híbrida e, consequentemente, inaceitável. A maioria dos cristãos vê o sincretismo de forma negativa, porque a mistura de crenças cristãs com princípios de outros sistemas de crença resulta em um amálgama que não é cristão.

Em 1Reis 13—14, descobrimos que Jeroboão cometeu esse erro. Ele serviu como o primeiro monarca do reino do norte de Israel depois que as dez tribos se separaram do reino do sul de Judá. Temendo que as peregrinações religiosas de seus súditos para Jerusalém a fim de oferecer sacrifícios fizesse que a sua lealdade fosse revertida para o rei Roboão de Judá, Jeroboão estabeleceu uma religião alternativa com centros de adoração dentro do seu próprio país. Ao mesmo tempo em que ela preservava muitas características das crenças e da adoração mosaica, a sua nova religião, que concentrava o seu culto em dois bezerros de ouro, também abraçava elementos idólatras das religiões em redor. Mesmo que esse novo híbrido possa ter sido mais atraente para o rei e para os seus súditos, o Senhor condenou fortemente esta religião sincrética enviando um profeta para denunciá-la no dia exato em que o rei tentou oferecer sacrifícios no novo santuário em Betel.

Como Jeroboão no passado, muitos hoje misturam o seu entendimento sobre a fé cristã com os melhores elementos das religiões em sua cultura contemporânea. Descrevendo esta abordagem, William Larkin diz: "Mesmo que a Bíblia ainda tenha certa participação, ela agora é colocada em um relacionamento dialético com o contexto contemporâneo."[55] Os evangélicos rejeitam esta abordagem à contextualização porque ela contradiz a afirmação do evangelho de ser a única fé salvadora.[56] Cremos que a contextualização adequada utiliza os conceitos da cultura contemporânea para comunicar a *mensagem da própria Bíblia* de forma eficaz, de modo que se evite diluí-la ou subvertê-la, isto

---

[53] C. E. Arnold, "Syncretism", em *Dictionary of the Later New Testament and Its Developments*, ed. R. P. Martin e P. H. Davids (Downers Grove: InterVarsity Press, 1997), p. 1146.

[54] Arnold, "Syncretism", p. 1146

[55] W. J. Larkin, *Culture and Biblical Hermeneutics* (Grand Rapids: Baker, 1988), p. 140.

[56] De fato, o Pacto de Lausanne de 1974 afirma, "Também rejeitamos, como depreciativo de Cristo e do evangelho, todo e qualquer tipo de sincretismo ou de diálogo cujo pressuposto seja o de que Cristo fala igualmente através de todas as religiões e ideologias". (https://www.lausanne.org/pt-br/recursos-multimidia-pt-br/pacto-de-lausanne-pt-br/pacto-de-lausanne), acesso em 29/03/2017. Para uma boa avaliação e crítica, veja D. Flemming, *Contextualization in the New Testament: Patterns for Theology and Mission* (Downers Grove: InterVarsity, 2005).

INTRODUÇÃO À INTERPRETAÇÃO BÍBLICA

é, torná-la sincrética.[57] Enquanto buscam transmitir a mensagem da Bíblia, os intérpretes têm que tomar cuidado em não escolher palavras ou outras características da cultura que envolveriam a assimilação de elementos incompatíveis com a fé cristã. Com certeza, eles podem precisar aplicar a mensagem bíblica de uma maneira convincente para corrigir os padrões de pensamento de uma cultura.

A contextualização adequada exige que o intérprete seja sensível tanto à cultura bíblica quanto à cultura atual. O objetivo final da boa interpretação é a explicação clara, precisa e relevante do sentido intencional do texto em uma linguagem que é relevante para os contemporâneos. Criar pontes entre a cultura bíblica e a cultura moderna exige conhecer a linguagem, os valores e os símbolos importantes da sociedade moderna. Ao mesmo tempo em que toda tradução envolve a interpretação, a interpretação válida precisa dar o próximo passo: contextualizar a mensagem. Tradicionalmente, os intérpretes bíblicos têm sido mais bem treinados e capacitados para fazer a exegese da Escritura do que para fazer a exegese da cultura contemporânea. Já que o currículo da hermenêutica inclui desenvolver princípios para descobrir o sentido do texto e a importância da Bíblia para o mundo de hoje, ele tem que incluir diretrizes para se fazer a exegese da cultura.

Prioridade do sentido literal

A necessidade sempre presente de equilíbrio e perspectiva nos alerta para a "síndrome do carro na frente dos bois". Uma palavra final de conselho para a exegese histórico-cultural é uma advertência negativa: *Não deixe que as características histórico-culturais sabotem a tarefa principal de entender o sentido do texto.* Às vezes, os intérpretes ficam tão preocupados com as descobertas histórico-culturais que eles identificam o assunto principal de uma passagem como algo que não bate com a linguagem textual. Isto exige cautela porque há uma inevitável circularidade envolvida. Os detalhes históricos e culturais nos capacitam a entender o texto, mas as palavras do texto apontam para as questões históricas em pauta.

Um bom exemplo é a interpretação da parábola do mordomo infiel (Lc 16:1-13). Essa passagem tem incomodado muitos cristãos, porque Jesus parece elogiar uma ação desonesta. Alguns intérpretes revelam a situação histórica para sugerir que o negociante para o qual o mordomo trabalhava provavelmente cobrava juros exorbitantes e ilegais de seus devedores. A redução das

---

[57] Este desafio confronta os evangelistas e os líderes de Igreja que procuram meios de fazer com que a Igreja se torne agradável aos visitantes. Durante esse processo, eles têm que evitar que a mensagem fique truncada tornando-se sub-cristã.

• 396 •

REGRAS GERAIS DA HERMENÊUTICA: A PROSA

dívidas simplesmente eliminava o excesso antiético das contas originais.[58] Essa característica do cenário é uma boa pista do seu sentido. Por isso, para um grupo de ouvintes, quando ele elogia o empregado que demitiu por cortar pela metade o que eles deviam, ele reconhece que o que ele fez foi justo. Para esses intérpretes, a lição da parábola se torna a questão da justiça, fazer justiça em meio a situações injustas no que estiver ao alcance. Ainda que esta explicação tenha a vantagem de reverter a impressão incômoda quanto ao elogio de Jesus, (ele está elogiando a justiça, não a desonestidade), será que ela está certa?

Na verdade, o patrão elogia o seu antigo gestor por sua *astúcia*, não por sua justiça. A segunda interpretação se baseia nesta observação. Nada no contexto ou na aplicação que Jesus faz da parábola sugere o tema da justiça. Em nenhum lugar a passagem afirma ou dá a entender que o patrão tivesse cobrado juros excessivos. Não faz parte da história explícita se ele fez isso ou não, e não podemos ter certeza de que os leitores de Lucas (ou ouvintes de Jesus) teriam subentendido esse cenário. Além disso, as circunstâncias ao redor da parábola e das lições que Jesus extraiu dela trazem as duas pistas para o significado das parábolas. Além disso, o elemento surpresa, agora reconhecido como uma característica importante do significado em muitas parábolas de Jesus,[59] apoia um destaque para a astúcia, não para a justiça. Ao ser avisado de sua dispensa iminente, o mordomo aproveitou a ocasião para se preparar para as suas necessidades no longo prazo. Isto é que é astúcia![60]

---

[58] Os defensores dessa explicação básica incluem J. A. Fitzmyer, "The Story of the Dishonest Manager (Lk 16:1-13)", *Theological Studies* 25 (1964): p. 23-42; e K. E. Bailey, *Poet and Peasant* (Grand Rapids: Eerdmans, 1976), p. 86-110.

[59] F. H. Borsch, *Many Things in Parables: Extravagant Stories of New Community* (Philadelphia: Fortress, 1988), p. 14-15, usa os termos "exagero" e "extravagância" p. 14-15. Cf. B. B. Scott, *Hear Then The Parable* (Minneapolis: Fortress, 1989); e J. D. Crossan, *In Parables* (San Francisco; Harper & Row, 1973). E. Linnemann (*Parables of Jesus* [London; SPCK, 1966], p. 28) coloca em termos de *características incomuns* "que não resultam de um contexto natural na representação da narrativa da parábola, [mas] têm sua origem a partir da realidade sobre a qual o narrador deseja falar". Veja a nossa discussão posterior mais completa sobre as parábolas.

[60] A defesa definitiva desse ponto de vista aparece em D. J. Ireland, *Stewardship and the Kingdom of God: An Historical, Exegetical, and Contextual Study of the Parable of the Unjust Steward in Luke 16:1-13* (Leiden: Brill, 1992). D. L. Mathewson, "The Parable of the Unjust Steward (Luke 16:1-13): A Reexamination of the Traditional View in Light of Recent Challenges", JETS 38 (1995): p. 29-40, defende esta mesma perspectiva contra muitas alternativas mais recentes e esquisitas. Além disso, veja A. J. Hultgren, *The Parables of Jesus: A Commentary* (Grand Rapids: Eerdmans, 2000) e K. R. Snodgrass, *Stories with Intent: A Comprehensive Guide to the Parables of Jesus* (Grand Rapids: Eerdmans, 2008), p. 401-418.

INTRODUÇÃO À INTERPRETAÇÃO BÍBLICA

A aplicação de Jesus para os discípulos destaca esse ponto. Do mesmo modo que o administrador esperto que foi demitido, eles também deveriam agir de forma sagaz usando os recursos financeiros do tempo presente para fazer amigos para a eternidade. A informação histórica sobre as práticas de empréstimo antigas pode até ser valiosa para entender a parábola. De fato, ela pode explicar uma faceta da astúcia do empregado demitido. Ele pode ter descoberto que o chefe não ousaria levá-lo ao tribunal por ter cancelado metade das dívidas que tinha a receber porque ele tinha concordado abertamente com as cobranças antiéticas. Mas não podemos ter certeza.

Dessa forma, mesmo que o conhecimento do cenário histórico-cultural seja importante para descobrir o sentido intencional, ele deve sempre desempenhar o papel de auxiliar o entendimento do próprio texto. Ele nunca deve sobrepor o sentido claro do texto.

Os autores comunicam mensagem através das palavras do texto. O material de cenário deve nos ajudar a entender o sentido do texto; não pode se tornar uma mensagem a mais que viole esse sentido.

Recuperando o cenário histórico-cultural

Pesquisar mais sobre o mundo do ambiente bíblico envolve dois estudos distintos: (1) estudar o cenário de um livro bíblico e (2) estudar o cenário de passagens específicas do livro. As informações sobre o cenário descobertas por todo o livro dá a percepção do seu cenário geral e traz uma perspectiva global para cada passagem. Torna-se um pano de fundo histórico-cultural para entender as partes em separado dentro do livro. Mas cada passagem individual também exige uma análise especial para explicar os fatores histórico-culturais que lhe são pertinentes.

Pesquisando o cenário geral do livro

Antes de estudar alguma passagem bíblica em particular, o estudante da Bíblia deve se familiarizar com o cenário histórico-cultural do livro onde ela aparece. Isto inclui os fatos pertinentes sobre o autor/editor, os destinatários, a data, e o propósito do livro. A pesquisa pessoal detalhada provavelmente não será necessária a cada vez que o estudante começa a analisar passagens em algum livro. Sem dúvida alguma, o estudante já conhecerá muitos detalhes do cenário histórico-cultural por meio de informações recebidas mediante a leitura, na Igreja, na faculdade ou no seminário. O estudante pode precisar somente rever (ou talvez, complementar) o que ele já sabe sobre o livro. Os estudantes que não tiveram a oportunidade de ter estudos anteriores devem consultar fontes como livros de estudo bíblico e introdutórios, além de comentários, dicionários

• 398 •

REGRAS GERAIS DA HERMENÊUTICA: A PROSA

bíblicos e enciclopédias.[61] Às vezes até mesmo as introduções em muitas Bíblias de estudo recentes podem ser um bom começo.[62]

Ao obterem o apoio dessas fontes secundárias, os estudantes devem ler as referências bíblicas para tomarem conhecimento das provas específicas dentro do próprio livro e em outras partes da Bíblia, tanto para entender melhor quanto para confirmar a validade das afirmações alheias. Além de descobertas sobre a sua redação, sobre o seu destino, a sua data e o seu propósito, as boas obras de referência também incluem várias informações trazidas de fontes antigas não bíblicas e da arqueologia.

Quando o tempo permitir, a seguinte estratégia complementar para estudar o cenário de um livro trará muito proveito. Os estudantes devem ler o livro inteiro de uma vez (talvez várias vezes) e recordar tudo que eles encontrarem sobre o autor, os destinatários, a data e o propósito do livro em folhas de papel em separado. Depois que eles analisarem e reverem esse material (de preferência antes de consultar outras fontes), os artigos nas obras de referência se tornarão mais significativos.

No que diz respeito ao *autor*, ao *editor* ou ao *escritor*, o estudante talvez queira pesquisar as questões relacionadas à identidade, às características, à sua posição em meio ao povo de Deus, ao seu relacionamento com os destinatários e às circunstâncias na época em que escreveu. Essas informações ajudarão o estudante a entender o livro sob a perspectiva do autor. Com certeza, esse material pode ser mais acessível para alguns livros do que para outros. Não podemos obter informações sobre quem escreveu muitos livros da Bíblia porque eles são anônimos; para outros a autoria é incerta. Nestes casos, a percepção indutiva que obtemos na leitura do livro pode ser tudo o que poderemos dizer sobre o autor.

Onde for possível, saber sobre os *destinatários*, as suas características, circunstâncias e comunidade, esclarece uma passagem, em particular sobre a maneira e a razão pela qual o autor discorre sobre assuntos específicos. Para muitos livros nos dois Testamentos temos pouca informação disponível sobre os destinatários. Em alguns livros proféticos, a situação é complexa devido ao fato de os destinatários poderem ser diferentes de acordo com a cidade ou nação sobre a qual a profecia é feita. Por exemplo, Obadias profetizou sobre o julgamento de Deus contra Edom, apesar de ter enviado o livro para Israel para trazer consolo. Os livros proféticos merecem uma atenção especial, já que os seus textos podem abordar destinatários pré-exílicos ou pós-exílicos.

---

[61] Para uma lista e descrição dos melhores recursos para esse estudo, consulte a bibliografia.

[62] Nesse particular, destacamos a *NIV Zondervan Study Bible*, ed. D. A. Carson (Grand Rapids: Zondervan, 2015).

INTRODUÇÃO À INTERPRETAÇÃO BÍBLICA

A *data* é outro fator histórico-cultural fundamental. Saber quando um livro foi escrito ou redigido habilita o estudante a incluir na análise informações históricas a partir de outras fontes daquela época. Para alguns livros bíblicos não existem provas suficientes para se chegar a uma conclusão sobre uma data precisa e confiável. Os dados históricos incluídos no livro também podem igualmente se encaixar em vários períodos. No caso do AT, só poderemos ser capazes de, no máximo, situar um livro dentro de algum século em particular. Nessas situações, o destaque principal deve ser o das circunstâncias gerais naquele período de tempo naquela parte do mundo. Por exemplo, a profecia de Jonas situa-se no século VIII a.C., durante o reinado dos violentos assírios. Dessa forma, entendemos que o militarismo brutal daqueles pagãos odiosos explica a relutância de Jonas para ir a Nínive a fim de profetizar. No que se refere aos propósitos interpretativos, conhecer as características de um determinado período proporciona mais descobertas do que conhecer uma data específica.

Para muitos livros do NT podemos ter uma certeza razoável para situar a sua época de redação, pelo menos com precisão de cinco a dez anos. Dessa forma, saber que Paulo exortou os romanos para se submeterem às autoridades constituídas durante a parte inicial do reinado de Nero esclarece as suas palavras (Romanos 13:1-5). Na época em que Paulo escreveu (c. 56 d.C.), aquele imperador infame ainda não tinha exibido a crueldade que ele demonstrou nos anos que se seguiram. Podemos até especular se Paulo não teria colocado as suas instruções de forma diferente se ele tivesse escrito durante os massacres atrozes de Nero contra os cristãos em meados da década de 60 d.C.

Nos livros históricos, nos Salmos, em Provérbios e em alguns livros proféticos, os intérpretes podem precisar distinguir, se possível, entre a época que o material foi (ou começou a ser) redigido e a época que o editor final organizou o livro em sua forma final. No caso dos Evangelhos, temos que reconhecer a distância cultural entre o ministério de Jesus e o seu público da época (por volta dos anos 27 a 30), e o distanciamento com relação ao tempo que os evangelistas redigiram os seus livros para os seus destinatários diferentes décadas depois, passando por um período em que as palavras e os atos de Jesus foram transmitidos pela tradição oral.

Examinando os fatores histórico-culturais de uma passagem específica

Depois de situar o livro todo dentro do seu contexto histórico-cultural, o estudante se concentra na passagem. Estabelecer o sentido da passagem exige

• **400** •

REGRAS GERAIS DA HERMENÊUTICA: A PROSA

interpretar cada detalhe de forma coerente com o seu sentido natural, na sua situação específica e original. Primeiro, avalie se as informações históricas conhecidas sobre o livro como um todo se aplicam de forma particular à passagem específica em questão. A interpretação proposta da passagem tem que se encaixar no cenário histórico-cultural de todo o livro.

Além disso, a passagem pode conter características histórico-culturais dentro do livro que são pertinentes ao seu sentido. Ainda que essas informações sobre o ambiente não possam aflorar no estudo do cenário de todo o livro, elas são absolutamente essenciais para o sentido desse texto. Mesmo que o estudante possa conhecer muito sobre o cenário do livro de Amós, todas estas descobertas não o ajudarão a interpretar o sentido das palavras em Amós 5:26, "Quium, imagens dos deuses astrais".[63] O estudante pode entender o cenário para a escrita do Evangelho de Mateus sem ter a mínima ideia sobre os amplos filactérios usados pelos fariseus (Mt 23:5).[64] Assim sendo, o estudante da Bíblia também tem que pesquisar os detalhes históricos e culturais específicos mencionados na passagem.

No lado cultural, o estudante deve identificar e buscar entender as características refletidas no texto. Em quais características que o estudante deve prestar atenção? Observe o leque seguinte de categorias. Quais delas aparecem na sua passagem? O que mais se pode aprender sobre elas que trarão luz ao seu entendimento da passagem?

- Visão de mundo: valores, mentalidade ou ponto de vista do autor/editor, dos destinatários e de outras pessoas mencionadas no texto, ou da sociedade como um todo.
- Estruturas societais: padrões de casamento e da família, os papéis do homem ou da mulher, questões raciais.
- Características físicas: clima, estruturas, ferramentas, ou facilidade e meios de transporte.

---

[63] Todos os comentários-padrão têm trabalho com o significado dessa referência: a NIV inglesa traduz como "a estrela do seu deus". Para mais ajuda consulte os comentários relacionados no capítulo de bibliografia. M. D. Carroll R., *Amos—The Prophet and His Oracles: Research on the Book of Amos* (Louisville: Westminster John Knox, 2002) traz um compêndio de pesquisas sobre as questões referentes ao livro de Amós.

[64] Para uma explicação breve, veja R. S. Fagen, "Phylacteries", em *ABD*, 6 vols., ed. D. N. Freedman (New York: Doubleday, 1992), 5:368-370 além dos dicionários bíblicos ou enciclopédias padrão (veja a bibliografia). O uso de filactérios (em aramaico *tĕpillín*) se iniciou pelo menos no século I (Josefo, *Ant.* 4.8.13 os menciona). São caixas pretas contendo textos da Escritura. Elas são amarradas no braço esquerdo e sobre a testa durante a oração (Dt 6:4-9).

INTRODUÇÃO À INTERPRETAÇÃO BÍBLICA

- Estruturas econômicas: meios de ganhar a vida, questões de saúde e da pobreza, da escravidão ou da mobilidade social.
- Clima político: estruturas, ou alianças, incluindo as hierarquias reais.
- Padrões de comportamento, vestimentas e costumes
- Práticas religiosas, centros de poder, convicções, rituais e afiliações.

Depois de identificar esses itens em um texto, o estudante tem que tentar descobrir informações adicionais que podem esclarecer como o escritor e o leitor originais os interpretariam. O primeiro recurso a consultar é a própria Bíblia, através de pesquisas de concordância sobre a mesma palavra ou característica. As referências em outras partes de um livro específico da Bíblia, em outros escritos do mesmo autor (ou da mesma tradição teológica do AT) ou para os mesmos destinatários, em outras partes da Bíblia em geral, ou em relatos paralelos sobre o mesmo acontecimento frequentemente ajudam a reconstruir a situação original. Além da Bíblia, outras fontes constituem o meio principal e necessário para providenciar as informações sobre o cenário. Muitas obras especializadas, isso sem mencionar as introduções, os dicionários bíblicos, as enciclopédias e os comentários, contêm materiais úteis para esclarecer as referências históricas ou culturais.[65]

Depois, buscamos explicar o sentido e a importância do texto à luz dessa reconstrução histórico-cultural do cenário original. À medida que estivermos familiarizados com o mundo do cenário bíblico, poderemos captar o sentido da passagem. Uma interpretação que reflita precisamente o cenário original tem uma maior justificativa de validade do que aquela que não o faz.

O objetivo da pesquisa histórico-cultural é *reconstituir*, ou pelo menos compreender, o cenário histórico e as características culturais da passagem específica o mais claro possível. Para recapitular, esta tarefa inclui explicar: (1) a situação do escritor, especialmente algo que ajude a explicar a razão pela qual ele ou ela escreveu esta passagem; (2) a situação das pessoas incluídas no texto e/ou os destinatários do livro que podem ajudar a explicar a razão pela qual o escritor elaborou o texto para eles; (3) o relacionamento entre o escritor e os destinatários ou as pessoas incluídas no texto; (4) as características culturais ou históricas específicas mencionadas no texto.

---

[65] Consulte a bibliografia, especialmente as partes "História do mundo antigo" e "Costumes, cultura e sociedade", para mais ajuda a fim de localizar fontes úteis. Outras seções relacionam dicionários, enciclopédias e comentários. Para aqueles que conseguem pesquisar a Bíblia de forma eletrônica, as buscas de termos, pessoas, lugares ou pequenas frases: e.g, "altar", "Moabe", "Caifás", "cajado do pastor" etc., sempre dão lugar a muitas informações úteis.

• 402 •

SIGNIFICADOS DAS PALAVRAS

Por definição, a comunicação da linguagem emprega palavras. As pessoas transmitem ideias combinando as palavras em unidades maiores de pensamento. Sem as palavras, as pessoas seriam limitadas em sua habilidade de expressar os seus pensamentos de forma precisa. Eles estariam restritos a sons, símbolos e figuras não verbais. A centralidade das palavras na comunicação da linguagem ressalta a importância do princípio lexical da hermenêutica: *A interpretação correta da Escritura é o sentido exigido pelo sentido normal das palavras no contexto em que elas aparecem.*

Superficialmente, as palavras parecem bem simples. Elas pertencem a uma parte tão corriqueira da nossa vida que raramente paramos para pensar sobre a sua complexidade. Para apreciarmos de forma completa o que faz parte do sentido normal das palavras, temos que entender primeiramente várias características das palavras: a sua definição, a gama de significados, os seus campos semânticos, e as nuances de significado.

Questões fundamentais sobre a natureza das palavras

AS CARACTERÍSTICAS BÁSICAS DAS PALAVRAS
As palavras são signos arbitrários
Os significados das palavras coincidem
As palavras têm uma gama de significados
Os significados mudam com o passar do tempo
As palavras têm sentidos denotativos e conotativos

Palavras são signos arbitrários

Simplesmente falando, uma palavra é a combinação de sons e letras que fazem sentido em um idioma. A definição mais precisa é que a palavra é um signo semântico, a combinação de símbolos ou sons que representam a ideia.[66]

---

[66] O leitor que deseja uma ajuda mais detalhada sobre a aplicação do estudo moderno das palavras, especialmente à luz dos estudos linguísticos, deve consultar: P. Cotterell e M. Turner, *Linguistics and Biblical Interpretation* (Downers Grove: InterVarsity, 1989); M. Silva, *Biblical Words and Their Meaning: An Introduction to Lexical Semantics, ed. rev.* (Grand Rapids: Zondervan, 1995), J. P. Louw, *Semantics of New Testament Greek* (Philadelphia : Fortress, 1982); E. A. Nida e J. P. Louw, *Lexical Semantics of the Greek New Testament* (Atlanta: Scholars, 1992). J. F. A. Sawyer, *Semantics in Biblical Research: New Methods of Defining Hebrew Words For Salvation* (London SCM, 1972) e S. Shead, *Radical Frame Semantics and Biblical Hebrew* (Leiden: Brill, 2011).

INTRODUÇÃO À INTERPRETAÇÃO BÍBLICA

A palavra falada é uma combinação de sons que dá a entender uma ideia específica; a palavra escrita combina letras ou sinais gráficos que representam esses sons para simbolizar um conceito. A ideia designada por qualquer palavra pode ser comunicada tanto oral quanto visualmente. Para estudar as palavras temos que entender as suas características. Primeiramente, a palavra é geralmente um *signo arbitrário*.[67] A razão de uma palavra ter certo significado é na maior parte das vezes uma questão de convenção. Simples assim!

Como a palavra se torna um signo que indica uma ideia especifica? Imagine que alguém lhe fizesse a pergunta: "Como é o seu 'quebofe'?" Provavelmente todas as pessoas que falam português ficariam confusas. "O que exatamente é o meu 'quebofe'?", elas perguntariam. É um termo que soa bem e tem a escrita de uma palavra perfeitamente boa. Ela combina consoantes e vogais em sílabas próprias. Ela é facilmente pronunciável. Ela tem todas as características de uma palavra boa, exceto uma: ela não tem sentido, pelo menos em português! Por outro lado, outra palavra de sete letras, "pereira", imediatamente traz à mente um tipo de árvore. Ao mesmo tempo em que pessoas que falam português podem visualizar vários tipos de árvore, dependendo da sua experiência com a pereira, se é que tiveram alguma, todos reconhecem que "pereira" é um tipo de árvore.[68]

O que faz "pereira" ser diferente de "quebofe"? Por todo o desenvolvimento de um idioma, os seus usuários atribuem arbitrariamente significados às palavras que eles usam. Pela prática comum, quem fala português associa "pereira" com certo significado. Quando os falantes do português ouvem a palavra "pereira", a mente deles automaticamente identifica um tipo de plantas comumente chamadas de árvores. Mas, já que as pessoas que falam o português não atribuíram sentido algum a "quebofe", não representa nada e por isso não traz nada à mente.

Isto ilustra o fato mais básico sobre as palavras: cada palavra vem a representar certa ideia (ou ideias) somente pelo seu uso repetido dentro de um grupo de idioma comum. Sendo assim, se duas pessoas desejam se comunicar, elas duas têm que usar as palavras de forma semelhante. No escopo da hermenêutica, a interpretação precisa exige que entendamos uma palavra do mesmo modo que o escritor a empregou.

---

[67] Como M. Silva define, "a associação da palavra com o seu significado é *em sua maior parte* uma questão de convenção" (*Biblical Words and their Meaning: An Introduction to Lexical Semantics,* rev. ed. [Grand Rapids: Zondervan, 1995], p. 103-104; destaque dele). Dizemos que as palavras são geralmente signos arbitrários porque em alguns exemplos em que as palavras soam como no dia a dia (o latido do cachorro "au, au"), a associação entre a palavra e o significado não é meramente arbitrária.

[68] Para manter a simplicidade, evitaremos outros sentidos da palavra "pereira", como o sobrenome de alguém, por exemplo.

> **O QUE É PALAVRA?**
>
> O som ou a representação escrita que define um campo de significado por um tempo definido.

Por exemplo, no inglês americano, só existe uma diferença sutil entre *pants* e *trousers*. Uma parece mais formal. No entanto, no inglês britânico, estas duas palavras se referem a dois tipos de roupa diferentes. *Trousers* se refere à calça como nos Estados Unidos, mas *pants* denota roupa de baixo.[69] Para adquirir uma "roupa exterior com duas pernas que se estende da cintura ao tornozelo" em Aberdeen, na Escócia, um comprador americano pediria ao atendente por *trousers*, não *pants*. Entender e usar as palavras da maneira que outros falantes do idioma as usam é fundamental para uma comunicação eficiente.

É desnecessário dizer que isso complica a tarefa dos estudantes da Bíblia. Já que os autores originais redigiram os seus livros em idiomas antigos que são estranhos para nós, não sabemos de forma intrínseca os significados dos termos que eles usaram. Para começar, precisamos de tradutores para passar o sentido dos textos bíblicos para o português. Felizmente, os especialistas cuidadosamente estudam os idiomas bíblicos e fazem o seu melhor para transmitir o significado preciso das palavras bíblicas no vernáculo. Uma norma hermenêutica surge claramente dessas informações. *Os intérpretes buscam deliberadamente o que as palavras de uma passagem significavam na época em que foram escritas no contexto em que elas aparecem.* O sentido correto das palavras, não o que as ideias possam parecer a nós quando lemos a passagem, é o objetivo do estudo de palavras. Temos que lembrar sempre que o escritor bíblico escolheu certas palavras para expressar pensamentos específicos. O nosso alvo é recuperar as ideias que o escritor buscou comunicar por meio dessas palavras.

Palavras têm uma gama de significados

Para complicar ainda mais as questões, a palavra pode ter mais de um significado. Na verdade, a maior parte das palavras tem *uma gama de significados*.[70] A mesma palavra, com a mesma ortografia, pode assumir vários significados

---

[69] Os amigos ingleses nos dizem que esta distinção agora está diminuindo devido à influência sempre presente da televisão e dos turistas americanos.

[70] Vimos que a gama de significados de *pants* é mais ampla no inglês americano (capaz de denotar calças e roupas de baixo) do que no inglês britânico (somente denota roupa de baixo). Considere palavras inglesas como *run* ou *ball* para ter uma ideia de como a gama de significados de uma palavra pode ser ampla. Alguns dicionários trazem dezenas de significados para *run*.

INTRODUÇÃO À INTERPRETAÇÃO BÍBLICA

bem diferentes.[71] Veja, por exemplo, a palavra "manga". A "manga", que é uma fruta, não tem nada a ver com a "manga" da camisa, nem com o verbo "manga" que significa "caçoa, zomba", que não quer dizer o mesmo que "arregaçar as mangas" nem "cão chupando manga".[72] Em cada caso, a palavra continua a mesma, mas o significado muda. Esses significados diferentes constituem no mínimo parte da gama de significados da palavra "manga". Normalmente, esta variedade de significados de uma palavra não causa confusão nem equívoco. Às vezes, ela ajuda no humor quando reconhecemos que a palavra certa está no lugar errado. Com a ajuda do contexto, os falantes nativos geralmente escolhem o significado correto sem problema algum. As ideias expressas na mensagem maior do contexto literário, dentro de um contexto histórico-cultural determinado, geralmente esclarecem o sentido proposto.

Esses fatos também se verificam para os idiomas bíblicos antigos. Tanto a palavra hebraica *shālôm* como a palavra grega *eirēnē*, frequentemente traduzidas como "paz" no português, têm uma gama de significados. Para o hebraico *shālom,* a gama inclui "ausência de briga" no sentido de prosperidade, plenitude, integridade, harmonia e realização. Portanto, ela denota um senso de bem-estar onde os relacionamentos fluem. Além disso, significa o estado de realização que vem da presença e da justiça de Deus; a sua fonte é Deus e vem como seu dom. Finalmente, *shālôm* pode ter o sentido do estado escatológico de paz eterna.[73] A gama de significados para o grego *eirēnē* inclui uma ausência exterior de hostilidades, uma tranquilidade interna, e o primeiro sentido hebraico de bem-estar.[74] Para entender o que o autor bíblico quer dizer com "paz" em um texto específico em um dos testamentos, tem que se determinar qual desses significados em potencial se enquadra melhor no contexto. O leitor nem pode selecionar o significado de forma arbitrária, que ele prefira, nem coletar vários deles. Ele tem que retornar para o exemplo da palavra "manga" para perceber como seria tolice atribuir o significado errado em um contexto específico.

---

[71] Recorde o nosso exemplo anterior sobre os vários significados da palavra "árvore".

[72] De forma interessante, note que até mesmo essa frase é ambígua. Tem a função literal do animal chupando uma fruta, mas no Nordeste pode ter o significado de feio, de inteligente etc. Além disso, ao usarmos a palavra "manga", só demos exemplos onde ele funciona como substantivo. "Manga" também é usada como verbo. ("Não sei por que ele *manga* de mim.")

[73] Veja P. J. Nel, שָׁלוֹם, *NIDOTTE*, 4:130-135; e G. von Rad, "שָׁלוֹם in the OT", *TDNT,* 2:402-406.

[74] Ainda que estas categorias de significado não estejam relacionadas em nenhum dos léxicos gregos principais, uma comparação entre W. Bauer, F. Danker, W. F. Arndt e F. W. Gingrich, *Léxico do N.T. Grego Português,* (São Paulo: Vida Nova, 1984), p. 64, e J. P. Louw e E. A. Nida, *Léxico Grego Português do NT baseado em domínios semânticos* (Barueri, SBB, 2013), 1:22.42, 25.248, sugerem esta gama de significados.

REGRAS GERAIS DA HERMENÊUTICA: A PROSA

Isso não é menos verdadeiro em nosso estudo de palavras bíblicas. Em várias vezes durante o "Discurso do Cenáculo", Jesus prometeu "paz" para os apóstolos (Jo 14:27; 16:33). É bem improvável que Jesus tenha querido dizer "ausência de hostilidades", senão ele estaria redondamente enganado. Na verdade, ele terminou o discurso com o aviso de que neste mundo eles teriam aflições (16:33). Ele não estava lhes prometendo que eles teriam vidas sem problemas. Na verdade, mesmo eles enfrentando uma hostilidade considerável, Jesus prosseguiu dizendo: "Tenham ânimo. Eu venci o mundo" (16:33), deixando claro que ele estava prometendo para os apóstolos tranquilidade interior ou um senso profundo de bem-estar próprio. Portanto, o fato de muitas palavras terem uma gama de significados complica a comunicação da linguagem. A fim de conhecer a mensagem proposta pelo autor, os intérpretes têm de discernir qual significado traz mais sentido ao contexto.

Significados de palavras coincidem

O terceiro fator para se tomar conhecimento sobre a natureza das palavras é que *cada significado distinto de uma palavra existe como parte de um campo ou domínio semântico diferente.*[75] Um significado de "manga" que chamaremos "manga1" reside no domínio "frutas". Outro significado "manga2" se encaixa no domínio "maneiras de mostrar desprezo em público" (junto com caçoar, zombar). Simplificando, várias palavras de um mesmo idioma incluem significados parecidos ou têm relação próxima com outras. Geralmente chamamos estas palavras de sinônimos. Claramente, "manga2" tem mais a ver com "zombaria" do que "manga1".

Duas ou mais palavras são sinônimas quando, dentro de sua gama de significados, pelo menos um deles coincide com o de outra. "Dura" é sinônimo de "rígida" na frase: "Esta cadeira é _____", mas (geralmente) não na frase : "Esta pilha _____ bastante."[76] Observe, só um sentido de "manga" combina com "zombaria". Elas são sinônimas somente em uma categoria da gama de significados. Considere estas duas frases: "Ele zomba de mim" e "Ele manga de mim". Apesar de as duas palavras serem sinônimas nesses usos, elas

---

[75] A obra de Silva, *Biblical Words,* trata de forma básica esses conceitos (p. 161-163). Para introduções mais técnicas veja J. Lyons, *Semantics,* 2 vols. (Cambridge: Cambridge University Press, 1977), 1:230-269. O idioma divide a esfera conceitual total em um dado momento na história em campos, como uma espécie de mosaico. Dentro de cada campo semântico, as palavras têm um destaque diferente com relação às outras desse campo. Considere o campo "frutas", ou, de forma mais restrita, "frutas tropicais". Nele se situa: manga, cajá, cupuaçu, açaí etc.

[76] Dizemos *geralmente* nesse exemplo porque se pode sempre imaginar um exemplo que mesmo uma palavra "estranha" possa se encaixar. Estamos falando sobre o uso normal.

• **407** •

INTRODUÇÃO À INTERPRETAÇÃO BÍBLICA

não transmitem exatamente o mesmo significado.[77] A palavra "zomba" é provavelmente mais genérica do que "manga". Zombar é mais formal, enquanto mangar parece ser mais coloquial e regional, reservada para ocasiões específicas. Observando que lugar do campo semântico uma palavra ocupa, pode-se definir o significado de cada termo usado dentro do seu campo de forma mais precisa. Isto ajuda o intérprete a reconhecer as nuances específicas de uma palavra que a distingue de outros termos.

Ao estudar a palavra grega para "paz" (*eirēnē*), Louw e Nida dizem que ela pertence a dois campos semânticos diferentes: primeiro, o domínio 22, contendo as palavras utilizadas para expressar problemas, dificuldade, dureza, alívio ou circunstâncias favoráveis;[78] e o segundo domínio citado, 25, que relaciona termos que descrevem atitudes e emoções.[79] Esses dois campos de significado são bem diferentes. Na primeira categoria, "paz" é uma das seis palavras do subdomínio indicando "estado ou circunstâncias favoráveis" (22:42—22:47), enquanto que os outros usos da palavra pertencem ao subdomínio que inclui "preocupação, ansiedade, aflição, paz" (25:223—25:250). A mesma palavra pode se referir a circunstâncias externas livres de hostilidade ou a um estado psicológico de tranquilidade interior. Conhecer esta distinção capacita o intérprete a procurar pistas no contexto para decidir entre os dois domínios.[80]

Significados de palavras mudam com o passar do tempo

Os significados das palavras não permanecem fixos: eles mudam com o passar do tempo. Novos sentidos se desenvolvem através do uso, e os velhos se tornam obsoletos.[81] A Versão de Almeida prontamente ilustra esse fenômeno. Respeitada por inúmeras qualidades, incluindo beleza poética e familiaridade, a tradução venerável frequentemente mostra como as palavras do português não querem mais dizer o mesmo que no século XVII, quando ela surgiu. Em alguns lugares o vocabulário simplesmente causa confusão; em outros, o sentido atual é totalmente diferente do português antigo. Observe o uso da palavra "caridade" na Versão Corrigida (1Co 13; 1Jo 4 etc.).

---

[77] Abordaremos esse elemento da conotação posteriormente.

[78] L&N; 1:242-248.

[79] Ibid., 1:288-320.

[80] De forma interessante, o estudante que apenas usasse o léxico de Bauer não estaria a par do uso de *eirēnē* como liberdade de preocupação ou ansiedade, porque esse significado não está relacionado. O mais perto que ele chega do sentido é "bem-estar", "paz" (BDAG, 287-288).

[81] Geralmente os dicionários etimológicos do português retratam essa mudança de significado com o passar do tempo.

REGRAS GERAIS DA HERMENÊUTICA: A PROSA

Esses textos têm pouco a ver com o que pensamos quando utilizamos a palavra caridade, então as versões modernas trocam "caridade" por "amor" para transmitir o propósito original dos textos gregos, porque o sentido da palavra portuguesa mudou com o tempo.

Podemos também colocar como exemplo a passagem que recomenda que não se atrasasse o pagamento dos trabalhadores que ganham por dia. Na versão Almeida Corrigida diz: "... a paga do *jornaleiro* não ficará contigo até à manhã". (Lv 19:13)

Hoje, no Brasil, a palavra teve o seu sentido mais usual alterado para a pessoa que trabalha com jornais. Devido ao fato do sentido da palavra portuguesa ter se modificado no Brasil, o que servia como boa tradução no século XVII não comunica mais o sentido que Moisés quis dar. Por causa disso, a maior parte das versões modernas substitui a palavra "jornaleiro" da Almeida Corrigida por "diarista" (NVI).

NÃO SE ENGANE COM ETIMOLOGIAS FALSAS		
PALAVRA	**IDIOMA ORIGINAL**	**SIGNIFICADO BASEADO NO IDIOMA ORIGINAL**
presente	*prae + esse* (latim)	"estar em frente"
presidir	*prae + sedire* (latim)	"se sentar em frente"
prevenir	*prae + venire* (latim)	"vir à frente"
Ekklesia (Igreja)	*ek + kaleõ* (grego)	"chamados para fora"
Todos esses "significados" baseados nas etimologias das palavras são falsos.		

O mesmo princípio se aplica aos idiomas bíblicos. As palavras mudaram os seus significados ao longo dos séculos. O significado original de uma palavra ou o sentido derivado da etimologia ou da raiz pode ter somente valor histórico para o intérprete.[82]

Os significados anteriores podem ser interessantes e até multicores, mas temos que sempre resistir à tentação de acreditar que os significados anteriores exercem alguma influência residual no uso da época. Não se pode simplesmente descobrir um significado para a palavra que existia no grego clássico, por exemplo, e supor que esse significado poderia se encontrar no tempo do NT.[83] Muitos

---

[82] Vários especialistas têm repetido esse princípio. A voz mais antiga foi provavelmente a de J. Barr, *Semantics of Biblical Language* (Oxford: Oxford University Press, 1961), p. 107, 109. Ele também se encontra em D. A. Carson, *Exegetical Fallacies*, 2ª ed. (Grand Rapids: Baker Academic, 1996), p. 27-64.

[83] Isso seria tão inadequado como um homem moderno chamar uma mulher de "tiazinha" com a defesa de que o seu sentido original era positivo — um diminutivo para "tia". Hoje essa

INTRODUÇÃO À INTERPRETAÇÃO BÍBLICA

alegariam que o grego clássico fazia uma distinção entre duas palavras que significavam o verbo saber: *oida* e *ginōskō*.[84] O primeiro denotava o conhecimento adquirido de informações ou pessoas, tinha certo grau de certeza. O segundo se referia à aquisição do conhecimento, o conhecimento experimental geralmente com o sentido de "vir a conhecer". No entanto, no período helenístico no qual o NT veio a existir, os falantes do grego nem sempre aderiam às distinções clássicas. De fato, em seu léxico, Moulton e Milligan afirmam com confiança: "A distinção entre *oida*, 'conhecer absolutamente', e *ginōskō*, 'vir a conhecer', não pode ser imposta ao grego helenístico".[85] Burdick acredita que Paulo normalmente seguia as distinções clássicas, mas nem sempre o fazia. Mas, ele observa com sabedoria, "Cada caso deve ser avaliado separadamente".[86] A análise de Silva possui muito mais nuances linguísticas.[87] Ele conclui de forma correta que os usos de Paulo desses verbos podem ter sido motivados tanto por fatores estilísticos quanto por fatores semânticos.

Isto é, não somente as distinções do período do grego estavam caindo por terra, mas algumas construções soavam ou funcionavam melhor do que outras. Por exemplo, a frase "zomba de mim" funciona melhor do que "manga de mim". Se quisermos um termo mais amplo sem implicações regionais, usaremos "zomba" em vez de "manga", deixando os comentários semânticos de lado. Do mesmo modo, os estudantes da Bíblia precisam chegar à gama de significados que era comum *na época em que o livro foi escrito*. No caso do NT, os intérpretes erram ao tentar manter as distinções do grego clássico como se os escritores do NT fossem obrigados a guardá-las (ou mesmo conhecê-las). Eles têm que evitar com critério os significados arcaicos de uma fase anterior do idioma. Um cuidado parecido se aplica ao uso de línguas cognatas semitas para esclarecer o significado de palavras hebraicas. Falando de forma geral, a

---

palavra transmite uma mensagem maliciosa e pejorativa. Os sentidos originais podem não ter importância para o uso atual. O mesmo se aplica aos estudos bíblicos.

[84] Veja H. Seesemann, "οἶδα", *TDNT* 5: p. 116-119; e R. Bultmann, "γινώσκω etc." *TDNT* 1: 689-719, esp. p. 689-692. A primeira palavra, *oida*, tinha mais o significado de "ter experimentado, aprendido para saber". Sobre a segunda, Bultmann destaca que no uso grego o significado era de compreensão inteligente de um objeto ou matéria: "experimentar, perceber" (p. 689). Este significado do ato de compreensão pode se confundir com o contexto de modo que o sentido seja simplesmente "saber ou entender". Os dois autores reconhecem que estas distinções não eram inflexíveis, e que frequentemente as palavras pareciam ser sinônimas.

[85] J. H. Moulton e G. Milligan, *The Vocabulary of the Greek New Testament* (Grand Rapids: Eerdmans, 1963; Peabody, MA: Hendrickson, 1997), p. 439. Veja a análise cuidadosa e sóbria em D. W. Burdick, "*Oida* and *Ginōskō* in the Pauline Epistles", em *New Directions in New Testament Study*, ed. R. N. Longenecker and M. C. Tenney (Grand Rapids: Zondervan, 1974), p. 344-356.

[86] Burdick, "*Oida*", p. 354.

[87] Silva, *Biblical Words*, p. 164-169.

REGRAS GERAIS DA HERMENÊUTICA: A PROSA

prioridade nessas comparações deve estar em idiomas com relação mais próxima com o hebraico (e.g., o ugarítico, o fenício, o aramaico, o moabita, o edomita) e, de forma secundária em seus parentes mais distantes (o acádio, o árabe, mas veja abaixo).[88]

Por outro lado, eles têm que evitar outra versão do anacronismo: a projeção de significado de períodos posteriores ao NT. A falácia do anacronismo acontece de forma mais gritante quando lemos significados posteriores *em português* projetados no uso de uma palavra bíblica.

Um exemplo contemporâneo sério desse abuso acontece quando um pregador define a palavra grega do século I, *dynamis*, usando um produto inventado no século XIX, chamado de dinamite, simplesmente porque as palavras se parecem e têm um som parecido, e porque a palavra em português é derivada do grego![89] Paulo não quis dizer que o evangelho é a dinamite de Deus.

Palavras têm sentidos conotativos e denotativos

Uma quinta característica das palavras é que elas podem transmitir sentidos além da sua referência denotativa explícita.[90] Isso pode incluir um sentido *conotativo* ou figurativo. Ao mesmo tempo em que a palavra "cão" denota um animal peludo de quatro patas, quando se usa no sentido figurado para uma pessoa na afirmação "Seu cachorro!", geralmente comunica um senso emotivo de reprovação. Golias considera isso um grande insulto, um tratamento como se ele fosse um simples cão em vez de um grande guerreiro, que Davi lhe dispensou quando ousou confrontá-lo (1Sm 17:43; cf. 24:14; 2Sm 16:9). Alguns falantes do AT chamam a si mesmos de *cão* para depreciar bastante a si mesmos diante de alguma autoridade constituída (2Sm 9:8; 2Rs 8:13). Quando Paulo avisa aos cristãos em Filipos: "Cuidado com os cães, cuidado com esses que praticam o mal, cuidado com a falsa circuncisão" (Fp 3:2), a palavra carrega uma força pejorativa. Os judeus do primeiro século consideravam os cães criaturas

---

[88] Os estudantes avançados quererão consultar os comentários e as obras de referência analisadas mais adiante.

[89] D. A. Carson, *Exegetical Fallacies,* 2ª ed. (Grand Rapids: Baker, 1996), p. 33-34, cita esta falácia além de várias outras que o intérprete comete na sua tentativa bem-intencionada de interpretar a Escritura. Recomendamos este livrinho efusivamente! Todo intérprete precisa prestar atenção em suas advertências.

[90] D. A. Black observa, "Os linguistas distinguem entre denotação, ou o significado que a palavra tem para todos que a ouvem, e a conotação, ou o significado especial que a mesma palavra pode ter para um grupo limitado de falantes" (*Linguistics for Students of New Testament Greek* [Grand Rapids: Baker, 1988], p. 131). Para ilustrar, ele contrasta a denotação de "filhos", pessoas entre a infância e a maturidade, e a sua conotação, que pode variar entre desajeitado, imaturo, obstinado e impulsivo.

• **411** •

INTRODUÇÃO À INTERPRETAÇÃO BÍBLICA

desprezíveis (como algumas culturas nos dias de hoje). Por isso eles expressavam seu desagrado quanto aos gentios os chamando de "cães". Na carta aos filipenses, Paulo critica alguns judeus desordeiros jogando no rosto deles seu próprio uso pejorativo do termo "cão". Essa conotação não acontece necessariamente em outros usos de "cão" no AT e no NT. A palavra "cão" nem sempre é usada figurativamente conotando seres humanos. Um exemplo acontece na parábola do homem rico e do Lázaro onde "cão" se refere simplesmente a um animal (Lc 16:21; cf. Êx 11:7; Jz 7:5). O intérprete, portanto, tem que estudar a palavra de forma cuidadosa para discernir não somente o seu sentido denotativo, mas também quando a palavra é usada como figura ou como alguma sutileza conotativa que os destinatários originais teriam percebido.

TIPO DE SENTIDO DA PALAVRA	SENTIDO	UM EXEMPLO: "ÁRVORE"
Referencial	A que a palavra se refere.	"Árvore" se refere à planta imensa do lado de fora do meu escritório.
Denotativo	Sentido preciso e direto da palavra.	É uma planta perene de madeira, com pelo menos meio metro de altura, que tem um tronco principal e galhos laterais que crescem do tronco.[91]
Conotativo	Sentido conotativo especial que se baseia de alguma forma no sentido denotativo.	Jesus morreu sobre uma "árvore" (1Pe 2:24), querendo dizer a cruz.
Contextual	Sentido específico sugerido pelo contexto específico da palavra que a limita a um dos sentidos acima.	Na frase: "Eu gosto daquela árvore alta", o sentido exigido pelo contexto é o denotativo.

Alguns passos para realizar estudos de palavras

Chegar ao significado de qualquer palavra da Bíblia é uma tarefa multifacetada. Devido à natureza complexa das palavras, temos de examinar vários tipos de informação para descobrir o significado adequado para o contexto. Os passos descritos abaixo se constituem em um guia útil para se seguir durante esse processo.

---

[91] Com certeza, este é o único sentido botânico da palavra "árvore." A palavra também aparece com outros sentidos denotativos, como na linguística, que podemos encontrar um "diagrama de árvore". Também podemos usar a palavra em "árvore genealógica", só para dar um exemplo.

• 412 •

REGRAS GERAIS DA HERMENÊUTICA: A PROSA

1. Escolha palavras que exigem uma análise detalhada

Não poderemos entender a passagem se não soubermos o que as palavras dentro dela querem dizer. Mas nem todas as palavras na passagem exigirão um estudo minucioso, porque o significado da maior parte dos termos será suficientemente claro. O estudante que tem facilidade com os idiomas bíblicos terá mais acesso a descobertas sobre os significados das palavras. No entanto, algumas palavras realmente exigem uma análise mais cuidadosa.

ESCOLHA AS PALAVRAS IMPORTANTES PARA ESTUDAR
Palavras difíceis
Palavras importantes
Palavras com conteúdo teológico
Palavras raras
Palavras figuradas

Como o estudante escolhe as palavras que exigem um estudo mais profundo? Uma categoria delas inclui palavras que ele não entende em português. Se o estudante não tiver sido criado na Igreja, muitas palavras entrarão nessa categoria. Mesmo para a maioria dos leitores, algumas palavras podem parecer intrigantes a princípio. Então, palavras como pacto, jubileu, éfode, redentor, justificar, ou companheiro de jugo, precisam ser estudadas, umas com mais detalhes do que as outras. Todo intérprete precisa saber o significado dos termos importantes para ter certeza de que conhece o seu significado em algum contexto específico. As palavras que são decisivas para uma passagem ou que são importantes teologicamente merecem um estudo cuidadoso. É melhor fazer um estudo preliminar do termo e ser dispensado de um estudo mais profundo do que passar por cima de um termo cujo significado é crucial para a passagem.

Estude as palavras raras, particularmente aquelas que aparecem uma só vez, especialmente se elas puderem ter um impacto fundamental sobre o sentido da passagem.[92] Além delas, também, a palavra que o escritor repete na passagem geralmente é importante e merece um estudo posterior especialmente para esclarecer a sua função dentro da passagem.[93] O estudante deve ter um cuidado

---

[92] Tecnicamente chamamos uma palavra que aparece só uma vez na Bíblia de *hapax legomenon*, do grego que significa "sendo dito uma vez." Para as palavras hebraicas, os estudantes podem consultar F. E. Greenspahn, *Hapax Legomena in Biblical Hebrew*, SBLDS 74 (Chico, CA: Scholars Press, 1984).

[93] O uso de "cabeça" em 1Coríntios 11:2-16 é um exemplo. Ela aparece com significados diferentes nesta passagem.

particular para investigar termos que são figuras de linguagem para entender o sentido implícito. Se as versões divergirem no significado da palavra, o intérprete deve investigar para descobrir o seu significado mais preciso.

2. Descubra a gama de significados da palavra

Devido ao fato de as palavras abrangerem um campo de significados, o estudante tem que pesquisar *léxicos* para determinar a gama de acepções que a palavra tinha na época do autor.[94] Quais são as opções para o seu significado na passagem em estudo? Avaliar o peso desses significados possíveis da palavra no contexto e se ater ao cenário histórico capacita o intérprete a fazer uma seleção preliminar do melhor significado. Ainda que os vários léxicos auxiliem na escolha, relacionando as referências bíblicas sob os vários significados de uma palavra específica, o intérprete deve sempre analisar as provas contextuais por si mesmo em vez de simplesmente aceitar esta opinião.

Em palavras simples, o intérprete busca se colocar no lugar do leitor original para sentir como ele ouviria as palavras da passagem. Isto envolve obter o máximo de informação possível sobre as palavras e sobre os conceitos da época. Os léxicos têm grande utilidade para os estudantes neste momento, porque eles trazem informações sobre os significados possíveis por todo o período histórico coberto pelo léxico.

Mas onde os léxicos obtêm as suas informações? Vários tipos de léxicos pesquisam um ou mais campos de estudo e catalogam as suas descobertas. Tipicamente, eles investigam várias fontes literárias antigas: os documentos, as obras publicadas, e as cartas, por exemplo. Além disso, alguns léxicos incluem materiais não literários como epitáfios em tumbas, recibos, inscrições em prédios, e outros lugares. Frequentemente, eles comparam com os idiomas paralelos ou cognatos aos bíblicos, particularmente para o estudo do AT. Com certeza, as Escrituras anteriores são uma fonte importante para descobrir os significados das palavras, de forma que os léxicos do NT podem pesquisar a Septuaginta (LXX). Isso ajuda, às vezes, já que mostra como o judeu naquela época traduzia do hebraico para o grego.[95] Os léxicos não negligenciam a Escritura da época. Isto é, eles também buscam entender os significados das palavras avaliando os

---

[94] Em semântica, isto se chama "análise sincrônica". Mesmo que as palavras tenham um arranjo interessante de significados em meio à sua história (a "análise diacrônica"), os intérpretes têm que descobrir o que as palavras significam na época em questão.

[95] Isto não quer dizer, no entanto, que se buscarmos saber o que uma palavra grega significa, poderemos simplesmente consultar qual palavra hebraica foi traduzida na LXX e depois encontrar o significado da palavra hebraica. Como já vimos, as palavras hebraicas e gregas específicas poderiam ter mais de um significado. Qual deles foi traduzido por qual palavra? Além disso, nunca há uma correspondência palavra por palavra entre os idiomas; frequentemente a LXX faz

REGRAS GERAIS DA HERMENÊUTICA: A PROSA

usos que eles descobrem tanto no AT quanto no NT. Pesquisar os léxicos é uma missão de descoberta de informações. Conhecemos as opções pesquisando somente os seus usos reais.

Nesse ponto reconhecemos dois tipos de estudante: aquele que não têm ou não pode ter facilidade nos idiomas originais e aquele que tem, pelo menos até certo ponto. Para o primeiro grupo de intérpretes, várias obras trazem acesso aos significados das palavras: J. D. Douglas, et al., *O Novo Dicionário da Bíblia*;[96] R. F. Youngblood, e F. F. Bruce, eds. *Dicionário Ilustrado da Bíblia*;[97] T. Longman, ed., *Baker Illustrated Bible Dictionary* [Dicionário Bíblico Ilustrado Baker];[98] M. A. Powell, ed., *HarperCollins Bible Dictionary* [Dicionário Bíblico HarperCollins];[99] G. W. Bromiley, ed., *International Standard Bible Encyclopedia Revised* [Enciclopédia da Bíblia Internacional Padrão Revisada], de 4 volumes.[100] M. C. Tenney, ed., *Enciclopédia da Bíblia Cultura Cristã*, de 5 volumes;[101] D. N. Freedman, ed., *Anchor Bible Dictionary* [Dicionário Bíblico Âncora], de 6 volumes;[102] T.C. Butler, ed., *Holman Bible Dictionary* [Dicionário Bíblico Holman];[103] W. E. Vine, Merril F. Unger, William White Jr., *Dicionário Vine*[104] e D. N. Freedman, ed., *Eerdmans Dictionary of the Bible* [Dicionário Bíblico Eerdmans].[105] Eles abrangem uma gama especial de fontes, nas quais o estudante que não trabalha com o hebraico e/ou com o grego (e aquele que o faz) pode ter descobertas valiosas sobre as palavras nos dois testamentos.[106]

O estudante que conhece razoavelmente os idiomas bíblicos tem a vantagem sem igual de acessar recursos bem mais importantes. Ao mesmo tempo, até o estudante com um conhecimento limitado ou que não conheça o hebraico e o grego pode querer usar os recursos mais "avançados" de vez em quando. Particularmente com o uso de Bíblias interlineares, programas de computador, e outros auxílios, muitas descobertas ótimas estão disponíveis para aquele que deseja realizar um pouco de caça. Como isso funcionaria na prática? Os exemplos que se seguem ilustrarão o procedimento e esclarecerão sobre os tipos de

---

uma paráfrase em vez de traduzir, e geralmente a LXX era motivada por preocupações teológicas ou práticas em sua maneira de traduzir o AT.

[96] Edição revisada (São Paulo: Vida Nova, 2006).

[97] São Paulo: Vida Nova, 2004.

[98] Grand Rapids: Baker, 2013.

[99] Ed. rev. atual. (San Francisco: Harper, 2011).

[100] Ed. Rev. (Grand Rapids: Eerdmans, 1979-1986).

[101] São Paulo: Cultura Cristã, 2009.

[102] New York: Doubleday, 1992.

[103] Nashville: Broadman, 1991.

[104] Rio de Janeiro: CPAD, 2010.

[105] Grand Rapids: Eerdmans, 2000.

[106] Veja a bibliografia para uma discussão mais profunda e informações sobre estas fontes.

INTRODUÇÃO À INTERPRETAÇÃO BÍBLICA

informações que o estudante está procurando. Começaremos com o estudo das palavras do AT e depois passaremos ao NT.

Para o estudo do AT, L. Koehler e W. Baumgartner, *The Hebrew and Aramaic Lexicon of the Old Testament* [Léxico Hebraico e Aramaico do Antigo Testamento] (abreviado *HALOT*), pesquisa a gama de significados das palavras à luz das descobertas científicas mais recentes para aquele que consegue encontrar a palavra hebraica adequada.[107] F. Brown, S. R. Driver e C. A. Briggs, *A Hebrew and Aramaic Lexicon of the Old Testament* [Um léxico hebraico e aramaico do Antigo Testamento] (BDB) também traz auxílio para estudar a gama de significados para as palavras, sendo também necessário ser capaz de encontrar o termo hebraico correto.[108] Mesmo sendo menos atuais do que o *HALOT*, os verbetes da *BDB* tendem a ser um pouco mais completos, muitos listando todas as ocorrências de uma palavra. Outra fonte, mais conveniente para se usar, traz análises muito importantes sobre as palavras hebraicas principais: W. A. Van-Gemeren, *New International Dictionary of Old Testament Theology and Exegesis* [Novo Dicionário Internacional de Teologia e Exegese do Antigo Testamento], de 5 volumes (*NIDOTTE*). A vantagem do *NIDOTTE* é a sua combinação de artigos sobre palavras hebraicas individuais com vários verbetes com tópicos que incluem comentários sobre as palavras hebraicas adequadas.[109] Finalmente, a fonte mais abrangente para o estudo das palavras do AT é a coleção de vários volumes editada por G. J. Botterweck e H. Ringgren, *Theological Dictionary of the Old Testament* (*TDOT*).[110]

Para começar, estas fontes ajudam o estudante a descobrir a gama básica de significados para uma palavra hebraica ao longo de sua história. Isto geralmente inclui a etimologia de uma palavra, mas o estudante tem que se lembrar de que o histórico da palavra pode oferecer poucas pistas ou pista nenhuma sobre o

---

[107] (Leiden: Brill; Grand Rapids: Eerdmans, 1994-2000).

[108] (Peabody, MA: Hendrickson, repr. 1996). Ele codifica as palavras de acordo com o *Dicionário Bíblico Strong* (Barueri: SBB, 2002). Além disso, B. Einspahr compilou um *Index to Brown, Driver and Briggs Hebrew Lexicon* (Chicago: Moody, 1976), empregando a NASB em suas referências. Usando o *Index,* pode-se localizar onde uma palavra hebraica aparece no AT, descobrir o seu significado, e encontrar a página e a seção da BDB onde ela é discutida. As edições do BDB mais antigas continuam úteis; elas simplesmente não têm os números de Strong.

[109] (Grand Rapids: Zondervan, 1997). Cada artigo tem um número, e as pessoas que não conhecem o hebraico podem acessar o seu conteúdo de duas maneiras: encontrando o número da palavra sob o seu equivalente em inglês em E. W. Goodrick e J. R. Kohlenberger, *Exhaustive Concordance of the NIV* (Grand Rapids: Zondervan, 1990), ou convertendo o número de Strong para o número do *NIDOTTE* através da tabela de conversão na obra de Goodrick-Kohlenberger.

[110] (Grand Rapids: Eerdmans, 2003). O outro léxico hebraico abrangente é editado por D. J. A. Clines, *Dictionary of Classical Hebrew*, 8 vols. (Sheffield: Sheffield Academic Press/Continuum, 2011).

• **416** •

REGRAS GERAIS DA HERMENÊUTICA: A PROSA

significado do contexto. Por exemplo, em Gênesis 9 e 12 a palavra "concerto" aparece de forma proeminente. Uma consulta rápida no *"Index"* de Einspahr mostra que "concerto" é a tradução da palavra hebraica *berit* e que o BDB analisa a palavra na p. 136.[111] Consultando o BDB, encontramos o significado básico de *berit*: pacto, acordo, concerto. O léxico subdivide esse significado básico em três categorias: "I. entre homens; II. entre Deus e o homem; e III. Frases (como fazer pactos, guardar pactos e violação de pactos)." Se analisarmos a fundo a primeira categoria, encontramos uma variedade de nuances de pactos entre pessoas: "(1) tratado ou aliança, como na aliança de Abrão com os amorreus (Gn 14:13); (2) uma constituição ou ordenança entre um monarca e os seus súditos (2Sm 5:3); (3) uma promessa (2Rs 11:4); (4) uma aliança ou amizade (1Sm 18:3; 23:18); (5) uma aliança de casamento (Pv 2:17; Ml 2:14)." O BDB define as outras duas categorias com a mesma profundidade.

Parece que *berit* pode ter o significado de uma combinação bilateral, na qual duas partes formalizam um pacto ou um relacionamento, com consentimento mútuo. Mas ela também pode denotar uma decisão mais unilateral que Deus (ou um monarca vitorioso) toma e impõe. Por exemplo, Deus estabeleceu unilateralmente um concerto com Abraão (Gn 17:3-10; Êx 6:4), ainda que fosse exigido que Israel guardasse os seus termos para desfrutar as bênçãos prometidas por Deus. Pesquisando o *HALOT*,[112] o estudante encontrará definições semelhantes à da BDB, mas também encontrará uma discussão mais elaborada sobre os vários usos da palavra e algumas referências bibliográficas. O autor avalia a possível etimologia de *berit*, além de suas conexões possíveis com palavras acádias. Ele acrescenta um elemento importante à discussão de *berit*: como o concerto se mantém, ou como ele é abandonado ou quebrado.

A discussão no *NIDOTTE* gira em torno dessas descobertas.[113] McConville dá alguma atenção ao relacionamento da palavra *berit* com o acádio, e, ainda que o termo exista apenas no hebraico, o Oriente Médio Antigo traz muitos exemplos de tratados e códigos de lei que ajudam a preencher o cenário para o conceito. Este cenário identifica seis elementos de tratados entre suserano e vassalo que nos ajudam a entender os que são citados em Deuteronômio: o titular (as partes do pacto), o prólogo histórico (suas relações anteriores), as condições, a cláusula do documento (exigências para a preservação do documento), uma lista de deuses (as testemunhas do tratado), e bênçãos e maldições (invocadas por guardar ou quebrar o tratado). Desse modo, para Israel vemos que o seu

---

[111] De forma alternativa, se descobriria *berit* lendo uma ferramenta como *O Antigo Testamento Interlinear*, Édson de Faria Francisco (Barueri: SBB, 2014-2016); ou J. J. Owens, *Analytical Key to the Old Testament.*, 4 vols. (Grand Rapids: Baker, 1990-1993).

[112] "בְּרִית", *HALOT* 1:157–59.

[113] J. G. McConville, "בְּרִית" *NIDOTTE* 1: 747-755.

INTRODUÇÃO À INTERPRETAÇÃO BÍBLICA

suserano, Javé, invocou um tratado que exige certos compromissos do povo para que ele seja preservado. De forma importante, McConville observa, "O prólogo histórico é relevante nesse ponto, porque coloca o tratado/pacto no contexto de um relacionamento contínuo".[114] Ele também descreve com mais detalhes os tipos de pacto entre Deus e o seu povo no AT, e.g., as alianças noética, abraâmica, mosaica e davídica. Ele inclui uma seção pesquisando o conceito dos pactos nos profetas observando que, ainda que eles os usem raramente, eles geralmente substituem ideias diferentes para capturar a essência do relacionamento de Deus com o seu povo, como o casamento em Oseias ou a eleição em Amós. Nos profetas, também enfrentamos a questão sobre se o pacto terminou no exílio, ainda que ao final eles neguem esta possibilidade, mas apresentam uma visão renovada da restauração de Deus e a promessa do novo pacto (veja Jeremias 31:31-34). O artigo conclui com uma seção curta sobre o uso posterior ao AT, como em Cunrã, uma pequena trajetória da ideia dentro do NT, e uma bibliografia abrangente.[115]

Nesse ponto, o estudante desenvolveu um bom domínio da gama de significado de *berit*. Em alguns lugares, ela pode coincidir com o significado da palavra moderna "contrato", onde duas partes se envolvem e concordam com certas obrigações e benefícios. Mas também pode significar um tratado que um rei vitorioso impõe sobre o inimigo vencido. Ele se refere, também, a um pacto ou um acordo que Deus estabelece para prover e abençoar as pessoas. Nesse exemplo, ele exige obediência e confiança como reação, ou ele pode cancelar o pacto. A ideia distintamente bíblica que surge é de um Deus pessoal que gratuitamente inicia um relacionamento gracioso com o seu povo. Ainda que o seu povo falhe, ele finalmente cumprirá os seus propósitos para com eles.

Passando para o NT, os estudantes que conhecem o grego encontrarão dois léxicos mais valiosos para estudar as suas palavras: *Léxico do N.T. Grego/português,* de W. Bauer, F. Danker, W. F. Arndt e F. W. Gingrich, [abreviado BDAG][116] e o *Léxico Grego-português do NT baseado em domínios semânticos,* de J. P. Louw e E. A. Nida (L&N).[117] Enquanto os dois trazem um auxílio excelente para encontrar a gama de significados para as palavras gregas, o BDAG traz as

---

[114] *NIDOTTE* 1: 747.

[115] Ainda é mais completa a discussão em *TDOT*, 2:253-278, que traz a mais extensa discussão em inglês. As principais seções dessa tese de 25 páginas incluem: I. etimologia; II. Significado; III. Campo semântico; IV. Cerimônia pactual; V. Pacto e lei; et al. A bibliografia é mais abrangente, ainda que tenda mais para a escola alemã.

[116] São Paulo: Vida Nova, 1984. Veja comentários mais abrangentes sobre essas obras excelentes na bibliografia. Também providenciamos auxílio adicional para utilizar a riqueza de informação que elas providenciam.

[117] Barueri: SBB, 2013.

• **418** •

REGRAS GERAIS DA HERMENÊUTICA: A PROSA

referências mais abrangentes para cada verbete, geralmente incluindo todas as ocorrências de uma palavra no NT. L&N, por sua vez, traz definições essenciais e percepções sobre o campo de significado de uma palavra que não se encontra nem no BDAG, nem em outros léxicos.

A palavra grega *kyrios* (senhor) pode servir para comparar os dois léxicos. Ao avaliar o uso dessa palavra durante o período helenístico, o BDAG divide a gama de significados em duas categorias principais. A distinção geral inclui: (1) dono: "aquele que está à frente devido à posse, dono" (mestre ou senhor); e (2) aquele que está em uma posição ou autoridade, "senhor". Usado em contexto religioso, a palavra "senhor" é usada para Deus, ou reis divinizados, Jesus e outros seres sobrenaturais, como os anjos.[118]

L&N relaciona de forma conveniente a gama de significados no índice do volume (II) sob o verbete *kyrios*: Senhor, dono e governador.[119] Os números de referência do domínio indicam que cada significado vem de um domínio diferente. "Senhor" pertence ao domínio das palavras que indicam seres e poderes sobrenaturais (12.9). A definição no vol. 1 identifica isto como um título para Deus ou Cristo, indicando "aquele que exerce autoridade sobrenatural sobre a humanidade".[120] O segundo significado, "dono", aparece no domínio de palavras que expressam propriedade ou posse (57.12). Nessa parte, a definição de *kyrios* é "aquele que possui e controla propriedade, incluindo especialmente servos e escravos, além de elementos semânticos suplementares importantes de alta posição e respeito"; "dono", "mestre", e "senhor" são boas interpretações.[121] As traduções propostas, "governador", "mestre", "senhor" comunicam o seu significado como "aquele que governa ou exerce autoridade sobre outros".[122] Quando *kyrios* significa "senhor" (87.53), pertence ao domínio de palavras indicando status ou o subdomínio de palavras expressando uma alta posição ou classe social. Portanto, era um "título de respeito empregado ao se dirigir ou falar com um homem: senhor".[123] Consultá-los no vol. 1 revela o domínio específico ao qual cada um desses significados pertence e uma definição precisa de cada significado.

Depois dessa tela de léxicos, o estudante em seguida tenta identificar o domínio semântico ao qual um uso específico tem mais chance de pertencer. No caso de um "pacto", será que a ocorrência de *berit* pertence ao domínio de "acordos impostos e unilaterais" ou aos "tratados negociados mutuamente", se é

---

[118] BDAG, p. 576-579.
[119] L&N, 2:149.
[120] Ibid., 1:139.
[121] Ibid., 1:559.
[122] Ibid., 1:478.
[123] Ibid., 1:739.

INTRODUÇÃO À INTERPRETAÇÃO BÍBLICA

que podemos descrevê-los em termos tão extremos? Como devemos entender o uso do termo em Jó 31:1: "Fiz *acordo* com os meus olhos de não olhar com cobiça para as moças" (destaque nosso)? Mesmo sendo o sentido figurado, parece que o falante *impôs,* por meio da disciplina pessoal, o que os seus olhos veriam. Ou o que esse texto leva a entender falando a respeito do Servo do Senhor: "Eu, o SENHOR, te chamei em justiça, e te tomarei pela mão, e te guardarei, e te darei por *concerto* do povo e para luz dos gentios" (Is 42:6. Almeida Revista e Corrigida, destaque nosso)? Este é o "novo concerto" que Deus promete fazer (Jr 31:31-34; cf. Hb 8:8-12)? É um acordo imposto ou firmado mutuamente? Pode Deus cancelar os seus benefícios como ele fez com Israel e o primeiro pacto? Essas podem ser decisões difíceis, mas estas perguntas demonstram as questões que o intérprete tem que investigar.

Usando o exemplo de *kyrios* no NT, em Atos 9:5, Paulo se dirige à voz que ele ouve com a pergunta, "Quem é você, *Senhor*?" (destaque nosso). Aqui o intérprete tem que decidir se esse uso é um título de respeito (i.e., "senhor" indicando uma alta posição), se Saulo (ou o autor) pretende um sentido mais alto ("Senhor", talvez até com uma conotação sobrenatural), ou se o autor tem em mente um duplo sentido.

Além de entender a gama de significados, o intérprete precisa saber como que o significado específico da palavra na passagem se relaciona com as outras palavras no campo semântico. Ao descobrir o sentido particular de uma palavra no seu campo de significado, o intérprete aprende a esfera geral de ideias a qual esse significado da palavra pertence; o relacionamento que existe entre essa palavra e as outras palavras utilizadas nesse campo semântico; e talvez o que distingue essa palavra das outras no seu campo semântico.

Um aspecto dos estudos das palavras une os dois testamentos. Já que o grego substituiu o hebraico como a língua falada pela comunidade judaica em Alexandria no século II a.C., os judeus de lá produziram a Septuaginta.[124] Posteriormente, os judeus que viviam no mundo romano usaram esta tradução grega, e ela se tornou a Bíblia da maioria dos cristãos primitivos durante o século I d.C. Devido ao seu contato com o AT através dessa tradução grega, os escritores do NT usavam muitas palavras gregas com significados não encontrados normalmente no uso secular dos mesmos termos, de forma bem parecida com a que os cristãos usam os termos como "comunhão" ou "redenção" com

---

[124] O título Septuaginta (do latim "setenta"), abreviado como LXX, surge da lenda segundo a qual setenta (ou setenta e dois) especialistas judeus produziram a tradução. Para mais considerações, consulte Fílon, *Vida de Moisés* 2.5—7.25-44; Josefo, *Ant.* 12.2.1-15; Justino, *Apologia* 1.31; e Irineu, *Contra as heresias* 3.21.2.

REGRAS GERAIS DA HERMENÊUTICA: A PROSA

significados não entendidos normalmente pelas pessoas de formação secular.[125] As ideias religiosas e teológicas desenvolvidas no AT se anexaram às palavras, acrescentando novas nuances aos seus significados.

O uso da Septuaginta da palavra *kyrios* (senhor) é um dos muitos exemplos desse tipo de influência sobre as palavras do NT. Essa palavra aparece mais de 9.000 vezes na LXX com a maioria (6.156 vezes) traduzindo o nome divino "Javé".[126] O uso de *kyrios* para traduzir o termo hebraico para Senhor, *adonai*, o qual o AT usava como um título para Deus, era bem natural. No entanto, a tradução do nome sagrado de Deus, "Javé", por *kyrios* reflete a aversão dos judeus de pronunciar o nome divino para que não fossem culpados de tê-lo profanado. A LXX traduziu o hebraico "Javé" como *kyrios* de forma tão consistente que muitos especialistas afirmam a alta probabilidade de as referências a Jesus como "Senhor" no NT transmitirem fortes conotações de divindade.[127]

---

[125] E. Ferguson dá outros exemplos comuns quando escreve: "O significado religioso distinto de muitas palavras no Novo Testamento (e.g, *ekklēsia, baptisma, presbyteros, psallō, cheirotonia*) não deve ser encontrado através da etimologia ou do uso clássico, mas por meio das adaptações já realizadas pelos judeus que falavam grego" (*Backgrounds of Early Christianity* [Grand Rapids: Eerdmans, 1987], p. 346-347). As palavras que ele cita significam, respectivamente, Igreja (assembleia), batismo (imersão), ancião, cantar salmos, e levantar a mão.

[126] A ARC de vez em quando traduzia essa palavra hebraica como "Jeová". De acordo com W. A. Elwell e B. J. Beitzel, "Jehovah", in *Baker Encyclopedia of the Bible* (Grand Rapids: Baker, 1988), p. 1106, Jeová é o "nome de Deus formado acrescentando as vogais da palavra hebraica *Adonai* às consoantes do nome divino hebraico, *YHWH*. [...] Pensa-se que, por volta de 1520, Petrus Galatinus teve a ideia de combinar os dois nomes, criando assim a nova forma *YeHoWaH* de onde a palavra Jeová vem. Ainda que esta forma seja estranha à língua hebraica, ela teve grande aceitação e foi incluída como a tradução do nome de Deus na KJV e na ASV".

[127] C. E. B. Cranfield diz a respeito do uso da palavra *kyrios* por parte de Paulo em Romanos 10:9: "Paulo aplica a Cristo, sem ter aparentemente nenhum senso de impropriedade, o *kyrios* de passagens da LXX nas quais é perfeitamente claro que o *kyrios* se referia ao próprio Deus." Ele continua: "Deduzimos que, para Paulo, a confissão de que Cristo é Senhor significava o reconhecimento que Jesus partilhava do nome e da natureza, da santidade, da autoridade, do poder, da majestade e da eternidade do Deus único e verdadeiro", em *The Epistle to the Romans,* 2 vols. ICC (Edimburgo: T. & T. Clark, 1979), 2:529. Confirmando esta conclusão ao comentar o uso de kyrios em Atos 2:36. F. F. Bruce observa: "Para um judeu, só existia um nome 'sobre todo o nome', o nome inefável do Deus de Israel, representado na leitura da sinagoga e no texto da LXX com o título 'Senhor'. E o fato de que os apóstolos quererem conferir a Jesus o título 'Senhor', no sentido mais sublime de todos, indica-se pela maneira que eles não hesitam em lhe aplicar nas situações devidas as passagens da Escritura do AT que se referem a Javé", em *The Book of Acts,* NICNT, 2ª ed., (Grand Rapids: Eerdmans, 1988), p. 68. Finalmente, falando do emprego da palavra "Senhor" por parte de Paulo em 1Coríntios 12:3, G. D. Fee observa que a declaração de Jesus como Senhor "significava devoção absoluta a Jesus como a uma divindade e distinguia os crentes tanto dos judeus, para os quais esta confissão se constituía em blasfêmia, quanto dos pagãos, especialmente aqueles envolvidos em seitas, cujas divindades eram chamadas de 'senhores'", em *The First Epistle to the Corinthians,* NICNT (Grand Rapids: Eerdmans, 1987), p. 581-582.

INTRODUÇÃO À INTERPRETAÇÃO BÍBLICA

Outro exemplo de descobertas obtidas pelo estudo da influência por parte da Septuaginta pode ser no uso do NT da palavra "primogênito" (grego: *protōtokos*). Quando o título "primogênito" é usado com referência a Jesus em Lucas 2:7, pode simplesmente transmitir o significado literal do primeiro filho nascido de sua mãe; "e ela deu à luz o seu primogênito". Mas esse significado literal não se encaixa com os dois usos teológicos da palavra nos títulos de Cristo em Colossenses, "o primogênito sobre toda a criação" (1:15) e "o primogênito dentre os mortos" (1:18). Enquanto alguns sugerem que "o primogênito sobre toda a criação" significa que Jesus foi o primeiro ser criado e, portanto, não é Deus,[128] as provas fortes do uso da Septuaginta sugerem um significado totalmente diferente que se encaixa no contexto de forma mais natural. Em sua discussão do uso da palavra *prōtotokos* (primogênito), L&N afirma: "Na sociedade judaica, os direitos e as responsabilidades de ser um primogênito resultavam em prestígio e posição consideráveis. O filho primogênito, por exemplo, recebia o dobro de herança com relação aos outros irmãos."[129]

Esse prestígio relacionado ao primogênito na cultura judaica deu origem a um sentido figurado para primogênito indicando superioridade ou uma posição mais alta. Esse significado de "primogênito" no grego pertence ao domínio semântico indicando *status* e à subcategoria de palavras expressando posição ou classe alta. Sendo assim, L&N traduz Colossenses 1:15 como "ser superior a toda a criação".[130] A NIV busca capturar esta conotação através da frase "primogênito *sobre* toda a criação". Essa descoberta ganha um apoio adicional do uso da LXX de "primogênito" como um título messiânico em Salmos 89:27, definido pelo paralelismo hebraico em linguagem precisa de superioridade:

Também o nomearei meu primogênito (LXX: *protōtokos*, hebraico: *bekor*),
o mais exaltado dos reis da terra.

---

[128] Essa é uma explicação padrão proposta hoje pelas Testemunhas de Jeová, por exemplo. Eles dizem: "Sendo a primeira criação de Deus, achava-se com seu Pai no céu desde o princípio de toda a criação. Jeová Deus usou-o para criar todas as outras coisas criadas" (*Do paraíso perdido ao paraíso recuperado* [Brooklyn: Sociedade Torre de Vigia de Bíblias e Tratados, 1959], p. 126-127). "[...] a Bíblia mostra que há um só Deus [...] que ele 'é maior do que seu Filho' [...] E que o Filho, como o Primogênito, o Unigênito e 'a criação de Deus', teve princípio" (p. 164). Entre as muitas refutações do uso de "primogênito" pela seita, veja B. M. Metzger, "The Jehovah's Witnesses and Jesus Christ: a Biblical and Theological Appraisal", *Theology Today* 10 (1953): p. 65-85. Reimpresso em forma de folheto (Lancaster, PA: Lancaster Press, 1953), o artigo avalia a doutrina das TJ sobre Cristo e a sua *Tradução do Novo Mundo*.

[129] L&N, 1:117.

[130] L&N, 1:117,738.

REGRAS GERAIS DA HERMENÊUTICA: A PROSA

A informação contextual em Colossenses 1 confirma que Paulo usou primogênito como um título para destacar a superioridade de Jesus sobre toda a criação. As referências ao seu reino e a sua afirmação de propósito no versículo 18, "para que em tudo tenha a supremacia", reforçam que o sentido de primogênito para essa passagem é a superioridade de Cristo sobre a criação. Esses fatores contextuais deixam claro que a frase "primogênito dentre os mortos" (Cl 1:18), a segunda ocorrência de primogênito nesta passagem, também comunica esta ideia de superioridade. Claramente, o uso da Septuaginta da palavra "primogênito" influenciou a escolha de Paulo desse título messiânico para mostrar a primazia de Cristo, tanto sobre a criação quanto sobre aqueles que passarão pela ressurreição dentre os mortos. Dessa forma, o estudante sério do NT tem que pesquisar se certo significado da palavra reflete a influência da Septuaginta que mudou o seu sentido além do que era comum para os falantes do grego daquela época. Para descobrir algumas dessas influências, observe os significados principais das palavras hebraicas que a palavra grega costumava traduzir na Septuaginta. O passo final sempre exige estudar o contexto específico do NT para testar qualquer influência potencial da Septuaginta. O melhor auxílio para avaliar o uso da LXX e sua influência potencial sobre o NT vem primariamente de duas fontes: Moisés Silva, ed., *New International Dictionary of New Testament Theology and Exegesis* [Novo dicionário internacional de teologia do Novo Testamento e exegese], 5 volumes (*NIDNTTE*),[131] e G. Kittel; G, Friedrich, ed. *Theological Dictionary of the New Testament* [Dicionário teológico do Novo Testamento], 10 volumes [*TDNT*].[132]

A área final que precisamos pesquisar para chegar ao significado potencial de uma palavra é o seu uso extrabíblico na fala diária, na literatura, e nas inscrições da época que o livro bíblico foi escrito. Conhecer o significado popular da palavra na vida diária das pessoas geralmente nos dá a entender a cadeia de referência pela qual tanto o escritor quanto os destinatários entenderam o termo.

Para descobrir a linguagem do AT, deve-se consultar o *HALOT* e o *TDOT*. Voltando à nossa discussão de *berit*, o *TDOT* menciona que o lançamento do artigo de G. Mendenhall, "Covenant Forms in Israelite Tradition" [Formas pactuais na tradição israelita], levou a uma onda de estudos posteriores sobre tratados no Antigo Oriente Médio.[133] Eles mostram o relacionamento íntimo entre os tratados do século XIV e XIII a.C. Os reis hititas com os seus governadores vassalos e os pactos firmados por Josué durante a conquista e colonização de

---

[131] Grand Rapids: Zondervan, 2014.

[132] São Paulo: Cultura Cristã, 201. Insistimos que consulte a bibliografia para maiores orientações sobre esta e outras ferramentas.

[133] *Biblical Archaeologist* 17 (1954): p. 50-76. Veja também G. Mendenhall, *Law and Covenant in Israel and the Ancient Near East* (Pittsburg: Biblical Colloquium, 1955).

Israel (e especialmente Josué 24:1ss). Essas descobertas, relatadas em *TDOT* 2:266-269, esclarecem muito os registros bíblicos e podem nos ajudar a entender tanto as ramificações quanto a ideia pactual no AT. Os elementos dos tratados hititas também parecem ser refletidos na organização de Êxodo 19—24 e talvez no livro de Deuteronômio.[134]

Mesmo que o estudante encontre exemplos específicos do uso diário do grego helenístico para o estudo do NT em J. H. Moulton e G. Milligan, *The Vocabulary of the Greek New Testament* [Vocabulário do grego do NT],[135] a obra é ultrapassada e superficial, e atualmente as suas informações mais valiosas estão incorporadas no *NIDNTTE* e no *TDNT*.[136] Como exemplo, consultando o *NIDNTTE* aprende-se que a palavra grega para "senhor" (*kyrios)* não era um título que os gregos usavam para os seus deuses no período clássico antigo do seu idioma. A relação servil do escravo com o seu mestre [*doulos* (escravo) com o *kyrios* (mestre)] era tão repulsiva para os gregos antigos que eles não consideravam "senhor" um título divino adequado. Contudo, a partir do século I a.C., *kyrios* começou a ser usado como título com referência aos deuses. A prática antiga de chamar tanto deuses quanto reis de "Senhor" (porque os reis eram vistos como representantes dos deuses) começou a penetrar no mundo mediterrâneo. O imperador Augusto (63 a.C.-14 d.C.) era chamado de deus e senhor no Egito, e o título *kyrios* foi aplicado a Herodes, o Grande. Apesar de Augusto e Tibério (14-37 d.C.) não incentivarem a prática de lhes atribuir deidade pelo título "Senhor", os seus sucessores Calígula (37-41) e Nero (54-68) a promoveram e encorajaram o título de "Senhor e Deus". Com o arrogante Domiciano (81-96), reivindicar status imperial divino pelo título "Senhor e Deus" atingiu o seu clímax.[137] Ao mesmo tempo, a atitude predominante dos cristãos do primeiro século de submissão expressa se autodenominando "servos" do "Senhor" Jesus Cristo entrava em conflito com a mentalidade religiosa

---

[134] Além disso, observa Weinfeld: "O livro de Deuteronômio está repleto de termos que se originam no vocabulário diplomático do Antigo Oriente Médio. Expressões como: 'dai ouvidos à voz de...', 'sede perfeitos com', 'segui', 'temei' (respeitai), 'ponde as palavras no coração', 'sem virar nem para a direita nem para a esquerda' etc, se encontram nas cartas diplomáticas e nos tratados entre países do segundo e do terceiro milênios a.C., são especialmente proeminentes nos tratados de vassalagem de Esar-Hadom, que são contemporâneos de Deuteronômio" (*TDOT*, 2:268-269). Veja J. G.McConville, *Deuteronomy: Apollos Old Testament Commentary* (Downers Grove: InterVarsity, 2002), e P. C. Craigie, *The Book of Deuteronomy*, NICOT (Grand Rapids: Eerdmans, 1976).

[135] Grand Rapids: Eerdmans, 1930.

[136] Igualmente, consulte H. Balz e G. Schneider, eds., *Exegetical Dictionary of the New Testament* [*EDNT*], 3 vols. (Grand Rapids: Eerdmans, 1990-1992).

[137] "κύριος, et al." *NIDNTTE*, 2:768-778.

REGRAS GERAIS DA HERMENÊUTICA: A PROSA

tradicional grega e colocava esses fiéis em rota de colisão com a tendência crescente de culto ao imperador.

Um desdobramento importante para os estudos do NT acontece no uso da palavra grega para pacto (*diathēkē*). Em Romanos 11:27, Paulo usa a palavra pacto se referindo ao compromisso unilateral de estabelecer um relacionamento com o povo (cf. At 3:25; Hb 8:10). *Diathēkē* também significa o acordo ou pacto entre pessoas que traz benefícios e obrigações (Gl 3:15). Contudo, a gama do grego *diathēkē* foi além do hebraico *berit* e incluiu o significado de "fazer um testamento".[138] O escritor de Hebreus emprega *diathēkē* com esse sentido de "testamento" em 9:16-17, criando um jogo fascinante com a mesma palavra utilizada para dar o sentido de "pacto" no contexto imediato de 9:15 e 18.

Além dos léxicos, o estudante deve consultar as concordâncias. Elas mudam o destaque nos significados das palavras e nas definições em uma gama de fontes para o uso real na Bíblia, e do campo de possibilidades para o contexto bíblico específico.[139] Isto parece duplicar o trabalho dos lexicógrafos, mas um breve olhar em uma concordância dará uma sensação importante e direta da gama dos significados e uso das palavras. Sabendo disso, o estudante pode decidir consultar as concordâncias mesmo antes de suas investigações em dicionários e léxicos. Essa pesquisa pode trazer um panorama indutivo das alternativas aparentes. Já que podemos chegar ao sentido proposto somente avaliando as ideias relacionadas dentro do texto, temos que verificar o uso que o autor faz da palavra em outros lugares no mesmo documento ou em outras obras. Podemos obter mais ideias revendo como os outros autores usam esta palavra na Bíblia. O autor pode usar uma palavra de forma diferente que se distingue dos outros.

Para as palavras do AT, devemos observar de forma especial se o uso de uma palavra parece concentrada em alguns livros com conteúdo singular (e.g., Levítico, Lamentações), em livros de prosa ou poesia (e.g., Juízes ou Cântico dos Cânticos, respectivamente), ou em livros associados com as tradições sacerdotais, proféticas ou sapienciais. Às vezes o padrão de uso distinto é identificável, o que dá ao intérprete provas que esclareçam o sentido da passagem em estudo. Em outras situações, descobre-se uma ampla variedade em seu uso por

---

[138] Este parece ser o significado primário no grego clássico. Consulte H. G. Liddell e R. Scott, *A Greek-English Lexicon*, 9ª ed (Oxford: Clarendon, 1940; expandido em 1996), p. 394-395.

[139] O estudante que é capaz de pesquisar as palavras bíblicas eletronicamente pode reunir informações de concordância em poucos segundos. Limitaremo-nos aqui a ilustrar com nossos exemplos *berit* [concerto] e *kyrios* [senhor]. Veja a bibliografia para obter auxílio para escolher concordâncias adequadas.

INTRODUÇÃO À INTERPRETAÇÃO BÍBLICA

um autor ou por uma tradição do AT. Mas até isto tem valor, porque ajuda a informar ao intérprete sobre os tipos de contexto em que certo significado da palavra acontece.

O intérprete tem de se lembrar de que o conceito de círculos contextuais se aplica aqui também. Isto é, o uso de palavras mais próximas da passagem que está sendo estudada tem um maior peso do que o uso de palavras mais periféricas. Então, a maneira que o autor usa as palavras no mesmo parágrafo e no mesmo livro tem mais relevância do que a maneira que o autor usa as mesmas palavras em outros livros. Daí podemos considerar como outros autores no mesmo testamento usam as palavras, e depois como eles as usam em outras passagens, e finalmente como os autores extrabíblicos as usam.

3. Escolha o significado que melhor se encaixa no contexto

À medida que o estudante já tiver descoberto os significados possíveis da palavra, ele terá que escolher aquele que melhor se encaixa na passagem estudada. Ele tem que ter cuidado para evitar simplesmente (de forma ilegítima) atribuir um dos significados possíveis a um uso da palavra. Essa tentação é grande especialmente quando o sentido se encaixa com a teologia ou com a posição predileta do intérprete. Ainda que o novato tenha que tomar cuidado com o excesso de confiança, dentro dos limites da razão, o estudante pode examinar os léxicos, e estar pronto até mesmo a questionar a categoria de significado onde os especialistas situaram o texto específico. Ainda que o estudante seja sábio em confiar nos melhores recursos,[140] pelo menos esta tática assegurará que o intérprete tenha entrado em contato com as questões e que possua as informações necessárias para tomar uma decisão consciente. Devido à complexidade dos significados das palavras, o intérprete deve buscar descobrir todas as informações sobre uma palavra que possam ajudar no alcance do sentido da passagem específica. A melhor alternativa faz mais sentido no contexto.

Quando o estudante já conhece os significados potenciais da palavra, os fatores contextuais se tornam o critério supremo para selecionar o significado mais provável. Geralmente o assunto geral da passagem favorecerá de maneira marcante algum domínio semântico da palavra. Isto prova um princípio

---

[140] Não é demais repetirmos que, já que o objetivo é entender da *melhor* forma o sentido proposto pelo autor no texto, o intérprete responsável tem que descobrir e usar as *melhores* fontes no seu estudo. O fato de uma fonte ser barata, ou estar em formato digital, ou ser facilmente acessada pela internet, não garante que ela seja confiável e precisa. Às vezes, as fontes deixam de ser impressas porque elas estão desatualizadas e demonstraram ser inferiores. As editoras também republicam fontes mais antigas (e, ao nosso ver, obsoletas) por não precisarem pagar *royalties* ou direitos autorais. Geralmente, as melhores fontes são as mais recentes, e as melhores fontes são as que incluem as descobertas excelentes das obras anteriores.

REGRAS GERAIS DA HERMENÊUTICA: A PROSA

importante: *O uso de uma palavra em um contexto específico constitui o critério mais importante para o significado de uma palavra*. Portanto, o intérprete tem que avaliar de forma detalhada o contexto geral para decidir qual dos significados possíveis se encaixa melhor na passagem estudada. Os elementos que discutimos até agora se tornam critérios importantes. Qual significado se encaixa melhor dentro do cenário histórico-cultural da passagem? Qual se encaixa no contexto literário? Qual se encaixa no argumento da narrativa ou na estrutura poética (e.g., suas palavras paralelas) etc. da maneira mais adequada? Lembre-se, ainda que as palavras tenham uma gama de significados possíveis ao longo de sua história, os falantes individuais ou escritores decidem como eles usarão as palavras em contextos específicos. O escritor pode mudar os significados ou empregar as palavras de forma singular. Na verdade, o escritor pode deliberadamente usar palavras de forma ambígua ou com duplo sentido, como acontece com a palavra grega *anōthen* ("de novo" e/ou "de cima") em João 3:3, 7. Será que Jesus quis dizer que as pessoas precisam nascer de novo, nascer de cima ou nascer dos dois? Para repetir, o contexto é o critério mais importante para se chegar ao significado da palavra ou da frase.

SINTAXE

Mesmo que seja tão importante conhecer os significados das palavras, a nossa tarefa ainda não acabou. De fato, como acabamos de afirmar, não podemos ter certeza sobre o significado das palavras a partir de contextos maiores. As pessoas se comunicam combinando palavras em unidades maiores. Os relacionamentos gramaticais e estruturais das palavras e dos grupos de palavras formam o elemento final da comunicação da linguagem que devemos avaliar para entender o significado do escritor. As pessoas combinam as palavras de acordo com a estrutura de um idioma para transmitir o seu sentido. Antes de prosseguir nos capítulos posteriores para explicar como os vários gêneros literários funcionam, temos que entender um pouco mais da gramática e da estrutura, pelo menos de forma geral.

De forma técnica, a gramática consiste em dois elementos: a morfologia e a sintaxe.[141] A morfologia se ocupa das formas das palavras em separado,

---

[141] Duas ótimas introduções a um entendimento moderno da linguagem, especialmente a sua aplicação aos estudos bíblicos, estão nas obras de Cotterell e Turner, *Linguistics*; e S. E. Porter e D. A. Carson, eds., *Linguistics and the New Testament: Critical Junctures*, JSNTSup 168 (Sheffield, UK: Sheffield Academic Press, 1999). Um artigo influente sobre o tópico é o de E. A. Nida, "Implications of Contemporary Linguistics for Biblical Scholarship", *JBL* 91 (1972): p. 73-89. Para introduções mais gerais sobre a gramática, da maneira que é entendida pelos linguistas modernos, consulte J. Lyons, *Introdução à linguística teórica* (São Paulo: Companhia Editorial Nacional, 1979); e id., *Linguagem e linguística* (São Paulo: LTC, 1981). Talvez esse seja

INTRODUÇÃO À INTERPRETAÇÃO BÍBLICA

tipicamente sobre a maneira que as palavras são flexionadas (manipuladas) para indicar a sua função no idioma. Para tomar um exemplo simples, geralmente no português se acrescenta um "s" no final das palavras para indicar "mais do que um". O -s é um morfema designando "plural" no português. Então se diz: "Ela comeu uma maçã, eu comi duas maçãs."[142] Funcionando da mesma forma, o hebraico emprega *îm*, *ê*, ou *ôt* no final de suas palavras para montar os plurais. O grego é ainda mais complexo, com morfemas diferentes para o plural (esses indicadores formais) geralmente associados com cada caso (nominativo, genitivo etc.).

O outro componente da gramática, a sintaxe, descreve o sistema que cada idioma tem para combinar os vários elementos de modo a comunicar algo. A ordem das palavras é um elemento importante da sintaxe. "João bateu na bola" quer dizer algo bem diferente de "A bola bateu no João". As funções das palavras "João" e "bola" são indicadas pela ordem das palavras.[143] Essa ordem em hebraico tipicamente segue algumas convenções, mas exibe uma maior variedade do que outro idiomas, como o inglês, permitem, especialmente na estrutura gramatical enxuta da poesia. Por isso, o hebraico tanto pode afirmar "João bateu na bola" como (lit.) "Bateu João na bola" e "A bola bateu João", ainda que a última frase destaque especificamente o objeto que João bateu. No grego, as declinações de caso (voltando à morfologia, as formas das palavras) nos substantivos, pronomes, adjetivos etc., indicam funções para mostrar se uma palavra tem a função de agente ou daquele que recebe a ação. Essas declinações dão margem a uma ordem mais variada de palavras que não se vê em outros idiomas. Quem já estudou alemão (para citar um idioma bem declinado) sabe a importância dos sufixos (finais das palavras) para indicar se um substantivo funciona como sujeito, objeto direto ou indireto. Dessa forma, a sintaxe expressa a maneira que o idioma coloca as palavras para formar uma frase, uma oração, ou uma unidade maior de sentido.

Além disso, as relações entre as orações dentro de um período ou entre uma e outra oração também são fundamentais. As relações entre as orações e os períodos também são importantes no grego e no hebraico. Por exemplo,

---

o lugar para lembrar aos leitores que a gramática somente descreve como os idiomas funcionam. Isto é, o estudo moderno da gramática é descritivo, não prescritivo.

[142] As regras do português são bem difíceis, já que ele, sem nenhum pudor, assimilou palavras de tantas outras línguas. Enquanto colocamos um -s em "maçã" para indicar o plural, colocamos -ões para "limão", -ães para "cão", -ns tirando o m, para "homem", -es para "mulher" etc.

[143] Certamente na poesia, algumas dessas "regras" para ordem de palavras podem mudar, mostrando que não são, na verdade, regras, só convenções. Desse modo, quando alguém passa para um gênero literário diferente, espera-se novos critérios para combinar os elementos. Discutiremos a poesia no próximo capítulo.

• 428 •

REGRAS GERAIS DA HERMENÊUTICA: A PROSA

podemos dizer: "Se chover, nos molharemos" ou "Nós nos molharemos se chover". As duas são permitidas, e pode haver alguma razão para dizer uma ou outra. De forma parecida, os idiomas bíblicos podem iniciar os períodos com orações subordinadas ou coordenadas por várias razões. Isto nos leva para o próximo princípio.

A maior parte dos guias de exegese tende a trabalhar ao nível da oração, e esta continua sendo uma tarefa essencial para todos os intérpretes. Mais recentemente, no entanto, os linguistas têm destacado a necessidade de analisar unidades maiores: parágrafos e discursos inteiros.

A comunicação raramente acontece simplesmente em frases isoladas. Frequentemente chamada de análise de discurso ou de texto, esse procedimento está dando bons frutos.[144] Por um lado, a linguagem é uma combinação de vários elementos, como blocos de construção, para construir uma comunicação significativa. Simplificando, combinar os morfemas (os elementos mínimos do significado, como o marcador de plural -s no português) produz palavras; juntar palavras produz frases, orações e sentenças; e sintaticamente combinar orações resulta em parágrafos, passagens ou discursos. Essas são todas as dimensões da análise sintática.

O processo de juntar as palavras para comunicar de forma bem-sucedida envolve muitos fatores. A ordem das palavras, a forma delas, a combinação entre elas e o uso de conectores (conjunções, preposições etc.) marcam as várias relações entre as palavras e as orações de uma passagem. Todas elas contribuem para o sentido. Isto destaca a necessidade absoluta de interpretar cada passagem bíblica de forma coerente com a sua gramática (morfologia e sintaxe). Já que a gramática é um elemento básico da maneira pela qual os autores organizam as palavras para expressarem os seus pensamentos e da maneira que os destinatários

---

[144] Quanto ao NT, veja S. E. Porter e J. T. Reed, eds., *Discourse Analysis and the New Testament: Approaches and Results*, JSNTSup 170 (Sheffield, UK: Sheffield Academic Press, 1999); cf. a bibliografia extensa em D. F. Watson, "Structuralism and Discourse Analysis", em *Dictionary of the Later New Testament and Its Developments*, ed., R. P. Martin, e P. H. Davids (Downers Grove: InterVarsity, 1997), p. 1134–35. Para introduções excelentes, veja S. E. Runge, *Discourse Grammar of the Greek New Testament: A Practical Introduction for Teaching and Exegesis* (Peabody, MA: Hendrickson, 2010); e S. Levinsohn, *Discourse Features of New Testament Greek* (Dallas: Summer Institute of Linguistics, 2000). As aplicações para o AT incluem R. D. Bergen, ed., *Biblical Hebrew and Discourse Linguistics* (Dallas: Summer Institute of Linguistics; Winona Lake, IN: Eisenbrauns, 1994); W. R. Bodine, ed., *Discourse Analysis of Biblical Literature: What It Is and What It Offers* (Atlanta: Scholars Press, 1995); R. E. Longacre, *Joseph, A Story of Divine Providence: A Text Theoretical and Textlinguistic Analysis of Genesis 37 and 39-48* (Winona Lake: Eisenbrauns, 1989); e E. Talstra, "Text Grammar and Hebrew Bible. I. Elements of a Theory", *Bibliotheca Orientalis* 35 (1978): p. 169-174. Fora do uso exclusivamente bíblico, veja J. P. Gee, *An Introduction to Discourse Analysis: Theory and Method* (London e New York: Routledge, 1999).

INTRODUÇÃO À INTERPRETAÇÃO BÍBLICA

decifram o significado das palavras, a análise gramatical é um aspecto essencial da interpretação correta.

Importância da sintaxe

A fim de entender o sentido de qualquer afirmação tem que se entender como as palavras, as frases, as sentenças e as unidades maiores interagem (ou se relacionam entre si). A contribuição de cada palavra ao pensamento que se expressa deriva do seu relacionamento com o restante das palavras na frase. Voltando à nossa simples frase anterior, uma pequena alteração na ordem das palavras, "João bateu na bola" para "A bola bateu em João", muda dramaticamente o sentido. As duas frases usam palavras idênticas, mas elas comunicam sentidos diferentes dependendo se "João" ou "bola" funcionam como sujeito ou objeto. Se essas duas pequenas frases envolvessem uma bola rápida atirada por um grande lançador de uma liga importante de beisebol, as consequências para o rebatedor seriam bem diferentes! Talvez você já tenha ouvido falar do cartaz do açougueiro: "Salsicha melhor não há. Não como ela!" Em outras palavras: a gramática é importante!

O estudo gramatical é estratégico para a interpretação correta porque os idiomas bíblicos às vezes transmitem nuances que são difíceis de captar na tradução em português. A primeira epístola de João começa com uma afirmação explícita da realidade do corpo físico de Cristo. Tentando se opor a um ensino gnóstico docético que afirmava que Jesus apenas parecia ter um corpo físico, o autor afirma que a sua mensagem sobre Jesus é baseada sobre "o que *ouvimos*, o que *vimos* com nossos olhos" (1:1, destaque nosso). Os dois verbos estão no tempo perfeito no grego, que expressa um estado resultante de coisas que estão em andamento. Blass, DeBrunner e Funk [BDF] o chamam de "continuidade da ação completada".[145] Ao usar os tempos perfeitos, o autor destaca que a sua experiência de Jesus era viva e pessoal. O que ele tinha ouvido e visto produziu um novo estado de coisas no qual ele vive agora. Não é um simples relato histórico de acontecimentos do passado. De forma

---

[145] F. Blass e A. DeBrunner, *A Greek Grammar of the New Testament and Other Early Christian Literature,* trad. e rev. por R. W. Funk (Chicago e London: University of Chicago Press, 1961), p. 175. Sobre o aspecto "perfectivo/estático", que descreve a importância do tempo perfeito, S. E. Porter diz que "a ação é concebida pelo usuário do idioma como refletindo um estado de coisas determinado [frequentemente complexo]", em *Idioms of the Greek New Testament* (Sheffield, UK: Sheffield Academic Press, 1992), p. 21-22. O tópico importante do "aspecto verbal" no grego recebeu muita atenção e alguma controvérsia. Veja C. R. Campbell, *Basics of Verbal Aspect in Biblical Greek* (Grand Rapids: Zondervan, 2008). Para um estudo sobre esse aspecto para explicar os detalhes dos tempos verbais gregos em Apocalipse, veja D. L. Mathewson, *Verbal Aspect in the Book of Revelation* (Leiden: Brill, 2010).

REGRAS GERAIS DA HERMENÊUTICA: A PROSA

semelhante, o mandamento em 1João 4:1, "Amados, *não creiam* em qualquer espírito, mas examinem os espíritos para ver se eles procedem de Deus" (destaque nosso), usa um imperativo presente de proibição, uma construção gramatical geralmente empregada para proibir a continuação de algo que já está acontecendo.[146] Nesse contexto, "Parem de acreditar em qualquer espírito" pode expressar a ideia de forma mais precisa. A construção gramatical utilizada nessa passagem pode sugerir que os cristãos aceitavam ingenuamente declarações supostamente induzidas por espíritos.[147] O comando negativo em 1João 3:13, "Meus irmãos, *não se admirem* se o mundo os odeia" pode também carregar a mesma força, sugerindo que a confusão atrapalhava alguns cristãos e precisava parar.

E quanto ao uso da conjunção "se" no mesmo versículo? Essa condição não quer dizer "talvez o mundo odeie vocês e talvez não". Ao usar esse tipo de oração condicional grega, o escritor não questiona que os cristãos estejam sendo odiados; com relação a seu argumento, ele supõe a existência desse ódio.[148] Por outro lado, uma condicional cuja premissa é incerta (como em "Se chover, ficaremos molhados") aparece em Mateus 5:13. Jesus diz aos seus seguidores, "Vocês são o sal da terra. Mas *se* o sal perder o seu sabor, como restaurá-lo?"

---

[146] BDF § 336 (3), p. 172. Cf. N. Turner, *Syntax,* em *A Grammar of New Testament Greek,* por J. H. Moulton, 4 vols. (Edimburgo: T. & T. Clark, 1963), 3:74-76. Por outro lado, temos que estar atentos ao fato de que esta construção gramatical nem sempre proíbe uma ação em curso; ela provavelmente faz isso em menos da metade das suas ocorrências no NT, como J. L. Boyer demonstrou em "A Classification of Imperatives: A Statistical Study", *GTJ* 8 (1987): p. 40-45. Ele descobriu que em apenas 74 dos 174 casos do imperativo negativo presente no NT o escritor apelou para o término de uma atividade em curso. Porter, *Idioms,* p. 224-226; D. B. Wallace, *Greek Grammar Beyond the Basics* (Grand Rapids: Zondervan, 1996), p. 724-725; e muitos outros gramáticos afirmam esta conclusão.

[147] Ao mesmo tempo, o estudante tem sempre de tomar cuidado para não ser tão detalhista. Seria inadequado sem que seja pelas provas contextuais propor com muita confiança a sua existência ou como o problema estava presente. Claramente, a proibição busca prevenir e, se necessário, parar os falsos ensinos. Ainda assim, a gramática permite ou abre o potencial para esta nuance. O contexto determina a sua presença ou a sua ausência.

[148] Mesmo com o risco de supersimplificação, observamos aqui que alguns gramáticos mais antigos do grego se equivocaram quanto ao sentido do "condicional da primeira classe". Isto é, esse uso grego não determina necessariamente que a premissa (a frase que começa com "se") realmente é verdadeira. Ela simplesmente indica que o escritor/falante supõe a sua verdade com relação ao seu argumento. Ela pode ser ou não verdadeira de fato; o contexto é que manda de novo. Em sua pesquisa, Boyer descobriu que o "se" nessas frases condicionais de primeira classe poderiam ser precisamente traduzidos como "já que" (indicando a sua óbvia veracidade) em apenas 37% dos casos no NT. Outros 12% são premissas falsas, enquanto que os 51% que sobram são indeterminados. Consulte J. L. Boyer, "First Class Conditions: What Do They Mean?", *GTJ* 2 (1981): p. 75-114; cf. Porter, *Idioms, p.* 255-259; e Wallace, *Greek Grammar, p.* 690-694.

• **431** •

INTRODUÇÃO À INTERPRETAÇÃO BÍBLICA

(destaque nosso). Jesus não supõe que o "sal" (os discípulos) perderá o seu sabor ou o manterá. Isto permanece em aberto. Essas diferenças de importância da conjunção condicional "se" referem-se a conjunções e advérbios diferentes no grego (*ei, ean*), mas não aparecem tão claramente nas traduções.

Se considerarmos o hebraico, lidaremos com um idioma cujos verbos funcionam de forma bem diferente do português: em alguns contextos o imperfeito (ação incompleta) e o perfeito (ação completa) podem indicar ações no passado, no presente ou no futuro. Em vez de usar uma partícula negativa com o imperativo, como no grego, o hebraico emparelha o particípio com o imperfeito ou o imperativo (e.g., "Não matarás!" com o sentido de "Não mate!") No entanto, ele emprega características que se parecem com o grego e o português: substantivos, adjetivos, particípios, preposições, e infinitivos, para citar algumas. Uma característica do hebraico emprega o infinitivo antes do verbo finito. Por exemplo, "ouvir" (infinitivo) e "ouvi" (verbo finito), "ver" e "vede" traduzem literalmente as palavras em Isaías 6:9, como na Almeida Revista e Atualizada: "Ouvi, ouvi e não entendais; vede, vede, mas não percebais". Contudo, essa característica da gramática hebraica é um modo de indicar "com certeza, de fato, certamente". Sendo assim, "ouvi, ouvi" pode ser uma tradução direta,[149] mas deixa o significado obscuro. A NVI traduz melhor: "Estejam sempre ouvindo [...] estejam sempre vendo" e a *Bíblia de Jerusalém*: "Podeis ouvir certamente [...] podeis ver certamente."

Da mesma forma que o grego, o hebraico tem a capacidade de utilizar diferentes tipos de condicionais, cujas nuances o estudante tem que estudar de forma cuidadosa. As condições podem se considerar cumpridas, contrárias ao fato ou mais ou menos prováveis.[150] Outra característica gramatical comum do hebraico, o "estado construto", consiste em uma palavra, substantivo ou adjetivo aparecendo junto de outro substantivo, adjetivo, pronome ou oração. O resultado aparece como "X de Y". A relação entre as duas palavras é questão do entendimento do intérprete quanto ao contexto, já que a construção pode indicar várias ideias. O leitor que fala português nem sempre pode perceber que o tradutor fez a decisão sobre a maneira de verter o construto. Por exemplo, a frase "a sabedoria de Salomão" (1Rs 4:30) quer dizer a sabedoria que Salomão

---

[149] Usamos a palavra "direta" em vez do termo mais comum, porém traiçoeiro, "literal", já que os linguistas e tradutores a preferem e ela evita confusão. Uma tradução verdadeiramente literal de um idioma para outro seria muito ilegível. Os tradutores mais diretos (ou que usam a equivalência formal) buscam permanecer mais próximos da estrutura e do palavreado da fonte. Lembre-se da nossa discussão no capítulo 4.

[150] Para uma discussão mais completa, consulte a obra de B. K. Waltke e M. O'Connor, *Introdução à sintaxe do hebraico bíblico* (São Paulo: Cultura Bíblica, 2006).

• 432 •

REGRAS GERAIS DA HERMENÊUTICA: A PROSA

demonstra.[151] Por outro lado, "luto de filho único" (Am 8:10; Almeida Corrigida), no contexto, claramente significa não o luto em que um filho está, mas que outros estão de luto *por* um filho único.[152] Ou também o estado construto pode ser descritivo: "balanças de justiça" (Lv 19:36), que também podem significar "balanças justas", na *Almeida Corrigida*, ou "balanças de pesos honestos", como na NVI.[153] Salmos 23:2 diz literalmente: "Ele me faz deitar em pastos de grama", "grama" ou "gramado" de certo modo caracteriza os pastos. A maior parte das versões traduz isto como "pastos verdejantes". Em outras passagens, a relação é de aposição, onde o segundo termo na prática renomeia ou define o primeiro, como "na terra de Canaã" (Números 34:2) ou "filha de Sião" (Isaías 1:8).

Esses exemplos limitados ilustram que as versões em português nem sempre esclarecem algumas nuances nos idiomas bíblicos ou a proporção pela qual as traduções são resultado de decisões interpretativas por parte dos tradutores. Eles ilustram também que, quando os tradutores divergem, o leitor do português pode ficar perplexo, sem entender a razão. Um pode ser mais direto no sentido de chegar próximo das palavras originais, mas outro pode capturar alguma nuance do original. Além disso, como observamos anteriormente, a tradução direta pode não ser a mais precisa se o nosso objetivo for dominar o sentido proposto. Um objetivo melhor pode ser o efeito equivalente ou, em termos que usamos antes, uma réplica fiel do ato de fala.

Portanto, a interpretação bíblica confiável exige uma avaliação cuidadosa das nuances gramaticais dos idiomas bíblicos. Outra consequência é que a interpretação precisa tem que se basear nos textos do idioma original hebraico ou aramaico do AT e do grego do NT. O ideal é que todo intérprete conheça esses idiomas bíblicos. Muitas características gramaticais apenas se percebem nos idiomas originais. Até as melhores traduções não as revelam, nem provavelmente devam revelá-las. Nas passagens em que as traduções modernas expressam claramente algumas nuances gramaticais, elas envolvem um grau maior ou menor de interpretação, porque os especialistas nem sempre concordam sobre a importância de certas construções gramaticais em uma passagem específica. Conhecer os idiomas bíblicos capacita o intérprete a avaliar as provas contextuais para identificar a explicação gramatical que se encaixa melhor no texto. A pessoa que não conhece o hebraico nem o grego tem que sempre lembrar que está em desvantagem. Todo estudante que deseja se tornar um especialista bíblico tem que se esforçar para ser competente nos idiomas bíblicos.

---

[151] Isto equivale ao genitivo subjetivo grego.

[152] Isto equivale ao genitivo objetivo grego.

[153] Isto equivale ao genitivo descritivo grego.

INTRODUÇÃO À INTERPRETAÇÃO BÍBLICA

No entanto, somos realistas o suficiente para admitir que não seja prático esperar que todos os intérpretes conheçam os idiomas bíblicos. A fase em que a pessoa se encontra na vida, as pressões e as responsabilidades da vida, o chamado, a aptidão linguística, o acesso a um programa de ensino, tudo isso e muito mais faz esse ideal impossível para muitos estudantes da Bíblia.[154] Ainda assim, acreditamos sinceramente que *todos os cristãos são competentes para estudar a Bíblia*. Aquele que não conhece os idiomas bíblicos tem que compensar a sua limitação tendo um bom domínio da gramática portuguesa, usando os comentários mais confiáveis e outros recursos produzidos por especialistas que podem explicar a gramática. Para terminar, ao comparar várias fontes sobre uma passagem específica, pode-se determinar se uma análise gramatical proposta goza de consenso geral. Além disso, as provas contextuais citadas a favor da questão gramatical sugerida podem capacitar o leitor a entender melhor as questões envolvidas.[155]

Entender uma passagem de forma precisa exige analisar a sua estrutura e a importância das construções gramaticais importantes. Ainda que algumas descobertas gramaticais não possam ser descobertas sem que se consulte os textos originais, o estudante dedicado pode descobrir uma quantidade surpreendente de informações gramaticais importantes analisando cuidadosamente o texto em seu idioma e depois as confirmando nos comentários. Isto é verdadeiro especialmente quanto à estrutura. Analisar a estrutura para perceber informações gramaticais significativas exige uma tradução no vernáculo que cuidadosamente preserve o padrão das frases do idioma original. Ainda que muitas traduções modernas dividam as frases longas e complexas nos idiomas originais em várias frases curtas, outras ainda mantêm as sentenças longas envolvidas com as suas várias orações subordinadas.

Obviamente, a tendência moderna de montar sentenças menores contribui para uma leitura mais suave e uma compreensão maior. Recomendamos bastante as versões que buscam meios melhores para comunicar a mensagem

---

[154] Uma razão inadequada para não se aprender os idiomas bíblicos é a justificativa de que os programas de computador agora disponibilizam todas as descobertas sobre os idiomas bíblicos aos estudantes. Mesmo sendo usuários entusiasmados de vários programas de computador (Logos, BibleWorks, e Accordance são os principais), avisamos que eles não tomam o lugar do entendimento sobre o modo pelo qual os idiomas realmente funcionam. Ser capaz de rotular uma característica do grego ou do hebraico não equivale a entender o que ela significa ou a maneira como ela funciona.

[155] Mais uma vez chamamos a atenção do leitor para a obra de Carson, *Exegetical Fallacies*, que contém uma seção curta, mas útil, sobre as "falácias gramaticais" (p. 65-86). Mesmo destacando o NT grego, Carson traz várias advertências que poderiam se aplicar ao AT. Por exemplo, todo intérprete deveria ler sobre o seu aviso quanto a projetar algo além do que realmente está no texto sobre os tempos verbais.

• **434** •

REGRAS GERAIS DA HERMENÊUTICA: A PROSA

da Bíblia. Por exemplo, uma tradução de equivalência dinâmica busca transmitir o que o escritor bíblico teria dito se ele falasse o nosso idioma *na sua época*. A *Nova Tradução na Linguagem de Hoje* é um exemplo clássico dessa tática.[156] *A Mensagem*,[157] de Eugene Peterson, tem uma abordagem mais parafrástica. Na passagem em que a NVI traduz Lucas 13:19 como: "É como um grão de mostarda que um homem semeou em sua horta. Ele cresceu e se tornou uma árvore, e as aves do céu fizeram ninhos em seus ramos", *A Mensagem* diz: "É como a semente que um homem planta no quintal. Ela cresce e se torna uma árvore imensa, com galhos grossos, e as aves fazem ninhos ali". As duas procuram remodelar as palavras e estruturas literais dos idiomas hebraico e grego em expressões idiomáticas e formas de expressão modernas, ainda que a teoria de tradução de cada uma governe a maneira que eles o fazem.[158]

Por essa razão, o ganho na legibilidade em algumas traduções modernas vem com um preço: alguns sentidos originais, isso sem mencionar as nuances, se perdem (um grão de mostarda não é uma semente qualquer), e pode-se deixar de apreciar os detalhes do texto. De forma mais frequente e para a maioria das pessoas, as paráfrases valem a pena. Mas para o estudo gramatical sério, as versões mais diretas são superiores. Estudar as passagens bíblicas nos idiomas originais força o intérprete a interagir com o sentido próprio do texto com a sua estrutura frasal para determinar como as orações subordinadas e as frases se relacionam com a afirmação principal da sentença e/ou entre si. Tendo essa dimensão de estudo em mente, quanto mais direta for a tradução, melhor. Os tipos diferentes de tradução têm o seu lugar em outras fases do estudo.[159]

Passos para descobrir a sintaxe

A análise estrutural envolve vários passos simples. Simples, isto é, se entendermos a gramática básica. Com certeza, não podemos presumir isto de todo mundo. Geralmente fazemos as coisas em nosso próprio idioma sem entender

---

[156] Barueri, SP: Sociedade Bíblica do Brasil, 2000.

[157] E. H. Peterson, *A Mensagem: Bíblia em linguagem contemporânea* (São Paulo: Vida, 2011).

[158] Veja o capítulo 4 para a nossa discussão mais abrangente sobre a tradução da Bíblia. Além disso, o periódico *Bible Translator* aborda de forma abrangente as questões de interesse para aqueles que estão envolvidos nessa tarefa. Consulte também as várias teses em S. E. Porter e M. J. Boda, ed. *Translating the New Testament: Text, Translation, Theology* (Grand Rapids: Eerdmans, 2009).

[159] O leitor reconhecerá que esse é um breve resumo do que dissemos sobre essas questões em nossa seção sobre textos e traduções no capítulo 4.

a razão ou o que fizemos. Também podemos inconscientemente cometer erros gramaticais. As pessoas expressam as ideias no idioma do modo que aprenderam. Então até estudar um texto em português exige um esforço consciente.[160] Explicar o fluxo de pensamento de uma passagem específica geralmente exige prestar atenção e pensar com cuidado sobre o que lemos. Às vezes as relações que existem em uma passagem são tão óbvias que ignoramos a sua contribuição ao sentido total.

Divisões naturais

Primeiramente, o intérprete precisa descobrir as divisões naturais da seção estudada. A direção que isto vai tomar dependerá do tipo de literatura, e oferecemos ajuda para os vários gêneros literários nos capítulos seguintes. Mas, para ilustrar, nas narrativas históricas as seções mais importantes englobam muitos capítulos em nossas Bíblias atuais (por exemplo, a história de José abrange Gênesis 37—50), e o intérprete precisa dividir uma seção grande em elementos menores. O mesmo se aplica aos Evangelhos e às Epístolas do NT. Cada seção exigirá mais cuidado, porque as unidades podem ser mais difíceis de classificar. Ela exigirá uma análise para discernir o fluxo de pensamento dentro dela. Na poesia, é claro, o poema em separado constitui uma unidade para análise: alguns são curtos, e outros longos. A literatura sapiencial exige mais cuidado, porque as unidades podem ser mais difíceis de classificar. Um segmento pode consistir em um provérbio, em um salmo isolado (e.g., Sl 37), em um discurso (e.g., Jó 23:1—24:25), em um livro inteiro, ou no Sermão do Monte da autoria de Jesus. O mais problemático é o apocalíptico; ele coloca os leitores modernos em uma terra desconhecida. Porém, o sonho de Daniel 7:1-14 é uma unidade; a sua interpretação em 7:15-28 é outra.

Fluxo de pensamento

Geralmente o intérprete busca entender uma passagem, pelo menos uma por vez. Depois de descobrir as seções principais, o próximo passo envolve traçar

---

[160] Uma boa fonte de auxílio para o inglês é B. Aarts, *Oxford Modern English Grammar* (New York: Oxford University Press, 2011). Uma obra que não foi escrita para estudantes de Letras ou especialistas, o livro busca explicar a gramática padrão do inglês para estudantes e leitores. Um resumo mais curto das categorias básicas da gramática inglesa, preparando os estudantes para se envolver no grego, mas que ajudaria qualquer pessoa a revisar a gramática, se encontra no capítulo inicial de J. Wenham, *Elements of New Testament Greek*, 2ª ed. (Cambridge: Cambridge University Press, 2002).

· 436 ·

REGRAS GERAIS DA HERMENÊUTICA: A PROSA

o fluxo de pensamento da passagem estudada.[161] Pergunte: Como a lógica do escritor se desenvolve?[162] Primeiro, tem que se isolar, onde for adequado, os parágrafos individuais.[163] Os parágrafos tipicamente desenvolvem uma unidade de pensamento, geralmente incorporando uma sentença de tópico onde o parágrafo se desenvolve. Depois, o intérprete prossegue analisando os blocos dos parágrafos, os períodos, e o modo pelo qual as afirmações ou propostas desenvolvem o argumento ou a narração do escritor.[164] Colocar um peso proporcional adequado para cada elemento em um período envolve distinguir a afirmação principal (oração coordenada) ou as afirmações de qualquer oração ou orações subordinadas que as qualificam.

Uma abordagem útil para entender a estrutura básica de uma passagem envolve um método para identificar uma ou mais afirmações principais em cada período, depois identificar uma ou mais orações subordinadas em cada sentença e determinar como cada uma modifica ou qualifica as ideias expressas na única ou nas várias afirmações principais.

A seguinte análise limitada de um parágrafo de Tiago 1 ilustra esse procedimento. Sublinhamos cada oração principal. As que não estão sublinhadas são orações ou frases subordinadas. As funções de algumas orações estão colocadas em *itálico* sobre elas.

---

[161] Muitos livros apresentam métodos de análise estrutural para representar visualmente a configuração de uma passagem. W. C. Kaiser chama a sua abordagem de esquema sintático ou diagrama de bloco, e ilustra o seu método utilizando o inglês, o hebraico e o grego (*Toward An Exegetical Theology* [Grand Rapids: Baker, 1981] p. 99-104; 166-181). Veja também Douglas Stuart e G. D. Fee, *Manual de exegese bíblica*, 3ª ed. (São Paulo: Vida Nova, 2008), p. 238-255; e Osborne, *A espiral hermenêutica*, p. 96-98. Os estudantes têm que decidir qual método que se encaixa em suas necessidades individuais. O objetivo é entender o fluxo de pensamento ou o argumento de uma passagem, sempre que possível. Geralmente a visualização estrutural traz ótimas descobertas.

[162] Este é um panorama dos passos que desenvolvemos adiante especificamente para os gêneros literários. A partir daí, cada passo não será necessariamente aplicável para cada gênero. Claramente o que dizemos posteriormente sobre parágrafos não se aplica a Provérbios.

[163] Para auxílio específico para localizar parágrafos, veja Beekman e Callow, *Translating*, p. 279-281. Em sua discussão da análise do discurso, Porter relaciona várias características que sinalizam as fronteiras entre as unidades individuais de um discurso: mudanças na pessoa gramatical (e.g., da primeira para a terceira) e nos tempos verbais (*Idioms*, p. 301-302).

[164] Um guia para entender as sentenças hebraicas é a obra de F. I. Andersen, *The Sentence in Biblical Hebrew* (The Hague/Paris: Mouton; Berlim/New York: Walter de Gruyter, 1974); cf. também as seções adequadas de C. L. Seow, *A Grammar for Biblical Hebrew: Revised Edition* (Nashville: Abingdon, 1995).

• 437 •

INTRODUÇÃO À INTERPRETAÇÃO BÍBLICA

destinatários	*comando*	*oração temporal*
[2] Meus irmãos,[165]		
	considerem motivo de grande alegria	o fato de passarem por diversas provações,

oração causal

[3] pois vocês sabem que a prova da sua fé produz perseverança.

comando	*oração final*	*descrição*
[4] E a perseverança deve ter ação completa,	a fim de que vocês sejam maduros e íntegros,	sem lhes faltar coisa alguma.

oração condicional	*comando*
[5] Se algum de vocês tem falta de sabedoria,	peça-a a Deus,

descrição	*afirmação*
que a todos dá livremente, de boa vontade;	e lhe será concedida.

comando	*oração causal*
[6] Peça-a, porém, com fé, sem duvidar,	pois aquele que duvida é semelhante à onda do mar, levada e agitada pelo vento.

comando

[7] Não pense tal pessoa que receberá coisa alguma do Senhor,

afirmação

[8] pois tem mente dividida e é instável em tudo o que faz.

---

[165] Literalmente, a palavra grega é *adelphoi*, "irmãos", que, é claro, se refere a todos os leitores cristãos da carta, e não aos homens exclusivamente. Versões de linguagem inclusiva costumam traduzir por "irmãos e irmãs".

REGRAS GERAIS DA HERMENÊUTICA: A PROSA

A oração principal da primeira sentença é "Considerem motivo de grande alegria". Três elementos subordinados seguem-se qualificando essa afirmação. Para cada oração ou frase subordinada (dependente), o estudante tem que avaliar:

1. qual a palavra que ela modifica;
2. qual é o tipo de oração ou frase (uma tabela mostrando os tipos possíveis vem a seguir, nas páginas 440-441); e
3. como isso afeta o sentido da sentença. A maior parte dos tipos de oração responde uma das seis perguntas jornalísticas bem conhecidas: "*quem?*", "*o quê?*", "*por quê*", "*quando?*", "*onde*" e "*como?*".

Na primeira sentença, a primeira frase subordinada, "meus irmãos", qualifica o sujeito implícito "vocês" do verbo "considerem", enquanto que as duas orações restantes modificam o verbo. O primeiro elemento subordinado, a frase "meus irmãos", indica *quem* deve considerar motivo de grande alegria; a segunda, a oração "o fato de (quando, em outras versões) passarem por diversas provações", mostra *quando* isto deve ser feito; e a final responde a pergunta "*por quê?*", dando a razão para "considerar motivo de grande alegria".

Para descobrir o modo pelo qual cada elemento influencia o significado do período, o estudante deve perguntar: "O que essa afirmação significa sem cada oração ou frase subordinada?" Sem a frase "meus irmãos", em Tiago 1:2, o destinatário não pode saber quem deveria reagir às provações com uma atitude de alegria. A segunda oração identifica a ocasião específica quando a alegria deve ser demonstrada. Sem a última oração, o leitor ficaria totalmente perplexo, uma vez que a alegria não é uma atitude normalmente associada com as provações. Essa oração justifica uma boa razão para a alegria, mesmo em experiências adversas que não estimulem automaticamente essa reação.[166]

Essa passagem não defende um desfrutar sádico das dificuldades. No segundo período dessa passagem, no versículo 4, duas orações subordinadas seguem à primeira afirmação "A perseverança deve ter ação completa". A primeira oração, introduzida com "a fim de que...", modifica o verbo "deve ter" e expressa a finalidade ("para quê?") da perseverança ter ação completa. O período termina com a frase "sem lhes faltar coisa alguma", que modifica "ação completa", a descrevendo negativamente.

---

[166] No grego, a alegria (*chara*) expressa um sentimento subjetivo positivo, uma sensação de bem estar que normalmente vem por um motivo objetivo positivo. D. J. Moo, *The Letter of James*, PNTC (Grand Rapids: Eerdmans; Leicester, Inglaterra: Apollos, 2000), p. 53, diz que o princípio que Tiago afirma "é o de que a provação deve ser um momento de verdadeira alegria".

• 439 •

INTRODUÇÃO À INTERPRETAÇÃO BÍBLICA

O terceiro período no versículo 5 apresenta uma estrutura mais complicada. Ela começa com uma oração subordinada seguida de uma oração principal composta que é interrompida por outra oração subordinada. A oração principal composta diz "peça-a [a sabedoria] [...] e lhe será concedida [a sabedoria]". A oração subordinada de abertura: "Se algum de vocês tem falta de sabedoria", é uma oração condicional que qualifica o verbo "peça". Ela indica a condição específica na qual se deve fazer esta petição: aquele que não tem sabedoria em meio às provações. A oração subordinada que divide a oração principal "que a todos dá livremente, de boa vontade", é uma oração descritiva (adjetiva na tabela a seguir) que modifica "Deus". Para que tipo de Deus oramos? Este lembrete do caráter benevolente de Deus anima o leitor a orar por sabedoria nos tempos de provação.

Deixamos para o leitor avaliar o quanto a análise da estrutura das sentenças restantes nesse parágrafo ilustrariam de forma adicional o processo e o valor dessa abordagem. A tabela abaixo traz uma lista completa dos tipos de orações subordinadas que podem aparecer. Elas indicam os tipos de relações lógicas possíveis nas estruturas das sentenças.

TIPO[167]	PERGUNTA JORNALÍSTICA	EXEMPLOS DE CONSTRUÇÕES
ADVERBIAL[168]		
1. temporal	quando?	durante, antes, depois
2. local	onde?	ao lado de, acima, abaixo
3. causal	por quê?	porque, já que
4. final	para quê?	que, de modo que, a fim de que, para que
5. consecutiva	por quê?	de modo que, tão que, de tal forma que
6. condicional	quando?	se, contanto que, desde que, a menos que
7. concessiva	como?	embora, apesar de
8. comparativa	como?	como, semelhante a

---

[167] Aqui trazemos classificações principalmente com relação ao português. Se os estudantes forem conduzir as suas análises nos textos dos idiomas originais, algumas dessas características ficariam diferentes em alguns lugares, já que cada idioma tem formas singulares de expressão. Uma análise respeitável da gramática hebraica se encontra na obra de Waltke e O'Connor, *Introduction*. A melhor fonte comparável para o grego é D. B. Wallace, *Greek Grammar*. Para outras gramáticas gregas padrão consulte: BDF; Turner, *Syntax*, e Porter, *Idioms*.

[168] As orações adverbiais modificam ou dão qualidade aos verbos, ou ocasionalmente adjetivos, das maneiras como foram relacionadas. Por exemplo, a primeira mostra *quando* a ação do verbo ocorre, a segunda *onde* ele aparece e a sétima mostra as circunstâncias apesar de a ação acontecer etc.

• **440** •

REGRAS GERAIS DA HERMENÊUTICA: A PROSA

TIPO	PERGUNTA JORNALÍSTICA	EXEMPLOS DE CONSTRUÇÕES
SUBSTANTIVA[169]		
9. subjetiva	quem? o quê?	quem, o qual, aquele
10. objetiva	quem? o quê?	quem, o que, aquilo
11. apositiva	quem? o quê?	quem, o que, aquilo
12. objetiva direta	quem? o quê?	(identifica pessoas, objetos)
ADJETIVA[170]		
13. explicativa	quem? o quê?	que, o qual

Será que esta análise vale a pena? Acreditamos sinceramente que sim, porque fazer essas perguntas estruturais capacita o intérprete a identificar o fluxo do argumento ou da narrativa do texto, as associações e as inter-relações que de outra forma não ficariam claras. O intérprete consegue perceber a lógica do fluxo de pensamento do escritor, interrupções no pensamento, características incomuns, e instruções que os leitores perdem facilmente sem o investimento de tempo e esforço para analisar a estrutura com estas técnicas.

Verbos

O próximo passo no estudo gramatical de uma passagem destaca o *impacto dos verbos*. Os sistemas verbais complexos dos idiomas bíblicos influenciam o sentido das sentenças de várias formas diferentes. Entendidos em conexão com os seus contextos, os verbos determinam o modo, o aspecto, o tempo, o tipo e a voz da ação ou o estado que se expressa.[171] O *modo* do verbo em cada oração principal indica se o escritor estava fazendo uma afirmação ou uma pergunta,

---

[169] As orações substantivas, como o nome sugere, funcionam como substantivos. Na sentença "Os professores universitários que amam esquiar procuram por vagas para lecionar no Colorado", toda a oração "os professores que amam esquiar" funciona como o sujeito do verbo "procuram". Ela funciona como um substantivo na estrutura do período.

[170] De maneira semelhante, as orações ou frases adjetivas modificam ou descrevem substantivos ou pronomes.

[171] Waltke e O'Connor (*Introduction*, p. 344) trazem um olhar esclarecedor sobre o sistema verbal hebraico em sua análise da forma *wayakûhā*, traduzida de forma literal "E eles a golpearam" (Jz 1:8; a maioria das versões traduzem: "incendiaram"). Eles observam que esta forma específica, uma combinação de uma conjunção e de um verbo expressa: (1) a ação de golpear; (2) o sujeito da ação; (3) o objeto; (4) a voz ativa; (5) estrutura de casos (o verbo é transitivo); (6) o tipo de ação (o *hifil* hebraico), ação causativa em vez de simples; (7) o tempo da ação (golpearam já no passado); (8) a qualidade da ação (ela tinha um ponto final) e (9) o modo (a ação é uma afirmação independente).

INTRODUÇÃO À INTERPRETAÇÃO BÍBLICA

dando um comando, expressando uma possibilidade, ou expressando um desejo. O intérprete tem que entender cada sentença de forma compatível com o modo de expressão. Faz uma grande diferença se uma sentença afirma um fato ou simplesmente expressa uma possibilidade ou faz uma pergunta.[172] De forma interessante, no parágrafo de Tiago acima o modo predominante é o imperativo ou apelativo. Cada uma das cinco sentenças tem um comando. As únicas afirmativas de fato vêm nos versículos 5 e 8. Depois de dar um comando à pessoa que tem falta de sabedoria para orar, Tiago diz em 1:5 "lhe será concedida", uma afirmação que carrega a força de uma promessa. O versículo 8 certifica a natureza da pessoa que duvida de Deus. Enquanto uma leitura cuidadosa do texto deixa a maior parte desses modos clara, os estudantes devem verificar as suas observações com bons comentários.

Influenciados pelo campo da linguística, um número crescente de intérpretes bíblicos reconhece a necessidade de classificar os verbos de acordo com o seu *aspecto*.[173] Apesar de o tempo verbal em português se preocupar mais com o *tempo* mesmo, em outros idiomas, tendo como exemplos o grego e o hebraico, o tempo do verbo primariamente indica o aspecto (ou "tipo de ação").[174] Isto é, nos idiomas bíblicos o tempo verbal especifica o tipo de ação sob o *ponto de vista do escritor*. Ele indica se o escritor ou falante concebe a ação do verbo como um estado completo (perfeito ou estático), ainda em andamento (imperfeito ou progressivo), ou um todo sem especificação, uma ocorrência simples (aoristo). O português tipicamente emprega o pretérito

---

[172] Compare essas frases: "Este cachorro morde"; "Este cachorro pode morder"; e "Este cachorro morderá?"

[173] Para avaliações elaboradas do aspecto no idioma grego do NT, veja C. R. Campbell, *Basics of Verbal Aspect*; S. E. Porter, *Verbal Aspect in the Greek of the New Testament with Reference to Tense and Mood* (New York: Peter Lang, 1989); B. M. Fanning, *Verbal Aspect in New Testament Greek* (Oxford: Clarendon, 1990); e K. L. McKay, *A New Syntax of the Verb in New Testament Greek: An Aspectual Approach* (Bern et al.: Peter Lang, 1994). Uma análise mais breve aparece na obra de Porter, *Idioms*, p. 20-45, e Wallace, *Greek Grammar*, veja as p. 499-504 e as páginas onde ele discute cada tempo verbal em separado. Permanecem inevitavelmente pequenas discordâncias entre esses gramáticos sobre as aplicações específicas da teoria do aspecto.

[174] De forma mais técnica, os gramáticos dividem o tópico de tempo verbal em aspecto, *Aktionsart*, e, com muito menos extensão, o tempo. Tanto o aspecto quanto o *Aktionsart* lidam com a natureza da ação verbal: se ela está em andamento, completou-se com resultados, ou é uma ocorrência simples. O "aspecto" designa o modo que o autor ou falante apresenta a ação no contexto linguístico. Ele define como o falante ou o autor concebe a ação. O *Aktionsart* se refere mais à natureza real e objetiva de uma ação verbal (veja Fanning, *Verbal Aspect*, p. 31, 85; Porter, *Verbal Aspect*, p. 88; Wallace, *Greek Grammar*, p. 499). Estritamente falando, o hebraico não possui tempos verbais semelhantes ao português, de categorias para especificar o tempo da ação do verbo. Mas o idioma emprega formas para a ação perfeita e imperfeita. Nos contextos específicos, os dois podem denotar passado, presente ou futuro. Veja Waltke e O'Connor, *Introduction*, p. 347-350, 461-466, 481-495.

• **442** •

REGRAS GERAIS DA HERMENÊUTICA: A PROSA

perfeito ou o mais que perfeito para transmitir uma ação perfeita ou estática: "Ela *leu* o livro", "Ela *lera* o livro." O português marca a ação contínua (progressiva/imperfeita) com o gerúndio: "Ele está/estava *lendo* aquele livro." Uma qualidade não específica (aorística) pode ser expressa por: "Ela *lê* um livro." O modo que o escritor estrutura a ação (o aspecto) pode ou não ter vínculo com a realidade, mas esta não é a questão. O tempo verbal grego especifica como o autor apresenta a natureza da ação.[175] Para encontrar o tempo da ação, veja abaixo.

Por exemplo, observe as palavras do autor em João 1:29: "No dia seguinte, ele *vê* Jesus vindo até ele, e ele *diz*..." Essa é a nossa tradução direta onde as palavras em itálico destacam o que os gramáticos chamam de "presente histórico". Para que tenha o seu efeito desejado de criar uma ideia de vida para os seus leitores, João apresenta as ações passadas como se estivessem acontecendo (ação contínua).[176]

Os sistemas verbais hebraicos também permitem outro fenômeno sob a categoria do aspecto: construções causativas. Às vezes um escritor descreve um agente não apenas como praticando uma ação, o agente na verdade faz com que ela aconteça. Em português, aplicamos formas verbais adicionais para transmitir causação: "Eles me *fizeram* comer espinafre." O hebraico tem ajustes especiais para a forma verbal para alterar a frase "Eles comem espinafre" para "Eles fazem comer espinafre". Nas palavras de Greenberg, "O *hif 'il* é comumente causativo: o sujeito faz o objeto fazer a ação ou estar na situação expressa pelo verbo *qal*; 'ele lembrou' , *hif 'il* 'ele relembrou' (lit. 'fez lembrar')."[177]

Além do aspecto e do tipo de ação, as formas verbais indicam outros detalhes que contribuem para a interpretação correta. Em alguns lugares, os verbos (ou várias outras técnicas sintáticas) podem definir o *tempo* da ação (passado, presente ou futuro). E a *voz* do verbo mostra se o sujeito pratica a ação (voz ativa: "Maria *corta* a torta"), ou sofre a ação (voz passiva: "A torta *foi cortada* por Maria"), ou age com referência a si mesmo (voz média no grego, geralmente indicada por pronomes reflexivos: "Maria *cortou para ela*

---

[175] Por exemplo, podemos dizer, "Está chovendo o dia todo". Especificamos uma ação do tipo imperfeita (contínua), mesmo que na realidade tenha tido uma chuva ou outra durante o dia, com períodos longos sem chuva.

[176] A maior parte das versões não esclarece esse efeito. A NVI diz: "[...] João viu Jesus aproximando-se e *disse* [...]" Para se ajustar ao inglês, a NASB também tem uma tradução semelhante, mas ela indica os exemplos do presente histórico colocando um asterisco no verbo. A KJV traduz de forma mais direta o grego: "João vê Jesus vindo até ele..."

[177] M. Greenberg, *Introduction to Hebrew* (Englewood Cliffs, NJ: Prentice-Hall, 1965), p. 43. A construção *Qal* e a *hif'il* se referem a desinências diferentes do verbo. Não precisamos nos deter em seu sentido agora.

• **443** •

INTRODUÇÃO À INTERPRETAÇÃO BÍBLICA

um pedaço de torta").[178] Ou o verbo pode não ter voz, mas simplesmente um estado de ser, como em "O nosso gato Tully é muito grande". Devido ao fato de os verbos transmitirem todos esses tipos de informações, o intérprete cuidadoso tem que avaliar cada um bem de perto à luz do contexto e levar em consideração todas as nuances que a forma verbal indica quanto ao tempo e ao tipo da ação. Para aqueles que não conhecem os idiomas bíblicos, não há substituto para as várias traduções e para os comentários confiáveis que avaliam os elementos verbais.

Conectivos

A discussão de elementos gramaticais importantes tem que incluir os conectivos. Os conectivos (geralmente as conjunções, mas também os pronomes relativos) aparecem no início das sentenças para ligá-las com o que vem antes para indicar a relação entre as palavras, as frases e as orações por meio das quais as ideias se transmitem.[179]

O que anteriormente discutimos sobre a relação entre as orações principais e subordinadas já ressaltou a importância dos conectivos como indicadores da maneira pela qual as partes diferentes do período se encaixam. Ainda que os conectivos sejam geralmente pequenos e aparentemente insignificantes, eles exercem uma influência sobre o sentido que vai muito além do seu tamanho. Como juntas e conexões em um sistema de canos, eles regulam o fluxo do argumento do texto. A tabela da próxima página apresenta a ampla gama de conectivos que o intérprete tem que observar para entender de forma precisa o sentido de uma passagem.[180]

---

[178] A língua grega tem "vozes" parecidas com as do português. O hebraico emprega "binyans", parecidas com conjugações, que também indicam a voz. As três vozes no hebraico correspondem à ativa, passiva e reflexiva. Veja Waltke e O'Connor, *Introduction*, p. 354-355.

[179] O português, o hebraico e o grego usam uma variedade de conectivos para indicar subordinação. O hebraico geralmente coordena os itens utilizando os *vavs*. (Os leitores que não conhecem o hebraico podem pular esse comentário). Para aqueles que necessitam de mais auxílio, veja R. J. Williams, *Hebrew Syntax: An Outline*, 3ª ed., rev. e exp. J. C. Beckman (Toronto: University of Toronto Press, 2007), p. 152-171; e Waltke e O'Connor, *Introduction*, p. 632-655.

[180] Para partículas e conjunções no grego, veja BDF §§ 438-457; Porter, *Idioms*, p. 204-217; e Dana e Mantey, *Grammar*, p. 239-267. Andersen, *Sentence*, e Seow, *Grammar*, p. 54-63; 104-115; 210; 324-325, analisam as várias maneiras que o hebraico chega aos conectivos.

• **444** •

REGRAS GERAIS DA HERMENÊUTICA: A PROSA

TIPOS	SIGNIFICADO	EXEMPLOS DE CONECTIVOS
Temporais ou cronológicos	tempo	depois, enquanto, antes, agora, desde que, até que, toda vez que
Locais ou geográficos	lugar	onde, ao lado, sobre, acima, abaixo, embaixo, sob, em
	direção	de, para
Lógicos	continuidade	e, também, além de, tanto... quanto, além disso, semelhantemente, não somente... mas também, depois disso
	contraste	embora, mas, porém, contudo, todavia, entretanto, mesmo assim, senão, ainda assim, ainda, de outra forma, ainda, ao passo que
	propósito	para que, a fim de que, que, de modo que
	resultado	de modo que, como resultado, a partir disso, por causa de, então
	conclusão	portanto, logo, por isso, pois, pelo que
	explicação	que, porque, porquanto, visto que, dado que, já que
	condição	se, como se, a menos que, contanto que
	concessão	embora, ainda que, apesar de, mesmo que, se bem que
Modais	agência/meio	por, através de, por meio de
	maneira	como
	comparação	também, tão... quanto, semelhantemente, de fato, além do mais
	exemplo	por, por exemplo, de fato, especialmente
Enfáticos	Destaque	de fato, somente, finalmente

Adjetivos e advérbios

Vários itens gramaticais além dos mencionados até agora exigem a atenção do intérprete cuidadoso, inclusive os adjetivos e os advérbios. Esses modificadores regulam o sentido de um substantivo ou verbo de alguma forma. Uma coisa é andar; outra é andar *lentamente*. Waltke e O'Connor citam Oseias 1:6 para demonstrar um uso amplo de advérbios no hebraico.[181] Eles traduzem: "Chamem o seu nome de Não-Digna-de-Compaixão *porque de fato* eu *não* continuarei *mais* a ter compaixão da Casa de Israel." Cada palavra em itálico representa um advérbio hebraico, um com referência de tempo, vários de negação, e um dando destaque. Isto é, "não mais" sugere que Deus tinha demonstrado compaixão para com Israel, mas "não" faria "mais" isso. Como resultado, o profeta

---

[181] Waltke e O'Connor, *Introduction, p.* 657.

• 445 •

INTRODUÇÃO À INTERPRETAÇÃO BÍBLICA

caracteriza a nação como "não sendo mais digna de compaixão". A cessação da misericórdia de Deus merece um enfático "de fato". Outro exemplo ilustra vários adjetivos: "pois ouvirão acerca do teu *grande* nome, da tua mão *poderosa* e do teu braço *forte*" (1Rs 8:42). Cada um traz um colorido a mais para o substantivo que ele modifica. Esses adjetivos hebraicos são parecidos com os do português e do grego. Geralmente, no entanto, o hebraico desempenha a função da descrição através de frases "construtas" às quais nos referimos anteriormente [como na "semente real" (lit. semente da realeza; 1Rs 1:46)], ou mesmo através de aposições ["a língua enganosa" (lit. língua do engano; Sl 120:2)].[182]

Na passagem de Tiago 1:2 discutida anteriormente, o escritor de forma significativa fortalece o comando inicial incluindo o adjetivo "grande" (grego: *pasan*, lit. "toda"), traduzido "pura" na TNIV: "Considerem motivo de *pura* alegria toda vez que enfrentarem provações de todos os tipos"[183] é bem mais exigente do que simplesmente "Considerem motivo de alegria". Sem o adjetivo "pura", esse comando seria incerto sobre a qualidade ou a quantidade de alegria obrigatória. De forma semelhante, o advérbio "livremente" no versículo 5 acrescenta uma dimensão vital à dádiva de Deus. Ele não simplesmente dá, Tiago insiste: ele dá *livremente* para todos que o pedem sabedoria.

Pronomes

O estudante não pode subestimar a importância de vários outros itens gramaticais aparentemente rotineiros: o *uso de pronomes* e se os substantivos e os pronomes estão no *singular* ou no *plural*. É importante chegar aos antecedentes de todos os pronomes para ter certeza sobre a que ou a quem eles se referem. A flexão dos pronomes, tanto do seu caso quanto do seu número, é geralmente mais clara no grego e no hebraico do que no português. O hebraico flexiona os pronomes pessoais com relação ao número, à pessoa e ao gênero. Além disso, o hebraico usa pronomes demonstrativos (este, esse, aquele), pronomes interrogativos e indefinidos (quem, que, quem quer que, como, por que, onde), e pronomes relativos (que, o qual). O grego, de forma parecida, emprega uma vasta gama de tipos de pronome: pessoais, relativos, demonstrativos, intensivos (como o *mesmo* homem, ou o *próprio* homem), possessivos (seu, meu), reflexivos (a si mesmo), recíprocos (amem-se *uns aos outros*), interrogativos e indefinidos.

---

[182] Ibid., *p.* 255-256.

[183] A palavra selecionada pela TNIV "pura" aqui é preferível ao potencialmente ambíguo sentido das outras versões usando a palavra "toda", porque "toda" pode se parecer com um objeto direto do verbo "considerem". O sentido aqui não é "considere todas as coisas alegria", mas sim, "considere (isso) como pura [ou *grande*] alegria sempre que as provações vêm".

REGRAS GERAIS DA HERMENÊUTICA: A PROSA

Enquanto o pronome "you" [você, vocês] pode ser tanto singular como plural no inglês, no grego (como no hebraico e no português) há uma distinção clara. (O hebraico também tem formas masculinas e femininas tanto no singular quanto no plural). Por duas vezes em 1Coríntios Paulo identifica os cristãos como templo do Espírito Santo. Alertando contra os perigos sérios da imoralidade sexual em 6:18-19, ele os faz lembrar de que cada cristão é um templo de Deus habitado pelo Espírito Santo. No entanto, a referência anterior de Paulo ao templo de Deus em 1Coríntios 3:16-17 simboliza o grupo coletivo de cristãos, quer dizer, a Igreja toda, como templo de Deus habitado pelo Espírito Santo. Os pronomes de segunda pessoa no plural diferenciam de forma mais clara. Paulo usa a mesma analogia do templo de duas formas diferentes: para se referir tanto aos indivíduos quanto à igreja como um todo. Infelizmente, muitos cristãos sinceros não entendem o sentido do aviso de Paulo no capítulo 3 quanto a não destruir o templo de Deus. Pensando em seu corpo individual como templo de Deus, eles entendem a advertência de Paulo como um chamado à piedade pessoal; eles não percebem a real intenção coletiva, um apelo para não permitir que as divisões destruam a Igreja.[184] De modo semelhante, ao final das duas cartas a Timóteo o autor diz: "a graça esteja com *vocês*" (destaque nosso). Quem lê no inglês "*you*" pode pensar de forma equivocada que se trata de uma bênção dirigida a um indivíduo, Timóteo. Na verdade, os pronomes no grego estão no plural, então, de fato, ele invoca a bênção de Deus sobre toda a Igreja.[185]

Citando um exemplo hebraico, o fato de Jeremias 5:4 relatar os pensamentos do profeta ("eu pensei: 'Esses são apenas os pobres...'") sugere que ele também é o "you" comissionado no versículo 1, exceto que o "you" no versículo 1 é plural "indicando que Jeremias faz parte de uma comissão de busca maior".[186]

As distinções específicas que os pronomes relativos gregos fazem entre o singular e o plural, bem como entre masculino, feminino e neutro, trazem uma precisão que não se encontra no inglês genérico para as palavras "que" ou "o qual".[187] As traduções diretas para o inglês da genealogia de Jesus em Mateus

---

[184] Cf. Fee, *1Corinthians*, 2ª ed., p. 157-162; 291-294.

[185] O inglês dos sulistas dos Estados Unidos tem um mecanismo coloquial para a palavra "vocês": "y'all". A palavra "ye" serviu como pronome da segunda pessoa do plural do caso subjetivo no inglês antigo (começando aproximadamente no ano 1000). Muitos idiomas modernos como o português também podem distinguir entre as palavras "você" e "vocês". Aqueles que conhecem a KJV ou Shakespeare reconhecerão as várias maneiras mais antigas do inglês para se referir à segunda pessoa: you, ye, thee, thy, thine, thou.

[186] J. R. Lundbom, *Jeremiah 1–20*, AB 21a (New York: Doubleday, 1999), p. 376.

[187] Mesmo no português o pronome interrogativo "quem" pode servir em todas essas maneiras: "Quem é o meu próximo?" (singular); "Quem são essas crianças?" (plural). O pronome relativo "que" também. "Ela é a mulher que me ensinou o grego" (feminino singular); "Os homens

INTRODUÇÃO À INTERPRETAÇÃO BÍBLICA

não esclarecem que Jesus é somente filho de Maria, não de Maria e de José. Mateus 1:16 diz: "e Jacó gerou José, marido de Maria, *da qual* nasceu Jesus, que é chamado Cristo". O inglês não tem a flexão "da qual", como no grego. Só diz "de quem" (*of whom*). Mas o grego restringe pelo pronome o sentido a Maria.[188]

Muitos desses detalhes gramaticais que existem nos idiomas bíblicos nem sempre aparecem nas traduções, mesmo nas chamadas "literais" (que chamamos de traduções "diretas" ou "de equivalência formal"). As traduções, por sua própria natureza, são limitadas na sua habilidade de retratar todas as nuances. Afinal de contas, não existe nenhum idioma que espelhe exatamente o outro. Por causa disso, a precisão e o entendimento abrangente exigem que o estudante verifique todas as interpretações em comparação com os idiomas originais para ter certeza de que têm coerência com a gramática do texto. Como temos recomendado repetidamente, o estudante tem que estar rodeado de uma gama de boas traduções e comentários bíblicos básicos que tragam as informações sobre as nuances da gramática.[189]

---

que pilotam carros de corrida moram mais à frente nessa rua" (masculino plural). Da mesma forma que o inglês, o hebraico também utiliza pronomes relativos sem declinação, e.g., *ʾšr* e *š*.

[188] A TNIV evita a ambiguidade dizendo, "[...] o marido de Maria, e Maria era a mãe de Jesus, que é chamado de Messias".

[189] A bibliografia tem uma lista dos melhores recursos.

448

8

REGRAS GERAIS DA HERMENÊUTICA: A POESIA BÍBLICA

Abrangendo cerca de um terço de toda a Bíblia, a poesia é a sua segunda característica literária mais comum.[1] A poesia é frequente mesmo fora dos livros chamados de poéticos como Salmos, Jó, Cântico dos Cânticos e Lamentações. Os livros narrativos do AT apresentam regularmente seções longas de poesia, e mesmo os oráculos proféticos têm forma de poesia.[2]

Igualmente, de forma contrária à impressão comum, a poesia marca as páginas do NT, tanto nas suas formas originais quanto nas suas citações do AT.[3] De fato, de forma diferente do que se faz nos dias de hoje, a impressão de mais textos no formato de poesia em vez de prosa nas Bíblias modernas capacitaria o leitor a apreciar melhor a sua natureza poética.[4] Não é de se admirar que Ryken avise: "Não há nenhum livro da Bíblia que não exija até certo ponto a

---

[1] F. W. Dobbs-Allsopp, "Poetry, Hebrew", em The New Interpreter's Dictionary of the Bible Volume 4 Me-R, ed. K. D. Sakenfeld (Nashville: Abingdon, 2009), p. 558.

[2] Para exemplos de poesia em meio às narrativas, veja Êxodo 15:1-18; Juízes 5; 1Samuel 2:1-10; 2Samuel 22; 23:1-7. Para consultar o estudo mais definitivo sobre o fenômeno até agora, veja a obra de J. W. Watts, Psalm and Story: Inset Hymns in Hebrew Narrative, JSOTSup 139 (Sheffield: Sheffield Academic Press, 1992). Para as atualizações mais recentes, cf. J. W. Watts, "Biblical Psalms outside the Psalter", em The Book of Psalms: Composition and Reception, ed. P. W. Flint e P. D. Miller Jr., VTSup 99 (Leiden e Boston: Brill, 2005), p. 288–309.

[3] Ainda que algumas sejam questionáveis, as seções mais prováveis incluem Mt 11:17; 13:13; Lc 1:46-55, 67-79; 2:29-32; 6:20-26; 7:32; Jo 1:1-18; Rm 11:33, 36; Ef 5:14; Fp 2:6-11; Cl 1:15-20; 1Tm 3:16; 2Tm 2:11-13; 1Jo 2:12-14; Ap 4:11; 5:9-10; 7:15-17; 11:17-18; 12:10-12; 13:10; 15:3-4; 16:5-7; 18; 19:1-8; cf. P. W. Comfort, The Poems and Hymns of the New Testament (Eugene, OR: Wipf & Stock, 2010); S. C. Grabiner, Revelation's Hymns: Commentary on the Cosmic Conflict, LNTS 511 (London e New York: Bloomsbury T&T Clark, 2015).

[4] Assim diz L. Ryken, Words of Life: A Literary Introduction to the New Testament (Grand Rapids: Baker, 1987), p. 101-102.

INTRODUÇÃO À INTERPRETAÇÃO BÍBLICA

habilidade de interpretar poesia, porque todos os livros incluem alguma linguagem figurada."[5]

O propósito dessa seção é preparar os intérpretes para apreciar e entender como interpretar bem a literatura poética da Bíblia. Como observa Longman, já que "a Bíblia é um livro afetivo que comunica grande parte do seu significado envolvendo os sentimentos e a vontade dos seus leitores", o leitor tem que ter cuidado para não "despoetizar a sua forma" ignorando as suas normas literárias.[6]

O entendimento de suas dinâmicas literárias singulares não só aumentará o prazer de ler a poesia, mas também capacitará o intérprete a "ouvir" o pensamento do poeta de forma mais clara.[7] Felizmente, como veremos, apesar de os especialistas ainda debaterem muitas questões importantes, o estudo acadêmico recente da poesia hebraica nos revelou uma fonte rica de descobertas para explorar ao estudar a poesia dos dois testamentos.

DINÂMICA DA POESIA

O que é poesia? A poesia consiste na redação escrita tipificada pela brevidade, pelas palavras vivas, pela criatividade verbal, por ter como unidade o verso poético, e pelo alto grau de estrutura.[8] Em outras palavras, a poesia exibe um grau mais elevado de organização, de rítmica e de linguagem envolvente do que a prosa. Dizemos um "grau mais elevado" porque muitos textos em prosa também possuem elementos poéticos. Na verdade, não se pensa em poesia e prosa como categorias completamente distintas e dissociadas; em vez disso, elas representam os extremos de um contínuo literário. Quanto mais uma peça lite-

---

[5] Ryken, *Como ler a Bíblia como literatura*, em W. Grudem, J. Collins e T. Schreiner, org., "Origem, confiabilidade e significado da Bíblia" (São Paulo: Vida Nova, 2013). De acordo com N. K. Gottwald ("Poetry, Hebrew", IDB, K-Q: 829), somente sete livros do AT (Levítico, Rute, Esdras, Neemias, Ester, Ageu, e Malaquias) parecem não possuir nenhuma passagem poética.

[6] T. Longman, III, "Biblical Poetry", em *A Complete Literary Guide to the Bible,* eds., L. Ryken e T. Longman, III, (Grand Rapids: Zondervan, 1993), p. 81.

[7] De vez em quando, esse entendimento pode também nos ajudar a resolver problemas textuais espinhosos ou interpretar versículos difíceis. Veja o exemplo de Amós 6:12 em W. S. LaSor, D. A. Hubbard, e F. W. Bush, *Old Testament Survey,* 2ª ed. (Grand Rapids: Eerdmans, 1996), p. 231.

[8] Para a importância determinante da linha poética, cf. Dobbs-Allsopp, "Poetry, Hebrew", p. 551; cf. R. Alter, *The Art of Biblical Poetry* (New York: Basic Books. 1985), x ("as melhores palavras na melhor ordem"); A. Berlin, *The Dynamics of Biblical Parallelism* (Bloomington: Indiana University Press, 1985), p. 5, 16 (um alto grau de "brevidade e paralelismo"); cf. também a discussão detalhada dos critérios em W. G. E. Watson, *Classical Hebrew Poetry*, JSOTSup 26 (Sheffield: JSOT, 1984), p. 46-62.

REGRAS GERAIS DA HERMENÊUTICA: A POESIA BÍBLICA

rária for intensa, densa e compacta, mais perto ela se encontra do lado poético desse contínuo.[9]

Os seguintes versos do poema "The eve of St. Agnes" [A véspera do Dia de Santa Inês], de John Keats, ilustram os básicos elementos da poesia:[10]

> Viu Santa Inês, amargo frio que fez!
> Real, que a coruja massacrou;
> Tremeu a lebre pelo pasto e eis!
> Que o rebanho em sua lã se calou...

Estruturalmente, o que domina a peça não é uma sentença gramatical ou um parágrafo, mas o verso poético. Cada verso é breve: tão breve, na verdade, que nenhum deles preenche a linha da página impressa. Lido em voz alta, cada verso mostra um ritmo de sílabas tônicas e átonas. (TreMEU a LEbre PElo PASto e EIS!)

Por sua vez, a estrutura rítmica dita uma economia na linguagem. O poeta entalhou os seus pensamentos em poucas palavras precisas que se encaixam no esquema rítmico; não se "joga" palavras fora: palavras colocadas só para ocupar espaço ou para impressionar o leitor. Quanto ao som, a característica mais óbvia é a rima do poema. As palavras finais dos versos alternados rimam ("fez" – "eis") ("massacrou" — "calou").[11] De forma mais sutil, observe a repetição dos sons "Santa" "Inês" "fez" "eis" "sua" "se". O poeta costurou a rima e a repetição em seus versos para que eles soem agradáveis quando lidos em voz alta.

Por fim, várias coisas são impressionantes sobre a linguagem do poema. Primeiro, o poema oferece imagens concretas para transmitir uma ideia abstrata. Ele poderia simplesmente ter expressado a sua ideia principal como "Estava muito frio na véspera do Dia de Santa Inês." Em vez disso, ele descreveu o frio através de três imagens: a coruja, a lebre e o rebanho. Como estava o frio? Estava

---

[9] Cf. D. L. Petersen e K. H. Richards, *Interpreting Hebrew Poetry* (Minneapolis: Fortress, 1992), p. 13-14, mas, cf. Dobbs-Allsopp, "Poetry, Hebrew", p. 551: "Com a exceção dos versos, não há sinais intrínsecos ou fronteiras bem delimitadas entre a obra poética e a não poética, mas apenas um aglomerado de variáveis cruzadas e locais que sinalizam a presença da poesia." Com certeza, a fronteira entre a poesia e a prosa pode geralmente ser difícil de destacar; cf. a análise esclarecedora do problema em S. E. Gillingham, *The Poems and Psalms of the Hebrew Bible*, Oxford Bible Series (Oxford: Oxford University Press, 1994), p. 18-43.

[10] Para o texto completo em inglês, veja O. Williams, ed., *Immortal Poems of the English Language* (New York: Washington Square Press, 1952), p. 333-343. O que se segue recebe a inspiração e um pouco do conteúdo da obra de C. S. Lewis, *Christian Reflections* (Grand Rapids: Eerdmans, 1967), p. 129-135.

[11] Ao se descrever uma poesia, a barra / significa "equivale" ou "corresponde a". Mais tarde usaremos duas barras // para sinalizar o final de uma unidade poética de versos paralelos (e.g., duas ou mais linhas seguidas por uma barra /).

· 451 ·

INTRODUÇÃO À INTERPRETAÇÃO BÍBLICA

tão frio que as penas da coruja não podiam protegê-la, a lebre mal podia pular, e o rebanho nem podia balir. Como estava frio![12]

Na verdade, isto nos leva a uma segunda observação. Através de uma linguagem viva ("amargo frio", "tremeu", "massacrou"), o poeta quer que vivenciemos o tema: *sentir* o frio daquela noite em particular. Dessa forma, estas palavras não apelam tanto para a razão, mas sim à imaginação. Elas pintam quadros imaginários que nos permitem vivenciar o tema: as suas sensações, o seu cenário, os cheiros, o toque, o gosto. A nossa imaginação vê a coruja com frio, a lebre coxeando, e as ovelhas em silêncio; sentimos o "amargo frio". Em resumo, "a poesia é a linguagem das imagens que o leitor tem que vivenciar como uma série de situações sensoriais imaginárias."[13]

Porém, alguns podem retrucar que a prosa geralmente aflora o ritmo subjacente e utiliza uma linguagem semelhante que retrata a vida. Eles podem questionar: Qual a diferença entre a poesia e a prosa? A esta altura, é melhor distinguir entre linguagem poética (i.e., sentenças rítmicas e imaginário concreto) e a poesia. A prosa realmente utiliza linguagem poética, particularmente a prosa que se escreve para apresentação pública. As características distintas da poesia, no entanto, são a sua brevidade e a sua estrutura restrita; elas não são intrínsecas à prosa. Ainda que a prosa possa ser compacta e estruturada cuidadosamente, a sua estrutura é formada por sentenças e parágrafos. A estrutura da poesia, pelo contrário, consiste em linhas bem dispostas e linguagem compacta.[14] Além disso, comparada com a prosa, a poesia apresenta uma concentração maior de metáforas e imagens, que chamamos geralmente de "linguagem poética."

Como a poesia bíblica se compara com a poesia que conhecemos? Observe o panorama da poesia hebraica que esse poema humorístico mostra:

Poesia hebraica, como é que ela é?
Parece bagunça, mas ela não é

---

[12] Cf. a observação de Lewis (Christian Reflections, p. 131) de que os adjetivos dominam a linguagem poética.

[13] Ryken, *How to Read*, p. 91 (sem os itálicos do autor).

[14] Da mesma forma Berlin, *Dynamics*, p.16, referindo-se à estrutura que constitui a poesia bíblica, o paralelismo (a ser discutido posteriormente); cf. Petersen e Richards, *Interpreting Hebrew Poetry*, p. 14 ("paralelismo, ritmo e estilo"). Ao contrário de J. L. Kugel (*The Idea of Biblical Poetry* [Baltimore: Johns Hopkins, 1981], p. 85, 94-95), que, de forma errada, nega a ideia da "poesia bíblica". Kugel equivocadamente iguala a "poesia" à "métrica", passando por cima da característica mais típica da poesia, que é a mimese; cf. R. Raphael, "That's No Literature, That's My Bible: On James Kugel's Objections to the Idea of Biblical Poetry", *JSOT* 27 (2002): p. 37-45.

REGRAS GERAIS DA HERMENÊUTICA: A POESIA BÍBLICA

Às vezes tem rima, às vezes não tem
Mas eles usaram as tônicas bem![15]

Como se verifica no poema de Keats analisado acima, a poesia da Bíblia não é "só uma bagunça", mas tem som (apesar de não ter rima), estrutura e linguagem. A tarefa do intérprete é entender cada uma dessas três características e, a partir daí, ser capaz de interpretar os poemas bíblicos com sensibilidade e entendimento. Esta tabela resume as características que distinguem a poesia da prosa:

COMO DIFERENCIAR A PROSA DA POESIA		
CARACTERÍSTICA	**POESIA**	**PROSA**
Unidade básica	O verso individual	A frase
Comprimento da unidade	Simétrico	Variável
Linguagem	Emotiva Criativa (e.g., ambiguidade, alusão) Rara, jogos de palavras e sons arcaicos	Jogos de palavras e sons variáveis
Gramática	Frases simples e curtas Poucas partículas de prosa Elipse	Períodos complexos Muitas partículas de prosa
Sintaxe	Pausa no final do verso Compressão espacial Estrutura de paralelismo	Variável
Comprimento médio	Dois a quatro versos	Variável
Ritmo	Livre, variável Produto da pausa final e do paralelismo	Variável
Semântica	Sobreposição semântica das palavras Interação intensa entre as palavras	Variável
Ritmo de leitura	Lento	Rápido

---

[15] Watson, *Classical Hebrew Poetry*, p. 100. Para consultar um estudo útil sobre as figuras poéticas utilizadas por Jesus, veja R. H. Stein, *The Method and Message of Jesus' Teachings*, rev. ed. (Philadelphia: Westminster, 1994), p. 7-32. O catálogo clássico de técnicas poéticas bíblicas continua sendo a obra de E. W. Bullinger, *Figures of Speech Used in the Bible* (Grand Rapids: Baker, 1968 [orig. 1898]).

INTRODUÇÃO À INTERPRETAÇÃO BÍBLICA

SONS DA POESIA HEBRAICA

Métrica e ritmo

Primeiro consideraremos a característica do *som*.[16] A poesia inglesa tradicional usa dois aspectos do som: o ritmo e a métrica. A *rima* acontece quando um poeta cria pelo menos um par de palavras com sons idênticos ao final de versos sucessivos ou alternados (e.g., "Real, que a coruja *massacrou* / Que o rebanho em sua lã se *calou*") [destaque nosso].

A métrica envolve a alternância rítmica entre sílabas tônicas e átonas dentro de cada verso de uma poesia. Ao imprimir as sílabas tônicas com letra maiúscula, podemos rapidamente ver a alternância no verso de Keats que acabamos de citar:

Viu SANta iNÊS, aMARgo FRIO que FEZ!
TreMEU a LEbre PElo PASto e EIS!

Observe que, nesse exemplo, a tônica cai especificamente de duas em duas sílabas, e que cada verso tem um total de cinco tônicas.[17]

A poesia hebraica é diferente da nossa no seu uso do som. Por exemplo, não possui a rima que os falantes do português consideram tão básica na poesia.[18] Isto é, os poetas hebraicos não montavam normalmente os versos poéticos de modo que suas palavras rimassem. Por outro lado, eles de vez em quando usavam sons que rimavam com um efeito ótimo![19] O uso mais comum é a rima final, onde o poeta rima os sons que terminam versos sucessivos utilizando sufixos ou finais das palavras. Por exemplo, todos os quatro versos de Isaías 33:22 terminam com o mesmo som, o sufixo, *–nû/-enû* (nós ou nos). O outro

---

[16] Obviamente, esse assunto tem a ver principalmente com leitores que podem acessar os textos gregos e hebraicos originais. Mesmo assim, ter uma noção dessas dimensões a mais da poesia do AT capacitará o leitor da Bíblia a se beneficiar de comentários ocasionais sobre os idiomas originais nas principais obras de referência. Para um exemplo de onde o som também figura na poesia do NT, leia mais adiante.

[17] Tomando como exemplo as analogias a partir da poesia grega antiga, os especialistas atribuíram classificações técnicas a tipos de métrica poética. Eles chamam a alternância de sílabas átonas seguidas de tônicas ("viu SANta iNÊS") de iâmbico; o seu oposto (i.e, tônicas seguidas de átonas) de troqueu. Com cinco tônicas em cada verso, o poema de Keats segue uma métrica comum chamada pentâmetro iâmbico.

[18] Cf. o título inteligente de capítulo "It May Not Rhyme, But It's Still . . . Hebrew Poetry", em L. M. Fields, *Hebrew for the Rest of Us: Using Hebrew Tools without Mastering Biblical Hebrew* (Grand Rapids: Zondervan, 2008), p. 258-272. É claro, mesmo não rimando, admitimos que o verso branco vale como poesia.

[19] Cf. a discussão em Watson, *Classical Hebrew Poetry*, p. 229-234. Veja também a nossa discussão posterior sobre os fenômenos relacionados: assonância e aliteração.

• 454 •

REGRAS GERAIS DA HERMENÊUTICA: A POESIA BÍBLICA

uso é a rima de pares de palavras onde o poeta combina duas ou mais palavras em seguida. Observe as três palavras que rimam que concluem esse exemplo de Isaías 22:5:

kî yôm	*mehûmâ*	*umebûsâ*	*umebûkâ*
Porque dia	de alvoroço,	e de vexame,	e de confusão [é este][20]

Será que a poesia hebraica tem métrica regular? Nas décadas recentes, uma discussão animada, estimulada em parte por estudos sobre a poesia semítica extrabíblica, despertou opiniões acadêmicas divergentes sobre a questão. Por um lado, alguns especialistas negam que a poesia bíblica tenha alguma métrica.[21] Outros defendem que ela realmente tem métrica e explicam isso contando letras ou sílabas, demonstrando usos de sílabas tônicas, ou analisando a sintaxe.[22] O problema é que, até agora, nenhum sistema explica adequadamente todos os fenômenos poéticos disponíveis. De vez em quando, cada um deles tem que espremer ou esticar a poesia para caber em seu molde sistemático preconcebido.[23]

---

[20] Watson, *Classical Hebrew Poetry*, p. 232, que traz outros exemplos dos dois tipos de rima (p. 231-232).

[21] Mais recentemente, D. R. Vance, *The Question of Meter in Biblical Hebrew Poetry* (Lewiston, NY: Edwin Mellen Press, 2001), p. 496 ("pode-se concluir de forma segura que a poesia de Bíblia Hebraica não contém métrica"); Kugel, *The Idea of Biblical Poetry*, p. 301; cf. também Berlin, *Dynamics*, p. 4 ("a poesia bíblica carece de uma métrica facilmente identificável"). Ainda que reconheça a rara presença de uso poético das sílabas, Alter acredita que "deveria se abandonar o termo métrica para os versos bíblicos" (*The Art of Biblical Poetry*, p. 9).

[22] A defesa mais recente da abordagem da contagem de sílabas se encontra na obra de J. P. Fokkelman, *Major Poems of the Hebrew Bible: At the Interface of Hermeneutics and Structural Analysis*, vol. 2 (Assen: Van Gorcum Press, 2000); cf. D. N. Freedman e J. C. Geoghegan, "Quantitative Measurement in Biblical Hebrew Poetry", em *Ki Baruch Hu: Ancient Near Eastern, Biblical, and Judaic Studies in Honor of Baruch A. Levine*, eds. R. Chazan, W. W. Hallo, e L. Schiffman (Winona Lake, IN: Eisenbrauns, 1999), p. 229-249. Vance (*The Question of Meter*, p. 41-222) oferece uma discussão detalhada e uma crítica a todas as teorias antigas e modernas; cf., mais resumidamente, Watson (*Classical Hebrew Poetry*, 97-110) e Berlin (*Dynamics*, p. 18-30). Os escritos de O. Loretz defendem um método de contagem de letras (para a bibliografia, consulte Watson, *Classical Hebrew Poetry*, p. 105-106). As obras que defendem a análise sintática são a de M. O'Connor, *Hebrew Verse Structure* (Winona Lake, IN: Eisenbrauns, 1980) e a de T. Collins, *Line-Forms in Hebrew Poetry: A Grammatical Approach to the Stylistic Study of the Hebrew Prophets*, Studia Pohl: Series Maior 7 (Roma: Biblical Institute Press, 1978).

[23] Mesmo Fokkelman, que afirma que os poetas antigos contavam sílabas e usavam essas contagens para dar forma aos seus poemas, considera "bastante improvável que o debate chegue a um consenso"; cf. J. P. Fokkelman, *Reading Biblical Poetry* (Louisville: Westminster John Knox, 2001), p. 23. Mas ele também propõe duas "rotas de fuga" desse impasse (p. 23-24).

INTRODUÇÃO À INTERPRETAÇÃO BÍBLICA

A nosso ver, a poesia hebraica nem segue uma métrica sincronizada ou regular, nem um verso solto, branco. Em vez disso, ela segue o que Hrushovski chama de *ritmo livre*, isto é, o uso flexível de sílabas tônicas dentro de certos limites amplos.[24] Ela permite essa flexibilidade em muitos aspectos. Primeiramente, um verso poético pode ter duas, três ou quatro palavras com sílabas tônicas. Em segundo lugar, os seus versos paralelos podem ou não podem ter o mesmo número de palavras seguindo o mesmo critério. Os especialistas comumente usam números para descrever as sílabas tônicas em uma parelha poética. Por exemplo, eles chamariam uma parelha na qual cada verso tivesse três tônicas 3:3. Se o segundo verso tivesse duas ou quatro tônicas, seria 3:2 ou 3:4, respectivamente. Em terceiro lugar, o número de sílabas átonas entre as tônicas varia, ainda que pelo menos uma deva existir. Em quarto lugar, o número de versos paralelos formando uma unidade poética pode variar de dois a quatro, mas normalmente não há mais que cinco. Finalmente, de forma diferente da poesia métrica europeia, um poema hebraico não precisa seguir de forma consistente um padrão rítmico por toda a sua extensão.

Por outro lado, a poesia bíblica realmente funciona dentro de supostos limites poéticos, isto é, dentro da sua própria "poética". Primeiramente, não importando quantas tônicas tiver, cada verso ou dupla de versos constitui ou uma frase, ou uma unidade sintática ou lógica. Em outras palavras, cada unidade expressará ou um pensamento completo ou dois pensamentos relacionados entre si.[25] Em segundo lugar, as parelhas aparecem em grupos de dois ou três versos (i.e., 3:3; 3:2; 3:4). A poesia hebraica evita parelhas muito longas ou curtas (e.g., 5:1; 4:1 etc.). Em terceiro lugar, como foi observado anteriormente, duas sílabas tônicas nunca aparecem em seguida; pelo menos uma sílaba átona se situa entre elas. Em quarto lugar, como também já se observou acima, normalmente o número de versos paralelos nunca passa de quatro. Em quinto lugar, os determinantes estruturais principais são a repetição do final dos versos e o paralelismo.[26] Finalmente, a poesia hebraica parece ter alguns padrões fixos

---

[24] B. Hrushovski, "Prosody, Hebrew", *Encyclopaedia Judaica*, 18 vols. (Jerusalem: Keter Pub.; New York: Macmillan, 1972), 13: 1201; seguido por Alter, *The Art of Biblical Poetry*, p. 8; de forma semelhante escreve Longman, "Biblical Poetry", p. 83; Gillingham, *Poems and Psalms*, p. 67-68; Petersen e Richards, *Interpreting Hebrew Poetry*, p. 43-47 ("padrões rítmicos" de regularidade, variação, agrupamento, e hierarquia). Devemos muito do que se segue às discussões na obra de Hrushovski (cols. 1200-1203) e Watson, *Classical Hebrew Poetry*, p. 97-103.

[25] Os textos hebraicos sinalizam o final de um verso por uma pausa gramatical (um fenômeno chamado "pausa métrica"; cf. Watson, *Classical Hebrew Poetry*, p. 332-333). As vírgulas ou ponto e vírgulas comumente indicam essas pausas.

[26] Dobbs-Allsopp, "Poetry, Hebrew", p. 551, que comenta: "Um todo (uma estrutura) frasal ou de período é articulado e depois repetido uma ou duas vezes, produzindo uma série pulsante de evoluções, um passo adiante, uma repetição, depois outro passo à frente, uma ou às vezes

REGRAS GERAIS DA HERMENÊUTICA: A POESIA BÍBLICA

que aparecem em alguns gêneros literários. Por exemplo, o padrão 3:2 é típico de cantos fúnebres (veja a discussão posterior no capítulo 9).[27]

Será que conhecer a rítmica hebraica nos ajudará a entender a poesia do AT com mais precisão? A resposta é um sim bem fundamentado! Primeiro, ela deve nos tornar bem cautelosos sobre adotar alterações no texto hebraico atual por causa da métrica. Desde o século XIX, tornou-se uma prática comum entre os especialistas sugerir estas pequenas mudanças, talhando o hebraico para caber em um padrão métrico proposto ou esperado. O seu objetivo é bom, reconstituir o palavreado (pelo menos chegar mais próximo) do texto hebraico original (i.e., o método chamado crítica textual). Mesmo sendo menos popular do que antes, esta prática ainda aparece em comentários e em outros livros.[28] Porém, dada a flexibilidade da métrica hebraica, o leitor da Bíblia deve avaliar com cautela estas sugestões textuais antes de adotá-las completamente. Em segundo lugar, a noção da rítmica hebraica nos permite perceber novas dimensões de um texto.[29] De fato, mesmo o estudante que não conhece o hebraico pode sentir essas dimensões a mais. Reconhecemos que, por ser uma tradução, a Bíblia em português não traz o brilho das sílabas tônicas das palavras originais hebraicas, mas uma tradução relativamente literal (e.g, a Almeida Corrigida, a Bíblia de Jerusalém), realmente revela as extensões relativas do verso poético

---

duas repetições (no caso de tercetos) etc. A aplicação repetida do paralelismo redobra a estrutura sintática, e no processo reforça a projeção do todo e a plenitude sentida com a interrupção final."

[27] Para os que conhecem o hebraico, a obra de Watson (*Classical Hebrew Poetry*, p. 99-103) traz detalhes sobre como identificar as sílabas tônicas e a métrica. Recentemente, Sabo expressou algumas objeções sobre se os cantos fúnebres têm um "ritmo" único, retórico em vez de uma "métrica" específica; cf. P.J. Sabo, "Poetry Amid Ruins", em *Poets, Prophets, and Texts in Play: Studies in Biblical Poetry and Prophecy in Honour of Francis Landy*, ed. E. Ben Zvi, LHBOTS 597 (London e New York: Bloomsbury T&T Clark, 2015), p. 149-151. Na sua opinião, o ritmo singular em Lamentações cria o efeito de "manquejar" ou "prantear" (termos extraídos de D. Hillers e R. Garr, respectivamente). Em uma discussão bem acirrada, vários especialistas têm se oposto fortemente contra a afirmação de que os cantos fúnebres tenham uma métrica única, veja Vance, *The Question of Meter*, p. 485-487; R. de Hoop, "Lamentations: the Qinah-Meter Questioned", em *Delimitation Criticism: A New Tool of in Biblical Scholarship*, eds. M. Korpel e J. Oesch (Assen: Van Gorcum, 2000), p. 80-104. O estudo métrico de Lamentações de Freedman e Geoghegan ("Quantitative Measurement",p. 238-239) confirma a presença da "sugestão rítmica de queda" 3:2, mas defende que o seu paralelismo com "a sugestão rítmica de alta" e com os "versos equilibrados" sugere que o "conteúdo do canto fúnebre e a sugestão rítmica de queda não devem ser tão associados assim."

[28] Cf. o apelo em alguns momentos aos "m cs" (i.e., metri causa, "por questões métricas") nas notas textuais do texto hebraico atual, a *Biblia Hebraica Stuttgartensia*. Com certeza, se a Bíblia Hebraica não possuísse métrica (assim concluem Vance, The Question of Meter, e Kugel, *The Idea of Biblical Poetry*), esses apelos estariam errados.

[29] Devemos a maior parte do que se segue à boa discussão na obra de Watson, *Classical Hebrew Poetry*, p. 111-113.

INTRODUÇÃO À INTERPRETAÇÃO BÍBLICA

hebraico. Em compensação, a extensão do verso pode indicar um dos aspectos do ritmo do poema, a saber, o seu andamento (a velocidade com a qual se deve lê-lo). Reforçando a ideia, esse andamento pode dizer algo sobre a velocidade das ações que as palavras retratam.

Por exemplo, os versos compridos ou as várias palavras extensas transmitem a ideia de lentidão (cf. Sl 19:7-9 [TM 19.8-10];[30] Lm 3:6a, 15), enquanto que os versos curtos ou uma série de palavras curtas sugerem uma rapidez ininterrupta (cf. Jz 5:22; Jr 46:3-4). Ao mesmo tempo, a mudança brusca e surpreendente no tamanho do verso altera o andamento da leitura de rápida para lenta ou vice-versa, destacando esses versos, uma espécie de "efeitos especiais" poéticos. A mudança chama a atenção do leitor.

Observe o exemplo do profeta Naum. Ele descreve a queda de Nínive, capital do inimigo odiado por Israel, a Assíria:

> Ah, o estalo dos chicotes,
>   o barulho das rodas,
>   o galope dos cavalos
>   e o sacudir dos carros de guerra!
> Cavaleiros atacando,
>   espadas reluzentes e lanças cintilantes!
> Muitos mortos,
>   montanhas de cadáveres,
> corpos sem conta,
>   gente tropeçando por cima deles!
> Tudo por causa do desejo desenfreado
>   de uma prostituta sedutora,
> mestra de feitiçarias,
>   que escravizou nações
>   com a sua prostituição
> e povos, com a sua feitiçaria. (Na 3:2-4)[31]

Os versos pequenos e compactos transmitem tanto ação rápida como cenas próximas rápidas de aspectos específicos de um cenário amplo. Eles criam um senso de ação mais rápida acontecendo em todas as direções. Mas ao prolongar os versos finais, o escritor repentinamente chama a atenção do leitor para um detalhe: a luxúria de Nínive. Os últimos versos arrematam o tema:

---

[30] A abreviação "TM" em colchetes indica o número dos versículos (hebraicos) do Texto Massorético quando eles divergem do número que se encontra em nossas Bíblias.

[31] De vez em quando, a tradução em um comentário registra o ritmo do hebraico. Para observar um bom exemplo, veja a versão de Naum e Habacuque em O. P. Robertson, *The Books of Nahum, Habakkuk, and Zephaniah*, NICOT (Grand Rapids: Eerdmans, 1990).

REGRAS GERAIS DA HERMENÊUTICA: A POESIA BÍBLICA

Nínive perece por causa da sua prostituição (i.e., sua sedução política por outras nações).

Em resumo, o estudo cuidadoso de uma boa tradução literal traz até para o leitor não especializado um ângulo parcial do original hebraico. Esse ângulo traz pistas do andamento do poema e do seu significado.

Sons das palavras poéticas

Além do ritmo, os poetas bíblicos também usavam os sons das palavras para criar efeitos poéticos. Conhecer esses vários usos é um auxílio extremamente útil para uma interpretação adequada dos poemas bíblicos.[32]

OS SONS DAS PALAVRAS POÉTICAS	
Assonância	Repetição de sons vocálicos • "alvas, brancas, claras"
Aliteração	Repetição de consoantes. • "O peito do pé do Pedro"

A *assonância* é a repetição dos mesmos sons vocálicos ou de sons parecidos em uma série de palavras. O seu propósito principal é dar um senso de conexão a uma unidade poética, seja uma frase, um único verso ou uma série de versos paralelos. Ao chamar atenção para ela, a assonância serve para um propósito secundário: dar um destaque especial para as palavras em questão. Ela efetua isso associando os sons das palavras com o seu significado na mesma unidade poética. Para usar um exemplo contemporâneo, nos dias da União Soviética alguém poderia ter dito: "Prefiro viver sob o comunismo a morrer em uma guerra nuclear." Mas a assonância torna essa frase simples em inglês "Better Red than dead" (Antes vermelho [comunista] do que morto) muito mais importante e memorável. O som repetido "é" ("be*tt*er", "*r*ed" e "de*a*d") traz unidade, destaque e é de fácil memorização.

Em sua forma mais simples, a assonância é caracterizada pela repetição de um único som vocálico. Por exemplo, observe o uso abundante dos sons de "a" nesta parelha:

---

[32] Para uma discussão completa, veja Watson, *Classical Hebrew Poetry*, p. 222-250, que é a base de boa parte do que se segue; cf. também Berlin, *Dynamics*, p. 103-126. Como dissemos anteriormente, uma apreciação total dos sons na Bíblia exige o conhecimento do hebraico e do grego. Essa análise, no entanto, visa preparar os leitores para os comentários sobre palavras em obras padrão de referência sobre a Bíblia. Para ouvir o efeito total dos exemplos a seguir, os leitores precisarão pronunciar os textos hebraicos transliterados.

INTRODUÇÃO À INTERPRETAÇÃO BÍBLICA

Transliteração	*maddua yarash malkam et-gad*
	weammô bearav yashav[33]
Tradução	Por que será então que Moloque se apossou de Gade?
	Por que seu povo vive nessas cidades? (Jr 49.1b)

A Bíblia também oferece usos mais complexos de assonância que combinam vários sons em uma mesma unidade. Um bom exemplo é a repetição da sequência de sons de *o*, *a* e *i* [em hebraico] neste verso:

Transliteração	*lo-aamin ki-yaazin colî*[34]
Tradução	não creio que me daria ouvidos (Jó 9:16b)

A *aliteração* apresenta um uso semelhante dos sons: a repetição das mesmas consoantes ou de consoantes com som parecido dentro de uma unidade poética. A aliteração tem uma função semelhante à da assonância: dar à unidade poética (geralmente um verso) uma sensação de plenitude, bem como de um destaque especial. Além disso, é comum que uma palavra-chave seja dominante nos poemas bíblicos, e a aliteração em volta dela também serve para destacá-la.[35] Finalmente, por associar o som com o sentido, ela faz com que as palavras se tornem mais fáceis de lembrar. Por isso, até as crianças podem lembrar o verso: "O peito do pé do Pedro é preto."

Os poetas hebraicos usam esse recurso linguístico de várias maneiras. Às vezes, eles aliteram a primeira letra de uma frase ou verso (a "aliteração do início da palavra"). Observe, por exemplo, a repetição dos sons iniciais de "sh" no segundo verso dessa parelha:

---

[33] Cf. [em hebraico] o uso dos sons "e" (Jr 49:8), "i" (Sl 113:8), "o" (Is 58:12; Jó 5:21) e "u" (Lm 4:15).

[34] Uma palavra de esclarecimento sobre a assonância: como destacam Petersen e Richards (*Interpreting Hebrew Poetry*, p. 5-6, 34), os sons do hebraico moderno podem não se corresponder exatamente com os do original. A razão é que originalmente o texto hebraico só tinha consoantes; alguns escribas posteriores, chamados de "massoretas", acrescentaram as vogais, de modo que as gerações futuras não esquecessem o idioma. Sendo assim, a nossa percepção da assonância supõe uma grande semelhança, se não identificação, entre o texto hebraico atual e o seu original; cf. Berlin, *Dynamics*, p. 104, que limitou a sua discussão do jogo de palavras às consoantes.

[35] Para exemplos e discussão sobre outras funções, veja Watson, *Classical Hebrew Poetry*, p. 228. Em um texto de prosa, observe a repetição da palavra temática principal šûv ("voltar") por todo o primeiro capítulo de Rute.

• 460 •

REGRAS GERAIS DA HERMENÊUTICA: A POESIA BÍBLICA

Transliteração	*im-yhwh lo-yishmar-ir* *shawe shaqad shomer*[36]
Tradução	Se não é o Senhor que vigia a cidade, será *inútil a sentinela montar guarda.* (Sl 127:1b, destaque nosso)

A forma mais comum de aliteração é a repetição de sons parecidos em versos paralelos. Observe a recorrência dos sons de -k- e de -ts- nesse exemplo:

Transliteração	*ketsits yatsá wayyimmal* *wayyibrach katstsel welo yaamôd*
Tradução	Sai como a flor e se seca; foge também como a sombra e não permanece. (Jó 14:2)[37]

No primeiro verso o som de -ts- aparece duas vezes na primeira palavra (*ketsits*), depois reaparece numa terceira vez na segunda palavra (*yatsá*). Essa repetição traz ao verso uma unidade sonora. Mais adiante, no segundo verso, a combinação -k-ts- de *ketsits* ("como uma flor") se repete na frase *katstsēl* ("como uma sombra"), dando através disso a toda a parelha poética um som harmônico. Em outros casos, a aliteração aparece por uma série de versos. Por exemplo, em Joel 2:15-16a, a letra -q- aparece oito vezes em oito versos, quatro delas como a letra inicial do verso.[38]

Frequentemente, os poetas empregam tanto a assonância quanto a aliteração na mesma série de palavras. Por exemplo, observe o par de palavras *lintôsh welintôts* ("para arrancar e despedaçar"), uma frase agradável para a comissão profética de Jeremias (1:10). Com exceção das letras finais, as duas palavras

---

[36] Observe também que a repetição se constrói na palavra principal do verso šmr. Cf. a repetição dos sons iniciais de "i" e "y" no verso paralelo anterior.

[37] Almeida Revista e Corrigida.

[38] Watson, *Classical Hebrew Poetry*, p. 227. Cf. Naum 1:10 onde uma série de sons de "s" iniciais "podem realmente imitar o ceceio de um bêbado" (T. Longman, III, "Biblical Poetry", p. 87). Uma forma comum e ampliada de aliteração é o alfabeto acróstico, no qual cada versículo começa com as letras sucessivas do alfabeto (Sl 9; 10; 25; 111; 119; Pv 31:10-31; Lm 1—4; Na 1:2-8; etc.); cf. convenientemente, C. J. Fantuzzo, "Acrostic", *Dictionary of the Old Testament: Wisdom, Poetry, and Writings*, ed. T. Longman III e P. Enns (Downers Grove, IL: IVP Academic, 2008), p. 1-4 [de agora em diante *DOTWPW*]; P.J. Botha, "'Wealth and Riches are in His House' (Psalm 112:3): Acrostic Wisdom Psalms and the Development of Antimaterialism", em *The Shape and Shaping of the Book of Psalms: The Current State of Scholarship*, ed. N. L. deClaissé-Walford, AIL 20 (Atlanta: SBL Press, 2014), p. 105-128; H. Minkoff, "As Simple as ABC: What Acrostics in the Bible Can Demonstrate", *BRev* 13 (1997): p. 27-31, 46-47.

têm um som parecido (*wê* é a conjunção "e"). De forma semelhante, a frase *beqéren ben-shamen* conclui a memorável "Canção da vinha" (Is 5:1). Todas as três palavras terminam com o mesmo som (-*en*), quase fazendo com que a frase quase rime.[39]

O verso de abertura do livro de hebreus também combina assonância e aliteração com um ótimo efeito:

Polumerôs kai polutropôs palai ho theos lalêsas tois patrasin en tois prophêtais.

"Muitas vezes e de muitas maneiras, há muito tempo Deus falou com nossos antepassados pelos profetas..." (Hb 1:1, tradução nossa).

Além da repetição dos sons iniciais "p" (veja as letras em negrito), os primeiros dois advérbios ("muitas vezes", "de muitas maneiras") começam com polu- e terminam com "ôs". O espectro sonoro sutilmente aperfeiçoa o poder retórico do verso e determina um tom poético para o parágrafo inicial do livro (v. 1-4).[40]

O reverendo Martin Luther King Jr. é bem lembrado por admoestar a não julgar as pessoas "pela *cor* da sua pele, mas pelo *conteúdo* do seu *caráter*" (destaque nosso). O que faz esta frase fácil de lembrar é a sua repetição das palavras aliteradas começando com o som de "c" ("cor", "conteúdo", "caráter") para ressaltar a superioridade do conteúdo do caráter sobre a cor da pele quando se avalia as outras pessoas. Ele habilmente usou o jogo de palavras (também chamado de paronomásia, ou de forma mais comum, um "trocadilho"), a figura sonora retórica conhecida que a poesia hebraica também usa de forma eficiente.[41] Em sua forma mais comum, o poeta emparelha duas ou mais palavras que só diferem em uma das suas três consoantes. Por exemplo, observe como Isaías concluiu o seu cântico sobre Israel como uma vinha (Is 5:7):

---

[39] Num contexto de prosa, a última frase de Rute 1:6 dá uma combinação semelhante (*latêt lahêm léchem*, "dar-lhes comida") traz um destaque e uma facilidade para recordar.

[40] Este exemplo é levemente adaptado de D. A. Black, "Translating New Testament Poetry", em *Scribes and Scripture: New Testament Essays in Honor of J. Harold Greenlee*, ed. D. A. Black (Winona Lake, IN: Eisenbrauns, 1992), p. 120-121. Para uma análise poética mais ampla dos v. 1-4, veja a sua obra "Hebrews 1:1-4: A Study in Discourse Analysis", *WTJ* 49 (1987): p. 175-194. Cf. R. B. Dupertuis, "Poetry in the NT", *NIDB* 4:550; S. Farris, "Hymns, NT", *NIDB* 2:923.

[41] Permanece como estudo clássico sobre o assunto a obra de I. M. Casanowicz, *Paronomasia in the Old Testament* (Boston: J. S. Gushing et al., 1894); mas cf. de forma mais conveniente, K. Heim, "Wordplay", *DOTWPW*, 925-929; L.J. De Regt, "Word Play in the OT", *NIDB*, 5:898-900; Greenstein, "Wordplay, Hebrew", *ABD* 6:968-972; e Watson, *Classical Hebrew Poetry*, p. 237-250. Em conjunto, a assonância, a aliteração, e o jogo das palavras são exemplos de paralelismo fonológico em ação.

462

REGRAS GERAIS DA HERMENÊUTICA: A POESIA BÍBLICA

Ele [Javé] esperava justiça, (*mishpat*)
mas houve derramamento de sangue (*mispach*);
esperava retidão (*tsedaqá*),
mas ouviu gritos de aflição (*tseaqá*).

Um pouco mais sofisticado é o "jogo de raízes", um trocadilho onde as consoantes de uma palavra reaparecem em palavras posteriores, mas em uma ordem diferente. Observe o jogo nas raízes reversas b-w-sh e sh-w-b em Salmos 6:10 [TM 6.11] (tradução nossa):

Que todos os meus inimigos sejam envergonhados (*yeboshu*) e aterrorizados;
que eles possam recuar (*yashubu*),
que caiam em desgraça rapidamente (*yeboshu*).

Aparecendo no verso final do salmo, o trocadilho dá à conclusão um floreio retórico especial.

Às vezes o trocadilho brinca com mudanças nas vogais entre palavras com as mesmas consoantes (i.e., com a mesma raiz). Por exemplo, quando Jeremias disse a Deus: "Eu vejo um ramo de amendoeira (*shaqed*)." A resposta de Javé prosseguiu na raiz (sh-q-d): "Eu estou vigiando (*shoqed*) para que a minha palavra se cumpra" (Jr 1:11-12).[42] Em outras vezes, os poetas utilizam um jogo de palavras com um "duplo sentido". Isto envolve a repetição da mesma palavra, mas com um sentido diferente em cada caso. Observe como o Pregador repetiu a mesma fórmula (*'ên lāhem mᵉnahēm*), mas com um sentido diferente para *mᵉnahēm*:

Vi as lágrimas dos oprimidos,
e eu vi que não havia quem os *consolasse*;
o poder estava do lado dos seus opressores,
e não havia quem os *libertasse*. (Eclesiastes 4:1; NEB, destaques nosso.)

O NT também traz um exemplo claro de jogo de palavras com som parecido quando Jesus fala a Pedro: "E eu lhe digo que você é Pedro (*petros*), e sobre esta pedra (*petra*) edificarei a minha Igreja" (Mt 16:18). Os sons parecidos levam o ouvinte a comparar as duas palavras, enquanto as suas diferenças no som e no sentido servem para transmitir o sentido de Jesus. "Pedro" traduz (na verdade translitera) a palavra grega *petros* ("pedra"), e "rocha" traduz a palavra *petra* (rocha fixa, plataforma de rocha), o jogo de palavras sobre o nome de

---

[42] Cf. o jogo de Isaías com a raíz *'kl*, i.e., *tõkēlû* "você comerá", *t'ukkᵉlû* "vocês serão devorados" (Is 1:19-20).

• 463 •

INTRODUÇÃO À INTERPRETAÇÃO BÍBLICA

Pedro sugerindo que Cristo fundará a sua Igreja com Pedro (como os capítulos iniciais de Atos posteriormente acabam confirmando).[43]

A repetição de palavras é outro tipo comum de jogo de palavras. Nesse caso, a poesia simplesmente repete uma ou mais palavras, talvez de forma um pouco diferente, ao longo de uma série de versos poéticos. O profeta Isaías habilidosamente usou esse recurso nos versos iniciais da sua "Canção da vinha" (Isaías 5:1). Observe a recorrência das palavras "cantar"/ "cântico" (*shir*), "amigo" (*lididi*, *dodî*) e "vinha" (*kérem*):

Cantarei (*shir*) para o meu amigo (*lididi*)
o seu cântico (*shir*)
a respeito de sua vinha (*kérem*):
Meu amigo (*lididi*) tinha uma vinha (*kérem*)
na encosta de uma fértil colina. (Is 5:1)[44]

Finalmente, os poetas às vezes usam a onomatopeia, isto é, palavras cujo próprio som imita os sons reais das ações que elas retratam. A nossa língua tem várias palavras onomatopaicas. Então dizemos que a abelha "zumbiu" em volta da nossa cabeça, que um bebê "balbuciou" ou que a água "gorgolejou" no cano de drenagem. Cada palavra imita o som feito por uma abelha, um bebê ou um cano. De forma parecida, pode-se quase ouvir o som dos cavalos galopando no segundo verso dessa cena de batalha (Jz 5:22): [45]

| galopavam, | galopavam | os seus poderosos cavalos. |
| *middharot* | *daharot* | *abbiraw* |

Para citar um exemplo do NT, em Tiago 5:1 o autor convida os ricos a "chorar e lamentar-se". A primeira palavra (*klaussate*) pode descrever o choro audível, mas o segundo termo (*ololyzontes*) é com certeza uma palavra onomatopaica que parece um uivo. Alguns sugerem que o verbo *battalogeō* ("continue balbuciando") em Mateus 6:7 também é onomatopaico porque parece com o balbuciar.

---

[43] D. A. Hagner, *Matthew 14—28*, WBC 33b (Dallas: Word, 1995), diz, "Pedro também é a 'rocha' sobre a qual Jesus, o Messias, construirá a sua comunidade" (p. 469). Observe também que, cinco versículos depois (v. 23), Jesus prolonga o jogo de palavras, repreendendo a "rocha" de ameaçar se tornar uma "pedra de tropeço". Este trocadilho confirma que a "rocha" que Jesus identifica é, de fato, o próprio Pedro, não a confissão de Pedro, nem Cristo, como alguns afirmam.

[44] Conforme a obra de Berlin, *Dynamics*, p. 113.

[45] Cf. a imitação de Isaías de pássaros gorjeando (Isaías 10:14) e da linguagem tola (28:10, 13).

• **464** •

REGRAS GERAIS DA HERMENÊUTICA: A POESIA BÍBLICA

Afinal, o uso dessas figuras literárias é válido porque destaca a beleza e a criatividade, tanto da linguagem humana quanto dos poetas que a moldaram em poesia com habilidade para atrair e agradar os leitores. Mas como o conhecimento dos sons hebraicos ajuda na interpretação adequada? Observe que pelo uso hábil dos sons, os poetas bíblicos chamaram atenção especial para as suas palavras. Mesmo sendo agradáveis por si mesmas, essa amostra de sons também sinalizam as intenções dos poetas. Coloca refletores nas palavras que o escritor buscou destacar, e, dessa maneira, pode apontar para o sentido do poema. Em alguns casos, a repetição de "Louvem-no" (*halleluhu*) em alguns salmos mostra que o seu tema é o louvor de Javé (veja Sl 148:3-5; 150; cf. Ap 19:1, 3, 4, 6). Em outros casos, os jogos de palavras criam um contraste estratégico. Para recuperar um exemplo anterior, invertendo as letras *b-w-sh* e *sh-w-b*, o salmista destacou a inversão da sorte pela qual a sua oração pleiteava (Sl 6:10) [TM 6.11]. Ouvir o som das palavras do poeta é, com certeza, uma ferramenta útil para interpretar a poesia bíblica.

ESTRUTURA DA POESIA HEBRAICA

Paralelismo

Os especialistas se referem à estrutura da poesia hebraica como *paralelismo de membros*, um fenômeno que também deu forma às obras dos escritores do NT.[46] O termo "paralelismo" causou, infelizmente, um equívoco comum.[47] Muitas pessoas entendem que o "paralelismo" quer dizer que um segundo verso poético simplesmente reafirma ou contesta o sentido do verso anterior com palavras diferentes. Elas supõem que um sinal de igual (=) liga os versos. Na verdade, o paralelismo é o fenômeno através do qual dois ou mais versos sucessivos

---

[46] Cf. J. L. Bailey e L. D. Vander Broek, *Literary Forms in the New Testament: A Handbook* (Louisville: Westminster John Knox, 1992), p. 77 ("o uso do paralelismo no NT com a máxima certeza teve a sua origem na poesia hebraica"). Por outro lado, Dobbs-Allsopp, "Poetry, Hebrew", p. 552, calcula que "um terço" da poesia bíblica não tem versos paralelos.

[47] Historicamente, esta descoberta vem das palestras inaugurais de R. Lowth como professor de poesia em Oxford no século XVIII (cf. R. Lowth, *De Sacra Poesi Hebraeorum* [Oxford: Clarendon, 1753]; e: *Lectures on the Sacred Poetry of the Hebrews* [London: S. Chadwick & Co., 1847]). Porém, para uma reavaliação crítica da obra de Lowth, veja J. Jarick, ed., *Sacred Conjectures: The Context and Legacy of Robert Lowth and Jean Astruc*, LHBOTS 457 (London: T&T Clark, 2007). As descobertas posteriores demonstraram que a prática do paralelismo era bem difundida entre os poetas semitas: para exemplos ugaríticos, veja M. S. Smith, *Ugaritic Narrative Poetry*, WAW 9 (Atlanta: Scholars Press, 1997). Cf. R. Abbott, "Forked Parallelism in Egyptian, Ugaritic and Hebrew Poetry", *TynBul* 62.1 (2011): p. 41-64, que afirma que os tricólones (também chamados de "paralelismos bifurcados") era o indicador temático comum na poesia primitiva hebraica, ugarítica e egípcia e é cronologicamente anterior à predominância dos bicólones no TM.

• 465 •

INTRODUÇÃO À INTERPRETAÇÃO BÍBLICA

dinamicamente fortalecem, reforçam e desenvolvem o pensamento uns dos outros. Como uma espécie de pensamento adicional, os versos seguintes definem, especificam, intensificam ou contrastam o primeiro um pouco mais. Como define Berlin: "O paralelismo concentra a mensagem em si mesma, mas a sua visão é binocular. Do mesmo modo que a visão humana, ela sobrepõe dois ângulos diferentes do mesmo objeto e da sua convergência ela produz uma sensação de profundidade."[48]

A respeito do efeito de se mover de verso em verso, Alter acrescenta de forma criativa: "Nos exemplos abundantes... o efeito característico no sentido é de ampliar ou intensificar... de destacar, especificar, concretizar, até o que poderia ser chamado de dramatizar."[49] Em outras palavras, os versos paralelos sucessivos não reafirmam simplesmente o verso inicial; em vez disso, eles acrescentam ou expandem o seu pensamento. Isaías 1:10 ilustra essa dinâmica:

> Governantes de Sodoma, ouçam a palavra do SENHOR!
> Vocês, povo de Gomorra, escutem a instrução de nosso Deus!

As correspondências entre esses dois versos são óbvias. As suas estruturas gramaticais são bem semelhantes: imperativo + objeto direto e um vocativo. As palavras individuais também correspondem umas as outras no sentido: "ouçam"/ "escutem"; "palavra do SENHOR"/ "instrução de nosso Deus"; e "governantes de Sodoma"/ "povo de Gomorra."

Como dissemos antes, no entanto, o segundo verso não é simplesmente uma reafirmação do primeiro em palavras diferentes; os dois transparecem diferenças sutis, elas não são realmente sinônimas. "Instrução" (heb. *tôrâ*) realmente não é outra maneira de dizer "palavra" (*d'vār*), nem povo (*'am*) o equivalente exato de "governadores" (*qātsîn*). A Bíblia associa "palavra" com a mensagem de um profeta e "instrução" com o ensino sobre a Lei por um sacerdote (veja Jr 18:18). De forma semelhante, "Sodoma" e "Gomorra" não são simplesmente dois nomes de uma mesma cidade; elas designam cidades distintas, ainda que próximas (cf. Gn 10:19; 14; 18). Ao mesmo tempo, quando são mencionadas juntas (como acontece em geral), elas designam as "cidades gêmeas do pecado".

---

[48] Berlin, *Dynamics*, p. 99; cf. Berlin, "Parallelism", NIDB, 4:379-81; cf. Dobbs-Allsopp, "Poetry, Hebrew", p. 553 ("A estrutura de paralelismos força os ouvintes a considerarem as duas imagens em conjunto e darem lugar a uma nova percepção durante esse processo." Cf. J. M. LeMon e B. A. Strawn, "Parallelism", *DOTWPW*, p. 502-515; e, especificamente para os provérbios, K. M. Heim, *Poetic Imagination in Proverbs: Variant Repetitions and the Nature of Poetry*, BBRSup 4 (Winona Lake, IN: Eisenbrauns, 2013), p. 11-19, 29-35.

[49] Alter, *The Art of Biblical Poetry*, p. 19.

REGRAS GERAIS DA HERMENÊUTICA: A POESIA BÍBLICA

A nosso ver, esta combinação de semelhança e diferença serve ao propósito retórico de Isaías.[50] Por um lado, a menção das duas cidades vizinhas famosas ressalta que todos os ouvintes de Isaías são pecaminosos (como residentes de Sodoma e Gomorra). Por outro lado, a mudança de "palavra" para "instrução" indica uma evolução sutil, mas importante, no fluxo de pensamento de Isaías. "Palavra" sinaliza que o que se segue é uma revelação divina, enquanto que "instrução" diz aos ouvintes para aceitar a mensagem de Isaías como se fosse o ensino de um sacerdote.

Esta fala bem conhecida de Jesus combina, utilizando-se de uma forma retórica parecida, a semelhança e a diferença:

> Amem os seus inimigos,
> façam o bem aos que os odeiam,
> abençoem os que os amaldiçoam,
> orem por aqueles que os maltratam. (Lucas 6:27b, 28)[51]

Os quatro versos, gramática e semanticamente, são paralelos. Cada um se compõe de um imperativo e do seu objeto direto cujos sentidos aparentemente se sobrepõem (e.g., "amem"// "façam o bem", "inimigos" // "aqueles que os odeiam" etc. Um olhar mais próximo, porém, revela nuances sutis nos versos à medida que os versos se sucedem. O segundo esclarece o sentido do primeiro: "inimigos" não são invasores militares, mas "aqueles que o odeiam"; eles são pessoas que "amaldiçoam" e "maltratam" os que creem. "Amá-los" significa "fazer bem" a eles (i.e., fazer qualquer coisa que os beneficie), abençoá-los (i.e., desejar que a bênção de Deus esteja sobre eles), e "orar" em favor deles.

Esses exemplos ressaltam o consenso atual que as relações entre os versos da poesia bíblica são surpreendentemente complexas.[52] O estudante bíblico cuidadoso determinará qual relação existe entre os versos poéticos em cada texto, tendo cuidado para não supor uma noção simplória de que a sua unidade se resume a uma ou duas leis principais, e.g., que eles são sinônimos ou antitéticos. Em vez disso, deve-se levar em conta a lógica dupla do paralelismo, que

---

[50] De forma semelhante, ao criticar Kugel e Alter por entender o paralelismo como baseado principalmente nas diferenças, LeMon e Strawn ("Parallelism", p. 310) destacam que no paralelismo "a igualdade é tão importante quanto a diferença" [...] Tanto a igualdade quanto a diferença importam. Negligenciar uma e favorecer a outra é perder o foco de algo importante sobre a natureza da prosódia hebraica..."

[51] Este exemplo vem de Gillingham, *Poems and Psalms*, p. 84. Recomendamos a sua discussão excelente sobre o paralelismo nos aforismos poéticos de Jesus (p. 82-88).

[52] LeMon e Strawn, "Parallelism", p. 512; cf. o exemplo ilustrativo em Kugel, *The Idea of Biblical Poetry*, p. 2-7 e o aviso de Alter sobre chegar a conclusões precipitadas, *The Art of Biblical Poetry*, p. 18.

INTRODUÇÃO À INTERPRETAÇÃO BÍBLICA

ele simultaneamente invoca a "lógica da sinonímia e a lógica da evolução do pensamento..."[53]

Unidades básicas do paralelismo

Tradicionalmente, os especialistas subdividem o paralelismo entre três tipos: sinônimo, antitético e sintético, dependendo se o verso posterior reafirma, contrasta ou desenvolve o primeiro, respectivamente.[54] O estudo recente, no entanto, tende a evitar essas categorias como simplistas demais e enganosas.

Então, seguiremos abaixo um esquema comum e útil simplesmente para sugerir de forma adequada as maneiras pelas quais o paralelismo funciona. O nosso propósito é duplo: (1) sensibilizar o leitor para o poder comunicativo do paralelismo, e (2) ajudá-lo a seguir o seu caminho através do que de outro modo pareceria uma mata virgem impenetrável de complexidade. Para fazer isso, primeiramente precisamos considerar como os especialistas descrevem os versos poéticos. Com esse conhecimento, seremos capazes de descrevê-los de forma precisa e, de forma mais importante, visualizar as semelhanças e as diferenças entre eles. Por sua vez, esses passos preliminares nos farão entender como as linhas se inter-relacionam.

O termo técnico para um verso em separado da poesia é a linha poética.[55] Duas linhas paralelas formam uma unidade que os especialistas chamam de parelha ou dístico. Três linhas paralelas formam um terceto ou um trístico. Do mesmo modo que a subdivisão da Bíblia em capítulos e versículos nos permite identificar as suas partes menores, os especialistas comumente atribuem uma letra maiúscula a cada linha considerada paralela com a(s) próxima(s) linha(s). Assim, a primeira linha de um trístico seria "A" e as próximas duas linhas seriam "B" e "C", respectivamente. Eles também usam letras minúsculas para identificar as subdivisões em uma única linha. Examine esse exemplo onde duas linhas, denominadas A e B, são razoavelmente sinônimas (Sl 77:1):

	a	*b*	*c*
A.	Clamo	a Deus	por socorro
	a'	*b'*	*c'*
B.	clamo	a Deus	que me escute

---

[53] Longman, "Biblical Poetry", p. 84.

[54] Cf. de forma conveniente Petersen e Richards, *Interpreting Hebrew Poetry*, p. 24-27. Como eles explicam, a definição tradicional de paralelismo sintético provou ser muito problemática.

[55] Do grego. *stichos* "fileira, linha (de escrita)"; plural *stichoi* (pronunciado "sticoi"). Outros especialistas preferem o termo "cólon" (plural "cólones"); Alter (*The Art of Biblical Poetry*, p. 9) opta por "verseto" enquanto Petersen e Richards preferem "cólon" ou "linha" (*Interpreting Hebrew Poetry*, p. 23).

• **468** •

REGRAS GERAIS DA HERMENÊUTICA: A POESIA BÍBLICA

As duas linhas têm três partes denominadas *a*, *b* e *c* em A e *a'*, *b'*, *c'* em B. Dois princípios esquemáticos estão funcionando aqui:

1. Primeiramente, em cada linha a mesma letra descreve elementos que têm o mesmo significado (são paralelos semanticamente) ou desempenham o mesmo papel na sentença (são paralelos sintaticamente).
2. Em segundo lugar, o acréscimo de ' a uma letra (e.g, *a'* chamado de "a linha") mostra que ela pertence à segunda linha.[56]

Assim, poderia se descrever a estrutura da linha A como *a b c*, e da linha B como *a' b' c'*, e do versículo total como *a b c / a' b' c'*.

Como um segundo exemplo, observe esse versículo onde a linha expressa um contraste (Pv 14:34):

	a	*b*	*c*
A.	A justiça	engrandece	a nação,
	-a	*-b*	*-c*
B.	mas o pecado	é uma vergonha	para qualquer povo

Sintaticamente, as duas linhas são paralelas, mas semanticamente elas expressam sentidos opostos. Para identificar esse contraste, antecedemos as letras descrevendo a linha B com um sinal de menos (-). A partir daí, descrevemos a sua estrutura como *-a -b -c* e do versículo inteiro como *a b c / -a -b -c*.

Frequentemente, no entanto, uma segunda (ou terceira) linha pode omitir itens encontrados na primeira, um fenômeno chamado *elipse*. Por exemplo, é comum para a segunda linha (B) supor a presença do verbo da primeira linha, mas não repeti-lo. Essa omissão deixa a segunda linha sem verbo. Estude esse exemplo (Am 8:10):[57]

	a	*b*	*c*
A.	Transformarei	as suas festas	em velório
		b'	*c'*
B.	e	todos os seus cânticos	em lamentação.

---

[56] Se houvesse uma terceira linha paralela, cada um dos seus elementos levaria duas linhas (e.g., a'', chamada também de dupla linha). As da quarta linha (uma ocorrência rara, porém possível) teria linha tripla (e.g. a''').

[57] Devemos o primeiro exemplo a LaSor, et al., *Old Testament Survey*, p. 233, o segundo a Kugel, *The Idea of Biblical Poetry*, p. 6. Em vez de "elipse", Alter prefere o termo "repetição oculta" (*The Art of Biblical Poetry*, p. 23; cf. sua discussão esclarecedora sobre o fenômeno, p. 24-26).

INTRODUÇÃO À INTERPRETAÇÃO BÍBLICA

A segunda linha (B) subentende mas omite um verbo como "transformarei", presente na primeira linha (A). Supostamente, o palavreado escolhido para a segunda linha ditou a omissão do verbo. Essa omissão não quer dizer, no entanto, que a segunda linha seja menor que a primeira.[58]

Em outros casos, a segunda linha (B) pode omitir o verbo e acrescentar elementos que não encontram paralelo na primeira: (Sl 50:4; cf. Am 9:10):

	a	*b*	
A.	Ele convoca	os altos céus,	
		b'	*c*
B.	e	a terra,	para o julgamento do seu povo

A segunda linha omite (mas subentende) o verbo "ele convoca", mas também acrescenta uma frase (c) que, de forma bem importante, especifica o propósito daquela convocação. Em outras palavras, em vez de simplesmente reafirmar a ideia de A, aqui a segunda linha a desenvolve ao afirmar o seu propósito.[59] Este exemplo tem a estrutura *a b/ b' c*.

Processo de funcionamento do paralelismo

As relações que unem as linhas paralelas variam num contínuo crescente de complexidade: uma complexidade que não é descrita de forma adequada pelas categorias tradicionais do paralelismo (i.e., sinônimo, antitético, sintético). De um lado do contínuo estão os casos raros de paralelismo sinônimo no qual a segunda linha simplesmente reafirma a primeira em palavras diferentes (Pv 19:5):

A testemunha falsa não ficará sem castigo,
e aquele que despeja mentiras não sairá livre.[60]

Os paralelos são óbvios: "testemunha falsa"/ "aquele que despeja mentiras" e "não ficará sem castigo"/ "não sairá livre." Não há um desenvolvimento

---

[58] No "Magnificat" de Maria (Lc 1:52), mesmo que A termine com uma frase proposicional, B a omite: "[Deus] Derrubou governantes dos seus tronos, mas exaltou os humildes [...]." O paralelismo é a b c d / a' b' c'; cf. Bailey e Vander Broek, *Literary Forms*, p. 163-164.

[59] Pelo fato de c não repetir nada da linha A, ele não se chama "c linha." Observe também a progressão de "céus" para "terra", isto é, do extremo mais alto do cosmos criado para o mais baixo. Esses pares de extremos (céus e terra) são chamados merismas (veja adiante).

[60] Cf. Alter, *The Art of Biblical Poetry*, p. 22; Jó 27:4. Aqui também pertencem os ainda mais extremos e raros paralelismos exatos, isto é, refrões repetidos como "o seu amor dura para sempre!" (Sl 136), ou "louvem-no" (Sl 150); cf. Berlin, *Dynamics*, p. 130.

• **470** •

REGRAS GERAIS DA HERMENÊUTICA: A POESIA BÍBLICA

perceptível da primeira linha para a segunda. Do outro lado do contínuo estão os casos onde a linha B não mostra semelhança alguma com a primeira (Sl 115:18):

> Mas nós bendiremos o Senhor,
>> desde agora e para sempre!

Nesse caso, B completa a primeira linha gramaticalmente; as duas linhas formam uma única sentença.[61] Como veremos, a maior parte da poesia bíblica se situa em algum lugar entre esses dois extremos. Para determinar em que lugar que uma linha deve ser colocada no contínuo, precisamos entender a dinâmica do paralelismo: o modo pelo qual ele funciona. Este entendimento é importante para uma análise precisa da poesia.

O que faz o paralelismo funcionar?	O paralelismo combina características da: Gramática/Palavras com os seus Sentidos/Sons.
	O paralelismo coloca lado a lado características da linguagem de maneira intrigante e criativa para despertar o interesse.

Como Berlin demonstrou, os versos paralelos podem se inter-relacionar gramaticalmente, lexicalmente, semanticamente e fonologicamente.[62] Alguns paralelos são inter-relacionados por um desses fatores, outros por todos os três. O *fator gramatical* é o esqueleto estrutural do paralelismo. Ele se refere aos elementos da gramática (tempo verbal, modo, caso, número etc.) que aparecem em cada verso dos dois paralelos. Por exemplo, ao comparar linhas, pode-se observar uma mudança dos substantivos, do singular para o plural, ou em verbos, do presente para o futuro. A linha A pode ser afirmativa, enquanto a sua linha paralela (B) faz uma pergunta; outra linha pode afirmar algo positivamente, enquanto a sua paralela afirma de forma negativa.[63]

Se a gramática traz o esqueleto, o *fator léxico-semântico* traz a carne e o sangue.[64] Este aspecto destaca a relação entre as palavras específicas em cada linha paralela. Por exemplo, como seu parente linguístico no ugarítico antigo, os poetas hebraicos geralmente construíam a sua poesia ao redor de "pares de

---

[61] Cf. Berlin, *Dynamics*, p. 90, n. 42.

[62] Aqui trazemos um panorama simplificado da análise excelente e detalhada de Berlin (*Dynamics*, p. 31-126; cf. também o resumo do paradigma, p. 29).

[63] Cf. os exemplos trazidos por Berlin, *Dynamics*, p. 56-57, 59: "Quem morreu não se lembra de ti. / Entre os mortos, quem te louvará?" (Sl 6:5 [TM 6.6]). "Meu filho, não se esqueça da minha lei, / mas guarde no coração os meus mandamentos" (Provérbios 3:1).

[64] Berlin, *Dynamics*, p. 64.

INTRODUÇÃO À INTERPRETAÇÃO BÍBLICA

palavras", conjuntos de palavras comumente associadas.[65] Isto explica a razão de as linhas paralelas comumente se desenvolverem a partir de sinônimos (comer/beber, terra/pó) ou antônimos (direita/esquerda, há, não há).[66] Ao mesmo tempo, isto também permite que um poeta sobreponha duas palavras que não são associadas de forma criativa para dar um efeito poético (para exemplos, veja adiante).

O *fator fonológico* se refere ao uso de palavras de sons semelhantes (e.g., assonância, aliteração, e jogo de palavras ou paronomásia) em uma única linha ou em linhas paralelas. Geralmente se usa para efeito retórico. Uma piada popular, por exemplo, fala de um homem condenado à forca por sempre fazer trocadilhos. Enquanto ele estava sobre o andaime, a multidão compassiva mudou a sua sentença para uma menos severa, e ele respondeu: "Sem nós, é *nóis!*" Com certeza, para acessar esse aspecto no AT o leitor tem que ler o hebraico em voz alta, prestando atenção nos sons parecidos. Mesmo assim, os leitores da Bíblia em português precisam entender esse fenômeno porque os comentaristas bíblicos frequentemente o empregam.

De vez em quando, as notas de rodapé em nossas versões indicam a presença de trocadilhos nos nomes hebraicos (Jr 1:12; 19:7; Mq 1:10-15; etc.).

Tipos de paralelismo

Como as linhas paralelas da poesia hebraica se inter-relacionam? Aqui seguimos as três variantes principais do paralelismo propostas por Gillingham para expressar nuances mais profundas da definição básica de Kugel "A, então B."[67] Compilamos alguns exemplos dos estudos recentes e os colocamos em ordem sistemática dentro das categorias de Gillingham. O nosso propósito é treinar o olho do leitor para identificar o paralelismo e trazer alguns termos

---

[65] Cf. W.G.E. Watson, *Traditional Techniques in Classical Hebrew Verse*, JSOTSup 170 (Sheffield: Sheffield Academic Press, 1994), p. 262-312;. Y. Avishur, *Stylistic Studies of Word-Pairs in Biblical and Ancient Semitic Literatures* (Neukirchener-Vluyn: Neukirchener, 1984). Para catálogos desse fenômeno, veja M. Dahood, "Ugaritic-Hebrew Parallel Pairs", *Ras Shamra Parallels* [=RSP] (Roma: Biblical Institute Press, 1972), 1:71-382 (ed. L. R. Fisher); RSP (1975), 2:1-39 (ed. L. R. Fisher); RSP (1981), 3:1-206 (ed. S. Rummel). Para a sua interpretação, veja Berlin, *Dynamics*, p. 64-102.

[66] Watson, *Classical Hebrew Poetry*, p. 131-132 (cf. também a sua ótima visão geral, p. 128-144).

[67] Gillingham, *Poems and Psalms*, p. 78-82. cf. a aprovação recente de Heim de seu método, de forma mais importante, "mas o reconhecimento que existem tipos diferentes de paralelismo... e que o paralelismo hebraico dá margem à diferença tanto quanto à semelhança" (*Poetic Imagination*, p. 28). As subcategorias adiante, no entanto, são de nossa autoria, baseadas em exemplos compilados de Berlin, Alter, e Kugel. Agradecemos ao nosso colega, o professor D. Carroll R., por trazer os exemplos usados abaixo do livro de Amós.

• 472 •

REGRAS GERAIS DA HERMENÊUTICA: A POESIA BÍBLICA

para descrever como as linhas funcionam e se inter-relacionam — elementos principais para se interpretar a poesia.

TIPOS PRINCIPAIS DE PARALELISMO		
Tipo	**Definição**	**Relação**
A = B	A é igual a B	**A** e **B** são equivalentes **B** é um eco / é um contraste de **A**
A > B	A é maior que B	**A** expressa a ideia principal **B** dá uma qualificação adicional
A < B	B é maior que A	**A** introduz a ideia principal **B** expressa a ideia principal para complementar/completar **A**

1. A primeira variante do paralelismo (A = B) acontece quando A e B forem intercambiáveis de algum modo, i.e., B ou ecoa A ou contrasta com ele.[68] Nas palavras famosas de Jesus em Mateus 11:30, por exemplo, B simplesmente ecoa A. (i.e., *a b c / a' b' c'*):

		a	*b*	*c*
A.	Pois	o meu jugo	é	suave
		a'	*b'*	*c'*
B.	e	o meu fardo	é	leve

Por outro lado, Provérbios 11:20 (Bíblia Viva) ilustra como A = B também pode sinalizar um contraste:

		a	*b*	*c*
A.	O Senhor	destesta	o homem desobediente e rebelde,
		-b	*-c*
B.	mas	se alegra com	as pessoas sinceras e obedientes

A elipse do sujeito ("O Senhor") e o contraste em B produz o paralelismo *a b c / -b -c*. Ele "detesta" os maus, mas "se alegra" com o justo. Isto se trata de

---

[68] Essa "variante" combina as categorias antigas de paralelismos sinônimos e antitéticos. Como exemplos, Gillingham cita Jó 10:12; Sl 33:6-7; Is 62:1; Am 9:2; Mt 5:42//Lc 6:30; Mc 10:38//Mt 20:22; Lc 11:17 (a nosso ver, de forma errada); Mc 13:24-25//Mt 24:29; Lc 6:27, 37-38//Mt 7:1-2; Lc 15:32; 16:10; cf. Gillingham, *Poems and Psalms*, p. 78-80, 84-85. Para outros exemplos de contraste, veja Amós 6:3, 6; 8:8.

• 473 •

INTRODUÇÃO À INTERPRETAÇÃO BÍBLICA

um contraste antitético, porque fala de opostos que não tem nada em comum. Na Bíblia, bem e mal são opostos engajados em um combate mortal. Por causa da sua natureza, Javé não pode se alegrar com os maus, nem detestar os justos. De relance, devem-se notar os dois gumes que esse provérbio tem, ele tanto encoraja quanto avisa. Por um lado, anima o justo para continuar com sua vida sem culpa. Por outro, avisa ao mau para abandonar a sua conduta odiosa.

De vez em quando, os versos paralelos trazem um contraste que não é antitético. Por esta razão, temos definido esta categoria como de "contraste", não de "antítese."[69] Observe Juízes 5:25:

	a		*b*	*c*
A.	Ele		pediu	água,
	a'	*d*	*b'*	*c'*
B.	e	ela	lhe	deu	leite;

O verso contrasta a água, que o general cananeu buscava, e o leite, que a mulher queneia, Jael, lhe serviu. De forma diferente do exemplo anterior, não existe antítese aqui, porque água e leite são alternativas aceitáveis, não antônimos diretos. Em resumo, o paralelismo de contraste envolve o contraste simples e a antítese real.

2. Na segunda variante do paralelismo (A > B), A afirma a ideia principal, enquanto B a qualifica, completando assim de forma mais ampla o pensamento de A. Por exemplo, a poesia bíblica geralmente exibe um paralelismo de *subordinação*, no qual a segunda linha está subordinada gramaticalmente a sua linha paralela. Em Salmos 111:6, por exemplo, a linha B descreve o *meio* pelo qual Javé operou o que a linha A afirmou:[70]

A.   Mostrou ao seu povo os seus feitos poderosos,

B.   dando-lhe as terras das nações.

Em outras palavras, A deixa o leitor com uma pergunta: como Javé mostrou a seu povo o seu poder? A linha B responde: ele o demonstrou tirando o território que outras nações possuíam e dando-o a seu povo.

---

[69] Como diz Berlin, *Dynamics*, p. 95.

[70] Assim afirma Berlin, *Dynamics*, p. 81; cf. Amós 4:1b-c; 5:15a; Gillingham, *Poems and Psalms*, p. 80-81 e 85-86, que traz outros exemplos (Gn 4:24; Pv 30:8; Is 45:12; Jr 2:15; Mt 6:12//Lc 11:4; Mt 7:7-8//Lc 11:9-10; Mt 7:17; Mc 2:27; Lc 12:48, 49-50; 18:14).

• **474** •

REGRAS GERAIS DA HERMENÊUTICA: A POESIA BÍBLICA

Também é comum para uma linha afirmar a *razão* para as afirmações de outra, como Êxodo 15:21 mostra:

A.   Cantem ao Senhor, (afirmação)

B.   pois triunfou gloriosamente. (razão)

C.   Lançou ao mar

D.   o cavalo e o seu cavaleiro.[71] (exemplo)

A interpretação correta exige que o leitor siga com cuidado a lógica de cada verso. "Cantem ao Senhor" afirma a ideia principal, apelando para que se expresse em cântico. Mas por que se deveria cantar louvor a Javé? Porque ele é um Deus "altamente exaltado" (cf. também Sl 13:6). Isto é, ele é o governador cósmico do céu e da terra, totalmente merecedor dessa alta honra. Mas o verso responde uma última pergunta: Que prova confirma a sua posição exaltada? A resposta se segue: "Lançou ao mar o cavalo e o seu cavaleiro" (uma alusão à derrota infligida por Javé ao faraó no mar Vermelho). Em resumo, nesse caso o poeta qualifica o comando com uma justificativa, depois apoia a justificativa com um exemplo (veja Sl 106:1; 107:1). Para entender o sentido do profeta de forma adequada, deve-se andar pelas linhas, classificando cada uma como fizemos acima.

Em outros casos, uma linha especifica *o tempo* da sua paralela:

A.   Junto aos rios da Babilônia,
         ali nos assentamos e choramos, (afirmação)

B.   quando nos lembramos de Sião. (Sl 137:1, ACF) (oração temporal)[72]

Aqui o poeta descreve como os israelitas exilados se sentaram e choraram na Babilônia. A oração temporal define a época em que eles choraram: quando eles se lembraram de Sião, o monte santo em sua terra natal. De forma implícita, no entanto, a oração temporal também revela a razão da tristeza do povo, a lembrança do amado Sião.[73]

---

[71] Nesse exemplo, C > D também, exemplificando a regra geral A > B, porque D é objeto direto de C.

[72] Cf. Salmos 14:7b, "Quando o Senhor restaurar o seu povo [oração temporal] / Jacó exultará! Israel se regozijará!" [chamado para regozijar]. Nesse caso, a afirmação também expressa o resultado da oração temporal.

[73] Cf. também casos onde uma linha é uma frase preposicional subordinada à outra: "Ali, nos salgueiros penduramos as nossas harpas; (Sl 137:2; da mesma forma Alter, *The Art of Biblical Poetry*, 19). Cf. Juízes 5:25b.

INTRODUÇÃO À INTERPRETAÇÃO BÍBLICA

3. A terceira variante do paralelismo (A < B) acontece quando A prefacia a ideia principal, enquanto B expressa a ideia principal que complementa ou completa A. De forma diferente do Salmo 137:1 acima, no Salmo 114:1-2 o paralelismo de tempo (A) é duplo (versos A//B): eles precedem e criam o cenário para a afirmação principal que vai complementá-la. (B [versos C//D]):

A.	Quando	Israel	saiu	do Egito	(oração temporal dupla)
B.	e a casa de	Jacó	saiu		do meio de um povo de língua estrangeira,
C.		Judá	tornou-se	o santuário de Deus,	(oração principal dupla)
D.		Israel		o seu domínio.	

O prefácio A//B une a afirmação principal de forma temporal e geográfica com o êxodo histórico de Israel do Egito. Ele usa nomes sinônimos para a nação ("Israel" // "Jacó") e relembra o "Egito", não como o local de opressão terrível, mas como um povo de língua estrangeira (não semita). A afirmação principal (C//D) se concentra nos dois resultados: "Judá" tornou-se "o santuário de Deus" (i.e., o centro religioso da nação), enquanto Israel (aqui provavelmente a nação toda) se tornou "seu domínio" (i.e., o seu domínio real). O restante de Salmos 114 relata as reações dramáticas ao acontecimento no mar Vermelho, no rio Jordão, e nas montanhas (v. 3-6), e termina com um apelo para toda a terra para reagir, e para tremer diante do pensamento da presença de Deus (v. 7-8).

Nos casos de paralelismo de continuação, por exemplo, os versos paralelos que se seguem apresentam uma evolução do pensamento. Por exemplo, observe como Isaías 40:9 cria a ilusão de repetição simples, mas realmente retrata uma progressão:[74]

A.   Você, que traz boas novas a Sião,

B.   suba num alto monte.

C.   Você, que traz boas novas a Jerusalém,

D.   erga a sua voz com fortes gritos,

E.   erga-a, não tenha medo;

F.   diga às cidades de Judá:

G.   "Aqui está o seu Deus!"

---

[74] Cf. Berlin, *Dynamics*, p. 90-91, que, de qualquer modo, oferece uma discussão linguística mais técnica; cf. também Is 16:5; Am 1:5, 8; Ef 5:14; 2Tm 2:11-13. Os exemplos de Gillingham da variação A < B (*Poems and Psalms*, p. 81-82 e 86-87) incluem Jz 5:4-5, 26-27; Sl 29:1, 10; 77:17; Is 40:3; Jr 31:21; Mt 7:11 // Lc 11:13; Mt 8:20 // Lc 9:58; Mt 10:32-33 // Lc 12:8-9; Mt 15:11; Lc 9:24 // Mt 16:25 // Mc 8:35. Cf. também Am 1:4-5; 5:5-6, 15.

REGRAS GERAIS DA HERMENÊUTICA: A POESIA BÍBLICA

À primeira vista, as frases repetidas e as palavras paralelas criam a impressão de que as linhas sucessivas reafirmam a primeira com outras palavras.[75] Na verdade, o texto pinta as ações do mensageiro na ordem que elas aconteceriam normalmente. Primeiro, ele subiria para um monte alto para abordar uma grande área, e depois ele gritaria a sua mensagem. Somente depois que ele diria: "Aqui está o seu Deus!", reservado aqui para ser a última linha, aquela que traz o clímax. Por causa disso, para entender esses exemplos, o leitor tem que ignorar a ilusão da repetição e pensar através da lógica de cada linha para descobrir como uma delas interage com a anterior. Negligenciar esse processo trará uma leitura equivocada do texto.

Em um *paralelismo de comparação*, os versos paralelos formam uma símile, isto é, uma comparação. (Para observar uma símile, veja mais adiante Amós 2:13). Salmos 103:13 ilustra esse paralelismo comum:

A.   Como um pai tem compaixão de seus filhos,

B.   assim o Senhor tem compaixão dos que o temem;

Aqui o salmista descreve a compaixão do Senhor comparando-a à de um pai com relação a seus filhos. Ele explica o desconhecido (ou menos conhecido), a compaixão do Senhor, apelando para algo bem (ou pelo menos mais) conhecido: a compaixão de um pai. Através da comparação, o poeta encarna o que de outra forma permaneceria uma ideia abstrata ("O Senhor tem compaixão"). De forma implícita, ele remete às experiências de infância do leitor, à maneira que compassivamente o pai dele ou dela emendou as gafes mais claras com um sorriso e um abraço. O leitor então visualiza a misericórdia do Senhor em termos parecidos. E esta é a intenção: "O Senhor tem compaixão." Mas esta parelha também explica sutilmente quem são os filhos do Senhor, não somente israelitas étnicos, mas "aqueles que o temem."

Às vezes, porém, a comparação é implícita em vez de explícita. Dizemos "implícita" porque nesses casos o texto hebraico não tem sinais claros de símile, a palavra "como". Em vez disso, ela simplesmente emparelha duas linhas lado a lado sem esclarecer a sua conexão (i.e., uma metáfora). Observe como Salmos 125:2 expressa literalmente:

A.   Jerusalém, os montes em redor

B.   E YHWH [Javé] está ao redor do seu povo.[76]

---

[75] I.e., "você que traz boas novas", / "erga (sua voz)", "Sião" / "Jerusalém."

[76] O exemplo e a tradução vêm da obra de Berlin, *Dynamics*, p. 101 (cf. toda a discussão e outros exemplos, p. 100-101).

• 477 •

INTRODUÇÃO À INTERPRETAÇÃO BÍBLICA

Por que o salmista colocou essas duas linhas juntas? Como elas se inter-relacionam? Obviamente, ele sobrepôs "montes" e "YHWH" (Javé) porque eles de algum modo têm um elo de comparação. O que eles têm em comum? Os dois protegem Jerusalém dos ataques dos seus inimigos. A partir daí, a parelha compara a proteção que os dois oferecem. Como antes, o poeta fala de uma ideia abstrata de forma concreta. A linha sobre os montes de Jerusalém serve como símile da proteção dada por Javé. Reconhecendo isso, a NVI torna clara a símile usando a palavra "como":

Como os montes cercam Jerusalém,
assim o Senhor protege o seu povo,[77]

Refletindo sobre a proteção de Javé, imagina-se uma muralha gigante e elevada de rocha sólida, algo impossível dos inimigos penetrarem. Para entender o sentido do poeta, o leitor precisa avaliar como se comparam os montes com o Senhor, e se o destaque real do salmista está nos montes ou no Senhor (obviamente é a segunda alternativa). Quando se interpreta comparações, o leitor precisa tomar o cuidado de evitar de se preocupar com a distinção da símile (o significado de "montes" ou "pai"), como se fosse o sentido do poeta. Em vez disso, o leitor precisa buscar entender o foco principal (a compaixão ou a proteção do Senhor) à luz do retrato da símile.

A comparação também engloba exemplos onde os poetas invocam os argumentos tradicionais "do menor ao maior". Jesus falando em Mateus 7:11 exemplifica isso:[78]

A.   Se vocês, apesar de serem maus, sabem dar boas coisas aos seus filhos,

B.   quanto mais o Pai de vocês, que está nos céus, dará coisas boas aos que lhe pedirem!

As linhas comparam a generosidade dos pais terrenos, que são "maus", com o "Pai de vocês", que supostamente é "justo". A comparação defende que se o primeiro (o "menor") dá presentes aos seus filhos, o último (o "maior") fará isso muito mais generosamente se lhe pedirem. Claramente, B dá a ideia principal depois da introdução de A.

No paralelismo de *especificação*, cada linha que sucede especifica ainda mais o que a linha de abertura afirma em termos gerais. Em outras palavras, o

---

[77] Cf. também Provérbios 26:9.
[78] Cf. Gillingham, *Poems and Psalms*, p. 86.

REGRAS GERAIS DA HERMENÊUTICA: A POESIA BÍBLICA

movimento é do geral para o específico.[79] Existem várias formas de especificação. Às vezes ela tem a ver com entidades espaciais ou geográficas. Isaías 45:12 ilustra esse tipo (destaque nosso):

A.   Fui eu que fiz a *terra* (geral)
B.   e nela criei a *humanidade.* (específico)
C.   Minhas próprias mãos estenderam os *céus*; (geral)
D.   eu dispus o seu exército de *estrelas.* (específico)

Nesses dois dísticos, Javé afirma que ele criou o universo.[80] Observe como cada primeira linha (A, C) se refere a uma esfera geográfica geral (a terra, os céus), enquanto a segunda (B, D) destaca algo mais específico dentro dessa esfera, a saber, os seus habitantes. Este movimento, do geral para o específico, estreita a atenção para uma perspectiva menor. Ao mesmo tempo, as linhas CD continuam o pensamento de AB sobre o tema: "Javé é o criador soberano." Elas agem dessa maneira mudando o local da sua soberania da terra (AB) para os céus onde ele "colocou em ordem" (e "coloca") o seu exército de estrelas [isto é, anjos], o meio pelo qual Deus pode resgatar Israel.

Em outros casos desse tipo, as linhas sucessivas trazem uma explicação da linha de introdução. Considere, por exemplo, como as linhas de Isaías 48:20b-21 explicam a linha introdutória dando detalhes:

A.   Digam: O Senhor resgatou seu servo Jacó.
B.   Não tiveram sede quando ele os conduziu através dos desertos;
C.   ele fez água fluir da rocha para eles;
D.   fendeu a rocha, e a água jorrou.[81]

A primeira linha (A) traz a afirmação geral: "O Senhor resgatou seu servo Jacó"; as que se seguem (B, C, D) explicam esse resgate. Além disso, as linhas seguintes se tornam cada vez mais específicas, cada uma de forma implícita respondendo uma pergunta que surge da linha paralela anterior. Alter descreve essa técnica como "corrente explicativa":

---

[79] Devemos muito do que se segue a Alter, *The Art of Biblical Poetry*, p. 9-26; cf. o seu comentário (p. 19): "A regra geral [...] é que o tema geral apareça no primeiro verseto [i.e., linha] e um exemplo mais específico da categoria geral no segundo verseto." Cf. Amós 5:15a.

[80] No contexto, a estrofe traz provas para banir a dúvida do seu povo sobre a sua habilidade de trazê-los de volta do exílio (veja v. 11-13). O argumento (tecnicamente, "do maior para o menor") evolui assim: "Se o meu poder fez todo o cosmos gigantesco, com certeza ele pode resgatar Israel das mãos humanas."

[81] A tradução é nossa; os destaques são de Alter, *The Art of Biblical Poetry*, p. 20.

INTRODUÇÃO À INTERPRETAÇÃO BÍBLICA

O que quer dizer que Deus "resgatou" Israel (primeiro verseto [i.e., linha])? Eles não estavam sedentos no deserto (segundo verseto). Como eles poderiam não ter sede? Porque ele fez água fluir da rocha (terceiro verseto). Como ele fez água fluir de uma rocha? Fendendo a rocha para que a água jorrasse (quarto verseto).[82]

O poeta pode teria ter levado o assunto da redenção de Israel para muitas direções. Os seus comentários poderiam ter recordado, por exemplo, a derrota do faraó no mar Vermelho, a provisão maravilhosa do maná, a libertação de Israel da escravidão, ou o encontro com Deus no monte Sinai. Em vez disso, ele destacou um episódio, o dia que Javé fendeu uma rocha para dar água para Israel (cf. Números 20:11). Reforçando, a interpretação adequada considera com cuidado o desenvolvimento do raciocínio entre a primeira linha e as seguintes.

Em outro tipo de paralelismo de especificação, a segunda linha especifica a primeira de forma dramática; os termos gerais da linha A são seguidos por uma linguagem impactante em B. Observe, por exemplo, o efeito dramático atingido por uma mudança simples no verbo:

A.   *Inclinem-se diante dele* as tribos do deserto,
B.   e os seus inimigos *lambam o pó.* (Sl 72:9, destaque nosso)

O contexto é a oração por um reino bem-sucedido por parte do rei de Israel, talvez na ocasião da sua coroação.[83] O falante (possivelmente um sacerdote) afirma um aspecto daquele sucesso esperado: o domínio amplo do rei. Tipicamente, a linha A afirma que as tribos do deserto se submeterão ao governo do rei. No costume antigo, "prostrar-se diante de alguém" era para mostrar a essa pessoa grande honra. A linha B, no entanto, dá dois detalhes: ela especifica que essas tribos não eram amigas do rei, mas "inimigas", e retrata de forma concreta o seu prostrar: eles "lambem o pó." A linguagem surpreendente afirma dramaticamente a plenitude e a humilhação de sua rendição.

Ainda em outro tipo, a segunda linha pode especificar o propósito da primeira. Considere Provérbios 4:1, por exemplo:

	a	*b*
A.	Ouçam, meus filhos,	a instrução de um pai;
	a'	*c*
B.	estejam atentos	[à instrução de um pai], e obterão discernimento.

---

[82] Alter, *The Art of Biblical Poetry*, p. 20.
[83] Cf. E. S. Gerstenberger, *Psalms Part 1: With an Introduction to Cultic Poetry*, FOTL 14 (Grand Rapids: Eerdmans, 1988) p. 19; Salmos 2; 110.

REGRAS GERAIS DA HERMENÊUTICA: A POESIA BÍBLICA

O paralelismo entre "ouçam" (*a*) e "estejam atentos" (*a*') cria a impressão de que B (*a' c*) simplesmente reafirma A. A elipse de *b* ("a instrução de um pai"), porém, abre ao poeta algum espaço rítmico para acrescentar uma oração de propósito (*c*, "e obterão discernimento").

Desse modo, *a' c* vai além de uma simples reafirmação de *a b*: ela especifica o propósito da última (Por que um filho deve ouvir o ensino de seu pai? Para obter discernimento). Uma natureza complementar da segunda linha deve ser reconhecida para uma interpretação adequada. Uma paráfrase correta do provérbio seria: um filho sábio ouve o ensino de seu pai de modo a obter discernimento.

O último uso fundamental da variante A < B do paralelismo é o *paralelismo de intensificação*. A intensificação acontece quando a segunda linha de uma parelha reafirma a primeira de uma forma mais aguda, extrema ou forte. A fim de parafrasear a dinâmica, podemos dizer que a segunda desenvolve a primeira dizendo: "Não somente isso, mas ainda mais!"[84] O efeito dessa linguagem intensificada é o de aumentar o poder poético de todo o dístico. O exemplo mais óbvio de intensificação é o uso de números em paralelismo. Considere esse versículo do discurso de despedida de Moisés pouco antes da sua morte:

A.   Como poderia *um* só homem perseguir *mil*,
B.   ou *dois* porem em fuga *dez mil*? (Dt 32:30, destaque nosso)

Obviamente, os números "um" e "dois", ou "mil" e "dez mil" não são sinônimos, mas quantidades emparelhadas do menor para o maior. A pergunta de Moisés invoca duas hipóteses de proporções de força militar, a segunda maior do que a primeira, para ressaltar a grande chance de derrota. Então, depois da proporção 1:1000 em A, a palavra "dois" em B faz o leitor esperar uma razão de 2:2000. Em vez disso, "dez mil" de forma inesperada aumenta as chances adversas em dez vezes para atingir um efeito poético de clímax: ampliar a imagem da admirável conquista militar a qual Moisés se refere.[85]

---

[84] Alter, *The Art of Biblical Poetry*, p. 11, que a compara com o argumento lógico *a fortiori*; cf. a fórmula resumida de Kugel "A é assim, e, B é ainda mais" (*The Idea of Biblical Poetry*, p. 8). Isto se compara ao que alguns especialistas chamam de "paralelismo climático"; da mesma forma que L. Ryken, *Words of Delight: A Literary Introduction to the Bible* (Grand Rapids: Baker, 1987), p. 181-182. Para outros exemplos, veja Am 1:11; 2:2b; 2:14-16; 5:16b-17; 9:2-4.

[85] Cf. também "sete" / "setenta e sete" na vanglória de Lameque (Gn 4:24). Um fenômeno mais comum é emparelhar um número com um número natural sucessivo (e.g., "três" / "quatro" Pv 30:15,18; Am 1:3, 6, 9 etc.; "sete" / "oito." Ec 11:2; Mq 5:5 [TM 5.4]. Os especialistas descrevem esse recurso com a fórmula "n/n+1." Para uma discussão completa do paralelismo numérico, veja Watson, *Classical Hebrew Poetry*, p. 144-149.

INTRODUÇÃO À INTERPRETAÇÃO BÍBLICA

A intensificação também acontece de outros modos. Observe, por exemplo, o contraste de intensidade entre os verbos nesse versículo.

A. Os seus celeiros ficarão *plenamente cheios*
B. com vinho novo os seus barris *se romperão.* (Pv 3:10, tradução de Alter, destaque nosso)

No conteúdo, as linhas se complementam: A fala sobre grãos, B fala sobre vinho. Juntas, elas trazem o único sentido de que Deus trará provisão ampla para todos que o honram (i.e., comida e bebida). Existe um contraste emotivo, contudo, entre os verbos "ficar cheio" e "romper-se." O primeiro descreve um estado passivo; o último pinta um quadro dramático de ação com um toque de hipérbole. Isto é, Israel terá tanto vinho que os seus barris se romperão! Outros poetas atingem o mesmo efeito amarrando dois substantivos paralelos juntos. Considere, por exemplo, esses versos (Sl 88:11-12 [TM 88:12-13]; cf. Is 59:9-10):

A. Será que o teu amor é anunciado no túmulo,
B. e a tua fidelidade, no Abismo da Morte (*abaddon*)?
C. Acaso são conhecidas as tuas maravilhas na região das trevas,
D. e os teus feitos de justiça, na terra do esquecimento?

No contexto, o salmista roga veementemente a Javé para salvá-lo da morte. De forma surpreendente, ele justifica que Deus deve fazer isso porque somente os vivos, não os mortos, podem louvar a Javé. Como observa Alter, no entanto, a linguagem combina dois conjuntos de palavras paralelas, um levemente sinônimo, e outro sinalizando uma progressão. Os sinônimos próximos são "amor" / "fidelidade" e "maravilhas" / "feitos de justiça." O outro conjunto, porém, "leva adiante uma percepção criativa e progressiva da morte..."[86] O poeta primeiramente emparelha o termo comum "túmulo" com o sinônimo poético "Destruição" (*abaddon*). A última intensifica um pouco a emoção apontando o destino sinistro (a extinção) que o túmulo impõe de forma cruel.

Então, ele emparelha outra palavra cotidiana (trevas) com uma segunda expressão poética para o mundo subterrâneo (a terra do esquecimento). "Trevas" vão além do "túmulo", contudo, por apresentar a experiência sensorial da morte, através dela tornando o destino mais pessoal. Finalmente, "terra do esquecimento" resume as linhas anteriores e as traz para um final de destaque. Ele dá a entender que a "morte é uma esfera onde os seres humanos são completamente esquecidos e extintos, e onde não pode haver questão da lembrança da grandeza de Deus."[87]

---

[86] Alter, *The Art of Biblical Poetry*, p. 14.
[87] Idem, p. 14.

• **482** •

REGRAS GERAIS DA HERMENÊUTICA: A POESIA BÍBLICA

A essa altura, em alguns textos, o leitor pode encontrar dificuldade em distinguir entre a dimensão da intensificação e a da especificação, já que as duas se sobrepõem muito. Temos que dar lugar também à possibilidade de que os dois fenômenos possam estar presentes em uma passagem em particular. Este pode ser o caso, por exemplo, desse verso bem conhecido do hino curto de Paulo dedicado a Cristo (Filipenses 2:6-11): "Humilhou-se a si mesmo e foi obediente até a morte, e morte de cruz!"[88] Paulo afirma que a obediência humilde de Cristo a Deus levou-o a voluntariamente aceitar a morte, mas a última linha ("e morte de cruz") traz tanto uma especificação de como ele morreu (i.e., por execução como criminoso, não de causas naturais) e intensificação emocional na palavra "cruz" (i.e., uma imagem do "máximo da degradação humana").[89]

Em qualquer poema, o leitor deve avaliar com cuidado as linhas poéticas que se sucedem para definir com precisão qual a relação que as une. Como Peterson e Richards apontam: "A justaposição de um A e um B traz a oportunidade para um número quase infinito de correspondências."[90]

Em resumo, o paralelismo apresenta ao leitor uma ampla gama de maneiras pitorescas e criativas de expressão. Em nossa análise, detectamos várias maneiras pelas quais o paralelismo funciona. Talvez ajude, ao final dessa seção, mostrar estas maneiras em forma de esboço. Descrevemos aqui as três formas principais de operação do paralelismo (A=B, A>B e A<B), a qual pode ser mais detalhada em sete categorias. Depois, sugerimos subdivisões para duas das categorias. Ao apresentarmos o resumo abaixo, reiteramos que ele não esgota de forma alguma a variedade de tipos possíveis e de subtipos funcionais que a poesia hebraica pode apresentar.

---

[88] Existe um consenso geral que esses versos fazem parte de um hino cristão primitivo, mas não há acordo quanto a sua estrutura de estrofes e quanto a sua autoria (*Paulo, outro cristão primitivo, um empréstimo de fontes não cristãs*): para a discussão completa, veja R. P. Martin, *A Hymn of Christ: Philippians 2:5-11* in *Recent Interpretation and in the Setting of Early Christian Worship* (Downers Grove: InterVarsity Press, 1997); e G. F. Hawthorne, *Philippians*, WBC 43, rev. e exp. por R. P. Martin (Nashville: Thomas Nelson, 2004), p. 90-135. Para uma exposição teológica sobre o hino no contexto do entendimento de Paulo sobre a cruz, veja G. B. Caird, *Paul: An Introduction to His Thought, Outstanding Christian Thinkers Series* (London: Geoffrey Chapman, 1994), p. 105-109. Cf. M. S. Park, *Submission within the Godhead and the Church in the Epistle to the Philippians: An Exegetical and Theological Examination of the Concept of Submission in Philippians 2 and 3*, LNTS 361 (New York: T&T Clark, 2007). Para a importância da passagem para a cristologia em Filipenses, cf. o capítulo sobre Filipenses em G. D. Fee, *Pauline Christology: An Exegetical-Theological Study* (Peabody, MA: Hendrickson Publishers, 2007).

[89] Hawthorne, *Philippians*, p. 123, que também observa a forma gramatical que "a conjunção intensiva e explicativa de (mesmo)... chama uma atenção especial para esse elemento mais impressionante na humilhação de Cristo" (p. 122); cf. Martin, *Hymn of Christ*, p. 228 ("o ponto mais baixo da parábola dramática").

[90] Petersen e Richards, *Interpreting Hebrew Poetry*, p. 35.

• 483 •

INTRODUÇÃO À INTERPRETAÇÃO BÍBLICA

TIPOS E SUBTIPOS DO PARALELISMO HEBRAICO		
TIPO	**DEFINIÇÃO**	**SUBTIPOS**
A = B	A equivale a B	1. Eco 2. Contraste

A > B	A é maior que B	3. Subordinação
		   Meio
		   Razão
		   Tempo

A < B	B é maior que A	4. Tempo
		5. Continuação
		6. Comparação
		7. Especificação
		   Espacial
		   Explanação
		   Efeito dramático
		   Propósito
		8. Intensificação

OUTRAS ESTRUTURAS POÉTICAS

Para concluir a nossa análise da estrutura poética hebraica, apresentamos o leitor a outros recursos estruturais que são comuns entre os poetas bíblicos. Como o seu nome leva a entender, o paralelismo de escada ou de degrau é uma parelha (ou trístico) onde os versos que se seguem se desenvolvem em degraus.[91] Isto é, elas acrescentam coisas que não se encontram na parelha inicial, frequentemente com o uso de elipse. Observe a estrutura de escada desses três exemplos:

A. Volte, ó virgem, Israel!
B. Volte para as suas cidades. (Jr 31:21b)

A. Acorde, minha alma!
B. Acordem, harpa e lira!
C. Vou despertar a alvorada! (Sl 57:8 [TM 57:9])[92]

A. Nele estava a *vida*,
B. e a *vida* era a *luz* dos homens.
C. A *luz* brilha nas *trevas*,
D. e as *trevas* não a derrotaram.
(Jo 1:4-6, destaque nosso)[93]

---

[91] Cf. LeMon e Strawn, "Parallelism", p. 511; Watson, *Classical Hebrew Poetry*, p. 150-156.

[92] Esses exemplos (mas não a sua tradução) vêm de Watson, *Classical Hebrew Poetry*, p. 151; cf. também Watson, *Traditional Techniques*, p. 313-391.

[93] Ampliado e adaptado de Ryken, *Words of Life*, p. 101, que observa como "a última palavra-chave em um verso se torna a palavra inicial principal no próximo verso."

• 484 •

REGRAS GERAIS DA HERMENÊUTICA: A POESIA BÍBLICA

No exemplo de João 1, "vida" marca A como o primeiro degrau da escada e se torna a palavra-chave inicial do próximo degrau (B). B adiciona a palavra "luz" que então se torna a palavra-chave inicial no terceiro degrau (C), enquanto C termina com a palavra "trevas" que traz a palavra-chave inicial para o degrau final (D). As palavras emparelhadas criam pares de versos (i.e., "vida" [A//B], "luz" [B//C], "trevas" [C//D]) e estabelecem uma escada de evolução do pensamento pela adição de novas palavras-chave nos versos que se seguem. Resumindo, combinando repetição e variação, os versos seguintes ampliam o pensamento do primeiro, formando uma escada verbal. O elemento final na verdade completa o pensamento. O efeito poético é que cada verso se baseia no anterior, servindo o último verso como um tipo de clímax.

O *quiasma* (ou quiasmo) é outra figura estrutural de linguagem onde a ordem das palavras de um verso paralelo é o inverso da anterior (*a b/ b' a'*). As linhas desenhadas entre os elementos paralelos formariam um X – a letra grega *chi,* de onde esta figura toma o nome. Geralmente o quiasma só se pode observar no texto hebraico ou grego (cf. Jó 6:15; Sl 137:5-6a; Am 5:7, 14-15, 24), mas às vezes ele se reflete na tradução para o português. Observe esse exemplo de Lucas 1:71-74 (tradução nossa). Observe como os versos se ancoram na afirmação central da aliança de Deus. As palavras "inimigos" e "pai(s)" indicam os paralelos.

a	salvando-nos dos nossos *inimigos*
	e da mão de todos os que nos odeiam,
b	para mostrar sua misericórdia aos nossos *pais*
c	e lembrar sua santa aliança,
b'	o juramento que fez ao nosso *pai* Abraão:
a'	resgatar-nos da mão dos nossos *inimigos*
	para o servirmos sem medo,

Estude a inversão na ordem das palavras e o padrão X (*abc / b'c'a'* e *abc / c'b'a'*) desses exemplos:

a	*b*	*c*		
Em Judá	Deus	é conhecido		
b'	*c'*		*a'*	
o seu nome	é grande		em Israel (Sl 76:1)	
O sábado	foi feito	por causa do homem,		
c'	*a'*			
e não o homem	[ ]	por causa do *sábado* (Mc 2.27; destaque nosso).[94]		

---

[94] Adaptado de Bailey e Vander Broek, *Literary Forms,* p. 178.

INTRODUÇÃO À INTERPRETAÇÃO BÍBLICA

O quiasma no primeiro exemplo ancora-se na inversão dos elementos paralelos "em Judá" / "em Israel", "é conhecido"/ "é grande". No segundo, as palavras "sábado" e "homem" trocam de lugar. Geralmente, o quiasma é mais do que simplesmente uma figura de linguagem decorativa. Os poetas o usam para transmitir algo sobre o sentido dos versos em questão. Por exemplo, um poeta pode usar o quiasma para destacar o contraste entre o conteúdo de duas linhas (para mostrar uma mudança de sorte ou ressaltar a sua antítese [cf. provérbios antitéticos]). O leitor da Bíblia, desse modo, tem que analisar a maneira pela qual cada caso de quiasma afeta o sentido do texto bíblico.[95]

O uso do quiasma não se limita a versos paralelos individuais. Também encontramos exemplos de quiasmas ampliados na Bíblia, isto é, estruturas quiásticas que estão por trás de passagens inteiras até mesmo por trás de livros inteiros.[96] Quando os quiasmas ampliados acontecem, a segunda metade de um texto ou livro corresponde à sua primeira, só que em ordem invertida. Cada seção correspondente tem um conteúdo paralelo, e, no caso de textos em separado, geralmente palavras iguais ou parecidas. Além disso, o clímax de um quiasma ampliado recai sobre o centro estrutural do texto, a seção que não tem paralelo nenhum. O clímax constitui a dobradiça ou o vértice que junta as duas metades do texto. Nele que achamos precisamente a ideia principal da passagem. Finalmente, um destaque secundário do texto aparece em seus quadros, isto é, nas seções no começo e no fim (A e A').

A passagem de Jeremias 2:5-9 oferece um exemplo de quiasma ampliado em um texto em particular. Observe a correspondência entre as partes paralelas (e.g., A / A', B / B' etc.), a ordem invertida da segunda metade, e o vértice (E,

---

[95] Para uma discussão mais ampla com exemplos, veja P. Overland, "Chiasm", *DOTWPW*, p. 54–57; Gillingham, *The Poems and Psalms*, p. 78-82; Watson, *Classical Hebrew Poetry*, p. 201-208. O quiasma também acontece em linhas de textos em prosa (e.g., Gn 4:4-5; Rt 1:14; et al). Sobre o uso do quiasma no NT, veja J. L. Bailey e L. D. Vander Broek, *Literary Forms*, p. 49-54, 178-183.

[96] Cf. Amós 2:11-12; 5:1-17. O quiasma ampliado era uma técnica literária comum no antigo Oriente Médio. J. W. Welch, ed., *Chiasmus in Antiquity: Structures, Analyses, Exegesis* (Hildesheim: Gerstenberg, 1981; reimpr. Provo: Research Press, 1998 com bibliografia atualizada) traz a melhor coleção crítica de exemplos sugeridos na Bíblia e fora dela. A obra de J. Lundbom, *Jeremiah: A Study in Hebrew Rhetoric*, 2ª ed. (Winona Lake, IN: Eisenbrauns, 1997), p. 82-146, explora o tópico em Jeremias, e I. H. Thomson, *Chiasmus in the Pauline Letters*, JSNTSup 111 (Sheffield: Sheffield Academic Press, 1995) faz o mesmo nas epístolas paulinas. Para outros exemplos no NT, veja N. W. Lund, *Chiasmus in the New Testament* (reimpr. Peabody, MA: Hendrickson, 1992); V. Rhee, "The Role of Chiasm for Understanding Christology in Hebrews 1:1-14", *JBL* 131 (2012): p. 341-362; L. Kierspel, "'Dematerializing' Religion: Reading John 2–4 as a Chiasm", Bib 89/4 (2008): p. 526-554. Para exemplos do AT, veja Y. Berger, "Chiasm and Meaning in 1Chronicles", *JHebS* 14 (2014): p. 1-31; R. Yudkowsky, "Chaos or Chiasm? The Structure of Abraham's Life", *JBQ* 35 (2007): p. 109-114.

• **486** •

REGRAS GERAIS DA HERMENÊUTICA: A POESIA BÍBLICA

em letras maiúsculas).[97] Para destacar os elos entre as seções, colocamos as palavras-chave em itálico:

Assim diz o SENHOR:

A "Que falta os seus *antepassados* encontraram em mim,　　　2:5
　　para que me deixassem e se afastassem de mim?

B　Eles seguiram ídolos sem valor, tornando-se eles próprios sem valor.

C　*Eles não perguntaram:*　　　2:6
　　'*Onde está o* SENHOR,

　　D　que nos trouxe do Egito
　　　e nos conduziu pelo deserto,　　　2:7
　　　por uma *terra* árida e cheia de covas,
　　　terra de seca e de trevas,
　　　terra pela qual ninguém passa
　　　e onde ninguém vive?'

E EU TROUXE VOCÊS A UMA TERRA FÉRTIL, PARA QUE COMESSEM DOS SEUS FRUTOS E DOS SEUS BONS PRODUTOS.

　　D'　Entretanto, vocês contaminaram a minha *terra*;
　　　tornaram a minha herança repugnante.

C'　Os sacerdotes *não perguntavam* pelo SENHOR;　　　2:8
　　os intérpretes da lei não me conheciam,
　　e os líderes do povo se rebelaram contra mim.

B'　Os profetas profetizavam em nome de Baal,
　　seguindo deuses inúteis.

A'　"Por isso, eu ainda faço denúncias contra vocês",　　　2:9
　　diz o SENHOR,
　　"e farei denúncias contra os seus *descendentes*.

Os paralelos entre a maior parte das seções correspondentes são evidentes. C' repete o palavreado de C enquanto D' recorda o destaque da terra em D. B' reforça a ideia de ídolos como deuses inúteis, enquanto os termos familiares "antepassados" (A) e "descendentes" (A') são paralelos. Sem um paralelo, E forma a dobradiça estrutural e afirma a ideia principal do texto: que Javé (não Baal) trouxe Israel a uma terra fértil (em vez de seca). O paralelo A/A' afirma que Javé condena todo o Israel, tanto os antepassados quanto os descendentes. Obviamente, um entendimento da estrutura traz um ponto de partida importante para interpretar passagens como essa. Ajuda os leitores a isolar a ideia principal do texto, e isso, por sua vez, os capacita a interpretar o texto todo, i.e., estudar como o contexto em volta apoia esta ideia.

---

[97] O exemplo (levemente modificado) vem de W. G. E. Watson, "Chiastic Patterns in Biblical Hebrew Poetry", em Welch, ed., *Chiasmus in Antiquity*, p. 141.

• **487** •

INTRODUÇÃO À INTERPRETAÇÃO BÍBLICA

O quiasma ampliado pode também estar por trás da estrutura geral de um livro bíblico. Por exemplo, estude a estrutura detalhada proposta por Robert Alden para o Cântico dos Cânticos:[98]

A 1:1-4a "Leve-me"
 B 1:4b Os amigos falam
  C 1:5-7 "Minha própria vinha"
   D 1:8-14 "Seios", "prata", "faremos"
    E 1:15—2:2 "casa"
     F 2:3-7 "O seu braço esquerdo", "filhas de Jerusalém [...] se desejarem", "maçã", "amor"
      G 2:8-13 "fragrância", "venha minha querida", "florescendo"
       H 2:14-15 "Vinhas", "mostre-me"
        I 2:16-17 "Meu amado é meu"
         Ja 3:1-5 "Os vigias me encontraram"
          Jb 3:6-11 Descrição da carruagem, "ouro", "Líbano", "filhas de Jerusalém"
           Jc 4:1-7 Descrição da moça, "Seus olhos... cabelo... dentes"
            K 4:8-15 "Mirra", "especiaria", "mel", "favo de mel", "vinho", "leite"
             L 4:16 "Dentro do seu jardim"
             L' 5:1a "Dentro do meu jardim"
            K' 5:1bc "Mirra", "especiaria", "mel", "favo de mel", "vinho", leite"
           J'a 5: 2-9 "Os vigias me acharam"
          J'b 5:10—6:1 "ouro", "Líbano", "filhas de Jerusalém"
         J'c 6:4-11 Descrição da moça, "Seus olhos... cabelo... dentes"
        I' 6:2-3 "Meu amado é meu"
       H' 6:13—7:9a [10a] "Vinhas", "vinho", "para que possamos admirar você"
      G' 7:9b-13 [10b-14] "fragrância", "venha minha querida", "florescer"
     F' 8:1-5 "Seu braço esquerdo", "filhas de Jerusalém [...] se desejarem", "maçã", "amor"
    E' 8:6-7 "casa"
   D' 8:8-9 "seios", "prata", "construiremos"
  C' 8:10-12 "Minha própria vinha"
 B' 8:13 "Amigas"
A' 8:14 "Venha logo"

---

[98] Reproduzido com a permissão de R. L. Alden em D. E. Garrett, *Proverbs, Ecclesiastes, Song of Songs*, NAC 14 (Nashville: Broadman, 1993), p. 376. Para observar um quiasma simples sugerido por trás do livro de Apocalipse, veja Lund, *Chiasmus in the New Testament*, p. 325-326, e a sua discussão (p. 326-330); para uma estrutura quiástica sugerida por trás do livro dos Reis, veja Y. T. Radday, "Chiasmus in Hebrew Biblical Narrative", em Welch, ed., *Chiasmus in Antiquity*, p. 62 (cf. a sua discussão sobre o quiasma em Reis, p. 61-67). Cf. também recentemente em D. S. Williams, "Once Again: The Structure of the Narrative of Solomon's Reign", *JSOT* 86 (1999): p. 49-66.

· **488** ·

REGRAS GERAIS DA HERMENÊUTICA: A POESIA BÍBLICA

De acordo com a estrutura, o foco principal do livro está em L//L' e o motivo do amor humano íntimo ("Dentro do meu/seu jardim"). Este olhar da estrutura geral do livro traz um ponto de partida para uma interpretação posterior do Cântico dos Cânticos.[99] Um olhar mais atento sobre o seu centro (L//L') revela que o amor físico humano se torna a chave para entender os temas principais de todo o livro, já que eles supostamente apoiam ou ampliam essa ideia. Finalmente, o conhecimento do motivo central e dos temas principais, por sua vez, ajudaria a esclarecer a interpretação das seções individuais dentro do livro como um todo.[100]

O *merisma* é outra figura de linguagem literária que aparece tanto na prosa quanto na poesia. Ele acontece quando um escritor menciona os extremos de alguma categoria para retratá-lo de forma total, isto é, esses extremos e tudo que estiver entre eles.[101] Uma forma comum de merisma é o uso de pares de palavras extremadas em uma frase. Em alguns casos, o palavreado da frase afirma claramente haver um contínuo. Por exemplo, considere esses versos do profeta Jeremias:

Ninguém mais ensinará ao seu próximo
[...] dizendo:
"Conheça ao Senhor",
  porque todos eles me conhecerão,
desde *o menor* até *o maior* (Jr 31:34b, destaque nosso).

O profeta queria destacar que, sob o novo pacto, todos conheceriam ao Senhor. Para reforçar essa ideia, ele invocou os extremos da categoria "pessoas importantes" através do merisma "do menor até o maior". Parafraseando, a última expressão diz: "das pessoas sem importância às importantes, e todos entre eles." Em outros caos, somente a palavra "e" junta os dois extremos. Por exemplo, o conhecido início da Bíblia usa um merisma: "No princípio Deus criou os *céus* e a *terra*" (Gn 1:1, destaque nosso). A expressão "céus e terra" invoca os extremos da categoria "universo" para afirmar que Deus os criou e tudo entre eles.[102]

---

[99] Lamentamos que o nosso amado colega, Professor Robert L. Alden, tenha partido antes de trazer a sua própria exposição dessa estrutura.

[100] Para estruturas quiásticas sugeridas em textos menores do NT, veja N. T. Wright, "Poetry and Theology in Colossians 1.15-20", *NTS* 36 (1990): p. 449; Bailey e Vander Broek, *Literary Forms*, p. 49-54 (cartas paulinas), p. 178-183 (os Evangelhos e Atos).

[101] Watson, *Classical Hebrew Poetry*, p. 321-324; cf. Amós 9:2-4.

[102] Este fenômeno é bem parecido com outra figura de linguagem chamada endíade (do grego *hen dia dys*, "um através de dois"). A endíade junta duas palavra com o conectivo "e" para transmitir uma única ideia; cf. Isaías 51:19 ("ruína e destruição" que significa "ruína destrutiva").

Um segundo merisma comum emprega extremos em linhas paralelas. Estude como o salmista expôs a grandeza de Deus neste merisma duplo:

Nas suas mãos estão *as profundezas da terra*,
os cumes dos montes lhe pertencem.
Dele também é o *mar*, pois ele o fez;
as suas mãos formaram a *terra seca*. (Sl 95:4-5, destaque nosso)

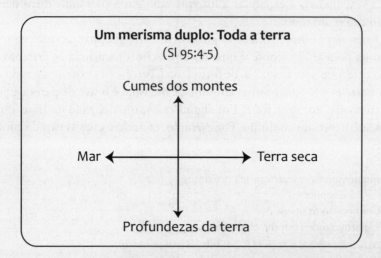

Para atingir um efeito abrangente, o salmista retrata dois pares de extremos na categoria "terra", cada um em uma linha paralela. O primeiro par descreve os extremos verticais ("profundezas", "cumes"), o outro os horizontais ("mar"/"terra seca"). O efeito total é afirmar com vigor que Deus possui todas coisas na terra, e, no contexto, isto traz provas da sua grandeza.

A figura estrutural final que mencionaremos também ocorre na prosa e na poesia: a inclusão, que consiste em emoldurar um poema (ou narrativa) repetindo palavras ou frases dos seus versos iniciais no final.[103] Essa repetição traz uma unidade e uma finalidade que o poema de outro modo não teria.[104]

Mais precisamente, os dois substantivos definem-se mutuamente; portanto, um serve como um adjetivo modificando o outro. Para discussão, veja Watson, *Classical Hebrew Poetry*, p. 324-328.

[103] Para exemplos em prosa, veja 1Sm 3:1 e 21; Rt 1:6 e 22; Mt 4:23-25 e 9:35. Os poetas recorrem a inclusões tanto em poemas longos e curtos; cf. a grande análise acerca deles feita por Lundbom, *Jeremiah*, p. 36-81. Em Amós 7:9-17 a palavra "espada" limita o contexto e incentiva o leitor para traçar o desenvolvimento temático dentro desses limites.

[104] Watson chama isso de figura de envelope (*Classical Hebrew Poetry*, 282-287); cf. E. S. Gerstenberger, "The Lyrical Literature", em *The Hebrew Bible and Its Modern Interpreters*, eds.

REGRAS GERAIS DA HERMENÊUTICA: A POESIA BÍBLICA

Por exemplo, Salmos 8 inicia-se e fecha-se com esses versos que formam uma inclusão ao redor:

SENHOR, Senhor nosso,
 como é majestoso o teu nome em toda a terra! (Sl 8:1a, 9)[105]

A observação dessa inclusão é importante por duas razões: ela sinaliza que o tema principal do salmo é a majestade de Javé na terra, e sugere que tem que se entender todos os versos restantes (1b-8) à luz desse tema. Em outras palavras, eles o ilustram ou o ampliam. Presse atenção, por exemplo, na longa seção sobre a humanidade (v. 3-8). Ela se maravilha com um mistério estranho, que Deus teve cuidado pelos seres humanos tão ínfimos a ponto de nomeá-los como governadores sobre as suas obras criadas. A inclusão temática indica, contudo, que a elevação à grandeza é simplesmente uma expressão, talvez um reflexo da grande majestade de Deus. Em outras palavras, Deus demonstrou a sua própria grandeza permitindo que mortais insignificantes fossem elevados a uma posição de grande importância.[106] Ou observe como Mateus 19:30 inclui as palavras: "Contudo, muitos primeiros serão últimos, e muitos últimos serão primeiros", praticamente repetido, ainda que invertido em um tipo de quiasma em Mateus 20:16: "Assim, os últimos serão primeiros, e os primeiros serão últimos." Utilizando esta inclusão, Mateus pretende que os leitores entendam a parábola que está entre as repetições, a do proprietário de terra que contratou trabalhadores para o seu campo por todo o dia, à luz desse princípio: a inversão de valores no Reino de Deus.

LINGUAGEM DA POESIA

Além da estrutura singular do som, a poesia bíblica também usa uma *linguagem* distinta. Infelizmente, uma preocupação excessiva com o fenômeno do paralelismo bem frequentemente cria a impressão de que somente o ele compõe a essência da poesia bíblica. Mas como observa Ryken: "O paralelismo [...] não é

D. A. Knight e G. M. Tucker (Philadelphia: Fortress/Chico, CA: Scholars Press, 1985), p. 423; Berlin, *Dynamics*, p. 132.

[105] Observe também o funcionamento do paralelismo aqui, i.e., como o dístico transmite uma única sentença composta de *a* como um vocativo, e de *b* como uma exclamação. Cf. Salmos 103:1a, 2a, 22b; 118:1, 29; 145-150.

[106] Bem semelhante à inclusão é o uso de refrões, isto é, a repetição de uma frase dentro de um poema, e.g., Salmos 136 ("o seu amor dura para sempre"); Cântico dos Cânticos 2:8 [TM 2:7]; 3:5; 8:4 ("não despertem nem provoquem o amor enquanto ele não o quiser"); Amós 4:6, 8, 9, 10, 11 ("e mesmo assim vocês não se voltaram para mim"); cf. Watson, *Classical Hebrew Poetry*, p. 295-299.

INTRODUÇÃO À INTERPRETAÇÃO BÍBLICA

a coisa mais essencial que um leitor precisa saber sobre a poesia bíblica. Muito mais importante [...] é a habilidade de identificar e interpretar as figuras da linguagem poética."[107]

Esperamos preparar o leitor para fazer justamente isto: "identificar e interpretar as figuras da linguagem poética." Analisaremos dois aspectos da linguagem poética: o imaginário e as figuras da linguagem poética.

Imaginário

Inicialmente, temos que entender a natureza da linguagem poética. Os poetas são essencialmente artistas que pintam quadros com palavras. A partir de sua paleta poética eles desenham *imagens*, "palavras que evocam uma experiência sensorial em nossa imaginação."[108] Se forem bem escolhidas, essas palavras despertam vivos quadros mentais e emoções poderosas. Apelando aos nossos sentidos e emoções, eles nos levam a ver e vivenciar os seus quadros de palavras.

Assim, para ser eficiente, uma imagem tem que ser concreta, não abstrata. Para a abstração "O Senhor cuida bem de mim", o poeta substitui por "O Senhor é o meu pastor, de nada terei falta" (Sl 23:1). Ele pinta um quadro simples, mas o mais caloroso possível: um pastor que se assegura cuidadosamente de que suas ovelhas consigam tudo do que elas precisam. Além disso, as imagens eficientes também têm um elemento surpresa, seja apresentando uma imagem nova e desconhecida, seja trazendo um novo ângulo para uma imagem antiga. Com certeza, Jeremias surpreendeu os seus ouvintes quando ele descreveu o funeral oficial que Deus tinha planejado para o rei Jeoaquim:

> Ele terá o enterro de um jumento:
> arrastado e lançado
> fora das portas de Jerusalém! (Jr 22:19)[109]

Normalmente, os hebreus respeitosos não falam dos seus reis com tanto desgosto! E, sem dúvida, os discípulos foram confortados quando Jesus aplicou a imagem de pastor cuidadoso a si mesmo ("Eu sou o bom pastor"). Mas então ele os surpreendeu acrescentando, "O bom pastor dá a sua vida pelas ovelhas" (Jo 10:11), falando de um surpreendente sacrifício de si mesmo que não é

---

[107] Ryken, *How to Read*, p. 90, que comenta a tese de C. S. Lewis ("The Language of Religion", em *Christian Reflections* [Grand Rapids: Eerdmans, 1967], p. 129-141) como uma boa introdução à linguagem poética.

[108] Ryken, *How to Read*, p. 90.

[109] Watson, *Classical Hebrew Poetry*, p. 252; cf. Jeremias 9:21; 17:11.

REGRAS GERAIS DA HERMENÊUTICA: A POESIA BÍBLICA

comum à maioria dos pastores. Nos dois exemplos, o elemento surpresa é o que faz o uso das imagens tão eficiente. Os poetas constantemente falam usando os termos concretos e conhecidos da vida diária: de nuvens e chuva, pedras e rios, flores e grama, leões e cordeiros, mães e pais. É esta familiaridade e vida que faz as suas palavras tão atraentes e fáceis de lembrar.

Figuras de linguagem poética

Símiles e metáforas

As símiles e as metáforas são duas figuras de linguagem poética que são importantes na poesia bíblica.[110] A símile é uma figura de linguagem que compara duas coisas usando a palavra "como".[111] A poesia do AT usa vários tipos de símile. Uma símile simples estabelece uma correspondência simples entre dois itens de uma sentença. Considere esses três exemplos (destaque nosso):

> Agora, então, eu os amassarei
> *como uma carroça* amassa a terra
> quando carregada de trigo. (Am 2:13; cf. 3:12; 5:24)

> *Como um lírio* entre os espinhos
> é a minha amada entre as jovens. (Ct 2:2)

> Com que compararei o Reino de Deus? É *como o fermento* que uma mulher misturou com uma grande quantidade de farinha, e toda a massa ficou fermentada. (Lc 13:20-21)

No primeiro caso, Javé compara o seu julgamento esmagador ao chão sendo amassado pelas rodas de uma carroça bem carregada. Ele rodará sobre Israel, esmagando-o até o pó. No segundo caso, o amado se orgulha sobre o quanto sua namorada é mais bonita do que as outras moças; ela se destaca em uma multidão: como um lírio solitário em um campo de espinhos nada atraente.

---

[110] Os escritores de prosa bíblica também usam figuras de linguagem. Por exemplo, Lucas usa similes para relatar como o Espírito Santo veio sobre Jesus "em forma corpórea como uma pomba" (Lc 3:22, destaque nosso) e que a multidão em Pentecostes ouviu "um som como de um vento muito forte" (At 2:2, destaque nosso).

[111] O hebraico forma as similes com as preposições *ke / kemô*, a conjunção *kaashér*, o verbo *mashal* ("ser como"), e a fórmula *ke* [...] *ken* ("como [...] assim [é]"); cf. Watson, *Classical Hebrew Poetry*, p. 257-262, de onde vem parte do que se segue; e de Petersen e Richards, *Interpreting Hebrew Poetry*, p. 50-60. O grego forma símiles com *hõs* (Mt 28:3; 1Ts2:7; Ap 1:14-15), *hõssei* (Mt 3:16; At 6:15; Hb 1:12) e *hõmoios* (Lc 12:36; Gl 5:21; Ap 18:18), todas significando "como".

INTRODUÇÃO À INTERPRETAÇÃO BÍBLICA

Finalmente, Jesus compara o Reino com o fermento que leveda a massa: uma força invisível e sutil que transforma tudo.

O paralelismo típico da poesia bíblica facilmente se presta ao uso de símiles emparelhadas. Estude esses exemplos:

> Debaixo dele os montes se derretem
> *como cera* diante do fogo,
> e os vales racham ao meio,
> *como que rasgados pelas águas*
> que descem velozes encosta abaixo. (Mq 1:4, destaque nosso)

> [o rei justo] é *como a luz da manhã*
> ao nascer do sol,
> numa manhã sem nuvens.
> É *como a claridade* depois da chuva,
> que faz crescer as plantas da terra. (2Sm 23:4, destaque nosso; cf. Am 3:12; 5:24)

As duas símiles de Miqueias mostram de forma clara a devastação horrível que a chegada de Deus vai infligir às montanhas e vales; primeiro eles derreterão ("como cera..."), depois ele rapidamente cairão para o esquecimento ("como a água..."). De forma mais positiva, a dupla de símiles de Davi compara as bênçãos de um rei justo como a "luz" de um amanhecer sem nuvens e a um "brilho depois da chuva", dois símbolos de alívio e esperança renovada depois da escuridão e das tempestades; a sua justiça garante que os dias bons estão por vir ("que faz crescer as plantas...").

Frequentemente, os poetas bíblicos amarram juntos três os mais símiles para aumentar o efeito. Examine a série de quatro itens de símiles nessa descrição do julgamento futuro de Javé sobre Israel (destaque nosso).

> Por isso virei sobre eles *como leão*,
> *como leopardo*, ficarei à espreita
> junto ao caminho.
> *Como uma ursa*
> de quem roubaram os filhotes,
> eu os atacarei e os rasgarei.
> *Como leão* eu os devorarei;
> um animal selvagem os despedaçará. (Os 13:7-8)

Fazer pares de símiles ou amarrá-las em séries é uma figura poética extremamente eficiente. Cada símile se compara a pinceladas de um pintor em uma tela: quanto mais existirem, mais detalhado será o retrato. Observe a progressão

• 494 •

REGRAS GERAIS DA HERMENÊUTICA: A POESIA BÍBLICA

de pensamento e de terror crescente causada pela série de símiles.[112] A primeira menção ao leão provoca o medo instintivo no homem, mas não especifica as ações do animal. Com o leopardo, porém, o profeta esclarece o perigo e aumenta os sentimentos de medo por parte do leitor: a qualquer momento Javé pode surpreender Israel a partir de seu esconderijo. A ursa esclarece mais ainda e traz mais terror: Javé é acionado pela indignação, então ele despedaçará Israel, matando-o. O leão traz o golpe final, Javé devorará a carcaça nacional de Israel, deixando apenas carniça inútil ao redor. Resumindo, a sequência de símiles prediz um julgamento terrível para Israel. Javé avançará sobre Israel (leão), matando-o por ofensa pessoal (ursa), e ingerindo os seus restos sangrentos (leão). Oseias com certeza demonstra como as símiles podem ter força. "Como um leão" também funciona como uma inclusão.

Esse mesmo poder flui de uma série de símiles vivas no relato de Mateus da ressurreição de Jesus:

> Sua aparência [do anjo] era *como um relâmpago*, e suas vestes eram brancas *como a neve*. Os guardas tremeram de medo e ficaram *como mortos*. (Mt 28:3-4, destaque nosso)

A símile do evangelista cria uma imagem mental clara da cena: a visão brilhante e angelical paralisou guardas normalmente corajosos como cadáveres aterrorizados. Semelhantemente, uma corrente de duas símiles capacita os ouvintes de Jesus a pensar melhor como se parece o Reino de Deus (Mt 13:44-46), como um tesouro escondido descoberto no campo ou uma pérola de valor inestimável.

Finalmente, os poetas bíblicos geralmente desenvolveram uma símile ampliada, fazendo uma comparação simples, depois a aumentando com um comentário longo sobre a referida imagem poética. Por exemplo, recorde como Jeremias comparou um israelita que confia em Javé com uma árvore frutífera:

> Mas bendito é o homem
> cuja confiança está no Senhor,
> cuja confiança nele está.

---

[112] Aqui seguimos as descobertas de Petersen e Richards, *Interpreting Hebrew Poetry*, p. 55-57. Cf. T. L. Brensinger, *Simile and Prophetic Language in the Old Testament* (Lewiston: Mellen Biblical Press, 1996); J. C. Exum, "Of Broken Pots, Fluttering Birds, and Visions in the Night: Extended Simile and Poetic Technique in Isaiah", em *Beyond Form Criticism: Essays in Old Testament Literary Criticism*, ed. P. R. House, Sources for Biblical and Theological Study 2 (Winona Lake, IN: Eisenbrauns, 1992), p. 349-372.

• **495** •

INTRODUÇÃO À INTERPRETAÇÃO BÍBLICA

Símile	Ele será *como uma árvore* plantada junto às águas e que estende as suas raízes para o ribeiro.
Comentário	Ela não temerá quando chegar o calor, porque as suas folhas estão sempre verdes; não ficará ansiosa no ano da seca nem deixará de dar fruto. (Jr 17:7-8, destaque nosso).[113]

Para interpretar esses exemplos de forma adequada, o leitor tem que definir primeiro a imagem a que se recorre (e.g., uma árvore plantada junto às águas) e depois observar o que o autor diz sobre a imagem. Nesse caso, Jeremias destaca como, plantada junto a uma fonte permanente de água, a árvore enfrenta as privações e cresce. A ideia é que a confiança do fiel lhe dá uma confiança calma para crescer em meio ao caos. Ainda que não seja afirmado explicitamente, o texto dá a entender que Javé com certeza suprirá as necessidades do crente. Nestes exemplos, o leitor tem que ter cuidado para interpretar a imagem à luz do comentário. Aqui o estudante pode perguntar como que a árvore plantada junto as águas ilustra a natureza e os benefícios de se confiar em Javé: por que as "raízes" criam tanta confiança corajosa face às circunstâncias desanimadoras?

Parecida com a símile, *a metáfora* também faz uma comparação entre duas coisas; porém, a metáfora estabelece a correspondência de forma mais brusca. Omitindo a palavra "como", ela afirma diretamente "A é B."[114] Então, o salmista afirma de forma solene:

A tua palavra é *lâmpada* que ilumina os meus passos
e *luz* que clareia o meu caminho (Sl 119:105, destaque nosso)

---

[113] Cf. também a sua comparação sobre alguém que confia na força humana como um arbusto no deserto (v. -6); Salmos 1:1-3; Ezequiel 31:2-9.

[114] Ryken, How To Read, p. 91. Boa parte do que se segue deriva de Ryken, *Words of Delight*, p. 166-169; e de Watson, *Classical Hebrew Poetry*, p. 263-272. Para uma análise um pouco mais ampla, veja I. Paul, "Metaphor and Exegesis", em After Pentecost: Language and Biblical Interpretation, ed. C. Bartholomew, C. Greene, e K. Möller, Scripture and Hermeneutics Series 2 (Carlisle, UK: Paternoster, 2001), p. 387-402; e B. Green, Like A Tree Planted: An Exploration of Psalms and Parables through Metaphor (Collegeville, MN: Liturgical Press, 1997). Para metáforas do NT, veja a análise enciclopédica de A. Byatt, NewTestament Metaphors (Edinburgh: Pentland Press, 1995).

REGRAS GERAIS DA HERMENÊUTICA: A POESIA BÍBLICA

O escritor compara a Palavra de Deus a uma lâmpada iluminando um caminho escuro. Da mesma forma que uma lâmpada ilumina o caminho à frente, de modo que o viajante possa continuar no caminho de modo seguro, assim a Palavra ilumina os fiéis sobre qual é o estilo de vida que agrada a Deus. Em outro exemplo, o profeta Sofonias descreve os líderes civis de Jerusalém:

> No meio dela os seus líderes são *leões que rugem*.
> Seus juízes são *lobos vespertinos*
>> que nada deixam
>> para a manhã seguinte. (Sf 3:3, destaque nosso)

Que quadro vibrante dos tiranos políticos! Eles são animais famintos vagando por Jerusalém dia e noite sem responsabilidade, aterrorizando os seus habitantes, à espreita dos fracos. O apetite deles os impele tanto que eles nunca atrasam a sua destruição.[115]

Por fim, recorde-se deste retrato que o salmista faz de Deus:

> Os *olhos* do SENHOR voltam-se para os justos
> e os seus *ouvidos*
>> estão atentos ao seu grito de socorro;
> o *rosto* do SENHOR
>> volta-se contra os que praticam o mal,
> para apagar da terra a memória deles. (Sl 34:15-16, destaque nosso)

Ele retrata Deus como um ser humano com olhos, ouvidos e rosto, um tipo de metáfora chamada *antropomorfismo*.[116] A ideia não é que Deus tenha um corpo real como os humanos, mas que ele constantemente aciona os seus sentidos em favor do seu povo e enfrentará aqueles que tentam lhe fazer mal.

Como funcionam as metáforas? De forma implícita, elas comparam duas coisas que, mesmo sendo diferentes, têm algo em comum; de alguma forma as duas palavras ou conceitos partilham de um sentido.[117] A comparação de duas coisas basicamente distintas dá à metáfora o seu efeito impactante. Por exemplo,

---

[115] Cf. também a descrição clara por parte de Miqueias dos líderes de Israel como canibais (Mq 3:1b-3) e o retrato sarcástico de Amós das mulheres de classe alta de Israel como "vacas de Basã" (Am 4:1). Indo por uma linha diferente, cf. a metáfora pungente, "Raça de víboras!", lançada em várias ocasiões por João Batista e por Jesus aos fariseus (Mt 3:7; 12:34; 23:33).

[116] Salmos 18:8-16 está cheio de antropomorfismos. Deus tem narinas, boca (v. 8, 15), pés (v. 9), e voz (v. 13). O versículo 16 também dá a entender que ele tem mãos. Veja também imagens de Deus como leão que ruge (Am 1:2; 3:8), fonte de águas vivas (Jr 2:13), rocha (Sl 18:2), e uma galinha (Sl 91:4).

[117] Watson, *Classical Hebrew Poetry*, p. 263.

• **497** •

INTRODUÇÃO À INTERPRETAÇÃO BÍBLICA

estude o verso "Os olhos do SENHOR voltam-se para os justos" que acabou de ser citado de Salmos 34:15. Aqui a comparação é entre os olhos humanos e o Senhor. O que os dois têm em comum? Eles possuem a característica da atenção concentrada. Do mesmo modo que os olhos humanos "vigiam" as coisas com grande interesse, Javé "cuida", presta bastante atenção em seu povo amado.

De forma semelhante, o verso "os seus líderes são leões que rugem" (Sofonias 3:3) compara de forma implícita os líderes com animais selvagens. Nesse caso, a sobreposição entre esses dois conceitos é menos óbvia. Sem esgotar as possibilidades, sugerimos que eles têm muita fome e têm um poder impossível de deter. As duas características dos animais são físicas, um apetite insaciável pela presa e uma força física irresistível. As características dos líderes são mais abstratas: uma ganância insaciável e um poder político ilimitado para obter vantagem financeira.

De forma parecida com as símiles, as metáforas também podem aparecer em séries e numa forma ampliada. Por exemplo, a bênção de Jacó sobre os seus filhos (Gn 49) entrelaça uma série de metáforas, uma para cada filho. Judá é um leão novo (v. 9), Zebulom é um porto seguro (v. 13), Issacar, um jumento (v. 14), Dã, uma víbora (v. 17), Naftali, uma corça (v. 21), José, uma árvore frutífera (v. 22) e Benjamim como um lobo predador (v. 27). Pintando cada filho com uma metáfora, o poeta faz um quadro que retrata o destino variado de suas tribos. Como um todo, a série de metáforas também traz uma coletânea do complexo futuro de Israel como nação.

Além disso, a Bíblia é rica de exemplos de metáforas ampliadas. Considere essa longa descrição da beleza feminina:

> Os seus lábios gotejam a doçura
>   dos favos de mel, minha noiva;
> leite e mel estão debaixo da sua língua.
> A fragrância das suas vestes
>   é como a fragrância do Líbano.
> Você é um jardim fechado,
>   minha irmã, minha noiva;
> você é uma nascente fechada,
>   uma fonte selada.
> De você brota um pomar de romãs
>   com frutos seletos [...] (Ct 4:11-13)

Essa longa descrição apela para todos os sentidos do leitor e o capacita a sentir o gosto, o aroma e contemplar essa grande beleza. O seu efeito é cumulativo e

REGRAS GERAIS DA HERMENÊUTICA: A POESIA BÍBLICA

abrangente.[118] Deixe-nos, porém, avisar aos leitores contra a "superinterpretação" das símiles e das metáforas. A superinterpretação acontece quando o leitor extrai sentidos de uma imagem que nunca foi da intenção do poeta. Por exemplo, ouvimos alguém falar uma vez sobre Salmos 92:12: "O justo florescerá como a palmeira." Ignorando a ideia do contexto, ele expôs treze (!) razões por que o justo se parece com a palmeira.

A afirmação metafórica de Jesus: "Vocês são o sal da terra" (Mt 5:13) frequentemente sofre uma superinterpretação parecida. Ouve-se comentaristas interpretarem à luz dos vários usos atuais do sal (como tempero) ao invés dos usos do contexto em redor e do uso dos tempos bíblicos (como algo que preserva). Essas "descobertas" se devem mais à criatividade dos intérpretes do que ao sentido dos textos bíblicos. Resumindo, isto não é intepretação nenhuma, mas sim uma eisegese: projetar algo que não foi a intenção do texto.

A melhor defesa contra a superinterpretação é seguir a regra do contexto, tanto o literário quanto o histórico-cultural. Temos que entender as imagens poéticas à luz do seu uso no contexto imediato e do que viria à mente das pessoas nos tempos *bíblicos*. Já que as imagens comumente evocam alguns pontos de comparação, a interpretação adequada exige que as entendamos dentro dessa gama limitada em vez de inventar sentidos não pretendidos pelo autor.

Outras figuras de linguagem poética

As figuras da símile e da metáfora certamente dominam a poesia bíblica, mas os leitores têm que se inteirar sobre outras figuras de linguagem comuns.

FIGURA	DEFINIÇÃO	EXEMPLOS
Personificação	Detalhe não humano em termos humanos	Salmos 98:8 Romanos 6:19
Apóstrofe	Abordagem direta a algo ou alguém como se estivesse realmente presente	Salmos 2:10 Tiago 5:1
Hipérbole	Exagero consciente para se dar um efeito	Jó 37:1 Gálatas 5:12
Metonímia	Substituição da palavra ou ideia pela palavra ou ideia intimamente relacionada	Salmos 23:5 Mateus 23:37
Sinédoque	Parte da ideia ou do item representa o todo	Amós 8:10 Mateus 14:30
Ironia	Afirmação divertida do oposto do sentido desejado	1Reis 18:27 1Coríntios 4:8-10

---

[118] Para outras metáforas ampliadas, veja as descrições do Egito como um crocodilo (Ez 29:3-5), do julgamento de Jerusalém como uma taça cheia (Ez 23:32-34), e de Tiro como um navio naufragado (Ez 27:25-36).

• 499 •

INTRODUÇÃO À INTERPRETAÇÃO BÍBLICA

Através da *personificação*, o poeta escreve sobre algo que não é humano, o objeto inanimado ou a ideia abstrata, como se ele fosse humano.[119] Essa figura de linguagem capacita o poeta a trazer vida e dar uma forma mais concreta ao assunto. Os poetas bíblicos a usam de várias maneiras. Às vezes eles empregam a personificação para dar vida a uma ideia abstrata. Considere este exemplo:

Envia a tua luz e a tua verdade;
elas me guiarão
 e me levarão ao teu santo monte,
ao lugar onde habitas. (Sl 43:3)

Aqui o poeta retrata os conceitos abstratos "luz" e "verdade" como pessoas: guias que o ajudarão a encontrar o templo. É claro que a consequência de encontrar o templo é encontrar a Deus que habita ali. De forma semelhante, Provérbios 8 apresenta a ideia abstrata "sabedoria" como uma mulher chamando os que passam nas ruas:

A vocês, homens, eu clamo;
a todos levanto a minha voz [...]
Ouçam, pois tenho coisas importantes para dizer;
os meus lábios falarão do que é certo [...]
Ando pelo caminho da retidão,
pelas veredas da justiça,
concedendo riqueza aos que me amam
e enchendo os seus tesouros. (Pv 8:4, 6, 20-21)[120]

O quadro da mulher traz vida à ideia de sabedoria. Ele nos capacita a entendê-la em termos "pessoais" e, a partir daí, nos relacionar com ela de maneira mais pessoal do que faríamos de outro modo.

Outras personificações retratam os objetos como pessoas:

Batam palmas os rios,
e juntos cantem de alegria os montes. (Sl 98:8)

Obviamente, os rios não têm mãos para bater palmas, nem as montanhas voz para cantar. Mas o salmista trata com eles como se eles tivessem essas

---

[119] Ryken, *Words of Delight*, p.178.

[120] Mais tarde, a "mulher" dá as suas credenciais: a sua participação na criação do universo (v. 22-31). Cf. R. E. Murphy, "The Personification of Wisdom", em *Wisdom in Ancient Israel: Essays in Honour of J. A. Emerton*, ed. J. Day, R. P. Gordon, e H. G. M. Williamson (Cambridge: Cambridge University Press, 1995), p. 222-233.

• 500 •

REGRAS GERAIS DA HERMENÊUTICA: A POESIA BÍBLICA

características para evocar a alegria exuberante que deve saudar a chegada do Rei Javé. Outra forma de personificação é retratar uma nação, tribo, ou cidade como uma pessoa:

> Gileade permaneceu do outro lado do Jordão.
> E Dã, por que se deteve junto aos navios?
> Aser permaneceu no litoral e em suas enseadas ficou. (Jz 5:17)[121]

Em Romanos 6:19, Paulo aconselha os seus leitores a oferecer os membros do seu corpo "em escravidão à justiça que leva à santidade." Dessa maneira, ele personifica as características positivas "justiça" e "santidade" como o novo mestre benevolente a quem eles deveriam se apresentar em escravidão (i.e., prestar a Deus uma devoção completa).

A figura da *apóstrofe* se parece bastante com a personificação. De fato, os poetas frequentemente empregam as duas no mesmo contexto (veja os exemplos abaixo). A apóstrofe é "dirigir-se a algo ou alguém ausente como se estivesse presente."[122] Tipicamente, ela aparece de repente em um contexto, como se o poeta, envolvido em suas emoções, se dirigisse a esse objeto. A coisa a que se dirige pode ser uma ideia abstrata ou um objeto inanimado. A apóstrofe tem um propósito duplo: dar vazão a sentimentos fortes e criar emoção. Nós mesmos, de vez em quando, usamos a apóstrofe. Por exemplo, chegando em casa do trabalho, os pais descobrem que os filhos deixaram a cozinha da família bagunçada. Como se os culpados estivessem presentes, os pais dizem: "Vocês agora estão em sérios apuros!" Além disso, longe dos ouvidos do chefe, um empregado frustrado pode desabafar: "Vou te pegar por isso, chefe!" Examine a quem se dirige e as emoções envolvidas nesses três exemplos bíblicos:

> Por isso, ó reis, sejam prudentes;
> aceitem a advertência, autoridades da terra. (Sl 2:10)

> Onde está, ó morte, a sua vitória?
> Onde está, ó morte, o seu aguilhão? (1Co 15:55; cf. Os 13:14)

> Ouçam agora vocês, ricos! Chorem e lamentem-se, tendo em vista a desgraça que lhes sobrevirá. (Tg 5:1)

---

[121] O AT frequentemente personifica Jerusalém (geralmente chamada de "Sião") de várias maneiras (e.g., Sl 48:11 [TM 12]; 97:8; Is 12:6; 37:22; et al.); cf. K. M. Heim, "The Personification of Jerusalem and the Drama of Her Bereavement in Lamentations", em *Zion, City of Our God*, ed. R. S. Hess e G. J. Wenham (Grand Rapids: Eerdmans, 1999), p. 129-169.

[122] Devemos essa definição e essa discussão a Ryken, *Words of Delight*, p. 177-178.

INTRODUÇÃO À INTERPRETAÇÃO BÍBLICA

No primeiro exemplo, o salmista se dirige aos reis da terra, nenhum deles provavelmente estava presente no momento da composição desse salmo. Também, o modo de se dirigir marca uma notável mudança literária no contexto: ele se segue a um relato do decreto de Deus estabelecendo a monarquia davídica (Sl 2:7-9). No segundo, Paulo interrompe o seu discurso sobre a esperança cristã para se dirigir à "morte", supostamente ausente, como um guerreiro poderoso. No terceiro exemplo, Tiago consola os seus leitores pobres e oprimidos condenando os seus opressores (ausentes). Surgindo rapidamente no contexto, cada um deles transmite sentimentos fortes e gera um impacto emocional.[123]

De vez em quando, todos recorremos à figura comum da *hipérbole*. "Trabalhei até cair", falamos para descrever o nosso cansaço físico. Um pai ou uma mãe pode repreender: "Já te falei mil vezes para você arrumar a sua cama!" A hipérbole é "um exagero consciente para causar um efeito."[124] O seu propósito é afirmar algo que o poeta sente fortemente: a alegria da salvação, a amargura da morte, o terror do juízo. Por isso, como observa Ryken, ela aumenta a verdade literal em nome do impacto emocional. Estude esses exemplos:

> Diante disso o meu coração bate aceleradamente
> e salta do seu lugar. (Jó 37:1)[125]

> Como água me derramei,
> e todos os meus ossos estão desconjuntados.
> Meu coração se tornou como cera;
> derreteu-se no meu íntimo. (Sl 22:14)

> Saul e Jônatas, mui amados,
> nem na vida nem na morte foram separados.
> Eram mais ágeis que as águias,
> mais fortes que os leões. (2Sm 1:23)

> Quanto a esses que os perturbam, quem dera que se castrassem! (Gl 5:12)

Obviamente, os quarto autores trazem descrições exageradas de suas situações. Na passagem de Jó, o coração de Eliú não pulou literalmente do seu peito. Ele simplesmente exagerou, "ele bateu tão forte que saltou do seu lugar!", para mostrar a sua emoção diante da grandeza de Deus.

---

[123] Cf. a emoção que surge pela sequência de apóstrofes em Salmos 148. Para mais exemplos, veja Bullinger, *Figures of Speech*, p. 901-905.

[124] Ryken, *Words of Delight*, p. 177; cf. Watson, *Classical Hebrew Poetry*, p. 316-321.

[125] A passagem de Jó 37:1 exemplifica o paralelismo de intensificação que discutimos anteriormente; isto é, a hipérbole da segunda linha dá mais intensidade do que a primeira.

REGRAS GERAIS DA HERMENÊUTICA: A POESIA BÍBLICA

De forma semelhante, o esqueleto do salmista não se desconjuntou por inteiro nem seu coração derreteu como cera. Por meio do exagero, ele destaca: "Não tenho mais como lutar!" Com a mesma proporção, o tributo exagerado a Saul e Jônatas ressaltou as suas proezas físicas. E Paulo, na verdade, não teve um desejo forte de que os judeus na Galácia, que queriam que os novos convertidos passassem pela circuncisão voluntariamente, dessem um maior exemplo de devoção se castrando. Ele simplesmente "se cansou" da sua agitação imprópria e da distração que ela criou entre cristãos novos sinceros. Os poetas bíblicos também usam números para expressar a hipérbole:

> A cidade que mandar *mil* para o exército ficará com *cem*;
> e a que mandar cem ficará com *dez*. (Am 5:3, destaque nosso, cf. Is 4:1)

O profeta não está apresentando estatísticas precisas nesse exemplo. Ele está exagerando os números, tanto os maiores quanto os menores, para retratar o alto número de baixas, enfim, que o julgamento divino será catastrófico para a nação. Muito menos Jesus quis defender a mutilação ao instruir os seus discípulos que arrancassem os olhos ou cortassem suas mãos (Mt 5:29-30; cf. Gl 5:12). Ele apela a esse exagero para rogar a seus discípulos que levem a sério o perigo do pecado, evitando-o a qualquer custo.

A Bíblia está cheia de exemplos de hipérbole ampliada onde o exagero vai se prolongando (veja Jó 3:4-9; Jr 5:16-17; Na 3:15b-17).[126] De forma semelhante, o evangelista claramente exagera a extensão das multidões que vinham a Jesus quando ele diz: "A ele vinha gente de Jerusalém, de toda a Judeia e de toda a região ao redor do Jordão. Confessando os seus pecados, eram batizados por ele no rio Jordão" (Mt 3:5-6). A sua hipérbole visava a transmitir o impacto que o ministério de Jesus causava na época.

A figura chamada *metonímia* se caracteriza pela colocação de uma palavra ou ideia no lugar de outra bem próxima. A substituta serve como suplente representando a outra. Observe esses exemplos de metonímia (cf. a palavra metonímica em itálico):[127]

> Preparas uma *mesa* perante mim na presença dos meus inimigos. (Sl 23:5a, ARC)

> Os altares idólatras de *Isaque* serão destruídos,
> e os santuários de Israel ficarão em ruínas; (Am 7:9)

---

[126] Para um exemplo que usa a hipérbole, a apóstrofe, e a personificação, veja o Salmo 114 e os comentários de Ryken (*Words of Delight*, p. 179-180).

[127] Devemos esses exemplos a M. S. Terry, *Biblical Hermeneutics*, (n.p.: Arkose Press, 2015), p. 161-162. Para mais exemplos, veja Bullinger, *Figures of Speech*, p. 538-612.

INTRODUÇÃO À INTERPRETAÇÃO BÍBLICA

Os *lábios* que dizem a verdade permanecem para sempre,
mas a *língua* mentirosa dura apenas um instante. (Pv 12:19)

O salmo não diz que Deus vai fazer para o salmista um móvel novo para impressionar os seus inimigos; em vez disso, "mesa" está no lugar do "banquete" que um convidado coloca sobre ela para um convidado. De forma semelhante, a história bíblica identifica Isaque como um antepassado patriarcal de Israel. Então, em Amós 7:9, "Isaque" se torna outra maneira de dizer "Israel" (Isaque/Israel). Mateus 23:37 relata que Jesus com frequência desejava profundamente ajuntar e abrigar Jerusalém, a qual, por metonímia, representa todos os judeus. Além disso, Provérbios 12:19 não ensina que os mentirosos perderão de repente as suas línguas. Em vez disso, os órgãos físicos da fala, os "lábios" e a "língua", representam os falantes que mentem ou falam a verdade, e sofrem as consequências que cada um merece. Resumindo, a figura da metonímia representa uma coisa indiretamente substituindo-a por outra coisa associada com ela.

Um princípio parecido está por trás de uma figura relacionada com a *sinédoque*. Nela, uma parte de algo representa toda uma ideia ou item. Essa figura permite que o escritor chame a atenção do leitor para algo específico como símbolo de algo maior. Estude esses exemplos com as sinédoques em itálico:[128]

Transformarei as suas festas em velório
e todos *os seus cânticos* em lamentação. (Am 8:10)

Não confio em meu *arco*,
minha *espada* não me concede a vitória; (Sl 44:6 [TM 44:7])

E há de ser que, depois, derramarei o meu Espírito sobre toda a *carne*... (Jl 2:28 [TM 3:1], ARC)

Mas, quando reparou no *vento*, ficou com medo e, começando a afundar, gritou: "Senhor, salva-me!" (Mt 14:30)

Em Amós 8:10, "os seus cânticos" se emparelha com a palavra "festas" na linha anterior. Os cânticos eram parte importante das festas israelitas, então "os seus cânticos" representa de forma correta toda a série de atividades festivas. Seguindo a mesma linha, "arco" e "espada" (Sl 44:6 [7]) simbolizam a categoria maior das armas. Novamente, em Joel 2:28 [3:1] um elemento da natureza

---

[128] Compilamos esses exemplos do AT de Alter, *The Art of Biblical Poetry*, p. 73-74; e de Bullinger, *Figures of Speech*, p. 614-656. Cf. também Terry, *Biblical Hermeneutics*, p. 162-163.

REGRAS GERAIS DA HERMENÊUTICA: A POESIA BÍBLICA

humana, a "carne", representa a pessoa toda. Desse modo, "toda a carne" realmente significa "todas as pessoas", uma conclusão confirmada pelo versículo seguinte ("meus servos, tanto homens como mulheres"). Mateus escreve que a perspectiva de Pedro mudou quando ele viu o vento, uma sinédoque da tempestade, e com sua fé decadente começou a afundar (Mt 14:29-30).

Além de identificar a metonímia e a sinédoque, o intérprete tem que refletir sobre o propósito do escritor em usá-las. Em outras palavras, que efeito cada exemplo pretende transmitir? Sugerimos, por exemplo, que a frase "Preparas uma mesa perante mim na presença dos meus inimigos" (Sl 23:5a) tem como objetivo mais do que a ideia geral de alimento. No contexto, "mesa" retrata a ideia da provisão abundante de alimento, apesar das tentativas do inimigo de interromper esse suprimento, provisão em harmonia com o "de nada terei falta" do v.1. Semelhantemente, Amós 8:10 especifica "os cânticos" em vez de outra atividade das festas como "as orações", porque a primeira simboliza alegria e celebração. Desse modo, "cântico (de alegria)" serve para contrastar com o "luto" e o "choro" que o julgamento divino vindouro infligiria.

Por fim, mencionamos a figura da *ironia*, na qual um autor diz o contrário do que ele quer dizer. Em termos contemporâneos, ele não fala sério; um momento depois, o leitor espera ouvir uma afirmação semelhante a: "Estava brincando!" Às vezes, a ironia se torna um sarcasmo através do qual o falante zomba do objeto de suas palavras. Ainda que não sejam exemplos de passagens poéticas, os versículos seguintes ilustram o uso da ironia:

Vão a Betel e ponham-se a pecar;
vão a Gilgal e pequem ainda mais.
Ofereçam os seus sacrifícios cada manhã,
os seus dízimos no terceiro dia. (Am 4:4; cf. v. 5; 6:13)

E o SENHOR me disse: "Lance isto ao oleiro",
o ótimo preço pelo qual me avaliaram! (Zc 11:13)

Ao meio-dia Elias começou a zombar deles [i.e., os sacerdotes de Baal]. "Gritem mais alto!", dizia, "já que ele é um deus. Quem sabe está meditando, ou ocupado, ou viajando. Talvez esteja dormindo e precise ser despertado." (1Rs 18:27)[129]

---

[129] Dois dos exemplos acima (1Reis 18:27; Zacarias 11:13) vêm da obra de Terry, *Biblical Hermeneutics*, p. 165-166. Para outros, veja Bullinger, *Figures of Speech*, p. 807-815.

INTRODUÇÃO À INTERPRETAÇÃO BÍBLICA

Amós conhecia a cidade de Betel como um centro da adoração pagã israelita. ("Vão a Betel e ponham-se a pecar"). Portanto, apesar de seu comando para "trazer os seus sacrifícios", ele realmente *não* quer que Israel vá, isto é, quer que se arrependa de suas práticas pagãs. De modo semelhante, a expressão "ótimo preço" pretende transmitir o sentido oposto: o preço pedido é ridiculamente baixo. Igualmente, Elias não acredita que Baal é um deus realmente ocupado com outras atividades. As suas palavras sarcasticamente afirmam o oposto. Baal não respondeu a oração porque ele *não* existe; por isso, *não* pode fazer *nada*![130]

Por último, uma passagem do NT que faz uso da ironia de forma bem clara é 1Coríntios 4:8-10, em que Paulo diz:

> Vocês já têm tudo o que querem! Já se tornaram ricos! Chegaram a ser reis —
> e sem nós! Como eu gostaria que vocês realmente fossem reis, para que nós
> também reinássemos com vocês! Porque me parece que Deus nos colocou a
> nós, os apóstolos, em último lugar, como condenados à morte. Viemos a ser
> um espetáculo para o mundo, tanto diante de anjos como de homens. Nós
> somos loucos por causa de Cristo, mas vocês são sensatos em Cristo! Nós
> somos fracos, mas vocês são fortes! Vocês são respeitados, mas nós somos
> desprezados!

Com certeza, esta ironia eficiente teria envergonhado os cristãos coríntios a ponto de fazê-los se arrepender de sua arrogância. Pelo menos esse era o desejo de Paulo.[131]

Como interpretar a linguagem poética

Para interpretar o sentido transmitido pelas figuras poéticas de linguagem, sugerimos que o leitor dê os seguintes passos.[132] Primeiramente, identifique o tipo de figura de linguagem que está presente (i.e., símile, metáfora, personificação etc.). Lembre-se de que mais de uma figura pode estar presente no mesmo texto bíblico. Por exemplo, um versículo pode empregar a hipérbole através de uma símile e de uma metáfora.

---

[130] Estudos recentes têm explorado o uso da ironia em livros inteiros; cf. M. D. Nanos, T*he Irony of Galatians: Paul's Letter in First-Century Context* (Minneapolis: Fortress Press, 2002); G. M. Feagin, *Irony and the Kingdom in Mark: A Literary-Critical Study* (Lewiston, NY: Mellen Biblical Press, 1997). Para exemplos do AT, veja L. R. Klein, *The Triumph of Irony in the Book of Judges*, JSOTSup 68 (Sheffield: Almond Press, 1988); E. M. Good, *Irony in the Old Testament*, 2ª ed. (Sheffield: Almond Press, 1981 [1965]).

[131] Outros exemplos em que Paulo reconhecidamente emprega a ironia incluem Romanos 2:17-24 e 2Coríntios 11:7-17.

[132] Cf. Ryken, *How to Read*, p. 94-96; Ryken, *Words of Delight*, p. 161-162, 177-178.

• **506** •

REGRAS GERAIS DA HERMENÊUTICA: A POESIA BÍBLICA

Em segundo lugar, interprete a figura de linguagem destilando o seu sentido figurado a partir do seu sentido literal. Por sentido literal, queremos dizer o objeto físico real que se denota, as ideias que o objeto evoca, e as conotações emocionais que o leitor associa a ele. Por sentido figurado queremos dizer o aspecto do sentido literal que o poeta deseja destacar. O leitor terá que decidir qual das várias ideias do sentido literal que se encaixam melhor no destaque do contexto.

Por exemplo, um salmista descreve os seus inimigos dessa maneira:

Estou em meio a leões, ávidos para devorar;
seus dentes são lanças e flechas,
suas línguas são espadas afiadas. (Sl 57:4)

A partir das duas primeiras linhas, pode-se ver o poeta como literalmente cercado por animais terríveis. Homens com "dentes" e "línguas" nas últimas duas linhas, contudo, indicam uma alusão à calúnia verbal. Literalmente, as metáforas "lanças e flechas" e "espadas afiadas" referem-se a armas comuns das guerras antigas.

As últimas têm três características principais: (1) o inimigo as lança de certa distância (lanças e flechas) ou de perto (espadas afiadas); (2) elas trazem feridas dolorosas, se não fatais, perfurando o corpo; (3) uma pessoa comum não tem defesa contra elas.

Essas observações apontam para o sentido figurado da metáfora, isto é, o que elas sugerem sobre a calúnia. Eles a retratam como palavras duras, agudas, que ferem a sua vítima. Elas evocam imagens de uma vítima se retorcendo com dor contínua. As palavras também dão a entender que a calúnia às vezes ataca repentinamente, "do nada", provavelmente uma alusão à sua elaboração oculta. Além disso, ao atacar de repente, a calúnia deixa a vítima sem defesa; não há meio de protegê-la contra ela. Resumindo, as armas literais figurativamente esclarecem o retrato do salmista da calúnia verbal.

Finalmente, o leitor deve definir a *função* da figura no seu contexto. Em outras palavras, por que o poeta usou esta figura em particular? No que ela contribuiu para o sentido que ele desejou transmitir?

Vamos aplicar esses passos breves ao verso de Salmos 18:2 [TM 18:3] (como um exemplo):

O Senhor é a minha rocha, a minha fortaleza e o meu libertador;
o meu Deus é o meu rochedo, em quem me refugio.
Ele é o meu escudo e o chifre que me salva,
a minha torre alta.

INTRODUÇÃO À INTERPRETAÇÃO BÍBLICA

O tipo de figura que o salmista usa aqui é a metáfora. Quanto ao sentido literal, o verso retrata várias imagens comuns e concretas: "rocha", "fortaleza", "escudo", "chifre" e "torre alta". Em conjunto, elas sugerem ideias de firmeza, proteção impenetrável e grande força ("chifre").[133] Emocionalmente, as conotações são positivas; o leitor as veria como "salvadoras" em um dia de risco de vida.

Essa análise nos ajuda a ver o sentido figurado. O que as fortalezas e os escudos têm em comum com Javé é a sua força e a sua proteção. Portanto, o sentido figurado é que Javé é a proteção do salmista, aquele cuja força impressionante o cerca.

Finalmente, sugerimos que, dentro de Salmos 18, as figuras servem para expressar um dos seus temas principais, a proteção de Deus, um tema que o próprio testemunho do salmista (Sl 18:4-19) confirma.[134]

Esta tabela resume os passos que deve se dar para ver se entendeu a linguagem do poeta:

COMO INTERPRETAR A LINGUAGEM POÉTICA
1. Identifique a(s) figura(s) de linguagem.
2. Identifique as suas conotações emocionais (positivas ou negativas).
3. Extraia o sentido figurado a partir do literal.
4. Defina a função da figura (i.e., por que ela é usada nesse contexto?).

UNIDADES MAIORES DA POESIA

Unidades de sentido

Até agora, a nossa discussão criou a impressão de que toda a poesia hebraica consiste apenas de poucas linhas. Obviamente, uma olhada de relance nos salmos rapidamente confirma que esse não é o caso![135] As linhas paralelas da Bíblia na verdade fazem parte de unidades estruturais maiores que

---

[133] Com certeza, esse passo exige que o leitor tenha um bom entendimento do mundo bíblico. Por exemplo, temos que descobrir o que "chifre" conotava nos tempos da Bíblia, não nos dias de hoje. Recomendamos o uso regular de dicionários bíblicos e de enciclopédias como fontes excelentes sobre o cenário para as figuras de linguagem. Recorde-se de nossa explicação anterior sobre estudos de palavras e cenários históricos e culturais.

[134] Os leitores cuidadosos têm que também observar a linguagem poética em passagens não poéticas (e.g. Gn 4:7; Mt 23:37; Tg 1:15); cf. Ryken, *Words of Delight*, p. 180.

[135] Os escritores do NT não incluem poemas longos como encontramos nos salmos do AT, mas realmente encontramos exemplos de amplo material de hinos como Colossenses 1:15-20 e Filipenses 2:6-11.

• 508 •

REGRAS GERAIS DA HERMENÊUTICA: A POESIA BÍBLICA

chamaremos de *unidades de sentido*.[136] Uma unidade de sentido se constitui na maior subdivisão de todo um poema. Do mesmo modo que uma casa pode ter um ou mais quartos, um poema tem pelo menos uma unidade de sentido, mas pode ter muito mais, de tamanhos diferentes.

Os indicadores principais das unidades de sentido de um poema são as seguintes: (1) mudanças de conteúdo, de gramática, forma literária, ou falante; (2) a concentração de palavras-chave em uma seção; e (3) a presença de refrões ou afirmações repetidas.[137] Salmos 32 traz um exemplo de unidades de sentido e dos seus indicadores. Com a sua Bíblia aberta, compare a seguinte tabela:[138]

UNIDADES DE SENTIDO	VERSÍCULOS	INDICADORES
1	1-2	Forma: impessoal "como é feliz aquele". Conteúdo da fórmula: pecado, perdão. Função: trazer uma introdução temática geral.
2	3-5	Transição: "pois". Mudança de falante: "eu". Forma: relato de experiência pessoal. Conteúdo: experiência de perdão. Função: ilustrar o tema do perdão.
3	6-7	Transição: "portanto". Forma: exortação (v. 6), afirmação de confiança (v.7). Destinatário: Deus ("Tu" – singular). Conteúdo: oração, proteção, libertação. Função: levar as pessoas a orar.
4	8-10	Forma: instrução (cf. proibição [v. 9], provérbio [v. 10]). Destinatário: Israel ("você" – singular). Conteúdo: ensinar sobre a confiança em Javé. Função: ensinar o benefício da confiança.
5	11	Forma: chamado à grande alegria. Destinatários: os israelitas justos ("vocês" – plural). Conteúdo: regozijo, alegria, canto. Função: chamar à obediência do salmo inteiro.

---

[136] Tomamos emprestado o termo de Petersen e Richards (*Interpreting Hebrew Poetry*, p. 60-63) como uma alternativa a termos populares, porém ambíguos, como "estrofe" (ao contrário de Watson, *Classical Hebrew Poetry*, p. 160-167). Fokkelman favorece o termo estrofe (*Reading Biblical Poetry*, p. 117-140) e traz uma discussão esclarecedora sobre esta unidade maior com exemplos.

[137] Esses mesmos indicadores podem também sinalizar as divisões literárias principais de passagens em prosa.

[138] Cf. Gerstenberger, *Psalms 1*, 140-143.

• 509 •

INTRODUÇÃO À INTERPRETAÇÃO BÍBLICA

As unidades de sentido são básicas para a estrutura de um poema, então se quisermos decifrar esta estrutura temos que, primeiro, identificar as unidades de sentido do poema. Com um pedaço de papel nas mãos, leia o poema prestando atenção nos indicadores principais mencionados acima. Quando esses indicadores mudarem de forma significativa, indicando uma quebra entre as seções, escreva os versículos da unidade de sentido que se encerrou. Continue esta análise até que todas as seções do poema sejam identificadas. Depois de identificar as unidades de sentido, o estudante deve isolar quaisquer subseções dentro delas. Leia o poema uma segunda vez, identificando as subseções dentro de cada unidade de sentido. Escreva os versículos para cada subseção sob os versos para cada unidade.

Finalmente, ao lado dos versos para cada unidade de sentido/subunidade, escreva uma classificação que descreva a sua forma literária. Veja se a classificação descreve a *forma literária* em vez do *conteúdo*. A diferença é essa: uma classificação de conteúdo descreve *o que* uma unidade de sentido diz (o seu conteúdo); uma classificação literária descreve *como* ela o diz (a sua forma literária). Por exemplo, Salmos 73:1 ("Certamente Deus é bom para Israel, / para os puros de coração") se constitui em uma unidade de sentido cujo conteúdo fala sobre a bondade de Deus para Israel. A sua forma, no entanto, é de uma afirmação. Seguindo o mesmo padrão, o conteúdo de Amós 5:6a ("Busquem o Senhor e terão vida") fala sobre a devoção a Deus, mas a sua forma é um chamado para a adoração.

Para ilustrar esse procedimento, considere como você descreveria estas três seções do Salmo 32:

> v. 3, 5 Enquanto eu mantinha escondidos os meus pecados,
> o meu corpo definhava de tanto gemer [...]
> Então reconheci diante de ti o meu pecado
> e não encobri as minhas culpas.
> Eu disse: Confessarei as minhas transgressões ao Senhor,
> e tu perdoaste a culpa do meu pecado...
>
> v. 9 Não sejam como o cavalo ou o burro, que não têm entendimento
> mas precisam ser controlados com freios e rédeas,
> caso contrário não obedecem.
>
> v. 11 Alegrem-se no Senhor e exultem, vocês que são justos!
> Cantem de alegria, todos vocês que são retos de coração!

Obviamente, o trecho dos versículos 3 a 5 descreve o final do problema pessoal através da confissão e do perdão do pecado. Pode-se descrever o *conteúdo* como "O problema e o perdão do pecado" ou "A confissão do pecado põe fim ao problema." Observe, porém, que esta não é uma discussão impessoal

• 510 •

REGRAS GERAIS DA HERMENÊUTICA: A POESIA BÍBLICA

e abstrata sobre o sofrimento humano causado pelo pecado. Em vez disso, a passagem traz um relato pessoal dado por um indivíduo sobre uma experiência passada de pecado perdoado. A própria classificação literária (*forma*) seria algo como: "Relato pessoal: sofrimento e perdão."

Tomado isoladamente, o conteúdo do versículo 9 ganha facilmente classificações como: "Um apelo para o autocontrole" ou "Um exemplo de teimosia". Mas já que ele segue o v. 8 ("Eu o instruirei [...] no caminho que você deve seguir"), pode-se descrever o seu conteúdo mais precisamente como "A resistência teimosa ao bom ensino." Literariamente, porém, o v. 9 não é uma descrição, mas uma proibição ("Não sejam como o cavalo ou o burro...") que o falante coloca para os seus ouvintes. Então, deve-se classificar literalmente como uma "proibição". Quanto ao v. 11, o seu conteúdo claramente traz à mente uma classificação como "Exultando e cantando." Mas novamente observe a forma: dois comandos com os quais o falante exorta os ouvintes ("Alegrem-se... cantem"). Literariamente, então, deve-se descrevê-lo como uma "Exortação" ou uma "Chamada para a adoração."

Depois de completar as descrições das unidades de sentido e de suas subpartes, sugerimos dois passos finais. Primeiro, deve-se escrever um esboço literário baseado nessas descrições. O propósito desse esboço é apresentar o desenvolvimento literário e temático do poema. O esboço literário de Salmos 32 pode ser algo assim:[139]

I. Índice 1a
II. O Salmo 1b-11
  A. Declaração 1b-2
  B. Relato pessoal: sofrimento e perdão 3-5
    1. Descrição: sofrimento 3-4
    2. Descrição: perdão 5
  C. Exortação e confissão 6-7
    1. Exortação 6
    2. Confissão 7
  D. Instrução 8-10
    1. Declaração de intenção 8
      a. Proibição 9
      b. Provérbio 10
  E. Exortação final 11

---

[139] O que se segue é uma modificação do que está na obra de Gerstenberger, *Psalms*, Part 1, p. 140. Para uma análise mais completa desse método e da sua aplicação a textos poéticos e não poéticos, veja os volumes da série sobre as formas da literatura do AT (FOTL) da Eerdmans, e G. M. Tucker, *Form Criticism of the Old Testament* (Philadelphia: Fortress, 1971).

INTRODUÇÃO À INTERPRETAÇÃO BÍBLICA

Observe o uso coerente de termos literários em vez das descrições de conteúdo. Como foi indicado, descrevemos os versículos de 3 a 5 como "Relato pessoal" porque é a sua forma (o comentário "problema e perdão", porém, traz algum esclarecimento). Chamamos o v. 11 de "Exortação final" porque ele conclui o salmo. A nossa "Proibição" (v. 9), no entanto, forma somente uma parte de uma seção maior (v. 8-10) junto com um provérbio (v. 10) e uma declaração de intenção para dar instrução (v. 8). Já que o v. 8 apresenta o que se segue como instrução (v. 9-10), classificamos a seção inteira como "Instrução".

Em segundo lugar, usando o esboço literário como guia, o estudante deve analisar a estrutura do poema. Para fazer isso, estude o esboço para fazer perguntas como estas:

1. O que vem em primeiro lugar no poema? O que vem por último? Por quê?
2. O que vem no meio do poema? Por quê?
3. Qual princípio de organização está por trás de sua estrutura (e.g., práticas litúrgicas, desenvolvimento temático etc.)?
4. Qual é (são) o(s) tema(s) principal (principais)?
5. Com o que cada unidade de sentido contribui para o seu desenvolvimento temático?
6. Qual é a forma literária que descreve da melhor forma o poema como um todo (e.g., o relato, o chamado para o louvor, a exortação, o aviso etc.)?
7. Qual é a intenção ou o propósito do poema? (i.e., o que o poeta esperava atingir?)
8. Qual é a sua ideia principal?

Em resumo, a análise da estrutura de um poema é mais do que um exercício acadêmico. Aplicada de forma correta, ela traz aos leitores uma ferramenta útil de interpretação. Na verdade, pode-se também aplicar esse mesmo método, o preparo de um esboço literário, para textos não poéticos. Nestes casos, porém, o esboço descreveria suas subpartes, mas não como unidades de sentido poéticas, mas sim *narrativas*. O nosso método traz um meio para que os leitores dividam um texto para discriminar as partes que o compõem. A consciência dessas partes dá aos leitores a base para traçar o desenvolvimento temático de uma passagem e para definir os seus temas principais e o seu assunto principal.

• 512 •

PARTE

4

ENTENDENDO OS

GÊNEROS LITERÁRIOS

9

GÊNEROS LITERÁRIOS DO ANTIGO TESTAMENTO

Concordamos com a declaração de Leland Ryken: "uma vez que a Bíblia emprega um método literário, ela pede para ser tratada como literatura, e não como algo diferente."[1] Por isso que dedicamos esse capítulo e o próximo para apresentar os principais gêneros literários da Bíblia. Para destacar a sua importância, no entanto, permita que passemos um exercício rápido para que os leitores façam. Por favor, leia os quatro textos abaixo e identifique as seguintes características nele: a sua estrutura literária, o seu gênero, o seu cenário, e a sua intenção. Quando terminar, compare as suas respostas com nossos comentários posteriores a respeito de cada um deles.

Texto 1: O velho grão-duque de York
Ele tinha dez mil homens;
Eles marchavam até em cima do monte
E marchavam de volta para baixo.

E quando estavam em cima, estavam em cima,
E quando estavam embaixo, estavam embaixo.
E quando estavam no meio do caminho
Não estavam nem em cima, nem embaixo.

Texto 2: Jura solenemente que falará a verdade, toda a verdade, e nada mais que a verdade, em nome de Deus? (Resposta implícita: Sim).

Texto 3: Dê a um homem um peixe e você o alimentará por um dia.
Ensine-o a pescar e você o alimentará por toda uma vida.

---

[1] Cf. L. Ryken, *How to Read the Bible as Literature* (Grand Rapids: Zondervan, 1984), p. 11-12.

INTRODUÇÃO À INTERPRETAÇÃO BÍBLICA

Texto 4: Consideramos estas verdades como evidentes por si mesmas, que todos os homens são criados iguais, dotados pelo Criador de certos direitos inalienáveis, que entre esses estão a vida, a liberdade e a procura da felicidade. Que a fim de assegurar esses direitos, governos são instituídos entre os homens, derivando seus justos poderes do consentimento dos governados; que, sempre que qualquer forma de governo se torne destrutiva de tais fins, cabe ao povo o direito de alterá-la ou aboli-la e instituir novo governo, baseando-o em tais princípios e organizando-lhe os poderes pela forma que lhe pareça mais conveniente para realizar-lhe a segurança e a felicidade.

DEFINIÇÃO DE GÊNERO LITERÁRIO

O gênero do texto 1 é uma canção de criança cujo cenário típico é a reunião de crianças para atividades (e.g., a classe, o parque, o acampamento etc.). A sua estrutura tem duas partes: a história das práticas da marcha da tropa do rei sábio relatada por um contador anônimo (versos 1-4) e a aplicação da história para os seus ouvintes (versos 5-8). O destaque de "em cima"/ "embaixo"/ "no meio do caminho" indica que movimentos reais acompanham a canção ("em cima" = em pé; "embaixo" = sentado; "no meio do caminho" = entre uma posição e a outra). De acordo com a situação e com o gênero, a intenção provável da canção é distrair um grupo de crianças.

O cenário do texto 2 é um tribunal [americano], o seu gênero é o relato do rito pelo qual um oficial de justiça toma o juramento da testemunha. O oficial aborda a testemunha em duas partes: a instrução para que a testemunha se coloque na posição de praxe para o juramento (linhas 1-2), seguido da pergunta padrão para que a testemunha responda (linhas 3-6; a resposta padrão "Sim" é esperada nas linhas 7-8). A intenção do rito é obter a promessa de veracidade da parte da testemunha.

O texto 3 é um ditado popular cujo cenário é a comunidade local. A sua estrutura tem duas partes: a primeira afirma o benefício de dar comida a alguém (linhas 1-3), enquanto a segunda afirma o benefício de ensinar alguém a pescar (linhas 4-6). Cada parte tem a mesma estrutura interna; uma condição implícita ("Se você der / ensinar..."), seguida por suas consequências ("alimentar... por um dia" / "alimentar... por toda uma vida"). A sua linguagem contrastante dá a entender a superioridade da segunda parte sobre a primeira, então propomos que a intenção do texto é ensinar que a ação mais sábia é a que tem o impacto mais positivo.

Por fim, o gênero do texto 4 é a afirmação feita pelo grupo ("Consideramos...") de alguns princípios firmes. O seu cenário pode ser descrito com uma

• **516** •

GÊNEROS LITERÁRIOS DO ANTIGO TESTAMENTO

precisão incomum: o dia 4 de julho de 1776 na cidade da Filadélfia, estado da Pensilvânia, e quem fala são os representantes das colônias britânicas na América do Norte. Estruturalmente, a primeira parte é a curta afirmação em resumo (linha 1), a segunda consiste na explicação do seu conteúdo: três princípios absolutos (linhas 2-13). A sua intenção é articular a afirmação. Com certeza, o texto 4 não é o texto completo; é o primeiro parágrafo do documento histórico mais longo cujo gênero como um todo é a declaração: a Declaração da Independência dos Estados Unidos. Este exemplo nos ensina algo importante: que o escritor e o falante podem combinar gêneros diferentes para redigir um documento maior de outro gênero. Em outras palavras, o gênero do texto pode consistir em outros gêneros subordinados ao gênero do texto como um todo.

E então? Por que podemos facilmente identificar a maior parte, se não todas, desses textos? Cada tipo de literatura tem o seu próprio campo de referência, regras, estratégia e propósito, e os exemplos de textos supracitados são provavelmente do conhecimento da maior parte dos leitores americanos, que cresceram nessa cultura.

Ao lê-los, temos o que John Barton já chamou de competência literária: a "competência linguística" (a habilidade de entender o que está escrito sobre uma página) e a "competência do gênero literário" (a noção instintiva cultural para discernir as pistas de um gênero em particular e do seu cenário). Esse reconhecimento indica o tipo de literatura em questão e sinaliza o que esperar ou não dela. Mas, para nós, ler a Bíblia é um desafio, por causa da distância geográfica e cronológica que nos separa dela. Não crescemos na Mesopotâmia, no Egito ou em Canaã naquela época, nem sabemos ler os seus idiomas antigos, e muito menos fazemos parte do seu cenário cultural para perceber as pistas do gênero em sua literatura. Porém, duas coisas nos salvam do que de outra maneira seria o beco sem saída da *in*competência literária. Primeiro, como os especialistas já reconheceram, temos experiências humanas em comum com as pessoas que viveram há muitos anos e bem distantes de nós. Acompanhamos as crianças que gostam de cantar e se movimentar de acordo com a música; sabemos que a lei segue certos procedimentos estabelecidos; nós mesmos recebemos e transmitimos a sabedoria dos nossos antepassados; e sabemos a importância dos documentos históricos. Em segundo lugar, temos a vantagem das ferramentas literárias modernas que, se forem aplicadas adequadamente, nos permitem acompanhar de perto os textos antigos, com a prática e a experiência ao longo do tempo para evoluir no nosso nível de competência literária. A Bíblia é, com certeza, literatura escrita, redações de prosa e poesia, de vários tamanhos e formas escritas por seres humanos, em linguagem humana. Deus escolheu transmitir a sua revelação a seres humanos de modo que eles possam entender, pela mensagem escrita. Para interpretá-la de forma adequada, então, temos que

• 517 •

INTRODUÇÃO À INTERPRETAÇÃO BÍBLICA

usar ferramentas literárias porque só elas nos capacitam a entender a Bíblia de forma holística. Elas preparam a nossa mente para que possamos descobrir as suas ideias; eles colocam a nossa imaginação em sintonia para que a sua verdade possa nos envolver emocionalmente. Elas não deixam que interpretemos de forma errada.

Afirmamos que o estudante da Bíblia que conhece a formação, a função e o cenário de cada tipo literário (gênero) está na melhor posição de interpretar corretamente e evitar sérios equívocos. Então, da mesma forma que na poesia, a discussão de agora em diante se baseia nos notáveis avanços recentes no nosso entendimento sobre o panorama rico e variado da Bíblia. Este capítulo se nutre das descobertas da *crítica da forma* do Antigo Testamento para iluminar o nosso entendimento sobre a estrutura, o tipo ou gênero literário, o cenário original, e a intenção de grande parte da literatura do AT.[2] Ela consulta o estudo da arte poética para ajudar a esclarecer como os textos, especialmente as narrativas do AT, funcionam, identificando as suas figuras de linguagem e a sua dinâmica literária.[3] Ela também se baseia no aliado metodológico do estudo da poesia, a chamada nova crítica literária, para um maior esclarecimento.[4]

---

[2] Duas introduções recentes à crítica da forma do AT são a obra de M. A. Sweeney, "Form Criticism", em *Dictionary of Old Testament: Wisdom, Poetry, and Writings* (de agora em diante, *DOTWPW*), ed. T. Longman III e P. Enns (Downers Grove: IVP Academic, 2008), p. 227-241; e Barton, *Reading the Old Testament*, p. 30-44; Para uma análise sobre os gêneros literários bíblicos mais importantes, veja M. D. Johnson, *Making Sense of the Bible: Literary Type as an Approach to Understanding* (Grand Rapids: Eerdmans, 2002). Cf. a análise profunda sobre o método em M. A. Sweeney e E. Ben Zvi, *The Changing Face of Form Criticism for the Twenty-First Century* (Grand Rapids: Eerdmans, 2003); e D. L. Petersen, "Brevard Childs and Form Criticism", em *Old Testament Theology: Reading the Hebrew Bible as Christian Scripture*, ed. C. R. Seitz e K. H. Richards (Atlanta: Society of Biblical Literature, 2013), p. 9-19.

[3] Esses indicadores incluem, por exemplo, a trama, a caracterização, as descrições, o estilo, o andamento da narrativa, o ponto de vista, o uso de trocadilhos ou de repetição de palavras, a inclusão/exclusão de detalhes importantes etc. Para o estudo da poesia, cf. o estudo inovador de R. Alter, *The Art of Biblical Narrative,* ed. rev. (New York: Basic Books, 2011); e M. Sternberg, *Poetics of Biblical Narrative: Ideological Literature and the Drama of Reading* (Bloomington: Indiana University Press, 1985).

[4] Para uma das visões sobre a *nova crítica literária*, veja D. J. A. Clines e J. C. Exum, "The New Literary Criticism", em *The New Literary Criticism and the Hebrew Bible*, ed. J. C. Exum e D. J. A. Clines (Valley Forge, PA: Trinity Press International, 1993), p. 11-25. Em vez de poética, alguns especialistas preferem o termo "crítica narrativa"; cf. P. E. Satterthwaite, "Narrative Criticism: The Theological Implications of Narrative Techniques", in *NIDOTTE*, ed. W. A. VanGemeren (Grand Rapids: Zondervan, 1997), 1:125-133. Outros resumos úteis de uma abordagem literária incluem V. P. Long, "Reading the Old Testament as Literature", em *Interpreting the Old Testament: A Guide for Exegesis*, ed. C. C. Broyles (Grand Rapids: Baker, 2001), p. 85-123; e J. P. Fokkelman, *Reading Biblical Narrative: An Introductory Guide* (Louisville: Westminster John Knox, 1999).

• **518** •

GÊNEROS LITERÁRIOS DO ANTIGO TESTAMENTO

Para aprimorar a competência literária do leitor tanto no AT como no NT, esse capítulo e o capítulo seguinte analisarão brevemente as formas principais de literatura da Bíblia. O seu propósito é triplo: (1) trazer primeiros passos confiáveis do pensamento "literário" sobre a Bíblia; (2) ensinar um vocabulário literário preliminar para ajudar na interpretação; e (3) ajudar os leitores tanto a desfrutar mais das riquezas da Bíblia quanto a entendê-la melhor. Fazendo assim, esperamos que eles passem por aquilo que Jasper descreve:

> Ao se concentrar nas qualidades literárias dos textos bíblicos, o leitor tem um encontro direto com o seu poder e com o seu mistério. Como todos os ótimos textos de literatura, eles são vistos como históricos e contemporâneos, como história viva.[5]

NARRATIVAS

Todos amam uma boa história. Desde o "Era uma vez..." antes de dormir até o filme mais recente de Hollywood, gostamos de nos envolver nos mundos da imaginação dos livros, das peças e do cinema. Os escritores da Bíblia também amam histórias; por isso, as narrativas são o gênero mais comum de literatura encontrado nela, um terço do AT.[6] Na verdade, em vez de um tipo simples de "narrativa do Antigo Testamento", o AT tem narrativas de muitos tipos. Lembre-se de algumas cenas bíblicas memoráveis: o cutelo na mão de Abraão em um instante parado no tempo antes de sacrificar Isaque; as águas furiosas do mar Vermelho obedecendo mansamente ao cajado levantado de Moisés; a voz divina de trovão reverberando do monte Sinai abaixo para os ouvidos temerosos de Israel; a pedrada certeira de Davi que derrubou Golias como uma árvore. Lembre-se de alguns personagens bíblicos inesquecíveis: a astuta Rebeca conspirando para ganhar para o jovem Jacó a bênção da primogenitura; o sagaz Labão ludibriando ao apaixonado Jacó na sua noite de casamento; o ousado Moisés dizendo "não" para Deus quando foi avisado de seus planos de

---

[5] D. Jasper, "Literary Readings of the Bible", em *The Cambridge Companion to Biblical Interpretation*, ed. J. Barton (Cambridge: Cambridge University Press, 1998), p. 27. Reconhecemos com gratidão os comentários úteis do nosso colega, Professor D. Carroll R. concernente a uma versão anterior desse capítulo.

[6] Y. Amit, "Narrative Art of Israel's Historians", em *Dictionary of Old Testament: Historical Books* (de agora em diante, *DOTHB*), ed. B. T. Arnold e H. G. M. Williamson (Downers Grove: InterVarsity, 2005), p. 708. Para a pesquisa sobre os tipos principais de narrativa, veja J. B. Gabel, C. B. Wheeler e A. D. York, *The Bible as Literature: An Introduction*, 4ª ed. (New York/Oxford: Oxford University Press, 2000), p. 18-19; e Johnson, *Making Sense of the Bible*, p. 35-47. Cf. também Ryken, *How to Read*, p. 33-73. Mesmo que os leitores da Bíblia chamem comumente as narrativas do AT de "história", preferimos distinguir os dois, porque acreditamos que "história" descreve o conteúdo do material; já "narrativa" descreve a sua forma literária.

INTRODUÇÃO À INTERPRETAÇÃO BÍBLICA

destruição; a enlutada Rispa enxotando os urubus e os chacais dos corpos de seus dois filhos. Hollywood nem chega perto da Bíblia no que diz respeito às grandes histórias e aos personagens vívidos. Muito mais do que isso, geralmente nos enxergamos dentro delas.

Aprender a ler as suas histórias claramente, i.e., ter o requisito competência literária, é o primeiro passo para ouvir a clara voz de Deus falando através delas.[7] Afinal de contas, diferentemente dos historiadores, o seu propósito é mais instruir do que informar; mais ensinar as gerações posteriores sobre o comportamento que honra a Deus do que apurar se as informações são exatas. Mas dois pontos de esclarecimento parecem oportunos nesse momento. Em primeiro lugar, apesar de a maioria das narrativas exibir algumas marcas sobre a habilidade do contador da história, a parcela da arte literária consciente variará de narrativa a narrativa. Alguns demonstrarão uma ótima arte literária, enquanto outros narrarão as informações sem enfeitar muito.[8] Os autores incluem apenas o que serve para comunicar os seus temas principais. Em segundo lugar, falar das narrativas bíblicas como "histórias" não dá a entender por si só que elas não sejam históricas. Como Goldingay observa de forma correta: "A ocorrência factual da história é importante."[9]

A nosso ver, falar de um texto bíblico como "história" significa destacar a forma literária na qual as suas afirmações históricas implícitas se dirigem a nós. Além disso, a despeito de algumas afirmações acadêmicas contrárias, escrever a história não é por si mesmo um gênero literário; em vez disso, a história é um tópico, ou tema (i.e., os acontecimentos do passado), e o propósito de relatar a história por escrito que pode se expressar em vários gêneros, mesmo ficcionais.[10]

---

[7] Cf. Ryken, *How to Read*, p. 33: "A narrativa é a forma literária dominante na Bíblia [...] Isto quer dizer para os leitores que, quanto mais eles souberem sobre o modo pelo qual as histórias funcionam, mais eles desfrutarão e entenderão das vastas porções da Bíblia." E, talvez de modo mais importante, as histórias poderão nos transformar, como afirma R. Jacobson, "We Are Our Stories: Narrative Dimension of Human Identity and its Implications for Christian Faith Formation", *WW* 34 (2014): p. 123-130.

[8] Cf. a distinção útil de Ryken (*How to Read*, p. 33) entre histórias bíblicas que, como parágrafos de uma crônica histórica, simplesmente contam *sobre* um acontecimento, e as histórias por excelência (e.g., Davi, Jó) que apresentam um acontecimento com todos os detalhes. Para a tese que diz que a intenção ética das narrativas bíblicas surge da sua arte narrativa, veja G. J. Wenham, *Story as Torah: Reading the Old Testament Ethically*, OTS (Edimburgo: T. & T. Clark, 2000).

[9] J. Goldingay, "How Far Do Readers Make Sense? Interpreting Biblical Narratives", *Them.* 18 (1993): p. 5.

[10] Veja mais adiante a nossa análise sobre o gênero cujas características literárias apoiam a sua descrição como "história". Para a discussão completa e equilibrada sobre a relação entre a realidade e a ficção literária, veja V. Philips Long, *The Art of Biblical History*, Foundations of Contemporary Interpretation 5 (Grand Rapids: Zondervan, 1994), p. 56-119; e D. M. Howard Jr., *An Introduction to the Old Testament Historical Books* (Chicago: Moody, 1993), p. 44-58;

GÊNEROS LITERÁRIOS DO ANTIGO TESTAMENTO

Seja qual for o brilho de sua arte literária, as narrativas bíblicas "são mais do que história, não são menos do que história."[11] A competência literária adequada exige que os leitores apreciem o seu conteúdo histórico e a sua forma literária.

Gêneros literários narrativos do Antigo Testamento

Anteriormente, observamos que o AT tem muitos tipos diferentes de narrativa, então o que se segue analisa esses gêneros. Algumas categorias descritivas que se seguem refletem a terminologia acadêmica comum, outras seguem nossas próprias classificações, e algumas pegam emprestadas descrições usadas para narrativas comparadas antigas e modernas.[12]

Os leitores devem considerar esses termos como descritivos, não técnicos. Além disso, as categorias do gênero literário descrevem dois níveis: tanto o da passagem bíblica individual, quanto do contexto maior ao qual ela pertence. A razão é que o gênero literário (e.g., a história) pode conter muitos outros gêneros específicos dentro dela (e.g., o relato histórico, a crônica, o relato de batalha etc.). De forma semelhante, o gênero literário (e.g., o cântico) pode ser um elemento do gênero maior (e.g., o relato histórico).

RELATOS	NARRATIVA HEROICA
• Crônica	• Épico geral
• Relato de batalha	• Épico cósmico
• Relato de construção	• Épico ancestral
• Relato de sonho	• História profética
• Relato de epifania	• Comédia
• Relato de epifania em sonho	• Discurso de despedida
• Relato histórico	• Discurso
• História	
• Memória	

---

cf. também T. Butler, "Narrative Form Criticism", em *A Biblical Itinerary: In Search of Method, Form, and Content*, ed. E. E. Carpenter, JSOTSup 240 (Sheffield: Sheffield Academic Press, 1997), p. 57 ("A crítica da forma . . . não faz um julgamento histórico sobre os materiais"). Preferimos esse entendimento à distinção entre "narrativa" e "história" em Sandy e Giese, *Cracking Codes*, p. 69-112.

[11] J. Goldingay, *Models for Interpretation of Scripture* (Grand Rapids: Eerdmans, 1995), p. 32.

[12] Para detalhes adicionais, veja as análises abrangentes e os glossários conclusivos em G. W. Coats, *Genesis*, FOTL 1 (Grand Rapids: Eerdmans, 1983), p. 1-10 ("Introduction to Narrative Literature"); B. O. Long, *1 Kings*, FOTL 9 (Grand Rapids: Eerdmans, 1984), p. 1-8 ("Introduction to Historical Literature"), p. 243-265; e, de forma menos abrangente, Ryken, *How to Read*, p. 75-85.

INTRODUÇÃO À INTERPRETAÇÃO BÍBLICA

Relato

A narrativa bíblica mais simples, o bloco de construção básico dos complexos narrativos bíblicos, é o relato: "a narração livre, isolada, geralmente contada na terceira pessoa, sobre um dado acontecimento ou situação no passado."[13] Ele narra os fatos que aconteceram no estilo direto sem tratamento literário. Os exemplos do AT incluem os relatos sobre os assentamentos tribais em Canaã (Jz 1:16-17), os projetos de construção reais (1Rs 7:2-8; 12:25), e as campanhas militares (1Rs 14:25-26; 2Rs 24:20b—25:7). De vez em quando, os relatos têm um propósito etiológico, explicando como certa localidade recebeu o seu nome, i.e., como um carvalho passou a ser chamado Carvalho do Pranto (Gn 35:8, "Alom-Bacute"), ou uma cisterna veio a se chamar Amarga (Êx 15:23 "Mara"; et, al.).

O AT tem vários tipos de relato. A *crônica* é um relato que detalha um acontecimento ou experiência na vida de uma pessoa. Em outras palavras, é mais uma biografia pessoal do que uma história pública. Pode relatar conversas, como quando Elias simbolicamente chama Eliseu para se tornar o seu discípulo (1Rs 19:19-21), e pode usar descrições criativas. Outro exemplo de crônica é o relato das cidades que o rei Salomão presenteou a Hirão, rei de Tiro (1Rs 9:10-14), relato que termina contando a origem do nome aparentemente pejorativo Cabul (talvez "como nada" ou "limite") ao incidente.[14]

A *memória* é o relato escrito na primeira pessoa sobre os incidentes na vida de um indivíduo. O seu propósito não é dinamizar a autobiografia do autor, mas retratar a era na qual ele ou ela viveu. Os especialistas acreditam que as memórias de Esdras (Ed 7:27—9:15) e Neemias (Ne 1:1—7:73a; 12:27-31) fazem parte dos livros que levam os seus nomes.[15]

O *relato de batalha* narra o conflito militar entre forças inimigas e o seu resultado, seja de vitória, seja de derrota. Entre os vários relatos de batalha da

---

[13] Long, "Historical Literature", p. 5; cf. Coats, "Narrative Literature", p. 10. Long classifica um relato curto como um "aviso", um relato maior como um "relato formal". Para analogias antigas, veja a inscrição de Siloé e o relato das expedições egípcias em *ANET*, p. 227-228, 229-230, 321 etc. Para maiores informações sobre os relatos discutidos adiante, veja Long, "Historical Literature", p. 244, 247, 248. Para o gênero *relato de nascimento*, veja T. D. Finlay, *The Birth Report Genre in the Hebrew Bible*, FAT II 12 (Tübingen: Mohr Siebeck, 2005).

[14] Coats, "Narrative Literature", p. 10; Long, "Historical Literature", p. 243-244. *Anais* são relatos, geralmente partes de registros reais, que detalham cronologicamente acontecimentos que dizem respeito a uma instituição como a monarquia ou o templo. De acordo com a obra de Long ("Historical Literature", p. 243), o AT não possui anais, ainda que alguns textos possam ser baseados neles (e.g., 1Rs 3:1; 9:15-23; 2Cr 11:5-12).

[15] Cf. E. M. Yamauchi, "Ezra and Nehemiah, Books of", *DOTHB*, p. 290-291; H. G. M. Williamson, *Ezra, Nehemiah*, WBC 16 (Waco, TX: Word, 1985), xxiv-xxxii; mas cf. R. North, "Nehemiah", *ABD*, 4:1070 ("é altamente improvável a existência de uma 'memória de Esdras'").

• 522 •

GÊNEROS LITERÁRIOS DO ANTIGO TESTAMENTO

Bíblia estão as derrotas dos amorreus (Nm 21:21-24), dos moabitas (Jz 3:26-30), dos arameus (2Sm 10:15-19), de dois reis midianitas (Jz 8:10-12), e da cidade cananeia de Ai (Js 7:2-5). O *relato de construção*, por outro lado, narra a construção de prédios importantes ou objetos, e descreve o seu tamanho, os materiais e a decoração com muitos detalhes (Êx 36:8—37:16 [o tabernáculo]); 1Rs 6—7 [o templo de Jerusalém]).

Contado em primeira ou terceira pessoa, o *relato de sonho* detalha a experiência individual de um sonho. Duas características de estilo ajudam a identificar esse gênero literário: a repetição do verbo "sonhar" e o uso da expressão "e eis" (heb. *wehinnêh*) para demarcar as principais mudanças no assunto do sonho. Geralmente uma cena em separado posterior interpreta a experiência para o sonhador que acorda. Os relatos de sonho do AT incluem os que se relacionam a José (Gn 37:5-11), aos seus dois amigos prisioneiros (40:9-11, 16-17), ao faraó (41:1-8) e ao soldado midianita (Jz 7:13-14).[16]

O *relato de epifania*, pelo contrário, relata uma experiência na qual Deus ou um anjo de Deus aparece para alguém, geralmente para transmitir uma mensagem. Tipicamente o verbo "aparecer, tornar visível" (heb. *raah*, nifal) sinaliza o início dessas epifanias. Elas desempenham um papel importante na vida de Abraão (Gn 12:7; 17:1-21; 18:1-33), de Isaque (26:2-5, 24), de Moisés (Êx 3:2-12), dos pais de Sansão (Jz 13) e do rei Salomão (1Rs 3:5-15; 9:1-9).[17]

O relato da experiência de Jacó em Betel é uma *epifania em sonho*, já que envolve a aparição de Deus em um sonho (Gn 28:12-16; cf. 48:3-4; Mt 2:19-20).[18]

O gênero do *relato histórico* é o do relato escrito com mais elaboração literária do que o relato comum.[19] Ele desenvolve uma trama rudimentar (indo da tensão à resolução), registra diálogos e discursos dos personagens, e inclui toques literários dramáticos. Como o relato simples, ele visa a narrar um

---

[16] Cf. também os sonhos de Nabucodonosor nas seções narrativas do livro de Daniel (Dn 2:1-11; 4:1-18). Cf. a gama de estudos redigidos recentemente por E. R. Hayes e L.-S. Tiemeyer, eds., *'I Lifted My Eyes and Saw': Reading Dream and Vision Reports in the Hebrew Bible*, LHBOTS (London e New York: Bloomsbury T&T Clark, 2014). Para um estudo amplo e comparativo do fenômeno dos sonhos, veja J.-M. Husser, *Dreams and Dream Narratives in the Biblical World*, The Biblical Seminar 63 (Sheffield: Sheffield Academic Press, 1999).

[17] Para a sugestão de que um ritual de indução real inspirou o relato do sonho de Salomão, veja B. Lang, *The Hebrew God: Portrait of an Ancient Deity* (New Haven: Yale University Press, 2001), p. 8-11; cf. Husser, *Dreams and Dream Narratives*, p. 124-128.

[18] Cf. Husser, *Dreams and Dream Narratives*, p. 128-132. Inexplicavelmente, Long considera todas as aparições divinas como epifanias oníricas, mesmo quando o contexto não diz nada sobre ser um sonho, ou nos casos de Abraão (Gn 18) e Moisés (Êx 3), que efetivamente especifica circunstâncias em quem eles não estão em estado de sono ("Historical Literature", p. 248).

[19] Long, "Historical Literature", p. 6-7.

• 523 •

INTRODUÇÃO À INTERPRETAÇÃO BÍBLICA

acontecimento, mas ele o faz com um talento literário atraente. Dois exemplos excelentes são os das histórias da ascensão de Saul como rei (1Sm 11:1-11), e do confronto de Acabe com o profeta Micaías, filho de Inlá (1Rs 22:1-37; veja também Jz 9:1-21; 1Rs 12:1-20; 20:1-43).

Finalmente, os autores ou editores podem compilar uma série de relatos e estruturá-los de forma consciente para ressaltar conexões entre acontecimentos e para proclamar alguns temas. O resultado é a *história*, um documento longo que destaca um assunto em particular ou uma era histórica.[20] De forma explícita ou implícita, os autores/editores transmitem a sua avaliação da sequência de acontecimentos relatados para aplicar uma instrução ou uma legitimação do passado a situações ou instituições da época do autor/editor. Este gênero inclui o livro dos Reis e o livro de Crônicas.[21]

Princípios de Interpretação – Relato

Adote os seguintes princípios para interpretar relatos:

1. Ao interpretar o relato simples, o leitor deve se concentrar no assunto principal e como ele contribui para os temas no contexto maior.
2. Já que o relato tende a destacar assuntos factuais (i.e., o que aconteceu, quem fez o que etc.), ele tende a não trazer um óbvio conteúdo devocional. Por isso, o leitor tem que deduzir os seus temas teológicos a partir do contexto maior que o cerca. Por exemplo, a passagem de Josué 12 apresenta uma lista dos reis cananeus que Javé derrotou para dar a Israel a Terra Prometida. Literalmente, parece uma contagem cerimonial de resultados ("... o rei de X... um, o rei de Y, ... um..."), e a lição para alguns leitores pode ser, "Não mexa com Javé!" Mas no contexto das vitórias que os capítulos 1 a 11 de Josué conta, os temas

---

[20] Long, "Historical Literature", p. 7-8, observa (p. 8): "O AT é o único documento no antigo Oriente Médio a usar esse gênero literário." Os especialistas supõem comumente que os escribas do palácio responsáveis em registrar as questões do estado prepararam estas histórias.

[21] O vigoro debate acadêmico sobre o assunto continua, mas a teoria de que de Deuteronômio para 2Reis se formou uma obra histórica maior, a "História Deuteronomista" (HD), editada durante o exílio de Israel na Babilônia (séc. VI a.C.), ainda parece válida; cf. S. L. McKenzie, "Deuteronomistic History", *NIDB*, 2:107 ("[a] teoria [...] continua sendo dominante, embora haja desacordo generalizado sobre os detalhes da autoria, data e propósito"); e S. L. Richter, "Deuteronomistic History", *DOTHB*, cuja discussão aprofundada (p. 219-230) conclui que "há uma História Deuteronomista e de natureza historiográfica" (p. 228). Para uma visão mais crítica, veja T. C. Römer, *The So-Called Deuteronomistic History: A Sociological, Historical, and Literary Introduction* (London; New York: T&T Clark, 2007). A respeito da compilação e do propósito de Crônicas, veja convenientemente L. C. Jonker, *1 & 2Chronicles*, UBC (Grand Rapids: Baker, 2013), 6-22.

• 524 •

GÊNEROS LITERÁRIOS DO ANTIGO TESTAMENTO

implícitos de Josué 12 são: O poder impressionante de Deus para ajudar o seu povo, a sua fidelidade quanto às suas promessas, e o seu valor. Em contrapartida, a interpretação dos relatos nos quais Deus participa (e.g., relatos de sonhos e relatos de epifanias) expressa os seus temas de forma mais direta, dependendo menos do contexto. Por exemplo, o relato do sonho de Jacó (Gn 28) destacou o seu relacionamento pessoal com Jacó e confirmou a sua presença na sua viagem. Esses temas, com certeza, têm consequências para os dias de hoje.

3. Como é típico na narrativa, o relato convence indiretamente. O leitor deve se perguntar: O que esse texto está tentando dizer? Quais são os sinais sutis que o autor entrelaçou com o relato para transmitir a mensagem? O estudante provavelmente encontrará mais pistas no relato histórico e na história do que no relato simples. Por exemplo, 1Reis 22 obviamente retrata o profeta Micaías, filho de Inlá, como o herói corajoso perseguido pelo corrupto Acabe. Dessa maneira, ele condena a religião mosaica nominal de Acabe e, por consequência, todos os outros exemplos de fé sem o compromisso suficiente.[22] Para a aplicação, alguém pode perguntar: De que modo a pressão cultural enfraqueceu a minha fé, tornando-a mais superficial do que antes?

4. Os relatos dispostos em série (comumente chamados de "história") são como corais, uma série de vozes individuais reunida para proclamar temas comuns. Para encontrar esses temas, o leitor tem que analisar os destaques dos relatos individuais para ver o que eles têm em comum. Por exemplo, comparado a Reis, Crônicas se concentra em Judá, o apoio de Davi à adoração de Israel, e a importância do templo. Ao passo que Reis avalia a monarquia israelita como um desastre espiritual (a história dos erros passados que os exilados não podiam repetir quando eles voltassem para casa), Crônicas busca ressaltar a sua contribuição espiritual positiva, o estabelecimento da adoração adequada no templo. Escrito para o Judá pós-exílico, o livro faz a revisão da história de Israel para incentivar os seus leitores a adorar a Javé e obedecer a Torá.[23]

---

[22] Para a discussão sobre esta narrativa com um interesse particular no uso literário do anonimato, veja R. L. Hubbard, Jr., "'Old What's His Name': Why the King in 1 Kings 22 Has No Name", em *God's Word for Our World*, 2 vols., JSOTSup 388-389, ed. J. H. Ellens, et al. (London e New York: T&T Clark International, 2004), 2:294-314.

[23] W. Riley, *King and Cultus in Chronicles*, JSOTSup 160 (Sheffield: JSOT Press, 1993), p. 202-204; convenientemente, W. S. LaSor, D. A. Hubbard, e F. W. Bush, *Old Testament Survey*, 2ª ed. (Grand Rapids: Eerdmans. 1996), p. 545-549.

Narrativa heroica

Um dos gêneros literários mais comuns do AT é a *narrativa heroica*.[24] Ela envolve uma série de episódios que destacam a vida e as conquistas de um herói a quem o povo considera suficientemente importante para ser lembrado no futuro. Tipicamente, essas narrativas heroicas incluem algum relato do nascimento da pessoa, do casamento, do que fez durante a sua vida, e da sua morte. Elas dão um destaque particular nas demonstrações de virtude e de heroísmo extraordinário. Como Ryken observa,

> Essas histórias brotam de um dos impulsos mais universais da literatura: o desejo de personificar normas de comportamento ou causas representativas na história de um personagem cuja experiência é típica do povo em geral.[25]

As narrativas heroicas podem buscar inculcar essas normas comportamentais com exemplos positivos e negativos. O herói que falhou oferece uma lição tão poderosa sobre os valores importantes da vida quanto aquele que teve sucesso.

A vida de Moisés (Êxodo-Deuteronômio) se constitui no melhor exemplo do AT para esse gênero literário.[26] Com detalhes, ela retrata o seu nascimento, o seu senso de vocação, suas conquistas como líder e legislador, e sua morte. [27] Com certeza, a sua vida encarna tanto os conflitos da vida nacional de Israel durante esse período quanto o ideal de perfeita lealdade a Deus. Além disso, pode-se considerar o livro de Juízes uma coleção de narrativas heroicas.[28] As

---

[24] Ryken, *How to Read*, p. 75-80. Para esta categoria, Coats ("Narrative Literature", 6) e Long ("Historical Literature", p. 250) preferem o termo "saga heroica", mas questionamos a definição e a adequação do termo "saga"; cf. Butler, "Narrative Form Criticism", p. 56: "Se Israel contou esses materiais como história de família ou como narrativas de promessa, por que atribuir títulos ambíguos como saga ou lenda para esses materiais?"

[25] Ryken, *How to Read*, p. 75.

[26] Cf. F. F. Greenspahn, "From Egypt to Canaan: A Heroic Narrative", in *Israel's Apostasy and Restoration: Essays in Honor of Roland K. Harrison*, ed. A. Gileadi (Grand Rapids: Baker, 1988), p. 1-8; G. W. Coats, *Moses: Heroic Man, Man of God*, JSOTSup 57 (Sheffield: JSOT, 1987). No NT, os relatos do Evangelho sobre a vida de Jesus mostram características desse gênero, ainda que eles destaquem mais o seu ensino do que a sua biografia. Veja a nossa discussão do gênero dos Evangelhos no capítulo seguinte.

[27] Knierim até defende que o gênero literário de todo o Pentateuco é a biografia de Moisés, com um destaque particular do seu papel singular como mediador no monte Sinai; cf. R. P. Knierim, "The Composition of the Pentateuch", *SBLSP* 24 (Atlanta: Scholars Press, 1985), p. 409-415. Que o personagem Moisés ainda se constitui em uma biografia fascinante claramente se vê em J. Kirsch, *Moses: A Life* (New York: Ballantine Books, 1998).

[28] Assim diz Ryken, *How to Read*, p. 80, admitindo, porém, que "algumas características do livro se parecem com o épico" (sobre isso, leia abaixo); cf. a ambivalência parecida das categorias em S. Niditch, *Judges*, OTL (Louisville: Westminster John Knox, 2008), p. 3, que usa "heróis"

GÊNEROS LITERÁRIOS DO ANTIGO TESTAMENTO

histórias de Débora (4—5), Gideão (6—8) e Sansão (13—16) particularmente demonstram características desse gênero literário. Eles simbolizam os conflitos duplos durante aquele período: invasões por fora e idolatria por dentro. Os seus sucessos e fracassos personificam o próprio conflito nacional de Israel com a sobrevivência política e com a fidelidade a Deus.[29]

O *épico* representa uma subvariedade da narrativa heroica, já que conta as conquistas heroicas de um herói virtuoso.[30] Duas características distintas a destacam: a sua extensão maior e a sua elevação das conquistas do herói a um maior grau de importância. O épico apresenta um forte interesse nacionalista com o herói representando o destino, não somente de uma família, mas de toda a nação. Em outras palavras, ele narra os acontecimentos que toda a nação admira em suas memórias como definindo uma época. Por causa disso, os seus temas são de grande escala: conquista, reino, guerra e domínio. Já que os épicos retratam a história da formação de uma nação, eles têm muitas referências históricas.[31]

Além disso, eles envolvem cenários, acontecimentos e personagens sobrenaturais. Os acontecimentos se dão em uma arena cósmica, que inclui o céu e a terra, e os agentes sobrenaturais participam diretamente da história humana

---

em um sentido especificamente folclórico. Cf. C. L. Echols, "Can the Samson Narrative Properly be Called Heroic?", em *Leshon Limmudim: Essays on the Language and Literature of the Hebrew Bible In Honour of A.A. Macintosh*, ed. D. A. Baer e R. P. Gordon, LHBOTS 593 (London: Bloomsbury T&T Clark, 2013), p. 63-76 (depois de uma discussão detalhada, Echols responde que sim).

[29] Dentro do livro de Juízes, no entanto, a vida deles contribui para esse tema principal, i.e., a necessidade de Israel ter um rei para repelir as invasões, para acabar com as rivalidades tribais, e assegurar a fidelidade religiosa (Jz 17:6; 18:1; 19:1; 21:25); cf. T. C. Butler, *Judges*, WBC 8 (Nashville: Thomas Nelson, 2009), lxiii, lxxvii ("Israel precisa de um rei"; "Juízes indica a questão da liderança apontando para a frente rumo à monarquia, não para trás para a teocracia da época de Josué"); T. Schneider, *Judges*, Berit Olam (Collegeville, MN: Liturgical Press, 2000), p. 284-285. Juntamente com Butler e Schneider, duas análises inovadoras de Juízes incluem M. Wilcock, *The Message of Judges: Grace Abounding* (Downers Grove: InterVarsity, 1992) e K. R. R. Gros Louis, "The Book of Judges", em *Literary Interpretations of Biblical Narratives*, 2 vols., ed. K. R. R. Gros Louis, et al. (Nashville: Abingdon, 1974), 1:141-162.

[30] Ryken, *How to Read*, p. 78-81; Para um estudo literário mais amplo, veja D. A. Miller, *The Epic Hero* (Baltimore: Johns Hopkins University Press, 2000). Reconhecemos que a nossa análise do épico se aplica a narrativas de prosa, ainda que seja um termo normalmente associado a análises poéticas; cf. o estudo comparado recente de épicos bíblicos e extrabíblicos em M. S. Smith, *Poetic Heroes: The Literary Commemorations of Warriors and Warrior Culture in the Early Biblical World* (Grand Rapids: Eerdmans, 2014).

[31] Para a discussão dos épicos do antigo Oriente Médio e das suas consequências para os épicos bíblicos, veja de forma conveniente J. H. Walton, *Ancient Israelite Literature in Its Cultural Context: A Survey of Parallels between Biblical and Ancient Near Eastern Texts* (Grand Rapids: Zondervan, 1989), p. 46-49, 58-65.

INTRODUÇÃO À INTERPRETAÇÃO BÍBLICA

sobre a terra. Novamente, a trama de um épico é levemente episódica (ela apresenta incidentes em separado, em vez de uma cadeia de acontecimentos interligados) e geralmente visa um feito central ou uma busca do herói.

A seção de Gênesis 1—11 é exemplo de um *épico cósmico*, porque narra a história formativa, não somente de uma nação, mas do cosmo e dos seus habitantes humanos.[32] Ele está cheio de elementos sobrenaturais, porque Deus se comunica diretamente com Adão e Eva no jardim (Gn 3) e com Noé no grande dilúvio (Gn 6—9). Posteriormente, ele espalha as pessoas pela terra e os separa em grupos linguísticos distintos (Gn 11). As genealogias de Adão (Gn 5) e de Noé (Gn 10) também refletem uma variante de motivo nacionalista: o interesse nas origens dos grupos étnicos principais da terra.[33]

As alusões históricas incluem as referências ao início das profissões humanas (Gn 4:20-22), a raça de gigantes chamada de *nefilim* (Gn 6:4; cf. Nm 13:32-33), e a fundação de cidades antigas (Gn 10:10-12; cf. 11:2-3).[34] Nesses textos, o herói não é um indivíduo, mas uma série de indivíduos, ainda que no contexto eles representem a humanidade primitiva como um todo. Além disso, lembre-se de que, mais para o final desse épico, o foco da narrativa se limita aos semitas, os antepassados étnicos dos hebreus (Gn 11:10-32).

Os capítulos 12 a 36 de Gênesis apresentam um *épico ancestral*.[35] Com certeza, ele evidencia temas nacionalistas: o destino de Israel e o seu direito à terra

---

[32] Cf. Coats, "Narrative Literature", p. 5-6 ("a saga primitiva"). Já que um exemplo do antigo Oriente Médio, a "Epopeia de Atrahasis", segue uma estrutura narrativa semelhante, ele traz algum apoio cultural à nossa caracterização de Gênesis 1—11 como um épico; cf. A. R. Millard, "A New Babylonian 'Genesis' Story", em *"I Studied Inscriptions from Before the Flood"*: *Ancient Near Eastern, Literary, and Linguistic Approaches to Genesis 1—11*, ed. R. S. Hess e D. T. Tsumura (Winona Lake, IN: Eisenbrauns, 1994), p. 114-128. Para a tradução do épico, veja V. H. Mathews e D. C. Benjamin, *Old Testament Parallels: Laws and Stories from the Ancient Near East* (New York: Paulist Press, 1991), p. 16-27.

[33] Para estudos sobre a função dessas genealogias dentro de Gênesis, veja F. Crüsemann, "Human Solidarity and Ethnic Identity: Israel's Self-Definition in the Genealogical System of Genesis", em *Ethnicity and the Bible*, ed. M. G. Brett, Biblical Interpretation Series 19 (Leiden: E. J. Brill, 1996), p. 57-76. R. S. Hess, "The Genealogies of Genesis 1-11 and Comparative Literature", in Hess e Tsumura, *"I Studied Inscriptions"*, p. 58-72, discute as formas das genealogias bíblicas dentro do seu contexto antigo.

[34] Para a interpretação de Gênesis 6:1-4, veja B. K. Waltke (com C. J. Fredricks), *Comentários do Antigo estamento: Gênesis* (São Paulo: Cultura Cristã, 2010), p. 140-142, que sugere que os nefilins são descendentes de antigos tiranos reais possuídos por demônios; cf. também Millard, "A New Babylonian 'Genesis Story'", em Hess e Tsumura, eds., *"I Studied Inscriptions"*, p. 122-123. Waltke (*Gênesis*, p. 199-211) discute as informações etnográficas em Gênesis 10.

[35] Cf. Coats, "Narrative Literature", p. 6 ("saga familiar"); B. C. Birch, W. Brueggemann, T. E. Fretheim, e D. L. Petersen, *A Theological Introduction to the Old Testament* (Nashville: Abingdon, 1999), p. 68 ("As histórias envolvem pais e mães, filhos e filhas, tias e tios: resumindo, famílias").

• **528** •

GÊNEROS LITERÁRIOS DO ANTIGO TESTAMENTO

de Canaã. De fato, a promessa programática a Abrão (Gn 12:1-3) prevê o destino de Israel como instrumento de bênção para todos os outros grupos étnicos. Ainda que não sejam proeminentes, os elementos sobrenaturais estão presentes da mesma maneira. Javé participa de forma ativa, aparecendo aos patriarcas (Gn 17:1; 18:17–33; 26:2; 35:1, 7), trazendo a destruição sobre Sodoma, e dando à idosa Sara um filho (21:1-2, cf. também os anjos que resgataram Ló [19:1, 15] e a luta misteriosa de Jacó [31:22-32]).

Quanto às citações históricas, a nosso ver a derrota que Abraão infligiu à coalisão militar de Quedorlaomer (Gn 14:1-16) relembra um episódio recordado por muito tempo na região.[36] Sim, as narrativas patriarcais envolvem uma sequência de quatro heróis em vez de um só. Mesmo assim, a história deles traça as raízes nacionais de Israel e define o seu destino como nação. Além disso, a ideia de promessa que domina a trama de Gênesis 12—36 (Gn 12:1-3 etc.) se compara favoravelmente com a típica motivação de busca dos épicos (a busca pela terra e pelo destino nacional).[37]

História profética

A história profética narra acontecimentos na vida de um profeta, particularmente os que demonstram virtudes dignas de serem imitadas e, de forma mais importante, que criticam teologicamente o mundo no qual os leitores da história viviam.[38] O seu propósito, portanto, é duplo: edificar os leitores

---

[36] Cf. G. Wenham, *Genesis 1-15*, WBC 1 (Waco: Word, 1987), p. 319 ("as provas [. . .] sugerem que esse capítulo se baseia numa das fontes literárias mais antigas em Gênesis"); Coats, "Narrative Literature", p. 317 (cf. também p. 118-122), cujas listas de glossários de gêneros literários em Gen 14:1-24 sob "anais" com a definição "um relato dos arquivos da corte real"; mas cf. O Margalith, "The Riddle of Genesis 14 and Melchizedek", *ZAW* 112 (2000): p. 501-508 (um "para-mito" refletindo as guerras no final do séc. XIII a.C.); e C. Westermann, *Genesis 12-36: A Commentary, CC* (Minneapolis: Augsburg, 1985), p. 193 ("Não se pode ser identificado como um acontecimento histórico definido através da forma pela qual foi preservado").

[37] Com boa razão, Johnson (*Making Sense of the Bible*, p. 35) diz que o AT se compõe de "grandes épicos" tecidos dentro "da grande narrativa da Bíblia": a história da criação até o período pós-exílico. Ele também chama Josué a 2Reis de um "épico"; cf. Ryken, *How to Read*, p. 80 (o livro de Josué como o "épico de conquista"; também a ascensão do rei Davi [1Sm 16-2Sm 8]). Para o estudo literário profundo sobre a história de Davi, veja V. L. Johnson, *David in Distress: His Portrait through the Historical Psalms*, LHBOTS 505 (London e New York: T&T Clark, 2009); cf. também W. Brueggemann, *David's Truth In Israel's Imagination and Memory*, 2ª ed. (Minneapolis: Fortress, 2002) e M. J. Steussy, *David: Biblical Portraits of Power* (Columbia, SC: University of South Carolina Press, 1999).

[38] Enquanto a maioria dos especialistas usa o termo "história profética", o termo mais antigo, "lenda profética", aparece de vez em quando; cf. M. A. Sweeney, *Isaiah 1—39*, FOTL 16 (Grand Rapids: Eerdmans, 1996), cuja "Introdução à literatura poética" (p. 18-22) relaciona como tipos narrativos mais importantes a "história profética" e a "lenda profética" (p. 20-21).

• 529 •

INTRODUÇÃO À INTERPRETAÇÃO BÍBLICA

apresentando o profeta como modelo de conduta adequada, e para desacreditar o sistema maior político e religioso pela sua negação de Javé como Senhor soberano. Ela reflete a dinâmica que mais impulsiona a Bíblia: o movimento teológico e ideológico para reestruturar a visão de mundo dos leitores e radicalmente reformar os seus valores. As narrativas sobre Elias e Eliseu (1Rs 17—2Rs 9; 2Rs 13:14-21) e sobre Daniel (Dn 1—6) ilustram da melhor maneira as histórias proféticas.[39] Por exemplo, Elias e Eliseu são modelos de perseverança face à pressão política real e pelo desafio corajoso à tirania e aos erros da apostasia religiosa patrocinada pelo governo. Nas histórias proféticas sobre Eliseu, os milagres às vezes têm um papel proeminente (e.g., a cura por parte de Eliseu do filho da mulher sunamita [2Rs 4:8-37] e o seu resgate da lâmina do machado [6:1-7]). Os milagres demonstram a onipotência inquestionável de Javé e, por consequência, expõem a impotência do deus popular Baal.

De forma semelhante, Daniel demonstra fidelidade face às pressões dos soberanos estrangeiros como Nabucodonosor e personifica uma confiança imbatível na proteção soberana de Deus sobre o seu povo. Ao mesmo tempo, o livro de Daniel traz uma crítica poderosa das opressões terríveis dos impérios e das ilusões perigosas dos imperadores.[40] O livro de Jonas também se encaixa nessa categoria, apesar de instruir através de um exemplo negativo. A nosso ver, o seu estilo literário intencionalmente imita as histórias proféticas sobre Elias. Além disso, ele claramente tem um propósito didático: para nós, ensinar ao leitor sobre Deus, reconhecendo a atitude dele para com os não israelitas (veja

---

Para o panorama recente sobre as histórias proféticas, veja T. L. Leclerc, *Introduction to the Prophets: Their Stories, Sayings and Scrolls* (New York: Paulist Press, 2007); cf. as subcategorias propostas por A. Rofé, *The Prophetical Stories* (Jerusalém: Magnes Press, 1988). Somos particularmente gratos ao Professor M. D. Carroll R. pelos seus comentários úteis sobre uma versão anterior dessa seção.

[39] Cf. a comparação esclarecedora de Gros Louis entre Elias e Eliseu e o Hamlet de Shakespeare que ainda vale a pena ler em K. R. R. Gros Louis, "Elijah and Elisha", em *Literary Interpretations* 1: 177-190. Cf. também U. Simon, *Reading Prophetic Narratives*, ISBL (Bloomington: Indiana University Press, 1997); J. Goldingay, "Story, Vision, Interpretation: Literary Approaches to Daniel", in *The Book of Daniel in the Light of New Findings*, ed. A. S. van der Woude (Leuven: Uitgeverij Peeters, 1993), p. 295-314; e D. Gunn e D. N. Fewell, *Narrative in the Hebrew Bible* (Oxford: Oxford University Press, 1993), p. 174-188 (a profunda análise literária de Daniel 3).

[40] Cf. T. S. Cason, "Confessions of An Impotent Potentate: Reading Daniel 4 Through the Lens of Ritual Punishment Theory", *JSOT* 39 (2014): p. 79-100; H. Avalos, "Nebuchadnezzar's Affliction: New Mesopotamian Parallels for Daniel 4", *JBL* 133 (2014): 497-507; J. E. Goldingay, "The Stories in Daniel: A Narrative Politics", *JSOT* 37 (1987): p. 99-116. Para a crítica ideológica em Amós, veja M. D. Carroll R., *Contexts for Amos: Prophetic Poetics in Latin American Perspective*, JSOTSup 132 (Sheffield: Sheffield Academic, 1992).

• **530** •

GÊNEROS LITERÁRIOS DO ANTIGO TESTAMENTO

Jn 4:10-11).[41] Do mesmo modo que Jonas, Israel estava fugindo da sua missão de levar a luz para as nações.

Princípios de interpretação – Narrativa heroica e história profética

Para interpretar a narrativa heroica e a história profética, sugerimos os seguintes princípios:

1. A interpretação deve se concentrar na vida do personagem principal, seja um indivíduo, uma família ou uma nação. As duas perguntas a considerar são: Como a vida do herói simboliza um relacionamento com Deus e com as outras pessoas? E que aspectos da visão de mundo do leitor original ele busca criticar ou desacreditar?
2. Já que o herói retrata valores, o estudante tem que se perguntar que valores que certo herói representa. Por exemplo, vários textos elevam Abraão a um exemplo de fé persistente (cf. Gn 15:6; 22:12). Desse modo, ele exibe o tipo de confiança em Deus que se esperava do Israel antigo e também se espera dos cristãos modernos. O retrato de Acabe, por outro lado, parece quase totalmente negativo. Que conduta que ele buscou cultivar em Israel, e o que ele pode ensinar para os leitores modernos? O estudante também deve perguntar: Como esses valores desafiam e buscam reformular os valores dominantes no mundo bíblico e no mundo moderno?
3. Além dos valores apresentados, a prioridade interpretativa deve ser dada a encontrar os temas maiores envolvidos (a eleição, a conquista, a apostasia religiosa etc.). Por exemplo, a vida de Eliseu retrata a rejeição desleal de Israel a Javé em favor de Baal, já a vida de Daniel apresenta os desafios dos fiéis remanescentes diante da forte pressão social. Implicitamente, ambos destacam a importância da lealdade para com os requisitos da aliança para que Israel experimente as bênçãos de Deus e como o servo de Deus tem que desafiar "às vezes" qualquer liderança que promova outros valores.

---

[41] L. C. Allen, *The Books of Joel, Obadiah, Jonah, and Micah*, NICOT (Grand Rapids: Eerdmans, 1976), p. 175, 190-191 ("a verdade que não é tão bem recebida da compaixão do soberano Deus pelos estrangeiros e pelos animais"); cf. também recentemente S. P. Riley, "When the Empire Does Not Strike Back: Reading Jonah in Light of Empire", *Wesleyan Theological Journal* 47 (2012): p. 116-126. Para a análise literária de Jonas, veja Gunn e Fewell, *Narrative in the Hebrew Bible*, p. 129-146; e P. Trible, *Rhetorical Criticism: Context, Method, and the Book of Jonah*, GBS OT Series (Minneapolis: Fortress, 1994).

• 531 •

INTRODUÇÃO À INTERPRETAÇÃO BÍBLICA

4. A aplicação dessa narrativa tem que se concentrar nas situações análogas do personagem bíblico e do cristão dos dias atuais. Por exemplo, um tema no épico ancestral apresenta Deus miraculosamente vencendo a esterilidade para manter viva a linhagem patriarcal (cf. Gn 21; 29—30). Mas a aplicação não é a de que Deus sempre providencia filhos para os cristãos. Por razões que só Deus conhece, ele pode escolher não lhes dar filhos em algumas situações. Uma analogia melhor é a de que o épico lembra os cristãos do compromisso firme de levar adiante o seu plano de salvação nos dias de hoje. Ela é melhor porque se baseia em uma verdade bíblica imutável, em vez de uma que faz parte da vontade misteriosa de Deus.

Comédia

Para os leitores modernos, o termo comédia provavelmente seja associado a programas de comédia na televisão como *Seinfeld* ou *The Big Bang Theory*. Na literatura, porém, a comédia é a narrativa cuja trama tem um final feliz, em alguns casos por meio de uma reviravolta dramática, particularmente através de personagens bufões, palhaços, bobos, trapaceiros ou brincalhões. Ela sempre visa a divertir.[42] Tipicamente, ela apresenta disfarces, identidade trocada, coincidências providenciais, mudanças de acontecimentos surpreendentes, livramentos de desastres, e a superação de obstáculos. As comédias geralmente terminam com um casamento, com uma festa, com uma reconciliação entre inimigos, ou com uma vitória sobre os inimigos.

Classificamos o livro de Ester como uma comédia.[43] A sua trama transforma a tragédia em triunfo, envolve a superação de obstáculos (a traição de Hamã e a cumplicidade inconsciente de Assuero; Et 3:1-11); o disfarce (a identidade escondida de Ester; Et 2:10, 20); a coincidência providencial (o momento certo da insônia de Assuero; 6:1-11); a surpresa (a revelação do plano de Hamã; 7:1-6); a mudança repentina da sorte do povo (capítulos 8 e 9); e uma festa final

---

[42] Cf. as discussões detalhadas sobre a comédia em J. W. Whedbee, *The Bible and the Comic Vision* (Cambridge: Cambridge University Press, 1998), p. 6-11; e C. H. Holman e W. Harmon, *A Handbook to Literature,* 5ª ed. (Upper Saddle River, NJ: Prentice Hall, 1986), p. 98-101. Para as tragédias do AT, o gênero negativo oposto à comédia, sugerimos Gênesis 3 e a vida de Saul (1Sm 9—31).

[43] Cf. a análise inovadora de Ester como comédia em Whedbee, *The Bible and the Comic Vision*, p. 171-190. Para a crítica recente dessa classificação e a sugestão de que Ester seja uma narrativa heroica com elementos de comédia ou grotescos, veja K. McGeough, "Esther the Hero: Going Beyond 'Wisdom' in Heroic Narratives", *CBQ* 70 (2008): p. 44-65. Para se ler Jó como comédia, cf. A. Pelham, "*Job* as Comedy, Revisited", *JSOT* 35 (2010): p. 89-112.

• 532 •

GÊNEROS LITERÁRIOS DO ANTIGO TESTAMENTO

(Purim; 9:18-19).[44] Tematicamente, ele também critica as pretensões ilusórias dos impérios e dos imperadores, e talvez também o preconceito de gênero.

A história de José (Gn 37—50) é outro exemplo de comédia do AT.[45] A partir da tragédia do exílio de José e da prisão no Egito (Gn 37, 39—40), a trama acaba em triunfo: o faraó o eleva a primeiro-ministro (41:39-40), José livra o Egito e a sua própria família da fome (42—50), e José se reconcilia com os seus irmãos (42—45, 50). Em meio à trama, se lê sobre a superação de obstáculos, acontecimentos providenciais (cf. 41:51-52; 45:7-8; 50:21), e sobre a identidade secreta de José (42—44). Resumindo, é um exemplo que se encaixa na comédia.

Princípios de Interpretação - Comédia

Os princípios a seguir são úteis para interpretar a comédia do AT:

1. Já que a trama dita o ritmo na comédia, a interpretação deve identificar o modo pelo qual a tragédia se torna em triunfo. Então, o estudante deve explicar como José e Ester salvam Israel das suas respectivas crises. No processo de identificar o desenrolar da trama, é particularmente importante definir a crise da história, a reviravolta e o clímax.

2. O desenvolvimento dos personagens merece alguma atenção. Observe as características da personalidade dos heróis e dos vilões e como elas contribuem para o seu respectivo sucesso ou fracasso. Observe também o desenvolvimento positivo ou negativo dos personagens. Por exemplo, Ester parece se transformar de uma mediadora relutante em uma líder corajosa (cf. Et 4:7). Ao mesmo tempo, Hamã parece degenerar da autoconfiança suprema para uma autocomiseração infantil (Et 3:6). Observe também quais são os irmãos de José que merecem ser rotulados de herói ou vilão.

---

[44] Para maiores detalhes, consulte comentários recentes; cf. A. Berlin, *Esther*, JPS Bible Commentary (Philadelphia : Jewish Publication Society, 2001); M. V. Fox, *Character and Ideology in the Book of Esther*, 2ª ed. (Grand Rapids: Eerdmans, 2001) e T. K. Beal, *Esther*, Berit Olam (Collegeville, MN: Liturgical Press, 1999). Para a análise evangélica recente sobre Ester, veja D. G. Firth, *The Message of Esther: God Present but Unseen* (Downers Grove: InterVarsity, 2010); e D. Reid, *Esther: An Introduction and Commentary*, TOTC (Nottingham: Inter-Varsity Press; Downers Grove: IVP Academic, 2008); um pouco mais antiga, mas ainda útil, é a obra de M. Breneman, *Ezra, Nehemiah, Esther*, NAC 10 (Nashville: Broadman & Holman Publishers, 1993).

[45] Cf. C. Westermann, *Joseph: Studies of the Joseph Stories in Genesis*, trad. O. Kaste (Edimburgo: T&T Clark, 1996); D. A. Seybold, "Paradox and Symmetry in the Joseph Narrative", e J. S. Ackerman, "Joseph, Judah, and Jacob", em *Literary Interpretations* 1:59-73 e 85-113 (respectivamente).

INTRODUÇÃO À INTERPRETAÇÃO BÍBLICA

3. Descubra o papel de Deus na história: ele é direto ou indireto? Pergunte se o escritor bíblico vê ou não vê os acidentes e as coincidências como atos secretos da divina providência.

4. Defina o(s) tema(s) principal (principais) da comédia. A história de José fornece vários sinais temáticos claros: Deus guiou os triunfos e os reveses de José para preservar a existência de Israel (Gn 45:7-9; 50:20). Ester coloca os seus temas de um modo mais sutil, mas, com certeza, um dos principais seria a preservação do seu povo diante dos tiranos.

5. A aplicação se segue do tema único ou dos temas principais da comédia. Então, por exemplo, José e Ester ecoam a verdade bíblica importante que mostra que Deus cuida do seu povo, não importando as dificuldades que eles enfrentem ou onde eles estejam. Lembre-se, contudo, de que estas dramáticas mudanças de vida não são promessas de intervenção divina espetacular em todas as situações parecidas.

Discurso de despedida

Finalmente, o *discurso de despedida* merece ser mencionado por causa do papel importante que ele desempenha em conjunturas importantes da literatura narrativa do AT. O discurso de despedida é um discurso na primeira pessoa que teria sido feito por alguém um pouco antes da sua morte.[46] Tipicamente o orador se refere à sua idade avançada ou à sua morte iminente, e exorta os ouvintes a viver de acordo com alguns princípios no futuro.[47] Os oradores geralmente são líderes de tanta importância histórica que os seus discursos tendem a marcar os principais momentos da vida nacional de Israel. Apesar de transmitir instruções legais, as séries de discursos feitos por Moisés em Deuteronômio representam uma forma ampliada do discurso de despedida. Ou, em outras palavras, o livro contém o testamento ético de Moisés: a herança de ensino que ele deixa para Israel.

---

[46] Long, "Historical Literature", p. 249. A lista de discursos de despedida tem a aparência de um esboço resumido da história do AT: Jacó para seus filhos (Gn 49:29-30), Moisés para Israel (Dt 29:2-30:20; 31:1-8), Josué para Israel (Js 23:1-16), Samuel para Israel (1Sm 12), e Davi para Salomão (1Rs 2:1-9); cf. Paulo em At 20:18-35; e Jesus em João 13:1-17:26. Cf. também as poéticas "Últimas palavras de Davi" (2Sm 23:1-7).

[47] Geralmente um relato breve da morte e do sepultamento do orador se segue ao discurso (Gn 49:33; Dt 34:5-6; 1Rs 2:10; cf. Js 24:29-30). Apesar de não serem propriamente discursos, as epístolas do NT escritas no final da vida de um apóstolo parecem dar andamento à mesma tradição (e.g., 2Tm 4:6-8; 2Pe 1:12-15). Para a retórica do discurso de despedida (Jo 13-17), veja J. C. Stube, *A Graeco-Roman Rhetorical Reading of the Farewell Discourse*, LNTS 309 (New York; London: T&T Clark, 2006).

GÊNEROS LITERÁRIOS DO ANTIGO TESTAMENTO

Princípios de interpretação – Discurso de despedida

Os princípios em seguida serão úteis para interpretar o discurso de despedida:

1. O estudante tem que descobrir o que faz do discurso essencial historicamente. Em outras palavras, por que o orador o fez? Quais foram as circunstâncias em redor ou as questões da época que fazem parte do cenário?
2. Entendido o cenário histórico, o estudante também tem que resumir o tema principal do orador em uma frase breve. O que o líder idoso incentiva os seus ouvintes a fazer a respeito desse tema?
3. Descubra como o discurso específico contribui para os temas no contexto mais amplo. Por exemplo, como o discurso de Samuel (1Sm 12) desenvolve os temas do livro de 1Samuel?
4. Busque as aplicações do cenário importante do discurso e o seu tema principal. O estudante deve pensar sobre uma situação contemporânea que se assemelha bastante à bíblica e depois deve aplicar o tema principal do orador a essa situação. Por exemplo, as palavras de Samuel podem nos exortar a servir a Deus fielmente, a despeito do nosso medo de crítica por parte dos descrentes.

Interpretando um exemplo de narrativa: Juízes 7:1-15

Este episódio, que entrelaça vários gêneros narrativos e figuras literárias, nos traz um exemplo útil para ilustrar como se interpreta uma narrativa.[48] Ela se situa no contexto da opressão horrível por parte das tribos saqueadoras: dos midianitas, dos amalequitas e dos povos do leste, cuja hegemonia de sete anos reduziu o centro-norte de Israel a um estado próximo ao da fome (veja 6:2-6). Apesar de estar sofrendo por infidelidade (6:1), o clamor contínuo de Israel finalmente fez com que Deus mandasse um libertador, Gideão (6:14, chamado posteriormente de Jerubaal [6:32; 7:1]), que ajuntou um exército gigante nas proximidades da fonte de Harode, dentro do raio de alcance do inimigo (7:1).

A estrutura da narrativa apresenta duas partes: dois relatos do comando de Deus para reduzir o número da força armada (v. 2-3, 4-8) e um relato da visita secreta de Gideão ao campo midianita (v. 9-15). O primeiro reduz o número da tropa de 20.000 para 300, "peneirando" os soldados fracos (heb. *tsarap* "refinar,

---

[48] Para uma análise literária mais completa desse texto e do livro de Juízes, veja B. G. Webb, *The Book of Judges: An Integrated Reading*, JSOTSup 46 (Sheffield: Sheffield Academic Press, 1987).

• 535 •

INTRODUÇÃO À INTERPRETAÇÃO BÍBLICA

testar"), enquanto o segundo apresenta um relato de sonho por um soldado midianita ouvido por Gideão (v. 13-14) que o encoraja a ordenar a batalha (v. 15). O gênero do texto é o relato de garantia divina de vitória na batalha, e o seu esboço estrutural deve se parecer com isto:[49]

I. O relato: a época e o local 7:1
II. A garantia da vitória.. 7:2-15
  A. A instrução de Javé: O efetivo certo para o exército 7:2-8
    1. Passo 1: A dispensa dos medrosos 7:2-3
    2. Passo 2: A escolha dos vigilantes 7:4-6
    3. Conclusão 7:7-8
      a. A promessa de vitória da parte de Javé................................... 7:7
      b. Gideão: A dispensa das tropas excedentes............................. 7:8
  B. A missão de reconhecimento de Gideão.. 7:9-15
    1. A dupla comissão de Deus: "Vá" e "Ouça" 7:9-11
    2. A obediência de Gideão.. 7:12-15
      a. Descrição: O acampamento imenso dos inimigos................. 7:12
      b. A escuta: O relato do sonho de um inimigo 7:13-14
        1) O relato do sonho 7:13
        2) A sua interpretação... 7:14
      c. A reação dupla de Gideão... 7:15
        1) Adoração.. 7:15a
        2) No acampamento de Israel: a promessa de vitória.......... 7:15b

Observe os dois temas principais que surgem na narrativa. O primeiro diz respeito a ensinar Israel a aprender de sua vitória: que foi o poder de Javé, não a força gigante da tropa, que a alcançou. O narrador apresenta a explicação de Javé para a redução (v. 2), irônica ao contrariar a preferência dos comandantes humanos por uma força esmagadora. Gideão personifica o segundo tema, ou Gideão se rende ao seu medo ou confia corajosamente em Javé (v. 10-11), um tema que se encontra por toda a Bíblia, de suma importância para um Israel que vacila entre confiar em Javé e confiar em outros deuses.

O relato de sonho (v. 13-14) marca a reviravolta dramática do episódio, o drama afiado pelo uso sábio por parte do narrador (v. 13) da repetição de palavras e um trocadilho em uma raiz hebraica. Ele usa *hinnêh* ("olha") para ressaltar a grata surpresa que o midianita exprimiu no momento que Gideão passou por sua tenda (i.e., "Gideão entrou no campo, e... Shhhhh! O que aquele lá está

---

[49] O estudo do texto da narrativa segue o mesmo procedimento que apresentamos na seção das "Unidades maiores de poesia" no cap. 8.

· **536** ·

GÊNEROS LITERÁRIOS DO ANTIGO TESTAMENTO

dizendo?). Ele ouve (paráfrase nossa): "Olha (*hinnêh*), esse é o meu sonho: Eis que (*hinnêh*) um pão de cevada vinha rolando (*hapak*, hitpael) no acampamento... e atingiu a tenda com tanta força que ela tombou e se desmontou (*hapak*, qal)..." O seu colega, então, interpreta o seu simbolismo (v.14): o pão de cevada é "a espada de Gideão"; a virada da tenda é a derrota de Midiã através de Gideão (o pão normalmente pularia ou se tornaria em migalhas). Encorajado dessa maneira, Gideão reúne o seu pequeno bando (v. 15) e derrota fragorosamente o inimigo (v. 16-25).

O texto ressalta o poder de Deus em usar pães de cevada fáceis de esfarelar (i.e., seres humanos frágeis) para vencer exércitos poderosos. Ele recorda aos leitores as várias palavras bíblicas de confirmação (e.g., "Eu estou contigo", Is 41:10; Mt 28:20) que afastam os medos de inadequação. Gideão dá exemplo da reação adequada: com a confiança nesse poder, não em outros deuses, e com ações corajosas de fé.

Gêneros inseridos

| O provérbio popular | A maldição/o enigma | A parábola/a canção |
| A bênção | A fábula | A lista |

Provérbio popular

Alguns gêneros literários estão inseridos dentro das narrativas do AT. Quando dizemos "Uma andorinha só não faz verão", citamos um provérbio popular (heb. *mashal*), um ditado sucinto e bem conhecido que fala sobre pessoas e acontecimentos do dia a dia. De forma elaborada ele diz que "em certas situações é melhor ter a ajuda de alguém." O Israel antigo tinha ditados parecidos, normalmente prefaciados pela fórmula "então se tornou um ditado" ou "por isso que eles dizem..." Por exemplo, 1Samuel relata duas vezes o provérbio popular "Está Saul também entre os profetas?" Aparentemente, essa expressão israelita ressaltava o comportamento inesperado, não característico de alguém (1Sm 10:12; 19:24).[50] Os provérbios populares sempre aparecem como citações em um contexto mais amplo, ainda que o livro de Provérbios possa incorporar alguns em suas coleções (Pv 18:9; 24:26; 29:5). (Para a interpretação de provérbios, veja mais adiante sob o título "sabedoria").

---

[50] Outros exemplos: "Como Ninrode, poderoso caçador diante do Senhor" (Gn 10:9); "Dos ímpios vêm coisas ímpias" (1Sm 24:14); "Os 'cegos e aleijados' não entrarão no palácio" (2Sm 5:8); "Os dias passam e todas as visões dão em nada" (Ez 12:22); "Tal mãe, tal filha" (Ez 16:44); "Os pais comem uvas verdes, e os dentes dos filhos se embotam" (Jr 31:29; Ez 18:2).

INTRODUÇÃO À INTERPRETAÇÃO BÍBLICA

Israel também comumente invocava *bênçãos* e *maldições* como parte de sua vida diária. A fórmula "Bendito é/seja" [alguém] (heb. *baruk...*) era o modo pelo qual os israelitas desejavam o bem para os outros (Gn 9:26; Dt 28:3; Rt 2:19-20). As fórmulas opostas "Maldito é/seja [algo/alguém]" (heb. *arur*) ou "maldito é/seja aquele que [é/faz algo]" (heb. *arur haísh asher*) buscam a consequência oposta para o seu objeto (veja Gn 9:25; Dt 27:15; Jz 5:23; Jr 11:3).[51]

Enigmas, fábulas e parábolas

As narrativas do AT também contêm exemplos de enigmas, fábulas e parábolas.[52] Um enigma (heb. *hidáh*) é uma afirmação simples cujo significado oculto tem que ser descoberto. O exemplo clássico é o que Sansão usou para desafiar os seus companheiros filisteus: "Do que come saiu comida; do que é forte saiu doçura" (Jz 14:14; veja a resposta no v. 18). O desafio com enigmas inteligentes era um costume típico nas festas de casamento, e a arte verbal de Sansão naquele contexto o capacitou para afastar uma possível violência física por parte dos seus anfitriões filisteus e para exercer algum controle sobre uma situação política complicada.[53]

De maneira diferente, as *fábulas* ensinam verdades morais através de histórias breves onde as plantas e os animais se comportam como pessoas. Os leitores modernos as associam imediatamente às fábulas de Esopo, por exemplo,

---

[51] Para o entendimento de Israel com respeito a essa prática, veja o resumo conveniente de J. Scharbert, "*ārar*", *DTAT* 1:408-412, 416-418; e J. Scharbert, "*barak*", *DTAT* 2:302-308. O gênero literário "imprecação" também deseja um azar extremo sobre alguém, mas sem invocar a fórmula de maldição e sem lidar com a pessoa diretamente (e.g., Sl 109:6-20). Mesmo que pareça uma bênção superficialmente, a "bem-aventurança" na verdade faz uma declaração ("Bem-aventurada a pessoa que...") em vez de expressar um desejo (e.g.. Sl 1:1; Mt 5:3-11).

[52] Para uma breve análise, veja K. J. Cathcart, "The Trees, the Beasts, and the Birds: Fables, Parables and Allegories in the Old Testament", em *Wisdom in Ancient Israel: Essays in Honour of J. A. Emerton*, ed. J. Day, R. P. Gordon, e H. G. M. Williamson (Cambridge: Cambridge University Press, 1995), p. 212-221. Além dos textos que apresentaremos mais adiante, ele analisa três alegorias de Ezequiel: a vinha inútil (Ez 15:1-8), a leoa e a vinha (29:1-14), e a grande árvore (31:1-18), bem como o "conto" da jumenta de Balaão (Nm 22:22-35) e dos corvos alimentando Elias (1Rs 17:1-6).

[53] Da mesma forma C. V. Camp e C. R. Fontaine, "The Words of the Wise and their Riddles", em *Text and Tradition: The Hebrew Bible and Folklore*, ed. S. Niditch, SemeiaSt 20 (Atlanta: Scholars Press, 1990), p. 127-151. Eles concluem (p. 148-149) que os enigmas são a especialidade da tradição de sabedoria de Israel para uso na diplomacia política. Para detalhes sobre esta cena e a sua hostilidade subjacente, veja Butler, *Judges*, p. 336-339. Salomão e Daniel eram famosos pela habilidade de resolver enigmas. (1Rs 10:1; Dn 5:12). A. Wolters, "The Riddle of the Scales in Daniel 5", *HUCA* 62 (1991): p. 155-177, sugere que a famosa inscrição sobre a parede de Belsazar tem três níveis de significado, todos apontando para a derrubada do rei orgulhoso por parte do Deus soberano.

• 538 •

GÊNEROS LITERÁRIOS DO ANTIGO TESTAMENTO

à corrida famosa entre o coelho e a tartaruga, e às numerosas fábulas do Egito e da Mesopotâmia. O AT traz dois ótimos exemplos, ambos de cunho político. Em um deles, Jotão conta como as árvores procuravam um rei dentre as várias árvores e vinhas, mas apenas encontraram um espinheiro disposto a servir (Jz 9:8-15).[54] A sua fábula avisou o povo de Siquém para terem cuidado com a liderança de Abimeleque como rei.[55] Depois em 2Reis 14:9 o rei Jeoás reagiu ao desafio de Amazias com a pequena fábula de um espinheiro que mandou uma mensagem para um cedro. Enquanto isso, um animal selvagem pisoteou o espinheiro. A mensagem de Jeoás para Amazias era clara: não tenha um conceito tão alto de si mesmo, nem superestime cegamente a sua força![56]

A *parábola* é a história breve com personagens humanos comuns que ilustra uma verdade importante.[57] Ainda que os escritores do AT tenham usado esta forma bem menos que os rabinos e do que Jesus, o AT tem pelo menos dois bons exemplos, um em um contexto narrativo e outro em um livro de sabedoria. O profeta Natã contou ao rei Davi como um homem rico e ganancioso roubou a única cordeirinha de um homem pobre para alimentar um convidado que o visitava. A história, a parábola judicial que se referia ao adultério e ao assassinato de Davi, o fez enfrentar o seu pecado (2Sm 12:1-4).[58] De forma semelhante, o Pregador contou como a sabedoria do homem pobre salvou uma

---

[54] Para saber mais sobre esta discussão leia Cathcart, "Trees, Beasts, and Birds", em Day, et al., *Wisdom*, p. 215-216, que cita vários paralelos no antigo Oriente Médio; cf. também G. S. Ogden, "Jotham's Fable: Its Structure and Function in Judges 9", *BT* 46 (1995) p. 301-308.

[55] Mas cf. D. Janzen, "Gideon's House as the אטד: A Proposal for Reading Jotham's Fable", *CBQ* 74 (2012): 465-475, que defende que o "espinheiro" não é Abimeleque, mas Gideão e sua casa, e que a fábula destaca a falsidade de Siquém e a sua oferta de governo para Gideão, e que a cidade pagará um alto preço por esta falha. Por outro lado, S. Tatu, "Jotham's Fable and the Crux Interpretum in Judges IX", *VT* 56 (2006): p. 105-124, recorre a palavras cognatas para sugerir que se trata de uma árvore e não de um arbusto com espinhos, e que Siquém enfrenta uma situação desesperadora e sem solução, o que ele chama de "ironia do dilema" (p. 124).

[56] Cf. A. M. Vater Solomon, "Jehoash's Fable of the Thistle and the Cedar", em Coats, *Saga, Legend, Tale, Novella, Fable: Narrative Forms in Old Testament Literature*, ed. G. W. Coats, JSOTSup 35 (Sheffield: JSOT, 1985), p. 126-132 (cf. também sua introdução breve sobre o gênero [p. 114-125]); mais brevemente ainda, Cathcart, "Trees, Beast, and Birds", p. 217-218.

[57] Para a análise das parábolas do mundo antigo, veja C. L. Blomberg, *Interpreting the Parables*, 2ª ed. (Downers Grove: IVP Academic, 2012), p. 56-57; e K. R. Snodgrass, *Stories with Intent: A Comprehensive Guide to the Parables of Jesus* (Grand Rapids: Eerdmans, 2008), p. 37-59. A lista de possíveis parábolas de Blomberg inclui Jz 9:7-15; 2Sm 14:1-17; 1Rs 20:39-42; 2Rs 14:9-10; Is 5:1-7; Jr 13:12-14; Ez 15:1-8; 17:1-10; 19:1-14; 31:1-18. Cf. C. Westermann, *The Parables of Jesus: In the Light of the Old Testament*, trad. F. Golka e A. H. B. Logan (Edimburgo: T&T Clark, 1990).

[58] Cf. J. Schipper, "Did David Overinterpret Nathan's Parable in 2Samuel 12:1-6?", *JBL* 126 (2007): p. 383-391, que afirma que Davi reconhece a história como parábola, mas a superinterpreta, supondo que ele é o viajante que está visitando, não o homem rico. Para outro exemplo

---

• **539** •

INTRODUÇÃO À INTERPRETAÇÃO BÍBLICA

cidade cercada, mas depois ninguém se lembrou dele (Ec 9:13-15; cf. 4:13-16). A lição é que a sabedoria é melhor do que a força, mesmo que as pessoas a desconsiderem (9:16).[59] Da mesma forma que o NT, as parábolas do AT sempre surgem dentro de um contexto maior.

Cânticos

O canto tinha um papel importante na vida diária de Israel, então não é surpreendente que o AT cite vários tipos de *canções*. A antiga "Canção do poço" (Nm 21:17-18) aparentemente era uma canção de trabalho que era entoada durante a escavação de poços.[60] Israel também entoava cânticos de vitória depois de vencer grandes batalhas militares. Por isso, o "Cântico do mar" (Êx 15:1-18) celebrou a vitória de Javé sobre o faraó no mar Vermelho, e a "Canção de Débora" (Jz 5) celebrou a sua conquista sobre Jabim, o rei cananeu (cf. também Êx 15:21; Nm 21:27-30; 2Reis 19:21-28). Jonas entoou um cântico de ação de graças dentro do ventre do grande peixe (Jn 2:1-9), e Deus o resgatou (v.10).[61]

Por outro lado, a perda dos entes queridos, principalmente mortos na guerra, era a ocasião para cantar (ou recitar) o *cântico fúnebre* (heb. *qinah*). Uma chave para reconhecer esses cânticos é a primeira palavra "Como...!" (heb. *ek*). Eles também têm uma métrica poética característica (cinco sílabas tônicas por linha) que os especialistas chamam de *qinah* (i.e., o ritmo do "cântico fúnebre"). Os exemplos mais conhecidos são os lamentos de Davi por Saul e Jônatas (2Sm 1:19-27) e por Abner (2Sm 3:33-34; cf. 2Cr 35:25).[62] (Maiores informações sobre os cânticos fúnebres nos profetas mais adiante).

---

criativo do AT, veja J. Schipper, "From Petition to Parable: The Prophet's Use of Genre in 1 Kings 20:38-42", *CBQ* 71 (2009): p. 264-274.

[59] Cf. Z. Weisman, "Elements of Political Satire in Koheleth 4:13-16; 9:13-16", *ZAW* 111 (1999): p. 554-560. Ele classifica o texto como um relato satírico, uma crônica quase histórica sobre a futilidade das reviravoltas políticas.

[60] Outros textos mencionam o regozijo e o canto que celebravam outras ocasiões; veja Gn 31:27; Jz 9:27; 21:21; 1Sm 18:6-7; Is 16:10; e a tabela conveniente de E. Werner, "Music", *IDB*, K-Q: p. 458. Cf. também V. H. Mathews, "Music in the Bible", *ABD*, 4: 930-934; I. H. Jones, "Musical Instruments", *ABD*, 4: 934-939. Para outros tipos de cânticos, veja a nossa discussão posterior sobre poesia.

[61] O seu estudo sobre a estrutura métrica da música leva Christensen a sugerir que as suas duas estrofes podem ter sido originalmente cantadas; cf. D. L. Christensen, "The Song of Jonah: A Metrical Analysis", *JBL* 104 (1985): p. 217-231.

[62] Apesar de não serem tecnicamente cânticos fúnebres, Lamentações 1—2 e 4 trazem uma coleção de cânticos de lamentos sobre Jerusalém com conteúdo e ritmo parecidos com os lamentos fúnebres de Davi. Para as dúvidas acadêmicas recentes sobre se o AT tem o gênero de cânticos fúnebres, veja a nossa discussão no capítulo de poesia bíblica.

GÊNEROS LITERÁRIOS DO ANTIGO TESTAMENTO

Listas

Por fim, as narrativas do AT geralmente também incluem as *listas* antigas. A lista é uma relação de nomes ou itens cujas características em comum permitem a sua classificação lógica.[63] No mundo antigo, fazer listas era uma prática comum. Às vezes essas listas serviam como meio de contabilidade ou controle de inventário; outras vezes elas funcionavam como uma classificação primitiva de fenômenos observados.[64] As narrativas do AT incluem listas que refletem uma atividade semelhante no Israel antigo: e.g., listas de espólio (Nm 31:32-40), ofertas votivas (Êx 35:5b-9; cf. v. 21-39), cidades israelitas (Js 15—19), membros da guarda real (2Sm 23:24-29), e oficiais do rei (1Rs 4:2-6, 8-19).

O texto de Números 33 registra um itinerário antigo, a lista de lugares onde Israel acampou a caminho do Egito a partir do monte Hor (veja v. 5-37).[65] A lista mais comum, no entanto, é a genealogia, ou a lista de antepassados (Gn 10; 22:20-24; 25:1-4; Rt 4:18-22; 1Cr 2—3).[66] Essa lista traça a descendência de um indivíduo ou tribo desde a antiguidade até um tempo posterior. As genealogias tendem a entediar o leitor moderno, mas os povos antigos as consideravam documentos fundamentais. Eles usavam os registros genealógicos para basear o seu direito de ser rei ou sumo sacerdote, de possuir certas propriedades, e de casar dentro de certas famílias.[67]

---

[63] Cf. B. E. Scolnic, *Theme and Context in Biblical Lists*, SESHJ 119 (Atlanta: Scholars, 1995), especialmente "Master List of Lists Proper" e "Types of Lists in the Bible" (p. 15-18); Long, "Historical Literature", p. 4-5.

[64] Para listas em ugarítico, veja C. H. Gordon, *Ugaritic Textbook*, AnOr 38 (Rome: Pontifical Biblical Institute, 1965), 17.2 (p. 290-291). Para exemplos egípcios, veja as listas de Ramses III (séc. XII a.C.) em *ANET* 261-262.

[65] Este gênero recebe a análise profunda em A. R. Roskop, *The Wilderness Itineraries: Genre, Geography, and the Growth of Torah*, HACL 3 (Winona Lake: Eisenbrauns, 2011), que propõe associações entre os itinerários e as crônicas reais e um cenário sobre a redação das rotas no deserto descritas na Torá. Scolnic (*Lists*, 67-133) conclui que, de forma diferente das outras narrativas do Pentateuco, Números 33 apresenta o período no deserto de forma positiva como uma "Marcha do Triunfo" (o título do seu capítulo): i.e., "uma nação... apresentada com uma visão de passado glorioso, como uma inspiração para a criação de um futuro glorioso" (p. 133).

[66] O estudo definitivo sobre genealogias, tanto bíblicas como extrabíblicas, continua sendo o de R. R. Wilson, *Genealogy and History in the Biblical World* (New Haven: Yale University Press, 1977); cf. também de forma conveniente, a sua obra "Genealogy, Genealogies", *ABD*, 2: 929-932. Com respeito a genealogias no livro de Gênesis, veja B. S. Childs, *Introduction to the Old Testament as Scripture* (Philadelphia: Fortress, 1979), p. 145-153.

[67] A genealogia de Jesus (Mt 1:1-17) tem um propósito parecido. Ao traçar a sua descendência de Davi, ela estabelece o seu direito ao trono real e, portanto, a sua identidade como Messias; cf. J. C. Hutchison, "Women, Gentiles, and the Messianic Mission in Matthew's Genealogy", *BSac* 158 (2001): p. 152-164.

• 541 •

INTRODUÇÃO À INTERPRETAÇÃO BÍBLICA

Princípios de interpretação – Gêneros inseridos

Os princípios que se seguem ajudarão os estudantes a interpretar os gêneros inseridos:

1. Geralmente, um gênero inserido faz parte de um contexto maior em vez de ser um contexto independente.[68]
2. Sendo assim, o objetivo da interpretação é encontrar a contribuição que esse elemento dá para a mensagem como um todo.
3. Para atingir esse objetivo: (a) defina a ideia principal do gênero inserido (se lido sozinho, o que ele diz?); (b) defina uma ou mais ideias principais do contexto ao redor (sobre qual assunto o contexto trata e o que ele diz sobre o mesmo);[69] e (c) analise a relação entre o assunto do gênero inserido e a ideia ou ideias do seu contexto (porque o autor mudou o gênero literário no meio do contexto; que reação se espera que a mudança motive no leitor; no que ela contribui para a mensagem como um todo?).

Para ilustrar a aplicação desses princípios, vamos rapidamente considerar dois exemplos. O primeiro é a genealogia dos descendentes de Adão (Gn 5). Além de trazer os seus nomes em ordem, a passagem parece destacar duas estatísticas importantes para cada descendente: a sua idade quando teve um filho e a duração total da sua vida. O seu tema principal é o de que muitas gerações e muitos anos se passaram entre Adão e Noé. Quanto ao contexto, ele aparentemente gira em torno de duas ideias: os resultados negativos da queda da humanidade (o assassinato de Abel, Gn 4) e o seu crescimento numérico (Gn 6:1). A nosso ver, a genealogia traz duas ideias ao contexto. Ao traçar muitas gerações, ela mostra a proliferação da vida entre Adão e Noé. Ela também serve como uma ponte literária entre eles, como se dissesse simplesmente: "Muito tempo se passou aqui, e a condição humana se deteriorou."

---

[68] Alguns textos mais longos como os cânticos ou as nênias (cânticos fúnebres) representam exceções a esse princípio. Pode-se, na verdade, estudá-los tanto como contextos independentes como elementos do contexto ao redor.

[69] Aqui o "contexto" realmente significa uma série de contextos que envolve o gênero inserido como se esse fosse o centro de vários círculos concêntricos. O círculo mais próximo (o contexto *imediato*) provavelmente consistirá de alguns versos antes ou depois do gênero. Os círculos sucessivos (o contexto *mais amplo*) pode ser um livro, vários capítulos, ou ambos.

• 542 •

GÊNEROS LITERÁRIOS DO ANTIGO TESTAMENTO

O segundo exemplo é o do cântico de Ana logo que deu à luz a Samuel (1Sm 2:1-10).[70] À primeira vista, o cântico parece um tanto deslocado no contexto, uma interrupção musical inesperada no fluxo da narrativa. O seu conteúdo está muito acima do simples agradecimento de uma mulher que era estéril pelo seu bebê. Em vez disso, ele louva o grande poder soberano de Deus sobre a história em fazer os inimigos bater em retirada e exaltar os seus amigos. Além disso, ele se situa entre os relatos da dedicação de Samuel a Javé (1:21-28) e a pecaminosidade do sacerdócio de Israel (2:12-17).

No que o cântico contribui para o contexto? A nosso ver, ele mostra que o Deus soberano da história está por trás da exaltação de Samuel (e, posteriormente, de Davi também). O fato de ele pôr os inimigos para correr antecipa as profecias do juízo divino sobre o sacerdócio que se segue (2:27-36; 3:11-18).

LEI

A lei provavelmente dá a impressão de ser um assunto bem maçante para a maioria dos leitores. Eles podem até pensar por que razão a tratamos aqui como "literatura".[71] Realmente, o Pentateuco insere a Lei dentro do contexto das narrativas, dando assim pelo menos um contexto narrativo, mesmo não se parecendo com uma história. Essa história maior é o ambiente para o que os especialistas acreditam ser as quatro coleções principais de leis: os Dez Mandamentos e o Código da Aliança (Êx 20:22—23:33), o Código Deuteronômico (Dt 12—26), o Código de Santidade (Lv 17—26), e o Código Sacerdotal (Êx 25—31; 34:29—Lv 16; e partes de Números).[72] Tendo como cenário o sistema opressivo e cruel do Egito, essas coleções trazem uma visão abrangente e bem

---

[70] Cf. Childs, *Introduction,* p. 272-273; também R. C. Bailey, "The Redemption of YHWH: A Literary Critical Function of the Songs of Hannah and David", *BibInt* 3 (1995): p. 213-231.

[71] Na realidade, Levinson defende de forma surpreendente a essência literária da Lei baseado em dois fenômenos literários, o ajuste por parte dos editores das leis conflitantes dentro da Bíblia e o uso de pseudônimos ao fazer isso; cf. B. M. Levinson, "The Right Chorale: From the Poetics to the Hermeneutics of the Hebrew Bible", em *"Not in Heaven: Coherence and Complexity in Biblical Narrative", ISBL* (Bloomington: Indiana University Press, 1991), p. 129-153.

[72] A maioria das listas também inclui o Código de Santidade (Lv 17—26), mas os estudos recentes têm levantado dúvidas sérias sobre se esses capítulos em algum momento se constituíram em um "código" de fato; cf. M. J. Selman, "Law", em *Dictionary of Old Testament: Pentateuch* (a partir de agora, *DOTP*), ed. T. D. Alexander e D. W. Baker (Downers Grove: InterVarsity, 2003), p. 497-515. Para a visão geral conveniente sobre os códigos, veja Selman, DOTP, p. 500-504; cf. também R. Sonsino, "Forms of Biblical Law", *ABD*, 4: 252-254. D. Patrick, *Old Testament Law* (Atlanta: John Knox, 1985), p. 63-261, traz uma boa introdução sobre esse tema.

INTRODUÇÃO À INTERPRETAÇÃO BÍBLICA

distinta da comunidade humana e dos valores sociais que ela promove.[73] Com certeza, esta quantidade de material motivado por essa visão envolvente e alternativa da sociedade merece algum comentário na introdução aos gêneros literários do AT.[74] De uma maneira mais importante, as leis indicaram o caminho para Israel, através da obediência, para desfrutar das bênçãos mais completas de Deus, e para restaurar o seu relacionamento com Javé no momento em que a desobediência o desgastasse. O dom gracioso da Lei também moldou a identidade distinta de Israel dentre os seus vizinhos como um povo justo, compassivo, puro e santo. Javé tinha como alvo cultivar esse caráter para levar adiante a sua missão para todos os povos do mundo: espelhando o seu caráter divino, eles manifestam publicamente em forma humana a superioridade de Javé sobre os outros deuses (Dt 4:5-8).[75]

O estudo comparativo dos grandes códigos de leis do antigo Oriente Médio enriqueceu consideravelmente o nosso entendimento sobre a Lei bíblica.[76] Nesta análise breve da Lei, primeiramente discutiremos os dois tipos principais de formas legais do AT, e depois o gênero da coleção de leis. Primeiro vamos sugerir alguns princípios para interpretar a Lei do AT.

---

[73] Cf. P. D. Miller, "The Good Neighborhood: Identity and Community Through the Commandments", em *The Way of the Lord: Essays in Old Testament Theology* (Grand Rapids: Eerdmans, 2007 [reimpr.]), p. 51-67.

[74] Para a análise tópica sobre os ensinos da Lei, veja R. Westbrook e B. Wells, *Everyday Law in Biblical Israel: Na Introduction* (Louisville: Westminster John Knox, 2009). Discussões excelentes sobre a visão da sociedade por trás dos códigos estão disponíveis em M. Douglas, *In the Wilderness: The Doctrine of Defilement in the Book of Numbers* (Oxford e New York: Oxford University Press, 2001); M. Douglas, *Leviticus as Literature* (Oxford/New York: Oxford University Press, 1999).

[75] Para as consequências éticas da Lei, veja J. B. Green e J. E. Lapsley, eds., *Old Testament Ethics: A Book-by-Book Survey* (Grand Rapids: Baker Academic, 2013), p. 1-65; e as teses de C. B. Anderson, "Biblical Laws: Challenging the Principles of Old Testament Ethics", e D. T. Olson, "Between Humility and Authority: The Interplay of Judge-Prophet Laws (Deuteronomy 16:18—17:13) and the Judge-Prophet Narratives of Moses", em *Character Ethics and the Old Testament: Moral Dimensions of Scripture*, ed. M. D. Carroll R. e J. E. Lapsley (Louisville: Westminster John Knox, 2007), p. 37-50 e 51-62 (respectivamente). Cf. também D. I. Block, *The Gospel According to Moses: Theological and Ethical Reflections on the Book of Deuteronomy* (Eugene, OR: Cascade Books, 2012); A. Stone, *At Home in a Strange Land: Using the Old Testament in Christian Ethics* (Peabody, MA: Hendrickson, 2008); e C. J. H. Wright, *Old Testament Ethics for the People of God* (Downers Grove: InterVarsity, 2004).

[76] Uma boa introdução é S. Greengus, "Biblical and ANE Law", *ABD*, 4: 242-252. As coleções extrabíblicas mais importantes são as leis de Ur-Nammu, o código de leis de Lipit-Ishtar, as leis de Eshnunna, o código de Hamurabi, as Leis Médias Assírias, as leis hititas, e as leis neo-babilônicas. Para traduções completas das coleções, veja *ANET* 159-198; de forma mais conveniente, Mathews e Benjamin, *Old Testament Parallels*, p. 101-136. Para a análise e a avaliação crítica dos textos paralelos, veja Walton, *Ancient Israelite Literature*, p. 69-92.

GÊNEROS LITERÁRIOS DO ANTIGO TESTAMENTO

Tipos de materiais legislativos do Antigo Testamento

Lei casuística   Série legal

Lei incondicional   Instrução legal

- Proibições
- Admoestações
- Maldições
- Punições

Lei casuística

O primeiro tipo de forma legal é a *lei casuística* (ou lei de casos).[77] Sua estrutura característica gramatical utilizando "Se... então" o faz ser reconhecido facilmente. A oração condicional descreve o caso em questão, e o "então" descreve a pena legal para as infrações (Êx 21:2, 32, 36; Dt 24:10). Considere esse exemplo:

Condição	Se dois homens brigarem e um deles ferir o outro com uma pedra ou com o punho e o outro não morrer, mas cair de cama,
Pena	aquele que o feriu será absolvido, se o outro se levantar e caminhar com o auxílio de uma bengala; todavia, ele terá que indenizar o homem ferido pelo tempo que esse perdeu e responsabilizar-se por sua completa recuperação. (Êx 21:18-19)

Ao afirmar tanto a condição quanto a pena, a precisão legal cuidadosamente define tudo. A semelhança da forma (e até certo ponto, do conteúdo) da lei casuística israelita com a lei do antigo Oriente Médio sugere que as raízes desse gênero vêm de antes da entrada de Israel no cenário da história.[78] Com relação ao conteúdo, a lei casuística do AT primariamente trata casos civis e criminais em vez de religiosos e, provavelmente, vem de seu uso prático dentro de um sistema legal. Os que possuem uma pena podem ter surgido de um tribunal.

---

[77] Cf. Sonsino, "Forms of Biblical Law", p. 252-253; e Selman, DOTP p. 504.

[78] B. S. Jackson, *Studies in the Semiotics of Biblical Law*, JSOTSup 314 (Sheffield: Sheffield Academic Press, 2000), p. 63; cf. S. Paul, *Studies in the Book of the Covenant in Light of Cuneiform and Biblical Law*, VTSup 18 (Leiden: E. J. Brill, 1970), p. 112-118. Cf. esse exemplo das Leis de Eshnunna (*ANET* 162, parág. 30): "Se um homem odiar a sua cidade e o seu senhor e se tornar um fugitivo, (e se) outro homem possuir a sua mulher, quando ele retornar, ele não terá direito de ter a sua mulher de volta." Para uma discussão comparativa entre as formas legais bíblicas e as extrabíblicas, veja as teses em *Theory and Method in Biblical and Cuneiform Law: Revision, Interpolation and Development*, ed. B. M. Levinson, JSOTSup 181 (Sheffield: Sheffield Academic Press, 1994).

• 545 •

INTRODUÇÃO À INTERPRETAÇÃO BÍBLICA

De forma interessante, algumas dessas leis seguem um estilo relacional mais pessoal, usando a segunda pessoa do singular ("você") para se dirigir a alguém:

Se fizerem empréstimo a alguém do meu povo, a algum necessitado que viva entre vocês, não cobrem juros dele; não emprestem visando lucro. (Êx 22:25 [TM 22:24]) [79]

Lei incondicional

A segunda categoria principal é a *lei incondicional* (ou "lei absoluta"), as leis promulgadas em mandamentos incondicionais e categóricos, exemplificados por comandos e proibições.[80] Em vez de apresentarem descrições específicas de caso, elas emitem ordens absolutas sobre o certo e o errado sem considerar exceção alguma. Elas também apresentam uma abordagem direta e pessoal (você ou vocês) e primariamente tratam de questões morais e religiosas.[81] A forma mais conhecida de lei incondicional é a *proibição* ou comando negativo (e.g., "Não matarás", Êx 20:13) que ordena diretamente. "Não faça isso!" Ainda que seja menos comum, a advertência usa um comando positivo (heb. imperativo): "Honra teu pai e tua mãe..." (Êx 20:12; cf v.8). A advertência diz: "Faça isso!" sem considerar exceção alguma (veja mais adiante a forma semelhante nos livros de sabedoria). As maldições são outro subgênero de lei incondicional que somente aparece como forma legal na lista de Deuteronômio 27:15-26 (e.g., "Maldito quem..."; cf. Gn 3:17).[82] Outro subgênero de lei incondicional deriva o seu nome de sua forma gramatical. A *lei do particípio* lida com crimes com pena de morte: "Quem ferir um homem e o matar terá que ser executado." (Êx 21:12).[83] O particípio hebraico ("Quem ferir") descreve o caso enquan-

---

[79] Patrick posteriormente divide a lei casuística em *lei corretiva* (leis que prescrevem uma correção para as violações) e *lei primária* (leis que prescrevem os direitos e os deveres de relacionamentos legais; cf. Êx 22:25); cf. Patrick, *Old Testament Law*, p. 23; id., "Casuistic Law Governing Primary Rights and Duties", *JBL* 92 (1973): p. 180-184.

[80] Alt, "The Origins of Israelite Law", p. 133-171. Juntamente com Alt, usamos esta categoria para descrever várias leis formalmente incondicionais, mas diferentemente dele não supomos que sejam somente israelitas ou se originem em um cenário religioso israelita anterior. Para a análise da controvérsia sobre esta categoria, veja Sonsino, "Forms of Biblical Law", p. 252-253.

[81] Somente alguns exemplos de leis incondicionais aparecem nos códigos de leis do antigo Oriente Médio; cf. o código de Hamurabi (*ANET* 174, parág. 187): "O filho (adotado) de um camareiro, um servo do palácio, ou o filho (adotivo) de um religioso, não pode nunca ser reivindicado de volta"; cf. também as Leis de Eshnunna, parágrafos 15-16 e 51-52 (ANET 162-163).

[82] Cf. também "Maldito o seu/os seus/a sua/as suas" (Dt 28:16-19; cf. Gn 3:14; 4:11). Para análise e bibliografia, veja J. Scharbert, "*ārar*", DTAT 1: 408-412; C. A. Keller, "*ārar*", THAT 1:236-240.

[83] Gramaticalmente, o particípio é o sujeito da oração verbal "terá que ser executado". Cf. também Êx 22:19; Gn 26:11; Lv 20:10; 24:16, 21; Nm 35:21.

GÊNEROS LITERÁRIOS DO ANTIGO TESTAMENTO

to o verbo principal prescreve a pena ("terá que ser executado"). Típica da lei incondicional, essa afirmação é categórica e não contempla exceções.

Por fim, mencionamos a conhecida lei da retaliação (ou "lei de Talião"):

> [...] se houver dano sério, você terá que tomar vida por vida, olho por olho, dente por dente, mão por mão, pé por pé, queimadura por queimadura, ferida por ferida, contusão por contusão. (Êx 21:23-25; cf. Gn 9:6; Lv 24:18-22; Dt 19:21)

Como as outras leis incondicionais, ela aborda os destinatários pessoalmente ("você terá que"). O seu assunto consiste em crimes premeditados envolvendo danos corporais (mas veja Dt 19:21). De forma impactante, ela articula o princípio legal geral, a equivalência do dano e da pena, em vez da ação específica.[84] Do mesmo modo que a lei casuística, esse gênero é anterior à prática legal israelita e provavelmente reflete o uso prático. As que afirmam princípios gerais (o que geralmente é o caso) podem ter surgido de contextos de instrução e autoridade, e.g., uma situação religiosa, educacional, legal ou híbrida.

Podemos deixar de lado, no entanto, a visão antiga de que a *lei da retaliação* representava uma forma de justiça "primitiva". Pelo contrário, ela reage a uma cultura cujo princípio legal dominante era o da vingança de sangue, ciclos intermináveis de violência retaliatória (veja Gn 4:23-24), e marca "o esforço de introduzir o princípio da proporcionalidade na lei de Israel."[85]

Série legal

As leis raramente surgem isoladamente, então a reflexão sobre a literatura legal tem que incluir tipos de coleções legais. Os especialistas chamam um texto com um pequeno número de leis redigidas num estilo semelhante como uma *série* de leis. As leis incondicionais tipicamente aparecem em série e por causa disso recebem um estilo poético ao serem lidas.[86] Provavelmente a série mais

---

[84] O tema, bem simplesmente, é "que a justiça tem que ser mantida." E.g., o Código de Hamurabi, parág. 196: "Se um senhor destruir o olho de um membro da aristocracia, eles destruirão o seu." (*ANET* 175); cf. Greengus, "Biblical and ANE Law", p. 248-249. Para uma discussão recente sobre a lei da retaliação, veja Jackson, *Semiotics*, p. 271-297; J. Van Seters, "Some Observations on the lex talionis in Exod 21:23-25", em *Recht und Ethos im Alten Testament—Gestalt und Wirkung*, ed. S. Beyerle, G. Mayer, e H. Strauss (Neukirchen-Vluyn: Neukirchener, 1999), p. 27-37.

[85] B. C. Birch, *Let Justice Roll Down: The Old Testament, Ethics, and Christian Life* (Louisville: Westminster John Knox, 1991), p. 163-164. Basicamente ele diz, "Apenas um olho para um olho, apenas um dente para um dente" etc.

[86] Patrick, *Old Testament Law*, p. 20-22; cf. a série de proibições (Êx 20:13-17; Lv 18:6-24; 19:11-18, 26-29; cf. Jr 7:9; Os 4:2), leis de particípio (Êx 21:15-17; 31:14-15; Nm 35:16-18), e maldições (Dt 27:15-26; 28:16-19).

• 547 •

INTRODUÇÃO À INTERPRETAÇÃO BÍBLICA

conhecida do AT seja os Dez Mandamentos (Êx 20:2-17; Dt 5:6-21). Eles tipificam a série única com dez partes ou decálogo (cf. Dt 10:4) como o que Êxodo 34 afirma ter (veja v. 28; faz-se um grande esforço, porém, para contar exatamente dez mandamentos). Ainda que a certeza nos iluda, esses textos podem refletir a prática antiga de ver essas séries como um código ideal de leis. Eles com certeza eram mais fáceis de recitar contando nos dedos de um a dez.[87]

Segue-se um exemplo do Livro da Aliança (veja abaixo) de uma série composta de frases de particípio colocadas em sequência (em itálico):

> *Quem ferir um homem e o matar terá que ser executado.* Todavia, se não o fez intencionalmente, mas Deus o permitiu, designei um lugar para onde poderá fugir. Mas se alguém tiver planejado matar outro deliberadamente, tire-o até mesmo do meu altar e mate-o. *Quem agredir o próprio pai ou a própria mãe terá que ser executado. Aquele que sequestrar alguém* e vendê-lo ou for apanhado com ele em seu poder, *terá que ser executado. Quem amaldiçoar seu pai ou sua mãe terá que ser executado.* (Êx 21:12-17; cf. Lv 24:15-20).

As séries contáveis como essa podem ter surgido no lar em algum contexto educacional israelita.

As leis casuísticas são mais complexas gramaticalmente e prolixas do que as leis incondicionais. Por isso, o AT as organiza não em séries, mas em *grupos de temas*. Um breve olhar de um contexto cheio de leis casuísticas, o chamado Livro da Aliança em Êxodo, torna isso bem claro. Lá encontramos seções de leis que prescrevem a política social quanto ao tratamento dos servos (Êx 21:2-11), ferimentos (21:18-32), e perda de propriedades (22:1-15).[88]

---

[87] Cf. recentemente, P. D. Miller, "The Place of the Decalogue in the Old Testament and Its Law", in *The Way of the Lord*, p. 3-16; H. G. Reventlow e Y. Hoffman, eds., *The Decalogue in Jewish and Christian Tradition*, LHBOTS 509 (New York: T&T Clark, 2011). Sobre a importância do Decálogo, veja S. M. Hauerwas e W. H. Willimon, *The Truth About God: The Ten Commandments in Christian Life* (Nashville: Abingdon, 1999).

[88] Recentemente, Wright tem afirmado de forma provocante que o Livro (ou o Código) da Aliança é uma atualização ou uma revisão específica do Código de Hamurabi terminada durante o período assírio (740-650 a.C.); cf. D. P. Wright, *Inventing God's Law: How the Covenant Code of the Bible Used and Revised the Laws of Hammurabi* (Oxford; New York: Oxford University Press, 2009); D. P. Wright, "The Origin, Development, and Context of the Covenant Code (Exodus 20:23—23:19)", em *The Book of Exodus: Composition, Reception, and Interpretation*, ed. T. B. Dozeman, C. A. Evans, e J. N. Lohr, VTSup 164 (Leiden; Boston: Brill, 2014), p. 220-244. Não se sabe até que ponto a tese de Wright será aceita, mas a resenha de B. Wells (*The Journal of Religion* 90 [2010]: p. 558-560) observa a ambiguidade das provas que Wright reúne. Para as discussões anteriores, veja F. Crüsemann, *The Torah: Theology and Social History of Old Testament Law* (Minneapolis: Fortress, 1996), p. 109-200; J. M. Sprinkle, *"The Book of the Covenant": A Literary Approach*, JSOTSup 174 (Sheffield: Sheffield Academic, 1994).

• 548 •

GÊNEROS LITERÁRIOS DO ANTIGO TESTAMENTO

Instrução legal

O Pentateuco tem dois gêneros prolongados de instrução. Como o seu nome dá a entender, a *instrução sacerdotal* consiste num antigo Manual do Ministro que visa a instruir os sacerdotes em assuntos profissionais como procedimentos rituais. Para reconhecer esse gênero, o leitor tem que concluir a partir do contexto (e.g., Lv 6:9) e do conteúdo em que o texto lida com as tarefas dos sacerdotes. Os exemplos de instrução sacerdotal incluem Levítico 6—7 (sobre as ofertas) e Levítico 21 (sobre a pureza sacerdotal). Considerando os destinatários propostos, é melhor interpretá-las como textos que se referem aos deveres e à expectativa quanto aos líderes.

O outro gênero instrucional é o ritual ou a instrução para os leigos sobre como conduzir o ritual de forma adequada, por exemplo, o modo que se traz as ofertas e o que oferecer (Levítico 1—5). Para reconhecer esse gênero, o leitor tem que concluir a partir do contexto e do conteúdo se eles lidam com uma audiência leiga.[89]

Princípios de Interpretação – Lei

A lei do AT coloca um desafio interpretativo para o estudante da Bíblia, principalmente por causa de um equívoco comum quanto à natureza da Lei bíblica. Para a mente moderna, a palavra "Lei" evoca imagens de códigos detalhados imensos e um espírito de "legalismo." Mesmo assim, na verdade, com todos os seus detalhes, as seções legais do AT não constituem um código de leis. Muitas leis do AT (e.g., os Dez Mandamentos) não especificam uma pena para as violações, nem encarregaram uma autoridade para fiscalizar o seu cumprimento. Elas parecem simplesmente pressupor um sistema de honra pela autofiscalização dos próprios israelitas.

Em vez de um código no sentido moderno, as leis do AT se constituem num exemplo seleto de casos ilustrativos ou tópicos cujos princípios legais deveriam orientar os indivíduos israelitas, a comunidade em geral, e os legisladores para tomarem decisões e praticarem a visão de mundo de Israel. No seu conjunto, elas articulavam o que poderíamos chamar nos dias de hoje de "política nacional." O seu propósito era ensinar os valores israelitas fundamentais, o que significa passar a vida inteira na presença de Deus, não lhes proporcionar uma obra prática de referência legal.[90] Em resumo, o seu objetivo era instrucional

---

[89] Uma geração anterior de especialistas se referia a tais instruções para os leigos como *torah* ("instrução"); e para os sacerdotes como *da'at* ("conhecimento profissional").

[90] Birch, *Justice,* p. 171-172; R. L. Hubbard, Jr., *The Book of Ruth,* NICOT (Grand Rapids: Eerdmans, 1988), p. 50. Na verdade, a essência da lei antiga continua sendo um tópico de contínua discussão; cf. as teses em Levinson, *Theory and Method*; e C. M. Carmichael, *The Origins*

INTRODUÇÃO À INTERPRETAÇÃO BÍBLICA

em vez de judicial. Portanto, a lei do AT é entendida da melhor forma nos moldes de uma aliança. Ela discorre sobre os termos da aliança feita entre Deus e Israel no monte Sinai; portanto, a lei do AT representa as exigências pessoais do Senhor soberano de Israel, não um sistema abstrato de moralidade ou um código legal técnico.[91]

À luz de tudo isso, o leitor tem que interpretar a Lei de forma relacional, como as diretrizes que governam o viver cotidiano com o seu Deus gracioso. Em troca de sua proteção e bênção, Deus espera que o seu povo obedeça ao que a Lei manda, em suma, mantenha o seu relacionamento com Deus em bases saudáveis. Os Dez Mandamentos (Êx 20; Dt 5) expressam os princípios éticos amplos, abrangentes, cujos detalhes os códigos legais que vêm depois encarnam.[92] Portanto, o estudante da Bíblia tem que interpretá-las como princípios éticos básicos para manter o relacionamento com um Senhor amável e cultivar uma comunidade pactual, não como um código legal.[93] O seu complexo visa a criar um povo especial para Deus, cuja estrutura comunitária e ética reflita a natureza do seu Senhor.

A pergunta para os leitores deste livro é: *Como a Lei se aplica aos cristãos nos dias de hoje?* Para responder, afirmamos dois pressupostos inter-relacionados sobre a essência da lei do AT.[94] Primeiro, cremos que Deus pretende que ela sirva como paradigma de princípios éticos, morais e teológicos. Em outras

---

of Biblical Law: The Decalogues and the Book of the Covenant (Ithaca/London: Cornell University Press, 1992).

[91] Do mesmo modo pensa R. E. Averbeck, "Law", em Sandy e Giese, *Cracking Codes*, p. 134-135; Birch, *Justice*, p. 145-146 (cf. também a sua análise [p. 146-157] de "The God Who Makes Covenant"); cf. também E. A. Martens, "How Is the Christian to Construe Old Testament Law?", *BBR* 12 (2002): p. 199-216. Aqui aceitamos o antigo processo de elaboração de tratados como o pano de fundo da aliança mosaica, como em G. Wenham, "Grace and Law in the Old Testament", in *Law, Morality, and the Bible*, ed. B. N. Kaye e G. Wenham (Downers Grove: InterVarsity, 1978), p. 9-13.

[92] Birch, *Justice*, p. 168; G. Wenham, "Law and the Legal System in the Old Testament", em Kaye e Wenham, *Law, Morality, and the Bible*, p. 28-29. Para a descrição excelente da comunidade que a Lei pretendia formar, veja Birch, *Justice*, p. 172-184. Os pastores encontrarão ajuda para os seus sermões com C. J. H. Wright, "Preaching from the Law", em *Reclaiming the Old Testament for Christian Preaching*, ed. G. J. R. Kent, P. J. Kissling, e L. A. Turner (Downers Grove: IVP Academic, 2010), p. 47-63.

[93] Para a análise do tópico dos cinco tipos de lei, veja C. J. H. Wright, *An Eye for An Eye. The Place of Old Testament Ethics Today* (Downers Grove: InterVarsity, 1983), p. 153-159. Preferimos as suas categorias mais baseadas na sociologia à divisão tradicional da lei do AT em civil, cerimonial e moral. Para a análise mais ampla da ética, incluindo a discussão de questões contemporâneas fundamentais, veja C. J. H. Wright, *Walking in the Ways of the Lord: The Ethical Authority of the Old Testament* (Downers Grove: InterVarsity, 1995); C. S. Rodd, *Glimpses of a Strange Land: Studies in Old Testament Ethics,* OTS (Edimburgo: T & T Clark, 2001).

[94] Wright, *Eye*, p. 40-45, 156-157, 161-162, 170-171.

GÊNEROS LITERÁRIOS DO ANTIGO TESTAMENTO

palavras, a Lei é mais do que um fenômeno cultural temporário e dispensável. Na realidade, ela desempenha um papel importante no ministério sacerdotal de Israel como "luz para as nações" (Is 49:6; cf. Êx 19:5-6). O cristão que a despreza como ultrapassada e irrelevante priva a si mesmo dos ensinos que Deus transmite através dela. Ele desperdiça um recurso adicional para entender o que significa ser semelhante a Cristo.

Em segundo lugar, para interpretar a Lei adequadamente, o estudante tem que descobrir a verdade eterna que ela transmite. Em alguns casos, a verdade é bem evidente, sem que a cultura a esconda. As proibições como "Não matarás" e "Não furtarás" (Êx 20:13,15; Dt 5:17,19) não precisam de nenhuma versão transcultural; elas identificam claramente o assassinato e o roubo como errados. De forma bem parecida, o aspecto eterno das instruções sobre o procedimento legal justo (Êx 23:1-8) é um tanto óbvio; as testemunhas devem falar a verdade, não atender à maioria (v. 1-3); as partes em conflito devem se tratar educadamente (v. 4-5); e os juízes devem deliberar de acordo com as provas e recusar o suborno (v. 6-8). Em outras passagens, a verdade universal por trás delas pode ser difícil de perceber por causa do formato cultural da época (a lei israelita antiga), portanto se faz necessária uma interpretação cuidadosa. Considere, por exemplo, as leis desconcertantes que decretam que o fluxo menstrual de uma mulher faz dela a impura, bem como e tudo que ela toca (Lv 15:19-30).[95] Essas leis parecem duras e injustas, tornando, na prática, as mulheres intocáveis uma semana em cada quatro. Pomo-nos a imaginar qual é o princípio eterno que pode estar por trás delas. Para responder esta pergunta, precisamos refletir sobre o cenário cultural israelita. As mulheres casavam-se cedo, tinham filhos precocemente, desmamavam-nos tarde (quando tinham dois ou três anos), e tinham a tendência de ter famílias grandes (cf. Sl 127:4-5). Por isso, os ciclos menstruais eram muito menos comuns entre as mulheres israelitas casadas do que nos dias de hoje. Na atualidade, as mulheres solteiras e as adolescentes seriam as mais afetadas direta e frequentemente por essas leis. Sugerimos, então, que estas leis, na prática, buscavam moderar as paixões adolescentes e desincentivar a vida sexual entre os jovens israelitas solteiros.[96] Sendo assim, o princípio subjacente parece ser o de que as relações sexuais fora do casamento desagradam a Deus e podiam afetar de forma negativa as relações organizadas entre as famílias israelitas.

---

[95] Aqui nos baseamos nos comentários de G. J. Wenham, *The Book of Leviticus,* NICOT (Grand Rapids: Eerdmans, 1979), p. 219-224. Todo aquele que estava "impuro" não podia, entre outras coisas, participar da adoração pública.

[96] Do mesmo modo acredita Wenham, *Leviticus*, p. 224. Possivelmente, há outros fatores envolvidos nesse exemplo (e.g., tabus rituais relacionados com emissões corporais).

• **551** •

INTRODUÇÃO À INTERPRETAÇÃO BÍBLICA

Desde cedo, os cristãos têm falado de Cristo como a chave para se interpretar o AT. O próprio Jesus estabeleceu o precedente para esta ideia quando ele declarou: "Não pensem que vim abolir a Lei ou os Profetas; não vim abolir, mas cumprir" (Mt 5:17). Os evangelistas acreditavam claramente que Cristo era o cumprimento de muitas profecias; cinco dessas referências de cumprimento já aparecem nos dois primeiros capítulos de Mateus. Mas aqui Jesus se refere à "Lei" e aos profetas sugerindo todas as Escrituras hebraicas, e Mateus continua ilustrando o código de ética de Jesus colocando-o em contraste com a Lei do AT. Portanto, cumprir uma lei significa necessariamente cumprir todos os propósitos para os quais ela foi criada (cf v. 18: "até que tudo se cumpra").[97]

Em alguns casos, como os sacrifícios e as várias cerimônias (cf. Cl 2:16-17), o cumprimento se deu com a morte e a ressurreição de Cristo. Por todo o seu ministério, Jesus desafiou os princípios fundamentais tanto da Torá oral quanto da escrita, especialmente os que se relacionam ao sábado e às leis dietéticas. Ao mesmo tempo, ele nunca quebrou nenhum dos princípios da lei escrita enquanto ela continuava a ser a vontade de Deus para o seu povo (i.e., antes da cruz, da ressurreição e do envio do Espírito Santo em Pentecostes inaugurando a era da nova aliança de Deus).[98] Em outros casos, como em muitas injunções morais, a hora do cumprimento não chegará até a vinda de Cristo.

Portanto, Mateus 5:17 sugere o seguinte princípio hermenêutico de aplicação do AT na era do NT: *Todo o AT se aplica aos cristãos, mas nenhuma passagem dele se aplica sem o seu cumprimento em Cristo.*[99] Por isso, a nossa visão fica no meio termo entre as ideias clássicas da teologia das alianças (todo o AT se aplica, exceto o que o NT revoga) e a do dispensacionalismo clássico (nenhuma passagem do AT se aplica, exceto o que NT repete). A primeira levaria logicamente a proibições da maioria das práticas agropecuárias modernas e das modas de vestuário (Dt 22:9-12), enquanto que a segunda levaria logicamente à aceitação

---

[97] Para a tese pela qual Paulo entenderia Cristo como o "término", não somente o "objetivo" da Lei, veja J. P. Heil, "Christ, the Termination of the Law (Romans 9:30—10:8)", *CBQ* 63 (2001): p. 484-498. Sobre o tópico mais abrangente da Lei nos Evangelhos e nas cartas de Paulo, veja de forma conveniente R. S. Hendel, "The Law in the Gospel: The Law Is An Essential Precondition for the Gospel", *BRev* 14 (1998): p. 20, 52; e B. S. Rosner, *Paul and the Law: Keeping the Commandments of God*, New Studies in Biblical Theology (Downers Grove: IVP Academic, 2013).

[98] Cf. especialmente R. Banks, *Jesus and the Law in the Synoptic Tradition*, SNTSMS 28 (Cambridge, UK: Cambridge University Press, 2005 [reimpr.]); D. J. Moo, "Jesus and the Authority of the Mosaic Law", *JSNT* 20 (1984): p. 3-49. Veja também a discussão recente e cheia de nuances em W. R. G. Loader, *Jesus' Attitude Toward the Law*, WUNT 97 (Tübingen: J. C. B. Mohr [Paul Siebeck], 1997).

[99] Cf. esp. D. A. Dorsey, "The Law of Moses and the Christian: A Compromise", *JETS* 34 (1991): p. 321-334.

GÊNEROS LITERÁRIOS DO ANTIGO TESTAMENTO

de feiticeiros, médiuns e espíritas (a despeito de Dt 18:9-13)! Porque, em nenhum dos casos, o NT fala palavra alguma sobre estas práticas específicas. Em vez disso, sugerimos que a totalidade das leis do AT é "útil para o ensino, para a repreensão, para a correção e para a instrução na justiça" (2Tm 3:16), mas somente à medida que se descobre a maneira pela qual essas leis se cumprem em Cristo.

Como podemos avaliar o modo pelo qual Cristo as cumpre? Sugerimos que nas passagens em que o NT cita uma lei em particular, a tarefa do intérprete fica bem mais fácil. Obedecemos a leis do sacrifício crendo em Cristo como o nosso sacrifício definitivo (Hb 9:1-10:25), não trazendo ovelhas ou bodes para serem sacrificados todo domingo na Igreja. As leis dietéticas foram criadas para separar os israelitas das outras nações, portanto obedecemos a esse princípio quando buscamos um estilo de vida semelhante ao de Cristo, que evita o pecado (2Co 6:17), ainda que Cristo tenha declarado que todas as comidas são limpas (Mc 7:19). O símbolo do batismo equivale ao princípio por trás da lei da circuncisão (Cl 2:11b-12a), ainda que os ritos não tenham semelhança alguma. Por exemplo, os cristãos batizam as mulheres e os homens, e mais provavelmente o NT previa somente pessoas crescidas o suficiente para se arrependerem, em vez de bebês, como candidatos (Cl 2:11a-12b).

Nas situações que o NT não menciona uma lei em particular, temos que descobrir se ela se encaixa em uma categoria de lei que o NT menciona. Por exemplo, os judeus ortodoxos dos dias de hoje veem o mandamento "Não cozinhem o cabrito no leite da própria mãe" (Êx 23:19; 34:26; Dt 14:21) como uma lei dietética que os impede de servir carnes com derivados do leite na mesma refeição. Mesmo que esta tivesse sido a intenção original da lei, esse mandamento faz parte das leis dietéticas que não se aplicam mais literalmente aos cristãos, já que Jesus declarou que todas as comidas são limpas (Mc 7:19).[100] Por um lado, pode ter sido um mandamento que tinha como objetivo dissociar os israelitas de certas práticas religiosas pagãs, bem semelhante às advertências aparentemente desvinculadas como: "Não cortem o cabelo dos lados da cabeça, nem aparem as pontas da barba. Não façam cortes no corpo por causa dos mortos, nem tatuagens em si mesmos" (Lv 19:27-28).[101] Qualquer prática,

---

[100] Mesmo com o mandamento citado três vezes (para os textos, veja acima), o cenário para a proibição contra cozinhar o cabrito no leite da sua mãe permanece incerto. O melhor que se pode dizer é que ele proíbe uma prática que se via como comprometendo o relacionamento exclusivo de Israel com Javé; assim pensa J. I. Durham, *Exodus*, WBC 3 (Waco, TX: Word, 1987) p. 462; cf. D. L. Christensen, *Deuteronomy 1:1—21:9*, 2ª ed., WBC 6a (Nashville: Nelson, 2014), p. 289-290, 294-295.

[101] A associação com os rituais fúnebres pagãos parece ser o motivo mais provável; cf. J. Milgrom, *Leviticus 17—22*, AB 3A (New York: Doubleday, 2000), p. 1690-1693; E. S. Gerstenberger, *Leviticus: A Commentary*, OTL (Louisville: Westminster John Knox, 1996), p. 276-277.

INTRODUÇÃO À INTERPRETAÇÃO BÍBLICA

seja relacionada com a dieta alimentar, seja relacionada com a aparência pessoal que representasse a adoração pagã (como as práticas de automutilação de várias religiões mundiais e seitas de ocultismo nos dias de hoje) permanecem terminantemente proibidas para os cristãos. Mas se eles fizerem uma refeição com o leite e a carne do cabrito, ou se tatuarem por alguma razão não religiosa, eles não transgridem os mandamentos de Deus. Para resumir, as leis do AT se relacionam com os cristãos à luz do NT das seguintes formas:

- Algumas leis mantêm a sua validade literal para os cristãos. Por exemplo, Jesus reafirmou os mandamentos de amar ao Senhor de todo o coração e de amar ao próximo (Mt 5:21-48; 22:40; cf. Dt 6:5; Lv 19:18). De forma semelhante, Paulo se referiu à exigência legal de duas ou três testemunhas para confirmar a culpa no caso da acusação contra líderes cristãos (1Tm 5:19; cf. Dt 17:6; 19:15; 2Co 13:1). Toda lei que o NT aplica aos cristãos permanece válida.
- Em outros casos, o NT torna a lei do AT ainda mais exigente. Por exemplo, no caso do casamento, o sétimo mandamento proíbe o adultério, e o AT permite o divórcio e o novo casamento (Êx 20:14; Dt 5:18; 24:1-4). Mas, de forma diferente do AT, o NT considera o divórcio e o novo casamento (e, por consequência, a poligamia) como adultério (Mt 19:3-12; Mc 10:2-12; Lc 16:18). Além disso, Jesus permitiu o divórcio somente quando acontece a infidelidade conjugal (Mt 19:9); Paulo, somente no caso do abandono por um descrente (1Co 7:15-16). A verdade por trás das leis do AT e do NT era o valor de preservar os casamentos.[102] Finalmente, Jesus intensifica o mandamento contra o assassinato proibindo a ira (a causa básica que pode levar ao assassinato) e proíbe não somente o adultério, mas a cobiça (outra causa básica; Mt 5:27-28).
- Algumas leis não têm mais validade literal por causa dos ensinos do NT (i.e., o seu cumprimento em Cristo torna a sua prática literal obsoleta).[103] Por isso, os cristãos não precisam mais seguir literalmente o sistema sacrificial do AT (Hb 10:1-10), obedecer às suas leis dietéticas (Mc 7:19; cf. At 10:9-16), ou praticar a circuncisão (Gl 5:2-6). Mas veja o próximo ponto.

---

[102] Porém, Wenham, "Law and the Legal System", p. 36-37, comenta: "na prática, as diferenças [entre os ensinos do AT e do NT] eram bem pequenas."

[103] Cf. J. J. Davis, *Foundations of Evangelical Theology* (Grand Rapids: Baker, 1984), p. 257-258.

GÊNEROS LITERÁRIOS DO ANTIGO TESTAMENTO

- As leis que não se aplicam literalmente ainda ensinam verdades eternas importantes. Portanto, o sistema sacrificial recorda de forma concreta ao cristão que Deus leva a sério o pecado, e que ele exige uma pena severa, ainda que ofereça graciosamente o perdão. De modo parecido, os animais puros nas leis dietéticas do AT provavelmente simbolizavam Israel como o povo escolhido, em contraste com os seus vizinhos pagãos ritualmente "impuros". Por isso, a comida lembrava aos israelitas (e por consequência, aos cristãos) de sua eleição graciosa por Deus e do seu dever resultante de buscar a santidade semelhante a Deus.[104] Até a lei cúltica referente ao ano de descanso sabático (Lv 25; Dt 15) demonstra ser instrutiva, ressaltando que o serviço humanitário compassivo acaba sendo um culto a Deus.[105]

Entender a Jesus como o cumprimento da Lei também tem consequências na interpretação da ética do NT de forma mais geral. As exigências do reino, como na lei mosaica, são derivadas e reagem a partir da redenção do povo de Deus, mas não "conquistam" a salvação de ninguém. Mas desobedecer às leis do AT geralmente levava a sanções específicas e a punições; a desobediência da nação como um todo finalmente levava à perda da paz, da prosperidade e da terra. Devido ao fato de o sacrifício único de Cristo ter cumprido todas as exigências de justiça da Escritura, poucos textos éticos do NT chegam a sugerir que guardar ou transgredir os mandamentos de Deus hoje em dia leva às mesmas bênçãos materiais ou punições.[106] Um exemplo é o aviso de Paulo aos cristãos coríntios de que o seu abuso na ceia do Senhor explica a razão de haver entre eles "muitos fracos e doentes", e vários que já dormiam (1Co 11:30).

Mesmo que a história da mulher apanhada em adultério, com certeza quase absoluta, não tenha figurado no texto original de João, pode-se justificar a sua autenticidade como uma história verdadeira sobre o que Jesus disse e fez.[107]

---

[104] Wenham, "Law and the Legal System", p. 30.

[105] Wright, *Eye*, p. 156-157. Cf. também a aplicação de Paulo de Deuteronômio 25:4 ("Não amordacem o boi enquanto está debulhando o cereal") para o direito de os líderes cristãos ganharem o seu pão através do ministério (1Co 9:7-12); e o seu ensino de que o amor está por trás da Lei, e que sua prática, por essa razão, a cumpre (Rm 13:8-10). Para discussões adicionais sobre a aplicação da Lei, veja J. D. Hays, "Applying the Old Testament Law Today", *BSac* 21 (2001): p. 21-35.

[106] Para a análise padrão completa da ética do NT, veja J. B. Green, ed., *The New Testament and Ethics: A Book-by-Book Survey* (Grand Rapids: Baker Academic, 2013); B. Witherington III, *The Indelible Image: The Theological and Ethical Thought World of the New Testament*, 2 vols. (Downers Grove: IVP Academic, 2009-2010); G. H. Stassen e D. P. Gushee, *Kingdom Ethics: Following Jesus In Contemporary Context* (Downers Grove: InterVarsity, 2003).

[107] Veja esp. G. M. Burge, "A Specific Problem in the New Testament Text and Canon: The Woman Caught in Adultery (John 7:53-8:11)", *JETS* 27 (1984): p. 141-148. Para a interpretação

INTRODUÇÃO À INTERPRETAÇÃO BÍBLICA

Nela, ele estabelece um precedente para se proibir a aplicação das sanções do AT mesmo para uma questão moral fundamental como o adultério. Uma exceção possível aparece no caso do assassinato. Devido ao fato de aquilo que chamaríamos de "homicídio premeditado" ser o único pecado para o qual o resgate não poderia ser substituído por um sacrifício (Nm 35:31),[108] alguns cristãos acreditam que a pena de morte para o assassinato permanece adequada na era cristã. Mas muitos outros se referem ao sacrifício único de Cristo dispensando a necessidade de outras sanções (sejam físicas, sejam espirituais) para todo pecado.

Recomendamos o seguinte como *princípios específicos de interpretação*:

1. Seja qual for o gênero literário, a coleção ou a série na qual uma lei individual aparece serve como o seu contexto literário. Por isso, o estudante deve investigar as leis ao seu redor para encontrar pistas interpretativas.

2. O estudante deve tentar entender o sentido original e o propósito das leis à luz de seu cenário cultural. Já que muitos leitores não têm esse conhecimento, recomendamos que eles consultem livremente os dicionários bíblicos, os comentários e outras referências sobre esse cenário. Veja a bibliografia no fim do livro.

3. Aplique as leis primariamente ao equivalente neotestamentário para os destinatários originais. Por exemplo, as leis que visavam a Israel como um todo servem para uma aplicação adequada aos cristãos em geral. Já que o NT afirma o "sacerdócio de todos os cristãos", as instruções sacerdotais e rituais se aplicariam aos cristãos em geral, não somente para os oficiais da Igreja.

4. Definir se uma lei se aplica de forma literal, simbólica ou das duas formas, depende da maneira com a qual ela se compara às leis nas categorias descritas acima. O leitor pode usar esta seção como parâmetro para fazer a sua aplicação.

Amostra de texto legal: Êxodo 21:7-11

O estudo breve do texto (quanto à forma, uma lei casuística) nos permite aplicar a discussão anterior.[109] Situado dentro de uma lei de escravatura

---

recente, veja L. J. Kreitzer e D. W. Rooke, eds., *Ciphers in the Sand: Interpretations of the Woman Taken in Adultery (John 7:53-8:11)*, Biblical Seminar Series (Sheffield: Sheffield Academic Press, 2000).

[108] Veja esp. W. C. Kaiser, Jr., *Toward Old Testament Ethics* (Grand Rapids: Zondervan, 1983), p. 165-168.

[109] Para a discussão mais ampla e a bibliografia, veja R. L. Hubbard, Jr., "The Divine Redeemer: Toward a Biblical Theology of Redemption", em *Reading the Hebrew Bible for A New*

GÊNEROS LITERÁRIOS DO ANTIGO TESTAMENTO

mais ampla, os versículos de 7 a 11 dizem respeito à redenção de uma mulher israelita cujo pai, supostamente levado pela necessidade financeira, a vendeu para um casamento escravo. Estruturalmente, o texto primeiro define o caso (heb. *ki*: "Quando..., ela não...", (v. 7), depois detalha as subcondições (heb. *im*; se..., então...", v. 8-11). O esboço estruturado desse texto teria a seguinte aparência:

Definição de caso: A condição básica da libertação 21:7
Lista: As subcondições e as consequências legais para o escravo 21:8-11

Como um escravo não precisa de redenção, porque ele automaticamente sai livre depois de seis anos de serviço (v. 2), então a instrução determina a redenção da escrava, o pagamento da dívida para libertá-la, sob duas condições: 1) se ela não "agradar" mais ao homem; 2) se ele lhe der a posição legal de esposa (v. 8). Por outro lado, ela ganha a posição de "filha" se o homem lhe der como esposa a seu filho (v. 9). Duas coisas impressionam quanto a essa lei. Primeiro, ela dá à mulher uma proteção considerável contra o abuso por parte de seu marido descontente. Ela o proíbe de vendê-la para um estrangeiro ou de negar os seus direitos conjugais à alimentação, a roupas e a relações sexuais (v. 8-11). Em segundo lugar, a razão para o seu direito de redenção é a quebra da relação de confiança (i.e., "já que lidou de forma injusta [Heb. *bagad*] com ela"; v. 8b). A lei faz da perda do favor responsabilidade dele; de fato, a raiz *bagad* ("lidar de forma traiçoeira") parece dar a entender uma quebra da palavra de honra que abre a brecha para a sua liberdade.

Várias consequências surgem dessa instrução legal. Primeiro, a lei baseia o casamento em entendimentos e compromissos inerentes ao relacionamento, em vez dos gostos e repulsas de uma das partes. Em segundo lugar, ao proteger uma mulher socialmente vulnerável, ela revela o compromisso de Deus em proteger os vulneráveis à exploração. Nesta parte, o NT tem também esse compromisso com os humildes, então aplicar a lei do AT aos dias de hoje envolve duas coisas: por um lado, o exame honesto do relacionamento para verificar um possível abuso das pessoas, e, por outro, a observação de quaisquer pessoas próximas de nós que estejam sendo exploradas ou sejam vulneráveis para que possamos lhes oferecer proteção, se não amparo legal.

Millennium: Form, Concept, and Theological Perspective, 2 vols., ed. W. Kim, et al., Studies in Antiquity and Christianity (Harrisburg: Trinity Press International, 2000), 1: 189-191.

Deuteronômio

Em certo sentido, o livro de *Deuteronômio* representa uma coleção de leis, ainda que, como um gênero literário único, ele exija uma atenção especial. Ele traz uma reafirmação abrangente da Lei mosaica. Com exceção da breve introdução narrativa (1:1-5) e da conclusão extensa (31—34), o livro consiste nos discursos de despedida de Moisés aos israelitas enquanto eles estavam acampados a leste do rio Jordão (1:6—4:40; 27:11-28; 29:2-30).[110] Os especialistas comumente descrevem a retórica desses discursos como *parênese*, um estilo de discurso que visa persuadir os ouvintes a adotarem um determinado plano de ação.[111]

Além disso, a estrutura do livro se parece muito com a dos tratados hititas e assírios entre suseranos e vassalos (do segundo e do primeiro milênios a.C., respectivamente).[112] Esses tratados regulamentavam o relacionamento entre um poder maior (o suserano) e a nação subjugada (o vassalo). À moda desses tratados, Deuteronômio tem um prólogo histórico (1:6—4:43), uma lista de exigências (caps. 5—26), a menção de testemunhas da aliança ("céus e terra", 4:26; 30:19; 31:28), e bênçãos e maldições (caps. 27—28).

Por outro lado, Deuteronômio é diferente dos tratados antigos num aspecto importante: neles, o rei hitita ou assírio se dirige à nação subjugada; em Deuteronômio, Moisés, não o Rei Javé, se dirige à nação que o serve, Israel. Por isso, ainda que tenha uma aparência de tratado, o livro é melhor lido como o "testamento" de Moisés, a série de exortações que articulam a sua "última vontade" ética, como se ele estivesse tratando com seu sucessor, seja Israel como um todo, seja um rei posterior, ou ambos.[113]

---

[110] A introdução útil ao livro está disponível nas obras de J. G. McConville, "Deuteronomy, Book of", *DOTP*, 182-193; R. E. Clements, *Deuteronomy*, OT Guides (Sheffield: JSOT, 1989); e Christensen, *Deuteronomy 1:1—21:9*, lvii-lxxix. Cf. também C. J. H. Wright, *Deuteronomy*, UBC (Grand Rapids: Baker Academic, 2012 [1996]).

[111] Da mesma forma Long, "Historical Literature", p. 255, citando Dt 6—11; Zc 1:3-6; Js 24:2-15; 1Rs 8:56-61.

[112] T. Rata, "Covenant", *DOTP*, p. 99-105. Ainda que um pouco antigo, D. J. McCarthy, *Old Testament Covenant* (Richmond, VA: John Knox, 1972), p. 10-34 ainda traz uma boa introdução; cf. também J. J. M. Roberts, "The Ancient Near Eastern Environment", em Knight e Tucker, *The Hebrew Bible and Its Modern Interpreters*, ed. D. A. Knight e G. M. Tucker (Chico: Scholars, 1985), p. 93-94. Para traduções de tratados hititas e egípcios, veja *ANET* 199-206.

[113] Com certeza, as exortações de Moisés reafirmam a aliança pouco antes de Israel entrar na Terra Prometida, então os especialistas se referem a elas como a Aliança de Moabe, por causa do seu cenário geográfico; cf. S. D. McBride, "Deuteronomy, Book of", *NIDB*, 2:112-113. De passagem, observamos que algumas narrativas do AT relatam processos legais israelitas antigos. A noção da sua natureza legal capacitará o leitor a entendê-las melhor. Esses incluem o procedimento investigativo chamado de teste (Nm 5:11-31), vários julgamentos criminais (Gn 31:25-42; 2Sm 1:1-16; 4:5-12), e o processo civil sobre direitos anteriores (Rt 4:1-12).

GÊNEROS LITERÁRIOS DO ANTIGO TESTAMENTO

Princípios de Interpretação – Deuteronômio

Sugerimos que os leitores interpretem Deuteronômio de acordo com as regras a seguir:

1. O livro de Deuteronômio é mais bem lido como os discursos apaixonados de Moisés ao povo de Deus ameaçado por tentações para quebrar o seu compromisso exclusivo com Deus.
2. O seu cenário histórico principal é a influência potencial e corruptora da religião canaanita sobre Israel. As trevas ameaçadoras da adoração a Baal assombram boa parte do seu conteúdo, um fato que deve moldar a nossa interpretação do mesmo.
3. Trate as leis de Deuteronômio como exortações apaixonadas, i.e., uma série de discursos de despedida pouco antes da morte de Moisés e da entrada de Israel em Canaã, em vez de instruções abstratas, técnicas, legais. No coração do livro repousa a questão teológica da acomodação religiosa à idolatria, uma questão que ainda é relevante nos dias de hoje.
4. A natureza literária de cada seção deve ditar a abordagem interpretativa dela. Por exemplo, as seções poéticas (caps. 32—33) exigem o tratamento adequado à poesia; as leis, tratamento de matérias legais etc. Semelhantemente, a aplicação deve seguir as regras para cada gênero literário.

POESIA

Depois das narrativas, a poesia é a forma literária mais comum na Bíblia. Praticamente todos os livros bíblicos, mesmo aqueles não chamados tradicionalmente de "poéticos", contêm alguma poesia.[114]

Mesmo assim, poesia não é um gênero por si próprio, mas um estilo literário, a alternativa à prosa. Por isso, para estudar a poesia vamos analisar seus principais tipos literários no AT e terminar sugerindo alguns princípios de interpretação.[115]

---

[114] J. B. Gabel, C. B. Wheeler e A. D. York, *The Bible as Literature: An Introduction,* 4ª ed. (New York; Oxford: Oxford University Press, 2000), p. 34. Por exemplo, Êxodo e Juízes trazem no seu conteúdo um longo cântico de vitória, o "Cântico de Moisés (Êx 15:1-18; cf v. 21) e a "Canção de Débora" (Jz 5; veja também 1Sm 2:1-10; 2Sm 23:1-7; Jn 2:1-10).

[115] Cf. cap. 8, "As regras gerais da hermenêutica: A poesia bíblica." Para a introdução de todos os gêneros dos Salmos, consulte N. deClaissé-Walford, R. A. Jacobson, e B. LaNeel Tanner, *The Book of Psalms,* NICOT (Grand Rapids: Eerdmans, 2014), p. 13-38; e o "Index of Form-Critical Categorizations" em *Interpreting the Psalms: Issues and Approaches,* ed. P. S. Johnston e D. Firth, (Downers Grove: InterVarsity, 2005), p. 295-300. T. Longman III, "The Psalms and Ancient Near Eastern Prayer Genres", em *Interpreting the Psalms,* ed. Johnston e Firth, p. 41-62, compara os

Tipos de poesia do Antigo Testamento

Orações	Cânticos
Súplica	Ação de graças
Súplica real	Liturgia
Imprecação	Ação de graças real
Salmo penitencial	Salmo de sabedoria
Cântico fúnebre	Hino
	Hino pessoal
	Hino de coroação
	Hino de Sião
	Hino do reinado de Javé
	Canção de amor
	Canção de casamento real

Orações

As orações são afirmações com palavras especiais e extensas (não cantadas) para Deus por indivíduos ou grupos. O *protesto* se constitui no gênero mais comum de oração nos salmos.[116] Seja feita por um indivíduo, seja pela comunidade de adoradores como um todo, o protesto é a petição do fundo do coração para Javé livrar de alguma crise humanamente insolúvel. Para o indivíduo, a crise pode ser uma doença grave, uma situação desfavorável, ou acusações falsas; para a comunidade pode ser a seca, pragas ou invasões inimigas.[117] A maior parte dos especialistas supõe que os protestos eram feitos no santuário, como o templo de Jerusalém, como parte de um processo ritual maior. De forma

---

salmos com outras orações antigas. Para a análise bem ampla dos salmos por especialistas judeus e cristãos, cf. S. Gillingham, ed., *Jewish and Christian Approaches to the Psalms: Conflict and Convergence* (Oxford: Oxford University Press, 2013). Para a perspectiva multicultural dos Salmos, veja S. B. Reid, *Listening in: A Multicultural Reading of the Psalms* (Nashville: Abingdon, 1997).

[116] O "protesto" representa a nossa atualização dos termos mais familiares, "súplica" e "lamento", por sugestão de J. Goldingay, *Psalms*, BCOTWP, 3 vols. (Grand Rapids: Baker Academic, 2006-8), 1:60-64. Para alguns, a "súplica" faz lembrar de "queixa" (um termo negativo e enganoso), e limitamos o "lamento" de forma mais estrita a expressões de tristeza por algo irreversível como a morte ou perda de membros do corpo. Mas cf. a introdução a "queixas"/ "lamentos" em C. Broyles, "Lament, Psalms of", *DOTWPW*, p. 384-399; P. S. Johnston, "The Psalms and Distress", in Johnston e Firth, *Interpreting the Psalms*, p. 63-84; R. E. Murphy, *The Gift of the Psalms* (Peabody, MA: Hendrickson, 2000 [reimpr.]), p. 11-14; e E. S. Gerstenberger, *Psalms 1*, FOTL 14 (Grand Rapids: Eerdmans, 1988), p. 11-14 ("Introdução à poesia cúltica"), p. 108.

[117] Para os protestos comunitários, veja R. J. Bautch, *Developments in Genre Between Post-Exilic Penitential Prayers and the Psalms of Communal Lament*, AcBib 7 (Atlanta: Society of Biblical Literature, 2003); e o ótimo estudo de P. W. Ferris, Jr., *The Genre of Communal Lament in the Bible and the Ancient Near East*, SBLDS 127 (Atlanta: Scholars, 1992).

GÊNEROS LITERÁRIOS DO ANTIGO TESTAMENTO

diferente dos cânticos fúnebres ou dos lamentos, nos quais os falantes expressam tristeza profunda e desespero, os protestos falam de sofrimento profundo, mas supõem que a crise pode ser resolvida pela intervenção divina.[118]

Salmos 22 proporciona um exemplo excelente de um salmo típico de protesto.[119] Ele se inicia com uma invocação do(s) nome(s) de Deus como um modo de entrar em contato com Javé (v. 1-2). Ele inclui uma afirmação de confiança (v. 3-5), pela qual o suplicante afirma sua confiança em Deus. O elemento do protesto (v. 6-18) descreve em termos gerais a aflição que ameaça o indivíduo ou a comunidade. Na petição (v. 19-21), o adorador especificamente pede a ajuda de Deus para resolver o problema. Finalmente, os protestos geralmente terminam com um elemento de agradecimento (nesse caso, um hino de ação de graças [v. 22-26]), no qual o suplicante dá graças antes de receber a sua petição.[120] Quando o rei fala ou é mencionado, classificamos esse salmo de protesto real (veja Sl 89; 144).[121] Um esboço estrutural do Salmo teria o seguinte aspecto:[122]

I. Protesto..22:1-21
   A. Invocação, protesto...22:1-2

---

[118] Com grande percepção, W. Brueggemann (*The Message of the Psalms* [Minneapolis: Augsburg, 1984], p. 18-23) chama os salmos de protesto de salmos de desorientação, porque a experiência de sofrimento do salmista parece vir de um relacionamento atrapalhado com Deus. Esses salmos de desorientação se contrastam com os salmos de orientação (i.e., cânticos de louvor) e com os de nova orientação (i.e., cânticos de gratidão após o alívio de um sofrimento). Para o uso dos salmos em oração, veja S. L. Jaki, *Praying the Psalms: A Commentary* (Grand Rapids: Eerdmans, 2001).

[119] Para a análise breve de outro protesto (Sl 77), veja T. Longman, III, "Lament", in Sandy e Giese, *Cracking Codes*, p. 210-212. Para um estudo esclarecedor e profundo sobre os protestos, veja também D. Dombkowski Hopkins, *Journey Through the Psalms*, rev. ed. (St. Louis: Chalice Press, 2002), p. 77-132.

[120] Outros elementos comuns incluem uma confissão de pecado ou um atestado de inocência (e.g., Sl 7:3-5; 51:3-5) e uma maldição contra os inimigos (e.g., Sl 5:10; 109:6-20); cf. a lista desses salmos em Gerstenberger, *Psalms 1*, p. 14. C. Mandolfo, *God in the Dock: Dialogic Tension in the Psalms of Lament*, JSOTSup 357 (Sheffield: Sheffield Academic Press, 2002), estuda outro fenômeno, a transição da primeira e da segunda pessoa para falantes em terceira pessoa com as mesmas súplicas, e conclui (p. 197-206) que eles refletem diálogos reais em situações de culto.

[121] Os protestos também aparecem em Jeremias 10—20 e em Jó; cf. K. M. O'Connor, *The Confessions of Jeremiah: Their Interpretation and Role in Chapters 1-25*, SBLDS 97 (Atlanta: Scholars Press, 1988); R. G. Murphy, *Job: A Short Reading* (New York: Paulist Press, 1999). Para uma reavaliação recente sobre a natureza e a função canônica dos salmos reais, veja consistentemente W. H. Bellinger, Jr., *Psalms: A Guide to Studying the Psalter*, 2ª ed. (Grand Rapids: Baker Academic, 2012), p. 111-128; A. Grant, "The Psalms and the King", em Johnston e Firth, *Interpreting the Psalms*, p. 101-118; S. R. A. Starbuck, *Court Oracles in the Psalms: The So-Called Royal Psalms in their Ancient Near Eastern Context*, SBLDS 172 (Atlanta: SBL, 1999).

[122] Modificado conforme Gerstenberger, *Psalms, Part 1*, p. 18.

INTRODUÇÃO À INTERPRETAÇÃO BÍBLICA

B. Relato: Luta...22:3-11
   1. Confiança...22:3-5
   2. Protesto 22:6-8
   3. Confiança...22:9-10
   4. Petição...22:11
C. Protesto principal 22:12-18
D. Petição 22:19-21
II. Ação de graças, louvor 22:22-31
A. Hino de ação de graças 22:22-26
   1. Voto 22:22
   2. Convocação ao louvor 22:23-24
   3. Voto 22:25
   4. Bênção 22:26
B. Hino de louvor...22:27-31

Alguns salmos de protesto incluem uma maldição como parte da petição. Por isso, esses textos são chamados às vezes de *salmos imprecatórios*.[123] As coisas horríveis que as imprecações pedem a Deus perturbam alguns leitores (e.g., "pelas maldições e mentiras que pronunciam, consome-os em tua ira, consome-os até que não mais existam", Sl 59:12b-13; cf. 10:15; 109:6-15; 137:7-9; 139:19-22). Sugerimos, no entanto, que os estudantes devam entender esta linguagem extrema como hipérbole, exageros emocionais por meio dos quais o salmista espera persuadir Javé à ação. Em outras palavras, o salmista quer que Deus saiba como ele se sente fortemente envolvido pela questão.

Eles, portanto, servem a uma importante função dupla: expor a violência e a opressão do mundo para que não sejam ignoradas, e dar às suas vítimas as palavras para expressarem o seu legítimo desespero e afronta. Além disso, como orações, elas surgem de um relacionamento ativo com Deus, eles dirigem a sua fúria para a pessoa certa, o Deus de justiça e de vingança. Eles afirmam que a dor dos que sofrem tocará o coração de Deus e que Deus suprirá as suas necessidades e reagirá de acordo com a sua vontade.

Ao mesmo tempo, os salmos imprecatórios devem ser lidos à luz da crítica bíblica da vingança cega (e.g., Rm 12:9, 21) e, portanto, não devemos recorrer a eles para justificar o exercício dela.[124]

---

[123] Cf. N. L. deClaissé-Walford, "The Theology of the Imprecatory Psalms", em *Soundings in the Theology of Psalms: Perspectives and Methods in Contemporary Scholarship*, ed. R. A. Jacobson (Minneapolis: Fortress, 2011), p. 77-92; e a análise de Salmos 137 feita por P. D. Miller, "The Hermeneutics of Imprecation", em *The Way of the Lord*, p. 193-202 e o capítulo inovador em H. C. Bullock, *Encountering the Psalms* (Grand Rapids: Baker, 2001), p. 227-238.

[124] Cf. Miller, "Hermeneutics of Imprecation", p. 193-202; Bullock, *Psalms*, p. 237-238. Para outras sugestões relacionadas ao seu uso litúrgico, veja Miller, "Hermeneutics of Imprecation", p. 201-202.

GÊNEROS LITERÁRIOS DO ANTIGO TESTAMENTO

Os *salmos penitenciais* são sete salmos especialmente dolorosos nos quais o indivíduo bem contrito busca a misericórdia de Deus para o seu pecado, e o alívio do transtorno físico e emocional que ele causou, e a restauração da alegre intimidade com Deus que se tinha antes.[125] Eles nos dão, na atualidade, palavras para expressar o nosso próprio arrependimento sincero e desejo por misericórdia e pela graciosa restauração.

O *cântico fúnebre* é uma lamentação funerária entoada como parte de ritos de luto antigos. Seus elementos principais são as expressões de gemidos e de lamentos, a descrição de algum desastre, e um chamado para que outros chorem e se lamentem.[126] Obviamente, o estado de ânimo é de total desespero diante de uma perda irreversível. Ainda que os cânticos fúnebres estejam fora do saltério hebraico, a sua influência é evidente em vários salmos (Sl 35:13-14; 44; 74). Partes do livro de Lamentações, no entanto, têm cânticos que lamentam não a perda de uma pessoa, mas a destruição de uma cidade e da sua população (veja Lm 1—2, 4). De fato, o livro pode refletir um costume antigo de luto pela perda de uma cidade.[127]

A identificação dos cânticos fúnebres da Bíblia é benéfica de várias maneiras. Primeiramente, a identificação capacita o intérprete a ler o texto tendo em mente um cenário específico: enlutados se lamentando amargamente rasgando as suas vestes ou se vestindo de pano de saco. Em segundo lugar, ela ressalta o desespero da situação que o texto descreve. A morte permanece sendo uma tragédia sem nenhum remédio humano concebível. O leitor, por isso, tem que sentir o desespero emocional em Lamentações, mesmo que o apelo do autor por socorro divino realmente traga esperança (cf. 1Ts 4:13). Em terceiro lugar, ela legitimiza a expressão do luto entre os cristãos nos dias de hoje. Ao honrar as práticas de luto dos antigos, a Bíblia as classifica como "normais" para o povo de Deus, que sofre perdas semelhantes atualmente.[128]

---

[125] Esses salmos são os de número 6, 32, 38, 51, 102, 130 e 143. Cf. L.-S. Tiemeyer, "The Doubtful Gain of Penitence: The Fine Line between Lament and Prayer", em *Spiritual Complaint: The Theology and Practice of Lament*, ed. M. J. Bier e T. Bulkeley (Eugene, OR: Wipf & Stock, 2013), p. 102-123.

[126] Gerstenberger, *Psalms 1*, 10-11. Para conferir os melhores exemplos, veja o nosso comentário sobre os gêneros literários inseridos nas narrativas do AT.

[127] Veja P. Michalowski, ed., *The Lamentation over the Destruction of Sumer and Ur*, Mesopotamian Civilizations 1 (Winona Lake: Eisenbrauns, 1989); *ANET* 455-463; Matthews e Benjamin, *Old Testament Parallels*, 247-255. Para a discussão sobre a correlação entre os antecedentes sumérios e o livro de Lamentações, veja Walton, *Ancient Israelite Literature in Its Cultural Context*, p. 160-163. Análises maiores recentes sobre Lamentações estão à disposição em K. M. O'Connor, *Lamentations and the Tears of the World* (Maryknoll, NY: Orbis, 2002); e T. Linafelt, *Surviving Lamentations: Catastrophe, Lament, and Protest in the Afterlife of a Biblical Book* (Chicago: University of Chicago Press, 2000).

[128] Dombkowski Hopkins (*Journey through the Psalms*, p. 105-132) traz uma análise pastoral inovadora sobre o processo de lamento com exemplos de maneiras pelas quais as congregações podem incorporá-lo à adoração atual.

• 563 •

INTRODUÇÃO À INTERPRETAÇÃO BÍBLICA

Cânticos

Entoar cânticos, especialmente na adoração do templo, era uma prática que tinha um lugar muito importante na vida do povo de Deus. Aparentemente, até mesmo os vizinhos de Israel valorizavam bastante a sua habilidade musical, pois o rei assírio Senaqueribe relacionou musicistas homens e mulheres entre os itens do tributo que lhe foi concedido pelo rei Ezequias de Jerusalém (séc. VIII a.C.).[129]

O *cântico de ação de graças* (heb. *todáh*) é bem parecido com o protesto. Através dessas canções, o indivíduo ou a comunidade expressava alegre gratidão a Deus pelo livramento de uma situação anterior desfavorável. Eles, por assim dizer, cumpriam as suas promessas anteriores de gratidão.[130] De forma significativa, os falantes dirigem os seus comentários tanto a Javé quanto aos participantes da cerimônia.

Os dois elementos básicos desse cântico estão ilustrados em Salmos 30: o louvor a Javé pelo seu auxílio (v. 1, 12b) e o convite para que outros venham também agradecê-lo e louvá-lo (v. 4-5). Um terceiro elemento importante é um relato de salvação que conta o que Javé fez para merecer o louvor (v. 2-3, 6-12a). Do mesmo modo que o protesto, quando o rei fala ou é mencionado, classificamos esse texto como um *cântico real de ação de graças* (veja Sl 18, 21).

O *hino* (ou cântico de louvor) é bem parecido com o cântico de ação de graças e é um gênero importante no Saltério. Originalmente parte de uma festividade israelita grande e colorida, o hino é um cântico que louva a Javé.[131] (Para encontrar hinos nos profetas e em Jó, veja mais adiante). Exemplificam-se em Salmos 96 os dois elementos principais na estrutura de um hino: a convocação para louvar, dirigida a outros adoradores e provavelmente ministrado por um cantor ou coral (v. 1-3; cf. v. 7-13), e o próprio louvor a Javé (v. 4-6).[132] Em alguns

---

[129] Veja o prisma de Senaqueribe, *ANET*, 287-288. Além disso, Salmos 137:3 ("Cantem para nós uma das canções de Sião!") provavelmente passa a ideia de que os babilônicos achavam a música israelita atraente, do mesmo modo que muitas pessoas gostam da música hebraica moderna.

[130] Bellinger, Jr., *Psalms: A Guide to Studying the Psalter*, p. 79-110; *Psalms*, Murphy, *The Gift of the Psalms*, p. 10-11; Hopkins, *Journey Through the Psalms*, p. 133-140, que também cita Salmos 30 como exemplo; cf. Gunkel, *Psalms*, p. 199-221. De acordo com Gerstenberger (*Psalms Part 1*, p. 15) a expressão de oferta "Eu te dou graças" significa "Eu estou te entregando a minha oferta de agradecimento" (Sl 118:21; 138:1-2; cf. Is 12:1).

[131] Cf. Murphy, *The Gift of the Psalms*, p. 9-10; Dombrowski Hopkins, *Journey Through the Psalms*, p. 32-58; Gunkel, *Psalms*, p. 22-65. De acordo com o livro de Crônicas, não era a congregação que cantava esses hinos, mas sim as famílias dos cantores do templo (1Cr 15:16-22; 16:5-7; 2Cr 5:12).

[132] Para observar outros exemplos de hinos, veja Salmos 8; 19; 65; 66; 67; 68; 95; 96; 100; 104; 105; et al. De acordo com Wolters, as muitas características pertencentes a hinos de

GÊNEROS LITERÁRIOS DO ANTIGO TESTAMENTO

casos, um indivíduo dá louvor por alguma experiência pessoal da grandeza de Javé, então chamamos isso de hino pessoal (veja Sl 8; 77; 103-104; 139; et al.).[133]

Brueggeman distingue de forma útil dois tipos de louvor.[134] O "louvor declarativo" ressalta as ações de Deus em favor de Israel ou em favor de algum indivíduo. Ele cita razões concretas para louvar, algo grande feito por Deus no passado que a tradição israelita recorda, e frequentemente une ao contexto presente do salmo com a experiência de libertação e recepção da misericórdia divina. Na verdade, essas questões do louvor levam a ação de graças, a partir daí levando aos gêneros do hino e da ação de graças. O "louvor descritivo", por sua vez, caracteriza a convocação geral para louvar a Deus pelas qualidades do seu caráter (e.g., majestade, soberania, santidade, criatividade etc.). O seu destaque está somente no louvor sem mencionar diretamente a ação de graças. A noção dessa distinção capacita o leitor a se familiarizar mais de perto com o mundo singular de cada tipo de salmo.

Vários outros hinos eram limitados a cerimonias que envolviam o rei ou celebravam o caráter excepcional de Jerusalém. De fato, é por esta mesma razão que alguns especialistas os chamaram de "salmos reais" (algumas vezes de "salmos messiânicos"). Por exemplo, Salmos 2 e 110 (e possivelmente o 72) são *hinos de coroação* cantados ou lidos durante cerimônias da ascensão ao trono de um novo rei (veja 2Rs 11:4-12).[135] O *hino de Sião* é aquele que exalta ao monte Sião como a residência de Javé, o lugar principal da adoração israelita, e a Jerusalém como cidade real (veja Sl 46; 48; 76; 84; 122; 132). Provavelmente, em várias ocasiões festivas, Israel comemorava estas verdades confirmadas por Deus sobre Jerusalém. Também nas casas durante estas festividades litúrgicas era o *hino do reinado de Javé* que louvava o seu direito supremo de governar, bem como a sua associação com a dinastia davídica (Sl 47; 93; 96-99).[136]

Provérbios 31 caracterizam esse capítulo como um hino heroico; cf. A. Wolters, "Proverbs 31:10-31 as Heroic Hymn: A Form-critical Analysis", em *Poetry in the Hebrew Bible: Selected Studies from Vetus Testamentum*, ed. D. E. Orton (Leiden/Boston: E. J. Brill, 2000), p. 186-197.

[133] Os hinos também eram comuns em outras partes do antigo Oriente Médio; cf. J. L Foster (tradutor) e S. T. Hollis (editor), *Hymns, Prayers, and Songs: An Anthology of Ancient Egyptian Lyric Poetry*, WAW 8 (Atlanta: Scholars Press, 1995); Mathews e Benjamin, *Old Testament Parallels*, p. 153-156.

[134] W. Brueggemann, *Israel's Praise: Doxology Against Idolatry and Ideology* (Minneapolis: Augsburg Fortress Publishers, 1988), p. 89-122. Brueggemann associa cada tipo de louvor com visões de mundo e ideologias singulares.

[135] Para uma discussão, veja Starbuck, *Court Oracles*, p. 122-168; Gunkel, *Psalms*, p. 99-120. Cf também G. H. Wilson, "King, Messiah, and the Reign of God: Revisiting the Royal Psalms and the Shape of the Psalter", em *The Book of Psalms: Composition and Reception*, ed. P. W. Flint e P. D. Miller, Jr., VTSup 99 (Leiden; Boston: Brill, 2005), p. 391-406.

[136] Cf. Ryken, *How to Read*, p. 117, que usa o termo "salmos de adoração" para os "cânticos de Sião." O que denominamos como "hinos do reinado de Javé", Gunkel (*Psalms*, p. 66-81) e

• 565 •

INTRODUÇÃO À INTERPRETAÇÃO BÍBLICA

Finalmente, o AT contém algumas *canções de amor*. Salmos 45 é uma canção de casamento real que foi provavelmente cantada em cerimônias de casamento de alguns reis.[137] O segundo verso elogia a beleza do rei (cf. 1Sm 9:2; 16:12) enquanto os versos 10 a 12 se dirigem à noiva. O reconhecimento desse gênero literário capacita o leitor a entender as referências aos participantes e ao cerimonial (v. 9, 14, 15). O leitor pode imaginar uma cena esplêndida, que não é muito diferente dos casamentos reais modernos, repetida ao longo dos séculos quando os monarcas governavam Israel. De forma mais importante, isto ajuda o leitor a aprender um pouco sobre o comportamento e a política que Deus esperava desses governantes.

O Cântico dos Cânticos traz as mais conhecidas canções de amor de toda a Bíblia.[138] Mesmo que sua origem seja uma questão disputada, o livro provavelmente é uma coleção de poesia romântica. Uma parte delas pode ter sido usada em casamentos (veja 3:6-11). Reconhecer esse aspecto do estilo literário traz um colorido maior à interpretação adequada. Isto permite que o livro seja lido como uma antologia reunida em torno de temas comuns, não como uma narrativa ou peça com trama e desenvolvimento. Isto também permite que o intérprete leve com toda a seriedade o erotismo do livro, como uma glorificação do amor sexual humano dentro do contexto do casamento.[139]

Liturgias

O povo de Israel adorava juntamente enquanto comunidade no templo de Jerusalém, e, sem dúvida, usava salmos de *liturgia* nesses momentos. A liturgia é o texto usado na adoração, no qual dois ou mais falantes participam de forma

---

Hopkins (*Journey Through the Psalms*, p. 140-147) classificam como "salmos de exaltação ao trono." Para discussões mais amplas sobre o tema, veja M. Z. Brettler, *God is King: Understanding an Israelite Metaphor*, JSOTSup 76 (Sheffield: JSOT, 1989).

[137] Starbuck, *Court Oracles in the Psalms*, p. 114 ("escrito para um casamento real, mas os seus detalhes históricos foram ocultados sem deixar vestígio algum"); Gerstenberger, *Psalms, Part 1*, p. 186-190, com uma bibliografia adicional e a discussão de pontos de vista alternativos.

[138] "Cântico dos Cânticos" é a tradução do título hebraico (lit., "a melhor canção"; cf. "Cantares de Salomão" em muitas versões mais antigas). Para análises recentes, veja I. M. Duguid, *The Song of Songs: An Introduction and Commentary*, TOTC (Downers Grove: InterVarsity, 2015); R. S. Hess, *Song of Songs*, BCOTWP (Grand Rapids: Baker Academic, 2005); e T. Longman, III, *Song of Songs*, NICOT (Grand Rapids: Eerdmans, 2001. Para equivalentes extrabíblicos, veja W. G. E. Watson, "Some Ancient Near Eastern Parallels to the Song of Songs", em *Words Remembered, Texts Renewed: Essays in Honour of John F. A. Sawyer*, ed. J. Davies, G. Harvey, e W. G. E. Watson (Sheffield: Sheffield Academic, 1995), p. 253-271; M. V. Fox, *The Song of Songs and the Ancient Egyptian Love Songs* (Madison, WI: University of Wisconsin Press, 1985).

[139] Cf. C. E. Walsh, *Exquisite Desire: Religion, the Erotic, and the Song of Songs* (Minneapolis: Fortress, 2000), que discorre sobre os aspectos eróticos do AT e como eles se relacionam com a experiência do povo de Israel com Deus. Para a análise do tópico, veja T. Gledhill, *The Message of the Song of Songs*, BST (Downers Grove: InterVarsity, 1994).

GÊNEROS LITERÁRIOS DO ANTIGO TESTAMENTO

responsiva. Os falantes mais comuns incluem os sacerdotes como líderes da adoração e a congregação como um todo se expressando como "nós". Menos frequentemente, indivíduos leigos falam na primeira pessoa, e os profetas trazem mensagens de Javé. Por exemplo, observe os diferentes participantes claramente destacados nesse trecho de Salmos 118, uma "liturgia de ação de graças" que celebra uma grande vitória nacional:[140]

Chamado para o louvor (sacerdotes)	Deem graças ao SENHOR porque ele é bom; o seu amor dura para sempre. Que Israel diga:
Responso (congregação)	"O seu amor dura para sempre!..."
Chamado (sacerdotes)	Os sacerdotes digam:
Responso (congregação)	"O seu amor dura para sempre!..."
Testemunho (um indivíduo)	Na minha angústia clamei ao SENHOR; e o SENHOR me respondeu, dando-me ampla liberdade... Todas as nações me cercaram, mas em nome do SENHOR eu as derrotei...
Petição / Ação de graças (congregação)	Salva-nos, SENHOR... Faz-nos prosperar, SENHOR... O SENHOR é Deus, e ele fez resplandecer sobre nós a sua luz...
Ação de graças (um indivíduo)	Tu és o meu Deus; graças te darei! Ó meu Deus, eu te exaltarei!
Chamado ao louvor (sacerdotes)	Deem graças ao SENHOR, porque ele é bom; o seu amor dura para sempre. (Sl 118:1-3, 5, 10, 25-26, 28-29; cf. Sl 66; 75; 136).[141]

---

[140] Cf. E. S. Gerstenberger, *Psalms, Part 2 and Lamentations*, FOTL 15 (Grand Rapids: Eerdmans, 2001), p. 300-308, que classifica o salmo como uma "ação de graça de um indivíduo." Israel pode originariamente ter recitado esta liturgia durante a procissão que terminava no portão do templo (veja v. 19-21). Se esse for o caso, a frase "Da casa do SENHOR nós os abençoamos" (v. 26), e a referência às "pontas do altar" (v. 27) sugerem que a procissão estava a essa altura dentro da área do templo. Mas Gerstenberger (*Psalms, Part 2*, p. 307) entende o cenário histórico do salmo como "rituais do exílio e posteriores ao exílio dentro das congregações judaicas de crentes 'justos' em Javé" liderados por um "oficial" em vez de um "sacerdote" (p. 301).

[141] Salmos 15 e 24:3-6 podem refletir uma "liturgia da entrada" antiga, uma cerimônia realizada originalmente no portão do templo com formato de perguntas e respostas, onde os adoradores afirmavam estarem prontos para entrar no santuário; cf. Gerstenberger, *Psalms 1*, p. 89. Os adoradores faziam uma série de perguntas que o sacerdote respondia do lado de dentro do portão com uma instrução da *torah*; cf. Isaías 33:14-16; Miqueias 6:6-8. Salmos 95 apresenta uma procissão congregacional (v. 1-7a) seguida de uma exortação (v. 7b-11), talvez de um profeta ou sacerdote (mas cf. Gerstenberger, *Psalms, Part 2*, p. 182 ("Yahweh-Kingship Hymn; Sermon"); veja Salmos 12 como um oráculo de salvação nos v. 5-6 e o sermão em Salmos 50:7-23.

· 567 ·

INTRODUÇÃO À INTERPRETAÇÃO BÍBLICA

Salmos sapienciais

Há muito tempo, os especialistas reconheceram que alguns salmos não pareciam pertencer à vida pública de adoração, mas sim à esfera educacional particular de seus sábios (veja Jr 18:18).[142] A sua linguagem, o seu estilo, e os seus temas se parecem muito mais com os livros de Provérbios e Eclesiastes do que com os protestos de lamentação do Saltério ou com as jubilosas ações de graças.

Com um ânimo mais meditativo e com intenção didática, eles se concentram em questões éticas como a justiça do sofrimento humano e a aparente injustiça de Deus em tolerá-la. Teologicamente, o seu interesse está mais em Deus como criador e governante cósmico do que como Redentor de Israel e Senhor.

Por isso, chamamos esses salmos de *salmos sapienciais*. No entanto, a incerteza sobre quais são os elementos que constituem esse gênero tem produzido uma discordância acadêmica sobre quais são os salmos que se enquadram como um deles. Os mais prováveis são Salmos 1, 19, 33, 39, 49, 127.[143] O primeiro salmo, por exemplo, mostra o tema comum dos sapienciais sobre os destinos opostos do ímpio e do justo.[144] A comparação do justo com uma árvore plantada junto a ribeiros de águas também tem uma equivalência na literatura sapiencial egípcia, que sugere que é uma comparação sapiencial comum. Quando o salmista contempla a glória de Deus nos céus (Sl 19), ele reflete o amor à criação e a sua abordagem empírica para descobrir a verdade, características da literatura sapiencial. Ao incluir uma longa seção de instrução (v.12-19), Salmos 33 revela a prioridade da sabedoria, que deve ensinar um estilo de vida que agrada a Deus, e Salmos 127 se parece com Eclesiastes quando destaca a vaidade dos esforços humanos.

---

[142] Bellinger, Jr., *Psalms: A Guide to Studying the Psalter*, p. 129-140; Gerstenberger, *Psalms, Part 1*, p. 19-21. A respeito da "escola sapiencial" e da sua literatura, veja J. L. Crenshaw, *Old Testament Wisdom: An Introduction*, ed. rev. (Louisville: Westminster John Knox, 2010); K. Dell, "Wisdom in Israel", em *Text in Context*, ed. A. D. H. Mayes (New York; Oxford: Oxford University Press, 2000), p. 348-375; B. K. Waltke e D. Diewert, "Wisdom Literature", em *The Face of OT Studies*, ed. D. W. Baker e B. T. Arnold (Grand Rapids: Baker; Leicester: InterVarsity, 1999), p. 295-332; Cf. a série de artigos em *DOTWPW*, 842-884.

[143] J. L. Crenshaw, "Wisdom", em Hayes, *Old Testament Form Criticism*, p. 250-252, que também vê a influência do gênero sapiencial em Salmos 32:8-9; 94:8-11; e possivelmente em Salmos 104:13-18. Murphy adicionaria à nossa lista os Salmos 32, 34, 37, 112, e 128 e afirmaria que existe uma "influência do estilo de sabedoria" em Salmos 25:8-10, 12-14; 31:24-25; 39:5-7; 40:5-6; 62:9-11; 92:7-9; 94:8-15; cf. R. Murphy, "A Consideration of the Classification of 'Wisdom Psalms'", em *Congress Volume Bonn, 1962*, VTSup 9 (Leiden: Brill, 1962), p. 156-167 (republicado em *Studies in Ancient Israelite Wisdom*, ed. J. L. Crenshaw [New York: KTAV, 1976], p. 456-467). Para uma discussão adicional sobre o cenário e sobre vários salmos ilustrativos, veja Hopkins, *Journey*, p. 59-76.

[144] Cf. recentemente, I. Saint Brianchaninov, "'Blessed is the Man': A Commentary on Psalm 1", *The Orthodox Word* 50 (2014): 185-196; M. J. Whiting, "Psalms 1 and 2 as a Hermeneutical Lens for Reading the Psalter", *EvQ* 85 (2013): 246-262.

GÊNEROS LITERÁRIOS DO ANTIGO TESTAMENTO

Princípios de interpretação – Poesia

A partir dessa análise dos gêneros literários poéticos, podemos sugerir os seguintes princípios interpretativos:

1. Os poemas surgiram como unidades completas, então o estudante deve interpretá-los na sua totalidade, em vez dos versos isolados. Eles devem ser lidos como poesia habilidosamente composta por poetas que "falam" dando asas à nossa imaginação e despertando reações emocionais.[145]

2. De forma semelhante, devemos prestar atenção nas hipérboles, especialmente nas canções de amor ("não há falha em você", Ct 4:7), como um efeito de linguagem exagerada, não de forma literal. A interpretação deve levar isso em conta de forma adequada.

3. O estudante tem que levar em conta a estrutura do poema, do gênero poético e como ele desenvolve o seu pensamento. Para fazer isso, o estudante precisará descobrir as suas seções principais, a ideia principal de cada uma delas, e a contribuição de cada uma delas para a mensagem como um todo. (Se quiser observar um exemplo, veja a nossa discussão anterior sobre a essência da poesia).

4. A aplicação precisa se adaptar à situação por trás de cada gênero e o seu propósito frequente, especialmente se ele é comunitário ou individual. Em outras palavras, aplicar textos coletivos para a comunidade cristã e os textos individuais para cada cristão. Cântico dos Cânticos 8:6-7 afirma como o amor é incrivelmente poderoso, indelével, firme e valioso. Alguns leitores podem pensar que essa passagem descreve o amor de Deus pelo seu povo, mas na verdade o seu tema é a força do amor humano. Este tema desafia os leitores individuais a se alegrarem nos prazeres do amor nos bons e nos maus momentos e manter um bom relacionamento com o cônjuge e com os amigos. Quanto aos textos envolvendo líderes (e.g., reis, sacerdotes, profetas etc.), eles são aplicados de forma mais adequada aos líderes da comunidade cristã. Em geral, aconselhamos que o estudante resista à tentação de criar aplicações precipitadas que possam violar o texto e o seu conteúdo.

---

[145] Para entender a sua poesia, veja o nosso capítulo sobre poesia bíblica. Para a relação entre o imaginário poético e a teologia, veja W. P. Brown, *Seeing the Psalms: A Theology of Metaphor* (Louisville: Westminster John Knox, 2002). Para ver como os salmos avaliam e imaginam a vida e a política, veja W. Brueggemann, *Israel's Praise: Doxology Against Idolatry and Ideology* (Philadelphia: Fortress, 1988); e W. Brueggemann, *The Message of the Psalms: A Theological Commentary*, Augsburg Old Testament Studies (Minneapolis: Augsburg, 1984).

INTRODUÇÃO À INTERPRETAÇÃO BÍBLICA

Em vez disso, reflita sobre a Escritura perguntando: "Considerando o contexto, o que esse escritor está tentando dizer"? A resposta a esta pergunta indica ao leitor a direção correta para responder a segunda pergunta: "O que esse texto diz para mim"?

Princípios de Interpretação – Salmos

Os acadêmicos atuais sugerem que podemos ler Salmos como um "livro" real comparável aos outros livros bíblicos, em vez de lê-los como uma miscelânea ou uma coleção quase aleatória. Estruturalmente, eles são compostos pelos livros I a V, dentro dos quais são incorporadas coleções de salmos (e.g., os Cânticos dos Degraus [Sl 120—134]). A tabela da página ao lado traz o panorama do conteúdo do livro, e recomendamos o seu uso ao praticar nossos princípios sugeridos de interpretação.

Livro de Salmos – um panorama[146]

1. Nos casos em que o gênero do salmo e o contexto original histórico são claramente identificáveis (e.g., o Templo, o palácio real, locais ao redor de Jerusalém, o exílio babilônico, o Judá pós-exílico), recomendamos interpretá-lo e aplicá-lo em harmonia com esse contexto.

2. Em todos os outros casos, o estudante deve aceitar o livro dentro do Saltério como o contexto do "mesmo livro" e os salmos que estão próximos como o seu contexto imediato. Use a tabela na página seguinte para definir os temas principais do livro em questão e a era histórica com a qual os seus temas se comparam.

3. Compare-o com os salmos do mesmo gênero, mas dê prioridade aos salmos de outros gêneros literários que possuem temas em comum para o propósito de interpretação. Em nenhum caso o estudante deve supor que os salmos do mesmo gênero tenham o mesmo autor.

4. O uso contemporâneo deve coincidir com o propósito, com a ocasião e com os falantes originais do texto. Então, por exemplo, o estudante deve reservar as canções de casamento para os casamentos e os protestos para os períodos de extrema dificuldade. De forma parecida, os poemas comunitários são usados da melhor forma no culto coletivo ou em pequenos grupos. (É claro que se permite aplicar princípios e lições a indivíduos, como no culto individual, desde que se reconheça a distinção).

---

[146] A tabela se baseia nas informações de deClaissé-Walford, Jacobson e LaNeel Tanner, *Psalms*, p. 26-28, 38, 55-57, 393-399, 581-584, 674, 685-691, 809-811. Mas a integração dos dados foi por nossa parte.

GÊNEROS LITERÁRIOS DO ANTIGO TESTAMENTO

LIVRO	GÊNERO DO PRIMEIRO SALMO	GÊNERO DO ÚLTIMO SALMO	GÊNEROS PRINCIPAIS	ERA HISTÓRICA	SALMOS DE DAVI	TEMAS
Livro I Salmos 1–41	Introdução temática (1) Salmo real (2) (junção)	Cântico de ação de graças	Protestos (59%) Hinos de louvor (20%) Outros (21%)	Reinados de Davi e de Salomão	95%	A Torá de Deus O Rei Ungido de Deus A bondade de Deus versus o sofrimento presente
Livro II Salmos 42–72	Protesto	Salmo real (junção: final doxológico)	Protestos (65%) Hinos de louvor (19%) Outros (16%)	Reinados de Davi e Salomão	58%	Davi: homem de tumulto Davi: homem de fé A celebração do seu reino
Livro III Salmos 73–89	Reflexão real: da fé para a dúvida para uma nova fé	Protesto (salmo real como junção) Final doxológico	Protestos (47%) Hinos de louvor (35%) Outros (18%)	Reino dividido e a sua destruição	6%	Comunidade em crise Ecos do êxodo para a teodiceia da conquista da terra
Livro IV Salmos 90–106	Clamor da comunidade por ajuda	Hino de louvor	Protestos (24%) Hinos de louvor (29%) Outros (47%)	O exílio babilônico	12%	Fé, a reflexão sobre a identidade Deus com Israel em todo lugar O presente como um novo deserto Israel (não o rei) como responsável A esperança via ecos de Moisés e do deserto
Livro V Salmos 107–150	Hino de louvor da comunidade	Hino de louvor: final doxológico	Protestos (23%) Hinos de louvor (52%) Outros (25%) Conclusão temática	O retorno pós-exílico	32%	A reprise de Davi O louvor à soberania de Deus A restauração da fé A Torá como âncora A confiança renovada em Javé

INTRODUÇÃO À INTERPRETAÇÃO BÍBLICA

5. Em contextos públicos, também aconselhamos que os salmos que apresentam vários falantes sejam lidos com o número e com o tipo de pessoas equivalente. Também recomendamos bastante o uso criativo de procissões e rituais que os textos dão a entender como o modo de visualizá-los e, assim, enriquecer o culto de adoração.[147]

6. Os salmos individuais de protesto dizem respeito a situações de sofrimento e devem ser aplicados de forma adequada. Os salmos reais se enquadram melhor aos seus equivalentes atuais: os líderes da comunidade cristã. Pelo menos no início, o estudante deve tomar cuidado para não extrair aplicações devocionais precipitadas em vez de primeiramente reservar mais tempo à reflexão, para pensar seriamente sobre o texto em seu contexto original.

7. Interprete coletivamente qualquer salmo falado à comunidade como um todo (protestos, liturgias, canções comunitárias etc.). Eles expressam as petições e o louvor de Israel como nação, não de um israelita em separado. O seu equivalente nos dias de hoje é a comunidade cristã.

8. Fique avisado de que as palavras "de Davi" provavelmente signifiquem "em honra de Davi" ou "no espírito de Davi" e, portanto, afirmem Davi como o poeta por excelência, mas não que Davi seja o autor de cada salmo que menciona o seu nome. Saiba também que as citações históricas à vida de Davi representam interpretações por escribas posteriores em vez do autor original do salmo.

9. Os "inimigos" aparecem de forma frequente nos salmos, e os seus equivalentes modernos podem ser aqueles que se opõem ao evangelho, as feridas interiores, ou o peso que nos deprime ou questões que adiam o nosso crescimento espiritual.

10. Os cristãos acreditam que Cristo é o novo Davi que cumpre o seu reinado. Por isso, temos que aplicar os salmos reais tipologicamente ao papel monárquico que o NT reconhece em Jesus como o Senhor. Os reis do AT, por esse motivo, servem como tipos que antecipam o reinado do seu maior Descendente. De forma secundária e mais cuidadosa, podemos também aplicar princípios adequados de liderança a partir dos salmos reais para os líderes atuais de igrejas reconhecendo, é bom que se insista, a grande diferença básica entre os monarcas antigos e os líderes de Igreja.

---

[147] Estão disponíveis recursos excelentes para cultivar o uso dos salmos na adoração pessoal e coletiva; e.g., J. D. Witvliet, *The Biblical Psalms in Christian Worship: A Brief Introduction and Guide to Resources*, Calvin Institute of Christian Worship Liturgical Studies (Grand Rapids: Eerdmans, 2007); S. B. Reid, ed., *Psalms and Practice: Worship, Virtue, and Authority* (Collegeville, MN: Liturgical Press, 2001); e N. T. Wright, *The Case for the Psalms: Why They Are Essential* (New York: HarperOne, 2013).

GÊNEROS LITERÁRIOS DO ANTIGO TESTAMENTO

PROFECIA

Nos momentos em que Israel gravemente se desviou para a idolatria, Deus enviou profetas para anunciar os seus planos para o seu povo. Ainda que a sua proclamação geralmente produziu "predição" (i.e., previsões sobre o futuro), a sua atividade principal era a "transmissão" (i.e., anúncios de julgamentos divinos iminentes no presente ou no futuro próximo). Hoje lemos as suas proclamações nos livros dos profetas do AT, o registro escrito de suas palavras e obras, um registro que reflete a grande criatividade retórica e literária tanto dos próprios profetas como dos discípulos que as compilaram.

Por isso, entender os profetas nos exigirá contar tanto com os livros completos que levam os seus nomes, o que chamamos atualmente de sua "forma final", quanto com as passagens individuais de vários gêneros (narrativas e poéticas) que revelam *o que* eles dizem, *como* eles dizem, e *por que* eles dizem desse modo.[148] Precisamos aplicar as descobertas adquiridas nos capítulos anteriores sobre prosa e poesia. O que se segue analisa os gêneros principais da profecia, da maneira que a crítica da forma os define. A nossa abordagem, no entanto, aceita o fato literário que só temos acesso aos profetas por meio dos livros bíblicos que levam os seus nomes no presente, livros que talvez tenham sido editados por outros.[149] Também reconhecemos que, por causa da atividade editorial que se interpõe entre nós e os profetas reais e as suas palavras, nossas interpretações são mais hipotéticas e humildes do que seria o caso se tivéssemos fontes mais diretas (se isso fosse possível).

Mas o fenômeno das referências internas da Bíblia apresentadas no capítulo 2 nos capacita a falar historicamente sobre os profetas e sobre as suas palavras. Ele sugere que eles e as suas proclamações chegaram às nossas Bíblias porque a comunidade israelita tinha reconhecido a sua autoridade há muito tempo. Entre os escribas posteriores, as calamidades de 722 e de 587 a.C. facilmente confirmaram quais profetas acertaram e quais erraram. Então, eles copiaram e redigiram as palavras dos que acertaram, acrescentando de vez em

---

[148] Três introduções recentes à poesia são a obra de H. C. P. Kim e L. Stulman, *You Are My People: An Introduction to Prophetic Literature* (Nashville: Abingdon Press, 2010); P. L. Redditt, *Introduction to the Prophets* (Grand Rapids: Eerdmans, 2008); D. B. Sandy, *Plowshares and Pruning Hooks: Rethinking the Language of Biblical Prophecy and Apocalyptic* (Downers Grove: InterVarsity, 2002). Para a discussão mais profunda das questões interpretativas que se relacionam com os livros proféticos e com as palavras originais dos profetas, veja convenientemente Sweeney, "Prophetic Literature", p. 10-15 e (referente ao gênero "livro") p. 16-18.

[149] Aqui reconhecemos o crédito à crítica retórica e canônica, dois métodos recentes apresentados em nosso capítulo anterior sobre a história da interpretação. A sua contribuição singular é a mudança do destaque da pesquisa recente para os grandes complexos de oráculos em livros proféticos, se não para os próprios livros inteiros.

• 573 •

INTRODUÇÃO À INTERPRETAÇÃO BÍBLICA

quando narrativas biográficas. Este reconhecimento da autoridade é a razão pela qual nossas Bíblias possuem o livro de Jeremias, mas nenhum "livro de Hananias" (Jr 28).

Por isso, mesmo com a complexidade apresentada pelo trabalho editorial posterior, afirmamos que, do mesmo modo que os Evangelhos transmitem a *ipsissima vox* ("a voz real") de Jesus, os livros proféticos transmitem "a voz real" dos profetas. Examinaremos primeiramente, portanto, alguns gêneros proféticos principais, o que Sweeney chama de "fala profética"[150], e depois incorporaremos o gênero "livro profético" em nossos princípios sugeridos de interpretação.

Tipos básicos de profecia

- Profecia de desastre
- Profecia de salvação
- Comissão
- Chamado para ouvir
- Os "ais"
- Cântico fúnebre profético
- Hino
- Liturgia
- Contra nações estrangeiras
- Relato de visão
- Narrativa profética
- Escrito apocalíptico
- Disputa profética

Profecia de desastre

O gênero mais comum entre os profetas é a *profecia de desastre*, um anúncio de um desastre iminente ou futuro tanto para um indivíduo como para uma nação inteira.[151] Tipicamente, a sua estrutura inclui uma indicação da situação, uma expressão de mensageiro ("Assim diz o SENHOR"), e uma previsão de

---

[150] Sweeney, "Prophetic Literature", p. 22. Para a explicação especializada da transição da fala profética para a forma escrita, veja D. V. Edelman e E. Ben Zvi, eds., *The Production of Prophecy: Constructing Prophecy and Prophets in Yehud* (London; Oakville, CT: Equinox, 2009). Dois sites da Web trazem tabelas excelentes dos gêneros da crítica da forma, disponíveis em: <http://biblical-studies.ca/pdfs/Guide_to_Prophetic_Forms.pdf> (um resumo prático da lista de Sweeney) e <http://people.bethel.edu/~pferris/ot103/pdfs/ProphetSpeechChart.pdf>.

[151] Sweeney, "Prophetic Literature", p. 23-24, que prefere o termo "fala profética de juízo" e que distingue (p. 23-25) outros subgêneros de "anúncio profético"; cf. também o estudo clássico de C. Westermann, *Basic Forms of Prophetic Speech* (Louisville: Westminster John Knox, 1991); e a crítica de Westermann em B. T. Arnold, "Forms of Prophetic Speech in the Old Testament: A Summary of Claus Westermann's Contributions", *AsTJ* 27 (1995): p. 30-35, 39.

• 574 •

GÊNEROS LITERÁRIOS DO ANTIGO TESTAMENTO

desastre. A "indicação da situação" afirma os problemas que motivam a mensagem, a previsão detalha o desastre que está por vir, e a expressão do mensageiro autentica a palavra como vinda de Deus.[152] Um "portanto" (heb. *laken*) comumente introduz a seção de predição.

Geralmente, as profecias de desastre têm outros elementos: no início elas podem incluir uma *comissão* profética ("Vá e diga" etc.) e um chamado para ouvir ("Ouçam esta palavra" etc.); elas também podem dar razões para o desastre iniciando com "por causa disso" (heb. *al-asher*) ou "porque" (heb. *ki*). Um oráculo dado por Elias ao rei Acazias e relatado dentro de uma história profética traz um exemplo simples desse gênero:

Comissão profética	Vá encontrar-se com os mensageiros do rei de Samaria e pergunte a eles:
Indicação da situação	"Acaso não há Deus em Israel? Por que vocês vão consultar Baal-Zebube, deus de Ecrom?"
Expressão do mensageiro	Por isso, assim diz o SENHOR:
Predição	"Você não se levantará mais dessa cama e certamente morrerá!" (2Rs 1:3-4; cf. Jr 28:12-14, 15-16; Mq 1:2-7)

Nesse exemplo, a indicação da situação sugere de forma sutil a razão do desastre. Ao consultar Baal-Zebube em vez de Javé, Acazias deu a entender que Israel não tinha deus ou pelo menos que Javé era incapaz de curar a sua ferida. A predição anuncia que Acazias pagaria por esse insulto com a sua vida. Muitas profecias de desastre, no entanto, são estruturalmente mais completas do que esse exemplo simples. Muitas não têm a comissão profética, enquanto muitas têm outros elementos: descrições, comandos para exércitos invasores atacarem, chamado para as vítimas entrarem em luto etc. Além disso, a maior parte das profecias de desastre é mais longa, e a ordem dos seus elementos podem variar muito.

Mesmo assim, o estudante cuidadoso, que conhece os elementos essenciais do estilo, claramente reconhecerá os elementos adicionais e a estrutura diferente. O importante é (a) identificar o desastre que está sendo anunciado e (b) a razão ou razões para ele. Observe, por exemplo, as semelhanças e as variações no exemplo seguinte:

---

[152] A expressão do mensageiro era a frase padrão que identificava a fonte de uma mensagem dada por um mensageiro em nome de alguém (Gn 32:4; Êx 5:10; Jz 11:15; 1Rs 2:30; et al). Ela funcionava de modo parecido com uma assinatura ou selo oficial nos dias de hoje.

INTRODUÇÃO À INTERPRETAÇÃO BÍBLICA

Expressão do mensageiro	Porque assim diz o Senhor JEOVÁ, o Santo de Israel:
Indicação da situação	"Em vos converterdes e em repousardes, estaria a vossa salvação; no sossego e na confiança, estaria a vossa força, mas não a quisestes."
Predição	Mas dizeis: "Não; antes, sobre cavalos fugiremos"; portanto, fugireis; e: "Sobre cavalos ligeiros cavalgaremos"; por isso, os vossos perseguidores serão ligeiros.
	Mil homens fugirão ao grito de um e, ao grito de cinco, todos vós fugireis, até que sejais deixados como o mastro no cume do monte e como a bandeira no outeiro. (Is 30:15-17, *Almeida Corrigida*)

De forma diferente do exemplo anterior, aqui a indicação da situação vem entre a expressão do mensageiro e a predição. Além disso, compare a repetição da palavra "portanto" com o seu uso uma única vez no primeiro exemplo. Observe também como o profeta cita as afirmações daqueles a quem aborda e os repreende através da sua proclamação. Novamente, a chave é encontrar a predição e as indicações da situação, e observar outros elementos significativos.

Profecia de salvação

Os profetas também anunciavam a restauração para indivíduos e nações. Portanto, a profecia de desastre tinha um equivalente positivo: anunciar esperança para o futuro. Na estrutura, a *profecia de salvação* se parece com a profecia de desastre, mas o seu conteúdo é positivo na mesma medida que a outra é negativa.[153] A narrativa profética em Jeremias 28 traz um exemplo simples dessa forma expressa pelo profeta Hananias (ainda que ele tenha demonstrado ser um falso profeta, ele seguiu a forma antiga típica).

Expressão do mensageiro	Assim diz o SENHOR dos Exércitos, Deus de Israel:
Predição: afirmação básica	"Quebrarei o jugo do rei da Babilônia.
Ampliação	"Em dois anos trarei de volta a este lugar todos os utensílios do templo do SENHOR que Nabucodonosor, rei da Babilônia, tirou daqui e levou para a Babilônia. Também trarei de volta para este lugar Joaquim, filho de Jeoaquim, rei de Judá, e todos os exilados de Judá que foram para a Babilônia", diz o SENHOR,
Reafirmação enfática	"pois quebrarei o jugo do rei da Babilônia" (Jr 28:2-4; cf. Is 2:1-5; Am 9:11-15 etc.)

---

[153] Sweeney, "Prophetic Literature", p. 25-27 ("profecia de salvação") com vários subgêneros. Cf. o estudo clássico desse gênero por C. Westermann, *Prophetic Oracles of Salvation in the Old Testament*, trad. K. Crim (Louisville: Westminster John Knox, 1991) e a avaliação de Westermann em Arnold, "Forms of Prophetic Speech", p. 35-39.

GÊNEROS LITERÁRIOS DO ANTIGO TESTAMENTO

Como foi indicado, a estrutura remete exatamente à profecia de desastre. De forma parecida, a profecia de salvação pode incluir elementos adicionais, pode ser ampliada para uma grande extensão, e pode apresentar uma ordem variável de elementos. Como acontecia com o equivalente negativo, o objetivo básico é identificar a esperança futura que é anunciada, nesse caso, o retorno do rei de Judá e dos utensílios do templo que tinham ido para a Babilônia.

Ais

Os profetas também anunciavam a perdição por meio de *ais*.[154] A sua característica distintiva era a interjeição inicial "Ai daquele(s) que" seguida de particípios descrevendo os seus destinatários. A descrição envolve as más ações que os fizeram dignos do ai. O ai conclui-se com uma predição de punição divina, geralmente sem a expressão introdutória do mensageiro: "portanto, assim diz o Senhor."

A interjeição inicial desse gênero (heb. *Hôy*, "ai!") e a descrição levantou a questão sobre onde ela se originou na sociedade israelita. Os profetas a inventaram ou tomaram-na emprestada de alguma forma preexistente? Provavelmente, o ai representa a adaptação dos profetas do lamento funeral antigo.[155] Mas esses ais são mais do que um lamento comum pelos mortos. Na verdade, eles se parecem com o lamento por uma vítima de assassinato que condena os assassinos por essa atrocidade. Se esse for o caso, tem que se ouvir os ais como expressões de ira profética diante do comportamento pecaminoso que eles condenam. No exemplo seguinte de ai, observe a interjeição inicial, a descrição dos destinatários condenados e dos seus crimes, e o desastre predito (tradução nossa):

---

[154] Sweeney, "Prophetic Literature", p. 28 (com bibliografia); Westermann, *Basic Forms*, p. 190-194. Cf. W. A. M. Beuken, "Woe to Powers in Israel That Vie to Replace YHWH's Rule on Mount Zion! Isaiah Chapters 28-31 from the Perspective of Isaiah Chapters 24-27", em *Isaiah in Context: Studies in Honour of Arie van der Kooij on the Occasion of His Sixty-Fifth Birthday*, ed. M. N. van der Meer, et al., VTSup 138 (Leiden; Boston: Brill, 2010), p. 25-43. O estudo clássico continua sendo W. Janzen, *Mourning Cry and Woe Oracle*, BZAW 125 (Berlin: deGruyter, 1972). Para observar exemplos, veja Amós 5:18-20; 6:1-7; Isaías 5:8-10, 11-14, 18-19, 20, 21, 22-25; 10:1-3; 28:1-4; 29:1-4, 15; 30:1-5; 31:1-5.

[155] Janzen, *Mourning Cry*; G. M. Tucker, "Prophecy and the Prophetic Literature", em Knight e Tucker, *Hebrew Bible*, p. 340; contra Westermann, *Basic Forms*, p. 194-199 (os ais são derivados de maldições contra inimigos); E. Gerstenberger, "The Woe-Oracles of the Prophets", *JBL* 81 (1962): p. 249-263; e J. W. Whedbee, *Isaiah and Wisdom* (Nashville: Abingdon, 1971), p. 80-110, que defendem que o ai era o equivalente negativo da bem-aventurança ("Feliz aquele que..."). cf. E. Gerstenberger, "The Woe-Oracles of the Prophets", *JBL* 81 (1962): p. 249-263; e J. W. Whedbee, *Isaiah and Wisdom* (Nashville: Abingdon, 1971), p. 80-110.

• 577 •

INTRODUÇÃO À INTERPRETAÇÃO BÍBLICA

Declaração do ai	Ai daqueles que planejam perversidade, e más ações em suas camas!
Explicação: ofensas Afirmações básicas	Quando o sol nasce, eles o executam, porque está em seu alcance.
Ampliação	Cobiçam terrenos e se apoderam deles; cobiçam casas e as tomam. Fazem violência ao homem e à sua família; a ele e aos seus herdeiros.
Expressão de mensageiro	Portanto, assim diz o Senhor:
Predição	"Estou planejando contra essa gente uma desgraça, da qual vocês não poderão tirar o pescoço. Vocês não vão mais andar com arrogância, pois será tempo de desgraça. Naquele dia vocês serão ridicularizados; zombarão de vocês com esta triste canção: 'Estamos totalmente arruinados; O Senhor altera a herança do meu povo. Como ele a tira de mim! Entrega a invasores as nossas terras'. Portanto, vocês não estarão na assembleia do Senhor para a divisão da terra por sorteio" (Mq 2:1-5).

Segundo esse cenário cultural possível, o "ai" inicial pode dar a entender que Miqueias está em luto pelo povo que ele tem em mente. Mas sua forte acusação de seus esquemas gananciosos tira rapidamente qualquer impressão de solidariedade. Na verdade, de acordo com a sua predição, o oposto está reservado depois da desgraça acontecer: as pessoas "estarão de luto" por eles, mas os ridicularizando, fingindo lamentos como um alegre gracejo cuja mensagem real é "Já vai tarde!." O efeito do gênero literário é ressaltar o juízo como "caso encerrado" e (por meio do sarcasmo) desencorajar qualquer sentimento de pena por parte dos destinatários.

Cântico fúnebre profético

Em termos semelhantes, os profetas de vez em quando recitavam um lamento ou *cântico fúnebre* profético sobre Israel (para saber mais sobre esta forma literária, consulte o capítulo anterior sobre poesia).[156] Eles se dirigiam à nação como se ela fosse um cadáver pronto para o enterro. Em outras palavras, o efeito literário de usar o cântico fúnebre aqui é retratar o seu futuro terrível como fato consumado. Amós traz um exemplo dessas passagens fortes:

---

[156] Cf. Sweeney, "Prophetic Literature", p. 518-519.

GÊNEROS LITERÁRIOS DO ANTIGO TESTAMENTO

Chamado para ouvir	Ouça esta palavra, ó nação de Israel, este lamento acerca de vocês:
O cântico fúnebre	Caída para nunca mais se levantar, está a virgem Israel. Abandonada em sua própria terra, não há quem a levante.
Expressão do mensageiro	Assim diz o Soberano, o Senhor:
Predição	"A cidade que mandar mil para o exército ficará com cem; e a que mandar cem ficará com dez" (Am 5:1-3; cf. Is 14:4-23; Ez 19; 26:17-18; 27)

Amós vê Israel como uma cena trágica, uma virgem que morre sem se casar e sozinha. A predição diz que as forças que defendem Israel serão vitimadas em noventa por cento. Através do cântico fúnebre, Amós fala como se isto já tivesse acontecido. Que maneira poderosa de anunciar a certeza e o horror da iminente queda nacional de Israel!

Hino profético

De vez em quando, os profetas usavam gêneros inspirados nas práticas de culto israelitas. Exemplos de *hinos* aparecem de vez em quando nos livros proféticos (para saber mais sobre eles, veja acima no gênero poesia. Para conhecer os hinos no livro de Jó, veja abaixo).[157] Os pequenos exemplos que se seguem ilustram como o livro de Amós inclui hinos que exaltam a Javé:

> Aquele que forma os montes,
>   cria o vento
> e revela os seus pensamentos ao homem,
> aquele que transforma
>   a alvorada em trevas,
>   e pisa as montanhas da terra;
> Senhor, Deus dos Exércitos,
>   é o seu nome.
> (Am 4:13; cf. 5:8-9; 9:5-6)

Amós terminou a seção anterior (v. 6-12) anunciando que Israel devia "se preparar para encontrar o seu Deus" no julgamento (v. 12), já que a nação tinha

---

[157] Alguns preferem o termo "doxologia"; da mesma forma Sweeney, "Prophetic Literature", p. 29, 519, 521; cf. R. W. Byargeon, "The Doxologies of Amos: A Study of Their Structure and Theology", *The Theological Educator* 52 (1995): p. 47-56; e o estudo clássico de J. L. Crenshaw, *Hymnic Affirmations of Divine Justice: The Doxologies of Amos and Related Texts in the Old Testament*, SBLDS 24 (Missoula, MT: Scholars Press, 1975).

• 579 •

INTRODUÇÃO À INTERPRETAÇÃO BÍBLICA

feito vista grossa para os esforços anteriores de Javé para confrontá-la. Os versos do hino citados acima trazem a proclamação num culminante floreado retórico, pintando um quadro dramático da majestade de Javé para ressaltar a certeza do julgamento.[158]

Por outro lado, Isaías compôs hinos mais longos para ilustrar o cântico de louvor que Israel cantaria quando Javé finalmente trouxesse de volta os seus cativos:

Introdução:	Naquele dia vocês dirão:
Hino:	"Louvem o SENHOR, invoquem o seu nome; anunciem entre as nações os seus feitos, e façam-nas saber que o seu nome é exaltado.
	Cantem louvores ao Senhor, pois ele tem feito coisas gloriosas, sejam elas conhecidas em todo o mundo.
	Gritem bem alto e cantem de alegria, habitantes de Sião, pois grande é o Santo de Israel no meio de vocês" (Is 12:4-6; cf. v. 1-3; 25:1-8, 9-12; 26:1-19; 42:10-13; 49:13)

Ao citar um hino de louvor a ser cantado no retorno do exílio, o profeta não somente encontra palavras dignas de seu assunto divino encantador, mas também se baseia na grande alegria à qual os seus ouvintes associariam com esses cânticos. Em resumo, depois de um exílio sombrio, aquele será o dia de cantar!

Liturgia profética

Os profetas também usavam vários tipos de *liturgia* como parte de sua mensagem (para entender o que é liturgia, veja acima na seção poesia).[159] Como foi observado anteriormente, a liturgia é um texto usado no culto, no qual dois ou mais falantes participam responsivamente. A passagem de Isaías 63:7—64:12 contém uma liturgia longa e triste que pede a Javé a que finalmente acabe com a sua furiosa punição contra Israel no exílio. Ela envolve dois interlocutores: o profeta recordando os grandes feitos de Javé no passado (63:7-14) e o protesto comunitário rogando a misericórdia de Deus (63:15—64:12).

---

[158] Como Carroll R. destaca (*Contexts for Amos*, p. 206-221), a ironia desse "encontro" iminente com Javé, o impressionante Criador, é que Israel o tinha buscado para encontrá-lo e receber a sua bênção nos santuários do reino do Norte (v. 4-5), mas evitou encontrá-lo em meio à série de desastres (v. 6-11).

[159] Cf. Isaías 12; Joel 1—2; Habacuque; e Naum. Sweeney, "Prophetic Literature", p. 29-30, observa que os profetas "emprega gêneros litúrgicos padronizados" e que as liturgias proféticas "aparentemente refletem o cenário dos cultos nos quais a literatura profética foi anunciada e possivelmente escrita"; cf. S. Mowinckel, *The Psalms in Israel's Worship*, 2 vols., trad. D. R. Ap-Thomas, Biblical Resources Series (Grand Rapids: Eerdmans; Dearborn: Dove Booksellers, 2004 [reimpr.]), 2:53-73 ("The Prophetic Word in the Psalms and the Prophetic Psalms").

• 580 •

GÊNEROS LITERÁRIOS DO ANTIGO TESTAMENTO

Um segundo exemplo de protesto comunitário se encontra em Jeremias 14, em uma terrível época de seca nacional. Num cenário de protesto comunitário, o texto dá uma volta inesperada. Normalmente, quando Israel orava pedindo ajuda durante catástrofes nacionais semelhantes, ela esperava que Javé respondesse de forma positiva, geralmente através de um profeta, com uma profecia de salvação. Nos trechos seguintes, observe o protesto de Israel e o modo que Deus o responde:

Introdução	Esta é a palavra que o SENHOR dirigiu a Jeremias acerca da seca:
Descrição	"Judá pranteia, as suas cidades estão definhando e os seus habitantes se lamentam, prostrados no chão! O grito de Jerusalém sobe. Os nobres mandam os seus servos à procura de água; eles vão às cisternas mas nada encontram..."
Protesto	Embora os nossos pecados nos acusem, age por amor do teu nome, ó SENHOR!... Tu estás em nosso meio, ó SENHOR, e pertencemos a ti; não nos abandones!
Expressão do mensageiro	Assim diz o SENHOR acerca desse povo:
Mensagem	"Eles gostam muito de vaguear; não controlam os pés. Por isso o SENHOR não os aceita; agora ele se lembrará da iniquidade deles e os castigará por causa dos seus pecados" (Jr 14:1-3, 7, 9, 10, 19-22; cf. Jl 1-2)

Existem duas coisas para destacar aqui. Primeiro, observe a resposta de Javé: ele se negou terminantemente a conceder o pedido de alívio a Israel. A nação esperava uma profecia de salvação, mas, em vez disso, recebeu uma profecia de desastre. A quebra da expectativa tem o efeito literário de intensificar o choque (e o horror) da resposta de Deus. Em segundo lugar, de forma diferente de Isaías 63—64, aqui a liturgia e a resposta divina servem como uma profecia de desastre. Elas funcionam como uma proclamação ("a palavra do SENHOR") sobre a seca, que permanecerá como punição a Israel.

Este exemplo reforça um princípio que explicamos antes quanto à interpretação de um gênero: tem que se interpretar tanto o que ele diz por si mesmo quanto como ele funciona no contexto. Aqui a liturgia e o responso dizem que

• 581 •

INTRODUÇÃO À INTERPRETAÇÃO BÍBLICA

Israel orou e que Javé respondeu. Iniciada pela expressão "esta é a palavra do SENHOR", ela *funciona* como uma profecia de desastre.

O livro de Habacuque traz outra variedade de liturgia, o "diálogo de protesto" (para entender o protesto, veja a seção Poesia na p. 559). Como cenário, os especialistas acreditam que normalmente Deus respondia o protesto com a profecia de salvação prometendo socorro na aflição. Essa mesma estrutura de protesto e resposta está presente na seção inicial de Habacuque (1:2—2:4) com duas diferenças importantes.

Os protestos dos Salmos apresentam um único protesto sem nenhuma resposta registrada da parte de Javé, mas Habacuque tem dois protestos (1:2-4; 1:12—2:1) e uma resposta registrada para cada um (1:5-11; 2:2-4). Por esta razão, chamamos esse subgênero de diálogo de protesto.[160] Jeremias também dirigiu protestos a Deus, no seu caso, reagindo à perseguição por sua pregação. As "confissões de Jeremias" registram os seus clamores intensamente pessoais por proteção dos inimigos e defesa do seu ministério profético. Como Habacuque, ele recebeu respostas divinas diretas a seus protestos (Jr 11:18-23; 12:1-6; 15:10-11, 15-21).[161]

Disputa profética

De vez em quando, os profetas empregavam uma forma retórica chamada de *disputa* (ou debate) que aparentemente surgiu na tradição dos sábios de Israel (para a sua importância no livro de Jó, veja mais adiante). Em uma disputa, o falante tenta persuadir os seus ouvintes a aceitar a validade de alguma verdade, às vezes de forma "racional e justificada, às vezes de forma apaixonada ou zangada, ou em uma combinação das duas formas."[162] O seu propósito é facilitar a discussão da questão a partir de duas ou mais perspectivas. Nas disputas que

---

[160] Cf. Sweeney, "Prophetic Literature", p. 30. A dificuldade interpretativa sobre se a resposta termina em 2:4 ou 2:5 não afeta o nosso propósito aqui.

[161] Para outras "confissões" sem respostas divinas, veja Jeremias 17:14-18; 18:18-23; 20:7-13; cf. o lamento em 20:14-18 e o seu gênero equivalente em Jó capítulo 3. Para a discussão recente sobre as "confissões", veja C. Bultmann, "A Prophet in Desperation? The Confessions of Jeremiah", em *The Elusive Prophet: The Prophet as a Historical Person, Literary Character and Anonymous Artist*, ed. J. C. de Moor, OtSt 45 (Leiden: Brill, 2001), p. 83-93; O'Connor, *The Confessions of Jeremiah*. Cf. as teses recentes sobre o tópico em E. K. Holt e C. J. Sharp, eds., *Jeremiah Invented: Constructions and Deconstructions of Jeremiah*, LHBOTS 595 (London e New York: Bloomsbury T&T Clark, 2015), p. 63-91.

[162] Cf. T. Longman III, "Disputation", *DOTWPW*, p. 108-112 (a citação na página 108). O estudo fundamental permanence sendo a obra de A. Graffy, *A Prophet Confronts his People*, AnBib 104 (Roma: Biblical Institute Press, 1984); mas cf. também D. F. Murray, "The Rhetoric of Disputation: Re-examination of a Prophetic Genre", *JSOT* 38 (1987): p. 95-121. Sweeney ("Prophetic Literature", p. 28, 519) traz o resumo e a lista de textos convenientes.

GÊNEROS LITERÁRIOS DO ANTIGO TESTAMENTO

chegam a alguma resolução (e elas não precisam ser resolvidas sempre), o gênero serve para confirmar essa conclusão como superior às outras que foram apresentadas. As disputas proféticas típicas se constituem de três partes: a afirmação da tese em disputa, a afirmação da contratese proposta, e os argumentos reais a seu favor. As disputas têm um papel importante no livro de Jó e abrangem a maior parte do livro de Malaquias, mas o profeta Amós traz um exemplo adequado e curto:

Série de perguntas	Duas pessoas andarão juntas se não estiverem de acordo? O leão ruge na floresta se não apanhou presa alguma?... Cai o pássaro numa armadilha que não foi armada? Será que a armadilha se desarma se nada foi apanhado? Quando a trombeta toca na cidade, o povo não treme? Ocorre alguma desgraça na cidade sem que o Senhor a tenha mandado?
Conclusão	Certamente o Senhor, o Soberano, não faz coisa alguma sem revelar o seu plano aos seus servos, os profetas.
Lição	O leão rugiu, quem não temerá? O Senhor, o Soberano, falou, quem não profetizará? (Am 3:3-4a, 5a, 6-8; cf. 9:7)

Este exemplo destaca várias características que distinguem a disputa de uma profecia de desastre. Primeiramente, aqui o próprio profeta fala como um israelita, não na primeira pessoa como a voz direta de Javé. Em segundo lugar, o falante não anuncia uma revelação nova; ele simplesmente defende uma tese, nesse caso, de que nada acontece sem uma causa. Em terceiro lugar, as disputas usam comumente perguntas retóricas que cativam os ouvintes e terminam com uma lição.[163]

---

[163] Para disputas em Jó e nos seus equivalentes do antigo Oriente Médio, cf. Longman III, *DOTWPW*, p. 108-112. Para examinar outras disputas, veja Isaías 10:8-11; 28:23-28; Jeremias 2:23-28; 3:1-5; 8:1, 8-9; Miqueias 2:6-11; e a maior parte do livro de Malaquias. Para a exposição esclarecedora da disputa em Isaías 28, veja Whedbee, *Isaiah and Wisdom*, p. 51-68. Para a disputa em Naum, veja M. A. Sweeney, "Concerning the Structure and Generic Character of the Book of Nahum", *ZAW* 104 (1992): p. 364-377.

• 583 •

INTRODUÇÃO À INTERPRETAÇÃO BÍBLICA

Nesse caso, Amós traz os seus ouvintes à discussão com três perguntas iniciais e inofensivas sobre a vida diária com a mesma resposta óbvia ("É claro que não!"). Mas as duas perguntas que se seguem pedem uma resposta afirmativa ("É claro!"). Agora despertados e ansiosos, os ouvintes recebem a lição: "Eu [Amós] profetizo porque ouvi a voz de julgamento de Deus."[164] Com a sua culpa e a sua cegueira espiritual expostas, Israel tem que confrontar as consequências horríveis diante do Deus santo de Israel no restante do livro de Amós.

Profecias contra nações

Muitos livros proféticos têm coleções longas de *profecias contra nações*.[165] Tecnicamente, elas não se constituem em um gênero literário distinto, mas empregam vários tipos de gênero. Entre elas, se destaca o "oráculo de guerra", um gênero que provavelmente remete à tradição antiga de Israel da guerra santa por meio da qual a nação visava amaldiçoar os seus inimigos.[166] Essa tradição ensinava que Javé, o guerreiro divino, saía em batalha para derrotar os seus inimigos (e de Israel) (Êx 15:3; Nm 10:35; Js 10:42 etc.). Originalmente, Deus dava aos líderes militares a permissão para as suas operações e os assegurava da vitória através de um oráculo de guerra. Por exemplo, em 1Reis 20:28 Deus falou com Acabe durante um ataque arameu contra Israel:

---

[164] Literariamente, a metáfora do leão que ruge conecta a disputa com 1:2 e 3:12, e dessa forma destaca a sua importância para a mensagem. Carroll R. (*Contexts for Amos*, p. 182-192) discute outras características literárias.

[165] Veja Am 1-2; Is 13—21, 23, 34; Jr 46—51; Ez 25—32, 35, 38—39; Jl 3:1-16; Obadias; et al. Para estudos recentes, veja E. K. Holt, H. C. P. Kim, e A. Mein, eds., *Concerning The Nations: Essays on the Oracles against the Nations in Isaiah, Jeremiah and Ezekiel*, LHBOTS 612 (London: Bloomsbury, 2015); para o estudo comparativo, cf. C. B. Hays, *Hidden Riches: A Sourcebook for the Comparative Study of the Hebrew Bible and the Ancient Near East* (Louisville: Westminster John Knox, 2014), p. 257-264; L. Lanner, *"Who Will Lament Her?" The Feminine and the Fantastic in the Book of Nahum*, LHBOTS 434 (New York: T&T Clark, 2006); D. H. Ryou, *Zephaniah's Oracles against the Nations*, BibInt 13 (Leiden: Brill, 1995).

[166] Cf. Deuteronômio 20:1-4; 1Reis 22; D. L. Christensen, *Prophecy and War in Ancient Israel: Studies in the Oracles Against the Nations*, Bibal Monograph Series 3 (Sheffield: Sheffield Academic, 1989), p. 18-72, 281; Sweeney, "Prophetic Literature", p. 26-27. Essa tradição ensinava que Javé, o guerreiro divino, entrava na batalha para derrotar os seus inimigos (e de Israel) [Êx 15:3; Nm 10:35; Js 10:42; etc.]. Além disso, os oráculos de guerra incluem os seguintes subgêneros: convocação à batalha, à fuga, ao luto, maldições de batalha, proclamação de derrota e vitória, e canções de provocação (cf. Christensen, *Prophecy and War*, p. 15). T. Longman, III e D. G. Reid, *God Is a Warrior* (Grand Rapids: Zondervan, 1995), analisam de forma conveniente a tradição bíblica de Javé envolvido na guerra.

• 584 •

GÊNEROS LITERÁRIOS DO ANTIGO TESTAMENTO

Assim diz o SENHOR: 'Como os arameus pensam que o SENHOR é um deus das montanhas e não um deus dos vales, eu entregarei esse exército enorme nas suas mãos, e vocês saberão que eu sou o SENHOR'.

Os profetas, no entanto, colocam os oráculos de guerra como profecias de desastre contra nações estrangeiras. O seu propósito duplo é anunciar a derrota do inimigo e reafirmar a Israel que Deus cuida da sua segurança. Depois de observar a presença de motivos de oráculo de guerra em um texto, o estudante tem que avaliar como o profeta o está utilizando.

Por exemplo, o oráculo de guerra em Zacarias 9:1-8 anuncia a derrota para os inimigos históricos de Israel. Em seguida, o profeta descreve a destruição terrível de Damasco, Tiro e das cidades filisteias (v. 1-7). Ele conclui, no entanto, com uma promessa que diz respeito a Jerusalém (v. 8):

Defenderei a minha casa contra os invasores.
Nunca mais um opressor passará por cima do meu povo,
porque agora eu vejo isso com os meus próprios olhos.

A derrota dos seus inimigos liberta Jerusalém das ameaças, e a promessa de proteção da parte de Deus garantia a sua segurança. Aqui a função do oráculo de guerra é reafirmar a Jerusalém um futuro seguro. Isto, por sua vez, dá base para a profecia seguinte (v. 9-13) sobre a vinda de um grande rei. Ela acaba funcionando, no entanto, para apoiar o apelo para o retorno dos exilados de Judá (v.12). Em resumo, o oráculo de guerra confirma para eles que uma paz concedida por Deus tomou o lugar do passado violento de Jerusalém, de modo que eles podem voltar para casa sem medo.[167]

Relato de visão profética

Os profetas do AT também eram conhecidos como "videntes", provavelmente porque eles às vezes tinham visões (1Sm 9:9; Am 1:1; 7:12; Mq 3:6-7; Nm 23–24). Por isso, alguns livros proféticos incluem *relatos de visão profética*.[168] Esses são relatos autobiográficos de coisas que o profeta viu ou ouviu durante uma visão que transmite a mensagem de Deus. As características seguintes

---

[167] Para obter um efeito retórico, os profetas de vez em quando recorrem a esse gênero contra Israel e Judá, endereçando-se a eles entre as nações condenadas (veja Am 1—2; Is 13—23).

[168] Sweeney, "Prophetic Literature", p. 18-19; cf. B. O. Long, *1 Kings*, 263-264. Para estudos profundos recentes, veja L.-S. Tiemeyer, *Zechariah and His Visions: An Exegetical Study of Zechariah's Vision Report*, LHBOTS 626 (London e New York: Bloomsbury T&T Clark, 2015); e E. R. Hayes e L.-S. Tiemeyer, eds., *I Lifted My Eyes and Saw': Reading Dream and Vision Reports in the Hebrew Bible*, LHBOTS 584 (London e New York: Bloomsbury T&T Clark, 2014).

INTRODUÇÃO À INTERPRETAÇÃO BÍBLICA

fazem desse gênero facilmente reconhecível: as palavras "ver" ou "fez ver" (heb. *raah*, qal e hifal, respectivamente) e a frase "e eis que" (*wehinnêh*) seguidas de uma descrição da visão.

Baseados nas variações de conteúdo e de estilo, podemos distinguir três tipos de visão. A "visão-oráculo" apresenta um diálogo de perguntas e respostas entre Javé e o profeta sobre algo que o profeta vê que traz a oportunidade para um oráculo. Por exemplo, a visão de Jeremias de duas cestas de figos: uma com figos bons e a outra com figos ruins, é a ocasião para Deus distinguir os destinos futuros bons e ruins, respectivamente, dos israelitas exilados na Babilônia e daqueles que sobreviveram em Jerusalém. (Jr 24; cf. 1:11-14; Gn 15; Am 7:7-8; 8:1-2; Zc 5:1-4). A "visão de palavra dramática" descreve uma cena no céu que prediz um acontecimento futuro na terra que o profeta supostamente deve anunciar. Ele se parece muito com os relatos de vocação (veja posteriormente sobre eles) de Isaías (Is 6) e Ezequiel (Ez 1—3).

Por exemplo, o Senhor mostrou para Amós os gafanhotos e o desastre ardente que ele estava preparando para o julgamento iminente de Israel (Am 7:1-6; cf. 1Rs 22:17-22; Jr 38:21-22). Na "visão reveladora de mistério", um guia angelical conversa com o profeta sobre as imagens simbólicas pouco convencionais que ele vê. O propósito da conversa é revelar os segredos guardados sobre os planos futuros de Deus. Dessa maneira, Zacarias conversou com um anjo sobre a sua visão de um homem com um cordel de medir e ficou sabendo sobre os planos de reconstrução de Jerusalém (Zc 2:1-4; cf. 4:1-6; Dn 8; 10—12).

Narrativas proféticas

Dois tipos de literatura narrativa aparecem comumente nos livros proféticos. Os mais conhecidos, os relatos de vocação narram a experiência pessoal pela qual Deus chamou e comissionou alguém como profeta. (Is 6; Jr 1; Ez 1-3; cf. Am 7:14-15; Os 1:2).[169] Estruturalmente, eles partilham das mesmas características: um encontro com Deus, uma comissão, uma objeção da parte do profeta, a confirmação de Deus, e um sinal. Esse gênero pode ter sido derivado da exigência antiga para embaixadores e mensageiros de apresentar as suas credenciais para a parte a quem eram enviados (veja Gn 24:35-48).

---

[169] Sweeney, "Prophetic Literature", p. 20 ("relato de vocação"); cf. W. Hsu, "Views of the Person in the Prophetic Books: A Study of Call Narratives", *Taiwan Journal of Theology* 36 (2013): p. 71-93; o estudo ainda básico de B. O. Long, "Prophetic Call Traditions and Reports of Visions", *ZAW* 84 (1972): p. 494-500 e N. Habel, "The Form and Significance of the Call Narratives", *ZAW* 77 (1965): p. 297-323; o "relato de vocação" substitui o termo mais antigo, agora descartado, "narrativas de chamado". A respeito do seu propósito, veja B. O. Long, "Prophetic Authority as Social Reality", em *Canon and Authority: Essays in Old Testament Religion and Theology*, ed. B. O. Long e G. W. Coats (Philadelphia: Fortress, 1977), p. 3-20.

• **586** •

GÊNEROS LITERÁRIOS DO ANTIGO TESTAMENTO

Nos livros proféticos, o relato de vocação serve a um propósito parecido: ele autentica a autoridade do profeta e da mensagem mostrando que Deus, de fato, o tinha enviado. Literariamente, ele também serve para destacar os temas teológicos principais da mensagem do profeta em questão. O AT apresenta dois tipos de relato de visão (Is 6; Ez 1—3; 1Rs 22:19-23). O outro tipo detalha como alguém recebeu pela primeira vez a palavra (Jr 1:4-10; Êx 3—4; Jz 6:11-14).

O segundo gênero narrativo nos livros proféticos é a *instrução* divina *sobre ações simbólicas* que o profeta vai executar.[170] Tipicamente, essas narrativas incluem: um comando para executar uma ação, um relato de como ela foi executada, e a sua interpretação através de uma palavra ou visão profética posterior (2Rs 13:14-19; Os 1:2-9).[171] Um excelente exemplo é o de Jeremias 19. O Senhor o encarregou de pegar um vaso, quebrá-lo diante dos líderes de Jerusalém no vale de Hinom, e proclamar uma mensagem. Essa ação simbolizou o desastre arrasador que Deus enviaria em breve contra a cidade. A visão desses gestos simbólicos sem dúvida perturbaria as suas testemunhas, porque elas consideravam que, como as palavras do profeta, as ações colocavam os planos de Javé em ação (cf. 2Rs 13:14-19).[172] Dentro de um livro profético, eles literariamente ilustram a mensagem principal e lhe acrescentam força retórica.

Princípios gerais para interpretar a profecia do Antigo Testamento

Martinho Lutero disse uma vez sobre os profetas:

---

[170] Veja Os 1, 3; Is 7:3; 8:1-4; 20:1-6; Jr 13:1-11; 16:1-4, 5-7, 8-9; 32:1-15; Zc 11:4-16. Cf. Sweeney, "Prophetic Literature", p. 19-20; K. G. Friebel, *Jeremiah's and Ezekiel's Sign-Acts*, JSOT-Sup 283 (Sheffield: Sheffield Academic, 1999). Cf. os estudos recentes de Ezequiel feitos por J. B. Whitley, "The Literary Expansion of Ezekiel's 'Two Sticks' Sign Act (Ezekiel 37:15-28)", *HTR* 108 (2015): 307-324; e R. Benton, "Narrator, Audience, and The Sign-Acts of Ezekiel 3-5", in *Festschrift in Honor of Professor Paul Nadim Tarazi*, 2 vols., ed. N. Roddy (New York: Peter Lang, 2013), 2:135-140, 162-164.

[171] Há também uma forma mais simples que tem apenas um comando e uma interpretação (Is 8:1-4; Jr 16:2-4) ou um relato e uma interpretação (1Rs 11:29-31; Jr 28:10-11). Para observar exemplos ainda mais simples, veja Isaías 7:3; 20.1-6; 1Reis 19:19-21.

[172] Tucker, "Prophecy and the Prophetic Literature" em Knight and Tucker, *Hebrew Bible*, p. 342; mas cf. W. D. Stacey, *Prophetic Drama in the Old Testament* (London: Epworth, 1990), que defende que esses relatos exemplificam e aprimoram o efeito da mensagem do profeta, mas não causam os acontecimentos; e K. Friebel, "A Hermeneutical Paradigm for Interpreting Prophetic Sign-Acts", *Did* 12 (2001): p. 24-45 (eles envolvem a "comunicação retórica não verbal"). A ação simbólica de Jesus amaldiçoando a figueira sem frutos é parecida com o exemplo de Jeremias 19 (Mc 11:12-14, 20-21 e passagens paralelas).

• 587 •

INTRODUÇÃO À INTERPRETAÇÃO BÍBLICA

Eles têm uma maneira esquisita de falar, como pessoas que, em vez de proceder de forma ordeira, divagam de um assunto para o próximo, de modo que não se pode ter a mínima ideia sobre eles ou enxergar onde eles querem chegar."[173]

Vários aspectos dos livros proféticos provavelmente mistificam e frustram os leitores. Como Rofé observou: "Os leitores se atrapalham pelo que, à primeira vista, parece ser uma desordem dentro dos livros."[174] Eles podem achar difícil definir quando uma mensagem termina e a próxima começa, e os livros criam a impressão de repetir com pouco desenvolvimento temático aparente. Muitas mensagens proféticas também lhes dá a impressão de serem insondáveis. O que se pode entender, eles imaginam, de todas essas criaturas assustadoras voando ou rastejando sobre a terra?[175]

Para se vencer esses obstáculos, um bom ponto de partida é entender a natureza da profecia e dos livros proféticos. De forma fundamental, a profecia é um fenômeno bíblico pelo qual Deus transmite mensagens para o seu povo através de falantes ou autores humanos. Supõe-se que Deus tem algo importante que ele quer que as pessoas entendam, que ele quer comunicar, não ofuscar, seja proclamado oralmente por um profeta vivo ou por um livro profético finalizado. Os livros dos profetas não apenas preservaram o seu legado, as suas palavras e obras originais, mas também retoricamente ordenaram as suas mensagens para abordar as gerações posteriores, incluindo a nossa. A leitura cuidadosa dos profetas e a consulta de comentários recentes podem sugerir que os livros têm uma ordem redacional em vez de serem um caos.

Por isso, para compreender a importância da sua "transmissão" (i.e., anúncios sobre o presente) e a sua "predição" (i.e., anúncios sobre o futuro), o leitor precisa levar em conta as estratégias retóricas que moldaram os livros e os seus

---

[173] Citado por G. von Rad, *Old Testament Theology*, 2 vols. (New York: Harper & Row, 1965), 2: 33, n. 1.

[174] Alexander Rofé, *Introduction to the Prophetic Literature*, BibSem 31 (Sheffield: Sheffield Academic, 1997), p. 7.

[175] Ao mesmo tempo, não são poucos os escritores recentes que correlacionam os acontecimentos da época (especialmente do Oriente Médio) com, por exemplo, o quarto chifre do bode de Daniel (Dn 8) ou o Gogue de Ezequiel (Ez 38—39). Essas identificações, com certeza, desfrutam de uma vantagem singular: quanto mais misterioso é o profeta, menos razão têm os leitores modernos de disputar os pontos de vista do intérprete! Mas até agora todas estas descrições têm se provado falsas em algum aspecto, o que deve nos alertar contra imitá-los ou lhes dar muita atenção.

• 588 •

GÊNEROS LITERÁRIOS DO ANTIGO TESTAMENTO

conteúdos. O que se segue sugere alguns princípios para ajudar os leitores a apreciar os benefícios espirituais da rica celebração da profecia do AT.[176]

Interpretando a "transmissão" profética

Para defender a sua própria pregação, Jeremias lembrou ao seu rival, Hananias, de que todos os profetas que o precederam anunciaram a perdição iminente em vez de esperança, como ele fez. (Jr 28:8-9). Em outras palavras, a maior parte da profecia envolve transmissão: mensagens para o público de um profeta sobre a sua própria época ou um futuro bem próximo. Para entender essas mensagens, sugerimos as seguintes considerações interpretativas:[177]

Primeiro, o leitor tem que entender a situação histórica dentro da qual um determinado profeta falou. Precisa-se rever os acontecimentos e a situação da vida religiosa de Israel durante a época em que ele viveu consultando um livro sobre a história de Israel.[178] Além da avaliação do período, esses livros também indicam ao leitor textos bíblicos importantes para serem lidos. Na revisão histórica, as questões importantes para se responder incluem:

---

[176] Alguns especialistas têm sugerido que alguns livros proféticos (e.g., Isaías) foram compilados originalmente para serem lidos em voz alta para os ouvintes como um tipo de "apresentação oral." Os estudantes fariam bem em manter esse cenário possível no pensamento enquanto os interpretam. Para a análise profunda sobre a retórica profética, veja J. R. Lundbom, *The Hebrew Prophets: An Introduction* (Minneapolis: Fortress, 2010), 165-207. Cf. C. J. Sharp, *Irony and Meaning in the Hebrew Bible*, ISBL (Bloomington: Indiana University Press, 2009); M. E. Shields, *Circumscribing the Prostitute: the Rhetoric of Intertexuality, Metaphor and Gender in Jeremiah 3.1-4.4*, JSOT 387 (London e New York: T&T Clark International, 2004); K. Möller, *A Prophet in Debate: The Rhetoric of Persuasion in the Book of Amos*, JSOTSup 372 (Sheffield e New York: Sheffield Academic, 2003); Z. Weisman, *Political Satire in the Bible*, SBLDS 32 (Atlanta: Scholars, 1998).

[177] Cf. as orientações úteis para interpretações em T. C. Butler, "Announcements of Judgment", em Sandy e Giese, *Cracking Codes*, p. 166-168, e a sua ilustração no breve estudo de Jeremias 8 (p. 168-173). Cf. também A. Chalmers, *Interpreting the Prophets: Reading, Understanding and Preaching from the Worlds of the Prophets* (Downers Grove: IVP Academic, 2015), p. 145-162 (para a pregação); e T. E. Fretheim, "Interpreting the Prophets and Issues of Social Justice", em *The Bible and the American Future*, ed. R. L. Jewett, et al. (Eugene, OR: Cascade, 2009), p. 92-107.

[178] Recursos excelentes para história incluem I. Provan, V. P. Long e T. Longman, III, *A Biblical History of Israel*, 2ª ed., (Louisville: Westminster John Knox, 2015); e J. Bright, *A History of Israel*, 4ª ed. (Louisville: Westminster, John Knox, 2000). Para o panorama dos períodos principais, veja Chalmers, *Interpreting the Prophets*, 34-66. Para a religião de Israel, veja R. S. Hess, *Israelite Religions: An Archaeological and Biblical Survey* (Grand Rapids: Baker Academic, 2007). Veja a bibliografia no final para mais recursos.

INTRODUÇÃO À INTERPRETAÇÃO BÍBLICA

- Quais eram as relações de Israel com as nações vizinhas na época?
- Qual era a situação da economia, e quem estava se beneficiando ou não dela?
- Qual era a qualidade da vida religiosa de Israel?

Este passo é essencial em dois aspectos: primeiro, ele define o cenário para a interpretação dos textos proféticos; e, em segundo lugar, ele traz a base histórica para a aplicação contemporânea (veja um pouco adiante).

A segunda consideração é a de que o leitor precisa definir o tipo de julgamento anunciado por um texto profético. Por exemplo, o imediatismo e a urgência dessa mensagem com certeza encheram os ouvintes de Jeremias de medo:

> Ergam o sinal indicando Sião.
> Fujam sem demora em busca de abrigo!
> Porque do norte eu estou
>   trazendo desgraça,
> uma grande destruição (Jr 4:6).

A sua proclamação se refere à vinda de uma invasão militar terrível, e é importante identificar o exército (se possível) que o profeta menciona (nesse caso, provavelmente Babilônia). Mas outras profecias anunciam o exílio futuro da terra de Israel (e.g., Is 5:13; Am 4:2-3; 5:27; Mq 1:16) e calamidades naturais horríveis como a lista de julgamentos anteriores enviados por Javé em Am 4:6-10 ilustra (i.e., fome, seca, praga e mofo nas colheitas, e a praga dos gafanhotos).

Normalmente, o marcador sintático "portanto" (heb. *laken*) introduz descrições de julgamento como uma seção distinta mais para o fim de uma proclamação (e.g., Am 2:13-16; Is 5:5-6; Jr 7:12-15), mas eles podem aparecer antes (e.g., Am 4:2-3, 12-13). A consideração do meio, natural e histórico, pelo qual Deus enviou o julgamento no passado confronta o leitor com a realidade teológica de que Deus trata o pecado do seu povo com seriedade mortal, e às vezes Deus o julga por isso.

Em terceiro lugar, o leitor deve prestar bastante atenção às razões dadas para a proclamação do julgamento. Geralmente, palavras como "porque" e "já que" marcam gramaticalmente o que se segue como uma declaração da razão de Deus para as suas ações, e essas declarações podem preceder as mensagens, segui-las, ou estar no meio delas. Considere a explicação do profeta pré-exílico Oseias sobre a acusação de Javé contra Israel:

• 590 •

GÊNEROS LITERÁRIOS DO ANTIGO TESTAMENTO

A fidelidade e o amor
desapareceram dessa terra,
como também o conhecimento de Deus.
Só se veem maldição, mentira
e assassinatos,
roubo e mais roubo,
adultério e mais adultério;
ultrapassam todos os limites!
E o derramamento de sangue
é constante. (Os 4:1b-2)

Essa descrição, que cita de forma explícita as violações de pelo menos três dos Dez Mandamentos (cf. Êx 20:13-15; Dt 5:17-19), contextualmente serve para acusar os sacerdotes de omitirem a instrução a Israel sobre o que Javé espera (Os 4:4-8). As declarações que explicam os motivos para o julgamento podem aparecer em uma seção distinta (e.g., Am 2:6-12), estar no meio de uma passagem (e.g., Os 4:6-8), ou aparecer em uma abordagem direta ou em descrições sem os marcadores explícitos mencionados acima (e.g., Am 4:1; Mq 3:2-3). Se não forem baseadas em leis específicas do AT, as razões para o julgamento se baseiam em padrões de conduta esperados profundamente arraigados na aliança de Israel com Javé. A definição cuidadosa das razões dentro da estrutura relacional da aliança é importante porque forma a base da aplicação da passagem à vida cristã contemporânea. De fato, às vezes as razões parecem tão dolorosamente contemporâneas que os leitores podem desejar *não* entendê-las!

Na aplicação, o princípio da analogia traz a ponte do Israel do passado para os cristãos no presente. Ao definir com cuidado o pecado ou os pecados de Israel, o leitor agora pode buscar analogias para eles na vida moderna. Para usar o exemplo acima de Oseias 4, pode-se perguntar de que maneiras os cristãos contemporâneos "não mostram fidelidade, nem amor, nem conhecimento de Deus" (v.1b). De que maneira amaldiçoar, mentir, matar, roubar e derramar sangue tipificam nossa vida e como podemos mudar nossos caminhos?[179]

Contudo, duas palavras de advertência precisam ser mencionadas. Primeiro, já que Israel era uma nação, é tentador aplicar as mensagens dos profetas às situações das nações modernas. Já que os profetas refletem o que Deus valoriza e odeia, com certeza é viável alguma aplicação desses valores para as nações em geral. Mas, de forma diferente das outras nações, Israel era especificamente

---

[179] Butler ("Announcements of Judgment", p. 167) explica de forma correta que as proclamações de juízo do AT não devem ser usadas como "suborno" para beneficiar determinado pregador ou congregação, nem devem de forma alguma limitar a liberdade de Deus de julgar ou não de acordo com a sua própria vontade.

INTRODUÇÃO À INTERPRETAÇÃO BÍBLICA

um povo sob uma aliança, compromissado em um relacionamento com Deus que envolvia um estilo de vida alinhado com a sua vontade. Por isso, para os cristãos a aplicação mais adequada dos profetas não é para as nações modernas, mas para o povo moderno da aliança, a Igreja cristã, um povo coletivo e espiritual compromissado com o Deus de Israel através de Cristo e envolvido em um estilo de vida que agrada a Deus. Se a conduta da aliança orientava Israel, para os cristãos a conduta do evangelho estabelece o padrão pelo qual se mede o modo que os seus valores, as suas prioridades, e o seu estilo de vida se alinham com a vontade de Deus para eles. Este comportamento os leva a seguir o exemplo pessoal e os ensinamentos de Jesus e também a cultivar o fruto do Espírito.

A segunda advertência é: alguns leitores podem deduzir de forma errada que a profecia do AT de juízo divino deve seguir os seus pecados individuais. Em vez disso, têm que se lembrar de que o juízo divino caiu sobre Israel, não por alguns pecados, mas depois de uma história longa de pecaminosidade, rebelião e resistência ao arrependimento (veja Jr 7:12-15). Por isso, a consequência dos anúncios proféticos de juízo não é que Deus punirá *cada* pecado, mas que ele pode intervir contra um estilo de vida persistente, orgulhoso e pecaminoso (cf. 1Co 11:30 citado anteriormente).

Apesar de serem menos frequentes, a profecia de salvação também era proclamada pelos profetas do AT, primeiramente sobre o retorno do exílio e sobre a restauração da terra depois do juízo.[180] Por exemplo, algumas profecias de salvação falavam de consolo para Israel durante o seu exílio doloroso na Babilônia:

> Por que você reclama, ó Jacó,
>   e por que se queixa, ó Israel:
> "O Senhor não se interessa
>   pela minha situação;
> o meu Deus não considera
>   a minha causa?"
> Será que você não sabe?
>   Nunca ouviu falar?
> O Senhor é o Deus eterno,
>   o Criador de toda a terra [...]
> Ele fortalece o cansado
>   e dá grande vigor ao que está sem forças. (Is 40:27-29)

---

[180] A análise básica dessas profecias continua sendo C. Westermann, *Prophetic Oracles of Salvation in the Old Testament* (Louisville: Westminster John Knox, 1991). Mas cf. também Sweeney, "Prophetic Literature", p. 25-26; W. A. Van Gemeren, "Oracles of Salvation", em Sandy e Giese, *Cracking Codes*, p. 131-155.

GÊNEROS LITERÁRIOS DO ANTIGO TESTAMENTO

Lidando com o medo que os exilados tinham de que Deus os tinha abandonado, o profeta confirma para eles que a força de Deus os sustentará até mesmo no lugar em que eles estão.

Mas a maior parte dos oráculos de salvação proclama a promessa de Deus de que o Israel exilado um dia retornará para casa, como Jeremias 30:10-11a ilustra:

> "Por isso, não tema, Jacó, meu servo!
> Não fique assustado, ó Israel!",
>   declara o SENHOR.
> "Eu o salvarei de um lugar distante,
> e os seus descendentes,
>   da terra do seu exílio.
> Jacó voltará e ficará em paz
>   e em segurança;
> ninguém o inquietará.
> Porque eu estou com você
>   e o salvarei", diz o SENHOR (cf. 24:5-7; 29:10-14; 30:10-11a; 32:1-15).

A mensagem do profeta, dirigindo-se dolorosamente aos exilados com o nome do respeitado antepassado "Jacó", tem dois propósitos: ela conforta o povo de Deus que está desanimado ("não tema") e lhes promete libertação divina do cativeiro e o retorno para casa ("Eu o salvarei", "Jacó voltará").[181] Tanto Isaías 40 quanto Jeremias 30 visam a promover a esperança dos exilados em meio ao desespero até que aconteça o retorno, como aconteceu de fato algumas décadas depois em 538 a.C.

A aplicação dessas mensagens se baseia no princípio da analogia observado acima.[182] O leitor, primeiramente, precisa entender o exílio de Israel: as suas causas, os seus propósitos, os seus acontecimentos, e os seus resultados. Depois ele precisa refletir sobre quais experiências modernas de "exílio" se comparam a ele.

---

[181] Da mesma forma, Van Gemeren, "Oracles", em *Cracking Codes*, p. 153, que observa que, ao chamar Israel de "Jacó", Jeremias traça a origem da promessa nas promessas antigas aos patriarcas (e.g., Gn 35:9-12).

[182] O fato de que o cumprimento histórico dos textos se deu claramente no século VI a.C. permite que os interpretemos nesse sentido espiritual. Mas, como qualquer profecia de salvação, a possibilidade de outro cumprimento posterior permanece em aberto, desde que, este é o ponto principal, as Escrituras posteriores a interpretem dessa maneira ou a apoiem essa interpretação (sobre esse assunto veja mais adiante).

INTRODUÇÃO À INTERPRETAÇÃO BÍBLICA

Por último, a revisão das palavras de incentivo que fazem parte do texto abre o caminho a reflexões sobre a maneira pelas quais essas palavras encorajam a perseverança cristã em nossas experiências de exílio.[183]

Interpretando a "predição" profética

A discussão anterior tratava de mensagens que tanto abordavam Israel no passado ou que tiveram o seu cumprimento na época do AT. As primeiras acusavam o povo de Deus de idolatria rebelde e injustiças cruéis, enquanto as outras lidavam com questões exílicas ou pós-exílicas. Mas considere as consequências de profecias como estas:

Neste monte o SENHOR dos Exércitos
 preparará um farto banquete
 para todos os povos,
um banquete de vinho envelhecido,
com carnes suculentas
 e o melhor vinho.
Neste monte ele destruirá o véu
 que envolve todos os povos,
a cortina que cobre todas as nações;
destruirá a morte para sempre.
O Soberano, o SENHOR,
enxugará as lágrimas
 de todo rosto
e retirará de toda a terra
 a zombaria do seu povo.
Foi o SENHOR quem o disse! (Isaías 25:6-8)

---

[183] Para outros princípios de interpretação, veja Van Gemeren, "Oracles", em *Cracking Codes*, p. 146-152. Como se pode esperar, a "transmissão" dos profetas pós-exílicos lidava com as questões fundamentais de sua época, especialmente a necessidade de se reconstruir o templo em Jerusalém (Ageu e Zacarias, final do séc. VI a.C.) ou de se arrependerem de uma vida religiosa apática (Malaquias, séc. V. a.C.). A sua interpretação aplica a mesma abordagem que foi discutida sobre os períodos pré-exílicos e exílicos. Para uma introdução para os seus livros, o seu cenário, e a sua mensagem, leia de forma conveniente R. J. Coggins, *Haggai, Zechariah, Malachi*, OT Guides (Sheffield: Sheffield Academic, 1996). Para o comentário recente, veja A. R. Petterson, *Haggai, Zechariah & Malachi*, ApOTC 25 (Nottingham: Apollos; Downers Grove: InterVarsity, 2015); C. Le E. M. Meyers, *Haggai, Zechariah 1-8 and Zechariah 9-14*, AB 25B e 25C (Garden City: Doubleday, 1987, 1993); P. L. Redditt, *Haggai, Zechariah, and Malachi*, NCB (Grand Rapids: Eerdmans, 1995).

GÊNEROS LITERÁRIOS DO ANTIGO TESTAMENTO

Eu salvarei o meu rebanho, e elas não mais serão saqueadas. Julgarei entre uma ovelha e outra. Porei sobre elas um pastor, o meu servo Davi, e ele cuidará delas; cuidará delas e será o seu pastor. (Ezequiel 34:22-23)

Isaías 25 anuncia um banquete futuro, não para Israel, mas para "todos os povos"; ele também prevê o fim completo da morte e do sofrimento humano. Ele claramente antecipa acontecimentos que excedem a tudo o que foi visto por Israel durante o período do AT (e na era do NT também!). Ezequiel 34 promete que Davi "pastoreará" e "alimentará" o rebanho de Deus (i.e., fará o papel de rei). Entretanto, o último rei sobrevivente de Israel foi exilado para a Babilônia, onde ele provavelmente morreu (veja 2Reis 24:12, 15; 25:27-30), ainda que os que retornaram do exílio tenham considerado Zorobabel como o enviado para restaurar o reinado davídico.[184] Mesmo se a última alternativa fosse verdadeira, os livros subsequentes do AT mostram pouco interesse sobre o assunto.[185] Se é que houve algum cumprimento, a restauração da monarquia davídica tem que encontrá-lo depois do final do AT. Como, então, interpretamos profecias de "predição" que vão além do período do AT? A resposta simples é que temos que interpretá-las à luz do NT. Sobre esta premissa, os estudantes têm que ter em mente as *características gerais* da profecia bíblica. Primeiramente, os profetas do AT entendiam que a história tem dois períodos principais: o tempo presente e o tempo vindouro, apesar de eles não fazerem uma distinção rigorosa entre os dois. A maior parte das profecias do AT se refere ao tempo presente, mesmo

---

[184] Temos dois asssuntos em questão: primeiro, se as mensagens dadas por Ageu e Zacarias para Zorobabel (e.g., Ag 2:20-23; Zc 4:6-10) o veem como uma figura real; e, em segundo lugar, se na época a população local podia considerar legitimamente como "rei" alguém que o império persa reconhecia pelo título de "governador" (Ag 1:1, 14; 2:2, 21). M. J. Boda, *Zechariah*, NICOT (Grand Rapids: Eerdmans, 2016), p. 408-409, acredita que Zacarias 6 vê Zorobabel como uma figura real que restaurará a monarquia davídica. Para a visão oposta, veja G. Goswell, "The Fate and Future of Zerubbabel in the Prophecy of Haggai", *Bib* 91 (2010): 77-90. Cf. a discussão anterior ainda útil em H. G. M. Williamson, "Exile and After: Historical Study", em *The Face of Old Testament Studies: A Survey of Contemporary Approaches*, ed. D. W. Baker e B. T. Arnold (Grand Rapids: Baker Academic, 1999), p. 253-254.

[185] E.g., G. H. Jones, *1 and 2Chronicles*, OTG (Sheffield: Sheffield Academic, 1993), p. 109 ("não havia rei na comunidade pós-exílica conhecido pelo cronista"). Esdras e Neemias se referem a Davi de forma retrospectiva como patrono do templo e dos seus servidores (Ed 3:10; 8:20; Ne 12:24, 36, 45, 46), registram os seus descendentes (Esdras 8:2), usam o seu nome em sítios geográficos (Ne 3:15, 16; 12:37), mas não dizem nada a respeito de alguma figura real contemporânea. Somente Zacarias 12 considera a presença da "casa de Davi" (mas nunca do "Rei Davi") em Jerusalém quando um ataque internacional futuro acontecer (v. 7, 8, 10, 12; cf. também 13:1; 9:9), mas a data de Zacarias 9-14 é problemática (para uma análise equilibrada, veja Boda, *Zechariah*, p. 23-26; 516-522; cf. Coggins, *Haggai, Zechariah, Malachi*, p. 60-71). É impressionante, contudo, que Zacarias 9—14 exalte somente um rei, Javé (Zc 14:9, 16, 17; cf. Ml 1:14). A menção de Davi em Isaías 55:3 provavelmente não é pós-exílica.

• 595 •

INTRODUÇÃO À INTERPRETAÇÃO BÍBLICA

as que predizem acontecimentos no futuro distante. Mas frases introdutórias como "nos últimos dias", "naquele dia" ou "eis que vêm dias" geralmente apontam para uma profecia sobre o tempo vindouro (e.g., Is 2:2; 11:10, 11; 24:21; Jr 23:5; 31:31; Zc 14:1; etc.). Há exceções a esta regra geral, no entanto (e.g., Jr 30:3; Am 4:2; etc.), então somente o conteúdo de um texto pode definir sobre a qual tempo profético ele se refere.

Em segundo lugar, é útil entender que os profetas do AT têm uma visão telescópica do futuro. As Montanhas Rochosas em Denver, no estado do Colorado, parecem uma série de picos distantes bem próximos, mesmo que na verdade os picos estejam a muitas milhas um do outro. De forma semelhante, os profetas viam o futuro como uma sucessão única de acontecimentos (i.e., a vista de "picos" distantes de Denver), mas o NT mostra que, na verdade, existem grandes períodos entre eles (i.e., a distância entre os "picos" quando são vistos de cima).[186] A passagem de Isaías 9:6-7 (TM 5-6) é um bom exemplo:

> Porque um menino nos nasceu,
>   um filho nos foi dado [...]
> Ele estenderá o seu domínio [...]
> sobre o trono de Davi [...]
> desde agora e para sempre.[187]

Isaías prevê o nascimento de um filho real que reinará no trono de Davi para sempre. O texto supõe que o nascimento e o reino acontecerão durante o tempo de vida do filho, que ele será um sucessor próximo do seu pai. Os cristãos leem "para sempre" como uma pista de que, além de um cumprimento imediato na época de Isaías (cf. caps. 7—8), esse texto antecipa o nascimento e o reino do maior filho de Davi, Jesus Cristo o Messias, aquele cuja vinda inaugura os "últimos tempos." De forma diferente de Isaías, que vê o nascimento e o reinado desse governante davídico de forma telescópica (i.e., próximo cronologicamente em vez de distante), o NT ensina que o tempo presente chamado de Era da Igreja fica entre o nascimento de Cristo e o seu futuro reino terreno.

O sentido é que, devido ao fato de os profetas verem o tempo vindouro de forma telescópica como uma cena completa sem intervalos óbvios entre os detalhes, a nossa tarefa interpretativa é alinhar o conteúdo das profecias do AT

---

[186] G. Fee e D. Stuart, *How to Read the Bible for All Its Worth*, 4ª ed. (Grand Rapids: Zondervan, 2014), trazem uma boa ilustração visual desse conceito telescópico (p. 201).

[187] Com respeito à formula de anunciar um nascimento ("a X nasceu um filho"), veja R. L. Hubbard, "Ruth iv 17: A New Solution", *VT* 38 (1988): p. 295-298; S. B. Parker, "The Birth Announcement", em *Ascribe to the Lord: Biblical and Other Essays in Memory of Peter C. Craigie*, ed. L. Eslinger e G. Taylor, JSOTSup 67 (Sheffield: JSOT, 1988), p. 133-149.

GÊNEROS LITERÁRIOS DO ANTIGO TESTAMENTO

com a perspectiva do NT. De acordo com o NT, a primeira vinda de Jesus deu início ao tempo vindouro já no tempo atual. A obra de Cristo e da Igreja representa uma invasão daquele tempo futuro de julgamento e de salvação no tempo presente.[188] Por isso, temos que interpretar as profecias do AT sobre o tempo vindouro em termos da virada histórica que Jesus iniciou.

Falando de forma mais detalhada, enquanto os profetas do AT viam o tempo vindouro como um todo, o NT o apresenta como tendo várias fases importantes. As opiniões entre os cristãos podem divergir quanto ao número e a definição dessas fases, mas esse tempo tem pelo menos duas fases, o tempo presente da Igreja e o período iniciado pela segunda vinda de Cristo.[189] Por isso, enquanto definimos o cumprimento das profecias do AT para o futuro, temos que analisar com cuidado o seu conteúdo para ver onde ele se encaixa nesse esquema mais amplo.

A terceira característica da profecia bíblica é que a profecia do AT pode ter dois cumprimentos, um próximo ao tempo de vida do profeta e outro bem depois dele.[190]

Sabemos sobre esses *cumprimentos múltiplos* porque o próprio NT reaplica profecias já cumpridas para um acontecimento posterior. Por exemplo, Deus promete a Davi que o seu filho, Salomão, o sucederá como rei (2Sm 7:12-16). No v. 14 Deus até promete a Salomão: "Eu serei o seu pai, e ele será meu filho." Quando Salomão se tornou rei posteriormente (1Rs 1—2), esta profecia teve o seu cumprimento. Mas Hebreus 1:5 também aplica 2Samuel 7:14 a Jesus, não somente como filho de Davi, mas como filho de Deus. A teologia sensata reforça a ideia desses vários cumprimentos, a crença de que Deus governa toda a história humana e pode ter esses dois "filhos."[191]

---

[188] Sobre esse assunto, veja G. E. Ladd, *A Theology of the New Testament*, rev. ed. de D. A. Hagner (Grand Rapids: Eerdmans, 1993), p. 60-67, incluindo vários diagramas úteis (p. 66-67); G. E. Ladd, *The Presence of the Future* (Grand Rapids: Eerdmans, 2000 [1974]). Cf. também N. T. Wright, *Jesus and the Victory of God* (Minneapolis: Fortress, 1996), p. 467-474.

[189] Os chamados pré-milenistas também consideram um terceiro período histórico importante, o reino de mil anos de Cristo (ou milênio) inaugurado pela sua segunda vinda, como parte do tempo vindouro. Para um resumo desse ponto de vista, veja R. G. Clouse, R. N. Hosack e R. V. Pierard, *The New Millennium Manual: A Once and Future Guide* (Grand Rapids: Baker, 1999), p. 46-49.

[190] Na maior parte dos casos, os profetas originais provavelmente não tinham noção de um futuro cumprimento possível, mas usando as citações de Mateus de Isaías, Blomberg defende que o profeta na verdade previu tanto um cumprimento imediato quanto um futuro; cf. C. L. Blomberg, "Interpreting Old Testament Prophetic Literature in Matthew: Double Fulfillment", *TrinJ* 23 (2002): p. 17-33.

[191] O mesmo princípio pode nos ajudar a explicar a aplicação de Mateus (Mt 1:22-23) da profecia de Isaías sobre o nascimento virginal do Emanuel (Is 7:14). Para uma análise sobre o texto de Mateus, veja D. A. Hagner, *Matthew 1-13*, WBC 33A (Dallas: Word, 1993), 1:15-16,

INTRODUÇÃO À INTERPRETAÇÃO BÍBLICA

Em quarto lugar, o ensino do NT associa todos os *cumprimentos proféticos com a primeira e a segunda vindas de Cristo*. Esse ensino nos leva a não esperar cumprimentos entre esses dois acontecimentos. Por isso, não se deve sugerir que algum acontecimento contemporâneo "cumpre a profecia bíblica" a menos que se possa também demonstrar que os acontecimentos da nossa época revelam o retorno iminente de Jesus. Sem essa demonstração, os estudantes da Bíblia devem tratar esses supostos cumprimentos como especulações, não como interpretação bíblica, já que até agora eles demostraram estar errados, apesar de terem sido proclamados com vigor.

Por último, tem que se lembrar que *muitas profecias são condicionais, não absolutas.*[192] Queremos dizer com isso que o seu cumprimento se baseia em dois fatores fundamentais: a soberania de Deus (i.e., a sua liberdade de fazer ou não do modo que ele quiser) e a situação do relacionamento entre as pessoas e Deus (i.e., a sua rebelião ou o seu arrependimento). Em Jeremias 18, Deus articulou o princípio que está por trás de todos os seus tratamentos proféticos:

> Se em algum momento eu decretar que uma nação ou um reino seja arrancado, despedaçado e arruinado, e se essa nação que eu adverti converter-se da sua perversidade, então eu me arrependerei e não trarei sobre ela a desgraça que eu tinha planejado. E, se noutra ocasião eu decretar que uma nação ou um reino seja edificado e plantado, e se ele fizer o que eu reprovo e não me obedecer, então me arrependerei do bem que eu pretendia fazer em favor dele. (v. 7-10)

Deus diz que uma nação má pode escapar do juízo já anunciado contra ela arrependendo-se de forma sincera, e que, ao se rebelar, uma nação que já teve uma bênção anunciada pode receber em vez disso o juízo.

A situação de Jerusalém nos tempos de Jeremias ilustra o segundo cenário (i.e., da bênção para o juízo). Jeremias anunciou a condição de sobrevivência da cidade, o arrependimento (Jr 26:1-6; cf. 7:1-15; 36:1-7), mas Jerusalém rejeitou a oferta, e Deus destruiu a capital duas décadas depois (Jr 52). O destino de Jonas e da cidade de Nínive ilustram o primeiro cenário (i.e., de juízo para a bênção). A mensagem de Jonas pareceu direta e incondicional: "Mais quarenta dias e Nínive será subvertida" (Jn 3:4). Mas os quarenta dias vieram sem que a destruição caísse sobre a cidade porque as pessoas se arrependeram e receberam

---

20-22; e C. L. Blomberg, *Matthew*, NAC 22 (Nashville: Broadman Press, 1992), 59-61. Para consultar o texto de Isaías, veja convenientemente J. N. Oswalt, *The Book of Isaiah, Chapters 1-39*, NICOT (Grand Rapids: Eerdmans, 1986), p. 207-213.

[192] Cf. a discussão útil em Sandy, *Plowshares and Pruning Hooks*, p. 43-47; e J. B. Green, *How to Read Prophecy* (Downers Grove: InterVarsity, 1984), p. 100-103.

GÊNEROS LITERÁRIOS DO ANTIGO TESTAMENTO

a misericórdia de Deus (3:5-10). Nos dois casos, ainda que tenha anunciado os seus planos, Deus exerceu a sua soberania alterando-os por causa da situação do relacionamento com os seres humanos em questão.[193]

Várias formas de cumprimento

A partir da discussão acima, não se admira que a profecia tenha cumprimento de várias formas.[194] Como defenderemos adiante, esse padrão mais amplo nos traz opções úteis de aplicação para a nossa interpretação da profecia.

1. Como podemos esperar, algumas profecias comumente têm um cumprimento histórico nos acontecimentos futuros. Podemos também chamar isto de cumprimento literal. Em alguns casos, o cumprimento acontece pouco tempo depois. Por exemplo, Eliseu predisse que, mesmo sem suprimentos de fora por causa de um cerco sírio, Samaria teria comida barata no dia seguinte (2Rs 7:1-2; cf. 19:20-36). Outras profecias têm o seu cumprimento dentro do seu respectivo período bíblico. Por isso, um profeta anônimo predisse que Josias profanaria o altar idólatra em Betel (1Rs 13:1-3) e, trezentos anos depois, ele fez isso (2Rs 23:15-16).

    De forma parecida, Jesus predisse com sucesso a sua própria morte (Mt 16:21; 27) e a destruição de Jerusalém (Lc 19:41-44).[195] Então, também, algumas profecias do AT encontram o cumprimento histórico no período do NT. Assim, a pregação de João Batista preparou o caminho para Jesus, da maneira que Isaías tinha dito (Is 40:3-5; Lc 3:3-6), e Jesus anunciou que o seu ministério cumpria a missão messiânica prevista por Isaías (Is 61:1-2; Lc 4:16-21).[196]

2. Ao mesmo tempo, a estrutura retórica de alguns livros proféticos do AT reflete o que se pode chamar de *cumprimento frustrado ou suspenso.*

---

[193] De forma parecida, G. V. Smith, "Prophet; Prophecy", *ISBE*, rev. ed., 3: 1002. Green (*How to Read Prophecy*, p. 100-102) até acredita (de forma correta, a nosso ver) que a mesma condição se aplica às promessas a Abraão (Gn 12:1-3; 15; 17).

[194] Cf. Green, *How to Read Prophecy*, p. 83-108.

[195] Aqui supomos como muitos especialistas que os Evangelhos sinóticos foram escritos provavelmente antes do ano 70 (ainda que no caso de Mateus, não muito tempo antes) e, portanto, registram profecias preditivas genuínas. Para mais materiais de defesa, entre outros, temos D. A. Carson e D. J. Moo, *An Introduction to the New Testament*, 2ª ed. (Grand Rapids: Zondervan, 2005), p. 152-156, 179-182, 207-210. Para um ponto de vista evangélico alternativo, veja P. J. Achtemeier, J. B. Green, e M. M. Thompson, *Introducing the New Testament* (Grand Rapids: Eerdmans, 2001), p. 69-74.

[196] Cf. também Miqueias 5:2 e Mt 2:4-b.

• **599** •

INTRODUÇÃO À INTERPRETAÇÃO BÍBLICA

Em outras palavras, a sua forma atual leva os leitores através de uma série de cumprimentos surpreendentes e incompletos que, no final, apontam de forma retórica para um cumprimento além da própria perspectiva histórica do livro. Os livros de Isaías e Amós que temos hoje exemplificam esta estratégia retórica, atribuindo a mensagem profética original para destinatários bem posteriores.[197] Por exemplo, os livros associados com os dois profetas do século VIII claramente se referem a acontecimentos posteriores. Isaías se refere a Ciro, o Persa, pelo nome (559-530 a.C.; Is 44:28; 45:1, 13; cf. Ed 1—4), ao templo destruído de Jerusalém em retrospecto (587 a.C.; 47:6), e ao exílio babilônico como uma realidade presente (587-538 a.C.; 42:18-25; 43:14; 48:20; 49:21). De forma parecida, Amós 9:14-15 supõe que Israel esteja no exílio no momento e promete o seu retorno (portanto, antes de 538 a.C.). Com respeito à predição sobre a restauração da monarquia davídica, veja adiante e no texto de Amós 9:11-12.

3. O NT também indica que as profecias do AT podem chegar a um cumprimento histórico de maneiras singulares, além do literal. Elas podem, por exemplo, encontrar um *cumprimento histórico/figurativo.* A partir da nossa discussão anterior sobre a tipologia, reflita sobre a aplicação de Jesus da passagem de Zacarias 13:7 ("Fira o pastor e as ovelhas se dispersarão") na fuga dos seus discípulos após a sua prisão (Mt 26:31). De acordo com Zacarias (Zc 13:7-9), Deus julgaria Israel severamente matando tanto o pastor (o seu líder) quanto as suas ovelhas dispersas(o povo de Israel). Dois terços dele morrerão, mas Deus refinará a terceira parte restante e fará uma aliança com eles (v. 9). Obviamente, para Jesus, isto não exige um cumprimento histórico preciso. Admitimos que se pode com razão considerar Jesus como pastor (cf. Jo 10), e pode-se até dizer que Deus o "julgou." O problema é que, segundo Zacarias, Deus julgou o pastor pelos seus próprios pecados, enquanto Jesus, completamente sem pecado, sofreu o juízo de Deus pelo pecado do mundo (cf. Gl 3:13; 1Pe 2:24-25). Além disso, quando os discípulos se espalharam, Deus não matou oito deles e abençoou os quatro remanescentes. Por isso, Zacarias 13:7 aparentemente encontrou o seu cumprimento historicamente na morte de Jesus e na fuga dos discípulos, mas apenas no sentido figurado.

---

[197] Para a análise mais profunda de Isaías, veja D. G. Firth e H. G. M. Williamson, eds., *Interpreting Isaiah: Issues and Approaches* (Downers Grove: IVP Academic 2009); e para Isaías e Amós, veja M. D. Carroll R., "The Power of the Future in the Present: Eschatology and Ethics in O'Donovan and Beyond", em *A Royal Priesthood: The Use of the Bible Ethically and Politically,* ed. C. Bartholomew, A. Wolters, e J. Chaplin (Grand Rapids: Zondervan, 2002), p. 116-143.

• **600** •

GÊNEROS LITERÁRIOS DO ANTIGO TESTAMENTO

4. Outras profecias do AT chegam ao que chamamos cumprimento *histórico/espiritual*. Por exemplo, Amós 9:11-12 profetizou sobre a restauração da monarquia davídica e o seu governo sobre Edom e sobre outras nações que terminou por volta de 560 a.C. (2Rs 25:27-30). O contexto não dá razão para o leitor para esperar nada além de um cumprimento histórico, mas, em Atos 15:16-17, Tiago diz que o cumprimento de Amós 9 é o acesso de crentes não judeus para a companhia dos seguidores de Jesus.[198] Ele faz isso interpretando a predição de Amós do governo político futuro como representando o governo espiritual de Jesus sobre os cristãos não judeus. Em resumo, Tiago vê a profecia cumprida de uma forma histórica/espiritual, histórica no sentido que aconteceu na história para o povo de Deus e espiritual no sentido que também envolve os gentios.[199]

5. Algumas profecias do AT recebem cumprimentos *inesperados/históricos* no NT.[200] Elas podem receber um novo sentido no tempo e o seu cumprimento pode envolver uma surpresa, algo que vai além da profecia original. O próprio Jesus exemplifica de forma excelente esse elemento surpresa. Apesar de alguns intérpretes pré-cristãos importantes

---

[198] Para os problemas textuais, veja as notas de rodapé da Bíblia NVI e as discussões abrangentes em C. K. Barrett, *A Critical and Exegetical Commentary on Acts of the Apostles*, ICC, 2 vols. (Edimburgo: T & T Clark, 1998), 2:724-729. Para a discussão recente sobre o texto de Amós, veja J. Jeremias, *The Book of Amos: A Commentary*, OTL (Louisville: Westminster John Knox, 1998), p. 161-170.

[199] De forma semelhante, já que a história do AT não registra o cumprimento da profecia de Jeremias sobre a nova aliança (Jr 31:31-34), pode-se esperar o seu cumprimento nos últimos dias. Mas Hebreus interpreta de forma correta o seu cumprimento na Igreja e selado pela morte expiatória de Jesus (veja 8:8-12; 10:15-17; cf. 1Co 11:25), i.e., um cumprimento histórico/espiritual. A partir de Romanos 11 pode-se defender que profecias como Amós 9 e Jeremias 31 ainda podem ter um cumprimento futuro *histórico* envolvendo Israel, mas insistimos que o NT parece supor que essas profecias já foram cumpridas através de Cristo e da Igreja, sendo a última um povo singular composto de judeus e gentios (cf. Is 19:19-25; Rm 2:28-29; Gl 6:16; Ef 2:11-16; 1Pe 2:9-10). Por outro lado, Romanos 11:11-32 realmente prediz o futuro Israel enxertado novamente na oliveira, a nosso ver, um derramamento futuro de fé sobre a nação de Israel como um todo. Os contatos de Paulo com os judeus tanto na Palestina quanto na diáspora às margens do Mediterrâneo sugerem que o "Israel" que ele tem em mente está provavelmente disperso de forma semelhante, em vez de estar preso a um lugar geográfico específico. Sendo assim, nada em Romanos 11 apoia a suposição de que "Israel" tenha direitos únicos a uma geografia em particular; cf. C. E. B. Cranfield, *A Critical and Exegetical Commentary on the Epistle to the Romans*, 2 vols., ICC 32 (Edimburgo: T & T Clark, 1980-1983), 2:576-579. Para um ponto de vista parecido que deixa aberta a possibilidade de cumprimentos futuros, veja D. L. Bock, "The Reign of the Lord Christ", em *Dispensationalism, Israel and the Church: The Search for Definition*, ed. C. A. Blaising e D. L. Bock (Grand Rapids: Zondervan, 1992), p. 36-67.

[200] Green, *How to Read Prophecy*, p. 103-105.

INTRODUÇÃO À INTERPRETAÇÃO BÍBLICA

terem entendido o Servo Sofredor de Isaías 52—53 como se referindo a uma figura escatológica, a rejeição das predições de Jesus quanto à sua morte por parte dos discípulos (e.g., Mc 8:27-33) sugere que a maioria dos contemporâneos judeus de Jesus provavelmente não criam assim. Portanto, a profecia do AT não os preparou para a sua crucificação.[201] Eles esperavam um Messias conquistador (cf. Is 9; 11), não um sofredor. Então eles tropeçaram na cruz de Cristo; criada para ser uma ponte, se tornou uma barreira para a sua fé (1Co 1:23).[202] Será que isto quer dizer que Deus é imprevisível? Não! Existe continuidade suficiente entre a profecia original e o seu cumprimento inesperado para que os leitores possam reconhecer a sua conexão, como fizeram os discípulos depois da Páscoa com relação à crucificação. Em vez disso, essas surpresas sugerem que Deus tem o direito de superar as expectativas de suas palavras antigas à luz de uma nova situação histórica e em harmonia com os seus propósitos redentores para com sua criação.

Stephen Travis dá um exemplo humano útil desse princípio. Ele compara Deus a um pai amoroso que, sabendo das expectativas de seus filhos, se alegra em superá-las. Uma garotinha pode esperar uma boneca para o Natal, mas se a boneca que ela ganhar andar, falar, chorar e aparentemente urinar, isso vai superar em muito as suas expectativas. Ela ganha o que quer, uma boneca nova, então a continuidade liga as suas expectativas ao cumprimento. Ela não se sente enganada

---

[201] Para provas convincentes de que alguns escritos pré-cristãos interpretavam o servo de Isaías 53 como uma figura escatológica sofredora, veja Martin Hengel com Daniel P. Bailey, "The Effective History of Isaiah 53 in the Pre-Christian Period", em *The Suffering Servant: Isaiah 53 in Jewish and Christian Sources*, ed. B Janowski e P. Stuhlmacher (Grand Rapids: Eerdmans, 2004), p. 75-145. Sobre o fato de que a ideia remete a ideias judaicas de martírio do justo, veja C. A. Evans, "Messianism", em *Dictionary of New Testament Background*, ed. C. A. Evans e S. E. Porter (Downers Grove: InterVarsity, 2000), p. 700; e R. L. Hubbard, Jr., "Redemption", em *New Dictionary of Biblical Theology*, ed. T. D. Alexander e B. Rosner (Leicester: InterVarsity, 2000), p. 719, 720.

[202] De forma semelhante, no NT a promessa do AT de terra para Abraão recebe um novo sentido. Para os cristãos, a terra prometida não é a Palestina terrena, mas "uma pátria melhor, uma celestial" (Hb 11:16; cf. v. 8-15). Sendo assim, parece um bom momento para rever as abordagens evangélicas sobre a terra prometida nos dias de hoje. Cf. as teses estimulantes em S. J. Munayer e L. Loden, eds., *The Land Cries Out: Theology of the Land in the Israeli-Palestinian Context* (Eugene, OR: Cascade, 2012); G. M. Burge, *Whose Land? Whose Promise?: What Christians Are Not Being Told about Israel and the Palestinians*, ed. rev. (Cleveland: Pilgrim Press, 2013); e C. Chapman, *Whose Promised Land?: The Continuing Crisis over Israel and Palestine* (Grand Rapids: Baker Books, 2002).

GÊNEROS LITERÁRIOS DO ANTIGO TESTAMENTO

pela diferença entre elas, mas sim alegremente surpresa.[203] Da mesma forma, o cumprimento que Deus dá a algumas profecias pode superar as expectativas que o seu povo guarda quanto a elas. Uma consequência importante vem desse exemplo, nem sempre observada em publicações populares: os leitores têm que interpretar a profecia preditiva sem serem tão categóricos, em vez de fazê-lo de forma dogmática. Não devemos lidar com a profecia como se fosse um script feito para Deus por outra pessoa, do qual ele não possa se desviar. Como Deus soberano, Deus tem a liberdade de trazer o cumprimento ou o não cumprimento das profecias do AT da forma que ele quiser. Isto não implica em Deus ser imprevisível, como se mudasse de ideia de forma arbitrária porque ele "quer" assim. Com certeza, os propósitos soberanos de Deus não mudam, e podemos esperar que ele siga muito do desígnio profético. Ainda consideramos as profecias que envolvem os marcos mais importantes do plano de Deus para a história (e.g., a volta de Cristo, o triunfo final de Deus sobre os seus inimigos, e a criação de novos céus e uma nova terra) como incondicionais e, portanto, incapazes de serem afetadas por qualquer apostasia cristã. A sua base reside de forma sólida na vontade soberana, imutável e mais ampla para a sua criação, não sobre uma sucessão exata de acontecimentos rumo à sua realização.

Então, como o apóstolo Paulo escreveu, vivemos "por fé, não por vista" (2Co 5:7). Com uma confiança completa, os cristãos podem corretamente aguardar a vinda futura desses grandes acontecimentos. Mas, como ele fez no passado, ele pode se agradar de trazer alguns detalhes inesperados, de modo que os estudantes da Bíblia devem interpretar a Bíblia em hipóteses em vez de serem dogmáticos. O nosso Deus é um Deus de surpresas, e ele deve ainda ter algumas por fazer!

A essa altura, alguns leitores podem imaginar como os escritores do NT podem interpretar profecias aparentemente literais do AT de forma tão fora da literalidade (nos exemplos 2 a 5 acima). A nosso ver, eles têm um pressuposto teológico que também estrutura a maneira que os leitores devem interpretar a profecia nos dias de hoje. De forma simples, os escritores do NT acreditavam que Jesus Cristo e a Igreja cristã representam o cumprimento da missão dada por Deus a Israel na história.

---

[203] S. H. Travis, *I Believe in the Second Coming of Jesus* (Grand Rapids: Eerdmans, 1982), p. 140.

INTRODUÇÃO À INTERPRETAÇÃO BÍBLICA

Os escritores do NT consideram Jesus o novo Davi (cf. Is 11:1-5; Jr 23:5-6) e a Igreja como o novo Israel. Eles não negam que Israel ainda exista, nem dizem que ele não tem um futuro profético (e.g., Rm 10:1-4; 11). Mas eles continuam convencidos de que Jesus e a Igreja, com membros judeus e gentios, cumprem as esperanças proféticas e, portanto, constituem o povo eleito de Deus (veja Ef 1—2).[204] Isso explica por que o seu termo para Igreja é *ekklēsia* ("assembleia"), a mesma palavra que a Septuaginta usava para descrever Israel como uma comunidade espiritual.[205] Isto também explica por que Paulo chamava os crentes de todas as procedências étnicas como filhos de Abraão (Rm 4:11-12; Gl 3:6-9).

6. Por último, algumas profecias do AT e do NT permanecem *sem cumprimento*. A nosso ver, elas dizem respeito à segunda vinda de Cristo e aos acontecimentos dos fins dos tempos. O mundo, por exemplo, ainda espera pelo estado idílico de perfeita harmonia que Isaías previu. As nações ainda não desistiram da guerra (Is 2:4), e os cordeiros ainda sabiamente evitam se deitar perto de lobos (11:6). Não acreditamos que estas profecias foram cumpridas "espiritualmente" na Igreja. Os cristãos ainda têm que ouvir a voz do arcanjo e a trombeta sinalizando a volta de Cristo (1Ts 4:13-18), e eles ainda aguardam as grandes bodas do Cordeiro (Ap 19:1-11). A nosso ver, a presença e o ministério da Igreja não representam de forma suficiente a diversidade das profecias dadas a Israel segundo o AT. Com certeza, algumas são cumpridas espiritualmente na Igreja, mas outras parecem ligadas de forma mais concreta e étnica ao Israel histórico e físico. Por isso, a história aguarda o dia quando as pessoas do Israel étnico receberão a misericórdia de Deus e a realização completa de todas as suas esperanças antigas (Rm 11). As profecias não cumpridas trazem grandes expectativas para os cristãos: para tomar emprestado uma frase de Jeremias, "um futuro com esperança" (Jr 29:11; cf. Rm 15:4).

---

[204] Para a perspectiva do verdadeiro povo eleito de Deus, veja W. W. Klein, *The New Chosen People: A Corporate View of Election,* ed. rev e exp. (Eugene, OR: Wipf & Stock, 2016). Paulo entendia a Igreja como corpo de Cristo (e.g., Ef 4:12; 1Co 10:16; 12:27).

[205] Para mais detalhes sobre esta palavra importante, veja J. Roloff, *"ekklēsia"*, *EDNT*, 1: 410-415; e K. L. Schmidt, *"ἐκκλησία"*, *DTNT*, 3:501-536; cf. o seu cenário do Antigo Testamento em G. Carpenter, *"qāhāl"*, *NIDOTTE*, 3: 888-892. Uma análise excelente sobre o tema das conexões do cristianismo com o judaísmo antigo é a obra de M. R. Wilson, *Our Father Abraham: Jewish Roots of the Christian Faith* (Grand Rapids: Eerdmans, 1989). Cf. também B. D. Chilton e J. Neusner, *Classical Christianity and Rabbinic Judaism: Comparing Theologies* (Grand Rapids: Baker Academic, 2004).

GÊNEROS LITERÁRIOS DO ANTIGO TESTAMENTO

Princípios específicos de interpretação — Profecia

Em resumo, sugerimos vários princípios básicos para a interpretação adequada da profecia:

1. O melhor ponto de partida para a interpretação é ler um livro profético inteiro de uma só vez. Isto parece muito, principalmente para os profetas maiores, mas é a melhor maneira de conhecer o seu conteúdo, especialmente os seus temas principais, e começar a sentir a sua estratégia retórica geral. Por exemplo, uma leitura cuidadosa de Isaías pode revelar a importância das visões do profeta (Is 2:1-4; capítulos 6—39) e os chamados para os leitores posteriores para reagir de forma prática (2:5) ou encontrar incentivo por meio delas (caps. 40—66). Pode-se também notar que a metáfora da vinha, um símbolo de Israel, é recorrente (e.g., 1:8; 3:14; 5:1-7; 27:2-6) e pode sugerir referências possíveis do NT (e.g., Jo 15).

2. Depois dessas leituras (ou durante leituras subsequentes), é um bom hábito escrever as observações (com referências). Observe os temas recorrentes do livro, as metáforas principais, o propósito ou os indicadores da intenção provável, os possíveis destinatários, e a estratégia retórica geral. A pergunta principal é: Por que o livro se desenvolve dessa maneira? O estudo mais aprofundado pode levar a melhorar ou completar essas observações, mas elas são um bom ponto de partida.

3. Depois de alguma reflexão, relacione maneiras pelas quais a visão de mundo do livro possa ser diferente, ou até desafiar o modo que os cristãos veem o mundo hoje em dia. Aqui a pergunta principal é: De que maneiras o livro pode querer transformar, talvez até de forma radical, a nossa visão de mundo nos dias de hoje?

4. À luz do contexto do livro, o leitor pode então voltar a sua atenção a contextos menores (i.e., uma seção de versículos, um capítulo inteiro, ou vários capítulos etc.). Observe *o que* ele diz (i.e., os seus temas), e *como* ele diz (i.e., as suas formas literárias, as suas metáforas, o seu fluxo de pensamento etc.), e o que na maneira de dizer que dá ao conteúdo a sua força retórica. O objetivo final deve ser o de entender o ponto, ou os pontos principais, que cada seção destaca, como elas contribuem para o livro como um todo, e quais transformações elas buscam causar em seus leitores.

5. No que diz respeito aos cumprimentos da profecia, a própria Bíblia é o melhor guia para determinar quais profecias foram cumpridas durante os períodos do AT e do NT, e sugere padrões de interpretação das

• 605 •

INTRODUÇÃO À INTERPRETAÇÃO BÍBLICA

profecias do AT nos dias de hoje. A pergunta é: Entendida a sua natureza, quando mais provavelmente essa profecia foi ou será cumprida: nos períodos do AT ou do NT, ou no futuro?

6. Na maioria dos casos, as profecias do AT sobre Israel e Sião têm o seu cumprimento espiritualmente na Igreja. Mas aquelas que parecem dizer mais respeito à nação física de Israel podem pedir um cumprimento histórico futuro.

7. Ao lidar com um texto apocalíptico altamente simbólico[206], o estudante deve, primeiro, se esforçar para entender o sentido dos seus símbolos principais e, depois, decidir sobre os pontos temáticos mais importantes. Pergunte, por exemplo:

- Que esclarecimento que um símbolo determinado no AT ou na literatura extrabíblica traz para o seu sentido possível nesta profecia?
- Qual é o propósito dessa profecia como um todo (i.e., condenar os construtores de um império, incentivar a perseverança do povo de Deus, avisar sobre a prestação de contas iminente etc.)?
- O que ela diz sobre a natureza de Deus ou sobre o pecado de Israel?

8. Quanto à aplicação, sugerimos que o estudante encontre uma solução na vida moderna que pareça análoga à situação abordada tanto por um livro inteiro quanto pelo menos uma seção dele. Para ser "análoga", pelo menos várias características importantes da situação moderna precisam ser semelhantes com a situação bíblica. Por exemplo, ela deve:

- Tratar com os mesmos tipos de pessoa (e.g., líderes políticos ou religiosos, o povo como um todo, comerciantes, trabalhadores médios, estrangeiros etc.).
- Envolver a mesma questão problemática (e.g., o poder ou a ausência dele, a idolatria, a ganância, indiferença às necessidades das pessoas, falta de fé, egoísmo etc.).

Depois de confirmar a validade de uma analogia proposta, a pergunta a fazer é: O que esta seção profética tem a dizer sobre esta situação análoga? Em outras palavras, se o profeta antigo fosse convidado para pregar na sua Igreja, a partir do que se sabe sobre a sua mensagem, o que acha que ele diria?

---

[206] Para saber mais sobre isso, veja a seção seguinte.

• **606** •

GÊNEROS LITERÁRIOS DO ANTIGO TESTAMENTO

Exemplo de texto profético: Isaías 5:1-7

Uma leitura cuidadosa desse texto de Isaías, geralmente chamado de "Canção da vinha", nos permite aplicar os princípios acima a um exemplo de "transmissão" profética. De maneira sábia, o profeta compõe uma canção de amor (v. 1-2), duas comunicações diretas de Javé (v. 3-6), e a explicação conclusiva do profeta (v.7) para formar uma alegoria judicial (v. 1-7).[207] O esboço do texto teria a seguinte forma:

I. A canção de amor...5:1-6
   A. Introdução do cantor (Isaías) 5:1a
   B. A canção propriamente dita...5:1b-4
     1. O relato: A generosidade de Javé..5:1-2
     2. A interrupção: Javé se dirige aos que o ouvem........................5:3-4
       a. Pedido: "Julguem entre mim e a minha vinha" 5:3
       b. A pergunta dupla: 5:4
         1) "Que mais se poderia fazer por ela?"...............................5:4a
         2) "Por que se produziu uvas azedas?" 5:4b
   C. O pronunciamento de Javé..5:5-6
     1. A declaração: A intenção de agir 5:5a
     2. A lista das ações 5:5b-6
       a. A remoção da cerca (com o resultado) 5:5b1
       b. A derrubada do muro (com o resultado) 5:5b2
       c. "Farei dela um terreno baldio"..5:6a
       d. "Afastarei a chuva" 5:6b
II. A identificação das partes (por Isaías).. 5:7
   A. A vinha e a plantação = Israel e Judá..5:7a
   B. A contrariedade: A colheita de Javé... 5:7b
     1. Derramamento de sangue em vez de justiça...........................5:7b1
     2. Gritos de aflição em vez de retidão.. 5:7b2

Como alegoria, os elementos de sua história simbolizam partes históricas, e o todo serve para provar um princípio; a linguagem do "julgar entre" (heb. *shafat be*; cf. Dt 25:1; Is 2:4) sinaliza o seu assunto judicial.

Retoricamente, o profeta se utiliza do duplo sentido possível da metáfora da vinha: as lembranças sentimentais de uma noiva linda na canção (e.g., Ct 2:15; 4:16-17) e de Israel como vinha pessoal de Javé nas suas abordagens (e.g., Sl 80:8-16). A canção de amor cativa tanto os ouvintes para a habilidade retórica do profeta que eles não podem evitar escutar o proprietário magoado, cuja identidade real Isaías esconde até perto do final (v. 6). Como veremos, Isaías também apresenta um paralelismo e figuras poéticas auditivas para acrescentar poder a suas palavras.

---

[207] Cf. Sweeney, "Prophetic Literature", p. 121-124.

• **607** •

INTRODUÇÃO À INTERPRETAÇÃO BÍBLICA

A canção de amor elogia de forma doce a devoção e a generosidade do proprietário da terra (v. 1-2): a sua escolha de um monte fértil, o seu trabalho ao tirar as pedras, o seu plantio de vinhas escolhidas, a sua construção de uma torre de vigia protetora, a sua escavação esperançosa de um lagar. Mas a canção para de repente depois de relatar a colheita resultante: "uvas bravas" inúteis. Confusos e inquietos, os ouvintes agora escutam o dono da vinha, como que entrando sem permissão, pedindo-lhes que "julguem entre [ele] e a [sua] vinha" (v. 3-4), para decidir que parte é "inocente" e que parte é "culpada" na disputa. A sua primeira pergunta retórica (v. 4) defende a sua inocência, e a sua segunda ("Por que... uvas bravas?") dá a entender que a vinha é culpada.

A essa altura, os ouvintes provavelmente percebem que a vinha metafórica não é uma noiva, mas sim Israel e Judá. Mas antes que eles possam falar algo, o dono, até então não identificado, ainda que eles provavelmente suspeitem que seja Javé, anuncia a sua intenção de tirar a sua proteção, deixando-a vulnerável a possíveis ataques (v. 5). Observe como o paralelismo praticamente sinônimo faz a proclamação soar mais enfática e o dono da vinha mais determinado (v. 5b, tradução nossa): "Eu tirarei a sua cerca, e ela queimará // "Eu derrubarei a sua parede, e ela será pisoteada."

O versículo 6 aplica a poética hebraica com arte para detalhar o cenário futuro (tradução nossa):

Resumo	Eu farei dela um terreno baldio
Ampliação: Um contraste	Não será podada nem capinada
	(mas) espinheiros e ervas daninhas crescerão nela.[208]
Intensificação	Também ordenarei às nuvens
	que não derramem chuva sobre ela.[209]

O profeta acrescenta à perda da proteção do dono contra os forasteiros (v. 5) a ausência de poda (v. 6a), em resumo, abandono total. Agora, os espinheiros e as ervas daninhas podem sobreviver com umidade mínima, mas o v. 6b intensifica a ideia central do "terreno baldio" com um passo final e fatal de abandono: o

---

[208] Observe que o poeta combina a aliteração e assonância tanto para unir os versos individuais quanto para destacar o seu conteúdo contrastante. A assonância na primeira linha (*lo yizzamer welo yeader*), "não será podada nem capinada", brinca com a repetição de *lô* ("não") e os sons "a" e "e", enquanto a aliteração brinca com o "y" inicial e os sons de "r". No seu verso paralelo (*weala shamir washayit* — "mas espinhos e ervas daninhas crescerão") a assonância faz um trocadilho com os sons de "a" da primeira sílaba e os sons de "i" da última sílaba, enquanto a aliteração repete os sons de "sh".

[209] Novamente, observe como o profeta faz um trocadilho nos sons de duas palavras com a raiz hebraica *mtr* ("chover"): *mehamtir* ("[não] fazer que chova") e *matar* ("chova"), em resumo, "não fazer que a chuva chova (Port. caia) sobre ela.".

GÊNEROS LITERÁRIOS DO ANTIGO TESTAMENTO

dono proibirá que a chuva caia sobre ela. Uma vinha de onde não pode brotar nem espinhos nem ervas daninhas está na verdade abandonada! Mais importante que isso, esse verso confirma imediatamente as suspeitas do ouvinte de que o dono é Javé, já que os israelitas sabiam que as nuvens de chuva seguem a sua ordem (e.g., Sl 104:3, 13-15; Zc 10:1). Agora a moral da alegoria fica bem clara: ofendido por suas "uvas bravas", Javé abandonará Israel para que seja destruído.

O próprio Isaías a essa altura traz uma palavra final de explicação (v. 7). Usando o paralelismo sinônimo e o quiasma, ele identifica a vinha ("a vinha... é a nação de Israel" // "e Judá é a plantação agradável de Javé"), então usa para causar um clímax a elipse, jogos de palavras, e dois paralelismos de contraste para distinguir as expectativas de Javé para o seu povo das "uvas bravas" de seu povo (tradução nossa):

Ele [Javé]	esperou	justiça	(*mishpat*),
	Mas veja –	derramamento de sangue	(*mishpáh*)!
		justiça	(*tsedaqáh*),
	Mas veja –	clamor!	(*tseaqá*)

Observe como, mesmo tendo o mesmo significado, o segundo contraste ("justiça"/ "clamor [de aflição]") na verdade segue uma sequência do primeiro ("justiça" / "derramamento de sangue"); a vítima da injustiça reage clamando pela justiça divina e por um resgate. Em resumo, Javé abandonará Israel para ser destruído porque eles preferiram a injustiça (proibida para o povo de Deus) à justiça (exemplificada por Deus e esperada do seu povo).

Com certeza, esse texto relembra os cristãos modernos sobre a maneira bem séria que Deus considera a busca da justiça por parte do seu povo. Observe que Deus "plantou" Israel e esperava uma colheita de "justiça", mas quando a colheita produziu "uvas bravas", ele a destruiu. Isto parece dar a entender que Deus vê a nossa prática da justiça como fruto adequado (i.e., um propósito) da nossa salvação; em outras palavras, Deus nos transforma em Cristo não somente para nos livrar da perdição eterna, mas para que lutemos pela justiça. Igualmente, Jesus claramente se refere a Isaías 5 na parábola dos lavradores maus (Mt 21:33-46; Mc 12:1-12): a metáfora da vinha e das ações do dono dela (i.e., "plantou, cavou, construiu uma torre de vigia") claramente se remete à linguagem de Isaías 5:2.[210] Retoricamente, Jesus compara os seus opositores ao Israel rebelde antigo e, por isso, os confronta de forma implícita (e a nós também)

---

[210] Para a análise detalhada sobre as conexões, veja J. L. Story, "Hope in the Midst of Tragedy (Isa 5:1-7; 27:2-6; Matt 21:33-46 par.)", *HBT* 31 (2009): 178-195; W. J. C. Weren, "The Use of Isaiah 5, 1-7 in the Parable of the Tenants", *Bib* 79 (1998): p. 1-26; e C. A. Evans, "On the Vineyard Parables of Isaiah 5 and Mark 12", *BZ* 28 (1984): p. 82-86.

INTRODUÇÃO À INTERPRETAÇÃO BÍBLICA

com os perigos de não aceitar Jesus como o Messias de Deus e não viver a sua (e a nossa) vida em obediência completa à sua vontade.

Profecia apocalíptica

Até agora apresentamos os gêneros literários do que poderemos chamar de *profecia propriamente dita*. Ainda que tenha formas diversas, a profecia propriamente dita tem duas características em comum. Primeiro, ela comunica a "palavra" de Deus diretamente, como se o próprio Deus estivesse falando. A chamada expressão do mensageiro, "Assim diz o Senhor", dá início às falas do próprio Javé para o seu povo (trazidas, é claro, pelo profeta humano). Em segundo lugar, ela pressupõe que Deus opera dentro da história humana comum. Então, a profecia propriamente dita anuncia a vinda do juízo ou da salvação de Deus através da ação de exércitos humanos (e.g., os assírios, babilônicos ou persas). Estatisticamente, a profecia propriamente dita envolve a maior parte do material profético do AT.

Mas o AT também inclui um segundo tipo importante de profecia chamado de *profecia apocalíptica* (gr. *apokalypsis* "revelação"; cf. Ap 1:1). Ainda que a linha entre a profecia propriamente dita e a apocalíptica geralmente seja difícil de identificar, a tabela comparativa que se segue destaca as características que distinguem o último tipo.[211]

Profecia em geral *versus* Profecia apocalíptica

PROFECIA EM GERAL	PROFECIA APOCALÍPTICA
Arrependimento do pecado	Pecado muito grande, destruição inevitável
Descontentamento de Deus com o seu povo perverso	Descontentamento do povo com o mal, desejo da intervenção de Deus
Chamada para que o povo de Deus se arrependa	Chamada para que um remanescente fiel persevere
Intervenção divina pelo natural ou humano	Intervenção divina direta por meios sobrenaturais
Fala direta de Deus	Fala misteriosa, simbólica, indireta, por um intermediário
Predição de eventos iminentes e futuros	Predição de soluções cósmicas, finais

---

[211] Simplificado de D. B. Sandy e M. G. Abegg, Jr., "Apocalyptic", em Sandy e Giese, *Cracking Codes*, p. 178-179; cf. também a sua discussão útil (p. 179-181e também a análise de Green, *How to Read Prophecy*, p. 31, 49-67; J. J. Collins, "Apocalyptic Literature", em *Dictionary of New Testament Background*, p. 40-45; e J. J. Collins, *The Apocalyptic Imagination: An Introduction to Jewish Apocalyptic Literature*, 2ª ed., Biblical Resources Series (Grand Rapids: Eerdmans, 1998). Veja também "O livro de Apocalipse como uma profecia apocalíptica" no próximo capítulo.

• **610** •

GÊNEROS LITERÁRIOS DO ANTIGO TESTAMENTO

A profecia apocalíptica descreve profecias nas quais Deus "revela" os seus planos futuros ocultos, geralmente através de sonhos ou visões, com simbolismo ou números elaborados e às vezes estranhos. A forma da profecia apocalíptica (i.e., sonhos, visões, símbolos) faz a sua comunicação menos direta do que a palavra falada da profecia propriamente dita. Isto explica em parte a razão pela qual ela oferece um desafio interpretativo.

De forma mais importante, a profecia apocalíptica tem uma visão singular do relacionamento de Deus com a história humana. Em vez de trabalhar dentro dela, o Deus apocalíptico radicalmente intervém do lado de fora. Por trás disso reside uma crise religiosa profunda entre os israelitas. Os acontecimentos da história humana os levaram a tanto desespero que eles duvidavam se Deus ainda a controlava. Em resposta a isso, a profecia apocalíptica manteve a esperança na intervenção soberana de Deus além da história, uma intervenção radical o suficiente para introduzir uma era completamente nova. Daniel 7—12 e o livro de Apocalipse trazem os melhores exemplos bíblicos de profecia apocalíptica, mas a influência apocalíptica também é clara no "Pequeno Apocalipse" (Is 24—27), Ez 38—39, Jl 2:28—3:21, e Zc 1—6 e 9—14 (cf. Mt 24—25).[212]

Princípios de interpretação – Literatura apocalíptica do Antigo Testamento

O gênero apocalíptico apresenta desafios singulares para o intérprete. Os princípios seguintes de interpretação ajudarão os leitores a encarar esses desafios.[213]

1. Estabeleça um objetivo modesto: Em vez de tentar entender tudo, tente simplesmente entender o máximo possível sobre o que o texto diz. Até o próprio Daniel achou visões desse tipo "além do entendimento" (Dn 8:27; cf. 12:8).
2. É melhor levar o simbolismo e os números a sério, mas não literalmente. O simbolismo e a imaginação fascinaram os povos antigos mais do que a precisão estatística. Por exemplo, é importante que Daniel viu quatro *bestas* em vez de dizer, por exemplo, que ele viu quatro *uvas*

---

[212] Tecnicamente, o gênero apocalíptico denota um tipo de literatura, um movimento histórico, e uma visão da história. Para a análise conveniente dos gêneros literários que só se encontram na literatura apocalíptica, incluindo apocalipses apócrifos, veja J. J. Collins, *Daniel with an Introduction to Apocalyptic Literature*, FOTL 20 (Grand Rapids: Eerdmans, 1984), p. 2-24. Para a discussão do movimento apocalíptico, veja P. D. Hanson, "Apocalyptic Literature", em *Hebrew Bible*, eds. Knight e Tucker, p. 465-488.

[213] Cf. Sandy e Abegg, "Apocalyptic", em *Cracking Codes*, p. 187-190; para estudar os princípios de interpretação de simbolismo e números, veja Green, *How to Read Prophecy*, p. 74-81.

• **611** •

INTRODUÇÃO À INTERPRETAÇÃO BÍBLICA

em Daniel 7. Elas simbolizam os quatro reinos que ameaçam assolar o mundo (v. 17), e a metáfora da besta (imagine as suas conotações!) mostra como livro "pensa" e "sente" sobre os impérios. Mas não precisamos imaginar nada a partir do fato de que a primeira é um leão, a segunda é um urso etc. Pela mesma razão, os vários grupos de "sete" em Daniel 9:24-27 provavelmente representam períodos completos de tempo, sejam longos ou breves, em vez de semanas de anos literais. Recomendamos que os leitores consultem um dicionário bíblico ou uma enciclopédia sobre os símbolos e os números bíblicos para entender a sua importância simbólica.[214] Acima de tudo, reflita sobre as conotações metafóricas e emocionais dos símbolos. Por exemplo, contraste o mundo retórico criado ao retratar impérios como bestas com aquele que retrata o "semelhante a um filho do homem, vindo com as nuvens dos céus" (Dn 7:13).

3. Leia os livros apocalípticos do AT associando com as passagens apocalípticas do NT como Mateus 24 (refs.) e o Apocalipse. O último ou indicará o cumprimento das profecias anteriores ou complementará as suas predições.[215]

4. Observe o cuidado pastoral do profeta com os seus destinatários. Como notamos acima, as raízes da profecia apocalíptica se situam em uma crise na fé de Israel no controle de Deus sobre a história. O propósito inicial, portanto, é animar os santos que sofrem. Por exemplo, Daniel destaca repetidamente que os "santos" (i.e., crentes israelitas) sobreviverão a suas dificuldades presentes para desfrutar do reino governante no fim dos tempos (veja Dn 7:18, 21-22, 27; 8:25; cf. 12:1-4). Ele faz isso para incentivar os judeus que sofrem sob a perseguição estrangeira.

5. Por último, o estudante precisa ir além dos detalhes para chegar aos pontos principais. A pergunta principal é: O que o texto diz como um todo? O que ele diz sobre templos, impérios e as suas vítimas? Então, seja o que for que se pense sobre as bestas de Daniel e sobre as

---

[214] Por exemplo, veja artigos como "Números bíblicos". Pode-se também consultar L. Ryken, et al., eds., *Dictionary of Biblical Imagery* (Downers Grove: InterVarsity, 1998), e comentários sobre Daniel; J. J. Collins, *Daniel*, Herm (Minneapolis: Fortress, 1993); e cf. J. Goldingay, *Daniel*, WBC 30 (Dallas: Word, 1989. Sobre os números no livro de Apocalipse, veja esp. F. J. Murphy, *Fallen is Babylon: The Revelation to John*, The New Testament in Context (Harrisburg: Trinity Press International, 1998), p. 24-27.

[215] Para ter uma ajuda, consulte a obra de G. K. Beale, *The Use of Daniel in Jewish Apocalyptic Literature and in the Revelation of St. John* (Eugene, OR: Wipf & Stock, 2010 [reimpr.]); e a de A. B. Mickelsen, *Daniel and Revelation* (Nashville: Thomas Nelson, 1984).

GÊNEROS LITERÁRIOS DO ANTIGO TESTAMENTO

semanas, o seu tema é que Deus abomina impérios opressores, plane-jou a sua queda, e porá fim à agonia do seu povo. De forma semelhan-te, Zacarias destaca a defesa de Jerusalém e Judá contra todos os seus inimigos históricos (e.g., Zc 12—14).

6. As aplicações devem vir dos pontos principais do texto. De forma im-plícita, Daniel e Zacarias convocam os seus leitores para perseverar em meio à longa perseguição. Então, eles também convocam os cristãos de hoje à mesma fidelidade a Deus diante da oposição social, ou mesmo da opressão direta.

7. Acima de tudo, aprenda a desfrutar dessa literatura imaginativa e edi-ficante. Como Sandy e Abegg observam, "como os penhascos para o alpinista ou o caviar para um especialista em culinária, a profecia apocalíptica pode proporcionar encantos especiais para aqueles que aprendem a apreciá-la."[216]

SABEDORIA

A nossa discussão anterior sobre os salmos de sabedoria apresentou os educa-dores do Israel antigo, os chamados sábios. Aqui analisamos os vários gêneros da "literatura sapiencial" do AT, a categoria mais ampla que inclui os livros de Provérbios, Jó e Eclesiastes.[217] O leitor tem que se lembrar de que as raízes do pensamento de sabedoria se encontram na teologia da criação. A pessoa não adquire a sabedoria por receber a revelação divina, mas ao registrar observações sobre o que funciona ou não funciona na vida diária no mundo criado por Deus. Baseada na criação, a sabedoria traz uma forma indireta e limitada de revelação. Os seus princípios são hipotéticos porque eles podem ser suplantados pela liberdade misteriosa de Deus (e.g., Jó), pelo ensino de outra revelação dire-ta ou por outros fatores fora do controle do observador (veja adiante).

Além disso, a sabedoria do AT traz perspectivas extremamente diferentes sobre a vida, e.g., a certeza calma de Provérbios contra o ceticismo teimoso de Eclesiastes, então os seus livros são lidos da melhor forma na ordem canônica, não de forma isolada. Não se tem uma ideia do amplo espectro da sabedoria bíblica somente reconhecendo as suas várias perspectivas. De forma final, a

---

[216] Sandy e Abegg, "Apocalyptic", p. 177.

[217] Nos apócrifos, os livros de sabedoria são o Eclesiástico e a Sabedoria de Salomão. Para uma visão geral dos livros sapienciais, veja R. E. Murphy, *The Tree of Life: An Exploration of Bibli-cal Wisdom Literature*, 2ª ed. (Grand Rapids: Eerdmans, 1996); e J. L. Crenshaw, *Old Testament Wisdom: An Introduction*, rev. ed. (Louisville: Westminster John Knox, 1998). Cf. também W. P. Brown, *Character in Crisis: A Fresh Approach to the Wisdom Literature of the Old Testament* (Grand Rapids: Eerdmans, 1996); e G. von Rad, *Wisdom in Israel* (Nashville: Abingdon, 1972).

• 613 •

INTRODUÇÃO À INTERPRETAÇÃO BÍBLICA

sua natureza literária também exige que os leitores apliquem os princípios para interpretar a poesia e a narrativa analisadas anteriormente. Para entendê-la, tem que se definir a dinâmica dos seus paralelismos, os sentidos das suas metáforas, e o seu uso sútil do drama, da caracterização e da trama. Como Alter avisa adequadamente, a técnica literária sutil da literatura sapiencial significa que "se não formos bons leitores, não entenderemos o sentido das máximas dos sábios."[218]

Tipos de literatura sapiencial

Provérbio	Instrução	Debate
Descritivo	História de exemplo	Hino
Prescritivo	Reflexão	Declaração de inocência
Prioritário		
Numérico		
Antitético		

Provérbios

Provavelmente a forma mais conhecida de Literatura Sapiencial é o *provérbio*, que é "uma afirmação da verdade concisa e fácil de lembrar" aprendida através de uma longa experiência de vida.[219] Gramaticalmente, um provérbio é apresentado no modo indicativo, e assim faz uma declaração simples sobre a vida como ela é. Imagine, por exemplo, os muitos casos observados pelos séculos que produziram esse provérbio:

> Quem é irritadiço faz tolices,
> e o homem cheio de astúcias é odiado. (Provérbios 14:17)

Os provérbios apresentam uma grande variedade de formas e conteúdo. O *provérbio descritivo* faz uma observação simples sobre a vida sem contar com exceções ou aplicações:

> Há quem dê generosamente,
> e vê aumentar suas riquezas;
> outros retêm o que deveriam dar,
> e caem na pobreza. (Pv 11:24; cf. também 15:23; 17:27-28; 18:16)

---

[218] R. Alter, *The Art of Biblical Poetry* (New York: Basic Books, 1985), p. 168.

[219] Ryken, *How to Read*, p. 121. Cf. T. Hildebrandt, "Proverb, Genre of", *DOTWPWP*, 528-539; e Murphy, *Wisdom Literature*, p. 4, que classifica o provérbio como um subtipo de "ditado".

• **614** •

GÊNEROS LITERÁRIOS DO ANTIGO TESTAMENTO

Por outro lado, o *provérbio prescritivo* faz mais do que observar algo importante sobre a vida. Ele afirma a verdade com um propósito específico de influenciar o comportamento humano. Por exemplo, Provérbios 19:17 com certeza incentiva a obediência quando diz:

Quem trata bem os pobres empresta ao Senhor,
e ele o recompensará. (cf. Pv 14:31; 15:33; 22:22-23).[220]

É a promessa específica de benefício, geralmente pela intervenção de Deus, que distingue o provérbio prescritivo do descritivo. Ao acrescentar esta promessa, ele sutilmente apela para a obediência do leitor.

Há o provérbio que passa a sua mensagem usando comparações: nós o descrevemos como *provérbio prioritário*.[221] O provérbio "É melhor ter verduras na refeição onde há amor do que um boi gordo acompanhado de ódio" (Pv 15:17) exalta a importância do amor dentro de casa (cf. 16:8, 16, 19; 17:1; 21:9 etc.). Essa comparação busca destacar a superioridade de alguns traços de caráter ou conduta pessoal sobre outros. O *provérbio numérico*, por sua vez, encaminha a sua verdade usando a fórmula x/x+1 no título. Por exemplo:

Há três coisas
    misteriosas demais para mim,
quatro que não consigo entender:
  o caminho do abutre no céu,
    o caminho da serpente sobre a rocha,
    o caminho do navio em alto-mar,
    e o caminho do homem com uma moça. (Provérbios 30:18-19)

Nesse caso, "x" é igual a três e "x+1" é quatro.[222] O título apresenta o assunto, coisas bem surpreendentes para entender, enquanto a lista posterior enumera quatro exemplos. O maior destaque, no entanto, o fator realmente *surpreendente*, se encontra no último item ("o caminho do homem com uma

---

[220] Nossos provérbios "descritivos" e "prescritivos" correspondem ao que Murphy caracteriza como "ditado experiencial" e "ditado didático", respectivamente (*Wisdom Literature*, p. 4-6).

[221] Cf. a análise das formas proverbiais em Hildebrandt, *DOTWPW*, p. 533-535. O ditado numérico pode ter uma função mnemônica ou vir da prática antiga de se fazer listas na onomástica antiga.

[222] Essa fórmula aparece em textos tanto dentro da literatura sapiencial quanto fora dela (Am 1:3—2:8; Pv 30:15b-16, 21-23, 29-31). Também, outros esquemas são frequentes: um / dois (Jó 33:14-15; cf. Sl 62:11-12); dois / três (Eclesiástico 26:28; 50:25-26); seis / sete (Jó 5:19-22; Pv 6:16-19); e nove / dez (Eclesiástico 25:7-11). Para um exemplo acádio de seis / sete, veja o estudo "Dispute between the Tamarisk and the Date Palm", *ANET* 593 (linhas 17-18).

INTRODUÇÃO À INTERPRETAÇÃO BÍBLICA

moça"). Os anteriores servem somente para aumentar a admiração ou a repulsa por ele. Nesses casos, a interpretação adequada deve se concentrar não na lista toda, mas no elemento final e como ele difere dos outros e até os ultrapassa.[223]

O provérbio mais comum é o *provérbio antitético*, a forma que domina a grande coleção em Provérbios 10—15. Ao pintar um quadro de contraste, esse provérbio tenta recomendar bastante a conduta sábia e tornar a tolice completamente desagradável.

Já que a antítese é a chave para esta forma, a interpretação adequada exige que o leitor mantenha os seus olhos no contraste apresentado. Tem que se isolar essas duas características ou tipos de pessoas que o provérbio coloca lado a lado e depois descobrir qual dos opostos que o provérbio recomenda e a razão pela qual o faz.

Por exemplo, observe esses dois exemplos:

O homem irritável provoca dissensão,
mas quem é paciente acalma a discussão. (Pv 15:18)

O coração ansioso deprime o homem,
mas uma palavra bondosa o anima. (Pv 12:25)

O primeiro exemplo compara as pessoas irritáveis e as pacientes; ele recomenda a paciência em vez do mau humor. A razão, é claro, é que as pessoas que se irritam facilmente causam dissensões, enquanto que as pessoas pacientes trazem a calma. O segundo exemplo contrasta o coração ansioso com a palavra bondosa. Recomenda a última como um antídoto para o primeiro.[224]

Princípios de interpretação — Provérbios

Esse é o momento de trazer uma palavra geral e inicial de esclarecimento sobre a forma adequada de aplicar o provérbio.[225] Em palavras simples, o provérbio ensina a verdade provável, não a verdade absoluta. Por natureza, o provérbio não é uma promessa absoluta de Deus que garante o resultado prometido

---

[223] Existem várias listas de dois itens (Pv 30:7-8; Jó 13:20-22) e de quatro itens (Pv 30:24-28; Eclesiástico 25:1-2) que possuem a(s) característica(s) descritas no título. Claramente, esta forma literária visa a analisar o assunto do título de forma profunda dando vários exemplos dele. Cf. Murphy, *Wisdom Literature*, p. 180.

[224] Para não deixar a impressão errada de que os provérbios só aparecem no livro de Provérbios, observamos de passagem que eles aparecem em algumas partes de Eclesiastes (4:6, 13; 5:10-12; 7:1-12; 9:11-12, 17-18; 10:1-2, 6, 8-9; 11:4; et al). Para exemplos do NT, veja Mt 11:30; Gl 6:7; Tg 3:6 (da mesma forma comenta Ryken, *How to Read*, p. 121-122).

[225] Cf. Fee e Stuart, *How to Read the Bible*, p. 233-257.

• **616** •

GÊNEROS LITERÁRIOS DO ANTIGO TESTAMENTO

se alguém o segue. Em vez disso, ele indica padrões de conduta que, se forem seguidos, dão a melhor chance de sucesso, sob circunstâncias justas. Em outras palavras, ele traz princípios gerais de vida bem-sucedida em vez de um "código abrangente de leis para a vida." Além disso, o provérbio valoriza mais a memorização do que a precisão teológica. Isto é, o seu objetivo primário é afirmar uma verdade simples e importante sobre a vida em termos fáceis de lembrar. Por isso, ele não pretende abranger todas as circunstâncias imagináveis. O leitor tem que avaliar quais provérbios devem ser aplicados às situações contemporâneas.

Considere esse exemplo: "Todo trabalho árduo traz proveito, mas o só falar leva à pobreza" (Pv 14:23). Este provérbio ensina que, de forma geral, é o esforço constante, não as boas promessas, que vale a pena no final. Mas o princípio não inclui outros fatores que podem atrapalhar o sucesso apesar dos melhores esforços: recessão econômica, falência de empresas, ou chuvas de granizo, por exemplo. Por causa disso, para interpretar o provérbio de forma adequada, precisamos equilibrar o nosso entendimento de cada um, primeiro, à luz de outros provérbios na Bíblia e, em segundo lugar, à luz de outros ensinamentos bíblicos. No final, devemos decidir qual passagem de sabedoria que se aplica melhor à nossa situação específica.

Mas o que faremos com os provérbios que a nossa própria experiência parece contradizer? Por exemplo, Provérbios 13:4 promete:

O preguiçoso deseja e nada consegue,
mas os desejos do diligente são amplamente satisfeitos.

Obviamente, o provérbio recomenda o trabalho diligente em vez de sonhar acordado de forma preguiçosa. Mas como isso se encaixa na realidade dos dias de hoje? Os fazendeiros cristãos em lugares como as Filipinas ou o Peru mal obtêm o mínimo para o seu sustento, muito menos têm "os desejos... amplamente satisfeitos." O solo seco, o clima inóspito, e o conflito político (além dos outros fatores mencionados anteriormente), todos conspiram contra eles. Será que Deus falhou em cumprir a sua "promessa" nesse caso? Em reação a isso, temos que destacar vários fatores que também se aplicam mais de perto a outros provérbios.

Primeiro, conforme observamos anteriormente, o provérbio expressa a verdade que se observa na maioria dos casos. Pode ser limitada à experiência pessoal do sábio e a alguns contextos específicos. Ele não nega que haja exceções, simplesmente não as leva em consideração. Por isso, na aplicação, não podemos simplesmente escolher provérbios que "soam bem"; em vez disso, temos que verificar se o contexto original e a nossa aplicação proposta combinam bem. Em segundo lugar, temos que tomar cuidado para não interpretar um provérbio pelos padrões ocidentais de desejos. O provérbio não se refere a boas casas, carros

• **617** •

INTRODUÇÃO À INTERPRETAÇÃO BÍBLICA

novos, viagens para esquiar, e cruzeiros marítimos. Provavelmente, ela visualiza desejos bem simples: uma casinha, comida suficiente (pelos padrões antigos!) e uma família feliz. Em terceiro lugar, a realidade de um mundo decaído precisa ser considerada na interpretação (cf. Gn 3:17-19). Infelizmente, o mundo luta com as consequências sobre a natureza e sobre a história da rebelião adâmica. O solo fraco, o clima hostil e a política ineficaz são alguns dos seus sintomas. Por isso, ainda que o provérbio possa ser verdadeiro na maioria dos casos ("sob condições justas"), o nosso mundo decaído pode impedir a sua realização total, pois as coisas não são justas.

Além disso, o ponto de partida para entender qualquer provérbio é o seu conjunto de características literárias: o seu paralelismo, as suas metáforas, os seus jogos de palavras, e até as suas características narrativas. A análise de sua formulação literária cuidadosa abre o caminho para o nosso entendimento do seu conteúdo.

Finalmente, o conteúdo bem amplo do provérbio bíblico pode ser melhor estudado através da análise de tópicos (e.g., relações familiares, negócios etc.) ou do estudo de características (e.g., o tolo, o preguiçoso, o ímpio etc.).

Instrução

Os sábios de Israel também falaram no modo imperativo dentro do gênero *instrução*.[226] A instrução pode ser simplesmente uma exortação breve como em Provérbios 8:33: "Ouçam a minha instrução, e serão sábios. Não a desprezem." Os "ditados dos sábios" (Pv 22:17—24:22) contêm outra variedade de instrução curta, que é a proibição ("Não"), baseada em uma frase de justificação ("porque"). Às vezes esse tipo mais curto deixa a verdade mais clara requerida indiretamente por outros provérbios:

> Não explore os pobres por serem pobres,
> nem oprima os necessitados no tribunal,
> pois o Senhor será o advogado deles,
> e despojará da vida os que os despojarem. (Pv 22:22-23, proibindo diretamente o que 14:31 dá a entender; cf. 16:3 e 20)

Como esse exemplo ilustra, o propósito da instrução é persuadir o ouvinte a adotar ou abandonar certa conduta ou atitudes. As frases de motivo frequentes (e.g., "pois o Senhor será o advogado deles...") dá as razões para se obedecer, fazendo o ensino bem mais persuasivo.

---

[226] Murphy, *Wisdom Literature*, p. 6, 50-51.

• **618** •

GÊNEROS LITERÁRIOS DO ANTIGO TESTAMENTO

Por outro lado, a instrução pode tomar um formato mais longo, por exemplo, a série de instruções extensas que constituem a base de Provérbios 1—9.[227] O sábio apela por todo o texto para que o(s) seu(s) filho(s) sigam o caminho da sabedoria (e.g., 1:8; 2:1; 4:1; 7:1; etc.)

Uma característica incomum dessas instruções é que elas incluem um subgênero distinto chamado de *discurso de sabedoria*.[228] Nesse caso elas personificam a sabedoria como uma mulher que aberta e apaixonadamente proclama a sua mensagem nas ruas e praças públicas (1:20-33; 8:11-36; 9:1-6; cf. a loucura como uma mulher [9:13-17]; Jó 28).

Princípios de interpretação – Instrução

Os princípios seguintes são baseados na forma literária do gênero instrução:

1. O estudante deve observar com cuidado que os comandos ou as proibições dessa forma literária apresentam exigências absolutas de obediência, não sugestões hipotéticas para consideração. Os leitores têm que reagir a elas com seriedade.

2. O estudante tem que abordar os discursos de sabedoria como se estivesse ouvindo uma mulher insistindo apaixonadamente com as multidões que passam sobre a seriedade do seu conselho, sobre o quanto é importante que as pessoas o obedeçam, e o quanto o perigo que cerca os desobedientes é ameaçador. Deve-se ouvir a passagem como o apelo urgente de um amigo que alerta, não como um tratado abstrato.

3. O estudante deve prestar uma atenção especial a qualquer frase de justificação presente no texto, porque elas trazem os motivos da instrução que foi dada.

4. Ao ler a passagem, o estudante pode assimilar a sua forma e o seu conteúdo completando esta frase: "Essa mulher preocupada com meu bem-estar insiste para que eu... porque..."

---

[227] Para detalhes estruturais, veja Murphy, *Wisdom Literature*, p. 49; para mais informações sobre o contexto de Provérbios 1—9, incluindo a possível influência da sabedoria egípcia e da profecia israelita sobre a coleção, veja p. 50-52. Cf. também as análises recentes na obra de K. J. Dell, *The Book of Proverbs in Social and Theological Context* (Cambridge; New York: Cambridge University Press, 2006), p. 18-50; C. E. Yoder, *Wisdom as a Woman of Substance: A Socioeconomic Reading of Proverbs 1-9 and 31:10-31*, BZAW 304 (Berlim/New York: de Gruyter, 2001); S. L. Harris, *Proverbs 1-9: A Study of Inner-Biblical Interpretation*, SBLDS 150 (Atlanta: Scholars, 1995).

[228] As referências egípcias sugerem que eles podem ser hinos em louvor da sabedoria, mas, ao nosso ver, eles são vistos de forma mais precisa como discursos, já que, mesmo com as analogias egípcias, eles não possuem as características óbvias dos hinos.

INTRODUÇÃO À INTERPRETAÇÃO BÍBLICA

História de exemplo e reflexão

Os livros de sabedoria também contêm dois gêneros literários um tanto autobiográficos. Em uma *história de exemplo*, o escritor narra uma experiência pessoal ou outra ilustração da qual ele destila uma verdade importante para transmitir.[229] Formalmente, as histórias de exemplo se iniciam com frases como "Eu vi e considerei..." ou "Eu passei por...", seguidas pela história em questão. Elas terminam com uma afirmação com a moral a ser deduzida. Este gênero é ilustrado por Provérbios 24:30-34:

Abertura:	Passei pelo campo do preguiçoso, pela vinha do homem sem juízo;
História de exemplo:	havia espinheiros por toda parte, o chão estava coberto de ervas daninhas e o muro de pedra estava em ruínas. Observei aquilo, e fiquei pensando; olhei, e aprendi esta lição:
Moral:	"Vou dormir um pouco", você diz. "Vou cochilar um momento; vou cruzar os braços e descansar mais um pouco", mas a pobreza lhe sobrevirá como um assaltante, e a sua miséria como um homem armado.[230]

Essa história de exemplo começa com observações sobre a ruína do campo e da vinha de uma pessoa preguiçosa. A partir de reflexões ("Eu vi e considerei...") flui a moral da história, i.e., a preguiça leva à surpresa cruel da pobreza inevitável. Para o leitor, a dedução básica é que o trabalho dedicado é melhor do que a preguiça, não importando o quanto dormir tarde ou os cochilos sejam tentadores.

O segundo gênero autobiográfico é a *reflexão*.[231] Em uma reflexão, o escritor relata as suas meditações pessoais e as suas conclusões sobre uma verdade, geralmente citando observações de primeira mão, histórias de exemplo, e pensamentos extensos. Apesar de não ter uma estrutura rígida, as reflexões têm as seguintes características formais: (1) fórmulas de abertura como "Eu vi e considerei..." ou "passei por..."; (2) a citação de provérbios, o uso de perguntas retóricas, ou a citação de histórias de exemplo; e (3) uma moral final.

---

[229] Murphy, *Wisdom Literature*, p. 176. Para o uso desse gênero no NT, veja J. T. Tucker, *Example Stories: Perspectives on Four Parables in the Gospel of Luke*, JSNTSup 162 (Sheffield: Sheffield Academic, 1998).

[230] Cf. Murphy, Wisdom *Literature*, p. 130, 176. Para outros exemplos, veja Pv 4:3-9; 7:6-27; Ec 4:13-16; 9:13-16; cf. Sl 37:25, 35-36.

[231] Murphy, *Wisdom Literature*, p. 130, 181. Os especialistas geralmente acreditam que esse estilo autobiográfico é originado no Egito, onde os exemplos são muitos.

GÊNEROS LITERÁRIOS DO ANTIGO TESTAMENTO

A reflexão domina o livro de Eclesiastes (e.g., 1:12—2:26), mesmo com uma estrutura menos óbvia do que o exemplo acima.[232] Todas as seções começam com "Tenho visto" ou "Eu olhei e vi" (1:14; 3:16; 4:1; 5:13; 6:1; et al.). Depois, misturando as meditações em prosa e verso, histórias de exemplo, e citações proverbiais, o autor luta com a futilidade da vida. O tom literário do livro é realista, sóbrio, e irresistivelmente honesto, um tom que prontamente leva os leitores ao seu mundo por causa do seu caráter prático e da sua integridade. Finalmente, em intervalos regulares, ele deduz os princípios morais de suas observações (2:24-25; 3:22; 5:18-20).

Princípios de Interpretação – História de exemplo e reflexão

Baseado no formato da história de exemplo e da reflexão, sugerimos as seguintes diretrizes para a interpretação:

1. A chave para determinar como os seus elementos apoiam a moral final. Por exemplo, a reflexão em Eclesiastes 4:7-12 exalta o valor do companheirismo humano. A história de exemplo de uma pessoa rica, porém solitária (v. 8), expõe o problema: como é triste estar sozinho. O longo discurso (v. 9-12) ilustra a moral: que a vida é melhor quando duas pessoas vivem juntas do que quando alguém vive sozinho.

2. Os textos maiores ou as séries de textos (e.g., Pv 1, 5, 7-9) trazem uma oportunidade especial para considerar os seus aspectos narrativos, o seu desenvolvimento da trama, dos temas e dos personagens. Essas qualidades narrativas permitem que os leitores entendam o texto tanto através do raciocínio quanto através da imaginação.

3. Os leitores devem observar o papel literário de cada texto, considerar a sua estrutura, o desenvolvimento temático, o estado de ânimo, e os pressupostos teológicos.

4. A moral final merece uma atenção especial porque ela expressa a ideia principal do escritor. O exemplo anterior de Provérbios 24, por exemplo, concluiu que a preguiça leva ao desastre econômico. O escritor alerta sobre os perigos da preguiça e, por consequência, exalta o trabalho árduo.

5. As aplicações da história de exemplo ou de reflexão precisam fluir da moral final. Então Eclesiastes 4 desafia os fiéis a cultivar amizades,

---

[232] Para uma análise desse livro impressionante, veja Dell, "Wisdom in Israel", em *Text and Context*, ed. Mayes, p. 364-367; cf. também a introdução em T. Longman, III, *Ecclesiastes*, NICOT (Grand Rapids: Eerdmans, 1997).

INTRODUÇÃO À INTERPRETAÇÃO BÍBLICA

porque Deus as ordenou para que a vida humana fosse menos triste. Para os cristãos, a comunidade cristã local traz uma boa oportunidade para isso.

6. Por último, ao ler Eclesiastes os estudantes devem, por um lado, apreciar completamente o seu gênero literário singular e lidar com a sua perspectiva realista, e, por outro, interpretar o seu ensino de forma canônica à luz de outras revelações bíblicas.

Debates

Uma obra-prima literária sólida, o livro de Jó, incorpora muitos gêneros.[233] Deixando de lado a estrutura narrativa de Jó (Jó 1—2; 42:7-17), o resto do livro consiste no gênero de *debate*. Como observamos anteriormente, em um debate o falante busca persuadir os ouvintes sobre alguma verdade. Diferentemente dos exemplos proféticos (veja nas páginas anteriores) que relatam o ponto de vista do profeta, Jó relata os argumentos de Jó e de seus amigos.[234] Especificamente, ouvimos os longos *debates* onde os falantes debatem a causa do sofrimento de Jó. No final, contudo, os discursos dramáticos e irrefutáveis do Senhor (caps. 38—39, 40—41) relegam Jó a uma aceitação humilde (42:1-6).

De vez em quando, os debates do livro retratam em seus argumentos formas literárias da adoração de Israel. Em Jó 16, por exemplo, Jó parece um salmista quando ele enuncia um *protesto* ou um clamor veemente de desespero (para isso consulte a seção de poesia). Ele descreve o ataque do seu inimigo (o próprio Deus) e afirma a sua inocência:

---

[233] Até agora, as tentativas de se definir o gênero do livro como um todo não chegaram a um consenso. Entre as opções estão as seguintes: um conto estruturado (M. Cheney), a dramatização de um lamento (C. Westermann), um processo judicial (H. Richter), um paradigma do lamento respondido (H. Gese), uma comédia (J. W. Whedbee), e *sui generis* (D. Wolfers); cf. Dell, "Wisdom in Israel", em *Text and Context*, ed. Mayes, p. 361-362; Murphy, *Wisdom Literature*, p. 16-19. Entre as possíveis obras semelhantes do Oriente Médio antigo, Jó é mais parecido com uma obra chamada "A teodiceia babilônica" (também concordam Crenshaw, "Wisdom", p. 253-254; Murphy, *Wisdom Literature*, p. 10). Para consultar esse texto, veja *ANET* 601-604; para a análise comparativa cuidadosa, veja Walton, *Ancient Israelite Literature in Its Cultural Context*, p. 184-187.

[234] Depois do monólogo de abertura de Jó (cap. 3), ouvimos Elifaz (caps. 4-5, 15, 22), Bildade (caps. 8, 18, 25), Zofar (caps. 11, 20), e o retardatário Eliú (caps. 32—37). Em meio a isso, Jó traz as suas refutações (caps. 6—7, 9—10, 12—14, 16—17, 19, 21, 23—24, 26—28), encerrando com um solilóquio de clímax (caps. 29—31). Para mais detalhes sobre os debates no livro de Jó e sobre a sua essência argumentativa, veja T. Longman III, "Disputation", *DOTWPW*, 108-112; Murphy, *Wisdom Literature*, 175-176. Para o cenário cultural, veja K. van der Toorn, "The Ancient Near Eastern Literary Dialogue as a Vehicle of Critical Reflection", em *Dispute Poems and Dialogues in the Ancient and Mediaeval Near East*, ed. G. J. Reinink e H. L. J. Vanstiphout (Louvain: Departement Oriëntalistiek [Peeters], 1991), p. 59-75.

• 622 •

GÊNEROS LITERÁRIOS DO ANTIGO TESTAMENTO

> Sem dúvida, ó Deus,
> tu me esgotaste as forças;
> deste fim a toda a minha família [...]
> Meu rosto está rubro
> de tanto eu chorar,
> e sombras densas
> circundam os meus olhos,
> apesar de não haver violência
> em minhas mãos
> e de ser pura a minha oração. (Jó 16:7, 16-17)

Então Jó encaminha uma petição, um clamor dolorido por justiça através de um advogado pleiteando a sua causa no céu:

> Ó terra, não cubra o meu sangue!
> Não haja lugar de repouso
> para o meu clamor!
> Saibam que agora mesmo
> a minha testemunha está nos céus;
> nas alturas está o meu advogado.
> O meu intercessor é meu amigo,
> quando diante de Deus
> correm lágrimas dos meus olhos;
> ele defende a causa do homem
> perante Deus,
> como quem defende
> a causa de um amigo. (Jó 16:18-21)

No entanto, no final Jó lamenta que, por não haver uma resposta de Deus, a morte seja o seu futuro inevitável:

> Ora, se o único lar pelo qual espero
> é a sepultura,
> se estendo a minha cama nas trevas [...]
> onde está então
> minha esperança?
> Quem poderá ver
> alguma esperança para mim?
> Descerá ela às portas do Sheol? (Jó 17:13, 15-16a; cf. 30:1-31)

Em termos de interpretação, o protesto lembra o leitor do campo de referência do falante: a aflição pungente sofrida injustamente e a suposição de que um apelo a Deus possa propiciar um resgate. Este cenário ajuda a destacar

• 623 •

INTRODUÇÃO À INTERPRETAÇÃO BÍBLICA

por que o destino de Jó é especialmente amargo: o próprio Deus, não os seus colegas humanos, é o seu inimigo implacável; e, em vez de resgatar Jó, Deus continua em silêncio.

Igualmente, o debate inclui um hino ou elementos de um hino. Podemos reconhecê-lo pela sua longa descrição de coisas que o Senhor faz de forma contínua (em hebraico, principalmente no particípio). Observe esta canção de louvor ao estilo dos salmos à grandeza de Javé:

> Ele transporta montanhas
> sem que elas o saibam,
> e em sua ira
> as põe de cabeça para baixo [...]
> Só ele estende os céus
> e anda sobre as ondas do mar.
> Ele é o Criador da Ursa e do Órion,
> das Plêiades e das constelações do sul.
> Realiza maravilhas
> que não se pode perscrutar,
> milagres incontáveis. (Jó 9:5, 8-10; cf. também 5:9-16; 11:7-12; 12:13-25; 25:2-6; 26:5-14; cf. 38:31; Am 5:8).

Da adoração de Israel também vem a *declaração de inocência*, a afirmação na qual um indivíduo tenta provar a sua inocência. Por exemplo, alguém pode voluntariamente fazer um juramento com consequências horríveis a sofrer se a pessoa for culpada.[235] Jó faz disso o clímax do seu emotivo monólogo final.[236]

> Se me conduzi com falsidade,
> ou se meus pés se apressaram
> a enganar [...]
> que outros comam o que semeei,
> e que as minhas plantações
> sejam arrancadas pelas raízes. [...]

---

[235] Cf. Salmos 7:3-5. De forma alternativa, o falante pode simplesmente negar qualquer culpa através de uma série de frases como "eu fiz isso" ou "não fiz aquilo" (veja Sl 17:3-5; 26:4-6; Jr 15:16-17). A repetição de negações enfáticas dá à declaração o seu poder persuasivo. Não encontramos esse tipo de declaração em Jó (mas veja 9:29-31). Para juramentos, veja T. W. Cartledge, *Vows in the Hebrew Bible and the Ancient Near East*, JSOTSup 147 (Sheffield: Sheffield Academic, 1994).

[236] Murphy (*Wisdom Literature*, p. 38) o compara a "uma afirmação final perante um juiz"; cf. M. B. Dick, "Job 31, the Oath of Innocence, and the Sage", *ZAW* 95 (1983): p. 31-53. S. C. Mott, "The Ideal Righteous Person in the Hebrew Bible", *Christian Social Action* 9 (1996): p. 35, traz reflexões criativas sobre Jó 31.

• 624 •

GÊNEROS LITERÁRIOS DO ANTIGO TESTAMENTO

Se não atendi os desejos do pobre,
ou se fatiguei os olhos da viúva,
se comi meu pão sozinho,
sem compartilhá-lo com o órfão [...]
se vi alguém morrendo
    por falta de roupa,
ou um necessitado sem cobertor [...]
se levantei a mão contra o órfão,
ciente da minha influência no tribunal,
que o meu braço descaia do ombro,
    e se quebre nas juntas. (Jó 31:5, 8, 16-17, 19, 21-22)

Jó relaciona as condições ("Se eu..."), a suposta culpa, e posteriormente a punição severa que se segue se essas condições se verificarem. A sua disposição de se arriscar a passar por tais castigos defende a sua inocência, já que nenhuma pessoa culpada que leva a vingança de Deus a sério se atreveria a fazer isso.

Princípios de Interpretação — Jó

Os princípios seguintes de interpretação se aplicam aos vários gêneros encontrados no livro de Jó:

1. Já que os debates dominam o livro, o estudante deve definir qual verdade ou quais verdades dominam cada tentativa de persuasão por parte dos falantes.[237]
2. A estrutura narrativa do livro identifica Jó como o herói. Ele é a pessoa mais justa na face da terra (1:8); no final Deus fica ao lado de Jó contra os seus adversários (42:7-9) e restaura em dobro as suas perdas (42:10-17). Por isso, o estudante deve dar atenção redobrada à autodefesa de Jó e tomar cuidado com o conselho aparentemente bom de seus companheiros que geralmente reflete uma posição diametralmente oposta à de Deus.
3. Quando outros gêneros literários apoiam os debates, precisamos analisar como eles funcionam, a razão pela qual o poeta os incluiu, e como eles contribuem para o tema. Por exemplo, a partir do uso dos hinos de vez em quando, poderia ser equivocado ler Jó como um tipo de musical onde os debatedores periodicamente cantam! No exemplo acima,

---

[237] A extensão do livro de Jó merece os panoramas excelentes do seu conteúdo disponíveis em Alter, *Biblical Poetry*, p. 85-110; G. H. Wilson, *Job*, UBC (Grand Rapids: Baker Academic, 2007); R. N. Whybray, *Job* (Sheffield: Sheffield Academic, 1998); e J. E. Hartley, *The Book of Job*, NICOT (Grand Rapids: Eerdmans, 1988).

INTRODUÇÃO À INTERPRETAÇÃO BÍBLICA

retratando o poder irresistível de Deus, a seção de hinos traz provas, provas intensificadas pela sua forma musical, para apoiar a linha anterior: "quem tentou resistir-lhe e saiu ileso?" (9:4b). No final, Jó chegou à conclusão óbvia: esse poder ameaça esmagar todo ser humano que tenta lutar contra ele (v. 14-20).

4. A declaração de inocência da parte de Jó (cap. 31) traz uma pista interpretativa importante para entender o livro. Ao afirmar a sua inocência de forma tão clara, Jó nega que a sua própria culpa tenha causado o sofrimento. Os capítulos 1—2 parecem confirmar isso, retratando a justiça de Jó e o reconhecimento dessa justiça da parte de Deus. Nos salmos, as declarações de inocência apoiam o clamor do salmista para emitir um veredito legal a seu favor. Por isso, a forma também dá a entender que o objetivo da declaração de Jó é receber a defesa legal de Deus.[238]

5. À luz do que foi exposto acima, o estudante deve decidir, a partir do extenso monólogo poético de Deus, a única apresentação do seu ponto de vista, qual a sua ideia principal e até que ponto essa ideia "responde" aos debates de Jó. A partir das respostas de Jó (38:1—42:6) tem que se refletir se Jó era verdadeiramente inocente e o que o livro ensina sobre a causa e o propósito do seu sofrimento (e do nosso).[239] Portanto, sugerimos que a lição do livro é que a causa última de alguns (não de todos) sofrimentos humanos está nos propósitos misteriosos e ocultos de Deus para o seu povo.[240]

6. O final do livro traz uma pista importante para a interpretação do livro inteiro. Deus defende e recompensa Jó e critica a arrogância dos seus amigos. Jó incentiva os cristãos a confiar em Deus para defesas finais parecidas do sofrimento injusto, seja nesta vida, seja na vida eterna.

7. Como em Eclesiastes e em Provérbios, seja qual for o tema principal que se descubra em Jó, ele deve ser entendido à luz da comparação

---

[238] Jó frequentemente usa figuras de linguagem extraídas do sistema de leis de Israel (e.g., Jó 9:14-16; 9:29—10:1; 18:18-21; etc.), ainda que não sejam os gêneros principais da Lei. Por isso, vale a pena ler essas seções à luz desse cenário legal. Salmos 7:3-5 é outro exemplo excelente. Para a análise de Salmos 7 e do seu cenário legal, leia R. L. Hubbard, Jr., "Dynamistic and Legal Processes in Psalm 7", *ZAW* 94 (1982): p. 267-280.

[239] Cf. a análise criativa da cena do redemoinho em Alter, *Biblical Poetry*, p. 94-110. Várias passagens anteriores podem antecipar o monólogo de Deus de dentro do redemoinho (e.g., Jó 9:5-10; 12:7-25; 28; 11:7-9 [Zofar]; 15:7-8 [Elifaz]; 37:14-24 [Eliú]). Somos gratos ao professor M. D. Carroll R. por esta sugestão.

[240] Cf. LaSor, et al., *Old Testament Survey*, p. 493-494. Dell, "Wisdom in Israel", em *Text and Context*, ed. Mayes, p. 363-364, analisa visões alternativas sobre os temas teológicos de Jó.

de sua perspectiva com a de dos outros livros de sabedoria e à luz da revelação posterior.

Exemplo de texto sapiencial — Provérbios 30:24-28

Uma reflexão cuidadosa sobre o texto de sabedoria seguinte ajudará a exemplificar a aplicação adequada dos princípios acima:[241]

Quatro seres da terra são pequenos,
    e, no entanto, muito sábios:
as formigas, criaturas de pouca força,
    contudo, armazenam sua comida no verão;
os coelhos, criaturas sem nenhum poder,
    contudo, habitam nos penhascos;
os gafanhotos, que não têm rei,
    contudo, avançam juntos em fileiras;
a lagartixa, que se pode
    apanhar com as mãos,
    contudo, encontra-se nos palácios dos reis.

De forma literária, esses versos compõem juntos quatro provérbios (v. 25-28) sob uma introdução (v. 24) para formar uma parábola dentro das "palavras de Agur" (Provérbios 30). Os provérbios passam por quatro criaturas não humanas pequenas, mas muito sábias, para ensinar aos homens como se comportarem de forma adequada. As três primeiras virtudes cardeais modelo são exaltadas pela sabedoria (v. 25-27), enquanto que a última ressalta as recompensas surpreendentes que a sua adaptação quieta à ordem da criação colhe (v. 28). Contextualmente, a sua adaptação quieta é bem diferente dos quatro exemplos anteriores, cuja conduta rompe a ordem social. (v. 21-23).

Destacadamente, cada um dos dois primeiros versos se refere ao povo corajosamente em uma metáfora (e.g., as pessoas simbolizam a conduta da formiga, em vez do contrário). As formigas são "pessoas" que não têm muita força (heb. *az*), então elas representam a virtude do trabalho árduo bem planejado, armazenando o alimento para sobreviver à escassez comum do inverno (v. 25). Os coelhos são "pessoas" que não têm a superioridade numérica das formigas que é semelhante a um exército (heb. *atsum*), então eles residem nas rochas para proteger o seu grupo pequeno e mais indefeso por trás do seu terreno inacessível (v. 26). Eles demonstram a virtude de buscar um abrigo adequado.

---

[241] A tradução e o comentário adiante se baseiam em B. K. Waltke, *The Book of Proverbs*, NICOT (Grand Rapids: Eerdmans, 2005), p. 461-462, 496-499.

INTRODUÇÃO À INTERPRETAÇÃO BÍBLICA

Os gafanhotos não têm rei, mas eles ainda avançam em fileiras, exemplificando a virtude da comunidade que se autodisciplina (v. 27). Finalmente, a lagartixa ilustra como a sabedoria recompensa os que a praticam: ainda que seja facilmente apanhada com as mãos por causa do seu tamanho, a sua adaptação sábia a faz conquistar uma eminência inesperada nos níveis mais altos da sociedade: acesso livre ao palácio.

Agur não deduz moral nenhuma, mas no contexto a parábola parece promover o tema da sabedoria da adaptabilidade à criação, de aceitar as contingências das limitações e se ajustar à vida de acordo com elas. A aplicação desse texto precisa considerar nossas limitações, o mundo como ele é, e as maneiras pelas quais podemos nos adaptar a ele vivendo as virtudes da sabedoria (o trabalho árduo em seu tempo, o abrigo adequado, e o senso de comunidade) nos dias de hoje. Podemos também refletir sobre a maneira pela qual essas virtudes servem para agradar a Deus e dar-lhe glória. Finalmente, a aplicação pode descrever algumas recompensas ou benefícios para essa adaptabilidade que agrada a Deus. Ao longo dessas linhas, cumprimos o tema básico da sabedoria, o temor do Senhor.

CONCLUSÃO

Essa análise mostra que o AT é um jardim literário fértil. As suas espécies mais importantes são a narrativa, a lei, a poesia, a profecia e a sabedoria, e, em todas as formas, várias figuras literárias florescem dentro dele. Alguns textos refletem a rica herança que o povo de Israel recebeu de seus antepassados culturais no antigo Oriente Médio, enquanto outros textos surgem da própria vida cultural criativa de Israel. O nosso objetivo tem sido o de cultivar em nossos leitores a "competência literária", a habilidade de ler um texto à luz do seu próprio cenário e propósito, sugerindo princípios de interpretação harmonizados com a natureza diversificada da literatura do AT. Esperamos que eles tragam um mapa útil para conduzir os leitores pelo seu terreno literário maravilhoso e para ampliar tanto o seu entendimento das ideias do AT quanto o simples prazer de passear em seu mundo fascinante.

COMO ESCREVER UM ESBOÇO ESTRUTURAL

Em nossa análise sobre os textos em particular, incluímos de vez em quando um esboço estrutural. Acreditamos que criar esses esboços é uma ferramenta importante para interpretar os textos. Nós o recomendamos como o primeiro passo no processo da interpretação, e agora apresentamos um breve guia sobre o modo pelo qual se escreve o esboço estrutural. Pode-se escrever o esboço estrutural de qualquer texto bíblico, de qualquer gênero, seguindo esses passos:

• 628 •

GÊNEROS LITERÁRIOS DO ANTIGO TESTAMENTO

PASSOS	PONTOS A CONSIDERAR
1. Defina os limites do texto	• Onde ele começa ou termina, e por quê? • Procure por indicadores e pistas no texto para decidir
2. Identifique os seus subgêneros	• À primeira vista, quais parecem ser as suas seções principais? • Faça uma lista delas, identificando cada uma por seu gênero literário.
3. Descubra como os subgêneros se inter-relacionam.	• No contexto em particular, quais são os gêneros que seguem juntos (i.e., formam subpartes de uma parte literária maior dentro do texto) e qual que segue sozinho? • Fuja da tentação de simplesmente fazer uma lista dos gêneros. • Tesse algumas alternativas antes de decidir.
4. Prepare o esboço	• Use o formato que quiser • Lembre-se de usar termos do gênero literário (não do conteúdo) para cada parte. • (Mas para algumas subpartes, simplesmente resuma o seu conteúdo) • Veja o exemplo abaixo (e os outros anteriores) para ter ajuda nesse passo.
5. Defina o gênero literário do texto	• Qual o gênero do texto como um todo? • Em alguns casos, um subgênero determinará o gênero de toda a passagem. Isto pode acontecer logo no início dele, em algum ponto observável de inflexão, ou perto do final.
6. Afirme a intenção do texto	• Escreva uma frase com este formato: "A intenção desse texto é..." (use o infinitivo) • Lembre-se: isto afirma a sua conclusão sobre o propósito ou a função do texto. • Isto responde à pergunta: Por que Deus colocou esse texto na Bíblia? • Busque um propósito único (não múltiplo).
7. Interprete o seu esboço	• O que se observa no esboço? • O que vem primeiro e o que vem por último? • Ele tem algum padrão (e.g., repetições, reafirmações, metáforas)? • Visualize as metáforas. Quais as suas conotações? No que elas contribuem? • Explique o fluxo ou a lógica do texto: leia-o todo, parafraseando o modo que cada parte desenvolve o seu pensamento ou mensagem. • Lembre-se: o objetivo desse processo é a interpretação.

• 629 •

INTRODUÇÃO À INTERPRETAÇÃO BÍBLICA

Agora vamos demonstrar a maneira que ele funciona no texto que usamos como exemplo, Isaías 31:1-9, que diz:

[1] Ai dos que descem ao Egito
em busca de ajuda,
que contam com cavalos.
Eles confiam na multidão dos seus carros
e na grande força dos seus cavaleiros,
mas não olham para o Santo de Israel,
nem buscam a ajuda
que vem do Senhor!
[2] Contudo, ele é também sábio
e pode trazer a desgraça;
ele não volta atrás em suas palavras.
Ele se levantará contra
a casa dos perversos,
contra quem ajuda os maus.
[3] Mas os egípcios são homens, e não Deus;
seus cavalos são carne, e não espírito.
Quando o Senhor estender a mão,
aquele que ajuda tropeçará,
aquele que é ajudado cairá;
ambos perecerão juntos.

[4] Assim me diz o Senhor:

"Assim como quando o leão,
o leão grande, ruge ao lado da presa,
e contra ele se junta
um bando de pastores,
e ele não se intimida com os gritos deles
e não se perturba com o seu clamor,
assim o Senhor dos Exércitos descerá
para combater nas alturas do monte Sião.
[5] Como as aves dão proteção aos filhotes
com suas asas,
o Senhor dos Exércitos
protegerá Jerusalém;
ele a protegerá e a livrará;
ele a poupará e a salvará."

[6] Voltem para aquele contra quem vocês se revoltaram tão tremendamente, ó israelitas! [7] Pois naquele dia cada um de vocês rejeitará os ídolos de prata e de ouro que suas mãos pecaminosas fizeram.

GÊNEROS LITERÁRIOS DO ANTIGO TESTAMENTO

[8] "A Assíria cairá por uma espada
    que não é de homem;
uma espada, não de mortais, a devorará.
Todos fugirão da espada
e os seus jovens serão sujeitos
    a trabalhos forçados.
[9] Sua fortaleza cairá por causa do pavor;
ao verem a bandeira da batalha,
    seus líderes entrarão em pânico",
anuncia o SENHOR,
    cujo fogo está em Sião,
cuja fornalha está em Jerusalém.

Completar o passo 1 (a definição dos limites do texto) exige a breve leitura do contexto imediato, Isaías 30 e 32. O capítulo 32 continua o tema da esperança futura com o qual Isaías 31 termina, mas o caráter central é o rei justo que está por vir, a figura mencionada em 30:33 e 32:1, mas que não está em Isaías 31. A menção da destruição da Assíria (30:41) cria uma associação temática entre o capítulo 30 e o 31, mas, a nosso ver, dois indicadores sinalizam um intervalo (ou pausa) entre os capítulos 30 e 32 e o capítulo em questão: a ausência do rei mencionado acima e, de forma mais importante, a declaração do ai que abre o capítulo. Essa forma literária tipicamente inicia o oráculo que se segue, então a proeminência do rei no capítulo 32 (e o conteúdo diferente) sugere uma quebra entre os capítulos 31 e 32, e o "ai" se destaca como contexto diferente do capítulo 30.

Seguindo o passo 2 (a identificação dos gêneros), baseados na análise sobre os gêneros que fizemos, esta seria a nossa lista:

Declaração do "ai" (v. 1)
Profecia de salvação (v. 4-5)
Chamado ao arrependimento (v. 6)
Profecia de salvação (v. 7-9)

Isto nos faz refletir sobre o gênero dos v. 2-3. Observe que, de forma diferente dos v. 4-5, onde a expressão do mensageiro apresenta uma palavra de Javé para Isaías, aquele que fala em v. 2-3 (o próprio Isaías, a nosso ver) simplesmente comenta a essência radical da sabedoria de Javé, e como ela é radicalmente diferente da sabedoria dos que compram cavalos do Egito. (De acordo com o contexto, as compras são supostamente para a defesa nacional contra a ameaça assíria, por sinal, em total violação a Deuteronômio 17:16). Javé tem o poder de se levantar e trazer calamidades sobre a nação má, o que dá a entender que a

INTRODUÇÃO À INTERPRETAÇÃO BÍBLICA

compra de cavalos em questão retrata uma falta de fé na capacidade de Deus de proteger seu povo. Ainda que o gênero "Comentário" funcione, o tópico sobre sabedoria nos leva a preferir o gênero sapiencial "Instrução".

A nosso ver, para completar o passo 3 (a inter-relação entre os gêneros) temos que decidir se a instrução (v. 2-3) e o chamado ao arrependimento (v. 6) são independentes ou participam de uma seção maior que exige um reconhecimento de gênero. Já que a instrução vem depois da declaração de "ai" (v. 1), e já que a expressão do mensageiro introduz o que se segue, incorporamos v. 2-3 com o v.1. A nosso ver, a declaração de "ai" é dominante, sujeitando a instrução que a comenta. Então o gênero dos v. 1-3 é a declaração de "ai".

Uma pista nos leva a decidir o que fazer com o chamado ao arrependimento (v. 6). Sintaticamente, a conjunção coordenativa "pois" liga o versículo 6 com os versículos 7 a 9, e essa ligação quer dizer que o versículo 6 não é independente. A perspectiva esperançosa de derrota da Assíria que os v. 7-9 apresentam dão razão, na verdade o motivo em particular, para que Judá se arrependa.

A esse ponto, a pergunta é a qual gênero pertence os v. 6-9? Do mesmo modo que os versículos 1-3, acreditamos que o gênero dos versículos 6-9 é o chamado ao arrependimento, já que a sintaxe sujeita os v. 7-9 ao versículo 6. Desse modo, o nosso esboço desse texto poderia pelo menos ter duas partes principais: a declaração do "ai" (v. 1-3) e o chamado ao arrependimento (v. 6-9).

A questão mais difícil de se decidir é o que fazer com os v. 4-5. Discriminar uma terceira seção entre as duas anteriores, a profecia de salvação (v. 4-5), é bem viável. No final, decidimos juntá-los ao que se segue principalmente por uma razão retórica: que aquela estrutura envolve o maior argumento do texto, o arrependimento, com profecias de salvação, aumentando a motivação para ele. Mas, reconhecemos que um esboço de três partes para Isaías 31 com certeza é razoável. Aqui está o nosso (passo 4):

I. Declaração de Ai (Isaías) 31:1-3
  A. A declaração em questão...31:1
  B. Instrução: O contraste 31:2-3
    1. Com relação a Javé 31:2
      a. Ele é sábio, cumpridor da sua palavra 31:2a
      b. Promessa: A calamidade contra os perversos.....................31:2b
    2. Com relação aos egípcios 31:3
      a. Duas diferenças 31:3a
        1) Eles são mortais, não são deuses 31:3a.1
        2) Os seus cavalos são carne, não espírito.......................31:3a.2
      b. Consequência: Javé é imbatível 31:3b
II. Chamado ao arrependimento (Isaías) 31:4-9
  A. Profecia de salvação 31:4-5

• 632 •

GÊNEROS LITERÁRIOS DO ANTIGO TESTAMENTO

    1. Expressão do mensageiro 31:4a
    2. A mensagem: Duas imagens — Duas promessas 31:4b-5
       a. O leão: Javé, o defensor de Sião 31:4b
       b. Os pássaros: Javé, o salvador de Jerusalém 31:5
B. Chamado ao arrependimento (Isaías)..................................... 31:6-7
    1. O chamado em questão 31:6
    2. A razão ("Pois . . ."): Profecia de salvação 31:7-9
       a. Predição: O arrependimento de Judá........................ 31:7
       b. Proclamação: A derrota da Assíria 31:8-9
         1) O meio: Divino, não humano.................................... 31:8
         2) O resultado: O terror dos líderes.................................. 31:9

Tendo o esboço diante de nós, decidimos (passo 5) o gênero de toda a passagem como "chamado ao arrependimento" e afirmarmos a sua intenção (passo 6) como "motivar Judá ao arrependimento confirmando profecias de salvação garantidas pelo caráter sábio de Javé." Deixaremos o passo 7 para o nosso leitor completar como um final adequado para essa análise estrutural, com certeza, utilizando a orientação trazida pela tabela da página 629.

• 633 •

10

GÊNEROS LITERÁRIOS DO NOVO TESTAMENTO

O NT não contém tantos gêneros ou formas literários como o AT. Ainda assim, quatro gêneros mais importantes parecem com várias subformas embutidas neles. Como no AT, os princípios de interpretação podem variar de acordo com o gênero ou a forma.

EVANGELHOS

A palavra grega *euangelion* (evangelho) significa "boas-novas". Antes de o NT ser escrito, o termo geralmente se referia a notícias como o anúncio da vitória militar de um imperador. No NT, o termo se refere às boas notícias da mensagem proclamada por Jesus. Marcos deve ter sido a primeira pessoa que usou o termo dessa maneira (cf. Mc 1:1, 14-15; 8:35; 10:29; 14:9). Depois que Mateus, Marcos, Lucas e João tinham todos escrito os seus relatos sobre a vida de Jesus, os cristãos passaram a se referir também a essas narrativas como Evangelhos. Mas o sentido mais antigo ainda continuou, de forma que as pessoas que começaram primeiramente a colecionar os quatro Evangelhos juntos os intitularam "O Evangelho segundo fulano." Cada documento refletia a mensagem unificada de Jesus, que agora também se referia a ele e dele testificava em quatro relatos diferentes.[1]

Os documentos não canônicos também vieram a ter o rótulo de "evangelho" vinculado a eles. Mas nenhum desses adotou o mesmo gênero como os quatro Evangelhos canônicos. Alguns, como o evangelho copta de Tomé, não eram narrativas, mas coleções de várias palavras atribuídas a Jesus, livremente coletadas com nenhuma conexão entre elas. Outros adotavam a forma narrativa,

---

[1] Cf. M. F. Bird, *The Gospel of the Lord: How the Early Church Wrote the Story of Jesus* (Grand Rapids: Eerdmans, 2014), p. 254-269. M. Hengel (*The Four Gospels and the One Gospel of Jesus Christ* [Harrisburg: Trinity Press International, 2000]: p. 48-53), no entanto, sugere que o próprio Marcos chamou o seu documento de Evangelho e que os outros evangelistas o imitaram.

GÊNEROS LITERÁRIOS DO NOVO TESTAMENTO

mas se concentravam apenas em uma pequena fase da vida de Jesus, como a sua infância (e.g., o evangelho da infância segundo Tomé), ou a sua morte e ressurreição (e.g., o evangelho de Pedro e o evangelho de Nicodemos). Outros ainda pareciam tratados ampliados dos ensinos de Jesus depois de sua ressurreição (e.g., os evangelhos de Filipe e de Maria). A maioria desses documentos claramente veio de facções não ortodoxas do cristianismo primitivo, geralmente relacionadas ao gnosticismo. Eles contêm vários ensinos ou crenças que são lendas e/ou incompatíveis com as afirmações dos Evangelhos canônicos.[2]

Portanto, nos primeiros séculos do cristianismo, a palavra "evangelho" não se referia primariamente ao gênero literário no sentido formal. É óbvio, no entanto, mesmo a partir de um estudo superficial dos quatro Evangelhos, que esses livros têm muito em comum tanto na forma quanto no conteúdo. Portanto, nós os colocaremos na mesma categoria e buscaremos identificar o seu gênero de forma mais próxima.

Em boa parte da história da Igreja, os cristãos têm visto os Evangelhos como *biografias* de Jesus. Mas, na era moderna, esta identificação tem sido amplamente rejeitada. Afinal de contas, Marcos e João não dizem nada sobre o nascimento, a infância e os anos da juventude de Jesus. Lucas e Mateus incluem acontecimentos selecionados relacionados ao seu nascimento e um episódio sobre os seus ensinos no templo quando tinha doze anos, mas fora isso eles não falam nada a respeito. Por outro lado, todos os quatro Evangelhos dedicam um espaço desproporcionalmente imenso aos últimos dias e semanas da vida de Cristo. Além disso, os acontecimentos principais do ministério de Jesus aparecem numa ordem diferente nos vários Evangelhos, e raramente se conta quanto tempo se passou entre um acontecimento e outro.

Por isso, muitos especialistas têm buscado outras classificações para aplicar aos Evangelhos. Alguns os identificaram com gêneros bem conhecidos da ficção greco-romana. Alguns os classificaram como *aretalogias*: relatos de episódios da vida de um "homem divino", geralmente enfeitando e exagerando os feitos de um herói famoso ou de um guerreiro do passado. Alguns lhes aplicaram a linguagem da dramaturgia, associando os Evangelhos com *comédias* (histórias com um final triunfante), ou *tragédias* (histórias nas quais o protagonista é derrotado, apesar de demonstrar alguns traços de grandeza). Talvez eles formem

---

[2] As duas coleções principais de obras não canônicas nas quais esses vários Evangelhos aparecem são a de E. Hennecke, *New Testament Apocrypha, vol. 1: Gospels and Related Writings*, rev. e ed. W. Schneemelcher, trad. R. M. Wilson, 2ª ed. (Louisville: Westminster John Knox; London: James Clarke, 1990); e a de J. M. Robinson, ed., *The Nag Hammadi Library*, 3ª ed. (Leiden: Brill, 1996). Também veja R. Kasser, M. Meyer, e G. Wurst, eds., *The Gospel of Judas* (Washington, D.C.: National Geographic, 2006). Esse documento fragmentário lida com a última semana da vida de Jesus e faz de Judas um herói em vez de vilão, à moda do gnosticismo setiano.

• 635 •

INTRODUÇÃO À INTERPRETAÇÃO BÍBLICA

narrativas *épicas*, como a *Ilíada* de Homero, ou a *Eneida* de Virgílio. Alguns associam esses livros com parábolas, vendo um evangelho inteiro como um discurso metafórico criado tanto para revelar quanto para fazer mistério. E, de vez em quando, apesar de suas semelhanças, um ou mais Evangelhos são tratados como representando um gênero diferente dos outros.

Mateus, por exemplo, tem sido visto como o *midrash* de Marcos e da fonte Q (material comum a Mateus e Lucas não encontrado em Marcos): a reprodução interpretativa da tradição sagrada, na qual a história direta é elaborada e enfeitada com vários acréscimos fictícios para comunicar crenças teológicas importantes. De forma mais comum, João se destaca dos três Evangelhos "sinóticos" mais como *drama* do que como história ou biografia.[3] De forma mais conservadora, ele tem sido encarado como um julgamento hebreu (*rib*), no qual Deus traz um processo contra o seu povo.[4]

Existem problemas com cada uma dessas sugestões, no entanto, de modo que nenhuma delas atingiu um consenso. Uma visão comum nos meios acadêmicos modernos sugere que os quatro evangelistas, na essência, criaram um novo gênero quando eles redigiram os seus Evangelhos. Mas um número substancial de estudos está novamente associando os Evangelhos com a *biografia* helenística. Os leitores iniciais foram surpreendidos porque as convenções para se escrever biografias no mundo greco-romano antigo nem sempre corresponde aos padrões modernos. Os biógrafos helenistas não se sentiam levados a apresentar todos os períodos da vida do protagonista nem a narrar tudo em ordem cronológica. Eles escolhiam acontecimentos cuidadosamente para ensinar certas lições morais ou promover uma ideologia particular, e eles frequentemente se concentravam na morte da pessoa, porque eles acreditavam que o modo que as pessoas morriam revelava muito sobre o seu caráter. O prólogo de Lucas (Lc 1:1-4), na verdade, é bem parecido com as introduções de vários escritos dos judeus antigos, dos gregos e dos romanos como Josefo, Heródoto, Tácito, Arriano, Dião Cássio e Salústio.[5]

---

[3] Para a descrição mais detalhada e a crítica de cada um desses pontos de vista, com referências bibliográficas dos seus defensores representativos, veja C. L. Blomberg, *The Historical Reliability of the Gospels*, 2ª ed. (Leicester and Downers Grove: InterVarsity, 2007), p. 298-303; cf. C. L. Blomberg, *The Historical Reliability of the New Testament* (Nashville: B & H, 2016). Para outra análise recente e abrangente das propostas, veja J. A. Diehl, "What is a Gospel? Recent Studies in the Gospel Genre", *CBR* 9 (2011): p. 171-199.

[4] Veja esp. G. L. Parsenios, *Rhetoric and Drama in the Johannine Lawsuit Motif*, WUNT 258 (Tübingen: Mohr Siebeck, 2010). Ao mesmo tempo, R. Bauckham (*The Testimony of the Beloved Disciple: Narrative, History, and Theology in the Gospel of John* [Grand Rapids: Baker, 2007], p. 93–112) também apresenta paralelos significativos com a historiografia greco-romana.

[5] Sobre os Evangelhos como biografias, veja esp. R. A. Burridge, *What Are the Gospels?*, 2ª ed. (Grand Rapids: Eerdmans, 2004). Sobre Lucas 1:1-4, veja B. Witherington, *The Acts of the Apostles: A Socio-Rhetorical Commentary* (Grand Rapids: Eerdmans; Carlisle: Paternoster, 1998), p. 24-39.

GÊNEROS LITERÁRIOS DO NOVO TESTAMENTO

É óbvio, se o evangelho fala sobre Jesus, por esse critério ele se diferenciará de outras biografias helenistas. Robert Guelich traz uma análise sensata das propostas modernas sobre o gênero evangelho e conclui com a sua proposta.

> *Formalmente*, o evangelho é o relato narrativo sobre a vida pública e o ensino de uma pessoa importante que é composto de unidades tradicionais *discretas* colocadas no contexto das Escrituras [...] *Materialmente*, o gênero consiste na mensagem de que Deus estava em ação na vida, na morte e na ressurreição de Jesus levando a efeito as suas promessas encontradas nas Escrituras.[6]

Isso nos parece melhor, também. Então, "formalmente", os Evangelhos têm semelhanças com outras literaturas; "materialmente", eles demonstram ser somente cristãos. Talvez seja melhor, portanto, chamá-los de *biografias teológicas*.[7]

Consequências para a interpretação
Confiabilidade histórica

A historiografia na escrita dos Evangelhos
Padrões diferentes de citações no mundo antigo
Inclusão seletiva
Organização temática, não necessariamente cronológica
Os Evangelhos são pinturas de Jesus, não fotografias
Quanto às palavras de Jesus: temos a sua *ipsissima vox*, não suas *ipsissima verba* [sua voz autêntica, não as suas palavras exatas]

Existe uma crença bem difundida de que somente uma pequena porção dos Evangelhos canônicos preserva informações históricas precisas sobre as palavras e os atos de Jesus e de seus companheiros. Isto tem levado ao desenvolvimento da *crítica da tradição* e dos seus "critérios de autenticidade" para traçar o desenvolvimento da tradição sobre Jesus. Nesse conceito, a tradição varia dos ditos razoavelmente autênticos às combinações mais complexas entre história e lenda ou mito encontrados na forma final dos Evangelhos canônicos. Para muitos especialistas, somente o que eles consideram o estágio mais antigo ou o

---

[6] R. Guelich, "The Gospel Genre", em *The Gospel and the Gospels,* ed. P. Stuhlmacher (Grand Rapids: Eerdmans, 1991), p. 206.

[7] Cf. I. H. Marshall, "Luke and His 'Gospel,'" em *Gospel and Gospels*, ed. Stuhlmacher, p. 273-282; e L. Alexander, "What Is a Gospel?" em *The Cambridge Companion to the Gospels*, ed. S. C. Barton (Cambridge: Cambridge University Press, 2006), p. 28.

• **637** •

INTRODUÇÃO À INTERPRETAÇÃO BÍBLICA

material mais autêntico é normativo para os cristãos dos dias de hoje.[8] Outros postulam vários graus de normatividade baseados na classificação e na tradição a qual um determinado versículo ou texto pode se associar.[9] O "Jesus Seminar" ganhou notoriedade nos anos 1990 por causa dos seus dois livros que classificaram em cores todas as palavras e as narrativas de Jesus nos *cinco* Evangelhos (incluindo o evangelho gnóstico de Tomé) e concluiu que somente dezoito por cento das palavras e dezesseis por cento das narrativas de Jesus realmente refletiam algo que ele disse ou fez de forma razoavelmente precisa.[10]

Concluímos que, para ter certeza, não temos que forçar os Evangelhos, de forma anacrônica, para se adequar às convenções modernas para a redação da história ou da biografia. Em vez disso, eles têm que ser avaliados de acordo com os padrões da sua época.[11] Eles empregam paráfrases frequentes em vez de citações diretas (nem o grego nem o aramaico usavam aspas ou tinham a necessidade delas). Os leitores de hoje encontram muitas interpretações, abreviações e resumos de discursos longos e de narrativas, bem como sequências cronológicas de relatos, e uma seleção cuidadosa de material para se encaixar em um destaque teológico particular de um escritor. Mas, à medida que tudo isso seja reconhecido, os materiais do evangelho realmente se adequam muito bem aos critérios mais válidos de autenticidade.[12]

Então, por exemplo, não devemos nos surpreender quando Marcos e Lucas relatam que a voz que veio do céu no batismo de Jesus declarou: "Tu és o meu Filho amado" (Mc 1:11; Lc 3:22), enquanto o relato de Mateus diz: "Este é o meu Filho amado" (Mt 3:17). Mateus provavelmente revisou Marcos para

---

[8] A obra clássica, e talvez a mais cética do século XX, que buscou definir a história da tradição sinótica foi o livro de R. Bultmann, *The History of the Synoptic Tradition* (London: SCM; New York: Harper & Row, 1963; Peabody: Hendrickson, 1994 [original alemão de 1921]). O melhor exemplo de uma obra analisando os estágios iniciais da tradição como a mais normativa é o livro bem menos cético de J. Jeremias, *New Testament Theology, vol. 1: The proclamation of Jesus* (London: SCM; Philadelphia : Westminster, 1971).

[9] E.g., J. D. Crossan (*The Historical Jesus: The Life of a Mediterranean Jewish Peasant* [San Francisco: Harper Collins, 1991]) divide as tradições do evangelho em quatro camadas. Quanto mais recente a camada, menos ele acredita ser histórica e menos importante para definir a relevância permanente de Jesus para os cristãos (veja esp. a p. 426).

[10] R. W. Funk, R. W. Hoover, e o "Jesus Seminar", *The Five Gospels: The Search for the Authentic Words of Jesus* (New York: London: Macmillan, 1993); R. W. Funk e o Jesus Seminar, *The Acts of Jesus: The Search for the Authentic Deeds of Jesus* (San Francisco: HarperSanFrancisco, 1998).

[11] Sobre eles, veja esp. C. Hemer, *The Book of Acts in the Setting of Hellenistic History*, WUNT 49, ed. C. H. Gempf (Tübingen: Mohr, 1989), p. 63-91. Cf. S. Byrskog, *Story as History—History as Story*, WUNT 123 (Tübingen: Mohr, 2000).

[12] Veja esp. C. S. Keener, *The Historical Jesus of the Gospels* (Grand Rapids: Eerdmans, 2009); e D. L. Bock e R. L. Webb., eds., *Key Events in the Life of the Historical Jesus: A Collaborative Exploration of Context and Coherence* (Tübingen: Mohr Siebeck, 2009; Grand Rapids: Eerdmans, 2010).

GÊNEROS LITERÁRIOS DO NOVO TESTAMENTO

destacar que a voz celestial não falou somente para o benefício de Jesus, mas também para o benefício da multidão. Além disso, Mateus e Lucas diferem quanto à qual das tentações de Satanás veio em segundo ou terceiro lugar, atirar-se do templo para ser resgatado pelos anjos ou adorar a Satanás para receber todos os reinos da terra (cf. Mt 4:1-11 com Lc 4:1-13). Mas Lucas não usa nenhum conectivo cronológico no seu relato, somente as palavras *de* (mas) e *kai* (e). Lucas provavelmente colocou a segunda tentação segundo Mateus em último lugar, de modo que o clímax das tentações de Jesus, como do seu ministério em geral, termine com ele no templo em Jerusalém, um cenário que Lucas destaca.

Às vezes, as diferenças entre as passagens paralelas demonstram ser mais significativas. À primeira vista, Mateus 10:37 parece amenizar Lucas 14:26 de forma drástica. Lucas escreve: "Se alguém vier a mim e não odiar ao pai e a mãe... este não pode ser meu discípulo." Mas Mateus registra assim: "Todo aquele que ama o seu pai ou sua mãe mais do que a mim não é digno de mim." Mateus parafraseia com precisão o que Lucas relata de forma mais literal. Na linguagem e no pensamento semita, "odiar" tem uma gama mais ampla de significados do que no português, incluindo o sentido de "deixar de lado", "renunciar" ou "abandonar". A frase: "Eu prefiro isso àquilo" era geralmente falada como "Eu gosto disso e odeio aquilo."

Outra suposta contradição famosa entre os Evangelhos envolve a história da ressurreição da filha de Jairo. Em Marcos 5:21-43, Jesus é chamado duas vezes para a casa de Jairo: uma antes e outra depois de a criança morrer. Mateus 9:18-26 relata somente uma convocação: no começo da passagem, na qual Jairo diz que a criança já morreu. Pelos padrões contemporâneos de reportagem, esta seria uma inexatidão, mas à luz das tendências antigas de abreviar e dar uma visão geral dos relatos de forma significativa (combinando etapas separadas de um episódio em uma só), ninguém acusaria Mateus de falsificar o seu relato.

Poderíamos mencionar outros exemplos.[13] Todos esses tipos de mudanças são naturais e comuns nas biografias antigas e não devem ser causa de preocupação. Mas é uma questão bem diferente alegar que todas as palavras ou narrativas dos Evangelhos foram inventadas e não correspondem a qualquer padrão reconhecível ao do que Jesus disse e fez. Essas afirmações ficam bem longe do que o que as provas realmente sugerem.[14]

---

[13] Sobre a confiabilidade histórica geral dos Evangelhos, com esses e muitos outros exemplos de resoluções de supostas contradições entre as passagens paralelas, veja Blomberg, *Historical Reliability of the Gospels*, esp. as páginas 152 a 240.

[14] R. T. France, *"The Authenticity of the Sayings of Jesus", in History, Criticism and Faith*, ed. C. Brown (Downers Grove: InterVarsity, 1976), p. 130-131. Cf. A. Kirk, *"Orality, Writing,*

INTRODUÇÃO À INTERPRETAÇÃO BÍBLICA

Lendo horizontalmente e verticalmente

Gordon Fee e Douglas Stuart resumem de forma bem útil a tarefa de interpretar a combinação singular que os Evangelhos fazem entre a história e a teologia com os conceitos de pensar horizontalmente e verticalmente.[15] Devido ao fato de as várias narrativas dos ensinos e das ações de Jesus aparecerem em mais de um Evangelho, o estudante sério deve consultar uma sinopse ou uma harmonia dos Evangelhos que apresenta os relatos paralelos em colunas paralelas.[16] Então, o estudante pode *ler e pensar horizontalmente*, cruzando a página, e comparar as maneiras pelas quais os escritores dos Evangelhos descrevem uma passagem. Geralmente, os destaques diferentes de um evangelista em particular aparecem de forma mais clara nessas porções de um episódio que só ele escolheu registrar. O estudante deve aplicar esse procedimento a passagens em separado, a seções importantes da narrativa, e aos Evangelhos como unidades completas. Dessa forma, por exemplo, o leitor descobrirá que a versão de Mateus da parábola dos lavradores destaca de forma única a transferência do Reino de Deus de Israel para a Igreja (Mt 21:43), um tema que reaparece por todo o seu Evangelho (e.g., 8:10-12; 11:20-30; 13:10-12; 22:1-14; 25:31-46; e 10:5-6 em comparação com 28:18-20). Nas narrativas da ressurreição, somente Marcos ressalta o medo e a incompreensão dos seguidores de Jesus (Mc 16:8), um tema que ele, também, destaca de forma singular em outras passagens (e.g., 4:13, 40; 6:52; 8:21, 33; 9:14-29; 10:35-45). E uma leitura de todo o Evangelho de Lucas revela o seu interesse particular em retratar Jesus como o amigo dos pecadores e dos excluídos da sociedade judaica, mais notavelmente os samaritanos, os gentios, os cobradores de impostos, as prostitutas, as pessoas pobres, e as mulheres. Veja, por exemplo, as passagens exclusivas do bom samaritano (10:25-37), de Marta e Maria (10:38-42), do filho pródigo (15:11-32), do rico e do Lázaro (16:19-31), dos nove leprosos judeus e do único samaritano (17:11-19), e do fariseu e do cobrador de impostos (18:9-14).

A interpretação e a aplicação de uma passagem dos Evangelhos em particular deve destacar a ênfase diferenciada do Evangelho em que a passagem aparece, em vez de ocultar os seus destaques misturando-os com outras passagens

---

and Phantom Sources: Appeals to Ancient Media in Some Recent Challenges to the Two Document Hypothesis", NTS 38 (2012): p. 21-22.

[15] G. D. Fee e D. Stuart, *How to Read the Bible for All Its Worth*, 4ª ed. (Grand Rapids: Zondervan, 2014), p. 140-148.

[16] A edição mais completa, possivelmente com a melhor aparência, mas bem acessível, é a de K. Aland, ed., *Synopsis of the Four Gospels*, ed. rev. (New York: American Bible Society, 2010). Ela também se encontra disponível em edições grego-inglês e também somente em grego.

GÊNEROS LITERÁRIOS DO NOVO TESTAMENTO

paralelas. Deus não escolheu inspirar uma harmonia dos Evangelhos, mas quatro Evangelhos distintos, e devemos respeitar a sua escolha em vez de contrariá-la pela nossa interpretação.[17]

Podemos supor que os primeiros leitores de um Evangelho em particular reconheceriam essas diferenças depois de eles terem os outros Evangelhos escritos com os quais pudessem comparar? Sim, podemos, porque um conjunto comum de informações sobre Jesus circulava de boca em boca (geralmente chamado de *querigma*, a partir da palavra grega para "proclamação"). Por isso, os cristãos dentre os leitores de um Evangelho poderiam facilmente reconhecer as características peculiares que tornavam esse evangelho diferente do querigma padrão. Isto também significa que os autores dos Evangelhos poderiam supor que as pessoas para quem eles escreveram já tinham uma quantidade razoável de conhecimento anterior sobre Jesus e sobre a fé cristã (cf. também Lc 1:4).[18] Então, é adequado ao pensar horizontalmente usar um Evangelho para interpretar o outro, contanto que um não mascare as diferenças do outro. Por exemplo, ao comparar Mateus 27:56, Marcos 15:40, e João 19:25, é razoável deduzir que o nome da mulher de Zebedeu era Salomé, e que ela e Maria, mãe de Jesus, eram irmãs. Jesus, então, teria sido primo de dois de seus discípulos, João e Tiago. Essa informação, se for verdadeira, pode ter sido conhecida de forma bem ampla no cristianismo primitivo, de modo que nenhum evangelista sentiu uma necessidade de registrá-la. Mas não podemos provar nada disso. Qualquer aplicação sobre as histórias da morte de Jesus que destacassem mais sobre esses possíveis relacionamentos do que a informação real nos Evangelhos seria mal conduzida.

---

[17] Acredita-se amplamente que Marcos foi o primeiro Evangelho a ser escrito, que Mateus e Lucas se basearam em Marcos, bem como em outras fontes, incluindo "Q" (outros materiais comuns a Mateus e Lucas), e que João não dependia diretamente de qualquer outro escrito canônico. Essa abordagem de "crítica das fontes" significa que as diferenças de Mateus ou de Lucas com relação a Marcos, ou entre si, têm a maior probabilidade de serem importantes do que as diferenças de Marcos ou de João com relação a Mateus ou Lucas ou entre si. Mas esses pontos de vista têm sido questionados, e os métodos que incentivamos aqui não dependem em nenhuma hipótese crítica das fontes em particular. O leitor interessado em seguir esse debate deve consultar R. L. Thomas, ed., *Three Views on the Origins of the Synoptic Gospels* (Grand Rapids: Kregel, 2002); e B. Viviano, *What Are They Saying about Q?* (New York: Paulist, 2013).

[18] Isto é verdade até para João, como foi destacado recentemente por R. Bauckham, "John for Readers of Mark", em *The Gospels for All Christians*, ed. R. Bauckham (Grand Rapids: Eerdmans, 1998), p. 147-171. Cf. também Edward W. Klink, *The Sheep of the Fold: The Audience and Origin of the Gospel of John*, SNTSMS 141 (Cambridge: Cambridge University Press, 2010).

INTRODUÇÃO À INTERPRETAÇÃO BÍBLICA

	←	HORIZONTALMENTE	→	
	Mateus	**Marcos**	**Lucas**	**João**
V E R T I C A L M E N T E	1	1	1	1
		6:32-44 5000 alimentados		6:1-15 5000 alimentados
			9:10-17 5000 alimentados	
	14:13-21 5000 alimentados			
	28	16	24	21

Pensar verticalmente, portanto, tem prioridade sobre pensar horizontalmente. Queremos dizer com isso que qualquer passagem nos Evangelhos deve ser interpretada à luz da estrutura geral e dos temas daquele evangelho, apesar da natureza de qualquer relato paralelo que apareça em outros Evangelhos. Em outras palavras, é mais importante permanecer na mesma coluna de uma sinopse em vez de ir para a outra. Frequentemente, os escritores do evangelho agrupam passagens seguindo um tópico ou tema, mas não cronologicamente. Se ignorarmos estas conexões, nos arriscamos a elaborar uma interpretação falsa. Por exemplo, Lucas posiciona a história de Jesus pregando na sinagoga de Nazaré no início da sua descrição do ministério galileu (Lc 4:16-30), mesmo que cronologicamente ele tenha acontecido bem mais tarde (cf. onde a história aparece em Mc 6:1-6a; Mt 13:53-58). Isto acontece provavelmente porque ele vê o episódio como fazendo parte do programa do ministério de Jesus e da reação que ele receberia. Lucas 4:14b-15 deixa claro que muito tempo tinha se passado desde que Jesus começou a pregar na Galileia. Voltando no tempo, Lucas 5:1-11 segue para o chamado de alguns dos seus discípulos (cf. Mt 4:18-22; Mc 1:16-20) com a introdução temporariamente indefinida "uma multidão o comprimia de todos os lados para ouvir a palavra de Deus" (Lc 5:1). Mas o leitor moderno, acostumado a uma cronologia rígida nas biografias, poderia facilmente cometer o erro de presumir que a passagem de Lucas 4:16-30 se passou antes de 5:1-11 e concluir que Jesus chamou os seus discípulos por causa da sua rejeição em Nazaré![19]

---

[19] Sobre Lucas 4:16-30, veja esp. W. W. Klein, "The Sermon at Nazareth (Luke 4:14-22)", em *Christian Freedom: Essays in Honor of Vernon C. Grounds,* ed. K. W. M. Wozniak e S. J. Grenz (Lanham: University Press of America, 1986), p. 153-172.

GÊNEROS LITERÁRIOS DO NOVO TESTAMENTO

Alguns exemplos parecidos aparecem por todos os Evangelhos. Os capítulos 8 e 9 de Mateus apresentam dez milagres de Jesus de várias fases do seu ministério. Lucas 9:51—18:14 provavelmente não é uma "narrativa de viagem" ou do "ministério em Pereia" como geralmente é considerado; em vez disso, é uma coleção temática estruturada dos ensinos de Jesus todas faladas "sob a sombra da cruz", que ele sabia que logo poria fim à sua vida (9:51).[20] A passagem de Marcos 2:1 a 3:6 agrupa uma série de histórias de pronunciamentos e conflitos (sobre as quais discutiremos mais adiante). Na verdade, os agrupamentos temáticos nos Evangelhos são tão comuns que é melhor não presumir que dois episódios que aparecem juntos um do outro estejam em ordem cronológica, a menos que o texto realmente mencione isso (especificando, por exemplo, "Depois disso..."). As Bíblias nem sempre podem ajudar porque elas às vezes traduzem as palavras gregas para "e" ou "portanto" como "então" ou "agora", como se as conexões fossem temporais.

Em outros exemplos, mesmo quando as passagens aparecem em ordem cronológica, os autores dos Evangelhos parecem provavelmente ter incluído e omitido material por causa dos paralelos temáticos ou dos contrastes. Por isso, Marcos 8:31 a 9:32 apresenta, por sua vez, as predições de Jesus sobre o seu sofrimento iminente, a sua transfiguração, e o fracasso dos discípulos em exorcizar um demônio. Fazendo isso, Marcos parece sobrepor o tema da morte iminente de Jesus como uma antecipação de sua glória vindoura e para contrastar a soberania e a autoridade de Jesus com a fraqueza e a dificuldade de entendimento por parte dos discípulos. Ou também a sequência das três parábolas em Mateus 24:43—25:13 ilustra de forma clara o princípio do versículo 24:36 que ninguém pode saber quando Cristo voltará. Ele pode voltar de forma completamente inesperada (24:44), ou mais cedo do que as pessoas pensam (24:48), ou bem depois (25:5). Mesmo um relato tão diretamente cronológico como a narrativa da infância (Mt 1—2) parece mais interessado em extrair os acontecimentos que mostram Jesus como o cumprimento da Escritura (1:23; 2:6,15,18,23) e como o Rei verdadeiro de Israel (contra Herodes, o usurpador) do que apresentar algo como uma análise abrangente dos acontecimentos que envolveram o nascimento de Jesus.[21]

Pensar horizontalmente e pensar verticalmente consiste em estudar os Evangelhos dentro das linhas da crítica da redação moderna. A crítica da redação é melhor definida como a tentativa de "externar as perspectivas históricas

---

[20] Cf. esp. C. L. Blomberg, "Midrash, Chiasmus and the Outline of Luke's Central Section", em *Gospel Perspectives III: Studies in Midrash and Historiography*, ed. R. T. France e D. Wenham (Sheffield: JSOT, 1983; Eugene, OR: Wipf & Stock, 2004), p. 217-261.

[21] Cf. esp. C. L. Blomberg, "The Liberation of Illegitimacy: Women and Rulers in Matthew 1-2", *BTB* 21 (1991): p. 145-150.

• 643 •

INTRODUÇÃO À INTERPRETAÇÃO BÍBLICA

e teológicas de um escritor bíblico analisando as técnicas e interpretações editoriais e de composição utilizadas ao formar e estruturar as tradições escritas e/ou orais à disposição (veja Lc 1:1-4)."[22] Quando comparamos relatos paralelos e encontramos as partes diferentes de um evangelista em particular e depois vemos esses mesmos temas destacados por todo aquele evangelho, podemos nos sentir bem confiantes de que descobrimos um ponto chave que o autor desejava destacar. Honestamente falando, a crítica da redação tem sido amplamente deturpada, transformando diferenças em contradições, mas este é um problema com os que a praticam, não com o método em si.[23]

Primeiros destinatários dos Evangelhos

Pensar sobre os destaques teológicos e as diferenças de cada evangelho leva naturalmente à consideração de seus leitores ou destinatários originais. Seja Mateus, Marcos, Lucas e João, cada um supostamente ressaltou aspectos diferentes da vida de Cristo, principalmente porque esses aspectos eram particularmente relevantes para os indivíduos e para as congregações às quais eles eram escritos. A crítica da redação fez muito esforço para tentar reconstruir as situações dessas comunidades cristãs primitivas.

Essa iniciativa é por natureza mais especulativa do que a de comparar os paralelos para descobrir os diferenciais teológicos. Provavelmente, algumas partes de cada evangelho foram incluídas simplesmente porque elas faziam parte do querigma comum ou porque elas eram importantes para todos os cristãos (ou para os "perguntadores" interessados), não importando as suas circunstâncias específicas no momento.[24]

---

[22] R. N. Soulen e R. K. Soulen, *Handbook of Biblical Criticism*, 4ª ed. (Louisville: Westminster John Knox, 2011), p. 178.

[23] Veja esp. D. A. Carson, "Redaction Criticism: On the Legitimacy and Illegitimacy of a Literary Tool", em *Scripture and Truth,* ed. D. A. Carson e J. D. Woodbridge (Grand Rapids: Zondervan, 1983; Grand Rapids: Baker, 1992), p. 119-142. Para o breve panorama das teologias distintas de cada um dos quatro evangelistas, veja C. L. Blomberg, *Jesus and the Gospels: An Introduction and Survey,* 2ª ed. (Nashville: B&H; Leicester: InterVarsity, 2009), p. 131-135, 146-150, 163-170, 186-193. Para resumos sensíveis aos padrões temáticos, cf. p. 130, 145-146, 162-163, 185-186.

[24] Para a análise breve das propostas mais plausíveis, veja Blomberg, *Jesus and the Gospels,* p. 35-38, 150-153, 170-173, 193-197. *The Gospels for All Christians* (ed. Bauckham) defende que todos os Evangelhos foram redigidos inicialmente para atender a Igreja em geral. Existe algum sentido nisso, mas não exige descartar a noção de que tinham em mente congregações específicas como destinatários iniciais ou primários. Veja C. L. Blomberg, "The Gospels for Specific Communities and All Christians", em *The Audience of the Gospels: The Origin and Function of the Gospels in Early Christianity*, LNTS 353, ed. E. W. Klink III (London e New York: T&T Clark, 2010), p. 111-133.

• 644 •

GÊNEROS LITERÁRIOS DO NOVO TESTAMENTO

Mesmo assim, várias propostas sobre os destinatários originais dos evangelistas parecem ser prováveis. Por exemplo, no seu destaque do medo e dos equívocos dos discípulos, Marcos bem provavelmente pretendia consolar e incentivar os destinatários gentios cristãos, possivelmente em Roma, enquanto a perseguição imperial contra os cristãos aumentava. Essa hipótese está de acordo com as raras provas externas que temos sobre a redação de Marcos. Mesmo os discípulos de Jesus passando por momentos de desânimo, Deus ainda foi capaz de usá-los com poder, então os cristãos que se sentissem fracos e inadequados em outra época ou lugar poderiam se animar também. Os pregadores e os professores nos dias de hoje podem por esse motivo escolher destacar o Evangelho de Marcos de forma particular, já que eles buscam incentivar as comunidades de cristãos em dificuldades.[25]

De forma parecida, João minimiza a importância de João Batista (1:19-28, 29-34; 3:22-36). Já Atos 19:1-7 descreve um grupo estranho de "discípulos" em Éfeso, o local tradicional das igrejas às quais o apóstolo João escreveu posteriormente, que só tinham conhecimento de João Batista e não de Jesus. Os escritos cristãos posteriores (mais notavelmente *Reconhecimentos, Pseudoclementinas*, do século III) falam de uma seita do século II que adorava João. De forma bem plausível, as informações do Quarto Evangelho sobre o Batista foram redigidas para equilibrar qualquer exaltação indevida a João, em prejuízo à adoração a Cristo, que deve ter se difundido entre as igrejas de Éfeso. E, se é errado glorificar o líder humano do qual Jesus disse: "Entre os nascidos de mulher não há maior do que João" (Lc 7:28), então com certeza é inadequado exaltar os líderes humanos em qualquer época. Os cristãos contemporâneos podem escolher, portanto, destacar o retrato de João Batista apresentado no Quarto Evangelho à medida que lutam contra líderes eclesiásticos que chamam muita atenção para si mesmos e muito pouca para Cristo.[26]

Reconhecer que os discípulos nos Evangelhos representam os cristãos de todas as épocas também nos ajuda a evitar erros hermenêuticos do passado. Por exemplo, o catolicismo medieval às vezes defendia que Jesus ensinou uma ética em dois níveis. As suas exigências mais rígidas, como os votos de pobreza, eram reservadas para obreiros cristãos de tempo integral, como sacerdotes, freiras ou monges (a elite religiosa). A Igreja russa contemporânea às vezes adotou o ponto de vista, compreensível devido a décadas de perseguição, de que Jesus propôs a Grande Comissão (Mt 28:18-20) somente para os apóstolos e não para

---

[25] Veja especialmente E. Best, *Disciples and Discipleship: Studies in the Gospel according to Mark* (Edimburgo: T&T Clark, 1986). Cf. K. Brower, "'We Are Able': Cross-bearing Discipleship and the Way of the Lord in Mark", *HBT* 29 (2007): p. 177-201.

[26] Cf. mais adiante R. E. Brown, *The Community of the Beloved Disciple* (New York: Paulist, 1979), p. 69-71.

• **645** •

INTRODUÇÃO À INTERPRETAÇÃO BÍBLICA

todos os cristãos. Os dispensacionalistas, particularmente nos Estados Unidos, às vezes defenderam que devido ao fato de os discípulos de Jesus serem judeus, não se pode presumir que as instruções dadas a eles devam se aplicar a cristãos gentios. Mas a Escritura não dá base para nenhuma dessas afirmações, e a grande maioria dos intérpretes cristãos de todas as tradições teológicas ao longo dos séculos com razão as rejeitaram.

Principais questões teológicas

Como foi discutido anteriormente, os estudantes têm de interpretar todos os textos à luz do seu cenário histórico e do seu contexto literário. Eles precisam interpretar essas partes da Escritura que contêm escritos numerosos de um mesmo autor (notavelmente as epístolas de Paulo) ou os relatos múltiplos do ensino de um indivíduo (como os Evangelhos) à luz de contextos teológicos mais amplos. Para interpretar os Evangelhos de forma correta à luz da mensagem básica do ensino de Jesus, temos que entender corretamente duas questões teológicas: o ponto de vista de Jesus sobre o Reino de Deus e a natureza da sua ética.

Reino de Deus

O tema central do ensino de Jesus é o anúncio da chegada do Reino de Deus. Este reino se refere mais a um poder do que a um lugar, mais a um reino do que a um domínio. O "reinado" talvez capte esse sentido de "autoridade para governar." Mas os intérpretes continuam a debater até que ponto Jesus acreditava que o reinado de Deus tinha realmente chegado durante o seu tempo de vida e até que ponto ele o via como ainda por vir no futuro.

Outros têm opiniões diferentes sobre se o governo de Deus se concentra em capacitar o seu povo ou em redimir o mundo. Uma questão relacionada pergunta se a tarefa primordial do cristão é incentivar a transformação pessoal ou a reforma social. Um entendimento correto do relacionamento do Reino de Deus com a Igreja e com Israel também parece ser vital.

O espaço impede a consideração dos pontos fortes e fracos de cada posição importante adotada nestas questões. Concordamos com um consenso considerável de intérpretes que acreditam que o Reino de Deus chegou em parte na primeira vinda de Cristo, mas aguarda a sua consumação total no seu retorno (cf. e.g., Mc 1:15; 12:28; Lc 17:20-21 com Mt 6:10; 25:1-13; e At 1:6-8). Este é o ponto de vista frequentemente conhecido como a *escatologia inaugurada*.[27]

---

[27] Este termo tem sido associado especialmente com os muitos escritos de G. E. Ladd. Talvez a sua melhor obra sobre o Reino é *The Presence of the Future* (Grand Rapids: Eerdmans, 1974). A questão foi analisada também de forma bem abrangente em J. P. Meier, *Um judeu marginal*, 4 vols. (Rio de Janeiro: Imago, 1993), vol. 2. Para a apresentação mais sucinta e recente,

• 646 •

GÊNEROS LITERÁRIOS DO NOVO TESTAMENTO

Como a tomada de posse no início de um mandato de um presidente, Jesus inaugurou o Reino de Deus no início do seu reinado, ainda que muito mais coisas aguardem o seu cumprimento. Devido ao fato de que ele podia pregar pessoalmente só para uma pequena parcela da população mundial, a prioridade durante o seu tempo de vida era congregar ao seu redor uma comunidade de seguidores que colocaria em prática os princípios do Reino de Deus. Esses seguidores, à medida que faziam novos discípulos, poderiam finalmente demonstrar a vontade de Deus para todo o mundo no que diz respeito à vida humana em comunidade na sociedade.

Só a conversão pessoal, o arrependimento do pecado, e a fé em Jesus Cristo como Salvador e Senhor garantem a vida eterna e impede a punição eterna e a separação de Deus; então ela tem que ter prioridade sobre a transformação social (Mc 1:15; Mt 9:2; Lc 9:23-27; Jo 3:16). Mas desafiar as estruturas pecaminosas e sistêmicas também é parte importante dos propósitos de Deus para o seu mundo, e não pode ser deixado de lado (Lc 4:18-19; 7:22-23; Mt 8:17). O reino não se equivale à Igreja. A Igreja é o grupo de cristãos de todas as épocas sobre os quais Deus reina, que demonstram ao mundo a presença do seu reino. O reino não foi algo oferecido exclusivamente a Israel, rejeitado, e depois substituído pela Igreja. O que Jesus se referia como o mistério do reino não era uma mudança de Israel para a Igreja, mas o fato surpreendente de que o Reino de Deus tinha chegado sem aplicar o poder irresistível que muitos esperavam.[28]

Andrew Kirk une essas correntes de pensamento com uma formulação abrangente das prioridades do reino anunciadas por Jesus:

> O Reino resume o plano de Deus para criar uma nova vida humana possibilitando um novo tipo de comunidade entre as pessoas, as famílias e os grupos. [Ele combina] a possibilidade de um relacionamento pessoal com Jesus com a responsabilidade humana de administrar toda a natureza; a expectativa de que a mudança real é possível aqui e agora; uma avaliação realista do poder da oposição aos propósitos de Deus; a criação de novos relacionamentos humanos e a libertação final efetuada por Deus da corrupção da natureza.[29]

---

veja B. Witherington III, *Imminent Domain: The Story of the Kingdom* (Grand Rapids: Eerdmans, 2009). Witherington prefere se referir ao reino como o "Domínio de Deus".

[28] Além de Ladd, cf. esp. S. McKnight, *A New Vision for Israel* (Grand Rapids e Cambridge: Eerdmans, 1999), p. 70-155; e M. A. Beavis, *Jesus and Utopia: Looking for the Kingdom of God in the Roman World* (Minneapolis: Fortress, 2006).

[29] A. Kirk, *The Good News of the Kingdom Coming* (Downers Grove: InterVarsity, 1983), p. 47.

INTRODUÇÃO À INTERPRETAÇÃO BÍBLICA

Os estudantes precisam ter esses aspectos em mente enquanto interpretam o ensino e os atos de Jesus, incluindo aqueles nos quais Jesus não menciona necessariamente o reino de forma explícita.

Considere, por exemplo, as bem-aventuranças de Mateus 5:3-12 e Lucas 6:20-23. É significativo que as duas versões comecem e terminem com estas bênçãos no presente ("deles/de vocês *é* o reino dos céus/de Deus" [Mt 5:3; Lc 6:20]), mas intercalam entre estas promessas no presente algumas promessas no tempo futuro (você *será* satisfeito, eles *serão* satisfeitos [Mt 5:6; Lc 6:21, destaque nosso]). As pessoas que vivem da maneira que Jesus descreve nas bem-aventuranças (os pobres, os que choram, os mansos...) são abençoadas espiritualmente no presente através da vida em Cristo e na sua Igreja, mas eles podem esperar uma compensação total pelo seu sofrimento somente na vida vindoura. Novamente, um entendimento correto da teologia do reino impede criar uma quebra imprópria entre Mateus 5:3 ("Bem-aventurados os pobres de espírito") e Lucas 6:20 ("Bem-aventurados os pobres"). Aqueles que são abençoados são os pobres materiais e espirituais. O conceito hebraico provável por trás do termo grego usado aqui é *'anawim*, o pobre piedoso que "segue sem fingimento diante de Deus como a sua única esperança."[30]

Então, também, quando lemos em Mateus 6:33 e Lc 12:30 para "buscar primeiro o reino [de Deus] e a sua justiça e todas essas coisas [comida adequada, bebida e roupas] serão acrescentadas", temos que evitar dois equívocos opostos. Um erro supõe que Jesus garantiu saúde e riqueza (ou mesmo um padrão de vida com um mínimo de decência) para todos que o colocam em primeiro lugar em sua vida. Muitos cristãos fiéis por toda a história da Igreja e particularmente no terceiro mundo nos dias de hoje simplesmente não experimentam essas bênçãos. E é quase diabólico acusar todos esses cristãos de ter uma fé insuficiente. Por outro lado, não podemos ter a liberdade indevida de espiritualizar o texto para que não traga exigência alguma sobre os filhos de Deus para ajudar os seus irmãos e irmãs carentes de forma material. Em Marcos 10:29-30, Jesus promete aos seus seguidores que deixaram os seus lares por causa do discipulado que eles receberão "casas" e "terras" "cem vezes tanto nesse tempo", bem como vida eterna na era vindoura. Em outras palavras, Jesus antecipou que os seus seguidores dividiriam os bens materiais uns com os outros![31]

---

[30] R. A. Guelich, *The Sermon on the Mount* (Waco: Word, 1982), p. 75.

[31] Cf. C. L. Blomberg, "On Wealth and Worry: Matthew 6:19-34-Meaning and Significance", *CTR* 6 (1992): p. 73-89; D. M. May, "Mark 3:20-35 from the Perspective of Shame/Honor", *BTB* 17 (1987): p. 83-87.

GÊNEROS LITERÁRIOS DO NOVO TESTAMENTO

A ESSÊNCIA ATUAL DO REINO DE DEUS (DOS CÉUS)
"Já, mas ainda não"
Inaugurado, mas não consumado
Espiritual, não político

Talvez o resumo mais simples da teologia do reino proclamada por Jesus é a frase "já, mas ainda não." Os cristãos lutando com ministérios vacilantes ou situações pessoais difíceis, bem como os que estão passando por muitas vitórias e triunfos, precisam de forma consistente equilibrar o seu desespero e o seu entusiasmo lembrando a si mesmos das duas partes dessa frase. A perspectiva de Jesus sugere que alguns cristãos devem participar da política para ajudar a mudar o mundo? Sim, e ele promete que eles podem frequentemente esperar ter um efeito positivo, ainda que possivelmente nunca cheguem a saber a extensão desse efeito. Um cristão deve orar pela cura de uma doença? Claro, e às vezes Deus responderá de forma positiva, mas sempre nas suas condições, ainda que frequentemente, em vez disso, ele escolha operar através da fragilidade humana (1Co 12:8-9). Os cristãos podem esperar a vitória sobre os pecados que continuam a flagelá-los? Sim, pelo menos até certo ponto, geralmente por um período substancial de tempo, mas recaídas dolorosas podem acontecer, e Deus garante a vitória final do outro lado da eternidade.

Ética de Jesus

Entender a teologia do reino de Jesus capacita os intérpretes a entender bem as suas exigências éticas. Os intérpretes com frequência ficam admirados com seu rigor. Em nenhuma passagem ele fica tão claro como no Sermão do Monte. Será que Jesus seriamente esperava que os seus seguidores vissem o ódio como assassinato, a cobiça a alguém do sexo oposto como adultério, nunca fizessem retaliação quando fossem prejudicados, e realmente amassem os inimigos (Mt 5:21-48)? Já observamos a *reação católica tradicional*: só se espera que discípulos selecionados sigam estas regras mais rígidas. Os *luteranos* frequentemente viam a ética de Jesus como "lei" (em vez de "evangelho") criada para demonstrar a nossa condição pecaminosa e nos por de joelhos em arrependimento e fé em Cristo. De modo diferente desses dois pontos de vista, observe que Jesus dirigiu as suas palavras para todos os seus discípulos, bem como às multidões de seguidores potenciais que vinham de toda parte para ouvi-lo (Mt 5:1). Os *anabatistas* frequentemente encaravam esses conselhos como aplicáveis à vida pública e a todas as pessoas da face da terra, então eles renunciaram a toda violência e se tornaram pacifistas. Tolstoi teve uma reação parecida a nível pessoal, como muitos menonitas e outros nos dias de hoje.

• 649 •

INTRODUÇÃO À INTERPRETAÇÃO BÍBLICA

Mas em nenhum lugar Jesus ensina que os seus princípios do reino devem formar a base para a lei civil. Os *liberais do século XIX* frequentemente pregavam um "evangelho social" do progresso humano e a evolução moral a partir da transformação pessoal da conversão a Cristo, mas as guerras do século XX silenciou grande parte do seu otimismo. Os *existencialistas* veem no ensino de Jesus um precedente para chamados decisivos para uma ação ética sem ver parte alguma do seu ensino como verdade absoluta. Os *dispensacionalistas* tradicionalmente reservaram a ética do reino de Jesus para o milênio e não os acham diretamente relevantes para os cristãos nos dias de hoje. Mas isto exige que se corte mais o vínculo entre Israel e a Igreja do que permite as Escrituras. Jesus escolheu doze discípulos, por exemplo, com certeza foi de propósito para seguir o modelo das doze tribos de Israel e retratar a comunidade dos seus seguidores como o novo local da atividade salvífica de Deus.[32]

Finalmente, nenhuma dessas abordagens faz jus à estrutura interpretativa da escatologia inaugurada de Jesus. A maioria dos ensinos de Jesus se aplica a todos os cristãos em todas as situações, a menos que a própria Escritura claramente imponha alguma limitação. Quando Jesus encerra a seção do Sermão do Monte ao qual nos referimos anteriormente, ele declara: "Sejam perfeitos [completos, maduros; gr. *teleios*[33]], como é perfeito [completo, maduro] o Pai celestial de vocês" (Mt 5:48). Este permanece o padrão ou ideal de discipulado para todos os cristãos. Não atingiremos a perfeição nesta vida, mas podemos chegar a um bom nível de maturidade. Os padrões de Jesus devem ser o nosso objetivo constante ("já, mas ainda não"). Ele criou a sua ética para *todos* os fiéis, não para uns poucos escolhidos. Mas ainda que a sua ética seja primariamente para crentes, não ousamos impô-la sobre aqueles que não são domésticos da fé. Não podemos esperar que os descrentes sigam ou apreciem a vontade de Deus, ainda que (através da graça comum) nós às vezes nos surpreendamos com alegria quando eles o fazem. Não temos que tentar forçar um mundo não regenerado a aderir aos seus padrões, ainda que com certeza os cristãos possam usar todos os meios disponíveis para cultivar uma sociedade ética.[34]

---

[32] O "dispensacionalismo progressivo" contemporâneo está se distanciando de muitos princípios tradicionais como este. A análise mais completa das interpretações do Sermão do Monte é a de C. Baumann, *The Sermon on the Mount: The Modern Quest for Its Meaning* (Macon: Mercer, 1985).

[33] BDAG sugere que o significado aqui é "ser totalmente desenvolvido no sentido moral" (p. 996).

[34] A explicação mais detalhada da ética de Jesus a partir da perspectiva da escatologia inaugurada é a de A. Verhey, *The Great Reversal: Ethics and the New Testament* (Grand Rapids: Eerdmans, 1984). Sobre esta perspectiva, discutindo a ética cristã de forma mais geral, veja esp. G.

GÊNEROS LITERÁRIOS DO NOVO TESTAMENTO

De vez em quando, no entanto, o contexto nos próprios Evangelhos claramente limita a aplicação de alguns ensinos de Jesus. Por exemplo, algumas restrições severas de Jesus colocadas sobre os doze quando ele os enviou na sua primeira missão (Lc 9:3-5) foram posteriormente anuladas (22:35-38). Jesus não queria que o seu comando para o jovem rico de vender tudo o que ele tinha e dar aos pobres (Lc 18:22) se aplicasse a todos os discípulos, porque logo depois Jesus elogia a Zaqueu por dar (somente!) metade de seus bens aos pobres (19:8-9). Depois ele conta uma parábola elogiando dois servos que investiram sabiamente o dinheiro do seu mestre para o seu benefício em vez de distribui-lo (19:11-27). Semelhantemente, a afirmação sobre o divórcio e o novo casamento em Mateus 19:9 não poderia ter exceção alguma à vista quando Jesus declarou que todos os que se divorciam "exceto por infidelidade conjugal" e se casam com outra pessoa cometem adultério. Mais tarde, Paulo se sentiu livre para acrescentar uma nova exceção baseada em uma nova situação que Jesus não enfrentou no seu tempo de vida: um cônjuge descrente que quer deixar o cristão (1Co 7:15-16).[35] Mas sem que se use algum princípio hermenêutico explicável, é irresponsável para os intérpretes supor que algum ensino de Jesus não se aplique a nós nas circunstâncias atuais.

Formas literárias dentro dos Evangelhos

Como já observamos para o AT, vários gêneros literários (obras inteiras) têm princípios interpretativos diferentes, e temos que tratar frequentemente os gêneros individuais (unidades menores com conteúdo próprio) de formas distintas. Nos Evangelhos, as três formas mais usadas e distintas que merecem atenção especial são a parábola, a história de milagre e a história de pronunciamento.[36]

H. Stassen e D. P. Gushee, *Kingdom Ethics: Following Jesus in Contemporary Context* (Downers Grove: InterVarsity, 2003).

[35] O último desses exemplos é o mais controvertido. Mas veja C. L. Blomberg, "Marriage, Divorce, Remarriage and Celibacy: An Exegesis of Matthew 19:3-12", *TrinJ* 11 (1990): p. 161-196.

[36] A crítica da forma tem, obviamente, tentado fazer mais do que simplesmente analisar as formas literárias que fazem parte dos Evangelhos para os interpretar de forma correta. E.g., tem se tentado reconstruir a história oral dessas formas. Veja esp. E. V. McKnight, *What is Form Criticism?* (Philadelphia : Fortress, 1969). Mas a análise das formas tem sido a iniciativa mais objetiva e bem-sucedida, e a única que tratamos aqui. Para a análise mais atualizada e a crítica do método, veja N. Perrin, "Form Criticism", em *Dictionary of Jesus and the Gospels,* ed. J. B. Green; 2ª ed. (Downers Grove: InterVarsity, 2013), 288-294. Para maiores detalhes sobre a variedade de formas nos Evangelhos, veja J. L. Bailey e L. D. Vander Broek, *Literary Forms in the New Testament* (Louisville, KY: Westminster John Knox, 1992), p. 91-183.

• **651** •

INTRODUÇÃO À INTERPRETAÇÃO BÍBLICA

Parábolas

As histórias que Jesus contou, como a do bom samaritano, do filho pródigo, e do semeador, estão na lista das passagens mais famosas e populares de toda a Bíblia. Os leitores modernos geralmente expressam surpresa ao descobrir como essas parábolas têm sido interpretadas de forma diferente na história da Igreja. Até este século, a maioria dos intérpretes tratava as parábolas como alegorias detalhadas, supondo que a maioria ou todos os personagens ou objetos em uma parábola simbolizavam alguma coisa além do literal, chamados de equivalentes espirituais que permitiam que a história fosse lida em dois níveis. Então, por exemplo, na história do filho pródigo (Lc 15:11-32), o anel que o pai deu ao filho pródigo pode representar o batismo cristão; e o banquete, a Ceia do Senhor. O manto pode refletir a imortalidade, e os sapatos, a preparação de Deus para a caminhada rumo ao céu.[37]

Poucas vezes, no entanto, duas interpretações alegóricas da mesma parábola concordam, e o que um detalhe em particular representa geralmente parece arbitrário ou até mesmo anacrônico (nem o batismo cristão nem a ceia do Senhor tinham sido instituídos quando Jesus contou a parábola do filho pródigo). No final do século XIX, o liberal alemão Adolf Jülicher escreveu uma longa exposição dessas incoerências e propôs uma alternativa diametralmente oposta. Ele defendeu que as parábolas não são alegorias de modo algum, e que nenhum detalhe "significa" coisa alguma. Em vez disso, há uma só moral para cada parábola, já que elas ensinam verdades bem gerais sobre as realidades espirituais. Por isso, toda a história do filho pródigo pode ser reduzida à lição da "alegria ilimitada do perdão de Deus." A riqueza de detalhes simplesmente acrescenta realismo, vida e cor.[38]

Os intérpretes do século XX buscaram cada vez mais maneiras de fugir do princípio de Jülicher sem voltar aos excessos alegóricos dos seus antecessores.[39]

---

[37] A história mais completa da interpretação, incluindo esses exemplos, é a de W. S. Kissinger, *The Parables of Jesus: A History of Interpretation and Bibliography* (Metuchen, NJ: Scarecrow, 1979). Para a pesquisa mais recente sobre as abordagens principais, veja D. B. Gowler, *What Are They Saying about the Parables?* (New York: Paulist, 2000).

[38] A. Jülicher, *Die Gleichnisreden Jesu*, 2 vols. (Freiburg: Mohr, 1899), 2: 362. Uma das omissões mais estranhas dos estudos bíblicos modernos é a de que ninguém publicou tradução alguma da obra de Jülicher para o inglês.

[39] Os dois estudos mais importantes sobre as parábolas realizados no século XX são a obra de C. H. Dodd, *The Parables of the Kingdom* (London: Nisbet, 1935); e a obra de J. Jeremias, *The Parables of Jesus*, 3ª ed. (London: SCM; Philadelphia : Westminster, 1972 [orig. alemão de 1947]). A definição que Dodd fez de parábola é clássica: "uma metáfora ou símile baseada na natureza da vida comum, cativando o ouvinte por sua vida ou estranheza, e deixando a mente em dúvida o suficiente sobre a sua aplicação precisa para incentivar um pensamento ativo" (p. 16). Mas Jeremias nos relembrou que por trás da palavra grega *parabolē* está a palavra hebraica *māshāl*,

GÊNEROS LITERÁRIOS DO NOVO TESTAMENTO

A maioria rejeitou essas moralizações bem superficiais e relacionou as verdades centrais das parábolas mais diretamente com a proclamação de Jesus quanto ao Reino de Deus. Muitos reconheceram que as parábolas às vezes quebram os vínculos com a realidade e subvertem de forma impressionante as expectativas convencionais. Sendo assim, nenhum chefe de família antigo, oriental e bem-sucedido teria corrido para saudar um filho desobediente (uma ação muito indigna) ou o interromperia antes de ele terminar o seu discurso de arrependimento, mas Deus vai mais longe do que os pais humanos ao tentar buscar e salvar o perdido. Devido ao fato de a maior parte da parábola (como as parábolas em geral) se basear nas experiências da vida cotidiana para ilustrar verdades análogas sobre a vida espiritual, a parte que não é realista se destaca bem mais em comparação com a outra.

Uma minoria crescente de intérpretes novamente considera adequada uma pequena proporção de interpretação alegórica. É difícil entender a história do pródigo contada por Jesus sem supor que o pai de algum modo representa Deus (ou mesmo Cristo); que o pródigo representa todas as pessoas desobedientes e rebeldes (como os cobradores de impostos e os "pecadores" de 15:1); e que o irmão mais velho representa o hipócrita moralista (como os fariseus e os escribas de 15:2). O contexto literário de uma parábola tem que ser consultado, contrariando Jülicher e muitos existencialistas contemporâneos, como um guia confiável para o sentido da própria parábola. Ao mesmo tempo, muitos têm sido relutantes em deixar a busca de uma verdade central para cada passagem. Mas com respeito a essa questão, voltamos ao filho pródigo. A ideia principal é a possibilidade de arrependimento por parte dos mais rebeldes? Ou é um destaque do perdão que Deus oferece a todos os seus filhos? Ou talvez seja um aviso para não imitar a dureza de coração do irmão mais velho?[40]

Encontramos o caminho para ir adiante através de uma observação das parábolas como ficção narrativa. Os exemplos mais extensos desse gênero literário (os romances ou histórias curtas) frequentemente comunicam o sentido

---

que tem um campo semântico bem amplo, incluindo "figuras de linguagem de todo tipo: parábola, símile, alegoria, fábula, provérbio, revelação apocalíptica, enigma, símbolo, pseudônimo, personagem fictício, exemplo, tema, argumento, apologia, refutação, piada" (p. 20).

[40] Dois críticos literários evangélicos importantes que reconheceram a alegoria e os vários princípios morais nas parábolas foram Ryken (veja esp. o seu livro *How to Read the Bible as Literature* [Grand Rapids: Zondervan, 1984], p. 139-153, 199-203) e J. Sider, *Interpreting the Parables* (Grand Rapids: Zondervan, 1995). K. R. Snodgrass (*Stories with Intent: A Comprehensive Guide to the Parables of Jesus* [Grand Rapids: Eerdmans, 2008]) prefere classificá-las como analogias, mas a sua exegese permanece extremamente parecida com a daqueles que as consideram alegorias limitadas. K. Bailey é bem útil para distinguir a realidade do elemento surpresa nas parábolas (veja esp. os seus livros *Poet and Peasant* e *Through Peasant Eyes* [Grand Rapids: Eerdmans, 1983] — 2 vols. encadernados em um).

INTRODUÇÃO À INTERPRETAÇÃO BÍBLICA

por meio dos seus personagens principais. Eles incentivam os leitores a se identificar com um ou mais personagens e vivenciar a trama da história a partir de seus vários pontos de vista. As parábolas dos rabinos funcionavam de forma bem parecida. Quando analisamos as parábolas nos termos dos seus principais personagens (ou grupos de personagens), descobrimos que aproximadamente dois terços das histórias de Jesus têm uma estrutura *triádica*. Com maior frequência, um dos personagens é a figura do mestre (rei, mestre, pai, pastor) e dois são subordinados rivais (servos, filhos, ovelhas). Considere, por exemplo, o noivo com os seus grupos diferentes de virgens convidadas (Mt 25:1-13), o pastor com a sua ovelha perdida e as noventa e nove seguras (Lc 15:3-7), o semeador com suas três porções de sementes e solos infrutíferos em contraste com um uma seção frutífera (Mc 4:3-9). Em outros casos, os personagens ou grupos de personagens se relacionam de formas diferentes, mas ainda existem três (o homem que é assaltado e espancado, os dois religiosos que o ignoram, e o samaritano que o ajuda, Lc 10:29-37). Ou podemos considerar o rei, o servo a quem ele perdoa uma dívida enorme e o subordinado daquele servo que não recebe o perdão mesmo de uma quantia irrisória (Mt 18:23-35).

Em cerca de um terço das parábolas, a narrativa se mostra curta e a sua estrutura mais simples. Às vezes elas contrastam dois personagens sem mestre algum: o construtor sábio e o construtor tolo (Mt 7:24-27), o fariseu e o cobrador de impostos (Lc 18:9-14). Ou um mestre e um subordinado podem aparecer, como na parábola do servo inútil (Lc 17:5-8). Ainda em outros exemplos, encontramos uma estrutura monádica. Neles só um personagem aparece, como na parábola da semente de mostarda e do fermento (Lc 13:18-21), do construtor da torre e do rei que se prepara para a guerra (Lc 14:28-33), e do tesouro escondido e da pérola de grande valor (Mt 13:44-46).

À luz de nossos exemplos de problemas para interpretar o filho pródigo, parece razoável sugerir que os leitores devam considerar cada parábola sob a perspectiva de cada um dos personagens principais. As três maiores sugestões para a "moral" de Lucas 15:11-32, na verdade, surgem exatamente desse procedimento. Destacar o pródigo ensina sobre o arrependimento; seguir as ações do pai revela o seu amor imensurável e perdão; e observar o filho mais velho adverte contra a dureza de coração. Todas as três morais refletem parte do significado da parábola.[41]

Parece que muitos intérpretes já adotaram inconscientemente esta abordagem. Robert Stein, por exemplo, resume a "moral" da parábola da grande ceia (Lc 14:16-24) da seguinte forma:

---

[41] Para maiores detalhes da abordagem que sugerimos aqui, veja C. L. Blomberg, *Interpreting the Parables*, 2ª ed. (Downers Grove: InterVarsity; e Nottingham: Apollos, 2012).

GÊNEROS LITERÁRIOS DO NOVO TESTAMENTO

É impossível ao ler esta parábola ficar sem interpretar os convidados e os seus substitutos como representando as atitudes dos fariseus/escribas/líderes religiosos e as dos marginalizados de Israel... a parábola não era alegórica, porque ela propõe só um ponto principal de comparação. A moral é que chegou o Reino de Deus e os que deveriam tê-lo recebido (a elite religiosa) não o fizeram, enquanto os menos propensos a recebê-lo (os publicanos, os pobres e as prostitutas etc.) o acolheram.[42]

Mas esta "moral" realmente se articula em três frases independentes. A interpretação de Stein parece perfeitamente correta, mas ela é inexata em definir uma moral e assim negar um caráter alegórico à parábola.

Com certeza, existem maneiras de combinar os dois ou três pontos de vista das parábolas diádicas e triádicas em uma frase simples. Quando isso funcionar, é provavelmente desejável fazer isso para ilustrar a unidade temática da passagem e a relação entre as várias lições aprendidas ao ler a história por meio dos olhos dos seus vários personagens. Por isso, podemos deduzir da parábola dos dois filhos (Mt 21:28-32) lições dos três personagens: (1) como o pai mandando os filhos trabalhar, Deus ordena que todas as pessoas façam sua vontade; (2) como o filho que no fim desobedeceu, alguns prometem mas não agem direito, e por isso são rejeitados por Deus; (3) como o filho que obedeceu no final, alguns se rebelam, mas depois se submetem e, dessa forma, são aceitos.

Então, surge uma forma possível de combinar essas três morais: "O desempenho é superior à simples promessa." Essa formulação ajuda os pregadores e os professores a comunicar a mensagem da parábola de uma forma bem mais fácil de lembrar! Alguém pode harmonizar esta pequena proposta com a série maior de três morais falando de um ponto com três subpontos, ou igualando o pequeno resumo com a trama da parábola e as frases maiores com seus vários pontos de vista.

Nem todas as parábolas, especialmente as mais compridas com narrativas mais complexas, permitem uma lição simples e unificada de forma tão fácil. É mais sustentável, então, preservar uma redação mais detalhada e possivelmente mais complicada do que criar um resumo muito curto que se arrisca a perder parte da mensagem do texto. Então, por exemplo, na parábola do bom samaritano, os intérpretes devem se esforçar para preservar todas essas três vertentes de sentido que frequentemente se percebem. Do exemplo do sacerdote e do levita vem o princípio de que a posição religiosa ou a casuística legalista não justifica a

---

[42] R. H. Stein, *An Introduction to the Parables of Jesus* (Philadelphia: Westminster, 1981), p. 89; cf. S. Kistemaker, *The Parables: Understanding the Stories Jesus Told*, 2ª ed. (Grand Rapids: Baker, 2002), p. 40, sobre a parábola do semeador. Os dois textos, mesmo assim, continuam sendo obras introdutórias excelentes para estudar as parábolas.

• 655 •

INTRODUÇÃO À INTERPRETAÇÃO BÍBLICA

falta de amor; com o samaritano aprendemos que devemos ter compaixão pelos necessitados; do homem jogado na sarjeta surge a lição de que até um inimigo é um próximo. Ou, no caso da parábola dos lavradores, quatro personagens ou grupos de personagens principais nos ensinam: (1) Deus é extremamente paciente em esperar que o seu povo rebelde faça a sua vontade; (2) um dia virá, no entanto, que esta paciência se esgotará e ele destruirá os que permanecem rebeldes; (3) os seus propósitos não serão frustrados porque ele levantará novos seguidores obedientes; e (4) esta mudança ocorrerá na época da rejeição dos judeus e da crucificação de Cristo (Mc 12:1-11).

Mesmo que existam outras coisas importantes que possamos dizer sobre as parábolas, um ponto é crucial. Como discurso metafórico, as parábolas criam um impacto através da escolha de imagens e da forma narrativa, que se perde muito quando se tenta comunicar o seu sentido com uma ou mais propostas. Ainda contra a chamada nova hermenêutica (veja o capítulo 2), é possível e importante traduzir as parábolas em linguagem proposicional. De outro modo, os leitores modernos podem não entender o seu sentido![43] Mas, ainda contra a chamada nova hermenêutica (veja cap. 2), é igualmente adequado considerar a reprodução da parábola numa roupagem moderna para recriar o efeito que possivelmente teve sobre os seus destinatários originais. Depois de dois milênios de familiarização, esses textos às vezes transmitem para os leitores modernos exatamente o oposto do que Jesus pretendia originalmente. Nos dias de hoje, mesmo o ocidental que não conhece quase nada da Bíblia "sabe" que o samaritano é compassivo e que os fariseus são os "vilões". Mas isto *não tem nada a ver* com o que o judeu do século I teria pensado, pois os samaritanos eram os mestiços odiados e os fariseus eram os líderes religiosos mais populares. Para ter o impacto adequado no século XXI sobre uma típica igreja conservadora de um bairro nobre, composta por empresários e de maioria branca, o pregador pode pensar em recontar a história com o homem assaltado como um imigrante africano, o sacerdote como um destacado pastor local, o levita como um cantor *gospel* famoso e o samaritano como um muçulmano árabe (ou talvez uma lésbica ateia). Esses pregadores que têm uma congregação particularmente elitista e preconceituosa podem também considerar se a fidelidade à Bíblia a esse nível poderia custar o seu emprego e se eles estão preparados para pagar esse preço![44]

---

[43] A melhor e mais completa exposição das parábolas a partir dessa perspectiva da nova hermenêutica é B. B. Scott, *Hear Then the Parable* (Minneapolis: Fortress, 1989). Mas esta obra precisa ser lida à luz da crítica metodológica consistente de A. C. Thiselton, *The Two Horizons: New Testament Hermeneutics and Philosophical Description* (Grand Rapids: Eerdmans, 1980).

[44] A inspiração para a "contemporização" do bom samaritano vem de Stuart e de Fee (*How to Read the Bible for All Its Worth*) 4ª ed. (Grand Rapids: Zondervan, 2014], p. 166). Bailey

GÊNEROS LITERÁRIOS DO NOVO TESTAMENTO

Histórias de milagre

Outra "forma literária" nos Evangelhos é a história de milagre. Um milagre bíblico "é um acontecimento muito surpreendente, além do que se considera humanamente possível, no qual se crê que Deus age, diretamente ou através de um intermediário."[45] Os temas comuns incluem a descrição do sofrimento de alguém, um clamor por ajuda, a reação do operador de milagres a esta reação. Várias outras características, com muitas variações, também aparecem frequentemente.[46]

Desde o Iluminismo, todos os intérpretes, exceto os mais conservadores, têm tentado racionalizar ou desmistificar estas histórias. A abordagem mais antiga e racionalista buscou explicar os acontecimentos aparentemente sobrenaturais dos Evangelhos como naturais cientificamente. A multiplicação dos pães para os 5.000 que compunham a grande multidão compartilhando pedacinhos de pão antecipando a instituição da ceia do Senhor por Jesus. Ele pareceu andar sobre as águas porque ele estava andando sobre um banco de areia bem próximo à superfície.

Em meados do século XIX, esta abordagem foi geralmente rejeitada ou desencorajada. Os especialistas viam as histórias de milagre como mitos, relatos fictícios criados para glorificar e exaltar Jesus e promover a sua divindade. No século XX, os críticos da forma e os teólogos existencialistas desenvolveram a ideia da desmitologização, buscando a mensagem teológica de uma história de milagre que as pessoas ainda poderiam acreditar e aplicar em uma era científica que tinha descartado o sobrenatural. Em outras palavras, eles procuraram pelo que tinha sobrado depois de eles terem descascado o "mito". Por isso, enquanto Jesus poderia não ter curado pessoas das doenças ou exorcizado demônios, mesmo assim ele capacitou as pessoas a abraçar a cura psicossomática e a rejeitar todas as manifestações do mal que ameaçavam o bem-estar pessoal delas.[47]

(Peasant Eyes, p. 48) comenta a partir da perspectiva de um missionário ocidental no Oriente Médio que ele não teve "a coragem para contar para os palestinos uma história sobre um israelense nobre, nem uma história sobre um turco nobre para os armênios."

[45] E. Eve, *The Jewish Context of Jesus' Miracles*, JSNTSup 231 (New York: London: Sheffield Academic Press, 2002), p. 1.

[46] Para a análise mais completa, veja G. Theissen, *The Miracle Stories of the Early Christian Tradition* (Edimburgo: T&T Clark, 1983).

[47] Para a análise e a crítica das várias abordagens aos milagres na visão do Iluminismo, veja esp. C. Brown, *Miracles and the Critical Mind* (Exeter: Paternoster; Grand Rapids; Eerdmans, 1984). H. E. G. Paulus e D. F. Strauss foram dois gigantes do século XIX das escolas racionalistas e mitológicas de interpretação, respectivamente. No século XX, o programa de desmitologização de R. Bultmann se destaca sobre todos os outros.

INTRODUÇÃO À INTERPRETAÇÃO BÍBLICA

A ciência, com certeza, nunca refutou o sobrenatural. Por causa das incertezas inerentes na teoria da relatividade de Einstein e do princípio de indeterminação de Heisenberg, a física quântica deixou os cientistas contemporâneos bem mais cautelosos em falar sobre a impossibilidade da existência de Deus e da sua intervenção direta sobre a história humana. Enquanto isso, os cristãos evangélicos nunca abandonaram a crença nos milagres bíblicos como acontecimentos históricos.[48] Ironicamente, muitas aplicações conservadoras dos milagres do evangelho têm sido bem pouco diferentes da desmitologização liberal. Os conservadores não rejeitam o milagre; eles simplesmente o limitam aos tempos bíblicos! Jesus pode ter acalmado a tempestade de forma sobrenatural, mas seríamos tolos em esperar que ele interfira nas questões do clima hoje em dia. Quando o evangelista e político Pat Robertson, em meados dos anos 1980, afirmou que ele ajudou a fazer o furacão a dar meia-volta para sair da costa leste dos Estados Unidos através da oração, ele foi ridicularizado tanto pelos seus companheiros evangélicos como por não evangélicos. Em vez disso, é dito para nós que a correta aplicação dessa história de milagre é que Jesus "acalma a tempestade de nossa vida", nos capacitando a ter paz em meio às crises. Com essa interpretação o elemento distintamente sobrenatural do relato parece irrelevante!

Os intérpretes das várias tradições teológicas cada vez mais reconhecem uma abordagem melhor.[49] As histórias de milagre nos Evangelhos funcionam primeiro *cristologicamente* para demonstrar quem era Jesus, e depois *dentro da história da salvação* para comprovar as suas afirmações de que o Reino de Deus estava interferindo na história humana. Por isso, quando Jesus exorcizou um demônio, ele declarou: "Mas se é pelo Espírito de Deus que eu expulso demônios, então chegou a vocês o reino de Deus" (Mt 12:28). Quando João Batista enviou mensageiros da prisão para perguntar a Jesus se ele realmente era o Messias que havia de vir, ele lhes disse para contar ao seu mestre: "os cegos veem, os aleijados andam, os leprosos são purificados, os surdos ouvem, os mortos são ressuscitados, e as boas novas são pregadas aos pobres; e feliz é aquele que não se escandaliza por minha causa" (11:5-6). O fato de ter acalmado a tempestade, portanto, mostra Jesus exercendo prerrogativas divinas. Como o próprio Javé no AT, Jesus é o Senhor do vento e das ondas (cf. Jn 1—2 e Sl 107:23-32). Os relatos do evangelho concordam que esse milagre forçou os discípulos de Jesus a levantar a questão da sua identidade (Mt 8:27; Mc 4:41; Lc 8:25). E, a despeito

---

[48] Boa parte da sua melhor defesa acadêmica recente aparece em R. D. Geivett e G. R. Habermas, eds., *In Defense of Miracles* (Downers Grove: InterVarsity, 1997).

[49] Cf. esp. G. H. Twelftree, *Jesus the Miracle Worker* (Downers Grove: InterVarsity, 1999); Meier, *A Marginal Jew*, 2: 509-1038; e R. Latourelle, *The Miracles of Jesus and the Theology of Miracle* (New York: Paulist, 1988).

GÊNEROS LITERÁRIOS DO NOVO TESTAMENTO

do fato de que esse milagre em particular não aparece em João, o Quarto Evangelho consistentemente afirma que os milagres são "sinais" (provas de que Jesus é o Filho de Deus) que foram feitos para trazer as pessoas à fé em Cristo (e.g., Jo 2:11; 7:31; 10:25; 20:31).[50]

Algumas histórias de milagres mais incomuns de repente fazem sentido quando são interpretadas à luz do governo de Deus que a pessoa e a obra de Jesus apresentou. Transformar água em vinho simbolizou a novidade alegre do reino contra as restrições antigas do judaísmo; amaldiçoar a figueira trouxe uma lição concreta e viva sobre a destruição de Israel se persistisse em rejeitar o seu Messias (Mc 11:12-14, 20-25); e a caminhada de Jesus sobre as águas revelou a sua identidade aos discípulos, o próprio Javé (Mc 6:45-52 e refs.). Devemos provavelmente entender as palavras enigmáticas de Marcos "estava já a ponto de passar por eles" como "Ele estava já a ponto de se revelar a eles" (6:48; cf. a revelação de Deus a Moisés em Êx 33:22; 34:6).[51] Então, o anúncio de Jesus logo em seguida: "Sou eu" (no grego *egō eimi*, v. 50), é uma referência ao nome divino revelado a Moisés em Êxodo 3:14.[52]

A aplicação contemporânea dos milagres do evangelho deve, portanto, ser mais evangelística do que pietista. Jesus acalmando a tempestade deve levar as pessoas a se perguntarem quem era e é esse homem, tendo como resposta correta ser ele o Messias divino. Em uma época em que os relatos de milagres da "natureza" são cada vez mais comuns, podemos nos arriscar a extinguir o Espírito ao nos recusar a orar ao Cristo ressurreto para que repita os seus milagres na nossa época, não primariamente para beneficiar aos fiéis, mas para ajudar a converter os perdidos. Não é surpresa que muitos milagres dos dias atuais aconteçam exatamente nas partes do mundo dominadas por muito tempo por não cristãos e até por crenças e práticas ocultas (e infelizmente, mais e mais partes do mundo ocidental estão retornando a esse paganismo). Ainda que o reino tenha chegado de forma decisiva no Israel do século I, o processo de se estabelecer o governo de Deus no mundo inteiro tem sido gradual e intermitente, e permanece incompleto. Temos que nos guardar sempre dos falsos milagres, para sermos sinceros. Mas os cristãos nos dias de hoje podem esperar aplicar as histórias de milagre dos Evangelhos de formas válidas orando por manifestações

---

[50] Ao mesmo tempo, João foi rápido em afirmar que as pessoas não deviam depender de sinais para crer. Cf. esp. 4:48 e 20:29.

[51] Para a análise das opções interpretativas, veja W. L. Lane, *The Gospel of Mark*, NICNT (Grand Rapids: Eerdmans, 1974), p. 236.

[52] Para estudar esses três exemplos e outros parecidos, veja esp. C. L. Blomberg, "The Miracles as Parables", em *Gospel Perspectives VI: The Miracles of Jesus,* ed. D. Wenham e C. L. Blomberg (Sheffield: JSOT, 1986; Eugene, OR:ipf & Stock, 2004), p. 327-359.

INTRODUÇÃO À INTERPRETAÇÃO BÍBLICA

parecidas do poder de Deus em nome de Jesus para demonstrar a divindade e a superioridade do Filho de Deus sobre todos os outros objetos de adoração.[53]

Histórias de pronunciamento

Uma importante e distinta forma literária dos Evangelhos recebe várias classificações: apotegma, paradigma, história de pronunciamento, história de conflito e anedota. Todos esses termos têm a sua própria história e se refere a grupos de textos um tanto diferentes. Mas "história de pronunciamento" é o termo mais comum e autoexplicativo.

Comum nos Evangelhos, ele designa a narrativa curta, de conteúdo único, que funciona primeiramente para apresentar uma das palavras impactantes principais (ou pronunciamentos) de Jesus. Esses pronunciamentos são geralmente proverbiais por natureza. Como os provérbios (veja a discussão anterior sobre a literatura sapiencial), eles inculcam generalizações sábias na forma de frases curtas de fácil memorização e que não devem ser interpretadas como verdades absolutas. A maioria delas destaca a novidade radical da mensagem e do ministério de Jesus que rapidamente despertou a oposição dos líderes judeus; por isso, elas também são chamadas de "histórias de conflito". Algumas se parecem com a forma literária greco-romana "chreia": "a afirmação breve ou ação com propósito único atribuído a uma pessoa definida, criada para encarnar um aspecto principal da vida ou do ensino desse indivíduo."[54]

Um exemplo clássico de história de pronunciamento é Marcos 2:13-17. O chamado de Levi leva a um clímax com o pronunciamento final de Jesus contra os seus críticos fariseus: "Não são os sãos que precisam de médico, mas sim os doentes. Eu não vim para chamar os justos, mas os pescadores" (v. 17). Obviamente, essas são generalizações; pessoas saudáveis com certeza precisam às vezes de médicos para a medicina preventiva, e o próprio Jesus de vez em quando ministrou entre aqueles que se consideravam justos, o que é provavelmente o que o grego *dikaioi* significa aqui. (cf. Lc 14:1-24). Mas essas duas situações são exceções, não a regra. Ao mesmo tempo, as afirmações de Jesus desafiaram (e ainda desafiam) as ideias convencionais de ministério. Nem nos dias de Jesus

---

[53] Uma afirmação bem equilibrada da aplicação contemporânea dos milagres aparece na obra de L. B. Smedes, ed., *Ministry and the Miraculous: A Case Study at Fuller Theological Seminary* (Waco: Word, 1987). Também útil em um nível mais popular é J. Deere, *Surprised by the Power of the Spirit* (Grand Rapids: Zondervan, 1993).

[54] B. L. Mack e V. K. Robbins, *Patterns of Persuasion in the Gospels* (Sonoma: Polebridge, 1989; Eugene, OR: Wipf & Stock, 2008), p. 11, citando Aelius Theon.; Cf. esp. A. J. Hultgren, *Jesus and His Adversaries: The Form and Function of the Conflict Stories in the Synoptic Tradition* (Minneapolis: Augsburg, 1979); e M. C. Moeser, *The Anecdote in Mark, the Classical World and The Rabbis*, JSNTSup 227 (London; New York: Sheffield Academic Press, 2002).

GÊNEROS LITERÁRIOS DO NOVO TESTAMENTO

nem nos nossos dias as pessoas consideram como prioridades pregar e ministrar cura para os marginalizados da sociedade.

Não é de se admirar que Marcos inclua esta história de pronunciamento ou de conflito em uma série de cinco (Mc 2:1-12, 13-17, 18-22, 23-28; 3:1-6) que termina com a observação ameaçadora: "Então os fariseus saíram e começaram a conspirar com os herodianos contra Jesus, sobre como poderiam matá-lo" (3:6). Essa história, finalmente, capta de forma resumida o âmago da missão e do ministério de Jesus: buscar e salvar o perdido apesar da crescente oposição. Outra série de histórias de pronunciamento aparece em Marcos 11:27-33; 12:13-17, 18-27, 28-34, e 35-37. Em cada caso devemos nos concentrar na frase de impacto, evitando fazer dela uma verdade eterna, e reconhecer o seu desafio radical ao cenário religioso da nossa época.

Outras formas literárias

Os especialistas têm identificado várias outras formas literárias nos Evangelhos. Muitas delas têm equivalentes no AT: máximas legais, bem-aventuranças e ais, histórias de proclamação e de natividade, cenas de chamado e de reconhecimento, discursos de despedida etc.[55] A maioria das figuras de linguagem prevalece nos Evangelhos. Na verdade, estima-se que Jesus comunicou mais de 90 por cento do seu ensino em linguagem poética ou figurada. Isto traria impacto às multidões e demonstra ser fácil de lembrar.[56] Apesar de não podermos dar maiores detalhes aqui, o estudante que domina os princípios que delineamos pode prosseguir com confiança para interpretar a maior parte dos relatos e das passagens dos Evangelhos.[57]

ATOS DOS APÓSTOLOS

Como se poderia esperar, o livro de Atos, o segundo volume da obra dupla de Lucas, possui uma semelhança forte com o gênero do evangelho. O primeiro

---

[55] As análises mais úteis de todas as formas que fazem parte dos Evangelhos são as de Bailey e Vander Broek, *Literary Forms*, p. 89-188; e K. Berger, *Formgeschichte des Neuen Testaments* (Heidelberg: Quelle e Meyer, 1984). Berger abrange todas as formas e gêneros literários do NT com uma classificação profunda dos textos em separado. Para formas literárias de toda a Bíblia, apresentadas a nível básico, veja L. Ryken, *A Complete Handbook of Literary Forms in the Bible* (Wheaton: Crossway, 2014).

[56] Cf. a análise útil em R. H. Stein, *The Method and Message of Jesus' Teaching*, 2ª ed. (Philadelphia : Westminster Press, 1994), p. 7-32.

[57] Dos estudos mais detalhados, talvez o mais útil para iniciantes seja o de S. McKnight, *Interpreting the Synoptic Gospels* (Grand Rapids: Baker, 1989); e G. M. Burge, *Interpreting the Gospel of John*, 2ª ed. (Grand Rapids: Baker, 2013). Cf. também J. T. Pennington, *Reading the Gospels Wisely: A Narrative and Theological Introduction* (Grand Rapids: Baker, 2012).

INTRODUÇÃO À INTERPRETAÇÃO BÍBLICA

versículo do livro remete ao evangelho de Lucas de modo que sugere que o seu prólogo (Lc 1:1-4) se refere às duas partes. Enquanto as biografias teológicas captam melhor a essência dos Evangelhos, a *história teológica*, uma narrativa de acontecimentos inter-relacionados de um lugar e de uma época, escolhidos para comunicar as verdades teológicas, define o livro de Atos da melhor forma.[58] Em vez de se concentrar em um personagem principal como em uma biografia, Atos amplia o seu objetivo para apresentar episódios importantes na vida de vários líderes eclesiásticos primitivos.[59] Ainda assim, o título "Atos dos Apóstolos" é impreciso porque onze dos Doze apóstolos desaparecem logo depois dos capítulos iniciais. A maior parte da narrativa de Lucas se centraliza em Pedro e Paulo; os personagens coadjuvantes como os diáconos Estêvão e Filipe após Pedro e Paulo, são que mais recebem destaque. "Atos do Espírito Santo" pode ser um título mais descritivo, à medida que Lucas vê a vinda do Espírito em Pentecostes e o revestimento posterior dos crentes como a chave para o nascimento e para o crescimento da nova comunidade cristã.

Como fazem com os Evangelhos, muitos intérpretes de Atos recaem em falsas dicotomias entre a teologia e a história. No outro extremo do espectro, os especialistas conservadores de Atos têm se preocupado com a arqueologia e os outros tipos de pesquisa, esperando fundamentar a confiabilidade de Atos. Mas ao fazerem isso com sucesso, eles geralmente perdem a vista do destaque teológico claro na mente de Lucas.[60] Os especialistas liberais têm se mostrado mais sensíveis às percepções teológicas de Lucas, mas ao fazerem isso eles têm declarado de forma desnecessária que ele contradiz os outros evangelistas, as cartas de Paulo, e os fatos históricos.[61] Uma terceira abordagem ignora a teologia e a precisão histórica de Lucas em favor do destaque das características de

---

[58] R. Maddox, *The Purpose of Luke-Acts* (Edimburgo: T&T Clark, 1982), p. 16, W. C. van Unnik, "Luke's Second Book and the Rules of Hellenistic Historiography", em *Les Actes des Apôtres: traditions, redaction, theologie,* ed. J. Kremer (Gembloux: Duculot, 1979), p. 37-60. Para conhecer três outras identificações suplementares de gênero indicadas pelo título de seus artigos, veja D. W. Palmer, "Acts and the Ancient Historical Monograph" (p. 1-29); L. C. A. Alexander, "Acts and Ancient Intellectual Biography" (p. 31-63); e B. S. Rosner, "Acts and Biblical History" (p. 65-82), todos em *The Book of Acts in Its Ancient Literary Setting*, ed. B. W. Winter e A. D. Clarke (Grand Rapids: Eerdmans, 1993).

[59] É tentador seguir a Sean A. Adams (*The Genre of Acts and Collected Biography*, SNTSMS 156 [Cambridge: Cambridge University Press, 2013]) e falar de Atos como uma biografia compilada, mas nenhum dos indivíduos destacados tem uma biografia seletiva completa redigida sobre eles.

[60] O exemplo clássico é a obra de W. Ramsay, *St. Paul the Traveller and Roman Citizen,* rev. e atual. por M. Wilson (Grand Rapids: Kregel, 2001 [orig. London: Hodder and Stoughton, 1895]); cf. Hemer, *Acts.*

[61] A fonte clássica é a obra de E. Haenchen, *The Acts of the Apostles* (Oxford: Blackwell; Philadelphia : Westminster, 1971). Mais recentemente, cf. J. D. Crossan, *The Birth of Christianity* (Harper: San Francisco, 1999).

• 662 •

GÊNEROS LITERÁRIOS DO NOVO TESTAMENTO

Atos que se mostram interessantes e audaciosas para os destinatários antigos. Essa abordagem vê o livro de Atos como um romance popular ou um romance histórico que inclui muitos detalhes simplesmente para acentuar a alegria e o prazer dos leitores.[62]

Consequências para a interpretação

Acreditamos que é possível (e desejável) adotar todas essas três perspectivas como parte do gênero de Atos sem colocar uma contra as outras. As provas cumulativas da historicidade de Atos, a sua riqueza de detalhes sobre as pessoas, os lugares e os costumes: são bem irresistíveis para serem ignoradas.[63] Mas, como no seu Evangelho, Lucas não redigiu a história só pelo fator histórico propriamente dito. Em vez disso, ele o redigiu para ensinar aos seus leitores o que ele acreditava que Deus estava fazendo no mundo e o que Deus esperava que os cristãos fizessem à luz dos acontecimentos que ele narrou. Da mesma forma que os outros "atos" (*praxeis*) do mundo greco-romano (incluindo "atos" apócrifos de vários apóstolos de valor histórico mais duvidoso),[64] Lucas escreveu de uma maneira viva e interessante.

Então não podemos supor que cada pequeno detalhe necessariamente transmita algo teologicamente importante. Por exemplo, a história da viagem de navio e do naufrágio em Atos 27 é tão rica em termos náuticos e em aventura que parece primeiramente redigida para intensificar o drama e o suspense enquanto destaca a proteção soberana de Deus na vida de Paulo para capacitá-lo a cumprir o seu chamado (cf. 23:11).

"ATOS DO ESPÍRITO SANTO": UMA HISTÓRIA TEOLÓGICA
Um relato teológico sobre a maneira pela qual o Espírito Santo operou entre os seguidores de Jesus para estabelecer e expandir a Igreja.
A interpretação envolve: a arqueologia, a crítica histórica, a análise teológica e a crítica literária.

---

[62] Veja esp. R. I. Pervo, *Profit with Delight. The Literary Genre of the Acts of the Apostles* (Philadelphia : Fortress, 1987); R. I. Pervo, *Acts*, Herm (Minneapolis: Fortress, 2008). Para a apropriação evangélica, veja Ryken, *Words of Life: A Literary Introduction to the New Testament* (Grand Rapids: Baker, 1987), p. 77-87. Do mesmo modo que os Evangelhos, existem aqueles que aproximaram o livro de Atos da ficção épica, mas as narrativas épicas antigas geralmente eram muito mais longas e quase sempre eram em forma de poesia.

[63] Veja esp. a extensa apresentação das informações de apoio por toda a obra de Hemer, *Acts*; e C. S. Keener, *Acts*, 4 vols. (Grand Rapids: Baker, 2012), 1:90-382.

[64] A coleção de "atos" apócrifos aparece em E. Hennecke, *New Testament Apocrypha*, vol. 2, *Writings Related to the Apostles; Apocalypses and Related Subjects*, rev. e ed. por W. Schneemelcher, trad. R. M. Wilson, 2ª ed. (Louisville: Westminster John Knox; Cambridge: Clarke, 1992 [1964]).

INTRODUÇÃO À INTERPRETAÇÃO BÍBLICA

Pensando verticalmente

É provável que Lucas tenha escrito Atos da mesma maneira que escreveu seu Evangelho: combinando informações de relatos mais curtos de vários acontecimentos sobre os quais ele soube através de testemunhas oculares. Além disso, em vários lugares a sua escrita muda a narrativa da terceira pessoa para a primeira pessoa do plural (de "ele" ou "eles" para "nós" fizemos isso ou aquilo), que sugere que nesses momentos ele estava presente nos acontecimentos que ele descreveu.[65] Mas Lucas reproduziu completamente esse material e o integrou em um todo coerente. Por isso, é altamente especulativo adotar em Atos tanto a crítica das fontes ou o tipo de crítica da redação que exige uma comparação entre a forma canônica e as fontes anteriores.[66] Se tivéssemos livros equivalentes a Atos como temos aos Evangelhos paralelos seria algo diferente, mas não temos. Então não podemos criar uma sinopse para nos capacitar a *pensar horizontalmente.* Por outro lado, temos uma riqueza de dados para nos capacitar a *pensar verticalmente.* O esboço geral de Atos é mais claro do que o esboço de qualquer um dos quatro Evangelhos. Vemos Atos 1:8 como programático teologicamente para os propósitos de Lucas.

> Mas receberão poder quando o Espírito Santo descer sobre vocês, e serão minhas testemunhas em Jerusalém, em toda a Judeia e Samaria, e até os confins da terra. (At 1:8)

Ele deseja narrar episódios selecionados relacionados à expansão geográfica e cultural do cristianismo para apresentar o evangelho como uma mensagem para todos os povos. Por isso, ele começa a sua história para descrever praticamente todos os primeiros seguidores de Jesus como judeus que moravam em Jerusalém, a capital política e cultural de Israel. Mas a história termina simplesmente cerca de trinta anos depois com o evangelho firmemente plantado em Roma, a capital cultural e política do império que dominava a Europa e o Oriente Médio no século I.

Dentro desse período curto de tempo, o cristianismo foi transformado de uma seita quase exclusivamente judaica em uma religião gentia espalhada por todo o império.

---

[65] Veja esp. C. Hemer, "First Person Narrative in Acts 27-28", *TynB* 36 (1985): p. 79-109, se opondo ao ponto de vista que esta figura é somente fictícia. W. S. Campbell (*The "We" Passages in the Acts of the Apostles: The Narrator as Narrative Character, Studies in Biblical Literature* [Atlanta: SBL, 2007]) demonstra o papel narrativo de tais passagens em Atos e outras histórias greco-romanas como defendendo e projetando "o conhecimento pessoal do narrador como testemunha ocular ou pesquisador e, portanto, suas credenciais para contar com precisão a história" (p. 90). Campbell não pondera sobre a precisão dessa projeção para o próprio livro de Atos, mas mostra que pelo menos os leitores não pensariam que estavam lendo um gênero de ficção.

[66] Mesmo assim, as especulações acadêmicas são abundantes. Veja a análise em J. A. Fitzmyer, *The Acts of the Apostles* (New York e London: Doubleday, 1998), p. 80-89.

• **664** •

GÊNEROS LITERÁRIOS DO NOVO TESTAMENTO

Em seis passagens, Lucas marca o que parecem ser as divisões principais que pontuam esta expansão do cristianismo (6:7; 9:31; 12:24; 16:6; 19:20; 28:31). Cada uma dessas afirmações resumidas se refere à palavra do Senhor crescendo e se disseminando. Então, um esboço plausível de Atos pode ter a seguinte constituição:

I. A missão cristã para os judeus...(1:1—12:24)
   A. A Igreja em Jerusalém...(1:1—6:7)
   B. A Igreja em Judeia, Samaria e Galileia..............................(6:8—9:31)
   C. Maiores avanços na Palestina e na Síria.........................(9:32—12:24)
II. A missão cristã para os gentios ....(12:25—28:31)
   A. Primeira viagem missionária de Paulo e o Concílio de
      Jerusalém..(12:25—16:5)
   B. Missão ampla por meio das duas outras viagens missionárias
      de Paulo ....(16:6—19:20)
   C. Para Jerusalém e posteriormente para Roma .... (19:21—28:31)[67]

Portanto, para interpretar corretamente um episódio isolado em Atos devemos primeiramente correlacioná-lo com o seu lugar no esboço de Lucas em desenvolvimento e nos seus temas que evoluem. Isto nos ajudará a perceber os propósitos fundamentais de Lucas e deixar de lado os elementos secundários no episódio que ele não quis resolver. Dois exemplos excelentes aparecem em Atos 8. Os dois episódios principais desse capítulo: (1) a conversão e o batismo dos samaritanos, com o seu líder local Simão Mago (8:5-25); e (2) a conversão e o batismo do eunuco etíope a caminho de Gaza (8:26-39). À luz dos debates modernos sobre o batismo nas águas, sobre o batismo no Espírito Santo e sobre a segurança eterna, os leitores de Atos nos dias de hoje propõem as seguintes perguntas: Por que o Espírito não veio imediatamente quando os samaritanos creram na pregação de Filipe? Simão Mago foi realmente salvo, e, se ele foi, será que ele perdeu a salvação? É importante o fato de Filipe batizar o eunuco etíope logo que ele chega a um local com água suficiente?

Ainda que todas essas perguntas sejam legítimas, estas são *nossas* perguntas. Provavelmente nenhuma delas estava na mente de Lucas quando ele escreveu esse capítulo de Atos. Essa passagem aparece na parte do seu esboço que se ocupa em retratar como o evangelho começou a sair do território judeu. Por isso, as características mais impressionantes de Atos 8 se tornam a recepção da mensagem de Filipe primeiro pelos samaritanos e depois por um eunuco, os

---

[67] R. N. Longenecker, "Acts", em *Expositor's Bible Commentary Revised*, 13 vols., ed. T. Longman III e D. E. Garland (Grand Rapids: Zondervan, 2007), 10:708-712, com pequenas modificações.

• **665** •

INTRODUÇÃO À INTERPRETAÇÃO BÍBLICA

dois considerados ritualmente imundos pelos judeus ortodoxos. As principais aplicações de Atos 8 para a vida cristã nos dias de hoje, portanto, não devem se centralizar na época da chegada do Espírito Santo e nos seus efeitos, nem mesmo em debates sobre a quantidade de água que alguém precisa para se batizar, ou com que rapidez o batismo deve se seguir à conversão.

Em vez disso, esses textos devem convocar todos os cristãos da atualidade para avaliar quem são os samaritanos e os eunucos no nosso mundo. O ministério cristão não pode negligenciar os "intocáveis" ou os marginalizados dos dias de hoje (as vítimas da AIDS, os sem-teto, as mães solteiras, os dependentes químicos, os membros de quadrilhas etc.).[68]

Pensar verticalmente também envolve tratar Lucas-Atos como um só livro. Os destaques redacionais ou teológicos identificáveis no Evangelho de Lucas provavelmente estão presentes também em Atos, então os estudantes devem dar a esses destaques uma atenção especial.[69] O tema da compaixão de Jesus pelos marginalizados identificados acima com certeza pertence a essa categoria. Assim também o destaque de Lucas sobre os papéis do Espírito Santo e da oração na vida dos cristãos. Por isso, não devemos ler de forma superficial esses textos em que a Igreja se reúne e ora pela direção de Deus, buscando ter "um só coração" (1:14; 2:46; 4:24; 5:12). Em uma época onde alguns cristãos conservadores expressam fortemente o seu desejo de imitar a "Igreja do Novo Testamento", muito poucos seguem um processo de tomada de decisão que busca uma unanimidade ou uma quase unanimidade através de reuniões de oração prolongadas de um grupo completo de cristãos. Mas esse é o padrão consistente no livro de Atos!

Ao comparar Lucas e Atos, podemos discernir os paralelos estruturais ou temáticos, mesmo os que não se encontram na comparação de Lucas com os outros Evangelhos. Frequentemente, os discípulos em Atos imitam bem de perto algum ângulo da vida do Senhor da mesma maneira que foi descrito em Lucas. Observe, por exemplo, alguns dos primeiros milagres cristãos. A história de Eneias (9:32-35) se parece muito com a cura do paralítico em Lucas 5:17-26, inclusive nas próprias palavras: "levante-se e arrume a sua cama..." Pedro ressuscitando Tabita dentre os mortos (At 9:36-43) curiosamente se assemelha a Jesus ressuscitando a filha de Jairo (Lc 8:40-42, 49-56). Na verdade, os imperativos aramaicos para as duas mulheres mortas provavelmente tinham só uma letra de diferença: *Talitha cumi* ("menina, levante-se") e *Tabitha cumi* ("Tabita, levante-se")![70]

---

[68] Veja, e.g., B. Witherington, III, *The Acts of the Apostles; A Socio-Rhetorical Commentary* (Grand Rapids: Eerdmans; Carlisle: Paternoster, 1998), p. 279-301.

[69] W. L. Liefeld, *Interpreting the Book of Acts* (Grand Rapids: Baker, 1996), p. 79-98, identifica dez temas teológicos principais.

[70] Cf. C. K. Barrett, *Acts: A Shorter Commentary* (Edimburgo: T&T Clark, 2002), p. 148.

GÊNEROS LITERÁRIOS DO NOVO TESTAMENTO

Ou compare os capítulos finais de Lucas e Atos. O evangelho começa com um destaque detalhado na paixão e na morte de Jesus. Na verdade, Lucas 9:51 apresenta o tema da jornada de Jesus rumo a Jerusalém e à cruz muito mais cedo do qualquer outro evangelho. Atos também desacelera muito a sua narrativa para destacar a jornada fatal e fatídica de Paulo rumo a Jerusalém e os sofrimentos e prisões que o aguardavam naquela cidade, em Cesareia e em Roma. Do mesmo modo que Jesus, Paulo determina em um dado momento começar a viagem para Jerusalém (At 19:21). Apesar de Lucas não ter escrito o seu relato sobre o martírio final de Paulo, ele com certeza vê semelhanças nos estágios finais da vida de Jesus e do apóstolo. Esses tipos de semelhanças entre Lucas e Atos sugerem que Lucas via a vida de um discípulo fiel como uma imitação frequente de Cristo, tanto no seu poder espiritual quanto na sua necessidade de sofrer. O que se aplicou a Paulo deve, portanto, se aplicar a nós. Infelizmente, raramente encontramos a combinação dos temas poder e sofrimento no cristianismo contemporâneo; as pessoas que destacam com sucesso um desses temas geralmente tendem a desprezar o outro.[71]

Importância do Pentecostes

A interpretação adequada de Atos também exige uma avaliação da importância dos acontecimentos em Atos 2. Isto marca a virada da era da aliança mosaica para a era da nova aliança que foi possibilitada pela morte expiatória de Cristo, sua providencial ressurreição, e a sua exaltação à mão direita do Pai. (At 1:1-11). A exegese cuidadosa precisa criar uma visão que amenize, digamos, os extremos do dispensacionalismo tradicional e da desqualificada teologia do pacto. Em outras palavras, o estudante tem que evitar interpretações que exagerem tanto a continuidade quanto a descontinuidade entre as duas eras.[72]

> Pelo contrário, isto é o que foi predito pelo profeta Joel: "Nos últimos dias, diz Deus, derramarei do meu Espírito sobre todos os povos. Os seus filhos e as suas filhas profetizarão, os jovens terão visões, os velhos terão sonhos." (At 2:16-17).

---

[71] Para o resumo evangélico excelente sobre as contribuições teológicas principais do livro de Atos, veja I. H. Marshall e D. Peterson, eds., *Witness to the Gospel: The Theology of Acts* (Grand Rapids e Cambridge: Eerdmans, 1998).

[72] O dispensacionalismo teve grandes avanços deixando os excessos das gerações anteriores em favor de uma posição mais centrista. A teologia do pacto, também, apresentou propostas semelhantes, apesar de não serem tão importantes. Um livro útil contrastando as perspectivas contemporâneas nas duas escolas é J. S. Feinberg, ed. *Continuity and Discontinuity: Perspectives on the Relationship between the Old and New Testaments* (Westchester: Crossway, 1988).

• **667** •

INTRODUÇÃO À INTERPRETAÇÃO BÍBLICA

O entendimento de Lucas acerca do discurso de Pedro sobre o cumprimento da profecia de Joel (At 2:14-21; cf. Jl 2:28-32) sugere fortemente que uma capacitação espiritual que não se encontrava disponível anteriormente caracterizaria a vida dos seguidores de Jesus a partir daquele acontecimento. Por exemplo, o batismo e a habitação do Espírito Santo em todos os cristãos (2:38-39; cf. 1Co 12:13) e o fenômeno das línguas (2:5-12; 10:44-46; 19:4-7) caracterizam uma mudança radical com relação à época do AT. Ainda que eles não reconheçam imediatamente ou sem algum conflito, aqueles cristãos primitivos passaram a crer que os fiéis judeus e gentios não precisavam mais obedecer às leis do AT excetuando seu cumprimento em Cristo (10:1—11:18; 15:1-29). Por isso, deve-se tomar cuidado, por exemplo, em não supor que Atos 1:22-26 traz um modelo sobre a maneira que os cristãos devem tomar decisões. Ainda que lançar sortes tenha sido uma prática comum nos tempos do AT (cf. Lv 16:8; Nm 26:55; Ne 10:34), ela nunca reaparece no NT. De fato, o dom do Espírito Santo que se segue imediatamente a esse episódio provavelmente foi concedido para substituir métodos como lançar sortes na tomada cristã de decisões.[73]

Por outro lado, os intérpretes têm que tomar cuidado para não impor uma diferença tão grande entre os dias anteriores e posteriores ao Pentecostes. Ainda que não possamos lançar sortes nos dias de hoje, não devemos acusar os primeiros discípulos de terem errado quando eles praticaram esse método.

A noção de que Paulo era a escolha correta de Deus para a substituição de Judas, em vez de Matias, não encontra apoio exegético em nenhum texto do NT.[74] E o cuidado com as orações e com a unidade que precedeu o ato de lançar sortes claramente continua mesmo depois do Pentecostes.

Ao evitar exagerar a descontinuidade entre a antiga e a nova era, o estudante também tem que evitar minimizar o valor positivo de Atos se baseando no fato de que ele reflete um período de transição entre as alianças.[75] Com certeza, Atos realmente descreve transições. No que se refere a momentos onde os discípulos ainda não tinham entendido completamente a sua liberdade em Cristo, temos que ter cautela em imitar o comportamento deles, como, por exemplo, quando os judeus hebreus em Jerusalém insistiam que Paulo continuasse a apoiar a

---

[73] Defende-se bem que Lucas vê este lançar de sortes como em D. L. Bock, *Acts*, BECNT (Grand Rapids: Baker, 2007), p. 89-90. Quanto à defesa da orientação do Espírito Santo que substitui esse uso, veja A. Fernando, *Acts*, NIVAC (Grand Rapids: Zondervan, 1998), p. 79.

[74] De forma correta, W. J. Larkin, *Acts*, IVPNTC (Leicester e Downers Grove: InterVarsity, 1995), p. 47. *De forma oposta*, e.g., G. C. Morgan, *The Acts of the Apostles* (NY: Revell, 1924), p. 19-20. Mesmo assim, esta prática continua popular em meio às igrejas quase um século depois!

[75] Como se pensa na forma clássica no dispensacionalismo mais antigo (veja, e.g., M. R. de Haan, *Pentecost and After* [Grand Rapids: Zondervan, 1964; Grand Rapids: Kregel, 1996], p. 8), mas também praticado de forma bem ampla por outros, e ainda popular em meio aos leigos.

GÊNEROS LITERÁRIOS DO NOVO TESTAMENTO

prática de sacrifícios (At 21:17-26).[76] Mas esse cuidado vem da sensibilidade às próprias pistas de Lucas como narrador sobre o que Deus aprovava e o que ele não aprovava. De forma semelhante a muitas partes da narrativa histórica do AT, os estudantes têm a necessidade de identificar pistas no próprio texto sobre o que é apresentado como exemplo bom, mau ou neutro. A narrativa frequentemente ensina mais indiretamente do que a literatura didática, mas isso não a torna menos normativa, desde que descubramos a intenção original do texto.[77] Então, pelo menos, o leitor tem que evitar ver Atos 21:17-26 como um modelo tão positivo, já que a própria trama é frustrada (v. 27-36).

Mas isto não se verifica nas descrições de Lucas do "comunismo" dos cristãos primitivos. Ainda que alguns afirmem (geralmente capitalistas fanáticos!) que as experiências na distribuição comunitária dos bens de 2:44-45 e 4:32-37 tenham sido fracassos mal orientados, Lucas parece apresentá-los como modelos positivos. Ele coloca os resultados da seguinte forma: "E o Senhor lhes acrescentava diariamente os que iam sendo salvos" (2:47), e "grandiosa graça estava sobre todos eles. Não havia pessoas necessitadas entre eles" (4:33b-34a).[78]

Outro equívoco é identificar as mudanças na narrativa dentro do livro para demonstrar que a mensagem de salvação não deve mais ser transmitida aos judeus. Com certeza, em vários momentos Paulo dá as costas aos judeus para ir aos gentios por causa da rejeição constante e da hostilidade que ele recebe do seu povo (13:46-48; 18:5-7; 19:8-10; 28:23-28). Mas, o simples fato de que ele repete esse procedimento várias vezes, à medida que ele vai de cidade em cidade, nos impede de afirmar que algum episódio indica uma estratégia mais geral de deixar os judeus de lado em favor de uma missão exclusivamente gentia. Mesmo a despedida dos judeus rumo aos gentios com destino a Roma no final do livro (28:23-38) não justifica nenhuma conclusão sobre estratégias evangelísticas adequadas em outros lugares. Afinal de contas, em seu discurso de despedida aos líderes de Éfeso, que ele apresenta como modelo para o ministério dos líderes cristãos posteriores (20:18-35), Paulo destaca a proclamação "para judeus e gregos" (v. 21). E a passagem de Atos 19:10,17-18 deixa claro que mesmo depois que Paulo mudou os locais de pregação em Éfeso, os judeus continuaram

---

[76] Sobre o tema completo da "Lei em Atos dos Apóstolos" veja C. L. Blomberg, "The Christian and the Law of Moses", em Marshall e Peterson, ed. *Witness to the Gospels*, p. 397-416.

[77] Veja esp. L. Ryken, *The Literature of the Bible* (Grand Rapids: Zondervan, 1974), p. 45-106. Sobre o tópico a respeito do que é normativo em oposição ao que é descritivo ao se fazer a aplicação do livro de Atos, veja Liefeld, *W. L. Liefeld, Interpreting the Book of Acts,* GNTE (Grand Rapids: Baker, 1995), p. 113-128.

[78] Sobre esse tema, cf. esp. R. J. Cassidy, *Society and Politics in the Acts of the Apostles* (Maryknoll: Orbis, 1987; Eugene, OR: Wipf & Stock, 2015).

• **669** •

a ouvir o evangelho e a crer.[79] Essas observações, portanto, excluem todas as outras formas de dispensacionalismo mais antigas que viam como normativas para os cristãos gentios apenas as partes do NT que apareceram depois dos momentos de mudança estratégica em Atos dos Apóstolos.

Atos dos Apóstolos como narrativa

O livro de Atos como narrativa dá a entender que temos que empregar táticas para interpretar histórias: a trama, a estrutura, o clímax, o desenvolvimento dos personagens e da própria trama, e as reviravoltas. Já afirmamos que a narrativa frequentemente ensina de forma mais indireta do que a literatura didática sem sacrificar o seu caráter normativo. Fee e Stuart acrescentaram corretamente a sua frase mais antiga que "a menos que a Escritura mencione de forma explícita que tenhamos que fazer algo, o que se narra ou descreve não é normativo", com o esclarecimento adicional: "a menos que possa se demonstrar com outras bases que o autor queria que fosse assim."[80] Desejamos declarar de forma ainda mais forte: 2Timóteo 3:16 traz base para supor que os estudantes podem aprender algum tipo de lição de qualquer passagem, mesmo na literatura narrativa. Já temos dado exemplos com bons detalhes sobre a maneira pela qual as parábolas, por exemplo, geralmente confrontam personagens cujo comportamento deve ser imitado ou evitado. Às vezes o contexto de uma parábola deixa isso bem claro (e.g., Lc 10:37; 18:1; 13:3-5). Isto sugere que, em outros casos, devemos chegar a conclusões parecidas. Mesmo assim, tem que se proceder com muito mais cuidado quando não existem mandamentos diretos. Como, então, devemos proceder para interpretar Atos? Primeiramente, precisamos estudar o livro inteiro para definir se os acontecimentos específicos formam um padrão coerente por todo o livro ou se os modelos positivos que Lucas apresenta variam de uma situação para outra. Os primeiros sugerirão que ele estava destacando um princípio normativo e consistente; os últimos, que as aplicações podem mudar de uma época para outra ou de um lugar para o outro.[81]

Descritivo	O que o autor descreve na narrativa: o que aconteceu.
Prescritivo	O que o autor propõe como verdade normativa para os seus leitores.

---

[79] J. A. Weatherly, *Jewish Responsibility for the Death of Jesus in Luke-Acts*, JSNTSup 106 (Sheffield: Sheffield Academic Press, 1994).

[80] Fee e Stuart, *How to Read the Bible for All Its Worth*, p. 124.

[81] Particularmente útil para distinguir os princípios eternos daqueles que são específicos para aquela situação é Liefeld, *Interpreting Acts*, p. 113-127, ainda que os líderes possam discutir uma ou duas das suas conclusões.

GÊNEROS LITERÁRIOS DO NOVO TESTAMENTO

Existem muitos exemplos. O conselho de Gamaliel para o Sinédrio sobre os Doze ("Deixem esses homens em paz e soltem-nos. Se o propósito ou atividade deles for de origem humana, fracassará; se proceder de Deus, vocês não serão capazes de impedi-los, pois se acharão lutando contra Deus", At 5:38-39) felizmente garantiu a liberdade dos discípulos. Mas quando Paulo encontrou a religião "mágica" em Éfeso (comparável ao que chamaríamos de ocultismo), ele usou uma estratégia diferente: exortou veementemente às pessoas que abandonassem essas práticas e queimassem os livros que continham feitiços (19:17-20). Hoje, o islamismo é a maior e a mais poderosa religião não cristã do mundo. Historicamente, os cristãos, na sua esmagadora maioria, o ignoraram, mas depois de 1.400 anos não se pode dizer que ele fracassou. Então, à medida que Deus em sua soberania usou graciosamente a "lógica" de Gamaliel para ajudar os discípulos, não nos atrevemos a imitá-la em todas as situações. Em outras palavras, a inclusão do conselho de Gamaliel não o torna normativo para os cristãos.

Os modelos de administração eclesiástica e de organização em Atos revelam uma variedade de formas ainda mais desconcertante. Todos os congregacionais, os presbiterianos e os episcopais recorrem de forma legítima a passagens de Atos para apoiar os seus pontos de vista sobre a estrutura e a liderança da Igreja. Em 6:1-6, toda a congregação escolhe os auxiliares dos apóstolos. Em 13:1-3 um grupo seleto de líderes eclesiásticos escolhe Barnabé e Saulo para o seu serviço missionário. E em Atos 20:17-38 Paulo parece um supervisor que reúne todos os líderes efésios para dar instruções. Cada um desses modelos por sua vez se baseiam em vários precedentes judaicos ou greco-romanos. Lucas vê todos esses modelos como aplicações válidas de princípios de liderança sob várias circunstâncias em várias culturas.[82] Provavelmente não é mera coincidência que: uma decisão que afetasse a todos na congregação local fosse discutida por todos; que uma decisão limitada a ministérios pessoais de líderes da Igreja fosse resolvida dentro desse grupo menor; e que a instrução geral para as pessoas em várias congregações viesse daquele que tinha autoridade sobre todas elas.

Por outro lado, às vezes, os padrões de ministério e de missão permanecem constantes por todo o livro de Atos. Um bom exemplo é a forma que Lucas entende a plenitude do Espírito Santo. Toda vez que os crentes são cheios do Espírito Santo, e isso pode acontecer várias vezes com a mesma pessoa ou grupo (2:4; 4:8, 31; 9:17; 13:9), eles são capacitados a proclamar a Palavra de Deus corajosamente ou fazer obras poderosas em nome de Jesus. Na sua carta aos Efésios, Paulo descreve resultados diferentes da plenitude do Espírito: o louvor,

---

[82] E.g., a palavra grega *ekklēsia* ("assembleia" de cidadãos), os líderes da sinagoga judaica, e os magistrados territoriais romanos.

• 671 •

INTRODUÇÃO À INTERPRETAÇÃO BÍBLICA

a adoração, a ação de graças e a sujeição aos outros cristãos (Ef 5:18-21). Mas essas descrições são complementares, não contraditórias. A doutrina adequada da Escritura não subordinará Atos a Paulo simplesmente porque um faz parte da literatura narrativa e outro da literatura didática. Nem subordinará Paulo a Atos por causa de uma preferência de certas pessoas por alguns fenômenos de Atos (como o falar em línguas).[83] O Espírito inspirou *toda* a Escritura, nenhum gênero supera o outro.

A expressão "batismo no [ou "do"] Espírito Santo" aparece só duas vezes em Atos, mas os seus sete usos no NT são todos igualmente coerentes. Em todos os exemplos, exceto um, ele se refere à experiência inicial do Espírito criando a Igreja em Pentecostes (Mt 3:11; Mc 1:8; Lc 3:16; Jo 1:33; At 1:5, 11:16), e o outro uso declara que todos os cristãos coríntios (muitos deles um tanto imaturos) tinham recebido essa experiência (1Co 12:13; cf 1:7). Por outro lado, somente três vezes em todo o NT as línguas aparecem na conversão ou no batismo de alguém (At 2:4; 10:46; 19:6). Portanto, já que as línguas continuam sendo um dom que o Espírito de Deus concede a quem *ele* escolhe (1Co 12:11), o falar em línguas não pode servir como critério de salvação ou mesmo de maturidade espiritual. Se for para usarmos a expressão da mesma forma que o NT, o batismo no ou do Espírito Santo não se pode igualar com o recebimento de algum dom específico ou de uma bênção depois da conversão (mesmo consistindo em experiências legítimas), mas tem que expressar a vinda do Espírito para fazer morada em um novo cristão na conversão.[84]

Provavelmente, os exemplos mais importantes de padrões consistentes dentro do livro de Atos se relacionam com o tema principal de Lucas: a expansão do evangelho do território judeu para o gentio. Em meio à grande diversidade de sermões que Pedro e Paulo pregaram por todas as páginas de Atos, podemos discernir um querigma comum (proclamação de salvação). Os primeiros cristãos de forma consistente destacam a morte, a ressurreição e a exaltação de Jesus como o centro de sua mensagem. Por causa da pessoa de Jesus e do que ele fez, todas as pessoas precisam agora se arrepender para receber o perdão dos pecados. Para sermos exatos, esta mensagem aparece em outras partes do NT,

---

[83] Geralmente equilibrado do início ao fim é M. M. B. Turner, *The Holy Spirit and Spiritual Gifts: In the New Testament Church and Today*, ed. rev. (Peabody, MA: Hendrickson, 1998). De forma mais ampla, cf. A. C. Thiselton, *The Holy Spirit in Biblical Teaching, through the Centuries, and Today* (Grand Rapids: Eerdmans, 2013).

[84] Veja esp. James D. G. Dunn, *Baptism in the Holy Spirit* (Philadelphia: Westminster, 1970). Cf. também J. M. Hamilton, Jr., *God's Indwelling Presence: The Holy Spirit in the Old and New Testaments* (Nashville: B & H, 2006).

• 672 •

GÊNEROS LITERÁRIOS DO NOVO TESTAMENTO

mas, ainda que não aparecesse, a sua presença consistente em Atos faria dela uma mensagem normativa.[85]

Mesmo a diversidade entre os sermões nos quais esse querigma aparece distingue outra caraterística forte da pregação cristã primitiva: o cuidado em contextualizar o evangelho. Enquanto pregava aos judeus, Pedro e Paulo recorriam ao cumprimento das Escrituras (2:14-39; 3:12-26; 13:16-41). Quando abordava os estoicos e os epicureus, Paulo explica para eles o seu "Deus desconhecido" (17:22-31). Quando ele fala com os adeptos supersticiosos da mitologia em Listra, Paulo recorre ao testemunho do criador revelado na chuva e na colheita (14:14-18). Em cada caso, esses pregadores buscaram estabelecer um denominador comum com os seus ouvintes para conquistar a maior aceitação possível para sua mensagem. Em cada caso também eles faziam o máximo para incluir um testemunho marcante do Deus vivo e verdadeiro, geralmente explícito em termos da pessoa e da obra de Cristo. Os cristãos de todas as épocas podem aprender muito sobre o ministério transcultural com esses modelos e fariam bem em imitá-los.[86]

EPÍSTOLAS

Consequências para a interpretação

Considerações gerais

À primeira vista, a crítica dos gêneros das Epístolas parece ter pouco a dizer. A epístola é uma carta. As cartas do NT são menos literárias, formais e artísticas que os vários tratados gregos, mas geralmente são ainda mais longas,

---

[85] O estudo clássico sobre o querigma fundamental é C. H. Dodd, *The Apostolic Preaching and Its Developments* (New York: Harper and Row, 1951). Cf. a análise em G. E. Ladd, *A Theology of the New Testament*, rev. e ed. D. A. Hagner (Grand Rapids: Eerdmans, 1993), p. 364-378.

[86] Um estudo particularmente útil sobre os padrões de ministério e pregação por todo o livro de Atos é a obra de M. Green, *Evangelism in the Early Church*, 2ª ed. (Grand Rapids: Eerdmans, 2003). A questão sobre a historicidade dos discursos de Atos gerou um longo debate acadêmico. Alguns sem um olhar crítico citam o historiador grego Tucídides como modelo de Lucas para provar tanto uma credibilidade forte quanto uma grande falsificação. Mas *não* está claro se existe só um ponto de vista de Tucídides sobre discursos de relatos. Ele aparentemente seguiu em alguns momentos a sua própria memória e fontes de testemunhos oculares cuidadosamente, e em outros momentos inventou discursos enquanto tentava chegar a uma verossimilhança histórica. Veja S. E. Porter, "Thucydides 1.22.1 and Speeches in Acts: Is There a Thucydidean View?" *NovT* 32 (1990): p. 121-142. O estudo mais equilibrado sobre os discursos de Atos é C. H. Gempf, "Historical and Literary Appropriateness in the Mission Speeches of Paul in Acts" (tese de PhD., University of Aberdeen, 1988). Mas para aqueles que concordam com a autoridade da forma final da Escritura, sem considerar a sua história anterior ou a crítica da tradição, existem poucas questões hermenêuticas pendentes para solucionar esse debate.

• 673 •

INTRODUÇÃO À INTERPRETAÇÃO BÍBLICA

têm uma estrutura mais cuidadosa, e são mais didáticas que a correspondência típica pessoal.[87] Da mesma forma que os escritos dos apóstolos e dos outros líderes eclesiásticos primitivos para vários indivíduos e comunidades cristãos, as epístolas primeiramente ensinam teologia e trazem instrução ética. De um certo ponto de vista, então, a tarefa do intérprete é mais fácil em meio a elas do que em todas as outras partes da Escritura, porque se supõe que os autores das epístolas acreditavam nas doutrinas que eles promulgavam e obedeciam as instruções que eles promoviam. Por exemplo, a análise de Romanos revela o cuidado de Paulo para ensinar o plano divino de salvação, a partir da pecaminosidade universal da humanidade (1:18-3:20), para a justificação em Cristo (3:21-5:21), a santificação pelo Espírito e a glorificação no futuro (Rm 6—8). Os assuntos éticos principais incluem a transformação completa do corpo e da mente (12:1-2), o uso fiel dos dons espirituais (12:3-8), o amor cristão e a submissão (12:9—13:14), e a prática ou a restrição da liberdade (14:1—15:13). Não admira que muitas pessoas tenham chegado à fé em Cristo e crescido no seu caminhar com ele simplesmente lendo Romanos, mesmo sem usar nenhum livro de hermenêutica!

Uma análise mais cuidadosa, no entanto, revela questões complexas nas epístolas. Ainda que seja o gênero mais proposital e diretamente didático de todos os gêneros do NT, as epístolas também são as mais "situacionais". Em outras palavras, os autores escreveram as epístolas para momentos específicos para abordar destinatários individuais que estavam enfrentando problemas determinados. O intérprete tem que reconstruir estas "situações" e propósitos da forma mais precisa possível para separar os princípios eternos das aplicações específicas para esta situação. Os mesmos leitores que acharam a carta de Romanos tão direta podem ficar um pouco mais confusos quando chegarem a 1Coríntios na parte que Paulo dá instruções sobre coberturas da cabeça do homem e da mulher e a observância adequada da ceia do Senhor. Em muitas culturas, os cristãos nos dias de hoje parecem prestar pouca atenção no que as pessoas usam ou deixam de usar sobre a cabeça ou no comprimento do cabelo delas (existem exceções quanto a esse particular!), e poucas igrejas, se houver, ministram aos seus participantes da ceia vinho suficiente para se preocuparem com a possibilidade de alguém se embebedar. Na verdade, muitos preferem distribuir suco não fermentado em vez de vinho.[88]

---

[87] Para detalhes da redação das cartas antigas, cf. *Letter Writing in Greco-Roman Antiquity* (Philadelphia : Westminster, 1986); E. R. Richards, *Paul and First-Century Letter Writing: Secretaries, Composition and Collection* (Downers Grove: InterVarsity, 2004); e H.-J. Klauck, *Ancient Letters and the New Testament: A Guide to Context and Exegesis* (Waco: Baylor University Press, 2006).

[88] C. Kraft narra a história provocativa sobre a sua obra missionária na Nigéria na qual muitos cristãos não podiam entender por que os cristãos ocidentais "obedeciam aos mandamentos

GÊNEROS LITERÁRIOS DO NOVO TESTAMENTO

Apesar de discutirmos esse tema de separar os princípios universais das aplicações limitadas ao contexto ou à cultura envolvida de uma forma mais ampla no capítulo 12, ele é mais difícil na interpretação das epístolas. Às vezes, o contexto histórico capacita o intérprete a saber o que fazer; às vezes o próprio texto da epístola traz pistas. Por exemplo, o texto sobre a Ceia do Senhor (1Co 11:27-29) permite que os cristãos formulem princípios gerais aplicáveis a situações onde não haja perigo de beber demais. Quando alguém come ou bebe "indignamente" (v. 27), profana o corpo e o sangue de Cristo. O principal problema com a gula e a bebedeira dos coríntios era que elas minavam a verdade teológica da unidade do corpo de Cristo quando se impedia que os outros tivessem o suficiente para comer e beber (v. 21). Então, sempre que os membros de uma congregação cristã não considerarem as necessidades uns dos outros (e subverterem dessa forma o corpo de Cristo), eles não estarão preparados para participar da mesa do Senhor dignamente. Observe que esta aplicação é bem diferente da noção comum, porém equivocada, de que as pessoas devem se afastar da comunhão quando não se sentem "dignas". O termo grego é um advérbio, não um adjetivo, não podemos comer "indignamente".[89]

Esses últimos exemplos ilustram uma consideração hermenêutica geral mais profunda para as epístolas: os intérpretes têm que localizá-las da forma mais específica possível em um contexto histórico em particular. Felizmente, pelo menos no caso das epístolas paulinas, a leitura mais cuidadosa de uma epístola em particular do princípio ao fim geralmente revela detalhes específicos sobre os destinatários da carta e sobre as circunstâncias relevantes.[90] A comparação com as informações no livro de Atos geralmente traz informações adicionais,[91] e o estudo da descrição de outros escritores antigos sobre as várias cidades nas quais as igrejas apostólicas se situavam pode ajudar a finalizar o estudo.[92] Por essa razão, podemos aprender muito sobre os rivais de Paulo em Filipos a partir de referências na própria carta (Fp 1:15-18; 3:2-11). Podemos apreciar as atitudes supersticiosas e pagãs que Paulo encontrou na Galácia lendo o material contextual em Atos (cf. At 14:11-13 com Gl 3:1). E podemos

---

cristãos contra roubar, mas não os que se referiam a cobrir a cabeça" (*Christianity in Culture,* 2ª ed. [Maryknoll: Orbis, 2005], p. 107).

[89] Veja, e.g., A. C. Thiselton, *The First Epistle to the Corinthians,* NIGTC (Carlisle: Paternoster; Grand Rapids: Eerdmans, 2000), p. 890.

[90] Lembrem-se das nossas instruções detalhadas anteriormente para pesquisar as questões do cenário histórico.

[91] Já que a confiabilidade geral de Atos tem demonstrado ser provável (acerca disso consulte a seção anterior).

[92] Veja esp. C. E. Fant e M. G. Reddish, *A Guide to Biblical Sites in Greece and Turkey* (Oxford: Oxford University Press, 2003); cf. also P. Walker, *In the Steps of Paul: An Illustrated Guide to the Apostle's Life and Journeys* (Grand Rapids: Zondervan, 2008).

INTRODUÇÃO À INTERPRETAÇÃO BÍBLICA

entender o motivo pelo qual Paulo escreveu longamente sobre a moralidade sexual em 1Coríntios (5; 6:12-20; 7) quando descobrimos a partir de outras fontes históricas que o templo imenso dedicado a Afrodite, que se colocava como torre sobre um penhasco próximo, possuía em dado momento mais de mil "prostitutos sagrados", homens e mulheres!

É claro, nem todas as epístolas podem ser colocadas de forma tão fácil em seus contextos históricos. Gálatas, por exemplo, divide os intérpretes que debatem se ela foi escrita para a Galácia do Norte ou para a Galácia do Sul, e se ela deve ser datada anteriormente ou posteriormente (i.e., antes ou depois do concílio apostólico de Atos 15). A comparação entre Atos 14 e Gálatas 3 feita acima só funciona se alguém adotar uma data anterior e um direcionamento para o sul.[93]

Hebreus (escrita de forma anônima) e a maioria das chamadas Epístolas Gerais (Tiago, 1Pedro, 2Pedro, 1João, 2João, 3João e Judas) falam muito pouco sobre os seus destinatários ou sobre as datas em que teriam sido escritas. E muitos especialistas veem como pseudônimas (i.e., escritas em nome de um apóstolo ou de outra figura importante do cristianismo por outra pessoa) várias cartas de Paulo (mais notavelmente Efésios, Colossenses, 1Timóteo, 2Timóteo e Tito), bem como as de Tiago, Pedro e Judas, talvez datando-as uma geração depois da época da vida deles.[94] Essa visão põe de lado qualquer discussão sobre a proveniência, direcionando-a para, no mínimo, o terreno da especulação acadêmica.

A questão da *pseudonímia*, portanto, merece alguns comentários a essa altura. A autoria pode fazer uma grande diferença na maneira que alguém interpreta, digamos, a passagem de 1Timóteo 2:8-15. Por várias razões, muitos especialistas negam que Paulo pudesse ter escrito as epístolas pastorais (1, 2Timóteo e Tito). Em vez disso, eles veem essas três cartas como o produto de um discípulo de Paulo uma geração posterior, que as escreveu num momento que a Igreja foi se tornando cada vez mais institucionalizada e chauvinista ou retornou ao patriarcado. Naquela época, os cristãos teriam supostamente perdido a visão das posições totalmente igualitárias de Jesus e Paulo (cf. esp. Gl 3:28) e estavam retornando aos hábitos perversos da cultura em redor. Essa visão, então,

---

[93] Para maiores detalhes e a defesa dessa posição, veja R. N. Longenecker, *Galatians*, WBC 41 (Dallas: Word, 1990), lxi-lxxxviii; e D. J. Moo, *Galatians*, BECNT (Grand Rapids: Baker, 2013), p. 2-18.

[94] Como na maioria das introduções críticas padrão ao NT, e.g., D. Burkett, *An Introduction to the New Testament and the Origins of Christianity* (Cambridge: Cambridge University Press, 2002); ou M. E. Boring, *An Introduction to the New Testament: History, Literature, Theology* (Louisville: Westminster John Knox, 2012).

GÊNEROS LITERÁRIOS DO NOVO TESTAMENTO

permite aos cristãos ignorar as proibições em 1Timóteo 2:12 contra as mulheres ensinarem ou terem autoridade sobre os homens na Igreja.[95]

Alguns especialistas abraçaram livremente a pseudonímia quando eles perceberam as "contradições" entre as teologias de várias epístolas atribuídas ao mesmo autor ou observaram mudanças marcantes no estilo ou no sistema de crenças. Por outro lado, outros especialistas têm rejeitado a pseudonímia como incompatível com a inspiração e com a autoridade da Escritura. Se uma epístola começa com "Paulo, apóstolo...", eles defendem que ninguém além de Paulo poderia ter escrito isso.

Nenhuma dessas abordagens, no entanto, pode resistir à investigação mais aprofundada. As diferenças linguísticas e teológicas entre as epístolas têm sido exageradas. Devido à quantidade limitada de material que temos sobre todos os escritores da Bíblia, e devido aos estilos diferentes que os autores adotarão para diferentes circunstâncias, duvidamos que um leitor moderno possa dizer de forma conclusiva que a pessoa cujo nome aparece no versículo que abre uma epístola não a teria escrito.[96]

Mas também não podemos ler esses textos sem crítica alguma. Ninguém hoje protesta que o registro oficial do congresso norte-americano erra quando atribui um discurso a um senador em particular que foi escrito por um auxiliar e possivelmente nem foi pronunciado no próprio Senado. Entendemos a convenção literária. Nem os leitores de uma autobiografia de uma pessoa pública famosa acusam os seus editores de fraude ao descobrirem no prefácio que um *ghost-writer* [escritor-fantasma] foi quem escreveu as memórias da celebridade. Muitos livros escritos por pregadores nos dias de hoje se enquadram nessa categoria. Em muitos momentos, os "autores" nem mesmo identificam seus *ghost-writers*, nem se evidencia essa convenção em lugar algum do livro. Há algum problema nisso? A pergunta básica a fazer, portanto, é se a pseudonímia teria sido ou não uma convenção literária aceita no cristianismo do século I. A proliferação de escritos judaicos interbíblicos sugere que o judaísmo pré-cristão chegou a aceitar esse recurso. Até mesmo a batalha contra os gnósticos ou outros escritos cristãos heréticos, de meados do século II em diante, demonstra

---

[95] É possível ser totalmente igualitário e evangélico e ao mesmo tempo sustentar a autoria paulina, afirmando que existem razões históricas ou textuais para ver 1Timóteo 2:12 como específica para a sua situação no seu propósito original. Aqui identificamos a posição que descarta a sua autoridade por ter sido escrita por um autor inferior.

[96] No que se refere as epístolas pastorais, veja esp. L. T. Johnson, *The First and Second Letters to Timothy*, AB 35A (New York: London: Doubleday, 2001), p. 55-99. Johnson apresenta uma defesa vigorosa da autoria paulina dessas cartas.

• **677** •

INTRODUÇÃO À INTERPRETAÇÃO BÍBLICA

que os cristãos posteriores geralmente o rejeitou. Mas o que dizer do século I? O júri ainda está em ação; existem poucas provas dos dois lados.[97]

Um modo provável de prosseguir na discussão aconteceria se alguém pudesse demonstrar que alguma epístola se adapta a um gênero inequivocamente pseudônimo. Das várias hipóteses, talvez a mais persuasiva venha de Richard Bauckham, que relaciona 2Pedro ao gênero testamentário, consistentemente pseudônimo.[98] Para Bauckham, 2Pedro 1:15 apresenta esta epístola como as instruções finais "de Pedro" para os seus seguidores pouco antes da sua morte. Mas, ele observa, esta é exatamente a função dos testamentos escritos pelo seguidor de uma grande personalidade uma geração ou mais depois, contando aos leitores daquela época o que ele acreditava que a pessoa diria se estivesse presente. Sob esse ponto de vista, os destinatários da carta de Pedro, sabendo muito bem que Pedro já tinha morrido havia tempo, não teriam acusado o autor da epístola de engano algum, mas teriam reconhecido a atribuição de autoria como uma chave para o gênero das epístolas. Um exemplo distante do AT é Deuteronômio, redigido depois da morte de Moisés, que é narrada no seu capítulo final. Mesmo numa época tão tardia como o ano 200, Tertuliano explicou que "é permissível que aquilo que os discípulos publicam seja considerado obra do seu mestre" (*Contra Marcião* 4:5). Mas, é claro, os testamentos poderiam ser escritos por pessoas em seus próprios nomes também, e nem todas as características de 2Pedro se enquadram no gênero; por isso até mesmo a tese de Bauckham tem que ser declarada como "possível" em vez de ser conclusiva. De forma mais importante, esse tipo de teoria da pseudonímia não diminui em nada a autoridade da epístola; ela permanece com a mesma normatividade para os cristãos não importa qual seja a sua autoria. Afinal de contas, todos esses escritos supostamente pseudônimos desfrutam de status canônico.

Considerações específicas

Para interpretar as epístolas do NT de forma correta, precisamos compará-las com as cartas greco-romanas da Antiguidade. Uma estrutura razoavelmente típica, a qual até mesmo os estudantes do século I são animados a seguir, começava com uma saudação (identificação do autor, dos destinatários, e algum tipo

---

[97] A análise recente mais profunda sobre a diversidade de formas de pseudonímia no mundo mediterrâneo antigo é a de J. Frey, et al., eds., *Pseudepigraphie und Verfasserfiktion in fruhchristlichen Briefen/Pseudepigraphy and Author Fiction in Early Christian Literature*, WUNT 246 (Tübingen: Mohr Siebeck, 2009). B. D. Ehrman (*Forged: Writing in the Name of God—Why the Bible's Authors Are Not Who We Think They Are* [New York: HarperOne, 2011]) portanto, exagera muito o nível de confiança que alguém pode ter que: (a) qualquer escrito do NT *seja* pseudônimo, e (b) que se fosse, isto teria sido feito para enganar.

[98] R. J. Bauckham, *Jude, 2Peter*, WBC 50 (Waco: Word, 1983), p. 131-163.

GÊNEROS LITERÁRIOS DO NOVO TESTAMENTO

de cumprimento) e uma oração ou expressão de agradecimento pelo bem-estar dos destinatários. Depois se prosseguia para o corpo da epístola, que definia as razões principais da escrita. Se o autor tinha um conselho ou exortação a dar, isto vinha depois do corpo da carta. Uma despedida encerrava o documento.[99]

Entender essas convenções capacita o intérprete a reconhecer o que é típico e atípico nas epístolas do NT. As orações iniciais e as ações de graças, ainda que certamente sejam mais teológicas que a carta "secular" normal, na verdade consistia no que todos os escritores consideravam uma cortesia comum. Por outro lado, enquanto os gálatas não receberam agradecimento algum (se Paulo tivesse de escrever algo assim, esse trecho ficaria entre 1:5 e 6), e enquanto 1Tessalonicenses possui dois agradecimentos (1Ts 1:2-10 e 2:13-16), os leitores devem refletir e observar. Paulo destaca a severidade do desvio dos gálatas para o legalismo ignorando as convenções padrão e indo diretamente à raiz da sua reclamação contra eles.

Em contrapartida, Paulo tem mais palavras de elogio prolongado aos tessalonicenses do que a qualquer outra congregação apostólica. Então não admira de que ela deva incluir uma parte adicional de agradecimento.

SUBGÊNEROS DAS CARTAS GRECO-ROMANAS	
TIPO	EXEMPLO DO NT
• Carta de exortação: parênese	1Tessalonicenses
• Diatribe	Romanos
• Carta de introdução/recomendação	Filemom
• Carta apologética de autorrecomendação	2Coríntios 1—7
• Carta familiar	Filipenses

Os especialistas também dividem as cartas greco-romanas em vários subgêneros. Uma epístola como 1Tessalonicenses é um exemplo da carta "parenética" ou de *carta de exortação*. Todos os elogios que Paulo emprega aos tessalonicenses se enquadram nesse tipo de escrita. Ele lhes passa instruções morais bem claras em 4:1-12 (particularmente sobre questões da ética sexual e profissional), e ele corrige pontos importantes da teologia em 4:13—5:11 (sobre a segunda vinda de Cristo). Mas ele, com tato, prepara os seus leitores para essa exortação, demonstrando a sua amizade para com eles e destacando como eles estão indo bem sem realmente precisarem muito de mais instruções.[100]

---

[99] Para consultar a útil análise, leia C. J. Roetzel, *The Letters of Paul*, 5ª ed. (Louisville: Westminster John Knox, 2009), p. 59-72.

[100] Cf. A. J. Malherbe, *The Letters to the Thessalonians*, AB32B (New York: London: Doubleday, 2000).

• **679** •

INTRODUÇÃO À INTERPRETAÇÃO BÍBLICA

O segundo subgênero é a *diatribe*: o método conversacional de instrução onde o escritor considera e responde a objeções hipotéticas por parte de seus adversários. A maior parte de Romanos 1—11 se enquadra bem nesta classificação. Então quando Paulo frequentemente aborda objeções a sua apresentação do evangelho (Rm 3:1, 9; 4:1; 6:1, 15; 7:7), os leitores não precisam supor que esses adversários existissem dentro da Igreja de Roma. De forma mais provável, Paulo estava antecipando os tipos de dúvidas que a sua carta poderia provocar e as respondendo antes de elas surgirem.[101]

Outro subgênero da epístola é a *carta de apresentação ou recomendação*, redigida para apresentar o portador da carta para os seus destinatários antes de pedir um determinado favor. Geralmente, o autor da carta era um amigo próximo ou parente do destinatário ou dos destinatários que estava prometendo retribuir o favor de algum modo. A Carta de Filemom é um exemplo desse gênero. Paulo pede a Filemom para acolher bem o escravo fugido, Onésimo, sem o castigar, promete pagar quaisquer prejuízos que Filemom tenha tido, e lembra Onésimo das dívidas que ele tinha para com Paulo. Toda a epístola é uma obra de arte de tato e persuasão, à medida que Paulo desenvolve um discurso delicado entre pedir e exigir. Já que a carta de recomendação era um gênero bem estabelecido de escrita, Paulo podia esperar que Filemom concedesse os seus pedidos.[102]

Nem todos os subgêneros propostos na crítica das epístolas são tão claros como os exemplos de 1Tessalonicenses, Romanos e Filemom. Mesmo assim, várias outras sugestões têm valor por apurar a nossa abordagem hermenêutica. A maior parte de 2Coríntios 1—7 forma uma *carta apologética de recomendação*, uma forma de defesa pessoal retórica greco-romana bem conhecida. Ainda que Paulo recue diante da retórica vã de seus adversários em Corinto, mesmo assim, ele prepara uma reação cuidadosamente estruturada e altamente retórica.[103] Os capítulos 10 a 13 são mergulhados na ironia e num tipo de autoelogio que os retóricos particularmente aprovavam.[104] Reconhecer a estratégia de Paulo evita uma leitura equivocada de 1Coríntios 2:1-5. Paulo não rejeita todos os padrões da sabedoria "secular" da sua época; ele simplesmente rejeita tudo que se opõe de forma intratável ao evangelho da cruz de Cristo. Com a orientação

---

[101] S. K. Stowers, *The Diatribe and Paul's Letter to the Romans,* SBLDS 57 (Chico, CA: Scholars, 1981).

[102] D. E. Aune, *The New Testament in Its Literary Environment* (Philadelphia : Westminster, 1987), p. 211-212; Stowers, *Letter Writing in Greco-Roman Antiquity*, p. 155.

[103] L. L. Belleville, "A Letter of Apologetic Self-Commendation: 2Cor. 1:8-7:16", *NovT* 31 (1989): p. 142-163. Para a classificação de toda a carta como *apologia*, veja M. J. Harris, *The Second Epistle to the Corinthians*, NIGTC (Grand Rapids: Eerdmans, 2005), p. 46.

[104] Cf. esp. C. Forbes, "Comparison, Self-Praise and Irony: Paul's Boasting and the Conventions of Hellenistic Rhetoric", *NTS* 32 (1986): p. 1-30.

GÊNEROS LITERÁRIOS DO NOVO TESTAMENTO

do Espírito, ele felizmente usa figuras retóricas para convencer os seus destinatários dos seus pontos de vista. A boa comunicação cristã em qualquer época deve fazer isso.

Alguns se inclinaram a ver Filipenses como desconjuntada, até mesmo como um apanhado de várias epístolas compiladas casualmente em um pergaminho. Mas, muito provavelmente, essa epístola é um exemplo de uma carta de família, combinando, na sequência: um endereçamento e uma saudação (1:1-2), uma oração pelos destinatários (1:3-11), uma confirmação sobre o remetente (1:12-26), um pedido de confirmação para os destinatários (1:27—2:18), as informações sobre o movimento de intermediários (2:19-30), uma troca de saudações com terceiros (4:2-22) e um desejo final de saúde (4:23). Paulo então sai do convencional e acrescenta uma polêmica contra os falsos mestres (3:1—4:1) e várias outras exortações e agradecimentos (4:2-20). Os filipenses lhe enviaram dinheiro, pelo qual ele expressa a sua gratidão, mas eles também sofreram reprimendas, o que lhe causa angústia. Devido ao fato de essas duas partes saírem da norma, elas se destacariam e receberiam uma atenção maior. Paulo provavelmente saiu da forma padrão de uma carta de família para destacar essas duas preocupações.[105]

Outro meio de classificar as epístolas considera os tipos de retórica que ela usa. Os gregos e romanos antigos distinguiam três tipos principais: a *judicial* (buscando convencer os destinatários que uma ação anterior está certa ou errada), a *deliberativa* (tentando persuadir ou dissuadir algumas pessoas sobre a utilidade de uma ação futura) e a *epidítica* (usando o elogio ou a culpa para levar as pessoas a afirmar um ponto de vista ou um conjunto de valores no presente). Um discurso retórico exagerado abrangeria todas as seguintes características, ainda que frequentemente uma ou mais seções não apareçam:

- *Exórdio:* afirmava a causa e evocava a atenção e a simpatia dos destinatários.
- *Proposta:* afirmava o que se concordava e o que estava sendo contestado.
- *Prova:* continha as provas baseadas na credibilidade do falante; apelava aos sentimentos e/ou argumentos lógicos dos ouvintes.
- *Refutação:* refutava os argumentos dos adversários.
- *Peroração:* resumia o argumento e buscava despertar as emoções dos ouvintes.[106]

---

[105] Cf. de forma mais profunda L. Alexander, "Hellenistic Letter-Forms and the Structure of Philippians", *JSNT* 37 (1989): p. 87-101. Outros enquadram Filipenses na categoria mais ampla de carta de amizade.

[106] G. A. Kennedy, *New Testament Interpretation through Rhetorical Criticism* (Chapel Hill: University of North Carolina Press, 1984), p. 24.

INTRODUÇÃO À INTERPRETAÇÃO BÍBLICA

Muitas epístolas do NT se aproximavam razoavelmente dessa estrutura. Como base para esboçar as epístolas do NT, ela pode ajudar o estudante a entender como cada parte de uma carta funciona. Por exemplo, 2Tessalonicenses 2:1-2 forma a tese ou a proposta ao redor da qual toda a carta está estruturada: o dia do Senhor não está tão próximo como alguns na Igreja foram levados a pensar.[107] Gálatas 3—4 reúne as provas da proposta de Paulo sobre a justificação pela fé em 2:15-21. Esses exemplos revelam a diversidade de argumentos que um escritor ou falante antigo podiam usar para tentar persuadir. Eles também sugerem estratégias que ainda podemos usar de forma eficiente nos dias de hoje. Essas incluem os argumentos de inegável experiência pessoal (a recepção do Espírito por parte dos gálatas, 3:1-5, *versus* a vida que tinham antes de serem cristãos, 4:8-11); os argumentos a partir da Escritura (Gn 15:6; 12:3; Dt 27:26; Hc 2:4; Lv 18:5 e Dt 21:23 em Gl 3:6-14); a partir da prática humana comum (ao formar alianças, ao guardar prisioneiros, e conceder heranças, 3:15-18, 21-22, 4:1-7); da tradição cristã (particularmente no batismo 3:26-29); da amizade (4:12-20) e a partir de uma analogia (com o estabelecimento da aliança abraâmica, 4:21-31).[108]

Definir a retórica de uma epístola geralmente se torna mais difícil quando os autores juntam dois ou três tipos. Quase todas as cartas do NT funcionam de forma *deliberativa* porque o propósito inicial era dizer aos cristãos como eles devem ou não se comportar. Mesmo assim, pode-se distinguir um destaque, digamos, entre 2 e 3João.[109] A terceira carta de João parece primeiramente *epidítica*: o "presbítero" elogia a Gaio por seu estilo de vida cristão e pela sua hospitalidade.

Apesar de ele o incentivar a continuar fielmente, Gaio não precisa ser convencido da justiça do seu comportamento. Mas em 2João o presbítero usa primeiramente a retórica deliberativa, aconselhando "a senhora eleita" quanto ao procedimento correto diante dos hereges que tinham se separado da comunidade.

Também fazemos bem ao conhecer nossos destinatários, a hora certa de elogiar e a hora certa de persuadir. Os cristãos fiéis não precisam de mais sermões que digam a razão pela qual eles devem fazer o que eles já sabem que devem fazer. Em uma época de motivação abundante pela culpa, poderíamos variar um pouco com uma pequena dose de elogio!

---

[107] F. W. Hughes, *Early Christian Rhetoric and 2Thessalonians,* JSNTSup 30 (Sheffield: JSOT, 1989), p. 56-57.

[108] H.-D. Betz, *Galatians,* Hermeneia (Philadelphia : Fortress, 1989), p. 19-22; modificamos algumas de suas classificações.

[109] Cf. D. F. Watson, "A Rhetorical Analysis of 2John according to Greco-Roman Convention", *NTS* 35 (1989): p. 104-130; com D. F. Watson, "A Rhetorical Analysis of 3John: A Study in Epistolary Rhetoric", *CBQ* 51 (1989): p. 479-501.

GÊNEROS LITERÁRIOS DO NOVO TESTAMENTO

Em contrapartida, em contextos evangelísticos em um mundo pós-moderno (ou em uma Igreja pós-moderna) cada vez mais secularizado e paganizado, nós nos atrevemos a supor que as pessoas entendem ou aceitam a lógica e o conteúdo das crenças ou morais cristãs básicas. Precisamos lutar por elas com estratégias bem pensadas.

As análises retóricas também demonstram a unidade das epístolas anteriormente pensadas como apanhados de epístolas. Já observamos isto com respeito a Filipenses e 2Coríntios 1—7 anteriormente. Um terceiro exemplo é Romanos. Alguns especialistas identificam a longa lista de saudações no cap. 16 como um apêndice fora de lugar, talvez pertencendo ao final da carta aos Efésios. Esse pensamento foi definido como improvável por Karl Donfried há um quarto de século.[110] De forma mais plausível, Paulo termina a sua carta aos romanos com uma retórica epidítica e com o subgênero da *carta diplomática*.[111] Quer dizer, Paulo prepara o caminho para uma visita antecipada a Roma recomendando o seu conhecimento do evangelho à Igreja dali e explicando os propósitos de suas viagens. Seu interesse consistia em estabelecer uma boa plateia para a sua mensagem referindo-se a pessoas da Igreja romana que ele conheceu. Do mesmo modo que Priscila e Áquila, isto provavelmente aconteceu quando eles se encontraram ou trabalharam juntos em outro lugar do império.

Características próprias de Hebreus e das "Epístolas Gerais"

A carta aos Hebreus e três das Epístolas Gerais (Tiago, 1João e Judas) saem do padrão dos gêneros epistolares tradicionais: Hebreus não começa como uma carta, Tiago não termina como uma carta e 1João não tem nem saudação nem uma conclusão. Hebreus se descreve como "uma palavra de exortação (ou incentivo)" (Hb 13:22). Já que esta expressão só aparece em outras passagens do NT em Atos 13:15 onde ela designa uma pregação, o seu autor possivelmente redigiu Hebreus como um sermão escrito, ou uma homilia. Entre outras coisas, isso significa que os vários avisos contra a apostasia (2:1-4; 3:7—4:11; 6:4-12; 10:19-39; 12:14-29) têm uma probabilidade maior de não serem hipotéticos. O autor de Hebreus acreditava seriamente que parte de sua congregação corria o risco de abandonar a sua profissão de fé cristã, e ele queria alertá-los contra isso.[112]

---

[110] K. P. Donfried, *The Romans Debate*, ed. rev. (Peabody: Hendrickson, 2015 [orig. 1991]).

[111] R. Jewett, "Romans as an Ambassadorial Letter", *Int* 36 (1982): p. 5-20. Cf. R. Jewett, *Romans*, Herm (Minneapolis: Fortress, 2007), p. 42-46.

[112] Sobre a exegese e o gênero literário de Hebreus, veja esp. W. L. Lane, *Hebrews*, 2 vols. WBC 47A-47B (Dallas: Word, 1991). Detalhando isto e falando da carta com elementos

• 683 •

INTRODUÇÃO À INTERPRETAÇÃO BÍBLICA

Talvez o estudo mais importante sobre o gênero de uma epístola não paulina é a análise de Peter David sobre Tiago como um *quiasma* complexo (sobre essa figura de linguagem, veja a análise anterior). Três temas se destacam: as provações e as tentações, a sabedoria e a fala, a riqueza e a pobreza. Tiago 1 apresenta todos esses temas duas vezes, e os capítulos de 2 a 5 os apresenta com maiores detalhes em ordem invertida.[113] Ainda que esse esboço exija mudanças em alguns lugares, ele refuta duas noções amplamente difundidas sobre a carta. Primeiro, Tiago não é simplesmente uma coleção de ensinos sem muita associação entre si, como o livro de Provérbios ou outra literatura sapiencial antiga. Em segundo lugar, o cuidado principal de Tiago não é a fé em contraste com as obras (ainda que esse seja a principal preocupação dos comentaristas desde Martinho Lutero). Mesmo que esse cuidado seja importante, a acusação da fé que não produz obras (2:18-26) serve na verdade ao tópico mais amplo e importante: o uso adequado dos recursos materiais (veja 2:14-17). Os que se opõem à "mordomia cristã" e promovem o estilo de vida consumista e materialista bem que poderiam refletir um pouco mais profundamente sobre as consequências de 2:15-16 no contexto da pergunta retórica do v. 14 (que antecipa a resposta "não").[114]

A carta de 1João nem começa nem termina como uma epístola. Dentre as várias propostas, talvez a que melhor a retrata seja a de uma *homilia deliberativa*.[115] Do mesmo modo que Hebreus, ela parece mais com um sermão do que propriamente uma carta. De forma parecida com outras formas de retórica deliberativa, ela foi redigida para persuadir. Nesse caso, João chama as igrejas de Éfeso para estarem do seu lado e abraçarem a doutrina cristã verdadeira e praticá-la contra os falsos mestres que promoviam a heresia e a impiedade, e que tinham começado a dividir a Igreja (2:19). Se João tivesse algum esboço em mente enquanto escrevia, ele desafiou todas as melhores tentativas dos comentaristas para descobri-lo. Mas talvez ele estivesse redigindo em vez um esboço uma série de meditações sobre os temas das "provas da vida": Jesus como totalmente humano e totalmente divino, a obediência aos mandamentos de Deus, e o amor uns pelos outros, de forma que não devemos tentar impor mais fatores estruturais do que foi proposto.[116]

---

homiléticos ou compostos de uma série de elementos homiléticos menores, temos a obra de R. T. France, "*Hebrews*", em *Expositor's Bible Commentary Revised*, 13:20, 25-27.

[113] P. H. Davids, *The Epistle of James*, NIGTC (Exeter: Paternoster; Grand Rapids: Eerdmans, 1982).

[114] Veja maiores detalhes em toda a obra de C. L. Blomberg e M. J. Kamell, *James*, ZECNT (Grand Rapids: Zondervan, 2008).

[115] Aune, *The New Testament in Its Literary Environment*, p. 218. Cf. G. Strecker, *The Johannine Letters. Herm* (Minneapolis: Fortress, 1996), p. 3.

[116] R. Law, *The Tests of Life* (Edimburgo: T&T Clark, 1909).

GÊNEROS LITERÁRIOS DO NOVO TESTAMENTO

Judas bem pode ser exemplo de um gênero judaico mais característico e das técnicas interpretativas do *midrash* (veja no capítulo 2),[117] mesmo sem apresentar nenhum detalhe fictício. Os versículos 3 e 4 afirmam o propósito da carta de Judas em poucas palavras: "Amados, embora estivesse muito ansioso por lhes escrever acerca da salvação que compartilhamos, senti que era necessário escrever-lhes insistindo que batalhassem pela fé de uma vez por todas confiada aos santos. Pois certos homens, cuja condenação já estava sentenciada há muito tempo, infiltraram-se dissimuladamente no meio de vocês..." Os versículos 5 a 19 não defendem essa proposta, mas simplesmente apresentam uma série de exemplos do modo pelo qual eles seriam condenados. Nesse ponto Judas se baseia fortemente nas Escrituras judaicas e na tradição. Ele compara os falsos mestres com três exemplos do AT e depois interpreta estas comparações (v. 5-10). Então ele repete esse procedimento com mais três tipos do AT (v. 11-13). Recorrendo a fontes do período interbíblico, ele cita e interpreta a "profecia" de 1Enoque (v. 14-16). Chegando finalmente à era do NT, Judas recorda e comenta sobre as profecias dos apóstolos (v. 17-19). O efeito foi poderoso retoricamente, mesmo que pareça problemático para o leitor moderno. A dureza da polêmica de Judas na verdade era suave para os padrões de sua época.

Um panorama das propostas recentes sobre os gêneros e a retórica das várias epístolas poderia trazer ainda mais exemplos. A série denominada Eerdmans Socio-Rhetorical Commentary [Comentário Socio-retórico Eerdmans] explica esses tipos de esboços com detalhes consideráveis.[118] Recomendamos, no entanto, que o estudante proceda com cautela, porque muitas propostas são bem recentes e não foram testadas comparativamente. Vários especialistas têm afirmado que não se pode transferir automaticamente as formas de discurso oral para as cartas escritas, e que não podemos ter certeza se Paulo e os outros escritores de epístolas teriam conhecido todas essas formas.[119] Mesmo assim, todas as cartas foram escritas originalmente para serem lidas em voz alta, e os pregadores cristãos primitivos como Crisóstomo reconheciam algumas formas retóricas no NT.[120] Então onde parece haver uma correspondência adequada

---

[117] Bauckham *Jude, 2Peter*, p. 3-6.

[118] Cuja maior parte foi escrita por Ben Witherington III (sobre Marcos, Atos, 1Coríntios, 2Coríntios e Gálatas), mas também por David DeSilva (sobre Hebreus) e Craig Keener (sobre Mateus). Veja também a obra de Witherington, *New Testament Rhetoric: An Introduction to the Art of Persuasion in and of the New Testament* (Eugene, OR: Cascade, 2009).

[119] Cf. S. E. Porter, "The Theoretical Justification for Application of Rhetorical Categories to Pauline Epistolary Literature", in *Rhetoric and the New Testament*, ed. S. E. Porter e T. H. Olbricht (Sheffield: JSOT, 1993), p. 100-122; e J. A. D. Weima, "What Does Aristotle Have to do With Paul? An Evaluation of Rhetorical Criticism", *CTJ* 32 (1997): p. 458-468.

[120] J. Fairweather, "The Epistle to the Galatians and Classical Rhetoric", *TynBul* 45 (1994): p. 1-38, 213-243.

• 685 •

INTRODUÇÃO À INTERPRETAÇÃO BÍBLICA

entre forma e conteúdo, podemos prosseguir em uma das propostas com alguma confiança.

Formas literárias que só se encontram nas Epístolas

A crítica da forma nas epístolas não é tão frequente como a dos Evangelhos ou como a que encontramos no AT. Na maioria dos casos, os escritores das cartas do NT não recorreram a materiais existentes, nem usaram formas não existentes em outras partes da Bíblia. Mas existem exceções importantes. Talvez as formas mais significativas para o estudo da hermenêutica são os credos ou hinos, as regras do lar, as frases de efeito e as listas de virtudes e vícios.

Credos ou hinos

Em várias passagens das epístolas, algumas partes que ocupam um parágrafo de uma carta apresentam resumos importantes de doutrina, principalmente sobre a cristologia, de um modo parecido com a poesia antiga, a hinódia, e as confissões de fé. Os especialistas em geral concordam, portanto, que os autores das epístolas tomaram emprestado e/ou modificaram elementos que já eram bem conhecidos e valorizados na adoração da Igreja primitiva. Alguns exemplos comuns de Paulo incluem Filipenses 2:6-11; Colossenses 1:15-20; e 1Timóteo 3:16. Pedro talvez tenha usado formas confessionais pelo menos em três passagens: 1Pedro 1:18-21; 2:21-25; e 3:18-22. Os critérios para reconhecer esses credos incluem a presença de um estilo poético cuidadosamente estruturado (com ritmo e paralelismo) que aparece de repente no meio da prosa normal; uma unidade independente de pensamento apresentada com um pronome relativo como uma justificativa para várias instruções; uma linguagem e um vocabulário incomuns; e afirmações resumidas de doutrina relacionadas de forma sequencial.[121]

Com certeza, tudo isso requer muita especulação, mas nas passagens em que as propostas de hinos ou credos parecem razoáveis, segue-se várias consequências. Podemos discernir informações que refletem o que a Igreja de uma região bem ampla considerou importante em parte dos seus primeiros anos. Podemos reconhecer aspectos litúrgicos da adoração cristã primitiva, possivelmente incluindo a descoberta de liturgias batismais.[122] E às vezes podemos fazer suposições especializadas sobre as distinções entre a tradição e a redação. Por exemplo, Filipenses 2:6-11 se encaixa de forma bem harmoniosa em duas partes

---

[121] Para uma lista ainda mais detalhada, veja M. Barth, *Ephesians*, 2 vols., AB 34A-34B (Garden City: Doubleday, 1974), 1: 7-8.

[122] A introdução padrão é J. N. D. Kelly, *Early Christian Creeds*, 3ª ed. (London: Longmans, 1972; London e New York: Continuum, 2006).

• **686** •

GÊNEROS LITERÁRIOS DO NOVO TESTAMENTO

que retratam a acomodação (v. 6-8) e a exaltação (v. 9-11) de Jesus. Cada uma delas, por sua vez, pode-se dividir em três estrofes de três linhas cada, e cada linha contendo três sílabas tônicas. Mas uma frase quebra esta simetria: "e morte de cruz" (final do v. 8). Quando reconhecemos que a cruz ocupava o centro da pregação de Paulo (1Co 2:2), parece plausível que ele tenha incorporado à sua carta um hino cristão ou credo preexistente ao qual ele acrescentou esse verso importante[123], o verso que ele queria destacar.

Regras domésticas

Várias fontes judaicas e greco-romanas contêm seções de instrução para indivíduos em um relação de autoridade ou submissão. Geralmente, estas instruções se concentravam nas relações dentro da família expandida: maridos e esposas, pais e filhos, senhores e servos. Portanto, os especialistas se referem a esses materiais como códigos "domésticos" ou "do lar", seguindo o uso de Lutero do termo alemão *Haustafeln*. As passagens de Efésios 5:22—6:9, Colossenses 3:18—4:1, e 1Pedro 2:13—3:7 são exemplos claros dessa forma literária. Provavelmente, a descoberta mais importante que surge de uma comparação dos *Haustafeln* canônicos e não canônicos se refere à natureza radical do valor que os cristãos davam ao subordinado em cada relacionamento. Os leitores modernos debatem amplamente se as esposas, os filhos, os escravos ou até cidadãos cristãos devem ainda se submeter a essas pessoas e instituições vistas tradicionalmente como autoridades sobre elas. Mas poucos leitores (se existirem) se concentraram nisso. Eles não consideravam a submissão, mas ficaram provavelmente chocados com as limitações rígidas impostas sobre a autoridade dos maridos, dos pais e dos senhores. Talvez se a Igreja nos dias de hoje prestasse mais atenção em obedecer esses últimos mandamentos, os primeiros não pareceriam tão opressores.[124]

---

[123] E. Lohmeyer, *Kyrios Jesus: Eine Untersuchung zu Phil. 2,5-11* (Heidelberg: Winter, 1928). Muitas outras análises de Filipenses 2:6-11 alertam contra supervalorizar isso, mas isso nos parece ainda bem plausível. O estudo em inglês mais influente dessa passagem, que concorda que o final do v. 8 é um acréscimo importante de Paulo a um hino antigo, é o de R. P. Martin, *A Hymn of Christ: Philippians 2:5-11 in Recent Interpretation and in the Setting of Early Christian Worship* (Downers Grove: InterVarsity, 1997).

[124] Sobre os *Haustafeln* do NT, veja esp. D. Balch, *Let Wives Be Submissive: The Domestic Code in 1Peter*, SBLMS 126 (Chico, CA: Scholars, 1981); e J. P. Hering, *The Colossian and Ephesian Haustafeln in Theological Context*, AUS 7.260 (New York: Peter Lang, 2007). Para ampla bibliografia sobre esse tópico, veja W. W. Klein, *The Book of Ephesians: An Annotated Bibliography* (New York; London: Garland, 1996), p. 268-277.

INTRODUÇÃO À INTERPRETAÇÃO BÍBLICA

Frases de efeito

A primeira carta aos coríntios apresenta um desafio singular para os intérpretes. Nessa epístola do NT, Paulo afirma que ele está respondendo a um conjunto específico de perguntas e de controvérsias da Igreja (formuladas tanto oralmente quanto por escrito — 1:11; 7:1). Por isso, o esboço de 1Coríntios parece uma lista das respostas de Paulo para esses vários problemas: por exemplo, sobre o incesto (5), os processos legais (6:1-11), a imoralidade sexual de forma mais geral (6:12-20), o casamento e o divórcio (7) etc. No processo, Paulo cita pontos de vista seguidos por alguns em Corinto contra os quais deseja debater. Ele pode concordar em parte com essas "frases de efeito", mas ele as critica de forma substancial. Podemos nos referir a isto como a lógica "sim, mas..." de Paulo. Em várias passagens, estas frases de efeito são tão claras que as traduções recentes do NT usam aspas (6:12; 6:13 e 10:23). Obviamente, o próprio Paulo não poderia ter ensinado "tudo me é permitido" sem uma considerável restrição!

O USO DE FRASES DE EFEITO POR PARTE DE PAULO EM 1CORÍNTIOS
"Tudo me é permitido" (6:12)
"Os alimentos foram feitos para o estômago e o estômago para os alimentos, mas Deus destruirá ambos" (ou somente "Comida para o estômago e estômago para a comida") (6:13)
"É bom que o homem não toque em mulher" (7:1)
"Sabemos que todos temos conhecimento" (8:1)

Não podemos ter tanta certeza em outras passagens, mas continua provável a hipótese de várias frases de efeito coríntias. Considerando a influência provável de um quase ou protognosticismo em Corinto, é razoável interpretar 8:1 como na nota marginal da NVI "Todos temos conhecimento, 'conforme vocês dizem.'" Também 7:1 provavelmente apresenta uma frase de efeito, como se encontra na margem da NVI: "É bom que o homem se abstenha de ter relações sexuais com qualquer mulher."[125] Orígenes (ca. 200 d.C.), por exemplo, já considerava isso uma frase de efeito. Na verdade, todo o capítulo 7 faz sentido quando se reconhece que Paulo está reagindo diante de uma ala ascética da Igreja que estava extremamente zelosa sobre o celibato. A ideia principal de Paulo por todo o contexto, então, se torna: "Não mude o seu estado na vida nem seja tão desejoso de preservá-lo somente para evitar o sexo." Apesar das várias exceções que ele discute, Paulo diz aos coríntios que: os casados não podem se privar do sexo (v. 2-7); as viúvas e viúvos podem pensar em não se casar só se eles não

---

[125] As versões NIV, NRSV, ESV, NET e HCSB colocam essas frases entre aspas.

• **688** •

GÊNEROS LITERÁRIOS DO NOVO TESTAMENTO

tiverem desejos autodestrutivos (v. 8-9); o divórcio não é uma maneira legítima de evitar o sexo (v. 10-16); e é bom para os que nunca casaram considerarem o celibato, ainda que o casamento não seja uma opção pecaminosa (v. 25-38). Pessoalmente, Paulo prefere o celibato, mas ele também reconhece que Deus só presenteou um número limitado de fiéis com esse estilo de vida. Então ele reconhece certo valor nos defensores do celibato em Corinto, mas faz muitas críticas ao entusiasmo deles. O cenário "incidental" de 1Coríntios transmite o significado do tom e do destaque de Paulo, e ajuda os leitores a entender melhor o modo pelo qual o mesmo apóstolo poderia parecer tão entusiasmado com o casamento em Efésios (5:25-33), uma carta, que, de forma interessante, provavelmente foi escrita para um público mais amplo.[126]

Essas várias frases de efeito coríntias têm várias características em comum: elas são curtas e têm palavras bem escolhidas (no formato geral das frases de efeito); elas refletem pontos de vista com os quais Paulo pode concordar em parte, mas que demonstram ser bem equivocadas se interpretadas sem restrições; e elas representam uma perspectiva comum encontrada na forma da filosofia grega antiga que finalmente deu origem ao gnosticismo. Reconhecer essas características comuns pode capacitar os intérpretes a avaliar outras propostas de frase de efeito em 1Coríntios. Uma das mais populares nas últimas décadas, ainda que aparentemente nunca tenha sido seriamente defendida antes do século passado, envolve 14:33-35, onde Paulo escreve: "Como em todas as congregações dos santos, permaneçam as mulheres em silêncio nas igrejas, pois não lhes é permitido falar; antes permaneçam em submissão, como diz a Lei." Os que propõem esse ponto de vista entendem os comentários de Paulo sobre as mulheres estarem caladas e em submissão como outra visão abominável dos coríntios, a qual os versículos 36-38 rejeitam. Mas os versículos 33b-35 não satisfazem nenhum dos critérios que acabamos de observar sobre as frases de efeito. As palavras não são resumidas ou proverbiais. Se os versículos 36-38 formassem a resposta de Paulo, então ele não concordaria com os versículos 33b-35, pelo menos em parte. E a perspectiva atribuída aos coríntios seria o oposto do impulso igualitário entre os sexos do protognosticismo. Várias outras opções podem justificar os versículos 33b-35, incluindo alguns que apoiam a interpretação moderna igualitária, mas a proposta de que esses versículos formem uma frase de efeito é a menos provável de todas.[127]

---

[126] Essa avaliação de 1Coríntios 7 e das frases de efeito em outras passagens na epístola se deve muito à obra de G. D. Fee, *The First Epistle to the Corinthians,* NICNT, 2ª ed., (Grand Rapids: Eerdmans, 2014), p. 297-393.

[127] Na nossa opinião, a exegese mais convincente é a de Thiselton, *The First Epistle to the Corinthians,* p. 1150-1161.

Listas de vícios e virtudes

Um exemplo final de formas comuns dentro das epístolas do NT consiste nas listas de qualidades ou ações que tipificam a moralidade e a imoralidade na perspectiva cristã. Os judeus e os pagãos faziam estas listas com frequência. Os exemplos do NT incluem Romanos 1:29-31; 1Coríntios 6:9-10; Gálatas 5:19-23; Tiago 3:17-18 e 2Pedro 1:5-7. A comparação com passagens extrabíblicas novamente revela as características distintas do NT bem como um ou dois princípios de hermenêutica. Por exemplo, o mundo grego antigo regularmente apoiava as relações homossexuais. A condenação uniforme de Paulo contra elas (cf. Rm 1:24-32; 1Co 6:9; 1Tm 1:10), que combina com toda a desaprovação da Bíblia, teria se destacado e ofendido naquela época, como ofende frequentemente nos dias de hoje. Mas a fidelidade ao evangelho exige que esses pecados sejam classificados dessa forma em qualquer época, ainda que tentemos ser os mais graciosos e amorosos possíveis durante o processo.[128] Às vezes se questiona que não tratamos todos os pecados relacionados nas listas de vícios de forma igual; de modo que, por exemplo, raramente ouvimos algum ensino contra a gula ou a cobiça (Rm 1:29; Ef 5:3; Cl 3:5). A forma adequada de lidar com a incoerência, com certeza, não é ignorar qualquer pecado, mas advertir contra todos eles. Além disso, é importante recordar que nem todos os pecados são igualmente sérios. Jesus fala sobre os assuntos mais importantes da Lei (a justiça, a misericórdia e a fé) em contraste com as práticas minuciosas do dízimo (Mt 23:23). Todo pecado nos afasta de Deus e nos coloca no perigo da separação eterna dele (Mt 5:21-22). Mas nem todo pecado merece uma punição igual (Lc 12:47-48). Outro princípio relacionado às listas de vícios e virtudes é que o primeiro e o último item numa lista geralmente demonstram ser os mais importantes, mas a ordem subsequente de itens provavelmente não indica hierarquia alguma.[129] Então devemos provavelmente considerar o "amor" como

---

[128] Veja esp. R. A. J. Gagnon, *The Bible and Homosexual Practice: Texts and Hermeneutics* (Nashville: Abingdon, 2001). Cf. também R. E. Gane, N. P. Miller e H. P. Swanson, eds., *Homosexuality, Marriage, and the Church: Biblical, Counseling, and Religious Liberty Issues* (Berrien Springs, MI: Andrews University Press, 2012). Mesmo com o risco de afirmar o óbvio, só pelo fato de alguma nação ou sociedade declarar algo legal (ou ilegal) não muda a obrigação cristã. Se, e.g., o casamento homossexual é legal em um país, e enquanto houver mecanismos para cerimônias civis (ou talvez até religiosas) que assegurem a todos os cidadãos os seus direitos, nenhum clérigo de religião alguma deve ser forçado a violar a sua consciência celebrando um casamento de pessoas que ele não acredite que devam se casar. Se todos os cidadãos têm acesso igual à educação pública, nenhuma instituição religiosa pode ser obrigada a matricular pessoas cujas crenças e práticas violem os seus artigos de fé e estilo de vida. Mas se a pressão recair sobre o cristão, i.e., se as leis dos homens entram em conflito com as leis de Deus, os cristãos têm que seguir as leis de Deus (Êx 1:15-21; Dn 3:4-12; At 4:19-20).

[129] Bauckham, *Jude, 2Peter*, p. 172-193.

GÊNEROS LITERÁRIOS DO NOVO TESTAMENTO

o fruto proeminente do Espírito e o objetivo final da vida de fé (Gl 5:22; 2Pe 1:7; cf. 1Co 13) e reconhecer que a "sabedoria" tem que ser pura moralmente, acima de tudo (Tg 3:17).

Questões teológicas importantes para as Epístolas Paulinas

Como observamos acima, quando um autor escreve tantos livros diferentes por um bom período de tempo como Paulo, surgem questões teológicas distintas. As duas mais urgentes frequentemente têm sido: (1) Existe algum centro unificador na teologia paulina? e (2) A teologia paulina "se desenvolve" de um período para o outro de forma que ele muda de ideia sobre alguma questão importante?

Existe um centro unificador na teologia paulina?

Por causa da influência de Lutero, a maioria dos protestantes supõe que o cuidado principal de Paulo era destacar a "justificação pela fé" sobre todas as formas de "obras de justiça". Com o passar do tempo, contudo, algumas placas da plataforma de Lutero se racharam. Por exemplo, não há provas de que Paulo lutava como judeu com uma consciência culpada, cada vez mais frustrada com a sua incapacidade de agradar a Deus através das boas obras. Em vez disso, ele achava que era "inculpável" sob a Lei (Fp 3:6) e "avançado em judaísmo na frente de muitos" de sua idade (Gl 1:14).[130] O debate sobre Romanos 7:14-25 continua a repercutir, mas uma conclusão parece clara: Paulo não descreve ali uma batalha pessoal que ele travou antes da sua conversão. Isso detalha tanto a sua percepção depois da conversão do que tinha acontecido antes, ou, mais provavelmente, descreve a luta entre a sua velha e a sua nova naturezas (ou o poder da carne *versus* o poder do Espírito) que ele continuou a experimentar como cristão.[131]

O "centro" de Lutero, no entanto, geralmente firmado por uma voz momentânea traria a proposta de um tema unificado diferente, ainda que geralmente complementar (a reconciliação ou estar "em Cristo").[132] Nem sempre uns poucos especialistas questionariam se a teologia de Paulo fora consistente o

---

[130] Veja esp. K. Stendahl, "The Apostle Paul and the Introspective Conscience of the West", *HTR* 56 (1963): p. 199-215.

[131] Veja respectivamente, D. J. Moo, *The Epistle to the Romans*, NICNT (Grand Rapids: Eerdmans, 1996), p. 442-451; e C. E. B. Cranfield, *A Critical and Exegetical Commentary on the Epistle to the Romans*, 2 vols., ICC (Edimburgo: T&T Clark, 1975), 1:340-347.

[132] Cf., respectivamente, R. P. Martin, *Reconciliation: A Study of Paul's Theology* (Atlanta: Knox, 1981); e W. D. Davies, *Paul and Rabbinic Judaism*, 4ª ed. (Philadelphia : Fortress, 1980), p. 221-222.

INTRODUÇÃO À INTERPRETAÇÃO BÍBLICA

suficiente para ter um centro unificador.[133] Mas sobretudo devido aos escritos de E. P. Sanders e de seus seguidores desde 1977, uma visão bem nova da teologia paulina tornou-se o centro das atenções.[134]

Muitos especialistas nos dias de hoje debatem que a "teologia do mérito" ou as obras de justiça não caracterizaram o judaísmo do século I, de forma que o contraste principal de Paulo não pode ser a fé (ou a graça) em oposição às obras. Em vez disso, os judeus acreditavam no "nomismo da aliança". Isto é, obedecer a lei não salvava ninguém, mas a obediência mantinha o fiel dentro da comunidade exclusiva da aliança que Deus estabeleceu com Israel. De forma semelhante, o desafio radical de Paulo ao judaísmo era o seu universalismo radical (para os judeus): a mensagem que alguém pode vir a Deus em Cristo sem as obras da Lei. Nesse ponto de vista, a queixa de Paulo contra as práticas judaicas como a circuncisão, as leis dietéticas, ou as ordenanças do sábado era que a maioria dos judeus as tinham transformado em "rótulos" de orgulho e identidade nacionais, em vez de tentarem salvar a si mesmos praticando esses rituais. Segundo esse ponto de vista, a incorporação dos gentios na Igreja em termos iguais com os judeus toma o lugar da "justificação pela fé" como o centro unificador do pensamento de Paulo. Para Paulo, o evangelho é a declaração que Jesus é verdadeiramente Senhor sobre todo o universo e que Deus pode ser considerado fiel em cumprir todas as promessas quanto ao evangelho.[135]

Obviamente, uma boa parte do modo que se interpreta o que Paulo escreveu dependerá da maneira pela qual se aborda esse tipo de debate sobre o seu centro teológico. A tendência mais recente tem sido a de ler boa parte do NT, especialmente os escritos de Paulo, em contraposição ao cenário das afirmações e das ações imperiais romanas. Para pegar emprestada a frase de efeito mais divulgada por N. T. Wright, "se Jesus é Senhor, César não é."[136] Por isso, os três comentários em inglês mais longos sobre o texto grego de

---

[133] E.g., H. Lüdemann, *Die Anthropologie des Apostels Paulus und ihre Stellung innerhalb seiner Heilslehre* (Kiel: Universitäts Buchhandlung, 1872). Entre os especialistas atuais, veja esp. H. Räisänen, *Paul and the Law*, 2ª ed., (Eugene, OR: Wipf & Stock, 2010).

[134] Veja esp. E. P. Sanders, *Paul and Palestinian Judaism* (Philadelphia : Fortress, 1977). e E. P. Sanders, *Paul: The Apostle's Life, Letters, and Thought* (Minneapolis: Fortress, 2015). Para a análise excelente da repercussão posterior, veja J. D. G. Dunn, *The New Perspective on Paul* (Tübingen: Mohr Siebeck, 2005; Grand Rapids: Eerdmans, 2008). Finalmente, para uma avaliação extremamente útil, veja N. T. Wright, *Paul and His Recent Interpreters* (Minneapolis: Fortress, 2015).

[135] A esta altura, veja a obra sobre a teologia magistral de Paulo de autoria de N. T. Wright, *Paul and the Faithfulness of God*, 2 vols. (London:SPCK; Minneapolis: Fortress, 2013).

[136] E.g., N. T. Wright, *Paul: In Fresh Perspective* (London: SPCK; Minneapolis: Fortress, 2005), p. 56.

GÊNEROS LITERÁRIOS DO NOVO TESTAMENTO

Romanos chegam de forma bem abalizada a conclusões bem diferentes: T. R. Schreiner segue o consenso luterano mais antigo; J. D. G. Dunn defende com entusiasmo a nova perspectiva; e R. Jewett vê como questão primária o cenário imperial.[137] Provavelmente a verdade seja uma combinação das três conclusões.[138] Apresentamos o debate aqui primeiramente para recordar aos intérpretes novamente de que grande parte depende das estruturas teológicas que eles pressupõem quando eles abordam um texto. Mesmo tendo defendido isso de forma mais geral em outras partes, isso se torna mais forte nas epístolas de Paulo, já que em nenhum outro lugar da Escritura tantos documentos vêm do mesmo escritor. Se uma questão menor de um documento se desenvolver em um ponto importante para todos, ou vice versa, a interpretação será distorcida.

Existe algum desenvolvimento nos escritos de Paulo?

A proliferação das epístolas paulinas leva ao segundo problema teológico. Será que Paulo em algum momento mudou de ideia ou "se desenvolveu" no entendimento de alguma questão em particular no período em que escreveu as suas cartas canônicas? Os evangélicos têm tipicamente rejeitado essa ideia, visto que ela dá a entender uma contradição dentro do NT mesmo nos momentos em que se apela para uma revelação progressiva a fim de se entender as claras mudanças de tratamento entre a nova e a velha aliança. Mas, e quanto as palavras duras contra Pedro e contra os judaizantes em Gálatas 2:11-21, quando se compara com a sua política de recuar para "ser todas as pessoas para todos" em 1Coríntios 9:19-23? E, em 1Tessalonicenses 4:13-18, ele não acredita que viveria para ver o retorno de Cristo, embora reconheça depois que poderia morrer antes (2Co 1:8-11)?

Não se pode excluir a possibilidade de desenvolvimento de Paulo simplesmente com o apelo para uma visão superior da Escritura. A revelação não só progride entre os dois testamentos, mas um profeta do Senhor pode reverter a sua mensagem completamente em questão de minutos baseado em uma nova palavra de Deus (cf., e.g., 2Rs 20:1-6). Mas tendo dito isso, acreditamos que a matéria sobre o desenvolvimento na obra de Paulo permanece carente de provas. Em cada caso, as melhores explicações vêm dos próprios dados em vez

---

[137] T. R. Schreiner, *Romans*, BECNT (Grand Rapids: Baker, 1998); J. D. G. Dunn, *Romans*, 2 vols., WBC 38A–38B (Waco: Word, 1988); e Jewett, *Romans*.

[138] D. A. Carson, P. T. O'Brien e M. A. Seifrid, eds., *Justification and Variegated Nomism*, 2 vols. (Tübingen: Mohr; Grand Rapids: Baker, 2001-4); M. F. Bird, *The Saving Righteousness of God* (Milton Keynes: Paternoster; Eugene, OR: Wipf & Stock, 2007); e M. Zetterholm, *Approaches to Paul: A Student's Guide to Recent Scholarship* (Minneapolis: Fortress, 2009), p. 225-241.

• **693** •

INTRODUÇÃO À INTERPRETAÇÃO BÍBLICA

das hipóteses de desenvolvimento. Por exemplo, Gálatas 2 e 1Coríntios 9 são diferentes porque, na Galácia, a vida eterna dos destinatários de Paulo estavam em jogo. Qualquer tentativa de ganhar a salvação pelas obras só leva a pessoa à perdição, então Paulo resiste a essa ideia de forma insistente. Aos coríntios, no entanto, ele fala sobre práticas moralmente neutras que estabelecem um denominador comum para trazer um bom público para ouvir o evangelho. Na verdade, existe uma unidade por trás das duas passagens: Paulo fará de tudo, sem ser imoral nem antiético, para trazer as pessoas à fé através da graça de Jesus Cristo. No caso de 1Tessalonicenses 4 e 2Coríntios 1, os intérpretes têm provavelmente se equivocado sobre os comentários anteriores de Paulo. A palavra "nós" de 1Tessalonicenses 4:15 não inclui necessariamente Paulo. Gramaticalmente, a expressão "nós, os que estivermos vivos, os que ficarmos até a vinda do Senhor", pode simplesmente significar, "os cristãos que estiverem vivos..."[139]

Por outro lado, pode-se falar de forma justa de um desenvolvimento em Paulo entre 1Tessalonicenses e 2Tessalonicenses. Em 1Tessalonicenses 4:13—5:11 Paulo avisa os tessalonicenses para não ter medo de que a volta de Cristo demore muito. Em 2Tesssalonicenses 2:1-12 ele os adverte a não pensar que ela já tenha ocorrido. Bem possivelmente, 2:2 indica que eles tinham reagido de forma exagerada a sua primeira carta.[140] Mas nenhuma contradição divide essas duas epístolas; ele simplesmente afirma que tem de se manter um equilíbrio importante entre supor que a segunda vinda esteja bem próxima e achar que ela esteja longe demais. Temos que avaliar cada proposta sobre o desenvolvimento de Paulo, portanto, pelos seus próprios méritos. Podemos articular o suposto desenvolvimento sem resultar em uma contradição necessária no pensamento de Paulo? A proposta se enquadra com a melhor interpretação de cada um dos textos importantes envolvidos? Ela entende da melhor forma os contextos históricos nos quais os vários documentos foram escritos? Somente depois de responder essas perguntas podemos fazer declarações seguras.

APOCALIPSE

Mesmo o grande reformador, João Calvino, admitiu a sua incerteza sobre o que fazer com o livro de Apocalipse. Ele não escreveu um comentário sobre ele, mesmo tendo completado livros sobre todo o resto do NT. Os intérpretes ao

---

[139] Sobre a questão do desenvolvimento, bem como as outras questões hermenêuticas principais para os escritos de Paulo, veja esp. T. R. Schreiner, *Interpreting the Pauline Epistles*, 2ª ed. (Grand Rapids: Baker, 1990).

[140] I. H. Marshall, *1 and 2Thessalonians,* NCB (Grand Rapids: Eerdmans, 1983), p. 24, 187.

• 694 •

GÊNEROS LITERÁRIOS DO NOVO TESTAMENTO

longo dos séculos têm passado pela mesma perplexidade de Calvino, e muitos escritores de comentários populares e guias de suas profecias fariam melhor em seguir os seus passos! Ainda assim, a crítica dos gêneros literários pode ajudar o estudante cuidadoso a depurar as mais prováveis dentre as interpretações menos prováveis em meio ao labirinto de opiniões que lutam por atenção. Talvez a chave mais importante é reconhecer que o Apocalipse combina partes de três gêneros distintos: a epístola, a profecia e o gênero apocalíptico."[141]

Apocalipse como epístola

A passagem de Apocalipse 1:4 afirma claramente que o autor escreveu esse livro para as sete igrejas na Ásia Menor. Os capítulos 2 e 3 contêm sete minicartas com recomendação e/ou condenação para cada Igreja. Por isso, Apocalipse inclui várias características das epístolas. Por exemplo, os intérpretes precisarão tentar reconstruir da forma mais precisa possível as circunstâncias históricas de cada Igreja.[142] A maioria dos detalhes das cartas às sete igrejas faz mais sentido quando é lida à luz desse cenário. Por exemplo, a Laodiceia antiga era bem conhecida por sua riqueza material, pelo unguento medicinal que produzia, e pela sua indústria de lã. Mas o estado patético de sua Igreja levou João a incentivar os crentes daquele lugar para comprar "ouro... roupas brancas... e colírio para ungir os seus olhos e poder enxergar" (3:18). Como foi mencionado de forma breve em um capítulo anterior, a arqueologia explicou sobre o fornecimento de água de Laodiceia. A cidade dependia de água que vinha por aquedutos, tanto das correntes frias próximas de Colossos como das fontes termais quentes próximas de Hierápolis. De qualquer modo, a água era conhecida por ser terrivelmente morna ao chegar na cidade. Então, João convoca a Igreja ali a não se parecer com o seu suprimento de água, mas para ter um frescor refrescante ou um calor terapêutico. A visão comum de que "frio" aqui significa ser "claramente oposto ao evangelho" ou "completamente insensível" é com quase toda a certeza o exato oposto do que João quis dizer![143]

---

[141] Sobre os quais, veja esp. D. E. Aune, *Revelation*, 3 vols., WBC 52A-52C (Dallas: Word, 1997-1998), lxx-xc.

[142] Os dois melhores recursos para essa iniciativa, o primeiro um clássico e o segundo uma atualização moderna importante, são a obra de W. M. Ramsay, *The Letters to the Seven Churches of Asia* (London: Hodder and Stoughton, 1904; Minneapolis: James Family Publishing, 1978); e a de C. J. Hemer, *The Letters to the Seven Churches of Asia in their Local Setting*, JSNTSup 11 (Sheffield: JSOT, 1986; Grand Rapids: Eerdmans, 2000). A nível mais popular, veja J. R. Michaels, *Interpreting the Book of Revelation* (Grand Rapids: Baker, 1992), p. 35-50.

[143] Cf. de forma mais profunda M. J. S. Rudwick e E. M. B. Green, "The Laodicean Lukewarmness", *ExpTim* 69 (1957-1958): p. 176-178; S. E. Porter, "Why the Laodiceans Received Lukewarm Water", *TynBul* 38 (1987): p. 143-149.

• 695 •

INTRODUÇÃO À INTERPRETAÇÃO BÍBLICA

O APOCALIPSE TEM CARACTERÍSTICAS EM COMUM COM AS OUTRAS EPÍSTOLAS DO NT
• Identifica o seu autor, destinatários e local (1:4, mas também nos caps. 2—3)
• Saudações (1:4)
• Conclusão (22:21)

Às vezes não somos capazes de chegar ao sentido original das referências de João tão facilmente. A pedra branca de 2:17 pode ter sido um bilhete de entrada, um voto de inocência por parte de um júri, ou um amuleto como o nome divino. "O trono de Satanás" em Pérgamo (2:13) pode ter se referido ao tempo do deus grego Zeus, ou ao centro imperial para a adoração do imperador, ou ao templo de Esculápio, o deus grego da cura. Mas, nas duas passagens, o sentido geral de algo altamente desejável ou indesejável é bem claro.[144]

Estudar o Apocalipse como uma epístola escrita para cristãos identificáveis sob circunstâncias específicas também é adequado para o material que se encontra fora dos capítulos 2 e 3. Primeiramente, o livro visa a incentivar os cristãos passando por perseguição, não confundir ou dividir os seus leitores sobre pontos específicos da escatologia. Na verdade, muitas visões de João do futuro evocavam acontecimentos contemporâneos no Império Romano perto do final do século I. O julgamento do terceiro selo em 6:6 parece muito com a fome do ano 92 d.C. O suprimento diário de trigo e cevada se tornou tão raro que custava o salário de um dia. Mas as oliveiras e as vinhas, cujas raízes cresciam mais fundo, não foram tão afetadas pela seca relativamente curta. Então parece que Deus queria que os leitores do Apocalipse visualizassem o julgamento vindouro de forma parecida à fome que pela qual eles tinham passado recentemente.[145]

Ou também em 9:7-11, a descrição bizarra dos gafanhotos da quinta trombeta provavelmente faziam lembrar da aparência distinta das hordas da Pártia que periodicamente atacavam Roma em seus limites do norte. De forma diferente dos romanos, os partos confiavam muito em

um corpo de arqueiros montados sobre cavalos, cuja tática era atirar uma saraivada de flechas enquanto atacavam e outro grupo ficava na sua "retaguarda". Há portanto alguma base factual para os retratos surreais de João de "cavalos capazes de ferir com as suas bocas e com os seus rabos."[146]

---

[144] Para listas completas de opções, veja G. R. Osborne, *Revelation*, BECNT (Grand Rapids: Baker, 2002), p. 141, 148-149.

[145] Cf. G. E. Ladd, *A Commentary on the Revelation of John* (Grand Rapids: Eerdmans, 1972), p. 101: "estas palavras colocam um limite no grau de escassez."

[146] G. B. Caird, *The Revelation of St. John the Divine*, BNTC (London: Black; New York: Harper & Row, 1966), p. 122.

GÊNEROS LITERÁRIOS DO NOVO TESTAMENTO

Do mesmo modo que os partos representavam a ameaça mais severa conhecida no primeiro século à aparente invencibilidade do Império Romano, então os exércitos satânicos do fim dos tempos se prepararão para a maior batalha já concebida na história humana (apesar de o cap. 19 descrever como esta "batalha" termina mal tendo começado!).

Interpretar o Apocalipse à luz dos acontecimentos da sua época deve dar cautela aos intérpretes demasiadamente zelosos contra olhar por uma correspondência entre os acontecimentos preditos e as notícias contemporâneas no século XXI (ou de qualquer outro século). Muitos itens que os destinatários do século I conheciam contribuem para a imagem completa, sem necessariamente corresponder a qualquer referência dos "tempos finais". Os especialistas cristãos geralmente concordam que os escritores dos livros populares escatológicos da livraria evangélica local se enganaram na mensagem! O campeão fixo de vendas em não ficção, cristão ou não, nos Estados Unidos, tem sido o livro *A agonia do grande planeta Terra*, de Hal Lindsey, ainda que por várias vezes ele viole os princípios fundamentais da hermenêutica.[147] Ele afirma que, em Apocalipse 9:7-11, João estava descrevendo helicópteros armados e os seus artilheiros! Ainda para confirmar, Lindsey traça alguns paralelos impressionantes entre os gafanhotos de João e as máquinas de voar modernas, mas ao fazer isso ele ignora o sentido que poderia ter passado pela mente dos destinatários originais de João a favor de um que nunca poderia ser imaginado até poucas décadas atrás. Isto viola o princípio mais básico da hermenêutica: busque o sentido do texto. Além do mais, sua interpretação, sem saber, "desmitologiza" o texto. Em vez de retratar criaturas sobrenaturais e demoníacas saindo do Abismo (v. 2-3), governadas por Satanás, o seu rei (v. 11), Lindsey reduz a visão de João a uma simples guerra humana.

Lindsey e muitos outros teriam evitado esses erros obedecendo a uma regra básica da hermenêutica que os intérpretes têm a tendência de abandonar quando estudam o Apocalipse: *o texto não pode significar algo que seja completamente incompreensível para os seus leitores originais*.[148] O intérprete nem pode apelar para Daniel 12:9 para apoiar um ponto de vista diferente. Verdadeiramente, Daniel não entendia tudo o que ele profetizou (v. 8), e Deus realmente o respondeu através de um anjo: "as palavras estão seladas e lacradas até o tempo do

---

[147] (Grand Rapids: Zondervan, 1970). Uma abordagem parecida agora é popularizada pelos romances da série "Deixados para Trás", de T. LaHaye e J. Jenkins. Para uma crítica poderosa dessa abordagem, veja a obra de C. Hill, *In God's Time: The Bible and the Future* (Grand Rapids: Eerdmans, 2002).

[148] Fee e Stuart (*How to Read the Bible for All Its Worth*, p. 263) afirma isso dessa maneira: "O sentido primário do Apocalipse é aquele que João quis passar, que por sua vez também tem que ser algo que os seus leitores poderiam ter entendido que ele queria dizer."

• **697** •

INTRODUÇÃO À INTERPRETAÇÃO BÍBLICA

fim." Mas temos que registrar três observações importantes. Primeiro, a única coisa que Daniel não entendeu explicitamente foi "o resultado disso tudo" (v. 8). Ele não pediu uma explicação daquilo que lhe fora dito, mas maiores informações sobre o que não foi revelado. Em segundo lugar, sobre o que tinha sido revelado, só lhe foi dito que "nenhum dos ímpios levará isso em consideração", mas "os que são sábios [i.e., que não são ímpios] sim" (v. 10). Em terceiro lugar, o livro de Apocalipse é diferente de Daniel em que, como a consumação da revelação da nova aliança, Deus traz a história do seu plano de salvação ao seu ponto final. Tudo fica pronto para o retorno de Cristo. Então João recebe exatamente a mensagem oposta à instrução de Daniel: "Não sele as palavras da profecia deste livro, pois o tempo está próximo" (Ap 22:10).

Apocalipse como profecia

Frederick Mazzaferri mostrou como as referências genéricas mais próximas do Apocalipse aparecem em Isaías, Jeremias e particularmente em Ezequiel. João se destaca na tradição dos maiores profetas do AT: tanto na transmissão como na predição.[149] Os especialistas têm debatido por muito tempo sobre as quatro interpretações sobre a orientação do tempo do Apocalipse. A abordagem *preterista* vê todos os acontecimentos até o cap. 19 como passado; a *futurista*, como tudo ainda no futuro (pelo menos do cap. 6 em diante); a *historicista*, como traçando o desenvolvimento de toda a era da Igreja; e a *idealista*, como uma apresentação simbólica do conflito eterno entre o bem e o mal.[150]

Quando o Apocalipse, com a sua dose liberal de simbolismo aparecendo por todo o livro, é visto como algo similar com a profecia do AT, uma combinação de interpretações futuristas e preteristas surgem como as melhores. A manifestação apoteótica de eventos que leva ao retorno de Cristo (caps. 6—19) ainda permanece no futuro, mas os acontecimentos mesmo assim serão parecidos (mesmo que em larga escala) com as vitórias e com os julgamentos que o povo de Deus e o mundo têm experimentado várias vezes desde a criação, inclusive durante a época de João. As palavras de João proclamaram uma mensagem de conforto e incentivaram os seus leitores do século I a suportar as privações (preterista). A sua profecia também mostra como o povo de Deus precisará

---

[149] F. D. Mazzaferri, *The Genre of the Book of Revelation from a Source-Critical Perspective* BZNS 54 (Berlim: de Gruyter, 1989). Faça uma revisão da nossa análise anterior sobre o gênero da profecia do AT.

[150] Para uma caracterização maior dessas várias opções, veja as introduções dos comentários principais sobre o Apocalipse. Algumas das melhores análises introdutórias incluem: R. Mounce, *The Book of Revelation*, 2ª ed., NICNT (Grand Rapids: Eerdmans, 1998); C. S. Keener, *Revelation*, NIVAC (Grand Rapids: Zondervan, 2000); e S. Kistemaker, *Exposition of the Book of Revelation*, NTC (Grand Rapids: Baker, 2001).

• **698** •

GÊNEROS LITERÁRIOS DO NOVO TESTAMENTO

perseverar por toda essa era à medida que Deus a leva para o seu final impressionante (futurista). Não se admira então, portanto, de que os sete selos sejam bem parecidos com os sinais que Jesus disse que teriam de aparecer ainda que "não [fosse] o fim" (Mt 24:6): guerra, assassinato, fome e terremotos, calamidades que têm afligido as pessoas durante a maior parte da história humana. As sete trombetas e taças recordam as pragas de Deus contra os egípcios na época de Moisés (saraiva e fogo, água se tornando sangue, trevas e feridas ou queimaduras nas pessoas; cf. Êx 7—11). Claramente, Deus está mais preocupado em avisar o seu povo com um imaginário que eles conhecem do que com fotografias literais com todos os detalhes do que acontecerá. Então não podemos ter certeza sobre a maneira que estas profecias de julgamentos se cumprirão. Mas, à semelhança do gênero profético, eles apontam para acontecimentos reais no final da era da Igreja que ainda não ocorreram. *As profecias predizem acontecimentos literais, ainda que as descrições não os retratem de forma literal.*

Por isso, não podemos saber exatamente quem são as duas testemunhas de 11:3-6, mas sabemos que a Palavra de Deus continuará a ser proclamada com grande poder nos últimos dias. Se é para estarmos vivos durante a geração final, isto deve nos incentivar a continuar a testemunhar a Cristo com coragem. Ainda assim, provavelmente não perderíamos muito tempo tentando adivinhar qual a grande autoridade mundial ou o grande império desempenhará o papel da besta de 13:1-4. Várias tentativas têm enchido as latas de lixo da história da Igreja, e todas elas até agora demonstram ser equivocadas.[151] Mas no final podemos esperar que algum governo ou governante usurpe as prerrogativas de Deus e persiga o seu povo, mesmo que vários outros tenham feito isso por toda a história.

Se o Apocalipse consiste em profecia, então somente um preconceito contra o sobrenatural permitirá que se concorde com Adela Yarbro Collins quando ela escreve que "a hermenêutica que leva a crítica histórica a sério não pode trabalhar com uma noção intervencionista de Deus."[152] Em outras palavras, ela acredita que os leitores modernos não podem seriamente esperar que o mundo acabe com a intervenção sobrenatural de Deus por meio das várias pragas e da tribulação descritas no Apocalipse. Com certeza, não esperamos o retorno universalmente visível e corporal de Jesus Cristo do céu, ela diz. Apesar dessa declaração, um entendimento do Apocalipse como profecia tem que afirmar

---

[151] Veja a análise fascinante em B. McGinn, *Anti-Christ. Two Thousand Years of the Human Fascination with Evil* (San Francisco: HarperSanFrancisco, 1994). Cf. também F. X. Gumerlock, *The Day and the Hour: Christianity's Perennial Fascination with Predicting the End of the World* (Atlanta: American Vision, 2000).

[152] A. Y. Collins, "Reading the Book of Revelation in the Twentieth Century", *Int* 40 (1986): p. 242.

• **699** •

INTRODUÇÃO À INTERPRETAÇÃO BÍBLICA

precisamente isso, não importando quantas escolas de interpretação diferentes sobre outros detalhes (mais notavelmente sobre o milênio e o arrebatamento).[153]

Apocalipse como literatura apocalíptica

Provavelmente, o gênero mais importante, porém desconcertante, dos três gêneros que se encontram no Apocalipse é este último. O título do livro, derivado de sua primeira linha, designa o documento como *apokalypsis*: "*Revelação* de Jesus Cristo, que Deus lhe deu para mostrar aos seus servos o que em breve há de acontecer" (1:1, destaque nosso). A literatura apocalíptica era predominante no mundo do NT (cf. a discussão anterior dos livros apocalípticos do AT). Os escritos judeus daquela época, como 4Esdras e 2Baruque, e, em menor proporção, 1Enoque, são exemplos desse gênero. Daniel 7—12 e Zacarias 9—14 são os exemplos mais claros do AT. Escritos posteriores como o *Apocalipse de João, o Teólogo* e o *Apocalipse de Pedro* também exemplificam esse gênero.[154]

As características da literatura apocalíptica incluem a descrição dos acontecimentos referentes ao fim dos tempos da história do mundo, geralmente referidos como vindo de Deus por meio de anjos ou intermediários do além. As visões e sonhos aparecem com regularidade. A intervenção sobrenatural de Deus no tempo presente no fim dos tempos resgata um mundo pecador de um modo que nenhuma ideologia ou esquema humano pode fazer. O simbolismo elaborado e por vezes bizarro retrata os acontecimentos do passado, do presente e do futuro de uma maneira que exige uma decodificação cuidadosa dos elementos do texto. As batalhas entre as forças do bem e do mal frequentemente aparecem com o bem triunfando no final. Um dos propósitos

---

[153] A análise recente mais completa das questões referentes à literatura apocalíptica é a obra de J. J. Collins, ed., *The Oxford Handbook of Apocalyptic Literature* (Oxford: Oxford University Press, 2014). Dois simpósios evangélicos, de forma útil, explicam as perspectivas mais importantes e dão a cada colaborador uma chance para responder aos outros. R. G. Clouse, ed. *The Meaning of the Millennium: Four Views* (Downers Grove: InterVarsity, 1977), apresenta os defensores do *pós-milenismo* (Cristo volta depois dos 1.000 anos descritos em Ap 20:4), do *amilenismo* (o milênio é simbólico tanto para toda a era da Igreja quanto para os novos céus e a nova terra dos caps. 21-22), e o *pré-milenismo* (Cristo retorna antes do milênio), que se subdivide nas formas *histórica* e *dispensacional*. Em R. Reiter ed., *Three Views on the Rapture*, 2ª ed. (Grand Rapids: Zondervan, 1996), P. D. Feinberg, G. L. Archer, e D. J. Moo debatem se os cristãos vivos no momento da vinda de Cristo são removidos corporalmente (ou "arrebatados") da terra antes, durante ou depois dos julgamentos de Deus descritos nos capítulos 6 (7) - 16.

[154] Os bons estudos da literatura apocalíptica incluem F. Murphy, *Apocalypticism in the Bible and Its World* (Grand Rapids: Baker, 2012); e B. Sandy, *Plowshares and Pruning Hooks: Rethinking the Language of Biblical Prophecy and Apocalyptic* (Downers Grove: InterVarsity, 2002). A coleção de textos mais completa é a de J. H. Charlesworth, ed., *Old Testament Pseudepigrapha*, vol. 1 (Garden City: Doubleday, 1983; Peabody, MA: Hendrickson, 2010).

• **700** •

GÊNEROS LITERÁRIOS DO NOVO TESTAMENTO

primários dos apocalipses, portanto, é encorajar uma comunidade religiosa isolada em tempos de opressão ou perseguição.

O QUE O APOCALIPSE FAZ
Promete a intervenção divina sobre as condições extremas do seu povo, dando-lhes a certeza da vitória final sobre os seus inimigos.
Avisa que, no meio tempo, as coisas podem ir de mal a pior.
Retrata a sua mensagem em termos de outro mundo.
Consola, encoraja e avisa o povo de Deus em meio a suas provações.

Definições mais formais do que é o gênero apocalíptico não são fáceis de serem harmonizadas. A definição que encontra muita aceitação, que é a mais técnica, vem de John Collins juntamente com um "grupo de trabalho" de especialistas da Sociedade de Literatura Bíblica (SBL):

> O "gênero apocalíptico" é o gênero de literatura revelatória com a estrutura narrativa, na qual a revelação é mediada por um ser de outro mundo para o destinatário humano, revelando a realidade transcendental que é também temporal, já que visualiza uma salvação escatológica, e espacial à medida que envolve outro mundo sobrenatural.[155]

Por outro lado, Leon Morris, de forma excelente, resume oito *diferenças* fundamentais entre o Apocalipse e a literatura apocalíptica comum.

1. Referências regulares ao livro como profecia;
2. Avisos tipicamente proféticos e chamados ao arrependimento;
3. Ausência de pseudonímia;
4. Uma visão de mundo otimista;
5. Nenhuma redefinição da história à guisa de profecia;
6. Escatologia realizada (o fim dos tempos começou com a primeira vinda de Cristo);
7. Pouca interpretação da parte de anjos; e
8. A crença de que o Messias já veio e efetuou a expiação.[156]

---

[155] J. J. Collins, "Introduction: Morphology of a Genre", *Semeia* 14 (1979): p. 9. Cf. também a sua obra *The Apocalyptic Imagination: An Introduction to Jewish Apocalyptic Literature*, 2ª ed. (Grand Rapids: Eerdmans, 1998), p. 5.

[156] L. Morris, *The Book of Revelation*, TNTC, ed. rev. (Leicester: InterVarsity; Grand Rapids: Eerdmans, 1987), p. 25-27.

• **701** •

INTRODUÇÃO À INTERPRETAÇÃO BÍBLICA

Em larga escala, podemos basear essas diferenças pelas distinções da teologia cristã em vez da judaica, e pelo fato de que Apocalipse é tão profético quanto apocalíptico.

À medida que Apocalipse possui características de outros apocalipses, no entanto, várias consequências interpretativas decorrem disso.[157] De forma mais importante, temos que reconhecer que Apocalipse usa um imaginário altamente simbólico e figurado que não ousamos reconhecer de forma tão literal. Praticamente todos os leitores reconhecem isso nos exemplos mais óbvios: como quando João especificamente explica que as sete estrelas são anjos (mensageiros) e que os sete castiçais são igrejas (1:20); que as salvas de incenso são as orações dos santos (5:8); que o dragão é o Diabo (12:9); que os dez chifres são dez reis (17:12); e que a grande prostituta é a cidade que governa os reis da terra (17:18). Os símbolos são a especialidade desse gênero.

Mesmo assim, é surpreendente a frequência com que esses mesmos leitores não reconhecem que eles devem interpretar as outras imagens no livro como igualmente simbólicas. Em vez disso, muitos insistem que as referências a um templo (e.g, 11:1) tem que se referir a um templo literal, reconstruído em Jerusalém, que a batalha do Armagedom (palavra hebraica para o monte de Megido, 16:16) tem que acontecer naquela região geográfica específica ao norte de Israel, ou que marca da besta (13:16-17) tem que ser um sinal real visível que distingue os descrentes dos crentes.[158]

Uma abordagem bem mais legítima é estudar cada cena e cada imagem à luz do que o próprio Apocalipse conta sobre elas, à luz de referências relevantes do AT, e à luz de outras informações históricas sobre as quais os destinatários de João poderiam estar cientes.

Saber que João retrata as igrejas como castiçais (1:20) e entender o conceito das oliveiras em textos do AT (e.g., Sl 52:8; Jr 11:16, e Zc 4:3, 11, trazem para o leitor moderno pistas sobre a maneira de chegar ao entendimento das duas testemunhas em Apocalipse 11:1-13, que são "as duas oliveiras e os dois castiçais" (11:4). Talvez eles nem sejam indivíduos, mas a Igreja que testifica. Logo, decifrar o imaginário do Apocalipse se parece muito com a interpretação de uma tira de história em quadrinhos em um jornal. Um leitor de um jornal norte-americano em 1989, por exemplo, que viu a figura de um grande urso

---

[157] Talvez o melhor guia introdutório para interpretar o Apocalipse é B. M. Metzger, *Breaking the Code: Understanding the Book of Revelation* (Nashville: Abingdon, 1993). Cf. também R. Lowery, *Revelation's Rhapsody: Listening to the Lyrics of the Lamb: How to Read the Book of Revelation* (Joplin, MO: College Press, 2006).

[158] Uma boa lista de símbolos explicados pelo Apocalipse, pelo AT, ou que não possuem explicação, aparece em M. C. Tenney, *Interpreting Revelation* (Grand Rapids: Eerdmans, 1957), p. 186-193.

GÊNEROS LITERÁRIOS DO NOVO TESTAMENTO

passando um ramo de oliveira em sua pata para uma águia de cabeça branca, reconheceria o retrato das propostas de paz russas para os Estados Unidos. De forma parecida, podemos ver a mulher que foge para o deserto para escapar dos ataques da serpente (que também é um dragão guerreando contra a sua descendência) como a Igreja sendo protegida por Deus mesmo enquanto crentes individuais são perseguidos e às vezes martirizados por Satanás e por aqueles sobre a terra que o servem (12:13-17).

É bem importante, portanto, descobrir os elementos simbólicos do Apocalipse e buscar entender o que eles representam. Não sugerimos atalhos ou respostas simplistas. O intérprete tem que se familiarizar com o cenário histórico relevante e a importância teológica mais provável dos vários detalhes. De forma semelhante às parábolas, algumas partes de uma visão apocalíptica só servem para acrescentar vida, cor ou drama ao cenário. Nesse aspecto, se possível, os estudantes têm que consultar uma amostra representativa dos melhores comentários sobre o Apocalipse, e nos lugares onde eles discordam, os estudantes têm que tentar decidir qual abordagem é a mais coerente em si mesma e a que mais provavelmente fazia sentido para os destinatários originais de João.[159] Quanto mais tempo o estudante passa estudando a literatura apocalíptica (especialmente a do AT), mais confiança ele ou ela terá nesse processo. Apesar de darmos só uma pequena amostra dos exemplos aqui, esperamos que eles esclareçam os procedimentos adequados.

Uma imagem para a qual o cenário do AT é útil é o rolo agridoce de 10:9-11, que se parece muito com o rolo o qual foi ordenado a Ezequiel que comesse (Ez 2:9—3:9). Nesta passagem, ele se referia claramente à mensagem tanto de julgamento quanto de esperança que Deus ordenou o seu profeta a falar para o seu povo. Isto também se encaixa perfeitamente no livro de Apocalipse.

Ou considere aqueles que tinham sido redimidos da terra "que não se contaminaram com mulheres" (14:4). Isto parece no máximo um comentário de alguém que não acredita no sexo; no mínimo o comentário de algum misógino (pessoa que odeia as mulheres). Na verdade, o AT transborda de imagens de fidelidade e infidelidade sexual como símbolos de lealdade espiritual ou idolatria (e.g., Jr 5:7; Ez 16:32; Os 2:4). Por isso, vemos João se referindo figurativamente àqueles que permaneceram espiritualmente puros.

---

[159] Às obras mencionadas nas outras notas de rodapé acrescentamos esp. G. K. Beale, *The Book of Revelation* NIGTC (Carlisle: Paternoster; Grand Rapids: Eerdmans, 1999); e G. R. Osborne, *Revelation*, BECNT (Grand Rapids: Baker, 2002) e C. R. Koester, *Revelation*, AB 38 (New Haven: Yale University Press, 2014). A exposição incisiva a nível bem popular se encontra em E. H. Peterson, *Reversed Thunder: The Revelation of John and the Praying Imagination* (San Francisco: Harper and Row, 1988); e B. K. Blount, *Can I Get a Witness? Reading Revelation through African-American Culture* (Louisville: Westminster John Knox, 2005).

• 703 •

INTRODUÇÃO À INTERPRETAÇÃO BÍBLICA

Um exemplo final e mais controvertido envolve os três anos e meio (alternadamente referido como quarenta e dois meses ou 1260 dias) da grande tribulação (Ap 11:2; 12:6; 14; 13:5). Essa figura parece vir diretamente do livro de Daniel que se refere ao período do final do sacrifício e da desolação do templo de Deus e ao fim dos tempos (9:27; cf. 12:7 e 12:11-12, onde o número de dias é levemente aumentado).

Com base no uso de Jesus dessa imagem em Mateus 24:15-31, a "tribulação" pode muito bem ter começado com a destruição do templo no ano 70 d.C. Se for assim, ela se refere a toda a era da Igreja.[160] De forma alternativa, ela pode se referir a um acontecimento ainda no futuro que trará os últimos e mais terríveis acontecimentos antes que Jesus volte. O mais importante, de qualquer modo, é que três e meio é a metade de sete: o número sagrado, perfeito por toda a Escritura (referindo-se aos sete dias da criação). Simplesmente três anos e meio (o período dos anos da tribulação) não é perfeito ou bom. Não consiste na palavra final de Deus, mas apenas uma imitação imperfeita e incompleta da perfeição que há de vir. É impossível determinar se ele corresponde ou não a um período literal de três anos e meio. E é claro, se o período se refere a toda a era da Igreja, então é ele é bem mais longo!

Esse último exemplo aborda o tópico complexo do simbolismo numérico no Apocalipse. Os números sete, doze e mil, e outros números relacionados a eles, têm um papel proeminente no livro. Os famosos 144.000 de 7:4 e 14:1 são um exemplo clássico disso. Cento e quarenta e quatro mil é 12 x 12 x 1.000, o número das tribos de Israel elevado à segunda potência (ou vezes o número dos apóstolos; cf. 21:12, 14) e multiplicado por um grande número redondo. Então, essa grande companhia de redimidos pode de fato retratar a Igreja como o cumprimento das promessas de Israel de uma forma grande e gloriosa. O notório 666, o número da besta (13:18), pode ser muito importante porque cada dígito é sete menos um. Setecentos e setenta e sete seria um número perfeito adequado para Cristo, ao qual o 666 tenta de tudo para imitar mas fica aquém em todos os aspectos. Isto prova algo bem importante: cada membro da "tríade satânica" dos capítulos 12—14 (o dragão e as duas bestas) imita mas fica aquém em reproduzir as características do seu equivalente na "Trindade Santa" (e.g., ao imitar a crucificação [13:3] ou operando sinais e maravilhas [13:13]).[161]

---

[160] Carson, "Matthew", *Expositor's Bible Commentary Revised*, 9:559.

[161] Veja, respectivamente, Mounce, *Revelation*, p. 158; G. R. Beasley-Murray, *The Book of Revelation*, NCB (London: Oliphants, 1974: Grand Rapids: Eerdmans, 1981; Eugene, OR: Wipf & Stock, 2010), p. 220.

GÊNEROS LITERÁRIOS DO NOVO TESTAMENTO

Em outros casos, os números funcionam simplesmente para indicar unidades de medida compridas ou curtas. Mil anos é uma "era dourada" longa e maravilhosa (20:4). Os exércitos de 200 milhões (literalmente duas miríades de miríades, com uma miríade representando o maior número descrito no idioma grego equivalente a 10 mil) representa a maior concentração de pessoas que se pode conceber na época de João (9:16). E a praga de cinco meses dos "gafanhotos" demoníacos (9:5) diz respeito a um tempo relativamente curto (também equivalente ao ciclo de vida do inseto).

INTERPRETANDO AS IMAGENS APOCALÍPTICAS NO APOCALIPSE
• Esteja atento ao cenário do AT para perceber a importância das referências
• Lembre-se de que o texto não pode querer dizer o que não fizesse sentido para o leitor original (ainda que a sua aplicação posterior possa mudar através do tempo)
• Esteja atento aos seus temas teológicos principais: Cristo, a Igreja (histórica, presente, futura), e a consumação do conflito antigo entre Deus e Satanás

Mesmo com todos esses princípios, as interpretações sem dúvida divergirão bastante. Então, o axioma mais importante é este: descubra os princípios teológicos mais importantes do Apocalipse e evite se enredar nos detalhes. De forma bem justificada, os capítulos 4 e 5 formam o núcleo doutrinário do livro, e eles têm provado ser os mais fáceis de interpretar: os hinos de louvor e adoração a Deus e a Cristo diante da glória do céu; a redenção conquistada por Cristo para a humanidade; e as promessas da soberania de Deus e de triunfo mediadas para o seu povo apesar dos horrores do tempo do fim.

Na verdade, o livro inteiro exala ensino sobre todas as doutrinas principais da fé cristã, não somente sobre a escatologia. Os intérpretes têm de prestar atenção nelas e destacá-las. Mesmo com respeito à escatologia, podemos concordar em discordar em muitos detalhes e ainda afirmar a realidade do retorno futuro, visível e universal de Cristo para julgar toda a humanidade, e para atribuir às pessoas um dos dois únicos destinos possíveis que as aguardam: a agonia inefável da punição eterna ou a glória indescritível da vida eterna, baseadas na aceitação ou rejeição de Jesus.[162] Acima de tudo, se aprendermos as lições de Mateus 24:36 e de Atos 1:6-8 e pararmos de tentar adivinhar se estamos vivendo a geração final ou de que maneira o noticiário atual pode se encaixar nesse ou naquele versículo, então poderemos nos concentrar nos temas teológicos

---

[162] Um exemplo salutar dessa unidade dentro da diversidade interpretativa é a obra de S. Gregg, ed., *Revelation: Four Views—A Parallel Commentary* (Nashville: Nelson, 1997). Cf. também C. Marvin Pate, ed., *Four Views on the Book of Revelation* (Grand Rapids: Zondervan, 1998).

INTRODUÇÃO À INTERPRETAÇÃO BÍBLICA

grandiosos do livro e sermos encorajados sobre a soberania, o amor e a justiça de Deus mesmo durante nossos piores momentos.[163]

CONCLUSÃO

Quando interpretam as passagens do NT, posteriormente os leitores têm que sempre levar em conta se eles estão lendo um Evangelho, o livro de Atos, uma epístola ou o livro de Apocalipse. Cada um desses gêneros, por sua vez, contém várias formas ou subgêneros. Enquanto os princípios discutidos nos capítulos anteriores ("a hermenêutica geral") se aplicam a toda a Escritura, cada gênero ou forma tem características únicas que os intérpretes também precisam levar em consideração. Não podemos tratar as parábolas exatamente da mesma forma que as histórias de pronunciamento. O ensino no livro de Atos geralmente é mais indireto que nas Epístolas, e a literatura apocalíptica é bem diferente da narrativa histórica direta. A nossa discussão não foi aprofundada, ela foi simplesmente ilustrativa. Contudo, montamos o cenário para uma avaliação das dimensões múltiplas da Escritura que nos ajudará a entender o seu sentido. Quando realizamos bem o nosso trabalho, preparamos o cenário para os usos frutíferos e transformadores da Escritura, os tópicos com os quais lidamos a seguir na parte 5.

---

[163] Particularmente útil com respeito aos temas principais são G. Goldsworthy, *The Gospel of Revelation* (Exeter: Paternoster, 1984); e R. Bauckham, *The Theology of the Book of Revelation* (Cambridge: Cambridge University Press, 1993). Uma obra excelente que combina descobertas metodológicas e temáticas é M. Gorman, *Reading Revelation Responsibly: Uncivil Worship and Witness—Following the Lamb into the New Creation* (Eugene, OR: Cascade, 2011).

PARTE

5

OS FRUTOS DA

INTERPRETAÇÃO

11

USANDO A BÍBLIA NOS DIAS DE HOJE

A Bíblia se mantém por milhares de anos, e ela continua sendo um dos livros mais vendidos, mesmo no mundo científico e pós-moderno do século XXI.

Milhões ao redor do mundo acham que esse livro venerável fala ao coração deles e é útil para eles. A Bíblia desempenha muitas funções importantes, e, acreditamos, se tornará mais útil ainda se as pessoas a empregarem de acordo com os princípios da interpretação bíblica sensata e precisa que articulamos neste livro. Mas a hermenêutica não é um fim em si mesmo. Tendo estudado os princípios da hermenêutica, o estudante pode se perguntar: "Há alguma razão para entender a Bíblia além da aquisição de conhecimento? Vale a pena empregar todo esse esforço?" Respondemos "sim e sim!" As Escrituras se constituem na revelação de Deus para o seu povo, a sua palavra verdadeira na forma escrita.

Acreditamos que o povo de Deus deve se esforçar para entender e corresponder à sua mensagem. É uma mensagem usada para nos envolver: para nos incentivar, para nos motivar, para nos orientar e para nos instruir.

Além disso e acima de tudo isso, a Bíblia retrata a grande narrativa da missão de Deus no mundo: ele usa o seu povo para o representar e trazer as boas notícias do evangelho para todas as pessoas.[1] Então, devido ao seu caráter como livro histórico e à sua origem divina, refletimos nas páginas seguintes sobre as maneiras pelas quais os cristãos usam a Bíblia.[2] Então, no capítulo

---

[1] Para uma análise extensa sobre esse ponto, veja C. J. H. Wright, *The Mission of God: Unlocking the Bible's Grand Narrative* (Downers Grove: InterVarsity, 2006).

[2] Com certeza muitas outras pessoas que não são cristãs leem ou estudam a Bíblia. Especialistas em campos como a sociologia, a história antiga, ou a arqueologia, só para citar alguns, a estudam de várias maneiras. Os críticos literários estudam a Bíblia como literatura. Outros podem lê-la por curiosidade, ou até de forma antagônica, numa tentativa de refutar as suas afirmações. Reconhecemos, com certeza, que parte do que dizemos se aplicará aos judeus e ao seu uso da *Tanach* (a Bíblia hebraica), o que os cristãos chamam de Antigo Testamento. Mesmo assim, nos ateremos aos usos que os cristãos fazem da Bíblia.

INTRODUÇÃO À INTERPRETAÇÃO BÍBLICA

que se segue, apresentaremos princípios para orientar os leitores de forma mais específica, de modo a aplicar a mensagem da Bíblia de maneira concreta e prática para sua vida.

USOS DA BÍBLIA
Para obter informações e entendimento
Para motivar e enriquecer a adoração
Para construir a liturgia
Para formular a teologia
Para pregar
Para ensinar
Para pastorear
Para promover a formação espiritual na vida cristã
Para apreciar a sua beleza como obra literária

PARA OBTER INFORMAÇÃO E ENTENDIMENTO

O primeiro motivo para o qual os leitores usam a Bíblia é para *obter informação e entendimento*. Como o documento fundamental da fé cristã, a Bíblia funciona como a fonte primária de dados ou informações. Os cristãos creem que a Bíblia é a *revelação* escrita de Deus para os seres humanos.[3] Os teólogos dizem que a Bíblia é uma revelação *especial*, não disponível a partir de qualquer outra fonte.[4] Por isso, aqueles que desejam aprender sobre a fé judaico-cristã leem e estudam a Bíblia. Os cristãos acreditam que, através da Bíblia, Deus transmitiu informações para as pessoas, informações sobre quem é Deus, sobre o que ele fez no curso da história, sobre o que ele quer que as pessoas saibam, sobre a maneira como elas devem se comportar diante de Deus, e, sobretudo, sobre a história do relacionamento de Deus com os seres humanos que Ele criou à sua imagem.

---

[3] O escritor da carta aos Hebreus esclarece essa questão, dizendo: "Há muito tempo Deus falou muitas vezes e de várias maneiras aos nossos antepassados por meio dos profetas" (Hb 1:1). Os profetas não escreveram simplesmente sobre as suas próprias meditações ou observações, mas sobre a mensagem que lhes foi transmitida por Deus. Em outra passagem se alerta, "Antes de mais nada, saibam que nenhuma profecia da Escritura provém de interpretação pessoal, pois jamais a profecia teve origem na vontade humana, mas homens falaram da parte de Deus, impelidos pelo Espírito Santo." (2Pe 1:20-21). Os credos da Igreja afirmam, então, que a origem da Bíblia se deve à revelação divina, não à criatividade humana.

[4] Isto complementa a revelação *geral* ou *natural* disponível na criação (Sl 19:1-6; Rm 1:19-20) para todas as pessoas.

USANDO A BÍBLIA NOS DIAS DE HOJE

A Bíblia relata a história e a fé religiosa de Israel, a vida e os ensinos de Jesus, o estabelecimento e a expansão da Igreja cristã. Nela descobrimos como Israel adorava, como os profetas repreendiam a nação por sua idolatria, e qual era a crença dos israelitas antigos quanto ao seu destino nacional e a sua glória futura. Ela põe em palavras a maneira pela qual Pedro e Paulo vieram a compreender a salvação pela fé em Jesus e a difundir o "evangelho" (boas-novas) por todo o mundo romano.

Os cristãos partem do pressuposto de que, através da Bíblia, Deus transmite informações confiáveis.[5] Para compreender esta revelação, temos que interpretar os relatos bíblicos de forma precisa; portanto, a nossa abordagem com relação à hermenêutica determina o que aprendemos com a Bíblia. A hermenêutica correta promove o nosso entendimento e nos ajuda a interpretar o conteúdo da Bíblia de forma adequada e a ver as informações corretamente. Ela nos protege, por exemplo, de interpretar a poesia ou a literatura apocalíptica como se os autores quisessem transmitir história.

Isto nos ajuda a descobrir o conhecimento e a ter a percepção que Deus quer que tenhamos.

PARA MOTIVAR E ENRIQUECER A ADORAÇÃO

O segundo uso comum da Bíblia é para *enriquecer a adoração*. Já que a Bíblia revela a vontade e o caminho de Deus e registra seus feitos poderosos e sua pessoa gloriosa, o seu povo descobre naturalmente em suas páginas a motivação e as oportunidades para a adoração. A adoração acontece quando as pessoas correspondem à revelação que Deus faz de si mesmo e ao modo que ele operou através de Jesus Cristo. Robert Rayburn define a adoração dessa forma abrangente:

> A adoração é a atividade da nova vida de um cristão que, reconhecendo a plenitude de Deus como está revelada na pessoa de Jesus Cristo e os seus poderosos feitos redentores, busca pelo poder do Espírito Santo render ao Deus vivo a glória, a honra e a submissão que se deve a ele.[6]

---

[5] Veja a nossa análise sobre os pressupostos no cap. 5. Para a reflexão sobre os vários aspectos da veracidade da Bíblia, o leitor pode querer consultar C. L. Blomberg, *Can We Still Believe the Bible? An Evangelical Engagement with Contemporary Questions* (Grand Rapids: Brazos, 2014); e A. Köstenberger, et al., *Truth in a Culture of Doubt: Engaging Skeptical Challenges to the Bible* (Nashville: B&H, 2014).

[6] R. G. Rayburn, *O Come Let Us Worship: Corporate Worship in the Evangelical Church* (Grand Rapids: Baker, 1980; Eugene, OR: Wipf & Stock, 2010) [Grand Rapids: Baker, 1980], p. 21). O estudo excelente sobre o tópico da adoração inclui a obra de D. A. Carson, ed., *Worship by the Book* (Grand Rapids: Zondervan, 2002); B. Kauflin, *Worship Matters: Leading Others to*

INTRODUÇÃO À INTERPRETAÇÃO BÍBLICA

A graça e o amor de Deus instruem as pessoas a se comportarem de vários modos adequados. Quando os cristãos aprendem a partir do seu estudo da Bíblia quem é Deus e o que ele conquistou em favor deles, o coração deles transborda em louvor e adoração. Em algumas passagens, a poesia dos Salmos leva os leitores a esta experiência. Por exemplo, um dos salmistas escreve:

Os céus declaram a glória de Deus;
o firmamento proclama a obra das suas mãos.
Um dia fala disso a outro dia;
uma noite o revela a outra noite.
Sem discurso nem palavras,
não se ouve a sua voz.
Mas a sua voz ressoa por toda a terra,
e as suas palavras, até os confins do mundo. (Sl 19:1-4)

Em outra passagem, outro poeta proclama:

O Senhor é a minha luz e a minha salvação;
de quem terei temor?
O Senhor é o meu forte refúgio;
de quem terei medo? [...]
Uma coisa pedi ao Senhor;
é o que procuro:
que eu possa viver na casa do Senhor
todos os dias da minha vida,
para contemplar a bondade do Senhor
e buscar sua orientação no seu templo. (Sl 27:1, 4)

Encounter the Greatness of God (Wheaton: Crossway, 2008); H. M. Best, *Unceasing Worship: Biblical Perspectives on Worship and the Arts* (Downers Grove: InterVarsity, 2003); D. Peterson, *Engaging With God: A Biblical Theology of Worship* (Downers Grove: InterVarsity, 2002); e R. E. Webber, *The Biblical Foundations of Christian Worship* (Peabody, MA: Hendrickson, 1993). Para a análise importante sobre a adoração no Israel antigo, veja a obra clássica de H. H. Rowley, *Worship in Ancient Israel* (Philadelphia : Fortress, 1967), especialmente "Psalmody and Music", p. 176-212; e S. E. Balentine, *The Torah's Vision of Worship*, Overtures to Biblical Theology (Minneapolis: Augsburg Fortress, 1999). Um livro que abrange os dois testamentos é o de J. A. Smith, *Music in Ancient Judaism and Early Christianity* (Farnham: Ashgate, 2011). Sobre a adoração da Igreja primitiva, veja L. W. Hurtado, *At the Origins of Christian Worship: The Context and Character of Earliest Christian Devotion* (Grand Rapids: Eerdmans, 2000). Sobre a discussão acerca da natureza da adoração como é retratada nos textos principais do NT, veja W. W. Klein, "Can You Worship Anyplace? Reflections on How the New Testament Answers the Question", in *Midwestern Journal of Theology* 9 (2010): p. 96-121.

• 712 •

USANDO A BÍBLIA NOS DIAS DE HOJE

Em algumas passagens, os escritores bíblicos buscam de forma clara adorar a Deus e despertar em seus leitores a própria adoração a Deus.

Eu te louvarei, SENHOR, de todo o coração;
diante dos deuses cantarei louvores a ti.
Voltado para o teu santo templo
   eu me prostrarei
e renderei graças ao teu nome,
por causa do teu amor e da tua fidelidade;
pois exaltaste acima de todas as coisas
   o teu nome e a tua palavra [...]
Todos os reis da terra te renderão graças, SENHOR,
pois saberão das tuas promessas. (Sl 138:1-2, 4)

Louvem o SENHOR, todas as nações;
   exaltem-no, todos os povos!
Porque imenso é o seu amor leal por nós,
   e a fidelidade do SENHOR dura para sempre.
Aleluia! (Sl 117)

Os israelitas incorporaram esses hinos a suas Escrituras, e, desde o início da Igreja, os cristãos se juntaram a eles para louvar a Deus através desses versos preciosos.[7] Os autores do NT incluíram menos hinos explícitos em seus relatos,[8] mas as páginas do NT demonstram que o cântico e a música desempenhavam papéis importantes na adoração da Igreja que surgia. Comentando sobre a Igreja primitiva, G. Delling observa: "A palavra de Cristo é viva na comunidade no ensino e na repreensão e nos cânticos para Deus, i.e., através deles a comunidade louva a Deus de coração por causa da salvação que ele deu através do

---

[7] Uma avaliação sábia sobre a adoração de Israel com um enfoque para a adoração cristã contemporânea é a obra de A. E. Hill, *Enter His Courts With Praise! Old Testament Worship for the New Testament Church*, 2ª ed. (Grand Rapids: Baker, 1997). Para recursos para ajudar no uso dos Salmos nos dias de hoje, veja J. D. Witvliet, *The Biblical Psalms in Christian Worship: A Brief Introduction and Guide to Resources* (Grand Rapids: Eerdmans, 2007).

[8] A quantidade e a extensão dos hinos realmente incorporados às cartas do NT são questões que são objeto de debate entre os especialistas. Para maiores informações com relação aos nossos comentários sobre o gênero dos hinos/poesia acima, veja R. J. Karris, *A Symphony of New Testament Hymns: Commentary on Philippians 2:5-11, Colossians 1:15-20, Ephesians 2:14-16, 1 Timothy 3:16, Titus 3:4-7, 1 Peter 3:18* (Collegeville, MN: Liturgical Press, 1996); R. P. Martin, *Worship in the Early Church*, rev. ed. (Grand Rapids: Eerdmans, 1975); V. H. Neufeld, *The Earliest Christian Confessions* (Leiden: Brill, 1963); e J. T. Sanders, *The New Testament Christological Hymns: Their Historical and Religious Background*, SNTSMS 15 (Cambridge: Cambridge University Press, 1971).

• 713 •

INTRODUÇÃO À INTERPRETAÇÃO BÍBLICA

que ele fez em Cristo."[9] A música, de fato, era uma ocupação central da vida comunitária dos cristãos como K. H. Bartels destaca: "Depois da pregação da Palavra e da participação no sacramento, a essência da adoração era esse 'cântico espiritual', um reconhecimento festivo de Deus em Jesus Cristo como o Senhor da congregação e do mundo."[10] Usando orações ou hinos, alguns baseados diretamente no AT, os cristãos primitivos buscavam conduzir os leitores a louvar e adorar ao seu Deus. Paulo diz,

> Bendito seja o Deus e Pai de nosso Senhor Jesus Cristo, que nos abençoou com todas as bênçãos espirituais nas regiões celestiais em Cristo. Àquele que é capaz de fazer infinitamente mais do que tudo o que pedimos ou pensamos, de acordo com o seu poder que atua em nós, a ele seja a glória na Igreja e em Cristo Jesus, por todas as gerações, para todo o sempre! Amém! (Ef 1:3; 3:20-21).

Em outros momentos, os cristãos por toda a história da Igreja tem correspondido ao que leem com a adoração espontânea singular. Tivesse Paulo ou não uma intenção de despertar a adoração em Romanos 8:38-39, esses versículos impressionantes com certeza devem tê-los inspirado para proclamar a grandeza do seu Deus:

> Pois estou convencido de que nem morte nem vida, nem anjos nem demônios, nem o presente nem o futuro, nem quaisquer poderes, nem altura nem profundidade, nem qualquer outra coisa na criação será capaz de nos separar do amor de Deus que está em Cristo Jesus, nosso Senhor.

Que cristão pode ler sobre o sacrifício amável de Cristo pelo seu povo sem se derramar em adoração e louvor pela caridade imensurável de Deus derramada sobre o seu povo, "enquanto ainda éramos pecadores" (Rm 5:8)? A Bíblia desempenha esse papel importante para o cristão: despertar e estruturar a adoração do povo de Deus.

Por isso, usa-se a Bíblia na adoração tanto individual como coletiva. No seu uso *pessoal* da Bíblia, o cristão lê, estuda e busca corresponder ao que ele encontra dentro de suas páginas. A Bíblia direciona o leitor que crê ao louvor e à adoração, à confissão dos pecados, e a orações de agradecimento. Em resposta ao Deus revelado nas páginas da Bíblia, os cristãos buscam adaptar todas as dimensões da sua vida à vontade dele.

---

[9] G. Delling, ὕμνος [*hymnos*], κτλ", *TDNT* 8:498. Veja também os artigos sobre hino, salmo e canção em M. Silva, "ὕμνος", "ψαλμός", "ᾠδή", *NIDNTTE* 4:447-448; 4:718-720; 4:737-739.

[10] K. H. Bartels, "Song, Hymn, Psalm", *DITNT* 3:675.

• **714** •

USANDO A BÍBLIA NOS DIAS DE HOJE

A Bíblia traz inspiração e desafio; ela gera experiências religiosas; ela traz esperança e sustento. Em resumo, a Bíblia fornece o meio para a adoração individual. Deus fala através da sua palavra viva e ativa, e o seu o povo a venera.

A Bíblia também traz a base para a adoração comunitária. Da mesma forma que o povo de Israel adorava o seu Deus, a Igreja também busca ser uma comunidade fiel e adoradora.

Aplicando a terminologia do AT ao Corpo de Cristo, Pedro proclama:

> Vocês, porém, são geração eleita, sacerdócio real, nação santa, povo exclusivo de Deus, para anunciar as grandezas daquele que os chamou das trevas para a sua maravilhosa luz. Antes vocês nem sequer eram povo, mas agora são povo de Deus; não haviam recebido misericórdia, mas agora a receberam (1Pe 2:9-10; cf. Êx 19:5-6; Os 2:23).

Em um sentido, os cristãos se unem como uma comunidade adoradora para anunciar ao mundo descrente quão grande é o Senhor.[11] A partir do que descobrem na Bíblia, os crentes podem obedecer ao aviso: "Por meio de Jesus, portanto, ofereçamos continuamente a Deus um sacrifício de louvor, que é fruto de lábios que confessam o seu nome" (Hb 13:15). Ainda que o termo "palavra" (ou "mensagem") tenha um campo semântico vasto, ao lermos agora as instruções de Paulo podemos claramente ver como a "palavra de Cristo" envolve a Bíblia: "Habite ricamente em vocês a palavra de Cristo; ensinem e aconselhem-se uns aos outros com toda a sabedoria, e cantem salmos, hinos e cânticos espirituais com gratidão a Deus em seu coração" (Cl 3:16). Para o cristão, as Escrituras atestam a presença, a atividade e o amor de Deus, particularmente da forma que se expressa em seu filho, Jesus Cristo. A mensagem da Bíblia cativa a sua atenção de uma maneira concreta e bem clara para o compromisso pessoal e amoroso de Deus com o seu povo. E fazendo assim, as Escrituras o impelem a adorar, individual e coletivamente.

PARA CRIAR A LITURGIA

A liturgia da Igreja cristã sempre incluiu textos da Bíblia. O terceiro uso da Bíblia é para criar a liturgia. A palavra "liturgia" deriva do termo grego *leitourgia*, que designava algum tipo de obra pública no grego helenístico. A LXX a usava para os cultos no templo.[12] Seja "alta" ou "baixa", a liturgia da Igreja faz uso de

---

[11] "Quão grande és tu" é um hino cristão baseado em um poema sueco e traduzido para o inglês de uma versão russa. A versão mais popular para o inglês foi feita para o missionário S. K. Hine em 1949.

[12] A definição formal de liturgia é "a forma ou o formulário de acordo com o qual a adoração religiosa pública, especialmente a adoração cristã, é conduzida" em C. Soanes e A. Stevenson,

• 715 •

INTRODUÇÃO À INTERPRETAÇÃO BÍBLICA

orações, hinos, várias leituras (e.g., leituras responsivas), salmos e as ordenanças (sacramentos).[13] As Escrituras informam todos esses elementos: de fato, muitos apresentam diretamente passagens da Escritura. Um exemplo óbvio é o refrão da canção de Natal francesa "Surgem anjos proclamando", que cita "*Gloria in Excelsis Deo*" (Glória a Deus nas alturas") baseado em Lucas 2:14 na Bíblia latina.

O hino popular "Tu és fiel, Senhor" vem direto de Lamentações 3:23. Muitos outros cânticos contemporâneos extraem suas palavras direto do livro de Salmos; por exemplo "Ó vinde e adoremos" é baseado em Salmos 95:6. O refrão do hino "Eu sei em quem tenho crido" cita 2Timóteo 1:12 na Almeida Corrigida. O *Livro de Oração Comum* da Comunhão Anglicana inclui passagens da Bíblia de forma ampla para orientar os adoradores, tanto individualmente como de forma comunitária.[14] Os livros de oração de outras tradições cristãs fazem o mesmo. É só visitar igrejas de denominações diferentes (e.g. Católica Romana, Ortodoxa Grega, Presbiteriana, Anglicana e Irmãos de Plymouth) para entender como a celebração da ceia do Senhor deles podem ser diferentes. Apesar de todas se basearem nas passagens fundamentais nos Evangelhos e em 1Coríntios, os seus elementos, o ritmo, a duração e a ordem na adoração geral da Igreja varia bastante em várias igrejas e denominações, geralmente como resultado da teologia e do desenvolvimento histórico diferente dos grupos.

De forma inquestionável, então, as Escrituras nos auxiliam na nossa adoração para recriar elementos do cenário da salvação e expressar as suas reações à graça de Deus. A influência da Escritura nos elementos não musicais da liturgia também é bem significativa, e.g., os chamados para a adoração extraídos dos Salmos, a leitura coletiva da Escritura, a confissão do pecado e da segurança do

---

eds., *Concise Oxford English Dictionary* (Oxford: Oxford University Press, 2004). Nas palavras de J. F. White, "A liturgia, então, é uma obra realizada pelo povo para o benefício dos outros [...] a essência do sacerdócio dos crentes que toda a comunidade sacerdotal dos cristãos possui", em *Introduction to Christian Worship*, 3ª ed. (Nashville: Abingdon, 2000), p. 25.

[13] Para a discussão completa sobre a história e a prática da liturgia nas principais traduções desde o princípio da história da Igreja até a era pós-moderna dos dias de hoje, veja F. C. Senn, *Christian Liturgy: Catholic and Evangelical* (Minneapolis: Augsburg Fortress, 1997). M. J. Hatchett, *Sanctifying Life, Time, and Space: An Introduction to Liturgical Study* (New York: Seabury Press, 1976) também é útil. Cf. M. C. Ross, *Evangelical versus Liturgical? Defying a Dichotomy* (Grand Rapids: Eerdmans, 2014).

[14] *O Livro de Oração Comum* (disponível por meio da Igreja Episcopal Anglicana). Para a história de sua composição, veja A. Jacobs, *The Book of Common Prayer: A Biography* (Princeton, NJ e Oxford: Princeton University Press, 2013). Ele tem sido o modelo e a inspiração para muitas outras liturgias como se vê em C. Hefling e C. Shattuck, ed., *The Oxford Guide to the Book of Common Prayer: A Worldwide Survey* (Oxford, UK: Oxford University Press, 2006).

• **716** •

USANDO A BÍBLIA NOS DIAS DE HOJE

perdão, a recitação pública do Pai-Nosso, as fórmulas batismais, as instituições da ceia do Senhor, e as bênçãos da Escritura (pastorais e comunitárias).[15] Ao mesmo tempo, acreditamos que é importante que os adoradores entendam e abracem as passagens ou as alusões à Bíblia.[16] Em alguns usos da Bíblia que consideraremos em breve (pregação ou ensino), o objetivo bem pode ser o de ajudar os leitores a descobrir o sentido dos textos e das ações. Ao fazer uso da riqueza das formas litúrgicas, os ministrantes devem encontrar maneiras para ajudar os participantes a entender o que eles estão ouvindo ou fazendo ao seguirem os rituais estabelecidos. A Bíblia não contém encantamentos. As pessoas precisam entender o seu significado para se beneficiarem da sua mensagem. Seguir uma liturgia de forma negligente e automática, ler um texto, beber um pouco de vinho, ou cantar algo tem pouco valor para transformar um adorador, que é o objetivo de colocar a Bíblia em ação.

PARA FORMULAR A TEOLOGIA

Todos os seres humanos vivem de acordo com algum sistema de crenças ou alguma visão de mundo. Para os teístas (i.e., aqueles que creem em um deus ou vários deuses), os sistemas de crença podem ser denominados de "teologias" (a partir das palavras gregas para "Deus", *theos*, e "palavra", *logos*). Para se formular a teologia, afirma-se de forma ordenada o seu sistema de crenças com o deus ou os deuses em seu centro. A teologia cristã entende o Deus que se apresenta na Bíblia como o Deus verdadeiro. A teologia cristã considera a Bíblia como o fundamento necessário e a fonte para o seu desenvolvimento.[17] Portanto, o quarto uso da Bíblia é moldar a formulação e a expressão da teologia.

Ao mesmo tempo, produzir ou escrever "teologia" é uma iniciativa humana; ela articula o entendimento de um indivíduo ou de um grupo sobre a realidade tendo Deus como centro. Para responder a pergunta "Como um grupo cristão entende e expressa a sua fé?" exige-se uma explicação da sua teologia.[18]

---

[15] Especialmente perspicaz para isso é a obra de D. T. Benedict Jr. *Patterned By Grace: How Liturgy Shapes Us* (Nashville: Upper Room Books, 2007). Ele discute os ofícios diários, o calendário cristão, e os sacramentos, entre outros elementos litúrgicos.

[16] P. H. Pfatteicher, *Liturgical Spirituality* (Harrisburg, PA: Trinity, 1997) destaca a necessidade da vida interior do Espírito, a qual é formada e cultivada pela liturgia da Igreja.

[17] A teologia também pode incluir outros dados para a sua formulação, mas para os propósitos desse livro, nos concentraremos na Bíblia como o seu documento fundamental.

[18] Para a discussão útil sobre o que é fazer teologia e a localização da "teologia sistemática" no mapa teológico, veja M. J. Erickson, *Christian Theology*, 3ª ed. (Grand Rapids: Baker, 2013), p. 8-22.

INTRODUÇÃO À INTERPRETAÇÃO BÍBLICA

Ainda que formular a teologia seja uma tarefa em andamento na vida do povo de Deus, a teologia age como uma âncora para a Igreja e para os cristãos que podem se sentir sem instrução ou sem certeza sobre a fé em um tempo de relativismo e cosmovisões que competem entre si. A teologia traz à Igreja (e aos ramos específicos do cristianismo) um entendimento seguro de si mesma e de como ela se encaixa nos propósitos gerais de Deus na grande narrativa da redenção. A teologia capacita os indivíduos, as igrejas locais, e denominações inteiras a entender a importância da maneira que eles entendem o seu próprio lugar dentro do leque amplo de visões de mundo e de ideologias.

A teologia tem servido para proteger a Igreja contra os desafios e as propostas de verdade que sempre se renovam contra a sua existência desde o seu princípio. Do gnosticismo do século I ao cientificismo moderno, a Igreja tem lidado com várias explicações alternativas sobre a realidade e a verdade.[19] O seu entendimento da teologia tem estabelecido as fronteiras da ortodoxia. E sempre que a Igreja afirmar ser bíblica em seu entendimento da teologia, a Bíblia tem que ser colocada no centro e ser a fonte e a norma do seu pensamento teológico.[20]

Existe ainda uma distinção fundamental entre a teologia "bíblica" e a teologia "sistemática". Se o que acabamos de dizer é verdade, então praticamente todos os cristãos insistiriam que toda iniciativa que se propõe a se chamar de "teologia" tem que ser bíblica. Mesmo assim, desde o século XIX, os teólogos cristãos têm seguido duas abordagens teológicas distintas.[21] A teologia bíblica se relaciona mais de perto com o desenvolvimento da teologia dentro do

---

[19] A nossa menção desses dois rivais é simplesmente representativa e reconhece prontamente os benefícios positivos da ciência moderna em geral. O gnosticismo pleno era um fenômeno do século II ao III que surgiu de uma variedade de antecedentes religiosos e filosóficos e se tornou um grande rival do cristianismo. Para mais informações, consulte B. A. Pearson, *Ancient Gnosticism: Traditions and Literature* (Minneapolis: Fortress, 2007); A. H. B. Logan, *The Gnostics: Identifying an Early Christian Cult* (London e New York: T&T Clark, 2006); e R. Roukema, *Jesus, Gnosis and Dogma* (London e New York: T&T Clark, 2010). P. A. Heelan expressa o que queremos dizer com cientificismo: "A filosofia analítica geralmente defende a posição fundamental de que a ciência é o conhecimento de foro privilegiado, não derivado nem responsável pelos projetos nem pelos valores do mundo cultural ocidental...; em vez disso, ela se constitui em um relato social e historicamente independente da realidade, mais confiável do que qualquer um dado até agora", em "Hermeneutical Phenomenology and the Philosophy of Science", in *Gadamer and Hermeneutics*, ed. H. J. Silverman (New York; London: Routledge, 1991), p. 214.

[20] S. J. Grenz e J. R. Franke se expressam bem ao verem a "Escritura como a Norma das Normas da teologia" em "Scripture as the 'Norming Norm' of Theology", em *Beyond Foundationalism* (Louisville: Westminster John Knox, 2001), p. 63-75.

[21] Para a discussão útil sobre esta tendência, veja G. Hasel, *Old Testament Theology: Basic Issues,* ed. rev. (Grand Rapids: Eerdmans, 1991), p. 10-17.

• **718** •

USANDO A BÍBLIA NOS DIAS DE HOJE

desenvolvimento da própria Bíblia. Ela apresenta a teologia que a própria Bíblia contém. George Ladd traz esta definição: "A teologia bíblica é a disciplina que explica a mensagem dos livros da Bíblia no seu cenário histórico. A teologia bíblica é primariamente uma disciplina descritiva [...] A teologia bíblica tem a tarefa de expor a teologia encontrada na Bíblia no seu próprio cenário histórico, e nos seus próprios termos, categorias e formas de pensamento."[22]

Nesse conceito de "teologia bíblica" poderia se falar, por exemplo, da teologia dos profetas do pós-exílio em comparação com a dos profetas anteriores. Ou se pode comparar a teologia dos Evangelhos Sinóticos com a do Evangelho de João.

Para dar um exemplo, é possível discutir a teologia particular de Paulo sobre a fé e mostrar como ela se compara com a noção de *fé* apresentada por Tiago ou pelo autor da carta aos Hebreus.

Nesse sentido restrito, os teólogos bíblicos se concentram na maneira que os escritores bíblicos, as partes da Bíblia ou os seus livros estruturaram as suas mensagens para atender a necessidades de seus leitores específicos nos seus contextos históricos. As teologias dos escritores bíblicos eram tanto explícitas quanto implícitas. Isto é, às vezes eles expressavam claramente os seus entendimentos sobre Deus e os seus caminhos, mas em outras passagens a sua teologia surge de forma mais implícita; vemos como as suas convicções teológicas determinam e moldam as suas recomendações para os seus leitores.

Por isso, os teólogos bíblicos reconhecem em suas formulações que o cânon consiste de escritos "incidentais": escritos para momentos específicos. Os propósitos dos autores originais moldam a teologia bíblica.

De forma rígida, devemos aos planos dos judaizantes a motivação dada a Paulo para explicar aos gálatas a sua visão de justificação pela fé sem as obras.[23] Para Paulo, a fé vai ao âmago do modo que alguém alcança a salvação; a salvação vem somente através da fé em Jesus Cristo, não por seguir a rituais judeus, i.e., "as obras da lei."

---

[22] G. E. Ladd, *A Theology of the New Testament*, 2ª ed., ed. D. A. Hagner (Grand Rapids: Zondervan, 1993), p. 20.

[23] Ser um "judaizante" é tentar tornar o cristianismo mais judaico (um fenômeno que ainda existe no século XXI). Os judaizantes no século I insistiam, "Se você não for circuncidado, de acordo com o costume ensinado por Moisés, você não pode ser salvo" (At 15:1). O Concílio de Jerusalém refutou esse erro (At 15). Paulo também se opôs às tendências judaizantes na carta aos Gálatas (e.g., 2:15-16; 5:2-6). Para discussões para correlacionar Paulo com Tiago em Tiago 2:14-26, veja as seções dedicadas a essa passagem em, especialmente: P. Davids, *The Epistle of James*, NIGTC (Grand Rapids: Eerdmans, 1982); D. J. Moo, *The Letter of James*, PNTC (Grand Rapids: Eerdmans, 2000); e C. L. Blomberg e M. J. Kamell, *James*, ZECNT (Grand Rapids: Zondervan, 2008).

INTRODUÇÃO À INTERPRETAÇÃO BÍBLICA

Mesmo assim, os leitores dispersos de Tiago tinham um conflito diferente com a *fé*, e esta situação levou Tiago a insistir que uma fé viva de verdade, genuína, tem que ser praticada nas circunstâncias da vida. A fé tem que produzir "obras". Por isso, podemos falar sobre as visões diferenciadas de fé na teologia de Paulo e na teologia de Tiago. Isto não quer dizer que as duas sejam contraditórias; isso simplesmente quer dizer que os escritores expressaram as suas ideias a partir de situações concretas que eram totalmente diferentes. Paulo e Tiago estruturaram as suas reações teológicas de forma diferente, porque cada um estava abordando problemas específicos em igrejas específicas.

A teologia bíblica, então, surge de condições históricas. A sua formulação depende de movimentos e circunstâncias de pessoas e acontecimentos, a interação do autor com os seus destinatários no calor de incidentes que acabaram de acontecer.[24] Como Berkeley Mickelsen afirma: "Nesta abordagem, o teólogo bíblico deve estar constantemente a par dos idiomas bíblicos, de todos os fatores históricos, e do frescor da mensagem de Deus transmitida através do seu servo a homens envolvidos em uma batalha de vida ou morte com realidades assombrosas."[25]

Diferença entre teologia bíblica e teologia sistemática

Ainda assim, definir a "teologia bíblica" não é tão simples como acabamos de explicar. Da mesma forma que os outros termos, as pessoas os usam como querem, e, no final das contas, muitos escritores consideram o que fazem como teologia bíblica, mesmo que suas abordagens pareçam ter destaques diferentes. Em um livro bem útil, Klink e Lockett dividem a disciplina da teologia bíblica em cinco escolas diferentes de pensamento.[26] Eles a classificam das seguintes maneiras: TB1: a teologia bíblica como descrição histórica; TB2: a teologia bíblica como a história da redenção; TB3: a teologia bíblica como visão ou história do mundo; TB4: a teologia bíblica como abordagem canônica; e TB5: a teologia bíblica como construção teológica.

Os escritores que são expoentes dessas escolas, respectivamente são: (1) James Barr; (2) D. A. Carson; (3) N. T. Wright; (4) Brevard Childs; e (5) Francis Watson. Ainda o traço de união dessas escolas diferentes (em um grau maior ou menor) acaba sendo o seu primeiro *locus* no mundo dos textos antigos.

Tudo isso apresenta um cenário decididamente diferente de uma teologia "sistemática". Millard Erickson identifica a teologia sistemática como "a

---

[24] Para a lista dos melhores exemplos de teologias bíblicas, veja a bibliografia.

[25] A. B. Mickelsen, *Interpreting the Bible* (Grand Rapids: Eerdmans, 1963), p. 344.

[26] E. W. Klink, III e D. R. Lockett, *Understanding Biblical Theology. A Comparison of Theory and Practice* (Grand Rapids: Zondervan, 2012).

• **720** •

USANDO A BÍBLIA NOS DIAS DE HOJE

disciplina que busca dar uma afirmação coerente das doutrinas da fé cristã, baseada primeiramente nas Escrituras, colocada no contexto da cultura em geral, expressa por um idioma contemporâneo, e relacionada às questões da vida."[27] Ainda que a teologia sistemática também faça uma afirmação válida de ser bíblica (isto é, o seu objetivo é exibir a teologia da Bíblia), as suas categorias não são necessariamente as dos escritores bíblicos, mas as do processo do teólogo. As categorias tradicionais (e as novas, pelo menos na época da formulação) compõem a estrutura doutrinária para a apresentação do material bíblico. Frequentemente as estruturas vêm das interações dos teólogos com as tradições teológicas em voga,[28] com os filósofos, com o contexto social no qual o teólogo trabalha, e com outras religiões ou sistemas de crença. Então, por exemplo, pode-se ler as teologias sistemáticas católicas, reformadas, ou luteranas e encontrar categorias que refletem, em parte, os cuidados especiais e as questões relevantes para essas tradições. Em outras palavras, os teólogos sistematizam o ensino da Bíblia em uma estrutura que eles sentem que representa de uma forma melhor os destaques da Bíblia à luz do seu próprio estudo e as *questões com as quais ele ou a sua sociedade estão lidando atualmente*. Isto quer dizer que, inevitavelmente, as teologias sistemáticas refletem as estruturas filosóficas e as agendas interpretativas daqueles que as sistematizam e dos seus mundos.

---

[27] Erickson, *Christian Theology*, p. 8. Por sua vez, G. R. Lewis e B. A. Demarest, *Integrative Theology*, 3 vols. (Grand Rapids: Zondervan, 1996), 1:23, dizem, "A teologia sistemática [...] visa a estabelecer princípios normativos para a realidade espiritual para a geração atual; ela organiza o material da revelação divina em tópicos e de maneira lógica, desenvolvendo uma visão de mundo abrangente e um estilo de vida." Finalmente, D. A. Carson ("Unity and Diversity in the New Testament: The Possibility of Systematic Theology", em *Scripture and Truth*, D. A. Carson e J. D. Woodbridge, ed. [Grand Rapids: Baker, 1992], p. 69-70) traz a sua definição prática da teologia sistemática: "o ramo da teologia que busca elaborar o todo e as partes da Escritura, demonstrando as suas conexões lógicas (em vez das simplesmente históricas) e ter um reconhecimento total da história da doutrina e do contexto intelectual contemporâneo, das categorias e das pesquisas, ao mesmo tempo que encontra a sua autoridade final nas próprias Escrituras, interpretadas da forma correta."

[28] Às vezes, a tentativa é de se encaixar em uma tradição; em outras vezes, o teólogo busca ajustar, desafiar ou até mesmo descartar uma tradição. E.g., o universalismo (todos serão salvos) é bíblico? Para consultar a obra de um católico que é relevante para todos que consideram a questão, veja R. Martin, *Will Many Be Saved?: What Vatican II Actually Teaches and Its Implications for the New Evangelization* (Grand Rapids: Eerdmans, 2012). Outra questão pode ser a da ortodoxia (para os evangélicos) da chamada teologia da abertura de Deus. Veja, e.g., C. Pinnock, et al., *The Openness of God: A Biblical Challenge to the Traditional Understanding of God* (Downers Grove: InterVarsity, 1995). Como resultado desses desafios, o teólogo cria a sua teologia para incluir ou excluir várias opções, baseado no que acredita que a Bíblia ensina.

INTRODUÇÃO À INTERPRETAÇÃO BÍBLICA

O problema do pré-entendimento

Temos que considerar outra questão para esclarecer a natureza da teologia. Como foi expresso nas categorias que discutimos acima, o próprio pré-entendimento do teólogo sistemático molda as categorias e as questões que ele usa em seu sistema (ainda que ele possa insistir que o seu objetivo seja o de permitir que o próprio ensino da Bíblia traga a orientação).[29] Da mesma maneira, a perspectiva do próprio teólogo o orientará na sua seleção dos vários textos dentro de cada categoria e a maneira pela qual ele avaliará o peso relativo que ele dá aos vários ensinos da Bíblia sobre questões específicas. Isto fica bem claro quando se lê as teologias que lidam com questões controvertidas específicas, como a soberania divina *versus* a responsabilidade humana.[30] A pessoa chega a uma posição diferente sobre o ensino da Bíblia sobre esta questão, em parte porque ela traz um pré-entendimento diferente à sua análise dos textos relevantes e ela dá um peso diferente para eles.

Em certo sentido, então, cada geração, e talvez cada cultura, precisa atualizar a sua formulação de teologia cristã "sistemática". Isto não quer dizer que a verdade de Deus esteja sempre mudando. Em vez disso, isto reflete o processo da sistematização: ela sempre exibe a perspectiva e a preocupação daquele que a faz. Para dar exemplo, a maioria dos protestantes concordará que a Confissão de Fé de Westminster apresentava um entendimento importante e singular da teologia cristã. Mas a discussão das alianças reflete as questões, o cuidado e o pré-entendimento (religioso e político) dos cristãos da Escócia e da Inglaterra do século XVII.[31] A guerra civil tinha começado na Inglaterra e o rei Carlos I

---

[29] Temos que recordar aos leitores que o chamado teólogo bíblico também trabalha com o seu próprio pré-entendimento. Como defendemos, nenhum intérprete está isento deles.

[30] Um exemplo instrutivo é o da obra de D. Basinger e de R. Basinger, eds., *Predestination & Free Will: Four Views of Divine Sovereignty & Human Freedom* (Downers Grove: InterVarsity, 1986). Nela, os quatro autores diferem em sua visão da natureza da presciência de Deus. Baseados em sua visão de que Deus determina e controla os acontecimentos, muitos defendem que ele conhece os acontecimentos sem limite algum. Outros defendem limitações particulares na presciência divina, com base no fato de que Deus escolheu livremente dar uma autonomia verdadeira aos seres humanos. Para apelos fortes a favor e contra o sistema teológico popular, veja M. Horton, *For Calvinism* (Grand Rapids: Zondervan, 2011); e R. E. Olson, *Against Calvinism* (Grand Rapids: Zondervan, 2011).

[31] Para a análise útil sobre o cenário histórico da Confissão de Westminster, consulte R. T. Kendall, *Calvin and English Calvinism to 1649* (Oxford: Oxford University Press, 1979); e W. M. Hetherington, *History of the Westminster Assembly of Divines* (New York: Anson D. F. Randolph & Co., 1890). A "teologia federal" é o termo utilizado para descrever a forma de calvinismo que se desenvolveu no final do século XVI e no século XVII na Inglaterra e na Escócia, que deu um grande destaque à doutrina das alianças (A palavra inglesa "aliança" traduz o latim *foedus*, por isso, federal). O conceito das alianças era importante no mundo sociopolítico da época, a saber, as alianças que protegiam os "direitos" do rei *versus* os do povo. Era natural que os teólogos

---

• 722 •

USANDO A BÍBLIA NOS DIAS DE HOJE

foi forçado a iniciar a reforma. Uma assembleia foi convocada em Westminster para redigir um credo que tanto os escoceses quanto os ingleses pudessem afirmar. Falando sobre a "teologia federal" que a Confissão de Westminster exemplificou, Dillistone observa:

> [Ela] parecia trazer somente o sistema ou o esquema que os homens estavam buscando no período da consolidação que se seguiu às mudanças revolucionárias do século XVI. Uma interpretação dialética da realidade não se presta a uma formalização fácil, ao passo que uma sucessão de contratos pode ser sistematizada dentro de uma estrutura legal... Uma vez que um grupo se estabelece e se inspira com uma confiança crescente, ele tende a procurar por algo mais concreto, mais definido, mais constitucional e isto é exatamente o que as igrejas da Reforma que estavam se desenvolvendo encontraram na doutrina das Duas Alianças... Os puritanos e os calvinistas igualmente encontraram nesta ideia a estrutura necessária para um novo sistema teológico e eclesiástico.[32]

Por isso, a nossa ideia aqui *não* é a de que os autores da Confissão estavam certos em alguns pontos e errados em outros, que as questões com as quais eles lidaram não tem nada a ver conosco, ou que a linguagem do documento é arcaica.[33] Em vez disso, a história demonstra que eles formularam as suas declarações e lidaram com as suas próprias preocupações, entre outras razões, para se oporem a pontos de vistas rivais que prevaleciam naquela época. As suas afirmações não eram simplesmente declarações objetivas de teologia, ou "o que a Bíblia realmente ensina." Nem, insistimos em dizer, devemos considerar ingenuamente todas as confissões como uma afirmação eterna da teologia cristã. Ainda que possamos aprender muito com os teólogos anteriores e com os antepassados na fé, os cristãos contemporâneos exigem teólogos que vivem

---

pensassem em termos de alianças, e que os calvinistas federais viessem a distinguir entre a aliança da graça e a das obras. É importante para a nossa discussão o princípio de que nem Calvino nem os outros reformadores fizeram esta distinção entre aliança de graça (uma frase usada apenas duas vezes nas Institutas de Calvino) e aliança de obras (que nem foi usada por ele) da maneira usada na Confissão de Westminster. Foram os sistematizadores posteriores que a fizeram.

[32] F. W. Dillistone, *The Structure of the Divine Society* (Philadelphia : Westminster Press, 1951), p. 132. A nossa intenção nesse ponto não é iniciar uma discussão histórica longa, nem debater o calvinismo ou a teologia chamada de federal, mas somente dar um exemplo. O Credo de Niceia de forma parecida refletiu a sua era, o debate do século IV entre Atanásio e Ário sobre a identidade de Jesus: "gerado, não criado, sendo uma substância com o Pai..."

[33] Também é útil perceber que o gnosticismo, o marcionismo, e outras visões alternativas primitivas levaram à (a) seleção do cânon das Escrituras nas quais se devia basear a teologia, e (b) à formulação dos credos primitivos para definir o que era ortodoxo e o que não era.

• 723 •

INTRODUÇÃO À INTERPRETAÇÃO BÍBLICA

no momento para expressar o que a fé cristã quer dizer nos dias de hoje.[34] De fato, Grenz e Franke defendem, "a tradição verdadeiramente reformada é por sua própria natureza 'aberta'. E essa 'abertura', por sua vez, preserva a natureza dinâmica da tradição."[35]

Deve-se escolher entre teologia bíblica e teologia sistemática?

Será que a teologia sistemática e a teologia bíblica discordam uma da outra? Temos que insistir em uma em detrimento da outra? Os evangélicos aceitam a unidade bem como a diversidade das Escrituras, conforme afirmamos anteriormente.[36] A *diversidade* da Bíblia reflete a variedade dos seus inúmeros autores e as circunstâncias das suas épocas, locais e situações. A sua *unidade* vem de sua única Origem/Autor, e da grande narrativa geral que ela revela.

As duas afirmações de diversidade e unidade trazem os fundamentos tanto da teologia bíblica quanto da sistemática. As abordagens da teologia bíblica, de forma singular, expõem e ressaltam a diversidade inerente à Bíblia. As lentes da teologia bíblica nos capacitam a perceber as perspectivas, as características distintas e as ênfases próprias de cada autor ou texto e a ver claramente como ela pode falar de forma mais sensível e criativa em circunstâncias análogas ou semelhantes nos dias de hoje. O teólogo bíblico percebe com uma maior profundidade as arestas dos ensinos da Bíblia, porque ele não é obrigado (a essa altura em seu estudo) a harmonizar ou explicar os ensinos difíceis, recorrendo ao que a Bíblia diz em outras passagens sobre uma questão, pelo menos em

---

[34] Indiscutivelmente, as melhores teologias sistemáticas do século XXI incluem Erickson, *Teologia sistemática* (São Paulo: Vida Nova, 2015); Lewis e Demarest, *Integrative Theology*; S. J. Grenz, *Theology for the Community of God*, 2ª ed. (Grand Rapids: Eerdmans, 2000); A. E. McGrath, *Teologia sistemática, histórica e filosófica*, 3ª ed. (São Paulo: Shedd Publicações, 2010); Michael Bird, *Evangelical Theology: A Biblical and Systematic Introduction* (Grand Rapids: Zondervan, 2013); e Michael Horton, *The Christian Faith: A Systematic Theology for Pilgrims on the Way* (Grand Rapids: Zondervan, 2011). Dando exemplos conscientes de que as teologias sistemáticas exibem as perspectivas dos próprios teólogos, citamos J. L. González, *Manana: Christian Theology from a Hispanic Perspective* (Nashville: Abingdon, 1990); J. R. Williams, *Teologia sistemática: uma perspectiva pentecostal* (São Paulo: Vida, 2011); ou S. M. Horton, ed., *Teologia sistemática* (Rio de Janeiro: CPAD, 1996). A partir de tradições teológicas mais amplas, as obras importantes do século passado incluíam K. Barth, *Dogmática Cristã*, 4 vols. (São Leopoldo: Sinodal, 2005); P. Tillich, *Teologia sistemática*, 3 vols. (São Leopoldo: Sinodal, 2005); e W. Pannenberg, *Teologia Sistemática*, 3 vols. (São Paulo: Paulus, 2009).

[35] Grenz e Franke, *Beyond Foundationalism*, p. 125.

[36] Veja J. Goldingay, *Approaches to Old Testament Interpretation*, ed. rev. (Downers Grove: InterVarsity, 1990); D. A. Carson, *Teologia bíblica ou teologia sistemática? Unidade e diversidade do Novo Testamento* (São Paulo: Vida Nova, 2008); e S. Hafemann e P. House, eds., *Central Themes in Biblical Theology: Mapping Unity in Diversity* (Grand Rapids: Baker, 2007).

USANDO A BÍBLIA NOS DIAS DE HOJE

algumas versões dessa disciplina.[37] Essa abordagem acolhe a Bíblia nos seus próprios termos, em cada passagem e com cada autor.[38]

Ao mesmo tempo, não podemos nos contentar com uma simples coleção de verdades teológicas defendidas pelos vários autores bíblicos. Precisamos da organização e da estrutura do todo. Nos melhores trabalhos, os teólogos sistemáticos juntam todos os pedaços do ensino da Bíblia sobre uma questão e os apresentam de forma lógica, para que percebamos como eles todos se encaixam. Já que pressupomos a autoria divina de todo o cânon e que Deus tem uma mensagem unificada para apresentar, a disciplina da teologia sistemática tem a capacidade de expressar o panorama de forma coerente.

O projeto da teologia sistemática ainda enfrenta algumas armadilhas potenciais. Nos piores trabalhos, o teólogo sistemático somente reflete o seu próprio pré-entendimento, que ele projeta no material bíblico, ou o seu trabalho se resume a uma visão estética da recepção de toda a Bíblia. Isto faz da eisegese o *modus operandi* do programa.

Outra armadilha é a tentação de afirmar uma precisão maior do que os detalhes reais que os textos bíblicos garantem, no interesse de criar um sistema. O teólogo sistemático pode construir todo um esquema, no qual muitos elementos vêm apenas de suas próprias conclusões em vez das provas explícitas das Escrituras. Ou ele pode se agarrar tenazmente a suas próprias categorias e defender as suas próprias estruturas teológicas a todo custo.[39]

Esses perigos estão sempre presentes. Mas, como afirmamos anteriormente e explicaremos depois, quando nos informamos com a melhor obra dos exegetas bíblicos e dos teólogos, a teologia sistemática pode organizar as informações

---

[37] A necessidade de harmonizar perspectivas únicas leva muitos teólogos a favorecer a formulação de um autor bíblico sobre a de outro. Voltando ao nosso exemplo anterior, a preocupação de Lutero com a visão de Paulo da justificação pela fé o levou a questionar a ortodoxia de Tiago. Isto é, Lutero acreditava (de forma errada, pensamos) que a afirmação de Tiago em 2:24 era incompatível com a teologia de Paulo. Talvez no seu afã de sistematizar, Lutero sentiu que ele precisava ter um entendimento preciso de fé; ele preferia a formulação de Paulo, não a de Tiago. O teólogo bíblico mantém os destaques singulares (as "arestas", como dissemos acima) de Paulo e Tiago. Uma situação parecida existe com os conflitos entre os escritores dos Evangelhos (resultando em um aspecto do chamado Problema Sinótico). Com certeza, isso não significa que os teólogos bíblicos evangélicos simplesmente abandonam a questão. Eles buscam mostrar a maneira pela qual as diversas perspectivas são compatíveis.

[38] W. W. Klein, *The New Chosen People: A Corporate View of Election*, ed. rev. e ampliada. (Eugene, OR: Wipf & Stock, 2015), tenta entender o conceito importante da escolha de Deus a partir de uma perspectiva teológica bíblica.

[39] É arriscado sugerir os exemplos aqui, porque todos vemos mais claramente a rigidez e as incompatibilidades dos outros sistemas em vez dos nossos. Um livro útil que expõe as influências dos sistemas teológicos é a obra de G. A. Boyd e P. R. Eddy, *Across the Spectrum: Understanding Issues in Evangelical Theology*, 2ª ed. (Grand Rapids: Baker Academic, 2009).

INTRODUÇÃO À INTERPRETAÇÃO BÍBLICA

bíblicas em sistemas significativos que trazem um grande auxílio e uma grande assistência para a Igreja.[40]

Como formular a teologia: princípios importantes

	FORMULANDO A TEOLOGIA COM BASE NA BÍBLIA
1.	Siga as conclusões da exegese sensata de passagens bíblicas adequadas.
2.	Baseie a teologia no ensino geral da Bíblia sobre uma questão, não em textos selecionados ou isolados.
3.	Encontre e expresse os próprios destaques da Bíblia sobre uma questão.
4.	Afirme as conclusões teológicas de modo que explique e ilustre a sua importância para a vida e para o ministério da Igreja. Isto é, *mostre como a teologia é relevante*.
5.	Centralize a teologia no que Deus revelou: afaste-se da tirania dos sistemas.
6.	Compare as conclusões com as descobertas de outros, especialmente daqueles cujas perspectivas podem ser diferentes, isto inclui os seus antepassados espirituais.

Então como a Bíblia informa a teologia? A maioria dos teólogos busca expressar o ensino da Bíblia em termos contemporâneos. Mas como eles formulam a teologia da Bíblia? Seja bíblica ou sistemática,[41] não podemos defender uma teologia estruturada por nós mesmos, que promova o nosso interesse para satisfação própria. Portanto, defendemos: (1) *A teologia válida tem que depender na exegese sensata dos textos bíblicos adequados.* Para usar o nosso exemplo anterior, se os teólogos desejam formular uma teologia da fé, eles terão que investigar todas as passagens que são relevantes para essa questão. Para pegar emprestado os termos da área científica, a teologia deve surgir *indutivamente* a partir de uma análise responsável (como temos tentado elucidar nos capítulos

---

[40] A esta altura, não vamos explicar muito sobre dois outros elementos do currículo teológico clássico: a teologia histórica e a teologia prática. A primeira traça o desenvolvimento do entendimento teológico por toda a história da Igreja. Exemplos excelentes são os de A. E. McGrath, *Teologia Histórica: Uma introdução à história do pensamento cristão*, (São Paulo: Cultura Cristã, 2007); G. Allison, *Historical Theology: An Introduction to Christian Doctrine* (Grand Rapids: Zondervan, 2011); e R. E. Olson, *História da Teologia Cristã: 2000 anos de tradição e reformas* (São Paulo: Editora Vida, 2001). A chamada teologia prática se concentra na aplicação da teologia à vida real sobre a qual teremos mais a dizer posteriormente. Altamente recomendado é R. S. Anderson, *The Shape of Practical Theology: Empowering Ministry with Theological Praxis* (Downers Grove: InterVarsity, 2001). Cf. R. R. Osmer, *Practical Theology: An Introduction* (Grand Rapids: Eerdmans, 2008).

[41] Não faremos uso dessas distinções de agora em diante. Mais uma vez, supomos que as duas abordagens buscam explicar os sentidos dos textos bíblicos, sem se importar de maneira os resultados serão utilizados.

• 726 •

USANDO A BÍBLIA NOS DIAS DE HOJE

anteriores) das passagens relevantes da Bíblia. Ela não pode simplesmente propor uma informação teológica e depois buscar de forma dedutiva defendê-la em vários textos. Uma vez que o princípio foi estabelecido através do estudo cuidadoso dos textos bíblicos, pode-se deduzir as consequências e ver os seus efeitos potenciais em outras áreas. A indução e a dedução têm os seus lugares, mas cada uma deve informar e corrigir a outra para que, no final, os teólogos extraiam o ensino da Bíblia em vez de impor o seu próprio.[42] A menos que um sistema de hermenêutica responsável oriente o processo da exegese e da formulação teológica, a teologia, na melhor das hipóteses, não se elevará acima da sabedoria humana e, na pior das hipóteses, será falsa, equivocada, tendenciosa e até mesmo perigosa. Um segundo princípio importante está implícito nesses pressupostos, mas devemos enunciá-lo de forma bem clara:

(2) *uma afirmação teológica tem que refletir o ensino total da Bíblia, não somente alguns textos selecionados ou isolados.* Por exemplo, suponha que queiramos desenvolver uma teologia sobre os papéis da mulher na Igreja ou sobre a época da volta de Cristo. Não desenvolveremos uma teologia fiel e honesta abordando tópicos como esses se negarmos ou evitarmos os textos que entram em conflito com nossas teorias preferidas. Se Deus inspirou a Bíblia toda e se, como resultado, suas partes não se contradizem irremediavelmente (o que retorna aos nossos pressupostos), então uma afirmação teológica válida sobre uma questão deve levar em conta *tudo* o que os autores pretenderam dizer sobre isso.

Outros fatores estão envolvidos no processo de dar o peso correto dos vários ensinos da Bíblia sobre uma questão teológica. Por exemplo, ao considerar algumas doutrinas, descobrimos que alguns textos explicam melhor algumas questões do que outros menos relacionados. Além disso, alguns detalhes aparecem de forma generalizada e em textos mais diversificados na Bíblia, enquanto outros podem aparecer somente em referências isoladas ou em uma só passagem. Alguns ensinos aparecem em passagens diretas e didáticas. Eles podem até revelar princípios como esses: "Pois eu sou o SENHOR, o Deus de vocês; consagrem-se e sejam santos, porque eu sou santo" (Lv 11:44); ou "Deus é amor. Foi assim que Deus manifestou o seu amor entre nós: enviou o seu Filho Unigênito ao mundo, para que pudéssemos viver por meio dele" (1Jo 4:8-9). A Bíblia apresenta outros princípios através de metáforas, "Deus é luz; nele não há treva alguma" (1Jo 1:5), ou por narrativa (veja quantos atributos divinos

---

[42] Para o apelo a fim de que os teólogos façam isso de maneira mais transparente, veja W. W. Klein, "Exegetical Rigor with Hermeneutical Humility: The Calvinist-Arminian Debate and the New Testament", em *New Testament Greek and Exegesis: Essays in Honor of Gerald F. Hawthorne*, ed. A. M. Donaldson e T. B. Sailors (Grand Rapids: Eerdmans, 2003), p. 23-36.

INTRODUÇÃO À INTERPRETAÇÃO BÍBLICA

surgem do discurso de Deus em Jó 38—39 ou na parábola do filho pródigo em Lc 15:11-32).

Pode-se encontrar ensinos bíblicos nas partes iniciais da Bíblia que se desenvolvem e se expandem nas revelações posteriores. Não queremos dizer a essa altura que as partes posteriores da Bíblia contradizem ou suplantam em todos os casos as seções anteriores, mas que, em algumas passagens, Deus revela a sua verdade progressivamente. Em outras palavras, algumas verdades anteriores prepararam o caminho para que as pessoas entendessem e aceitassem o que Deus disse e fez em acontecimentos posteriores.

Por exemplo, vendo em retrospecto, o sistema sacrificial do AT nunca foi um fim em si mesmo; em vez disso, ele preparou o caminho para o Cordeiro de Deus que finalmente viria para tirar os pecados do mundo (Jo 1:29; cf. Hb 10:1-18). De forma equivalente, a lei do AT, tão importante para a nação de Israel, encontra o seu cumprimento em Cristo e não se aplica mais da mesma forma à Igreja, já que ela começou a se definir depois da ressurreição de Cristo.[43]

A nossa proposta ao relacionar esses vários fatores está bem clara: devemos dar o peso devido às provas para chegarmos a conclusões adequadas. O estudante deve tomar cuidado e ser prudente sobre as provas citadas em defesa de um conceito teológico. O ensino mais claro deve ter mais peso do que textos herméticos cujas propostas podem ser ambíguas. O intérprete pode ter mais convicção sobre a questão frequentemente repetida do que a que aparece somente uma vez (ainda que isto não permita que o intérprete descarte ponto algum da Escritura, mesmo que colocado somente uma vez). Nas passagens onde as metáforas e as narrativas deixam as conclusões mais ambíguas, não nos atrevemos a forçá-las a prevalecer sobre os textos que falam de forma mais clara ou didática. Semelhantemente, nas passagens em que a revelação anterior preparou de modo progressivo o caminho para formulações posteriores da verdade de Deus, temos que dar a preferência para essas últimas formulações.[44]

---

[43] Cf., e.g., Mc 7:19; At 15:7-11; Rm 10:4; Hb 8-10. Ao mesmo tempo, como defendemos anteriormente, a ética do NT não descartou a Lei completamente. O padrão para os gentios em Atos 15 realmente teve raízes na Lei do AT. Jesus insistiu que o seu modo de agir cumpriu a lei (Mt 5:17-20). Para perspectivas úteis, veja F. Thielman, *The Law and the New Testament: The Question of Continuity*, Companions to the New Testament (New York: Crossroad/Herder, 1999); W. G. Strickland et al., *Five Views on Law and Gospel* (Grand Rapids: Zondervan, 1996); e T. R. Schreiner, *The Law & Its Fulfillment: A Pauline Theology of Law*, 2ª ed. (Grand Rapids: Baker, 1998). A nível popular, um recurso impressionante é a obra de M. Williams, *How to Read the Bible through the Jesus Lens* (Grand Rapids: Zondervan, 2012).

[44] Este princípio causa confrontos desagradáveis entre cristãos e judeus. Há um movimento atual que afirma que judeus não precisam de Cristo, porque eles representam o povo escolhido de Deus e o seu caminho de salvação é suficiente para eles. Veja, e.g., P. Eisenbaum, *Paul Was Not a Christian: The Original Message of a Misunderstood Apostle* (New York: HarperOne, 2009). Uma

USANDO A BÍBLIA NOS DIAS DE HOJE

Outro princípio é paralelo a este: (3) *a teologia legítima respeita e articula os destaques da própria Bíblia*. Temos observado repetidamente os efeitos inevitáveis que o pré-entendimento causa sobre a interpretação e o modo de se fazer teologia. Ele enfeita o conteúdo e a organização de toda formulação teológica. Então o teólogo deve lutar para se concentrar no que é mais importante em suas teologias, destacar o que a Bíblia retrata como mais relevante e estar disposto a não se firmar tanto nos princípios mais periféricos. Do mesmo modo, a teologia deve promover o cuidado principal de Deus nas Escrituras, em vez de simplesmente espelhar os propósitos e as prioridades contemporâneas.[45] As questões contemporâneas propõem as perguntas; mas as respostas têm que ser bíblicas. A teologia sempre corre o risco de ser passageira quando as questões populares determinam os seus resultados.

Além disso, já que a teologia deve ter vida e relevância, e deve cumprir o seu propósito, temos que defender que o teólogo tem que fazer mais do que entender de forma clara e precisa o que os textos importantes da Bíblia querem dizer. (4) *Ele tem que afirmar os princípios teológicos de modo que expliquem e esclareçam a sua importância para a vida e o ministério da Igreja dos dias de hoje.*

Já que a mensagem de Deus deve transformar a vida das pessoas na nossa época, a teologia deve transmitir a verdade da Bíblia de modo a revelar as suas capacidades fortalecidas pelo Espírito. A teologia tem que mostrar como o sentido da Bíblia se amplia para novas situações, edifica os cristãos, estimula a justiça e assegura que a vontade de Deus seja feita "assim na terra como no céu." Nada é mais entediante e irrelevante do que uma afirmação teológica fria e estéril. Sem dúvida, a teologia (ou "doutrina") padece de uma péssima divulgação atualmente em parte por causa da omissão daqueles que a praticam. Quando ela é dissociada da vida e divorciada das consequências práticas, a teologia não consegue alcançar a sua missão central: expressar a verdade de Deus a suas

---

boa parte do NT questiona isto: que os próprios judeus (e.g., Pedro e Paulo) apresentaram Jesus como o salvador para todas as pessoas, não apenas para os gentios, mas também para os judeus. Lembre-se de Atos 4:12.

[45] Muitos livros de autoajuda cristãos populares nas últimas décadas lidam com os problemas e as questões atuais que os cristãos enfrentam. Por exemplo, um tema dominante se refere ao casamento e à família. Muitas discussões teológicas sobre a família surgem de temores legítimos diante da desagregação e das reviravoltas da sociedade. Elas buscam dar apoio à família e elevar a sua importância, quase acima de tudo. Isto nos faz pensar se, de fato, a Bíblia dá tanto destaque à "família tradicional", como se entende frequentemente entre os evangélicos norte-americanos. Veja esp. R. Clapp, *Families at the Crossroads: Beyond Traditional & Modern Options* (Downers Grove: InterVarsity, 1993); e D. E. Garland e D. R. Garland, *Flawed Families of the Bible: How God's Grace Works through Imperfect Relationships* (Grand Rapids: Brazos, 2007). Cf. R. S. Hess e M. D. Carroll R., eds., *Family in the Bible: Exploring Customs, Culture, and Context* (Grand Rapids: Baker, 2003), para a análise das várias perspectivas dentro do cânon.

• 729 •

INTRODUÇÃO À INTERPRETAÇÃO BÍBLICA

criaturas e alcançar a sua missão de transformar o mundo. A Escritura diz a respeito de si mesma: "Toda a Escritura é inspirada por Deus e útil para o ensino, para a repreensão, para a correção e para a instrução na justiça" (2Tm 3:16). Por definição, então, a teologia válida é prática, e os teólogos têm que demonstrar as consequências concretas de suas formulações teológicas.[46]

E a tradição da Igreja?

Outro ponto exige uma consideração especial, o qual dividimos em dois itens: a Bíblia é a fonte definitiva da teologia, mas mesmo assim temos que nos dispor a aprender com nossos antepassados espirituais. Então, para a nossa primeira parte, (5) *a teologia tem que ser centralizada no que Deus revelou na Escritura,* não no que as pessoas, por mais que tenham sido iluminadas, conceberam em seu próprio pensamento. Este é o grito de guerra da Reforma: *sola scriptura.* Ainda que o estudo em vários campos (por exemplo, arqueologia, paleografia, história antiga, filologia e linguística, religiões comparadas, antropologia, sociologia etc.) traga explicações importantes sobre a Bíblia, esse estudo de forma alguma ultrapassará o que a própria Bíblia diz. A menos que a teologia se baseie sobre fundamentos bíblicos sólidos, ela acabará existindo no máximo como um monumento ao brilhantismo humano.

Mesmo assim, a desvantagem desse princípio importante da Reforma foi a desvalorização da rica herança e da tradição da Igreja.[47] Felizmente, muitos agora estão vendo o erro dessa reação exagerada, porque, como Ferguson afirma, "A teologia cristã deve ser feita no diálogo com os credos e com as tradições da Igreja."[48] Então, insistimos que (6) *a teologia tem que escutar as vozes da nossa herança espiritual para ajudar a decifrar o significado e a importância da Escritura.* O teólogo moderno não pode fazer o seu trabalho em um vácuo, como se nenhum cristão tivesse refletido sobre as questões antes da sua época. Temos muito a aprender com nossas irmãs e com nossos irmãos que trilharam as veredas da fé antes de nós. Por dois mil anos, em sua própria época e situação, o cristão tem buscado transmitir fielmente e viver de forma autêntica os ensinos,

---

[46] Para mais ajuda nesta questão, consulte o próximo capítulo.

[47] D. B. Martin, *Pedagogy of the Bible: An Analysis and Proposal* (Louisville: Westminster John Knox, 2008), na verdade defende uma reformulação da maneira que os seminários ensinam os estudantes, para permitir que a tradição rica da Igreja informe e complemente a metodologia histórico-crítica comum. Para conhecer uma cartilha útil sobre o aprendizado a partir da tradição cristã, veja J. J. O'Keefe e R. R. Reno, *Sanctified Vision: An Introduction to Early Christian Interpretation of the Bible* (Baltimore: Johns Hopkins University Press, 2005).

[48] D. S. Ferguson, *Biblical Hermeneutics: An Introduction* (Atlanta: John Knox, 1986), p. 113.

USANDO A BÍBLIA NOS DIAS DE HOJE

os símbolos e as práticas da fé cristã (sem mencionar os judeus piedosos que vieram antes deles).[49] Somos apenas os que tentam fazer isso mais recentemente.

Com certeza, as tradições, os credos e os dogmas da Igreja têm dois gumes. Por um lado, como explicamos antes, eles podem restringir severamente o intérprete e o teólogo predeterminando o que é ortodoxo ou heterodoxo. Do mesmo modo que os fariseus e os mestres da época de Jesus estavam trancados dentro de seu vinho e do seu odre tradicional (Lc 5:37-39), a nossa tradição pode restringir a nossa capacidade de ouvir o que o texto bíblico nos diz. Por exemplo, o cristão do nosso tempo tende a ver Deus como primariamente amável, com certeza um dos seus atributos essenciais. Mas será que negligenciamos (ou até mesmo rejeitamos) o retrato bíblico de Deus como juiz, aquele que é "fogo consumidor" (Hb 12:29)? Será que nos esquecemos de que as parábolas de Jesus às vezes terminam com os transgressores sendo lançados em um lugar onde há pranto e ranger de dentes (veja Mt 8:12; 13:42, 50; 22:13; 24:51; 25:30; Lc 13:28)? O amor não anula a justiça. Ainda que não possamos prescindir do nosso pré-entendimento e da tradição da nossa Igreja e do nosso compromisso com ela, temos que ser criteriosos em sujeitar a nossa formulação teológica à confirmação da Bíblia. Temos que cultivar o diálogo constante entre a nossa doutrina e o texto bíblico.

Por outro lado, as descobertas espirituais da nossa linhagem espiritual podem abrir o nosso pensamento para ideias, pensamentos e conclusões que nunca passaram pela nossa mente. Esses mentores servem como professores e conselheiros sobre a verdade da Escritura. Ainda que os dogmas ou as tradições não estejam no mesmo nível das passagens da Bíblia, eles se baseiam no que nossos antecessores espirituais entenderam que a Bíblia ensina. Enquanto tentamos fazer o mesmo em nossa época, é bem sensato escutar a sua voz. Podemos decidir rejeitar o seu ensino como errado ou preconceituoso; podemos modificá-lo ou reestruturá-lo, mas perdemos muito em simplesmente ignorar a sua contribuição. E se o ignorarmos, corremos o grande risco de perder ângulos excelentes, de cometer erros parecidos com os deles, ou de perder tempo formulando ou pensando desnecessariamente o que eles já concluíram para nós.

PARA PREGAR

A interpretação adequada informa e dá direção à proclamação pública da mensagem de Deus. Grant Osborne faz uma afirmação surpreendente: "O processo hermenêutico não culmina sobre o resultado da exegese (centrado no sentido

---

[49] Veja R. Olson, *História da teologia cristã*. Para excertos de escritos teológicos importantes ao longo dos séculos, veja A. E. McGrath, *The Christian Theology Reader*, 4ª ed. (Chichester, UK: Wiley-Blackwell, 2011).

INTRODUÇÃO À INTERPRETAÇÃO BÍBLICA

original do texto), mas no processo homilético (centrado na importância da Palavra para a vida do cristão nos dias de hoje)."[50] Ainda que a importância vá além da pregação, como demonstraremos, endossamos esse sentimento. Portanto, o quinto uso da Bíblia é para pregar a sua mensagem.[51]

A maior parcela da pregação cristã pretende ser bíblica. Crendo que a Bíblia é a revelação de Deus para as suas criaturas, o pregador busca proclamar a sua mensagem a todos que vierem ouvi-lo. Em sua própria essência, a pregação busca transmitir as descobertas espirituais e persuadir as pessoas a correspondê-las de modo adequado. A origem da pregação provavelmente remonta ao período pós-exílico de Esdras e Neemias. Em Neemias 8, o narrador explica o momento em que Esdras, o escriba, ficou de pé sobre uma plataforma alta de madeira (8:4), abriu e leu o livro da Lei (8:5, 8), e passou a explicar o que ele tinha lido, de modo que as pessoas pudessem entender o seu sentido (8:8). Isto resultou em um momento de grande alegria, "pois agora compreendiam as palavras que lhes foram explicadas" (8:12). Jesus seguiu uma direção parecida quando ele leu o rolo de Isaías 61 e passou a explicar a sua importância aos seus ouvintes na sinagoga de Nazaré (Lc 4:16-30).[52] Os relatos no livro de Atos são outros exemplos da pregação cristã primitiva (e.g., At 2:14-41; 13:16-41).

Mesmo assim, já que a pregação deve ser mais do que a fala religiosa pública e que ela deve transmitir mais do que a sabedoria dos séculos ou do pregador, ela tem que ser embasada biblicamente. *Qualquer afirmação que faça parte da pregação bíblica tem que se basear no que a Bíblia ensina ou dá a entender claramente.* À medida que o pregador busca informar às pessoas o caminho e a vontade de Deus, ele tem que ver se os sólidos princípios hermenêuticos orientam o processo, i.e., se a sua pregação está baseada no propósito do texto bíblico.

---

[50] G. R. Osborne, *A espiral hermenêutica: uma nova abordagem à interpretação bíblica* (São Paulo: Vida Nova, 2009). H. W. Robinson, *Pregação Bíblica: O desenvolvimento e a entrega de sermões expositivos* (São Paulo: Shedd, 2002), faz uma defesa forte da centralidade da exegese bíblica na tarefa do preparo e da entrega do sermão. Em um lembrete importante, C. R. Wells, "New Testament Interpretation and Preaching", em *Interpreting the New Testament: Essays on Methods and Issues*, ed. D. A. Black e D. S. Dockery, (Nashville: B&H, 2001), p. 506-523, insiste no pensamento crítico e na metodologia como amigos essenciais, não inimigos, da boa pregação.

[51] Para a arte de pregar, recomendamos bastante C. J. H. Wright, *How to Preach and Teach the Old Testament for All Its Worth* (Grand Rapids: Zondervan, 2016); S. Greidanus, *The Modern Preacher and The Ancient Text: Interpreting and Preaching Biblical Literature* (Grand Rapids: Eerdmans, 1994); W. L. Liefeld, *Exposição do Novo Testamento: do texto ao sermão* (São Paulo: Vida Nova, 1985); S. D. Mathewson, *The Art of Preaching Old Testament Narrative* (Grand Rapids: Baker, 2002); e J. R. W. Stott, *Between Two Worlds: The Challenge of Preaching Today* (Grand Rapids: Eerdmans, 1978).

[52] Cf. W. W. Klein, "The Sermon at Nazareth (Luke 4:14-22)", em *Christian Freedom: Essays in Honor of Vernon C. Grounds*, ed. K. W. M. Wozniak e S. J. Grenz (Lanham: University Press of America, 1986), p. 153-172.

USANDO A BÍBLIA NOS DIAS DE HOJE

Se, com base no texto bíblico, o pregador diz aos seus ouvintes: "Deus quer que...", então ele é obrigado eticamente (e diante da sua função dada por Deus) a interpretar a vontade de Deus de forma adequada.

Não há como destacar de forma suficientemente impactante a importância da função da interpretação bíblica sólida. No momento em que as pessoas escutam a pregação, elas querem ouvir "uma palavra da parte de Deus." No momento em que elas clamam para saber se existe Deus, ou se elas podem conhecê-lo pessoalmente, no instante em que os dilemas inquietantes da existência humana confundem, ou as questões do destino final exigem respostas, as simples opiniões humanas não conseguem satisfazer nem convencer. E, caso os pregadores tragam respostas erradas, os seus ouvintes serão enganados, com consequências possivelmente trágicas e até eternas! Enquanto as pessoas buscam orientação e coragem para viver responsavelmente como cristãos, ou mesmo sobreviver a uma crise, elas querem saber a maneira pela qual Deus pode ajudar ou o que Deus diz sobre a sua situação. A essa altura, nenhuma autoajuda ou sabedoria humana satisfaz.

O pregador tem o seu diferencial nesse exato momento. Quando é fiel ao seu chamado, o pregador possui o grande privilégio e a tremenda responsabilidade de compreender o texto antigo, chegar ao seu sentido correto, e transmitir a sua importância às pessoas em meio a sua própria época e cultura, de forma que elas possam aplicá-lo para a sua própria vida. Por isso, o pregador serve como intermediário que toma a verdade de Deus revelada na Bíblia e a transmite para os seus ouvintes nos dias de hoje (de modo semelhante ao ofício do profeta). O próprio sermão pode ficar bem próximo à estrutura do texto bíblico (o que alguns chamam de pregação expositiva), ou ele pode reunir a verdade bíblica a partir de várias referências organizadas em um tópico, ou pode utilizar várias outras fórmulas. O importante é que os sermões bíblicos sejam baseados no propósito dos textos bíblicos. Antes de fazer perguntas sobre a aplicação ou a importância, o pregador precisa se aplicar na obra de dominar o sentido e o propósito do texto. Como defendemos anteriormente, temos que discernir primeiro o *sentido* e depois a *importância*. Essa é a ordem correta para se ler e pregar a Bíblia.

É claro que muito mais falas diferentes do que acabamos de descrever são intituladas como pregação. Infelizmente, o frequentador de Igreja leal ouvirá regularmente todo tipo de mensagens tópicas ou discursos políticos que pouco tem a ver com a Bíblia. Ou talvez ele assista a discursos que comecem com uma citação bíblica, mas depois passam a divagar de forma bem distante, tendo a Bíblia somente como uma lembrança remota (às vezes chamados de pregação "pula-sela" [referência a uma brincadeira infantil em que uma criança salta sobre a outra]). Ele pode receber somente receitas psicológicas, uma lista útil de

· 733 ·

INTRODUÇÃO À INTERPRETAÇÃO BÍBLICA

"como fazer", ou outra sabedoria humana, umas mais úteis do que as outras. A nossa ideia é de que esse tipo de pregação não chega a ser classificado de bíblico, porque não leva a sério a mensagem contida na Bíblia e, na nossa avaliação, viola o chamado singular do pregador.

Usar a Bíblia de acordo com os seus próprios interesses se constitui em um abuso tanto do ofício de pregar quanto da própria Palavra de Deus. A pregação bíblica convida as pessoas a ouvir a voz de Deus, a obedecer a sua vontade, e a corresponder aos seus atos redentores em favor delas. Já que somente a Bíblia registra essa voz, esta vontade e esses atos redentores, só a proclamação fiel da mensagem da Bíblia cumpre o chamado do pregador.[53]

PARA ENSINAR

Uma boa parte do que afirmamos sobre a pregação também se aplica a esse uso parecido da Bíblia: o ensino. Com certeza, não podemos criar uma distinção muito rígida entre a pregação e o ensino, porque a boa pregação sempre envolve certo ensino, e o bom ensino sempre convida aqueles que são ensinados a alguma espécie de reação.[54] Mas, para nossos propósitos, vamos nos referir ao ensino como o treinamento específico ou a instrução em termos de crenças cristãs (na medida em que não se esqueça da necessidade de agir ou viver estas crenças). Ele inclui a instrução, de modo que as pessoas conheçam e adotem essas crenças. Já que em algum sentido a Bíblia funciona como o "livro-texto" dos cristãos, a Igreja sempre precisou de mestres que eduquem e treinem os santos de acordo com esse livro, da mesma forma que Jesus ensinou os seus discípulos.[55]

---

[53] Muitas fontes úteis esclarecem a tarefa de pregar. Além das obras citadas anteriormente, também recomendamos D. Helm, *Pregação expositiva: Proclamando a Palavra de Deus hoje* (São Paulo: Vida Nova, 2016); R. J. Allen, *Why Preach from Passages in the Bible?* (Louisville: Westminster John Knox, 1996); G. Goldsworthy, *Pregando toda a Bíblia como Escritura cristã* (São José dos Campos: Fiel, 2013); E. L. Lowry, *The Homiletical Plot: The Sermon as Narrative Art Form*, ed. rev. (Louisville: Westminster John Knox, 2000); E. R. Achtemeier, *Preaching from the Minor Prophets* (Grand Rapids: Eerdmans, 1998); e D. S. Jacobsen, *Preaching Luke-Acts* (Nashville: Abingdon, 2001).

[54] O próprio NT emprega vários termos que assinalam estas atividades. Um termo, *kērygma*, significava proclamação ou anúncio e podia ser entendido como pregação (veja 1Co 1:21; 2Tm 4:17; Tt 1:3; BDAG, 543). A sua forma verbal correspondente, *kēryssō*, significava anunciar ou proclamar e se refere amplamente à pregação no NT (veja 2Tm 4:2; Rm 10:8; At 20:25; 28:31; Gl 2:2; 1Co 9:27; 1Pe 3:19; 2Co 4:5; 11:4; etc.; BDAG, 543-544). O outro termo, *didachē*, especifica a atividade ou o conteúdo do ensino ou da instrução, geralmente no NT, a instrução cristã (veja At 2:42; 5:28; 13:12; Rm 16:17; 1Co 14:26; 2Jo 9-10; Ap 2:24; etc.; BDAG, 241).

[55] O sentido etimológico da palavra grega *mathētēs* (discípulo) é "aquele que aprende", ainda que, no uso cristão, veio a significar muito mais, um seguidor sério de Jesus Cristo. Ela ocorre exclusivamente nos Evangelhos e em Atos dos Apóstolos. D. Müller diz, "Seguir a Jesus como discípulo significa o sacrifício incondicional de toda a sua vida (Mt 10:37 [9:37]; Lc 14:26f.; cf. Mc

USANDO A BÍBLIA NOS DIAS DE HOJE

Os dois testamentos atestam a tendência humana perversa de se desviar do caminho de Deus para seguir religiões falsas, heresias, e tornar-se indiferente. Mas, como padrão de verdade, a Bíblia serve para manter os cristãos no caminho. Em nosso tempo, a Igreja precisa de mestres[56] que, de modo consciente, busquem explicar de forma adequada a fé cristã, já que ela compete com as propostas de verdade de outros sistemas de crenças representados por seitas, pelo pensamento da nova era, e de outras ideologias, ou busca afirmar sua proposta de verdade absoluta no mundo pós-moderno onde praticamente vale tudo.[57]

Esses são desafios importantes ao cristianismo bíblico, mas é possível que o cristianismo nominal apresente o maior desafio de todos. Um segmento desse grupo é composto de pessoas que cresceram como "crentes". Identificam-se como cristãs, mesmo que nem a Bíblia nem o ensino cristão influenciem os seus valores e as suas ações. Encontram-se mais entre os cristãos nominais dentre as gerações mais velhas, mas pouquíssimos em meio à geração X e os nascidos no pós-guerra. Tipicamente, eles conscientemente se "desconverteram". Geralmente as pessoas têm sido abordadas em algum momento para simplesmente "receber a Cristo", sem nenhuma instrução complementar sobre o que o discipulado verdadeiro exige.[58] Certamente, o papel do ensino exige o uso da hermenêutica responsável e da explicação corajosa para guarnecer os cristãos com o entendimento adequado para que eles possam batalhar "pela fé de uma vez por todas confiada aos santos" (Jd v. 3).

Com certeza, o ensino bíblico precisa ser mais do que proclamar e defender a ortodoxia (as crenças corretas). Ele deve envolver a ortopraxia, o viver corretamente no mundo. O estilo de vida cristão e o serviço na Igreja e no mundo exigem o ensino sério. Para viver de um modo que honre a Cristo, os fiéis precisam entender qual é a sua identidade como seus seguidores, e o que

---

3:31-35; Lc 9:59-62) por toda a sua vida (Mt 10:24f.; Jo 11:16). Ser um discípulo (como Mateus destaca, em particular) significa ter um compromisso profundo com Jesus e fazer a vontade de Deus" (Müller, "*mathētēs*", *NIDNTT* 1:488). Veja o artigo sobre "μανθάνω, κτλ", em *NIDNTTE* 3:219-227, com referência específica a *mathētēs*, p. 224-226; cf. K. Rengstorf, "μαθητής." *TDNT* 4:414-460.

[56] Não ousamos limitar os mestres a especialistas profissionais e a pessoas com posição eclesiástica. A Igreja sempre contou com o apoio da obra fiel de mestres leigos dedicados.

[57] Um guia útil nesta tarefa é o de P. Copan, *True for You, But Not for Me: Overcoming Objections to Christian Faith*, ed. rev. (Bloomington, MN: Bethany House, 2009).

[58] Nas palavras de Jesus, "Se alguém quiser acompanhar-me, negue-se a si mesmo, tome a sua cruz e siga-me. Pois quem quiser salvar a sua vida, a perderá, mas quem perder a sua vida por minha causa, a encontrará. Pois, que adiantará ao homem ganhar o mundo inteiro e perder a sua alma? Ou, o que o homem poderá dar em troca de sua alma?" (Mt 16:24-26; cf. 10:37 e Lc 14:26-27). Seja qual for o sentido que tenham essas palavras difíceis, elas claramente afirmam a seriedade de se seguir a Jesus.

INTRODUÇÃO À INTERPRETAÇÃO BÍBLICA

isto exige deles. Ao levar a instrução para os seus leitores originais, os escritores bíblicos trouxeram orientação para todos os seus sucessores na fé. Os dois testamentos contêm inúmeros exemplos de israelitas e de cristãos primitivos que não estavam devidamente informados ou eram teimosos sobre o que eles deviam acreditar ou quanto à maneira que deviam viver. Os israelitas achavam que os seus sacrifícios agradariam a Deus, mas Miqueias os informou sobre as qualidades que ele realmente buscava na vida deles. "Ele mostrou a você, ó homem, o que é bom e o que o Senhor exige: pratique a justiça, ame a fidelidade e ande humildemente com o seu Deus" (Mq 6:8). Israel também achava que, como povo escolhido de Deus, teria uma grande vitória no "Dia do Senhor", mas Amós tirou rápido essa ideia deles com o aviso de que aquele Dia traria o julgamento de Deus aos seus pecados (Am 5:18-20).

Os escritores do NT também trazem exigências severas aos cristãos. "Vocês não podem servir a Deus e ao Dinheiro" (Mt 6:24). Tiago instruiu os seus leitores cristãos primitivos: "A religião que Deus, o nosso Pai, aceita como pura e imaculada é esta: cuidar dos órfãos e das viúvas em suas dificuldades e não se deixar corromper pelo mundo" (Tg 1:27). Os mestres cristãos têm que explicar as consequências dessas palavras para os discípulos de nossa época.

Os valores culturais e o ensino falso podem embalar os cristãos em uma sensação falsa do que Deus espera deles, como se ele simplesmente sorrisse diante de qualquer comportamento ou atitude que eles adotem. Os mestres cristãos precisam entender o significado das diretrizes bíblicas no momento em que foram escritas e depois explicar o modo pelo qual os fiéis podem corresponder às expectativas de Deus para o seu povo na atualidade. Os instrutores precisam aconselhar os cristãos sobre a maneira de servir a Cristo dentro da Igreja e no mundo. Se quisermos ser cristãos bíblicos, teremos que alinhar o nosso interesse com a Palavra de Deus. A hermenêutica sábia, também, orienta a nossa busca por aquilo que é verdadeiramente a vontade de Deus para o seu povo. Ferguson nos recorda de que é necessário "que o mestre mantenha o equilíbrio delicado entre ser fiel ao propósito da Escritura e permitir ao mesmo tempo que a Escritura dê a perspectiva e a orientação sobre as questões e os problemas do cotidiano."[59]

PARA PASTOREAR

A Bíblia sempre tem sido a fonte de orientação positiva, bem como de incentivo e consolo para o povo de Deus. Na próxima seção, examinaremos o papel da Bíblia na formação espiritual pessoal e em trazer a instrução para a vida temente a Deus, mas agora destacamos a sua provisão de cuidado e orientação para as

---

[59] Ferguson, *Biblical Hermeneutics*, p. 122.

USANDO A BÍBLIA NOS DIAS DE HOJE

pessoas nos momentos de necessidade. Reconhecemos a verdade das palavras de Jesus: "Eu disse essas coisas para que em mim vocês tenham paz. Neste mundo vocês terão aflições; contudo, tenham ânimo! Eu venci o mundo" (Jo 16:33). Ele não estava sendo negativo de forma insensata ou alertando de forma indevida; as suas palavras simplesmente afirmam a condição humana: não somente para a humanidade como um todo, mas também para os seus discípulos. A vida é difícil e imprevisível. As circunstâncias surpreendem as pessoas, muitas vezes devido a suas próprias fraquezas ou pecados, ou devido a calamidades naturais, mas também por causa dos pecados alheios. Além disso, como se isso não fosse o bastante, geralmente o mundo é especialmente hostil para com os seguidores de Jesus. Ainda assim, Jesus acrescentou um incentivo fundamental e reconfortante em João 16:33: "tenham ânimo! Eu venci o mundo." Que consolo existe para os que se estressam em meio às provações e às tragédias da vida, isso sem mencionar as suas dúvidas e os seus dilemas? Os cristãos possuem muitos recursos disponíveis para ajudar aos outros em necessidade, sejam conselheiros pastorais, amigos próximos ou parentes. Como Clinebell afirma: "O aconselhamento pastoral se baseia na sabedoria rica e na autoridade da tradição hebraico-cristã, já que elas são obtidas por meio da oração, da Escritura, dos sacramentos, da prática litúrgica e das disciplinas da Igreja."[60] A Bíblia apresenta-se como o maior recurso que aqueles que auxiliam os outros com empatia podem usar para trazer alívio aos que sofrem.[61] Usando as Escrituras, podemos recordar aos que sofrem ou que estão em luto, aos que se sentem sós ou estão em agonia, que Deus se importa com eles; ele os pastoreia em meio ao vale de trevas; ele lembra que eles são pó e que são frágeis (Sl 23:4; 103:14). No ensino da Escritura sobre o amor de Deus e a sua providência, nas histórias de homens e mulheres de fé, nas canções de consolo ou nas orações por livramento, o povo de Deus pode descobrir um Deus que se importa e que sente a dor dos seus. O exemplo de oração perseverante de Ana em meio à esterilidade (1Sm 1—2) e a confiança de Jó, apesar de sua situação dolorosa, no caráter de Deus (lembre-se de que Jó disse: "Embora ele me mate, ainda assim esperarei nele"; Jó 13:15) traz uma mensagem para os que estão com problemas nos dias de hoje.

---

[60] O estudo clássico é o de H. J. Clinebell, *Aconselhamento pastoral: modelo centrado em libertação e crescimento,* 4ª ed., (São Leopoldo: Sinodal, 2007). A qualidade e a quantidade de recursos que envolvem o pastoreio cresce cada vez mais, particularmente com a crescente aplicação da psicologia à teologia pastoral. Outros recursos úteis incluem: D. Benner, *Strategic Pastoral Counseling: A Short-Term Structured Model,* 2ª ed. (Grand Rapids: Baker, 2003); G. R. Collins, *Aconselhamento cristão, edição século XXI* (São Paulo: Vida Nova, 2011); e B. M. Roberts, *Helping Those Who Hurt: A Handbook for Caring and Crisis* (Colorado Springs: NavPress, 2009).

[61] Observe, por exemplo, a maneira sensível que D. J. Tidball traz os princípios e as perspectivas bíblicos que fazem parte do seu excelente livro sobre a teologia pastoral, *Skillful Shepherds* (Grand Rapids: Zondervan; Leicester: Inter-Varsity, 1986).

INTRODUÇÃO À INTERPRETAÇÃO BÍBLICA

As palavras consoladoras de Jesus a Marta, em meio a sua própria dor diante da morte de Lázaro, tem trazido a esperança para as pessoas amadas que passam pelo luto desde então. Ele afirmou: "Eu sou a ressurreição e a vida. Aquele que crê em mim, ainda que morra, viverá; e quem vive e crê em mim, não morrerá eternamente" (Jo 11:25-26). Diante do infortúnio desesperador, no momento em que a dor e a agonia nos levam a clamar por esclarecimento, e, mesmo diante do silêncio quando não surge nenhuma resposta, nos encorajamos na certeza de Paulo: "Sabemos que Deus age em todas as coisas para o bem daqueles que o amam, dos que foram chamados de acordo com o seu propósito" (Rm 8:28). Além disso, ele escreveu aos coríntios: "Não sobreveio a vocês tentação que não fosse comum aos homens. E Deus é fiel; ele não permitirá que vocês sejam tentados além do que podem suportar. Mas, quando forem tentados, ele mesmo providenciará um escape, para que o possam suportar" (1Co 10:13). Ainda que a Bíblia não possa retratar a situação ou o dilema exato pelo qual passamos atualmente, ela ensina valores e princípios que promovem o consolo ou a cura ou trazem a orientação e a esperança.[62]

Mas o uso da Bíblia no cuidado pastoral possui certas armadilhas a serem evitadas. Ao lidar com os extremos do sofrimento humano, os conselheiros naturalmente querem dar a máxima esperança e o máximo carinho possível. Nessas situações, eles podem ser tentados a abusar da Bíblia, a fazer ela dizer mais do que ela quer dizer. Ou eles podem simplesmente ignorar a Bíblia e recorrer a respostas da psicologia moderna ou de outras fontes que excluem a perspectiva divina. Temos muita fé no auxílio que a Bíblia traz enquanto, ao mesmo tempo, insistimos na interpretação responsável em todo o nosso uso da Bíblia. Queremos desesperadamente dar conforto a um pai se lamentando diante de um filho desobediente de que tudo ficará bem. Portanto, podemos ser tentados a tornar o provérbio conhecido em uma promessa definitiva: "Instrua a criança segundo os objetivos que você tem para ela, e mesmo com o passar dos anos não se desviará deles" (Pv 22:6). No entanto, a hermenêutica sensata proíbe esse erro, porque os provérbios formulam verdades gerais, não promessas específicas (lembre-se da análise anterior sobre os livros sapienciais).

De forma alternativa, poderemos buscar a vontade de Deus em alguma situação e sinceramente querer seguir um caminho que o honre. Essas são boas intenções, mas não poderemos reivindicar Jeremias 29:11 ("Porque sou eu que conheço os planos que tenho para vocês', diz o Senhor, 'planos de fazê-los

---

[62] Exemplos impressionantes que buscam entender a perspectiva bíblica em meio ao sofrimento são os de P. Yancey, *Decepcionado com Deus* (São Paulo: Mundo Cristão, 2004); D. A. Carson, *How Long, O Lord? Reflections on Suffering and Evil*, 2ª ed. (Grand Rapids: Baker, 2006); e T. Keller, *Caminhando com Deus em meio a dor e ao sofrimento* (São Paulo: Vida Nova, 2016).

USANDO A BÍBLIA NOS DIAS DE HOJE

prosperar...") como uma promessa específica de ganho financeiro ou de uma virada de uma situação difícil. Jeremias se referia aos planos singulares para o retorno de Israel do exílio, não para recuperar riquezas perdidas; não podemos aplicar esse texto de forma geral. Mesmo que Deus com certeza busque fazer o seu povo prosperar, não podemos nos atrever a uma projeção de sentido financeiro.[63]

Outras passagens da Bíblia são usadas de forma semelhantemente inadequada em nossa tentativa bem-intencionada de trazer orientação ou consolo. Com certeza, esse abuso das Escrituras é bem comum. Por exemplo, alguns não interpretam bem a história em que Jesus acalma a tempestade no mar da Galileia (Mt 8:23-27).[64] Mateus queria que a história destacasse a maravilha e o poder de Jesus. A história se propõe a chamar a atenção a Jesus e despertar a fé nele como o Senhor de todos. Ela termina com os discípulos perguntando de forma explícita: "Quem é este que até os ventos e o mar lhe obedecem?" Mesmo assim, ouvimos as pessoas tratarem a história como se ela ensinasse: "Deus acalmará as tempestades da sua vida." Isso pode ser ou não ser um sentimento verdadeiro, mas ele não surge em nenhuma forma justificável hermeneuticamente a partir dessa passagem.[65] Como Jó aprendeu, há momentos em que Deus *envia* tempestades a fim de cumprir os seus propósitos. Igualmente, não podemos prometer comida nem dinheiro para aqueles que passam por um momento difícil na área das finanças com as palavras de Paulo: "O meu Deus suprirá todas as necessidades de vocês, de acordo com as suas gloriosas riquezas em Cristo Jesus" (Fp 4:19). Essa não é uma promessa universal.[66] As palavras de Paulo se seguem a sua recomendação brilhante dos filipenses que generosamente apoiaram o seu ministério (4:15-18). Eles deram sacrificialmente, e por isso Paulo os assegurou que Deus não abandonaria os cristãos

---

[63] No próximo capítulo, traremos mais orientação sobre a maneira de aplicar o texto bíblico de forma responsável.

[64] Veja a análise sobre a interpretação das histórias de milagre na seção reservada ao gênero dos Evangelhos.

[65] Para saber mais sobre esta perícope, veja R. T. France, *The Gospel of Matthew*, NICNT (Grand Rapids: Eerdmans, 2007), p. 336-337.

[66] Se isso não parecer coerente, só nos resta pedir que o leitor consulte a nossa análise que se segue sobre a formulação de aplicações válidas da Escritura. Os exemplos nesse parágrafo ilustram um princípio. Poderemos querer acrescentar que a teologia por trás desses exemplos pode apoiar aplicações adicionais, mas elas têm que ser mais gerais e com menos autoridade, como explicaremos mais adiante. Prometer àquele que está sofrendo que "Deus acalmará as tempestades de sua vida", baseado em Mt 8:23-27, pode ser cruelmente superficial. Seria melhor fazer essa pessoa recordar a presença calma e consoladora de Deus, a sua promessa de que ele estaria "sempre" conosco (Mt 28:20; cf. Sl 23), seja nas tempestades, seja nos dias ensolarados.

• **739** •

INTRODUÇÃO À INTERPRETAÇÃO BÍBLICA

que demonstrassem tanta fidelidade.[67] Ele supriria todas as suas necessidades. Paulo desenvolve o mesmo princípio quando ele diz: "... aquele que semeia com fartura também colherá fartamente" (2Co 9:6). Isto não se trata de uma estratégia de investimento, como que, se alguém desse dinheiro para a causa de Deus, então ele lhe proporcionaria ainda mais dinheiro. Talvez bem mais trágicos sejam aqueles que se baseiam nos exemplos de cura dos Evangelhos para transformá-los em promessas de cura para a própria vida deles. É recomendável confiar em Deus; mas confiar em Deus para a cura não substitui a busca de auxílio médico profissional. Insistimos que façamos as duas coisas.

No nosso esforço de pastorear, devemos prometer somente o que Deus realmente quis dizer. O sistema responsável da hermenêutica restringirá bem a ajuda bem-intencionada, porém equivocada. Que os conselheiros não ousem tirar os textos do seu contexto ou fazê-los dizer o que Deus nunca quis que eles dissessem. Eles pervertem a função da Palavra de Deus quando fazem promessas falsas em nome de Deus e da Bíblia. Quando se faz claro que essas promessas equivocadas são vazias, aqueles que precisam de ajuda podem desacreditar do valor da Bíblia, ou, ainda pior, se decepcionarem com o próprio Deus e abandonarem a fé. Em vez disso, a Bíblia traz para os conselheiros um tesouro de verdades através das quais a voz de Deus pode transmitir a esperança, a cura e a presença sustentadora de Deus.

PARA PROMOVER A FORMAÇÃO ESPIRITUAL NA VIDA CRISTÃ

Como vimos, as pessoas correspondem à mensagem da Bíblia com louvor e adoração, e os seus ensinos trazem consolo e esperança. Além disso, ela ajuda a desenvolver a vida espiritual; isso traz motivação e orientação para desenvolver uma vida espiritual robusta que traz o cristão para mais perto de Deus. Afirmamos que o desenvolvimento espiritual pessoal se baseia de forma mais adequada na interpretação correta e nos usos válidos da Bíblia. É bem evidente para os cristãos que a Bíblia permanece no centro do crescimento espiritual: crescer na fé cristã exige algum programa de estudo bíblico.[68] Em seu trabalho

---

[67] Veja para uma maior profundidade W. G. Hansen, *The Letter to the Philippians*, PNTC (Grand Rapids; Nottingham, Reino Unido: Eerdmans, 2009), p. 324-325.

[68] Observe o lugar de destaque dado à contribuição da Bíblia em livros úteis como B. Demarest, *Satisfy Your Soul: Restoring the Heart of Christian Spirituality* (Colorado Springs: NavPress, 1999); H. Baker, *Soul Keeping. Ancient Paths of Spiritual Direction* (Colorado Springs: NavPress, 1998); W. W. Klein, *Become What You Are: Spiritual Formation According to the Sermon on the Mount* (Downers Grove: InterVarsity, 2006); A. H. Calhoun, *Spiritual Disciplines Handbook*, 2ª ed. (Downers Grove: InterVarsity, 2015); R. K. DeYoung, *Glittering Vices: A New Look at the Seven Deadly Sins and Their Remedies* (Grand Rapids: Brazos, 2009); M. Laird, *Into*

USANDO A BÍBLIA NOS DIAS DE HOJE

intenso e sincero com os ensinos bíblicos e com as suas consequências, os cristãos possuem um recurso superior para se tornarem homens e mulheres de Deus *espirituais*.

Isto nos remete a um pressuposto cristão básico. Se a Bíblia contém a revelação de Deus, a sua comunicação escrita para o seu povo, então, ao escutar com cuidado a sua voz em suas páginas, ele sente a sua presença real. O Espírito Santo usa a Bíblia que ele inspirou para falar com o povo de Deus de modo a fazê-los crescer espiritualmente. Isto não é "bibliolatria"; os cristãos não têm a Bíblia como objeto de adoração. Cremos que a Bíblia tem a posição de Palavra de Deus para nós. Por isso, quando escutamos fiel e desejosamente a sua mensagem mediada pelo Espírito Santo, acreditamos que ouvimos a sua voz e sentimos a sua presença. Na Escritura, sentimos a supervisão de um pai amoroso cuja instrução e conselho buscamos e recebemos de bom grado.[69]

Como a Bíblia pode influenciar tanto na formação do interior do cristão? Primeiramente, a abordagem que temos defendido para entender o sentido proposto do texto bíblico traz uma contribuição central para essa tarefa. Quando nos envolvemos em uma leitura cuidadosa e fiel da Bíblia, visando a sua intenção, Deus alimenta a nossa vida espiritual. O nosso coração compreende os sentidos e os princípios, percebemos os exemplos que devemos seguir ou evitar, nos alegramos nas obras de Deus em nosso favor, refletimos sobre as suas repercussões para a nossa vida, para o nosso ministério e para o nosso relacionamento com as pessoas; tudo isso e muito mais traz instrução para a pessoa que busca andar com Deus. Fazemos o nosso estudo bíblico com toda a dedicação necessária, usando princípios sensatos de interpretação bíblica, e adotamos o que descobrimos em nosso caminhar com Deus.[70]

---

the Silent Land: A Guide to the Christian Practice of Contemplation (Oxford: Oxford University Press, 2006); J. B. Smith, *The Good and Beautiful God: Falling in Love with the God Jesus Knows* (Downers Grove: InterVarsity, 2009); C. Webb, *The Fire of the Word* (Downers Grove: InterVarsity, 2011); D. Willard, *A grande omissão: as dramáticas consequências de ser cristão sem se tornar discípulo* (São Paulo: Mundo Cristão, 2008); e M. R. Mulholland, Jr., *Shaped by the Word: The Power of Scripture in Spiritual Formation*, ed. rev. (Nashville: The Upper Room, 2001). Com certeza, sempre dignos de estudo são os clássicos recentes como R. J. Foster, *Celebração da disciplina* (São Paulo: Vida, 1983); e D. Bonhoeffer, *Meditating on the Word* (Cambridge, MA: Cowley, 1986).

[69] Útil nesse ponto é T. Longman III, *Lendo a Bíblia com o coração e a mente* (São Paulo: Cultura Cristã, 2003), que expressa a beleza do vínculo de Deus com o seu povo por meio da Bíblia.

[70] Para evoluir do estudo bíblico para a formação espiritual, veja B. K. Waltke, "Exegesis and the Spiritual Life: Theology as Spiritual Formation", *Crux* 30 (1994): p. 28-35; E. H. Peterson, *Coma este livro: a comunidade santa à mesa com as Sagradas Escrituras* (Niterói: Textus, 2004); e N. Vest, *Knowing by Heart: Bible Reading for Spiritual Growth* (London: Darton, Longman, and Todd, 1995).

INTRODUÇÃO À INTERPRETAÇÃO BÍBLICA

Mesmo assim, para muitos isto permanece em um nível cognitivo demais, o que Robert Mulholland chama de nível "informativo".[71] Portanto, sugerimos uma segunda abordagem que também é digna da nossa busca. Às vezes chamada de *lectio divina* (leitura orante), esse modo de ler a Escritura traça um rumo diferente.[72] Em vez de estar no controle seguindo (nesse exercício) o sentido proposto no texto, a *lectio* visa a permitir que o próprio texto controle o processo, sob a orientação em atitude de oração pelo Espírito Santo. Mais meditativo, esse tipo de leitura não busca tanto o sentido no texto quanto o sentido da nossa vida *sob* o domínio do texto. Nos quatro estágios históricos desse tipo de leitura, primeiro se faz a *leitura reflexiva*, de maneira mansa e lenta; o objetivo é escutar com cuidado, não passar pelo texto rapidamente. Em segundo lugar, se *medita-se* sobre a importância do texto; a meditação busca envolver o que se leu com o coração, os pensamentos, os sentimentos, as motivações etc. Em terceiro lugar, se reage a essa meditação em *oração* (o clamor de coração a Deus que surge da meditação da Palavra). Por último, descansa-se em *contemplação* quieta na presença de Deus; é um tempo de descanso e paz com o nosso Deus. Esses não são passos mecânicos, nem uma fórmula predeterminada, nem mesmo uma ordem precisa, mas uma tentativa holística para se aproximar de Deus através de sua palavra.

Não sugerimos que a abordagem informativa e a formadora existem em oposição uma a outra. Ler a Bíblia para obter informações e a aplicação correspondente é importante, como já demonstramos. Mas não nos arriscamos a permitir que essa abordagem informativa (o sentido histórico dos textos) invada o papel formador da Bíblia, o qual é permitir que o Espírito de Deus fale à essência do nosso ser. Não importando a maneira que buscamos a formação em nossa leitura bíblica, ela tem que acontecer! Não podemos simplesmente conhecer o que a Bíblia diz ou queira dizer; precisamos digeri-la internamente e de forma transformadora. Os objetivos tanto da leitura informativa quanto da leitura formadora são que sejamos motivados espiritualmente (i.e., pelo Espírito Santo) e que sejamos dirigidos pelos princípios internos do Espírito, não simplesmente pela cultura que está ao nosso redor.

---

[71] Ele distingue entre a leitura informativa e a leitura formadora da Escritura. Veja M. R. Mulholland, Jr., *Shaped by the Word*, p. 47-60. Especialista em NT, ele destaca os valores dessa abordagem não cognitiva para usar a Bíblia na formação espiritual.

[72] Para descobertas úteis e orientações para se fazer a *lectio*, veja T. Gray, *Praying Scripture for a Change: An Introduction to Lectio Divina* (West Chester, PA.: Ascension: 2009); M. Casey, *Sacred Reading: The Ancient Art of Lectio Divina* (Liguori, MO: Triumph Books, 1996); L. S. Cunningham e K. J. Egan, *Christian Spirituality. Themes from the Tradition* (New York: Paulist Press, 1996), p. 38-40; e M. J. Thompson, *Soul Feast: An Invitation to the Christian Spiritual Life* (Louisville: Westminster John Knox, 1995), p. 17-30.

USANDO A BÍBLIA NOS DIAS DE HOJE

Afirmamos o nosso desejo de crescer espiritualmente e crescer assemelhando-nos mais a Cristo. Para atingir esse objetivo, precisamos vivenciar os princípios que descobrimos na Escritura e buscar nos tornarmos mais conformes à imagem de Cristo. Desse modo, a Bíblia molda e autentica o nosso sistema de valores e a nossa atitude. Com o auxílio do Espírito, acolhemos o que aprendemos e crescemos em nossa devoção em servir a Deus e ao próximo. E o nosso sentir da presença de Deus em nossa vida se torna mais profundo, sentimos que ele se agrada de nós.

Frequentemente, "o auxílio do Espírito" mencionado acima é trazido através de pessoas usadas por Deus, outras pessoas que estão na mesma carreira espiritual que nós. Geralmente, aprender a aplicar os princípios bíblicos tem que ser praticado observando-os na vida de outras pessoas. O conceito importante a adotar quando pensamos sobre a formação espiritual é a necessidade de mentores e diretores espirituais.[73] As categorias do mentoreamento (um termo mais amplo) e da orientação espiritual se sobrepõem, mas a última consiste menos em conselho ou treinamento e mais na orientação ou no direcionamento para buscar conhecer o que Deus está operando dentro do mentoreado nesse processo, para ajudá-lo a ouvir o que Deus está falando ou fazendo através das suas experiências atuais. Essas práticas têm algo em comum com vários tópicos que já abordamos: o ensino, a pregação ou o pastoreio. Por um lado, temos que buscar orientadores espirituais em nossa vida, para que ajudem a inculcar em nós o caminho de Deus e mostrar a maneira de correspondê-lo e aplicar a Bíblia a nossa vida. Por outro lado, com a maturidade espiritual vem a responsabilidade e o privilégio de orientar a vida do próximo para capacitá-lo a vivenciar os princípios da Bíblia a seu respeito. Significa aplicar de forma mais ampla à toda a Igreja o princípio envolvido no conselho de Paulo às mulheres mais idosas em

---

[73] Os livros sobre o mentoreamento estão ficando cada vez mais numerosos. Para perspectivas úteis, veja P. R. Wilson, "Core Virtues for the Practice of Mentoring", *Journal of Psychology and Theology* 29 (2001): p. 121-130; P. Stanley e R. Clinton, *Connecting: The Mentoring Relationships You Need to Succeed* (Colorado Springs: NavPress, 1992); L. Zachary, *The Mentor's Guide: Facilitating Effective Learning Relationships*, 2ª ed. (San Francisco: Jossey-Bass, 2011); e B. Williams, *The Potter's Rib: Mentoring for Pastoral Formation* (Vancouver, BC: Regent College Publishing, 2005). Mais especificamente sobre a orientação espiritual, veja H. J. J. Nouwen, *Spiritual Direction: Wisdom for the Long Walk* (New York: HarperOne, 2015); G. T. Smith, *Spiritual Direction: A Guide to Giving and Receiving Direction* (Downers Grove: InterVarsity, 2014); W. A. Barry e W. J. Connolly, *The Practice of Spiritual Direction*, 2ª ed. rev. (New York: HarperOne, 2009); M. Guenther, *Holy Listening: The Art of Spiritual Direction* (Cambridge, MA.: Cowley, 1992); G. W. Moon e D. G. Benner, *Spiritual Direction and the Care of Souls: A Guide to Christian Approaches and Practices* (Downers Grove: InterVarsity, 2004); e W. A. Barry, *Spiritual Direction and the Encounter with God: A Theological Inquiry*, ed. rev. (Costa Mesa, CA.: Paulist, 2005).

INTRODUÇÃO À INTERPRETAÇÃO BÍBLICA

Creta: "ensinar o que é bom. Assim, poderão orientar as mulheres mais jovens a amarem seus maridos e seus filhos, a serem prudentes e puras, a estarem ocupadas em casa, e a serem bondosas e sujeitas a seus maridos, a fim de que a palavra de Deus não seja difamada" (Tt 2:3-5).[74] Aqueles mais avançados na carreira espiritual têm a responsabilidade de ensinar os valores divinos e as virtudes para os que estão em etapas anteriores às deles. No mentoreamento bíblico verdadeiro, o mentor tem que verificar se ele ou ela transmite os *princípios bíblicos* para a vida do mentoreado.[75]

Em resumo, à medida em que interagimos com a Escritura, nos envolvemos em uma conversa de via dupla com o autor da Bíblia.[76] Na proporção que entendemos o que Deus diz a nós, prosseguimos em nosso relacionamento com ele e ganhamos uma motivação maior para crescer espiritualmente. Quanto mais avançamos nesse processo, mais maduros ficamos. Na verdade, como cristãos, só desenvolveremos e promoveremos a vida espiritual pela interação regular com Deus através das disciplinas do estudo bíblico e da oração.[77]

A formação espiritual pessoal nunca poderá permanecer uma questão interior particular, porque o complemento da *formação* espiritual é a *vida* espiritual, e a Bíblia contribui muito nisso também. Como descobrimos qual estilo de vida agrada a Deus? Quais são as ações que demonstram e surgem da vida do Espírito *versus* aquelas que são contrárias a essa vida? Em meio às decisões desconcertantes da vida, quais são as opções que agradam a Deus ou promovem o seu propósito para a nossa vida? A Palavra de Deus dá princípios e instruções para nos orientar. Não sugerimos que a Bíblia traz dez passos simples para atingir a vontade perfeita de Deus para a nossa vida. A Bíblia não fala especificamente a respeito de cada decisão pessoal, seja maior, seja menor, que a vida exige de nós a cada dia. Nem sugerimos que é sempre uma questão simples saber qual a melhor decisão para uma determinada situação. Mas, como o próximo capítulo sobre a aplicação demonstra, a Bíblia fornece uma orientação positiva, de modo que podemos agir com confiança e responsabilidade, em harmonia com o propósito de Deus. A pessoa de mente espiritual, aquela cujo

---

[74] Para outros exemplos do NT de mentoreamento e de treinamento na Escritura, veja D. E. Lanier, "The Multiplication of Disciples", *Faith and Mission* 16 (1999): p. 5-15.

[75] J. M. Houston estabelece esse princípio importante em "Spiritual Mentoring in an Age of Confusion", *Crux* 30 (1994): p. 2-11. Veja também D. Benner, *Sacred Companions: The Gift of Spiritual Friendship and Direction* (Downers Grove: InterVarsity, 2004).

[76] Pode-se até orar as Escrituras. Veja, entre outros, M. L. Smith, *The Word is Very Near You. A Guide to Praying with Scripture* (Cambridge, MA: Cowley, 1989).

[77] Com certeza, não propomos limitar em sentido algum a formação espiritual ao estudo e à oração. Muitos livros relacionados nas notas anteriores seguem uma discussão mais completa sobre esta questão fundamental. Simplesmente queremos destacar aqui o papel importante que a Bíblia deve ter nesse processo.

USANDO A BÍBLIA NOS DIAS DE HOJE

coração e cuja motivação são permeados pela presença, pelos princípios e pelo propósito de Deus, fará uso dessa orientação diante das decisões e das atividades da vida. Obedecer a Deus exige um ato de submissão, e o cristão informado biblicamente tem os recursos para se submeter de modo a cumprir a vontade de Deus.[78] Na nossa opinião, quem segue a Jesus tem que ter os ouvidos espirituais abertos e em sintonia com o que Deus lhe está comunicando.

Como é importante, então, utilizar a Bíblia com precisão! Se buscamos agradar a Deus e fazer a sua vontade, precisaremos da interpretação válida da Bíblia. Se não entendermos adequadamente o que Deus se propôs a transmitir por sua Palavra, ou se projetarmos nela o nosso preconceito subjetivo sem nenhum filtro, nos arriscamos a abusar da Bíblia para o nosso próprio interesse em vez de usá-la para o propósito de Deus. Como é trágico quando, como o pobre Samuel (1Sm 3), o nosso ouvido está tão ignorante ou inexperiente no sentido espiritual que ele não pode discernir a voz de Deus dentre os ruídos que disputam a nossa atenção. Como é trágico quando, em vez de seguir os princípios e a vontade de Deus da maneira que são ensinados na Escritura, as pessoas distorcem ou rejeitam o seu ensino para tolerar ou até promover o seu pecado.

Como exemplo, é fácil condenar o que consideramos pecados evidentes, como o assassinato e o adultério. Mas o leitor responsável tem que reconhecer também que a Bíblia insiste que a fofoca, a cobiça, a ganância e o orgulho são ofensas abomináveis aos olhos de Deus (Rm 1:29-32)! Na realidade, quando Paulo escreve a lista de tipos de estilo de vida que impedem as pessoas de entrar no reino eterno de Deus, a ganância tem destaque na lista (1Co 6:9-10). Como é fácil em nossa riqueza ocidental transformar a ganância e o falar bem de si em virtudes (talvez os chamando de "planos de negócio sábios" ou "hábeis estratégias de marketing" ou mesmo de simples trabalho árduo). Como consumidores, invejamos o que os outros possuem, acreditamos no que os anunciantes afirmam que merecemos, e justificamos o luxo, o materialismo, e frequentemente o nosso cativeiro às dívidas.[79] Jesus disse aos seus discípulos que eles não podiam servir a Deus e ao dinheiro, mas muitos cristãos discordam de Jesus e acham que eles podem servir aos dois. Jesus disse que os pobres são bem-aventurados,

---

[78] Com certeza, o uso que Jesus fez da Escritura em sua defesa contra as tentações de Satanás é um exemplo claro de aplicação dos princípios bíblicos nos momentos difíceis da vida (Mt 4:1-11 e refs.). Os livros de Jó e Salmos no AT trazem muitos exemplos de pelejas francas e apaixonadas com Deus.

[79] Com relação à teologia bíblica da riqueza, veja C. L. Blomberg, *Christians in an Age of Wealth: A Biblical Theology of Stewardship* (Grand Rapids: Zondervan, 2013); C. L. Blomberg, *Neither Poverty nor Riches: A Biblical Theology of Possessions* (Downers Grove: InterVarsity, 1999); e B. Witherington III, *Jesus and Money: A Guide for Times of Financial Crisis* (Grand Rapids: Brazos, 2010).

• 745 •

INTRODUÇÃO À INTERPRETAÇÃO BÍBLICA

mas a maioria de nós discorda. Quem está certo? Como é triste que os cristãos bem frequentemente não tenham a compaixão, a paciência e o espírito manso do seu Senhor. Precisamos de abertura espiritual para permitir que o Espírito de Deus produza em nós o fruto espiritual genuíno (Gl 5:22-25).

Todo cristão, mesmo sendo sincero, enfrenta uma tendência sempre presente: a de fazer com que os ensinos da Bíblia não confrontem seu estilo de vida, em vez de seguir a Bíblia para ser transformado. A Bíblia condena muitas práticas que chegamos a aceitar ou até recomendar! Sem dúvida, temos a necessidade da hermenêutica responsável para orientar a nossa interpretação e para garantir a sua objetividade. Não nos atrevemos nem a fazer a Bíblia dizer o que queremos que ela diga, nem a fazer que ela aprove as atividades as quais queremos nos dedicar. A Bíblia, como a verdade revelada de Deus, exige que nos submetamos ao seu ensino e à transformação do nosso caráter, não que a moldemos de acordo com o nosso desejo.

Isto quer dizer que, mesmo depois que o nosso melhor trabalho interpretativo esteja completo, a pergunta final permanece: Vamos nos submeter às instruções de Deus da maneira que foram reveladas em sua Palavra? Vamos evitar seguir somente aquelas que preferimos da maneira que acharmos melhor ou vamos nos submeter ao que Deus espera de nós e aceitar o que ele nos propõe: transformar-nos no tipo de pessoa que ele deseja? A formação espiritual envolve a transformação do nosso coração, da nossa mente, do nosso espírito, do nosso caráter e perspectiva, do nosso relacionamento com Deus e com as outras pessoas. Se não deixarmos Deus nos transformar, corremos o risco de ser condenados por Deus, como os israelitas do passado. Como um exemplo, Amós pinta o retrato da reação de Deus à injustiça de Israel contra os pobres que habitavam no meio deles: "Eu odeio e desprezo as suas festas religiosas; não suporto as suas assembleias solenes. Mesmo que vocês me tragam holocaustos e ofertas de cereal, isso não me agradará. Afastem de mim o som das suas canções e a música das suas liras. Em vez disso, corra a retidão como um rio, a justiça como um ribeiro perene!" (Am 5:21-24). A formação espiritual exige uma transformação interior que também renova quem somos. Isto é o que o Espírito busca alcançar usando as Escrituras.

PARA APRECIAR A SUA BELEZA COMO OBRA LITERÁRIA

Além de todas as suas outras virtudes, a Bíblia encanta o povo de Deus, e até mesmo muitos incrédulos. As suas páginas são cheias de aventura, humor, intrigas e pompa. Nela encontramos uma beleza estética, mas também uma violência nefasta. Com certeza, Deus nos deu esta mensagem para que a *apreciemos*!

USANDO A BÍBLIA NOS DIAS DE HOJE

As Escrituras chegaram a nós sob vários tipos bem elaborados de literatura. Seria difícil não apreciar a habilidade e a qualidade de gêneros literários tão variados.[80] Ainda que não limitemos o valor da Bíblia à sua qualidade literária, muitas pessoas de forma apropriada reconhecem a Bíblia como literatura e expõem a sua excelência nesse particular.[81] As pessoas apreciam a narrativa habilidosa das intrigas de José e dos seus irmãos, e também admiram a parábola perspicazmente simples de Natã, que expõe a hipocrisia do rei Davi. Elas amam a poesia bem concatenada dos Salmos e têm prazer com as parábolas de Jesus. Os diversos tipos de literatura da Bíblia (os épicos do AT, a inusitada profecia apocalíptica, a rígida estrutura lógica das epístolas, e a argumentação justificada de forma magistral em Hebreus) nos inspiram e cativam o nosso interesse. O próprio livro desperta a nossa admiração intelectual e emocional. Ele nos convida a apreciar a sua beleza multiforme. Mas acima de tudo, o encanto da Bíblia e o prazer que ela proporciona refletem a beleza e a personalidade do Deus que a inspirou. A beleza dela canta os seus louvores da mesma forma que as estrelas e os planetas (Sl 19).

RESUMO

A Bíblia é uma coleção de escritos extraordinários, de grande importância para todas as pessoas. Para os cristãos, ela é a revelação escrita de Deus para o seu povo. Mesmo assim, como em todo tipo de comunicação, entender a mensagem é fundamental. Se alguém se comunicar através de um piscar de olhos, de uma palavra, de um desenho, ou da fala, caso a mensagem não seja bem entendida, perde-se o sentido. Obviamente, o resultado de uma mensagem confusa pode variar do inconsequente ao trágico.

A Escritura se comunica de várias maneiras e serve a muitos propósitos (como acabamos de analisar). Mas, para se manter a integridade e a força da Bíblia como a comunicação de Deus para o seu povo, temos que entender a intenção da sua mensagem. Não podemos aceitar mensagens equivocadas ou confusas. Não é uma opção válida projetar o nosso próprio sentido se quisermos discernir a sua voz, a voz de Deus. Como já afirmamos, somente um sistema hermenêutico responsável nos dá a certeza de que entendemos a mensagem de Deus. Temos que conhecer o sentido da mensagem da Bíblia antes de esperarmos que esse sentido cumpra o que Deus propôs para os seus leitores.

---

[80] Veja a seção de "crítica literária" na bibliografia para consultar os recursos que ajudam a investigar a dimensão literária da Bíblia.

[81] Sobre esse assunto, veja L. Ryken, *How to Read the Bible as Literature* (Grand Rapids: Zondervan, 1984); e J. B. Gabel et al., *The Bible As Literature: An Introduction*, 5ª ed. (Oxford, UK: Oxford University Press, 2005).

INTRODUÇÃO À INTERPRETAÇÃO BÍBLICA

A importância da hermenêutica não se torna nula devido ao fato de as pessoas usarem ou entenderem errado os ensinos da Bíblia todos os dias (como alguns têm feito por toda a história da Igreja).

Não está em pauta se Deus pode operar através de ou apesar de a interpretação estar errada. Se uma criança pedir arsênico e a sua mãe lhe der uma maçã, as coisas irão bem nesse caso, mas não nos atrevemos a dizer que o significado correto das palavras "arsênico" e "maçã" seja irrelevante. Então, nos usos da Bíblia, o sentido correto é de suma importância. Temos que afirmar sempre que os melhores resultados vêm das interpretações mais precisas, e que os resultados são o propósito de Deus para a Bíblia.

12

APLICAÇÃO

Nos capítulos anteriores, descrevemos e definimos o modo pelo qual o intérprete decifra o sentido do texto. Mesmo assim, para o cristão praticante, o processo que se iniciou com a interpretação fica incompleto se ele se restringir ao nível do sentido. Tem que se perguntar como que o texto se aplica à vida. Com certeza, não poderemos descobrir a aplicação adequada de um texto até que descubramos o que ele significa. "A aplicação coloca a verdade na Palavra de Deus em perspectiva para as situações específicas, relacionadas à vida. Ela ajuda as pessoas a saber o que fazer ou usar o que elas aprenderam."[1]

A terminologia adotada para a fase da aplicação varia. Alguns falam da aplicação como parte da interpretação, enquanto outros pensam sobre ela como uma etapa separada. Alguns falam sobre o sentido *antigo* em contraste com o sentido *atual* do texto.[2] Uma das distinções mais populares que os evangélicos têm utilizado segue a análise de E. D. Hirsch sobre o sentido *versus* a importância.[3] O "sentido" se refere às ideias que o texto bíblico se propôs a comunicar aos seus leitores; a "importância" se refere às repercussões desse sentido em situações diferentes e posteriores. Sob esse ponto de vista, portanto, o sentido de qualquer passagem da Escritura permanece consistente, não importa quem esteja lendo o texto, enquanto a sua importância pode variar de um leitor para o outro. Como observamos em vários lugares anteriormente, diversos especialistas têm aplicado a teoria dos atos de fala para distinguir as forças locucionárias, das ilocucionárias ou das perlocucionárias de um texto, distinguindo, respectivamente, o que o texto diz; o que o autor pretende alcançar (incluindo as

---

[1] D. Veerman, *How to Apply the Bible*, 2ª ed. (Wheaton: Tyndale, 1993), p. 15.

[2] Veja esp. K. Stendahl, "Biblical Theology: Contemporary", em *Interpreter's Dictionary of the Bible*, 4 vols., ed. G. Buttrick (New York: Abingdon, 1962), 1:419-422.

[3] E. D. Hirsch, Jr., *Validity in Interpretation* (New Haven: Yale University Press, 1967).

INTRODUÇÃO À INTERPRETAÇÃO BÍBLICA

táticas exigidas para fazer isso) no texto; e quais são as reações ou os resultados propostos pelo autor para o texto.[4]

Mas, seja qual for a terminologia utilizada, a questão é clara. Como nós, que acreditamos que a Bíblia continua sendo relevante para as pessoas além dos primeiros destinatários, conseguiremos chegar a essa importância atual? Podemos perguntar: "Qual é a relevância que a mensagem bíblica tem para a vida atual, para a vida em geral e para a minha vida em particular? Que ações que eu devo *praticar*?[5]

IMPORTÂNCIA DA APLICAÇÃO

Nem todos partilham da nossa convicção de que Deus propôs que seu povo aplicasse a Bíblia fora de seu cenário original. No entanto, mesmo a teoria da relevância secular atualmente reconhece que todos os atos comunicativos humanos têm esse potencial.[6] No caso das Escrituras Cristãs, dois fatores nas afirmações da intenção dos autores apoiam de forma explícita a nossa convicção.[7] Em primeiro lugar, as próprias Escrituras afirmam repetidamente que as pessoas glorificam a Deus quando obedecem, isto é, aplicam, a sua Palavra. Depois de Moisés rever a Lei no final do seu vagar pelo deserto, ele terminou prometendo às pessoas bênção e prosperidade se, e somente se, elas obedecessem às leis (Dt 30:11-20). Nessa passagem, a bênção e a prosperidade são condicionais: elas só acontecem se as pessoas aplicarem as leis à vida diária.

Os livros históricos e proféticos do AT na sua maior parte descrevem os ciclos de fidelidade e infidelidade que fizeram os israelitas alternadamente receber a bênção ou o julgamento de Deus. Os cativeiros assírio e babilônico, portanto, serviram como fortes lembretes das sérias consequências de uma vida inconsistente com a Palavra de Deus. No Sermão do Monte, Jesus reafirma a necessidade não somente de ouvir as suas palavras, mas de colocá-las em prática (Mt 7:13-27). Tiago ecoa as palavras de Jesus quando lembra aos seus destinatários:

---

[4] Veja esp. A. C. Thiselton, *New Horizons in Hermeneutics* (Grand Rapids: Zondervan, 1992); e K. J. Vanhoozer, *Há um significado neste texto?* De forma mais breve, cf. R. S. Briggs, "Speech-Act Theory", em *Words and the Word: Explorations in Biblical Interpretation and Literary Theory*, ed. D. G. Firth e J. A. Grant (Downers Grove: InterVarsity, 2008), p. 75-110, bem como a nossa análise anterior.

[5] S. C. Barton ("New Testament Interpretation as Performance", *SJT* 52 [1997]: p. 178-208) defende vigorosamente esse entendimento da aplicação como o ápice necessário do processo interpretativo.

[6] Tim Meadowcroft, "Relevance as a Mediating Category in the Reading of Biblical Texts: Venturing beyond the Hermeneutical Circle", *JETS* 45 (2002): p. 611-627.

[7] Para mais detalhes, cf. W. Henrichsen e G. Jackson, *Studying, Interpreting, and Applying the Bible* (Grand Rapids: Zondervan, 1990), p. 259-330.

• 750 •

APLICAÇÃO

"Sejam praticantes da palavra, e não apenas ouvintes, enganando-se a si mesmos" (Tg 1:22).

Em segundo lugar, a Bíblia afirma que a sua mensagem é importante para as gerações posteriores, não somente para os seus leitores originais. Depois de Moisés ter escrito a Lei e a colocá-la sob a custódia dos levitas, ele lhes deu instruções para que a lessem a cada sete anos diante do povo reunido (Dt 31:9-13). Cada pai, no entanto, devia ensinar a Lei regularmente aos filhos (Dt 6:7-25). Depois de séculos de abandono relativo pelo povo de Israel, Josias obteve uma cópia da Lei, reconheceu a sua autoridade contínua, e levou o povo a renovar o seu compromisso com a aliança (2Rs 22—23). Quase dois séculos depois, quando um remanescente voltou a Jerusalém do cativeiro na Babilônia, Esdras, o escriba, reafirmou a importância da Lei para a sua geração convocando o povo para ouvir a Palavra de Deus lida e explicada (Ne 7:73b —8:18). Posteriormente, os profetas aplicaram a suas próprias gerações as mensagens dadas pelos profetas anteriores. Jeremias, por exemplo, se recordou das promessas de Natã a Davi para assegurar aos exilados que Deus os restauraria a sua terra depois de setenta anos de cativeiro (Jr 33:19-22; cf. 2Sm 7:12-16). Ele também se baseou na profecia de Isaías segundo a qual um renovo justo surgiria da linhagem de Davi (Jr 33:14-16; cf. Is 11:1).

O NT contém provas igualmente impressionantes, confirmando que a Palavra de Deus não foi redigida somente para os leitores originais, mas também para as gerações subsequentes. Observe que logo depois de Jesus comissionar os seus discípulos a ensinar as pessoas que discipulassem com "tudo o que [ele tinha] mandado" (Mt 28:19), ele também ora, não somente pelos seguidores imediatos, mas também por todos que creriam nele através dessa mensagem (Jo 17:20). Além disso, Paulo avisa aos cristãos em Corinto, que estavam enfatizando a liberdade que tinham em Cristo, sobre os perigos da idolatria e da imoralidade, recordando-os do julgamento sobre os israelitas no deserto. Apesar de reconhecer que esses fiéis viviam em uma era diferente na história da salvação, mesmo assim ele diz: "Essas coisas ocorreram como exemplos para nós, para que não cobicemos coisas más, como eles fizeram" (1Co 10:6). Ele estabelece um princípio parecido posteriormente para os cristãos romanos, mas generaliza para incluir todo o AT: "Pois tudo o que foi escrito no passado, foi escrito para nos ensinar, de forma que, por meio da perseverança e do bom ânimo procedentes das Escrituras, mantenhamos a nossa esperança" (Rm 15:4).

Entendemos que as pessoas que não partilham do nosso pressuposto sobre a autoridade da Escritura não tenham tanta preocupação em aplicá-la. Mas à

INTRODUÇÃO À INTERPRETAÇÃO BÍBLICA

luz do próprio testemunho da Escritura,[8] achamos mais difícil de entender a razão pela qual muitos que dizem ser cristãos que creem na Bíblia a leem e estudam tão pouco e estão tão pouco preocupados em aplicá-la corretamente.[9] E, mesmo entre aqueles que realmente buscam aplicar a Palavra do Senhor, muitos não escutam de forma consistente "todo o conselho de Deus" (cf. At 20:27). Certas partes dos Salmos e dos Provérbios, dos Evangelhos e das cartas de Paulo são bem conhecidas e aplicadas, enquanto boa parte do restante da Escritura permanece quase intocada.

Isso leva a uma convicção teológica importante. *Toda* a Escritura é inspirada e relevante, "útil para o ensino, para a repreensão, para a correção e para a instrução na justiça, para que o homem de Deus seja apto e plenamente preparado para toda a boa obra" (2Tm 3:16). Isso não significa que encontraremos uma aplicação pessoal em cada frase ou período da Escritura, porque a quantidade e o tipo de aplicação da passagem variam de um gênero para o outro. Temos que interpretar e aplicar cada texto no seu contexto como parte de uma declaração linguística significativa maior. Os textos epistolares, claramente enunciados, podem impor exigências sobre nossa vida em praticamente toda frase ou oração. Do outro lado do espectro, podemos ler vários capítulos de material genealógico (e.g., 1Cr 1—12) antes de encontrar alguma coisa relevante, e, mesmo assim, somente princípios mais gerais, sobre a providência de Deus, sobre o plano da salvação, sobre o seu cuidado pelos indivíduos etc. Mas cada período, na verdade cada versículo, aparece como parte de uma unidade de pensamento maior e coerente que tem alguma importância para nós.[10]

EVITANDO ERROS NA APLICAÇÃO

Apesar da importância da aplicação, poucos especialistas evangélicos modernos têm refletido sobre esse tópico. De fato, a maioria dos livros de hermenêutica dá apenas uma breve abordagem, e boa parte das séries de comentários mais

---

[8] Sobre a importância da proposta de autoridade das próprias Escrituras em termos mais gerais, veja W. A. Grudem, "Scripture's Self-Attestation and the Problem of Formulating a Doctrine of Scripture", em *Scripture and Truth*, ed. D. A. Carson e J. D. Woodbridge (Grand Rapids: Zondervan, 1983; Grand Rapids: Baker, 1992), p. 19-59.

[9] Sobre os hábitos de leitura bíblica entre os cristãos americanos, veja os relatórios anuais do Barna Research Group. Para 2014, veja "6 Trends for 2014", disponível em <https://www.barna.com/barna-update/culture/664-the-state-of-the-bible-6-trends--for-2014#.VbrnTE3JBLM>.

[10] Veja com mais detalhes em K. J. Vanhoozer, "The Semantics of Biblical Literature: Truth and Scripture's Diverse Literary Forms", em *Hermeneutics, Authority, and Canon*, ed. D. A. Carson e J. D. Woodbridge (Grand Rapids: Zondervan, 1986; Eugene, OR: Wipf & Stock, 2005), p. 49-104.

APLICAÇÃO

importantes somente menciona a aplicação com comentários breves para fazer uma ponte entre o mundo bíblico e o mundo moderno. Talvez muitos suponham que a aplicação sensata é mais "absorvida do que ensinada." Isso pode ser verdade, mas a aplicação sensata geralmente parece difícil de ser encontrada, quanto mais de ser absorvida! Felizmente, os estudos recentes estão ajudando a consertar esse erro de omissão. Os antropólogos, os linguistas e os missiólogos estão se envolvendo em análises profundas sobre a contextualização: o modo de aplicar a Bíblia de forma transcultural, do contexto ocidental para o contexto não ocidental.[11]

Os princípios envolvidos demonstram ser idênticos àqueles que são necessários para aplicar o sentido da Bíblia a partir do seu contexto não ocidental para um contexto ocidental como o nosso (ou a qualquer outro, nesse particular).[12] Várias séries de comentários recentes estão trabalhando de forma mais consciente e com maior sofisticação para suprir a necessidade de aplicação.[13] De longe, a série mais útil delas é a *NIV Application Commentary Series* [Série de Comentários com Aplicação da NIV] da Zondervan, que organiza todos os seus comentários sobre cada texto sob três títulos: "sentido original", "aproximando os contextos" e a "importância contemporânea." Mesmo assim, muito trabalho ainda precisa ser feito, porque o cristão de hoje igualmente encontra muita aplicação errada da Escritura. Mesmo podendo dar facilmente muitos maus exemplos e colocá-los em categorias detalhadas, identificaremos nesta seção os três mais comuns.[14]

---

[11] Talvez o mais conhecido seja C. Kraft, *Christianity in Culture*, ed. rev. (Maryknoll: Orbis, 2005); lembre-se da nossa análise anterior na seção de cenário histórico-cultural. D. E. Flemming demonstra a maneira pela qual todo livro do NT em particular é produto da contextualização (*Contextualization in the New Testament: Patterns for Theology and Mission* [Downers Grove: InterVarsity, 2005]).

[12] Um princípio destacado por Osborne em seus capítulos úteis sobre a aplicação, os dois intitulados, de forma um tanto idiossincrática, de "Homilética" e subdivididos em "Contextualização" e "O Sermão" (*A espiral hermenêutica*).

[13] Veja, e.g., as séries *Story of God Bible Commentary*, da Zondervan, e *Teach the Text da Baker*. Cf. também o *Smyth & Helwys Bible Commentary*. Entre as séries um pouco mais antigas, veja esp. *A Bíblia fala hoje*, da ABU. Também estão surgindo comentários bíblicos de um volume e séries originários do Terceiro Mundo, com destaque na aplicação ao seu contexto cultural. Veja esp. a *Africa Bible Commentary Series* (Nairóbi: Word Alive; Bukuru, Nigéria: ACTS; Acra: Challenge Enterprises of Ghana; Grand Rapids: Zondervan); ou B. Wintle, ed., *The South Asia Bible Commentary* (Grand Rapids: Zondervan, 2015).

[14] Como, e.g., em J. W. Sire, *Scripture Twisting: Twenty Ways the Cults Misread the Bible* (Downers Grove: InterVarsity, 1980), que aborda os erros de interpretação, bem como os erros de aplicação (erros que, infelizmente, de modo algum estão limitados às seitas!). Cf. também T. Longman III (*Lendo a Bíblia com o coração e a mente),* que discute as "lentes distorcidas" de lidar com a Escritura como uma "arca do tesouro de verdades de ouro", uma "mistura caótica de promessas e consolos", uma compilação de "enigmas e segredos", ou "um talismã com poder

Abandono total do contexto

Muitos cristãos bem-intencionados leem a Bíblia para receber "bênçãos instantâneas" ou instruções rápidas para a vida. Em meio a esse processo, eles estão sujeitos a falhas e erros. Relacionamos vários deles que são comuns e que devem ser evitados. Devemos chamar o primeiro de abordagem de orientação à moda do tabuleiro ouija. Os cristãos que querem basear as suas decisões pela vontade de Deus podem ser tentados a usar a Bíblia como se fosse um livro mágico. Por exemplo, geralmente, depois de uma oração buscando pela ajuda divina, eles podem abrir a Bíblia ao acaso e aceitar o versículo onde seus olhos repousarem como a direção de Deus para a decisão que eles estiverem tomando. Mesmo que Deus possivelmente ajude um cristão sincero, porém equivocado, através desse método, ele nunca promete agir assim. Como resultado, erros sérios com consequências devastadoras acontecem inevitavelmente quando as pessoas persistem nesta abordagem.

Um de nós, por exemplo, conheceu um jovem que tinha que decidir se se alistava nas forças armadas ou cursaria a faculdade. Abrindo a sua Bíblia ao acaso, ele viu a passagem de Ezequiel que fala de uma pessoa vindo de navio de Társis para Tiro (Ez 27:25). Apesar de essa passagem não conter mandamento algum para que alguém vá a outro lugar de navio e não tenha nada a ver com o alistamento nas forças armadas, esse jovem interpretou o texto como um chamado para entrar na Marinha. Fazendo isso, ele pode ter se privado do ensino superior por tomar uma decisão que achava ser a vontade de Deus. De forma mais séria, então, ele entendeu completamente errado a contribuição que a Bíblia pode dar ao processo cristão de tomada de decisões.

Um incidente bem menos feliz foi registrado há alguns anos na primeira página do caderno de esportes de um importante jornal de Chicago sob a imensa manchete "Ordens de Deus põem o lançador na rua." A notícia explicava como a dona de um time pequeno de beisebol decidiu mandar embora um lançador que tinha pedido um aumento. Ela abriu a Bíblia ao acaso, novamente em Ezequiel (sem dúvida porque fica mais ou menos no meio da Bíblia!), e leu a frase: "arrume os seus pertences... e vá para outro lugar..." (Ez 12:3). Essa foi a orientação "divina" para demitir o lançador.[15]

---

mágico"; enquanto D. R. Bauer e R. A. Traina (*Inductive Bible Study: A Comprehensive Guide to the Practice of Hermeneutics* [Grand Rapids: Baker, 2011], p. 327-330) relacionam quatro falácias a serem evitadas, as do "conceito vazio", da "apropriação limitada", do "reducionismo normativo" e do "reducionismo do gênero".

[15] G. Edes, "'God's Orders' Send Pitcher Packing", *Chicago Tribune*, 30 de junho de 1978, sec. 6, p. 1.

APLICAÇÃO

Se ela tivesse lido o contexto, ela teria descoberto que essas instruções de Deus a Ezequiel diziam respeito a uma lição objetiva que Ezequiel devia dar aos israelitas. Ele devia arrumar sua bagagem como se fosse para uma longa viagem, mas não era para ele ir de verdade a lugar algum. Se a proprietária daquele time realmente quisesse imitar Ezequiel (o que ainda não seria a aplicação correta da passagem!), *ela* é que teria que se preparar para ir embora em vez de despedir outra pessoa.[16]

Muito mais recentemente, um de nós recebeu o telefonema de uma amiga que foi diagnosticada com câncer e contou que, como parte de seus exames, ela precisava fazer uma pequena tatuagem médica. Horrorizada, ela se recusou porque ela sabia que "Deus odeia tatuagens." Ela tinha se lembrado corretamente de que havia uma passagem na Bíblia que proibia tatuagens, mas ela nem sabia o seu teor nem o seu contexto. Levítico 19:28b realmente ensina ao Israel antigo a não fazer "tatuagens em si mesmos", mas ele o faz imediatamente depois de ordená-los a não cortar o cabelo dos lados da cabeça ou aparar as pontas da barba (v. 27), mandamentos com os quais quase nenhum cristão se preocupa nos dias de hoje. Então a Lei declara: "Não façam cortes em seus corpos por causa dos mortos" (v. 28a). Aqui está a chave para interpretar essa sequência de versículos. Vários povos antigos do Oriente Médio praticavam esses rituais como parte da adoração pagã, e os israelitas não podiam seguir esse exemplo.[17] O propósito médico era um contexto totalmente diferente, e não tinha nada a ver com isso. No NT, Filipenses 4:13 é um texto geralmente citado sem respeito algum ao seu contexto: "Tudo posso naquele que me fortalece" (*Almeida Corrigida*). No contexto, "aquele" é Cristo. Mas isto muito improvavelmente quer dizer que Jesus capacitará magicamente o cristão a saltar vários prédios com um só pulo ou se tornar um superatleta sem passar por longos períodos de treinamento e competição.

É triste, então, quando o cristão acha que é adequado aplicar esse versículo para alguma tarefa espiritual para a qual ele esteja totalmente despreparado,

---

[16] Para detalhes sobre esse exemplo, além da análise do uso inadequado do novelo para descobrir a vontade de Deus (Jz 6:37-40), veja K. A. Ecklebarger, "Are We Fleecing Ourselves?" *Moody Monthly* 85 (Nov. 1984): p. 26-28.

[17] Veja, e.g., G. J. Wenham, *The Book of Leviticus*, NICOT (Grand Rapids: Eerdmans, 1979), p. 272. Wenham prossegue observando, no entanto, indo além do que a maioria dos comentaristas dizem, que essa era uma deformação inadequada da imagem de Deus para a humanidade, a pureza do exterior deve ser correspondida pela pureza do interior. Mesmo sendo assim, ainda é duvidoso se a tatuagem é automaticamente pecaminosa na era do NT onde as leis de purificação foram abolidas (veja explicitamente, J. Sklar, *Leviticus*, TOTC, ed. rev. [Nottingham e Downers Grove: InterVarsity, 2013], p. 250). Mas à medida que a tatuagem, ou qualquer outra prática, prejudica o corpo, não se constitui em boa mordomia do "templo do Espírito Santo" (1Co 6:19). Por outro lado, J. Milgrom (*Leviticus*, CC [Minneapolis: Fortress, 2004], p. 242) acha que Levítico está abolindo a escravidão hebreia proibindo o sinal de que o israelita tenha se tornado escravo para sempre.

• **755** •

INTRODUÇÃO À INTERPRETAÇÃO BÍBLICA

ou nunca praticou, e para a qual não possua dom algum. Os pastores que sustentam as missões, em particular, geralmente têm que lidar com pessoas que se aproximam pedindo apoio financeiro da Igreja por que, por exemplo, Deus as teria chamado para a Índia como evangelistas. Mas, se elas nunca tiveram nenhuma experiência transcultural, se o organismo delas não tolera alimentos estrangeiros (e germes estrangeiros!) e, principalmente, se elas nunca demonstraram nenhuma disposição de evangelizar no próprio país, as chances são extremamente pequenas de que Deus as fortalecerá para uma carreira de sucesso de ministério evangelístico na Índia (ou em qualquer outro lugar). No contexto, Paulo está declarando que ele aprendeu como estar contente em situações de fartura e de necessidade, e este é o modo que devemos aplicar o texto atualmente. Por isso que a NIV agora traduz esse versículo como "Eu posso fazer *tudo isto* através dele que me fortalece" (destaque nosso).[18]

Abandono parcial do contexto literário ou histórico do texto

Felizmente, a maioria dos leitores da Bíblia evita os erros extremos da abordagem do tabuleiro de ouija ou o total desprezo ao contexto. No entanto, é muito mais comum o erro de revisão que geralmente é incentivado sem querer pelos sistemas de memorização da Bíblia que se baseiam fortemente nos versículos em separado. O lado positivo é que as pessoas que usam essa abordagem pelo menos leem as orações inteiras como unidades de pensamento significativas, mas geralmente elas não observam os contextos maiores que parecem limitar a aplicação de maneira importante. Jeremias 29:11 é um texto popular ("'Porque sou eu que conheço os planos que tenho para vocês', diz o Senhor, 'planos de fazê-los prosperar e não de lhes causar dano, planos de dar-lhes esperança e um futuro'"), e algumas pessoas até sabem que ele aparece em um contexto da promessa de Deus quanto à restauração do seu povo depois do exílio. Mas, mesmo assim, ele é muito mais citado como um versículo para incentivar a todos os cristãos com problemas. Felizmente, existem contextos suficientes na vida nos quais Deus quer nos abençoar em nossa situação física e material. Mas dificilmente podemos aceitar isto como promessa de que ele sempre, ou mesmo na maioria das vezes, nos restaurará para nossa terra natal ou nos dará momentos felizes nesta vida, ainda que, *em um nível mais profundo, espiritual e eterno*, esse texto demonstre ser verdadeiro para todo o seu povo.[19]

---

[18] Cf. mais profundamente R. R. Melick, *Philippians, Colossians, Philemon*, NAC 32 (Nashville: Broadman, 1991), p. 154-155; e J. S. Duvall e J. D. Hays, *Journey into God's Word: Your Guide to Understanding and Applying the Bible* (Grand Rapids: Zondervan, 2008), p. 92.

[19] J. A. Dearman (*Jeremiah and Lamentations*, NIVAC [Grand Rapids: Zondervan, 2002], p. 264) por esse motivo distingue entre "o primeiro contexto", no qual a esperança e o futuro

APLICAÇÃO

Em outras passagens, o leitor desconhece explicações contextuais ou histórico-culturais importantes. Salmos 127:3-5, por exemplo, diz:

> Herança do Senhor são os filhos; o fruto do ventre, seu galardão. Como flechas na mão do guerreiro, assim os filhos da mocidade. Feliz o homem que enche deles a sua aljava; não será envergonhado, quando pleitear com os inimigos à porta.

Essa é uma passagem popular para cerimônias de casamento, talvez porque o casal cristão pense que Deus através dela o ordena a ter uma família grande. Se for assim, eles precisarão olhar com mais cuidado o contexto histórico. Brigar com os inimigos no portão de uma cidade murada antiga se refere tanto à batalha militar quanto à ação legal (que se dava perto do portão ou "porta" da cidade). A linguagem aqui é exclusiva: "filhos" não incluem o sexo feminino, porque no Israel antigo as moças nem poderiam ser soldados nem testemunhas. Em uma época que a taxa de mortalidade infantil era alta, as famílias grandes garantiam que sobreviveriam filhos suficientes para cuidar dos progenitores idosos em seus anos de velhice. Ainda que haja um princípio claro nessa passagem que os cristãos possam aplicar (e.g., sobre a necessidade de cuidar dos pais mais idosos, cf. 1Tm 5:8), os cristãos não podem ter a liberdade de usar esse versículo para afirmar que todos os casais terão famílias grandes.[20]

Situações análogas insuficientes

A aplicação errada mais sutil da Escritura acontece quando os leitores interpretam corretamente a passagem no seu contexto literário e histórico, mas depois a aplica a situações erradas. A tentação de Cristo por Satanás é um exemplo da sutileza e da natureza sinistra desse erro na aplicação. Usando uma tática astuta, Satanás citou Salmos 91:11-12 e desafiou Jesus dizendo: "Se você é o Filho de Deus, jogue-se daqui para baixo. Pois está escrito: 'Ele dará ordens a seus anjos a seu respeito, e com as mãos eles o segurarão, para que você não tropece em alguma pedra'" (Mt 4:6). Aqui Satanás pede a Jesus para se utilizar da habilidade milagrosa de Deus para preservar a sua vida. Com certeza, o próprio Jesus tinha esse poder. Além disso, o salmista afirma que Deus promete segurança e proteção para todos que habitam "no abrigo do Altíssimo" (Sl 91:1). O problema aqui é que o desafio do Diabo confunde a referência do salmista a um

---

consistem no retorno à Terra Prometida (Jr 30—31), e a aplicação espiritual: "O mesmo tipo de confiança no propósito salvador de Deus está à disposição de qualquer geração de pessoas que, como Jeremias escreve, o buscam 'de todo o seu coração' (29:13)."

[20] Cf. com mais detalhes L. C. Allen, *Psalms 101-150*, WBC 21 (Waco: Word, 1983), p. 180-181.

INTRODUÇÃO À INTERPRETAÇÃO BÍBLICA

"tropeço sem querer" com um salto proposital do pináculo do templo. O propósito do salmista aqui não é testar a fidelidade de Deus à sua palavra criando situações nas quais tentamos forçá-lo a agir de certa maneira. Em vez disso, a fidelidade de Deus demonstra o seu cuidado providencial por seus filhos. Jesus, por isso, refuta o Diabo com outro texto da Escritura que proíbe estritamente testar a graça de Deus (Dt 6:16).[21] Nenhuma passagem da Escritura pode ser aplicada de forma causal ou descuidada para toda e qualquer situação.

A passagem de Mateus 18:20 promete que onde duas ou três pessoas se reunirem em nome de Cristo ele estará presente com elas. Com certeza, por causa da onipresença de Jesus no seu estado exaltado, essa é uma verdade eterna. Cristo está presente onde apenas uma pessoa do seu povo, homem ou mulher, estiver. Cristo também está presente no lugar onde só uma pessoa não cristã estiver, mesmo não habitando naquela pessoa, como acontece com o cristão. Mas quando o cristão usa esse versículo para se consolar, porque poucas pessoas estiveram em algum culto ou atividade, eles perderam o foco do contexto. Originalmente, Jesus fez essa declaração no contexto da promessa de que Deus endossaria a decisão feita pela Igreja local quando exercesse a disciplina de acordo com as condições prescritas nos versículos 15 a 17. Os "dois ou três" que estão reunidos no versículo 20 refere-se à menção de "uma ou duas testemunhas" do versículo 16, além da parte prejudicada, somando duas ou três pessoas para se encontrarem com a parte ofensora, na esperança de ajudá-las a se arrepender.[22]

QUATRO PASSOS PARA A APLICAÇÃO LEGÍTIMA

Então, o que devemos fazer? É sempre mais fácil encontrar falácias nos métodos errados do que formular princípios sensatos. A própria essência da aplicação, que varia de uma pessoa para a outra, de um modo que não acontece com o sentido,[23] indica que provavelmente não possamos criar uma lista abrangente de princípios infalíveis; no entanto, podemos formular algumas diretrizes gerais e viáveis. Os exemplos anteriores sobre a maneira errada de aplicar as passagens nos lembram de que toda aplicação tem que ser coerente com o sentido das

---

[21] Cf. com mais detalhe C. L. Blomberg, *Matthew*, NAC 22 (Nashville: Broadman, 1992), p. 84-85.

[22] G. R. Osborne, *Matthew*, ZECNT (Grand Rapids: Zondervan, 2010), p. 688.

[23] Princípio destacado principalmente em W. C. Kaiser, Jr. "The Single Intent of Scripture", em *Evangelical Roots*, ed. K. Kantzer (Nashville: Nelson, 1978), p. 123-141, mas também mencionado em outras referências. Em vez de falar em propósito ou sentido único com múltiplas aplicações ou repercussões, no entanto, nos parece melhor falar de um sentido fixo com várias repercussões. A linguagem de Kaiser pode dar a entender de forma errada que algumas passagens originalmente proporiam comunicar só uma ideia, enquanto, na verdade, várias estejam presentes.

APLICAÇÃO

passagens alcançado por meio dos princípios hermenêuticos sensatos que já discutimos neste livro.[24] A aplicação legítima exige o uso dos princípios hermenêuticos gerais (estabelecendo o texto adequado, o sentido correto das palavras, o cenário histórico-cultural, o contexto literário maior etc.) e também a hermenêutica especial ou a crítica do gênero.

Em outras palavras, também temos que pesquisar as narrativas históricas para ver se os vários personagens representam exemplos bons ou maus, ou se eles somente descrevem o que aconteceu como parte de um conceito teológico mais amplo sobre o agir de Deus no mundo. Temos que investigar se as profecias estavam apontando para acontecimentos da época do escritor bíblico, para a primeira vinda de Cristo, ou para a sua segunda vinda, ou para alguma combinação das três alternativas.

Temos que investigar se os provérbios são descritivos ou prescritivos e, no segundo caso, até que ponto ensinam princípios absolutos ou generalizações simples. Temos que avaliar de que maneira as leis do AT se cumpriram em Cristo. Resumindo, a maioria dos princípios e dos vários exemplos já discutidos neste livro sugere as aplicações legítimas. Mas podemos dizer ainda mais. A análise evangélica recente chegou a um consenso modesto de que a chave para legitimar a aplicação envolve o que muitos escritores chamam de "principialização."[25] Isto pode ser definido como "a tentativa de descobrir na narrativa [i.e., no texto] os princípios espirituais, morais e/ou teológicos que são importantes para o cristão atual."[26] O modo que alguém dá andamento nesse processo varia do relativamente simples para o relativamente complexo. A excelente publicação *Applying the Bible* [Aplicando a Bíblia], de Jack Kuhatschek, resume tudo a três passos: entender a situação original, extrair o princípio mais amplo que a aplicação bíblica reflete e aplicar esse princípio geral às situações que enfrentamos.[27] Por outro lado, Ramesh Richard enumera seis passos que vão da afirmação bíblica para a consequência, a extrapolação, a interpretação aplicativa, a aplicação interpretativa, e, finalmente, a implicação.[28] Propomos o seguinte modelo de quatro etapas que acreditamos que incorporam esses e outros paradigmas usados atualmente:

---

[24] Cf. B. Ramm, *Protestant Biblical Interpretation*, 3ª ed. (Grand Rapids: Baker, 1970), p. 185.

[25] E. E. Johnson, *Expository Hermeneutics: An Introduction* (Grand Rapids: Zondervan, 1990), p. 229.

[26] H. A. Virkler e K. G. Ayayo, *Hermeneutics: Principles and Processes of Biblical Interpretation*, 2ª ed. (Grand Rapids: Baker, 2007), p. 194.

[27] (Downers Grove: InterVarsity, 1990; Grand Rapids: Zondervan, 1996), p. 33.

[28] R. P. Richard, "Application Theory in Relation to the New Testament", *BSac* 143 (1986): p. 211.

INTRODUÇÃO À INTERPRETAÇÃO BÍBLICA

1. Encontre a aplicação ou as aplicações originais propostas pela passagem.
2. Avalie o nível de especificidade dessas aplicações para a sua situação histórica original. Se a aplicação histórica original é transferível no tempo e no espaço para outros destinatários e situações, aplique-as de modo culturalmente adequado.
3. Se a aplicação original não for transferível, identifique um ou mais princípios transculturais mais amplos que os elementos específicos do texto refletem.
4. Encontre aplicações adequadas para os dias de hoje que implementem esses princípios.

Os modelos alternativos não são sempre tão diferentes quanto parecem. Em um protesto curioso contra a nossa abordagem, Peter Enns questiona a legitimidade da principialização e então usa a seção "aproximando os contextos" do formato da *NIV Application Commentary*, não para analisar os princípios como os outros volumes fazem, mas para apresentar o restante do ensino da Bíblia sobre o mesmo tema.[29] Esse é, obviamente, um bom sistema de verificação do processo de criação de aplicações, como veremos mais adiante. Elmer Martens claramente coloca essa abordagem da "teologia bíblica" contra a "principialização."[30] Mas isto não traz uma comparação prática, já que a teologia bíblica não é um método alternativo à principialização, mas uma ferramenta básica para se chegar aos princípios eternos. Kevin Vanhoozer parece apresentar uma abordagem bem diferente e animadora sugerindo que nos coloquemos em posições semelhantes no mundo atual aos destinatários das narrativas e dramatizemos a Escritura. Mas ele reconhece que tem que haver uma base na proposta das peças que criarmos, não importando as circunstâncias específicas inesperadas que às vezes elas criem.[31] Jeannine Brown prefere, de forma parecida, uma hermenêutica participativa a uma hermenêutica que elabore princípios, enquanto reconhece que tem que haver princípios a encarnar ou inculturar.[32] As diferenças, ao que parece, estão mais na terminologia e na ênfase. Kuhatschek e Johnson querem que as pessoas obedeçam às Escrituras tanto quanto Vanhoozer ou Brown, mas estão mais concentrados no modo pelo qual elas chegam à conclusão do

---

[29] P. Enns, *Exodus*, NIVAC (Grand Rapids: Zondervan, 2000).

[30] E. A. Martens, "How Is the Christian to Construe Old Testament Law"? *BBR* 12 (2002): p. 199-216.

[31] K. J. Vanhoozer, *O drama da doutrina: uma abordagem canônico-linguística da teologia cristã* (São Paulo: Vida Nova, 2016); e K. J. Vanhoozer, *Faith Speaking Understanding: Performing the Drama of Doctrine* (Louisville: Westminster John Knox, 2014).

[32] J. K. Brown, *Scripture as Communication: Introducing Biblical Hermeneutics* (Grand Rapid: Baker, 2007), p. 257-267.

APLICAÇÃO

que exatamente devem obedecer. Para explicar esses passos de forma mais detalhada, explicaremos brevemente cada um deles.[33]

Encontre a aplicação original

Nesse passo, o intérprete faz perguntas como: Como o autor bíblico de uma determinada passagem quer que os seus ouvintes ou leitores reajam? O que o autor propôs que os leitores fizessem? Para responder essas questões, o intérprete faz uma série de perguntas adicionais. Existe algum mandamento a obedecer, algum exemplo para seguir ou evitar, alguma promessa para reivindicar, algum aviso para se prestar atenção, algum ensino para se basear (mesmo que não esteja colocado como um comando direto), ou alguma verdade para acreditar?[34] Podemos sugerir outras questões como: Há alguma necessidade pela qual se deva orar ou alguma bênção que motive o louvor? Às vezes, as aplicações contemporâneas serão idênticas às reações originais propostas, mesmo que na maioria das vezes elas sejam diferentes. Mark Strauss nos lembra também de verificar onde a passagem aparece na cronologia geral da Escritura, qual é o seu contexto e qual é o seu gênero literário, como ela informa o nosso entendimento sobre a natureza de Deus, e o que ela ensina sobre o que podemos ser em termos de caráter e atitudes e sobre o que podemos fazer em termos de ações ou objetivos.[35]

Por exemplo, obedecer ao mandamento de não cobiçar a mulher ou a casa do próximo continua tão oportuno hoje como quando Moisés o recebeu no Monte Sinai (Êx 20:17). Mas esse versículo também proíbe cobiçar o servo, a serva, o boi ou o burro do vizinho. O princípio que proíbe a cobiça encontra a sua aplicação adequada em áreas específicas. O texto identifica os bens de seus vizinhos que os israelitas poderiam ser mais tentados a desejar. A maior parte das pessoas que mora nas cidades ocidentais não tem que se preocupar sobre os quatro últimos itens. O intérprete precisa se perguntar quais poderiam ser

---

[33] Cf. também J. S. Duvall e J. D. Hays, *Grasping God's Word: A Hands-On Approach to Reading, Interpreting, and Applying the Bible*, 3ª ed. (Grand Rapids: Zondervan, 2012), p. 235-246. J. Arthurs ("The Fundamentals of Sermon Application [Part 2]", em *Interpretation and Application*, ed. C. B. Larson [Peabody: Hendrickson, 2012], p. 84-95) se refere aos mesmos quatro passos como "descubra o *telos* (o objetivo ou o propósito) da passagem", "articule os princípios", "analise os seus destinatários para encontrar pontos de semelhança", e "aplique (isto é, explique, prove, motive e capacite) com imagens concretas."

[34] T. N. Sterrett e R. L. Schultz, *How to Understand Your Bible*, 3ª ed. (Downers Grove: InterVarsity, 2010), p. 189-193. Isto *não* é o mesmo que supor que a Bíblia seja nada além de uma coleção ou lista de comandos a obedecer ou promessas para reivindicar etc., como Mark L. Strauss (*How to Read the Bible in Changing Times: Understanding and Applying God's Word Today* [Grand Rapids: Baker, 2011], p. 19-33) destaca de modo correto.

[35] Strauss, *How to Read the Bible in Changing Times*, p. 78-79.

• **761** •

INTRODUÇÃO À INTERPRETAÇÃO BÍBLICA

os bens que chamam a atenção nos dias de hoje e inclui-los na aplicação: um carro do momento, uma aparelhagem completa de entretenimento audiovisual ou o último lançamento na informática etc. Na verdade, o texto de Êxodo especificamente justifica essa generalização concluindo com "nem coisa alguma que lhe pertença."

Usando outro exemplo, para aplicar corretamente as práticas dos membros da Igreja primitiva de compartilhar a sua fé, o leitor moderno precisa se concentrar no evangelismo em praça pública (At 17:17). Muitos grupos automaticamente supõem que práticas idênticas sejam adequadas e necessárias em nosso tempo. Em alguns contextos e em certas culturas isso pode ser verdade, mas o intérprete deve se perguntar a razão pela qual os cristãos primitivos se posicionavam ao redor das praças principais das cidades asiáticas e europeias para pregar. A resposta é: os espaços públicos eram os locais socialmente aceitáveis para refletir sobre ideias novas (cf. At 17:18-21). Esse era o lugar que eles aplicaram o princípio de evangelizar o mundo. Muitas vilas do atual Terceiro Mundo possuem comunidades estruturadas de forma semelhante, cujas praças centrais se constituem no cenário ideal para a pregação do evangelho. Mas a maioria das cidades ocidentais não possui esse local centralizado, e os equivalentes mais próximos, o shopping, o parque, ou um terminal de um aeroporto importante, não são os lugares onde as pessoas vão para ouvir as últimas notícias ou os visitantes saudarem publicamente a cidade. Na verdade, devido ao fato de os membros de seitas não cristãs geralmente conduzirem a divulgação de suas crenças em lugares desse tipo, os cristãos têm que superar um estigma cultural para testemunhar com eficiência nesses locais.

A aplicação sensata de Atos 17 pode motivar os cristãos a procurarem por locais de discussão mais adequados (nas faculdades e universidades, através do rádio e da televisão, ou na Internet em blogs, no Facebook etc.), sem negligenciar as oportunidades legítimas para o evangelismo de rua.[36]

Perguntar se existe alguma verdade para *acreditar* ou algum ensino para *praticar* em Atos 16:25-34 pode levar à mesma resposta que Paulo deu ao carcereiro de Filipos: "Creia no Senhor Jesus, e serão salvos" (v. 31). Esse exemplo é diferente dos outros dois porque, já que a aplicação já se encontra no nível de um princípio geral, então não precisamos passar pelos outros passos envolvidos no processo. No entanto, já que muitos leitores dessa passagem já são cristãos, eles simplesmente precisam refletir sobre a maneira pela qual podem ajudar os outros a aplicarem essa mensagem. Ou, se eles forem tentados a abandonar a

---

[36] Para a análise ponderada sobre o assunto, veja M. Green, *Evangelismo na Igreja Primitiva* (São Paulo: Vida Nova, 1984). Percorra também toda a obra de A. Fernando, *Acts*, NIVAC (Grand Rapids: Zondervan, 1998).

APLICAÇÃO

fé, eles devem se lembrar de que não existe salvação em nenhum outro lugar. Esses três exemplos acabaram de nos dar uma visão do processo da aplicação como um todo, mas precisamos ir adiante para especificar o que fizemos e dar novos exemplos.

Avalie o nível de especificidade da aplicação original

Este passo foi uma tarefa razoavelmente fácil para a passagem contra a cobiça e a passagem sobre crer em Jesus que discutimos. O comando contra cobiçar a mulher ou o marido do próximo esclarecia que era um exemplo específico de uma proibição mais geral contra cobiçar as coisas que pertencem aos outros (que antecede ao furto). Em Atos 16, o exemplo de crer em Jesus, qualquer pessoa que conheça a Bíblia ou o ensino cristão reconhece essa passagem como o princípio fundamental do NT que se repete de muitas maneiras diferentes e em muitas passagens. Mas no exemplo do evangelismo urbano, nem todo leitor perceberá isso como um exemplo específico de um princípio mais amplo que pode variar de um contexto para o outro. Aqueles que conhecem os exemplos e comandos bíblicos reconhecerão que *os métodos* podem variar, porém *a comissão* de compartilhar a fé permanece bem firme. Mesmo nessa situação, as informações sobre o cenário histórico e cultural podem ajudar o leitor a entender que equivalentes funcionais à pregação nas praças podem estar disponíveis para os cristãos de outras épocas e lugares.[37]

As questões levantadas a essa altura giram em torno de um tema fundamental no estudo da hermenêutica e, mais especificamente, da aplicação. Como o intérprete sabe quando algum mandamento, exemplo, promessa, aviso etc. é limitado à cultura (i.e., limitado ao contexto original, não eterno ou universal)? Para responder a pergunta, sugerimos outras perguntas: Quando o intérprete pode supor de forma correta que o texto apresenta uma *forma* específica (exemplo) de uma *princípio* mais geral? Quando será que o princípio permanece eterno e imutável? Como a forma que implementa esse princípio muda de um contexto para o outro?[38]

---

[37] Lembre-se da nossa análise anterior sobre a distinção entre o que é *descritivo* e o que é *prescritivo* (ou normativo). A Bíblia pode descrever um incidente (encarnando um princípio), mas a maneira pela qual esse princípio foi implementado no texto (a descrição) pode não indicar *o modo* pelo qual podemos aplicar o princípio.

[38] Cf. esp. D. J. Esses, "Audience Analysis and Validity in Application", *BSac* 150 (1993): p. 219-229. Bauer e Traina (*Inductive Bible Study*, p. 294) fala de um "contínuo de transcendência" com as extremidades do contínuo representando de um lado as "afirmações situacionais/circunstancialmente contingentes" vinculadas com as "situações originais" e do outro as "afirmações transcendentes expressando diretamente ensinos transsituacionais."

• **763** •

INTRODUÇÃO À INTERPRETAÇÃO BÍBLICA

Um exemplo excelente desse dilema nos dias de hoje envolve a questão do papel da mulher em casa e na Igreja. Por um lado, achamos a posição das igrejas históricas (ortodoxa e católica romana) e outras tradicionalistas que impuseram certos limites sobre o papel da mulher. Por outro lado, o impacto dos últimos cinquenta anos sobre todas as igrejas protestantes tradicionais e sobre um número crescente de contextos evangélicos levou à queda muitos desses limites. A ocupação das mulheres em algumas profissões às quais foram forçadas a trabalhar durante a Segunda Guerra Mundial convenceu a muitos na sociedade, em geral, de que as mulheres tinham habilidades para funções além das áreas a que elas até então estavam restritas. Ainda que textos básicos (e.g., 1Co 11:2-16; 14:33b-38; 1Tm 2:8-15; Ef 5:18-33; 1Pe 3:1-7) indiquem tanto elementos eternos quanto alguns elementos relacionados à cultura, separar uns dos outros se torna bem difícil por causa do pré-entendimento do intérprete.

Considere 1Timóteo 2:8-15. Muitos concordariam que é possível para os homens orarem de forma piedosa sem necessariamente "levantar mãos santas" (v. 8) e que o cabelo trançado para as mulheres não é sempre (nem frequentemente) imoral (v. 9). Os princípios envolvidos se referem a orar e se vestir de forma adequada e à maneira como isso se dava na igreja de Éfeso. De forma parecida, poucos questionariam que é sempre adequado para os homens orarem sem ira nem contenda (v. 8) e que as mulheres devem sempre praticar boas obras (v. 10). Mas o que o intérprete faz com os versículos 11 e 12, nos quais as mulheres são ordenadas a aprender em silêncio e total submissão e não ensinar ou ter autoridade sobre os homens? Além das questões sobre a tradução das palavras-chave chave dessa passagem e a sua sintaxe, o debate sobre a função dos versículos 13 e 14 é mais importante. Para muitos intérpretes, o versículo 13 justifica o mandamento de Paulo na ordem empregada por Deus ao criar o ser humano: primeiro o homem e depois a mulher. Eles veem isso como um indicador natural de que eles devem aplicar o ensino do apóstolo de forma universal. O versículo 14, no entanto, parece basear esse mesmo mandamento nos acontecimentos da queda, caso em que esperamos que a redenção em Cristo reverta os seus efeitos.

Ainda que não tenhamos como intenção tomar alguma posição sobre a passagem anterior,[39] observamos que muitos livros-texto de hermenêutica usam passagens como essa para exemplificar os princípios que eles esboçam,[40] e se o

---

[39] Para a boa justaposição de perspectivas igualitárias e complementaristas, veja J. R. Beck, ed., *Two Views on Women in Ministry*, ed. rev. (Grand Rapids: Zondervan, 2005). Para a tentativa excelente de combinar o melhor das duas posições e ser bem mais bíblico, veja M. Lee-Barnewall, *Neither Complementarian nor Egalitarian: A Kingdom Corrective to the Evangelical Gender Debate* (Grand Rapids: Baker, 2016).

[40] E.g., D. A. Carson, *Exegetical Fallacies*, 2ª ed. (Grand Rapids: Baker, 1996), p. 108-112 (mas esta característica é claramente suavizada com relação à primeira edição); para os vários

APLICAÇÃO

leitor discordar com a interpretação ou aplicação particular desses livros, infelizmente, eles tendem a questionar os princípios empregados. Temos que admitir que as passagens que envolvem os papéis do homem e da mulher estão entre as mais difíceis na Escritura, e isso explica a discordância sincera entre intérpretes espirituais, bem-educados e bem-intencionados.

Os fortes valores sociais da atualidade de justiça e igualdade também parecem entrar em conflito com esses textos. Por causa disso, essas passagens são exemplos da dificuldade de defender aplicações universais, exceto talvez para descartar alguma posição extremista e improvável. O pré-entendimento individual quase inevitavelmente influencia a abordagem do intérprete a esses textos delicados.[41]

Queremos relacionar uma variedade de critérios que capacitarão a maioria dos intérpretes a alcançar um grau satisfatório de concordância sobre uma ampla variedade de textos menos complexos, que eles podem empregar com as passagens mais complicadas. Mas, antes de fazer isso, temos que apresentar uma questão preliminar. Muitas passagens na Escritura não indicam claramente se elas transmitem princípios universais ou somente aplicações relacionadas a fatores culturais.

Por causa disso, em um extremo alguns intérpretes defendem que, a menos que algo no texto indique especificamente que a passagem ensina uma verdade eterna, devemos supor que ela seja circunstancial, isto é, limitada à aplicação específica em seu contexto original.[42] No outro extremo, outros escritores supõem que o oposto seja verdadeiro: a menos que informações específicas textuais apoiem uma perspectiva vinculada à cultura, devemos supor que a aplicação proposta originalmente permanece normativa para cristãos de todas as épocas.[43]

---

graus cf. também Osborne, *A espiral hermenêutica*; G. D. Fee e D. Stuart, *How to Read the Bible for All Its Worth*, 4ª ed. (Grand Rapids: Zondervan, 1994), p. 86-89; e S. McKnight, *The Blue Parakeet: Rethinking How You Read the Bible* (Grand Rapids: Zondervan, 2010), p. 153-207.

[41] Sobre eles, veja esp. R. K. Johnston, "The Role of Women in the Church and Home: An Evangelical Testcase in Hermeneutics", em *Scripture, Tradition and Interpretation*, ed. W. W. Gasque e W. S. LaSor (Grand Rapids: Eerdmans, 1978), p. 234-259; e A. J. Köstenberger, "Gender Passages in the New Testament: Hermeneutical Fallacies Critiqued", *WTJ* 56 (1994): p. 259-283. Mas, a princípio, devemos estar prontos a deixar de lado o nosso pressuposto poderoso e prosseguir, como a pesquisa recente na verdade sugere que está acontecendo.

[42] Veja a análise e a reação a esta e outras perspectivas relacionadas em J. R. McQuilkin, "Problems of Normativeness in Scripture: Cultural Versus Permanent", em *Hermeneutics, Inerrancy, and the Bible*, ed. E. D. Radmacher e R. D. Preus (Grand Rapids: Zondervan, 1984), p. 222-227.

[43] O pensamento que o próprio McQuilkin pressupõe ("Normativeness", p. 230), e que é defendido por W. J. Larkin, Jr., *Culture and Biblical Hermeneutics: Interpreting and Applying the Authoritative Word in a Relativistic Age* (Grand Rapids: Baker, 1988; Eugene, OR: Wipf & Stock, 2003), p. 314-318.

INTRODUÇÃO À INTERPRETAÇÃO BÍBLICA

Reconhecemos, porém, problemas com esses dois critérios. O primeiro torna difícil estabelecer a eternidade até de princípios morais fundamentais como as proibições contra o furto ou contra o assassinato;[44] o segundo pareceria exigir de nós banir os filhos nascidos fora do casamento de nossas igrejas (Dt 23:2), saudar uns aos outros com o ósculo santo (1Ts 5:26), e beber vinho para problemas no estômago (1Tm 5:23).[45] Esse debate nos lembra, na verdade, sobre a polarização das perspectivas na aplicação da Lei do AT na época do NT. Conforme a nossa resolução a esse debate, cremos que a abordagem mais justa e mais compatível com as Escrituras não supõe nenhuma das perspectivas acima, mas sim uma abordagem mediadora. Baseados em 2Timóteo 3:16 e nos textos relacionados, afirmamos que toda passagem (a unidade significativa de discurso que prova um ou mais princípios que podem ser reafirmados, se necessário, em uma proposta) tem algum valor normativo para os cristãos em todos os tempos e lugares (lembre-se de Rm 15:4). Mas nada pressupomos se a aplicação para nós nos dias de hoje vier preservando inalterados os elementos específicos (i.e., a aplicação) da passagem ou se tivermos que identificar princípios mais amplos que sugerem aplicações especiais para os novos contextos.[46] Em vez disso, fazemos uma série de dez perguntas para determinar a essência da sua importância para um tempo posterior ou uma cultura diferente.[47]

1. *O texto apresenta um princípio teológico ou moral amplo ou dá uma manifestação específica desse princípio, o qual outro livro da Escritura em outra passagem exemplifica de uma ou mais formas diferentes?* Noventa por cento do decálogo (exceto o mandamento sobre o sábado) claramente ilustra essas categorias morais amplas (Êx 20:2-17). Boa parte do restante da Lei dá maneiras específicas de obedecer e desobedecer a esses princípios. No NT, Jesus e Paulo reafirmam a importância contínua de todos os nove.[48] O mesmo é verdadeiro sobre o

---

[44] McQuilkin, "Normativeness", p. 225-227. Isto pode explicar algumas defesas de religiosos quanto ao aborto.

[45] A. Johnson, "A Response to Problems of Normativeness in Scripture: Cultural Versus Permanent", em Radmacher e Preus, eds., *Hermeneutics, Inerrancy, and the Bible*, p. 277-278.

[46] De forma parecida, Osborne, *A espiral hermenêutica*.

[47] A lista de dez não propõe esgotar o assunto, porém é ilustrativa. Ela tem semelhanças importantes com a de Johnson, "Response", p. 279-280, mas não é nem de longe idêntica. Strauss (*How to Read the Bible in Changing Times*, p. 222-234) funde algumas categorias e amplia outras, passando adiante oito pontos parecidos. S. Liggins organiza treze critérios bem parecidos sob os títulos de exegese, teologia bíblica, teologia sistemática, e teologia histórica em "Distinguishing the Cultural from the Supracultural in the Prescriptive Material of the New Testament", *RTR* 68 (2009): p. 12-28.

[48] Para a justificação para tratar o mandamento do sábado de forma diferente, consulte C. L. Blomberg, "The Sabbath as Fulfilled in Christ", em *Perspectives on the Sabbath: 4 Views*, ed. Christopher J. Donato (Nashville: B&H, 2011), p. 305-358.

APLICAÇÃO

chamado mandamento do amor duplo (Dt 6:4-5; Lv 19:18), que Jesus une em Marcos 12:29-31 ("Ame o Senhor, o seu Deus... Ame o próximo como a si mesmo"). O texto de Romanos 12:1-9 apresenta obrigações éticas fundamentais para os cristãos: a transformação do corpo e da mente; o uso dos dons espirituais, e, novamente, o amor. O tema recorrente na Lei, nos Salmos, nos Profetas, nos Evangelhos e nas Epístolas é a proibição contra a parcialidade e a necessidade de se ter compaixão dos pobres e dos que nada tem, dos marginalizados e dos desconhecidos.

Por outro lado, vários textos específicos trazem *aplicações* desse princípio que precisam mudar se o princípio precisar ser implementado com sucesso em um novo contexto. Por exemplo, a Lei do AT mandava que os fazendeiros não colhessem as extremidades da lavoura ou passassem duas vezes pelo seu campo para colher o que eles deixaram passar na colheita inicial. Isso fazia com que os pobres pudessem colher livremente as sobras (Lv 19:9-10). Esses mandamentos pressupõem uma sociedade rural e agrária onde o pobre tem acesso aos campos. Essa aplicação não ajudaria muito a grande maioria dos pobres urbanos no nosso mundo atual.

Em vez disso, aqueles que buscam aplicar esse texto têm que achar novos modos de evitar o desperdício ou acúmulo de alimentos em nosso mundo e de dar parte deles para os pobres. Os donos de restaurante podem voluntariamente restringir os seus ganhos em favor dessa redistribuição. Um executivo de Denver, capital do Colorado, por exemplo, tentou várias vezes, e finalmente conseguiu, que uma companhia aérea importante doasse suas refeições que não foram usadas para um centro de arrecadação cristão local, que, por sua vez, as distribuiu para os necessitados. Podemos achar equivalentes ao labor para a colheita, para que os pobres de hoje tenham que ter algum esforço para obter a sua alimentação em vez de simplesmente recebê-la gratuitamente. Muitos bancos de alimentos beneficentes têm permitido que os pobres mantenham a sua dignidade e os incentivam a trabalhar cobrando uma taxa nominal pela cesta básica. As leis de colheita são, portanto, relevantes como um exemplo específico do *princípio mais amplo do cuidado com os pobres*, mesmo que não imitemos exatamente a sua aplicação formal antiga.[49] Com certeza, as próprias Escrituras apresentam uma diversidade de atitudes para lidar com o problema (cf. Mc 10:21; Lc 19:8; At 4:32-35; Tg 1:27).

---

[49] Veja com mais detalhe C. L. Blomberg, *Christians in an Age of Wealth: A Biblical Theology of Stewardship* (Grand Rapids: Zondervan, 2013). Um recurso excelente para implementar esses princípios é a obra de T. Sine, *Mustard Seed vs. McWorld* (Grand Rapids: Baker, 1999).

INTRODUÇÃO À INTERPRETAÇÃO BÍBLICA

2. O contexto maior do mesmo livro da Escritura no qual a passagem aparece limita a aplicação de algum modo ou ele promove uma aplicação mais universal? Essa pergunta envolve informações que possam estar próximas da passagem ou separada dela em outra parte do livro. Por exemplo, o intérprete pode ler o aviso de Jesus a Pedro que ele teria de morrer por sua fé (Jo 21:18-19) e refletir sobre a amplitude da sua aplicação. Como nem todo cristão é martirizado, será que todo fiel pelo menos pode estar preparado para que alguém o leve para onde ele não quer ir (v. 18b)? Prosseguir no contexto leva o intérprete a ver que Jesus prediz um tipo de destino diferente para João (v. 20-23). Na verdade, alguns posteriormente interpretaram de forma errada as palavras de Jesus como se elas quisessem dizer que João viveria até o retorno de Cristo (v. 23). Mas Jesus não disse isso. Na verdade, ele falou de forma positiva sobre o futuro de João para esclarecer que as suas palavras para Pedro se aplicavam somente a Pedro e não podiam ser generalizadas para incluir outras pessoas.[50]

Por outro lado, o livro de Eclesiastes é mais difícil de avaliar em algumas passagens. É claro que o autor agradou a si mesmo com o maior número possível de prazeres da vida e achou que eles eram fúteis. Mesmo que periodicamente ele pontue a sua narrativa com princípios aparentemente positivos como: "Para o homem não existe nada melhor do que comer, beber e encontrar prazer em seu trabalho" (Ec 2:24a), a ambiguidade torna suas afirmações confusas. Mesmo ele acrescentando imediatamente: "isso também vem da mão de Deus" (v. 24b), ele termina o parágrafo com a conclusão: "Isso também é inútil, é correr atrás do vento." Percebemos o seu propósito somente quando reconhecemos os capítulos 11 e 12 como as lições finais que "o Pregador" aprendeu. Nessa seção ele apresenta, sem qualificação alguma, comandos positivos parecidos para desfrutar a vida de forma total enquanto se pode (11:9—12:1; 12:13). Isto sugere que as passagens como 2:24a têm valor eterno e normativo.[51]

3. A revelação que se segue limita ou qualifica a aplicação da passagem em particular, mesmo quando o livro em que aparece não o faz? Obviamente, o intérprete tem que fazer esta pergunta sobre todo texto do AT. Como analisamos antes, não podemos supor que o AT prossegue no NT sem qualquer mudança

---

[50] Cf. com mais detalhe D. A. Carson, *The Gospel According to John*, PNTC (Grand Rapids: Eerdmans, 1991), p. 679-682.

[51] Apesar de, mesmo nesse ponto, os intérpretes não concordarem. Temos seguido a perspectiva que acreditamos ser defendida de forma hábil em D. A. Garrett, *Proverbs, Ecclesiastes, Song of Songs*, NAC 14 (Nashville: Broadman, 1993); e M. A. Eaton, *Ecclesiastes*, TOTC (Downers Grove: InterVarsity, 1983). Para a perspectiva mais pessimista que, na essência, vê o livro todo com respeito ao que é aprendido na "vida debaixo do sol" (neste mundo decaído), somente com a conclusão de temer a Deus e guardar os mandamentos como conclusão positiva, veja T. Longman III, *The Book of Ecclesiastes*, NICOT (Grand Rapids: Eerdmans, 1998).

APLICAÇÃO

na aplicação, nem que nenhuma parte dele prossegue sem mudança. Em vez disso, temos que examinar cada texto para descobrir como ele se cumpriu em Cristo (Mt 5:17). Mas o mesmo tesse pode ser aplicado aos textos do NT, não porque vivemos em um novo período na história da salvação, mas porque o próprio NT às vezes revoga comandos anteriores ou apresenta modelos alternativos. Nesses casos, as aplicações anteriores dos princípios não eram para ser normativas para todos os locais ou épocas.

Um exemplo bem conhecido é o comando de Jesus para não levar dinheiro ou provisões para a pregação itinerante, mas para depender somente da generosidade daqueles a quem eles ministravam (Mt 10:9-10). Mais tarde, no entanto, Jesus se refere especificamente a esses comandos (Lc 22:35) e depois diz: "Mas agora, se vocês têm bolsa, levem-na, e também o saco de viagem..." (v. 36). Paulo também faz isso, mudando ou revertendo as práticas anteriores algum tempo depois no seu ministério. Algumas vezes ele depende de outros cristãos para o seu sustento financeiro; em outras vezes ele faz tendas para financiar o seu ministério. A justificativa em cada caso é o que propaga com mais eficiência a causa do evangelho (1Co 9). Por isso, é inadequado para os cristãos supor nos dias de hoje que todos os obreiros cristãos devem ser pagos por outros cristãos, ou que nenhum pode ser remunerado dessa forma. Temos que perguntar que opção trará o maior número de pessoas a Cristo (ou alcançará com mais eficiência os objetivos do ministério). Qual vai evitar dar má reputação ao evangelho? Qual que não ficará muito pesada para o povo de Deus? Considerando os abusos da arrecadação de fundos por tantos ministérios nos dias atuais, e a queda nas contribuições que geralmente provoca, podemos defender bem mais modelos de fazedores de tendas do que os existentes na atualidade![52]

4. *O ensino específico é contraditado em outra passagem de modo que mostre que era limitado a situações excepcionais?* Em certo sentido, isso é simplesmente uma pergunta vinculada à anterior. Devido ao fato de a Escritura retratar Abraão como paradigma de fé e obediência, temos que nos perguntar o modo pelo qual podemos aplicar a sua disposição em oferecer o seu filho Isaque no altar (Gn 22). Falaremos sobre esse exemplo depois, mas algo parece claro nessa passagem: Deus não quer que sacrifiquemos nossos filhos (como faziam muitos cananeus primitivos e algumas religiões pagãs contemporâneas). As leis posteriores deixam isso bem claro (e.g., Lv 18:21; 20:2-5). Não podemos saber se Abraão percebeu isso na sua época, mas não precisamos hesitar. Como a

---

[52] Sobre esse tema, cf. mais profundamente W. K. Willmer, ed., *Revolution in Generosity: Transforming Stewards to be Rich toward God* (Chicago: Moody, 2008); C. L. Blomberg, *Neither Poverty nor Riches: A Biblical Theology of Possessions* (Leicester: Inter-Varsity, 1999; Downers Grove: InterVarsity, 2001).

INTRODUÇÃO À INTERPRETAÇÃO BÍBLICA

narrativa mostra, Deus nunca quis que Abraão matasse o seu filho. Com certeza o teste era especial, sem ser repetido em nenhum lugar da Escritura e não deve ser repetido por nenhum fiel posterior.

Outro exemplo inigualável é o chamado incomum dado ao profeta Oseias para ir, casar com uma mulher promíscua e ter filhos com ela. Mesmo que alguns que leem pela primeira vez o texto de Oseias 1:2 possam se perguntar a razão pela qual Deus parece tolerar a prostituição, ou pelo menos falar para Oseias se casar com uma prostituta aparentemente não arrependida, essa situação é singular e merece um estudo mais detalhado. Para começar, não é claro se esse texto originalmente quis dizer, como se pensa geralmente, que Gomer já era uma prostituta, ou se isso simplesmente antecipava o seu adultério posterior.[53] Mas, mesmo se fosse o primeiro caso, outras passagens bíblicas afirmam de forma inequívoca que a prostituição é pecado (Lv 19:29; 1Co 6:15). O que podemos aprender sobre o momento que Oseias volta para sua mulher depois de seu adultério posterior (Os 3:1)? O mandamento original de Deus para se casar com uma prostituta não viola lei alguma, mas o que dizer de Oseias recebê-la de volta depois de ter se prostituído?

Com certeza, o efeito de choque nessa passagem corresponde ao choque que Deus quer provocar em Israel quando eles perceberem que são culpados de adultério espiritual. Jesus, séculos depois, indica que a reconciliação nem sempre é possível ou necessária depois da infidelidade conjugal (Mt 19:9).[54] Mas, de forma diferente do judaísmo de sua época, ele nunca ordenou o divórcio, mesmo no caso da infidelidade. As ações de Oseias eram lições objetivas, propostas por Deus para exemplificar a infidelidade espiritual do seu povo Israel e o seu amor infalível por eles apesar da desobediência (Os 1:2; 3:1). Já que Deus não ordenou isso como um princípio geral, não podemos aplicar essas instruções específicas de Oseias para a nossa situação contemporânea. Em outras palavras, não encontramos algum mandamento nesta passagem tanto para se casar com prostitutas quanto para se preservar casamentos rompidos pelo adultério. Ainda assim, a Bíblia defende de fato o princípio mais amplo da fidelidade diante da infidelidade; pode sugerir que, em algumas circunstâncias, essas ações são aceitáveis, talvez até, em algumas delas, preferíveis. Bem mais importante, eles devem nos levar a buscar outras aplicações do princípio geral, como meios de continuar a amar filhos pródigos ou amigos que nos prejudicaram etc.[55]

---

[53] Para a história da interpretação e os méritos das opções, veja J. A. Dearman, *The Book of Hosea*, NICOT (Grand Rapids: Eerdmans, 2010), p. 80-88.

[54] Sobre os quais, veja com profundidade em C. L. Blomberg, "Marriage, Divorce, Remarriage and Celibacy: An Exegesis of Matthew 19:2-12", *TrinJ* 11 (1990): p. 161-196.

[55] Cf. esp. R. C. Ortlund, Jr., *God's Unfaithful Wife: A Biblical Theology of Spiritual Adultery*, ed. rev. (Nottingham: Apollos; Downers Grove: InterVarsity, 2006).

APLICAÇÃO

5. *Existem condições culturais identificadas na Escritura ou supostas pelos seus autores que tornam impróprio sempre aplicar a passagem da mesma maneira?* Uma das poucas coisas que os intérpretes concordam sobre as "passagens problemáticas sobre a mulher" é que o véu (ou o cabelo comprido) para a mulher e o cabelo curto para o homem não são princípios absolutos universais (1Co 11:2-16). A base para esse entendimento é a própria afirmação de Paulo que a mulher que ora ou profetiza com a sua cabeça descoberta poderia até mesmo rapar a sua cabeça (v. 5), o que é uma "desonra" (v. 6). Esses comentários levam o leitor contemporâneo a se perguntar o que havia de desonra em rapar a cabeça entre as mulheres da época de Paulo. Existem várias possibilidades. Para as mulheres judias, a cabeça rapada pode dar a sugestão que elas fossem culpadas de adultério. Para a mulher greco-romana, a cabeça rapada poderia dar a entender que elas eram a parceira mais masculina de um relacionamento homossexual. Então, a menos que o cabelo curto ou descoberto tragam efeitos parecidos nas culturas dos tempos modernos (como, por exemplo, em certas partes do mundo islâmico mais conservador), a prática específica nesta passagem é irrelevante. Por outro lado, existe um *princípio* aqui: toda roupa, apresentação ou comportamento que sugere infidelidade aos padrões sexuais estabelecidos por Deus é tão errado para a mulher cristã de nosso tempo quanto era na Corinto do primeiro século.

Um exame da justificativa para as ordens de Paulo para os homens nessa passagem pode, à primeira vista, sugerir uma conclusão diferente. Em 1Coríntios 11:14, Paulo escreve: "A própria natureza das coisas não lhes ensina que é uma desonra para o homem ter cabelo comprido?" Atualmente, a maioria de nós, se formos honestos, responderia rapidamente à pergunta com "não". Mas o uso de Paulo do termo "natureza" sugere que ele está se referindo a algum princípio eterno desconhecido para nós. Aqui, o conhecimento da Escritura e de algum cenário histórico ajuda. Paulo, criado como judeu devoto, conhecia uma categoria importante de homem judeu que Deus recomendava por nunca cortar o cabelo, aquele que fez o voto do nazireado (Nm 6:1-21). O próprio Paulo tinha praticado votos parecidos temporariamente (At 18:18). Então, a "natureza das coisas" em 1Coríntios 11:14 tem que se referir a algo como "o costume comum por todo o mundo greco-romano do século I", que, por sua vez, explica a razão pela qual todas as igrejas daquela época teriam adotado essa prática (v. 16). Vemos novamente a necessidade de entender a cultura da época para descobrir as razões por trás disso. A melhor pesquisa atual sugere que o cabelo comprido (talvez parecendo com algum adorno cobrindo a cabeça) sobre o homem possivelmente o fazia parecer muito com o sacerdote romano que praticava alguns rituais pagãos. Novamente, o princípio: se o cabelo comprido estiver de maneira inextricável vinculado com alguma prática religiosa não cristã

• **771** •

INTRODUÇÃO À INTERPRETAÇÃO BÍBLICA

em alguma cultura moderna, isso também deve permanecer um tabu. Mas se não estiver, então o penteado não será uma questão moral para com Deus.[56]

6. *A forma cultural em questão no texto bíblico existe nos dias atuais, e, se existir, ela tem o mesmo significado daquela época?* Os dois exemplos de 1Coríntios 11 poderiam ilustrar esse critério também. Mas podemos ir ainda mais longe, rumo a exemplos em que certas formas culturais nem existem mais, pelo menos na quase totalidade das culturas. Por exemplo, poucos de nós refletimos se deveríamos ou até poderíamos trazer uma ovelha ou um bode para a Igreja e matá-lo em frente ao púlpito, deixando o sangue escorrer pelos seus lados! Com certeza, as leis sacrificiais do AT foram cumpridas em Cristo e não exigem a nossa obediência literal, mesmo se pudéssemos fazê-lo (Hb 4:14—10:18).

Mas ainda podemos aprender os princípios sobre o alto preço e a pureza exigida por essas leis, à medida em que lemos os primeiros capítulos de Levítico. Eles não nos dizem que devemos ser igualmente dedicados a Cristo e que devemos seriamente adotar a pureza moral (2Co 6:14—7:1) e a doação sacrificial (2Co 8-9)? Do mesmo modo que as pessoas pobres poderiam oferecer sacrifícios menos custosos naquela época (Lv 12:8; cf. Lc 2:24), os cristãos não devem esperar níveis de oferta idênticos de todos os fiéis atualmente. Na verdade, o NT não promove um percentual fixo de oferta. Devemos capturar de forma melhor o espírito do NT ensinando o que Ronald Sider chama de "dízimo graduado", no qual quanto mais alguém ganha, maior o percentual que alguém deve dar para a obra do Senhor, e especialmente para ajudar os pobres (1Co 16:2; 2Co 8:12-15).[57]

Algumas práticas religiosas existem entre os cristãos em algumas partes do mundo, mas não em outras. Por exemplo, poucos norte-americanos se importam com o fato de que eles não se saúdam com o ósculo santo (1Ts 5:26). Os sulistas dos Estados Unidos, no entanto, às vezes se saúdam desse modo. Quando morava na Flórida, um de nós tinha um pastor que saudava quase todas as mulheres que vinham a sua Igreja com um beijo no rosto, e a prática era grandemente aceita e apreciada nesse contexto. No Oriente Médio, porém, os homens geralmente saúdam os outros homens com um beijo em cada lado do rosto. Nas repúblicas da antiga União Soviética, é tradicional para os homens se beijarem na boca (ainda que isto aconteça menos entre as gerações mais jovens). A prática bíblica antiga se parecia mais com o comportamento moderno do

---

[56] Sobre o sentido e a aplicação de 1Coríntios 11:2-16, cf. com mais detalhe C. L. Blomberg, *1Corinthians*, NIVAC (Grand Rapids: Zondervan, 1994), p. 207-226. Cf. P. B. Payne, *Man and Woman, One in Christ: An Exegetical and Theological Study of Paul's Letters* (Grand Rapids: Zondervan, 2009), p. 141-173.

[57] Veja esp. R. J. Sider, *Cristãos ricos em tempos de fome* (São Leopoldo: Sinodal, 1984), mesmo que as figuras específicas precisem ser modificadas de um cenário para o outro.

APLICAÇÃO

Oriente Médio, i.e., o beijo no rosto entre pessoas do mesmo sexo.[58] Não havia nenhuma conotação sexual nisso; era a convenção aceitável para saudar um bom amigo de forma afetuosa. A forma idêntica de aplicação, portanto, pode ser preservada em algumas culturas contemporâneas, mas não naquelas que são altamente erotizadas como a maior parte do mundo ocidental.

Beijar alguém do sexo oposto provavelmente não deve ser incentivado em cenários onde não se considera isto parte da cultura. A LBP traz uma alternativa aceitável: "aperte a mão calorosamente." *A Mensagem* parafraseia: "Saúdem-se uns aos outros com um abraço santo." De forma ainda mais abstrata, a NLT também parafraseia: "Saúdem-se uns aos outros no amor cristão." A maioria dos leitores poderia deduzir corretamente a importância de 1 Tessalonicenses 5:26, mesmo não tendo como costume beijar os outros na Igreja. No entanto, podemos não perceber que era limitado a homem com homem e a mulher com mulher. Em outros casos, a importância das práticas bíblicas pode fugir completamente de nós. A passagem de Lucas 9:62 ("Ninguém que põe a mão no arado e olha para trás é apto para o Reino de Deus") não transmite nada para muita gente, a menos que a pessoa conheça os métodos agrícolas tradicionais. Hoje em dia, um número cada vez maior de pessoas não pensa automaticamente em um arado manual, e não reconhece o princípio de que alguém deve manter os olhos fixos em um alvo final à sua frente a fim de cavar um sulco reto para plantar sementes. Olhar para trás não deixa que se ande em linha reta, e não faz um uso eficiente da terra preciosa.

O serviço para o reino exige de forma semelhante muita atenção no caminho de Deus.[59] O equivalente moderno seria algo como: "É melhor você manter os olhos na cesta enquanto você lidera o contra-ataque rápido ou você pode perder o seu arremesso (ou a sua enterrada, dependendo do seu tamanho)!"

Talvez o exemplo mais famoso de prática dos tempos bíblicos que praticamente desapareceu na cultura ocidental (que continua em outras partes do mundo) é o costume de participar de comida sacrificada aos ídolos. Nós a incluímos porque ilustra princípios amplamente aplicáveis em nossa sociedade. Tanto em 1 Coríntios 8—10 quanto em Romanos 14:1—15:13, Paulo instrui os seus leitores a exercer a tolerância mútua quanto a essa e outras questões relacionadas. Em outras palavras, várias práticas moralmente neutras podem levar algumas pessoas ao pecado, mas outras não. No caso da comida sacrificada aos ídolos, alguns não conseguiam dissociar comer a carne de suas práticas pagãs no passado, a saber, as refeições para a adoração de vários deuses (1Co 10:14-22).

---

[58] Veja com detalhe L. Morris, *The First and Second Epistles to the Thessalonians*, 2ª ed., NICNT (Grand Rapids: Eerdmans, 1991), p. 185-186.

[59] Cf. D. E. Garland, *Luke*, ZECNT (Grand Rapids: Zondervan, 2011), p. 614.

INTRODUÇÃO À INTERPRETAÇÃO BÍBLICA

Paulo aconselhou os irmãos e irmãs "fortes" em Cristo a não ostentar a sua liberdade nessas áreas se isso fizesse com que os mais "fracos" se envolvessem em um pecado real, e potencialmente abandonassem a Cristo. Ele também admoestou aos fracos a não julgar aos fortes por suas práticas.

Mesmo com tantos equivalentes modernos,[60] talvez a prática mais conhecida envolva o consumo de álcool. Uma passagem da Escritura reconhece o vinho, por exemplo, como um dom de Deus que alegra o coração dos homens (Sl 104:15), mas outra sinceramente ordena que os cristãos não se embriaguem (Ef 5:18). A última passagem obviamente recomenda a moderação em vez da devassidão. Algumas pessoas, no entanto, geralmente por sua experiência anterior com a bebida, não conseguem beber sem serem tentados a consumir em excesso. Eles são sábios por nunca beberem, e os seus amigos são sábios em apoiar a sua disciplina pessoal. Os que conseguem evitar beber demais podem escolher beber discretamente, e com moderação; contudo, o seu primeiro cuidado deve ser buscar ser cheio do Espírito, e não magoar os seus irmãos ou irmãs mais fracos. Aqueles que se abstêm, por sua vez, não devem julgar aqueles que optam por beber pouco.[61]

Os mesmos princípios se aplicam a todo o processo para chegar a aplicações legítimas. Já que as aplicações podem variar de pessoa a pessoa, mesmo considerando que o sentido permanece fixo, várias passagens bíblicas exigem que o cristão expresse a tolerância mútua. É triste que o cristão geralmente explique o sentido de um texto dizendo: "Isso é o que essa passagem significa para mim..."; como se isso justificasse qualquer interpretação predileta. Geralmente, no entanto, quando as pessoas falam do *sentido* do texto "para elas", na verdade eles podem estar se referindo ao que na verdade é uma *aplicação* legítima, que pode variar de uma cultura para a outra.

Por exemplo, Deuteronômio 6:6-7 estabelece o *princípio* fixo (a ilocução do texto) de que os pais têm a responsabilidade para ensinar os mandamentos de Deus para os seus filhos. Mas, ao aplicar esse princípio para a educação escolar, algum casal pode usá-lo para explicar a razão por que educa os filhos em casa [o que é permitido em vários países]; outro para justificar as escolas cristãs; e um

---

[60] Veja a lista longa e, infelizmente, divertida em G. Friesen com R. Maxson, *Como descobrir e fazer a vontade de Deus — Uma alternativa bíblica em face das opiniões tradicionais* (São Paulo: Vida, 1990), uma lista que podemos ampliar bastante.

[61] Para um bom estudo sobre as informações bíblicas, veja N. L. Geisler, "A Christian Perspective on Wine-Drinking", *BSac* 139 (1982): p. 46-56. Geisler prossegue defendendo a abstinência como a reação cristã contemporânea aos excessos da nossa cultura. Essa é uma reação legítima, mas não é a única aplicação legítima dos textos relevantes (veja adiante). Para uma reflexão mais aprofundada sobre o sentido e a importância de 1Co 8—10, veja Blomberg, *1Corinthians*, p. 159-206.

APLICAÇÃO

terceiro para apoiar a ação de levar os seus filhos para a escola pública, enquanto lhes ensinam sobre a Bíblia em casa e na Igreja.

7. *A justificativa para a aplicação é baseada na ordem da criação, no caráter de Deus, ou em parte do seu plano redentor para a humanidade?*[62] Isto é, a sua justificativa é baseada em argumentos teológicos, não apenas em argumentos culturais? Se for assim, esse princípio continua eterno, mesmo que a sua aplicação possa ser diferente. A ordem da criação se refere a princípios quanto a maneira que a pessoa deve viver estabelecidos por Deus antes da queda da humanidade no pecado.

Ao que tudo indica, esses princípios continuam sendo parte do ideal redentor para os cristãos, já que eles são renovados progressivamente na imagem de Deus depois da salvação. Um exemplo clássico é o casamento monogâmico. Tanto Jesus (Mt 19:5) quanto Paulo (Ef 5:31) reafirmam Gênesis 2:24 como a justificativa para padrões restritos para a ética sexual. A tolerância bíblica interventiva de uma variedade ampla de divórcios (Dt 24:1) ou da poligamia ocasional,[63] portanto, não torna o divórcio ou a poligamia legítimos como aplicações válidas para esses textos da Escritura para os cristãos nos dias de hoje. Às vezes, essas práticas podem refletir o menor entre dois males, como no caso de algumas culturas não ocidentais onde um marido polígamo se torna cristão. Nessas situações, a ação menos má seria manter a família ampliada intacta e poupar as esposas "a mais" das circunstâncias trágicas que aconteceriam se ele se divorciasse delas.[64] Mas isso é bem diferente de falar para o cristão que só tem uma esposa que seria aceitável sob certas circunstancias ter mais de uma mulher!

Outros mandamentos da Escritura refletem a essência do próprio Deus. Em Levítico 19:1, Javé ordena a todos os israelitas: "sejam santos porque eu, o SENHOR, o Deus de vocês, sou santo." Séculos depois, Pedro cita essas palavras para justificar o seu mandamento para que os cristãos estejam "com a mente preparada, prontos para a ação; sejam sóbrios e coloquem toda a esperança na graça que lhes será dada" e "não se deixem amoldar pelos maus desejos de

---

[62] Larkin, *Culture and Biblical Hermeneutics*, p. 109. K. Giles ("A Critique of the 'Novel' Contemporary Interpretation of 1Timothy 2:9-15 Given in the Book, *Women in the Church*: Part II", *EvQ* 72 [2000]: p. 195-200) defende que o critério da ordem da criação é, em grande parte, uma invenção alemã moderna, ainda que ele admita precedentes parciais em Lutero e Calvino. A terminologia precisa pode ser nova, mas é difícil perceber de que outra forma alguém deveria chamar a lógica que Jesus usa explicitamente em Mateus 19:1-12.

[63] Temos que perceber o quanto era rara a poligamia, mesmo na época do AT; quase sem exceção, ela era limitada a reis ou aristocratas muito ricos que podiam sustentar mais do que uma esposa. Veja esp. W. C. Kaiser, Jr., *Toward Old Testament Ethics* (Grand Rapids: Zondervan, 1983), p. 182-190.

[64] Veja esp. S. W. Kunhiyop, *African Christian Ethics* (Nairobi: Word Alive; Bukuru, Nigeria: ACTS; Grand Rapids: Zondervan, 2008), p. 223-242.

INTRODUÇÃO À INTERPRETAÇÃO BÍBLICA

outrora, quando viviam na ignorância", mas "sejam santos... em tudo o que fizerem" (1Pe 1:13-15). Podemos ter certeza de que a busca da santidade (a separação para Deus para cumprir os seus propósitos) é um princípio eterno e universal aplicável para todos os crentes em todos os lugares, mesmo que os exemplos específicos sobre essa santidade às vezes variem.[65]

Os princípios da redenção também baseiam a passagem de Gálatas 3:27-28: "pois os que em Cristo foram batizados, de Cristo se revestiram. Não há judeu nem grego, escravo nem livre, homem nem mulher; pois todos são um em Cristo Jesus."

Mesmo que essa passagem, por si só, não consiga provar que Paulo não via distinções entre as categorias de pessoas na Igreja, ela também não pode ser limitada à igualdade de oportunidades para a salvação. O batismo refletia um rito exterior e libertador para a mulher que a colocava no mesmo nível do homem, de um modo que o rito de iniciação equivalente do AT, a circuncisão, não conseguia. Portanto, também, pelo menos, a Igreja de Jesus Cristo deve buscar sinais exteriores e públicos para afirmar a igualdade completa dos sexos e também das raças e das classes sociais.[66]

8. *O mandamento bíblico ou a aplicação se opõe às normas culturais padrão de sua época?* Se for assim, talvez isso provavelmente indique um mandamento transcultural ou eterno para os fiéis. Em toda a análise do papel da mulher, muitos frequentemente esquecem o que deveria se destacar como radical nos vários códigos domésticos do NT (veja o comentário anterior) eram os mandamentos para os *homens*. Poucos paralelos parciais, por exemplo, a "maridos, amem sua mulher" (Ef 5:25), existem no mundo antigo, mas nenhum impõe um abandono tão sacrificial dos direitos e privilégios masculinos como a afirmação de Paulo, que prossegue acrescentando "... como Cristo amou a Igreja e a si mesmo se deu por ela, para santificá-la" (v. 26).[67] De modo semelhante, no mundo greco-romano, poucas vozes eram tão incisivas e radicais em sua reprovação do homossexualismo ou do lesbianismo (ou do pecado heterossexual, como o sexo antes do casamento ou o adultério) quanto Paulo em Romanos

---

[65] De forma significativa, Kaiser (*Ethics*) resume a ética do AT sob esse mesmo título de santidade, e até divide os seus estudos temáticos em santidade em várias áreas: e.g., família e sociedade, casamento e sexo, riqueza e propriedade etc. O seu entendimento amplo da santidade visa a seguir ao de Levítico 19.

[66] Veja esp. B. Witherington III, "Rite and Rights for Women - Galatians 3.28", *NTS* 27 (1981): p. 593-604. R. N. Longenecker revela algumas dessas possibilidades, organizando a sua análise e da ética social do Novo Testamento para hoje ao redor das três partes de Gal 3:28 em *New Testament Social Ethics for Today* (Grand Rapids: Eerdmans, 1984).

[67] E. Best, *Ephesians*, ICC (Edimburgo: T&T Clark, 1998), p. 539-544; A. T. Lincoln, *Ephesians*, WBC 42 (Dallas: Word, 1990), p. 373-374.

· **776** ·

APLICAÇÃO

1:18-32. Isso torna improvável que os pensamentos de Paulo fossem de algum modo limitados à sociedade romana do século I.[68]

Para entender como aplicar a *lex talionis* do AT: "olho por olho e dente por dente" (Êx 21:24), temos que ler essa lei em contraste com o seu cenário cultural. Para nós isso parece um chamado retaliatório para a vingança, mas, na época, era uma lei de limitação radical que evitava que um indivíduo exigisse mais do que a compensação equivalente e, na maioria das vezes, a retribuição limitada a um tribunal.[69] Jesus vai além e proíbe toda a retaliação pessoal (Mt 5:38-42). Esses dois princípios permanecem perpetuamente, mas as suas aplicações específicas continuam a variar. No século I, bater em alguém na face direita (v. 39) era tipicamente um tapa com as costas da mão que visava mais a insultar do que ferir, tirar a túnica era uma forma de garantia legal (v. 40), e caminhar uma milha a mais se referia ao recrutamento do soldado romano (v. 41). A aplicação legítima dessas passagens não exige que o cristão coloque a si mesmo ou a seus entes queridos em situações que deliberadamente os ponham em risco de se machucarem ou perderem as roupas. Ela exige que eles renunciem à retaliação e encontrem maneiras de amar os seus inimigos (v. 43), dando-lhes o que lhes ajudará a se tornar pessoas melhores.[70]

9. *A passagem contém alguma condição explícita ou implícita que limita a sua aplicação?* As promessas condicionais são válidas somente se as condições forem cumpridas. No Sermão do Monte, Jesus prometeu a seus seguidores: "Peçam, e lhes será dado; busquem, e encontrarão; batam, e a porta lhes será aberta" (Mt 7:7). Muitos hoje tratam essa promessa como se fosse um contrato de Deus garantindo que ele lhes concederá tudo o que eles pedirem, particularmente nas áreas da saúde e da prosperidade. Outros acrescentam a qualificação, baseada em passagens como Tiago 5:15, que se eles pedirem com fé (ou com fé "suficiente") eles podem ter certeza de que o que pediram acontecerá.[71] Mas, depois

---

[68] Veja esp. R. A. J. Gagnon, *The Bible and Homosexual Practice: Texts and Hermeneutics* (Nashville: Abingdon, 2002). Sobre o pecado homossexual e o heterossexual, veja esp. L. L. Belleville, *Sex, Lies, and the Truth: Developing a Christian Ethic in a Post-Christian Society* (Eugene, OR: Wipf & Stock, 2010).

[69] Um tema explicado de forma bem útil por C. J. H. Wright em um livro inteiro, *An Eye for an Eye: The Place of Old Testament Ethics Today* (Downers Grove: InterVarsity, 1983).

[70] Um tema que precisa desesperadamente de uma aplicação adicional para a Igreja nos dias de hoje. Veja esp. G. H. Stassen, *Just Peacemaking: The New Paradigm for the Ethics of Peace and War*, ed. rev. (Cleveland: Pilgrim, 2008); e J. C. Arnold, *Why Forgive?* ed. rev. (Walden, NY: Plough, 2010).

[71] Para a boa análise e a crítica incisiva, veja D. W. Jones e R. S. Woodbridge, *Health, Wealth & Happiness: Has the Prosperity Gospel Overshadowed the Gospel of Christ?* (Grand Rapids: Kregel, 2010).

INTRODUÇÃO À INTERPRETAÇÃO BÍBLICA

de ler este livro, espera-se que ninguém tente interpretar Mateus 7 sem ter lido primeiro Mateus 6 ou tente interpretar Tiago 5 sem ler primeiro Tiago 4!

Nesses contextos mais amplos de Jesus e de Tiago, aprendemos sobre a condição mais importante de todas para que Deus responda a oração: ela tem que primeiro estar em concordância com a sua vontade (Mt 6:10; Tg 4:15). Tiago 4 nos ajuda a entender melhor a razão pela qual Deus atende a alguns pedidos e não atende a outros. Por um lado, mesmo quando alguns dons agradáveis concordam com a sua vontade, Deus determinou a dá-los somente se pedirmos (Tg 4:2). Só esse já seria um incentivo poderoso para orar. Por outro lado, às vezes pedimos as coisas por motivos errados e egoístas e, portanto, não as recebemos (v. 3). Mas, em outros casos, mesmo quando a nossa intenção é pura, precisamos nos lembrar de que nossos desejos nem sempre se alinham com os de Deus. Particularmente na área da cura física, a resposta de Jesus para Paulo pode também se aplicar a nós: "Minha graça é suficiente para você, pois o meu poder se aperfeiçoa na fraqueza" (2Co 12:9).

À luz dessas várias condições bíblicas sobre a oração, Douglas Moo define bem a oração da fé de Tiago 5:15 como aquela que "sempre inclui dentro dela um reconhecimento tácito da soberania de Deus em todas as questões; que é a vontade *de Deus* que tem que ser feita."[72] O mesmo princípio se encontra em 1João 5:14 de forma mais explícita, que "se pedirmos alguma coisa de acordo com a sua vontade", ele nos ouve. As promessas na Escritura geralmente têm condições vinculadas a elas, mas o mesmo acontece com a profecia. Nem sempre é fácil descobrir quais as predições sobre o futuro de Israel são condicionais e quais são incondicionais.

Historicamente, a teologia dispensacional tende a destacar várias promessas aparentemente incondicionais ao povo judeu, enquanto a chamada teologia dos pactos tem destacado as condições não cumpridas vinculadas a muitas dessas promessas.[73] A promessa de terra para a nação de Israel traz um exemplo excelente desse debate. Em Gênesis 15, Deus afirma a sua promessa programática para Abraão feita em Gênesis 12:1-3 e especifica que ele dará aos descendentes de Abraão "esta terra desde o rio do Egito (o Nilo) até o grande rio, o Eufrates" (15:18). Em nenhum capítulo aparece condição alguma, a menos que se interprete o chamado de Abraão para "ir" em 12:1 como uma condição, mas Abraão

---

[72] D. J. Moo, *James*, TNTC, ed. rev. (Nottingham: InterVarsity; Grand Rapids: Eerdmans, 2015), p. 229.

[73] O debate é bem representado em J. S. Feinberg, ed., *Continuity and Discontinuity: Perspectives on the Relationship between the Old and New Testaments* (Westchester: Crossway, 1988). Uma coleção importante de teses representando a mudança rumo ao evangelicalismo em meio aos eruditos dispensacionalistas é C. A. Blaising e D. L. Bock, eds., *Dispensationalism, Israel and the Church* (Grand Rapids: Zondervan, 1992).

• 778 •

APLICAÇÃO

de fato deixou a sua casa em Ur e viajou para a Terra Prometida. Por outro lado, quando os israelitas sob Moisés estavam prestes a ocupar Canaã, Deus declarou que todas as bênçãos da terra dependiam da obediência deles à Lei (Dt 28).

Uma forma plausível de resolver essa tensão, que combina com o restante da história do AT, é afirmar que a promessa sempre permanece disponível a princípio, mas que a oportunidade para o povo de cada geração se apropriar dessa promessa depende da sua obediência.[74] Outra solução já vê a condicionalidade em Gênesis 17:1-2, de modo que a bênção dependia da obediência até mesmo no tempo dos patriarcas.

A história se complica, no entanto, quando nos perguntamos se a promessa a Abraão e a Moisés já se cumpriu completamente. O território mais extenso que foi ocupado por Israel foi o da época de Salomão. Aparentemente ele incluía terras até o Eufrates (1Rs 4:24), mas nenhuma Escritura indica que em algum momento ele tenha abrangido todo o território até aquele rio.

Ainda assim, o próprio Salomão poderia louvar a Deus dizendo: "Não ficou sem cumprimento nem uma de todas as boas promessas que ele fez por meio do seu servo Moisés" (8:56). Então, se a promessa de Deus a Israel foi cumprida, não precisamos necessariamente buscar qualquer cumprimento posterior. Essa interpretação teria consequências diretas sobre o pensamento que vê uma nação moderna judaica na terra de Israel como o cumprimento da Escritura, isso sem mencionar o fato de que as dimensões da terra de Salomão incluíam territórios atualmente ocupados por parte da Síria e do Iraque.

Por outro lado, mesmo que suponhamos que o povo de Israel nunca tenha ocupado totalmente a terra que Deus destinou para eles, isto não quer dizer automaticamente que devamos buscar o cumprimento completo e literal em nossa época ou em alguma época posterior. O NT aplica à Igreja muitas passagens do AT que originalmente se aplicavam somente a Israel (veja esp. 1Pe 2:4-10). Na verdade, Paulo cita especificamente as promessas iniciais a Abraão ("por meio de você todas as nações da terra serão abençoadas", Gn 12:3b) como parte do evangelho, o qual previa os gentios recebendo a fé em Cristo (Gl 3:8). Então, parece bastante incoerente usar a primeira metade do versículo de Gênesis e supor que "Israel" ainda signifique uma nação judaica literal. Ainda que seja popular entre os cristãos norte-americanos conservadores citarem Gênesis 12:3a ("Abençoarei os que o abençoarem, e amaldiçoarei os que o amaldiçoarem") como uma razão para apoiarem o atual Estado de Israel, os princípios legítimos da aplicação parecem exigir que o "você" nesse texto agora se refere à Igreja de Jesus Cristo. Em outras palavras, Deus abençoará quem apoiar as

---

[74] Veja esp. W. C. Kaiser, Jr., *Toward an Old Testament Theology* (Grand Rapids: Zondervan, 1978), p. 110-113.

INTRODUÇÃO À INTERPRETAÇÃO BÍBLICA

causas cristãs e não abençoará aqueles que as atacam.[75] Mas não há promessas ainda não cumpridas quanto ao povo judeu? Alguns dirão que não, mas várias passagens do NT parecem preservar a esperança de um futuro mais glorioso para os judeus. O mais conhecido deles é o de Romanos 11:26-27: "E assim todo o Israel será salvo, como está escrito: 'Virá de Sião o redentor que desviará de Jacó a impiedade. E esta é a minha aliança com eles quando eu remover os seus pecados'" (citando Is 59:20-21). Já que Paulo diferencia os judeus dos gentios por toda a seção de Romanos 9 a 11, não é provável que "todo o Israel" signifique "a Igreja" nesse contexto. Nem é provável que Paulo queria dizer que todos os judeus sejam salvos sem considerar a sua atitude com relação a Jesus.[76] O contexto se refere à vinda do Messias (o libertador) e fala de banir a impiedade e de perdoar pecados.

A interpretação mais provável dessa passagem é que haverá um derramamento de fé no Messias Jesus entre um grande número de judeus na época do retorno de Cristo.[77] Mas isso não quer dizer que a maioria esmagadora de judeus na terra de Israel, que não são atualmente cristãos, seja o cumprimento necessário da profecia. Paulo se baseia em uma condição clara em Romanos 11:26-27: para que os judeus experimentem as bênçãos de Deus, eles têm que crer em Cristo. No máximo, podemos dizer que os judeus atuais em Israel se constituem num prenúncio desse cumprimento. Além disso, nenhum elemento nessa ou em qualquer outra passagem do NT se refere à *nação* de Israel, isto é, o estado político que ocupa certas fronteiras. A seção de Romanos 9—11 pode muito bem ser cumprida entre os judeus e gentios espalhados pelo mundo. Na verdade, Jesus utiliza a linguagem dos salmos sobre os israelitas morando na Terra Prometida e a aplica a todos os cristãos verdadeiros herdando a terra toda ("os humildes receberão a terra por herança", Mt 5:5, citando Sl 37:11).[78]

Então, é hermeneuticamente ingênuo afirmar que a nação amplamente secular de Israel necessariamente ocupe qualquer posição privilegiada na ordem das coisas de Deus. Pior ainda, esse pensamento geralmente leva a um apoio político acrítico aos judeus contra o povo palestino, contrariando o fato de 80

---

[75] Cf. esp. B. K. Waltke, *Gênesis* (São Paulo: Cultura Cristã, 2003), p. 248.

[76] Em sua análise de Romanos 11:25-36, E. P. Sanders, *Paul: The Apostle's Life, Letters, and Thought* (Minneapolis: Fortress, 2015), p. 687-689, deixa aberta a possibilidade, talvez mesmo a probabilidade, de que no final Deus salvará a todos. Ele diz, "Se Deus decidir salvar todos aqueles que ele criou, ele pode fazer isso, e tudo o que se pode dizer é 'Amém'" (p. 689). Achamos isso difícil de harmonizar com tudo que Paulo disse em Romanos até esse ponto sobre a necessidade da fé em Cristo para a salvação.

[77] Cf. com mais detalhe C. E. B. Cranfield, *A Critical and Exegetical Commentary on the Epistle to the Romans*, 2 vols., ICC (Edimburgo: T&T Clark, 1975-1979), 2:572-579.

[78] Sobre *o evangelho e a terra* nessa e em outras passagens, veja esp. W. D. Davies, em seu livro *The Gospel and the Land* (Berkeley: University of California Press, 1964).

• **780** •

APLICAÇÃO

por cento dos irmãos e irmãs em Israel no ano de 2012 serem árabes e palestinos em vez de judeus.[79] Percebemos que isso pode ser o exemplo controvertido para alguns dos nossos leitores;[80] no entanto, à luz do nosso destaque ao compromisso da Escritura com a justiça social, sentimos que é importante levantar essa questão nesse ponto. A hermenêutica pode ser questão de vida ou morte para milhões de pessoas no nosso planeta!

10. *Devemos adotar uma hermenêutica de "movimento redentor" que nos sugere a ir além do ensino do NT?* A reflexão mais importante e sofisticada sobre a questão de filtrar o que é cultural do que é eterno na Escritura é, de longe, a obra de William Webb.[81] Webb apresenta dezoito critérios possíveis para a tarefa sob os rótulos "convincente", "moderadamente convincente" e "inconclusivo." A parte central do seu argumento (e a essência da maioria dos seus "critérios convincentes") é que do mesmo modo que se pode traçar um entendimento sobre o desenvolvimento dos vários tópicos com estágios sucessivos na revelação do AT, bem como do AT para o NT, então também pode existir espaço onde a trajetória do pensamento bíblico indique que os cristãos atuais devam ir além do ensino do NT. Webb acredita que os cristãos já tenham feito isso com relação à escravidão. Ele, de forma persuasiva, mostra que as informações bíblicas sobre o comportamento homossexual *não* seguem essa trajetória. A prática homossexual é declarada como contrária à vontade de Deus nos dois testamentos. Mas ele acredita que o ensino bíblico sobre a mulher é mais parecido com o ensino sobre a escravidão. Ele não interpreta o ensino bíblico sobre o papel dos gêneros, como as feministas bíblicas fazem, apoiando claramente o igualitarismo, mas ele vê uma evolução do pensamento em uma direção que apoiaria os cristãos dos dias de hoje a ir além do NT para apoiar a intercambialidade dos papéis dos gêneros em casa e na Igreja.

O estudo de Webb merece uma reação cuidadosa e reflexiva. A maior parte do livro demonstra ser extraordinariamente útil. Mas algumas questões incômodas permanecem. Webb se refere de forma correta a 1Coríntios 7:21 sobre

---

[79] J. Sharon, "Christian Population in Israel Growing", *Jerusalem Post* (25 de dezembro de 2012), acesso em <http://www.jpost.com/National-News/CBS-report-Christian-population-in-Israel-growing>.

[80] Para a defesa vibrante da posição adotada aqui, veja esp. G. M. Burge, *Whose Land? Whose Promise? What Christians Are Not Being Told about Israel and the Palestinians*, ed. rev. (Cleveland: Pilgrim, 2013); e C. Chapman, *Whose Promised Land? The Continuing Crisis over Israel and Palestine*, 5ª ed. (Oxford: Lion Hudson, 2015). Cf. também G. M. Burge, *Jesus and the Land: The New Testament Challenge to "Holy Land" Theology* (Grand Rapids: Baker Academic, 2010); e as teses em S. J. Munayer e L. Loden, eds., *The Land Cries Out: Theology of the Land in the Israeli-Palestinian Context* (Eugene, OR: Cascade, 2012).

[81] W. J. Webb, *Slaves, Women, and Homosexuals: Exploring the Hermeneutics of Cultural Analysis* (Downers Grove: InterVarsity, 2001).

• 781 •

INTRODUÇÃO À INTERPRETAÇÃO BÍBLICA

os escravos tendo a oportunidade de se libertarem como o tipo de pensamento inicial que monta o cenário para a abolição da escravatura posterior.[82] Mas não existe nenhum texto análogo incentivando a mulher a ser presbítera/pastora ou cabeça sobre o seu marido quando a oportunidade chegar.[83] Por outro lado, os vários textos descritivos que se apresentaram favoráveis às mulheres em outros papéis de liderança sem precedentes sugerem que talvez Webb esteja correto que o NT é um avanço sobre o AT. Dois dos critérios convincentes de Webb apelam a campos de conhecimento extrabíblico, quando a base da instrução não pode ser mantida de uma cultura para outra, ou quando algum elemento do texto "é contrário às provas científicas atuais." Porém, a prática cultural e as provas científicas mudam bastante com o tempo, particularmente nas ciências sociais "mais suaves", justamente aquelas que se envolvem no debate sobre o papel dos sexos. Uma vez que alguém dá abertura a ir além da Escritura, mesmo baseado nas trajetórias aparentemente presentes na Escritura, uma caixa de Pandora de problemas pode surgir (cf. também 1Co 4:6).[84] Pode não ser uma caixa de Pandora que apareça com respeito a alguma questão em particular (e.g., os papéis dos sexos), mas pode ser em alguma outra área (e.g., a proliferação de ações na justiça contra irmãos em nossa cultura de direitos), apesar das proibições em 1Coríntios 6:1-11.

Os critérios convincentes restantes para filtrar o eterno do que é cultural que Webb apresenta, que não se relacionam com o nosso comentário até agora, é o de afirmações de "propósito ou intenção."[85] A própria Escritura pode dar a justificativa de um mandamento que exige uma aplicação diferente em outra cultura precisamente para *preservar* o propósito original. Por isso, 1Pedro regularmente dá razões evangelísticas para as suas instruções aos cidadãos, aos escravos e às mulheres para se submeterem às autoridades que estão acima deles (2:12, 15; 3:1, 16). Em um mundo que sem exceção levava a submissão às autoridades como um cenário cultural, desviar-se desse comportamento como cristãos colocaria obstáculos desnecessários no caminho dos não cristãos que vinham a Cristo. Mas, e com respeito à aplicação em um mundo onde muitos desconsideram o igualitarismo? Poderia a mesma justificativa defender o

---

[82] Webb, *Slaves, Women, and Homosexuals*, p. 84.

[83] Por outro lado, ainda que de forma menos específica, muitos acreditam que Gálatas 3:28 crie exatamente esse precedente.

[84] E.g., as primeiras reivindicações feministas sobre diferenças psicológicas mínimas entre os gêneros têm em grande parte diminuído depois de estudos mais aprofundados. A análise particularmente detalhada sobre os papéis dos sexos e as ciências sociais aparece em S. Clark, *Man and Woman in Christ* (Ann Arbor: Servant, 1980), p. 369-570. Atualizações úteis e uma perspectiva geral diferente aparecem em M. S. van Leeuwen, *My Brother's Keeper: What the Social Sciences Do (and Don't) Tell Us about Masculinity* (Downers Grove: InterVarsity, 2002).

[85] Webb, *Slaves, Women, and Homosexuals*, p. 105.

APLICAÇÃO

tratamento de um para com o outro totalmente como iguais?[86] A justificativa evangelística de 1Pedro poderia apoiar a prática cristã *oposta* nos dias de hoje. Que abordagem iria aumentar a credibilidade da melhor maneira nesse contexto e promover o avanço do evangelho dentro dele? Nesse caso, o critério de Webb pode ser visto como apoio à agenda igualitária, ainda que a sua aplicação se torne mais complicada devido ao grande caldeirão de culturas em muitas partes do mundo atual. Seja qual for a maneira que alguém trate a questão, vale a pena levantá-la, bem como o critério no qual ela se baseia.

Identifique os princípios transculturais

Já demos exemplos desse passo com a maioria dos exemplos analisados anteriormente. Podemos deduzir um princípio amplo que o texto bíblico específico promove como eterno, mesmo que não possamos aplicar de forma universal sem alteração a instrução, o exemplo, a promessa, ou o aviso específicos do texto? Se discernirmos esse princípio, então temos que elaborar novos exemplos e aplicações desse princípio para novas situações. Por exemplo, com o ensino de Paulo sobre a comida sacrificada aos ídolos, propusemos o princípio mais amplo da "liberdade dos cristãos quanto a práticas culturais moralmente neutras enquanto eles avaliam a maneira pela qual a sua liberdade possa afetar os seus irmãos em Cristo." Quanto às tatuagens, o princípio era para não imitar as religiões pagãs que põem em dúvida a fidelidade a Cristo. Para as coberturas da cabeça, generalizamos para abranger novas formas de ornamento ou de comportamento que sugerissem a infidelidade religiosa ou sexual. Em outras palavras, em cada caso queremos saber o motivo pelo qual foi dada a instrução específica ou a prática em particular foi adotada ou descartada. O que ela significava no seu contexto cultural ou histórico particular?

Às vezes, a Escritura nos diz diretamente no contexto imediato ou maior da passagem, ou pelo menos dá pistas. Às vezes, temos que fazer a nossa própria pesquisa histórica e cultural, ou, mais tipicamente, depender das melhores obras que os outros fizeram.

Mas precisamos lidar a essa altura com outra questão envolvida nesse terceiro passo no processo da aplicação. Quando o estudante da Bíblia generaliza ou traça princípios a partir de uma aplicação específica, qual a amplitude que eles devem dar à formulação do princípio geral? Reflita novamente sobre a história de Abraão quase sacrificando o seu filho Isaque. Já que Deus não espera

---

[86] Para duas respostas diferentes sobre esta questão, veja S. Dowd, "1Peter", em *The Women's Bible Commentary*, 3ª ed., ed. C. A. Newsome, S. H. Ringe, e J. E. Lapsley (Louisville: Westminster John Knox, 2012), p. 462-464; e J. H. Elliott, *1Peter*, AB 37B (New York: Doubleday, 2000), p. 585-599.

• 783 •

INTRODUÇÃO À INTERPRETAÇÃO BÍBLICA

que os cristãos matem os seus filhos, quais princípios mais amplos poderemos deduzir dessa passagem? Alguém pode propor, por exemplo: "Obedeça a Deus em tudo o que ele mandar, mesmo a ponto de confiar nele para o livrar de dilemas morais aparentemente insolúveis." Afinal de contas, a Escritura de forma coerente nos lembra do valor positivo das provações e das tentações (e.g., Tg 1:2-18; 1Pe 1:3-9).

Mas em nenhuma passagem Deus promete que nos preservará de todas as situações nas quais possamos ser tentados a pecar ou a não agir de forma sábia. Em 1Coríntios 10:13, Paulo sugere que, frequentemente, Deus nos permite passar por estas situações, mas nos capacita a não pecar e nos orienta a agir sabiamente (um poder e uma orientação que podemos escolher se aceitamos ou rejeitamos). Além disso, o texto nunca dá a entender que Abraão reconheceu que estava sendo provado, mesmo que, de antemão, o narrador bíblico explique que ele foi (Gn 22:1).[87] No momento em que somos provados, nós, também, não temos certeza se as dificuldades em nossa vida refletem a provação de Deus ou a tentação do Diabo, ou se são simplesmente o resultado de nossa escolha insensata, da ação dos outros, ou efeito de se viver em um mundo decaído. Então, talvez devamos adiantar um princípio ainda mais amplo a partir de Gênesis 22: "Confie na soberania de Deus." Esse princípio está por trás de várias passagens da Escritura, mais claramente na narrativa histórica do AT. A sua verdade é impecável. Mas, a partir disso, podemos levantar a questão: Isso é *tudo* que a passagem quer nos ensinar? A aplicação específica para a nossa vida baseada nesse princípio geral pode ter pouca semelhança com a história de Abraão e de Isaque. Por exemplo, podemos tomar a decisão de confiar que Deus proverá uma boa porta de emprego depois de meses de desemprego. Mas esta aplicação não tem nenhum vínculo com os detalhes da passagem de Gênesis 22. Podemos chegar a um meio-termo, talvez baseados na reflexão de Hebreus 11:17-19 que Abraão creu que Deus poderia ressuscitar o morto, então ele confiou que, mesmo se ele tivesse matado o seu filho, Deus traria Isaque de volta à vida. O nosso princípio eterno então se torna: "Não nos afetaremos demais ou temeremos se a morte nos ameaçar ou ao nosso irmão, já que sabemos que, se ela vier, seremos ressuscitados no último dia." Este princípio tem um apoio sólido do NT (1Ts 4:13-18; 1Co 15:20-28) e combina com vários detalhes da passagem de Gênesis. Mesmo se nos limitarmos a Gênesis, podemos concluir que Abraão levou Deus totalmente a sério, crendo que ele era capaz de cumprir a sua promessa sobre dar descendentes numerosos a Abraão,

---

[87] Sobre esta figura literária, na qual o narrador sabe mais que os personagens por toda a história de Gênesis 22, veja J. H. Sailhamer, "Genesis", em *Expositor's Bible Commentary Revised*, 13 vols., ed. D. E. Garland e T. Longman III (Grand Rapids: Zondervan, 1990), 1:210-213.

APLICAÇÃO

por meio dos quais todas as nações da terra seriam abençoadas (Gn 12:1-13), o que nos incentiva a confiar nas outras promessas das Escrituras que ainda não foram cumpridas.

Níveis de autoridade

Este processo é um exemplo claro de que as aplicações têm *níveis de autoridade* diferentes. Quanto mais a aplicação moderna se aproximar da aplicação no texto bíblico, maior o grau de confiança que teremos de que a nossa aplicação é legítima. Geralmente, a aplicação específica se aproximará do texto somente se o princípio mais amplo que ela ensina engloba elementos do texto. As verdades mais genéricas, como "a soberania de Deus" em nosso exemplo anterior, não darão lugar a aplicações mais específicas e contemporâneas que se parecem muito com as originais. Então não poderemos, portanto, sempre afirmar com o mesmo nível de confiança que aplicamos a passagem de forma correta. A que ponto poderemos ter confiança? (1) Teremos o nível mais alto de confiança de que a nossa aplicação é válida quando pudermos empregar a reação proposta originalmente a nossa situação sem mudá-la ou mudando-a apenas um pouco (e essa reação aplicar de forma válida o princípio eterno na passagem),[88] (2) Temos o próximo nível de confiança de que a nossa aplicação é legítima quando podemos extrair um princípio mais amplo cuja aplicação incorpore um número significativo de elementos da passagem. Mas temos que estar certos de que extraímos um princípio válido e eterno. (3) Quando recuamos ainda mais para o nível de aplicar mais verdades gerais a partir de uma passagem, a nossa aplicação pode refletir coisas boas para que os cristãos façam, mas não poderemos ter tanta certeza de que ela é uma aplicação específica *do texto em questão.*[89] Como Millard Erickson afirma muito bem, devemos "procurar por princípios que possuam o máximo grau de especificidade que satisfaçam os critérios para que possam ser generalizados."[90] Webb fala de forma útil de uma "escada de

---

[88] É fundamental acrescentar estas palavras, já que podemos aplicar diretamente uma instrução em um texto e na verdade não perceber o princípio transmitido nele. Por exemplo, podemos até literalmente lavar os pés de outro cristão ao aplicar João 13:14 e não perceber o princípio do serviço humilde. A prática do lava-pés não transmite em nossa cultura o sentido que a prática tinha no mundo de Jesus.

[89] Para uma análise mais profunda dessas distinções, veja esp. Kuhatschek, *Applying the Bible*, p. 56-57.

[90] M. J. Erickson, *Evangelical Interpretation: Perspectives on Hermeneutical Issues* (Grand Rapids: Baker, 1993), p. 65. C. Kraft ("Interpreting in Cultural Context", *JETS* 21 [1978]: 357-367) define o mesmo princípio usando a linguagem dos "níveis da abstração".

• 785 •

INTRODUÇÃO À INTERPRETAÇÃO BÍBLICA

abstração, na qual as ideias mais abstratas estão nos degraus mais altos da escada, ao passo que a nossa tarefa é subir somente quando o texto exigir isso de nós."[91]

Lidamos com essa questão particularmente quando buscamos abordar as situações contemporâneas às quais a Bíblia não se refere diretamente. Qual, por exemplo, é a posição cristã sobre possuir ou usar armas de destruição em massa? Ainda que a Bíblia não diga nada sobre as armas nucleares, químicas ou biológicas, ela registra muita coisa sobre a guerra (principalmente no AT). Ainda assim, os cristãos discordam sobre se a guerra é ou não é adequada na era do NT.[92] Poucos na história da Igreja, no entanto, conseguiram adotar o pacifismo. Seja como for, os princípios da guerra convencional necessariamente levam a uma era de armas de destruição de massa? Alguns acham que não, afirmando, por exemplo, que os princípios históricos para uma guerra justa (tentando evitar baixas civis etc.) não podem ser aplicados nem mesmo às guerras nucleares, químicas ou biológicas mais limitadas.[93] Mas poderíamos admitir, às custas de argumento, que toda guerra desse tipo seja imoral, que isso proíba até mesmo *possuir* esses tipos de armas? O seu benefício se sobrepõe ao perigo de um acidente catastrófico que poderia dar lugar a um holocausto tão grande? Obviamente, não respondemos essas perguntas citando capítulos e versículos da Escritura!

Isto não quer dizer, no entanto, que a Bíblia seja irrelevante no debate sobre as armas de destruição em massa.[94] O intérprete pode aplicar princípios mais amplos ou verdades gerais a esse tópico. Ele precisa equilibrar o ensino da Escritura sobre a santidade da vida com o seu cuidado que a justiça seja feita. Ele precisa levantar questões sobre o destino eterno das pessoas que podem perder a vida em um holocausto militar. Eles podem também aplicar o ensino sobre o papel do governo de fazer cumprir a lei e sobre os cristãos não exigirem os seus direitos ou buscarem a retaliação sobre os males feitos a eles. Mesmo dentro da guerra em pequena escala, a tecnologia moderna levanta novas questões importantes.

---

[91] Webb, *Slaves, Women and Homosexuals*, p. 54. Cf. também H. W. Robinson, *Biblical Preaching: The Development and Delivery of Expository Messages*, 3ª ed. (Grand Rapids: Baker, 2008), p. 197-198, 201-202; Strauss, *How to Read the Bible in Changing Times*, p. 211-217; e Bauer e Traina, *Inductive Bible Study*, p. 322-324.

[92] Veja, e.g., R. G. Clouse, ed., *War: Four Christian Views* (Downers Grove: InterVarsity, 1981); R. S. Hess e E. A. Martens, eds., *War in the Bible and Terrorism in the Twenty-First Century* (Winona Lake, IN: Eisenbrauns, 2008).

[93] E.g., R. J. Sider, *Completely Pro-Life: Building a Consistent Stance on Abortion, the Family, Nuclear Weapons, the Poor* (Downers Grove: InterVarsity, 1987; Eugene, OR: Wipf & Stock, 2010), p. 159-163.

[94] Ou sobre a guerra moderna de forma mais geral. Para uma gama representativa de perspectivas, veja J. A. Wood, *Perspectives on War in the Bible* (Macon: Mercer, 1998).

· **786** ·

APLICAÇÃO

Um dos critérios principais da teoria cristã da guerra justa é a minimização das baixas civis. Um dos critérios desejáveis para toda nação em conflito é a minimização das baixas entre os combatentes. O desenvolvimento de drones não tripulados cuidadosamente guiados tem o potencial de obedecer a esses dois critérios, mas até agora o seu grau de precisão ainda não está à altura do seu potencial. E será que os operadores de computador à distância podem ter informações seriamente relevantes sobre o local para tomar as decisões mais éticas possíveis com o investimento pessoal suficiente? Em contrapartida, pode alguém ter a capacidade de ser mais objetivo porque sua própria vida não está imediatamente em risco?[95] As questões são complexas e compreendemos a razão pela qual os cristãos discordam entre si. Não podemos usar diretamente as passagens específicas do mesmo modo que se fazia nos tempos bíblicos. E até os princípios gerais que adotamos tendem a ser amplos. Então temos que equilibrar a nossa análise com humildade. Ainda que tenhamos uma opinião bem definida a favor de um lado ou outro no debate, não nos atrevemos a reivindicar o mesmo nível de certeza que temos quando citamos João 3:16 como a base de crer em Cristo para a salvação![96]

Encontre aplicações adequadas que exemplifiquem os princípios gerais

Temos dado exemplos desse passo final por todo o tempo. O seguinte diagrama ilustra o processo.

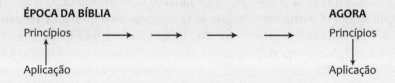

---

[95] Para a amostra representativa das perspectivas, veja Dennis R. Himes, *Drones and the Ethics of Targeted Killing* (Lanham, MD: Rowman & Littlefield, 2015); e D. Cortright, R. Fairhurst, e K. Wall, eds., *Drones and the Future of Armed Conflict: Ethical, Legal and Strategic Implications* (Chicago: University of Chicago Press, 2015).

[96] Um bom recurso para saber como pensar de forma cristã face à questões contemporâneas é a obra de H. Blamires, *The Christian Mind: How Should a Christian Think?* (Ann Arbor: Servant, 1978; Vancouver, Regent College, 2005). Exemplos excelentes da aplicação dos temas amplos da criação, da queda, e da redenção a dilemas éticos aparecem em J. R. W. Stott, *Decisive Issues Facing Christians Today* (Grand Rapids: Baker, 1996). Com menos sofisticação metodológica, mas também muito útil sobre uma variedade de tópicos contemporâneos, é K. S. Kantzer, ed., *Applying the Scriptures* (Grand Rapids: Zondervan, 1987).

INTRODUÇÃO À INTERPRETAÇÃO BÍBLICA

Tendo encontrado o princípio ou os princípios que levaram à aplicação na época em que foi escrito o texto, buscamos traduzir o princípio ou os princípios em aplicações adequadas e correspondentes "agora". Conhecer a prática da época que implementou o princípio subjacente nos capacita a discernir a prática adequada nos dias de hoje que implementa o mesmo princípio. Por isso devemos dar um aperto de mão de coração, em vez de saudar com o ósculo santo; poderemos criar bancos de comida bem barata em vez de deixar de colher totalmente no nosso campo; e devemos ter cuidado quanto ao efeito de consumir álcool diante de um alcoólatra que está se recuperando, mesmo nunca lidando com o dilema de comer ou não carne sacrificada aos ídolos. Muitas dessas aplicações provavelmente parecem diretas e razoáveis para o nosso leitor.

Exige-se uma coerência maior, no entanto, quando os cristãos desejam viver de forma responsável em contextos transculturais. Caso uma pessoa branca de ascendência europeia tome a decisão de ministrar efetivamente para uma comunidade muçulmana na Jordânia, ou caso as pessoas de raças diferentes tentem se relacionar na mesma cidade dos Estados Unidos, as diferenças entre as culturas aumentam a possibilidade de gafes na comunicação. Alguns cristãos conservadores na Guatemala ficam admirados de que os cristãos norte-americanos se sintam à vontade em fazer (e exibir) tatuagens.

Muitos cristãos criados em um ambiente muçulmano acham um insulto que as mulheres exibam os seus ombros em público e que os homens e as mulheres comam porco. Alguns evangélicos americanos não podem entender a liberdade que C. S. Lewis sentia na Inglaterra ou que muitos cristãos alemães sentem de fumar. Em cada caso, os textos bíblicos são convocados para apoiar estas aplicações em particular. E o que se faz quando alguns estados vendem livremente a maconha (como no Colorado, onde os autores deste livro moram), ao mesmo tempo que seja ainda tecnicamente ilegal em termos nacionais? Os cristãos descuidados que sem atenção exibem a sua liberdade ou rapidamente impõem o seu conservadorismo logo perderão o respeito de seus conhecidos de outras culturas, mesmo que a sua aplicação demonstre ser justificável.[97] Tem que se pensar em termos de qual comportamento é digno do evangelho e qual o promoverá. A Escritura traz muitos exemplos de contextualização transcultural. Quando Paulo encontra aqueles que ensinam que a circuncisão é obrigatória para a salvação, ele resiste ao ensino mesmo com o risco de uma divisão severa

---

[97] A obra evangélica padrão sobre a contextualização em cenários transculturais é a de D. J. Hesselgrave e E. Rommen, *Contextualization: Meanings, Methods, and Models* (Grand Rapids: Baker, 1989; Pasadena: William Carey Library, 2013). Veja também A. S. Moreau, *Contextualization in World Missions: Mapping and Assessing Evangelical Models* (Grand Rapids: Kregel, 2012); e M. Cook et al., eds., *Local Theology for the Global Church: Principles for an Evangelical Approach to Contextualization* (Pasadena: William Carey Library, 2010).

APLICAÇÃO

(Gl 2). Mas quando essa questão se refere somente a uma melhor recepção ao meio-judeu Timóteo para ministrar entre os judeus, ele com prazer o circuncida (At 16:1-5).[98] Na verdade, o próprio Paulo justifica esse comportamento, observando que é uma característica do ministério:

> Porque, embora seja livre de todos, fiz-me escravo de todos, para ganhar o maior número possível de pessoas. Tornei-me judeu para os judeus, a fim de ganhar os judeus. Para os que estão debaixo da lei, tornei-me como se estivesse sujeito à lei, (embora eu mesmo não esteja debaixo da lei), a fim de ganhar os que estão debaixo da lei. Para os que estão sem lei, tornei-me como sem lei (embora não esteja livre da lei de Deus, mas sim sob a lei de Cristo), a fim de ganhar os que não têm a lei. Para com os fracos tornei-me fraco, para ganhar os fracos. Tornei-me tudo para com todos, para de alguma forma salvar alguns. Faço tudo isso por causa do evangelho, para ser coparticipante dele.

Se 1Coríntios 8 e 10 destaca a necessidade de os cristãos considerarem os sentimentos e as convicções dos outros fiéis, 1Coríntios 9 com certeza ressalta a necessidade de considerar o que tem mais chance de ajudar ou atrapalhar *os que não creem* no processo de se achegarem à fé.

A dificuldade final que o pregador tem para chegar à aplicação contemporânea do texto bíblico vem do desejo adequado de não ser repetitivo demais. Quantas vezes que aqueles que não estão acostumados a frequentar a Igreja têm ouvido uma mensagem sobre se aproximarem de Deus nas quais o mesmo punhado de disciplinas espirituais, especialmente a oração e o estudo bíblico, são praticamente as únicas aplicações que o preletor faz? Os que o ouvem imaginam se eles estão perdendo outras dimensões importantes. Daniel Doriani escreveu *Putting the Truth to Work: The Theory and Practice of Biblical Application*[99] [Colocando a verdade para funcionar: a teoria e a prática da aplicação bíblica], um livro bem abrangente, cujo ponto central é abordar essa questão propondo sete "fontes bíblicas" para a aplicação e quatro "aspectos" da aplicação. As sete fontes correspondem em parte, mas não completamente, à diversidade dos gêneros literários, que Doriani identifica como "regras, ideais, doutrinas, atos redentores em narrativas, atos exemplares nas narrativas, nas imagens bíblicas, nas canções e nas orações."[100] O texto pode, na verdade, ter vários desses elementos. Os quatro "aspectos" são rotulados por Doriani como "dever, caráter, objetivo

---

[98] Cf. W. O. Walker, "The Timothy-Titus Problem Reconsidered", *ExpTim* 92 (1981): p. 231-235.

[99] Phillipsburg, NJ: Presbyterian and Reformed, 2001.

[100] Doriani, *Putting the Truth to Work*, p. 82.

• **789** •

INTRODUÇÃO À INTERPRETAÇÃO BÍBLICA

e discernimento."[101] Portanto, para cada "fonte bíblica" na passagem, pode-se perguntar o que se pode fazer, o que alguém deve ser (o tipo de pessoa que deve se tornar), a que causas que deve se dedicar, e como se pode distinguir a verdade do erro. Pensar conscientemente através de todas as vinte e oito combinações potenciais de fontes e aspectos normalmente dará ao intérprete aplicações diversas suficientes.

FONTES→ ASPECTOS↓	REGRAS	IDEAIS	DOUTRINAS	ATOS REDENTORES NAS NARRATIVAS	ATOS EXEMPLARES NAS NARRATIVAS	IMAGENS BÍBLICAS	CANÇÕES E ORAÇÕES
Dever: o que fazer							
Caráter: o que ser							
Objetivo: que causas abraçar							
Discernimento: distinguir a verdade do erro							

Finalmente, aplicar com fidelidade a Bíblia a novos contextos exige que nos tornemos tão sinceros quanto ao nosso estudo do nosso mundo contemporâneo quanto em relação à própria Escritura. Isto quer dizer que temos que aprender não somente a fazer a exegese das Escrituras, mas também a fazer a exegese das culturas. Muitos que pregam ou ensinam a Bíblia para outras pessoas finalmente aprendem essa lição,[102] mas na verdade quem busca aplicar a Bíblia à sua vida de um modo válido tem que descobrir isso. Ler e escutar o

---

[101] Ibid., p. 98.

[102] Veja esp. as sugestões excelentes J. R. W. Stott, *Between Two Worlds: The Art of Preaching in the Twentieth Century* (Grand Rapids: Eerdmans, 1982) sobre "O chamado para estudar" (pp. 180-210), no qual ele descreve os recursos humanos e intelectuais que ele usa para equilibrar o exame minucioso das Escrituras com o entendimento do mundo moderno. Com certeza, com o advento das pesquisas na Internet, o problema no século XXI geralmente não é o quanto acessamos de informações, mas o modo pelo qual as acessamos e o discernimento sobre quais são as informações confiáveis. É incrivelmente tentador para as pessoas ver o que elas estão predispostas a acreditar e aceitar sem verificação, mesmo se tratando de uma informação totalmente precisa. Os artigos da Wikipédia, e.g., têm crescido tremendamente em qualidade, mas pode-se rolar um pouco a tela e descobrir as versões online de dicionários revisados e publicados, enciclopédias, ou outras obras padrão de referência, cuja consulta ainda traz um resultado bem melhor.

APLICAÇÃO

noticiário de forma refletida, assistir aos filmes de modo crítico, escutar música e monitorar outras fontes da cultura popular; viajar, e, se possível, viver por um tempo em culturas diferentes; comunicar-se com cristãos de outras linhas denominacionais e religiosas, tudo isso (e esta é somente uma amostra representativa) pode aumentar a nossa sensibilidade. O tempo precioso investido no contato direto e na amizade com os que não creem também é fundamental. O estudo de toda a amplitude de tópicos geralmente incluídos no currículo principal das faculdades de humanas pode ser benéfico. As análises completas sobre como fazer a exegese da cultura pode exigir outro livro como esse, mas seríamos negligentes se não alertássemos o nosso leitor sobre a importância dessa tarefa.

O PAPEL DO ESPÍRITO SANTO

Também seríamos omissos se não relembrássemos o nosso leitor de um pressuposto que afirmamos antes: nada do que ensinamos neste livro chegará ao objetivo proposto se o intérprete não estiver em oração contínua e na constante dependência do Espírito Santo para orientá-lo na tarefa hermenêutica. Defendemos esse pressuposto; é parte do nosso pré-entendimento. Mas, como indicamos anteriormente, recorrer ao Espírito Santo não substitui o método interpretativo sensato. O excelente artigo de Roy Zuck, *The role of the Holy Spirit in Hermeneutics* [O papel do Espírito Santo na hermenêutica], merece ser lido do início ao fim; aqui só podemos resumir os seus quatorze princípios mais importantes:

1. O Espírito Santo não dá novas revelações com o mesmo nível da Escritura.
2. Ele não garante que a nossa interpretação seja infalível.
3. Ele não dá a ninguém descobertas que nenhuma outra pessoa teve.
4. Muitos não cristãos podem aplicar a hermenêutica sensata para entender o sentido da Escritura; no entanto, sem o Espírito, eles se recusam a aplicá-la de forma adequada para a vida deles.
5. O entendimento não é um domínio exclusivo dos especialistas bíblicos.
6. A devoção espiritual da parte do intérprete é essencial.
7. A falta de preparo espiritual pode impedir a interpretação correta.
8. Não há substituto para o estudo dedicado.
9. O Espírito Santo não exclui as ferramentas de estudo.
10. Ele não despreza o senso comum e a lógica.
11. Ele normalmente não transmite lampejos repentinos de intuição.
12. O papel do Espírito na hermenêutica é parte do processo de iluminação.
13. Ele não esclarece todas as partes da Bíblia por igual.
14. Ele não garante um entendimento abrangente.

INTRODUÇÃO À INTERPRETAÇÃO BÍBLICA

Resumindo, os cinco elementos fundamentais para a interpretação e a aplicação adequadas são: (1) o novo nascimento espiritual, (2) a maturidade espiritual, (3) o estudo dedicado, (4) o senso comum e a lógica, e (5) a dependência humilde do Espírito Santo para receber o discernimento.[103] A lista de Zuck também nos recorda que o Espírito Santo nunca propõe que leiamos a Bíblia somente nos isolando de outros cristãos. Deus tem orientado milhões de pessoas ao longo dos anos. Verificar suas interpretações e aplicações comparando-as com uma ampla variedade de leituras que outras pessoas fizeram das Escrituras traz um equilíbrio importante sobre o que pensamos ter descoberto ou sentimos que o Espírito está nos ensinando.[104]

Esperamos que este livro tenha demonstrado a necessidade de todos esses cinco elementos, ainda que o nosso foco fundamental tenha sido os itens (3) e (4). Ninguém deve imaginar que este livro apresenta uma fórmula infalível para interpretar e aplicar as Escrituras. Isso representa um processo que envolve a vida toda, o objetivo em direção do qual devemos nos esforçar. Mas, se lhe demos vontade de ler mais a Bíblia, de encarar algumas passagens mais difíceis ou menos conhecidas dela, então ficaremos felizes. Se ampliamos a sua noção dos tipos de perguntas a se fazer ao texto enquanto se lê a Bíblia ou a interpretação de outros, então demos um passo adiante. Se o incentivamos a utilizar algumas das ferramentas de estudo e dos recursos extraordinários que atualmente estão disponíveis aos cristãos, então alcançamos parte do nosso objetivo. Mesmo assim, o nosso trabalho será inútil se não tivermos despertado um grande zelo para *obedecer* mais às Escrituras no instante que as entender e para conhecer e amar ao Deus que as inspirou.[105] Vivemos em uma época de analfabetismo bíblico e de uma desobediência bíblica ainda maior. Como disse certo pregador uma vez, "Quando se tem uma grande escuridão, até uma pequena luz já ajuda." Portanto, terminamos esse estudo da aplicação encorajando-o a colocar em prática os princípios que descrevemos neste livro. Enquanto faz isso, você terá a capacidade de manejar bem a Palavra da verdade (2Tm 2:15). Leia a Palavra, estude-a, medite nela, e depois a aplique. Deus o abençoará a cada passo!

---

[103] R. B. Zuck, "The Role of the Holy Spirit in Hermeneutics", *BSac* 141 (1984): p. 120-130. Cf. R. B. Zuck, *A interpretação bíblica: meios de descobrir a verdade da Bíblia* (São Paulo: Vida Nova, 1994), p. 323-339. Igualmente útil em muitos aspectos é M. I. Wallace, "Performative Truth and the Witness of the Spirit", *SwJT* 35 (1993): p. 29-36.

[104] Veja com maiores detalhes em Strauss, *How to Read the Bible in Changing Times*, p. 93-105.

[105] Cf. o excelente capítulo "Obedecendo à Palavra: O uso cultural da Bíblia", em W. C. Kaiser, Jr. e M. Silva, *Introdução à Hermenêutica Bíblica* (São Paulo: Cultura Cristã, 2007), p. 167-186. Este capítulo aborda várias questões que analisamos com relação à aplicação.

BIBLIOGRAFIA COMENTADA: FERRAMENTAS HERMENÊUTICAS

Muitos livros de hermenêutica trazem uma bibliografia. Geralmente, esses livros compõem um catálogo de obras importantes no campo da teoria da hermenêutica.[1] Recomendamos esses livros e incentivamos os leitores a consultá-los para um estudo mais aprofundado, mas não seguiremos suas diretrizes. O leitor interessado em se aprofundar nas várias áreas da hermenêutica pode prosseguir nesse objetivo consultando as amplas notas de rodapé colocadas por todo o texto. (Posicionadas de forma conveniente nas seções adequadas, elas substituem esse tipo de bibliografia). Em vez disso, preferimos trazer uma bibliografia que ajude o estudante na prática real da interpretação. Temos a convicção de que o intérprete bíblico precisa de ferramentas adequadas, tanto quanto aqueles que atuam em qualquer outra área. As referências bibliográficas são apresentadas aqui em seções baseadas no uso. Os breves comentários trazem dicas quanto ao uso e ao benefício dos vários itens. Marcamos os livros que acreditamos ser excelentes, indispensáveis ou, pelo menos, prioritários com um asterisco [*]. Sugerimos que os estudantes, ao montarem sua biblioteca bíblica, adquiram primeiramente esses livros.[2] Mencionamos alguns títulos esgotados por causa de sua relevância, e porque podem ser encontrados em bibliotecas e sebos. Alguns livros que incluímos usam os idiomas grego e hebraico. Observa-se essa diferença nos comentários. Os estudantes que puderem fazer uso desses idiomas terá uma vantagem decisiva no processo

---

[1] Por exemplo, existem bibliografias excelentes em G. R. Osborne, *A espiral hermenêutica: uma nova abordagem à interpretação bíblica* (São Paulo: Vida Nova, 2009). Duas bibliografias que são atualizadas regularmente, uma para o AT e a outra para o NT, de ferramentas importantes para a prática da exegese são publicadas pelo *Denver Journal*, um periódico online patrocinado pelo Denver Seminary. Veja http://www.denverseminary.edu, vá para o menu "Resources" e clique no link para o *Denver Journal*. Para guias abrangentes de comentários, veja T. Longman, III, *Old Testament Commentary Survey*, 5ª ed. (Grand Rapids: Baker, 2013); D. A. Carson, *New Testament Commentary Survey*, 5ª ed. (Grand Rapids: Baker, 2013); e J. F. Evans, *A Guide to Biblical Commentaries and Reference Works*, 10ª ed. (Grand Rapids: Zondervan, 2016). Outra fonte de recursos bíblicos e teológicos úteis é J. Glynn, *Commentary and Reference Survey*, 10ª ed. (Grand Rapids: Kregel, 2007).

[2] Obviamente, nossos colegas em outras instituições (incluindo pastores, professores e estudantes que usam esse livro) podem ter outras preferências. Ainda que as preferências individuais sejam diferentes, tentamos trazer uma lista de recursos amplamente aceitos como os melhores disponíveis no momento.

INTRODUÇÃO À INTERPRETAÇÃO BÍBLICA

de interpretação, e eles devem utilizar essas ferramentas nas línguas originais.[3] Aqueles que não puderem aprender um dos idiomas ou os dois, geralmente não precisarão comprar a maioria desses livros. Os leitores notarão, no entanto, na nossa descrição de algumas dessas ferramentas linguísticas, que sugerimos que até mesmo o estudante que não tem conhecimento do grego ou do hebraico pode ter um grande benefício ao usá-las. Quando for possível, o estudante pode tentar pegar emprestado ou usar o livro de um amigo ou das bibliotecas teológicas para avaliar o seu valor ou a sua utilidade antes de comprá-lo.

Do mesmo modo que as ferramentas, os livros são tão bons quanto os especialistas que os escreveram ou os compilaram. Mas, até mesmo os especialistas e os editores cometem erros; eles podem avaliar as provas de forma errada ou ter preconceitos por várias razões (lembre-se da nossa análise do pré-entendimento e do pressuposto). Então, reconhecer que a interpretação bíblica nunca será um processo fixo como as ciências, cujas tabelas de fórmulas matemáticas são precisas, é sábio trabalhar com uma variedade de obras de referência para verificar as análises e as opiniões. Isso é especialmente importante nos pontos controvertidos, onde os especialistas esclarecidos divergem.

O leitor deve fazer perguntas incisivas: O ônus da prova está lá? Outros especialistas de renome concordam? As provas sobre as quais se baseia a conclusão são claras o suficiente para fundamentá-la? As provas foram examinadas de forma justa e objetiva? Ainda que queiramos acreditar que uma obra de referência só contenha verdades aceitas, esse não é sempre o caso. Nós, com certeza, não defendemos um agnosticismo ou um ceticismo completo; claramente o nível de conhecimento nos dias de hoje excede ao de qualquer época na história. A outra alternativa (rejeitar todos os recursos e ferramentas) seria muito mais danosa. Em vez disso, esperamos plantar sementes de senso comum e pensamento crítico que se recuse a adotar nada menos que as melhores respostas possíveis para as perguntas da interpretação.

Com certeza, as referências e as notas de rodapé nos capítulos anteriores já sugeriram alguns livros da lista que se segue. Aqui tentamos agrupar, de forma organizada, as melhores ferramentas de pesquisa bíblica e de interpretação responsável e exata. Um número crescente desses recursos pode ser encontrado em formato digital e dentro de pacotes de aplicativo. Limitamos a lista a obras em inglês, com algumas exceções (principalmente as ferramentas para os idiomas originais), como foi observado. O foco está na *prática da interpretação*, não na sua teoria ou na sua defesa — já tentamos fazer isso e citamos várias obras nas notas de rodapé. Geralmente, os livros são relacionados do *menos* ao *mais*

---

[3] Francamente, lamentamos a tendência crescente de se omitir ou de se reduzir dramaticamente o tempo de estudo dos idiomas bíblicos nos currículos teológicos, mas essa é outra questão.

• 794 •

BIBLIOGRAFIA COMENTADA: FERRAMENTAS HERMENÊUTICAS

avançado (da forma mais precisa possível) e dos que são baseados no texto em inglês da Bíblia para aqueles que exigem os idiomas originais. Geralmente, as fontes do AT vêm antes das fontes do NT. Os comentários devem deixar esses fatores bem claros. Então, em muitas categorias, o leitor com menos tempo de estudo deve começar consultando os livros iniciais. Depois pode ir seguindo a lista à medida que tiver mais habilidade e forem exigidas informações mais profundas. Quanto ao formato, relacionamos cada recurso em particular no padrão da Sociedade de Literatura Bíblica (SBL); por isso o último sobrenome dos autores aparece primeiro em cada item.[4]

A LISTA COMENTADA

Textos bíblicos

Veja a análise no capítulo 3 sobre o cânon e as traduções para obter ajuda nesta seção.

Textos bíblicos — Idiomas originais

Antigo Testamento

*Kohlenberger, J. R., ed. *The Interlinear Hebrew-English Old Testament*. Grand Rapids: Zondervan, 1987. Essa obra apresenta o texto hebraico e a NIV em colunas paralelas. Ela também anexa glosas em inglês para cada palavra do texto hebraico. Entre outros usos, ela capacita o leitor a localizar as palavras hebraicas adequadas para um estudo mais aprofundado. Alguns programas de computador capacitam os usuários a fazerem o seu próprio texto interlinear, tanto de versículos em separado ou de contextos inteiros em colunas paralelas.

Elliger, K.; W. Rudolph, eds. *Biblia Hebraica Stuttgartensia* [BHS]. 5ª ed. Stuttgart: Deutsche Bibelstiftung, 1997. Produzido por vários colaboradores, esse é o texto padrão do AT em hebraico e está convenientemente disponível através das Sociedades Bíblicas nacionais. As suas notas de rodapé listam as variantes textuais importantes, incluindo algumas dos Manuscritos do Mar Morto, bem como leituras sugeridas desenvolvidas pelos editores.[5] Para estudantes e para pastores, recomendamos a acessível edição menor da BHS, agora também disponível em brochura. Desde 2004, algumas porções da

---

[4] B. J. Collins, et al., ed. *The SBL Handbook of Style*, 2ª ed. (Atlanta: SBL Press, 2014).

[5] Alguns acham as abreviaturas da BHS obscuras, então um guia suplementar foi produzido por Edson de Faria Francisco, *Manual da Bíblia Hebraica*, 3ª ed. (São Paulo: Vida Nova, 2008). Pode-se encontrar mais ajuda em R. Wonneberger, *Understanding BHS: A Manual for the Users of Biblia Hebraica Stuttgartensia*, 3ª ed. rev. (Roma: Biblical Institute, 2001).

INTRODUÇÃO À INTERPRETAÇÃO BÍBLICA

sucessora da BHS, a *Biblia Hebraica Quinta* (BHQ), têm sido lançadas, com data programada de lançamento do texto completo em 2020.

Rahlfs A.; R. Hanhart, *Septuaginta* [LXX]. 2ª ed. rev. Stuttgart: Deutsche Bibelgesellschaft, 2006. Esse é o texto-padrão completo para o AT em grego nos dias de hoje. Além da sua tradução do AT para o grego, a Septuaginta inclui o texto grego dos livros apócrifos do AT.[6]

Novo Testamento

*Douglas, J. D. et al., eds. *The New Greek-English Interlinear New Testament.* 4ª ed. Wheaton, IL: Tyndale, 1993; e Green, J. P., *Interlinear New Testament.* 3ª ed. Grand Rapids: Baker, 1997. As duas obras trazem, em linhas horizontais, traduções em inglês para cada palavra do Novo Testamento Grego. Alguns programas de computador (e.g., Logos) também possuem essa função, geralmente permitindo aos estudantes examinar muitas variantes em linhas horizontais.

*Nestle-Aland, *Novum Testamentum Graece.* 28ª ed. Stuttgart: Deutsche Bibelstiftung, 2012. Editado primeiramente por E. Nestle em 1898 e agora revisado e editado por B. Aland, junto com outros, esse livro é o texto padrão utilizado pelos especialistas do NT. Representando o consenso acadêmico mais recente do texto original dos documentos do NT, ele registra praticamente todas as passagens importantes no NT onde as variantes acontecem em manuscritos diversos. A sua introdução e os seus apêndices também trazem uma riqueza de informações. Ele cita as tradições textuais de forma mais limitada que o NT grego das Sociedades Bíblicas Unidas (veja o próximo item).

*Aland, K. et al., eds. *Greek New Testament.* 5ª ed. Stuttgart: United Bible Societies, 2014. O texto grego é essencialmente idêntico ao da 28ª edição de Nestle-Aland, exceto por diferenças ocasionais na separação dos parágrafos e da diagramação. Mas, de forma diferente do anterior, o aparato textual da UBS só cita as passagens que considera haver variantes que afetem a tradução de forma significativa, trazendo uma lista de evidências relativamente completa para cada variante. Além disso, um "sistema de classificação" ajuda o leitor a conhecer a preferência dos editores para cada variante. Veja o próximo item. Metzger, B. M. ed. *A Textual Commentary on the Greek New*

---

[6] Cf. T. M. Law, *When God Spoke Greek: The Septuagint and the Making of the Christian Bible* (Oxford: Oxford University Press, 2013). K. H. Jobes e M. Silva, *Invitation to the Septuagint*, 2ª ed. (Grand Rapids: Baker, 2015), descrevem a razão e a maneira de estudar a Septuaginta. A edição crítica mais detalhada para a pesquisa acadêmica é a obra *Septuaginta: Vetus Testamentum Graecum* (Göttingen: Vandenhoeck & Ruprecht, 1939-).

BIBLIOGRAFIA COMENTADA: FERRAMENTAS HERMENÊUTICAS

Testament. 2ª ed. New York: United Bible Societies, 1994. Escrito como livro suplementar e parecendo uma ata de um comitê, esse manual traz os detalhes e a justificativa da crítica textual usada para resolver os problemas textuais na produção do UBSGNT, 4ª ed. Aland, K. ed. *Synopsis Quattuor Evangeliorum*. 15ª ed. Stuttgart: Deutsche Bibelstiftung, 2007. Essa é a sinopse grega padrão para se estudar os Evangelhos. Impresso em colunas verticais, os Evangelhos podem ser estudados comparando-se um com o outro. Para cada seção (perícope) do texto, cita-se os textos paralelos dos outros Evangelhos toda vez que ocorrem. O texto e os símbolos são iguais aos da 26ª edição de Nestle. Além dos textos dos Evangelhos, a sinopse cita várias referências em outros livros cristãos, incluindo os apócrifos do NT e as obras do pais da Igreja primitiva, além do texto completo do *Evangelho de Tomé* em um apêndice. Essa ferramenta também existe em uma edição só em inglês, *Synopsis of the Four Gospels*, ed. K. Aland. ed. rev. (RSV; New York: American Bible Society, 2010) e a *Greek-English Synopsis of the Four Gospels*, ed. K. Aland (RSV), edição bilíngue (10ª ed.; New York: United Bible Societies, 1993), com textos com uma página em inglês de um lado e outra em grego do outro. Essas edições mais recentes não possuem as referências mais completas na literatura cristã ou os apêndices da versão grega.

Crítica textual

Geral

The New Cambridge History of the Bible. 4 vols. Cambridge: Cambridge University Press, 2012-2016. Esses volumes apresentam a história da transmissão do texto da Bíblia desde as suas origens até o período moderno. Eles trazem ajuda para lidar com os problemas dos textos e das versões antigas. Volume 1, *From the Beginnings to 600*, ed. J. C. Paget e J. Schaper, 2013; Volume 2, *From 600 to 1450*, ed. R. Marsden e E. A. Matter, 2012; Volume 3, *From 1450 to 1750*, ed. E. Cameron, 2016; e o volume 4, *From 1750 to the Present*, ed. J. Riches, 2015. Wegner, P. D. *A Student's Guide to Textual Criticism of the Bible*. Downers Grove: IVP Academic, 2006, traz uma introdução geral ao texto crítico de ambos os Testamentos.

Antigo Testamento

*Brotzman, E. R. *Old Testament Textual Criticism: A Practical Introduction*. 2ª ed. Grand Rapids: Baker Academic, 2016. Esse é um guia útil e acessível tanto para o aparato textual da BHS quanto para o processo da crítica textual, escrito por um evangélico. Os seus vários exemplos beneficiarão

• **797** •

especialmente os estudantes que conhecem o hebraico. Veja também a análise da disciplina em Wolters, A. "The Text of the OT". Páginas 19-37 em *The Face of Old Testament Studies*. Editado por D. W. Baker e B. T. Arnold. Grand Rapids: Baker; Leicester: Inter-Varsity, 1998.

McCarter, P. K. *Textual Criticism: Recovering the Text of the Hebrew Bible*. Philadelphia: Fortress, 1986. Parte da série de Guias de Formação Bíblica, esse livro breve, porém útil, traz uma boa introdução para o estudante da ciência da crítica textual do AT.

*Tov, E. *Crítica textual da Bíblia Hebraica*. Niterói: BV Books, 2017. Essa é a melhor introdução ao assunto da crítica textual do AT. O autor é um eminente especialista judeu, cuja pesquisa da crítica textual o coloca como uma das maiores autoridades atuais no assunto. Mais técnico do que Brotzman ou McCarter, ele interessará ao leitor mais avançado. Recomendamos especialmente o capítulo que avalia as variantes textuais.

Würthwein, E. *The Text of the Old Testament*. 3ª ed. Rev. e exp. por A. A. Fischer. Grand Rapids: Eerdmans, 2014. Sugere a metodologia para decidir qual variante textual deve ser considerada como a mais antiga.

Jellicoe, S. *The Septuagint and Modern Study*. Winona Lake, IN: Eisenbrauns, 2013. Essa reedição do livro original de 1978 analisa a origem da LXX, a sua transmissão, o seu texto, e a sua linguagem. Ela também analisa o estudo moderno da LXX. Apesar de ser ainda uma fonte valiosa, ele se encontra esgotado. Um substituto bom e mais atualizado é o livro de Kraus, W.; R. G. Wooden, eds. *Septuagint Research: Issues and Challenges in the Study of the Greek Jewish Scriptures*. SBL Septuagint and Cognate Studies 53. Atlanta: SBL, 2006. Cf. também o capítulo, "The Current State of Septuagint Research", páginas 239-307 em Jobes, K. H., e M. Silva, *Invitation to the Septuagint*. 2ª ed. Grand Rapids: Baker, 2015.

Tov, E. *The Text-Critical Use of the Septuagint in Biblical Research*. 23ª ed. rev. e exp. Winona Lake, IN: Eisenbrauns, 2015. Jerusalem Biblical Studies 8. Jerusalem: Simor, 1997. O autor analisa tópicos como o cânon da LXX, as variantes, como reconstruir a versão anterior do texto, a reconstrução de outros elementos, variantes, não variantes, pseudovariantes, a essência do texto hebraico por trás da LXX, e a contribuição da LXX para a crítica literária.

Novo Testamento

Greenlee, J. H. *The Text of the New Testament: From Manuscript to Modern Edition*. Grand Rapids: Baker, 2008. Sem ser uma análise avançada ou técnica, esse livro proporciona ao iniciante uma visão geral dos princípios da crítica textual e do modo que os críticos chegam ao texto original do NT. Um

BIBLIOGRAFIA COMENTADA: FERRAMENTAS HERMENÊUTICAS

substituto bem resumido é Black, D. A. *New Testament Textual Criticism: A Concise Guide*. Grand Rapids: Baker, 1994. Ele mostra de que maneira os textos originais foram corrompidos, e de que modo a crítica textual trabalha na tentativa de recuperar os originais. Veja também Comfort, P. W. *The Text of the Earliest New Testament Greek Manuscripts*. Wheaton: Tyndale, 2001.

*Aland, K.; B. Aland. *O texto do Novo Testamento*. Barueri: Sociedade Bíblica do Brasil, 2013. Um texto padrão, ele introduz a disciplina e os métodos da crítica textual do NT. Esses especialistas alemães orientam os leitores por meio dos critérios técnicos para a tomada de decisões com relação aos vários manuscritos e versões para definir quais leituras provavelmente mais se aproximaram do original (os chamados autógrafos) dos documentos do NT. Eles analisam as edições modernas do NT e a transmissão do texto grego do NT por toda a história. Esse é um texto avançado para o estudante sério.

Metzger, B. M.; B. D. Ehrman, *The Text of the New Testament: Its Transmission, Corruption and Restoration*. 4ª ed. New York; Oxford: Oxford University Press, 2005. Essa é uma alternativa ao livro anterior da autoria da família Aland. Também altamente recomendada, essa obra apresenta aos leitores tanto a história quanto o estudo da crítica textual e demonstra de que modo suas técnicas são implementadas na prática. Esse livro também não se destina ao iniciante, mas até o iniciante mais interessado no assunto possa aprender muita coisa com ele.

Wallace, D. B. *Laying a Foundation: A Handbook on New Testament Textual Criticism*. Grand Rapids: Zondervan, a ser lançado em 2018. Wallace também é o fundador e o diretor executivo do Centro de Estudo dos Manuscritos do Novo Testamento, um projeto em andamento para digitalizar os manuscritos antigos do Novo Testamento do mundo inteiro, o que permitirá que sejam acessados livremente. Veja o *site* <csntm.org>.

Versões e traduções

*Fee, G. D.; M. L. Strauss. *How to Choose a Translation for All Its Worth: A Guide to Understanding and Using Bible Versions*. Grand Rapids: Zondervan, 2007. Informações excelentes e introdutórias sobre as traduções principais em inglês, a filosofia por trás delas, e os seus pontos fortes e fracos.

Metzger, B. M. *The Bible in Translation: Ancient and English Versions*. Nele se resume o desenvolvimento da tradução bíblica, incluindo a análise cuidadosa de mais de cinquenta versões da Bíblia, começando com as traduções mais antigas do Antigo e do Novo Testamento antes de prosseguir para as traduções inglesas. Mais seletivo com respeito às versões no idioma inglês do que os dois outros itens, ele é bem legível e objetivo.

• 799 •

INTRODUÇÃO À INTERPRETAÇÃO BÍBLICA

Brunn, D. *One Bible, Many Versions: Are All Translations Created Equal?* Downers Grove: InterVarsity, 2013. Explicação intermediária das várias teorias de tradução, com destaque na demonstração de que nenhuma das traduções mais importantes se encaixam de forma rígida em nenhuma teoria e do quanto elas têm mais semelhanças do que diferenças. Por isso, não está certo tomar partido quanto a uma versão em particular para toda a leitura e todo o estudo da Bíblia.

*Lewis, J. P. *The English Bible from KJV to NIV.* 2ª ed. Grand Rapids: Baker, 1991. Esse livro não só descreve a história da Bíblia em inglês até a edição de 1978 da NIV, mas também inclui capítulos sobre a NKJV, a REV e a NRSV.

Beekman, J.; J. Callow. *Translating the Word of God.* Grand Rapids: Zondervan, 1974. Obra clássica que consiste em uma cartilha esclarecedora sobre o processo e a teoria da tradução da Bíblia para outros idiomas. Ela também proporciona várias dicas de muitas características gramaticais do grego do NT.

Para o estudante mais avançado, as Sociedades Bíblicas Unidas publicam uma série acessível, Helps for Translators, sobre muitos livros bíblicos em particular nos dois testamentos. Um tipo singular de comentário preparado para pessoas envolvidas na preparação de traduções, cada volume explica informações úteis para os tradutores sobre o cenário linguístico e cultural e analisa qual a melhor maneira de passar o texto original para outros idiomas.

ESTUDANDO AS PALAVRAS E SEU SIGNIFICADO TEOLÓGICO

As fontes na próxima lista pressupõem que o usuário saiba localizar a "forma lexical" das palavras gregas ou hebraicas. Em uma seção posterior, nós incluímos os dicionários teológicos e as enciclopédias que o estudante que não quer se envolver com os idiomas originais pode consultar. Para o estudante que não tem o conhecimento suficiente dos idiomas originais, mas conhecem o alfabeto para encontrar as palavras gregas ou hebraicas em um AT ou NT interlinear, por exemplo, existem ferramentas úteis. Para o AT veja, e.g., Owens, J. J. *Analytical Key to the Old Testament.* 4 vols. Grand Rapids: Baker, 1990-1993; ou Davidson, A. B. *Analytical Hebrew-Chaldee Lexicon.* Peabody, MA: Hendrickson, 1981. Reimpr. da edição de 1848. Para o AT grego, veja Taylor, B. ed. *Analytical Lexicon to the Septuagint.* Peabody, MA: Hendrickson, 2009. Para o NT, veja Mounce, W. D. *Léxico Analítico do Novo Testamento grego.* São Paulo: Vida Nova, 2013. Uma excelente fonte alternativa é Friberg, T. et al., *Léxico do Novo Testamento Grego/Português.* São Paulo: Vida Nova, 1984. Todos esses livros listam cada palavra que aparece nos testamentos hebraicos, aramaicos

• 800 •

BIBLIOGRAFIA COMENTADA: FERRAMENTAS HERMENÊUTICAS

e gregos na ordem alfabética. Cada termo é analisado gramaticalmente e listado com a forma lexical (às vezes chamada de "lema"). O leitor precisa saber como identificar essa forma para usar as ferramentas seguintes. Além das versões impressas, muitos programas de computador desenvolveram a habilidade de descobrir, analisar a forma e a sintaxe de forma bem prática. Geralmente os links fornecidos nessa busca capacitam os usuários avançados a pesquisar uma grande variedade de recursos.[7]

Léxicos

Léxicos Hebraicos, Aramaicos, e do Antigo Testamento

Holladay, W. L. *A Concise Hebrew and Aramaic Lexicon of the Old Testament: Based upon the Lexical Work of Ludwig Koehler and Walter Baumgartner.* Leiden: Brill, 1997. Uma forma abreviada do *KBL* [*HALOT*] abaixo, essa obra traz um acesso mais resumido ao sentido das palavras do AT. Ele funciona bem para o estudante iniciando o seu estudo do hebraico bíblico e do aramaico.

*Brown, F.; S. R. Driver; C. A. Briggs. *A Hebrew and English Lexicon of the Old Testament* (BDB). Reimpr. Peabody, MA: Hendrickson, 1996. As palavras estão numeradas de acordo com a concordância de Strong (veja adiante). Esse tem sido o léxico hebraico padrão, a revisão e a tradução da obra monumental iniciada por Gesenius (1810-1812). Mostrando uma abrangência incomum, o BDB não dá somente o sentido das palavras em separado, mas também das frases comuns e das expressões idiomáticas. Ela apresenta as raízes e as palavras que aparecem nos idiomas da família do hebraico bíblico. Para ajudar a encontrar palavras no BDB, alguns estudantes consultam o livro de Einspahr, B. *Index to Brown, Driver and Briggs Hebrew Lexicon.* Chicago: Moody, 1976. Idealizado na ordem da Bíblia (i.e., por livros, capítulos e versículos), ele dá o sentido e a localização no BDB de todas as palavras exceto das mais comuns (para as quais o BDB dá uma referência bíblica). Usando esse índice, pode-se localizar a página e a seção na qual o BDB discute a palavra hebraica, ver onde ela aparece no AT, e descobrir o seu significado.

---

[7] É arriscado listar programas de computador em particular, já que o mercado da tecnologia da informação muda tão rápido. Uma pequena lista de recursos notáveis disponíveis no momento inclui o Logos Bible Software (Faithlife Corp.), que integra as versões bíblicas e um número crescente de fontes de pesquisa (plataforma para a qual muitas editoras enviam seus produtos) e o BibleWorks, que integra muitos textos bíblicos e versões modernas em vários idiomas, uma boa variedade de dicionários, e facilita pesquisas complexas dentro do texto bíblico. Gramcord (Windows) e o Accordance (Macintosh e Windows) permitem pesquisas sofisticadas nos Testamento hebraico e no grego.

INTRODUÇÃO À INTERPRETAÇÃO BÍBLICA

*Koehler, L.; W. Baumgartner, eds. *Hebrew and Aramaic Lexicon of the Old Testament (Lexicon in Veteris Testamenti Libros)* — HALOT ou KBL. 3ª ed. 5 vols. Leiden: Brill, 1994-2001; edição de estudo, 2 vols. Leiden: Brill, 2001. A tradução para o inglês do léxico alemão mais completo e mais recente, ele é o correspondente moderno do BDB. O *HALOT* supera o BDB em dois aspectos: as palavras são apresentadas em ordem alfabética e não pela raiz, e ele emprega fontes ugaríticas e de Cunrã às quais o BDB não teve acesso. As descrições estão em alemão e em inglês, mas a inglesa é a mais fraca das duas. Ele requer pelo menos um conhecimento introdutório do hebraico. É necessário utilizar constantemente o suplemento para complementar os verbetes principais. Muitos consideram a seção aramaica superior às seções hebraicas. Clines, D. J. A., ed. *The Dictionary of Classical Hebrew.* Sheffield, UK: Sheffield Phoenix Press, 1993-2016. Até agora foram lançados nove volumes. Idealizado para uma abordagem contextual e prática para entender o significado das palavras. Sua característica distinta é a inclusão de ocorrências extrabíblicas das palavras (e.g., Cunrã, óstracos, inscrições etc.).

Para as palavras aramaicas, o melhor léxico em inglês é Jastrow, M. *A Dictionary of the Targumim, the Talmud Babli and Yerushalmi, and the Midrashic Literature.* 2 vols. 2ª ed. New York: Pardes, 1950. Ele está disponível na Internet em http://www.tyndalearchive.com/tabs/jastrow/.

Outro recurso que pode ser pesquisado pela Internet é o *Comprehensive Aramaic Lexicon* (disponível em: http://cal1.cn.huc.edu/). A maioria dos estudantes, no entanto, descobrirá que a seção aramaica dos três léxicos acima satisfará facilmente as suas necessidades. Ao ler a Septuaginta, o melhor léxico para se usar é Muraoka, T. *A Greek-English Lexicon of the Septuagint.* Leuven: Peeters, 2010.

Léxicos do grego e do Novo Testamento

*Louw, J. P.; E. A. Nida. *Léxico grego-português do Novo Testamento baseado em domínios semânticos.* Barueri: SBB, 2014. A Society of Biblical Literature lançou um terceiro volume em 1992 da versão inglesa, que tem dois volumes. Como o título dá a entender, o léxico organiza o vocabulário do NT nos seus vários campos semânticos ou domínios de sentido. Ele proporciona uma fonte excelente para realmente definir as palavras, observando a gama de significados de cada palavra, encontrando o sentido mais provável para a palavra dentro do contexto, e entendendo os sinônimos. Esse léxico assumiu o seu lugar justo entre as ferramentas padrão importantes para fazer o estudo das palavras gregas. O item seguinte é um auxiliar importante para o BDAG.

BIBLIOGRAFIA COMENTADA: FERRAMENTAS HERMENÊUTICAS

*Bauer, W., F. Danker, W. F. Arndt, e F. W. Gingrich. *A Greek-English Lexicon of the New Testament and Other Early Christian Literature* (BDAG). 3ª ed. Chicago: University of Chicago Press, 2000. Esse é o léxico padrão dedicado de forma específica ao grego helenístico do NT e da literatura paralela. Dificilmente se pode avaliar a riqueza de informação que o BDAG abrange. Os autores geralmente apresentam definições sucintas, acompanham a evolução do uso das palavras por todo período helenístico, e trazem avaliações profundas do significado das palavras. A revisão mais recente traz verbetes para muito mais palavras e mais de 25.000 referências adicionais à literatura clássica, à literatura do período interbíblico, à literatura cristã primitiva e à literatura moderna. Danker também introduziu um modo consistente de citação de referências, criou uma lista prática de abreviaturas, e ampliou a definição de muitos termos gregos. As palavras são listadas em grego, e é necessário conhecer a forma lexical (lema) da palavra grega para as consultar. Ela se encontra disponível em alguns programas bíblicos de computador.

Moulton, J. H.; G. Milligan. *Vocabulary of the Greek Testament Illustrated from the Papyri and Other Non-Literary Sources* (M&M). 2ª ed. Reimpr. Peabody, MA: Hendrickson, 1997. Esse livro traz exemplos do uso específico do grego na época helenística a partir dos papiros não literários. Lançado em 1914, ele foi reimpresso várias vezes. Longe de ser conclusivo, esse volume só cita as palavras empregadas em fontes não literárias e dessa forma esclarece como elas eram entendidas no uso diário na época do NT. Os editores fornecem a data das citações e geralmente as traduzem para o inglês. O livro é um tanto obsoleto (já que muitas fontes foram lançadas desde 1930), mas uma revisão está a caminho.

Lampe, G. H. W. ed. *A Patristic Greek Lexicon.* Oxford: Clarendon, 1985. Essa obra completa o uso do NT mostrando os significados das palavras na era subsequente dos pais da Igreja primitiva (até cerca de 826 d.C.). Às vezes, ensina muito ver as mudanças de significado das palavras ao longo do desenvolvimento da Igreja nos seus primeiros séculos, ainda que, com certeza, o significado posterior não pode ser imposto sobre o uso do NT.

Liddell, H. G.; R. Scott; H. S. Jones; R. McKenzie. *A Greek-English Lexicon* (LSJ). 9ª ed. com suplemento. 2 vols. Oxford: Clarendon, 1925-1940. Reimpr. 1968. Novo suplemento lançado em 1996. Esse é o léxico abrangente padrão para todo o mundo antigo incluindo o NT. Ele se especializa no período clássico da Grécia antiga (até 330 a.C.), mas também analisa a evolução do significado até o período helenístico. Ele traz um auxílio valioso para o estudo histórico e a etimologia das palavras que aparecem no NT. O suplemento revisado recentemente dá ao dicionário uma abrangência de 1200 a.C. a 600 d.C. Ele tem referências completas ao texto principal, mas

• 803 •

INTRODUÇÃO À INTERPRETAÇÃO BÍBLICA

foram feitos acréscimos que podem ser facilmente usados sem se retornar sempre para ele. Alguns programas de computador bíblicos o incluem entre os seus léxicos eletrônicos. A Oxford também publica o *An Abridged Greek-English Lexicon* (1966), a versão menor desse recurso extraordinário.

Dicionários teológicos

Antigo Testamento

Harris, R. L. et al., eds. *Dicionário teológico do Antigo Testamento* [*DITAT*]. São Paulo: Vida Nova, 1998. Esse livro envolve uma análise resumida das palavras hebraicas principais. Os seus autores são todos especialistas evangélicos, e a obra é bem acessível para a maioria dos leitores, mesmo aqueles sem o conhecimento prático do hebraico. Ele tenta investigar cada palavra hebraica e os seus cognatos e sintetiza o sentido das palavras no contexto em um formato conciso. Cada verbete tem um número que corresponde aos números das palavras hebraicas na Concordância de Strong (veja a seguir informações sobre ela). Ele foi, no entanto, superado pelo próximo item.

*VanGemeren, W. et al., eds. *Novo Dicionário Internacional de Teologia e Exegese do Antigo Testamento* [*NDITEAT*]. 5 vols. São Paulo: Cultura Cristã, 2012. Os volumes 1—4 são organizados na ordem alfabética hebraica; o volume 5, em tópicos em português ou pelas referências bíblicas. Muitos verbetes de tópicos também contam com a análise das palavras hebraicas relevantes. Os articulistas são evangélicos de todos os países de fala inglesa, e o *NDITEAT* é a obra padrão sobre as palavras hebraicas. (Para o uso do Brown, do Silva e do Kittel para o estudo das palavras do AT, veja mais adiante). O leitor do português pode acessar as palavras hebraicas através de números de referência na concordância de Goodrick-Kohlenberger (veja mais adiante), que, por sua vez, possui uma tabela de conversão para a concordância de Strong. VanGemeren também é o editor do *A Guide to Old Testament Theology and Exegesis*. Grand Rapids: Zondervan, 1999. Essa é a coleção de artigos introdutórios do *NDITEAT*.

Jenni, E.; C. Westermann, eds. *Theological Lexicon of the Old Testament*. 3 vols. Peabody, MA: Hendrickson, 1997.[8] Essa tradução finalmente disponibiliza para os leitores do inglês aquele que continua a ser o dicionário teológico padrão de pastores e estudantes alemães depois de quase três décadas. Escrito por eminentes especialistas alemães, cada artigo analisa de forma completa as palavras teológicas mais importantes do AT, a sua etimologia, os seus

---

[8] O título original alemão era *Theologisches Handworterbuch zum Alten Testament*, 2 vols. (Munique; Gütersloh: Chr. Kaiser, 1971, 1984).

BIBLIOGRAFIA COMENTADA: FERRAMENTAS HERMENÊUTICAS

cognatos, a sua gama de significados, o seu uso no AT, os equivalentes na LXX, e o seu uso em Cunrã. Apesar de sua tendência de seguir a alta crítica, as suas páginas são cheias de descobertas literárias e teológicas dignas de serem pesquisadas pelo usuário avançado.

Botterweck, G. J.; H. Ringgren, eds. *Theological Dictionary of the Old Testament* [*TDOT*]. 12 vols. Grand Rapids: Eerdmans, 1974-2015.[9] Esse é o equivalente para o AT do *DTNT* (veja adiante). *TDOT* avalia os termos mais importantes do AT e a sua importância teológica, em alguns verbetes prosseguindo para as repercussões pós-bíblicas (e.g., Cunrã e os rabinos) e empregando as línguas cognatas quando é possível (especialmente, mas não exclusivamente, o acádio e o ugarítico) para explicar o significado. O conhecimento do hebraico é útil, se não essencial, para extrair o melhor dessa fonte. A sua orientação é menos conservadora teologicamente do que o *DITAT* ou o *NDITEAT*, geralmente baseada sobre pressupostos literário--críticos. Ainda que exija uma leitura crítica, não existe uma fonte melhor para os estudos de palavras hebraicas.

Novo Testamento

Balz, H.; G. Schneider, eds. *Exegetical Dictionary of the New Testament* [*EDNT*]. 3 vols. Grand Rapids: Eerdmans, 1992.[10] Essa obra pressupõe o cenário histórico encontrado, por exemplo, nas obras *DTNT*, *DITNT* e *NIDNTTE* (veja mais adiante). De forma diferente deles, no *EDNT* os autores analisam cada palavra do NT, mas as palavras importantes teologicamente têm verbetes mais longos. Em particular, o *EDNT* acompanha o desenvolvimento do significado das palavras importantes teologicamente nos seus contextos do NT para avaliar a sua importância para a exegese. Uma versão eletrônica se encontra disponível para o programa Logos.

Brown, C., ed. *Dicionário Internacional de Teologia do Novo Testamento* [*DITNT*]. Versão inglesa em 4 vols (veja tradução resumida adiante). Grand Rapids: Zondervan, 1975-1978.[11] Essa é uma obra parecida com o *DTNT* e o *NIDNTTE* (veja adiante) que analisa a importância teológica das palavras com o passar do tempo. Contudo, as palavras são organizadas em torno dos campos semânticos de significado, contestando algumas críticas de Barr ao

---

[9] Essa edição inglesa traduz a edição original em alemão, *Theologisches Worterbuch zum Alten Testament* (Stuttgart: Kohlhammer, 1970-).

[10] Essa é a tradução para o inglês de *Exegetisches Worterbuch zum Neuen Testament*, 3 vols. (Stuttgart: Kohlhammer, 1978, 1981, 1983).

[11] O *NIDNTT* traduz, mas também apresenta acréscimos e revisões, à obra alemã feita por L. Coenen, et al., eds., *Theologisches Begriffslexikon zum Neuen Testament*, vols. I, II/1–2 (Wuppertal: Brockhaus, 1967, 1969, 1971).

· 805 ·

INTRODUÇÃO À INTERPRETAÇÃO BÍBLICA

DTNT. Ele busca trazer auxílio para os teólogos, para os pastores e para os professores, e descarta um pouco da profundidade da pesquisa histórica que caracteriza o *DTNT*. Geralmente, os artigos no *DTNT* são mais breves, e são escritos a partir de um ponto de vista mais conservador do que o *DTNT*. De forma geral, é um recurso útil, mas agora está esgotado em inglês, já que foi aposentado pelo seu sucessor, *NIDNTTE* (veja mais adiante). Do mesmo modo que o *DTNT*, ele é útil para estudar as palavras do AT, já que a maioria dos artigos analisa o conceito hebraico anterior das palavras do NT. O volume final é composto totalmente de índices que facilitam uma variedade de buscas. A tradução brasileira (São Paulo: Vida Nova, 2000), baseada na versão compacta, tem dois volumes. Existe uma versão eletrônica em inglês.

*Silva, M., ed. *New International Dictionary of New Testament Theology and Exegesis* [*NIDNTTE*]. 5 vols. Grand Rapids: Zondervan, 2014. A revisão completa do *DITNT* (o item anterior), ele abrevia as seções sobre o grego clássico e o contexto da Septuaginta, e acrescenta um número importante de palavras. Silva preservou o melhor do *DITNT* (por essa razão fizemos o comentário acima), enquanto faz correções e as atualizações necessárias. Existe uma versão eletrônica.

Kittel, G.; G. Friedrich (desde 1954), eds. *Dicionário Teológico do Novo Testamento* [*DTNT*]. Tradução inglesa por G. W. Bromiley. 10 vols. Grand Rapids: Eerdmans, 1964-1978.[12] Tradução brasileira resumida em 2 vols. (São Paulo: Cultura Cristã, 2013). Ela também tem uma versão eletrônica. O conhecimento do grego é muito útil, mesmo não sendo necessariamente essencial para se chegar às descobertas básicas. Seguindo uma análise da etimologia da palavra, esse dicionário acompanha o seu uso nos vários contextos em meio ao mundo antigo (no grego clássico, no grego helenístico, no grego da LXX e dos escritores judaicos), todos como pano de fundo para os usos do NT. Se a palavra grega tiver um equivalente hebraico no AT, os autores fornecem a análise dessa palavra também (Com certeza, isso exige que o estudante encontre a palavra grega para consultar a palavra hebraica estudada). As palavras são organizadas de acordo com as suas raízes etimológicas. Isso é motivo de crítica entre especialistas e usuários. Ainda que isso torne a localização dos termos no DTNT um desafio, o volume final contém vários índices que facilitam várias buscas nesse acervo gigantesco de pesquisa. Nem todas as suas conclusões podem ser aceitas sem questionamento,

---

[12] O original alemão é *Theologisches Worterbuch zum Neuen Testament*, 10 vols. (Stuttgart: Kohlhammer, 1933–79).

• **806** •

BIBLIOGRAFIA COMENTADA: FERRAMENTAS HERMENÊUTICAS

principalmente nos primeiros volumes.[13] Levando-se isso em conta, não existe fonte melhor para o estudo de palavras gregas. O tradutor dessa obra de vários volumes, G. Bromiley, produziu uma versão resumida (Exeter: Paternoster; Grand Rapids: Eerdmans, 1985), que traz a sua essência, com um sexto do tamanho original, também chamada DTNT, onde se baseia a versão em português. Conhecido como "pequeno Kittel", facilita o acesso para os que não conhecem o grego, ou conhecem somente o básico. Também existe uma versão eletrônica do pequeno Kittel.

Spicq, C. *Theological Lexicon of the New Testament*. 3 vols. Peabody, MA: Hendrickson, 1994.[14] Descobertas excelentes sobre muitas palavras teologicamente importantes, trabalho de um só homem, por isso que listamos por último, não porque seja mais avançado ou menos acessível. Uma versão eletrônica se encontra disponível.

Concordâncias

Organizadas de acordo com a ordem alfabética das palavras que aparecem na Bíblia ou em algum Testamento, a concordância cita a linha específica onde certa palavra aparece e identifica a referência onde ela pode ser encontrada. O estudante da Bíblia tem acesso a concordâncias tanto no original quanto no português. As concordâncias capacitam os estudantes a estudar o uso bíblico das palavras em separado ("pecado", "salvação" etc.), bem como frases ("nos últimos dias" etc.). A maioria dos programas de computador (e.g., BibleWorks, Logos, Accordance, e outros) permite que se produza concordâncias instantâneas, tanto de raízes de palavras (e.g., todas as vezes que aparece a palavra "amar" ou "ἀγαπάω") ou formas flexionadas específicas (e.g., "amou", "será amado", ou "ἀγαπηθήσεται"), em todas as versões e idiomas modernos e originais.

Concordâncias do inglês

No que se refere às Bíblias em inglês, o estudante precisa adquirir uma (ou mais) que se refira à versão da Bíblia usada para o estudo. Agora o mercado de

---

[13] Os volumes 1–4 foram feitos em 1933 e 1942 e precisam ser atualizados. Para a crítica importante da metodologia aplicada no DTNT, veja J. Barr, *The Semantics of Biblical Language* (Oxford: Oxford University Press, 1961), especialmente nas pp. 206-262. Barr ataca o pensamento insustentável de que ao estudar as palavras gregas específicas usadas no NT se investiga o arsenal dos conceitos teológicos principais dos cristãos primitivos, como se houvesse uma correlação entre os lexemas e os conceitos teológicos (p. 207). Para correções adequadas ao fazer o estudo de palavras gregas, veja M. Silva, *Biblical Words and Their Meaning: An Introduction to Lexical Semantics*, ed. rev. (Grand Rapids: Zondervan, 1995).

[14] O original em idioma francês é *Notes de lexicographie neo-testamentaire*, Orbis Biblicus et Orientals 22/1, 2, 3 (Friburgo, Suíça: Éditions Universitaires, 1982).

• 807 •

INTRODUÇÃO À INTERPRETAÇÃO BÍBLICA

Bíblias é tão concorrido que cada tradução tem uma concordância correspondente. Para citar três exemplos, veja Thomas, R. L., ed. *The Strongest NASB Exhaustive Concordance*. Grand Rapids: Zondervan, 2000; Goodrick, E.; J. R. Kohlenberger, III, eds. *The Strongest NIV Exhaustive Concordance*. Grand Rapids: Zondervan, 2004; e Kohlenberger, III, J. R., ed. *The NRSV Concordance Unabridged*. Grand Rapids: Zondervan, 1991. Esse texto mais recente inclui todas as ocorrências de todas as palavras da NRSV, incluindo os livros apócrifos e as traduções alternativas e literais encontradas nas notas de rodapé. Todas elas possibilitam a descoberta de palavras específicas que aparecem nessas versões em todas as partes da Bíblia. As antigas disponíveis para a KJV eram: Young, R. *Analytical Concordance to the Bible*. Reimpr. Peabody, MA: Hendrickson, 1993; e Strong, J. *Exhaustive Concordance of the Bible*. New York: Hunt Eaton; Cincinnati: Cranston Curts, 1894; com algumas revisões e melhorias de Nelson, 1997; e da bem aprimorada *The Strongest Strong's Exhaustive Concordance of the Bible*. Zondervan, 2001. Elas capacitam o leitor que não possui o conhecimento das línguas originais a correlacionar as palavras gregas ou hebraicas aos seus termos correspondentes em inglês na KJV, e comparar na própria concordância os usos dos mesmos termos gregos e hebraicos, não simplesmente as traduções em inglês.[15]

*Como uma ponte entre as concordâncias gregas e hebraicas e aquelas baseadas nas versões no idioma inglês estão duas obras pelos mesmos editores: Kohlenberger, III, J. R.; J. A. Swanson. *The Hebrew-English Concordance to the OT*. Grand Rapids: Zondervan, 1998; e *The Greek-English Concordance to the NT*. Grand Rapids: Zondervan, 1997. Dispostas da mesma forma, elas listam as palavras hebraicas ou gregas em ordem alfabética e indicam as referências onde elas aparecem com exemplos breves da KJV. Essas obras utilizam, como o novo BDB ou o DITAT, o sistema de números de Strong e de outras obras de referência. Muitos programas de computador também utilizam o sistema de numeração de Strong para as palavras principais.

Concordâncias hebraicas e aramaicas

Davidson, A. B. *A Concordance of the Hebrew and Chaldee Scriptures*. London: Samuel Bagster, 1876. Ela abrange todas as palavras hebraicas e aramaicas do AT. Ela é destinada para o estudante que não conhece ou conhece pouco do hebraico e cita os textos na tradução inglesa.

---

[15] Como temos observado, várias ferramentas de referência incluem o sistema de numeração de Strong, capacitando o estudante que não seria capaz de localizar as palavras de outro modo. Veja a descrição de cada uma delas.

• 808 •

BIBLIOGRAFIA COMENTADA: FERRAMENTAS HERMENÊUTICAS

*Even-Shoshan, A. *A New Concordance of the Old Testament*. 2ª ed. Grand Rapids: Baker, 1997. Essa obra monumental, mais completa e mais difícil de usar do que a de Davidson, lista cada palavra da Bíblia Hebraica alfabeticamente sob a sua raiz. Usá-la exige pelo menos um conhecimento de hebraico a nível de seminário, porque todas as citações estão em hebraico (com vogais) e os seus significados são dados em hebraico moderno. Uma característica importante a faz mais recomendável que a obra de Mandelkern e Lisowsky (veja abaixo): ela agrupa as formas gramaticais idênticas, as expressões e as palavras de significados parecidos. A introdução de autoria de J. H. Sailhamer habilita o iniciante a se beneficiar desse recurso impressionante.

Mandelkern, S. *Veteris Testamenti Concordantiae Hebraicae atque Chaldaicae.* Leipzig: Veit et Comp., 1876. 2ª ed., 1925. Reimpr. Graz: Akademischer Druck, 1955. Reimpr. com correções e acréscimos. New York: Schulsinger, 1955. Gottstein, M. H. 3ª ed. com correções e complementos. Jerusalém/Tel Aviv: Schocken, 1959. Essa é uma obra imensa e excelente, mais completa, porém menos acessível do que a de Even-Shoshan, mas cada vez mais difícil de adquirir. Em vez de simplesmente listar as citações (que pode ser tudo o que o estudante deseja), Mandelkern as lista pela forma gramatical (e.g., construto, verbos conjugados etc.), uma vantagem útil se alguém procura uma frase específica ou feita (e.g, "anjo do Senhor", "X achou graça a seus olhos" etc.). Somente o estudante ou especialista avançado se beneficiará de toda riqueza que a obra tem a oferecer.

Concordâncias gregas

Hatch. E.; H. E. Redpath, *Concordance to the Septuagint and Other Greek Versions of the Old Testament*. 2 vols. Oxford: Clarendon, 1897. Volume 3, complemento, 1906. Reimpr. [com o complemento] em 2 vols. Graz: Akademischer Druck, 1954. Reimpr. Grand Rapids: Baker, 2005. Ela se constitui na concordância padrão para a LXX. Ela lista cada palavra grega no AT grego e nos livros apócrifos, juntamente com a palavra hebraica que o grego traduz. As passagens são citadas em grego. A sua desvantagem está no número limitado de manuscritos (quatro, na verdade) que estão por trás das citações. A obra, que exige um conhecimento prático do grego, é indispensável para o estudo da LXX, e é a obra padrão para encontrar as palavras hebraicas por trás dela. Para tornar esse trabalho mais acessível, use Muraoka, T. *A Greek/Hebrew-Aramaic Index to the Septuagint*. Grand Rapids: Baker, 2010.

Marshall, I. H., ed. *Moulton and Geden: A Concordance to the Greek Testament.* 6ª ed. Edimburgo: T&T Clark; New York: Continuum, 2002. A

• 809 •

INTRODUÇÃO À INTERPRETAÇÃO BÍBLICA

obra original lançada em 1897 usou o texto grego de Westcott e Hort, mas essa atualização completa se baseia no UBSGNT4/NA27. É extremamente completa e verdadeiramente funcional porque ela traz auxílios gramaticais, citações gregas da LXX e dos livros apócrifos, e citações hebraicas quando uma citação vem do AT. Os asteriscos e as cruzes indicam se os itens do vocabulário no NT aparecem no grego clássico e na Septuaginta. As referências às variantes nas edições mais antigas do NT grego são preservadas, de modo que o estudante tem à sua disposição toda leitura que pode ser considerada como parte integrante do texto real do NT. De forma diferente das edições anteriores, as preposições são incluídas no texto principal da Concordância. Nos lugares onde a mesma palavra aparece duas vezes no mesmo versículo, essas ocorrências agora são impressas em linhas separadas e numeradas individualmente, de modo que é mais fácil avaliar todas as ocorrências da palavra.

Aland, K. *Vollstandige Konkordanz zum griechischen Neuen Testament: Unter Zugrundelegung aller kritischen Textausgaben und des Textus Receptus* [*VKGNT*]. 2 vols. Berlim; New York: de Gruyter, 1975-1983, 1978. Concordância completa gerada por computador, baseada na UBS3 e na NA26, *VKGNT* é uma concordância grega padrão para o estudo sério do NT, trazendo todas as variantes para as edições críticas modernas do NT. As citações são completas, em grego, e incluem a frequência de cada palavra, livro por livro, e em ordem alfabética. As palavras são classificadas pelos seus usos distintos. Também se encontra disponível uma versão útil bem mais fina (e mais barata): Bachmann, H.; H. Slaby, eds. *Concordance to the Novum Testamentum Graece of Nestle-Aland, 26th edition, and to the Greek New Testament, 3rd edition*. Berlim; New York: de Gruyter, 1987.[16] Ele omite as citações de vinte e nove palavras, ainda que liste as passagens onde elas se encontram em um apêndice. Para o uso pessoal, ela fica no mesmo nível de Moulton e Geden. Já que as citações em todas as concordâncias anteriores aparecem nas línguas originais, o estudante que deseja usá-las precisará dominar razoavelmente o idioma, ou precisará usar esses volumes com a Bíblia em português para encontrar as referências (um projeto que leva tempo, mas vale a pena).

Dicionários e enciclopédias bíblicos

Draper, C. W., C. Draper e A. England, ed. *Holman Illustrated Bible Dictionary*. Ed. rev. Nashville: Broadman, 2003. Trazendo definições excelentes, é

---

[16] O título alemão é *Konkordanz zum Novum Testamentum Graece von Nestle-Aland, 26. Auflage, und zum Greek New Testament, 3rd edition*.

• 810 •

BIBLIOGRAFIA COMENTADA: FERRAMENTAS HERMENÊUTICAS

belissimamente ilustrado com fotos em cores, mapas e tabelas. É um dicionário útil semipopular.

Powell, M. A., ed. *HarperCollins Bible Dictionary*. 3ª ed. rev. New York: HarperCollins, 2011. Esse dicionário reflete o ambiente acadêmico bíblico tradicional e foi escrito pelos membros da Society of Biblical Literature. Ele abrange a Bíblia e o seu mundo, os livros apócrifos e pseudepígrafos do AT e do NT, e os pais da Igreja primitiva.

*Freedman, D. N., ed. *Eerdmans Dictionary of the Bible*. Grand Rapids: Eerdmans, 2000. O melhor e mais atualizado dicionário em um só volume. Escrito por especialistas protestantes tradicionais e evangélicos, esse dicionário apresenta artigos bem informados sobre a Bíblia e uma gama completa de tópicos sobre o seu cenário. Por ter sido publicada recentemente, essa obra pode estar um pouco à frente dos outros dicionários de um só volume dessa seção.

Tenney, M. C., ed. *Enciclopédia da Bíblia,* 5 vols. São Paulo: Cultura Cristã, 2009. Enciclopédia clássica, de nível introdutório, revisada e atualizada para uma coleção bem completa, mas acessível de artigos curtos. Ricamente ilustrada.

A InterVarsity Press lançou quatro dicionários ótimos dedicados ao NT e quatro dedicados ao AT que se destacam como os melhores do mercado. Escritos por uma amostra bem representativa de especialistas, composta na sua maioria, mas não exclusivamente, por evangélicos, eles resumem de forma completa e exata as questões refletidas nos tópicos de cada volume.

*Green, J. B., ed. *Dictionary of Jesus and the Gospels*. 2ª ed. Downers Grove; Leicester: InterVarsity, 2013.

*Hawthorne, G. F., R. P. Martin, e D. G. Reid, eds. *Dictionary of Paul and His Letters*. Downers Grove; Leicester: InterVarsity, 1993.

*Davids, P. H.; R. P. Martin, eds. *Dictionary of the Later New Testament and Its Developments*. Downers Grove; Leicester: InterVarsity, 1997.

*Evans, C. A.; S. E. Porter, eds. *Dictionary of New Testament Background*. Downers Grove; Leicester: InterVarsity, 2000.

*Alexander, T. D.; D. W. Baker, eds. *Dictionary of the Old Testament: Pentateuch*. Downers Grove; Leicester: InterVarsity, 2003.

*Arnold, B. T.; H. G. M. Williamson, eds. *Dictionary of the Old Testament: Historical Books*. Downers Grove: InterVarsity, 2005.

*Longman, T. III; P. Enns. *Dictionary of the Old Testament: Wisdom, Poetry and Writings*. Downers Grove; Leicester: InterVarsity, 2008.

*Boda, M. J.; J. G. McConville. *Dictionary of the Old Testament: Prophets*. Downers Grove; Leicester: InterVarsity, 2012.

• 811 •

INTRODUÇÃO À INTERPRETAÇÃO BÍBLICA

Outro dicionário da InterVarsity Press merece ser incluído aqui: Ryken, L. et al., eds. *Dictionary of Biblical Imagery*. Downers Grove: InterVarsity, 1998. Como o título indica, os autores explicam o cenário e a importância dos símbolos que aparecem por toda a Bíblia. Muitos especialistas contribuíram com artigos, ainda que os editores tenham redigido a versão final dos verbetes. Todos esses dicionários da InterVarsity possuem versões eletrônicas.

Bromiley, G. W., ed. *International Standard Bible Encyclopedia* (*ISBE*). 4 vols. Ed. Rev. Grand Rapids: Eerdmans, 1979-1986. Essa revisão respeitosa da obra faz dela o padrão atual da análise profunda de praticamente todos os tópicos bíblicos. Essa obra prima tem que ser consultada em todo estudo bíblico. Mais conservadora do que a ABD abaixo, que é do mesmo gênero. Possui versão eletrônica.

Sakenfeld, K. D., ed. *New Interpreter's Dictionary of the Bible*. 5 vols. Nashville: Abingdon, 2009. Não é tão abrangente nos tópicos ou tão completo na análise como o *ABD*, o próximo item, mas é mais atualizado. Da mesma forma que o ABD, ele faz pouco uso da obra dos especialistas evangélicos. Mas também foge muito pouco ao padrão.

*Freedman, D. N., ed. *The Anchor [Yale] Bible Dictionary* (*ABD*). 6 vols. Garden City, NY: Doubleday, 1992. Esse dicionário traz ao mundo acadêmico e ao público geral uma análise abrangente de todas as disciplinas e de todos os tópicos bíblicos em um estilo legível, porém com autoridade no assunto. Ele tem uma abordagem multicultural e interdisciplinar e reflete o melhor da academia bíblica tradicional. Mais de 800 especialistas contribuíram para essa obra de grande envergadura. Está disponível em versões eletrônicas.

Roth, C.; G. Wigoder, eds. *Encyclopedia Judaica*, 2ª ed. 22 vols. New York: Macmillan, 2006. Essa coleção é a obra definitiva sobre as Escrituras hebraicas e sobre tudo o que é judaico. Ela contém artigos profundos sobre uma variedade ampla de assuntos nas Escrituras hebraicas, bem como informações sobre os feriados, os costumes e os ensinos judaicos.

Análise gramatical

Hebraico

Williams, R. J. *Williams' Hebrew Syntax: An Outline*. 3ª ed., revisado e ampliado por J. C. Beckman. Toronto: University of Toronto Press, 2007. A obra clássica, atualizada recentemente, apresenta um panorama útil e simples da sintaxe hebraica. Com o seu índice e a sua organização fáceis para o leitor acompanhar, ela permanece sendo a ferramenta favorita, tanto para o iniciante como para o estudante avançado da sintaxe.

• 812 •

BIBLIOGRAFIA COMENTADA: FERRAMENTAS HERMENÊUTICAS

Arnold, B. T.; J. H. Choi. *A Guide to Biblical Hebrew Syntax*. New York: Cambridge University Press, 2003. Um guia resumido, claro e fácil de usar para as principais caraterísticas da sintaxe hebraica. Bem organizado e tem um ótimo índice. O seu glossário detalhado de termos técnicos é um adicional prazeroso, tanto para o estudante quanto para o pastor.

*Waltke, B. K.; M. O'Connor. *Introdução à sintaxe do hebraico bíblico*. São Paulo: Cultura Cristã, 2006. Baseada em princípios linguísticos modernos, ela serve tanto como gramática quanto como um recurso para o estudo individual. Mesmo não tendo a leitura fácil que deveria, é uma ferramenta indispensável para o estudante com um conhecimento de hebraico a nível de seminário. Contém vários exemplos e índices excelentes. A sua linguagem um tanto técnica pode limitar a sua utilidade somente para os estudantes avançados.

Van Der Merwe, C. H. J., J. A. Naudé, e J. H. Kroeze. *A Biblical Hebrew Reference Grammar*. Sheffield: JSOT, 1999. Um estudo acessível e com um ótimo índice incorporando as descobertas recentes da linguística. A gramática referencial padrão do hebraico do AT continua sendo a de Gesenius, W.; E. Kautzsch. *Gesenius' Hebrew Grammar*. 2ª ed. Oxford: Clarendon, [1910] 1995, baseada na 28ª edição alemã de W. Gesenius, *Hebraische Grammatik* de A. E. Cowley. Ela ainda é autoridade na filologia e na morfologia, mas a sua análise da sintaxe está superada em muitos lugares.

Para esse último assunto, veja o item anterior de Williams e Waltke-O'Connor. Disponível na Internet em formato pdf em: http://tmcdaniel.palmerseminary.edu/GeseniusGrammar.pdf.

Grego

*Mathewson, D.; E. B. Emig. *Intermediate Greek Grammar: Syntax for Students of the New Testament*. Grand Rapids: Baker, 2016. A mais amigável das gramáticas intermediárias do grego, totalmente atualizada com as descobertas linguísticas mais recentes.

Porter, S. E. *Idioms of the Greek New Testament*. Sheffield, Reino Unido: Sheffield Academic Press, 1992. Essa é uma gramática de nível intermediário baseada em princípios linguísticos modernos. A análise de Porter dos verbos gregos como aspectuais abriu um novo caminho para uma obra não técnica do mesmo tamanho quando o livro foi lançado. Inclui uma seção útil sobre a análise do discurso. Algumas características singulares, mas também outras polêmicas.

INTRODUÇÃO À INTERPRETAÇÃO BÍBLICA

Mounce, W. D. *The Morphology of Biblical Greek*. Grand Rapids: Zondervan, 1994. Boa para aprender as formas básicas do grego helenístico e a razão pela qual cada paradigma funciona a seu modo.

Campbell, C. R. *Advances in the Study of Greek: New Insights for Reading the New Testament*. Grand Rapids: Zondervan, 2015. O título resume bem a obra. Complementa bem a obra de Mathewson e de Emig ou a de Porter acima, mas não é uma gramática completa nem na proposta nem no conteúdo.

Runge, S. E. *Discourse Grammar of the Greek New Testament*. Peabody: Hendrickson, 2010. A melhor e mais detalhada análise do discurso disponível, com muitos exemplos do seu valor para a exegese para os textos específicos do Novo Testamento.

*Köstenberger, A. J., B. L. Merkle; R. L. Plummer. *Going Deeper with New Testament Greek: An Intermediate Study of the Grammar and Syntax of the New Testament*. Nashville: B&H, 2016. Não é tão abrangente como a obra de Wallace abaixo, mas é mais fácil de ler. Ainda muito abrangente, mas sem acrescentar categorias raras ou questionáveis. Um pouco mais atualizada sobre a teoria verbal dos aspectos do que Wallace.

*Wallace, D. B. *Gramática grega: uma sintaxe exegética do Novo Testamento*. São Paulo: Batista Regular, 2009. A gramática mais abrangente, do intermediário ao avançado, atualmente disponível. A grande variedade de exemplos faz dela uma mina de ouro para entender a maneira que algumas características gramaticais específicas funcionam no contexto. Há uma versão eletrônica disponível.

Blass, F., A. Debrunner; R. W. Funk. *A Greek Grammar of the New Testament and Other Early Christian Literature* [BDF]. Chicago: University of Chicago Press, 1961. Essa foi a gramática avançada padrão para tomar decisões exegéticas sobre o texto grego antes de Wallace e continua a ter informações exclusivas.[17] Os índices geralmente ajudam o estudante a dar apoio em versos específicos ou em questões gramaticais. Infelizmente, a obra não é de fácil leitura, e não é sempre fácil encontrar a ajuda específica. Essa obra exige um bom domínio do grego.

Geografia

Mesmo sendo menores e menos abrangentes, duas obras em brochura merecem ser mencionadas como úteis para a geografia bíblica básica: Lawrence, P.

---

[17] BDF é a tradução e a revisão da 9ª e da 10ª edição de F. Blass e A. Debrunner, *Grammatik des neutestamentlichen Griechisch* (Göttingen: Vandenhoeck & Ruprecht, 1954, 1959). O tradutor R. Funk também teve acesso e utilizou notas adicionais de A. Debrunner. Ele também acrescentou as suas próprias descobertas, então a BDF vai além da versão impressa alemã.

BIBLIOGRAFIA COMENTADA: FERRAMENTAS HERMENÊUTICAS

The InterVarsity Press Concise Atlas of Bible History. Ed. R. W. Johnson. Downers Grove: IVP Academic, 2012; e Frank, H. T., ed. *Hammond's Atlas of the Bible Lands.* Springfield, NJ: Hammond World Atlas Corporation, 2007.

*Beitzel, B. *Bíblica: o atlas da Bíblia.* Barueri: Girassol, 2009. Ele tem um tamanho parecido ao de Aharoni/Avi-Yonah e Rasmussen (veja a seguir), mas parece ser o melhor atlas dessa categoria. Tendo um ponto de vista conservador, ele também apresenta mapas bem coloridos e fotos.

Rasmussen, C. G. *The Zondervan Atlas of the Bible.* ed. rev. Grand Rapids: Zondervan, 2010. Esse é um livro excelente, produzido sob o ponto de vista evangélico. Pritchard, J. B., ed. *The HarperCollins Atlas of Bible History.* ed. rev. New York: HarperOne, 2008. Representando o pensamento acadêmico mais tradicional no protestantismo, esse talvez seja o atlas mais definitivo lançado em décadas recentes e pode se tornar padrão. O estudante tem que decidir, no entanto, se a sua biblioteca tem espaço suficiente para o seu tamanho tão grande.

*Aharoni, Y., M. Avi-Yonah, A. F. Rainey, e Z. Safrai, eds. *Atlas bíblico.* Rio de Janeiro: Casa Publicadora das Assembleias de Deus, 1999. Atlas padrão que traz mapas em separado para muitos acontecimentos bíblicos importantes. Esse atlas é o mais importante dentre os disponíveis. Os autores, especialistas judeus, identificam localidades e acontecimentos bíblicos, ainda que os evangélicos possam discordar da sua datação. Por razões óbvias, ele se concentra mais na Palestina e menos no mundo romano e, por isso, não é tão útil para se estudar a expansão da Igreja primitiva.

Ha-El, M., P. Wright, e B. S. M. Haron. *The Essential Bible Guide: Bible Background with Maps, Charts, and Lists.* Nashville: Abingdon, 2010. Antologia recente de recursos visuais relacionados aos acontecimentos históricos mais importantes e aos livros da Bíblia.

O recurso mais completo para a geografia bíblica, destinada a se tornar o padrão para os estudantes avançados e os especialistas, é Mittmann, S.; G. Schmitt, eds. *Tubinger Bibelatlas.* Stuttgart: Deutsche Bibelgesellschaft, 2001. Cada mapa bem grande, dobrável e colorido retrata uma região, as cidades, as estradas e os marcos durante um período histórico específico em detalhes notáveis. Mesmo preparado na Alemanha, o livro tem tanto legendas alemãs e inglesas, e é distribuído pelas afiliadas das Sociedades Bíblicas Unidas.

Schlegel, W. *Satellite Bible Atlas,* se encontra disponível em: http://www.bibleplaces.com/satellite-bible-atlas-schlegel.htm. Ele traz 85 mapas coloridos de página inteira com os acontecimentos bíblicos marcados em

• 815 •

INTRODUÇÃO À INTERPRETAÇÃO BÍBLICA

imagens melhoradas de satélite, acompanhadas de comentários geográficos e históricos.

Para um atlas excelente e completo disponível pela Internet, visite o endereço: http://bibleatlas.org/. O acesso alfabético aos mapas dos locais bíblicos (cidades, montanhas, regiões etc.) com links para vistas locais, regionais e de página inteira, bem como para o Google Maps. Um artigo enciclopédico breve, resumindo a importância do local na Bíblia e a referência cruzada para a concordância de Strong acompanha cada mapa.

O acesso a uma infinidade de mapas históricos faz parte dos programas BibleWorks e Logos, entre outros.

História do Mundo Antigo

Enfrentamos uma dificuldade fundamental ao recomendar livros úteis que ajudem o estudante na pesquisa básica sobre a história do Mundo Antigo. Simplesmente a disciplina é tão imensa quanto o período de tempo que nos separa dele. Mesmo assim, sugerimos uma lista básica. Mesmo dividindo essa seção em vários subgrupos, várias obras se sobrepõem em seus períodos.

Literatura Clássica e do Oriente Médio Antigo

*Arnold, B. T.; B. E. Beyer. *Readings from the Ancient Near East.* Encountering Biblical Studies. Grand Rapids: Baker, 2002. Esse livro que acompanha a obra dos mesmos autores *Encountering the Old Testament* (veja adiante) traz uma seleção equilibrada de textos do Oriente Médio antigo para o público geral, cada um com uma introdução útil ao seu contexto histórico.

Matthews, V. H.; D. C. Benjamin. *Old Testament Parallels: Laws and Stories from the Ancient Near East.* 3ª ed. New York: Paulist Press, 2006. Essa brochura prática traz para o público geral introduções e traduções dos textos extra-bíblicos mais importantes que são paralelos aos materiais da Bíblia. O seu olhar literário sobre o mundo antigo ajuda o estudante a entender melhor tanto aquele mundo quanto os textos bíblicos importantes.

Sparks, K. L. *Ancient Texts for the Study of the Hebrew Bible.* Grand Rapids: Baker Academic, 2005. Um livro de traduções exclusivas de textos antigos que podem ilustrar os textos bíblicos. Os exemplos são organizados em categorias literárias amplas (e.g., hinos, orações, lamentos, poesia de amor, textos intermediários, presságios e profecias etc.). Ao final de cada categoria, seguem-se as observações do editor. Introdução vigorosa com tabelas cronológicas, mapas e análises sobre a antiga cultura escribal e a essência dos gêneros literários.

· 816 ·

BIBLIOGRAFIA COMENTADA: FERRAMENTAS HERMENÊUTICAS

Dalley, S., ed. *Myths from Mesopotamia*. Oxford World Classics. New York; Oxford: Oxford University Press, 1998. Essa é uma coleção de traduções dos textos míticos mais importantes sobre tópicos de interesse para o estudante bíblico (e.g., criação, dilúvio etc.).

Simpson, W. K. *The Literature of Ancient Egypt: An Anthology of Stories, Instructions, Stelae, Autobiographies, and Poetry*. Traduzido por R. K. Ritner. 3ª ed. New Haven: Yale University Press, 2003. Antologia clássica e abrangente da tradução de escritos egípcios importantes.

Coogan, M. D.; M. S. Smith, ed. *Stories from Ancient Canaan*. Louisville: Westminster John Knox, 2012. Essa brochura prática traz para o público geral o cenário introdutório e a tradução de vários textos importantes de Ugarit, o centro da cultura canaanita pré-israelita. Ela oferece um olhar literário sobre a religião com a qual a fé de Israel teve que rivalizar em Canaã.

*Hayes, C. B. *Hidden Riches: A Sourcebook for the Comparative Study of the Hebrew Bible and Ancient Near East*. Louisville: Westminster John Knox, 2014. Organizado por seções de gênero canônico (e.g., Pentateuco, Profetas Maiores/Menores, Escritos), esse livro, escrito por um evangélico, não apenas analisa a literatura extrabíblica, mas também introduz o método comparativo e traça o cenário de cada texto paralelo. O seu conteúdo e estilo claro fazem dele um recurso valioso, mesmo para o público geral.

Hallo, W.; K. L Younger, Jr., eds. *Context of Scripture*. 4 vols. Leiden: Brill, 1997-2016. Essa coleção magistral apresenta traduções de uma equipe internacional de especialistas em textos antigos de interesse para os estudantes da Bíblia, incluindo alguns descobertos recentemente. A sua seleção representativa dos textos, o uso de referências bíblicas e do comentário criterioso a destaca como obra de referência para os especialistas e os estudantes avançados deste século.

Pritchard, J. B. ed. *The Ancient Near East: An Anthology of Texts and Pictures* [*ANEA*]. Prefácio de D. E. Fleming. Princeton: Princeton University Press, 2011. Essa antologia combina o venerável volume de textos [*ANET*] com o volume de figuras [*ANEP*] em um único livro. Mesmo que as traduções sejam um pouco obsoletas, essa brochura ainda traz para o público geral uma coleção enorme de escritos antigos organizados por cultura (Mesopotâmia, Egito etc.), gênero literário (lei, história, sabedoria etc.) e figuras de sítios antigos e de artefatos.

Beyerlin, W. ed. *Near Eastern Religious Texts Relating to the Old Testament*. OTL. Philadelphia: Westminster, 1978. Essa é a tradução do original alemão que destaca especificamente os textos religiosos antigos que servem de pano de fundo para o Antigo Testamento.

• 817 •

INTRODUÇÃO À INTERPRETAÇÃO BÍBLICA

Chavalas, M. W. *Ancient Near East: Historical Sources in Translation*. Blackwell in Ancient History. Malden, MA; Oxford: Blackwell Publishing, 2006. Traduções exclusivas e acessíveis (muitas feitas por evangélicos) de textos historiográficos antigos. Organizado como um texto suplementar para um semestre de estudo. Os prefácios dos tradutores a suas traduções acrescentam uma riqueza de informações de cenário histórico. Um bom acompanhamento à obra de Dalley sobre os mitos mesopotâmicos e à obra de Simpson sobre a literatura egípcia.

Gould, G. P. et al., eds. *The Loeb Classical Library*. Fundada por J. Loeb. Cambridge, MA: Harvard University Press; London: Heinemann. Em mais de 450 volumes, essas obras fornecem as edições padrão em idioma original (grego ou latim) das obras clássicas principais com a tradução em inglês na página oposta. Eles incluem os escritores clássicos gregos (e.g., Platão e Aristóteles), os historiadores antigos (e.g., Tucídides, Heródoto), os escritores judeus (Fílon e Josefo), e escritores pós-bíblicos cristãos e seculares (e.g., Agostinho, Eusébio, Cícero e Ovídio).

História do mundo antigo e do Oriente Médio antigo

Hallo, W. W.; W. K. Simpson. *The Ancient Near East: A History*. 2ª ed. Fort Worth: Harcourt Brace College Publishers, 1998. Essa obra traz a história excelente do mundo antigo escrita para o leitor geral, com um destaque particular para a Mesopotâmia e para o Egito.

Kuhrt, A. *The Ancient Near East: 3000-330 BC*. 2 vols. New York: Routledge, 1995. Essa obra registra a análise completa e especializada sobre a história do mundo bíblico feita por um erudito inglês. Ela já se tornou o recurso padrão para os cursos universitários de história antiga e traz mais detalhes do que Hallo, mas menos detalhes que o CAH (veja adiante).

Van de Mieroop, M. *A History of the Ancient Near East ca. 3000-323 BC*. 2ª ed. Malden, MA: Blackwell Publishing, 2007. Esse é um resumo recente e popular para estudantes, feito por um professor célebre da Columbia University, autor de uma obra recente sobre a história do antigo Egito. Tabelas cronológicas numerosas das dinastias antigas e mapas regionais. Traça paralelos entre a história geral e a de Israel, mas nem todos os leitores bíblicos podem gostar dele.

Snell, D. C., ed. *A Companion to the Ancient Near East*. Blackwell Companions to the Ancient World. Malden, MA: Blackwell Publishing, 2005. Uma história bem ilustrada e acessível, mesmo sendo mais compacta do que Van de Mieroop, mas um pouco maior que Podany (veja abaixo).

· **818** ·

BIBLIOGRAFIA COMENTADA: FERRAMENTAS HERMENÊUTICAS

Podany, A. H. *The Ancient Near East: A Very Short Introduction*. Very Short Introductions Series. Oxford: Oxford University Press, 2014. Uma história de leitura agradável. Resume com habilidade o melhor do pensamento acadêmico recente em 148 páginas com algumas fotografias, tabelas, mapas e citações de textos. Ideal para cursos universitários.

Podany, A. H.; M. McGee. *The Ancient Near Eastern World*. The World in Ancient Times. Oxford: Oxford University Press, 2005. Um olhar bem escrito sobre as pessoas do mundo antigo, tanto profissionais quanto cotidianas (e.g., escribas, oleiros, crianças em idade escolar, legisladores, arquitetos) que, entre outras coisas, inventaram a roda, escreveram leis pela primeira vez, e pela primeira vez adotaram a crença em um único deus.

Nissen, H. J. *The Early History of the Ancient Near East, 9000-2000 BC*. Traduzido por E. Lutzeier. Chicago: University of Chicago Press, 1988. Mesmo que já esteja obsoleto, esse livro ainda analisa de forma competente o período histórico que testemunhou o surgimento da civilização no Oriente Médio antigo. Já que Abraão provavelmente viveu em cerca de 2000 a.C., ele retrata o cenário histórico mais amplo anterior a esse personagem bíblico.

Hornblower, S., A. Spawforth, e E. Eidinow, eds. *The Oxford Classical Dictionary*. 4ª ed. Oxford: Oxford University Press, 2012. Esse dicionário traz oferece um panorama confiável do mundo do período clássico.

Edwards, I. E. S., et al., eds. *The Cambridge Ancient History* [*CAH*]. 3ª ed. 5 vols. (geralmente em duas ou mais partes) até agora. Muitos volumes/partes da 2ª ed. ainda estão sendo publicados, mas são obsoletos. Cambridge: Cambridge University Press, 1970-. Esse representa, de longe, o estudo mais abrangente sobre o mundo político social e econômico a partir do qual surgiram o AT e o NT.

Von Soden, W. *The Ancient Orient: An Introduction to the Study of the Ancient Near East*. Traduzido por D. G. Schley. Grand Rapids: Eerdmans, 1994. Esse volume preparado por um renomado especialista em povos semitas ainda tem valor como introdução ao Oriente Médio, à sua história, aos seus povos, às suas instituições e à sua cultura. O leitor comum admirará a sua ampla visão.

História do Antigo Testamento

Shanks, H., ed. *Ancient Israel: From Abraham to the Roman Destruction of the Temple*. 3ª ed. Biblical Archaeology Society, 2012. Livro popular com cada capítulo escrito por um ou dois especialistas no assunto.

*Long, V. P. *The Art of Biblical History*. Vol. 5 da série *Foundations of Contemporary Interpretation*. Editor M. Silva. Grand Rapids: Zondervan, 1994. Busca

• 819 •

INTRODUÇÃO À INTERPRETAÇÃO BÍBLICA

demonstrar a necessidade de se equilibrar a historicidade, a arte literária e a teologia para entender a redação das histórias do Antigo Testamento.

*Bright, J. *História de Israel*. São Paulo: Paulus, 2004. Esse texto apresenta, de forma sistemática, a história de Israel, de acordo com os princípios da controvertida escola Albright. Altamente recomendado, representa uma conquista impressionante na escrita da história. Ao mesmo tempo, alguns especialistas discordam de sua posição em vários pontos.

Provan, I., V. P. Long, e T. Longman III. *Uma história bíblica de Israel*. São Paulo: Vida Nova, 2016. Esse livro registra a segunda edição revista e atualizada da primeira história abrangente de Israel escrita a partir de uma perspectiva moderada a ser lançada em inglês em duas décadas. Os seus autores, três eminentes especialistas evangélicos, reagem diretamente às críticas de sua primeira edição e reafirmam sem problema algum que o AT deve ser levado a sério como documento histórico. Traça a história de 2000 a 400 a.C. Os mapas e as quatorze tabelas são bem úteis para a consulta do estudante.

Coogan, M. D., ed. *The Oxford History of the Biblical World*. New York; Oxford: Oxford University Press, 1998. Cada um dos seus ensaios, escrito por um especialista tradicional, analisa um período específico da história de Israel.

Miller, J. M.; J. H. Hayes. *A History of Ancient Israel and Judah*. Philadelphia : Westminster, 1986. Encontramos nesse livro um retrato da história de Israel que foge bastante da obra de Bright e da obra de Provan, Long e Longman (mencionadas anteriormente). O leitor conservador se sentirá menos à vontade com a sua análise dos patriarcas e da conquista de Canaã do que com a análise dos quatro especialistas que acabamos de mencionar.

Dever, W. G. *What Did the Biblical Writers Know and When Did They Know It? What Archaeology Can Tell Us about the Reality of Ancient Israel?* Grand Rapids: Eerdmans, 2001. Análise polêmica, porém útil, de algumas interpretações bíblicas historiográficas e pós-modernas. Veja também Dever, W. G. *Who Were the Israelites, and Where Did They Come From?* Grand Rapids: Eerdmans, 2003. Tese provocante, porém questionável, segundo a qual os "israelitas" originais se compunham de cananeus, pastores nômades e escravos fugidos do Egito.

Kaiser, W. C.; P. D. Wegner. *A History of Israel*. Ed. rev. Nashville: B&H, 2017. Edição atualizada e bem ilustrada de um relato evangélico conservador sobre o passado do Israel antigo. Veja também, Merrill, E. H. *Kingdom of Priests: A History of Old Testament Israel*. 2ª ed. Grand Rapids: Baker Academic, 2008.

Miller, P. D. *The Religion of Ancient Israel*. Louisville: Westminster John Knox, 2000. Estudo dos tópicos mais importantes da religião canaanita e israelita escrito por um especialista bem conhecido.

• 820 •

BIBLIOGRAFIA COMENTADA: FERRAMENTAS HERMENÊUTICAS

Albertz, R. *A History of Israelite Religion in the Old Testament Period*. 2 vols. OTL. Louisville: Westminster John Knox, 1994. Esse estudo detalhado e abrangente usa uma reconstrução da alta crítica da história do Antigo Testamento, interagindo com análises recentes e descobertas para descrever a religião de Israel. Lida de forma crítica, essa obra frequentemente citada é essencial para o estudante informado e avançado.

Gerstenberger, E. S. *Israel in the Persian Period: The Fifth and Fourth Centuries BCE*. Traduzido por S. S. Schatzmann. Enciclopédia bíblica. Atlanta: Society of Biblical Literature, 2011. Análise para estudantes avançados de uma era importante da história de Israel.

Smith, M. S. *The Origins of Biblical Monotheism: Israel's Polytheistic Background and the Ugaritic Texts*. New York; Oxford: Oxford University Press, 2001. Essa obra provocadora traça o surgimento tardio do monoteísmo israelita no contexto do politeísmo semita ocidental, especialmente o que se verifica nos textos ugaríticos, nos quais o autor é uma autoridade eminente. Ele complementa o estudo anterior de Smith: *The Early History of God*. San Francisco: Harper and Row, 1990. Os dois livros são destinados aos estudantes avançados e aos especialistas.

De Moor, J. C. *The Rise of Yahwism. The Roots of Israelite Monotheism*. BETL 91. Peeters, 1990. Provas importantes e argumentos a favor da adoração de Israel a um só Deus na época mosaica e nas épocas posteriores.

Arnold, B. T. *Introduction to the Old Testament and the Origins of Monotheism*. Cambridge: Cambridge University Press, 2014. Um autor evangélico acompanha o tema teológico do monoteísmo através de uma análise dos livros do Antigo Testamento.

Gnuse, R. K. *No Other Gods: Emergent Monotheism in Israel*. JSOTSup 241. Sheffield: Sheffield Academic Press, 1997. Supõe que Israel evoluiu gradualmente a partir da cultura da Palestina e defende que a chamada "revolução" era na verdade uma "evolução" que ainda continua.

Long, V. P., ed. *Israel's Past in Present Research: Essays on Ancient Israelite Historiography. SBTS 7*. Winona Lake, IN: Eisenbrauns, 1999. Uma variedade de especialistas contribui com teses sobre a escrita e a interpretação dos dados históricos relacionados com os períodos principais e com os gêneros literários do Antigo Testamento.

Millard, A. R., J. K. Hoffmeier, e D. W. Baker, eds. *Faith, Tradition, and History: Old Testament Historiography in Its Near Eastern Context*. Winona Lake, IN: Eisenbrauns, 1994. Artigos importantes sobre os métodos e a interpretação de várias passagens do Antigo Testamento à luz das comparações com o Oriente Médio.

Matthews, V. H. *A Brief History of Ancient Israel*. Louisville: Westminster John Knox, 2002. História acessível, resumida e condensada de Israel do período

• 821 •

INTRODUÇÃO À INTERPRETAÇÃO BÍBLICA

ancestral, passando pelo período exílico até o pós-exílico. Rico em materiais comparativos e recursos visuais. Útil tanto para os estudantes quanto para os professores universitários.

Hess, R. S. *Israel's Religions: An Archaeological and Biblical Survey*. Grand Rapids: Baker Academic; Nottingham, England: Apollos, 2007. Um panorama fundamentado e bem equilibrado da vida religiosa de Israel durante os principais períodos da sua história escrita por um especialista evangélico bem conhecido. A sua avaliação crítica das fontes, tanto bíblicas quanto arqueológicas, que explica a história, é o diferencial dessa obra.

História do período interbíblico

Jagersma, H. *A History of Israel from Alexander the Great to Bar Kochba*. London: SCM, 1985; Philadelphia: Fortress, 1986. Uma introdução excelente aos principais acontecimentos e aos principais personagens durante esse período de 331 a.C. a 135 d.C.

Nicklesburg, G. W. E. *Jewish Literature between The Bible and the Mishnah: A Historical and Literary Introduction*. Minneapolis: Fortress, 1981. O título diz o suficiente: uma análise excelente sobre as fontes primárias importantes (com tradução para o inglês).

Skarsaune, O. *À sombra do templo: As influências do judaísmo no cristianismo*. São Paulo: Vida, 2004. Uma introdução detalhada ao judaísmo primitivo e a sua contribuição para o Novo Testamento e para o cristianismo primitivo.

Scott, J. J., Jr. *Customs and Controversies*. Grand Rapids: Baker, 1995. Uma visão clara, abrangente e evangélica do cenário religioso e histórico mais pertinente ao Novo Testamento, começando no período interbíblico e com um destaque especial sobre os costumes sociais e as controvérsias ideológicas.

*VanderKam, J. C. *An Introduction to Early Judaism*. Grand Rapids: Eerdmans, 2001. Síntese impressionante do pensamento acadêmico sobre os acontecimentos históricos, a literatura não canônica, e o desenvolvimento institucional do judaísmo no período do Segundo Templo.

Grabbe, L. L. *An Introduction to Second Temple Judaism: History and Religion of the Jews in the Time of Nehemiah, the Maccabees, Hillel, and Jesus*. London: Bloomsbury T&T Clark, 2010. Um panorama longo e técnico da história do judaísmo do fim do Antigo Testamento até o final do período do Novo Testamento.

Hengel, M. *Judaism and Hellenism: Studies in Their Encounter in Palestine during the Early Hellenistic Period*. 2 vols. Minneapolis: Fortress, 1974. Esses volumes apresentam as descobertas úteis do autor sobre a interação entre o judaísmo e o mundo grego que abre o caminho para o judaísmo existente no século I d.C. O resumo atualizado de Hengel se chama *Jews, Greeks and*

• 822 •

BIBLIOGRAFIA COMENTADA: FERRAMENTAS HERMENÊUTICAS

Barbarians: Aspects of the Hellenization of Judaism in the Pre-Christian Period. Minneapolis: Fortress, 1980.

Collins, J. J.; D. C. Harlow, eds. *Dictionary of Early Judaism*. Grand Rapids: Eerdmans, 2010. Artigos de ponta dispostos em ordem alfabética são precedidos de uma série de teses temáticas maiores. Eles também compilaram *Early Judaism: A Comprehensive Overview*. Grand Rapids: Eerdmans, 2012. Essa é uma coleção de quinze teses feitas por especialistas sobre tópicos que apresentam olhares profundos sobre os vários aspectos do judaísmo primitivo.

História da época do Novo Testamento

*Witherington III, B. *História e histórias do Novo Testamento*. São Paulo: Vida Nova, 2005. Essa obra começa com os acontecimentos que motivaram o final da era do AT e traça a história judaica e a secular até a época dos acontecimentos do NT. Nenhuma outra obra se iguala a essa na facilidade de leitura e na abrangência concisa desse período essencial.

Jeffers, J. S. *The Greco-Roman World of the New Testament Era*. Downers Grove: InterVarsity, 1999. Os capítulos organizados em tópicos apresentam aos leitores as principais práticas sociais e culturais e os acontecimentos, particularmente para a porção não judaica do cristianismo primitivo: e.g., o governo, as classes e o estado sociais, a economia, a vida militar, a cidadania, a escravidão etc.

Barnett, P. *Jesus and the Rise of Early Christianity: A History of New Testament Times*. Downers Grove: InterVarsity, 1999. Um panorama evangélico excelente do cenário do século I relevante para a vida de Jesus e para os primeiros setenta anos da história da Igreja. De forma igualmente clara, todos os escritos e acontecimentos do Novo Testamento são relacionados em ordem cronológica.

*Ferguson, E. *Backgrounds of Early Christianity*. 3ª ed. Grand Rapids: Eerdmans, 2003. Bem organizado e apresentando em todas as seções recursos bibliográficos adicionais bem amplos, esse texto faz explicações breves, mas bem úteis, sobre os vários aspectos do mundo religioso, político, filosófico e social do NT.

McKnight, S.; J. B. Modica, eds. *Jesus is Lord, Caesar is Not: Evaluating Empire in New Testament Studies*. Downers Grove: InterVarsity, 2013. Coleção equilibrada de teses apresentando e avaliando as razões do culto imperial e de outras reivindicações religiosas romanas como o contexto direto ou indireto para todas as partes do Novo Testamento. Essa disciplina de estudos sobre o império tem se popularizado nas últimas décadas e também tem sido amplamente criticada.

• 823 •

INTRODUÇÃO À INTERPRETAÇÃO BÍBLICA

*Wright, N. T. *The New Testament and the People of God*. Vol. 1 de Christian Origins and the Question of God. London: SPCK; Minneapolis: Fortress, 1992. Um verdadeiro achado que desafia muitos conceitos preestabelecidos por muito tempo e "resultados garantidos." Descreve a história, a formação social, a cosmovisão, as crenças, a esperança e o mundo simbólico do judaísmo da Palestina dentro do seu contexto mais amplo do mundo greco-romano. Ele aborda a origem dos primeiros cristãos dentro desse ambiente. Leitura obrigatória.

Barrett, C. K., ed. *The New Testament Background: Writings from Ancient Greece and the Roman Empire That Illuminate Christian Origins*. Ed. rev. San Francisco: Harper & Row, 1995. Essa é uma compilação bem ampla de fontes que apresentam um cenário útil para uma variedade de estudos do NT. Uma obra parecida, Cartlidge, D. R.; D. L. Dungan, *Documents for the Study of the Gospels*. Rev. e ampliada. Minneapolis: Fortress, 1994, coleciona textos de autores pagãos, judeus e cristãos para retratar as categorias de crítica da forma empregadas na pesquisa moderna sobre os Evangelhos. Alguém pode então comparar outras formas com as que aparecem nos Evangelhos (e.g., as parábolas). Veja também Evans, C. A. *Noncanonical Writings and New Testament Interpretation*. Peabody, MA: Hendrickson, 1993.

Klauck, H.-J. *The Religious Context of Early Christianity: A Guide to Graeco-Roman Religions*. Minneapolis: Augsburg Fortress, 2003. Um guia completo para o ambiente religioso dentro do qual o cristianismo surgiu, incluindo a religião doméstica e cívica, as crenças populares (e.g., a adivinhação, a astrologia, e a "mágica"), cultos de mistério, cultos ao governador e ao imperador, a filosofia e o gnosticismo.

Koester, H. *Introduction to the New Testament: History, Culture and Religion of the Hellenistic Age*. 2ª ed. Berlin/New York: de Gruyter; Minneapolis: Fortress, 1995. Esse primeiro volume traz informações abundantes sobre a história do mundo grego e do mundo romano. O segundo volume, *History and Literature of Early Christianity*, 2ª ed. Fortress: 2000, fecha o ciclo. Em alguns pontos, as teorias prediletas de Koester distorcem as suas análises, e ele tem recebido críticas quanto a isso.

Schürer, E. *The History of the Jewish People in the Age of Jesus Christ (175 BC-AD135)*. Revisto e editado por G. Vermes, F. Millar, M. Black, M. Goodman, e P. Vermes. 4 vols. London: Bloomsbury T&T Clark, 2014. Esse estudo imenso analisa todo o período do NT tanto pela perspectiva histórica quanto pela sociológica. Ele inclui bibliografias amplas. A revisão suavizou muitas das opiniões de Schürer que não concordam com o melhor consenso acadêmico.

• 824 •

BIBLIOGRAFIA COMENTADA: FERRAMENTAS HERMENÊUTICAS

Safrai, S., M. Stern, et al., eds. *The Jewish People in the First Century*. Seção I do *Compendia Rerum Iudaicarum ad Novum Testamentum*. 2 vols. Leiden: Brill, 1988. Parte de um projeto gigantesco escrito por especialistas cristãos e judeus para estudar a relação entre o judaísmo e o cristianismo ao longo dos séculos, essa seção destaca o século I. Esses artigos especializados são de qualidade variada e devem ser usados com cautela.

Costumes, cultura, sociedade

Era pré-cristã

*Matthews, V. H. *Manners and Customs in the Bible: An Illustrated Guide to Daily Life in Bible Times*. 3ª ed. Grand Rapids: Baker Academic, 2006. Essa terceira edição atualiza a sua excelente edição anterior e ainda traz para o leitor geral um guia confiável e ilustrado para o mundo cotidiano dos dois testamentos. As fotografias ampliam o seu valor. Além disso, veja Matthews, V. H., *Hebrew Prophets and Their Social World*. 2ª ed. Grand Rapids: Baker Academic, 2012. Ele abrange o contexto dos profetas em ordem cronológica e busca mostrar como o seu contexto social dava forma a sua mensagem.

Yamauchi, E.; M. R. Wilson, eds., *Dictionary of Daily Life in Biblical & Post-Biblical Antiquity*. 4 vols. Peabody, MA: Hendrickson, 2014. Editado por dois gabaritados especialistas evangélicos. Apresenta o cenário sobre o mundo da Bíblia Hebraica e do NT de 2000 a.C. até aproximadamente 600 d.C. Alguns artigos analisam tópicos que não são abordados em obras parecidas.

*Walton, J. H., V. H. Matthews, e M. W. Chavalas. *The InterVarsity Press Bible Background Commentary: Old Testament*. Downers Grove: InterVarsity, 2000. Utiliza uma abordagem versículo por versículo para trazer novas perspectivas sobre as questões do cenário histórico e cultural.

Hoerth, A., G. Mattingly, e E. Yamauchi, eds. *Peoples of the Old Testament World*. Grand Rapids: Baker, 1994. Uma atualização evangélica de Wiseman, D., ed. *Peoples of Old Testament Times*. Oxford: Clarendon, 1973. Esse volume contém capítulos sobre as nações com as quais Israel conviveu. Ainda que os autores tenham renome internacional, eles se dirigem ao leitor geral. Antiquado, mas ainda precioso.

*King, P. J.; L. E. Stager. *Life in Biblical Israel*. Library of Ancient Israel. Louisville: Westminster John Knox, 2001. Com fotos coloridas e desenhos, essa é a melhor análise sobre a maneira que se vivia nos tempos bíblicos.

Matthews, V. H.; D. C. Benjamin. *The Social World of Ancient Israel: 1250-587 BCE*. Grand Rapids: Baker Academic, 2011 [1993]. Um panorama acessível para as instituições sociais proeminentes do mundo do Israel primitivo e do período da monarquia: e sobre o modo pelo qual o entendimento disso traz

• 825 •

INTRODUÇÃO À INTERPRETAÇÃO BÍBLICA

informações para a interpretação bíblica. Analisa a política, a economia, a diplomacia, a lei e a educação.

Dois livros apresentam ao leitor a cultura do mundo antigo: Bottero, J. et al., eds. *Everyday Life in Mesopotamia*. Baltimore: Johns Hopkins University Press, 2001; e Snell, D. C. *Life in the Ancient Near East 3100-322 BC. New Haven:* Yale University Press, 1998. Relatos mais breves também estão disponíveis no volume mais atraente e bem escrito de Snell, D. C. *Ancient Near East: The Basics*. Oxford; New York: Routledge, 2014; bem como em vários capítulos de Von Soden, W. *The Ancient Orient* (veja anteriormente).

de Vaux, R. *Ancient Israel: Its Life and Institutions*. Editado por D. N. Freedman. Grand Rapids: Eerdmans, 1997 [1961].[18] Um volume clássico para quem não é especialista, analisa as principais instituições sociais e religiosas com uma ampla gama de subtópicos para entender a vida no Israel antigo (e.g., nomadismo, estruturas familiares, instituições civis, as forças militares, e a religião).

Aharoni, Y. *The Land of the Bible*. ed. rev. Philadelphia: Westminster, 1979. De autoria de um arqueólogo israelense bem conhecido, esse volume traz vastas informações sobre a geografia do Israel antigo.

Sasson, J. M., ed. *Civilizations of the Ancient Near East*. 4 vols. New York: Scribner, 1995. Essa é a obra de referência padrão profunda que se refere aos grupos culturais principais do antigo Oriente Médio.

A era cristã

Esler, P. F. *The First Christians in Their Social Worlds: Social-Scientific Approaches to New Testament Interpretation*. London/New York: Routledge, 1994. Essa é uma introdução bem fácil de ler a uma abordagem sociológica do estudo do NT.

Hanson, K. C.; D. E. Oakman. *Palestine in the Time of Jesus. Social Structures and Social Conflicts*. 2ª ed. Minneapolis: Augsburg Fortress, 2008. Um panorama da análise social e da cosmovisão mediterrânea antiga que apresenta sistematicamente os domínios principais e as instituições da família, da política e da economia, sempre com referência aos textos bíblicos.

---

[18] Esse texto traduz o original francês, *Les institutions de l'Ancien Testament*, 2 vols., 2ª ed. (Paris: Cerf, 1961, 1967). Essa tradução inglesa emprega notas, correções e acréscimos trazidos por de Vaux, e se apresenta em uma edição de uma única brochura.

• **826** •

BIBLIOGRAFIA COMENTADA: FERRAMENTAS HERMENÊUTICAS

Malina, B. J. *The New Testament World: Insights from Cultural Anthropology*. 3ª ed. Louisville: Westminster John Knox, 2001. Extremamente perspicaz, esse livro traz janelas de entendimento para certos valores, práticas e perspectivas dos habitantes do mundo do século I.

*Keener, C. S. *The InterVarsity Press Biblical Background Commentary: New Testament*. 2ª ed. Downers Grove: InterVarsity, 2014. Tem uma abordagem versículo por versículo para trazer as descobertas sobre as questões históricas e culturais. Bem fácil de ler.

Burge, G. M., L. H. Cohick, e G. L. Green. *The New Testament in Antiquity*. Grand Rapids: Zondervan, 2009. Da mesma maneira que mencionamos de Keener, avança de forma sequencial por todo o Novo Testamento, mas de modo mais seletivo, comentando com mais detalhes sobre os itens mais importantes do cenário cultural livro por livro.

*Meeks, W. *The First Urban Christians: The Social World of the Apostle Paul*. 2ª ed. New Haven: Yale University Press, 2003. Essa obra importante e inovadora se utiliza de uma abordagem sociológica para analisar as instituições e as práticas do mundo do século I, e a presença dos cristãos primitivos dentro dele.

Finegan, J. *Myth & Mystery: An Introduction to the Pagan Religions of the Biblical World*. Grand Rapids: Baker, 1989. Finegan analisa o cenário variado das crenças religiosas do mundo durante o surgimento do NT.

Theissen, G. *Sociology of Early Palestinian Christianity*. Minneapolis: Fortress, 1978. Análise sociológica do movimento de Jesus, essa obra tenta descrever as atitudes sociais e o comportamento típico das pessoas da Palestina no tempo que Jesus andou sobre a terra.

*De Silva, D. A. *Honor, Patronage, Kinship and Purity: Unlocking New Testament Culture*. Downers Grove: InterVarsity, 2000. Introdução evangélica e clara aos valores culturais mais característicos e importantes do mundo do NT (como se refletem no título), com várias aplicações sobre a maneira que essas informações são importantes para se interpretar os textos.

Magness, J. *Stone and Dung, Oil and Spit: Jewish Daily Life in the Time of Jesus*. Grand Rapids: Eerdmans, 2011. Baseado nas descobertas arqueológicas recentes, no NT, em Josefo e nos ensinos rabínicos, esse livro explica os detalhes fascinantes da vida diária (e.g., costumes para o jantar, para guardar o sábado, para o jejum, para a higiene pessoal, para os sepultamentos etc.) na Palestina antiga.

Green, J. B.; L. M. McDonald, eds. *The World of the New Testament: Cultural, Social, and Historical Contexts*. Grand Rapids: Baker Academic, 2013. Depósito de teses valiosas elaboradas por especialistas evangélicos de renome. Parece um pequeno dicionário bíblico sobre tópicos de importância para a interpretação do NT.

• 827 •

INTRODUÇÃO À INTERPRETAÇÃO BÍBLICA

Arqueologia

Geral

Stern, E., ed. *New Encyclopedia of Archeological Excavations in the Holy Land* [*NEAEHL*]. 5 vols. Jerusalém: Israel Exploration Society; Washington: Biblical Archaeology Society, 1993, 2008. Uma fonte rica de artigos sobre sítios históricos e artefatos. O seu volume suplementar (vol. 5) é recente (2008). Para sítios do Oriente Médio, veja Meyers, ed., *OEANE* (um pouco mais adiante).

Meyers, E. M.; M. A. Chancey. *Alexander to Constantine: Archaeology of the Land of the Bible*. AYBRL 3. New Haven: Yale University Press, 2014. Livro abrangente e ricamente ilustrado. Destaque no cenário arqueológico do judaísmo e do cristianismo primitivos. De interesse para o especialista, para o estudante e para o leitor geral.

Magness, J. *The Archaeology of the Holy Land: From the Destruction of Solomon's Temple to the Muslim Conquest*. Cambridge: Cambridge University Press, 2012. Análise da arqueologia por uma era longa e importante.

Murphy O'Connor, J. *The Holy Land: An Oxford Archaeological Guide*. Oxford Archaeological Guides. Oxford: Oxford University Press, 2008. Versão atualizada de um guia confiável e conciso com uma visão breve para o leitor geral e para os visitantes da Terra Santa.

Hoffmeier, J. K. *Archaeology of the Bible*. Oxford: Lion Hudson, 2008. Uma análise lindamente ilustrada e equilibrada sobre a explicação arqueológica do AT e do NT por um eminente egiptólogo evangélico. A sua desvantagem principal é a sua brevidade (quase 200 páginas).

Master, D. M., ed. *The Oxford Encyclopedia of the Bible and Archaeology*. 2 vols. New York: Oxford University Press, 2013. Obra de referência excelente e atual.

Era pré-cristã

Mazar, A. *Archaeology of the Land of the Bible: 10,000-586 BCE*. AYBRL 1. New Haven; London: Yale University Press, 1990.

Stern, E. *Archaeology of the Land of the Bible: 732-332 BCE*. AYBRL 2. New Haven; London: Yale University Press, 1992-2008. Para o volume 3 dessa série, veja adiante.

Meyers, E. M., ed. *The Oxford Encyclopedia of Archaeology in the Near East*. 5 vols. [*OEANE*]. Oxford: Oxford University Press, 1997. Organizada por sítios e tópicos, essa coleção é a obra de referência definitiva sobre a arqueologia no mundo antigo. A melhor fonte para sítios fora dos limites da Terra Santa.

• 828 •

BIBLIOGRAFIA COMENTADA: FERRAMENTAS HERMENÊUTICAS

A era cristã

Veja Meyers e Chancey acima. Também Frend, W. H. C. *The Archaeology of Early Christianity: A History*. Philadelphia : Fortress, 1996.

Cronologia

*Walton, J. H. *Chronological and Background Charts of the Old Testament*. Ed. rev. Grand Rapids: Zondervan, 1994. Proporcionando tabelas cronológicas atraentes e não técnicas que abrangem a história antiga do Oriente Médio e a dos tempos bíblicos, esse texto também apresenta tabelas sobre o pano de fundo para ajudar os leitores a entender a ordem de tópicos bíblicos complexos (e.g., os principais sacrifícios de Israel etc.). O volume equivalente para o NT é House, H. W. *Chronological and Background Charts of the New Testament*. 2ª ed. Grand Rapids: Zondervan, 2009.

Hoehner, H. W. *Chronological Aspects of the Life of Christ*. Grand Rapids: Zondervan, 1978. Esse é um guia útil para a variedade de questões sobre a datação dos acontecimentos dos Evangelhos, ainda que defenda a visão minoritária de que Jesus foi crucificado no ano 33 em vez de no ano 30, como a maioria dos especialistas acredita.

Barnes, W. H. *Studies in the Chronology of the Divided Monarchy of Israel*. HSM 48. Atlanta: Scholars Press, 1991. Estudo técnico harmonizando a cronologia bíblica com as datas assírias. Defende que os reinados de vários reis israelitas podem ser longos demais.

Thiele, E. R. *The Mysterious Numbers of the Hebrew Kings*. Rev. ed. Grand Rapids: Kregel, 1995. Essa obra possui tabelas cronológicas úteis para o período da monarquia de Israel e de Judá e análises detalhadas sobre os problemas mais importantes de cronologia que desafiam a datação bíblica. As suas análises técnicas, no entanto, o torna mais útil para o estudante avançado do que para o leitor geral, especialmente ao se levar em conta as correções amplamente aceitas feitas por McFall, L. "A Translation Guide to the Chronological Data in Kings and Chronicles." *BSac* 148 (1991): p. 3-45.

Hayes, J. H.; P. K. Hooker. *A New Chronology for the Kings of Israel and Judah*. Atlanta: John Knox, 1988. Esses autores deixam de lado as soluções de Thiele e propõem uma cronologia alternativa para o mesmo período a partir de uma perspectiva menos conservadora.

*Finegan, J. *Handbook of Biblical Chronology: Principles of Time Reckoning in the Ancient World and Problems of Chronology in the Bible*. Ed. rev. Peabody, MA: Hendrickson, 1998. A obra especifica tantos os princípios para se chegar à cronologia nos estudos bíblicos bem como as tentativas de solução para problemas específicos de datação. Seu trabalho é melhor para o NT do que para o AT.

INTRODUÇÃO À INTERPRETAÇÃO BÍBLICA

*Bruce, F. F. *Paul: Apostle of the Heart Set Free*. Grand Rapids: Eerdmans, 1977. Fruto de muitos anos de pesquisa e de ensino, Bruce apresenta a melhor "vida de Paulo" (que o coloca nesta categoria), além da explicação sábia de muitas questões paulinas. Para a cronologia, veja também Riesner, R. *Paul's Early Period: Chronology, Mission Strategy, Theology*. Grand Rapids: Eerdmans, 1997.

Galil, G. *The Chronology of the Kings of Israel and Judah*. Leiden/New York: Brill, 1996. Nesse livro especializado, um erudito israelense propõe um sistema viável e alternativo ao de Thiele, explicando algumas incoerências devidas às fontes do autor bíblico.

Introduções e análises

Essas obras trazem informações sobre uma variedade de questões sobre o cenário: a autoria, os destinatários, a data, a origem geográfica, o propósito, e a integridade. Elas colecionam em um único livro os dados essenciais para se iniciar o estudo de um livro da Bíblia. O estudante sábio consultará vários deles, além dos comentários adequados em outras fontes, para assegurar uma perspectiva equilibrada, especialmente onde várias opções existam para as questões de interpretação. Algumas delas vão além analisando o conteúdo dos livros.

Antigo Testamento

Hill, A. E.; J. H. Walton. *Panorama do Antigo Testamento*. 2ª ed. São Paulo: Vida, 2000. Essa análise a nível universitário do AT destaca o seu conteúdo, o seu cenário e a sua natureza literária. A sua perspectiva é um pouco mais conservadora do que a do próximo livro.

Arnold, B. T.; B. E. Beyer. *Descobrindo o Antigo Testamento*. São Paulo: Cultura Cristã, 2001. Análise excelente do AT destinada ao iniciante e enriquecida pelos seus recursos adicionais disponíveis na Internet.

Baker, D. W.; B. T. Arnold, eds. *Faces do Antigo Testamento: um exame das pesquisas recentes*. Rio de Janeiro: CPAD, 2017. Obra importante examinando o meio acadêmico dos estudos do Antigo Testamento, escrito e editado por evangélicos.

*Dillard, R.; T. Longman, III. *Introdução ao Antigo Testamento*. São Paulo: Vida Nova, 2005. Uma contribuição evangélica útil e atualizada. Longman terminou o projeto depois da morte de Dillard. Ele traz uma introdução evangélica com reações à crítica literária.

*LaSor, W., F. Bush, e D. A. Hubbard. *Introdução ao Antigo Testamento*. 2ª ed. São Paulo: Vida Nova, 2002. Outra introdução excepcional produzida por evangélicos, esse texto esplêndido analisa questões sobre a autoridade, a

• 830 •

BIBLIOGRAFIA COMENTADA: FERRAMENTAS HERMENÊUTICAS

revelação, a inspiração, o cânon e a formação do AT. Ele também apresenta introduções específicas e análises de todos os livros do AT, bem como artigos finais sobre o seu cenário.

Matthews, V. H.; J. C. Moyer, *The Old Testament: Text and Context*. 3ª ed. Grand Rapids: Baker Academic, 2012. Esse livro atraente, destinado ao estudante, descreve os livros do AT com relação ao seu cenário histórico, incluindo o mundo mais amplo do Oriente Médio antigo. Os autores fazem uso das descobertas recentes dos especialistas do AT e considera as novidades dos arqueólogos. O livro possui tabelas, ilustrações e mapas para um aproveitamento excelente. Ele coloca a ordem dos livros de Israel de forma singular, dentro da era correspondente da história narrativa de Israel, mas, às vezes, reagrupa a sua ordem de acordo com o gênero literário.

Arnold, B. T. *Introduction to the Old Testament*. New York; Cambridge: Cambridge University Press, 2014. Eminente especialista evangélico do Antigo Testamento. Além da análise livro por livro, ele acompanha o tema do monoteísmo por todo o Antigo Testamento.

Childs, B. S. *Introduction to the Old Testament as Scripture*. Philadelphia : Fortress, 1979. Introdução bem influente à Bíblia que ainda é muito discutida e muito mal-entendida. Childs defende nele a crítica canônica, através da qual os livros da Bíblia e, na verdade, toda a Bíblia, tem que ser interpretada na forma pela qual eles são aceitos pelos judeus e pelos cristãos: como canônicos (i.e., obras inspiradas com autoridade reconhecida).

Birch, B. C., W. Brueggemann, T. E. Fretheim, e D. L. Petersen. *A Theological Introduction to the Old Testament*. 2ª ed. Nashville: Abingdon, 2005. Especialistas protestantes escrevendo a partir da perspectiva da crítica canônica.

Coogan, M. D. *The Old Testament: A Historical and Literary Introduction to the Hebrew Scriptures*. 3ª ed. Oxford: Oxford University Press, 2013. Livro atraente e bem escrito por um especialista conhecido. Ele honra o seu título. Perspectiva protestante tradicional equilibrada.

Gottwald, N. K. *Introdução sócioliterária à Bíblia Hebraica*. São Paulo: Paulinas, 1988. A abordagem sociológica independente de um especialista protestante tradicional dá ao leitor avançado, quando lido de forma crítica, um novo ângulo para se observar os livros do AT e Israel como sociedade. A edição em inglês, de 2002, acompanha um CD-ROM com tabelas e recursos visuais.

Hess, R. S. *The Old Testament: A Historical, Theological, and Critical Introduction*. Grand Rapids: Baker, 2016. Uma obra importante recém lançada por um eminente especialista evangélico e nosso colega. Ela exigiu muito tempo de preparação, e tem o potencial de se tornar obra padrão da disciplina.

Hubbard, R. L., Jr.; J. A. Dearman, *Introduction to the Old Testament*. Grand Rapids: ainda a ser lançado. Bem ilustrado, com introdução livro por livro.

• 831 •

INTRODUÇÃO À INTERPRETAÇÃO BÍBLICA

Visa a preparar os leitores a realmente ler o AT. Traz perguntas de reflexão para cada livro, além de novidades e comentários para fornecer um cenário útil. Boas bibliografias para cada livro.

Temos também de mencionar a bibliografia ótima nesse tópico: Hostetter, E. C. *Old Testament Introduction*. Institute for Biblical Research Bibliography. Grand Rapids: Baker, 1995.

Novo Testamento

Witherington, B., III. *Invitation to the New Testament: First Things*. Oxford: Oxford University Press, 2012. Evangélico, atual e o mais fácil de ler. Sai do padrão um pouco em termos do que é excluído, incluído ou analisado com detalhes.

Elwell, W. A.; R. W. Yarbrough. *Descobrindo o Novo Testamento*. São Paulo: Cultura Cristã, 2001; e Elwell e Yarbrough, *Readings from the First-Century World*. Grand Rapids: Baker, 1998. A introdução a nível universitário mais fácil de ler. Firmemente conservador de capa a capa.

*Powell, M. A. *Introducing the New Testament: A Historical, Literary, and Theological Survey*. Grand Rapids: Baker, 2009. Não há exagero de detalhes. Bem singular, na medida em que a posição conservadora e a posição liberal recebem o mesmo tempo e o mesmo espaço para explicação e o autor não defende lado algum.

Gundry, R. *Panorama do Novo Testamento*. 3ª ed. rev. e amp., São Paulo: Vida Nova, 2008. Esse livro inclui tanto análises breves e introdutórias como um panorama do conteúdo dos livros do NT. A melhor visão de nível básico em termos de conteúdo. A 5ª edição em inglês vale a pena.

Wenham, D.; S. Walton. *Exploring the New Testament*. Vol. 1: *A Guide to the Gospels & Acts*; Marshall, I. H., S. Travis, e I. Paul. Vol. 2: *A Guide to the Epistles and Revelation*. 2ª ed. Nottingham e Downers Grove: InterVarsity, 2011. Um equivalente britânico do livro de Gundry em nível e propósito.

Anderson, P. N. *From Crisis to Christ: A Contextual Introduction to the New Testament*. Nashville: Abingdon, 2014. Editora amplamente evangélica dirigindo a sua publicação para os protestantes tradicionais, com destaque especial aos contextos teológicos que deram origem a cada um dos livros do Novo Testamento. Mais forte quanto aos Evangelhos e ao livro de Atos.

Carson, D. A., D. J. Moo e Morris, Leon *Introdução ao Novo Testamento*. São Paulo: Vida Nova, 1997. Esse livro destaca primeiramente as questões do cenário dos livros do NT, como autoria, data, fontes, propósito, destinatários etc. Os autores incluem esboços de cada livro, além de breves relatos sobre

• 832 •

BIBLIOGRAFIA COMENTADA: FERRAMENTAS HERMENÊUTICAS

os estudos recentes e sobre a importância teológica de cada documento do NT. As bibliografias são particularmente úteis. Está sendo preparada uma revisão para a edição em inglês.

*deSilva, D. A. *An Introduction to the New Testament: Context, Methods and Ministry Formation*. Downers Grove: InterVarsity, 2004. Abrange todos os tópicos esperados, mas com matérias adicionais de bônus e seções sobre os vários métodos interpretativos em conjunto com os livros da Bíblia que bem os exemplificam e reflexões sobre a formação espiritual, extraindo-a também de cada livro em particular.

Köstenberger, A. J., L. S. Kellum, e C. L. Quarles. *The Cradle, The Cross, and the Crown: An Introduction to the New Testament*. Nashville: B&H, 2009. Obra importante dos batistas do sul, totalmente conservadora, bem abrangente e fácil de ler.

*Hagner, D. A. *The New Testament: A Theological and Historical Introduction*. Grand Rapids: Baker, 2012. Reflexão madura de um especialista veterano e sensato. Amplamente evangélico, com a aceitação de pseudonímia em alguns lugares. Extraordinariamente detalhado e com bibliografias úteis.

Boring, M. E. *Introdução ao Novo Testamento, história, literatura e teologia*. 2 vols. São Paulo: Paulus, 2016. A mais abrangente entre as várias introduções liberais e a que mais provavelmente superará a de Brown (veja abaixo).

*Brown, R. E. *Introdução ao Novo Testamento* - Coleção Bíblia e História. São Paulo: Paulinas, 2004. O padrão não evangélico que resiste ao tempo (recente). Brown é, na verdade, bem centrista no meio acadêmico teológico e reconhece pensamentos tanto à sua direita quanto à sua esquerda.

O uso do Antigo Testamento no Novo Testamento

O estudante achará esse campo bem debatido com artigos abundantes e teses que apresentam as várias perspectivas da discussão, algumas das quais incluímos em meio ao livro. Deve-se também consultar as fontes bibliográficas (nos livros seguintes) para encontrar novos itens. O que se segue é uma lista de livros úteis.

*Beale, G. K. *Manual do uso do Antigo Testamento no Novo Testamento: Exegese e interpretação*. São Paulo: Vida Nova, 2013. Bem organizado, consiste em uma análise introdutória clara de todas as categorias principais, com exemplos. Baseado em parte no livro de Carson e Beale abaixo. Inclui uma bibliografia bem ampla.

Longenecker, R. N. *Biblical Exegesis in the Apostolic Period*. 2ª ed. Grand Rapids: Eerdmans, 1999. Essa obra não somente abrange os métodos hermenêuticos

• 833 •

INTRODUÇÃO À INTERPRETAÇÃO BÍBLICA

judaicos, mas também discute como os próprios autores do NT podem ou não ter empregado essas táticas.

Carson, D. A.; H. G. M. Williamson, eds. *It Is Written: Scripture Citing Scripture*. Cambridge: Cambridge University Press, 1988. Esse volume é, na verdade, uma coleção bem ampla de teses sobre vários aspectos do tópico (esp. pp. 191-336), incluindo o uso da Escritura por cada autor importante do NT em particular.

*Carson, D. A.; G. K. Beale, eds. *Comentário do uso do Antigo Testamento no Novo Testamento*. São Paulo: Vida Nova, 2014. Ele se tornou rapidamente o recurso padrão nesta disciplina, comentando livro por livro cada citação do AT no NT, e não poucas alusões e ecos também. Fornece os contextos originais no AT, o modo como o NT está usando o AT e, às vezes, a história de outros usos judaicos dos mesmos textos. Evangélico em todo o seu conteúdo.

Ellis, E. E. *Paul's Use of the Old Testament*. Grand Rapids: Eerdmans, 1957; Grand Rapids: Baker, 1981. Ainda um panorama excelente dos vários usos da parte de Paulo, com atenção especial aos mais controvertidos. Particularmente útil para analisar os métodos judaicos de interpretação na época da escrita do NT.

France, R. T. *Jesus and the Old Testament*. London: Tyndale; Downers Grove: InterVarsity, 1971; Vancouver: Regent College, 1992. France investiga as várias maneiras como Jesus usou o AT registradas nos Evangelhos, como esses usos concordam com a LXX ou com o texto hebraico, exemplos de uso de tipologia, materiais preditivos, e finalmente as influências que Jesus pode ter tido sobre o uso dos outros autores bíblicos.

Teologia bíblica

Antes de relacionar os livros para cada testamento, mencionamos várias obras de referência que abrangem os dois:

Alexander, T. D.; B. S. Rosner, eds. *Novo dicionário de teologia bíblica*. São Paulo: Vida, 2000. Organizado em tópicos, cada artigo analisa o seu assunto teológico por meio dos dois testamentos. Um equivalente norte-americano, provavelmente nem sempre tendo o mesmo alto padrão, é Elwell, W. A., ed. *Evangelical Dictionary of Biblical Theology*. Grand Rapids: Baker, 1996.

Mead, J. K. *Biblical Theology: Issues, Methods, and Themes*. Louisville: Westminster John Knox, 2007.

Uma introdução geral ao assunto, não restrita a nenhum testamento. Especialistas evangélicos importantes analisam o passado e o futuro desse tópico em Hafemann, S. J. ed. *Biblical Theology: Retrospect and Prospect*. Downers Grove:

BIBLIOGRAFIA COMENTADA: FERRAMENTAS HERMENÊUTICAS

InterVarsity; Leicester: Apollos, 2002. Em uma análise muito esclarecedora, dois especialistas discutem os vários modos que se entende a disciplina da teologia bíblica entre os que a estudam: Klink, III, E. W.; D. R. Lockett. *Understanding Biblical Theology. A Comparison of Theory and Practice*. Grand Rapids: Zondervan, 2012.

Antigo Testamento

Martens, E. A., ed. *Old Testament Theology*. Bibliographies No. 13. Grand Rapids: Baker, 1997. Ainda que seja antiga, essa resenha de mais de quinhentas obras importantes, listadas por assunto, ainda é útil.

Routledge, R. *Old Testament Theology: A Thematic Approach*. Downers Grove: IVP Academic, 2008. Uma análise dos temas teológicos principais do AT. Em forma de tópicos. Livro bem escrito. Um panorama excelente do assunto para o leitor geral.

*Kaiser, Jr., W. C. *O plano da promessa de Deus: teologia bíblica do Antigo e Novo testamentos*. São Paulo: Vida Nova, 2011. Baseado no seu livro anterior *Teologia do Antigo Testamento*. São Paulo: Vida Nova, 2007. Análise da teologia do AT centrada no tema da promessa de Deus. Desenvolve esse tema cronologicamente e (mais brevemente) no NT.

*House, P. R. *Teologia do Antigo Testamento*. São Paulo: Editora Vida, 2005. Uma abordagem narrativa dirigida a estudantes de faculdade ou seminaristas, essa obra esboça a natureza de Deus e os seus atos em cada livro do AT.

*Goldingay, J. *Old Testament Theology*. 3 vols. Downers Grove: InterVarsity, 2003. Uma análise envolvente, fácil de ler e profunda do assunto, feita por um especialista evangélico. Repleto da exegese perspicaz de uma infinidade de textos e temas. Altamente recomendado.

Moberly, R. W. L., *Old Testament Theology: Reading the Hebrew Bible as Christian Scripture*. Grand Rapids: Baker Academic, 2013. Livro interessante e envolvente escrito por um evangélico. Analisa textos bíblicos selecionados considerados representativos da teologia do AT. Concentra-se na hermenêutica adequada.

*Waltke, B. K. (com C. Yu). *Teologia do Antigo Testamento: uma abordagem exegética, canônica e temática*. São Paulo: Vida Nova, 2016. Fruto de décadas de reflexão por um evangélico de renome. Estabelece o Reino de Deus como o centro do AT dentro do NT. Conteúdo rico, em estilo de narrativa, organização cronológica. Um tesouro de atenta exegese teológica.

Anderson, B. W. *Contours of Old Testament Theology*. Minneapolis: Fortress, 1999. Temas sobre a santidade de Deus, sobre as alianças, a lei/sabedoria, a profecia/literatura apocalíptica estão interligados nessa síntese de um influente especialista protestante tradicional.

• 835 •

INTRODUÇÃO À INTERPRETAÇÃO BÍBLICA

Brueggemann, W. *Old Testament Theology: An Introduction*. Library of Biblical Theology. Nashville: Abingdon Press, 2008. Renomado e popular autor protestante tradicional. Perspicaz, envolvente, relevante, conteúdo organizado por tópicos. Independente em alguns pontos. Cf. a sua obra mais importante abaixo.

Preuss, H. D. *Old Testament Theology*. 2 vols. Louisville: Westminster John Knox, 1995-6. Seguindo a tradição das teologias do Antigo Testamento clássicas, Preuss vê os atos de Deus na eleição e na aliança e nas reações humanas subsequentes a Deus como o tema central e unificador da teologia do Antigo Testamento.

Sailhamer, J. H. *Introduction to Old Testament Theology: A Canonical Approach*. Grand Rapids: Zondervan, 1995. Um estudo evangélico e estruturado sobre como fazer a teologia do AT.

Childs, B. S. *Old Testament Theology in a Canonical Context*. Minneapolis: Fortress, 1986. Clássico sobre o cânon com uma sensibilidade para com o NT.

Birch, B. C., W. Brueggemann, T. E. Fretheim, e D. L. Petersen. *A Theological Introduction to the Old Testament*. Nashville: Abingdon, 1999. Escrito por especialistas protestantes tradicionais eminentes, esse livro analisa os principais temas teológicos do AT em uma ordem que se aproxima da organização do cânon.

*Barr, James. *The Concept of Biblical Theology: An Old Testament Perspective*. London: SCM, 1999. A análise mais importante sobre as teologias do AT no final do século XX, ainda que, de vez em quando, seja confrontadora em sua perspectiva.

Brueggemann, W. *Teologia do Antigo Testamento: Testemunho, disputa e defesa*. São Paulo: Academia Cristã, 2014. Uma abordagem provocante que estrutura a discussão em redor da metáfora e do imaginário do tribunal.

Gerstenberger, E., *Teologias no Antigo Testamento*. Tradução de Nelson Kilpp. São Leopoldo: Sinodal/CEBI, 2007. Apresenta de forma singular as vozes sobre tópicos teológicos em cenários sociais (e.g., a família e o clã, a vila, o grupo tribal, e o reino). Analisa a gama de pensamentos israelitas sobre Deus. Perspectiva ecumênica.

Eichrodt, W. *Teologia do Antigo Testamento*. 2 vols. São Paulo: Hagnos, 2005. Teologia clássica do AT organizada em tópicos em torno do conceito de aliança. Antigo, mas ainda cheio de percepções exegéticas e teológicas.

Von Rad, G. *Old Testament Theology*. São Paulo: ASTE/Targumim, 2006. Outro clássico que esclarece a teologia específica de cada escritor do AT em particular ou dos livros do AT. Ainda vale a pena consultá-lo para a exegese e a teologia esclarecida.

• 836 •

BIBLIOGRAFIA COMENTADA: FERRAMENTAS HERMENÊUTICAS

No presente, a teologia do AT é assunto de debate acadêmico por causa de muitas questões difíceis. Mesmo sendo desatualizado, Hasel, G. *Old Testament Theology: Basic Issues in the Current Debate*. 4ª ed. Grand Rapids: Eerdmans, 1995, ainda traz para o estudante avançado um panorama da discussão complexa, bem como a sua própria solução atraente.

Ollenberger, B. C., ed. *The Flowering of Old Testament Theology: Flowering and Future*. Sources for Biblical and Theological Study 1. Winona Lake, IN: Eisenbrauns, 2004. Esse é um livro de teses importantes sobre a teologia do AT durante o período influente de 1930 a 1990.

Novo Testamento

Caird, G. B. (complementado e editado por L. D. Hurst). *New Testament Theology*. Oxford: Clarendon, 1995. Imagina os autores apostólicos todos participando de uma mesa-redonda teológica e destaca a contribuição de cada um a essa mesa-redonda. Compilado cuidadosamente pelos ex-estudantes de Caird depois de sua morte repentina.

*Ladd, G. E. *Teologia do Novo Testamento*. São Paulo: Hagnos, 2003. Ed. rev. por D. A. Hagner. Ladd desenvolve a teologia das várias seções ou dos vários escritores neotestamentarios na ordem canônica do NT, por exemplo, a parte I analisa os "Evangelhos Sinóticos", com os capítulos em particular abrangendo todas as questões teológicas importantes nos sinóticos. A Parte II se segue com o "Quarto Evangelho" com as suas questões principais. As partes restantes do livro abrangem a "Igreja primitiva", "Paulo", "as cartas gerais" e "o Apocalipse". O livro excepcional de Ladd oferece ao estudante um guia confiável em meio ao labirinto das questões complexas.

*Marshall, I. H. *Teologia do Novo Testamento: muitos testemunhos, um só evangelho*. São Paulo: Vida Nova, 2007. Combina um panorama sequencial do conteúdo teológico de cada livro a cada seção, com um resumo temático e a síntese dos temas principais de cada livro e de cada grupo de livros do NT. Defende a missão como o tema unificador desse Testamento. Pesquisado e apresentado de forma extremamente cuidadosa. Representa a perspectiva wesleyana.

Schreiner, T. R. *New Testament Theology: Magnifying God in Christ*. Grand Rapids: Baker, 2008. Analisa o NT de forma tópica, em termos de seus temas unificadores mais importantes, e então discute cada tema em sua forma específica, livro por livro ou seção por seção, por todo o NT. Destaca a glória de Deus que Cristo revela como o seu tema unificador. Representa uma perspectiva reformada.

INTRODUÇÃO À INTERPRETAÇÃO BÍBLICA

*Schnelle, U. *Teologia do Novo Testamento*. São Paulo: Paulus, 2010. Modelo clássico alemão desenvolvimentista ou evolucionário da teologia do NT, mas com grande parte atribuída a Jesus no início de todo o processo. Provavelmente se tornará o padrão não evangélico por um bom tempo.

Strecker, G. *Theology of the New Testament*. Louisville: Westminster John Knox, 2000. Começando com a teologia de Paulo e adotando os pressupostos da história das religiões, esse livro passa para uma análise de Jesus, da mensagem sobre o Reino de Deus, a redação e as contribuições dos Evangelhos, das cartas deuteropaulinas, e termina com a teologia das epístolas católicas. Schnelle e Strecker compõem a abordagem liberal padrão à teologia do NT,

*Beale, G. K. *A New Testament Biblical Theology: The Unfolding of the Old Testament in the New*. Grand Rapids: Baker, 2011. A obra mais detalhada da safra atual, organizado em tópicos, completamente evangélica, e apresentando vínculos incontáveis entre os testamentos, em defesa da "nova criação" como o tema unificador do NT.

*Quatro outras obras monumentais merecem uma menção honrosa, apesar de não abrangerem todo o NT em seu estudo: Dunn, J. D. G. *A teologia do apóstolo Paulo*. São Paulo: Paulus, 2003; Dunn, J. D. G. *Jesus Remembered*. Grand Rapids: Eerdmans, 2003; Wright, N. T. *Jesus and the Victory of God*. London: SPCK; Minneapolis: Fortress, 1996; e Wright, N. T. *Paul and the Faithfulness of God*. 2 vols. London: SPCK; Minneapolis: Fortress, 2013. Não perca nenhum desses. Os dois escritores são extremamente abrangentes, criativos, e instigantes, e representam várias dimensões da chamada nova perspectiva sobre o judaísmo do século I e Paulo.

Crítica literária

Dyck, E., ed. *Hermenêutica: uma abordagem multidisciplinar da leitura bíblica*. São Paulo: Shedd Publicações, 2012. Trazendo bons exemplos de interpretação literária, essa antologia de vários autores apresenta um punhado de métodos importantes, no nível mais introdutório, para qualquer item nesta lista.

*Ryken, L. *Words of Delight: A Literary Introduction to the Bible*. 2ª ed. Grand Rapids: Baker, 1993. Essa é uma das melhores introduções à Bíblia a partir de uma perspectiva literária.[19] Essa edição, que combina dois volumes anteriores, divide o AT em três partes: a narrativa, a poesia bíblica e as outras formas literárias na Bíblia, e inclui um glossário útil de termos literários no

---

[19] Veja também a sua obra anterior, L. Ryken: *How to Read the Bible as Literature* (Grand Rapids: Zondervan, 1984).

• 838 •

BIBLIOGRAFIA COMENTADA: FERRAMENTAS HERMENÊUTICAS

final. Ela prossegue discutindo as características literárias específicas encontradas no NT.

Bailey, J. L.; L. D. Vander Brock. *Literary Forms in the New Testament*. Louisville: Westminster John Knox, 1992. A obra analisa as várias características literárias do NT em três seções: a tradição paulina, os Evangelhos e Atos, e os outros escritos do NT. Essa obra não somente descreve as várias formas, mas vai além mostrando a importância de entendê-las no contexto da interpretação. Ela traz bons exemplos e bibliografias para o estudo mais aprofundado.

Resseguie, J. L. *Narrative Criticism of the New Testament: An Introduction*. Grand Rapids: Baker, 2005. Introdução clara de leitura agradável aos conceitos de trama, personagem, cenário, retórica, ponto de vista, e outros recursos narrativos fundamentais com muitos exemplos do Novo Testamento.

Gabel, J. B., et al. *A Bíblia como literatura: uma introdução*. São Paulo: Loyola, 1993. Aborda a Bíblia a partir de uma perspectiva literária/histórica, buscando mostrar a maneira que as suas formas e as estratégias utilizadas transmitem as mensagens de seres humanos reais a outros seres humanos reais.

Ryken, L.; T. Longman III, eds. *A Complete Literary Guide to the Bible*. Grand Rapids: Zondervan, 1993. A alternativa evangélica para a obra de Alter e Kermode abaixo.

*Alter, R. *A arte da narrativa bíblica*. São Paulo: Cia. das Letras, 2007; e Alter, R. *The Art of Biblical Poetry*. Ed. rev. New York: Basic Books, 2011. Esses dois livros extremamente populares explicam as dimensões literárias da narrativa bíblica e da poesia. Os dois se tornaram introduções padrão para as suas respectivas disciplinas e os dois estão disponíveis em brochura. Eles representam as perspectivas da crítica literária moderna.

Walsh, J. T. *Old Testament Narrative: A Guide to Interpretation*. Louisville: Westminster John Knox, 2009. Uma boa introdução padrão às características literárias importantes da Bíblia (a trama, a caracterização, o cenário, o ritmo, o ponto de vista, e os padrões de repetição). Uma característica diferente que chama a atenção: um apêndice com exemplos práticos de interpretação narrativa.

Amit, Y. *Reading Biblical Narratives: Literary Criticism and the Hebrew Bible*. Traduzido por Y. Lotan. Minneapolis: Fortress Press, 2001. Essa especialista israelense apresenta as figuras literárias e as estratégias nas narrativas bíblicas. Ela observa de forma única o uso narrativo de palavras de ordem e do diálogo.

Bar Efrat, S. *Narrative Art in the Bible*. Sheffield: Sheffield Academic Press, 1989. Um especialista israelense analisa as técnicas específicas da narrativa bíblica e ilustra os seus princípios com vários exemplos bíblicos.

INTRODUÇÃO À INTERPRETAÇÃO BÍBLICA

Gillingham, S. E. *The Poems and Psalms of the Hebrew Bible*. Oxford Bible Series. Oxford: Oxford University Press, 1994. Essa é a melhor introdução à poesia hebraica para estudantes. A sua força está nos vários exemplos, nas suas descobertas exclusivas, e na sua inclusão de exemplos do NT.

*Petersen, D. L.; K. H. Richards. *Interpreting Hebrew Poetry*. GBS. Minneapolis: Fortress, 1994. De acordo com o melhor pensamento acadêmico sobre a poesia bíblica, ele traz ao iniciante uma introdução atualizada ao assunto com muitos exemplos bíblicos.

Alter, R.; F. Kermode, eds. *Guia Literário da Bíblia*. São Paulo: Editora da Unesp, 1997. Nesse livro, os especialistas analisam os aspectos literários de cada livro da Bíblia. O resultado é um livro de referência valioso que apresenta os melhores frutos de uma abordagem da crítica literária moderna produzidos por eruditos conhecidos internacionalmente de formações diversas.

Sternberg, M. *The Poetics of Biblical Narrative*. Bloomington: Indiana University Press, 1987. O livro técnico definitivo sobre a narrativa do AT, essa obra disponibiliza para um público mais amplo uma série de artigos de jornais científicos influentes produzidos por um especialista israelense notável, mas as suas análises altamente técnicas provavelmente afastarão a maior parte dos estudantes, exceto os mais avançados. Para uma obra semelhante e útil, veja Gunn, D. M.; D. N. Fewell. *Narrative in the Hebrew Bible*. The Oxford Bible Series. Oxford University Press, 1993.

Watson, W. G. E. *Classical Hebrew Poetry*. Sheffield: JSOT, 1984. A discussão definitiva e abrangente sobre o tema. Compara a poesia do AT com os seus equivalentes do Oriente Médio antigo. De interesse principalmente para o estudante avançado, mesmo tendo vários exemplos e um estilo claro sem parecer técnico. Ele se encontra esgotado. Veja também Watson, W. G. E. *Traditional Techniques in Classical Hebrew Verse*. JSOTSup 170. Sheffield: Sheffield Academic Press, 1994. Uma coleção dos artigos de Watson e de correções ao seu livro original. Coloca em contato com o seu domínio da poesia hebraica.

Guias de estudo da Bíblia: Métodos e princípios de exegese

A Augsburg Fortress (Minneapolis) tem uma série intitulada *Guides to Biblical Scholarship* (1969-2002). Editada por D. O. Via, Jr., e abrangendo os dois testamentos, a série busca explicar para o leigo os métodos interpretativos mais comuns dos especialistas bíblicos modernos. Alguns trazem descobertas genuínas e úteis; outros têm encontrado reações dúbias dos leitores, porque os métodos não chegaram ao consenso unânime por parte dos especialistas.

• 840 •

BIBLIOGRAFIA COMENTADA: FERRAMENTAS HERMENÊUTICAS

Os livros que analisam os métodos geralmente aceitos (e.g., crítica da forma, crítica da redação, crítica da narrativa, crítica textual, teologia do NT etc.) trazem instruções úteis do ponto de vista do pensamento acadêmico crítico. Existe também um livro, *Postmodern Biblical Criticism,* de A. K. Adam, 1995; e ainda outro, *Psychological Biblical Criticism,* de D. A. Kille, 2000. Para uma visão abrangente das questões concernentes à interpretação bíblica, veja Steven L. McKenzie, editor-chefe. *The Oxford Encyclopedia of Biblical Interpretation*, 2 volumes. Oxford/New York: Oxford University Press, 2013.

Antigo Testamento

*Stuart, D. K. *Old Testament Exegesis.* 4ª ed. Louisville: Westminster John Knox, 2009. Esse volume explica para o calouro no seminário como fazer a exegese de uma passagem do AT. Ele também traz uma bibliografia excelente. Infelizmente, muitos pastores ocupados provavelmente acharão os procedimentos de Stuart muito longos. Mesmo assim, não existe nenhum livro melhor sobre o assunto.

*Broyles, C. C., ed. *Interpreting the Old Testament. A Guide for Exegesis.* Grand Rapids: Baker, 2001. Especialistas evangélicos discutem métodos da crítica e da exegese do AT para interpretar o texto.

Gorman, M. J. *The Elements of Biblical Exegesis: A Basic Guide for Ministers and Students.* Peabody, MA: Hendrickson, 2001. Apresenta os elementos essenciais do método exegético de maneira sucinta e incisiva. Criado para estudantes, professores, pastores e outros que desejam pensar e escrever sobre a Bíblia de forma cuidadosa, esse guia breve e prático inclui descobertas do campo da interpretação bíblica na abordagem direta da tarefa complexa da exegese. Dá exemplos de monografias que os estudantes podem escrever em um curso de exegese.

Hayes, J. H.; C. R. Holladay. *Biblical Exegesis. A Beginner's Handbook.* 3ª ed. Louisville: Westminster John Knox, 2007. Explicação do processo de exegese a partir da perspectiva de especialistas críticos protestantes tradicionais.

Steck, O. H. *Old Testament Exegesis: A Guide to the Methodology.* 2ª ed. Atlanta: Scholars Press, 1995. Traduzido do alemão por J. D. Nogalski, o livro disponibiliza para quem lê o idioma inglês um guia exegético europeu bem respeitado. A sua abordagem completa o faz útil principalmente para os estudantes avançados.

Novo Testamento
Métodos

*Fee, G. D.; D. K. Stuart. *How to Read the Bible for All Its Worth: A Guide to Understanding the Bible.* 4ª ed. Grand Rapids: Zondervan, 2014. Esse é um

• 841 •

INTRODUÇÃO À INTERPRETAÇÃO BÍBLICA

guia de interpretação bíblica popular que resiste ao tempo, com um destaque particular nos gêneros literários.

Fee, G. D.; D. K. Stuart. *Como ler a Bíblia livro por livro*. São Paulo: Vida Nova, 2013. Criado para incluir a Bíblia como um todo; e, mesmo quando o todo é limitado a um livro bíblico em separado, esse livro popular ajuda o leitor a ver como cada livro se encaixa na história geral da Bíblia.

Black, D. A.; D. S. Dockery, eds. *Interpreting the New Testament*. Nashville: Broadman & Holman, 2001. Nesse livro, muitos especialistas escrevem capítulos explicando as várias dimensões da interpretação do NT. Todos os autores concordam com uma visão conservadora da Escritura e produziram teses úteis, especialmente para o estudante sério.

*Green, J. B., ed. *Hearing the New Testament: Strategies for Interpretation*. 2ª ed. Grand Rapids: Eerdmans, 2010. Cada capítulo apresenta uma abordagem particular à interpretação do NT, e demonstra como essa abordagem pode ser usada com bons resultados para os estudantes e para os pastores. Cinco textos, de partes diferentes do NT, são usados como amostras por todo o livro para facilitar a compreensão das diferenças entre as estratégias interpretativas.

Exegese

Sob o título, "Guides to New Testament Exegesis", ed., S. McKnight (Grand Rapids: Baker), veja: McKnight, S. *Interpreting the Synoptic Gospels*, 1988; McKnight, S., ed. *Introducing New Testament Interpretation*, 1990; Schreiner, T. K. *Interpreting the Pauline Epistles*. 2ª ed., 2011; Burge, G. M. *Interpreting the Gospel of John*. 2ª ed. 2013; Liefeld, W. L. *Interpreting the Book of Acts*, 1995; Trotter, A. H. *Interpreting the Epistle to the Hebrews*, 1997; e Michaels, J. R. *Interpreting the Book of Revelation*, 1998. Todos são amplamente úteis.

*Blomberg, C. L. with J. F. Markley, *Handbook of New Testament Exegesis*. Grand Rapids: Baker, 2010. Um equivalente menos previsível do que o manual de Fee abaixo, com mais exemplos de textos reais. Analisa as oito áreas principais do cenário histórico-cultural, contexto literário, estudos de palavras, gramática, problemas de interpretação, esboço, teologia e aplicação.

Fee, G. D. *Segunda Parte: Novo Testamento*, em: Fee, G. D.; Stuart, D. *Manual de Exegese Bíblica*, São Paulo: Vida Nova, 2009. Fee orienta os estudantes por um processo de exegese do grego em vários tipos de literatura do NT. Ele apresenta uma abordagem sistemática para a exegese para a preparação de sermões, e inclui bibliografias úteis. Esse é um guia prático, ainda que alguns não o considerem realista para o pastor ocupado.

• 842 •

BIBLIOGRAFIA COMENTADA: FERRAMENTAS HERMENÊUTICAS

Erickson, R. J. *A Beginner's Guide to New Testament Exegesis: Taking the Fear out of Critical Method*. Downers Grove: InterVarsity, 2005. Uma mistura entre Fee e Stuart, e Blomberg com Markley (os dois mencionados anteriormente). Um pouco de método de exegese, alguma atenção ao gênero literário. Muitos exemplos bíblicos.

Periódicos e revistas

Bibliografias e sinopses

Essas ferramentas capacitam o intérprete a localizar itens específicos para responder perguntas ou resolver questões que estão sendo estudadas. Os índices nessas ferramentas ajudam ainda o intérprete a localizar artigos (e livros) sobre textos bíblicos específicos. Há muitas ferramentas como essas; só relacionamos três que consideramos ter a maior utilidade no momento.

Old Testament Abstracts [OTA] é publicado três vezes por ano pela Catholic Biblical Association of America (Washington, DC). Lançado pela primeira vez em fevereiro de 1978, ele traz sinopses de artigos periódicos e avisos acerca de livros publicados recentemente sobre a ampla gama de questões relevantes para o estudo do AT. Todas as edições de 1978 a 2000 foram lançadas em CD-ROM pela American Theological Library Association.

New Testament Abstracts [NTA] também é publicado três vezes por ano pela Weston School of Theology, Cambridge, MA. Surgiu em 1956, e faz resenha de toda a literatura do período sobre os tópicos importantes sobre o estudo do NT. As sinopses são escritas em inglês, ainda que os revisores façam resenha de artigos importantes escritos em todos os idiomas modernos. Cada edição termina com comentários breves sobre os livros mais importantes publicados sobre o estudo do NT. Tem um valor inestimável para pesquisar questões, tópicos e textos que dizem respeito ao NT.

O terceiro é, na verdade, uma coleção de recursos eletrônicos. Novamente temos que nos limitar a alguns; sem dúvida, outros podem ser úteis em áreas específicas de pesquisa. *OCLCFirstSearch* é um serviço de referência abrangente e completo pela Internet com uma rica coleção de bases de dados. Ele dá apoio à pesquisa de uma gama ampla de temas de interesse com bases conhecidas de dados bibliográficos, e bases de dados com textos completos, além de ferramentas de busca rápidas como diretórios, almanaques e enciclopédias. As bases de dados incluem: *ATLAReligion Index One: Periodicals* (1975-) e *Religion Index Two: Multi-Author Works* (1960-), Evanston, IL: American Theological Library Association; PsycINFO; e ERIC; entre outras. Servem como fontes excelentes para o estudo bíblico, bem como tópicos mais amplos sobre religião. Consulte a sua biblioteca local para impressão e acesso pela Internet. Outros recursos

• 843 •

INTRODUÇÃO À INTERPRETAÇÃO BÍBLICA

excelentes online são: O *Christian Periodical Index,* produzido pela Association of Christian Librarians: ele indexa mais de uma centena de publicações selecionadas; o *Philosopher's Index*: sinopses de livros e periódicos sobre filosofia e áreas correlatas; e o *Religious and Theological Abstracts*: traz sinopses de periódicos nas áreas da religião e da teologia de mais de 400 jornais.

O "OT and NT Abstracts" também está disponível nesse formato, pelo menos de 1988 em diante. Baseado na Universidade de Innsbruck, BILDI (http://www.uibk.ac.at/bildi/bildi/search/index.html.en) traz um portal excelente e gratuito de pesquisa para encontrar livros e artigos para o estudo bíblico e teológico.

Periódicos bíblicos/teológicos (com as abreviaturas comuns)

O número de periódicos publicados atualmente, mesmo que nos limitemos ao estudo bíblico e teológico, é enorme. Dentro dessa infinidade, relacionamos os mais importantes por causa do seu destaque no estudo dos textos bíblicos, da sua popularidade, a sua disponibilidade em muitas bibliotecas teológicas, e cujos artigos são, na sua maior parte, em inglês. Eles trazem desde aqueles que são dedicados mais exclusivamente à obra técnica de especialistas escrevendo para seus colegas até aqueles orientados a não especialistas e estudiosos da área. As suas orientações teológicas também são diferentes, desde aquelas com fronteiras claras, que publicam apenas obras aceitáveis a seus participantes, até aquelas que publicam todas as obras que consideram ter valor. Nós as listamos em duas categorias gerais, dando as suas abreviaturas comuns em parênteses.

Para o leitor geral:

1. *Asia Journal of Theology (AsJT)*
2. *Bible Today (BibTod)*
3. *Biblical Archaeology Review (BAR)*
4. *Bibliotheca Sacra (BSac)*
5. *Evangelical Quarterly (EvQ)*
6. *Ex Auditu (ExAud)*
7. *Expository Times (ExpTim)*
8. *Interpretation (Int)*
9. *Journal of the Evangelical Theological Society (JETS)*
10. *Near Eastern Archaeology (NEA)*
11. *Review and Expositor (RevExp)*
12. *Southern Baptist Journal of Theology (SBJT)*
13. *Southwestern Journal of Theology (SwJT)*

BIBLIOGRAFIA COMENTADA: FERRAMENTAS HERMENÊUTICAS

14. *Stulos Theological Journal (STJ)*
15. *Themelios (Them)*
16. *Trinity Journal (TJ)*
17. *Tyndale Bulletin (TynBul)*
18. *Westminster Theological Journal (WTJ)*
19. *Word and World (WW)*

Para estudantes avançados e especialistas:

1. *Bible Translator (BT)*
2. *Biblica (Bib)*
3. *Biblical Interpretation (BibInt)*
4. *Bulletin for Biblical Research (BBR)*
5. *Biblical Theology Bulletin (BTB)*
6. *Catholic Biblical Quarterly (CBQ)*
7. *Calvin Theological Journal (CTJ)*
8. *Criswell Theological Review (CTR)*
9. *Currents in Biblical Research (CurBR)*
10. *Filologia Neotestomentaria (FN)*
11. *Horizons in Biblical Theology (HBT)*
12. *Jewish Quarterly Review (JQR)*
13. *Journal for the Study of the Historical Jesus (JSHJ)*
14. *Journal for the Study of Paul and His Letters (JSPHL)*
15. *Journal for the Study of the NT (JSNT)*
16. *Journal for the Study of the OT (JSOT)*
17. *Journal of Biblical Literature (JBL)*
18. *Journal of Greco-Roman Christianity and Judaism (JGRChJ)*
19. *Journal of Theological Studies (JTS)*
20. *Neotestamentica (Neot)*
21. *New Testament Studies (NTS)*
22. *Novum Testamentum (NovT)*
23. *Palestine Exploration Quarterly (PEQ)*
24. *Revue Biblique (RB)*
25. *Vetus Testamentum (VT)*
26. *Zeitschrift fur die alttestamentliche Wissenschaft (ZAW)*
27. *Zeitschrift fur die neutestamentliche Wissenschaft (ZNW)*

Comentários

Nos comentários reside uma riqueza de informações úteis em um só volume ou em coleções. Centenas estão disponíveis de todos os segmentos da

• 845 •

INTRODUÇÃO À INTERPRETAÇÃO BÍBLICA

teologia e são úteis para uma infinidade de propósitos. O estudante da Bíblia tem que ser claro no seu propósito para usar comentários específicos, porque o gênero dos comentários abrange um arsenal de abordagens para comentar os livros da Bíblia. Todos os comentários refletem os pressupostos e os compromissos teológicos de seus escritores. Eles são escritos para vários propósitos. Alguns são devocionais e destacam a aplicação pessoal; outros ajudam os pregadores ou os professores destacando as explicações ou a viabilidade para a pregação de textos bíblicos. Alguns especialistas escrevem comentários somente para outros especialistas e para aqueles que querem citações precisas e técnicas da antiga literatura paralela em seus vários tipos. Outros os escreverem para que os leigos, os pastores, ou os estudantes avançados possam entender o sentido dos livros bíblicos. Alguns comentários destacam a história e os detalhes técnicos do mundo antigo; outros destacam a importância teológica do mundo antigo. Alguns escritores tentam adotar várias estratégias para fornecer auxílio para as várias necessidades dos leitores. Muitos nas listas seguintes têm versões eletrônicas em plataformas variadas. Os comentários trazem ao estudante da Bíblia uma variedade tremenda de escolhas. O nosso conselho para o intérprete é que ele saiba do que precisa e use os comentários que suprirão a sua necessidade. Já que os comentários representam um investimento maior, escolha sabiamente, de preferência depois de folheá-los. Para as bibliografias de comentários, veja a nota de rodapé 1 (p. 793).

Duas séries produzidas de forma ecumênica, projetadas para abranger a Bíblia toda, compila os comentários importantes de intérpretes antigos e pregadores dos chamados Pais da Igreja: Oden, T. C., ed. ger. *Ancient Christian Commentary on Scripture*. Downers Grove: InterVarsity, 1998-; e do período da Reforma: Bray, G. L., ed. ger. *Reformation Commentary on Scripture*. Downers Grove: InterVarsity, 2011-.

Listamos as séries atuais mais importantes no idioma inglês, reconhecendo que existem outras séries e livros ótimos em separado. Omitiremos as séries mais antigas.[20]

O espaço simplesmente não permite listar obras individuais. Os comentários de um livro só sobre toda a Bíblia têm a desvantagem de que a sua brevidade forçada impede o auxílio importante aos intérpretes.[21] A *Zondervan*

---

[20] Deixar as séries mais antigas de fora é uma decisão difícil, mas a tomamos porque esta bibliografia já é bem extensa. Pedimos ao leitor que consulte a obra dos teólogos que nos precederam. Duas séries são bem dignas de nota: J. Calvino, *Biblioteca João Calvino* (São José dos Campos: Fiel, 2003), com volumes seletos; e C. F. Keil e F. Delitzsch, *Old Testament Commentary*, 10 vols. (Peabody, MA: Hendrickson, 1996).

[21] Se quiser o comentário em um só livro, os melhores incluem Dunn, J. D. G.; J. Rogerson, eds. *The Eerdmans Bible Commentary*. Grand Rapids: Eerdmans, 2003, escrito por um grupo de

BIBLIOGRAFIA COMENTADA: FERRAMENTAS HERMENÊUTICAS

NIV Study Bible (Grand Rapids: Zondervan, 2015); e a *The ESV Study Bible* (Wheaton: Crossway, 2008), no entanto, têm notas de estudo extraordinárias por toda a sua extensão. Observe que as séries de comentários, de forma compreensível, podem conter comentaristas de qualidade variável. Simplesmente pelo fato de um volume ser excelente (ou péssimo) não se quer dizer que os outros serão do mesmo modo. A nossa lista será subdividida para auxiliar em nossa descrição.

Séries que comentam a versão atual da Bíblia (destaque prático)

Motyer, J. A.; J. R. W. Stott, eds. *A Bíblia fala hoje*. São Paulo: ABU Editora, 1989-. Essa é uma série popular em brochura sobre livros selecionados nos dois testamentos. A maior parte dos autores é de evangélicos britânicos. Nem todos são bem escritos, mas eles trazem de forma coerente auxílio prático para a vida.

*Strauss, M. L.; J. H. Walton. *Série Comentário Expositivo*. São Paulo: Vida Nova, 2015-. Série contemporânea sobre os dois testamentos, ricamente ilustrada. Combina comentários sobre o sentido básico do texto, passagem a passagem, aplicações perspicazes, e sugestões para o ensino.

Ngewa, S., ed. *Africa Bible Commentary Series* [*ABC*]. Nairobi: Word Alive; Bukuru, Nigeria: Hippo Books; Accra, Ghana: ACTS; Grand Rapids: Zondervan. Uma série recém-lançada criada para africanos que falam o inglês. Os ocidentais, no entanto, podem se beneficiar tanto dos resumos do sentido original quanto das aplicações marcantes para questões de maior cuidado na África, mas que se encontram presentes em todas as culturas.

Keener, C. S.; M. F. Bird, eds. *New Covenant Commentary Series* [*NCCS*]. Eugene, OR: Cascade, 2009-. Análises curtas, sucintas, do texto, bem atualizadas academicamente, e incluindo seções curtas sobre "Aproximando os horizontes para a vida contemporânea." Produzido por uma coleção variada de especialistas, muitos deles não ocidentais, ou que fazem parte de minorias.

---

especialistas ecumênicos; Carson, D. A., et al., eds. *Comentário Bíblico Vida Nova*. São Paulo: Vida Nova, 2009; Bruce, F. F. *Comentário Bíblico NVI*. São Paulo: Vida, 2009, por evangélicos; Mays, J. L. et al., eds. *HarperCollins Bible Commentary*. ed. rev. San Francisco: HarperSanFrancisco, 2000; Barton, J.; J. Muddiman, eds. *The Oxford Bible Commentary*. Oxford: Oxford University Press, 2001, por especialistas protestantes tradicionais; e Brown, R. E., et al., eds. *Novo Comentário Bíblico São Jerônimo*. São Paulo: Paulus, 2011, para uma perspectiva católica romana. Uma análise importante de cada livro da Bíblia, trazendo minicomentários, é o B&H Staff, ed. *Holman Illustrated Bible Handbook*. Nashville: B&H, 2012, que porta (além de outros artigos) artigos que fazem parte de Fee, G. D.; R. L. Hubbard, Jr., eds. *Eerdmans Companion to the Bible*. Grand Rapids: Eerdmans, 2011.

• **847** •

INTRODUÇÃO À INTERPRETAÇÃO BÍBLICA

Osborne, G. R., ed. *New Testament Commentary* [*IVPNTC*]. Downers Grove/ Leicester, UK: InterVarsity, 1991-. Essa série de breves comentários associa o coração do pastor com a mente acadêmica, destacando a importância do texto bíblico para a Igreja dos dias de hoje em sua análise dos livros do NT.

*Miller, P. D., eds. *Interpretation* [Int]. Louisville: Westminster John Knox. Essa série inclui os dois testamentos e livros especializados (o primeiro é sobre as parábolas de Jesus) já começaram a surgir. Escrito por especialistas protestantes tradicionais, eles destacam o sentido e a aplicação dos textos para pregadores e professores.

*Muck, T., ed. *The NIV Application Commentary* [*NIVAC*]. Grand Rapids: Zondervan, 1994-. A série visa a incluir os dois testamentos e está quase terminada. O formato classifica os comentários em cada seção ao seu "sentido original", "aproximando os contextos" para o mundo de hoje, e "importância contemporânea", para permitir que o texto fale com poder para o mundo atual. Devido a esse formato, os comentários sobre o sentido original são necessariamente breves. Provavelmente a melhor série dessa seção.

Longman, T., III; S. McKnight. *Story of God Bible Commentary* [*SGBC*]. Grand Rapids: Zondervan, 2013-. Criado em parte para funcionar como a *NIVAC* acima, mas com um espaço maior reservado para as aplicações, adequadamente em formato de história, com um destaque mais internacional, e com autores mais jovens e mais diversos.

Séries que comentam a Bíblia em inglês com referências aos idiomas originais

Gasque, W. W., R. L. Hubbard, Jr., e R. K. Johnston, eds. *Understanding the Bible Commentary* [*UBC*]. Grand Rapids: Baker, 1988-2013. Conhecido anteriormente como o *New International Biblical Commentary* [*NIBC*] publicado por Hendrickson, e antes disso pela Harper & Row. Baker reimprimiu e relançou a série que agora está completa. Abrange os dois testamentos e apresenta especialistas bem conhecidos, incluindo muitos evangélicos, tentando fazer que o melhor pensamento acadêmico seja conhecido por um público mais amplo. Eles tendem a ser mais breves do que os outros itens nessa categoria.

*Firth, D. G., ed. *The Tyndale Old Testament Commentaries* [*TOTC*]. Leicester, UK/Downers Grove: InterVarsity, 1964-1999.

*Schnabel, E. J. ed. *The Tyndale New Testament Commentaries* [*TNTC*]. Leicester, UK/InterVarsity; Grand Rapids: Eerdmans, 1956-1991. Juntas, essas séries representam o pensamento acadêmico tradicional protestante da

· 848 ·

BIBLIOGRAFIA COMENTADA: FERRAMENTAS HERMENÊUTICAS

Grã-Bretanha e da América do Norte, escrito para o leigo e para o pastor para apresentar a importância teológica dos livros bíblicos. Eles incluem introduções históricas úteis e demonstram ser guias confiáveis para a interpretação. Muitos volumes anteriores foram revisados, e as duas séries do AT e do NT são completas. Eles se parecem com o *NICOT*/NT na qualidade, mesmo sendo bem mais breves.

Furnish, V. P., ed. ger. Abingdon New Testament Commentaries [*ANTC*] e Miller, P. D., ed. ger. Abingdon Old Testament Commentaries [*AOTC*]. Nashville: Abingdon, 1996-. Perspectiva ecumênica, busca trazer comentários resumidos e críticos para os estudantes de teologia em particular, mas também para os pastores e líderes de Igreja.

Talbert, C. H., ed. Reading the New Testament [*RNT*]. Macon, GA: Smyth & Helwys. Uma série ecumênica destacando especificamente a dinâmica da forma final do texto bíblico diante do seu cenário histórico. Apresenta o melhor da pesquisa bíblica atual em uma linguagem acessível, coerente e abrangente.

Nash, R. S., ed. Smyth & Helwys Bible Commentaries [*SHBC*]. Produzido pelo que já foi a ala moderada dos batistas do Sul, agora denominada Congregação Cooperativa Batista. Os volumes têm tamanhos diferentes, mas todos lidam de forma reflexiva com os horizontes contemporâneos, especialmente à luz das tendências sociais e culturais, sucedendo às questões exegéticas e teológicas principais em cada passagem.

Martens, E. A. (OT) e W. M. Swartley (NT), eds. The Believer's Church Bible Commentary [*BCBC*]. Scottdale: Herald, 1991-. Essa coleção importante menonita (anabatista) traz comentários bem substanciosos sobre o texto da Bíblia em inglês, empregando o grego e o hebraico nos bastidores, além de aplicações profundas para a vida na Igreja contemporânea.

Green, J. B.; M. Turner, eds. Two Horizons New Testament Commentary [*THNTC*]. Grand Rapids: Eerdmans, 2005-. Formato diferenciado com um pouco mais da metade do texto se referindo ao sentido do texto no contexto e a segunda parte integrando a passagem com a teologia sistemática.

Hooker, M. D., ed. Black's (or Harper's) New Testament Commentaries [*BNTC*; *HNTC*]. London: A. & C. Black; New York: Harper and Row, 1957-, alguns volumes reimpressos por Baker e Hendrickson. Esses volumes foram escritos, em sua maior parte, por autores britânicos da geração anterior, mas ainda continuam a ser lançados alguns volumes, e alguns lançamentos iniciais estão sendo substituídos, London/New York: Continuum, 2002-. Eles contêm um material excelente, criado para ser uma leitura fácil para os leitores que não conhecem o grego.

· 849 ·

INTRODUÇÃO À INTERPRETAÇÃO BÍBLICA

Longman, T., III (OT) e D. E. Garland (NT), eds. *Expositor's Bible Commentary, Revised* [*EBC*]. 5 vols. Grand Rapids: Zondervan, 2012. Essa série inclui comentários de todos os livros da Bíblia, além de artigos introdutórios. Os autores são dos Estados Unidos, Canadá, Inglaterra, Escócia, Austrália e Nova Zelândia, de muitas denominações, incluindo anglicanos, batistas, irmãos de Plymouth, metodistas, nazarenos, presbiterianos e reformados, todos evangélicos, e escrevem para um público amplo. Eles buscam explicar o sentido da Bíblia, não se envolver em questões técnicas e obscuras. As edições revisadas incluem autores originais atualizando a sua obra, também com inclusão de autores novos, e a qualidade agora está bem melhor.

*Clendenen, R., ed. ger. *New American Commentary* [*NAC*]. 40 volumes. Nashville: Broadman, 1991-2014. Uma série patrocinada pelos batistas do Sul, mas incluindo alguns colaboradores de fora, que foi terminada. O público-alvo são os pastores, mas tanto os estudantes quanto os leigos podem se beneficiar dessas obras completamente evangélicas e detalhadas, sem ser técnicas demais.

Arnold, C. E. (NT) e J. H. Walton (AT), eds. *Zondervan Illustrated Bible Backgrounds Commentary* [*ZIBBC*]. 9 Vols. Grand Rapids: Zondervan, 2002, 2009. Essa coleção ajuda os leitores a entender o cenário histórico e cultural dos livros do Antigo e do Novo Testamento, incluindo fotos coloridas e gráficos.

Harrington, D. J., ed. *Sacra Pagina* [SP]. Collegeville, MN: Liturgical Press, 1991-. Uma série de vários volumes sobre o NT a partir da perspectiva católica romana.

* Hubbard, Jr., R. L., ed. *New International Commentary on the Old Testament* [*NICOT*]. Grand Rapids: Eerdmans, 1965-.

*Green, J. B., ed. *New International Commentary on the New Testament* [*NIC-NT*]. Grand Rapids: Eerdmans, 1952-. Essas duas séries estão em andamento. Todos os volumes originais do NT e alguns volumes do AT estão sendo revisados pelos seus autores originais ou substituídos pela obra de outros autores. A coleção do NT está praticamente terminada, enquanto existem ainda pendências quanto ao AT. Elas representam um alto nível acadêmico evangélico, mais técnico do que popular, ainda que os detalhes acadêmicos estejam sempre relegados a notas de rodapé. A maioria dos leitores descobrirá que essas ferramentas são extremamente úteis.

Clements, R. E.; M. Black, eds. *The New Century Bible Commentary* [*NCB*]. Grand Rapids: Eerdmans; London: Marshall, Morgan & Scott, 1966-1994. Eles se posicionam no centro do contínuo teológico, os volumes do NT tendem a ser mais conservadores do que os volumes do AT. Breves em

• 850 •

BIBLIOGRAFIA COMENTADA: FERRAMENTAS HERMENÊUTICAS

alguns pontos, eles trazem muitas análises profundas sobre os livros bíblicos. Eles são escritos para um público amplo, mas a série agora se encontra esgotada.

Witherington, B.; B. T. Arnold, eds. *The New Cambridge Bible Commentary* [*NCBC*]. Cambridge: Cambridge University Press, 2003-. Criado para substituir e melhorar o Comentário Bíblico de Cambridge antigo, esses volumes estão completamente atualizados com o melhor do meio acadêmico contemporâneo, mas são razoavelmente sucintos e comparativamente faz menos uso das notas de rodapé. Uma amostra representativa de especialistas de várias tradições teológicas, incluindo alguns evangélicos. Os lançamentos são um tanto demorados.

Mays, J. L., et al., eds. *The Old Testament Library* [*OTL*]. Louisville: Westminster John Knox, 1962-. Essa série inclui comentários sobre os livros do AT, bem como obras especializadas sobre uma variedade de tópicos de interesse para os estudantes do AT. Alguns comentários são traduções dos originais alemães, alguns apareceram anteriormente em outras séries, e novos volumes excelentes e substituições dos mais antigos continuam a ser lançados regularmente. De forma geral, esses livros refletem o melhor da academia protestante tradicional, e a maioria inclui comentários teológicos úteis para professores e pregadores. *The New Testament Library* [*NTL*], 2002-, nova série de capa dura, de estudos gerais, e de clássicos modernos ultimamente tem sido lançada de forma razoavelmente rápida.

*Carson, D. A., ed. *Pillar New Testament Commentaries* [*PNTC*]. Leicester, UK: Inter-Varsity; Grand Rapids: Eerdmans, 1988-. Com três quartos da obra já lançados, essa é uma série intermediária muito importante e faz uma ponte entre a maioria das séries dessa categoria com as da próxima. Mantém o alto nível de qualidade por toda a sua extensão.

Cotter, D. W., ed. *Berit Olam: Studies in Hebrew Narrative and Poetry*. Collegeville, MN: Liturgical Press. 1996-. Os comentários dessa série ainda em andamento, com colaborações até agora de especialistas tradicionais e evangélicos, aplicam a nova crítica literária a fim de produzir uma análise literária dos livros do AT.

Séries que comentam os textos e os idiomas originais

Olsen, R.; R. Hausman, et al., eds. *Continental Commentaries* [*CC*]. Minneapolis: Augsburg Fortress, 1984-. Essa é uma coleção de traduções para o inglês das obras alemãs mais importantes, geralmente com histórias importantes das investigações das questões e das digressões teológicas. Até agora, a maioria dos volumes é sobre o AT.

• 851 •

INTRODUÇÃO À INTERPRETAÇÃO BÍBLICA

Collins, J. J., ed. *Anchor Bible* [AB]. New Haven: Yale University Press, 1964-. Essa série em andamento abrange tanto o AT, o NT e os livros apócrifos. Os volumes originais eram bem desequilibrados na qualidade e no tamanho, mas as substituições e os novos volumes são uniformemente superiores. As análises dos textos são divididas entre "Notas" técnicas desconexas e "comentários" em prosa legível. Os colaboradores incluem católicos, judeus e protestantes.

*Silva, M., ed. *Baker Exegetical Commentary on the New Testament* [BECNT]. Grand Rapids: Baker, 1992-. Essa série em andamento, escrita a partir de um ponto de vista conservador e evangélico, traz uma exegese profunda dos textos dos idiomas originais. Os volumes continuam a ser lançados rapidamente, sendo praticamente todos de altíssima qualidade.

*Arnold, C., ed. *Zondervan Exegetical Commentary on the New Testament* [ZEC-NT]. Grand Rapids: Zondervan, 2008-; e Block, Daniel I., ed. *Zondervan Exegetical Commentary on the Old Testament*. Grand Rapids: Zondervan, 2015-. Um comentário acessível que se movimenta pelas passagens nos textos bíblicos com as suas grandes ideias, e utiliza um formato que divide o material em cada texto em nível introdutório, nível exegético e nível de aplicação. As características adicionais incluem uma seção com esquemas gramaticais que compreendem a tradução direta para o inglês, um esboço exegético, e o contexto literário de cada passagem.

* de Claissé-Walford, N. L. (AT) e P. H. Davids (NT), eds. *Word Biblical Commentary* [WBC]. Grand Rapids: Zondervan [anteriormente Word Books e depois Thomas Nelson], 1982-. Quase completa, essa série comenta todos os livros dos dois testamentos, e as revisões dos volumes anteriores está em andamento. Dois (ou até três) volumes são dedicados a vários livros bíblicos mais longos. O seu formato inclui seções que trazem a análise textual e literária, a exegese (de vez em quando técnica), e conclusões sobre o sentido e a importância dos textos. Eles não são para o leitor geral, ainda que quase todas as pessoas possam se beneficiar das seções "Explicação" para obter o resultado da exegese técnica.

*Goodcare, Mark e Todd Still, eds. *New International Greek Testament Commentary* [NIGTC]. Grand Rapids: Eerdmans, 1978-. Essa série reflete um alto nível acadêmico conservador, extremamente completa, que só se aproxima da ICC e de vez em quando é mais completa, ainda que geralmente ela seja bem escrita e formatada, de modo a tornar a coleção uma leitura mais fácil para todos que tem o conhecimento do grego. De lançamentos bem demorados, dois terços dela já estão terminados.

Davies, G. I.; C. M. Tuckett, eds. *International Critical Commentary, Old and New Testaments* [ICC]. Edimburgo: T&T Clark, 1895-. Iniciada no

• **852** •

BIBLIOGRAFIA COMENTADA: FERRAMENTAS HERMENÊUTICAS

século XIX, porém nunca terminada, o projeto foi interrompido quando o volume sobre Reis foi lançado em 1951. Ele foi retomado com a revisão de Romanos feita por C. E. B. Cranfield, 2 vols. (1975, 1979), o lançamento do primeiro volume de Jeremias (1986), e uma sequência bem lenta de lançamentos a partir daí. Com questões altamente técnicas que destacam o lado crítico e filológico, os volumes são escritos por time de especialistas de primeira. Os novos volumes estão entre os melhores e mais completos à disposição. No entanto, os volumes mais antigos estão todos muito desatualizados.

Machinist, P.; H. Koester, eds. *Hermeneia: A Critical and Historical Commentary on the Bible* [*Herm*]. Minneapolis: Augsburg Fortress, 1972-. Essa série tem volumes sobre os livros do AT, do NT, além dos livros apócrifos, dos Pais da Igreja primitiva e até um sobre o Sermão do Monte. A série mais liberal de todas também traz a análise mais detalhada dos livros disponíveis da parte de especialistas de primeira linha. As obras são altamente técnicas e destacam questões históricas e críticas com pouca ênfase na teologia ou na aplicação. Alguns volumes iniciais são traduções de obras alemãs, mas recentemente não tem sido assim, e elas estão sendo substituídas. Devido ao seu alto nível acadêmico e custo elevado, é provável que somente especialistas encontrem utilidade para a maior parte deles. No entanto, são geralmente cheios de referências de passagens principais sobre o cenário na literatura judaica ou greco-romana.

Recomendações finais

Se os estudantes quiserem comprar uma coleção completa de comentários (que esteja completa ou quase completa) considerando os conselhos que demos no início, recomendamos as seguintes alternativas:

1. *Tyndale OT Commentaries* e *Tyndale NT Commentaries* (para o leitor geral, além de pastores e professores, para a exegese dos textos).
2. *NIV Application Commentary* (para o leitor geral, além de pastores e professores, com destaque na aplicação).
3. *Interpretation* (para pregadores e professores com uma perspectiva mais ecumênica).
4. *New American Commentary* (para pastores e professores, para a exegese dos textos).
5. *New International Commentary OT* e *New International Commentary NT* (para os pastores, os professores e os especialistas).
6. *Word Biblical Commentary* (para professores sérios e especialistas)

• 853 •

INTRODUÇÃO À INTERPRETAÇÃO BÍBLICA

7. *Pillar New Testament Commentary* (para o leitor geral sério, para estudantes, e pastores).
8. *Baker Exegetical Commentary on the New Testament* (para pregadores, professores e especialistas).
9. *Zondervan Exegetical Commentary on the New Testament* (para pregadores, professores e especialistas).

ÍNDICE DE PASSAGENS BÍBLICAS

GÊNESIS

1	65, 193
1—2	193
1—11	528
1:1	489
1:1-2	230
1:2	49
1:26	105
2:7	71
2:10	86
2:18	195
2:24	168, 201, 261, 775
3:14	546
3:17	546
3:17-19	618
4:4-5	486
4:7	508
4:11	546
4:20-22	428, 528
4:23-24	547
4:24	474, 481
5	528, 542
6:1	542
6:1-4	257, 528
6:4	528
6:7	261
9	417
9:6	547
9:25	538
9:26	538
10:1-32	541
10:9	537
10:10-12	528
10:19	466
11:2-3	528
11:10-32	528
12	417
12—15	65
12—36	375, 528, 529

12:1-3	529, 599, 778
12:1-13	785
12:2-3	92
12:3	77, 779
12:6	328
12:7	523
12:10-20	149
14	466
14:13	417
14:14	99, 328
15	586, 778
15:6	531, 682
17	599
17:1-2	779
17:1-11	92
17:1-21	523
17:3-10	417
17:23-27	99
18	466, 523
18:1-33	523
19:1-38	196
19:30-38	103
20:1-18	149
21	532
22	769, 784
22:1	377, 784
22:12	531
22:14	328
22:20-24	541
23:2	80
24:35-48	586
25:1-4	541
26:2	261, 529
26:11	546
27:29	77
28	524
28:12-16	523
29—30	532
29:20	119

31:25-42	558
31:27	540
32:4	575
34	152
35:8	522
36:31	328
37—50	149, 436, 533
37:5-11	523
38	138, 377
40:9-11	523
40:16-17	523
41:1-8	523
43:3	377
43:8	377
44:14	377
44:16	377
44:18	377
45:7-9	534
46:28	377
48:3-4	523
49	498
49:26	231
49:29	69
49:29-30	534
49:33	69, 534
50:20	225, 534

ÊXODO

1:15-21	183, 690
3:2-12	523
3:14	659
4:22-23	356
5:10	575
6:2	261
6:4	417
7—11	699
9:16	261
11:7	412
12:37	264

• 855 •

INTRODUÇÃO À INTERPRETAÇÃO BÍBLICA

12:43............................ 261
15:1-18 .... 449, 540, 559
15:3.............................. 584
15:21............ 475, 540, 559
15:23............................ 522
16:18............................ 181
17.................................. 98
19—24........................... 424
19:5-6 .... 551, 715
20............................... 550
20:1—23:33................ 548
20:2-17 .... 548, 766
20:12............................ 546
20:13.................... 546, 551
20:13-15 .... 551, 591
20:13-17 547
20:14............................ 554
20:15............................ 551
20:17............................ 761
20:23—23:19.............. 543
21:2............................... 545
21:2-11 548
21:7-11 556
21:12............................ 546
21:15-17 547
21:18-19 545
21:18-32 548
21:23-25 547
21:24............................ 777
21:31............................ 545
21:36............................ 545
22:1-15 548
22:19............................ 546
22:25............................ 546
23:1-8 551
23:19............................ 553
25—31.......................... 543
31:14-15 547
33:22............................ 659
34................................. 548
34:6.............................. 659
34:26............................ 553
34:29—Levítico 16 543
34:33-35 94
35:5-9 541

36:8—37:16................. 523

LEVÍTICO

1—5.............................. 549
6—7.............................. 549
11:7............................... 42
11:10-12 42
11:44............................ 727
12:3............................... 90
12:8.............................. 772
13—14............................ 80
14:54-57 80
15:19-30 551
16:8.............................. 668
17—26.......................... 543
18:5.............................. 682
18:6-24 547
18:21............................ 769
19:1.............................. 775
19:9-10 767
19:11-18 547
19:18.................... 554, 767
19:19............................. 67
19:26-29 547
19:27-28 .... 553, 755
19:28................... 67, 755
19:29............................ 770
19:36............................ 433
20:2-5 769
20:10............................ 546
21.................................. 549
24:15-20 548
24:16............................ 546
24:18-22 547
24:21............................ 546
25................................. 555
26:34-35 82

NÚMEROS

6:1-21 771
10:35............................ 584
13:32-33 528
19.................................. 99
20:11............................ 480
21.................................. 98

21:17-18 540
21:21-24 523
21:27-30 540
22:22-35 538
23—24................... 225, 585
23:19............................ 263
26:55............................ 668
31:32-40 541
34:2.............................. 433
35:16-18 547
35:21............................ 546
35:31............................ 556

DEUTERONÔMIO

1:1-5 558
1:6—4:40...................... 558
1:6—4:43...................... 558
4:5-8 544
4:26.............................. 558
5.................................. 550
5—26............................. 558
5:6-21 548
5:12-15 90
5:17.............................. 551
5:17-19 591
5:18.............................. 554
5:19.............................. 551
6—11............................. 558
6:4-5............................. 767
6:4-9 601
6:5................................ 554
6:6-7 774
6:7-25 751
6:16................... 75, 95, 758
9:4................................ 317
10:4.............................. 548
10:5-7 385
12—26.......................... 543
14:21............................ 553
15................................. 555
15:11............................ 204
17:6.............................. 554
18:9-13 553
18:17-19 222
19:15............................ 554

• 856 •

ÍNDICE DE PASSAGENS BÍBLICAS

19:16 71
19:21 547
20:1-4 584
21:18-21 90
21:23 682
22:9-12 552
23:2 766
24:1 775
24:1-4 554
24:10 545
25:1 607
25:4 .... 96, 215, 317, 555
26:5-9 274
27—28 558
27:11-28 558
27:15 538
27:15-26 546
27:26 682
28 779
28:3 538
28:16-19 546
29:2-30 558
30:11-20 750
30:12-14 317
30:19 558
31—34 558
31:1-8 534
31:9-13 751
31:28 558
32—33 559
32:30 481
32:35 95
32:43 .... 236, 310, 385
34 328
34:5-6 534
34:10 81

JOSUÉ
1:1-2 379
7:2-5 523
10:42 584
14:6 248
15—19 541
23:1-16 534
23:6 379

24 424
24:2-13 274
24:2-15 558
24:24 379
24:29-30 534

JUÍZES
1:8 441
1:16-17 522
2:6-23 375
3—16 375
3:26-30 523
4—5 527
5 .... 449, 540, 559
5:4-5 476
5:17 501
5:22 .... 458, 464
5:23 538
5:25 .... 474, 475
5:26-27 476
6—8 527
6:1 535
6:2-6 535
6:14 535
6:32 535
6:37-40 755
7:1-15 535
7:5 412
7:13-14 523
8:10-12 523
9:1-21 524
9:7-15 539
9:23 62
9:27 540
11:15 575
11:31 170
11:36 170
13 523
13—16 .... 148, 527
14:14 538
17—21 375
17:6 527
18:1 527
19 .... 63, 195
19:1 527

21:21 540
21:25 .... 388, 527

RUTE
1:1 328
1:6 .... 462, 490
1:14 486
1:22 490
2:19 538
2:20 538
4:1-12 558
4:6-8 67
4:7 .... 80, 328
4:11 95
4:18-22 .... 328, 541

1SAMUEL
1—2 737
1:21-28 543
2:1-10 .... 449, 543, 559
2:12-17 543
2:27-36 543
3:1 490
3:11-18 543
3:21 490
9:2 566
9:9 585
9:17 261
9:25 375
10:1 375
10:3 375
10:5 375
10:12 537
11 235
11:1-11 524
12 .... 534, 535
13:14 249
15:29 263
16:12 566
16:14-16 61
16 529
16—22 165
17 68
17:43 411
18:3 417

• 857 •

INTRODUÇÃO À INTERPRETAÇÃO BÍBLICA

18:6-7 540
19:24 537
23:1 .... 8, 377
23:8-39 377
23:18 417
24:1 377
24:14 .... 411, 537

2SAMUEL
1:1-16 558
1:19-27 540
1:23 502
3:33-34 540
4:5-12 558
5:3 417
5:8 537
7:12-13 66
7:12-16 597
7:14 597
8 529
9:8 411
10:15-19 523
11:1 159
12:1-4 334
12:1-6 539
13 .... 171, 195
14:1-17 539
16:9 411
22 449
23:1-7 449
23:4 494
23:24-39 541
24:1 189

1REIS
1—2 597
1:46 446
2:1-9 534
2:10 .... 66, 534
2:30 575
3:1 522
3:5-15 523
4:2-6 541
4:8-19 541
4:24 779

4:30 432
6—7 523
6:1 66
7:2-8 522
8:42 446
8:56 779
8:56-61 558
9:1-9 523
9:3 261
9:10-14 522
9:15-23 522
10:1 538
11:29-31 587
12:1-20 524
12:25 522
13—14 395
13:1-3 599
14:25-26 522
15:23 65
15:31 65
17 530
17—18 73
17:1-6 538
18:27 .... 499, 505
19:19-21 .... 522, 587
20:1-43 524
20:28 584
20:38-42 540
20:39-42 539
22 .... 62, 525, 584
22:1-37 524
22:17-22 586
22:19-23 .... 62, 587

2REIS
1:3-4 575
4:8 277
4:8-37 530
5 151
6:1-7 530
7:1-2 599
8:13 411
9 530
11:4 417
11:4-12 565

13:14-19 587
13:14-21 530
14:9 539
14:9-10 539
18:17 69
19:20-36 599
19:21-28 540
20:1-6 693
22—23 751
22:20 69
23:15 257
23:15-16 599
24:12 595
24:15 595
24:20—25:7 522
25:27-30 .... 595, 601

1CRÔNICAS
1—12 752
15:16-22 564
16:5-7 564
22—26 66
22:5 66
28—29 66
29:1 66
29:29 65

2CRÔNICAS
5:12 564
8:14 66
11:5-12 522
18:18-22 62
29:25 66
35:15 66
35:25 540
36 82
36:21 82

ESDRAS
1—4 600
3:10 595
7:27—9:15 522
8:2 595
8:20 595

• 858 •

ÍNDICE DE PASSAGENS BÍBLICAS

NEEMIAS

1:1—7:73 522
3:15 595
3:16 595
7:73—8:18 751
8 732
8:4 732
8:5 732
8:7-8 82
8:8 732
8:12 732
10:34 668
12:24 595
12:27-31 522
12:36 595
12:37 595
12:45 595
12:46 595

ESTER

2:10 532
2:20 532
3:1-11 532
3:6 533
4:7 533
6:1-11 532
7:1-6 532
8—9 532
9:18-19 533

JÓ

1—2 .... 622, 626
1:8 625
3 582
3:4-9 503
5:9-16 624
5:19-22 615
5:21 460
6:15 485
9:4 626
9:5 624
9:5-10 626
9:8-10 624
9:14-16 626
9:14-20 626

9:16 460
9:29—10:1 626
9:29-31 634
10:12 473
11:7-9 626
11:7-12 624
12:7-25 626
12:13-25 624
12:28 626
13:15 737
13:20-22 616
14:2 461
15:7-8 626
16:7 623
16:16-17 623
16:18-21 623
17:13 623
17:15-16 623
17:30 623
18:18-21 626
23:1—24:25 436
25:2-6 624
26:5-14 624
27:4 470
28 619
30:1-31 623
31 626
31:1 420
31:5 625
31:8 625
31:16-17 625
31:19 625
31:21-22 625
33:14-15 615
37:1 .... 499, 502
37:14-24 626
38—39 .... 622, 728
38:1—42:6 626
38:31 624
40—41 622
42:1-6 .... 622, 626
42:7 163
42:7-9 625
42:7-17 622
42:10-17 625

SALMOS

1 .... 56, 568
1—41 571
1:1 .... 75, 538
1:1-3 496
1:2-4 582
1:5-11 582
1:6 75
1:12—2:1 582
2 .... 103, 480, 565
2:1 261
2:2-4 582
2:7-9 502
2:10 .... 499, 501
2:11-12 232
2:12 .... 231, 232
3 356-357
5:10 561
6 563
6:5 471
6:10 .... 463, 465
7 626
7:3-5 .... 561, 624, 626
8 .... 103, 491, 564, 565
8:1-8 491
8:1 491
8:3-8 491
8:9 491
9 461
10 461
10:5 75
10:15 562
12:5-6 567
13:6 475
14:1 365
14:7 475
15 567
16 317
16:8-11 320
17:3-5 624
18 508
18:2 .... 497, 507
18:4-19 508
18:8-16 497
19 .... 564, 568, 747

INTRODUÇÃO À INTERPRETAÇÃO BÍBLICA

19:1-4 712	38 563	77 .... 561, 565
19:1-6 710	39 568	77:1 468
19:7-9 458	39:2 75	77:17 476
19:12-19 568	39:5-7 568	78 274
22 .... 323, 561, 562	40:5-6 568	80—81 474
22:1-2 561	40:6-8 385	80:8-16 607
22:3-5 561	42—72 571	84 565
22:6-18 561	43:3 500	85—86 474
22:12 393	44 563	88:11-12 482
22:14 502	44:6 504	89 561
22:19-21 561	44:7 504	89:27 422
22:22-26 561	45 .... 103, 309, 566	90—106 571
23 .... 58, 739	45:6-7 309	91:1 757
23:1 492	46 565	91:4 497
23:2 433	47 565	91:11-12 .... 75, 95, 757
23:4 737	48 565	92:7-9 568
23:5 .... 499, 503, 505	48:11 501	92:12 499
24:3-6 567	49 568	93 565
25 461	50:4 470	94:8-15 568
25:8-10 568	50:7-23 567	95 564
25:12-14 568	51 563	95:1-7 567
26:4 75	51:3-5 561	95:4-5 490
26:4-6 624	51:15 75	95:6 716
27:1 712	52:8 702	95:7-11 .... 317, 567
27:4 712	53:1 365	96—99 565
29:1 476	57:4 507	96 564
29:10 476	57:8 484	96:12 274
30:1-12 564	59:12-13 562	97:8 501
31:24-25 568	62:9-11 568	98:8 .... 499, 500
32 .... 563, 568	62:11-12 615	100 564
32:1-11 509	65 564	101—150 757
32:3 510	66 .... 564, 567	102 563
32:5 510	67 564	103—104 565
32:8-9 568	68 564	103:1 491
32:9 510	68:18 236	103:2 491
33 568	68:19 236	103:13 477
33:6-7 473	69:25 310	103:14 737
34 568	72 565	103:22 491
34:15 498	72:9 480	104 564
34:15-16 497	73—89 571	104:3 609
35:13-14 563	73:1 510	104:13-15 609
37 .... 436, 568	74 563	104:15 774
37:11 780	75 567	105 .... 382, 564
37:25 620	76 565	106 382
37:35-36 620	76:1 485	106:1 475

• 860 •

ÍNDICE DE PASSAGENS BÍBLICAS

107—150 571
107:1 475
107:23-32 658
109:6-15 562
109:6-20 538
109:8 310
110 .... 103, 480, 565
110:1 320
111 461
111:6 474
112 568
112:3 461
113:8 460
114 503
114:1-2 476
114:3-6 476
114:7-8 476
115:18 471
117 713
118:1 491
118:1-3 567
118:5 567
118:10 567
118:21 564
118:25-26 567
118:28-29 567
118:29 491
119 461
119:96 265
119:97-104 253
119:105 .... 39, 496
120—134 570
120:2 446
122 565
125:2 477
127 568
127:1 461
127:3-5 757
127:4-5 551
128 568
130 563
132 565
136 .... 470, 491, 567
137:1 475
137:2 475

137:3 564
137:5-6 485
137:7-9 562
138:1 713
138:1-2 .... 564, 713
138:2 713
138:4 713
139 565
139:19-22 562
143 563
144 561
144—150 226
148 502
148:3-5 465
150 .... 465, 470

PROVÉRBIOS

1 621
1—9 619
1:8 619
1:20-23 619
2:1 619
2:17 417
3:1 471
3:6 75
3:10 482
3:34 95
4:1 .... 480, 619
4:3-9 620
5 621
6:16-19 615
7—9 621
7:1 619
7:6-27 620
8:4 500
8:6 500
8:11-36 619
8:20-21 500
8:22-31 500
8:33 618
9 209
9:1-6 619
9:13-17 619
10—15 616
11:20 473

11:24 614
12:19 504
12:25 616
13:4 617
14:17 614
14:23 617
14:31 .... 615, 618
14:34 469
15:17 615
15:18 616
15:23 614
15:33 615
16:3 618
16:8 615
16:16 615
16:19 615
16:20 618
17:1 615
17:27-28 614
18:9 537
18:16 614
19:5 470
19:17 615
21:9 615
22:6 738
22:17—24:22 618
22:22-23 .... 615, 618
24 621
24:26 537
24:30-34 620
25—29 81
25:1 80
25:21-22 95
26:4-5 .... 212, 266
26:9 478
27:17 .... 36, 351
29:5 537
30:7-8 616
30:8 474
30:15 481
30:15-16 615
30:18 481
30:18-19 615
30:21-23 .... 615, 627
30:24-28 .... 616, 627

INTRODUÇÃO À INTERPRETAÇÃO BÍBLICA

30:29-31 615
31................................ 368
31:10-31 .... 461, 565

ECLESIASTES

1:12—2:26 621
1:14............................ 621
2:24............................ 768
2:24-25 621
3:1-8 184
3:16............................ 621
3:22............................ 621
4................................ 621
4:1 .... 463, 621
4:6 616
4:7-12 621
4:13............................ 616
4:13-16 .... 540, 620
5:10-12 616
5:13............................ 621
5:18-20 621
6:1 621
7:1-12 616
9:11-12 616
9:13-15 540
9:13-16 .... 620, 629
9:17-18 616
10:1-2 616
10:6............................ 616
10:8-9 616
11:2............................ 481
11:4............................ 616
11:9—12:1.................. 768
12:13.......................... 768
12:13-14 184

CÂNTICO DOS CÂNTICOS

1:1-4 488
1:4............................. 488
1:5-7 488
1:8-14 488
1:4............................. 488
1:15—2:2.................... 488
2:2............................. 493

2:3-7 488
2:8-13 488
2:8............................. 491
2:14-15 488
2:15............................ 607
2:16-17 488
3:1-5 488
3:5............................. 491
3:6-11 .... 488, 566
4:1-7 488
4:7............................. 569
4:8-15 488
4:11-13 498
4:16-17 607
4:16............................ 488
5:1............................. 488
5:2-9 488
5:10—6:11 488
6:2-3 488
6:4-11 488
6:13—7:9..................... 488
7:9-13 488
8:1-5 488
8:4............................. 491
8:6-7 .... 488, 569
8:8-9 488
8:10-12 488
8:13............................ 488
8:14............................ 488

ISAÍAS

1:8..................... 433, 605
1:10............................ 466
1:18............................ 285
1:19-20 463
2:1-4 605
2:1-5 576
2:2............................. 596
2:4............... 382, 604, 607
2:5............................. 605
3:14............................ 605
4:1............................. 503
5................................ 609
5:1..................... 462, 464
5:1-7 .... 539, 605, 607, 609

5:2............................. 607
5:5-6 590
5:7............................. 462
5:8-10 577
5:11-14 577
5:13............................ 590
5:18-25 577
6................................ 586
6:1-12 321
6—39................... 586, 605
6:9............................. 432
7—8............................ 596
7:3............................. 587
7:14............. 241, 310, 597
8:1-4 587
8:1-10 310
9................................ 602
9:6-7 596
10:1-3 577
10:8-11 583
10:14.......................... 464
11.............................. 602
11:1............................ 751
11:1-5 604
11:6................... 323, 604
11:10.......................... 596
11:11.......................... 596
12.............................. 580
12:1-3 580
12:1............................ 564
12:1-6 580
12:4-6 580
12:6............................ 501
13—21......................... 584
13—23......................... 585
14:4-23 579
16:5............................ 476
16:10.......................... 540
19:19-25 601
20.............................. 587
20:1-6 587
22:5............................ 455
23.............................. 584
24—27......................... 611
24:21.......................... 596

ÍNDICE DE PASSAGENS BÍBLICAS

25 595	45:12 .... 474, 479	7:1-15 598
25:1-8 580	45:13 600	7:9 547
25:1-12 580	47:6 600	7:12-15 .... 590, 592
25:6-8 594	48:20 600	8 589
25:9-12 580	48:20-21 479	8:1 583
26:1-19 580	49:6 551	8:8-9 583
27:2-6 .... 605, 609	49:13 580	9:21 492
28 583	49:21 600	10:20 561
28:1-4 577	51:19 489	11:3 538
28:10 464	52—53 602	11:10 206
28:13 464	52:13—53:12 369	11:16 702
28:23-28 583	53 602	11:18-23 582
29:1-4 577	55 267	12:1-6 582
29:15 577	55:3 595	13:1-11 587
30 631	55:12 266	13:12-14 539
30:1-5 577	56—66 186	14:1-3 581
30:1-9 631	58:12 460	14:7 581
30:15-17 576	59:9-10 482	14:9 581
30:33 631	59:20-21 780	14:10 581
30:41 631	61 732	14:19-22 581
31 .... 631, 632	61:1-2 .... 93, 385, 599	15:10-11 582
31:1-5 577	61:1 385	15:15-21 582
31:1-9 630	61:11 92	15:16-17 624
32 631	62:1 473	16:1-9 587
32:1 631	63—64 581	16:2-4 587
33:14-16 567	63:7—64:12 580	17:7-8 496
33:22 454	63:7-14 580	17:11 492
34 584	64:4 317	17:14-18 582
35:4-6 385		18 598
35:5-6 .... 93, 385	**JEREMIAS**	18:7-10 598
37:22 501	1 586	18:18 .... 384, 466, 568
40 583	1:4-10 587	18:18-23 582
40—66 605	1:10 461	19 587
40:3 476	1:11-12 463	19:7 472
40:3-5 599	1:11-14 586	20:7-13 582
40:9 476	1:12 472	20:14-18 582
40:22 61	2:5-9 486	22:19 492
40:27-29 592	2:13 497	23:5 596
41:10 537	2:15 474	23:5-6 604
42:6 420	2:23-28 583	24 586
42:10-13 580	3:1-5 583	24:5-7 593
42:18-25 600	4:6 590	25 82
43:14 600	5:4 447	25:11-12 81
44:28 600	5:7 703	26:1-6 598
45:1 600	5:16-17 503	28 574

• 863 •

INTRODUÇÃO À INTERPRETAÇÃO BÍBLICA

28:2-4 576
28:8-9 589
28:10-11 587
28:12-14 575
28:15-16 575
29:7............................. 177
29:10...................... 81, 82
29:10-14 593
29:11.370, 604, 738-9, 756
29:13........................... 757
30................................ 593
30—31......................... 757
30:3............................. 596
30:10-11 593
31:15............................. 94
31:21.................... 476, 484
31:29........................... 537
31:31........................... 596
31:31-34 ..... 214, 418, 420, 601
31:34........................... 489
32:1-15 587
32:6-9 317
33:14-16 751
33:19-22 751
36:1-7 598
38:21-22 586
41................................ 369
42................................ 369
43................................ 369
46—51......................... 584
46:3-4 458
49:1............................. 460
49:8............................. 460
52................................ 598

LAMENTAÇÕES
1—2................... 540, 563
1—4............................. 461
3:6............................... 458
3:15............................. 458
3:23............................. 716
4....................... 540, 563
4:15............................. 460

EZEQUIEL
1—3.................... 586, 587
2:9—3:9....................... 703
3—5............................. 587
10:9-11........................ 703
12:3............................. 754
12:22........................... 537
15:1-8 .... 538, 539
16:32........................... 703
16:44........................... 537
17:1-10 539
18:2............................. 537
19................................ 579
19:1-14 539
23:32-34 499
25—32......................... 584
26:17-18 579
27................................ 579
27:25........................... 754
27:25-36 499
29:1-14 538
29:3-5 499
31:1-18 .... 538, 539
31:2-9 496
34................................ 595
34:22-23 595
35................................ 584
37:15-28 587
38—39......... 584, 588, 611
39:18........................... 393
40—48......................... 212
48:31........................... 239
48:32........................... 239

DANIEL
1—6.................... 188, 530
2:1-11 523
3................................. 530
3:4-12 690
4................................. 530
4:1-18 523
5:12............................. 538
7................................. 612
7—12.................. 611, 700

OSEIAS
7:1-14 436
7:13............................. 612
7:15-28 436
7:17............................. 612
7:18............................. 612
7:21-22 612
7:27............................. 612
8....................... 586, 588
8:25............................. 612
8:27............................. 611
9:24-27 612
9:27............................. 704
10—12......................... 586
12:1-4 612
12:7............................. 704
12:8............. 611, 697, 698
12:9............................. 697
12:10........................... 698
12:11-12 704

OSEIAS
1................................. 587
1:2-9 587
1:2..................... 596, 770
1:6..................... 96, 445
1:9................................. 96
1:10............................... 96
2:4............................... 703
2:23..................... 96, 715
3................................. 587
3:1............................... 770
4:1-2 591
4:2............................... 547
4:4-8 591
4:6-8 591
6:6................................. 95
10................................. 64
10:5-6 64
10:8-9 64
10:11............................. 64
10:14............................. 64
11:1............. 308, 355, 356
13:7-8 494
13:14........................... 501
14:4-8 151

• 864 •

ÍNDICE DE PASSAGENS BÍBLICAS

14:9.................................81

JOEL
1—2.....................580, 581
1:15-21............................380
1:15.................................380
2:1...................................380
2:11.................................380
2:15-16............................461
2:28.................................504
2:28—3:21........................608
2:28-32...................385,668
2:31.................................380
3......................................584
3:1...................................504
3:10.................................382
3:14.................................380

AMÓS
1—2.....................584, 585
1:1.........................481, 585
1:2.........................393, 497
1:3...................................481
1:3—2:5............................393
1:3—2:8............................615
1:4-5................................476
1:5...................................476
1:6...................................481
1:8...................................476
1:9...................................481
1:11.................................481
2:2...................................481
2:6-12..............................591
2:11-12............................486
2:13.................................493
2:13-16............................590
2:14-16............................481
3:3-8................................583
3:8...................................497
3:12.......................493, 494
4:1........393, 474, 497, 591
4:2...................................596
4:2-3................................590
4:4...................................505
4:5...................................505

4:6-12..............................579
4:6...................................491
4:6-10..............................590
4:8...................................491
4:9...................................491
4:10.................................491
4:11.................................491
4:12-13............................590
4:13.......................477, 579
5:1-3................................579
5:1-17..............................486
5:3...................................503
5:5-6................................476
5:6...................................510
5:7...................................485
5:8...................................624
5:8-9................................579
5:14-15............................485
5:15..........474, 476, 479
5:16-17..................393, 481
5:18-20..................577, 736
5:21.................................393
5:21-24............................746
5:24..........485, 493, 494
5:26.................................401
5:27.................................590
6:1-7................................577
6:3...................................473
6:6...................................473
6:12.................................450
6:13.................................505
7:1-6................................586
7:7-8................................586
7:9.......................503, 504
7:9-17..............................490
7:12.................................585
7:14-15............................586
8:1-2................................586
8:8...................................473
8:10............433, 469, 499,
    503-5
9:2...................................473
9:2-4.......................481, 489
9:5-6................................579
9:7...................................583

9:10.................................470
9:11-12......236, 317, 600-1
9:11-15............................576
9:11.................................151
9:14-15............................600

JONAS
1—2.................................658
2:1-9................................540
2:10.................................540
2:1-10..............................559
3:4...................................598
3:5-10..............................599
4:10-11............................531

MIQUEIAS
1:2-7................................575
1:4...................................494
1:10-15............................472
1:16.................................590
2:1-5................................578
2:6-11..............................583
3:1-3................................497
3:2-3................................591
3:6-7................................585
4:3...................................382
5:2...................................599
5:5...................................481
6:6-8................................567
6:8.......................249, 736

NAUM
1:2-8................................461
1:10.................................461
3:2-4................................458
3:15-17............................503

HABACUQUE
1:2—2:1............................582
1:2—2:4............................582
1:2-4................................582
1:6.....................................88
1:5-11..............................582
1:13...................................88
2:4.............................88, 682

• **865** •

INTRODUÇÃO À INTERPRETAÇÃO BÍBLICA

SOFONIAS
1:2-3 300
3:3 .... 497, 498
3:14-20 151

AGEU
1:1 595
1:14 595
2:2 595
2:20-23 595
2:21 595

ZACARIAS
1—6 611
1:3-6 558
1:19 390
2:1-4 586
4:1-6 586
4:3 702
4:6 261
4:6-10 595
4:11 702
5:1-4 586
9—14 .... 595, 611, 700
9:1-8 585
9:1-13 585
10:1 609
11:4-16 587
11:12-13 317
11:13 505
12—14 613
12:7-8 595
12:10 595
12:12 595
13:1 595
13:7 600
13:7-9 600
14:1 596
14:9 595
14:16 595
14:17 595

MALAQUIAS
1:14 595
2:14 417

MATEUS
1—2 .... 224, 643
1:1-17 541
1:1-18 196
1:16 448
1:22-23 597
1:23 .... 310, 643
2:4 599
2:6 643
2:15 ..... 308, 323, 355, 356, 643
2:17 .... 94, 308
2:18 643
2:19-20 523
2:23 .... 308, 643
3:5-6 503
3:7 497
3:10 56
3:11 672
3:13-17 346
3:16 493
3:17 638
4:1-11 .. 266, 341, 639, 745
4:5-7 95
4:6 457
4:17 113
4:18-22 642
4:23-25 490
5—7 375
5:1 649
5:3-11 538
5:3-12 648
5:3 648
5:4 237
5:5 780
5:6 648
5:13 .... 499, 531
5:14 .... 54, 78
5:16 .... 54, 78
5:17 .... 552, 769
5:17-20 .... 214, 728
5:18 .... 265, 552
5:21-22 690
5:21-48 .... 554, 649
5:27-28 554

5:29-30 503
5:38-42 777
5:42 473
5:48 650
6:7 464
6:10 .... 646, 778
6:12 474
6:24 736
6:33 .... 170, 648
7:1 370
7:1-2 473
7:7 777
7:7-8 474
7:11 .... 476, 478
7:13-27 750
7:17 474
7:24-27 654
8—9 643
8:10-12 640
8:12 731
8:17 647
8:20 476
8:23-27 739
8:27 658
9:2 647
9:13 95
9:17 348
9:18-26 639
9:35 490
9:37 734
10:5-6 640
10:9-10 769
10:24 735
10:25 320
10:32-33 476
10:37 .... 639, 734, 735
10:42 77
11:4-5 385
11:5-6 658
11:17 449
11:20-30 640
11:28-30 208
11:30 .... 473, 616
12:8 95
12:28 658

• **866** •

ÍNDICE DE PASSAGENS BÍBLICAS

12:34 497
13:3-8 334
13:10-12 640
13:13 449
13:42 731
13:44 164
13:44-46 .... 495, 654
13:50 731
13:53-58 642
14:13-21 642
14:21 264
14:29-30 505
14:30 .... 499, 504
15:11 476
16:18 463
16:21 599
16:24-26 735
16:25 476
16:27 599
18:20 .... 370, 758
18:23-35 654
19—20 311
19:1-12 775
19:2-12 770
19:3-12 554
19:5 .... 261, 775
19:9 .... 554, 651, 759
19:27 311
19:30 491
20:1-16 311
20:16 491
20:22 473
21:28-32 655
21:33-46 .... 151, 609
21:43 640
22:1-14 .... 151, 640
22:13 731
22:40 554
23:5 .... 49, 401
23:23 690
23:33 497
23:37 .... 499, 504, 508
24 612
24—25 611
24:6 699

24:15-31 704
24:29 473
24:36 .... 643, 705
24:43—25:13 643
24:44 643
24:48 643
24:51 731
25:1-13 .... 646, 654
25:5 643
25:30 731
25:31-46 640
25:40 77
25:45 77
26:31 600
27 599
27:9-10 317
27:39-46 323
27:56 641
28:3 493
28:3-4 495
28:18-20 .... 187, 640,645
28:19 .... 337, 751
28:19-20 .... 73, 196
28:20 .... 537, 337, 739

MARCOS
1:1 634
1:4 337
1:8 672
1:11 638
1:14-15 634
1:15 .... 93, 646, 647
1:16-20 642
1:20 172
1:26 61
2:1—3:6 643
2:1-12 661
2:1-28 661
2:13-17 .... 660, 661
2:17 216
2:18-22 661
2:23-28 661
2:27 .... 474, 485
3:1-6 661
3:6 661

3:31-34 275
3:31-35 .... 168, 735
4:3-9 654
4:13 640
4:40 640
4:41 658
5:21-43 639
6:1-6 642
6:3 275
6:30-44 159
6:32-44 642
6:45-52 659
6:48 659
6:52 640
7:3-5 68
7:19 .... 553, 554, 728
8:1-10 159
8:21 640
8:27-33 602
8:31—9:32 643
8:33 640
8:35 .... 476, 634
8:36 182
9:14-29 640
9:39-40 359
10:2-12 554
10:21 767
10:29 634
10:29-30 648
10:35-45 640
10:38 473
11:12-14 .... 587, 659
11:20-21 587
11:20-25 659
11:27-33 661
12:1-11 656
12:1-12 609
12:13-37 661
12:28 646
12:29-31 767
13:24-25 473
14:7 204
14:9 634
14:12-26 159
15:40 641

INTRODUÇÃO À INTERPRETAÇÃO BÍBLICA

16:8.............................640
16:9-20......................234
16:16.........................234
16:18..................234, 240

LUCAS
1—2............................181
1:1-4.....55, 306, 308, 512, 518, 532
1:4............................515
1:14..........................535
1:28............................88
1:46-55.....................361
1:52..........................377
1:59............................75
1:67-79.....................361
1:71-74.....................390
2:7............................340
2:14..........................577
2:21............................75
2:24..........................620
2:29-32......................361
2:46..........................535
3:16..........................540
3:22....................96, 513
4:1-13..........216, 276, 514
4:6............................298
4:9-12..........................62
4:14-15......................516
4:14-22......................517
4:16-21...............259, 483
4:16-30........516, 517, 589
4:18-19......................520
4:18-21.................77, 311
4:24..........................535
5:1-11................516, 517
5:12..........................535
5:17-26......................536
5:37-39......................588
6:7............................534
6:20-26...............361, 521
6:27...................375, 380
6:30..........................380
6:37-38......................380
7:21-23........................77

7:22-23......................520
7:28..........................519
7:31..........................361
7:36-50......................160
8:25..........................529
8:40-42......................536
8:49-56......................536
9:3-5.........................523
9:10-17......................516
9:23-27......................520
9:24..........................382
9:31..........................534
9:51..........................536
9:51—18:14.................517
9:58..........................382
9:59-62......................591
9:62..........................621
10:7...................173, 212
10:25..........................52
10:25-37.....................515
10:29-37.....................526
10:30..........................58
10:37........................539
10:38-42.....................515
11:4..........................381
11:5-8.......................137
11:8..........................191
11:9-10......................381
11:13..................259, 382
11:17........................380
11:28..........................33
12:8-9.......................382
12:24........................534
12:28........................259
12:30........................521
12:36........................397
12:47-48.....................555
12:48-50.....................381
13:3-5.......................539
13:11........................350
13:18-21.....................526
13:19........................350
13:20-21.....................397
13:28........................588
13:32........................314

14:1-24......................531
14:16-24.....................526
14:26..................514, 591
14:26-27.....................592
15:1..........................525
15:1-2.......................303
15:2..........................525
15:3-7.......................525
15:3-32......................303
15:11-32.....133, 515, 524, 526, 586
15:32........................380
16:1-13......................320
16:5..........................534
16:10........................380
16:18........................447
16:19-31.....................515
16:21........................332
17:5-8.......................526
17:11-19.....................515
17:20-21.....................520
18:1..........................539
18:9-14...............515, 526
18:14........................381
18:22........................523
19:8...................523, 616
19:11-27.....................523
19:20........................534
19:41-44.....................483
21:20-24......................61
22:19..........................35
22:19-20.....................186
22:20........................173
22:35........................617
22:35-38.....................523
23:43..................168, 274
24:25-27.............260, 262
24:27..........................40
24:44........................170
28:31........................534

JOÃO
1:1....................284, 287
1:1-2........................185
1:1-18.......................361

• **868** •

ÍNDICE DE PASSAGENS BÍBLICAS

1:4-6 389
1:19-28 518
1:29 .... 356, 586
1:29-34 518
1:33 540
2:1-11 530
2:11 529
3:1-15 120
3:3 .... 253, 344
3:7 344
3:14 81
3:16 520
3:22 272
3:22-39 518
4:1-2 272
5:14 625
6:1-15 516
6:33 593
7:3-5 223
7:31 529
7:50-52 120
7:53—8:11 .... 188, 448
10 483
10:11 396
10:25 529
10:35 .... 212, 215
11:25-26 593
13-17 431
13:1—17:26 431
13:14 630
13:14-15 35
13:27 299
14-16 207
14:6 235
14:26 172
14:27 328
15 487
15:26 172
16:33 .... 328, 593
17:17 215
17:20 604
17:22-23 289
19:25 516
19:38 120
19:39 120

20:30-31 306
20:31 529
21:18-19 616
21:25 55

ATOS
1:1 532
1:1-6:7 534
1:1-11 536
1:1—12:24 534
1:5 540
1:6-8 .... 520, 566
1:8 534
1:20 251
1:22-26 537
2:2 396
2:4 540
2:14-21 537
2:14-36 311
2:14-39 541
2:14-41 589
2:16 259
2:16-17 537
2:20 307
2:25-28 257
2:25-34 259
2:30 178
2:36 339
2:38 272
2:41 272
2:42 591
2:42-47 146
2:44-45 538
2:47 538
3:12-26 541
3:25 342
4:12 .... 235, 586
4:19-20 554
4:25 212
4:32 147
4:32-5:11 146
4:32-35 616
4:32-37 538
4:35 146
5:8 540

5:14 146
5:28 591
5:31 540
5:38-39 539
6:1-6 539
6:1-7 150
6:8—9:31 534
6:15 397
8 535
8:12 272
8:20 194
8:38 272
9:5 338
9:17 540
9:18 272
9:32-12:24 534
9:32-43 536
10:9-16 447
10:46 540
10:47-48 272
11:16 540
11:29 146
12:25—16:5 535
12:25—28:31 534
13:1-3 539
13:9 540
13:12 591
13:15 549
13:16-41 .... 541, 589
13:22 202
13:46-48 538
14:11-13 543
14:14-18 541
15 .... 178, 543, 579, 586
15:16-17 .... 256, 484
15:17 190
16 613
16:1-5 633
16:6-19:20 535
16:10-17 55
16:14-15 168
16:15 272
16:25-34 612
16:31-34 168
16:33 .... 272, 280

• **869** •

INTRODUÇÃO À INTERPRETAÇÃO BÍBLICA

17.................................612
17:22-31 541
17:28.............................167
18:5-7 538
18:8..............................272
18:18.............................619
19:1-7 518
19:5..............................272
19:6..............................540
19:8-10 538
19:17-20 ....538, 539
19:21.............................536
19:21-28:31 535
20:5-15 55
20:17-38 539
20:18-35 ....431, 538
20:25.............................591
20:27.............................604
21:1-18 55
21:12..............................58
21:17-26 537-38
23:11.............................533
27................................533
27:1—28:16................55
28:23-38 538
28:31.............................591
38-39 272

ROMANOS

1:18-3:20 542
1:18-32 624
1:19-20 572
1:24-32 554
1:29..............................554
1:29-31 554
1:29-32 599
2:1...............................546
2:9...............................546
2:17-24 408
2:28-29 ....64, 484
3:4................................59
3:21-5:20 542
3:22..............................309
3:25..............................191
4:1...............................546

4:11-12 486
4:16..............................64
5:8...............................575
6-8...............................542
6:1...............................546
6:15..............................546
6:19.......................402, 403
7:7...............................546
7:14-25 555
8:28.......................299, 594
8:35-39 299
8:38-39 575
9—11.............................626
9:17..............................212
9:21..............................167
9:25...............................79
9:26...............................79
9:30-10:8 445
10:1-4 486
10:4..............................586
10:6-8 256
10:8..............................591
10:9..............................339
11.........................484, 486
11:11-32 484
11:26-27 626
11:27.............................342
11:33.............................361
11:36.............................361
12:1-2 542
12:1-9 616
12:2.............240, 285, 318
12:3-8 542
12:9..............................453
12:9—13:14................542
12:17-21 79
12:21.............................453
13:1-5 322
13:8-10 447
14:1—15:13.........542, 621
15:4.......65, 225, 486, 604, 615
16:4..............................191
16:17.............................591

1CORÍNTIOS

1:7...............................540
1:10-17 141
1:11..............................552
1:21..............................591
1:23..............................485
2:1-5 547
2:2...............................552
2:6-16 206
2:9...............................256
2:13..............................212
2:14.......................202, 203
3:10...............................57
3:16-17 ....57, 359
4:6...............................628
4:8-10 ....402, 407
5:1...............................305
5:1-2 552
5:1-13 543
5:9...............................180
6:1...............................305
6:1-11 ....552, 628
6:9...............................554
6:9-10 ....554, 599
6:12.......................305, 553
6:12-20 ....543, 552
6:13..............................553
6:15..............................618
6:18-19 359
6:19........................57, 607
7:1..........58, 304, 552, 553
7:1-40 ....543, 552
7:15-16 ....447, 523
7:21.......................161, 628
8-10.......................621, 622
8:1...............................553
9...........................557, 617
9:1-18 138
9:5...............................223
9:7-12 447
9:8-10 255
9:9........................79, 256
9:10...............................80
9:14..............................173
9:19-23 ....557, 633

ÍNDICE DE PASSAGENS BÍBLICAS

9:27.............................591
10:6.............................604
10:13.....................594, 629
10:14-22 621
10:16..........................486
10:23..........................553
11...............................620
11:2.............................298
11:2-16.209, 333, 613, 619
11:4-6 35
11:13.............................35
11:14............................619
11:14-16 56
11:20-21 141
11:24-25 187
11:25..........................484
11:27-29 542
11:30....................448, 477
12-14 141
12:3.............................339
12:8-9 522
12:10.............................40
12:11..........................540
12:13....................537, 540
12:27..........................486
12:31..........................298
13........................49, 555
14:26...........................591
14:33-35 554
14:33-38 613
14:36-38 554
15:3-5 64
15:3-8 222
15:13-23 236
15:17..........................232
15:17-20 222
15:20-28 630
15:55..........................404
16:2.............................620

2CORÍNTIOS
1.................................557
1—7....................546, 549
1:8-7:16 547
1:8-11 557

1:12.............................329
2:1..............................298
3:6..............................173
3:14-16 78
3:15-18 206
4:5..............................591
5:7..............................485
6:13.............................304
6:14—7:1..............304, 620
6:16.............................212
6:17.............................446
7:2......................298, 304
8—9..................146, 620
8:12-15 620
9:6..............................595
9:7..............................147
11:4.............................591
11:7-17 408
12:9.............................625
13:1.............................447

GÁLATAS
1:13.............................329
1:14.............................555
2........................557, 633
2:2..............................591
2:11-14 310
2:11-21 557
2:15-16 579
2:15-21 548
2:16.............................309
3:1..............................543
3:1-4:31 548
3:1-5 548
3:6-9 486
3:6-14 548
3:8......................309, 626
3:11.............................309
3:13.............................483
3:15.............................342
3:15-18 548
3:16...............................76
3:21-22 548
3:24.............................309
3:26-29 548

3:27-28 623
3:28..............156, 544, 628
3:29.......................64, 76
4:1-7 548
4:8-11 548
4:12-20 548
4:21-31 548
5:2-6 ....447, 579
5:12..............402, 404, 405
5:19-23 554
5:21.............................397
5:22.............................555
5:22-25 600
6:7..............................496
6:16..............64, 178, 484

EFÉSIOS
1—2...........................486
1:3..............................575
2:3..............................329
2:11-16 484
2:14-16 575
3:20-21 575
4:8..............................190
4:12.............................486
4:22.............................329
4:24...............................44
5:3..............................554
5:14.....................361, 382
5:18.............................621
5:18-21 540
5:18-33 613
5:22-6:9 552
5:22-33 156
5:25.............................623
5:31.............................622

FILIPENSES
1:1-2 547
1:3-11 547
1:12-26 547
1:15-18 543
1:20-28 557
1:23.............................168
1:27.............................329

871

INTRODUÇÃO À INTERPRETAÇÃO BÍBLICA

1:27-2:18 547
2:5-11 .... 552, 575
2:6-11 . 361, 388, 409, 551, 552
2:19-30 547
3:1—4:1 547
3:2 332
3:2-11 543
3:6 555
4:2 298
4:2-20 547
4:2-22 547
4:3 34
4:8 .... 210, 238
4:10-20 171
4:13 .... 300, 607
4:19 595
4:23 547

COLOSSENSES
1:15 340
1:15-20.361, 409, 551, 575
1:18 340
2:11-12 446
2:16-17 445
3:5 554
3:16 576
3:18-41 552

1TESSALONICENSES
1:2-10 545
2:7 .... 186, 397
2:13-16 545
4 557
4:1-12 546
4:13 454
4:13-5:11 .... 546, 557
4:13-18 .... 486, 557, 630
4:15 .... 329, 557
5:26 .... 615, 620, 621

2TESSALONICENSES
2:1-2 548
2:1-12 557
2:2 557

1TIMÓTEO
1:10 554
2:8-5 613
2:8-15 .... 544, 613
2:9-15 .... 158, 622
2:11-15 .... 156, 157, 159
2:12 158
3 141
3:16 .... 361, 551, 575
5:8 608
5:17-18 79
5:18 .... 173, 212
5:19 447
5:23 615

2TIMÓTEO
1:12 577
2:11-13 .... 361, 382
2:15 636
3:16 ...... 59, 178, 212, 446, 539, 587,615
3:16-17 266
3:17 604
4:2 591
4:6-8 431
4:17 591

TITO
1:2 .... 213, 215
1:3 591
1:12 167
2:3-5 598
3:4-7 575
3:5 206

HEBREUS
1:1 572
1:1-4 371
1:5 481
1:6 .... 251, 310-11
1:8-9 251
1:12 397
2:1-4 549
2:14-26 550
3 409

3:1 406
3:7—4:11 549
3:7-11 256
4 387
4:12-13 217
4:14—10:18 620
5—6 480
6 379
6:4-12 549
6:18 213
7 .... 395, 406
8—10 .... 367, 586
8:8-12 .... 338, 484
8:8-13 173
8:10 342
9 389
9:15-18 342
10:1-18 586
10:15-17 484
10:19-39 549
11 .... 371, 373
11:6 202
11:16 485
11:17-19 630
12 403
12—13 387
12:14-29 549
12:29 588
13:15 576
13:17 31
13:22 549
13:24 440

TIAGO
1:2 353
1:2-18 629
1:3 307
1:5 355
1:5-8 307
1:13 213
1:15 409
1:22 603
1:27 .... 592, 616
2:1 307
2:3 202

ÍNDICE DE PASSAGENS BÍBLICAS

2:14............................307
2:14-26 ....308, 579
3:6.............................496
3:17...........................555
3:17-18 554
4:2.............................624
4:15...........................624
5:1...............373, 402, 404
5:15.............307, 624, 625

1PEDRO
1:3-9 784
1:13-15 776
1:18-21 686
2:4-10 779
2:9-10 ....601, 715
2:12...........................782
2:13—3:7....................687
2:15...........................782
2:21-25 686
2:24..................55, 56, 412
2:24-25 ....483, 600
3:1.............................782
3:1-7 764
3:16...........................782
3:18...........................713
3:18-19 277
3:18-22 ....257, 686
3:19...........................734
3:20-21 323
5:5.............................95
5:6.............................95

2PEDRO
1:5-7 690
1:7.............................691
1:12-15 534
1:15...........................678

1:16...........................275
1:20-21 ....201, 329, 710
1:21...........................72
3:15-16 382
3:16...........................215
3:21...........................323

1JOÃO
1:5.............................727
2:12-14 449
3:13...........................431
4:1.............................408
4:8-9 727

2JOÃO
9-10 734

JUDAS
3...........................174, 735

APOCALIPSE
1:1.............................610
1:4.............................695
1:14-15 493
1:20...........................702
2:13...........................296
2:17...........................296
2:24...........................734
3:14-22 392
3:18...........................695
4:11...........................449
5:8.............................702
5:9-10 449
6:6.............................696
6—19.........................698
7:4.............................704
7:15-17 449
9:5.............................705

9:7-11 696-7
10:9-11 703
11:1...........................702
11:1-13 702
11:2...........................704
11:17-18 449
12:6...........................704
12:9...........................702
12:10-12 449
13:5...........................704
13:10.........................449
13:13.........................704
13:13-17 702
13:18.........................327
14:1...........................704
14:4...........................703
15:3-4 449
16:5-7 449
16:16.........................702
17—18........................189
17:12.........................702
17:18.........................702
18.............................449
18:18.........................493
19:1, 3, 4, 6................465
19:1-8 449
19:1-11 604
19:9...........................261
20.............................342
20:1-10 341
20:4...........................700
20:4-5 341
21:12, 14...................704
22:10.........................689
22:18-19 306
22:21.........................696

ÍNDICE DE LITERATURA EXTRABÍBLICA

OBRAS DEUTEROCANÔNICAS

Eclesiástico
25:1-2 616
25:7-11 615
26:28 615
50:25-26 615
51:23-27 208

Baruque
3:36-38 209

1Macabeus
9:27 212

2Macabeus
2:13-15 212
2:14-15 212
12:44-45 209

JOSEFO

Contra Apião
1:38-41 211
1:40-41 207

Antiguidades judaicas
4.8.13 401
12.2.1-15 420

TALMUDE

Baba Batra
14b 213

Sanhedrin
22a 207

TEXTOS ANTIGOS

Manuscritos do Mar Morto
4Q397 211
4QSam 235

ÍNDICE DE ASSUNTOS

abandono parcial do contexto literário ou histórico do texto, 756-7

abandono total do contexto, 754-6

adjetivo, 445-6

adoração

usando a Bíblia para motivar e enriquecer a, 711-5

advérbio, 445-6

ais, 577-8

Alcorão, 233, 235

alegoria, 85, 99, 101-3, 106, 108, 111, 113-5, 164, 268, 326, 538, 607, 609, 652-3

aliteração, 454, 459-62, 472, 608

alusão intrabíblica, 65, 80-2

análise histórico-gramatical, 144, 59, 178

Antigo Testamento

como os apóstolos interpretavam o, 93

cânon do, 206-213

desenvolvimento do cânon do, 206-13

gêneros literários do, 515-19

gêneros narrativos do, 519-42

literatura apocalíptica do, 611-13

ordem do cânon do, 213

princípios gerais para interpretar a profecia do, 587-604

tipos de materiais legislativos do, 545-57

tipos de poesia do, 560-8

aplicação, 148, 749

avaliando o nível de especificidade da aplicação original, 763-83

de teorias sociocientíficas, 173-8

evitando erros na, 752-57

importância da, 750-2

encontrando a aplicação original, 761-3

papel do Espírito Santo na, 791-2

quatro passos para a aplicação legítima, 758-61

Apocalipse, 694-706

como epístola, 695-8

como gênero literário, 694-5

como literatura apocalíptica, 700-706

como profecia, 698-700

inspiração de, 694-5

apócrifos, 84, 97, 106, 206-11, 611, 613, 663

apostolicidade, 104, 222

apóstolos, 93-7, 662

apóstrofe, 499, 501-3

aretalogias, 635

assonância, 459-62, 482, 608

atos da fala, 301-5

Atos dos Apóstolos, 661-73

como narrativa, 670

consequências para a interpretação de, 663-78

considerações específicas, 678-83

pensando verticalmente, 664

autor e destinatário, 58

autógrafos, 226-8, 233-4

autor

ímplicito, 152-3, 304

real, 152, 226

batalha, relatos de, 521-2

batismo, 337

de crianças, 338-9, 343

de Jesus, 263, 364, 368

interpretação e, 337-39

no Espírito Santo, 665

INTRODUÇÃO À INTERPRETAÇÃO BÍBLICA

salvação e, 234, 236, 383, 417, 494, 531, 538, 544-5, 588, 648, 717, 754, 779, 780

Bíblia. *Veja também* Escritura
autoridade da, 113, 129, 126, 163, 263, 284, 294, 288, 677, 751-2
autoridade e verdade, 262
como a iluminação do Espírito Santo ajuda a entender a, 47
como literatura, 331
diversidade, 724
documento compreensível, 272
documento espiritual, 267
gêneros literários da, 264, 270, 315-706
formação do cânon da, 272
pressupostos para a interpretação correta da, 258
pressupostos sobre a natureza da, 260
revelação divinamente inspirada, 260
usando a, 709-717
unidade e diversidade da, 268

campos semânticos, 403, 408
canção
de amor, 560, 566, 569, 607-8
de casamento, 560, 566
cânon. *Veja também* Bíblia
crítica do, 224-8
bíblico, 205
do Antigo Testamento, 206-13
do Novo Testamento, 214-21
e as traduções, 205
questões centrais, 206
canonicidade
critérios de, 221-4
cântico, 540, 564
fúnebre profético, 578
cartas greco-romanas
subgêneros das, 679
catena, 107-8
catolicidade, 224
cenário histórico-cultural, 387-400
chreia, 660

cientificismo, 282-3
círculos de estudo contextual, 372
comédia, 532-34
princípios de interpretação, 533
comunicação, 47-50, 52-3, 60, 76, 144, 162, 265, 301-4, 363, 366-7, 370, 387, 403, 407, 427, 429, 587, 611, 681, 741, 747, 788
concílios da Igreja, 104-7
conectivos, 444-5
conjução, 375-6, 429, 431-2, 441, 444, 462, 483, 493, 632
conotação, 55
contexto
abandono parcial do, 756
abandono total do, 754
da Bíblia inteira, 381
define os relacionamentos corretos entre as unidades, 368
e fluxo de pensamento, 366
e o sentido preciso das palavras, 367
histórico-cultural, 387
imediato, 373
literário, 364
de todo o livro, 378
importância do contexto literário, 365
princípios da hermenêutica relacionados ao, 370
contextualização, 186, 387, 390-1, 394-6, 753, 788
a questão da, 390
credo, 59-60, 141, 195, 307, 353, 686, 710, 723, 730-1
Cristo da fé, 128, 133
crítica
análise, 153
cultural, 183-192
da estética da recepção, 158
desconstrução, 162
do cânon, 224
literária,145
narrativa, 147-8

• 876 •

ÍNDICE DE ASSUNTOS

pós-estruturalismo/ pós-
modernismo, 156
textual, 229
cultural, distância 67
cumprimento
várias formas de, 599
Cunrã
comunidade de Cunrã, 87

debates, 622
denotação, 55
desconstrução, 162
Deuteronômio, 558
princípios de interpretação, 559
discurso de despedida, 534
princípios de interpretação, 535
disputa profética, 582
distância
cultural, 67
geográfica, 69
idiomática, 70
temporal, 64
dístico, 468, 479, 481, 491

elipse, 453, 469, 473, 481, 485, 609
enigma, 538
epíco, 527-9
epifania, relato de, 523
Epístolas, 673
considerações específicas sobre as,
678
considerações gerais sobre as, 673
consequências para a interpretação
das, 673
formas literárias que só se encontram
nas, 686
Epístolas Gerais
características próprias das, 683
Epístolas Paulinas
desenvolvimento, 693
questões teológicas importantes para
as, 691
equívocos, 105, 167, 179, 202, 365,
392, 518, 645, 648

esboço estrutural
como escrever um, 628
escola alexandrina, 101
escatologia, 269, 340, 353, 646, 650,
695, 701, 705
escolasticismo, 110, 112, 116-8
Escritura. *Veja também* Bíblia
abordagens sociocientíficas da, 166
classificação das, 166
formação do cânon da, 272
espiral hermenêutica, 76, 136, 157, 181,
296-7, 299-300, 304, 342, 346, 354,
436, 732, 753, 765-6, 793
Espírito Santo
batismo no, 665, 672
iluminação do, 47-9, 14, 248, 253-5,
257
papel na aplicação, 791
testemunho do, 218
estética da recepção
crítica da, 158-62
desafio da, 330
estudo bíblico indutivo, 140, 283
Evangelhos, 634
consequências para a interpretação
dos, 637
confiabilidade histórica dos, 637
formas literárias dentro dos
Evangelhos, 651
lendo horizontalmente e
verticalmente os, 640
primeiros destinatários dos, 644
principais questões teológicas dos,
646
existencialismo, 128
exórdio, 681

fábula, 538
fato divino, 71-2, 74
fator fonológico, 472
fé
regra de, 100, 106, 268
em Jesus, 267, 337, 379, 647, 711,
719

• **877** •

INTRODUÇÃO À INTERPRETAÇÃO BÍBLICA

fluxo de pensamento, 366, 370, 377, 380, 387, 436-7, 441, 467, 605
frase de efeito, 688

geográfica, distância, 69
gêneros literários
definição de, 516
do Antigo Testamento, 515
do Novo Testamento, 634
inseridos, 537
princípios de interpretação, 542
narrativos do Antigo Testamento, 521
glossa ordinária, 97, 108
grupos de interesse, 178

Hebreus
características próprias de, 683
hermenêutica
da libertação, 179-83
definição de, 49
feminista, 192-9
LGBT, 199-202
objetivo da hermenêutica, 74
papel do intérprete, 51
pressupostos sobre o objetivo final da, 277
razão de ser da, 47
sentido da mensagem, 53
hino, 686
profético, 579
hipérbole, 499, 502-3, 506, 562, 569
história
de exemplo e reflexão, 620
princípios de interpretação, 621
de milagre, 657social, 167
de pronunciamento, 660
profética, 529
princípios de interpretação, 531
histórico-cultural
cenário original, 391
importância do cenário, 387

princípios para a interpretação, 391
recuperando o cenário, 398
historicidade, 333-4
históricos, relatos, 523

Idade Média, 107-11
quatro sentidos da Bíblia, 109
idiomática, distância, 70
ilocução, 54
imaginário, 492
imprecatório, salmo, 560, 562
inclusão, 490-1
intenção autoral, 154, 161, 303, 305
interpretação
abordagens literárias e sociocientíficas recentes da, 144
alguns desafios da interpretação bíblica, 64
arte e ciência da, 49
correta, 69, 76, 100, 105, 190, 249, 258, 279, 343 349, 357, 364, 368, 387, 403, 430, 443, 475, 740, 791
frutos da, 709-747
para pregar, 731
para ensinar, 734
para pastorear, 736
para promover a formação espiritual na vida cristã, 740
para apreciar a sua beleza como obra literária, 746
história da, 79
concílios da Igreja, 104
depois da Primeira Guerra Mundial, 127
depois da Segunda Guerra Mundial, 130
escola alexandrina, 101
Idade Média, 107
Pais apostólicos, 98
período apostólico, 93
período moderno, 120
período patrístico, 97
período pós-Reforma, 118
Reforma, 111

• 878 •

ÍNDICE DE ASSUNTOS

século XIX, 120
século XX, 125
século XXI, 136
judaica, 79
necessidade da interpretação, 45
objetivos da, 301, 326
pós-bíblica, 82
pressupostos evangélicos para a, 260
texto, 55
tradicional, 100, 103-4, 107, 11
validando nossa, 347
intérprete
pré-entendimentos do, 278
qualificações do, 248-257
intertextualidade, 137-9, 269
instrução, 618
legal, 549
princípios de interpretação, 619
ironia, 499

Jesus
batismo de, 263, 346, 638
crucificação de, 132, 135, 290, 323, 602, 656, 704
ditos de, 122
ensino de, 635, 643, 650-1, 711
ética de, 649
histórico, 61, 128, 132-3, 135, 276
ministério de, 65, 122, 273, 321, 344, 375, 385, 400, 503, 635, 660-1
morte de, 77, 600, 641, 667
palavras de, 39, 61, 63, 100, 216, 232, 254, 261, 328, 358, 370, 637, 735, 750, 768
parábolas de, 397, 731, 747
ressurreição de, 234, 252, 260, 274, 276, 317, 320, 324, 355, 383, 495, 637
Jó
princípios de interpretação, 625
jogos de palavras, 460, 462-4, 472
judaísmo
helenístico, 84-6
nascimento do, 82

rabínico, 88-93

lectio divina, 143, 742
lei, 543
casuística, 545
incondicional, 546
princípios de interpretação, 549
linguagem-evento, 133-4
linguagem poética
como interpretar a, 506
figuras de, 493
outras figuras de, 499
lista, 541
de vícios e virtudes, 690
literatura apocalíptica
princípios de interpretação, 611
literatura sapiencial
tipos de, 614
liturgia, 566
profética, 580
usando a Bíblia para criar a, 715
locução, 54

Manuscritos do Mar Morto, 84, 87, 210, 228, 233, 310, 320
memória, 522
mentalidade
a questão da, 389
merisma, 470, 489-90
metáfora, 493-9
método alegórico, 85, 99, 101-2, 108, 111, 113-4
método científico, 121, 282
método histórico-crítico, 121, 145, 251, 294
metonímia, 499, 504-5
métrica, 454-7, 540
midrash, 90-3, 99, 227, 319-22, 324, 326, 636, 685
milênio, 340-2
morfologia, 427-9
Movimento da Teologia Bíblica, 130, 134

narrativa, 519

• **879** •

INTRODUÇÃO À INTERPRETAÇÃO BÍBLICA

heroica, 526
princípios de interpretação, 531
interpretando um exemplo de, 535
profética, 586
neo-ortodoxia, 129-30
níveis de autoridade, 785
Novo Testamento
cânon do, 214-221
desenvolvimento do cânon do,
214-20
ordem do cânon do, 220-21

onomatopeia, 464
oração, 560
ortodoxia, 65, 104-5, 112, 117, 222,
230, 273, 352, 718, 720, 725, 735

Pais apostólicos, 98
palavras
alguns passos para realizar estudos de,
412
gama de significados, 405
questões fundamentais sobre a
natureza das, 403
mudança com o tempo no
significado das, 408
sentidos conotativos e denotativos,
411
significados coincidentes das, 407
significados das, 403
signos arbitrários, 403
parábola, 538, , 652
paralelismo, 465
unidades básicas do, 468
processo de funcionamento do, 470
tipos de, 472
Pentecostes
importância do, 667
perlocução, 54
período apostólico, 93
período moderno, 120
período patrístico, 97
período pós-Reforma, 118
peroração, 681

personificação, 499-501, 503, 506
perspectiva
a questão da, 387
pesher, 87-8
pietismo, 118-9
poesia
bíblica, 449-512
dinâmica da, 450
hebraica, 454
estrutura da poesia, 465
sons da poesia
linguagem da, 491
métrica e ritmo, 454
princípios de interpretação da, 569
sons das palavras poéticas, 459
unidades maiores da, 508
pós-estruturalismo, 156-8
pós-modernismo, 156-8
"predição" profética
interpretando a, 594
pré-entendimento
cristão, 293
definição de, 280
do intérprete, 278
e objetividade na interpretação, 298
interpretação como, 285
muda com o entendimento, 296
o problema do, 722
papel do, 282
testando, 292
pressupostos
para a interpretação correta da Bíblia,
258
sobre a natureza da Bíblia, 260
sobre a metodologia, 273
princípios gerais
encontrando aplicações adequadas
que exemplifiquem os, 787
princípios transculturais
identificando os, 783
profecia, 573
apocalíptica, 610-11
contra nações, 584
de desastre, 574

• 880 •

ÍNDICE DE ASSUNTOS

de salvação, 576
princípios específicos de
interpretação de, 605-10
princípios gerais para interpretar
a profecia do Antigo Testamento,
587-9
tipos básicos de, 574-87
pronomes, 446-8
proposta, 681
prosa, 363
prova, 681
provérbio
popular, 537
Provérbios, 614
princípios de interpretação, 616
pseudepígrafo, 208
pseudonímia, 676

racionalismo, 119-20
realismo crítico, 157, 162, 292, 294, 346
referencial, 55
Reforma, 111
refutação, 681
regras domésticas, 687
reino de Deus, 646
relato, 522
de visão profética, 585
princípios de interpretação de, 524
relevância eterna - o fator divino, 71

sabedoria, 613
Salmos
imprecatórios, 560, 562
Livro de, 570
princípios de interpretação, 570
sapienciais, 568
sensus plenior, 308, 315-8, 321, 324, 326
sentido
a parte do receptor na "construção"
do, 335
fixo ou vários níveis de?, 305
literal
prioridade do sentido, 396
níveis de, 305-26

questão da historicidade, 333-5
textual centrado no autor, 326-8
definição do sentido, 328-30
unidades de, 508-12
série legal, 547-8
símile, 493-9
sinédoque, 499, 504-5
sintaxe, 427
divisões naturais da, 436
e fluxo de pensamento, 436
importância da, 430
passos para descobrir a, 435
situações análogas insuficiente, 757
sola Scriptura, 113, 116-7, 730
sonho, relatos de, 523

Talmude, 89, 212-3
targum, 82-3, 236
temporal, distância, 64
teologia
como formular a, 726
e a tradição da Igreja?, 730
princípios importantes, 726
usando a Bíblia para formular a, 717
teologia bíblica
diferença entre teologia sistemática,
720
teologia sistemática
diferença entre teologia bíblica, 720
teologia paulina
centro da, 691
textos e traduções, 228
tradução
escolhendo uma, 243
técnicas de, 237
traduções evangélicas mais importantes
para o português, 238
"transmissão" profética
interpretando a, 589

universalidade, 222

verbos, 441
visão profética, relatos de, 585-6

• **881** •

ÍNDICE DE AUTORES

Aarts, B., 436
Abbott, R., 465
Abegg, M. G., Jr., 87, 610-1, 613
Achtemeier, M., 289
Achtemeier, P. J., 599
Adam, A. K. M., 162, 166
Adamo, P. C., 107
Adams, Sean A., 662
Agostinho, 105-11, 295
Aland, B., 229
Aland, K., 229
Alden, Robert L., 488-9
Alexander, L. C. A., 662
Alexander, T. D., 543, 602
Allen, L. C., 531, 757
Allen, R. J., 734
Allison, D. C., Jr., 97
Allison, G. R., 59, 726
Alter, R., 147, 150, 335, 450, 455-6, 466-70, 472, 475, 479-82, 504, 518, 614, 625-6
Amador, J. O. H., 194
Amit, Y., 147, 153, 332, 519
Andersen, F. I., 437, 444
Anderson, C. B., 127, 544
Anderson, P. N., 136
Anderson, R., 726
Aquino, Tomás de, 106-7, 111, 114-5, 120
Archer, G. L., 700
Archer, K. J., 125
Armerding, C., 261
Arndt, W. F., 406, 418
Arnold, B. T., 167, 177, 251, 328, 332, 519, 568, 574, 595

Arnold, C. E., 395
Arnold, J. C., 777
Aronson, Jason, 337
Arthurs, J., 761
Auerbach, E., 155
Aune, D. E., 327, 332, 680, 695
Austin, J. L., 301
Avalos, H., 260, 530
Averbeck, R. E., 550
Avishur, Y., 472
Ayayo, K. G., 136, 759

Bailey, J. L., 465, 486, 651
Bailey, K. E., 397, 653, 656
Bailey, Randall C., 137-8, 185, 543
Bainton, R., 113
Baker, D. L., 94
Baker, D. W., 167, 236, 251, 275, 328, 332, 543, 568, 595
Baker, H., 740
Balch, D. L., 177, 687
Balentine, S. E., 712
Balla, P., 223
Balz, H., 424
Banks, R., 552
Bar-Efrat, S., 166
Barker, Kit, 318
Barnabé, 98-9, 215-6, 223, 671
Barr, James, 265, 409, 720
Barrett, C. K., 91, 93, 95, 377, 601, 666
Barron, R. E., 141
Barry, W. A., 743
Bartchy, S. S., 200
Bartels, K. H., 714

Barth, Karl, 127-9, 264, 724
Barth, M., 686
Barthes, Roland, 58, 306
Bartholomew, C. G., 136, 140-1, 143, 270, 301, 496, 600
Barton, J., 122, 125, 159, 219, 286, 291, 306, 328, 332, 517-9
Barton, S. C., 637, 750
Bassler, J. M., 148
Bateman, H. W., 343
Bauckham, R., 636, 641, 644, 678, 685, 690, 706
Bauer, D. R., 140-1, 754, 763, 768
Bauer, Walter, 275, 406, 408, 418
Baum, A. D., 66
Baumann, C., 650
Baumgarten, M., 124
Baumgartner, W., 416
Baur, F. C., 122-5
Bautch, R. J., 560
Beal, T. K., 533
Beale, G. K., 67, 94, 131, 270, 308-9, 319, 322-3, 327, 341, 383, 612, 703
Beardsley, M. C., 146, 299
Beasley-Murray, G. R., 339, 704
Beavis, M. A., 647
Bechtel, L. M., 196
Beckman, J. C., 444
Beckwith, Roger, 207-8, 211-2
Bedouelle, G., 117
Beecher, W. J., 124

ÍNDICE DE AUTORES

Beekman, J., 237, 437
Begrich, J., 126
Beitzel, B. J., 421
Bell, A. A., Jr., 172
Bellah, R., 68
Belleville, L. L., 201, 680, 777
Belli, H., 182
Bellinger, W. H., Jr., 561, 564, 568
Benedict, D. T., Jr., 717
Benjamin, D. C., 170, 172, 528, 544, 563, 565
Bennema, C., 147
Benner, D. G., 737, 743-4
Benton, R., 587
Bergant, D., 171
Berger, Y., 486, 661
Berlin, A., 450, 452, 455, 459, 460, 464, 466, 470-2, 474, 476-7, 491, 533, 577
Berstein, M., 87
Best, E., 645, 776
Best, H. M., 712
Betz, H.-D., 682
Beuken, W. A. M., 577
Beza, Teodoro, 177
Bilezikian, G., 193
Billings, B. S., 232
Birch, B. C.,131, 269, 528, 547, 549, 550
Bird, M. F., 344, 634, 693, 724
Black, D. A., 145, 251, 322, 411, 462, 732
Blaiklock, E. M., 155
Blaising, C. A., 340, 343, 601, 778
Blamires, H., 787
Blass, F., 430
Blenkinsopp, J., 175
Block, D. I., 62, 544

Blomberg, Craig L., 67, 127, 131, 148, 152, 154, 181, 196, 198, 219, 235, 249, 259, 261, 263, 267-8, 308, 310, 312, 329, 334, 348, 365, 377, 387, 539, 597, 636, 639, 643-4, 698, 651, 654, 659, 669, 684, 711, 719, 745, 758, 766-7, 769-70, 772, 774
Bloom, H., 226
Blount, B. K., 703
Boccaccini, G., 89
Bock, Darrell L., 73, 2007, 236, 309, 315, 343, 359, 601, 638, 668, 778
Boda, M. J., 435, 595
Boer, R., 181
Boerman, D., 120
Bonhoeffer, D., 741
Bonner, G., 105
Booth, R. R., 338
Borg, M. J., 276
Borgen, P., 85-6
Boring, M. E., 676
Borsch, F. H., 397
Botha, P. J., 461
Botterweck, G. J., 416
Bourkin, Y., 152
Boyd, G. A., 252, 288, 725
Boyer, J. L., 431
Bray, G., 99, 111, 117, 120-2, 124
Breed, B. W., 139
Breneman, M., 533
Brensinger, T. L., 495
Brettler, M. Z., 566
Briggs, C. A., 124, 416
Briggs, R. S., 161-2, 301, 750
Bright, J., 589
Bromiley, G. W., 264, 338-9, 415

Brooke, George J., 87
Brotzman, E. R., 229, 232
Brower, K., 645
Brown, C., 239, 639, 657
Brown, D., 106
Brown, F., 416
Brown, Jeannine K., 54, 66, 144, 301-2, 329, 388, 760
Brown, R., 316, 645
Brown, W. P., 265, 569, 613
Brownlee, W. H., 88
Brownson, J. V., 289
Broyles, C., 236, 518, 560
Bruce, F. F., 213-4, 216-7, 222, 273, 320-1, 368-9, 415, 421
Brueggemann, W., 131, 271, 528-9, 561, 565, 569
Brunn, D., 238
Brunner, Emil, 129
Bullinger, E. W., 453, 502-5
Bullock, H. C., 562
Bultmann, C., 582
Bultmann, Rudolf, 52, 128-9, 132-3, 287, 410, 638, 657
Bunsen, C. C. J. von, 124
Burdick, D. W., 410
Burge, G. M., 77, 555, 602, 661, 781
Burkett, D., 676
Burridge, R. A., 636
Bush, F. W., 208, 450, 525
Buss, M. J., 151
Bussell, H. L., 52
Butler, C., 156, 415
Butler, T. C., 521, 526-7, 538, 589, 591
Byargeon, R. W., 579
Byatt, A., 496

· **883** ·

INTRODUÇÃO À INTERPRETAÇÃO BÍBLICA

Byrskog, S., 638

Cain, A., 107, 190
Caird, G. B., 54, 483, 696
Calhoun, A. H., 740
Callahan, A. D., 190
Callahan, J. P., 272
Callow, J., 237, 437
Calvino, João, 114, 197, 694, 723, 775
Cameron, E., 113-4
Camp, C. V., 538
Campbell, Alexander, 122, 125, 524
Campbell, C. R., 430, 442
Campbell, W. S., 664
Caragounis, C. C., 70
Carey, G. 185
Carmichael, C. M., 544
Carnell, E. J., 292-3
Carpenter, G., 604
Carrington, J. L., 112
Carroll, R. P., 174
Carroll R., M. D., 137, 172, 188, 196, 401, 472, 519, 530, 544, 480, 584, 600, 626, 729
Carson, D. A., 59, 67, 94, 131, 164, 214, 223, 241, 255, 259, 261-2, 283, 291, 297, 301, 308-9, 312, 314, 322, 329, 399, 409, 411, 427, 434, 599, 644, 693, 704, 711, 720-1, 724, 738, 752, 764, 768, 793
Carter, C. E., 167
Carter, W., 169
Cartledge, M. J., 140
Cartledge, T. W., 624
Casanowicz, I. M., 426
Casey, M., 742
Cason, T. S., 530
Cassiano, João, 109

Cassidy, R. J., 180, 669
Cathcart, K. J., 538-9
Cavalcanti, T., 196
Ceresko, A. R., 180
Cervantes, 147
Chadwick, O., 112, 117
Chafer, L. S., 343
Chalmers, A., 589
Chapman, C., 483, 602, 781
Chapman, S. B., 210
Charles, J. D., 215
Charlesworth, J. H., 135, 219, 700
Charry, E. T., 141
Cheney, M., 622
Cheng, P. S., 202
Childers, J., 142
Childs, Brevard S., 130, 134, 214
Chilton, B. D., 83, 90, 219, 604
Chisholm, R. C., 390
Christensen, D. L., 540, 553, 558, 584
Ciampa, R. E., 68
Cícero, 147
Citino, D., 166
Clapp, R., 729
Clark, S. L. R., 782
Clemente de Roma, 98, 102, 214-7, 223
Clements, R. E., 175, 558
Clinebell, H. J., 737
Clines, David J. A., 148-9, 163, 416, 518
Clinton, R., 743
Clouse, R. G., 340, 597, 700, 786
Coats, G. W., 149, 521-2, 526, 528-9, 539, 586
Cobb, J. B., 133, 287-8
Coggins, R. J., 594-5
Cohen, S. J. D., 89

Cohn, R., 225
Collins, A. Y., 176, 194, 699
Collins, G. R., 737
Collins, J. J., 93, 157, 210, 450, 610-2, 700-1
Collins, R. F., 146
Collins, T., 455
Cone, J. H., 181
Connolly, W. J., 743
Coogan, M. D., 148, 209
Cook, E. M., 87, 788
Copan, P., 291, 735
Corner, M., 180
Cosgrove, C. H., 188
Costas, O. E., 183
Cotterell, P., 403, 427
Cottret, B., 114
Cowan, S. B., 207, 262
Cozelmann, H., 132
Craigie, P. C., 424, 596
Cranfield, C. E. B., 421, 601, 691, 780
Cremer, A. H., 124
Crenshaw, J. L., 568, 579, 613, 622
Crim, K., 576
Crisóstomo, João, 104, 685
Croatto, J. S., 182
Crosman, R., 290
Crossan, John Dominic, 164, 276, 397, 638, 662
Crüsemann, F., 528, 548
Culler, J., 162
Culpepper, R. A., 149, 153
Cunningham, L. S., 742

Dahood, M., 472
Dallaire, H., 428
Daly, M., 159
Danby, H., 92
Danker, F., 406, 418
Darwin, Charles, 121

ÍNDICE DE AUTORES

Davids, P. H., 395, 429, 684, 719
Davies, P. R., 87
Davies, W. D., 85, 691, 780
Davis, J. J., 554
De Lubac, H., 108
De Regt, L. J., 462
Dearman, J. A., 756, 770
DeBrunner, A., 430
DeClaissé-Walford, N., 461, 559, 562, 570
Deere, J., 660
Delitzsch, Franz, 123-4
Delitzsch, Friedrich, 126
Dell, K. J., 568, 619, 621-2, 626
Delling, G., 713-4
Demarest, B. A., 721, 724, 740
Dempster, S., 212
Derrida, Jacques, 162, 306
DeSilva, David, 685
Dever, W. G., 176, 251, 283
DeVries, Simon J., 62
Dewey, J., 152
DeYoung, J., 316
DeYoung, K., 289
DeYoung, R. K., 740
Di Berardino, A., 142
Dibelius, M., 128
Dick, M. B., 624
Diehl, J. A., 636
Diewert, D., 568
Dillard, R. B., 210
Dillistone, F. W., 723
Dobbs-Allsopp, F. W., 449-51, 456, 465-6
Dockery, D., 93, 102, 104, 106, 145, 156, 259, 262, 322, 732
Dodd, C. H., 128, 652, 673

Dombkowski Hopkins, D., 561, 563
Donfried, K. P., 683
Doriani, Daniel, 789
Dorival, G., 102
Dorsey, D. A., 552
Doty, W. G., 133
Douglas, J. D., 541, 437, 640, 778
Douglas, M., 174, 177, 316, 544
Dowd, S., 783
Driver, S. R., 124, 131, 416
Drosin, M., 272
Dube, M. W., 186-7, 203
Duguid, I. M., 566
Dunbar, D. G., 214, 216
Dungan, D. L., 103, 112-3, 119-20, 122, 219, 328
Dunn, J. D. G., 132, 263, 270, 672, 692-3
Dupertuis, R. B., 462
Durham, J. I., 553
Duvall, J. S., 756, 761

Eaton, M. A., 768
Ebeling, G., 46, 133, 287
Ecklebarger, K. A., 36, 755
Eco, U., 158
Eddy, P. R., 135, 252, 725
Edes, G., 754
Edwards, Jonathan, 119
Edwards, M., 102
Edwards, R. A., 152
Egan, K. J., 742
Ehrman, Bart D., 72-3, 219, 229
Eichhorn, J. G., 120
Einspahr, B., 416-7
Eisenbaum, P., 728
Eliezer, R., 90
Elliott, J. H., 145, 167, 171, 175, 783

Ellis, E. E., 210
Elwell, W. A., 421
Enns, Peter, 126, 265, 268, 309, 461, 518, 760
Epperly, B. G., 288
Erasmo, 106, 112-3, 119
Erickson, M. J., 263, 340, 717, 720-1, 724, 785
Esler, P. F., 167
Esopo, 147, 538
Esses, D. J., 763
Estienne, Robert, 230, 369
Eusébio, 217
Evans, C. A., 91, 93, 100, 108, 110-1, 137-8, 219, 309, 322, 324, 548, 602, 609
Evans, M. J., 195
Evans, R., 139
Eve, E., 657
Ewald, H., 124
Exum, J. C., 196, 495, 518

Fagen, R. S., 401
Fairbairn, D., 101
Fairweather, J., 685
Fanning, B. M., 442
Fant, C. E., 675
Fantuzzo, C. J., 461
Farmer, William R., 188, 221
Farnell, F. D., 73, 274, 353
Farris, S., 462
Feagin, G. M., 506
Fearghail, F. Ó., 86
Fee, G. D., 70-2, 193, 421, 437, 447, 483, 596, 616, 640, 656, 670, 689, 697, 765
Feinberg, J. S., 288, 667, 778
Feinberg, P. D., 700
Felder, Cain Hope, 190-1, 200

INTRODUÇÃO À INTERPRETAÇÃO BÍBLICA

Feldman, L. H., 87
Ferguson, D. S., 280-2, 290, 300, 730, 736
Ferguson, E., 97, 338, 421
Fernández, D. R., 189
Fernando, A., 668, 762
Ferris, P. W., Jr., 560
Fewell, D. N., 153, 332, 530-1
Fields, L. M., 454
Finlay, T. D., 522
Finney, M. T., 171
Firth, D. G., 533, 559-61, 600, 750
Fischer, A. A., 229
Fish, Stanley E., 51, 160-1, 306, 313
Fishbane, M., 80, 319
Fitzmyer, J. A., 144, 190, 397, 664
Flemming, D., 395, 753
Flesher, P. V. M., 83
Fleteren, F. van, 105-6
Flint, Peter W., 87, 232, 449, 565
Fokkelman, J. P., 335, 455, 509, 518
Fontaine, C. R., 538
Forbes, C., 680
Ford, J. M., 180
Forrester, D. B.,183
Foster, R. J., 565
Fowler, Robert M., 158-9
Fox, M. V., 533, 566
France, R. T., 90, 262, 319, 321-2, 639, 643, 684, 739
Franke, J. R., 262-3, 718, 724
Fredricks, C. J., 528
Freedman, D. N., 381, 401, 415, 455
Frend, W. H. C., 100

Fretheim, T. E., 131, 524, 528, 589
Friebel, K. G., 587
Fried, J., 107
Friedrich, G., 126, 423
Friesen, G., 774
Froehlich, K., 102
Frye, N., 166
Fuchs, E., 46, 133
Funk, R. W., 72, 219, 275, 287
Furnish, V. P., 377

Gabel, J. B., 166, 519, 559, 747
Gadamer, H. G., 46, 133, 139, 253, 279, 284, 287
Gaffin, R. B., Jr., 323
Gager, J. G., 174
Gagnon, R. A. J., 138, 201, 289, 690, 777
Gakuru, G., 80
Galatinus, Petrus, 421
Garland, D. E., 65, 164, 249, 665, 729, 773, 784
Garland, D. R., 729
Garr, R., 457
Garrett, D., 328, 488, 768
Garsiel, M., 160
Gee, J. P., 429
Geisler, N. L., 73, 315, 353, 369, 774
Gempf, C. H., 154, 261, 638, 673
Geoghegan, J. C., 455, 457
George, S. K., 184
Gerstenberger, E. S., 269, 480, 490, 509, 511, 553, 560-1, 563-64, 566-8, 577
Gese, H., 622
Giese, R. L., Jr., 521, 550, 561, 589, 592, 610

Giles, K., 775
Gillingham, S. E., 182, 332, 451, 456, 467, 472-4, 476, 478, 486, 560
Gilmour, M. J., 139
Gingrich, F. W., 406, 418
Githuku, S., 189
Gladd, B. L., 131
Gleason, R. C., 114
Gledhill, T., 566
Goethe, 147
Goheen, M. W., 141, 270
Goldberg, N. R., 193
Goldin, J., 319-20
Goldingay, John, 150, 264-5, 268, 270, 386, 520-1, 530, 560, 612, 724
Goldsworthy, G., 706, 734
Gombis, T. G., 236
González, J., 110, 118, 120-1, 186, 724
Good, E. M., 506
Goodacre, M., 131
Goodrick, E. W., 916
Gootjes, A., 114
Goppelt, L., 94, 322
Gordon, C. H., 500, 527, 538, 541, 640
Gorman, M., 706
Goswell, G., 595
Gottwald, Norman K., 151, 173, 191, 450
Gowler, D. B., 652
Grabiner, S. C., 444
Graffy, A., 582
Graham, Billy, 358
Grant, A., 561, 750
Grant, R. M., 100
Graves, Michael, 268, 310
Gray, T., 742
Green, B., 496
Green, E. M. B., 695
Green, G. L., 215

• 886 •

ÍNDICE DE AUTORES

Green, J. B., 66, 138, 181, 328, 544, 555, 598-9, 401, 610-1, 651
Green, M., 673, 762
Green, W. H., 124
Greenberg, M., 443
Greene-McCreight, K., 134
Greengus, S., 544, 547
Greenlee, J. H., 229, 462
Greenspahn, F. E., 212, 413, 526
Greenspoon, L., 84, 93, 96, 98, 319
Greer, R. A., 83
Greidanus, S., 390, 732
Grenz, S. J., 156, 262-3, 289, 340, 642, 718, 724, 732
Griffin, D. R., 288
Grizzle, T., 140
Groothuis, D. R., 156, 193, 292
Gros Louis, K. R. R., 147, 527, 530
Grudem, W. A., 194-5, 197, 261, 272, 329, 450, 752
Guelich, Robert A., 637, 648
Guenther, M., 743
Gumerlock, F. X., 699
Gunkel, Hermann, 126-8, 283, 564
Gunn, D. M., 148, 153, 332, 530-1
Gushee, D. P., 555, 651
Gutiérrez, G., 179

Haan, M. R. de, 668
Habel, N., 586
Hadjiev, T. S., 132
Haenchen, E., 662
Hagen, K., 114

Hagner, D. A., 86, 95, 216, 251, 275, 312, 464, 597, 673, 719
Hahneman, G. M., 217
Hakola, R., 148
Hall, B., 113, 116
Hall, C. A., 97, 105-6
Hall, D. R., 267
Hallaschka, M., 152
Hallmann, J., 201
Hamborg, R., 137
Hamilton, J. M., Jr., 672
Hamilton, V. P., 231
Hanks, T. D., 180, 182
Hansen, W. G., 740
Hanson, K. C., 172
Hanson, P. D., 176, 611
Hanson, R. P. C., 97
Harland, P. A., 177
Harmon, W., 532
Harnack, Adolf von, 123, 223
Harrington, D. J., 155, 207
Harris, H. H., III, 236
Harris, M. J., 309, 377, 680
Harris, R. L., 222
Harris, S. L., 80, 618
Harrison, C., 105, 526
Harrisville, R. A., 121-2, 128, 134
Hartley, J. E., 625
Hasel, G., 718
Hatchett, M. J., 716
Hauerwas, S., 116, 256, 284, 548
Hauser, A. J., 105, 107, 110, 112, 112, 114-7
Hawk, L. D., 332
Hawthorne, G. F., 359, 483, 727
Hayes, E. R., 132, 523, 585
Hayes, R. B., 80, 138

Hays, C. B., 584
Hays, J. D., 555, 756, 761
Heacock, A. R., 138
Heaney, S. E., 180
Heard, W., 182
Heelan, P. A., 718
Hegel, G. W. F., 121, 283
Heidegger, Martin, 46, 127-8, 284, 257
Heil, J. P., 552
Heim, K. M., 462, 466, 472, 501
Heine, R., 102
Heitzenrater, R. P., 118
Helm, D., 734
Helyer, L. R., 84
Hemer, C. J., 261, 393, 638, 662-4, 695
Hendel, R., 158, 552
Hendriksen, William, 341
Hengel, M., 84, 220, 602, 634
Hengstenberg, E. W., 123-4
Hennecke, E., 635, 663
Henrichsen, W., 750
Henry, C. F. H., 262-3
Hebert, A. C., 170
Hering, J. P., 687
Hermas, 98, 216
Herzog, William R., II, 178
Hess, Richard S., 65, 177, 251, 261, 501, 528, 566, 589, 729, 786
Hesselgrave, D. J., 788
Hetherington, W. M., 722
Hibbard, J. T., 138
Hiebert, P. G., 165
Hildebrandt, T., 614-5
Hill, A. E., 713
Hill, C. E., 217
Hillers, D., 457
Himes, Dennis R., 787
Hine, S. K., 715

INTRODUÇÃO À INTERPRETAÇÃO BÍBLICA

Hirsch, E. D., Jr., 50, 294, 305, 348
Hoag, Gary G., 197
Hobbes, Thomas, 119
Hodgson, P. C., 122
Hoffmann, M., 112
Hoffmeier, J. K., 275
Hofmann, J. C. K. von, 123-4
Hollerman, J. H., 171
Holman, C. H., 532
Holmberg, B., 178
Holmes, Arthur, 295
Holmes, M. W., 98-9, 215
Holter, K., 188-9
Homero, 85, 636
Hoop, R. de, 457
Hoover, R. W., 219, 638
Hopkins, J. H., 63
Horgan, M. P., 87-8
Hornsby, T. J., 138, 198
Horsley, R. A., 169
Horton, Michael, 722, 724
Hosack, R. N., 597
House, P. R., 62, 213, 271, 495, 724
Houston, J. M., 744
Howard, D. M., Jr., 520
Howard, T. L., 323
Howard, W. F., 385
Hrushovski, B., 456
Hsu, W., 586
Hubbard, D. A., 208, 450, 525
Hubbard, Robert L., Jr.,80, 242, 328, 525, 549, 556, 596, 602, 626
Huber, I., 158
Hughes, F. W., 381, 682
Hultgren, A. J., 397, 660
Humphreys, W. L., 151
Hundley, R. C., 182
Hunter, A. M., 269

Hurtado, Larry W., 187-8, 712
Hurty, S., 316
Husser, J.-M.,523
Hutchison, J. C., 541

Inácio, 98, 215-6
Instone-Brewer, D., 89
Ireland, D. J., 397
Irineu, 100, 217, 420
Isasi-Díaz, A. M., 203
Iser, Wolfgang, 152, 159

Jackson, Basil, 52, 545
Jackson, Bernard S., 545, 547
Jackson, G., 750
Jacobs, A., 716
Jacobs, I., 91
Jacobsen, D. S., 734
Jacobson, R. A., 520, 559, 562, 570
Jaki, S. L., 561
Janzen, D., 539
Janzen, W., 577
Jasper, D., 519
Jeanrond, W. G., 313
Jefford, C. N., 98
Jenkins, J., 697
Jenson, P. P., 170
Jeremias, J., 226, 339, 601, 638, 652
Jerônimo, 106, 1008, 110, 209
Jewett, P. K., 339
Jewett, R., 589, 683, 693
Jobes, K. H., 84, 234, 385
Jobling, D., 146, 166
Johnson, A., 766
Johnson, D. E., 341
Johnson, E. E., 759-60
Johnson, J., 167
Johnson, L. T., 132, 215, 677

Johnson, M. D., 518-9, 529
Johnson, V. L., 529
Johnston, P. S., 559-60
Johnston, R. K., 392, 765
Jones, D. W., 356, 777
Jones, G. H., 524, 540, 595
Jones, I. H., 540
Jones, S. L., 201
Jonker, L. C., 524
Judah, R., 92
Juel, D. H., 92-3
Jülicher, Adolf, 652-3
Junior, N., 185

Kähler, M., 124, 128
Kaiser, O., 207
Kaiser, W. C., Jr., 136, 251, 309, 315, 386, 437, 556, 758, 775-6, 779, 792
Kaltner, J., 137-8, 156
Kamell, M. J., 684, 719
Kamesar, A., 106
Kampen, J., 189
Kannengiesser, C., 97
Kaplan, A., 377
Karris, R. J., 713
Kasher, R., 319
Kauflin, B., 711
Keats, John, 451, 453-4
Kee, Howard C., 173, 175
Keegan, T. J., 162
Keener, Craig S.,137, 155, 188, 250-1, 638, 663, 685, 698
Keener, H. J., 140
Keil, C. F., 123
Kelber, Werner, 163-4
Keller, C. A., 546
Keller, T., 738
Kellum, L. S., 223
Kelly, J. N. D., 107, 686
Kendall, R. T., 722

• **888** •

ÍNDICE DE AUTORES

Kennedy, G. A., 681
Kennedy, P., 123
Kent, J., 118, 350
Kerr, F., 111
Kessler, J., 269
Kierkegaard, Søren, 127-8
Kierspel, L., 486
Kim, H. C. P., 573, 584
Kim, S., 169
Kim, Y. S., 142-3
King, Martin Luther, Jr.,
180, 462
King, P. J., 172
Kirk, A., 182, 639, 647
Kirsch, J., 526
Kissinger, W. S., 652
Kistemaker, S. J., 341, 655,
698
Kitchen, K. A., 251, 261
Kittel, G., 425
Klauck, H.-J., 674
Klein, L. R., 506
Klein, William W., 68,
242, 262, 287, 307, 359,
604, 642, 687, 712, 725,
727, 732, 740
Kline, M. G., 222
Klingbeil, G. A., 251
Klink, Edward W., 641,
644, 720
Knierim, R. P., 526
Knight, D. A., 125, 283,
491, 558, 577, 587, 611
Knight, G. W., III, 261
Koehler, L., 416
Koester, C. R., 703
Kohlenberger, J. R., 416
Kominsky, J. S., 176
Komoszewski, J. E., 233
Köstenberger, A. J., 195,
197, 223, 255, 711, 765
Kraemer, D., 213
Kraft, C., 674, 753, 785
Kraft, R. A., 100

Kreitzer, B., 142, 556
Krentz, E., 126
Kristanto, B., 156
Kroeger, C. C., 195
Kroeger, R. C., 195
Kruger, M. J., 218, 223,
261
Kugel, J. L., 83-4, 87, 89,
90, 93, 319, 452, 455,
457, 467, 469, 472, 481
Kuhatschek, Jack, 759-60,
785
Kuhn, T. S., 144
Kunhiyop, S. W., 775
Kunjummen, J. D., 316
Kurewa, J. W. Z., 391

Ladd, George E., 327, 341,
383, 597, 646-7, 673,
696, 719
Laffey, A. L., 199
LaHaye, T., 697
Laird, M., 740
Lamarche, P., 84
Lampe, G., 322
Lane, W. L., 659, 683
Lang, B., 523
Lange, J. P., 124
Langton, Stephen, 230,
369
Lanier, D. E., 744
Lanner, L., 584
Larkin, W. J., Jr., 297,
299-300, 317, 395, 668,
765, 775
Larsson, T., 128
Lash, N., 252-3
LaSor, William S., 208,
316-8, 450, 469, 525,
626, 769
Latourelle, R., 658
Law, R., 684
Law, T. M., 84
Leclerc, T. L., 530

Lee, C. C., 186
Lee-Barnewall, Michelle,
198, 764
Leeuwen, M. S. van, 782
Leiman, Sid Z., 221-2
Leithart, P. J., 281, 336
Lemche, N. P., 177
Lemcio, E. E., 226-7
LeMon, J. M., 466-7, 484
Lentricchia, F., 332
Levering, M., 105
Levine, Amy-Jill, 353, 455
Levinsohn, S., 429
Levinson, B. M., 543, 545,
549
Lewis, B. S., 125
Lewis, C. S., 451-2, 492,
788
Lewis, G. R., 721, 724
Lewis, J. P., 210
Lewis, L. G., 200
Lewis, P., 107
Licona, M. L., 252
Liddell, H. G., 425
Liefeld, W. L., 666, 669-
70, 732
Lightfoot, J. B., 124
Lightstone, J. N., 90
Linafelt, T., 138, 563
Lindsey, Hal, 697
Linnemann, E., 274, 397
Little, D. L., 125
Loader, W. R. G., 552
Lockett, D. R., 720
Logan, A. H. B., 539, 718
Lohmeyer, E., 687
Löhr, W., 100
Long, B. O., 521, 585-6
Long, V. P., 251, 275-6,
518, 520, 522-4, 526,
534, 541, 558, 589
Longacre, R. E., 429

INTRODUÇÃO À INTERPRETAÇÃO BÍBLICA

Longenecker, R. N., 91-3, 95-6, 320-21, 410, 665, 676,

Longman, T., III, 65, 126, 147, 164, 166, 210, 251, 332, 415, 450, 456, 461, 518, 561, 566, 582-84, 589, 621-2, 655, 741, 753, 768, 784

Loretz, O., 455

Louw, J. P., 403, 406, 408, 418

Lowery, R., 702

Lowry, E. L., 734

Lowth, R., 465

Lozada, F., 185

Lucas, George R., 288

Lüdemann, H., 692

Lührmann, D., 381

Lund, N. W., 486, 488

Lundbom, J. R., 447, 486, 490, 589

Lundin, Roger, 162, 283-4, 311

Lutero, Martinho, 106, 113-7, 143, 223, 348, 587, 684, 687, 691, 725, 775

Lynch, J. H., 107

Lyons, J., 54, 139, 407, 427

MacCullough, D., 112-7

Mack, B. L., 660

Maddox, R., 662

Mafico, T. L. J., 190

Mailloux, Stephen, 154

Malherbe, A. J., 679

Malina, B. J., 68, 145, 165, 167, 178

Mandolfo, C., 561

Manson, T. W., 128

Marcião, 214, 216, 678

Margalith, O., 529

Marguerat, D., 152

Markley, J. F., 365, 387

Marsden, R., 107

Marshall, I. H., 215, 223, 251, 2633, 276, 383, 389, 637, 667, 669, 694

Martens, E. A., 550, 760, 786

Martin, D. B., 352, 730

Martin, J., 123

Martin, R. P., 395, 429, 483, 687, 691, 721

Marx, Karl, 121, 181

Marxsen, W., 132

Mason, S., 87

Matera, F. J., 223

Mathewson, D. L., 397, 470

Mathewson, S. D., 390, 732

Matthews, V. H., 170-2, 563

Maxson, R., 774

May, D. M., 168, 648

Maynard-Reid, P. U., 183

Mazzaferri, Frederick, 698

McBride, S. D., 558

McCarthy, D. J., 558

McComiskey, T. E., 65

McConville, G. J., 417-8, 424, 558

McCracken, P. V., 83

McDonald, L. M., 208-9, 273

McDonald, M. W., 114

McGavran, D., 168

McGeough, K., 532

McGiffert, A. C., 124

McGinn, B., 699

McGrath, A. E., 262, 724, 726, 731

McKay, K. L., 442

McKenzie, S. L., 137, 156, 524

McKim, D. K., 115, 263

McKnight, E. V., 46, 128, 166, 289, 290, 338, 651

McKnight, S., 169, 324, 647, 661, 765

McNally, R. E., 107-8

McNamara, M. J., 82-3

McQuilkin, J. Robertson, 315, 765-6

Meadowcroft, Tim, 450

Meeks, Wayne, 177

Meier, J. P., 219, 252, 275-6, 646, 658

Meinhold, A., 81

Melick, R. R., 756

Melugin, R. F., 65

Melville, Herman, 152

Mendenhall, G. E., 173, 423

Metzger, B. M., 208, 214, 216, 220-1, 224, 226, 231, 369, 422, 702

Meyer, Ben F., 157

Meyer, M., 100, 217, 635, 661

Meyer, T., 123

Meyers, C. L., 167

Meyers, E. M., 594

Michaelis, J. D., 120

Michaels, J. R., 695

Michie, D., 152

Mickelsen, A. B., 612, 720

Milgrom, J., 553, 755

Millard, Alan R., 67, 275, 528

Miller, D. A., 527

Miller, G. J., 115

Miller, P. D., 125, 449, 544, 548, 562, 565

Milligan, G., 419, 424

Minkoff, H., 461

Miranda, José P., 181

Miscall, Peter D., 165

Moeser, M. C., 660

ÍNDICE DE AUTORES

Mollenkott, V. R., 194
Möller, K., 496, 589
Mondesért, C., 85
Moo, Douglas J., 223, 309, 316-7, 321, 323, 439, 552, 599, 676, 691, 700
Moon, G. W., 743
Moore, S. D., 159, 164-5, 314
Morales, L. M., 131
Moreau, A. S., 788
Morgan, G. C., 668
Morgan, Robert, 268, 291-2, 306-7, 332
Morris, Leon, 265, 701, 773
Mott, S. C., 624
Moulton, J. H., 385, 410, 424, 431
Mounce, Robert H., 327, 311-2, 698, 704
Mounce, W. D., 800, 814
Mowinckel, S., 580
Muilenburg, J., 145
Mulholland, M. R., Jr., 741-2
Müller, D., 734-35
Muller, R. A., 109, 111-2, 114, 116
Murphy, F. J., 612, 700
Murphy, R. E., 500, 560, 564, 568, 613, 618-9, 622, 624
Murphy, R. G., 561
Murray, D. F., 852
Murray, S., 116

Nanos, M. D., 506
Nash, R. H., 182, 288
Nassif, B., 101, 104
Neil, W., 119, 121
Neill, S., 127-8
Nel, P. J., 406
Netland, H. A., 291

Neufeld, V. H., 713
Neusner, J., 89-92, 604
Newsom, C. A., 195
Nicholson, E., 122
Nicole, R., 263
Nicolson, A.,
Nida, E. A., 237, 294, 403, 406, 408, 418, 427
Niditch, S., 65, 526, 538
Nielsen, L. O., 110
Nienhuis, D. R., 227
Nikolsky, R., 89
Ninow, F., 94
Noble, P. R., 161, 227, 332
Nogalski, J., 126
Noll, K. L., 160
Noll, M. A., 124
Nolland, J., 276
Norris, C., 162
Norris, R. A., Jr., 105
North, R., 522
Noth, M., 173, 524
Nouwen, H. J. J., 743
Nuñez, E. A., 182
Nurmela, R., 80

Oakman, D. E., 172
O'Brien, B. J., 202-3, 284
O'Brien, P. T., 236, 693
Ocker, C., 107-11
O'Connor, K. M., 561, 563, 582
O'Connor, M., 112, 432, 440-2, 444-5, 455
Oden, T. C., 97, 142, 351
Ogden, G. S., 52, 539
O'Keefe, J. J., 94, 103-4, 310, 352, 730
Olbricht, T. H., 125, 685
Olofsson, S., 232
Olson, D. T., 594
Olson, R. E., 86, 110-13, 115-6, 118, 722, 726, 731

O'Neal, G. M., 140
Ortlund, R. C., Jr., 770
Osborn, E., 102
Osborne, Grant R., 76, 79, 157, 296, 304, 341, 437, 696, 703, 731-2, 753, 758, 765-6
Osiek, C., 194
Osmer, R. R., 726
Oss, D. A., 316
Oswalt, J. N., 598
Overholt, T. W., 167, 171
Overland, P., 486
Owens, J. J., 417
Ozment, S., 117

Padilla, R. C., 297
Paget, J. C., 83, 100, 102
Palmer, D. W., 662
Pannenberg, W., 724
Park, M. S., 483
Parker, S. B., 596
Parker, T. H. L., 115
Parsenios, G. L., 636
Patrick, D., 543, 546-7
Patte, D., 146
Paul, I., 496
Paulus, H. E. G., 657
Payne, P. B., 309, 772
Pearson, B. A., 718
Pelham, A., 532
Pelikan, J., 18, 100, 295
Pennington, J. T., 661
Pentiuc, E. J., 79
Perdue, L. G., 131
Perrin, N., 66, 131, 329, 651
Pervo, R. I., 663
Petersen, D. L., 131, 451-2, 456, 460, 468, 483, 493, 495, 509, 518, 528
Petersen, Norman R., 155
Peterson, D., 667, 669, 712

INTRODUÇÃO À INTERPRETAÇÃO BÍBLICA

Peterson, Eugene, 242, 394, 435, 741
Petterson, A. R., 594
Pfatteicher, P. H., 717
Phillips, G. A., 194
Phillips, J. B., 241-2, 354, 394
Pierard, R. V., 597
Pilch, J. J., 178
Pinnock, C. H., 288, 721
Pitkin, B., 114
Plaskow, J., 197
Poirier, J. C., 125
Policarpo, 98, 215-6
Porter, S. E., 127-8, 135, 137, 147, 101, 163, 198, 322, 338, 427, 429, 430-1, 435, 437, 440, 442, 444, 673, 684, 695
Porton, G. G., 90
Powell, M. A., 145, 147, 155, 335, 415
Poythress, V. S., 300
Provan, I., 251, 589
Pui-lan, K., 203
Pyper, H. S., 156

Quarles, C. L., 223, 319

Rad, G. von, 322, 406, 588, 613
Radday, Y. T., 488
Rae, M. A., 324
Räisänen, H., 692
Ramm, B., 254, 316, 349, 759
Ramsay, W. M., 662, 695
Raphael, R., 452
Raschke, C., 156
Rata, T., 558
Rayburn, R. G., 711
Reddish, M. G., 675
Redditt, P. L., 573, 594
Reid, D. G., 533, 584

Reid, S. B., 560, 572
Rengstorf, K., 735
Reno, R. R., 60, 94, 104, 141, 310, 352, 730
Resseguie, James L., 148, 158, 335
Reuchlin, Johann, 112
Reuther, Rosemary, 192-4
Rhee, V., 486
Rhoads, D., 151-2, 188
Richard, R. P., 759
Richards, E. R., 202-3, 284
Richards, K. H., 131, 451-2, 456, 460, 466, 483, 493, 495, 509, 518, 674
Richardson, A., 123, 127, 129, 294
Riches, J., 125, 129
Richter, H., 622
Richter, S. L., 524
Ricoeur, 46, 284
Riley, S. P., 531
Riley, W., 525
Ringe, S. H., 195, 783
Ringgren, H., 416
Roach, W. C., 73
Roberts, A. R., 102
Roberts, B. M., 737
Roberts, J. J. M., 139, 558
Roberts, T. J., 155
Robertson, D. A., 154
Robertson, O. P., 458
Robertson, Pat, 658
Robins, V. K.,
Robinson, H. Wheeler, 68, 176, 390, 732, 786
Robinson, J. C., 127
Robinson, J. M., 132-3, 137, 287, 625
Robinson, S. E., 218
Rodd, C. S., 550
Roetzel, C. J., 674
Rofé, A., 530, 588
Rogers, J. B., 263, 289

Rogerson, J. W., 124, 176, 196
Rohrbaugh, R. L., 170, 178
Roloff, J., 604
Römer, T. C., 524
Rommen, E., 788
Roskop, A. R., 541
Rosner, B. S., 68, 268, 552, 602, 662
Ross, M. C., 716
Rotelle, J. E., 105
Roukema, R., 100, 718
Routledge, R., 269
Rowland, C., 180, 184
Rowley, H. H., 712
Rudwick, M. J. S., 695
Rüger, H. P., 206
Rummel, E., 112-3, 472
Runge, S. E., 429
Russell, Letty, 194, 199, 313, 392
Ryken, Leland, 57-8, 147, 312, 332, 449-50, 452, 481, 484, 491-2, 496, 500-3, 506, 508, 515, 519-21, 526-7, 529, 565, 612, 614, 616, 653, 661, 663, 669, 747
Ryou, D. H., 584

Sabo, P. J., 457
Sailhamer, J. H., 226, 784
Saint B., I., 568
Samely, A., 90
Sanders, E. P., 692, 780
Sanders, J. A., 134, 209, 225, 227, 309
Sanders, J. T., 713
Sandy, D. Brent, 54, 61, 65, 264, 301, 332, 521, 550, 561, 573, 589, 592, 610-1, 613, 700
Sandy-Wunsch, J., 119, 121
Satterthwaite, P. E., 518

ÍNDICE DE AUTORES

Sawyer, J. F. A., 403, 566
Sawyer, M. J., 233
Schaberg, J., 196
Scharbert, J., 538, 546
Schiffman, L. H., 84, 87, 89, 455
Schipper, J., 539-40
Schmidt, K. L., 604
Schneider, G., 424
Schneider, T., 527
Schnelle, U., 223
Schniedewind, W. M., 67
Schreiner, T. R., 195, 339, 383, 450, 692-4, 728
Schreiter, J., 352
Schroter, J., 135
Schultz, R. L., 761
Schunack, G., 322
Schüssler Fiorenza, Elisabeth,193-4, 197
Schweitzer, A., 132-3
Scobie, C. H. H., 270
Scolnic, B. E., 540-1
Scott, B. B., 656
Scott, R., 425
Searle, J., 301
Seeley, D., 162
Seesemann, H., 410
Segovia, F. F., 137, 185
Segundo, J. L., 181
Seitz, C., 94, 134
Seitz, C. R., 131, 228, 518
Seitz, C. S., 322
Selderhuis, H. J., 114
Selman, M. J., 543-5
Senn, F. C., 716
Seow, C. L., 437, 444
Seters, J. van, 547
Seung, T. K., 162
Shakespeare, W., 147, 446, 530
Shanks, H., 221
Sharon, J., 781

Sharp, C. J., 137, 165, 582, 589
Shead, S., 403
Shepherd, C. E., 140
Shields, B. E., 122, 125
Shields, M. E., 589
Sider, R. J., 653, 772, 786
Silberman, Lou H., 283
Silva, D. A. de, 172, 178, 207
Silva, M., 46, 84, 136, 234, 385, 403-4, 407, 410, 423, 714, 792
Simon, Richard, 119-20
Sine, T., 767
Sire, J. W., 753
Sklar, J., 755
Slonim, R., 337
Small, K. E., 235
Smalley, B., 108-9
Smart, J. D., 130
Smith, B. D., 175
Smith, G. T., 743
Smith, G. V., 599
Smith, H. P., 124
Smith, J. A., 712
Smith, J. B., 741
Smith, J. K. A., 140
Smith, M. J., 203
Smith, M. L., 744
Smith, M. S., 190, 465, 572
Smith, W. Robertson, 124
Snodgrass, K. R., 80, 322-3, 329, 344, 397, 539, 653
Soares-Prabhu, G. M., 187
Solivan, S., 139
Sommer, B. D., 206, 312, 319
Sonsino, R., 543, 545-6
Sófocles, 147
Soulen, R. K., 644
Soulen, R. N., 644
Spanje, T. E. van, 186

Sparks, H. D. F., 107
Sparks, Kenton L., 265
Spencer, A. B., 145, 193, 195
Spener, Philip Jacob, 118-9
Spinks, D. C., 59
Spinoza, 120-2
Spittler, R., 139, 392
Sprinkle, J. M., 548
Spurgeon, C. H., 254
Stacey, W. D., 587
Stager, L. E., 172
Stanley, P., 743
Starbuck, S. R. A., 561, 565-6
Starling, David, 297
Stassen, G. H., 555, 651, 777
Stein, R. H., 58, 66, 159, 328, 453, 654-5, 661
Steinmetz, David C., 59, 313-4, 316
Stemberger, G., 82
Stendahl, K., 691, 749
Sternberg, M., 152-3, 160, 518
Sterrett, T. N., 761
Steussy, M. J., 529
Stone, A., 544
Stone, Barton W., 125
Stone, K., 138
Story, J. L., 609
Stott, J. R. W., 297, 390, 732, 787, 790
Stowers, S. K., 680
Strauss, D. F., 657
Strauss, Mark L., 761, 766, 786, 792
Strawn, B. A., 466-7, 484
Strecker, G., 684
Strickland, W. G., 728
Stuart, D. K., 65, 71, 356, 437, 596, 616, 640, 656, 670, 697, 765

INTRODUÇÃO À INTERPRETAÇÃO BÍBLICA

Stube, J. C., 534

Stuhlmacher, P., 270, 351, 602, 637

Stulman, L., 573

Sugirtharajah, R. S., 137, 183, 186-7, 289

Sumpter, P., 140

Sundberg, A. C., Jr., 207-10

Sundberg, W., 121-2, 128, 134

Swanson, J., 108, 690

Swartley, W., 53, 63, 255, 351-2, 354

Sweeney, M. A., 126, 138, 518, 529, 573-4, 576-80, 582-7, 592, 607

Sykes, N., 116, 119-20

Talbert, C. H., 144

Talstra, E., 429

Tamez, E., 183-4, 189, 196

Tannehill, R. C., 153

Tanner, B. L., 559, 570

Tate, M. E., 75

Tate, W. R., 304, 336

Tatu, S., 539

Taylor, V., 128

Templeton, D. A., 154

Tenney, M. C., 410, 415, 702

Terry, M. S., 503-5

Tertuliano, 104, 214, 217, 678

Theissen, G., 175, 657

Thielman, F. S., 223, 383, 728

Thiselton, A. C., 46, 66-70, 96, 136, 162, 249, 253, 279, 281, 283, 287, 297, 301, 311, 314, 391, 656, 672, 675, 689, 750

Thomas, R. L., 73, 274, 353

Thompson, J. L., 109, 115, 352

Thompson, M. D., 111-2, 114, 258

Thompson, M. J., 742

Thompson, M. M., 599

Thomson, I. H., 486

Tidball, D. J., 168, 737

Tiemeyer, L.-S., 132, 523, 563, 585

Toal, M. F., 107

Tolbert, M. A., 161, 185

Tolstói, Leon, 649

Torre, M. A. de la, 184

Tov, E., 229, 234-5

Tovey, D., 334

Towner, P. H., 215

Tracy, David, 53, 102, 108, 114, 120, 282

Traina, R. A., 141, 754, 763, 786

Travis, S. H., 602-3

Treier, D. J., 141, 344

Trethowan, T., 288

Trible, P., 194-5, 531

Trigg, J. W., 98, 102

Tsumura, D. T., 61, 65, 528

Tucker, G. M., 125, 491, 511, 558, 577, 587, 611

Tucker, J. M., 125

Tucker, J. T., 620

Tuckett, C., 219

Turner, M., 181, 403, 427, 440

Turner, M. M. B., 672

Turner, N., 431

Twain, Mark, 131

Twelftree, G. H., 658

Unnik, W. C. van, 662

Van der Kooij, A., 212, 577

Van der Toorn, K., 65, 622

Van Gemeren, W. A., 416, 592-4

Van Til, C., 292

Vance, D. R.,

Vander Broek, L. D.,

Vang, C.,

VanGemeren, W. A., 518

Vanhoozer, Kevin J., 46, 141, 159, 162, 248, 263, 269, 278, 283, 301-2, 304, 344, 381, 750, 760

Vanier, J., 143

Veerman, D., 749

Verhey, A., 650

Vest, N., 741

Via, D. O., 138, 151

Virgílio, 636

Virkler, H. A., 136

Vito, R. A. di, 176

Vitstum, D., 272

Viviano, B., 641

Waard, J. de, 236-7

Waetjen, H. C., 183

Walhout, C., 162, 283-4, 311

Walker, P., 675

Walker, W. O., 789

Wall, R. W., 221, 225-7

Wallace, D. B., 229, 233, 431, 440, 442

Wallace, M. I., 792

Walls, J. L., 209

Walsh, C. E., 566

Walsh, J. T., 332

Waltke, B. K., 112, 150, 232, 266, 269, 368, 383, 432, 440-2, 444-5, 528, 568, 627, 741, 780

Walton, John H., 54, 61, 65, 264, 301, 332, 527, 563, 622

Warfield, B. B., 124, 263, 292

• 894 •

ÍNDICE DE AUTORES

Watson, D. F., 84-5, 87, 90, 92, 98, 100-1, 105, 107, 110, 112, 114-7, 429, 682
Watson, F., 154, 720
Watson, W. G. E., 450, 483-7, 459-62, 472, 481, 484, 486-7, 502, 509, 566
Watts, J. W., 444
Weatherly, J. A., 670
Webb, B. G., 535
Webb, C., 741
Webb, William J., 142, 170, 200, 781-3, 785-6
Webber, R. E., 712
Weber, M., 175
Wedel, C. C. von, 112
Wegner, Paul D., 207, 233
Weima, J. A. D., 685
Weinfeld, M., 122, 283, 424
Weisman, Z., 540, 589
Weiss, B., 124
Weiss, H., 188
Wellhausen, Julius, 122-6, 283, 285
Wells, B., 544, 548
Wells, C. R., 732
Wenham, G. J., 177, 251, 328, 501, 520, 529, 550-1, 554-5, 755
Wenham, J., 262, 436
Weren, W. J. C., 609
Werner, E., 163, 540
Wesley, John, 118-9
Westbrook, R., 544
Westermann, C., 322, 529, 533, 539, 574, 576-7, 592, 622
Whedbee, J. W., 532, 377, 583, 622

Wheeler, C. B., 166, 519, 559
White, H., 156
White, J. F., 716
White, J. R., 241
Whitehead, A. N., 288
Whiting, M. J., 568
Whitley, J. B., 587
Whybray, R. N., 283, 625
Wiarda, T., 151
Wilcock, M., 527
Wilder, T. L., 207, 236, 262
Wiles, M. F., 102, 103
Willard, D., 741
Williams, B., 743
Williams, D. S., 488
Williams, G. H., 116
Williams, J. R., 724
Williams, M., 386, 728
Williams, R. J., 102, 444
Williams, T., 105
Williamson, H. G. M., 251, 332, 500, 519, 522, 538, 595, 600
Williamson, P. S., 104, 108-9
Willimon, W. H., 548
Wilson, G. H., 226, 565, 625
Wilson, M. R., 604, 663
Wilson, P. R., 743
Wilson, R. R., 172, 541
Wimsatt, W. K., 146, 299
Winn, C. Collins, 118
Winter, B., 154, 177, 662, 687
Wise, M. O., 87
Witherington, B., III, 135, 178, 221, 555, 636, 647, 666, 685, 745, 776
Wittgenstein, L., 284
Witvliet, J. D., 572, 713

Wolfers, D., 622
Wolters, A., 538, 564, 565, 600
Wondra, E. K., 194
Wood, J. A., 786
Woodbridge, J. D., 214, 260-1, 263, 301, 309, 329, 644, 721, 752
Woodbridge, R. S., 356, 777
Wright, C. J. H., 270, 382, 544, 550, 555, 558, 709, 732, 777
Wright, D. P., 262, 548
Wright, N. T., 135, 157, 252, 262, 274, 276, 292, 294, 299, 307, 489, 572, 597, 692, 720
Wright, T., 127-8
Würthwein, E., 229

Yamauchi, E. M., 137, 175, 191, 261, 522
Yancey, P., 738
Yarhouse, M. A., 201
Yeo, K.-K., 188
Yoder, C. E., 618
Yong, Amos, 137, 140
Yonge, C. D., 85
York, A. D., 519, 559
Young, F., 101, 143
Youngblood, R. F., 415
Yudkowsky, R., 486

Zachary, L., 743
Zachman, R. C., 114-5
Zetterholm, M., 693
Zuck, Roy, 791-2
Zuínglio, Ulrico, 155
Zvi, E. Ben, 126, 457, 518, 574

Este livro foi impresso em 2025, pela Lisgráfica, para a Thomas Nelson Brasil.
A fonte usada no miolo é Adobe Garamond Pro, corpo 11.
O papel do miolo é pólen natural 70 g/m², e o da capa é cartão couché 150 g/m².